MEYERS
GROSSES
TASCHEN
LEXIKON

Band 12

MEYERS GROSSES TASCHEN LEXIKON

in 24 Bänden

Herausgegeben und bearbeitet
von Meyers Lexikonredaktion
3., aktualisierte Auflage

Band 12:
Klas – Las

B.I.-Taschenbuchverlag
Mannheim/Wien/Zürich

Chefredaktion:
Werner Digel und Gerhard Kwiatkowski

Redaktionelle Leitung der 3. Auflage:
Dr. Gerd Grill M.A.

Redaktion:
Eberhard Anger M.A., Dipl.-Geogr. Ellen Astor,
Dipl.-Math. Hermann Engesser, Reinhard Fresow, Ines Groh,
Bernd Hartmann, Jutta Hassemer-Jersch, Waltrud Heinemann,
Heinrich Kordecki M.A., Ellen Kromphardt, Wolf Kugler,
Klaus M. Lange, Dipl.-Biol. Franziska Liebisch, Mathias Münter,
Dr. Rudolf Ohlig, Heike Pfersdorff M.A., Ingo Platz,
Joachim Pöhls, Dr. Erika Retzlaff,
Hans-Peter-Scherer, Ulrike Schollmeier, Elmar Schreck,
Kurt Dieter Solf, Klaus Thome, Jutta Wedemeyer, Dr. Hans Wißmann,
Dr. Hans-Werner Wittenberg

CIP-Titelaufnahme der Deutschen Bibliothek
Meyers Großes Taschenlexikon: in 24 Bänden/hrsg. u. bearb.
von Meyers Lexikonred. [Chefred.: Werner Digel
u. Gerhard Kwiatkowski].
Mannheim; Wien; Zürich: BI-Taschenbuch-Verl.
Früher im Bibliograph. Inst., Mannheim, Wien, Zürich.
ISBN 3-411-11003-1 kart. in Kassette
ISBN 3-411-02900-5 (2., neu bearb. Aufl.)
ISBN 3-411-02100-4 (Aktualisierte Neuausg.)
ISBN 3-411-01920-4 (Ausg. 1981)
NE: Digel, Werner [Red.]
Bd. 12. Klas – Las. – 3., aktualisierte Aufl. – 1990
ISBN 3-411-11123-2

Als Warenzeichen geschützte Namen
sind durch das Zeichen ⓌⓏ kenntlich gemacht
Etwaiges Fehlen dieses Zeichens bietet keine Gewähr dafür,
daß es sich um einen nicht geschützten Namen handelt,
der von jedermann benutzt werden darf

Das Wort MEYER ist für
Bücher aller Art für den Verlag
Bibliographisches Institut & F.A. Brockhaus AG
als Warenzeichen geschützt

Lizenzausgabe mit Genehmigung
von Meyers Lexikonverlag, Mannheim

Alle Rechte vorbehalten
Nachdruck, auch auszugsweise, verboten
© Bibliographisches Institut & F.A. Brockhaus AG, Mannheim 1990
Druck: Pfälzische Verlagsanstalt GmbH, Landau/Pfalz
Einband: Wilhelm Röck GmbH, Weinsberg
Printed in Germany
Gesamtwerk: ISBN 3-411-11003-1
Band 12: ISBN 3-411-11123-2

Klas

Klassizismus [lat.], i.w.S. Bez. für Tendenzen der bildenden *Kunst* des 17.–19. Jh., die klass. Antike zum Vorbild zu nehmen; für England wird die roman. Länder für die Zeit seit etwa Mitte des 17. Jh. verwendet (frz. Klassik bzw. Barock, engl. Palladianismus). I. e. S. Stilbegriff für die Zeit von etwa 1770–1830, die in Italien und Großbrit. als Neoklassizismus bezeichnet wird, während in der dt. Kunstwissenschaft ↑Neoklassizismus Kunstströmungen des späten 19. und des 20. Jh. bezeichnet. - Der auf das Rokoko folgende K. forderte in Reaktion auf dessen ornamentale Kunst klare Gliederung und einfache Form nach dem Vorbild der griech. Klassik. Mittelpunkt der neuen Tendenzen wurde Rom. Dort, wo seit 1755 der Theoretiker J. J. Winckelmann lebte, entstanden richtungsweisende Werke der Malerei: 1760/61 das Deckengemälde „Der Parnaß" von A. R. Mengs (Villa Albani), 1784/85 der „Schwur der Horatier" von J. L. David, ein Gemälde, das in seinem theatral. Aufbau und heroischem Pathos die Malerei des K. entscheidend prägte. Bed. Vertreter waren: F. Gérard, A. J. Gros, P.-P. Prudhon und v. a. J. A. D. Ingres in Frankr., J. H. W. Tischbein in Deutschland sowie A. J. Carstens und J. A. Koch, in England J. Flaxman. Auch die bedeutendsten Bildhauer des K. wirkten zumindest zeitweise in Rom: u. a. der Italiener A. Canova, der Däne B. Thorvaldsen, die Deutschen G. Schadow, C. D. Rauch und J. H. Dannecker und der Franzose J.-A. Houdon.
Die bedeutendsten Leistungen des K. entstanden auf dem Gebiet der Architektur. Ihre Anfänge liegen in dem von A. Palladio beeinflußten England; im Palladianismus (I. Jones in England, J. van Kampen in den Niederlanden) wurde zuerst der griech. Tempel wiederbelebt: Der kub. Baukörper mit durch zwei Geschosse gehender Kolossalordnung der Säulen wurde zur Elementarform klassizist. Bauens. In Frankr. erfolgte eine klassizist. Wendung um 1670 (C. Perrault, F. Blondel), weiterentwickelt bis zur Mitte des 18. Jh. und von den „Neoklassizisten" C. N. Ledoux, C. Percier und P. F. L. Fontaine. Charakterist. Vertreter der klassizist. Architektur waren in Deutschland F. W. von Erdmannsdorff, C. G. Langhans, F. Gilly, F. Weinbrenner, L. von Klenze und K. F. Schinkel; in England W. und R. Adam, W. Chambers, J. Soane und R. Smirke. - Abb. S. 8. ⚌ *Einem, H. v.: Dt. Malerei des K. u. der Romantik. Mchn. 1980. - Zeitler, R.: Die Kunst des 19. Jh. Bln. 1966.*
◆ in der *Dichtung:* auf die klass. Antike bezogener Stil- und Wertbegriff für Dichtung, die sich antiker Stilformen und Stoffe bedient. Unter dem Aspekt der Imitation älterer Formmuster wurde bisweilen schon die röm. Klassik in ihrem Verhältnis zur griech. als klassizist. eingestuft. In der Neuzeit begegnet klassizist. Dichtung, orientiert an einem an der Antike gebildeten Regelkanon, erstmals in der italien. Renaissance; diese Strömungen wirkten im Rahmen des europ. Humanismus v. a. auf Frankreich (Ronsard) und auf die im Frz. als „classicisme" bezeichnete Blütezeit der frz. Kultur (17. Jh.). In England lassen sich breitere klassizist. Strömungen erst im 18. Jh. feststellen (Pope, Gray). In Deutschland erfolgte die Hinwendung zu antiken Formidealen insbes. durch Gottsched, dann in der Anakreontik, bei Wieland, im 19. und 20. Jh. in der Lyrik bei Platen, Geibel, George, im Drama bei E. von Wildenbruch und Paul Ernst.

klastisch [zu griech. klásis „das Zerbrechen"], aus Trümmern anderer Gesteine stammend.

Klatschmohn ↑Mohn.

Klaudia ↑Claudia.

Klaudikation (Claudicatio) [lat.], svw. ↑Hinken.

Klaudius ↑Claudius.

Klaue, das dem Huf entsprechende Endglied der beiden Zehen der Paarhufer.
◆ am Fußende vieler Gliederfüßer (v. a. bei Insekten) ausgebildeter paariger, hakenartiger Fortsatz.
◆ wm. Bez. für die Krallen (z. T. auch für die ganzen Zehen) bei Hunden, Haarraubwild und Greifvögeln.
◆ dreieckförmige Aussparung an der Verbindungsstelle zweier Balken (z. B. Pfette und Sparren).
◆ im *Maschinenbau* Bez. für einen Ansatz an einem Maschinenteil, der bei Einrücken oder Eingreifen in eine entsprechende (korrespondierend geformte) Vertiefung oder Aussparung an einem zweiten Maschinenteil mit diesem eine lösbar formschlüssige Verbindung herstellt.

Klauenkäfer, svw. ↑Hakenkäfer.

Klaus

Klaus (Claus), männl. Vorname, Kurzform von Nikolaus.

Klaus, Josef, *Mauthen (= Kötschach-Mauthen) 15. Aug. 1910, östr. Politiker. - Jurist; 1949–61 Landeshauptmann von Salzburg; ab 1952 Landesparteiobmann der ÖVP Salzburg; Finanzmin. 1961–63; 1964–70 Bundeskanzler, zunächst einer großen Koalition, ab 1966 eines reinen ÖVP-Kabinetts.

Klause [mittellat., zu lat. claudere „schließen"], Behausung eines Einsiedlers, Klosterzelle; kleiner (gemütl.) Raum.
◆ svw. ↑ Kluse.

Klausel [zu lat. clausula „Schlußsatz"] (Clausula), im *Recht* eine Nebenbestimmung in einem Vertrag (Vertragsklausel), z. B. über Voraussetzung und Höhe einer Vertragsstrafe. - Zu den handelsübl. Vertragsklauseln ↑ Handelsklauseln.
◆ in der antiken *Rhetorik* Bez. für die durch Silbenquantitäten geregelten Perioden- und Satzschlüsse der Kunstprosa. Die wichtigsten K. setzen sich aus einem Kretikus (–∪–) und einer Trochäuskadenz zusammen.
◆ melod. Schlußwendung der ein- oder mehrstimmigen *Musik*, nach 1600 von der ↑ Kadenz abgelöst.

Klausen (italien. Chiusa), Gemeinde in Südtirol, Italien, 30 km nördl. von Bozen, 525 m ü. d. M., 4 100 E. Weinbau, Fremdenverkehr. - 1027/28 erstmals erwähnt; Grenzstadt des Hochstifts Brixen und wichtige Zollstätte. Erhielt im Stadtrecht von 1485 beschränkte Autonomie. - Mehrere Kirchen, u. a. die roman. Kirche Sankt Sebastian (13. Jh.), die Pfarrkirche Sankt Andreas und die Apostelkirche (beide 15. Jh.; spätgot.). Überragt wird K. von der Burg Branzoll (19. Jh.) mit ma. Bergfried und dem Kloster Säben mit Hl.-Kreuz-Kirche (7. Jh.; Chor und Ausstattung 1679), Liebfrauenkirche und Klosterkirche (beide 17. Jh.).

Klausenburg (rumän. Cluj-Napoca), rumän. Stadt in Siebenbürgen, 340 m ü. d. M., 203 000 E. Verwaltungssitz des Verw.-Geb. K.; Sitz eines rumän.-orth., eines reformierten und eines unitar. Bischofs; Zweigstelle der Akad. der Sozialist. Republik Rumänien mit Forschungsinstituten, Univ. (gegr. 1872), Polytechnikum, Höhlenforschungsinstitut, Konservatorium, Sternwarte, botan. Garten; Museen, Staatsarchiv; rumän. und ungar. Theater und Oper, Marionettentheater, Staatsphilharmonie; Maschinenbau, metallverarbeitende, chem., Porzellan-, Baustoff-, Holz-, Leder- u. a. Ind.; ⚒. - Das an der Stelle des heutigen K. gelegene dak. **Napoca**, das sich über ein röm. Legionslager zu einer bed. Stadt entwickelte, wurde etwa zur Zeit Hadriansche Munizipium, im 3. Jh. Mittelpunkt Dakiens. Als **Castrum Clus** im 12. Jh. Mittelpunkt eines ungar. Komitats und wichtige Festung, sank aber durch die Tatareneinfälle des frühen 13. Jh. zu einem Dorf herab. Nach Ansiedlung dt. Kolonisten im 13. Jh. 1316 Stadterhebung. K. wurde zur wichtigsten Stadt Siebenbürgens, ab 1541 unter osman. Oberhoheit. Ab 1569 Sitz des siebenbürg. Landtags; seit 1691 unter östr. Herrschaft. 1790–1848 und 1861–67 Hauptstadt Siebenbürgens; seit 1919/20 rumän.; gehörte 1940–44/47 zu Ungarn. - Zahlr. Kirchen, u. a. got. Michaelskirche (1350–1580); spätgot. Franziskanerkirche (15. Jh.), barocke orth. Kirche (1797); Geburtshaus Matthias' I. Corvinus (15. Jh.), das Rathaus (16.–18. Jh.), barocker Bánffypalast (18. Jh.; jetzt Kunstmuseum). Rest der Stadtmauer (Schneiderbastei; 15. und 17. Jh.).

Klausenpaß ↑ Alpenpässe (Übersicht).

Klauser, Theodor, *Ahaus 25. Febr. 1894, †Bonn 24. Juli 1984, dt. kath. Theologe. - Begr. und langjähriger Leiter des Franz Joseph Dölger-Inst. zur Erforschung der Spätantike in Bonn; Hg. u. a. des „Reallexikons für Antike und Christentum" (1950 ff.).

Klausner [lat.], Einsiedler oder Anachoreten, die sich lebenslängl. zu Askese und Gebet in eine Zelle (Klause) zurückziehen; oft svw. ↑ Inklusen.

Klaustrophobie [lat./griech.] (Klithrophobie), [krankhafte] Furcht vor Aufenthalt in ge- oder verschlossenen Räumen. - ↑ auch Platzangst.

Klausur [lat., zu claudere „schließen"], Bez. für den innerhalb eines Klosters den Ordensleuten vorbehaltenen Wohnraum, den Personen des anderen Geschlechts nicht betreten dürfen.
◆ unter Aufsicht in einer bestimmten Zeit anzufertigende wiss. Prüfungsarbeit.

Klaviatur [lat.], die Gesamtheit der Tasten eines Tasteninstruments (Orgel, Klavier), sowohl ↑ Manual als auch ↑ Pedal.

Klavichord (Clavichord) [...'kɔrt; lat./griech.], ein im 14. Jh. aus dem ↑ Monochord entwickeltes Tasteninstrument, dessen quer zur Tastatur verlaufende Saiten von in den Tastenenden befestigten Metallstiften („Tangenten") angeschlagen werden. Die Tangenten bleiben so lange in Kontakt mit der Saite, wie der Spieler die Taste niederdrückt. Dieselbe Saite (bzw. der Saitenchor) kann für verschiedene Tonhöhen (bis zu fünf) verwendet werden, wobei die Tangente wie ein ↑ Bund wirkt (gebundenes K.); seit dem 17. Jh. wurde jeder Taste ein Saitenchor zugeordnet (bundfreies Klavichord). Der sehr zarte Ton kann durch wechselnden Druck des Fingers auf die Taste zum Vibrieren gebracht werden (↑ Bebung). Das K. war v. a. im 18. Jh. beliebt.

Klavicitherium (Clavicytherium) [lat./griech.], Cembalo mit aufrechtem Saitenbezug, ähnl. dem späteren Giraffenflügel.

Klavier [frz., zu mittellat. clavis „Taste"], urspr. svw. Klaviatur, später Sammelbez. für Tasteninstrumente; im 18. Jh. bes. Bez. für das Klavichord. Seit 1800 (Pianoforte, Forte-

piano) Bez. für Tasteninstrumente, deren Saiten durch Hämmerchen *(Hammer-K.)* angeschlagen werden. Zu unterscheiden sind der Flügel und das 1811 erstmals gebaute Pianino. Der **Flügel** hat eine sog. Repetitionsmechanik: Die Stoßzunge, die den Hammer zur Saite führt, gibt diesen kurz vor Berührung der Saite frei, sie „löst aus". Der Hammer steigt allein durch den erhaltenen Schwung weiter auf bis zum Schlag gegen die Saite und wird nach dem Rückprall vom Fänger festgehalten. Mittels der in ihre Ausgangsstellung zurückgekehrten Stoßzunge kann der Anschlag wiederholt („repetiert") werden. Die Dämpfung gibt beim Niederdrücken der Taste die Saite zum Schwingen frei und hindert sie beim Loslassen am Weiterschwingen. Durch das rechte Pedal kann die Dämpfung aller Saiten gleichzeitig aufgehoben werden, durch das linke (Pianopedal, Verschiebung) kann die Mechanik verschoben werden, so daß der Hammer nur zwei der drei Saiten eines Tones trifft. Der Resonanzboden nimmt die Schwingungen der Saiten auf und strahlt sie ab, der gegossene Eisenrahmen fängt den gesamten Zug der Metallsaiten (bis zu 20 000 kg) auf. Flügel können eine Länge zwischen etwa 117 m und mehr als drei Metern (Konzertflügel) haben. - Das **Pianino**, seit der 2. Hälfte des 19. Jh. als „K." schlechthin bezeichnet, hat eine aufrechte Form (Höhe um 1,30 Meter). Seine Hammermechanik hat wie die des Flügels eine Auslösung. - Eine Hammermechanik kannte schon H. Arnault von Zwolle († 1466). Bei der Konstruktion von B. Cristofori (1709) handelte es sich bereits um die heute allgemein übl. Stoßmechanik. J. A. Stein entwickelte die „Wiener Mechanik" (um 1775), die seit Ende des 18. Jh. gebräuchl. „engl. Mechanik" ermöglichte einen kräftigeren Anschlag. Die heutige Mechanik entwickelte S. Érard vor 1822. Neben dem Flügel gab es im 18. und 19. Jh. das tischartige *Tafel-K.* und hohe, aufrechte Formen (Pyramiden-, Giraffen-, Lyraflügel). - Abb. S. 9.
⇩ *Junghanns, H., u. a.: Der Piano- u. Flügelbau. Ffm.* ⁶*1984.* - *Wolters, K.: Das K. Bern u. Stg.* ³*1975.*

Klavierauszug, die Einrichtung einer für mehrere Instrumente oder Singstimmen bestimmten Komposition für die Wiedergabe auf dem Klavier. Der K. ist seit der Mitte des 18. Jh. bekannt.

Klaviermusik, Musik für Tasteninstrumente (Klaviaturinstrumente) wie Cembalo, Klavichord, Pianoforte und bis ins 17. Jh. auch für Orgel. Die frühesten Quellen der K. sind Umarbeitungen mehrstimmiger Vokalsätze des 13./14. Jh. Die Tabulaturbücher der dt. Orgelmeister des 16. Jh. (Schlick, Hofhaimer, Buchner, Kotter) enthalten neben Übertragungen auch eigenständige Klaviermusik. Italien. Organisten (A. und G. Gabrieli, Frescobaldi u. a.), engl. Virginalisten, Sweelinck und seine dt. Schüler bildeten selbständige Formen instrumentalen Charakters aus (Ricercar, Fantasie, Toccata, Kanzone, Capriccio, Variation). Die Klaviersuite und das Programmstück gehen auf frz. Clavecinisten und J. J. Froberger zurück, die Entwicklung der italien. Klaviersonate auf D. Scarlatti. Händel und J. S. Bach (Sammlungen „Inventionen", „Klavierübung", „Wohltemperiertes Klavier") pflegten bes. die Suite und als erste das Orgel- bzw. Klavierkonzert (Cembalokonzert). C. P. E. Bachs, J. Haydns und v. a. Mozarts Konzerte und Sonaten begründeten den Rang der K. als repräsentativer Kompositionsgattung der Wiener Klassik und der Romantik. ↑ Durchbrochene Arbeit und ↑ obligates Akkompagnement sind satztechn. Kennzeichen von Beethovens Klaviermusik. Im 19. Jh. wurden von Schubert, Mendelssohn Bartholdy, Schumann und Brahms lyr. Kleinformen (Impromtu, Moment musical, Scherzo, Lied ohne Worte u. a.), von Chopin und Liszt v. a. virtuose Genres (Konzertetüde, Fantasie, Paraphrase) gepflegt. Liszts Klavierstil wurde von Busoni, Tschaikowski, Rachmaninow und den frz. Impressionisten fortentwickelt. Erweiterung der Klangfarben durch Akzentuierung des Schlagzeugcharakters, Clusters, Anschlagen von Saiten, präpariertes Klavier und Elektronik (Bartók, Ives, Cowell, Cage, Stockhausen) und Versuche der Verschmelzung von Klavier- und Orchesterklang (Skrjabin, Strawinski, Wiener Schule, serielle Musik von Messiaen, Boulez und Stockhausen) kennzeichnen die K. des 20. Jahrhunderts.

⇩ *Wolters, K.: Hdb. der Klavierliteratur. Zürich* ³*1985. - Georgii, W.: K. Gesch. der Musik f. Klavier zu 2 u. 4 Händen v. den Anfängen bis zur Gegenwart. Zürich* ⁶*1984. - Reclams K.führer. Ditzingen* ⁴*1982.*

Klavikula [lat.], svw. ↑ Schlüsselbein.
Klavizimbel [italien.], svw. ↑ Cembalo.
Klavus (Clavus) [lat. „Nagel"], umschriebene Hornzellenwucherung der Haut; i. e. S. (Clavus pedis) svw. Hühnerauge.

Klebe, Giselher, * Mannheim 28. Juni 1925, dt. Komponist. - Schüler von B. Blacher; K., der von der Zwölftontechnik ausgeht, sucht seit etwa 1960 nach einer „harmon. Neustrukturierung"; u. a. Opern „Die Räuber" (1957), „Alkmene" (1961), „Figaro läßt sich scheiden" (1963), „Jacobowsky und der Oberst" (1965), „Ein wahrer Held" (1975); Ballette, 5 Sinfonien, zwei Streichquartette, weitere Orchester-, Kammermusik, geistl. und weltl. Vokalwerke.

Klebebindeverfahren ↑ Buchbinderei.
Klebefolien (Selbstklebefolien), mit Haftklebern beschichtete Kunststoffolien zum Kaschieren u. a. von Holzflächen und Pappen.
Kleber, das aus ↑ Gliadin und dem ↑ Glutelin Glutenin zusammengesetzte ↑ Gluten.
◆ svw. ↑ Klebstoff.

Kléber

Klassizismus. Oben: Jacques Louis David, Der Schwur der Horatier (1784). Paris, Louvre; unten (von links): Leo von Klenze, Befreiungshalle bei Kelheim (1847–63); Gottfried Schadow, Kronprinzessin Luise und ihre Schwester Friederike von Preußen (1796/97). Berlin, Museumsinsel

Kléber, Jean-Baptiste [frz. kle'bɛːr], *Straßburg 9. März 1753, † Kairo 14. Juni 1800 (ermordet), frz. General. - Schlug 1793 den royalist. Aufstand in der Vendée nieder; 1798 an der ägyptischen Expedition beteiligt, besiegte wiederholt die Osmanen und eroberte Kairo.

Klebkraut ↑Labkraut.

Klebstoff

Klebsamengewächse (Pittosporaceae), zweikeimblättrige Pflanzenfam. mit 9 Gatt. und rd. 240 Arten in den trop. und gemäßigten Gebieten (mit Ausnahme Amerikas); meist Sträucher oder Halbsträucher. Bekannteste Gatt. ist **Klebsame** (Pittosporum), von der mehrere Arten als immergrüne Kalthauspflanzen kultiviert werden.

Klebstoff (Kleber), nichtmetall. Werkstoff in flüssiger, pastöser oder fester Form, mit dem sich feste Körper (z. B. Holz, Papier, Kunststoffe, Metall) ohne Veränderung ihres Gefüges miteinander verbinden (verkleben) lassen. Das Zusammenkleben (die Klebwirkung) beruht auf der Haftung (Adhäsion) der K.moleküle an den zu verklebenden Flächen und/oder auf der sich nach einem Trocknungsprozeß einstellenden inneren Festigkeit der K.schicht (d. h., auf der Kohäsion ihrer Moleküle).

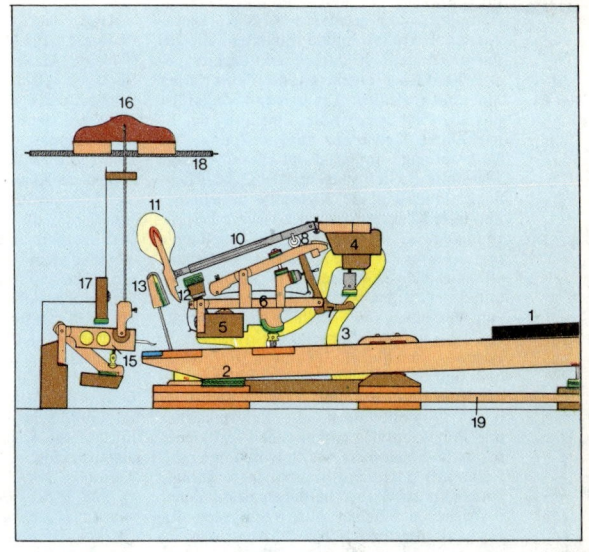

Klavier. Mechanik eines Flügels (oben) und eines Pianinos (unten).
1 Tasten,
2 Druckstoffstreifen,
3 Mechanikstütze,
4 Mechanikbalken,
5 Hebegliedleiste,
6 Hebeglied, 7 Stoßzunge,
8 Hammerrolle,
9 Hammernuß mit Leder- und Filzpolsterung,
10 Hammerstiel,
11 Hammerkopf mit Filzüberzug,
12 Hammerruheleiste,
13 Fänger mit Filzbezug,
14 Gegenfänger mit Lederbezug,
15 Dämpferarm,
16 Dämpfer,
17 Dämpferpralleiste mit Pralleistenfilz,
18 Saite,
19 Klaviaturboden

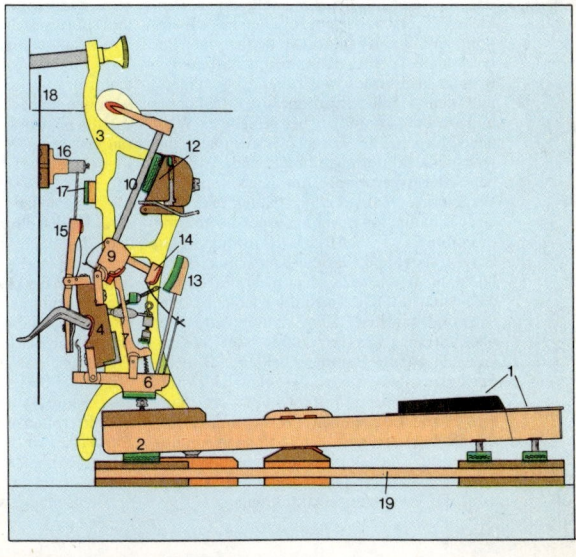

Klecki

K. bestehen aus natürl. oder künstl. Polymeren. Das Festwerden (Abbinden) des K. erfolgt durch Verdunsten des Lösungsmittels (z. B. Wasser aus Leimen und Stärkekleistern) bzw. Erstarren der Schmelze durch Abkühlen oder chem. bei Kunstharzen durch Vernetzungsreaktion (Härten) während oder nach Verdunsten des Lösungsmittels. Entsprechend der Klebwirkung unterscheidet man Haftkleber und Festkleber. Die Grundstoffe für **Haftkleber** sind weich und dauernd klebrig und dadurch geeignet für Folien, Klebebänder, Heftpflaster und Etiketten; die bei ihnen geringe Kohäsion bewirkt leichtes Lösen. **Festkleber** ergeben feste Filme hoher Stabilität gegenüber Abscher- bzw. Zugkräfte (bis über 500 kg/cm^2). Bei Einteilung der K. nach ihrer Konsistenz zum Zeitpunkt der Verarbeitung unterscheidet man **flüssige Klebstoffe** (Leimlösungen, Klebkitte, Klebdispersionen), **plast. Klebstoffe** (Klebkitte) und **feste Klebstoffe** (Schmelzkleber). Wichtige flüssige K. auf wäßriger Basis sind Leime und Kleister († Leime). Bei den **Klebkleben** wird anstelle von Wasser ein organ. Lösungsmittel verwendet. Zu ihnen zählen die v. a. zum Verleimen von Sperrholz und Spanplatten verwendeten **Kunstharzklebstoffe**, z. B. Phenol-Formaldehyd-, Harnstoff-Formaldehyd- und Melamin-Formaldehyd-Harzleime, die **Kautschukklebstoffe**, z. B. für selbstklebende Gummierungen, alle Polyvinyläther und Polyisobutylen enthaltenden Haftkleber sowie die Elastomere wie Polybutadien oder Acrylnitril-Butadien-Mischpolymere enthaltenden **Kontaktkleber**, bei denen die mit ihnen bestrichenen Flächen nach Verdunsten des Lösungsmittels zusammengebracht werden, und die **Reaktions-** oder **Zweikomponentenkleber**, die erst nach dem Mischen ihrer Komponenten, dem Klebharz (Methylacrylate, Polyurethane, Polyäthylenimin, ungesättigte Polyamide und -ester sowie insbes. Epoxidharze) und dem Härter (Carbonsäuren, Alkohole und Amine), abbinden; bei geeigneter Wahl der Komponenten lassen sich auch sehr unterschiedl. Materialien miteinander verkleben. **Klebdispersionen** zum Kleben poröser Werkstoffe (Holz, Leder, Papier, Textilien und Schaumstoffe) sind Dispersionen von thermoplast. Kunststoffen (Polyvinylacetat, Polyacrylate) und Elasten (Kautschuk, Bunalatex) in Wasser. Zu den plast. K. zählen die Klebkitte († Kitte), gefüllte Kleblacke (zum Schwundausgleich beim Abbinden) oder plast. Stränge aus Polysulfid- oder Siliconkautschuk (zum Baufugendichten z. B. beim Fertigbau). Feste K. sind die **Schmelzklebstoffe** (**Schmelzkleber**) in Form von Pulvern, Stangen, Filmen oder Folien aus nichthärtenden, schmelzbaren Harzen, heißhärtenden Aminoplasten oder thermoplast. abbindenden Polymeren; bei ihnen setzt erst bei höherer Temperatur die Vernetzungsreaktion ein.

 Fauner, G./Endlich, W.: Angewandte Klebtechnik. Mchn. 1980. - Klebstoffe u. Klebverfahren f. Kunststoffe. Hg. v. *der VDI-Gesellschaft Kunststofftechnik. Düss.* ^{2}*1979. - Lüttgen, C.: Die Technologie der K. Bln.*$^{1-2}$*1957 59. 2 Bde.*

Klecki (Kletzki), Paweł (Paul) [poln. ˈklɛtski], * Łodz 21. März 1900, † Liverpool 6. März 1973, poln.-schweizer. Dirigent und Komponist. - Leitete u. a. 1967–70 das Orchestre de la Suisse Romande; komponierte Orchester-, Kammer- und Klaviermusik.

Klee, Paul, * Münchenbuchsee bei Bern 18. Dez. 1879, † Muralto bei Locarno 29. Juni 1940, dt. Maler und Graphiker schweizer. Herkunft. - 1898–1901 Studium in München; Schüler Stucks; 1906–20 dort ansässig; Begegnung mit den Malern des Blauen Reiters und Delaunay; 1914 Reise mit A. Macke nach Tunis; 1921–31 Lehrer am Bauhaus; 1931–33 Prof. an der Akad. in Düsseldorf, nach Entlassung Übersiedlung nach Bern. Das Frühwerk von K. umfaßt v. a. Handzeichnungen und Druckgraphik unter dem Einfluß des Jugendstils. Seit dem Tunisaufenthalt Durchbruch zur Farbe und in der Folgezeit Entwicklung einer großen Anzahl maler. Techniken. Diese wendet K. in subtiler Differenzierung an in kalkulierten Kompositionen von relativer Gegenständlichkeit, die von Poesie und feinem Humor erfüllt sind. Im Spätwerk sind die künstler. Mittel auf eine elementare Symbol- und Zeichensprache reduziert. Bed. Einfluß auf die Kunst des 20. Jh. auch durch kunstpädagog. Schriften.

 Giedion-Welcker, C.: P. K. in Selbstzeugnissen und Bilddokumenten. Rbk. 1980. - Geelhaar, C.: P. K. u. das Bauhaus. Köln 1972.

Klee (Trifolium), Gatt. der Schmetterlingsblütler mit rd. 300 Arten in der gemäßigten und subtrop. Zone; ausdauernde oder einjährige Kräuter; Blätter meist dreizählig; Blüten i. d. R. in traubigen oder doldigen Blütenständen, rot, rosa, weiß oder gelb. In M-Europa kommen mehr als 20 Arten vor. Wirtschaftl. wichtig als Futter- und Gründüngungspflanzen sind v. a.: **Wiesenklee** (Rot-K., Kopf-K., Fleisch-K., Saat-K., Trifolium pratense), 5–70 cm hoch, mit meist zu zweien stehenden Blütenköpfchen; **Weißklee** (Schaf-K., Holländ. K., Trifolium repens), mit niederliegenden, 20–50 cm langen Stengeln; Blätter mit trockenhäutigen, zugespitzten Nebenblättern; **Schwedenklee** (Bastard-K., Alsike, Trifolium hybridum), 30–50 cm hoch, mit meist hohlen Stengeln und verkehrt-eiförmigen oder ellipt. Blättchen; **Inkarnatklee** (Blut-K., Trifolium incarnatum), 20–50 cm hoch, unverzweigt; Blütenstände bis 5 cm lang.
Geschichte: K. diente schon in der Antike als Futterpflanze, einige Arten auch medizin. Zwecken. Der Anbau von K.arten ist seit dem späten MA nachweisbar, hauptsächl. von Wiesen-K. (in der Lombardei und in Spanien). In Deutschland wurde K. seit dem 16. Jh.

Kleidung

angebaut. - Im Volksglauben gelten vierzählige K.blätter als glückbringend, siebenzählige als unglückbringend.

Kleefalter, svw. ↑Gelblinge.

Kleefarn (Marsilea), Gatt. der **Kleefarngewächse** (Marsileaceae) mit 70 Arten in den gemäßigten und trop. Gebieten; Sumpfpflanzen mit vierteiligen, kleeartigen Blättern.

Kleeseide (Hexenseide, Hexenzwirn, Teufelszwirn, Seide, Cuscuta), Gatt. der Windengewächse mit rd. 170 Arten; chlorophyllose Vollparasiten; verursachen v. a. auf Lein, Klee, Nesseln durch oft massenhaftes Auftreten großen Schaden. In M-Europa häufige Arten sind **Flachsseide** (Cuscuta epilinum; schmarotzt am Flachs; Blüten gelblichweiß) und **Hopfenseide** (Nesselseide, Cuscuta europaea; schmarotzt auf Hopfen, Weide und Brennesseln; Stengel rot, Blüten rötl.).

Kleeteufel ↑Sommerwurz.

Kleiber, Carlos, * Berlin 3. Juli 1930, argentin. Dirigent östr. Abkunft. - Sohn von Erich K.; 1956-64 an der Dt. Oper am Rhein in Düsseldorf, 1964-66 am Opernhaus Zürich tätig, 1966-75 Kapellmeister an der Württemberg. Staatsoper in Stuttgart; seither internat. als Gastdirigent tätig.

K., Erich, * Wien 5. Aug. 1890, † Zürich 27. Jan. 1956, östr. Dirigent. - 1923-34 Generalmusikdirektor der Berliner Staatsoper, nach seiner Emigration 1936-49 v. a. am Teatro Colón in Buenos Aires tätig; hervorragender Interpret von Mozart, Beethoven, R. Strauss und von modernen Werken.

Kleiber (Spechtmeisen, Sittidae), Fam. 10-18 cm großer, oberseits blaugrauer, unterseits weißer bis rostbrauner Singvögel mit 16 Arten, v. a. in Wäldern und Parkanlagen Eurasiens, Australiens und N-Amerikas; kurzbeinige Baum- und Felsenbewohner mit kurzem Schwanz und längl., spitzem Schnabel.

Kleid, einteiliges Obergewand der Frau.

Kleiderlaus (Pediculus humanus corporis), weltweit verbreitete, 3-4,5 mm lange, weißlichgraue Unterart der Menschenläuse. Die ♀♀ legen in ihrer 25- bis 40tägigen Lebenszeit 150-300 Eier an Stoffasern und Haaren ab. Die Gesamtentwicklung dauert 2-3 Wochen. Stiche der K. verursachen Juckreiz und manchmal Hautentzündungen. Die K. ist gefährl. als Übertragerin von Fleck-, Fünftage- und Rückfallfieber.

Kleidermotte ↑Motten.

Kleiderordnung, vom MA bis ins 18. Jh. übl. obrigkeitl. Regelung der Kleidung, die sich sowohl auf das Material, die Materialmenge, den Schnitt, das Zubehör, die Anzahl bestimmter Kleidungsstücke als auch auf bestimmte Trägergruppen beziehen konnte; erst durch die Frz. Revolution abgeschafft.

Kleidung, zusammenfassende Bez. für die in verschiedensten Formen und aus unterschiedl. Material gefertigte Körperbedeckung

Paul Klee, Die Zwitscher-Maschine (1922) New York, Museum of Modern Art

einschl. Unterkleidung, Fußbekleidung und Kopfbedeckung. Aus urspr. Formen der K. wird deutl., daß wohl v. a. ein Schutzbedürfnis vor Wetter- und Klimaunbilden, aber auch vor Verletzungen zur Entstehung der K. geführt hat. Die Entwicklung der K. war bestimmt durch die immer differenzierter werdenden Kenntnisse in der Kunst der Stoffherstellung und der weiteren Verarbeitung, durch Verwendung veränderten, neu zugängl., entdeckten oder - in neuester Zeit - erfundenen Materials, v. a. auch durch religiöse und/oder tradierte moral. Vorstellungen sowie gesellschaftl. und polit. Machtstrukturen. Ihre Gestaltung und Wahl ist auch vom Geschlecht und vom Alter der Träger sowie vom jeweiligen Verwendungszweck (z. B. Arbeits-, Berufs-, Haus-K., K. für festl. Anlässe, Sport-, Reise-, Urlaubs-K.) abhängig und der jeweiligen ↑Mode unterworfen. - Abb. S. 16 f.

Als Material dienten dem Menschen zuerst Tierfelle. Seit dem Neolithikum sind auch Gewebe nachweisbar, die zu Röcken sowie zu hemd- oder mantelartigen K.stücken gewickelt oder genäht wurden. Darstellungen von Hüten stammen schon aus der Hallstattzeit. Im **alten Ägypten** gingen die Kinder nackt, der Mann trug einen knie- oder wadenlangen Schurz (1), die Frau ein knöchellanges Trägergewand. Im Neuen Reich trug der Mann über dem Schurz ein fußlanges, durchsichtiges Ge-

Kleidung

wand, das auch einziges K.stück der Frau war. Auf ihm lag ein breiter Kragen (2); Schuhe wurden gelegentl. von Vornehmen getragen. Die K. der **babylon.-assyr.** Bev. bestand aus dem kurzärmligen, hemdartigen Gewand, im allg. knielang, bei den Vornehmen bis zum Boden reichend, ergänzt durch ein schräg um den Körper gewickeltes langes Tuch. In **kret.-mykcn. Zeit** trugen die Männer einen Lendenschurz, der mit einem Gürtel in der Taille befestigt wurde (3). Die wohl übl. Frauentracht war ein glockiger Rock, zu dem ein enges, kurzärmliges Jäckchen getragen wurde, das Schultern und Brüste unbedeckt ließ (4). Wichtigste Kleidungsstücke im **alten Griechenland**, aus Stoffbahnen drapiert und in den Grundzügen bis in den Hellenismus unverändert, waren in der Frauen-K. der ↑Peplos (5), beim Mann ↑Himation und (als Untergewand) ↑Chiton (6) (↑auch Chlaina, ↑Chlamys); als Fußbekleidung herrschte die Sandale vor. In der **röm. Kleidung** wesentl. durch die griech. beeinflußt, entsprechen ↑Toga, ↑Pallium und ↑Palla dem Himation, die von beiden Geschlechtern getragene ↑Tunika (7) bzw. die von den Matronen getragene längere Stola (8) dem Chiton. Frauen trugen als Kopfbedeckung einen Schleier, an den Füßen Sandalen, die Männer Sandalen im Haus, zur Toga den ↑Calceus. Vom 3. Jh. n. Chr. an setzte sich die zuvor nur von niederen Schichten getragene ↑Paenula durch, zuerst als Reisemantel. *Kelten* und wohl auch **Germanen** kannten die Hose wahrscheinl. schon vor dem 1. Jh. v. Chr. (9), die Germanen einen Rock, der in früher Zeit um den Körper gewickelt wurde, später in die Hose gesteckt und schließl. auch mit Ärmeln versehen wurde. Der auf der Schulter geschlossene „Mantel" wurde wie der Bundschuh von Männern und Frauen getragen. Die Frauen bekleideten sich mit einem fußlangen, in der Taille durch einen Gürtel zusammengehaltenen Rock sowie einer Jacke (10).
Im **MA** war die für beide Geschlechter von Stand typ. K. die reich verzierte Tunika, die sich im 12. Jh. endgültig durchsetzte (11). Das Volk behielt den knielangen Rock bei. Um die Mitte des 14. Jh. trug der Mann die ↑Schecke und einen kurzen Mantel, dazu Schnabelschuhe (12). In der K. der Frau ersetzte den Nuschenmantel der Schnurmantel, der Schleier wurde mit einer Krause versehen (13). Gegen Ende des Jh. kam die ↑Houppelande auf. Die nun bestimmende burgund. Mode brachte für die Frau das unter der Brust gegürtete Gewand mit weiten Ärmeln und neue Haubenformen (14) sowie die ↑Sendelbinde. Die Beinlinge des Mannes wurden unter dem kurzen Rock zur Hose vereinigt, neu in der Form war das Wams (15). Das **16. Jh.** brachte in der Männer-K. die ↑Schaube, die über dem Wams oder über Wams und Faltrock getragen wurde. Das Hemd zeigte am Hals eine Krause (16). Auch die Frauen trugen eine (fußlange) Schaube. Das Kleid wurde in Rock und Mieder, unter dem das Hemd sichtbar wird, geteilt. Ein breiter Kragen überdeckte den großen Ausschnitt und entwickelte sich zum eigenständigen Jäckchen (17). In der 2. Hälfte des Jh. dominierte die Span. Tracht, damit für beide Geschlechter die steife Halskrause (↑Kröse), für die Frau der breit ausladende Reifrock (18, 19). In England entwickelte sich abweichend der ↑Stuartkragen. Im **17. Jh.** trat neben die steife Kröse der breite, spitzenverzierte, liegende Kragen, es kamen neue Hosenformen (Pump-, Schlumperhose und Rhingrave) auf (20). Spitzenkragen und -manschetten zierten auch die Robe der Frau (21). Im **18. Jh.** trug der Mann unter dem Einfluß der frz. Hoftracht ↑Justaucorps, Kniehose und Weste. Die Perücke gehörte ebenso dazu wie der Dreispitz (22). Zum Frauengewand gehörte um 1720 der Reifrock. Oberer Rock und Mieder bilden den anspruchsvollen ↑Manteau (23). Daneben gab es einfachere Obergewänder, u. a. die Contouchen (↑Schlender) (24). Neben der höf. Mode begann im letzten Viertel des Jh. eine von England ausgehende bürgerl. K. Fuß zu fassen, zu der u. a. die ↑Werthertracht gehörte (25).
Die **Frz. Revolution** bedeutete auch für die K. einen entscheidenden Einschnitt; alle Reglementierungen wurden abgeschafft. Das Bürgertum bestimmte nun die K.formen (↑Directoire, ↑Empire). Im Biedermeier zeigte das Kleid einen weiten, knöchellangen Rock, das Oberteil war anliegend, der Kragen pelerinenartig breit, die Ärmel weit; dazu trug man einen Schutenhut (26). Die Herren-K. favorisierte den Frack, zu dem lange Hosen mit Steg gehörten; Weste und Gilet wurden wichtiger Akzent (27). Daneben wurde ein knielanger Schoßrock getragen und in verkürzter Form Vorläufer des Sakkos (28). Kragen- und Pelerinenmäntel ergänzten die Herrengarderobe, der Zylinder wurde bevorzugte Kopfbedeckung. Um die Jh.mitte erschien der ↑Paletot, der ↑Kalabreser, aus Halstuch bzw. Halsbinde entstand die Krawatte. In der Frauen-K. wurde der in der Biedermeierzeit durch einen Reif versteifte Rock durch die ↑Krinoline ersetzt (29), die Ende der 1860er Jahre endgültig verdrängt wurde. Während der Herrenkleidung auch in der Gründerzeit kaum eine Veränderung erfuhr, erlebte die K. der Frau eine Wandlung durch das Aufkommen der ↑Turnüre, über der um Taille und Hüften eng anliegende Rock drapiert wurde (30). Um 1880 begann sich das ↑Kostüm sich durchzusetzen (31).
Im **20. Jh.** erfolgte (im Ganzen gesehen) eine Vereinfachung der K.: sie ist, vielfach beeinflußt durch die Sport-, später durch die Freizeitkleidung, bequemer geworden. Auch die Regeln, zu welchen Anlässen welche K. zu

tragen ist, haben sich gelockert. In der Herren-K. war um 1900 der ↑Smoking neu (32). Neben den Sakko trat die Gürteljacke, zu den aus dem 19. Jh. stammenden Mantelformen (Ulster, Paletot und Raglanmantel) kommen v. a. Trench- und Dufflecoat (33). Zu den neueren Entwicklungen gehört auch das vorn offen getragene Hemd, der Pullover (zunehmend als Hemdersatz), die Kordhose und das farbige Hemd. Die Frauen-K. zeigt seit der Jh.wende eine viel wechselvollere Entwicklung. Der beginnende Mädchen- und Frauensport und die zunehmende Berufstätigkeit der Frau erzwangen endgültig eine bequemere Kleidung. Das zuerst verfemte ↑Reformkleid (34) setzte sich durch. Es folgte die [noch mit Stehkragen versehene] Bluse, im 1. Weltkrieg der Jumper (35). Nach dem Krieg konnte sich der kurze Rock durchsetzen, außerdem das Hemdkleid (36). Nach dem 2. Weltkrieg kam es zu größerer Vielfalt in der Frauen-K. (z. B. der vom Petticoat getragene, abstehende Rock [37]). In den 1960er Jahren setzte sich auch in der Tages-K. die in der Sport-K. schon länger übl. lange Hose durch, außerdem wurden der ↑Minirock (38) und die ↑Hot pants (39) geschaffen. In jüngster Zeit scheint sich eine nach Altersgruppen stärker differenzierende K. (z. B. die Jeans-K. für jüngere Leute [40]) durchzusetzen.

Unter den **Naturvölkern** gibt es nur noch wenige, die gänzl. unbekleidet bleiben (Jäger- und Sammlerstämme in Afrika, SO-Asien, Ozeanien, Australien und Südamerika). Die meisten Völker bedecken zumindest Teile des Körpers mit K.stücken, wohl mehr aus klimat. Gründen als aus Schamgefühl. Einfachste K.stücke sind Gürtel oder Schnüre mit Blätterbüscheln, Schambinden, -schürze (Lendenschurz, -tuch) und -röcke aus Bast, Textilien, Leder u. a., als Sonderform Penisfutterale aus Stoff, Leder, Geflecht, Kalebassen u. a. Aus dem Schamrock wurde die oft einzige Frauenkleidung, der Rock, entwickelt. Hosen als K. von Männern und auch Frauen sind außerhalb der Hochkulturen bei Reitervölkern und im Polargebiet verbreitet. Unterkleidung ist bei Naturvölkern meist unbekannt, selten sind Oberkörper- (Mantel, Hemd u. a.; in klimat. ungünstigen Gebieten aber vorhanden) und Fußbekleidungen.

📖 *Hansen, H. H.: Die K. der Völker in Farbe.* Mchn. 1977.

Kleie [zu althochdt. klī(w)a, eigtl. „klebrige Masse"], bei der Vermahlung von Getreide anfallendes, für Futterzwecke verwendetes Restprodukt aus Frucht- und Samenschalen, Teilen der Aleuronschicht, Keimlingen und, entsprechend dem Ausmahlungsgrad, auch Mehlanteilen.

Kleienflechte (Kleienpilzflechte) ↑Pityriasis.

Klein, Felix, * Düsseldorf 25. April 1849, † Göttingen 22. Juni 1925, dt. Mathematiker. - Prof. in Erlangen, München, Leipzig und Göttingen. Einer der bedeutendsten Mathematiker seiner Zeit, Förderer des Mathematikunterrichts. In der Erlanger Antrittsvorlesung formulierte er seine bahnbrechenden Vorstellungen über das Wesen der Geometrie und die Bed. der Gruppen- und Invariantentheorie für diese *(Erlanger Programm)*. Stellte in den „Vorlesungen über die Entwicklung der Mathematik im 19. Jh." (2 Bde., hg. 1926/27) die wichtigsten Ideen der Mathematik und theoret. Physik meisterhaft dar. Didakt. bedeutsam ist auch heute noch seine dreibändige „Elementarmathematik vom höheren Standpunkt aus" (1921–23).

K., Gerhard, * Berlin 1920, † Berlin (Ost) 21. Mai 1970, dt. Filmregisseur. - War seit 1946 Regieassistent im Dokumentarfilmstudio der DEFA, für die er zus. mit dem Schriftsteller und Drehbuchautor W. Kohlhaase das Kinderfilmstudio aufbaute; internat. bekannt wurde ihr antifaschist. Film „Der Fall Gleiwitz" (1961). - *Weitere Filme:* Sonntagsfahrer (1963), Geschichten jener Nacht (1967).

K., Hans, * Mährisch-Schönberg (heute Sumperk) 11. Juli 1931, dt. Politiker (CSU). Journalist; seit 1976 MdB; März 1987–April 1989 Bundesmin. für wirtschaftl. Zusammenarbeit, seither Sprecher der Bundesreg. und Bundesmin. für bes. Aufgaben.

K., Lawrence R[obert], * Omaha (Nebr.) 14. Sept. 1920, amerikan. Nationalökonom. - Seit 1958 Prof. an der Univ. von Pennsylvania; beschäftigte sich v. a. mit der Konjunkturtheorie, die er um ökonometr. Modelle bereicherte, die für Konjunkturanalyse und Prognose großer Bed. erlangten. Außerdem trug er durch sein Werk „The Keynesian Revolution" (1947) zur Verbreitung und Erklärung des Keynesianismus bei. 1980 erhielt K. für seine Verdienste um die Entwicklung ökonometr. Modelle und ihre Anwendung in der Praxis den Nobelpreis für Wirtschaftswissenschaften.

K., Oskar, * Graz 5. Jan. 1930, öostr. Jazzmusiker. - Bed. Trompeter und Gitarrist des traditionellen Jazz (Dixieland, Swing). Gründete 1963 eine Gitarrenschule in Innsbruck; verfaßte populäre Schulwerke für Jazzgitarre.

K., Yves [frz. klɛn], * Nizza 28. April 1928, † Paris 6. Juni 1962, frz. Maler. - Experimentierte, um eine Sensibilisierung des Betrachters für kosm. Gefühlserfahrung zu erreichen, mit neuen künstler. Medien und techn. Verfahren. Begründer der monochromen Malerei (1949), seit 1956 v. a. in Blau; seine Anthropometrien (Körperabdrücke, v. a. mit Farbe bestrichener Frauen) und mit Flammenwerfern ausgeführter Feuerbilder gaben dem Happening und der modernen Malerei starke Impulse. Die Dekoration des Theaterfoyers Gelsenkirchen (1957–59) besteht aus „Schwammreliefs". - Abb. S. 14.

Kleinasien, Halbinsel zw. Schwarzem Meer und östl. Mittelmeer.

Kleinbären

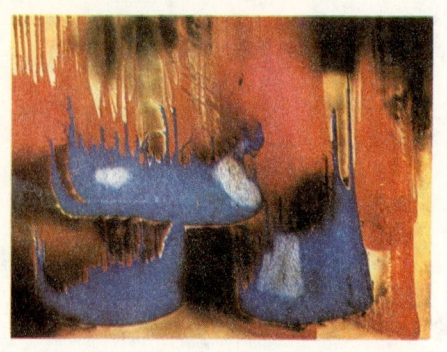

Yves Klein, Feuerbild (1961/62). Privatbesitz

Kleinbären (Halbbären, Vorbären, Procyonidae), Fam. teils den Mardern, teils den Bären ähnelnder Raubtiere mit 17 Arten in N- und S-Amerika; Körper meist schlank, etwa 30–70 cm lang; Schwanz halb- bis mehr als körperlang; nachtaktiv; gute Kletterer, überwiegend Baumbewohner; meist Allesfresser. Zu den K. gehören u. a. Katzenfrett, Nasen-, Wasch-, Wickel- und Schlankbären.

Kleinbildfilm ↑ Photographie.

Kleinbildkamera ↑ photographische Apparate.

Kleinblütige Sonnenblume ↑ Sonnenhut.

Kleinbürger, urspr. sozialhistor. Bez. für die Angehörigen des frühindustriellen städt. Bürgertums, die - im Vergleich zum unternehmerkapitalist. und polit. einflußreichen Großbürgertum - nur über begrenzten Grund- und Kapitalbesitz verfügten, der ihnen eine durch Renten und Renditen halbwegs feste sozioökonom. Position sicherte, als Plattform für gesellschaftl. und polit. Einfluß aber nicht ausreichte. Heute meist abwertende Bez. für Menschen, die ihre persönl. gesicherte Position mit einer „geordneten" Gesellschaft schlechthin gleichsetzen, sich deshalb unkrit. mit dem sozialen Status quo identifizieren und infolge gesellschaftl. und polit. „verkürzter" Bildung zu Vorurteilen und zu einem Denken in Stereotypen neigen („Spießer").

kleindeutsch, Bez. für die Lösung der dt. Frage durch Führung Preußens in der Märzrevolution 1848, was den Ausschluß Österreichs aus dem künftigen Nationalstaat bedeutete. Der kleindeutsche Gedanke ging polit. von der Erweiterung des Dt. Zollvereins und damit vom Industriepotential Preußens aus. Die Verfechter dieses Konzepts (**Kleindeutsche**) in der Frankfurter Nationalversammlung waren v. a. Teile der Demokraten und Liberalen. Ihre Konzeption scheiterte zunächst, setzte sich aber 1866/67 durch. - Die zentrale Bewertung der Alternative Kleindt.-Großdt. tritt in moderner Sicht hinter den wirtsch., gesellschaftl. und polit. Strukturproblemen der Nationalstaatsbildung 1848–71 in M-Europa zurück.

Kleine, Friedrich Karl, *Stralsund 14. Mai 1869, †Johannesburg (Südafrika) 22. März 1951, dt. Tropenarzt. - Prof. in Berlin, ab 1933 auch Präsident des dortigen Robert-Koch-Instituts für Infektionskrankheiten; erforschte die zykl. Entwicklung des Erregers der Schlafkrankheit und führte die Behandlung mit Germanin ein.

kleine Anfrage ↑ parlamentarische Anfrage.

Kleine Antillen ↑ Antillen.

Kleine Brüder Jesu, eine auf die Regeln von C. E. de ↑ Foucauld zurückgehende kath. Kongregation. Sie beabsichtigen „wie Jesus von Nazareth" einen weder organisierten noch nach außen wirksam erscheinenden Apostolat und leben bevorzugt unter Armen, Verkannten und der christl. Botschaft Fernstehenden.

Kleine Donau, stark mäandrierender rechter Nebenarm der Donau in NW-Ungarn.

Kleine Entente [ã'tã:t(ə)], auf Initiative E. Beneš' durch bilaterale Defensivallianzen zw. der ČSR, Jugoslawien und Rumänien 1920/21 entstandenes Bündnissystem mit dem Ziel, eine Revision der durch die Pariser Vorortverträge 1919/20 geschaffenen Verhältnisse in M- und SO-Europa zu verhindern; durch die Verträge des mit Frankr. (seit 1921) verbündeten Polen und Rumänien (1921) und Frankr. mit der ČSR (1924) nach 1933 eine wesentl. Stütze der frz. Außenpolitik; zerbrach schließlich 1938 beim Münchner Abkommen.

Kleine Herde ↑ Kirche des Reiches Gottes.

Kleine Kabylei ↑ Kabylei.

Kleine Karpaten, Teil der Westkarpaten in der ČSSR, nö. von Preßburg, bis 761 m hoch.

kleine Planeten, svw. ↑ Planetoiden.

Kleine Propheten (Dodekapropheton, Zwölf Propheten), Sammelbez. für die 12 Prophetenbücher des alttestamentl. Kanons: Hosea, Joel, Amos, Obadja, Jona, Micha, Nahum, Habakuk, Zephanja, Haggai, Sacharja, Maleachi. Die Zeit ihrer Abfassung reicht von 750 bis 200 v. Chr.

Kleiner Arber ↑ Großer Arber.

Kleiner Bambusbär, svw. ↑ Kleiner Panda.

Kleiner Bär ↑ Sternbilder (Übersicht).

Kleiner Belt, von zwei Brücken überspannte Meeresstraße zw. der Insel Fünen und der Halbinsel Jütland, Dänemark, westlichster Ostseeausgang, 130 km lang, 0,7–30 km breit, zw. 13 und 81 m tief.

Kleiner Beutelmull ↑ Beutelmulle.

Kleiner Bittersee, an den ↑ Großen Bit-

tersee anschließender See in Ägypten.
Kleiner Buntspecht, svw. ↑Kleinspecht.
Kleiner Chingan, chin. Gebirge, erstreckt sich am NO-Rand des zentralen Tieflands der Mandschurei, rd. 500 km lang, bis 964 m hoch.
Kleiner Eisvogel ↑Eisvögel.
Kleiner Elchhund ↑Elchhund.
Kleiner Frostspanner ↑Frostspanner.
Kleiner Gabelschwanz ↑Gabelschwänze.
kleiner Grenzverkehr ↑Grenzverkehr.
Kleiner Heufalter ↑Heufalter.
Kleiner Hund ↑Sternbilder (Übersicht).
Kleiner Jenissei ↑Jenissei.
Kleiner Kaukasus ↑Kaukasus.
Kleiner Klappertopf ↑Klappertopf.
Kleiner Kudu ↑Drehhornantilopen.
Kleiner Löwe ↑Sternbilder (Übersicht).
Kleiner Norden, Großlandschaft in Chile zw. Río Huasco und Río Aconcagua.
Kleiner Panda (Kleiner Bambusbär, Katzenbär, Ailurus fulgens), etwa 50–65 cm langes, vorwiegend dämmerungs- und nachtaktives Raubtier (Fam. Pandas) in Berg- und Bambuswäldern am SO-Hang des Himalaja (in etwa 1 800–4 000 m Höhe); mit buschig behaartem Schwanz; Fell dicht, langhaarig und weich, oberseits leuchtend fuchs- bis gelbrot, Bauchseite und Gliedmaßen schwarz, Gesicht mit weißer Zeichnung.
Kleiner Rat, in einigen schweizer. Kantonen Bez. für die Regierung (Kollegialorgan). - ↑auch Schweiz (politisches System).
Kleiner Sankt Bernhard ↑Alpenpässe (Übersicht).
Kleiner Süden, Großlandschaft in Chile, die von der Wasserscheide zw. Río Bío-Bío und Río Imperial bis zum Golf von Ancud reicht.
Kleiner Tümmler ↑Schweinswale.
Kleiner Wagen ↑Sternbilder (Übersicht).
Kleine Schütt, Insel zw. der Donau und der südl. Kleinen Donau in NW-Ungarn.
Kleine Schwebrenken ↑Felchen.
Kleine Schwestern Jesu, 1939 entstandene und 1964 päpstl. anerkannte Kongregation nach der Vorstellungen von C. E. de ↑Foucauld.
kleines Fahrzeug ↑Hinajana-Buddhismus.
Kleines Pferd ↑Sternbilder (Übersicht).
Kleine Sundainseln, Teil des Malaiischen Archipels, umfaßt die von zahlr. kleineren Inseln umgebenen indones. Inseln Bali, Lombok, Sumbawa, Komodo, Flores, Solorinseln, Alorinseln, Sumba, Sawu, Roti, Timor.
Kleines Ungarisches Tiefland, Tiefland zw. den Alpenausläufern im W, den Karpaten im N und dem Transdanub. Mittelgebirge im SO, durchschnittl. 125 m hoch. Gehört größtenteils zu Ungarn; kleinere Anteile haben Österreich und die ČSSR.
Kleines Walsertal, 13 km lange Talschaft der oberen und mittleren Breitach; gehört zum östr. Bundesland Vorarlberg, es ist, da nur von Oberstdorf zugängl., dt. Zollanschluß- und Wirtschaftsgebiet (seit 1891); bed. Fremdenverkehr.
Kleines Wiesel, svw. Mauswiesel (↑Wiesel).
Kleinfamilie ↑Familie.
Kleinfeldhandball ↑Handball.
Kleinfledermäuse, svw. ↑Fledermäuse.
Kleinfledertiere, svw. ↑Fledermäuse.
Kleinfund ↑Fund.
Kleingärten, svw. ↑Schrebergärten.
Klein-Gordon-Gleichung [engl. 'gɔːdn; nach dem schwed. Physiker O. Klein, *1894, und W. Gordon], die relativist. invariante Verallgemeinerung der ↑Schrödinger-Gleichung der Quantenmechanik; spielt eine fundamentale Rolle in der Quantenfeldtheorie.
Kleingruppenforschung, von der amerikan. Soziologie entwickelte Analyse- und Experimentierverfahren zur Untersuchung „kleiner Gruppen" (bis zu 20 Mgl., unter denen noch direkte Kontakte, sog. Face-to-face-Beziehungen, mögl. sind), insbes. hinsichtl. des Zusammenhangs zw. dem Verhalten der einzelnen Mgl. zueinander und der Gesamtstruktur der Gruppe.
Kleinhirn ↑Gehirn.
Kleinhirnbrückenwinkeltumor ↑Gehirntumor.
Kleinhufeisennase ↑Fledermäuse.
Kleinkaliberschießen ↑Schießsport.
Kleinkaliberwaffen (KK-Waffen), Sportwaffen mit einem Kaliber von .22 (0,22 Zoll) = 5,6 mm, auch Jagdwaffen für Kleinwild.
Kleinkampfmittel, Sammelbez. für die von Einzelkämpfern (Kampfschwimmern) eingesetzten Kampfmittel, z. B. Ein- und Zweimanntorpedos, Fernlenk- und Sprengboote, Haftladungen.
Kleinkatzen (Felini), Gattungsgruppe 0,4–1,6 m langer Katzen mit weltweiter Verbreitung (außer Australien). Bei K. sind die Zungenbeine vollkommen verknöchert. Sie können daher (im Ggs. zu den Großkatzen) beim Ein- und Ausatmen ledigl. schnurren, jedoch nicht laut brüllen. - Zu den K. gehören 28 Arten, darunter Wildkatze, Serval, Luchse, Ozelot, Marmorkatze, Puma, Nebelparder und Manul.
Kleinkind ↑Kind.
Kleinkirchheim, Bad ↑Bad Kleinkirchheim.
Kleinklima ↑Klima.
Kleinkraftrad ↑Kraftrad.
Kleinkredit ↑Kredit.
Kleinkumanien, Gebiet im W des Großen Ungar. Tieflands.
Kleinmeister, nach ihren kleinforma-

Kleidung

Kleidung

Kleinoffsetdruck

tigen Holzschnitten und Kupferstichen benannte Gruppe dt. Künstler der Dürerzeit, u. a. A. Altdorfer, H. Aldegrever, die Brüder Beham, P. Flötner, G. Pencz, V. Solis. Ihre Themen sind v. a. religiöser, mytholog. und histor., seltener auch polit. Art.

Kleinoffsetdruck, Offsetdruck auf sog. K.maschinen bis zum Format DIN A 2. - ↑auch Drucken.

Kleinohrigel ↑Igel.

Kleinpferde ↑Ponys.

Kleinpolen (poln. Małopolska), histor., seit dem 13. Jh. gebräuchl. Bez. für das Geb. zw. Krakau, Tschenstochau, Radom und Sandomierz mit Krakau als polit. und kulturellem Mittelpunkt, im Unterschied zu Großpolen.

Kleinpolnisches Berg- und Hügelland, Landschaft in Z-Polen, im W von der Oberschles. Platte, im S und O von der Weichsel begrenzt; gegliedert in die **Krakau-Tschenstochauer Höhe** im W (z. T. Nationalpark), das fruchtbare Ackerbaugebiet der **Nida-Pilica-Senke** und das bis 611 m hohe **Kielcer Bergland** im O (z. T. Nationalpark).

Kleinrussen ↑Ukrainer.

Kleinspannung, mit Transformatoren, Gleichrichtern oder Umformern, Akkumulatoren und galvan. Elementen erzeugte Nennspanung unter 42 Volt; u. a. vorgeschrieben für Spielzeug (bis 24 V), für [Hand]-leuchten in Kesseln, Behältern u. a.

Kleinspecht (Kleiner Buntspecht, Dendrocopos minor), sperlingsgroßer Buntspecht, v. a. in lichten Laubwäldern Europas, NW-Afrikas und der gemäßigten Region Asiens; kleinster europ. Specht; oberseits schwarz mit dichten, weißen Querbändern und roter (♂) oder weißl. (♀) Kappe.

Kleinspitze, durch geringere Körpergröße (28 cm Schulterhöhe) von den Großspitzen unterschiedene dt. Zwerghunderasse.

Kleinsportanlage ↑Sportanlagen.

Kleinstaat, polit. (kein völkerrechtl.) Begriff für Staaten, die sich im allg. nach territorialer Größe, Bev.zahl, Wirtschafts- und Militärpotential in erhebl. Maße von Mittelstaaten oder Großmächten unterscheiden, von solchen häufig abhängig sind und nur in Ausnahmefällen internat. Einfluß ausüben können. In der dt. Geschichte hat die Zersplitterung in Klein- und Mittelstaaten im 19. Jh. zu einer Überbewertung der Großmacht und des Machtstaats und zu einer Unterschätzung der positiven Seiten des K. beigetragen, die v. a. in der Theorie des Föderalismus hervorgehoben oder durch bes. Kulturleistungen unterstrichen werden. Im Zeichen des atomaren Patts können K. an Nahtstellen polit. Gegensätze der Weltmächte einen unverhältnismäßig großen polit. Spielraum gewinnen; sie können andererseits als Pufferstaaten oder Neutrale Vermittlungsfunktionen übernehmen.

Kleinstadt, in der Gemeindestatistik Stadt mit 5000–20 000 Einwohnern.

Kleinstbildkamera ↑photographische Apparate.

kleinstes gemeinsames Vielfaches, Abk. kgV, die kleinste ganze Zahl, die sich durch jede von zwei oder mehreren ganzen Zahlen ohne Rest teilen läßt. Z. B. ist 24 das kgV von 6 und 8.

Kleist, seit 1263 nachweisbares pommer. Adelsgeschlecht; bed.:

K., Ewald von, * Braunfels 8. Aug. 1881, † in der UdSSR im Okt. 1954, Generalfeldmarschall (seit 1943). - 1942–44 Oberbefehlshaber der Heeresgruppe A im südl. Abschnitt der O-Front; 1944 des Kommandos enthoben; als brit. Kriegsgefangener 1946 an Jugoslawien, von dort an die UdSSR ausgeliefert.

K., Ewald Christian von, * Zeblin (im Verw.-Gebiet Köslin, Polen▼) 7. März 1715, † Frankfurt/Oder 24. Aug. 1759, Dichter. - Ab 1740 im Heer Friedrichs d. Gr. auf östr., frz. und russ. Kriegsschauplätzen (starb an einer in der Schlacht bei Kunersdorf erlittenen Verwundung). K. begann mit Gedichten im Stil der Anakreontik. Unter dem Einfluß Klopstocks und Thomsons entstand die bukol. Idylle „Der Frühling" (1749); schrieb auch vaterländ. Gedichte, Oden und Versepik.

K., Friedrich, Graf von Nollendorf (seit 1814), * Berlin 9. April 1762, † ebd. 17. Febr. 1823, preuß. Generalfeldmarschall (seit 1821). - Zeichnete sich bes. in den Befreiungskriegen aus; verhinderte bei Nollendorf den Rückzug der frz. Truppen und entschied damit die Schlacht von Kulm (30. Aug. 1813).

K., Heinrich von, * Frankfurt/Oder 18. Okt. 1777, † Berlin 21. Nov. 1811, dt. Dramatiker und Erzähler. - Sohn eines preuß. Hauptmanns; seit 1792 im Potsdamer Garderegiment, 1794 Teilnahme am Rheinfeldzug; quittierte 1799 den Dienst und begann in Frankfurt/Oder ein Philosophiestudium (v. a. Kant). Unternahm seit 1801 verschiedene Reisen in die Schweiz und nach Frankr.; Kontakte mit H. Zschokke, L. Wieland und H. Geßner; Arbeit an den Trauerspielen „Familie Schroffenstein" (erschienen 1803) und „Robert Guiskard. Herzog der Normannen" (als Fragment in der Zeitschrift „Phoebus" 1808 erschienen); in Dresden Bekanntschaft mit dem Satiriker J. D. Falk, der K. zu dem Lustspiel „Amphitrion" (1807) anregte; gleichzeitig Beginn der Arbeit am Lustspiel „Der zerbrochne Krug" (aufgeführt 1808, erschienen 1811). 1804 bewarb sich K. in Berlin um eine Anstellung, kam zur Ausbildung nach Königsberg (Pr), ließ sich jedoch 1806 wegen Krankheit beurlauben und arbeitete an seinen Dichtungen. 1807 wurde er in Berlin als Spion von den Franzosen verhaftet und 6 Monate inhaftiert; danach ging er nach Dresden, redigierte den einzigen Jahrgang der Zeitschrift „Phoebus" und arbeitete, angeregt durch zahlr. Kontakte

Klemens VIII.

mit Schriftstellern, u. a. an den Dramen „Penthesilea" und „Käthchen von Heilbronn" (erschienen 1820) sowie an den Erzählungen „Michael Kohlhaas", „Die Marquise von O.". Das Erscheinen der „Penthesilea" (1808) schockierte die Zeitgenossen; die Aufführung des Lustspiels „Der zerbrochne Krug" im gleichen Jahr wurde ein Mißerfolg. Danach wandte sich K. polit.-historisierenden Stoffen zu und schrieb das Tendenzdrama „Die Hermannsschlacht" (gedruckt 1821). Nachdem er sich kurze Zeit in Prag aufgehalten hatte, kehrte er 1809 nach Berlin zurück und gab dort 1810/11 die „Berliner Abendblätter" heraus, bis das Erscheinen der erfolgreichen Tageszeitung wegen Behördenschikanen eingestellt werden mußte. Ebenfalls 1810/11 erschienen in 2 Bänden seine Erzählungen. Als ihm sein letztes Drama „Prinz Friedrich von Homburg" (verfaßt 1811; gedruckt 1821) nicht den erhofften Erfolg gebracht hatte, beging er 1811, zus. mit seiner Lebensgefährtin Henriette Vogel, Selbstmord. Von K. gab L. Tieck 1821 „Hinterlassene Schriften" und 1826 die „Gesammelten Schriften" heraus. - K. gehörte keiner literar. Schule an, hatte sich vom preuß. Junkertum bewußt distanziert und war auch polit. ein Einzelgänger. Als Jurist gestaltete er häufig jurist. Stoffe: Wie ein Leitmotiv durchzieht sein Werk der Konflikt zw. geltendem, positiven Recht und dem persönl. Rechtsempfinden und moral. Anspruch der handelnden Individuen.
📖 *Hohoff, C.: H. v. K. Mit Selbstzeugnissen u. Bilddokumenten. Rbk. 1985. - Sembdner, H.: In Sachen K. Beitrr. zur Forschung. Mchn. ²1984. - K.s Aktualität. Neue Aufss. u. Essays 1966–78. Hg. v. W. Müller-Seidel. Darmst. 1981.*

Kleister ↑ Leime.

Kleisthenes, athen. Staatsmann des 6. Jh. v. Chr. - Schuf nach dem Sturz des Hippias (510) den athen. Staat neu; er errichtete zehn Phylen aus je einer Trittys des Stadt-, Küsten- und Binnengeb., den Rat der 500, die Einteilung in Prytanien, vielleicht auch den Ostrazismus. Durch die Reformen des K. erhielt die demokrat. Entwicklung der athen. Verfassung durch Ablösung gentiler Elemente entscheidende Impulse.

Kleistogamie [griech.], Form der Selbstbestäubung in Zwitterblüten verschiedener Pflanzenarten, wobei die Blüten geschlossen bleiben (Ggs. ↑ Chasmogamie).

Kleist-Preis, von F. Engel, Redakteur des „Berliner Tageblatts" angeregter und von dieser dafür gegr. Kleiststiftung zw. 1912 und 1932 an junge dt. Dichter verliehener Förderpreis. Preisträger waren u. a.: O. Loerke (1913), F. von Unruh (1914), A. Zweig (1915), H. Lersch (1916), W. Hasenclever (1917), P. Zech (1918), H. H. Jahnn (1920), B. Brecht (1922), R. Musil (1923), E. Barlach (1924), C. Zuckmayer (1925), A. Seghers (1928), Ö. von Horvath (1931), E. Lasker-Schüler (1932). Der vom Bundesinnenministerium neu gestiftete K.-P. wurde 1985 an A. Kluge, 1986 an D. Kempff, 1987 an Th. Brasch, 1988 an U. Horstmann, 1989 an E. Augustin verliehen.

Kleistsche Flasche [nach dem dt. Theologen E. J. von Kleist, * 1700, † 1748], svw. ↑ Leidener Flasche.

Kleitos (lat. Clitus), Name mehrerer Gefährten Alexanders d. Gr.: 1. K., „der Schwarze", rettete Alexander in der Schlacht am Granikos 334 das Leben, wurde 328 von diesem im Streit niedergestochen. 2. K., „der Weiße", besiegte 322 die athen. Flotte bei Amorgos; nach 318 in Thrakien getötet.

Klematis (Clematis) [kle'maːtɪs, 'kleːmatɪs; griech.-lat.], svw. ↑ Waldrebe.

Klemens (Clemens), männl. Vorname lat. Ursprungs, eigtl. „der Milde, der Gnädige".

Klemens, Name von Päpsten:
K. II., † im Thomaskloster am Aposella bei Pesaro 9. Okt. 1047, vorher Suitger, Papst (seit 25. Dez. 1046). - Aus sächs. Adel, Domkanoniker in Halberstadt, 1040 Bischof von Bamberg; gewählt unter dem Einfluß Heinrichs III., den K. an seinem Inthronisationstag zum Kaiser krönte; mit ihm beginnt die Frühphase der gregorian. Reform; ist im Bamberger Dom beigesetzt.

K. V., * in der Gascogne, † Roquemaure (Gard) 20. April 1314, vorher Bertrand de Got, Papst (seit 5. Juni 1305). - 1299 Erzbischof von Bordeaux; begr. 1309 das Avignon. Exil; stimmte der Aufhebung des Templerordens auf dem Konzil von Vienne (1311/12) zu. Seine Ergänzung der Dekretalen („Klementinen") wurde erst von Johannes XXII. herausgegeben.

K. VII., * Genf 1342, † Avignon 16. Sept. 1394, vorher Robert von Genf, Papst (Gegenpapst) (seit 20. Sept. 1378). - 1361 Bischof von Thérouanne, 1368 von Cambrai; ging bald nach Avignon und baute dort eine Kurie auf (Beginn des ↑ Abendländischen Schismas).

K. VII., * Florenz 26. Mai 1478, † Rom 25. Sept. 1534, vorher Giulio de' Medici, Papst (seit 19. Nov. 1523). - Typ. Vertreter des Renaissancepapsttums; bekämpfte Kaiser Karl V., um dessen Vorherrschaft in Italien einzudämmen; nach der Erstürmung Roms († Sacco di Roma) mußte er als Gefangener Karls V. 1529 den Frieden von Barcelona schließen und 1530 den Kaiser in Bologna krönen. Während seines Pontifikats begann die ↑ Reformation.

K. VIII., * Fano (Prov. Pesaro e Urbino) 24. Febr. 1536, † Rom 5. März 1605, vorher Ippolito Aldobrandini, Papst (seit 30. Jan. 1592). - Ihm gelang die Aussöhnung mit Frankr. (1595), die Kirchenunion von Brest, die Vermittlung des Friedens von Vervins 1598 zw. Frankr. und Spanien, die Wiedervereinigung Ferraras mit dem Kirchenstaat; erfolglose gegenreformator. Politik in England und Schweden. K. sorgte für die Neu-

Klemens XIV.

ausgabe liturg. Bücher und der †Vulgata Sixtus' V.

K. XIV., *Sant'Arcangelo (bei Rimini) 31. Okt. 1705, †Rom 22. Sept. 1774, vorher Giovanni Vincenzo Antonio (Ordensname: Lorenzo) Ganganelli, Papst (seit 28. Mai 1769). - Franziskanerkonventuale, 1759 Kardinal; führte 1773 die von den von Bourbonen regierten Staaten geforderte Aufhebung des Jesuitenordens durch und versuchte, zu diesen Staaten durch Konzessionen an das Staatskirchentum das Verhältnis zu verbessern. Die gespannte Situation in der Reichskirche wurde durch die Koblenzer Gravamina (1769) und den Salzburger Kongreß (1770-71) gekennzeichnet.

Klemens von Alexandria (Titus Flavius Clemens Alexandrinus), *Athen (?) um 150, †vor 215, griech. Kirchenschriftsteller. - Sein Wirken zielte auf die Schaffung einer christl. Kultur und die Überwindung der Gnosis.

Klemens August, *Brüssel 16. Aug. 1700, †Ehrenbreitstein (= Koblenz) 6. Febr. 1761, Kurfürst und Erzbischof (seit 1723) von Köln. - Bruder Kaiser Karls VII., Fürstbischof von Münster und Paderborn (1719), Hildesheim (1724) und Osnabrück (1728); ab 1732 Hochmeister des Dt. Ordens.

Klemensbriefe, *1. Klemensbrief,* Brief der christl. Gemeinde Roms an die Gemeinde von Korinth; verfaßt um 96 angebl. von Papst Klemens I. (3. Nachfolger des Petrus), um einen Streit um das Gemeindeamt in Korinth zu schlichten; ältestes Zeugnis für die Martyrien von Petrus und Paulus. *2. Klemensbrief,* älteste christl. Homilie (wohl Mitte des 2. Jh.).

Klementia (Clementia), weibl. Vorname lat. Ursprungs (eigtl. „Milde, Gnade").

Klementine (Clementine), weibl. Vorname, Weiterbildung von Klementia.

Klementine (Clementine) [vermutl. nach dem ersten Züchter, dem frz. Trappistenmönch Père Clément] †Mandarine.

Klementinen †Corpus Juris Canonici.

Klemm, Hanns, *Stuttgart 4. April 1885, †Fischbachau bei Schliersee 30. April 1961, dt. Flugzeugkonstrukteur. - Entwickelte 1918/1919 das erste Leichtflugzeug der Welt (L 15), 1924 die für alle weiteren K.flugzeuge vorbildl. L 20, danach u. a. die Kl 25 (Schul- und Sportflugzeug); gründete 1926 die *Leichtflugzeugbau K. GmbH* in Böblingen.

Klemmenspannung, die Spannung an den Klemmen einer elektr. Spannungsquelle bei Stromentnahme, im Unterschied zur **Urspannung** (elektromotor. Kraft oder EMK), die in unbelastetem Zustand gemessen wird (z. B. Nennspannungsangabe auf Batterien).

Klemperer, Otto, *Breslau 14. Mai 1885, †Zürich 7. Juli 1973, dt. Dirigent. - Seit 1927 Leiter (seit 1928 Kapellmeister) der Kroll-Oper bzw. der Staatsoper Berlin; nach 1933 v. a. in den USA, seit 1946 wieder in Europa tätig; 1959 wurde er Chefdirigent des [New] Philharmonia Orchestra in London.

K., Victor, *Landsberg (Warthe) 9. Okt. 1881, †Dresden 11. Febr. 1960, dt. Romanist. - 1919 Prof. in München, 1920-33 in Dresden, 1933 amtsenthoben, seit 1951 in Berlin (Ost). - *Werke:* Geschichte der frz. Literatur von Napoleon bis zur Gegenwart (1925-31, 1956 u. d. T. Geschichte der frz. Literatur im 19. und 20. Jh.), Geschichte der frz. Literatur des 18. Jh. (1954-66).

Klenau, Paul von, *Kopenhagen 11. Febr. 1883, †ebd. 31. Aug. 1946, dän. Komponist. - Komponierte u. a. sieben Sinfonien, sechs Opern („Michael Kohlhaas", 1933; „Rembrandt van Rijn", 1937; „Elisabeth von England", 1939), zwei Ballette, Kammermusik, Chorwerke und Lieder.

Klenze, Leo von, *Schladen bei Hildesheim 29. Febr. 1784, †München 27. Jan. 1864, dt. Baumeister. - Studien in Berlin und Paris; Hofbaumeister in Kassel, ab 1816 des späteren König Ludwigs I. in München. Plante die einheitl. gestalteten Straßenzüge und Plätze Münchens: Königsplatz, Ludwigstraße, Odeonsplatz, große Teile der Briennerstraße, für die die meisten seiner bed. öffentl. Gebäude, meist im griech.-klassizist. Stil, entstanden. Außerdem erbaute er die Walhalla bei Regensburg (1830-42), die Neue Eremitage in Petersburg (1839-52) und die Befreiungshalle bei Kelheim (1847-63). - Abb. S. 8.

Kleobulos, einer der †Sieben Weisen.

Kleomenes, Name spartan. Könige aus dem Geschlecht der Agiaden:

K. I., †488 v. Chr., König (seit 525). - Hatte entscheidenden Anteil an der Vertreibung des Hippias aus Athen (510). Trotz Auseinandersetzungen mit dem Ephorat war Sparta z. Z. des K. die mächtigste griech. Landmacht.

K. III., *Sparta 260, †Alexandria 219, König (seit 237). - Strebte durch soziale und polit. Reformen (Abschaffung des Ephorats) nach Erneuerung der lykurg. Ordnung. Nach seiner Niederlage im Kampf gegen Antigonos III. Doson 222 bei Sellasia (nördl. von Sparta) wurden seine Reformen aufgehoben.

Kleon, ⚔ Amphipolis (Makedonien) 422 v. Chr., athen. Staatsmann. - War während des Peloponnes. Krieges Gegner des Perikles und Nikias, ließ Friedensversuche scheitern (425) und verdreifachte die Steuern der Att.-Del. Seebundes.

Kleopatra VII., die Große, *Alexandria 69, †ebd. Aug. 30, ägypt. Königin (seit 51). - 3. Tochter Ptolemaios' XII.; regierte 51-48 mit ihrem Brudergemahl Ptolemaios XIII., 47-44 mit ihrem Bruder Ptolemaios XIV.; 48 vertrieben, ließ sich sich in einer Teppichrolle zu dem in Alexandria weilenden Cäsar bringen, dessen Geliebte sie wurde und dem sie Kaisarion gebar. 46-44 auf Cäsars Einladung in Rom, kehrte nach dessen Ermordung zurück, beseitigte ihren Bruder und erhob Kaisarion zum Mitregenten. Im Röm. Bürger-

krieg 43/42 verhielt sie sich neutral und wurde deswegen 41 von Marcus Antonius nach Tarsus vorgeladen. Sie machte Antonius zu ihrem Geliebten und heiratete ihn 37 in Antiochia. 31 verschuldete sie durch die Flucht der ägypt. Flotte in hohem Maße die Niederlage des Antonius gegen Oktavian († Augustus) bei Aktium. Als es ihr nicht gelang, den nach Ägypten vorgestoßenen Oktavian auf ihre Seite zu ziehen und Ägypten für ihre Kinder zu retten, beging sie Selbstmord. K. war, wie aus den Münzbildern zu schließen ist, keine bes. schöne Frau. Doch wurden ihr Charme und Geist nachgesagt. Zur Erreichung ihrer polit. Ziele brachte sie hemmungslos auch die Liebe ins Spiel. - Zu den *Dichtungen* um K., in denen ihr Verhältnis zu Antonius und ihr Ende dargestellt werden, zählen u. a. Dramen von H. Sachs und W. Shakespeare; ihre Beziehung zu Cäsar gestalteten u. a. P. Corneille und G. B. Shaw; auch Hauptgestalt vieler Opern, bes. von G. F. Händel, D. Cimarosa und G. F. Malipiero.
📖 *Benoist-Méchin, J.: K. Dt. Übers. Ffm. 1980. - Becher, I.: Das Bild der K. in der griech. u. lat. Zeit. Bln. 1966.*

Kleophon-Maler, att. Vasenmaler des 5. Jh. - Tätig etwa 445–420; Vertreter des rotfigurigen Stils der Hochklassik (Stamnos mit „Kriegerabschied", um 440/430, München, Staatl. Antikensammlungen, und Pelike mit der „Rückführung des Hephäst", um 430, ebd.).

Kleophrades-Maler, att. Vasenmaler des frühen 5. Jh. v. Chr. - Arbeitete für den Töpfer Kleophrades und signierte auf einer Pelike als „Epiktetos". Tätig etwa 500–470. Seine großfigurige, ausdrucksvolle Bildkomposition wurde richtungweisend für den „strengen Stil"; u. a. Spitzamphora mit Dionys. Szene (um 500 v. Chr., München, Staatl. Antikensammlungen).

Klephten [neugriech.], räuber. Freischärler in den Gebirgen N-Griechenlands, Thessaliens und Makedoniens, die sich ähnl. den Heiducken nie der osman. Herrschaft unterwarfen, manchmal aber als Söldner in deren Dienst kämpften.

Klepper, Jochen, * Beuthen/Oder 22. März 1903, † Berlin-Nikolassee 11. Dez. 1942, dt. Schriftsteller. - Studierte Theologie; war publizist. bei Presse und Rundfunk tätig (1933 wegen Ehe mit einer Jüdin entlassen); der histor. Roman über den Preußenkönig Wilhelm I., „Der Vater", führte 1937 zu seinem Ausschluß aus der NS-Reichsschrifttumskammer; beging auf Grund ständiger Bedrohungen mit Frau und Tochter Selbstmord. - *Weitere Werke:* Kyrie (geistl. Lieder, 1938), Das ewige Haus (R.-Fragment, hg. 1951), Unter dem Schatten deiner Flügel (Tageb., hg. 1956), Ziel der Zeit (gesammelte Ged., hg. 1962).

Kleppestø [norweg. ˌklɛpəstø:], Verwaltungssitz der norweg. Insel Askøy.

Kleptomanie [zu griech. kléptein „stehlen" und † Manie] (Klopemanie), zwanghafter, vom Willen nicht kontrollierbarer Trieb zum Stehlen ohne Bereicherungsabsicht.

klerikal [griech.-lat.], svw. zum † Klerus gehörig, dem Klerus eigentümlich.

Klerikalismus [griech.-lat.], abwertende Bez. für eine innerkirchl. Prädominanz und eine Vormachtposition bzw. einen direkten oder indirekten Machtanspruch des [kath.] Klerus im polit.-sozialen Bereich.

Klerksdorp, Stadt in SW-Transvaal, Republik Südafrika, 1 325 m ü. d. M., 71 000 E. - Sitz eines kath. Bischofs. Zentrale Überwachungsstelle des Eisenbahnverkehrs; jährl. Landw.- und Ind.ausstellung. Goldbergbauzentrum. 1837 als erste Burensiedlung in Transvaal gegründet.

Klerus [griech.-lat., eigtl. „Los, Anteil"], Bez. für die Gesamtheit der durch sakramentale † Ordination (Diakonat, Presbyterat und Episkopat) zum führenden Leitungsdienst berufenen röm.-kath. Kirchenangehörigen, die einen Stand mit bes. Standesrechten (-privilegien) und -pflichten bilden **(Kleriker).** - Seit 1. Jan. 1973 vollzieht sich die Aufnahme in den K. mit der Weihe zum Diakon, vorher durch die erste Tonsur; der Ordination zum Diakon waren der vier niederen Weihen und die sog. erste höhere Weihe des Subdiakonats vorgelagert; dementsprechend sprach man von Klerikern niederer (*Minoristen*) und höherer Weihe (*Majoristen*). Diese Weihestufen wurden abgeschafft.

Klesecker, Justus, † Glessker, Justus.

Klesl (Khlesl, Kesel), Melchior ['klɛːzəl], * Wien Febr. 1552, † Wiener Neustadt 18. Sept. 1630, kaiserl. Staatsmann und Kardinal (seit 1616). - Seit 1598 Bischof von Wien, seit 1593 als Vertrauter von Erzhzg. Matthias, förderte die Verbindung der Erzherzöge gegen Kaiser Rudolf II. sowie 1612 die Wahl Matthias' zum Kaiser. Trotz seiner gegenreformator. Haltung erstrebte er den religiösen Ausgleich und vermittelte auch im Böhm. Aufstand (1618).

Klethra [griech.], svw. † Scheineller.

Klett-Cotta-Verlagsgemeinschaft † Verlage (Übersicht).

Klette (Arctium), Gatt. der Korbblütler mit sechs Arten in der nördl. gemäßigten Zone Eurasiens. Häufigste Art auf Schuttplätzen, Ödland und an Wegrändern ist die **Große Klette** (Arctium lappa) mit bis 4 cm großen, rötl. bis purpurfarbenen Blütenköpfchen, deren Hüllblätter mit einer hakigen Stachelspitze versehen sind.

Kletten, svw. † Klettfrüchte.

Klettenberg, Susanne Katharina von, * Frankfurt am Main 19. Dez. 1723, † ebd. 13. Dez. 1774, dt. pietist. Schriftstellerin. - Freundin der Mutter Goethes, auf den sie einen myst.-pietist. Einfluß ausübte. In Erinnerung an sie schrieb Goethe die „Bekenntnisse einer schönen Seele" im 6. Buch des „Wilhelm Meister".

Kletterbeutler (Phalangeridae), Fam. der Beuteltiere mit rd. 50 cm bis fuchsgroßen Arten (Körperlänge 7–80 cm) in Australien und Neuguinea, u. a. Fuchskusu, Kuskus, Koala, Flugbeutler.

Kletterfische (Anabantidae), Fam. bis 30 cm langer Knochenfische (Unterordnung Labyrinthfische) mit rd. 25 Arten, v. a. in versumpfenden Flachgewässern Afrikas, S- und SO-Asiens; mit nackenwärts gelegenem Labyrinthorgan als zusätzl. Atmungsorgan. Der **Eigentl. Kletterfisch** (Anabas testudineus; S- und SO-Asien; graubraun bis olivgrün; nachtaktiv) kann mit Hilfe der Brustflossen und Kiemendeckeldornen aus dem Wasser auf schräg stehende Uferpflanzen klettern und über Land längere Strecken zurücklegen.

Kletternattern (Elaphe), Gatt. der Nattern mit zahlr. Arten, v. a. in Wäldern Eurasiens und Amerikas; Körperseiten mit umgebogenen Bauchschilden, die eine leichte Körperkante bilden (dienen zum besseren Verankern beim Klettern in Büschen und Bäumen); in Deutschland kommt vereinzelt die ↑ Äskulapnatter vor.

Kletterpflanzen, svw. ↑ Lianen.

Kletterrosen ↑ Rose.

Klettertrompete (Campsis), Gatt. der Bignoniengewächse mit zwei Arten in O-Asien u. N-Amerika; sommergrüne, mit Luftwurzeln kletternde Sträucher mit gefiederten Blättern. In wärmeren Gebieten Europas wird die nordamerikan. Art **Campsis radicans** mit trichterförmigen roten bis gelben Blüten als Kletter- und Spalierstrauch kultiviert.

Klettfrüchte (Kletten), mit Widerhaken (Borsten oder Stacheln) besetzte Früchte, die sich entweder im Boden oder am Schlammgrund von Gewässern verankern oder, am Fell bzw. Gefieder von Tieren haftend, verschleppt werden.

Klettgau, südlichste der Gäulandschaften, erstreckt sich zw. dem südl. Schwarzwald und dem Randen (Schweiz und BR Deutschland).

Klett, Pädagogischer Verlag, Ernst, ↑ Verlage (Übersicht).

Kletzki, Paul ↑ Klecki, Paweł (Paul).

Kleukens, Christian Heinrich, * Achim bei Bremen 7. März 1880, † Darmstadt 7. April 1954, dt. Schriftschöpfer. - Bruder von Friedrich Wilhelm K.; 1907–14 Hersteller, ab 1914 Leiter der Ernst-Ludwig-Presse; gründete (mit R. [G.] Binding) die K.-Presse in Frankfurt am Main (1919–23) und die Mainzer Presse (1927–45), die bibliophile Drucke z. T. mit von ihm geschaffenen Schriften herausbrachten.

K., Friedrich Wilhelm, * Achim bei Bremen 7. Mai 1878, † Nürtingen 22. Aug. 1956, dt. Graphiker und Schriftschöpfer. - Bruder von Christian Heinrich K.; 1907 an die Darmstädter Künstlerkolonie berufen, wo er bis 1914 die Ernst-Ludwig-Presse leitete. 1919 gründete er die Ratio-Presse; bibliophile Bücher mit eigenen Schnitten, z. T. auch Buchillustrationen.

Kleve [...və], Krst. im niederrhein. Tiefland, NRW, 15–40 m ü. d. M., 44 100 E. Forschungsstelle für Grünland und Futterbau des Landes NRW, Theater, Museum; Schuh-, Nahrungs- und Genußmittelind.; Hafen, durch den Spoykanal mit dem Rhein verbunden. - Die wahrscheinl. auf das 9. Jh. zurückgehende Burg war ab Mitte des 11. Jh. Sitz der Grafen von K., die im frühen 13. Jh. nördl. der Burg die Stadt gründeten (Stadtrecht 1242). Die Entdeckung eines Heilbrunnens (1742 erste Kursaison) machte K. zu einem im 18./19. Jh. vielbesuchten Kurort. - Ehem. got. Stiftskirche (1341–1426; im 2. Weltkrieg zerstört; wieder aufgebaut), ehem. Minoritenkirche (15. Jh., ebenfalls wieder aufgebaut). Die Schwanenburg (heute Landgericht; v. a. 15. und 17. Jh.) war einst eine bed. stauf. Anlage.

K., Kreis in NRW.

K., (Cleve) ehem. Gft. am Niederrhein, wurde 1417 zum Hzgt. erhoben; 1511/21 in Personalunion mit Jülich-Berg-Ravensberg verbunden und im ↑ Jülich-Klevesschen Erbfolgestreit 1614 mit Brandenburg vereinigt.

Klibi, Schadli, * Tunis 6. Sept. 1925, tunes. Politiker. - 1961–73 Min. für Kultur und Information, 1968–73 Kabinettschef von H. Burgiba; im Juni 1979 als Nachfolger M. Rijads zum Generalsekretär der Arab. Liga gewählt.

Klick, Roland, * Hof 4. Juli 1939, dt. Filmregisseur und Drehbuchautor. - Drehte nach Kurzfilmen 1966 seinen ersten Spielfilm, den Psychokrimi „Der kleine Vampir"/„Bübchen", danach „Deadlock" (1970), „Supermarkt" (1973), die Simmel-Adaption „Lieb Vaterland, magst ruhig sein" (1975), „White Star" (1982).

Klient [zu lat. cliens „Schutzbefohlener"], im antiken Rom nicht rechtsfähige Person, für die ein Patron die Vertretung vor Gericht und den Schutz in der Öffentlichkeit übernahm. Die Gesamtheit der K. eines Patrons war in der der religiös und rechtl. geschützten **Klientel** zusammengefaßt. Sie stellte eine Zwischenklasse zw. Freiheit und Unfreiheit dar und konnte die Bev. einer ganzen Prov. umfassen. In der heutigen Rechtssprache svw. Mandant.

Kliesche ↑ Schollen.

Kliff [niederdt.], der meist senkrechte Abfall von Steilküsten.

Klima [griech. „Abhang, Neigung (der Erde gegen die Pole zu); Himmelsgegend, geograph. Lage"], die Gesamtheit der meteorolog. Erscheinungen, die den mittleren Zustand der Atmosphäre an irgendeiner Stelle der Erdoberfläche kennzeichnen, außerdem die Ge-

Klima

samtheit der Witterungen eines längeren oder kürzeren Zeitabschnittes (innerhalb eines Jahres), wie sie durchschnittl. in diesem Zeitraum einzutreten pflegt. Dabei wird unter dem Begriff **Witterung** der mittlere oder der vorherrschende Charakter des Wetterablaufes eines bestimmten Zeitraumes (von wenigen Tagen bis zu einzelnen Jahreszeiten) verstanden, während als **Wetter** der Zustand der Atmosphäre zu einem bestimmten Zeitpunkt bezeichnet wird. Das K. ist eine Folge physikal. Vorgänge, die in der Atmosphäre infolge der Bestrahlung der Erde durch die Sonne in Gang gesetzt werden. Der Verlauf dieser Prozesse wird wesentl. durch geograph. Breite, Verteilung von Festland und Meer, Meeresströmungen, auch durch Relief, Vegetation, Bebauung u. a. mitgestaltet. Man bezeichnet diese geograph. Voraussetzungen als **Klimafaktoren**. Ihr Einfluß auf den Gang und die Größe der **Klimaelemente** (Sonnen- und Himmelsstrahlung, Temperatur, Feuchte, Wind, Bewölkung, Niederschlag usw.) ist deutl. nachweisbar. So unterscheidet man Höhen-, Stadt-, maritimes (See-), Kontinental-, Pflanzen-K. und andere Klimate. Nach der Größenordnung der klimatolog. untersuchten Gebiete wird eine Dreiteilung vorgenommen in **Großklima** (Makroklima, K. im eigtl. Sinn, das für die Gliederung der Erdoberfläche in **Klimazonen** entscheidend ist), **Mesoklima** (Lokalklima, das K. abgeschlossener Räume wie Talkessel, Stadt usw.), **Kleinklima** (Mikroklima, das K. der bodennahen Luftschicht mit nur geringer räuml. Ausdehnung). Diese 3 Bereiche sind nicht scharf voneinander zu trennen, da sie vielfältig aufeinander einwirken.

Mit der wiss. Erforschung des K. befaßt sich die ↑ Klimatologie, deren Grundlage die Beobachtung der verschiedenen K.elemente sind. Diese werden an den **Klimastationen** zu festgelegten Tageszeiten (7, 14, 21 Uhr Ortszeit) nach vereinbarten Richtlinien und mit vergleichbaren Instrumenten und Methoden durchgeführt, zu Monatstabellen zusammengefaßt und von den Zentralen der Wetterdienste in Form von Jahrbüchern veröffentlicht.

Die **Klimaklassifikation** kann nach verschiedenen Gesichtspunkten erfolgen, z. B. auf Grund der Niederschläge (humides, arides. nivales K.), unter Zuhilfenahme der Pflanzen als Indikatoren des K. o. ä. Die weiteste Verbreitung hat die *K.klassifikation von W. Köppen* gefunden, die auf der Grundlage von Schwellenwerten der Temperatur und Niederschläge basiert, jedoch auch die jahreszeitl. Verteilung dieser Elemente berücksichtigt; außerdem gehen Andauerwerte von Temperatur und Niederschlag in die Klassifikation ein, und es werden die Auswirkungen des K. auf die Vegetation berücksichtigt:

A trop. Klimate	alle Monate über 18 °C Mitteltemperatur
B Trockenklimate	die Vegetation leidet unter Wassermangel
C warmgemäßigte Klimate	kältester Monat 18 °C bis −3 °C Mitteltemperatur
D Schneeklimate	wärmster Monat über 10 °C kältester Monat unter −3 °C Mitteltemperatur
E Eisklimate	wärmster Monat unter 10 °C Mitteltemperatur.

📖 *Lehrb. der allg. Geographie. Bd. 2: Blüthgen, J.: Allg. K.geographie. Bln.* ³*1980. - Borchert, G.: K.geographie in Stichworten. Kiel 1978. - Scherhag, R./Blüthgen, J.: Klimatologie. Nachdr. Braunschweig 1977.*

Klíma, Ivan, * Prag 14. Sept. 1931, tschech. Schriftsteller. - Als Kind 3 Jahre im KZ Theresienstadt; wurde internat. bekannt durch das

KLIMA

Klimazonen	Klimatypen	Vegetation
trop. Regenklimate	trop. Regenwaldklimate Savannenklimate	trop. Regenwald Savannen, Grasfluren
Trockenklimate	Steppenklimate Wüstenklimate	Gras- und Staudenfluren Oasenvegetation, Sukkulenten, Xerophyten
warmgemäßigte Regenklimate	warme wintertrockene Klimate	Laub-, Nadel- und Mischwälder
	warme sommertrockene Klimate	Hartlaubgehölze
	feuchttemperierte Klimate	Laub-, Nadel-, Mischwälder, Heiden, Moore
Schneeklimate	kalte wintertrockene Klimate kalte winterfeuchte Klimate	Nadelwälder subarktische Strauchformation
Eisklimate	Tundrenklimate Klimate ewigen Frostes	Moose und Flechten keine

Klimaänderungen

Drama „Ein Schloß" (1964); ebenfalls scharfe Gesellschaftskritik übt er in Romanen (u. a. „Ein Liebesroman", 1969) und Erzählungen („Liebende für eine Nacht/Liebende für einen Tag", 1971). Schrieb außerdem „Spiele" (Stück, dt. Uraufführung 1975), „Meine fröhl. Morgen" (En. 1979, dt. 1983).

Klimaänderungen ↑ Klimaschwankungen.

Klimaanlage ↑ Klimatechnik.

Klimabehandlung (Klimatherapie, Klimakur), die Ausnutzung der Reiz- bzw. Schonwirkung klimat. Wirkungskomplexe auf den Organismus zur Verhütung oder Besserung von Erkrankungen. Das beruhigende, dämpfende **Schonklima** der Mittelgebirge ist bei Herz- und Kreislaufkrankheiten, das anregende und abhärtende **Reizklima** von *Hochgebirge* (niedriger Sauerstoffpartialdruck, starke UV-Strahlung; nur bei guter Herz- und Kreislauffunktion) und *Meeresküste* (jod- und kochsalzhaltige Aerosole) bei chron. Erkrankungen der Atemwege und Ekzemen angezeigt.

Klimagerät ↑ Klimatechnik.

Klimakammer, luftdicht abgeschlossener Raum, in dem verschiedene Klimakomponenten (Temperatur, Luftdruck, Luftzusammensetzung, Luftfeuchtigkeit, Lichtverhältnisse u. a.) verändert werden können; zu therapeut. Zwecken (z. B. Simulation eines Höhenklimas zur Keuchhustenbehandlung) und für physiolog. Untersuchungen an Menschen, Tieren und Pflanzen verwendet.

Klimakterium (Climacterium) [griech.], svw. ↑ Wechseljahre.

Klimakunde, svw. ↑ Klimatologie.

Klimakur, svw. ↑ Klimabehandlung.

Klimascheide, zwei unterschiedl. Klimagebiete trennendes Gebirge.

Klimaschwankungen, kurzzeitige Veränderungen der klimat. Gegebenheiten durch rhythm. Pendeln um einen mittleren Wert, der sich über einen sehr langen Zeitraum hin ergibt. K. stehen im Ggs. zu nachhaltigen, langen Veränderungen des Klimas, die in einer Richtung verlaufen, den **Klimaänderungen,** sind aber von diesen nicht immer deutl. zu unterscheiden (deshalb werden beide zusammenfassend als **Klimaveränderungen** bezeichnet). Beispiele von K. sind das ma. Klimaoptimum (Maximum im 11. Jh.), das u. a. die Besiedlung Grönlands ermöglichte, die im 16. Jh. kulminierende Periode der Abkühlung und die sich bes. im nordatlant. Raum in der ersten Hälfte des 20. Jh. bemerkbar machende Erwärmung.

Klimatechnik, Teilgebiet der Technik, das sich damit befaßt, in Räumen mittels Klimaanlagen und -geräten einen bestimmten Luftzustand unabhängig von äußeren Einflüssen herzustellen und selbsttätig aufrechtzuerhalten (engl.: **air conditioning**). Klimaanlagen und Klimageräte bestehen aus mehreren Einzelsystemen: 1. **Ventilator** zur Förderung von Luft. 2. **Wärmetauscher** zür Erwärmung oder Kühlung der Luft; sinkt die Oberflächentemperatur des Wärmetauschers unter die Taupunktstemperatur ab, kondensiert aus der Luft Wasser aus; die Luft wird gleichzeitig gekühlt und entfeuchtet. 3. **Befeuchter** zur Wasserdampfzufuhr; die v. a. verwendeten Typen sind der **Luftwäscher** und der **Dampfbefeuchter**. In der Düsenkammer des Luftwäschers wird Wasser versprüht. Gleichzeitig wird die Luft gewaschen (gereinigt). Bei Dampfbefeuchtern wird direkt Wasserdampf eingeblasen. 4. **Entfeuchter** zum Wasserentzug; dazu werden v. a. Luftkühler (Wärmetauscher) verwendet. 5. **Mischkammer** zur Mischung zweier Luftströme von verschiedenem Zustand. 6. **Filter** zur Reinigung der Luft. 7. **Regelungssystem** zur selbsttätigen Regelung der Klimaanlage; Regelgrößen sind Lufttemperatur und Feuchte. - Die im Klimaaggregat aufbereitete Luft gelangt durch Kanäle und Luftauslässe in die zu klimatisierenden Räume. Gleichzeitig verläßt Abluft den Raum, die ins Freie abgeblasen wird, z. T. (Umluft) jedoch in der Mischkammer mit Außenluft gemischt, im Aggregat aufbereitet und dem Raum erneut zugeführt wird.

Klimaanlagen

Man unterscheidet Zentral- und Primärluftklimaanlagen. Bei **Zentralklimaanlagen** wird die Luft zentral aufbereitet und den klimatisierten Räumen zugeführt. Bei **Einkanalklimaanlagen,** v. a. für Großräume wie Kinos oder Theater erhalten alle Räume Luft von gleichem Zustand. Bei **Zweikanalklimaanlagen** werden zunächst zwei Luftströme von verschiedenem Zustand hergestellt. In den Räumen befindet sich je ein Mischauslaß, in dem das Mischungsverhältnis von Warm- und Kaltluft geregelt wird. **Primärluftklimaanlagen** unterscheiden sich von Zentralklimaanlagen dadurch, daß an jedem Luftauslaß ein oder mehrere Wärmeaustauscher angebracht sind. Die vom Klimaaggregat geförderte Luft wird an den Luftauslässen mit Sekundärluft (Raumluft) gemischt, anschließend erwärmt oder gekühlt und in den Raum geblasen.

Klimageräte

Klimageräte sind kompakt gebaute Apparate beschränkter Leistung zur Klimatisierung einzelner Räume (z. B. Wohnräume, PKW, Omnibus). Sie enthalten ein Klimaaggregat sowie die Einrichtung zur Wärme- (meist elektr. Heizstäbe) und Kälteversorgung (Kältemaschine). Eine Sonderform des Klimageräts ist der **Klimaprüfschrank**. Er besteht aus einem luftdicht verschlossenen, wärmeisolierten Nutzraum und einem Klimaaggregat. In dem Nutzraum kann das Klima zu Prüf- und Versuchszwecken in weitem Bereich eingestellt werden. - Abb. S. 26.

📖 *Berliner, P.: K. Würzburg* [2] *1984. - Junker, B.:*

Klimaregelung. Mchn. ²*1984. - Lehrb. der K. Hg. v. Arbeitskreis der Dozenten f. Klimatisierung. Karlsruhe* ²⁻³*1979–83. 3 Bde.*

Klimatherapie, svw. ↑Klimabehandlung.

Klimatologie [griech.] (Klimakunde), Wiss. vom Klima; Teilgebiet der Meteorologie, auch der allg. Geographie. Neben der statist. Auswertung langjähriger Meß- und Beobachtungsreihen von Klimaelementen steht die Untersuchung der Aufeinanderfolge, Häufigkeit und örtl. Ausbildung typ. Witterungen im Jahresablauf. In der älteren, sog. klass. K. stand im Vordergrund der Betrachtung der Mittelwert eines Klimaelements (**Mittelwertsklimatologie**). In der modernen Witterungs-K. wird das Zusammenwirken der klimatolog. Elemente und Faktoren berücksichtigt (**dynam. Klimatologie** i. e. S.). Mittelwerts- und Witterungs-K. ergänzen sich und führen gemeinsam zur vollständigen Erfassung der Erscheinungen, die im Begriff ↑Klima zusammengefaßt werden. In der **theoret. Klimatologie** (dynam. K. i. w. S.) schließl. wird die theoret. Behandlung klimatolog. Vorgänge vorgenommen. Arbeitsbereiche der K.: Die **Bioklimatologie** befaßt sich mit der Wirkung des Klimas auf den lebenden Organismus, speziell den Menschen; die **Agrarklimatologie** untersucht die Wechselbeziehungen zw. Klima und Kulturpflanzen; die **Mikroklimatologie** studiert das Klima der bodennahen Luftschicht.
⚏ ↑*Klima.*

Klimaveränderungen ↑Klimaschwankungen.

Klimax [griech. „Leiter, Treppe"], allg. Höhepunkt (speziell der sexuellen Lust, ↑Orgasmus).
◆ veraltete Bez. für Wechseljahre.
◆ rhetor. Figur: sich steigernde Reihung von einzelnen Wörtern, Satzgliedern oder Sätzen, z. B. „veni, vidi, vici" („ich kam, sah und siegte"). - Ggs. Antiklimax.

Klimazonen (Klimagürtel) ↑Klima.

Klimme (Cissus), Gatt. der Weinrebengewächse mit rd. 350 Arten in fast allen trop. Gebieten; meist Lianen. Einige Arten (v. a. die kletternden) sind beliebte Zimmerpflanzen, z. B. die immergrüne **Känguruhklimme** (Cissus antarctica; aus Australien) mit herzförmigen, bis 12 cm langen Blättern.

Klimt, Gustav, * Baumgarten (= Wien) 14. Juli 1862, † Wien 6. Febr. 1918, östr. Maler und Zeichner. - Bedeutendster Vertreter des Wiener Jugendstils; Mitbegr. der Wiener Secession, die er 1897–1905 leitete. Mosaikartig-kleinteilige Flächenornamentik, erot. Thematik; bed. Zeichenwerk (mehr als 2000 Blätter). Lehrer von O. Kokoschka und E. Schiele. - Abb. Bd. 11, S. 106.

Klindworth, Karl, * Hannover 25. Sept. 1830, † Stolpe 27. Juli 1916, dt. Pianist. - Schüler F. Liszts; lehrte bis 1884 in London und Moskau und errichtete dann in Berlin eine Klavierschule (1893 mit dem 1881 gegründeten Scharwenka-Konservatorium vereinigt).

Kline, Franz [engl. klaɪn], * Wilkes-Barre (Pa.) 23. Mai 1910, † New York 13. Mai 1962, amerikan. Maler. - Vertreter des Action painting (↑abstrakter Expressionismus) in den USA mit großformatigen, strengen Kompositionen mit breiten, balkenartigen Elementen.

Kline [griech.], Liege bzw. Ruhebett im griech. Altertum (↑Bett).

Klinefelter-Syndrom [nach dem amerikan. Arzt H. F. Klinefelter, †1912], angeborenes, durch eine ↑Chromosomenanomalie verursachtes Krankheitsbild; durch fehlendes Auseinanderweichen der Geschlechtschromosomen bei der ersten Reifeteilung besteht ein 47-XXY-Chromosomenmuster. Folge: reduzierte sekundäre männl. Geschlechtsmerkmale, Hodenatrophie, Sterilität, eunuchoider Hochwuchs, mäßiger Schwachsinn. Frühzeitige Therapie mit Testosteron führt zur Ausbildung der sekundären Geschlechtsmerkmale; die Sterilität bleibt jedoch bestehen.

Klingelbeutel, zum Einsammeln der ↑Kollekte verwendeter Beutel, oft an einem Stab befestigt und mit einer kleinen Glocke versehen; heute wird meist ein Sammelkörbchen verwendet.

Klingeln, bei Kolbenkraftmaschinen svw. ↑Klopfen.

Klingemann, Ernst August Friedrich, * Braunschweig 31. Aug. 1777, † ebd. 25. Jan. 1831, dt. Schriftsteller. - Theaterdirektor in Braunschweig, wo er am 19. Jan. 1829 zum erstenmal öffentl. Goethes „Faust" vollständig aufführte. Er schrieb u. a. romant. Dramen und Ritterromane.

Klingenberg, Gerhard, * Wien 11. Mai 1929, östr. Theaterleiter und Regisseur. - 1956–58 beim Berliner Ensemble; 1971–76 Intendant des Wiener Burgtheaters, 1976–82 des Schauspielhauses Zürich, seit 1985 des Berliner Renaissancetheaters.

Klingenberg a. Main, Stadt am rechten Mainufer, Bay., 128 m ü. d. M., 6000 E. Manometer- und Armaturenfabrik, Tonabbau, Weinbau. - 776 erstmals urkundl. erwähnt; 1276 Stadt. - Stadtschloß (16. Jh.) im Renaissancestil.

Klingenkulturen, Fundgruppen bes. des Jungpaläolithikums, deren Steinwerkzeuge vorwiegend aus längl., schmalen Abschlägen, den sog. Klingen, hergestellt sind.

Klingenthal, Landkr. im Bez. Karl-Marx-Stadt, DDR.

Klingenthal/Sa., Krst. im oberen Vogtland, Bez. Karl-Marx-Stadt, DDR, 554 m ü. d. M., 13400 E. Verwaltungssitz des Landkr. Klingenthal, Musikfachschule; Herstellung von Musikinstrumenten; Fremdenverkehr. - K. entstand um 1600; seit 1919 Stadt. - Barocke Stadtkirche (18. Jh.).

Klinger, Friedrich Maximilian von (seit

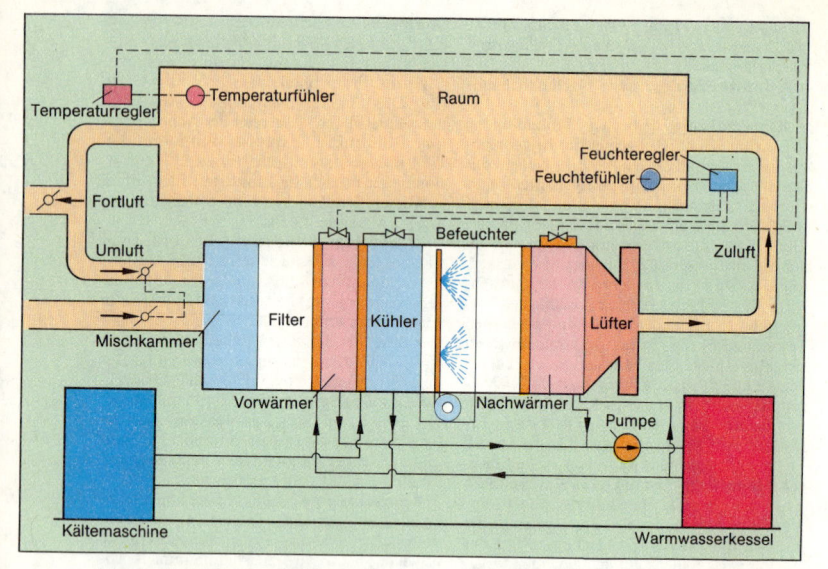

Klimatechnik. Schematischer Aufbau einer Zentralklimaanlage, bei der die Luftfeuchtigkeit über die Temperatur der in den Befeuchter eingeblasenen Luft geregelt wird

1780), * Frankfurt am Main 17. Febr. 1752, † Dorpat 9. März 1831, dt. Dramatiker. - Mit Goethe befreundet, der ihn während des Jurastudiums in Gießen unterstützte; reiste 1776/77 als Schauspieler und Theaterdichter mit der Seylerschen Truppe; 1780 russ. Offizier, als Kurator der Universität in Dorpat (1803–17) wichtiger Vermittler dt. Kultur. Neben J. M. R. Lenz bedeutendster und fruchtbarster Dramatiker des Sturm und Drang, dem er mit seinem gleichlautenden, 1776 gedruckten Drama (urspr. Titel „Wirrwarr", von C. Kaufmann umbenannt) die Epochenbezeichnung gab.

K., Kurt, * Linz 11. Juli 1928, östr. Schriftsteller. - In Lyrik (u.a. „Harmonie aus Blut", 1951), Hörspiel und Drama, u.a. „Odysseus muß wieder reisen" (1954), zeigt er bes. Anteilnahme für die vom Schicksal Heimgesuchten. - *Weitere Werke:* Das kleine Weltkabarett (Dr., 1958), Die vierte Wand (En., 1966), Schauplätze (5 Dramen, 1971), Theater und Tabus (Essays, 1984).

K., Max, * Leipzig 18. Febr. 1857, † Großjena (= Kleinjena, Bez. Halle) 5. Juli 1920, dt. Maler, Radierer und Bildhauer. - Einfluß von A. Böcklin; seine künstler. Ausdrucksmittel reichen vom Klassizismus über realist. Züge bis zum Jugendstil; virtuose Radierungen und Gemälde; auch polychrome Plastik.

Klingler, Karl, * Straßburg 7. Dez. 1879, † München 18. März 1971, dt. Violinist. - Schüler von J. Joachim und M. Bruch; gründete 1905 das berühmte K.-Quartett, komponierte Instrumentalmusik und Lieder und verfaßte „Die Grundlagen des Violinspiels" (1921).

Klingner, Friedrich, * Dresden 7. Juli 1894, † München 26. Jan. 1968, dt. klass. Philologe. - Ab 1947 Prof. in München; bed. Arbeiten v.a. über die großen Dichtungen der röm. Klassik, in denen er, ausgehend von der künstler. Form, das Wesen des Dichters zu erfassen suchte.

Klingsor, im „Parzival" Wolframs von Eschenbach der mächtige Zauberer, der in seinem Wunderschloß Edelfrauen gefangenhält, die von Gawan erlöst werden. Im „Sängerkrieg" auf der Wartburg unterliegt er Wolfram.

Klingspor, Karl [...ʃpoːr], * Gießen 25. Juni 1868, † Kronberg (Ts.) 1. Jan. 1950, dt. Schriftgießer. - Machte sich entscheidend um die Wiederbelebung der dt. Buchkunst verdient, gab für seine und seines Bruders Schriftgießerei Aufträge an bed. Schriftschöpfer (O. Eckmann, O. Hupp, P. Behrens, W. Tiemann, A. Kumlien, und v.a. R. Koch, 1906–34 ständiger Mitarbeiter). 1953 Gründung des **Klingspor-Museums** für Schrift- und Buchkultur in Offenbach am Main.

Klingstein, svw. ↑Phonolith.

Klinik [zu griech. klinikḗ téchnē „Heilkunst für bettlägerig Kranke" (zu klínē „Bett")], svw. ↑Krankenhaus.

Klinikum [griech.], Zusammenschluß

mehrerer [Universitäts]kliniken unter einheitl. Leitung und Verwaltung.
◆ Bez. für den prakt. Teil der ärztl. Ausbildung.

klinische Psychologie ↑Psychologie, ↑auch Psychosomatik.

Klinker [niederl., zu klinken „klingen" (wegen des hellen Klangs beim Daranschlagen)], hellbraune bis schwarze Hartziegel aus einem Gemisch von feuerfesten und leicht schmelzbaren, tonigen Bestandteilen, die bei 1 100–1 400 °C glasartig gebrannt werden; haben hohe Druckfestigkeit, Kantenschärfe, Zähigkeit und Widerstandsfähigkeit gegen mechan. und chem. Angriffe, gegen Wasser und Frost.

Klinkerbauweise, im Schiffbau Beplankungsweise, bei der die Planken einander dachziegelreihenartig überlappen; größere Festigkeit als die **Kraweelbauweise** (Karweelbauweise), bei der die Planken stumpf gegeneinanderstoßen.

Klinometer [griech.] ↑Neigungsmesser.
Klinomobil [griech./lat.], bes. ausgebauter Krankenkraftwagen mit der Ausstattung eines Notfalloperationsraumes.

Klio, ↑Muse der Geschichtsschreibung.
Klipp (Clip) [engl., zu to clip „festhalten, anklammern"], Klammer, Klemme, Einhänger.

Klippdachse, svw. ↑Schliefer.
Klippe [niederl.], nahe an die Meeresoberfläche oder darüber hinausragender Einzelfelsen (häufig an Steilküsten); durch anstehendes Gestein bedingte Untiefe in Flüssen; isoliert aufragende Felsgruppe in Gebirgen.

Klippen [zu schwed. klippa „mit der Schere schneiden"], eckige, meist viereckige Münzen, urspr. behelfsmäßig geprägtes Kriegsnotgeld, oft auch (17./18. Jh.) kunstvoll gestaltete Denkmünzen (bes. als Schützenprämien).

Klipper (Clipper), bis über 16 kn schnelle, für hohe Geschwindigkeiten gebaute und getakelte Segelschiffe Mitte des 19. Jh.; zum Transport von Tee und leicht verderbl. Gütern zuerst in N-Amerika, später in Großbrit. gebaut.

Klippfisch, Bez. für ausgenommenen, gesalzenen und, urspr. auf Klippen, getrockneten Fisch.

Klippschliefer ↑Schliefer.
Klippspringer (Oreotragus oreotragus), bis 60 cm schulterhohe, oberseits vorwiegend grünlichbraune Antilope (Unterfam. Böckchen) in felsigen Landschaften Afrikas; mit großen Augen und Ohren u. (beim ♂) spitzen, aufrechtstehenden Hörnern; schnelle Kletterer und Springer.

Klirrfaktor (Klirrgrad), ein Maß für die in einem Verstärker entstehenden, das Klangbild verfälschenden Obertöne der doppelten, dreifachen usw. Frequenz, die urspr. nicht vorhanden waren und auf Grund von [harmon. bzw. nichtlinearen] Verzerrungen hin-

zukommen. Im einfachsten Fall wird aus einem Ton (= reine Sinusschwingung) ein Klang (= Grundton + Obertöne). Das Verhältnis der künstl. erzeugten Frequenzen zur Originalfrequenz wird in % angegeben.

Klischee [frz.], [ungenaue] Bez. für sämtl. Arten von Hochdruckplatten und Druckstöcken; im übertragenen Sinne svw. Abklatsch, billige Nachahmung.

Klistier [zu griech. klystḗrion, eigtl. „Spülung"] ↑Einlauf.

Klitgaard, Mogens [dän. 'klidgɔːr], * Kopenhagen 23. Aug. 1906, † Århus 23. Dez. 1945, dän. Schriftsteller. - Mgl. der dän. Widerstandsbewegung, mußte 1943 nach Schweden flüchten; in seinen Gegenwarts- und histor. Romanen realist. Schilderung des Lebens einfacher Menschen, u. a. „Gott mildert die Luft für die geschorenen Schafe" (1938), „Ballade auf dem Neumarkt (1940).

Klitoris [griech.], svw. ↑Kitzler.
Klitzing, Klaus von, * Schroda (heute Środa, Woiwodschaft Poznań) 28. Juni 1943, dt. Physiker. - 1980–84 Prof. an der TU München, seit 1985 am Max-Planck-Institut für Festkörperphysik und Prof. in Stuttgart. Arbeiten zur Festkörperphysik, insbes. über den Hall-Effekt in MOS-Feldeffekttransistoren, wobei sich in starken Magnetfeldern ein quantisierter Hall-Widerstand ergab. Für die Entdeckung dieses nach ihm benannten **K.-Effekts** erhielt K. 1985 den Nobelpreis für Physik.

Klivie (Clivia) [nach Lady C. Clive, Herzogin von Northumberland, † 1866], Gatt. der Amaryllisgewächse mit fünf Arten in S-Afrika; ausdauernde Pflanzen mit sog. Zwiebelstamm; Blüten rot oder orangefarben, in reichblütiger Dolde auf zusammengedrücktem Schaft.

Kljujew, Nikolai Alexejewitsch [russ. 'kljujɪf], * Wytegra 1887, † in Sibirien im Aug. 1937, russ.-sowjet. Dichter. - Originellster russ. Bauerndichter; vom Symbolismus beeinflußte erste Gedichtsammlungen 1912; regte u. a. A. Blok an und wirkte nachhaltig auf Jessenins Dichtung.

Kljutschewskaja Sopka, tätiger Vulkan und höchster Berg der Halbinsel Kamtschatka, UdSSR, 4 750 m hoch.

Kljutschewski, Wassili Ossipowitsch, * Wosnessenskoje (Gouv. Pensa) 28. Jan. 1841, † Moskau 25. Mai 1911, russ. Historiker. - Prof. in Moskau; arbeitete u. a. über sozial-, wirtschafts- und kirchengeschichtl. Fragen der altruss. und Moskauer Zeit; sein Hauptwerk ist die „Geschichte Rußlands" (1904–10).

KLM Royal Dutch Airlines [engl. 'kɛɪɛl'ɛm 'rɔɪəl 'dʌtʃ 'ɛəlaɪnz] ↑Luftverkehrsgesellschaften (Übersicht).

Kloake [zu lat. cloaca „Abzugskanal"], Endabschnitt des Enddarms, in die die Ausführgänge der Exkretions- und Geschlechtsorgane zus. einmünden. Eine K. haben Vögel,

Kloakentiere

Lurche, Reptilien und einige Wirbellose; von den Säugetieren nur die ↑Kloakentiere.
◆ meist unterird. Abzugskanal für häusl. Abwässer, Fäkalien u. a.; auch svw. Senkgrube.

Kloakentiere (Eierlegende Säugetiere, Prototheria, Monotremata), Unterklasse urtüml. einschließl. Schwanz 40 bis 80 cm langer Säugetiere mit sechs Arten in Australien, auf Tasmanien und Neuguinea. Neben typ. säugetierartigen Merkmalen (z. B. Haar- und Stachelkleid; zwei zitzenlose, der Aufzucht von Jungtieren dienende Milchdrüsenflächen) finden sich Charakteristika, die für Kriechtiere und Vögel typ. sind (z. B. Kloake, das Eierlegen, Eischwiele). Man unterscheidet Ameisenigel und Schnabeltier.

Klöckner-Konzern, dt. Unternehmensgruppe der Montan- und der Investitionsgüterindustrie, gegründet 1906 von P. Klöckner (* 1863, † 1940), Sitz Duisburg. Entflechtung des Konzerns nach dem 2. Weltkrieg.

Kłodzko [poln. 'kụɔtskɔ] ↑Glatz.

Klon [engl., zu griech. klốn „Schößling, Zweig"], durch ungeschlechtl. Vermehrung (Zellteilung bei Einzellern, Abgliederung vegetativer Keime, Stecklinge u. a.) aus einem pflanzl. oder tier. Individuum entstandene erbgleiche Nachkommenschaft.

Klondike River [engl. 'klɒndaɪk 'rɪvə], rechter Nebenfluß des Yukon River, im kanad. Yukon Territory, mündet bei Dawson, etwa 150 km lang. Der Goldfund am Bonanza Creek, einem Nebenflüßchen des K. R., löste den Goldrausch von 1897 aus; der Bergbaudistrikt Klondike wurde damals größtes Goldgewinnungsgebiet der Erde.

Klonieren (Klonen), die Herstellung erbgleicher Nachkommen (Pflanzen, Tiere) mit bestimmten (molekular)biolog. Methoden: Selektion und Vermehrung eines einzelnen, eine bestimmte Mutation tragenden Bakteriums, Anregung einzelner Immun-Lymphozyten zu Zellteilungen auf einen Antigenreiz hin, Vermehrung von DNS-Stücken durch Einbau in Bakterienplasmide, Ersatz der Zellkerne in befruchteten Eizellen durch somat. Kerne eines anderen Embryos, Züchtung von vollständigen, normalen Pflanzen aus isolierten Zellen in einem Nährmedium durch bestimmte Wuchsstoffzusätze.

Klonus [griech.], rasch und unregelmäßig aufeinanderfolgende, ruckartige Muskelkontraktionen und Muskelerschlaffungen; Ggs. tonischer ↑Muskelkrampf.

Kloos, Willem Johan Theodoor, *Amsterdam 6. Mai 1859, † Den Haag 31. März 1938, niederl. Lyriker und Essayist. - Mitbegründer der Zeitschrift „De Nieuwe Gids" (1885), führender Theoretiker der Tachtigers, die Naturalismus, Impressionismus und Symbolismus in der niederl. Literatur durchsetzten. Formstrenge und meisterhafte sprachl. Gestaltung kennzeichnen seine Lyrik.

Klootschießen, in Irland, Nord-, Ost- und Westfriesland verbreitete, v. a. im Winter betriebene Sportart. Die sog. „Klooten" (Holzkugeln, die innen mit Blei ausgegossen sind; bei den Senioren 475 g schwer) werden nach vorn geworfen; an der Stelle, an der die Kugel ausrollt, beginnt der 2. Werfer (usw.); Sieger ist diejenige Mannschaft, die zum Schluß der angesetzten Runden einen Vorsprung herausgeworfen hat.

Klopfen (Klingeln), unregelmäßiges, häufig hellklingendes oder klopfendes Geräusch in Kolbenkraftmaschinen infolge ungleichmäßiger, schlagartiger Verbrennung des Kraftstoff-Luft-Gemisches. - ↑auch Antiklopfmittel, ↑Oktanzahl.

Klöpfer, Eugen, * Talheim bei Heilbronn 10. März 1886, † Wiesbaden 3. März 1950, dt. Schauspieler. - Spielte ab 1918 in Berlin; 1936–45 Intendant verschiedener Berliner Bühnen; bed. Charakterdarsteller, v. a. in Stücken G. Hauptmanns; auch Filmrollen.

Klopffestigkeit ↑Oktanzahl, ↑auch Antiklopfmittel.

Klopfkäfer (Pochkäfer, Bohrkäfer, Nagekäfer, Anobien, Anobiidae), weltweit verbreitete Fam. vorwiegend in Holz bohrender Käfer mit rd. 1 500 etwa 2–6 mm großen Arten, davon 66 in Deutschland; Körper walzenförmig mit oft stark gebuckeltem Halsschild; Imagines meist kurzlebig, schlagen zur Paarungszeit heftig mit dem Halsschildvorderrand an die Wand der Bohrgänge (Klopfen), um sich gegenseitig anzulocken; Larven (Holzwürmer) engerlingartig, z. T. Holzschädlinge.

Klöppelspitzen, Spitzen, die durch Verschlingen (Kreuzen und Drehen) einer größeren, stets paarigen Anzahl von Arbeitsfäden gearbeitet werden. Die Arbeitsfäden werden auf hölzerne Klöppel aufgewickelt, gearbeitet wird auf einem Klöppelkissen unmittelbar über dem **Klöppelbrief** (die Vorlage in Originalgröße), in das Spezialstecknadeln gesteckt sind, um die die Fäden gelegt (geschlagen) werden. - Für Italien seit dem 15. Jh., seit dem 16. Jh. für die Niederlande bezeugt. Die urspr. auf die Entstehungsorte bezogenen Namen der Spitzen (u. a. Genua, Mailand, Chantilly, Caen, Valenciennes, Brüssel, Böhmen) wurden später auf bes. Eigenarten, die sich jeweils herausgebildet hatten, bezogen. Heute vorzügl. maschinelle Nachahmungen. - ↑auch Spitze.

Klops, gebratene (Bratklops, svw. ↑Frikadelle) oder gekochte Hackfleischklößchen (**Königsberger Klops,** in einer weißen, mit Kapern und Sardellen gewürzten Soße).

Klopstock, Friedrich Gottlieb, * Quedlinburg 2. Juli 1724, † Hamburg 14. März 1803, dt. Dichter. - Pietist. erzogen, besuchte die Fürstenschule Schulpforta (1739–45), studierte Theologie in Jena (1745/46) und Leipzig (1746–48) und war 1748–50 als Hauslehrer in Langensalza tätig (unglückliche Liebe zu seiner Kusine, der „Fanny" seiner Oden). 1750 traf er Bodmer in Zürich; 1751 ging er nach Kopenhagen, erhielt vom dän. König eine Lebensrente und heiratete 1754 Meta Moller, die „Cidli" seiner Oden; lebte seit 1770 in Hamburg. - Mit seinen eigenwilligen sprachl. Neuprägungen und freien Rhythmen löste sich K. vom Spätbarock und weist mit seiner individuell geprägten Sprach- und Gefühlswelt auf Empfindsamkeit sowie Sturm und Drang. Sein bekanntestes Werk ist das pietist. Denken verpflichtete Hexameterepos „Der Messias" (1748–73); in diesen Umkreis gehören auch die „Geistl. Lieder" (1758–69). Seine „Oden" (u. a. „Die Frühlingsfeier", „An meine Freunde", erschienen 1771) behandeln Themen wie Liebe, Freundschaft, Vaterland. Die Prosaschrift „Die dt. Gelehrtenrepublik" (1774) enthält Ansätze einer eigenen Poetik. Als Dramatiker blieb K. erfolglos.

F. G. K. Hg. v. H. L. Arnold. Text u. Kritik. Mchn. 1981. - F. G. K. Werk u. Wirkung. Hg. v. H. G. Werner. Bln. 1978. - Große, W.: Studien zu Klopstocks Poetik. Mchn. 1977.

Friedrich Gottlieb Klopstock (1780)

Klose, Friedrich, * Karlsruhe 29. Nov. 1862, † Ruvigliana bei Lugano 24. Dez. 1942, schweizer. Komponist. - Schüler u. a. von A. Bruckner, stilist. der Neuromantik zuzurechnen; komponierte die Oper „Ilsebill" (1903), Orchester-, Kammermusik, Chorwerke.

K., Hans-Ulrich, * Breslau 14. Juni 1937, dt. Politiker. - Seit 1964 Mgl. der SPD; 1970 Mgl. der Hamburger Bürgerschaft und stellv. Frak-

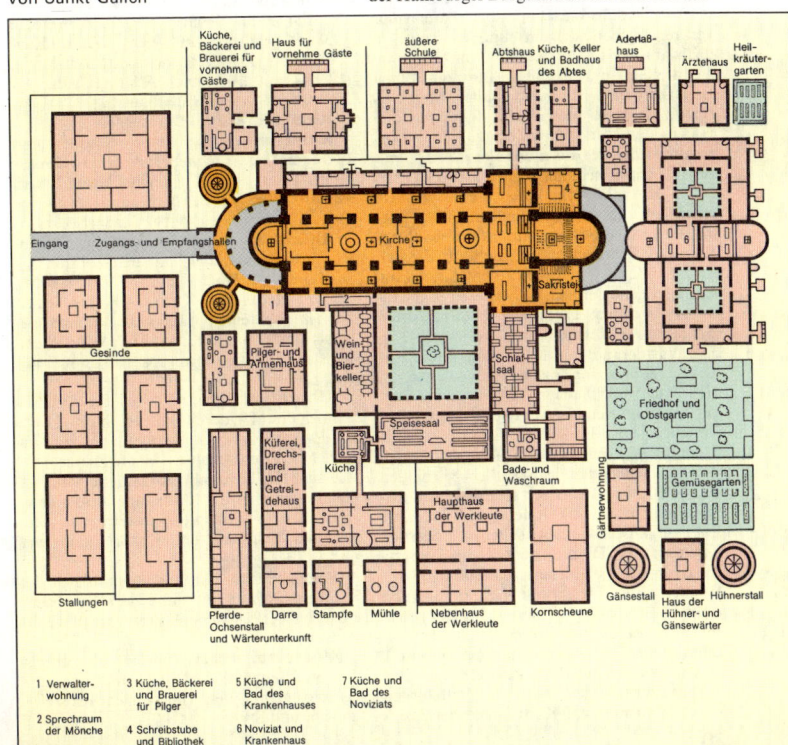

Kloster. Schema einer christlichen Klosteranlage nach dem Idealplan von Sankt Gallen

1 Verwalterwohnung
2 Sprechraum der Mönche
3 Küche, Bäckerei und Brauerei für Pilger
4 Schreibstube und Bibliothek
5 Küche und Bad des Krankenhauses
6 Noviziat und Krankenhaus
7 Küche und Bad des Noviziats

Klose

tionsvors., 1972 Fraktionsvors.; 1973 Innensenator, 1974-81 Erster Bürgermeister in Hamburg; seit 1983 MdB, seit 1987 Schatzmeister der SPD.

K., Margarete, * Berlin 6. Aug. 1902, † ebd. 14. Dez. 1968, dt. Sängerin (Alt). - Sang 1931-49 und 1958-61 an der Berliner Staatsoper, 1949-58 an der Städt. Oper Berlin; sie gastierte auch an ausländ. Opernhäusern und unterrichtete seit 1964 am Salzburger Mozarteum.

Klosett [gekürzt aus Wasserklosett (zu engl. water-closet, eigtl. „abgeschlossener Raum mit Wasserspülung")], svw. ↑Abort.

Klöße, svw. ↑Knödel.

Klossowski, Pierre [frz. klɔsɔfˈski], eigtl. Peter K., * Paris 9. Aug. 1905, frz. Schriftsteller. - Bruder des Malers Balthus; steht mit seinen Werken, deren Thema die Frage nach der vom Christentum geprägten Sexualität ist, zw. Nietzsche und dem Surrealismus, z. B. im Roman „Der Baphomet" (1965). Seit Jahren nur als Maler tätig.

Kloster [zu lat. claustrum „verschlossener Raum"], der gegenüber der Außenwelt abgeschlossene Lebens- und Kultbezirk des organisierten (männl. und weibl.) Mönchtums. - In nichtchristl. Religionen ist das K. v. a. im Buddhismus und tibet. Lamaismus verbreitet, aber auch im chin. Taoismus, in der islam. Mystik und im Judentum (Kumran) anzutreffen. In klosterähnl. Bezirken lebten auch die aztek. Priester des alten Mexiko. - Im Christentum unterscheidet man zw. den v. a. in den Ostkirchen verbreiteten ↑idiorrhythmischen Klöstern und den westl. zönobit. Klöstern (seit der Benediktregel [nach 530]; ↑Koinobitentum). Der nie ausgeführte Idealplan von Sankt Gallen (um 820) zeigt im wesentl. die Elemente der abendländ. K.anlage; Zentrum ist die Kirche, an die sich [meist viell.] um einen Hof der ↑Kreuzgang anschließt, um den sich die weiteren K.gebäude bzw. -räume gruppieren: Dormitorium (Schlafraum), Refektorium (Speisesaal), Küche, Wärmeraum und Kapitelsaal (diese Elemente gehören zur sog. Klausur), Abtshaus, Hospital, Wirtschaftsgebäude und, v. a. seit der karoling. Renaissance und oft als eigener Baukörper, die Bibliothek. Das funktionale Schema der K.anlagen ließ sich gut mit den jeweiligen abendländ. Baustilen verbinden und fand in der Barockzeit seine reichste Ausgestaltung (z. B. Stift ↑Melk, El ↑Escorial). Ein bed. Beispiel des sehr seltenen modernen K.baus ist das Dominikaner-K. La Tourette bei Lyon von Le Corbusier (1960).

Rechtsstellung, Errichtung, Veränderung und Aufhebung von Klöstern sind im kath. Kirchenrecht durch bes. Vorschriften geregelt. Ein K. kann Abtei (von einem Abt geleitet), Priorat (von einem Prior geleitet) oder Stift (Chorherren-K.) sein; bei den Bettelorden spricht man meist von Konvent, bei den Jesuiten von Kollegium. - In den ev. Kirchen spielt das K. fast keine Rolle. - Die Klöster waren v. a. im MA und bis in die Neuzeit hinein als Missionsstationen, Forschungsinstitute, Schulen und landw. Musterbetriebe wichtige Kulturträger und oft Ausgangspunkte bed. innerkirchl. Reformen (z. B. ↑Cluny). - Abb. S. 29.

📖 Läpple, A.: K. u. Orden in Deutschland. Mchn. 1985. - Brooke, C./Swaan, W.: Die große Zeit der Klöster 1000 bis 1300. Dt. Übers. Freib. ³1979.

Klostergewölbe ↑Gewölbe.

Klosterneuburg, nördl. Nachbarstadt von Wien, Niederösterreich, 122-185 m ü. d. M., 22 000 E. Bundeslehr- und -versuchsanstalt für Wein- und Obstbau; Stiftsmuseum und -bibliothek; Eisen- und Stahlwerk, Metallbau-, Kunststein- und Betonwerk, Herstellung von Fertighäusern u. a. - In röm. Zeit Standort eines Kastells. Leopold III. (1095-1136 Markgraf von Österreich) erbaute als seine Residenz die Pfalz **Neuburg,** die dann als Kloster diente und neben der eine Stadt entstand (1298 Stadtrecht). Das um 1100 als weltl. Kollegiatsstift entstandene und 1133 neu gegründete Augustiner-Chorherren-Stift sollte unter Karl VI. zu einer dem Escorial ähnl. Anlage ausgebaut werden. 1938-54 gehörte K. zu Wien. - Ma. und barocke Stiftsgebäude, barockisierte Stiftskirche (12. Jh.) mit „Verduner Altar" (12. Jh., ein Hauptwerk roman. Emailkunst).

Klosterpfanne ↑Dachziegel.

Klosterpfarrei, mit einem Kloster durch Inkorporation (Eingliederung eines Benefiziums [hier: Pfarrei] in eine kirchl. jurist. Person [hier: Kloster]) verbundene Pfarrei. Dem Kloster obliegt dabei die Seelsorge.

Klosters, schweizer. Gemeinde im Prättigau, Kt. Graubünden, mit den Zentren K.-Dorf und K.-Platz, 1124-1179 m ü. d. M., 3500 E. Heilklimat. Kurort. - K. hat seinen Namen nach einem 1222 gegr. Prämonstratenserkloster (Sankt Jakob). - Vom ehem. Kloster ist die Kirche mit spätgot. Chor erhalten.

Klosterschulen, Bez. für die Ordensschulen des MA, deren Blütezeit im 9.-11. Jh. lag. Es waren Internatseinrichtungen zur Unterrichtung der Oblaten („innere Schule") sowie auch für Laienschüler („äußere Schule"). Gelehrt wurden die ↑Artes liberales, mindestens aber das Trivium; weiterreichende theolog.-wiss. Schulung boten z. B. Canterbury und Le Bec.

◆ Bez. für fürstl. Landesschulen, die in der Reformationszeit mit Hilfe des Vermögens eingezogener Klöster errichtet wurden (↑Fürstenschulen).

Klostertal, rechtes, von der Alfenz durchflossenes Seitental des Illtals in Vorarlberg, Österreich, mit den Hauptorten Klösterle, Langen und Stuben.

Kloten, schweizer. Gemeinde im nördl. Vorortbereich von Zürich, Kt. Zürich, 435 m ü. d. M., 15 500 E. Internat. ♆. - 1150 erstmals erwähnt. - Spätbarocke Kirche (18. Jh.).

Klothilde, weibl. Vorname (altfränk. Chlodhildis, zu althochdt. hlut „laut", „berühmt" und hilt[j]a „Kampf").

Klotho, in der griech. Mythologie eine der drei ↑ Moiren.

Klothoide [griech.] (Cornu-Spirale), eine ebene Kurve, deren Krümmungsradius in jedem Punkt ihrer [vom Nullpunkt des Koordinatensystems aus gemessenen] Bogenlänge umgekehrt proportional ist; wird bei der Trassierung von Straßen zur Gestaltung des Übergangs von einer geraden Strecke in eine Kurve konstanten Halbmessers (Kreisbogen) herangezogen.

Klotz, Mathias, * Mittenwald 11. Juni 1653, † ebd. 16. Aug. 1743, dt. Geigenbauer. - War der bekannteste der Geigenbauerfamilie K. und gilt als Begründer des Mittenwalder Geigenbaus.

Klötze, Landkr. im Bez. Magdeburg, DDR.

Klub (Club) [engl., eigtl. „Keule, Knüppel" (da Einladungen früher durch Herumsenden einer Keule oder eines Kerbstocks übermittelt wurden)], Vereinigung bestimmter Sozial- oder Interessengruppen zur Durchsetzung spezif. Ziele, heute häufig nur zu geselligen oder sportl. Zwecken (Sport-, Automobilklub); hatten als Urformen der polit. Organisation des Bürgertums im 18./19. Jh. aufklärer.-emanzipator. Charakter und übten während der Frz. Revolution entscheidenden Einfluß aus; entstanden auch in Deutschland als Vorformen der polit. [Honoratioren]parteien; im Vormärz dienten sie häufig der Verschleierung polit. Versammlungen. In der Revolution von 1848 nahm der K.wesen einen jähen, wenn auch nur kurzen Aufschwung. Nach 1945 dominierten in Deutschland unpolit. K.; im Rahmen der APO erlangten polit. K. (Republikan. Club) wieder Bedeutung.

◆ in *Österreich* Bez. für Fraktion; Anerkennung als K. bei Zusammenschluß von mindestens 5 Mgl. der gleichen wahlwerbenden Partei, mit Zustimmung des Nat.rats auch verschiedener Parteien. Die K. haben zur Erfüllung ihrer parlamentar. Aufgaben gesetzl. Anspruch auf einen Beitrag zur Deckung der ihnen daraus erwachsenden Kosten.

Kluckhohn, Clyde [engl. 'klʌkhoʊn], * Le Mars (Ia.) 11. Jan. 1905, † nahe Santa Fe (N. Mex.) 28. Juli 1960, amerikan. Ethnologe. - Seine wichtigsten Arbeiten galten den Navajo und der allg. Völkerkunde.

K., Paul ['klʊkhoːn], * Göttingen 10. April 1886, † Tübingen 20. Mai 1957, dt. Literarhistoriker. - Prof. in Münster, Danzig, Wien und seit 1931 in Tübingen. Vertrat in seinen zahlr. Veröffentlichungen zur ma. Kultur- und Literaturgeschichte und zur dt. Romantik eine geistes- und ideengeschichtl. Methode. Gründete 1923 mit E. Rothacker die „Dt. Vierteljahrsschrift für Literaturwiss. und Geistesgeschichte".

Kluft, Riß oder Fuge im Gestein.

Kluft, Ende des 18. Jh. aus der Studenten- und Soldatensprache übernommene, aus dem Rotwelschen stammende umgangssprachl. Bez. für alte Kleidung, Arbeitskleidung, Uniform.

Klug, Aaron, * Johannesburg 11. Aug. 1926, brit. Chemiker südafrikan. Herkunft. - K. wendete bei Untersuchungen der Nukleoproteide von der Röntgenstrukturanalyse und Computertomographie ihre bekannte Methoden bzw. Prinzipien an, wodurch er ein genaueres Modell der molekularen Chromosomenstruktur gewann. 1982 Nobelpreis für Chemie.

Kluge, Alexander, * Halberstadt 14. Febr. 1932, dt. Schriftsteller und Filmregisseur. - Urspr. Jurist; zeigt in seinen literar. Veröffentlichungen („Lebensläufe", En., 1962; „Schlachtbeschreibung", R., 1966; „Lernprozesse mit tödl. Ausgang", En., 1973; „Neue Erzählungen", 1977) und in seinen Filmen protokollartig Einzelschicksale mit exemplar. Charakter; u. a. „Abschied von gestern" (1966), „Die Artisten in der Zirkuskuppel: ratlos" (1968), „Der große Verhau" (1971), „Gelegenheitsarbeit einer Sklavin" (1973), „In Gefahr und großer Not bringt der Mittelweg den Tod" (1975), „Der starke Ferdinand" (1976), „Vermischte Nachrichten" (1986). - Mitregie bei „Deutschland im Herbst" (1978).

K., Friedrich, * Köln 21. Juni 1856, † Freiburg im Breisgau 21. Mai 1926, dt. Germanist und Anglist. - 1884 Prof. in Jena, ab 1893 in Freiburg. Bed. Arbeiten zur Sprachgeschichte und Wortforschung. - *Werke:* Etymolog. Wörterbuch der dt. Sprache (1883), Dt. Studentensprache (1895).

K., Hans Günther von, * Posen 30. Okt. 1882, † bei Metz 18. Aug. 1944 (Selbstmord), dt. Generalfeldmarschall (seit 1940). - Führte im Polen-, West- und Ostfeldzug die 4. Armee, 1941-43 der Heeresgruppe Mitte in der Sowjetunion; seit Juli 1944 Oberbefehlshaber West sowie Chef der Heeresgruppe B an der Invasionsfront der Alliierten in der Normandie; wegen Mitwisserschaft an den Vorbereitungen zum 20. Juli 1944 am 17. Aug. 1944 abgesetzt.

kluge und törichte Jungfrauen, nach dem neutestamentl. Gleichnis (Matth. 25, 1–13) in der bildenden Kunst seit frühchristl. Zeit Motiv der Malerei, Graphik und v. a. Plastik. Als Symbole des Jüngsten Gerichts gehören sie zum Portalprogramm der Kathedralen des MA.

Klugheit, eine dem Verstand zugeordnete Eigenschaft und Fähigkeit, Handlungsziele zu erkennen und unter rationellem Einsatz der Mittel zu ihrer Realisierung zu verfolgen.

Klumpfuß ↑ Fußdeformitäten.

Kluncker, Heinz, * Wuppertal 20. Febr. 1925, dt. Gewerkschafter. - 1947-50 Parteisekretär der SPD in Wuppertal, seit 1952 bei der Gewerkschaft ÖTV tätig; 1964-82 Vorstandsvors. der ÖTV; 1971 Vizepräs. der Internat. Transportarbeitergewerkschaft; 1973 Präs. der „Internat. des Öffentl. Dienstes"; bis 1982 Mgl. im Bundesvorstand des DGB.

Klüngel, eigtl. svw. Knäuel; (seit dem 19. Jh.) übertragen für: Anhang, Clique sowie - neben gleichbedeutend **Klüngelei** - Partei-, Vetternwirtschaft.

kluniazensische Reform (cluniacensische Reform) [kly...], ma. monast. Erneuerungsbewegung, ausgehend von der Benektinerabtei Cluny. Auf der Grundlage der Benediktregel diente die k. R. v. a. der Erneuerung des monast. Lebens und wirkte dem allg. Verfall christl. Traditionen entgegen, indem sie der Verchristlichung des Feudalsystems angestrebt wurde.

Klunkerkranich ↑ Kraniche.

Klunkervogel ↑ Honigfresser.

Kluppe (Schneid-K.), Werkzeug zum Schneiden von Außengewinden auf Rohren, Bolzen usw., dessen Spannrahmen 2 auswechselbare, entsprechend der fortschreitenden Gewindetiefe verstellbare Schneidbacken aus gehärtetem Stahl aufnimmt.

Klusák, Jan [...aːk], * Prag 18. April 1934, tschech. Komponist. - Knüpft kompositor. an die Wiener Schule, bes. an Berg und Webern an. - Werke: 3 Sinfonien (1956, 1959, 1960); 2 Streichquartette (1956, 1962); 4 Fragmente aus Dantes „Divina commedia" (1962); Oper „Proces" („Der Prozeß", nach Kafka, 1966); elektron. Musik „O sacrum convivium" (1968).

Kluse (Klause), enger Taldurchbruch, bes. ausgeprägt im Schweizer. Jura.

Klüse [niederl.], Öffnung (mit verstärkten Kanten) in der Bordwand oder im Deck eines Schiffes zum Hindurchführen von Leinen, Trossen und Ketten (z. B. die Ankerklüse).

Klusil [lat.], svw. ↑ Verschlußlaut.

Kluterthöhle ↑ Ennepetal.

Klutznick, Philip M[orris] [engl. ˈklʌtsnɪk], * Kansas City (Mo.) 9. Juli 1907, amerikan. Jurist und Diplomat. - 1957 und 1961/62 Mgl. der amerikan. UN-Delegation; 1961-63 Botschafter beim United Nations Economic and Social Council (ECOSOC); 1953-59 Präs. des internat. B'nai B'rith; 1977-81 Präs. des Jüd. Weltkongresses; 1979-81 amerikan. Handelsminister.

Klüver [niederl.], dreieckiges Vorsegel (Stagsegel) bei rahgetakelten Segelschiffen, das zwischen Fockmast und Klüverbaum gesetzt wird; bei Kuttern und anderen schratgetakelten Segelbooten das Vorsegel vor der Fock (Kuttertakelage).

Klüverbaum, auf Segelschiffen das über den Vorsteven hinausragende Rundholz bzw. Verlängerung des Bugspriets zum Verstagen (Verspannen) des Fockmastes und Befestigen des Klüvers.

Klymenien [griech.], svw. ↑ Clymenia.

Klysma [griech.] ↑ Einlauf.

Klystron [griech.] ↑ Laufzeitröhren.

Klytämnestra, Gestalt der griech. Mythologie. Ermordet zus. mit ihrem Geliebten Ägisthus ihren Gemahl Agamemnon und wird deswegen von ihrem Sohn Orestes erschlagen.

km, Einheitenzeichen für Kilometer (1 km = 1 000 Meter).

K-Meson, svw. ↑ Kaon.

kmol, Einheitenzeichen für Kilomol (1 kmol = 1 000 ↑ Mol).

kn, Einheitenzeichen für ↑ Knoten.

kN, Einheitenzeichen für Kilonewton (1 kN = 1 000 ↑ Newton).

KNA ↑ Nachrichtenagenturen (Übersicht).

Knab, Armin, * Neuschleichach (Landkreis Haßberge) 19. Febr. 1881, † Bad Wörishofen 23. Juni 1951, dt. Komponist. - Sein Schaffen war v. a. dem Lied gewidmet, das er durch die Annäherung von Volkslied und Kunstlied zu erneuern suchte.

Knabenkraut [nach den hodenähnl. Wurzelknollen] (Orchis), Gatt. der Orchideen mit 32 Arten auf der Nordhalbkugel, davon 13 in M-Europa; bekannteste Arten sind **Purpurknabenkraut** (Purpurorchis, Orchis purpurea), bis 80 cm hoch, Blütentrauben mit zahlr. purpurbraunen Blüten; Lippe weiß oder hellrosa und braun getüpfelt; auf kalkhaltigen Wiesen und in Kiefernwäldern M-Europas; **Schmetterlingsknabenkraut** (Schmetterlingsorchis, Falterorchis, Orchis papilionacea), 10-30 cm hoch, mit bis zu zehn rosaroten Blüten in einer Blütenähre; im Mittelmeergebiet, nördl. bis zum Gardasee und Comersee. ◆ (Dactylorhiza) Orchideengatt. mit rd. 35 Arten, davon 11 in M-Europa, darunter das **Gefleckte Knabenkraut** (Dactylorhiza maculata; mit purpurgefleckten Blättern und hellrosafarbenen, selten weißen Blüten; auf feuchten oder moorigen Wiesen und in Wäldern).

Knabenlese, im Osman. Reich bis ins 17. Jh. geübter Brauch, einen Teil der christl. Knaben als eine Art Steuer auszuheben, zu Muslimen zu erziehen und als Janitscharen oder in der Verwaltung zu verwenden.

Knabenliebe, svw. ↑ Päderastie.

Knäckebrot [schwed., eigtl. „Knackbrot"], Dauerbackware, fladenförmige, dünne Scheiben aus Roggen- und/oder Weizenschrot, mit Sauerteig gebacken. Der Teig wird intensiv gerührt, damit Luft eindringen kann, wodurch die rauhe Oberflächenstruktur entsteht.

Knackelbeere (Hügelerdbeere, Fragaria viridis), Erdbeerart in trockenen Wäldern und auf Wiesen in Europa u. W-Asien; der Walderdbeere ähnl., krautige Pflanze mit harten, von einem großen Kelch umhüllten Früchten, die beim Pflücken knacken.

Knacklaut, svw. ↑Stimmritzen-Verschlußlaut.

Knagge [niederdt. „Knorren, dickes Stück"], im *Maschinenbau* Blech- oder Winkelstück zum Spannen (z. B. an der Planscheibe einer Drehbank) oder zum Zusammenziehen von Werkstücken (z. B. beim Schweißen); auch ein Vorsprung an Maschinenteilen als Anschlag für andere Teile.

Knäkente ↑Enten.

Knall, kurzzeitiger, unvermittelt einsetzender Schallstoß (Druckimpuls). K.wellen pflanzen sich mit Überschallgeschwindigkeit fort.

Knallgas, i. w. S. ein Gemisch aus Sauerstoff oder Luft mit Wasserstoff oder anderen brennbaren Gasen, die nach Zündung explosionsartig verbrennen; i. e. S. Gemisch aus Wasserstoff und Sauerstoff im Verhältnis 2:1. Im **Knallgasgebläse** werden Wasserstoff und Sauerstoff unter Druck getrennt zur gemeinsamen Öffnung des Brenners geführt, wo sie explosionsartig verbrennen. Das Gebläse liefert Temperaturen bis zu 3 300 °C und eignet sich bes. zum Be- und Verarbeiten von schwer schmelzbarem Glas, Quarz und Metallen. Die hohen Temperaturen der **Knallgasflamme** sind auf die mit der Bildung von Wasser (H_2O) aus Knallgas verbundene, relativ hohe Energiefreisetzung von 118 kJ/Mol zurückzuführen. Diese **Knallgasreaktion** läuft beim Erhitzen des Gasgemisches auf 500–600 °C spontan und explosionsartig ab, kann aber in Gegenwart von geeigneten Katalysatoren auch bei Raumtemperatur und kontrolliert vor sich gehen (↑Brennstoffzelle).

Knallgasbakterien (Wasserstoffbakterien), Bez. für verschiedene Bakterien, die ihre Energie durch Oxidation von molekularem Wasserstoff (Knallgasreaktion) gewinnen.

Knallkörper, in verschiedenen Formen (als Knallerbsen, Knallbonbons u. a.) hergestellte Scherzartikel, die bei Druck- oder Temperaturerhöhung unter heftigem Knall explodieren. Hauptbestandteile sind meist roter Phosphor und Kaliumchlorat, die miteinander explosionsartig reagieren, auch Knallquecksilber, Schwefel u. a.

Knallkrebschen, svw. Pistolenkrebs (↑Garnelen).

Knallquecksilber (Quecksilberfulminat), $Hg(CNO)_2$, kristallines, farbloses, stark giftiges, in Wasser praktisch unlösl. Salz der Knallsäure; hochexplosiv.

Knallsäure (Fulminsäure), CNOH, bei Normaltemperatur gasförmige, stark giftige, sich leicht zersetzende Säure, die mit verschiedenen Metallen explosive Salze (Fulminate) bildet.

Knapp, Georg Friedrich, * Gießen 7. März 1842, † Darmstadt 20. Febr. 1926, dt. Nationalökonom. - Prof. in Leipzig und Straßburg, Vertreter der jüngeren histor. Schule. Beiträge zur Statistik, Geschichte der Agrarverfassung und zur Geldlehre.

Knappe (Knecht), im MA allg. der berittene Krieger ohne die volle Ausrüstung eines Ritters; seit dem 12. Jh. bes. ein junger Mann von freier Geburt, der zur Ausbildung in Waffendienst und höf. Tugenden in den Dienst eines Ritters trat (**Edelknappe**).

Knappertsbusch, Hans, * Elberfeld (= Wuppertal) 12. März 1888, † München 25. Okt. 1965, dt. Dirigent. - Seit 1922 Generalmusikdirektor in München; 1938–45 dirigierte er an der Wiener Staatsoper, danach war er v. a. als Gastdirigent tätig, u. a. bei den Salzburger und den Bayreuther Festspielen.

Knappschaft, aus dem MA stammende Bez. für die Zunft der Bergleute (**Knappen**). Ihre Mgl. erhielten wichtige Vorrechte (u. a. eigener Gerichtsstand, Befreiung vom Soldatendienst). Bereits in der Bergordnung Wenzels II. von Böhmen (1300) werden die K. als Träger sozialer Versicherungseinrichtungen erwähnt. Sie betätigten sich auf dem Gebiet der Kranken- und Invalidenversicherung und errichteten dafür bes. Kassen.

Knappschaftsversicherung, Zweig der ↑Sozialversicherung.

Knast, aus der Gaunersprache stammende Bez. für „Gefängnis, Freiheitsstrafe".

Knaster [span.-niederl., zu griech. kánastron „Rohrkorb"], urspr. guter Tabak, der in Körben gehandelt wurde; umgangssprachl. für: übelriechender Tabak, „Kraut".

Knäuel (Knäuelkraut, Scleranthus), Gatt. der Nelkengewächse mit rd. 150 Arten, weltweit verbreitet; niedrige Kräuter mit unscheinbaren, kronblattlosen Blüten in dichten Knäueln. In M-Europa vier Arten.

Knäuelgras (Knaulgras, Dactylis), Gatt. der Süßgräser mit sechs Arten, weltweit verbreitet. In M-Europa kommen zwei Arten vor, davon häufig das **Wiesenknäuelgras** (Dactylis glomerata), ein ausdauerndes, horstbildendes Wiesengras; wird auch als Futtergras kultiviert.

Knaus-Ogino-Methode [nach dem östr. Gynäkologen H. Knaus, * 1892, † 1970, und dem jap. Gynäkologen K. Ogino, * 1882, † 1975] ↑Empfängnisverhütung.

Knautie [...'tsi-ə; nach dem dt. Arzt und Botaniker C. Knaut, * 1654, † 1716] (Witwenblume, Knautia), Gatt. der Kardengewächse mit 60 Arten in Europa und im Mittelmeergebiet; mehrjährige Pflanzen mit skabiosenähnl. Blüten, jedoch im Ggs. zu diesen mit becherförmigem Kelchsaum und ohne Spreublätter. Häufigste einheim. Art ist die **Ackerknautie** (Knautia arvensis), eine behaarte, bis 150 cm hohe Staude mit blau- bis rotvioletten Blütenköpfchen.

Knautschlack, Bez. für Natur- (mit Nappa-) oder Kunstleder mit durch Walken hervorgerufenen unregelmäßigen Knautschfalten, mit einer elast., wetterbeständigen Kunststofflackschicht überzogen.

Knautschzone ↑ Karosserie.

Knebel, Stab, der - unter Ausnutzung der Hebelwirkung - u. a. zum Verdrillen und Spannen von Seilen, zum Drehen von Schraubvorrichtungen verwendet wird.
♦ zusammengedrehtes Tuch, das jemandem in den Mund gesteckt wird, um ihn am Sprechen und Schreien zu hindern.

Knebelungsvertrag, Rechtsgeschäft, das zu einer sittenwidrigen Beschränkung der persönl. oder wirtsch. Freiheit führt (↑ auch Sittenwidrigkeit). Der K. kann nichtig sein.

Knecht, im MA 1. svw. Knappe, später auch für gemeine Söldner gebräuchl. (**Landsknecht**); 2. in Verbindung mit Berufsbez. veraltete Bez. für Gehilfe oder Geselle (z. B. Mühl-K., Gerichts-K.); zuletzt nur noch im landw. Bereich üblich.

Knecht Ruprecht, im Brauchtum der Weihnachtszeit Begleiter des Nikolaus. Im Ggs. zu diesem ist K. R. ein Kinderschreck. Die verschiedenen landschaftl. Bez. (Beelzebub, Pelzbub, Pelzmärtel, Pelzknecht, Krampus, schwarzer Mann, schwarzer Piet) sind ma. Bez. für den Teufel.

Knechtsände, ausgedehntes Wattgebiet der Nordsee zw. der Wesermündung und der Insel Neuwerk; nach 1951 im Tausch für Helgoland als Übungsziel für brit. Bombenabwürfe benutzt, heute Vogelschutzgebiet.

Knef, Hildegard, * Ulm 28. Dez. 1925, dt. Schauspielerin und Chansonsängerin. - Einer der bekanntesten Stars des dt. Nachkriegsfilms; erster internat. Erfolg war „Die Mörder sind unter uns" (1946). 1954–56 in den USA (u. a. am Broadway). Seit 1963 große Erfolge als Sängerin von z. T. selbstverfaßten Chansons; schrieb auch Erinnerungen, u. a. „Der geschenkte Gaul" (1971), „Das Urteil" (1975). - *Weitere Filme:* Die Sünderin (1950), Schnee am Kilimandscharo (1952), Jeder stirbt für sich allein (1976), Fedora (1978), Flügel und Fesseln (1985).

Kneifer (Klemmer, Zwicker, Pincenez), Sehhilfe aus 2 Brillengläsern, die durch einen Steg verbunden sind; ohne Ohrenbügel, wird auf den Nasenrücken geklemmt.

Kneip, Jakob, * Morshausen (Rhein-Hunsrück-Kreis) 24. April 1881, † Mechernich 14. Febr. 1958, dt. Schriftsteller. - Gründete mit J. Winckler und W. Vershofen den „Bund der Werkleute auf Haus Nyland". Heimatliche, Religiosität und positive Einstellung zur modernen Arbeitswelt bestimmten sein literar. Schaffen, u. a. den Bauernroman aus dem Hunsrück „Hampit der Jäger" (1927).

Kneipe, kleine [Stamm]wirtschaft, billiges [Bier- oder Wein]lokal (studentensprachl., urspr. „Kneipschenke").

Kneipp, Sebastian, * Stefansried ob Ottobeuren 17. Mai 1821, † Bad Wörishofen 17. Juni 1897, dt. kath. Geistlicher und Naturheilkundiger. - Stadtpfarrer in Wörishofen; entwickelte vielfältige (allerdings nur z. T. neue) Anwendungen kalten und warmen Wassers und gab darüber hinaus Anregungen zu naturgemäßer, gesunder Lebensweise, die er neben der Abhärtung als Hauptbedingung von Gesunderhaltung ansah. Seine Schriften (u. a. „Meine Wasserkur", 1886; „So sollt ihr leben!", 1889) erreichen bis heute hohe Auflagen, sie wurden in viele Sprachen übersetzt. Seine Naturheilverfahren (↑ Kneippkur), die die moderne physikal. Therapie und Balneologie wesentl. beeinflußt haben, wurden insbes. von der Wörishofener Ärzteschule weiter entwickelt.

Kneippkur, von S. Kneipp entwickeltes unspezif. Heilverfahren, heute v. a. zur Vorbeugung und Behandlung von Herz- und Gefäßkrankheiten, vegetativ-nervalen Funktionsstörungen sowie zur Vorbeugung und Rehabilitation der sog. Zivilisationskrankheiten, oft unter Betonung psychosomat. Aspekte. Die K. umfaßt heute sämtl. Behandlungsarten der physikal. Therapie.

Knepler, Georg, * Wien 21. Dez. 1906, dt. Musikforscher östr. Herkunft. - Leitete 1950–59 die Dt. Hochschule für Musik in Berlin, seit 1959 Prof. für Musikwiss. an der Humboldt-Universität. Schrieb eine „Musikgeschichte des 19. Jh." (1961) und „Geschichte als Weg zum Musikverständnis" (1977).

Knesset (Knesseth) [hebr. „Versammlung"], das israel. Parlament. - ↑ Israel (polit. System).

Knickbruch (Infraktion), unvollständiger Knochenbruch ohne Trennung des Knochenzusammenhangs.

Knickerbocker [ˈknɪkɔrbɔkər, engl. ˈnɪkəbɔkə; nach D. Knickerbocker, einer Romangestalt von W. Irving], seit der Jh.wende v. a. als sportl. Hose getragene, etwas überfallende Kniehose, deren Beinlinge unter dem Knie durch einen Bund zusammengehalten werden.

Knickfuß ↑ Fußdeformitäten.

Knickspantbauweise, Boots- und Schiffsbauweise, bei der der Spant aus mehreren, im Winkel zueinander stehenden, geraden Stücken besteht.

Knickung, seitl. Ausbiegen eines Stabes unter Einfluß von in seiner Längsrichtung wirkenden Druckkräften.

Knidarier [griech.], svw. ↑ Nesseltiere.

Knidos, antike griech. Stadt auf der Halbinsel Reşadiye, Türkei; heute Ruinenstätte. Ehem. Sitz einer Ärzteschule; hier stand noch in den ersten Jh. n. Chr. ein Rundtempel mit der berühmten Aphroditestatue des Praxiteles (um 330 v. Chr.), etwa 50 röm. Kopien erhalten, auch auf Münzen; Ausgrabungen u. a. der Fundamente eines großen Rundtempels, gut erhalten die Stadtmauer.

Knidose [griech.], svw. ↑ Nesselsucht.

Knie, (Genu) in der *Anatomie:* 1. vorderer, durch das distale Ende des Oberschenkelknochens und die K.scheibe gebildeter Bereich

des Kniegelenks, dessen hinterer Bereich als **Kniekehle** bezeichnet wird; 2. Abbiegung bzw. Knick eines anatom. Gebildes.
◆ Bogen in einer Rohrleitung; Rohrleitungsstück, in dem sich die Strömungsrichtung ändert.

Kniebeuge, asket. Übung, Gebärde der Liturgie und des kirchl. Zeremoniells; Ausdruck von Buße, Verehrung oder Anbetung.
◆ im *Turnen* Beugen und Strecken der nicht geschlossenen Beine.

Kniebis, mit Hochmooren und Wäldern bedeckte Erhebung des nördl. Schwarzwaldes bei Freudenstadt, 971 m hoch; z. T. Naturschutzgebiet.

Kniebundhose, sportl. Hose, die unterhalb des Knies geschnürt oder mit Schließe geschlossen wird.

Kniegeige, svw. ↑Viola da gamba.

Kniegelenk, größtes und äußerst kompliziert gebautes Gelenk des menschl. Körpers. Es ist in erster Linie ein Scharniergelenk (↑Gelenk), das in gestrecktem Zustand vollkommen festgestellt wird und in Beugestellung eine geringe Drehbewegung, v. a. nach außen, erlaubt. Das K. wird nur von zwei Knochen gebildet, den beiden Gelenkrollen des Oberschenkelknochens und der Gelenkfläche des Schienbeins. Das Wadenbein dient nur als Ansatz für das Seitenband und ist an der Gelenkbildung nicht beteiligt. Zum Ausgleich der verschieden geformten Gelenkflächen dienen zwei halbmondförmig gebogene, verdickte Knorpelscheiben (**innerer** und **äußerer Meniskus**), deren Öffnungen einander zugewandt sind. Sie fangen Stoß und Druck beim Gehen, Laufen und Springen federnd ab. Da sie sich den bei verschiedenen Bewegungen jeweils unterschiedl. Drehungsradien der Schenkelknochen anpassen, stellen sie eine Ergänzung der Gelenkpfanne dar. Gewaltsame Drehbewegungen der Ober- und Unterschenkel bei gebeugtem Knie (Skilaufen, Fußball), ferner Verschleißerscheinungen können zu ↑Meniskusverletzungen führen. Die Menisken hängen mit den Kreuzbändern (als Innenbänder des K.) zus., die das Gelenk in Beugestellung sichern. Bei einer gewaltsamen Bewegung des Oberschenkels gegen den Schienbeinkopf (oder umgekehrt) kann es zur Überdehnung und Zerreißung der Kreuzbänder kommen, wonach der Unterschenkel sich gegenüber Oberschenkel nach vorn und hinten verschieben läßt. - Die **Kniescheibe** (Patella), ein ↑Sesambein, liegt vor dem Gelenkteil des Oberschenkelknochens oberhalb des Gelenkspalts eingelagert in die Sehne des als Strecker des K. fungierenden vierköpfigen Oberschenkelmuskels. Ihre Rückseite ist knorpelüberzogen, wodurch der auf die Sehne hier wirkende Druck aufgefangen wird. - Im Bereich des Knies (hinter und vor dem Ansatz der Kniescheibensehne sowie vor der Kniescheibe) liegen noch einige Schleimbeutel, die

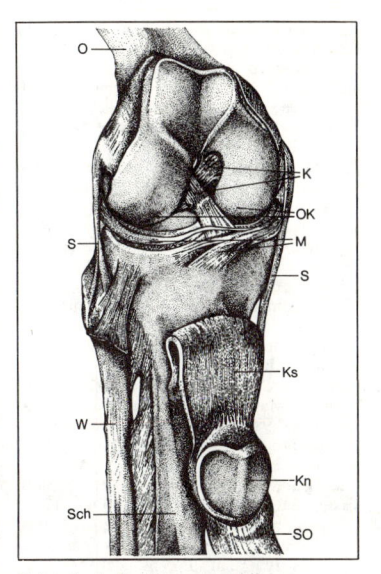

Kniegelenk. Rechtes menschliches Kniegelenk von der vorderen Wadenbeinseite aus gesehen; die Gelenkkapsel ist entfernt und die Kniescheibe mit der Kniescheibensehne nach unten umgelegt worden (K Kreuzbänder, Kn Kniescheibe, Ks Kniescheibensehne, M Meniskus, O Oberschenkelknochen, OK Oberschenkelkondylen, S Seitenband, Sch Schienbein, SO Sehne des Oberschenkelmuskels, W Wadenbein)

bei häufigem Knien eine ↑Schleimbeutelentzündung hervorrufen können.
⌑ *Maquet, P. G. J.:* Biomechanics of the knee. Bln. u. a. ²1984.

Kniegelenkentzündung (Gonarthritis, Gonitis), entzündl. ↑Gelenkerkrankung mit Schwellung und Rötung des Kniegelenks, Kniegelenkerguß mit Spannungsgefühl und Fluktuation sowie Bewegungsschmerz.

Kniehebel, Mechanismus, der aus 2 einarmigen, durch ein Gelenk (Knie) miteinander verbundenen Hebeln besteht, die an ihren

Kniehebel

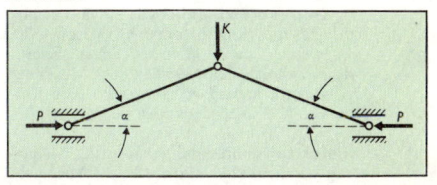

Kniekehle

(dem gemeinsamen Gelenk abgewandten) Enden ebenfalls gelenkig gelagert sind; auf das Knie senkrecht zur Verbindungslinie ausgeübte Kräfte werden von den beiden Hebeln übertragen; Anwendung u. a. bei Pressen (**Kniehebelpresse** [↑Presse]), Schneidgeräten.

Kniekehle ↑Knie.

Kniep, Christoph Heinrich, ≈ Hildesheim 29. Juli 1755, † Neapel 11. Juli 1825, dt. Maler und Zeichner. - Landschaften, Porträts und Illustrationen für naturwiss. Werke; begleitete Goethe nach Sizilien und zeichnete für ihn.

Kniescheibe ↑Kniegelenk.

Kniesehnenreflex, svw. ↑Patellarsehnenreflex.

Kniestock ↑Drempel.

Knietsch, Rudolf [Theophil Joseph], *Oppeln 13. Dez. 1854, † Ludwigshafen am Rhein 28. Mai 1906, dt. Chemiker. - Entwikkelte (1888-98) die großtechn. Durchführung des Kontaktverfahrens zur Herstellung von ↑Schwefelsäure.

Knigge, Adolph Freiherr von, *Schloß Bredenbeck bei Hannover 16. Okt. 1752, † Bremen 6. Mai 1796, dt. Schriftsteller. - Jurastudium in Göttingen; 1780-84 führendes Mgl. des Illuminatenordens. Bekannt v. a. durch die aus dem Geist der Aufklärung entstandene Sammlung prakt., z. T. pedant. Lebensregeln „Über den Umgang mit Menschen" (1788, kurz „Knigge" genannt). Verfaßte auch zeitkrit. Romane, Satiren, moral. und polit. Schriften.

Knight [engl. naɪt], im England des Früh-MA dem dt. Ritter entsprechende Bez.; seit dem 13. Jh. Titel der ritterl. Schicht des niederen engl. Adels; seit dem 14. Jh. eine nichtvererbl. Rangklasse der engl. Ritterorden. Die K.würde, verbunden mit der Anrede Sir, wird an verdienstvolle Persönlichkeiten, seit 1914 auch an Frauen, mit dem Titel Dame, verliehen.

Knights of Labor [engl. 'naɪts əv 'leɪbə] ↑Gewerkschaften (Übersicht).

Kniphofia, svw. Fackellilie (↑Lilie).

Knipperdolling, Bernt ['----], *Münster, † ebd. 22. Jan. 1536, dt. Täufer. - K. war einer der Führer der Täuferbewegung in Münster, die den Bischof sowie den Rat der Stadt verdrängte. Ab 1534 Bürgermeister; von seinem Schwiegersohn Johann von Leiden 1535 abgesetzt; von den bischöfl. Eroberern der Stadt zus. mit Johann von Leiden hingerichtet.

Knipper-Tschechowa, Olga Leonardowna [russ. 'knipɪr'tʃɛxɐvɐ], *Glasow 1870, † Moskau 22. März 1959, russ. Schauspielerin dt. Herkunft. - Seit 1898 Mgl. des Moskauer Künstlertheaters. Hervorragend v. a. in Rollen von A. P. Tschechow, den sie 1901 heiratete.

Knittel, John, eigtl. Hermann K., *Dharwar (Indien) 24. März 1891, † Maienfeld (Graubünden) 26. April 1970, schweizer. Schriftsteller. - Sohn eines Missionars; schrieb zunächst in engl., später in dt. Sprache zahlr., vielgelesene Liebes-, Gesellschafts- und Abenteuerromane, u. a. „Therese Etienne" (1927, dramatisiert 1950), „Via mala" (1934); auch Theaterstücke. - *Weitere Werke:* El Hakim (R., 1936), Amadeus (R., 1939), Terra magna (R., 1948), Jean Michel (R., 1953), Arietta (R., 1959).

Knittelfeld, östr. Bez.hauptstadt an der oberen Mur, Steiermark, 645 m ü. d. M., 15 000 E. Werkstätten der Östr. Bundesbahnen; Zentralheizungs-, Email-, Kleiderfabrik, Molkereizentrale für das Aichfeld. - Um 1220 gegr., ab 1302 Stadt.

Knittelvers (Knüttel-, Knüppel-, Klüppel-, Klippelvers, Knittel), Bez. für den in der frühneuhochdt. Dichtung (15. Jh. bis Opitz) dominierenden vierhebigen Reimvers. Es lassen sich 2 Typen unterscheiden: der *freie K.* hat Füllungsfreiheit, die Zahl der Silben schwankt zw. 6-15 (z. B. bei H. Rosenplüt); der *strenge K.* hat stets 8 Silben bei männl., 9 Silben bei weibl. Kadenz (z. B. bei H. Sachs). Der K. ist der Vers der ep., satir.-didakt. und dramat. Dichtung des 15. und 16. Jh.; im Barock wurde er abgelehnt. Seit der 2. Hälfte des 18. Jh. wieder verschiedentl. verwendet; u. a. von Goethe, Schiller, F. Wedekind, H. von Hofmannsthal und G. Hauptmann.

knitterfreie Ausrüstung (knitterarme Ausrüstung), Behandlung von Geweben, die stark knittern, mit Polykondensations- und Polymerisationskunstharzen, die in die Fasern eindringen und sich chem. mit ihnen verbinden, wodurch die Wasseraufnahmefähigkeit der Fasern vermindert wird; sie quellen nicht mehr auf, verschmutzen weniger leicht, trocknen schnell und knittern beim Waschen kaum.

Knittlingen, Stadt im sö. Kraichgau, Bad.-Württ., 206 m ü. d. M., 6 000 E. Faustmuseum und -archiv.

Knivskjelodden [norweg. ˌkniːvʃeːlɔdən], N-Spitze der norweg. Insel Magerøy, nördlichster Punkt Europas.

Knobelsdorff, Georg Wenzeslaus von, *Gut Kuckädel bei Crossen (Oder) 17. Febr. 1699, † Berlin 16. Sept. 1753, dt. Baumeister. - Gehörte zum Rheinsberger Kreis um (den späteren) Friedrich II. Unter frz. Einfluß und unter starker Mitwirkung des Königs entwickelte K. das sog. friderizianische Rokoko: Um- und Ausbauten der Schlösser Rheinsberg (1737-39), Berlin-Charlottenburg (1740-43) und Potsdam (1744-56; 1945 zerstört); Schloß Sanssouci, nach einer Ideenskizze Friedrichs II. (1745-47).

Knoblauch [über mittelhochdt. knobelou(c)h zu althochdt. chlobilouh, eigtl. „gespaltener (zu Kloben) Lauch"] (Allium sativum), stark riechendes, ausdauerndes Liliengewächs der Gatt. Lauch; mit doldigem Blü-

Knochengeschwülste

tenstand, flachen, etwa 1 cm breiten Blättern und einer rundl. Zwiebel, die von vielen Gruppen kleiner, aus je einem einzigen verdickten Blatt gebildeter Brutzwiebeln (**Knoblauchzehen**) umgeben ist; alte, in Asien beheimatete Gewürz- und Heilpflanze. K. wird auf Grund seines Gehaltes an ↑Alliin medizin. u. a. bei Arteriosklerose, hohem Blutdruck, Darmkatarrh sowie bei Leber- und Gallenleiden verwendet.

Knoblauchkröte (Pelobates fuscus), etwa 5–8 cm großer, hellbrauner (♂) oder hellgrauer (♀), nachtaktiver Krötenfrosch in M- und O-Europa; mit oliv- bis dunkelbrauner Fleckung und großen, vorstehenden Augen; sondert bei Beunruhigung manchmal ein knoblauchartig riechendes Drüsensekret ab.

Knoblauchschwindling ↑ Schwindling.

Knoblauchsrauke (Knoblauchshederich, Lauchkraut, Alliaria), Gatt. der Kreuzblütler mit zwei Arten. In M-Europa kommt häufig die **Gemeine Knoblauchsrauke** (Alliaria petiolata) vor, ein bis 1 m hohes Kraut an Wald- und Gebüschrändern mit nach Knoblauch riechenden Blättern und kleinen, weißen Blüten.

Knöchel (Fuß-K., Malleolus), der beim Menschen als ↑Fuß-K. (*Schienbein-K.*, Malleolus medialis) am etwas verbreiterten unteren Ende des Schienbeins an der Innenseite ausgebildete Knochenfortsatz und das den *äußeren Fuß-K.* (*Wadenbein-K.*, Malleolus lateralis) bildende, nach außen vorspringende, verdickte untere Ende des Wadenbeins.

Knöchelbruch (Malleolarfraktur, Sprunggelenkfraktur), meist durch indirekte Gewalteinwirkung (v. a. Umknicken des Fußes) entstehender Bruch eines (einfacher K.) oder beider Knöchel (doppelter K., **Knöchelgabelbruch**); häufigster Knochenbruch an der unteren Extremität.

Knochen (Ossa, Einz.: Os), Stützelemente der Wirbeltiere (einschließl. Mensch), die meist über Gelenke miteinander verbunden sind und in ihrer Gesamtheit das Skelett bilden. Alle K. (beim Menschen 208–212) sind bis auf die Gelenkflächen und die Ansatzstellen von Sehnen und Bändern von **Knochenhaut** (Periost) umhüllt; sie dient der Ernährung und venösen Durchblutung des K.; da ihre innerste Schicht gleichzeitig K. bilden kann, ist sie wesentl. am Dickenwachstum und an der Regeneration der K. beteiligt. Unter der K.haut liegt die **Knochensubstanz**. Sie besteht zu 20 % aus Wasser, zu 25 % aus organ. Material (Zellen und Grundsubstanz Ossein) und zu 55 % aus anorgan. Salzen (hauptsächl. Calciumphosphat, Calciumcarbonat). In der Jugend ist der Anteil an Grundsubstanz höher, die K. sind elastischer. Mit zunehmendem Alter erhöht sich der Anteil der anorgan. Stoffe, die K. werden dadurch spröde und brechen leichter. - Entsprechend ihrer Gestalt unterscheidet man lange,

kurze und platte K.; die langen K. werden **Röhrenknochen** genannt, weil sie eine mit Knochenmark gefüllte Markhöhle haben. Sie bestehen aus einem Schaft (Diaphyse) und den zwei verdickten Enden (Epiphysen). - Die massiven K.bezirke werden als **Kompakta**, die gerüstartig gebauten (oder porösen) als **Spongiosa** (Schwammgewebe) bezeichnet. Die Spongiosa bildet ein Geflecht feinster K.bälkchen, die entsprechend den statischen Anforderungen verteilt sind und je nach Druck- und Zugbelastung Spannungslinien (Trajektorien) bilden. - K. haben die gleiche Elastizität wie Eichenholz und die gleiche Zugfestigkeit wie Kupfer. Die Druckfestigkeit ist größer als die von Sandstein oder Muschelkalk.

Knochenbildung: Die direkte (desmale) K.bildung (Ossifikation) bei ↑ Deckknochen geht von bestimmten Bindegewebszellen, den Knochenbildungszellen (*Osteoblasten*) aus. Diese scheiden in die Interzellularräume als Grundsubstanz (Ossein) kollagene Fibrillen in einer sich verfestigenden Kittsubstanz ab. Die Kittsubstanz wird durch Einlagerung von anorgan. Substanzen gehärtet. Sind die K.bildungszellen allseits von K.substanz umgeben, nennt man sie Knochenzellen (*Osteozyten*). Die Hohlräume, in denen sie liegen, sind die Knochenhöhlen. Eine Verknöcherung kann aber auch im Anschluß an die Entstehung und den Wiederabbau (durch knorpelzerstörende Zellen; Chondroklasten) von Knorpelgewebe erfolgen (chondrale K.bildung bei ↑ Ersatzknochen). - Abb. S. 38.

📖 *Dambacher, M. A.: Prakt. Osteologie. Stg. 1982. - Sobotta, J.: Atlas der Anatomie des Menschen. Hg. v. H. Ferner u. J. Staubesand. Mchn.* [18]*1982. 2 Bde. - Weigert, M.: Anregung der K.bildung durch elektr. Strom. Bln. u. a. 1973.*

Knochenbolzung, Verfahren zur Knochenbruchbehandlung oder Versteifung von Gelenken, bei dem ein Bolzen (Knochenspan, körperfremdes Material) zur Ruhigstellung bzw. Überbrückung eingetrieben wird.

Knochenbrand (Knochenfraß) ↑ Karies.

Knochenbruch (Fraktur) ↑ Bruch.

Knochenentzündung ↑ Knochenkrankheiten.

Knochenerweichung ↑ Knochenkrankheiten.

Knochenfische (Osteichthyes), Klasse der Fische, bei denen das Skelett (im Ggs. zu den Knorpelfischen) teilweise oder vollständig verknöchert ist; Haut fast stets mit Schuppen oder mit Knochenplatten (z. B. Panzerwelse). - Man unterscheidet zwei Unterklassen: Fleischflosser (mit den beiden Ordnungen Lungenfische und Quastenflosser) und Strahlenflosser.

Knochenganoiden [dt./griech.], svw. ↑ Holostei.

Knochengeschwülste (Knochentumoren) ↑ Knochenkrankheiten.

Knochenhaut

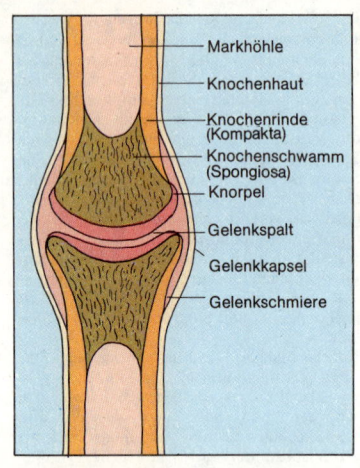

Knochen. Röhrenknochen und Gelenk im Längsschnitt

Knochenhaut ↑ Knochen.
Knochenhautentzündung (Periostitis), bakteriell-infektiöse oder durch Verletzungen des Knochens bedingte, akute (seröse, blutige, eitrige) oder chron.-fibröse Entzündung der Knochenhaut.
Knochenhechte (Kaimanfische, Rautenschmelzschupper, Lepisosteidae), Fam. 1–4 m langer Knochenschmelzschupper (↑ Holostei) mit 10 Arten in den Süß- und Brackgewässern N- und Z-Amerikas; Körper hechtförmig; Raubfische. Zu den K. gehört u. a. der etwa 3 m lange **Gefleckte Alligatorhecht** (Lepisosteus tristoechus); oberseits olivgrün, unterseits weiß, Seiten grünlichsilbern; Jungtiere dunkel gefleckt.
Knochenkohle (Tierkohle), durch Erhitzen von entfetteten, geschroteten Knochen unter Luftabschluß gewonnenes, sehr absorptionsfähiges Produkt (Aktivkohle).
Knochenkrankheiten (Osteopathien), Erkrankungen des knöchernen Skelettsystems, die das Knochengewebe, u. U. auch die Knorpelsubstanz und die Gelenke (↑ Gelenkerkrankungen) erfassen; die K. können durch infektiöse und entzündl. Vorgänge, durch gutartige bzw. bösartige Geschwülste oder durch nichtentzündl., degenerative Prozesse sowie durch stoffwechselphysiolog. Fehlregulationen bedingt sein.
Knochenentzündungen (Ostitiden) entstehen meist durch Verschleppung von Krankheitserregern; sie rufen eine Veränderung der Gewebestruktur sowie die Bildung von Granulationsgewebe bzw. Gumme (↑ Gumma) hervor. Entzündl. Ursprungs sind ↑ Bechterew-Krankheit, ↑ Karies, Knochentuberkulose (↑ Tuberkulose) und die eitrige **Knochenmarkentzündung** (Osteomyelitis), die v. a. im Jugendalter im Anschluß an kleine Hauteiterungen, aber auch im Verlauf von bakteriellen Allgemeininfektionen vorkommt. Das von Eiter bzw. von Granulationsgewebe umgebene Knochenstück stirbt ab und wird meistens operativ entfernt. Die Symptome der akuten Knochenmarkentzündung bestehen anfangs in hohem Fieber, dann in örtl. Schmerzen, schließl. in einer entzündl. Schwellung der angrenzenden Weichteile. In diesem Stadium kommt es ohne Behandlung meist zum Durchbruch des Eiterherdes nach außen. - Bei den **Knochengeschwülsten** (Knochentumoren) unterscheidet man die gutartigen Geschwülste des Knochengewebes (**Osteome**), Mischgeschwülste am Knochen- und Knorpelgewebe (**Osteochondrome**) und die bösartigen Geschwülste des Knochengewebes (**Osteosarkome**). Bei letzteren werden das *osteogene Sarkom*, eine autonome Wucherung der Knochenzellen mit bevorzugter Lokalisation in den langen Röhrenknochen, und die von den Markzellen des Knochens ausgehenden Sarkome unterschieden.
Die Ursachen der nichtentzündl. und der degenerativen Krankheitserscheinungen sind z. T. noch unbekannt, z. T. liegen Fehlregulationen des Mineralstoffwechsels, den Calcium- und Phosphathaushalt betreffend, vor. - **Knochenschwund** mit verminderter Neubildung oder vermehrtem Abbau verkalkter Knochensubstanz führt zur erhöhten Bruchanfälligkeit auch gering belasteter Knochen (**Knochenbrüchigkeit**); auf Calcium- und Phosphatmangel, Vitamin D-Mangel, allg. Mangelernährung oder Stoffwechselstörungen beruhen ↑ Rachitis und **Knochenerweichung** (Osteomalazie), in deren Krankheitsverlauf die Knochen biegsam und weich werden. Bei der meist altersbedingten **Osteoporose** handelt es sich um eine Knochenerkrankung mit örtl. oder allg. Abbau von Knochensubstanz und Erweiterung der Markräume; zunächst ohne sichtbare Veränderung der äußeren Knochenform, jedoch mit entsprechender Abnahme der mechan. Belastbarkeit des Knochens und Neigung zu Knochenbrüchen. - Abnorme Verknöcherungen, auch des blutbildenden Marks, mit Ausbildung von steinartig kompakter Knochensubstanz sind die Kennzeichen der familiär gehäuft auftretenden **Marmorknochenkrankheit** (Albers-Schönberg-Krankheit). Die ebenfalls abnorme, meist umschriebene Verdickung und Verhärtung der Knochensubstanz wird als **Osteosklerose** bezeichnet. Zu den **Knochendystrophien** zählen verschiedene qualitative Knochenbildungsstörungen, bei denen Faser gewebl. Veränderungen des Knochenbaus auftreten: **Paget-Krankheit** (Osteodystrophia deformans) mit Störungen bei der Neubildung und beim Abbau des Knochengewebes, wodurch es zu Verformungen bes. der Ober-

und Unterschenkelknochen kommt, und das **Recklinghausen-Syndrom**, bei dem es durch Überfunktion der Nebenschilddrüse zur Entkalkung des gesamten Skelettsystems kommt. Die **Osteochondrose** ist ein degenerativer, nichtentzündl. Prozeß des Knorpel- bzw. Knochengewebes (z. B. im Bereich des Hüftgelenks oder der Wirbelsäule bei Jugendlichen; ↑ Scheuermann-Krankheit). Bei der **Osteomyelofibrose** (Osteomyelosklerose, Myelofibrose) handelt es sich um eine chron. Erkrankung mit fortschreitender, irreversibler Veröden des bindegewebig umgewandelten Knochenmarks.
📖 *Freyschmidt, J.: Knochenerkrankungen im Erwachsenenalter. Bln. u.a. 1980. - Burri, C./Betzler, M.: Knochentumoren. Bern 1977. - Aktuelle Probleme der Osteologie. Hg. v. G. Seifert. Stg. 1975.*

Knochenlehre, svw. ↑ Osteologie.

Knochenmark (Medulla ossium), urspr. aus gefäßreichem Mesenchym bestehendes *(primäres K., mesenchymat. K.)*, dann in das *rote K.* (bildet die Blutkörperchen) übergehendes Gewebe in den Knochenhohlräumen *(Markhöhlen)*. Mit zunehmendem Alter wird das K. in den meisten Knochen durch Verfetten der Retikulumzellen gelb *(gelbes K., Fettmark)*.

Knochenmarkentzündung ↑ Knochenkrankheiten.

Knochenmehl, durch Zerschroten von Knochen gewonnenes mineralreiches Futtermittel *(nicht entleimtes K.)*. Bei der Leimgewinnung aus gröberem Knochenschrot fällt das Düngemittel *entleimtes K.* an.

Knochennagelung, zur Bruchbehandlung vorgenommene Nagelung. - ↑ auch Küntscher-Nagelung.

Knochennaht (Sutur, Sutura), in der Anatomie Bez. für eine starre Verbindung zweier Knochen (meist von Schädelknochen) durch eine sehr dünne Schicht faserigen Bindegewebes.

Knochenschmelzschupper, svw. ↑ Holostei.

Knochenschwund (Knochenatrophie) ↑ Knochenkrankheiten.

Knochentransplantation, Übertragung von Knochenstücken zur Ausfüllung von Defekten. Bei der *Inlaytechnik* wird ein Knochenstück mit Knochenhaut dem Defekt direkt angepaßt. Bei der *Onlaytechnik* wird ein knochenhautloser Knochenspan ohne Anpassung in eine Knochenhauttasche eingelegt. Das Transplantationsmaterial entstammt entweder dem eigenen Körper oder einem fremden (auch tier.) Spender.

Knochentuberkulose ↑ Tuberkulose.

Knochentumoren, svw. Knochengeschwülste (↑ Knochenkrankheiten).

Knochenzapfen ↑ Geweih.

Knochenzüngler (Osteoglossidae), Fam. bis etwa 4 m langer Knochenfische mit nur sechs Arten in S-Amerika, Afrika, SO-Asien und Australien; Körper langgestreckt; Oberflächenfische der Süßgewässer, die auch atmosphär. Luft aufnehmen. - Zu den K. gehört u. a. der ↑ Arapaima.

knockout [nɔk"aʊt, engl. 'nɔkaʊt] ↑ k. o.

Knödel (Klöße), gekochte, kugelförmige Speise aus einem Teig mit verschiedenen Hauptzutaten, z. B. Semmel-K., Kartoffel-K., Mehl-K., Grießknödel.

Knoeringen, Waldemar Freiherr von ['knø:...], * Rechetsberg (= Huglfing bei Weilheim i. OB.) 6. Okt. 1906, † Bernried am Starnberger See 2. Juli 1971, dt. Politiker (SPD). - 1933–46 Emigration; 1946–70 MdL in Bayern, bis 1962 als Fraktionsvors.; 1947–63 Vors. des SPD-Landesverbandes; 1958–62 stellv. Bundesvors. der SPD, maßgebl. am Godesberger Programm beteiligt.

Knokke-Heist, belg. Seebad an der Nordsee, 15 km nnö. von Brügge, 6 m ü. d. M., 29000 E.

Knoll, Joachim H., * Freystadt 23. Nov. 1932, dt. Erziehungswissenschaftler. - Prof. an der Univ. Bochum; befaßt sich insbes. mit Fragen der polit. Bildung, der Bildungspolitik und der Erwachsenenbildung; schrieb u. a. „Lebenslanges Lernen" (1974), „Die zwiespältige Generation" (mit J. H. Schoeps, 1985).

Knöllchenbakterien, allg. Bez. für symbiont. in den Wurzeln mancher Pflanzen lebende, knöllchenbildende, luftstickstoffbindende Mikroorganismen; z. B. Strahlenpilze bei Erlen und Sanddorn, Blaualgen bei manchen Palmfarnen.
♦ symbionten., luftstickstoffbindende, gramnegative Bakterien der Gatt. Rhizobium (freilebend saprophyt. im Boden) in den Wurzeln von Hülsenfrüchtlern; wichtig für die Stickstoffanreicherung im Boden.

Knolle, rundl. bis eiförmig verdickte, ober- oder unterird. Speicherorgan mit Reservestoffen zur verschiedenen mehrjährigen Pflanzen. Man unterscheidet: **Sproßknollen** (der Primärsproß verdickt sich; z. B. Kohlrabi); **Hypokotylknollen** (der Sproßteil zw. Wurzelhals und Keimblättern [das Hypokotyl] verdickt sich; z. B. Radieschen, Rote Rübe); **Wurzelknollen** (die Nebenwurzeln verdicken sich; z. B. Dahlie, Batate, Orchideen).

Knollenbegonien ↑ Schiefblatt.

Knollenblätterpilz, Bez. für mehrere oft sehr giftige Arten aus der Ständerpilzgatt. Wulstlinge; z. B. ↑ Grüner Knollenblätterpilz, ↑ Weißer Knollenblätterpilz.

Knollenkerbel ↑ Kälberkropf.

Knoodt, Franz Peter, * Boppard 6. Nov. 1811, † Bonn 27. Jan. 1889, dt. altkath. Theologe und Philosoph. - Stark beeinflußt von der Philosophie Anton Günthers; 1847 Prof. für Philosophie in Bonn; 1848/49 Mitglied der Frankfurter Nationalversammlung. Im Streit um die Dogmatisierung der Unfehlbarkeit des Papstes schloß er sich 1870 den Be-

Knopf

gründern des Bistums der dt. Altkatholiken an und wurde 1878 Generalvikar.

Knopf, Verschlußmittel v.a. der Kleidung; auch als Zierbesatz verwendet. In ältester Zeit (Funde der Jungsteinzeit) wahrscheinl. meist ohne prakt. Funktion. In der Antike selten, in der Völkerwanderungszeit bezeugt. Im europ. MA taucht er erstmals im 13. Jh. auf, zeitweise (14.–18. Jh.) bevorzugtes mod. Attribut.

Knopfhornblattwespen, svw. ↑Keulhornblattwespen.

Knopfkraut (Franzosenkraut, Galinsoga), Gatt. der Korbblütler mit neun Arten in Amerika. Nach M-Europa wurden im 19. Jh. zwei Arten eingeschleppt, darunter das **Kleinblütige Knopfkraut** (Galinsoga parviflora) mit zahlr., etwa 5 mm großen, vier- bis sechsstrahligen Köpfchen mit gelben Scheibenblüten und weißen Strahlenblüten; Acker- und Gartenunkraut.

Knorpel (Knorpelgewebe, Chondros), elast. Stützgewebe der Wirbeltiere (einschließl. Mensch), dessen teilungsfähig bleibende Zellen (K.*zellen*, **Chondrozyten**) große Mengen von Interzellularsubstanz bilden, so daß sie dann weit getrennt voneinander und ohne Verbindung zueinander (von einer K.*kapsel* aus kollagenen Fibrillen umschlossen) liegen. Der K. wird von der **Knorpelhaut** (Perichondrium), einem straffen Bindegewebe umhüllt, die der Ernährung, dem Wachstum und der Regeneration der K. dient. Je nach der Beschaffenheit der Interzellularsubstanz unterscheidet man **hyalinen Knorpel** (erscheint homogen; wird von einem feinen Netz kollagener Fasern durchsetzt; u.a. an vielen Gelenken, an Rippen), **elast. Knorpel** (zusätzl. mit einem dichten Netz feinerer oder gröberer elast. Fasern versehen; v.a. in der Ohrmuschel, am Kehlkopf) und den bes. druck- und zugfesten **Faserknorpel** mit eingelagerten kollagenen Fibrillen (v.a. in den Zwischenwirbelscheiben, Gelenkscheiben und in der Schambeinfuge).

Knorpelfische (Chondrichthyes), Klasse fast ausschließl. meerbewohnender, bis maximal 18 m langer Fische mit knorpeligem Skelett, das teilweise verkalkt sein kann, jedoch nie verknöchert; Haut meist mit zahnartigen Knochenbildungen, die in ihrem Aufbau den Zähnen des Mauls gleichen; Körperform schlank torpedoförmig (Haifische) bis stark abgeplattet (Rochen). - Man unterscheidet zwei Unterklassen: ↑Elasmobranchii und ↑Seedrachen.

Knorpelganoiden [dt./griech.], svw. ↑Störe.

Knorpelkirche ↑Süßkirsche.

Knorpelschmelzschupper, svw. ↑Störe.

Knorpeltang (Perltang, Chondrus crispus), formenreiche Rotalge in der Gezeitenzone des N-Atlantiks; mit flachem, mehrfach gegabeltem Thallus; liefert ↑Irländisches Moos.

Knorr, Georg, *bei Deutsch Eylau 15. Okt. 1859, †Davos 15. April 1911, dt. Ingenieur. - Erfand 1900 eine bes. bei der dt. Eisenbahn verwendete Einkammerschnellbremse, die sog. Knorr-Bremse.

Knorr von Rosenroth, Johann Christian (geadelt 1677), *Alt-Raudten (Schlesien) 15. oder 16. Juli 1636, †Sulzbach (= Sulzbach-Rosenberg) 4. Mai 1689, dt. Kanzler und Theosoph. - Sein Hauptwerk „Cabbala denudata" (1677–84), hauptsächl. eine lat. Übersetzung von Auszügen aus dem „Sohar" und anderen kabbalist. Werken, trug wesentl. zum Bekanntwerden der Kabbala bei.

Knospe, in der Botanik Bez. für die noch nicht voll entwickelte Sproßspitze höherer Pflanzen. K. sind noch von Blattanlagen (manchmal auch von Knospenschuppen) umschlossen und enden im Vegetationspunkt. Je nach Art der aus der K. hervorgehenden Organe werden Laub-, Blüten- und gemischte K. unterschieden. Am Ende des Hauptsprosses befindet sich die **End-** und **Gipfelknospe,** die bei einigen Pflanzen enorme Größe erreichen kann (z. B. Köpfe von Weiß-, Rot- und Wirsingkohl). In den Achseln von Laubblättern bilden sich **Achselknospen** *(Seiten-K.),* von denen die Verzweigung des Sproßsystems ausgeht. K. treiben entweder im Jahr der Bildung als **Bereicherungsknospen** oder im folgenden Jahr als **Erneuerungsknospen** *(Winter-K.)* aus.

Knospenschuppen (Tegmente), derb-lederige Nieder- oder Nebenblätter, die die Winterknospen von Holzgewächsen als Schutzorgane umhüllen.

Knospenstrahler (Blastoideen, Blastoidea), Klasse ausgestorbener, gestielter, mariner Stachelhäuter mit melonen- bis knospenförmigem Kelch, an dem zahlr. dünne Fangarme saßen; lebten vom Silur bis Perm.

Knospung (Sprossung, Gemmatio), Form der ungeschlechtl. Fortpflanzung bei verschiedenen niederen Lebewesen, u.a. bei Algen, Pilzen, Schwämmen, Hohltieren, Manteltieren und den Finnen mancher Bandwürmer. Dabei werden bes. Zellkomplexe oder Körperauswüchse (Knospen) mehr oder weniger weitgehend abgeschnürt (Tochterindividuen). Verbleiben diese am Mutterorganismus, so entstehen Kolonien bzw. Tierstöcke.

Knossos, an der N-Küste von Kreta gelegene Ausgrabungsstätte, deren Zentrum der spätminoische Palast des sagenhaften Königs Minos ist, an der Stelle einer bed. neolith. Siedlung (Kulturschichten bis zu 8 m Höhe). Vom 1. Palast (um 2000 v. Chr.) und 2. Palast (18. Jh. v. Chr.) verdrängt, dehnte sich die minoische Stadt ringsum aus und dürfte in der Blütezeit des 16. Jh. v. Chr. über 50000 E gehabt haben.

Knoten

Knossos. Südpropyläen (16. Jh. v. Chr.)

Der von Sir A. J. Evans ab 1899 freigelegte und z. T. mit originalen Bestandteilen rekonstruierte Komplex stammt aus dem 16. Jh. v. Chr. Um einen rechteckigen offenen Zentralhof (28 × 60 m) gruppiert sich eine Fülle mehrstöckiger Gebäudekomplexe mit zahlr. Räumen, Pfeilersälen und Lichthöfen, verbunden durch enge Korridore und prunkvolle Treppenanlagen. Der Palast besaß Warmwasserheizung, Badezimmer mit Sitzwannen und Klosetts mit Wasserspülung; Verteidigungsanlagen fehlten. Zahlr. Fresken schildern das tägl. Leben; die Originale befinden sich heute im Archäolog. Museum von Iraklion, ebenso die Schrifttafeln mit Abrechnungen in der sog. Linear-B-Schrift. K. wurde um 1400 v. Chr. zerstört. - ↑auch minoische Kultur.

Knötchen ↑Knoten (Medizin).
◆ svw. ↑Papel.

Knötchenflechte, svw. ↑Lichen.

Knoten, Verschlingung von Fäden, Seilen, Tauen u. a.; wichtig bes. im Schiffahrtswesen, wo fachgerecht mit Tauen ausgeführte K. *(Seemanns-K., Schiffer-K., Steks)* um so fester halten, je stärker sie belastet werden,

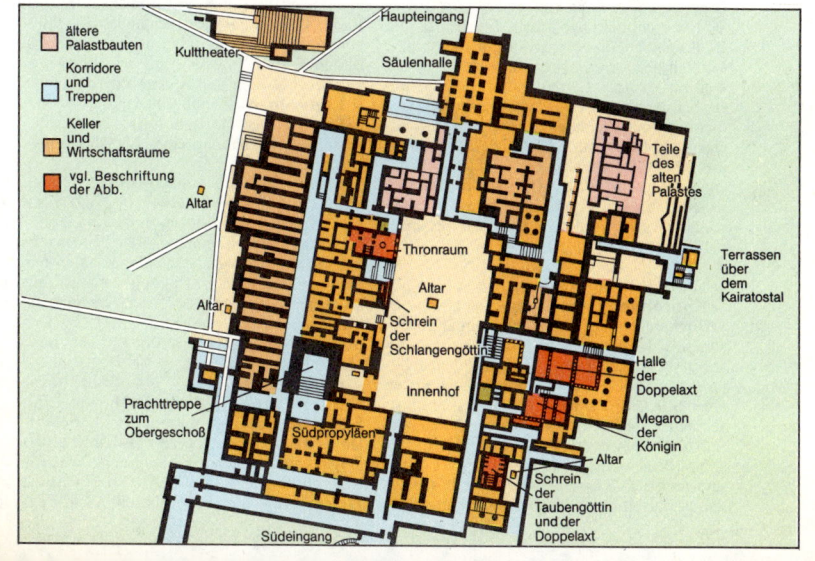

Knossos. Plan des Palastes

Knotenameisen

sich aber bei Entlastung leicht wieder lösen lassen. In der Textilind. unterscheidet man *Verbindungs-K.* zum Verknüpfen von Garn- bzw. Fadenenden, *Zier-K.* zur Effektbildung im Gewebe und *Teppichknoten*.

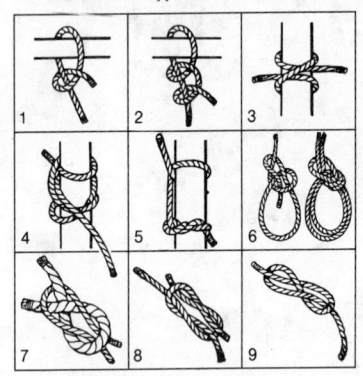

Knoten. 1 halber Schlag, 2 zwei halbe Schläge, 3 Webeleinstek, 4 Stopperstek, 5 Zimmermannsstek, 6 Palsteks, 7 Schotstek, 8 Kreuzknoten, 9 Achtknoten

◆ Einheitenzeichen kn, in der *Seefahrt* verwendete Einheit für die Geschwindigkeit von Schiffen; 1 kn = 1 Seemeile/Std. = 1,852 km/h.
◆ in der *Astronomie* der Schnittpunkt der Bahn eines Himmelskörpers mit der Grundebene eines astronom. Koordinatensystems, speziell mit der Ebene der Ekliptik; wichtig zur Festlegung der Bahn eines Himmelskörpers des Sonnensystems.
◆ (Knotenpunkt) in der *Mathematik* ein Punkt einer Kurvenschar, der unendl. vielen Kurven der Schar gemeinsam ist.
◆ in der *Medizin*: 1. krankhafte, knotenförmige, bei oberflächl. Lage tastbare Gewebsverdickung (bei kleinerer Ausdehnung: **Knötchen**) von fester, auch harter Beschaffenheit; z. B. Gicht-K., Rheuma-K.; 2. (Tuber) Form eines Hautausschlags (Primäreffloreszenz); größere, umschriebene, in tiefere Schichten reichende Hautverdickung, die das befallene Gewebe zerstört.
◆ in der *Anatomie* ↑Nodus.
◆ in der *Botanik* ↑Nodium.
Knotenameisen (Myrmicidae), weltweit verbreitete, mit über 2 500 Arten umfangreichste Fam. der Ameisen; zw. Brust und Hinterleib mit zweigliedrigem, knotenartigem Hinterleibsstielchen. Die meisten Arten besitzen einen Stachel. - Zu den K. gehören u. a. Blattschneiderameisen und Ernteameisen.
Knotenblume (Leucojum), Gatt. der Amaryllisgewächse mit 9 Arten in Europa und im Orient; Zwiebelpflanzen mit schmalen, grundständigen Blättern und weitglocki-

gen Blüten. Bekannte Arten sind: **Frühlingsknotenblume** (Märzenbecher, Leucojum vernum), weiße Blüten mit gelblichgrünen Malen am Blütensaum; in feuchten Wäldern und auf Bergwiesen, geschützt. **Sommerknotenblume** (Leucojum aestivum), Blüten weiß, in vier- bis achtblütiger Dolde, mit grünem Fleck am Blütensaum; auf feuchten Wiesen.
Knotenknüpfen, das Knüpfen einer bestimmten Anzahl von Knoten in eine Schnur zum Zählen oder Übermitteln von Nachrichten; bei vielen Völkern bekannt, am weitesten entwickelt in der altperuan. ↑Knotenschrift.
Knotenregel ↑Kirchhoffsche Regeln.
Knotenschrift (Quipu), altperuan. Zeichensystem der Inkazeit für statist.-rechner. Zwecke (eventuell auch älter). An einem Hauptstrang wurden Schnüre angebracht, in die man Knoten schlug. Nur z. T. entziffert.
Knotenvermittlungsstelle ↑Fernsprechen (Teilnehmervermittlung).
Knotenwespen (Cerceris), weltweit verbreitete Gatt. der Grabwespen mit in Deutschland zehn 7–20 mm großen Arten; Hinterleibssegmente an den Hinterrändern stark eingeschnürt und dadurch bes. das erste Segment knotig abgesetzt. Einheim. kommt bes. die **Sandknotenwespe** (Cerceris arenaria); schwarz mit gelb geringeltem Hinterleib) vor.
Knöterich (Polygonum), Gatt. der zweikeimblättrigen Pflanzenfam. Knöterichgewächse (Polygonaceae; mit mehr als 800 Arten) mit rd. 150 weltweit verbreiteten Arten; häufigere Arten sind: **Knöllchenknöterich** (Polygonum viviparum), 30–120 cm hoch, mit Ausläufern; Blüten rosafarben; auf feuchten fetten Wiesen höherer Gebirge und der Arktis. **Vogelknöterich** (Polygonum aviculare), mit kleinen, grünl. Blüten mit weißem oder rötl. Rand. **Wiesenknöterich** (Schlangen-K., Polygonum bistorta), 30–100 cm hoch, mit rötl. Blüten; Blätter längl.-eiförmig, bis 15 cm lang; auf Feuchtwiesen und in Auwäldern.
Know-how [engl. 'noohao „wissen, wie"], die theoret. Kenntnisse zur prakt.-techn. Verwirklichung eines [Produktions]-vorhabens.
Know-nothing-Bewegung [engl. 'nounʌθɪŋ], Name der 1849 in New York gegr. Geheimorganisation mit vorwiegend antikath. und fremdenfeindl. Tendenzen; nach 1852 v. a. in den Neuenglandstaaten einfluß- und erfolgreich; trat seit 1854 offiziell als Amerikan. Partei auf; 1855 zersplittert; ben. nach der Gewohnheit der Mgl., bei Untersuchungen „I know nothing" („Ich weiß nichts") zu sagen.
Knox [nɔks], John, * Giffordgate (East Lothian) 1505 (?), † Edinburgh 24. Nov. 1572, Führer der Reformation in Schottland. - 1546 Prediger; geriet 1547 in frz. Gefangenschaft; durch die Fürsprache Eduards VI. von England 1549 befreit, der ihn zur Durchführung der Reformation nach Eng-

land holte. Wegen der Thronbesteigung Maria I. Tudor floh K. nach Genf zu Calvin, 1555 Rückkehr nach Schottland. 1556 Pfarrer der engl. Auslandsgemeinde in Genf, 1559 Rückkehr nach Schottland, zus. mit dem prot. Adel Kampf für die Reformation. K. verfaßte von 1559–64 eine Geschichte der Reformation in Schottland und arbeitete an der „Confessio Scotica" (1560) mit.

K., Philander Chase, *Brownsville (Pa.) 6. Mai 1853, † Washington 12. Okt. 1921, amerikan. Politiker und Jurist. - 1901–04 Justiz-, 1909–13 Außenmin., 1904–09 und 1917–21 Senator, Vertreter des Dollarimperialismus und Gegner des Völkerbunds.

Knoxküste [engl. nɔks], Küstengebiet der Ostantarktis zw. 100 und 110° ö. L.

Knoxville [engl. ˈnɒksvɪl], Stadt in den südl. Appalachen, Bundesstaat Tennessee, USA, 280 m ü. d. M., 183 000 E. Sitz eines anglikan. u. eines methodist. Bischofs; Univ. (gegr. 1794), College, landw. Versuchsanstalt; Handelszentrum mit Tabakauktionen, Ind.-standort; Endpunkt der Schiffahrt auf dem Tennessee River; ✈. - Gegr. 1786; 1792–96 Hauptstadt des Gebietes südl. des Ohio und 1796–1812 des Bundesstaates Tennessee.

Knud ↑ Knut.

Knüll, Gebirge des Hess. Berglands zw. der Fulda und der Schwalm, im Eisenberg 636 m hoch.

Knüppeldamm, Bez. für einen v. a. in sumpfigem Gelände angelegten [Fahr]weg aus aneinandergelegten [und durch Langhölzer, Latten u. a. miteinander verbundenen] Rundhölzern.

Knüppelschaltung ↑ Schaltung.

Knüppelvers ↑ Knittelvers.

Knurrhähne (Panzer-K., Seehähne, Triglidae), Fam. bis 90 cm langer, räuber. lebender, meist roter oder orangefarbener Knochenfische (Ordnung Panzerwangen) mit rd. 50 Arten in Meeren trop. und gemäßigter Zonen; mit großem, fast dreieckigem, gepanzertem Kopf und großen Brustflossen, auf deren hinteren, frei bewegl. Strahlen die Tiere auf dem Meeresboden gehen können. K. erzeugen bei Erregung dumpfe Knurrtöne. - An Europas Küsten kommen zwei Arten vor: **Roter Knurrhahn** (Trigla lucerna; bis 75 cm lang) und **Grauer Knurrhahn** (Eutrigla gurnadus; bis 50 cm lang).

Knut, aus dem Nord. (norweg. und schwed. Knut, dän. Knud) übernommener männl. Vorname, der auf mittelhochdt. knuz „waghalsig, keck" zurückgeht.

Knut, Name von Herrschern:
Dänemark:
K. II., der Große, *um 995, † Shaftesbury 12. Nov. 1035, König von Dänemark (seit 1018), England (seit 1016) und Norwegen (seit 1028). - Setzte die Politik seines Vaters Svend Gabelbart fort und übernahm 1016 die Alleinherrschaft in England. 1035 sicherte er sich durch ein Bündnis mit Kaiser Konrad II. die Mark Schleswig.
K. IV., der Heilige, *um 1040, † Odense 10. Juli 1086, König (seit 1080). - Bemühte sich v. a. um Stärkung der dän. Kirchenorganisation. Während der Vorbereitung eines Zuges gegen England ermordet; 1100 heiliggesprochen; Schutzheiliger Dänemarks.
K. VI., *1163, † 12. Nov. 1202, König (seit 1182; erstmals Titel „König der Wenden"). - Erreichte die Unabhängigkeit Dänemarks vom Hl. Röm. Reich und setzte die Expansion entlang der südl. Ostseeküste fort.
England:
K. I. † Knut II., d. Gr., König von Dänemark.

Knuth, Gustav, *Braunschweig 7. Juli 1901, † Zollikon (Kt. Zürich) 1. Febr. 1987, dt. Schauspieler. - Begann als jugendl. Komiker (später Charakterdarsteller) in Hildesheim und Basel. 1937–45 am Berliner Staatstheater, seit 1947 Mgl. des Zürcher Schauspielhauses. Bekannt wurde K. v. a. durch zahlr. Film- und Fernsehrollen. Schrieb Erinnerungen: „Mit einem Lächeln im Knopfloch" (1974).

Knüttelvers ↑ Knittelvers.

k. o. [kaːˈoː], Abk. für engl. knockout; beim Boxkampf nach einem Niederschlag kampfunfähig und besiegt; umgangssprachl.: [nach einer großen Anstrengung u. a.] körperl. völlig erschöpft, übermüdet, erledigt.

Koadjutor [lat. „Mitgehilfe"], im röm.-kath. Kirchenrecht Fachbez. für den mit bes. Rechtsstellung ausgestatteten Gehilfen eines kirchl. Amtsträgers.

Koagulantia (Koagulanzien) [lat.] (gerinnungsfördernde Mittel), die ↑ Blutgerinnung beschleunigende bzw. auslösende Mittel, z. B. Thrombokinase.

Koagulieren [zu lat. coagulare „gerinnen machen"], Ausflocken von Lösungen oder kolloidalen Flüssigkeiten durch chem., physikal. oder therm. Einflüsse. Der ausgeflockte Stoff heißt **Koagulat**. - ↑ auch Gerinnung.

Koagulopathien [lat./griech.], Bez. für Blutgerinnungsstörungen, z. B. anomale Thrombenbildung.

Koala [austral.] (Beutelbär, Phascolarctos cinereus), Kletterbeutler in den Eukalyptuswäldern O-Australiens; mit rd. 60–80 cm Körperlänge und 16 kg Höchstgewicht größte Kletterbeutlerart; Gestalt teddybärähnl.; Kopf rundl. mit kurzer Schnauze und großen, runden Ohren; Schwanz vollkommen rückgebildet; dichte wollige Behaarung; nachtaktiver Baumbewohner; lebt nur von bestimmten Eukalyptusblättern; trinkt nie Wasser.

koalieren [lat.-frz.], sich zu einer ↑ Koalition zusammenschließen.

Koalition [engl.-frz., zu lat. coalescere „zusammenwachsen"], Bez. für ein zweckgerichtetes, befristetes oder unbefristetes Bündnis ungleichartiger Partner. Im Zeitalter des Nationalstaats wurden v. a. Allianzen zw. Staaten als K. bezeichnet. - In Deutschland

Koalitionsfreiheit

ist K. seit 1918 eine geläufige Bez. für eine enge Zusammenarbeit polit. Parteien in der Reg.verantwortung oder in einem Wahlbündnis (früher: Block). K. werden i. d. R. notwendig, wenn eine einzelne Partei nicht über die absolute Mehrheit der Parlamentssitze verfügt und sich mit anderen Parteien verbünden muß oder wenn bes. polit.-soziale Verhältnisse und Krisensituationen einen breiten Konsens für die Entscheidungen der Exekutive erforderl. machen.

Koalitionsfreiheit, das Grundrecht, zur Wahrung und Förderung der Arbeits- und Wirtschaftsbedingungen Vereinigungen zu bilden. Dazu gehört das Recht, Koalitionen zu gründen, den bestehenden beizutreten und sich in ihnen zu betätigen *(individuelle K.)* ebenso wie das Recht der Koalition selbst auf Bestand und Betätigung *(kollektive K.)* und das Recht, einer bestimmten Koalition nicht oder überhaupt keiner Koalition beizutreten *(negative K.)*. Als einzigem Grundrecht kommt der K. Drittwirkung († Drittwirkung der Grundrechte) zu. Gesetzl. Beschränkungen der K. sind insbes. aus wichtigen gesamtwirtsch. Gründen denkbar. Nur im Kernbereich gewährleistet die K., daß die Tarifvertragsparteien (Arbeitgeberverbände, Gewerkschaften) die Arbeits- und Wirtschaftsbedingungen in eigener Verantwortung, insbes. durch den Abschluß von Tarifverträgen, regeln.

Die K. ist in *Österreich* durch Art. 12 des Staatsgrundgesetzes von 1867, in der *Schweiz* durch Art. 56 BV gewährleistet.

Koalitionskriege (frz. Revolutionskriege), 4 Kriege verschiedener Koalitionen europ. Mächte gegen das revolutionäre und napoleon. Frankr. 1792–1806/07. Der **1. Koalitionskrieg 1792–97**, provoziert durch die preuß.-östr. † Pillnitzer Konvention (1791), begann nach der von den Girondisten betriebenen frz. Kriegserklärung (20. April 1792) mit Erfolgen der frz. Truppen in den östr. Niederlanden, am Rhein und in Savoyen (Annexion Savoyens und Nizzas). Trotz erhebl. Erweiterung der antifrz. Koalition (Großbrit., Spanien, Generalstaaten, Sardinien, Neapel, Toskana, dt. Reichsstände) versagten deren Armeen vor der frz. Levée en masse: Besetzung linksrhein. Reichsgebiete 1794 und der gesamten Niederlande 1794/95 (Bildung der Batav. Republik), nach der Neutralisierung Preußens und Spaniens (Basler Frieden, 1795) ab 1796 1. Phase republikan. Staatsbildungen in Oberitalien unter frz. Druck u. a. Österreich sah sich 1797 zum Frieden von Campoformio († Campoformido) gezwungen. - Im **2. Koalitionskrieg 1798–1801/02** schlossen sich 1798/99 Rußland, Österreich, Großbrit., Neapel, Portugal und das Osman. Reich zusammen. Der brit. Admiral Nelson konnte 1798 durch den Sieg über Bonaparte vor Abukir die brit. Seeherrschaft im Mittelmeer sichern. Trotz siegreicher Operationen in S-Deutschland, der Schweiz und in Italien 1799 fiel die Koalition nach dem Rückzug Rußlands aus dem Bündnis (1799) rasch auseinander. Bonapartes Siege in Italien (Marengo) und S-Deutschland (Hohenlinden) führten 1801 zum Frieden von Lunéville (Gewinnung des linken Rheinufers und italien. Gebiete); Großbrit. zeigte sich erst 1802 friedensbereit. - Den **3. Koalitionskrieg 1805** führten Großbrit., Schweden, Rußland und Österreich gegen Frankr. Napoleon I. reagierte mit einem direkten Schlag gegen Österreich (Einnahme Ulms [17. Okt.] und Wiens [13./14. Nov.]). Zwar gelang Nelson am 21. Okt. ein umfassender Seesieg bei Trafalgar, doch schlug Napoleon die Verbündeten entscheidend in der Dreikaiserschlacht bei Austerlitz. Nach dem für Österreich harten Frieden von Preßburg setzte er die Gründung des 2. Rheinbundes und die Auflösung des Hl. Röm. Reiches durch. - Der **4. Koalitionskrieg 1806/07** begann mit dem preuß. Kriegsmanifest vom Okt. 1806. Das ledigl. von Kursachsen, Sachsen-Weimar und Braunschweig unterstützte Preußen erlitt in der Doppelschlacht von Jena und Auerstedt einen völligen Zusammenbruch. Ein preuß.-russ. Sieg bei Preußisch-Eylau (7./8. Febr. 1807) und ein verspätetes preuß.-russ. Bündnis im April konnten Napoleons Entscheidungssieg von Friedland (Ostpr.) am 14. Juni nicht mehr verhindern. Im Frieden von Tilsit (1807) erzwang Napoleon eine beträchtl. Verkleinerung Preußens (zugleich frz.-russ. Bündnis). Damit stand er auf der Höhe seiner Macht, die er dann in den Napoleon. Kriegen zu festigen suchte.

Koaxialkabel (Koaxialleitung), eine elektr. Doppelleitung, bestehend aus einem [hohl]zylindr. Innenleiter, der von einem verlustarmen Dielektrikum umgeben ist und von einem rohrförmigen Außenleiter (meist Kupfer- oder Aluminiumdrahtgeflecht) koaxial (d. h. mit gleicher Achse) eingeschlossen wird; die übertragenen elektromagnet. Wellen werden im Dielektrikum geführt und durch den Außenleiter begrenzt; eignen sich als Breitbandkabel zum Übertragen breiter Frequenzbänder (z. B. als Antennenleitung für UKW- und Fernsehantennen verwendet).

Kobajaschi, Masaki, * 14. Febr. 1916, jap. Filmregisseur. - V. a. bekannt durch seine Trilogie über den 2. Weltkrieg „Barfuß durch die Hölle" (1959–61), die das Verhalten der jap. Armee in der Mandschurei kritisiert. Bed. Samurai-Filme sind „Harakiri" (1962) und „Rebellion" (1967). In „Kaseki" (1973) thematisiert K. in der Person eines alternden Geschäftsmanns die Sorge des Individuums, das sich in den Traditionen einer überholten, formalisierten Sozialstruktur gefangen sieht.

Kobalt [eigtl. „Kobold" (da man annahm, ein Berggeist habe das wertlose Metall unter die wertvolleren Erze gemischt)], chem. Symbol Co; stahlgraues, glänzendes, magnet. Schwermetall aus der VIII. Nebengruppe des Periodensystems der chem. Elemente, härter als Stahl, Ordnungszahl 27, relative Atommasse 58,9332, Dichte 8,9 g/cm³, Schmelzpunkt 1495 °C, Siedepunkt 2870 °C; Vorkommen nie gediegen, sondern in Form seiner Minerale in Verbindung mit Arsen oder Schwefel, z. B. in der Kobaltblüte (↑Erythrin), im ↑Kobaltglanz, ↑Linneit und ↑Speiskobalt. Die Lagerstätten liegen hauptsächl. in Zaïre, Kanada, Finnland, Marokko. Techn. hergestellt wird K. durch Reduktion der beim Abrösten der Minerale gewonnenen Oxide mit Koks. Verwendung findet K. v. a. als Legierungsbestandteil in Dauermagneten und Hartmetallen sowie in seinen Verbindungen als Katalysator. Das K.isotop 60, ein energiereicher Gammastrahler, wird zur Materialprüfung und in der medizin. Strahlentherapie verwendet.

Kobaltblau, Bez. für zwei Kobaltfarbstoffe: 1. Kobaltultramarin, $CoO \cdot Al_2O_3$. 2. Coelestinblau, $CoSnO_3$. Kobaltultramarin wird u. a. beim Banknotendruck, Coelestinblau in der Porzellanind. verwendet.

Kobaltblüte, svw. ↑Erythrin.

Kobaltbombe, Wasserstoffbombe mit Kobaltmantel, durch dessen Verdampfung und weitgehende Verwandlung in Kobalt 60 (^{60}Co) bei der Explosion langdauernde radioaktive Verseuchung des Explosionsgebietes eintritt.

Kobaltchlorid, $CoCl_2$, blaßblaues, gut wasserlösliches Pulver, das an feuchter Luft ein blaßrosa Hexahydrat bildet, das in trockener Luft oder beim Erwärmen in ein violettblaues Monohydrat übergeht. Verwendung als sympathet. Tinte (Geheimschrift) und Luftfeuchtigkeitsanzeiger.

Kobaltfarbstoffe (Kobaltpigmente), durch Glühen von Kobaltverbindungen mit anderen Metallverbindungen (v. a. des Aluminiums und des Zinks) hergestellte Farbpigmente, die in der keram. Industrie und auch in der Ölmalerei verwendet werden, z. B. ↑Kobaltblau.

Kobaltglanz (Cobaltin, Glanzkobalt), undurchsichtiges, silberweißes bis stahlgraues, muschelig brechendes, sprödes Mineral, CoAsS; kristallisiert kub.; Mohshärte 5,5; wichtiges Kobalterz.

Kobaltglas ↑Schmalte.

Kobaltkanone, Strahlentherapiegerät, das als Strahlenquelle den energiereichen Gammastrahler Kobalt 60 (^{60}Co; Halbwertszeit 5,26 Jahre) enthält.

Kobaltkies, svw. ↑Linneit.

Kobaltoxide sind die Sauerstoffverbindungen des Kobalts; sie bilden schwer schmelzbare Pulver, die sich in Wasser nicht, wohl aber in starken Säuren unter Bildung von Kobalt-(II)-salzen lösen. Beim Lösen von K. in Schmelzen von Silicaten, Phosphaten und Boraten bilden sich tiefblaue Schmelzflüsse, die in der Porzellan-, Glas-, Email- und Steingutmalerei verwendet werden.

Kobaltultramarin ↑Kobaltblau.

Kōbe, jap. Hafenstadt auf Hondo, an der Osakabucht, 1,37 Mill. E. Verwaltungssitz der Präfektur Hiogo; zwei Univ., Hochschule der Handelsmarine, Wirtschaftshochschule; mehrere Museen; meteorolog. Observatorium; Schwerind., Schiff- und Waggonbau, Gummi- und Nahrungsmittelind.; U-Bahn. - Seit dem Altertum wichtiger Hafen (**Hiogo**) der Inlandsee. Als Hiogo 1867 den Ausländern geöffnet werden mußte, bestimmte die Reg. das östl. gelegene Dorf K. zum Ausländerwohnbezirk. Ende des 19. Jh. wuchsen beide Orte zusammen; ab 1906 Ausbau des Hafens. - Schreine (u. a. Ikuta- und Sumijoschi-Schrein, 3. Jh.?) und buddhist. Tempel (8., 9. und 14. Jh.), moderne Bauten sind u. a. das Rathaus (1957) und der 103 m hohe Port Tower (1963).

Kobel (Koben), Nest des ↑Eichhörnchens.

Kobell [ko'bɛl, 'ko:bəl], Ferdinand, * Mannheim 7. Juni 1740, † München 1. Febr. 1799, dt. Maler und Radierer. - Vater von Wilhelm K.; 1768–70 in Paris; seit 1798 Galeriedirektor in München. Von den Niederländern des 17. Jh. ausgehend, wurde K. mit seinen auf Beobachtung bestimmter Landschaften basierenden Gemälden und Radierungen seit etwa 1780 Wegbereiter der Landschaftsmalerei des 19. Jahrhunderts.

K., Wilhelm von (seit 1817), * Mannheim 6. April 1766, † München 15. Juli 1853, dt. Maler. - Sohn und Schüler von Ferdinand K.; 1792/93 Hofmaler in München, 1814 Prof.; seine kleinformatigen Landschaften, Schlachtenbilder (1808–15 für den bayr. Kronprinzen Ludwig gemalt) u. a. sind durch atmosphär. Stimmungen, Weiträumigkeit der Landschaft und mit Akribie gemalte Vordergrundstaffage ausgezeichnet; auch Radierungen.

København [dän. købən'hau'n], amtl. dän. Name für ↑Kopenhagen.

Koberger (Koburger), Anton, * Nürnberg (?) um 1440, † ebd. 3. Okt. 1513, dt. Buchdrucker, Buchhändler und Verleger. - Seine 1470/71 in Nürnberg gegr. Druckerei war die bedeutendste in Deutschland im 15. Jh. (angebl. 24 Pressen und 100 Gesellen, Niederlassungen in fast ganz Europa). Etwa 250 Druckwerke, z. T. Holzschnittwerke, darunter eine dt. Bibel (1483), „Heiligenleben" (1488), St. Fridolins „Schatzbehalter" (1491), die „Weltchronik" von H. Schedel (lat. und dt. 1493). Die Druckerei erlosch 1504, der Verlag 1526.

Koblenz, kreisfreie Stadt an der Mündung der Mosel in den Rhein, Rhld.-Pf., 65 m ü. d. M., 111 800 E. Verwaltungssitz der Reg.-Bez. Koblenz und den Landkr. Mayen-K.; Erziehungswiss. Hochschule Rhld.-Pf., Fachhochschule Rhld.-Pf., Polizeihochschule;

Koblenz

Verfassungsgerichtshof des Landes Rhld.-Pf.; Bundesamt für Wehrtechnik und Beschaffung, Bundesanstalt für Gewässerkunde, Bundesgrenzschutzdirektion, größte Bundeswehrgarnison mit Bundeswehrzentralkrankenhaus. Staatsarchiv; Mittelrhein-Museum, Landesmuseum K., Rheinmuseum; Theater. Handels- und Ind.zentrum, u. a. Aluminiumwalzwerk, Werft, Textilind., Sektkellerei.
Geschichte: Das röm. **Confluentes** wurde unter Tiberius zum Schutz des Mosel- und Rheinübergangs als Kastell mit bürgerl. Siedlung angelegt (aus dem 4. Jh. das später angelegte Steinkastell). Der im 5. Jh. hier entstandene merowing. Königshof wurde Mittelpunkt einer Siedlung, deren stadtähnl. Rechte 1332 bestätigt wurden. Zunächst in Reichsbesitz, fiel 1018 durch Schenkung an das Erzstift Trier, endgültig seit der 2. Hälfte des 15. Jh. erzbischöfl. Residenz; nach 1655 und nach 1734 zur bastionierten Festung ausgebaut, 1815–32 einschließ. der umliegenden Höhen neu befestigt; Aufhebung der Außenbefestigung 1920–22.
Bauten: Zahlr. Kirchen, u. a. die roman. Stiftskirche Sankt Kastor (836; 12. und 15. Jh.), die spätgot. Liebfrauenkirche (12./13. und 15. Jh.), die roman. ehem. Stiftskirche Sankt Florin (um 1100) mit Wandmalereien (14./15. Jh.). Ehem. Jesuitenkolleg (1694 bis 1702; heute Rathaus); frühklassizist. kurfürstl. Schloß (18. Jh., nach Kriegsschäden wiederaufgebaut); ↑Deutsches Eck mit Mahnmal. Am rechten Rheinufer Feste **Ehrenbreitstein** (um 1100 erbaut, später ausgebaut, 1801 zerstört, 1815–32 Neubau); Moselbrücke (14. Jh.). Im Stadtteil Güls spätroman. Alte Pfarrkirche (12./13. Jh.).
📖 *Bauer, R.:* K. Porträt einer Stadt. Düss. 1985. - *2000 Jahre K.* Hg. v. H. Bellinghausen. Boppard ²1973. - *Haubrich, H.:* Der Großraum K. in Luftbildern. Koblenz 1972. - *Michel, F.:* Die Gesch. der Stadt K. im MA. Trautheim u. Mainz 1963.

K., Reg.-Bez. in Rheinland-Pfalz.

Kobo Daischi ↑ Kukai.

Kobolde [vermutl. eigtl. „Stall-, Hausverwalter"], im Volksglauben Bez. für die sich im Haus- bzw. Hofbereich aufhaltenden Geister, die meist persönl., regional unterschiedl. Namen tragen, bringen Wohlstand, beaufsichtigen das Gesinde und geben wertvolle Ratschläge; sie sind u. a. aber auch tückisch.

Koboldmakis (Gespenstaffen, Gespenstmakis, Gespenstiertiere, Tarsiidae), Fam. 10–18 cm langer Halbaffen mit drei Arten in den Wäldern der Sundainseln und Philippinen; nachtaktive Tiere mit außergewöhnl. großen Augen, großen Ohren und stark verlängerten Fußwurzelknochen, wodurch die Hinterextremitäten zu Sprungbeinen werden (K. springen vom Baum zu Baum, bewegen sich oft auch am Boden hüpfend fort); Finger- und Zehenenden scheibenförmig verbreitert.

Kobras [portugies., zu lat. colubra „Schlange"] (Brillenschlangen, Hutschlangen, Schildottern, Naja), Gatt. der Giftnattern mit einigen Arten in Asien und Afrika; die oft mit einer Brillenzeichnung versehene Nackenregion kann durch Spreizen der verlängerten Halsrippen scheibenförmig ausgebreitet werden; dämmerungs- und nachtaktive Bodenbewohner; Giftwirkung z. T. für den Menschen sehr gefährlich. Am häufigsten ist die **Eigentl. Brillenschlange** (Naja naja): in S-Asien, auf den Sundainseln u. Philippinen; 1,4–1,8 m lang, oberseits meist gelbbraun, unterseits weißl., mitunter schwärzl. gefleckt. - K. sind die von ↑Schlangenbeschwörern hauptsächl. benutzten Schlangen.

Kobro, Katarzyna, * Riga 26. Jan. 1898, † Łódź 26. Febr. 1951, poln. Bildhauerin lett. Herkunft. - Kam mit ihrem Mann (W. Strzemiński) 1920 von Moskau nach Polen. Entwickelte aus konstruktivist. und kubist. Anregungen seit 1925 ihre monochrome räuml. Skulptur, „Gestaltung der Form im Raum".

Koburger, Anton ↑ Koberger, Anton.

Kočevje [slowen. kɔˈtʃeːvjɛ] (dt. Gottschee), jugoslaw. Stadt in Unterkrain, 460 m ü. d. M., 7400 E; Holzind.; Eisenbahnendpunkt. - K. war bis 1941 Zentrum der dt. Sprachinsel Gottschee.

Koch, Eoban, dt. Humanist und nlat. Dichter, ↑Hessus, Helius Eobanus.

K., Erich, ↑ Koch-Weser, Erich.

K., Joseph Anton, * Obergiblen (= Elbigenalp, Tirol) 27. Juli 1768, † Rom 12. Jan. 1839, östr. Maler und Radierer. - 1785–91 an der Karlsschule in Stuttgart, von wo er nach Straßburg floh; ab 1792 in der Schweiz, seit 1795 lebte er v. a. in Rom; mit seinen von leidenschaftl. Ausdruck erfüllten heroischklass. Landschaften wurde er zum Haupt der ↑Deutschrömer.
Werke: Landschaft mit Regenbogen (1805; Karlsruhe, Staatl. Kunsthalle), Schmadribachfall (1811; Leipzig, Museum der Bildenden Künste), Landschaft nach einem Gewitter (um 1830; Stuttgart, Staatsgalerie), Dante-Fresken im Casino Massimo in Rom (1824–29).

K., Robert, * Clausthal (= Clausthal-Zellerfeld) 11. Dez. 1843, † Baden-Baden 27. Mai 1910, dt. Bakteriologe. - Prof. in Berlin, ab 1891 Leiter des dortigen Instituts für Infektionskrankheiten (heute Robert-Koch-Institut). K. ist der Begründer der modernen Bakteriologie, für die er wichtige Untersuchungsmethoden entwickelte (z. B. Färben und Reinkulturen von Bakterien). Mit der Entdeckung der Milzbrandsporen und der Klärung der Ursache des Milzbrandes (1876) wies K. erstmals einen lebenden Mikroorganismus als Erreger einer Infektionskrankheit nach. 1882 entdeckte er den Tuberkelbazillus, 1883 den Erreger der Cholera. Außerdem fand er Erreger und Übertragungsmodus des afrikan.

Köcherfliegen

Rückfallfiebers. 1905 erhielt er für seine Forschungen über die Tuberkulose den Nobelpreis für Physiologie oder Medizin.
K., Rudolf, * Nürnberg 20. Nov. 1876, † Offenbach am Main 9. April 1934, dt. Schriftschöpfer. - Ab 1906 ständiger Mitarbeiter der Schriftgießerei Gebrüder Klingspor in Offenbach am Main; schuf got. Schriften: Maximilian- (1914), Peter-Jessen- (1924), Wilhelm-Klingspor- (1924), Wallau-Schrift (1931), Frakturschriften: Dt. Koch-Schrift

ĀBCDEFGHIJKLMNOPQRS
TUVWXYZ
abcdefghijklmnopqrstuvwxyz
1234567890

ABCDEFGHIJKLMNOPQRS
TUVWXYZ
abcdefghijklmnopqrstuvwxyz
1234567890

Rudolf Koch, Peter-Jessen-Schrift (oben) und Marathon

(1908), Frühling (1913), Claudius (1933) und Antiquaschriften: Koch-Antiqua (1920), Neuland (1923), Marathon (1930) und war Mithg. der „Rudolfin. Drucke" in der Art von Blockbüchern (1911 ff.). Als Prof. an der Kunstgewerbeschule in Offenbach (1909-34) auch um Erneuerung der sakralen Kunst bemüht (Kirchengerät).
K., Thilo, * Kanena (heute zu Halle/Saale) 20. Sept. 1920, dt. Schriftsteller, Journalist bei Funk und Fernsehen; auch Erzähler, Lyriker, Essayist, Publizist, Kritiker; 1970-76 Generalsekretär des P.E.N.-Zentrums BR Deutschland.

Kochanowski, Jan [poln. kɔxa'nɔfski], * Sycyna bei Radom 1530, † Lublin 22. Aug. 1584, poln. Dichter. - Begründer der nat. poln. Dichtung, von der Volksdichtung beeinflußt; Psalmennachdichtung („Psałterz Dawidów", 1579) und Klagelieder auf den Tod seiner Tochter („Treny", 1580); ferner u. a. polit. Klagedichtungen, Epigramme, panegyr. Lyrik, kurze Gedichte erot., satir. und philosoph. Inhalts, außerdem die Tragödie „Die Abfertigung der griech. Gesandten" (1578).

Kochelsee, von der Loisach durchflossener See am N-Rand der bayr. Voralpen, 599 m ü. d. M., 5,9 km², bis 66 m tief. Am O-Ufer liegt der Fremdenverkehrsort Kochel a. See.

Köchelverzeichnis, Abk. KV, 1862 von L. Ritter von Köchel (* 1800, † 1877) hg. „Chronolog.-themat. Verzeichnis sämtl. Tonwerke W. A. Mozarts"; bislang 6 Auflagen.

kochem (chochem) [jidd.], gaunersprachl. für: klug, gescheit.

Kochen, Sieden, Erhitzen bis zum † Siedepunkt; speziell das Aufbereiten von Lebensmitteln in siedendem Wasser (Garen), um sie leichter verdaulich und wohlschmeckender zu machen. I. w. S. wird unter K. jedes Zubereiten von Lebensmitteln mittels Erhitzung verstanden. Durch K. werden u. a. Zellgewebe aufgeschlossen, Geschmacksstoffe gebildet, Mineralstoffe und Zucker ausgelaugt, Eiweiß ausgefällt und Stärke verkleistert (das Auslaugen der Nährstoffe läßt sich durch Dämpfen reduzieren), Vitamine z. T. zerstört, Mikroorganismen z. T. abgetötet. - Das Garen von Speisen war ein bed. Entwicklungsschritt des Menschen, und viele Mythen z. B. der Indianer beschäftigen sich mit dem Erwerb dieser Kenntnis. Das K. wurde in allen Hochkulturen zur „feinen Küche" weiterentwickelt. Das Mutterland der modernen **Kochkunst** ist Italien; dort erreichte sie im 16. Jh. einen hohen Grad an Verfeinerung. Frankr. machte der italien. Küche den Rang bald streitig. Mit „Nationalgerichten" machten sich auch andere Völker einen Namen in der Kochkunst. Im 20. Jh. entstanden mehrfach Reformbewegungen zugunsten einer weniger schweren und gesünderen Küche (weniger Fett, Fleisch, Eier, Mehl, mehr Rohkost, Vollwertkost, allg. kürzeres Garen), zuletzt als † Nouvelle Cuisine. **Kochbücher** gab es bereits im antiken Griechenland sowie in Rom. Das älteste gedruckte Kochbuch, „De honeste voluptate", wurde 1474 von dem Italiener B. Sacchi veröffentlicht, das älteste frz. Kochbuch, „Le viandier", erschien 1490, das älteste gedruckte dt. Kochbuch, „Die Kuchemeystrey", 1485 in Nürnberg; die älteste Rezeptsammlung in dt. Sprache eine Würzburger Handschrift (vor 1350). Internat. berühmte Köche sind M. A. Carême (* 1784, † 1833), A. Escoffier (* 1846, † 1935), P. Bocuse (* 1926).

Kochenille, svw. † Koschenille.

Kocher, Emil Theodor, * Bern 25. Aug. 1841, † ebd. 27. Juli 1917, schweizer. Chirurg. - Prof. in Bern; behandelte erstmals den Kropf durch Entfernen der Schilddrüse (1878). Wichtige Arbeiten zur Bauchchirurgie sowie zur Antiseptik und Aseptik. 1909 Nobelpreis für Physiologie oder Medizin.

Kocher, rechter Nebenfluß des Neckars, entspringt auf der Schwäb. Alb, mündet bei Bad Friedrichshall; 182 km lang.

Köcher, 1. röhren- oder taschenförmiger Behälter zum Aufbewahren und Tragen von Pfeilen, aus Leder oder Holz gefertigt; 2. Futteral für Fernglas oder Wechselobjektiv.

Köcherbaum (Drachenbaumaloe, Aloe dichotoma), Liliengewächs im sw. Afrika; 6-10 m hohe, vielfach gabelig verzweigte Aloe mit gelben Blüten, bis 25 cm langen, schmalen Blättern und bis 1 m dickem Stamm. Die ausgehöhlten Äste werden von den Hottentotten als Köcher für die Pfeile verwendet.

Köcherfliegen (Haarflügler, Trichoptera), mit rd. 6000 Arten weltweit verbreitete Ordnung 0,3-6 cm langer, mottenähnl. Insek-

Kochkiste

ten, davon in Deutschland rd. 280 Arten; Flügel und Körper dicht behaart; Fühler lang, fadenförmig; Mundwerkzeuge leckendsaugend; Färbung meist unscheinbar gelbl., braun oder grau; fliegen v. a. in der Dämmerung oder nachts und leben in Wassernähe; Larven im Wasser, mit (Köcherlarven) oder ohne Gehäuse; bekannte einheim. Fam. **Frühlingsfliegen** (Phryganeidae) und **Wassermotten** (Hydropsychidae).

Kochkiste, mit wärmeisolierenden Stoffen ausgekleideter Behälter, in dem angekochte Speisen in Kochtöpfen fertiggegart werden.

Kochowski, Wespazjan [poln. kɔˈxɔfski], * Gaj (Woiwodschaft Kielce) 1633, † Krakau 6. Juni 1700, poln. Dichter. - Hervorragender Vertreter der gegenreformator. Dichtung Polens; starke patriot. Tendenz; schrieb u. a. panegyr. Dichtung, Kriegslieder, Oden, Epigramme und religiöse Werke.

Kochsalz (Speisesalz), Bez. für im Handel befindl., aus natürl. Vorkommen oder auch durch Eindampfen von Meerwasser gewonnenes, mehr oder weniger reines Natriumchlorid, NaCl; es ist meist bis zu 3 % mit anderen Salzen (Magnesium- und Calciumchlorid, Sulfate des Magnesiums, Calciums und Natriums) gemischt, von denen Magnesiumchlorid das Feuchtwerden des K. bewirkt (reines NaCl ist nicht hygroskopisch); außerdem enthält es verschiedene Spurenelemente. K. bildet farblose, in Wasser leicht lösl. Kristalle (bei 25 °C lösen sich 36 g K. in 100 g Wasser); es kommt in der Natur als † Steinsalz in Salzlagerstätten, in † Solen, † Salzpfannen und † Salzseen sowie im Meerwasser (Anteil 2,7 %) vor. Gewonnen wird K. durch Vermahlen von bergmänn. abgebautem Steinsalz oder durch Eindampfen von gesättigten Solen in flachen Siedepfannen (**Sole-** oder **Sudsalz**). Bei 60 °C erhält man das *Grobsalz*, das durch Zentrifugieren von der restl. Sole getrennt und dann getrocknet wird, bei Siedehitze das weiße, feinkörnige **Siedesalz**, das vorwiegend als **Tafelsalz** und zum Salzen bei der Butterherstellung verwendet wird. Durch Eindunsten von Meerwasser in † Salinen gewinnt man in wärmeren Ländern das **Meer-**, **See-** oder **Baysalz** (mit 96 % NaCl; 30–50 % der Weltproduktion an K. stammen aus Meeressalinen). - Der Mindestbedarf an K. für den menschl. Organismus beträgt 1,2 g pro Tag. In M-Europa wird etwa die zehnfache Menge mit der Nahrung zugeführt. Ob dies zu Bluthochdruck führt, ist noch nicht geklärt.

Kochsalzbad (Solbad) † medizinische Bäder.

Kochsalzlösung † physiologische Kochsalzlösung.

Kochsalzquellen (Solquellen, muriatische Quellen), Natriumchloridquellwässer mit über 1 g gelösten Salzbestandteilen (v. a. NaCl) pro Liter; bei mehr als 15 g/l als Solbäder bezeichnet.

Koch-Weser, Erich (bis 1927 E. Koch), * Bremerhaven 26. Febr. 1875, † Fazenda Janeta (Paraná) 19. Okt. 1944, dt. Politiker. - Rechtsanwalt; 1913–19 Oberbürgermeister von Kassel; 1913–18 Mgl. des preuß. Herrenhauses; 1918 Mitbegr., 1924–30 Leiter der DDP; 1919–30 Mgl. der Weimarer Nationalversammlung bzw. MdR; Reichsinnenmin. 1919–21, Reichsjustizmin. 1928/29; emigrierte 1933 nach Brasilien.

Kock, Charles Paul de [frz. kɔk], * Passy (= Paris) 21. Mai 1793, † Paris 29. Aug. 1871, frz. Schriftsteller niederl. Herkunft. - Schilderte in seinen zahlr. populären Romanen die Welt des [Pariser] Kleinbürgers, v. a. in „Gustav oder der Bruder Liederlich" (1821), „Monsieur Dupont" (1824), „Die Jungfrau von Belleville" (1834), „Pariser Sitten" (1837).

Koczian, Johanna von [ˈkɔtʃian, ˈkɔtsian], * Berlin 30. Okt. 1933, dt. Schauspielerin. - Würde v. a. durch zahlr. Film- und Fernsehrollen bekannt, u. a. „Wir Wunderkinder" (1958), „Die Ehe des Herrn Mississippi" (1961), „Tod auf Eis" (1986); auch zahlr. Theaterengagements und Fernsehspiele.

Koda, Rohan, eigtl. Schigejuki Koda, * Edo (= Tokio) 25. Aug. 1867, † Ischikawa 30. Juli 1947, jap. Schriftsteller. - Begann mit Erzählungen (bekannt v. a. „Die fünfstöckige Pagode", 1891), schrieb später v. a. Essays, histor. Untersuchungen und literar. Kommentare.

Koda (Coda) [lat.-italien., eigtl. „Schwanz"], in der *Musik* der an eine Komposition angehängte Schlußteil, z. B. von Fugen, bes. jedoch der Sonatensatzform.

Kodachrome-Verfahren ® [...ˈkroːm; Kw.] † Photographie.

Kodak AG, Tochtergesellschaft der † Eastman Kodak Co.

Kodály, Zoltán [ungar. ˈkodaːj], * Kecskemét 16. Dez. 1882, † Budapest 6. März 1967, ungar. Komponist. - Lehrte ab 1907 Theorie, später Komposition an der Budapester Musikakademie, betätigte sich (mit B. Bartók) als Volksliedsammler und -forscher. Sein eher konservativer Kompositionsstil ist stark vokal bestimmt und durch die Auseinandersetzung mit der ungar. Volksmusik geprägt. - *Werke:* u. a. die Opern „Háry János" (1926; daraus gleichnamige Orchestersuite), „Die Spinnstube" (1932); „Psalmus hungaricus" für Tenor, Chor und Orchester (1923); „Tänze aus Galánta" (1933) für Orchester; Kammermusik, Chorwerke, Lieder.

Kode [koːt; frz. und engl. († Code)] (Informationskode), svw. † Code.
♦ in der *Biologie* † genetischer Code.

Kodeïn [zu griech. kṓdeia „Mohnkopf"] (Codein, Methylmorphin), Alkaloid des Opiums; Verwendung in [rezeptpflichtigen] schmerzstillenden Medikamenten und Hustenmitteln; Suchtgefahr gering.

Köder, zum Fangen bestimmter Tiere benutzte Lockspeise, die entweder in einer Falle oder ähnl. ausgelegt oder beim Angeln am Angelhaken befestigt wird.

Köderwurm (Gemeiner Sandwurm, Pierwurm, Sandpier, Pier, Arenicola marina), etwa 15–20 cm langer, bräunl. bis grünl. Ringelwurm (Gruppe Vielborster) im Schlick der europ. Küsten; Körper vorn verdickt, hinten schlank, im mittleren Abschnitt mit Kiemenbüscheln; ein beliebter Angelköder.

Kodex (Codex) [lat., eigtl. „abgeschlagener Baum, gespaltenes Holz" (als Material für Schreibtafeln), zu cudere „schlagen"] (Mrz. Kodizes) ↑ Buch.
♦ (ungeschriebene) Regeln des Verhaltens, an denen sich eine gesellschaftl. Gruppe orientiert.
♦ Slg. mehrerer inhaltl. zusammengehöriger Teile (z. B. Codex Justinianus).

Kodiakbär [nach Kodiak Island], svw. ↑ Alaskabär.

Kodiak Island [engl. ˈkoʊdiæk ˈaɪlənd], Insel im Golf von Alaska, USA, 8 975 km². Die im W hügelige Insel steigt nach O bis 1 353 m an. Hauptwirtschaftszweig ist die Fischerei, der v. a. der Hauptort *Kodiak* (3 800 E; russ. Kirche von 1795) als Basis dient. - 1764 durch russ. Pelzhändler entdeckt. Die 1784 an der Three Saints Bay entstandene erste Siedlung wurde 1792 an die Stelle des heutigen Kodiak verlegt. Im 2. Weltkrieg wichtige Versorgungsbasis für die Truppen der USA in Alaska.

kodieren ↑ codieren.

Kodifikationen [lat. (Codex, ↑ Kodex)], Darstellungen des gesamten Rechts oder eines geordneten Rechtsgebiets in systemat. geordneten Gesetzbüchern; erste Ansätze in der Spätantike (Corpus Juris Civilis) und im MA. Modernes Naturrecht und Rechtspositivismus ermöglichten im 19./20. Jh. systemat. Anlagen. Wichtig sind: Allg. Landrecht [für die preuß. Staaten] (1794), der frz. Code civil (1804) und das dt. Bürgerl. Gesetzbuch (1900).

Kodizill [zu lat. codicillus „kleiner Kodex"], im röm. und später auch im gemeinen Recht Ergänzung oder Nachtrag (auch privatschriftl.) zu einem Testament, jedoch ohne Erbeinsetzung.

Kodon ↑ Codon.

Kodry, etwa 100 km langer Höhenzug zw. Pruth und Reut, bis 430 m hoch (UdSSR).

Kodschiki (Kojiki) [jap. „Geschichte der Begebenheiten im Altertum"], ältestes überliefertes jap. Literaturdenkmal, 712 verfaßt; in 3 Bänden werden Mythologie, Sagen und eine Reichsgeschichte bis 628 dargestellt; in den Text sind 111 Gesänge, die zu den ältesten überlieferten Poesiedenkmälern der jap. Literatur gehören, eingestreut. Das K. ist ein Quellenwerk des Schintoismus.

Koeckert, Rudolf Josef [ˈkœkərt], * Großpriesen (= Velké Březno, Nordböhm. Gebiet) 27. Juni 1913, dt. Violinist. - 1949–79

Koenigswald

Konzertmeister beim Sinfonieorchester des Bayer. Rundfunks in München; mit dem 1939 gegr. K.-Quartett (Name seit 1947) unternimmt er erfolgreiche Konzertreisen.

Koedukation [lat.], die gemeinsame Erziehung von Jungen und Mädchen im öffentl. Bildungswesen. Schon von J. A. Comenius gefordert, setzte sie sich aber in Europa im schul. Bereich erst im 20. Jh. durch. Die ersten koedukativen Schulen entstanden in den USA, seit Ende der 70er Jahre des 19. Jh. in Skandinavien, Anfang des 20. Jh. auch in Großbrit., den Niederlanden, Deutschland (Landerziehungsheime) und anderen Ländern. In der UdSSR wurde die K. 1917 eingeführt, nach dem 2. Weltkrieg in der DDR; in der BR Deutschland allg. seit den 60er Jahren. - Das Vordringen der K. steht in histor. Zusammenhang mit der Frauenemanzipation (gleiche Bildungsforderungen für Mädchen vom Volksschulwesen bis zur Hochschule) und der durch die Industriegesellschaft gegebenen Annäherung der Rollen infolge der zunehmenden Angleichung der berufl. und gesellschaftl. Anforderungen an Mann und Frau und einer ungezwungeneren Auffassung der Beziehungen der Geschlechter zueinander.

Koeffizient [lat.] (Beizahl, Beiwert), in der *Mathematik* ein konstanter Faktor vor einer veränderl. Größe.
♦ in der *Physik* und *Technik* Bez. für bestimmte Stoff- und Systemgrößen, z. B. Absorptions-K., Diffusions-K., Reibungskoeffizient.

Koenig, Alma Johanna [ˈkøːnɪç], Pseud. Johannes Herdan, * Prag 18. Aug. 1887, verschollen seit 27. Mai 1942 († KZ Minsk?), öst. Schriftstellerin. - Wählte für ihre Romane (u. a. „Leidenschaft in Algier", 1931) gern auch histor. Hintergrund; schrieb leidenschaftl. Liebesgedichte in klass. Versmaß.

K., Gottfried Michael [ˈkøːnɪç], * Magdeburg 5. Okt. 1926, dt. Komponist. - Arbeitete 1954–64 im Studio für elektron. Musik in Köln, leitet seit 1964 das elektron. Studio der Univ. Utrecht; komponierte u. a. „Essay" (1960), „Funktionen Grün, Gelb, Orange, Rot, Blau, Indigo, Violett, Grau" (1967–69).

K., Marie Pierre [frz. køˈnig], * Caen 10. Okt. 1898, † Neuilly-sur-Seine (Hauts-de-Seine) 2. Sept. 1970, frz. General und Politiker. - Schloß sich 1940 de Gaulle an; 1944 Oberbefehlshaber der frz. Streitkräfte in Großbrit. und Frankr., 1945–49 der frz. Besatzungstruppen in Deutschland; 1954 und 1955 Verteidigungsmin. (als Gegner der frz. Marokkopolitik entlassen).

Koenigswald, Gustav Heinrich Ralph von [ˈkøːnɪçs...], * Berlin 13. Nov. 1902, † Bad Homburg 10. Juli 1982, dt.-niederl. Paläontologe. - Prof. in Utrecht und Frankfurt am Main; entdeckte (hauptsächl. auf Java und in China) und beschrieb verschiedene fossile höhere Primaten, u. a. Gigantopithecus (1935)

Koenzym A

und Meganthropus palaeojavanicus (1941) sowie einige Frühmenschenformen.

Koenzym A, Abk. CoA (A = Acylierung), in allen pflanzl. und tier. Organismen vorkommendes Koenzym. Das beim Menschen und bei Säugetieren bes. reichl. in der Leber und in den Nebennieren enthaltene K. A ist ein Abkömmling der Pantothensäure, aufgebaut aus Adenin, Ribose, Phosphorsäure, Pantothensäure und Cysteamin. - Zur Funktion ↑ Enzyme.

Koenzyme ↑ Enzyme.

Koeppen, Wolfgang ['kœpən], * Greifswald 23. Juni 1906, dt. Schriftsteller. - Schrieb v. a. zeitkrit. Romane sowie Filmdrehbücher und reportagehafte Reiseberichte; Georg-Büchner-Preis 1962. - *Werke:* Eine unglückl. Liebe (R., 1934), Tauben im Gras (R., 1951), Das Treibhaus (R., 1953), Der Tod in Rom (R., 1954), Nach Rußland und anderswohin (Reisebericht, 1958), Amerikafahrt (Reisebericht, 1959), Roman. Café (En., 1972), Die elenden Skribenten (Aufsätze, 1981).

Koerbecke, Johann ['kœrbəkə], * Münster (Westf.) (oder Coesfeld) um 1410, † ebd. 13. Juli 1491, dt. Maler. - Vertreter des spätgot. Frührealismus, Beziehungen zu S. Lochner und der niederl. Malerei. - *Werke:* Langenhorster Altar (1440/50; Münster [Westf.], Landesmuseum), Marienfelder Altar (1457 vollendet; 15 Tafeln, u. a. in Avignon, Berlin, Chicago, Nürnberg).

Koerfer, Thomas, * Bern 23. März 1944, schweizer. Filmregisseur. - Versucht mit parodist. Elementen und verschiedenen Formen des verfremdeten Schauspiels den Illusionscharakter des Films zu durchbrechen, v. a. in der Gesellschaftsparabel „Der Tod des Flohzirkusdirektors oder Ottocaro Weiss reformiert seine Firma" (1973). In der film. Erzählung „Der Gehülfe" (1976, nach R. Walser) werden Herrschaftsverhältnisse v. a. durch Bildkomposition und Kameraperspektive ausgedrückt. - *Weitere Filme:* Alzire oder der neue Kontinent (1978), Konzert für Alice (1985).

Koerzitivkraft [zu lat. coercere „zusammenhalten"], Stärke eines magnet. Gegenfeldes, das bei ferromagnet. Stoffen die nach der Magnetisierung bis zur Sättigung zurückbleibende Restmagnetisierung (Remanenz) gerade beseitigt, d. h. den Stoff wieder unmagnet. macht.

Koestler, Arthur ['kœstlər, engl. 'kɛstlə], * Budapest 5. Sept. 1905, † London 3. März 1983, engl. Schriftsteller ungar. Herkunft. - Ging 1926 nach Palästina; 1932/33 Aufenthalt in der UdSSR, 1931-37 Mitglied der KP; Berichterstatter auf republikan. Seite im Span. Bürgerkrieg; 1939 in Frankr. interniert, floh über Portugal nach Großbrit.; sein literar. Werk (in dt. und engl. Sprache) umfaßt Romane mit polit. oder eth. Problemen, spannende Berichte, Reportagen und naturphilosoph. Werke.

Werke: Sonnenfinsternis (R., 1940), Ein Mann springt in die Tiefe (R., 1943), Der Yogi und der Kommissar (Essays, 1945), Die Geheimschrift (Autobiogr., 1953), Der göttl. Funke (Stück, 1964), Die Wurzeln des Zufalls (1971), Die Herren Call-Girls (R., 1972).

Koetsu, Honami [jap. 'koːˌetsɯ], * Kioto 1558, † Takagamine bei Kioto 1637, jap. Maler, Kalligraph, Lackmeister. - Schuf aus dem Erbe der Tosa- und Kanoschulen den dekorativen Stil der Tokugawazeit; bed. Lackarbeiten; Kalligraphie u. a. für Sotatsus Bildrollen; verlegte als einer der ersten in Japan sog. Sagabon, Luxusausgaben mit Holzschnittillustrationen.

Koexistenz (friedliche K.), friedl. Nebeneinander von Staaten mit unterschiedl. Gesellschaftsordnung; 1956 von Chruschtschow auf dem 20. Parteitag der KPdSU unter Berufung auf Lenin und Stalin als Maxime der sowjet. Außenpolitik proklamiert. Die Politik der K. führte unter Chruschtschow und seinen Nachfolgern zur Entspannung im sowjet.-amerikan. Dialog, bedeutet aber nicht den Verzicht auf ideolog. Auseinandersetzung zw. Kommunismus und Kapitalismus.

Kofel, in Bayern und Tirol Bez. für Bergkuppe.

Koffein [zu engl. coffee „Kaffee"] (Coffein, Kaffein, Thein), in den Samen der Kaffeepflanze, in den Blättern des Teestrauchs und der Matepflanze sowie in den Früchten des Kakao- und Kolabaums vorkommender methylierter Purinabkömmling; auch synthet. herstellbar. K. erregt in den üblichen Dosen (etwa 0,1 g) das Zentralnervensystem, bes. die Großhirnrinde (klarerer Gedankenfluß, schnellere Assoziationsfähigkeit, Verzögerung oder Unterdrückung der Müdigkeitsgefühls). Es wirkt außerdem auf das Atem- und Gefäßzentrum im verlängerten Mark sowie herzkranzgefäßerweiternd, ferner verstärkt es die Kontraktionskraft des Herzmuskels und die Herzfrequenz sowie schließl. harntreibend. Überdosierung von K. führt zu Unruhe, Gedankenflucht, Schweißausbrüchen, Schlaflosigkeit, Muskelzittern, extrem hohe Dosierung zu Krämpfen (**Koffeinvergiftung, Koffeinismus**). Die tödl. Dosis beträgt beim erwachsenen Menschen etwa 11 g.

Koffer, quaderförmiges Behältnis mit aufklappbarem Deckel und Handgriff zum Tragen an einer Schmalseite; Verwendung bes. zur Aufnahme von Kleidungsstücken usw. auf Reisen; Material: Leder, Kunststoff.

Kofferfische (Ostraciontidae), Fam. etwa 10-15 cm langer Knochenfische (Ordnung Haftkiefer) in Flachwasserregionen trop. Meeresküsten; meist bunte Korallenfische mit plumpem, kastenförmigem, von einem Knochenpanzer fast vollständig eingeschlossenem Körper; Bauchflossen fehlen; z. T. Seewasseraquarienfische.

Koffka, Kurt, * Berlin 18. März 1886,

† Northampton (Mass.) 22. Nov. 1941, dt.-amerikan. Psychologe. - 1918–24 Prof. in Gießen, danach an verschiedenen amerikan. Universitäten; übertrug gestaltpsycholog. Prinzipien auf die Bereiche der Wahrnehmungs-, Lern- und Entwicklungspsychologie („Principles of gestalt psychology", 1935). Er gehört zu den wichtigsten Vertretern der Berliner Schule.

Köflach, östr. Stadt 25 km westl. von Graz, Steiermark, 422 m ü. d. M., 12 000 E. K. liegt im wichtigsten steir. Braunkohlegebiet. Nördl. von K. liegt das Lipizzanergestüt Piber, westl. der Wallfahrtsort Maria Lankowitz. - K. ist seit 1470 Markt, seit 1939 Stadt; der Bergbau begann 1768. - Barockkirche Sankt Magdalena (Neubau im 17. Jh.).

Kofler, Leo, * Groß Tuchen (= Chocimierz, Polen▼) 26. April 1907, dt. Soziologe. - Prof. in Halle/Saale 1947–50, Dozent in Dortmund seit 1955, in Köln seit 1951; Prof. in Bochum seit 1972. - *Werke:* Zur Geschichte der bürgerl. Gesellschaft (1948), Zur Theorie der modernen Literatur (1962), Aggression und Gewissen (1973).

Kofu, jap. Stadt auf Hondo, am W-Fuß des Kantogebirges, 199 300 E. Verwaltungssitz der Präfektur Jamanaschi; Seidengewinnung, Holzind., Kristallglasherstellung und Edelsteinschleifereien.

Kogălniceanu, Mihail (M. Cogălniceanu) [rumän. kogəlni'tʃɡanu], * Jassy 18. Sept. 1817, † Paris 2. Juli 1891, rumän. Politiker und Historiker. - Teilnehmer an der revolutionären Bewegung in der Moldau 1848; nach 1859 mehrfach Innen- und Außenmin., 1863–65 Ministerpräsident.

Kogan, Leonid Borissowitsch, * Jekaterinoslaw (= Dnepropetrowsk) 14. Nov. 1924, † Moskau 17. Dez. 1982, sowjet. Violinist. - Lehrte am Moskauer Konservatorium.

Køge [dän. 'kø:jə], Stadt im O der dän. Insel Seeland, 35 100 E. Museum, Gummi-, Seifen-, Nahrungsmittel- und Holzind.; Hafen. - K., seit dem 12. Jh. erwähnt, bekam 1288 Stadtrecht. - Nikolaikirche (15. Jh.); zahlr. Fachwerkhäuser.

Kogel, süddt. und östr. Bez. für einen kegelförmigen Berg.

Kogge [niederdt.] bauchiger Handelssegelschifftyp verschiedener Größen ab 13. Jh. mit Rahsegel(n) und Heckruder. Hauptschiffstyp der Deutschen Hanse.

Kognaten [zu lat. cognatus, eigtl. „mitgeboren"], im röm. und dt. Recht die Blutsverwandten. Die Verwandtschaft beruht auf der gemeinsamen Abstammung von einem Mann oder einer Frau, ohne Eingrenzung (wie bei den †Agnaten).

kognitiv [lat.], die Erkenntnis betreffend.

Kognomen [lat. „Beiname"], im antiken Rom urspr. nur von Patriziern geführter dritter Name, diente zur Unterscheidung der einzelnen Familien eines großen Geschlechtes.

Kohl

Kogon, Eugen, * München 2. Febr. 1903, dt. Publizist und Politikwissenschaftler. - Wurde 1938 inhaftiert (1939–45 KZ Buchenwald); seit 1946 Mithg. der Frankfurter Hefte; 1951–68 Prof. in Darmstadt; schrieb u. a. „Der SS-Staat" (1947), „Die unvollendete Erneuerung Deutschlands" (1964). - † 24. Dez. 1987.

Kohabitation [lat.], svw. ↑Geschlechtsverkehr.

kohärent [lat.], zusammenhängend; **kohärieren,** zusammenhängen.

Kohärenz [lat.], Bez. für das Vorliegen genau bestimmter, zeitlich unveränderlicher Beziehungen zw. den Phasen sich überlagernder Wellen; Voraussetzung für die ↑Interferenz. Nur Strahlenbündel, die von einer einzigen Lichtquelle (bzw. von 2 Lasern derselben Art) herkommen, sind **kohärent.**

Kohäsionskräfte [lat./dt.], die zw. den Molekülen ein und desselben Stoffes wirkenden Molekularkräfte. Sie bewirken die **Kohäsion,** d. h. den Zusammenhalt eines Körpers; sie müssen überwunden werden, wenn man den betreffenden Körper zerreißen, zerbrechen oder zerschneiden will. Die K. sind am größten bei festen Körpern, wesentl. kleiner bei flüssigen und sehr klein bei gasförmigen Körpern. Sie wirken nur über sehr geringe Entfernungen hinweg.

Koheleth [hebr.] (Ecclesiastes), Buch des A. T. ↑Prediger.

Koh-i-Baba ↑Hindukusch.

Kohima, Verwaltungssitz des ind. Bundesstaats Nagaland, 561 m ü. d. M., 36 000 E. Marktort für Agrarprodukte.

Kohinoor [...'nu:r] (Koh-i-Nur) [pers. „Berg des Lichts"], 106karätiger Diamant, seit 1849 im brit. Kronschatz.

Kohl, Helmut, * Ludwigshafen am Rhein 3. April 1930, dt. Politiker. - Seit 1959 MdL (CDU) in Rheinland-Pfalz, 1963–69 Fraktions-, 1966–73 Landesvors.; 1969–76 Min.-präs. von Rheinland-Pfalz; 1969–73 stellv. Bundesvors. der CDU; übernahm nach R. Barzels Rücktritt (Mai 1973) den Parteivorsitz; 1976–82 Vors. der CDU/CSU-Bundestagsfraktion; im Okt. 1982 durch konstruktives Mißtrauensvotum Bundeskanzler, im März 1983 durch Bundestagswahl bestätigt, im März 1987 erneut zum Bundeskanzler gewählt.

K., Michael, * Sondershausen 28. Sept. 1929, † Berlin (Ost) 4. Juli 1981, dt. Politiker (SED). - 1965–73 Staatssekretär beim Ministerrat; 1974–78 Leiter der Ständigen Vertretung der DDR in der BR Deutschland; seit 1978 stellv. Außenmin.; seit 1976 Kandidat des ZK der SED. K. war entscheidend an den innerdt. Verhandlungen über das Transitabkommen und den Grundvertrag beteiligt.

Kohl [zu lat. caulis, eigtl. „Strunk, Stiel"] (Brassica), Gatt. der Kreuzblütler mit rd. 200 Arten, v. a. im Mittelmeergebiet; meist ein-

51

Köhl

oder zweijährige Kräuter; bekannteste Art ist der ↑ Gemüsekohl.

Köhl, Hermann, * Neu-Ulm 15. April 1888, † Pfaffenhofen a. d. Roth bei Neu-Ulm 7. Okt. 1938, dt. Flugpionier. - Überflog in einer einmotorigen Junkers W 33 am 12./13. April 1928 mit E. G. von Hünefeld [* 1892, † 1929] und J. Fitzmaurice [* 1898, † 1965]) zuerst den Nordatlantik von O nach W.

Kohle, Gruppe von kohlenstoffreichen, festen Brennstoffen. I. e. S. die brennbaren Überreste von Pflanzen und anderen organ. Substanzen, die in langen geolog. Zeiträumen durch Inkohlung in braune bis schwarze Sedimentgesteine verwandelt wurden (**Mineralkohle**); i. w. S. jeder brennbare, braun- bis schwarzgefärbte, unter Luftabschluß erhaltene Entgasungsrückstand, z. B. Holzkohle. Nach der Art der organ. Ausgangsstoffe unterscheidet man bei den Mineral-K. die aus dem Lignin und der Zellulose von Pflanzen hervorgegangene *Humus-K.* von der *Bitumen-K.* und den *Liptobiolithen,* bei denen Harze und Wachse überwiegen, sowie die aus Fetten und Eiweißstoffen (über Gyttja und Faulschlamm) entstandene Sapropelkohle (z. B. Boghead-K., Dysodil, Gagat und Kännel-K.). Gewöhnl. unterscheidet man entsprechend dem Inkohlungsgrad Braunkohle, Steinkohle und Anthrazit. Während Braun-K. einen Kohlenstoffgehalt von 60–70 % und einen hohen Wasser-, Asche- und Bitumengehalt (etwa 7 bis 20 % Bitumen) aufweisen, sind Stein-K. kohlenstoffreicher (75–91,5 %) und ärmer an Wasser und Asche sowie an Bitumen und daher wertvoller. Beim Anthrazit als der K. mit dem höchsten Inkohlungsgrad (>91,5 % Kohlenstoff) ist der Wasser- und Aschegehalt bereits sehr gering.

Die chem. Zusammensetzung der K. ist äu-

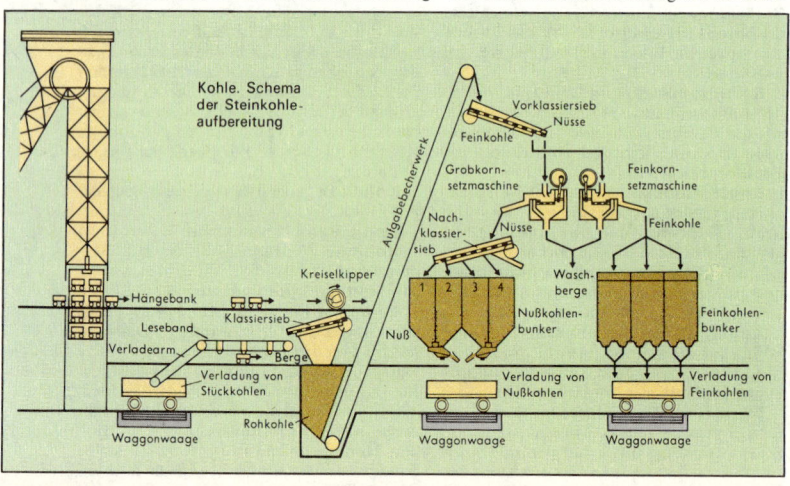

Kohle. Schema der Steinkohleaufbereitung

KOHLE

Zusammensetzung von Kohle (deutsche Einteilung)

	Wassergehalt (frisch gefördert) %	flüchtige Bestandteile %	Kohlenstoff %	Wasserstoff %	Sauerstoff %	Brennwert in kJ/kg
			in wasser- und aschefreier Substanz			
Weichbraunkohle	45–60	70–50	65–70	5–9	18–30	25 100–26 800
Hartbraunkohle	10–30	64–45	70–75	5–6	12–18	26 800–28 500
Flammkohle	4–7	45–40	75–82	5,8–6,0	>9,8	<32 850
Gasflammkohle	3–6	35–40	82–85	5,6–5,8	9,8–7,3	bis 33 900
Gaskohle	3–5	28–35	85–87	5,0–5,6	7,3–4,5	bis 35 000
Fettkohle	2–4	19–28	87–89	4,5–5,0	4,5–3,2	bis 35 400
Eßkohle	2–4	14–19	89–90	4,0–4,5	3,2–2,8	35 400
Magerkohle	1–3	10–14	90–91,5	2,75–4,0	2,8–2,5	bis 35 600
Anthrazit	<2	6–10	>91,5	<3,75	<2,5	bis 36 000

Kohlendioxid

ßerst kompliziert. Bei der Steinkohle liegen nur 10 % des Kohlenstoffs frei vor, der Rest ist in einem Verbindungsgemisch enthalten, das v. a. aus aliphat. und aromat. Kohlenwasserstoffen besteht, in denen außer Sauerstoff z. T. auch Schwefel und Stickstoff chem. gebunden sind. Bei Braun-K. bestehen die organ. Bestandteile aus dem Bitumenanteil (v. a. Harze und Wachse) sowie aus farbgebenden Huminstoffen. Daneben enthält jede K. anorgan. Ballaststoffe (Aschebestandteile). Physikal. unterscheiden sich die K. im Äußeren (schwarz, braun, hart, weich, pechartig, matt, glänzend) und im Heizwert (↑Brennstoffe).

Gewinnung ↑Bergbau, ↑Abbau.

Aufbereitung: Vom Förderschacht gelangt die K. in der Aufbereitungsanlage auf ein Klassiersieb, das in *Stück-K.* (über 80 mm) und *Roh-K.* (bis 80 mm) trennt. Die Stück-K. geht über ein Leseband und wird gereinigt verladen, die Roh-K. gelangt über ein Vorklassiersieb, das in *Nuß-K.* (10–80 mm) und *Fein-K.* (bis 10 mm) trennt, in die Wäsche. Die Nuß-K. wird in den sog. Grobkornsetzmaschinen von taubem Gestein befreit und gelangt auf das Nachklassiersieb, wo sie in die Korngrößen Nuß I (50–80 mm), Nuß II (30–50 mm), Nuß III (18–30 mm) und Nuß IV (10–18 mm) geschieden wird. Die Fein-K. gelangt über die Feinkornsetzmaschinen in die Feinkohlenbunker. Bei Braun-K. wird die Aufbereitung nach Größenklassen wie bei Stein-K. vorgenommen. - ↑auch Kohleveredelung.

Verwendung: Die größten Mengen an K. werden zur Energiegewinnung verwendet; sie bildet die Basis der Schwerindustrie, aber auch der chem. Industrie, für die K. einen wichtigen Rohstoff darstellt.

Wirtschaftl. Bedeutung: Die Förderung von K. zu erhöhen war notwendige Voraussetzung für die industrielle Revolution mit ihrem rasch steigenden Energiebedarf; deshalb war auch umgekehrt die K.förderung einer der ersten Bereiche, in dem die neuen techn. Möglichkeiten der Dampfmaschine eingesetzt wurden, zunächst zur Hebung des Wassers, später zur Förderung selbst. Die zentrale Bedeutung der K. für die Ind. v. a. als Energieträger führte zu einem bis Ende der 1950er Jahre nur vorübergehend durch Wirtschaftskrisen und Kriegseinwirkungen unterbrochenen Anstieg der geförderten Menge sowohl von Braun- als auch von Steinkohle. Danach geriet die K.förderung - u. a. durch die Konkurrenz des preisgünstigeren Erdöls - in eine Krise, die zur Prämiierung von Zechenstillegungen und zur Gründung der ↑Ruhrkohle AG führte. Durch verschiedene energiepolit. Maßnahmen (↑Energiepolitik) wird zugleich die Konkurrenzfähigkeit der K. gestützt, nicht zuletzt zur Minderung der Abhängigkeit von Erdöl und Erdgas.

📖 *Schmidt, Karl H./Romey, I.:* K., Erdöl, Erdgas. Chemie u. Technik. Würzburg 1981. - *Buch, A.:* K. Grundstoff der Energie. Mchn. 1979 (Erg. 1984).

Kohlechemie, die Gesamtheit der chem. Prozesse und Verfahren, bei denen Kohle der Ausgangsstoff ist und die der chem. „Veredelung" der Kohle dienen (↑Kohleveredelung, ↑Kohlehydrierung) und sich mit der Weiterverarbeitung der dabei anfallenden Produkte befassen, einschließlich aller Methoden zur Aufklärung der Struktur und Zusammensetzung der verschiedenen Kohlen.

Kohlehydrate ↑Kohlenhydrate.

Kohlehydrierung, Verfahren zur Gewinnung von flüssigen Treibstoffen und Mineralölprodukten (ein Gemisch aus Kohlenwasserstoffen) aus Kohle oder Kohleprodukten mit Hilfe von Wasserstoff oder wasserstoffhaltigen Gasen. Bei den indirekten Verfahren wird die Kohle zu Kohlenmonoxid vergast und das nach Vermischen mit Wasserstoff entstehende Synthesegas zu den Kohlenwasserstoffen umgesetzt (↑Fischer-Tropsch-Synthese). Bei den direkten Verfahren, von F. Bergius und M. Pier 1913–1924 entwickelt (Bergius-Pier-Verfahren), werden Kohleprodukte und auch Erdölrückstände bei bis zu 460 °C und 200–700 bar mit Wasserstoff katalyt. umgesetzt. 4 t Kohle liefern so mit 2 000 m³ Wasserstoff etwa 1 t Benzin. Die K. ist heute zugunsten der billigeren Benzinproduktion aus Erdöl eingestellt, bleibt jedoch bei abnehmenden Rohölreserven von Interesse.

Kohlemikrophon ↑Mikrophon.

Kohlendioxid, CO_2, farb-, geruch- und geschmackloses Gas, das bei der Verbrennung von kohlenstoffhaltigen Substanzen (Kohle, Treibstoffe, organ. Verbindungen),

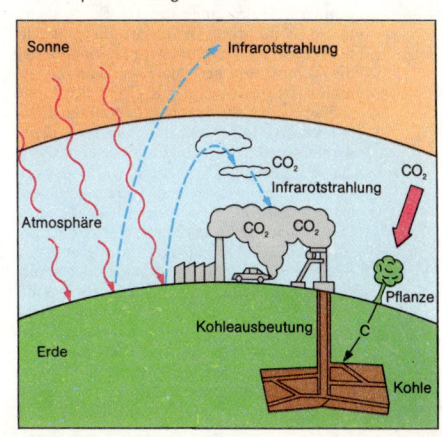

Kohlendioxid. Durch die Industrialisierung bedingter Anstieg des Kohlendioxidgehalts der Atmosphäre und dessen Einfluß auf die Wärmespeicherfähigkeit der Luft

bei der alkohol. Gärung sowie bei der menschl. und tier. Atmung entsteht. K. kommt frei in der Atmosphäre (rd. 2,5 Billionen t), im Meerwasser gelöst (rd. 60 Billionen t) und in der Erdkruste in Form verschiedener Carbonate (Dolomit, Kalkstein, Kreide, Marmor u. a.) vor. K. wird unter Normalbedingungen bei $-78\,°C$ fest (Trockeneis), flüssiges K. existiert nur unter Druck. In Wasser ist es - bes. bei steigendem Druck - gut lösl. und bildet dabei z. T. die Kohlensäure. Verflüssigtes K. wird als Feuerlöschmittel, zur Herstellung künstl. Mineralwässer und als Kältemittel (Trockeneis) verwendet.

Ein Teil des bei der Verbrennung entstehenden K. wird von den Pflanzen unter Rückgabe des Sauerstoffs assimiliert (etwa 50 %) oder in den Gewässern gelöst. Der Rest verteilt sich in der Atmosphäre. Durch die K.assimilation der Pflanzen bildete sich in Jahrmillionen die Sauerstoffatmosphäre aus. Der bei der Assimilation in den Pflanzen verbleibende Kohlenstoff gelangte durch die Fossilisation der Pflanzen in die Erde und wurde dort in Form von Erdöl, Kohle, Erdgas, Torf gespeichert. Diese Kohlenstoffreservoire wurden und werden in steigendem Maße ausgebeutet und verbrannt, wodurch der Kohlenstoff wieder mit dem Sauerstoff verbunden wird. Die Folge ist die Produktion von K. und der Verbrauch von Sauerstoff. Schätzungen haben ergeben, daß der K.gehalt der Atmosphäre bis zum Jahre 2000 um etwa 30 % zunehmen wird. In Ind.gebieten ist der K.gehalt der Luft bes. groß, da dort nicht nur mehr K. produziert wird, sondern auch der Bestand an Pflanzen, die K. aufnehmen und Sauerstoff abgeben, stetig abnimmt. - Das K.molekül kann Infrarotstrahlung absorbieren und in Wärme umwandeln. Dies hat zur Folge, daß die schon eine geringe Zunahme des K.gehalts der Erdatmosphäre die Wärmespeicherfähigkeit der Luft beträchtl. erhöht. Normalerweise strahlt die Erdoberfläche einen großen Teil der eingestrahlten Sonnenlichts in Form infraroter Wärmestrahlung wieder ins Weltall ab. Dadurch wird verhindert, daß die Temperatur auf der Erde dauernd zunimmt. Wird jedoch der K.gehalt der Atmosphäre erhöht, so wird ein größerer Teil dieser reflektierten Infrarotstrahlung in der Luft absorbiert, verbleibt so auf der Erde und erhöht die Temperatur. Der Grund dafür, daß die Temperatur trotz steigender K.gehalte bislang noch nicht angestiegen ist, liegt groteskerweise in der Verschmutzung der Atmosphäre durch Staubpartikel. Parallel zum Anwachsen des K.gehalts nahm auch der Staubgehalt in höheren Luftschichten zu, was die Sonneneinstrahlung durch Streuung erhebl. verminderte. - Die ersten Messungen des K.gehalts der Atmosphäre zu Beginn der industriellen Revolution ergaben eine Konzentration von 290 ppm (= 0,029 %; 290 Teile K. auf 1 000 000 Teile Luft). Bis heute stieg dieser Wert auf 330 ppm an mit einer jährl. Zuwachsrate von 0,8 ppm. Bis zum Jahre 2000 dürfte der Wert auf 379 ppm angestiegen sein. Nach heutigen Kenntnissen nimmt die globale Durchschnittstemperatur pro 18 % Erhöhung des K.gehalts um $0,5\,°C$ zu. Bis zum Jahre 2000 müßte sie demnach um $1\,°C$ zunehmen. - Nach neueren Untersuchungen ist die verstärkte Verbrennung fossiler Brennstoffe nicht der einzige Grund für die Zunahme des K.gehalts. Aus der Biomasse (Gesamtheit aller Lebewesen) wird K. durch die weltweit erfolgende Abholzung großer Waldgebiete und der nachfolgenden Oxidation der Humusschicht freigesetzt. Die Menge dürfte in etwa derjenigen aus der Verbrennung entstehenden entsprechen.

📖 *Breuer, G.: Geht uns die Luft aus? Ökolog. Perspektiven der Atmosphäre. Stg. 1978. - Carbon dioxide, climate, and society. Hg. v. J. Williams. Oxford 1978.*

Kohlenhobel, Bez. für im Bergbau verwendetes Gerät zur schälenden Kohlegewinnung.

Kohlenhydrate (Kohlehydrate, Saccharide), Sammelbez. für eine weitverbreitete Gruppe von Naturstoffen, zu der z. B. alle Zucker-, Stärke- und Zellulosearten gehören. Sie haben die allg. Summenformel $C_n(H_2O)_n$, weshalb sie früher fälschlich als Hydrate des Kohlenstoffs aufgefaßt wurden. K. sind jedoch chemisch Polyalkohole, deren primäre bzw. sekundäre Hydroxylgruppe zur Aldehydgruppe *(Aldosen)* bzw. Ketogruppe *(Ketosen)* oxidiert ist. Entsprechend ihrer Molekülgröße unterscheidet man Mono-, Oligo- und Polysaccharide. **Monosaccharide** bestehen aus einem Polyhydroxyaldehyd bzw. Keton (z. B. Fructose, Glucose); beim Zusammenschluß (über eine ↑glykosidische Bindung) von zwei bis sieben solcher Monosaccharide entstehen *Disaccharide* (z. B. Maltose, Lactose, Saccharose), *Trisaccharide*, bzw. allgemein **Oligosaccharide,** die wegen ihres süßen Geschmacks auch zusammenfassend als ↑Zucker bezeichnet werden. Vereinigen sich mehr Monosaccharideinheiten miteinander, entstehen die hochmolekularen **Polysaccharide** (z. B. Glykogen, Stärke, Zellulose).

Die K. sind Stützsubstanzen (z. B. Zellulose im Holz, Chitin in Tierschalen) und Energielieferanten (Zucker) bzw. Reservestoffe (Stärke, Glykogen). Sie werden von grünen Pflanzen synthetisiert (↑Assimilation, ↑Photosynthese), ihr Abbau ist die ↑Glykolyse. K. sind neben Eiweißen und Fetten eine der drei für den Menschen wichtigsten Nahrungsmittelgruppen. 1 g K. hat (ebenso wie 1 g Eiweiß) den Nährwert von 17,2 kJ (4,1 kcal); der Mensch benötigt mindestens 100–150 g K. täglich. K. sind in vielen Nahrungsmitteln enthalten: Honig 82 %, Knäckebrot 79 %, Reis 77 %, Spaghetti 75 %, Haferflocken

Kohlenstoffverbindungen

68 %, weiße Bohnen 62 %, Kartoffeln 18 %, Erbsen 17 %. Jedoch können nicht alle K. (z. B. die Zellulose) vom menschl. Körper verdaut werden.
📖 *Hdb. der Lebensmittelchemie. Hg. v. L. Acker u. a. Bd. 5,1: Kohlenhydratreiche Lebensmittel. Hg. v. L. Acker. Bln. u. a. 1967.* - *Methods in carbohydrate chemistry. Hg. v. R. L. Whistler u. M. L. Wolfrom. New York u. London 1962–64. 5 Bde.*

Kohlenhydratstoffwechsel ↑Stoffwechsel.

Kohlenmonoxid (Kohlenoxid), CO, ein sehr giftiges, geruchloses Gas, das bei der unvollständigen Verbrennung von kohlenstoffhaltigen Materialien entsteht. K. ist Bestandteil der Motorauspuffgase. Es wird techn. in großen Mengen erzeugt unf für chem. Synthesen und als Heizgas verwendet.

Kohlenmonoxidvergiftung (Kohlenoxidvergiftung, Leuchtgasvergiftung, Gasvergiftung), Vergiftung durch Einatmen von ↑Kohlenmonoxid; häufige Unfallursache im privaten Bereich (Leuchtgas, Auspuffgase) und in der Industrie. Auf Grund der gegenüber Sauerstoff dreihundertmal größeren Affinität des Kohlenmonoxids zu Hämoglobin kommt es zum Sauerstoffmangel in den Geweben. Erste Symptome sind bei 0,015 % CO in der Einatmungsluft Schwindel, Mattigkeit, Kopfschmerzen, bei 0,07 % CO kommt es zu Ohnmacht, Puls- und Atemsteigerung, schließl. zu Bewußtlosigkeit, Atemlähmung, Herzstillstand und Tod. - Die Behandlung besteht in sofortiger Atemspende und künstl. Beatmung mit Sauerstoff bzw. sauerstoffangereicherter Luft. - ↑auch Erste Hilfe.

Kohlensack, in der *Astronomie* Bez. für ein Gebiet in der südl. Milchstraße, in dem Dunkelwolken der interstellaren Materie durch starke Absorption das Licht der hinter ihnen stehenden Sterne so stark abschwächen, daß „Sternleere" vorgetäuscht wird.

Kohlensäure, H_2CO_3, eine schwache, nur in wäßriger Lösung bekannte Säure; auch allgemeinsprachl. und in der Technik übl. Bez. für das ↑Kohlendioxid (CO_2). K. bildet sich durch Lösen von CO_2 in Wasser zu etwa 0,1 % nach der Gleichung $CO_2 + H_2O \rightleftharpoons H_2CO_3$. Ihre Salze sind die gesteinbildenden ↑Carbonate und die Hydrogencarbonate.

Kohlensäurebad ↑medizinische Bäder.

kohlensaure Quellen (Sauerbrunnen, Säuerlinge), für Trink- und Badekuren genutzte Mineralquellen mit wenigstens 1 g freiem Kohlendioxid pro Liter.

Kohlenstaubexplosion, Explosion eines Kohlenstaub-Luft-Gemisches; ereignet sich meist in Kohlegruben infolge einer ↑Schlagwetterexplosion; ist bes. gefährlich wegen des großen Sauerstoffverbrauches, der zu Erstickungen führen kann.

Kohlenstaublunge, svw. ↑Anthrakose.

Kohlenstoff (Carboneum), chem. Symbol C; Nichtmetall aus der IV. Hauptgruppe des Periodensystems der chem. Elemente; Ordnungszahl 6, mittlere Atommasse 12,011. An Isotopen sind C 12, C 13 und C 14 bekannt. Die Masse des Isotops C 12, das 98,89 % des natürl. K. bildet, wird seit 1961 als Bezugsmasse für die ↑Atommasse verwendet. Das radioaktive C 14 wird zur ↑Altersbestimmung benützt. K. schmilzt bei 3 550° und siedet bei 4 827 °C. Vorkommen in zwei Modifikationen: als ↑Diamant und ↑Graphit; Ruß ist mikrokristalliner K. - K. ist chemisch reaktionsträge, setzt sich aber bei höherer Temperatur mit Wasserstoff, Sauerstoff und diversen Metallen um. Seine Fähigkeit, als einziges Element durch Ein- und Mehrfachbindungen sich selbst Ketten und Ringe von fast beliebiger Länge und Anordnung zu bilden, ist die Grundlage der organ. Chemie (↑Kohlenstoffverbindungen). K. ist in Form der Carbonate ein wichtiges gesteinbildendes Mineral. Als Kohlendioxid kommt K. im Wasser und in der Atmosphäre vor; er ist wesentlicher Bestandteil aller lebenden Organismen, durch deren Verwesung sich in früheren Erdzeitaltern ausgedehnte Lager von K. und K.verbindungen in Form von Kohle, Erdöl und Erdgas gebildet haben.

Kohlenstoffasern (Kohlefasern), dünne Fasern aus reinem Kohlenstoff, zur Verstärkung von Kunststoffen und Gläsern in diese eingebettet; ergeben hochfeste Werkstoffe (*kohlefaserverstärkte Kunststoffe*, KFK), werden im Flugzeugbau und der Raumfahrttechnik verwendet, da sie bei geringem Gewicht hohe Festigkeit und Steifheit bewirken.

Kohlenstoffgruppe, vierte Hauptgruppe des Periodensystems der chem. Elemente, zu der die Nichtmetalle Kohlenstoff, Silicium, das Halbmetall Germanium und die Metalle Zinn und Blei gehören.

Kohlenstoff-Stickstoff-Zyklus (CN-Zyklus), svw. ↑Bethe-Weizsäcker-Zyklus.

Kohlenstoffverbindungen, chem. Verbindungen des Kohlenstoffs (C) mit anderen Elementen. In *organischen* K. sind die vierwertigen C-Atome untereinander durch Einfachbindungen (*gesättigte K.*) oder Doppel- und Dreifachbindungen (*ungesättigte K.*) zu einem stabilen Kohlenstoffgerüst verknüpft. Die noch frei bleibenden Valenzen der C-Atome können zur Bindung von Wasserstoff (*Kohlenwasserstoffe*) und anderer Elemente benutzt werden. Nach Art des Kohlenstoffgerüsts werden offenkettige (lineare oder verzweigte) *aliphatische* (*acyclische*) K. von ringförmigen *cyclischen* K. unterschieden. Zu den ringförmigen K. gehören die *aromatischen* K., die sich vom Benzol ableiten. Enthält der Ring außer Kohlenstoff andere Elemente als Ringglieder, liegen *heterocyclische* K. oder auch *heteroaromatische* K. vor. Bes. wichtige organ. K. sind ↑Fette, ↑Kohlenwasserstoffe, ↑Kohlenhydrate, ↑Proteine.

Kohlensuboxid

Wichtige *anorganische* K. sind ↑Carbide, ↑Kohlenmonoxid, ↑Kohlendioxid, ↑Kohlensäure und ihre Salze.

Kohlensuboxid, C_3O_2, ein farbloses, stechend riechendes Gas, das in reinem Zustand beständig ist, in unreinem Zustand leicht zu einer roten, amorphen Substanz polymerisiert. K. ist ein Doppelketen.

Kohlenwasserstoffe (KW-Stoffe), chem. Verbindungen, die nur aus Kohlenstoff und Wasserstoff bestehen. Beim Ersetzen von einem oder mehreren Wasserstoffatomen durch andere Atome oder Atomgruppen (funktionelle Gruppen) entstehen zahlr. Verbindungsklassen der organ. Chemie, wie Alkohole, Aminoverbindungen, Halogenkohlenwasserstoffe, Nitroverbindungen. K. finden sich in der Natur v. a. in Erdöl und Erdgas. - ↑auch Kohlenstoffverbindungen.

Kohlepapier (Carbon-, Karbonpapier), meist einseitig mit einer farbabgebenden Schicht behaftetes dünnes, maschinenglattes oder satiniertes Papier (bzw. Kunststoffolie bei der **Kopierfolie**), das als Zwischenlegepapier die Herstellung von Kopien gleichzeitig mit dem Original ermöglicht.

Kohlepfennig, in Prozent des Strompreises festgelegte Abgabe, die von den Stromverbrauchern zu entrichten ist. Mit dem Aufkommen aus dem K. (1985: 2,15 Mrd. DM) wird der Einsatz von (Stein-)Kohle bei der Stromerzeugung subventioniert, um die Konkurrenzfähigkeit der Kohle gegenüber dem Erdöl zu erhöhen.

Köhler, Georges Jean Franz, * München 17. März 1946, dt. Immunologe. - Nach Promotion 1974 Forschungstätigkeit am Basler Institut für Immunologie und bei C. Milstein am Medical Research Council Laboratory in Cambridge; ab 1984 einer der drei Direktoren des Max-Planck-Instituts für Immunologie in Freiburg im Breisgau; stellte erstmals monoklonale Antikörper her. Nobelpreis für Physiologie und Medizin 1984 zus mit N. K. Jerne und C. Milstein.

K., Wolfgang, * Reval 21. Jan. 1887, † Lebanon (N. H.) 11. Juni 1967, amerikan. Psychologe dt. Herkunft. - Ab 1922 Prof. in Berlin; emigrierte 1935 in die USA; gehört zu den Hauptvertretern der Berliner Schule. Bekannt wurde K. v. a. durch seine Untersuchungen der Intelligenzleistungen von Schimpansen.

Köhler ↑Dorsche.

Kohlerdflöhe ↑Flohkäfer.

Köhlerei, heute nur noch vereinzelt in holzreichen Gegenden ausgeübte handwerkl. Gewinnung von Holzkohle. Um einen aus Stangen errichteten Feuerschacht (**Quandel**) herum werden vom Köhler luftgetrocknete Holzscheite von 1-2 m Länge dicht zusammengesetzt und mit einer feuerfesten Umhüllung aus grünem Reisig, Erde und Rasen versehen ([Kohlen]meiler). Nach Anzünden des im Quandel angehäuften, leicht brennbaren Materials verbrennt im Meiler ein kleiner Teil des Holzes, das meiste Holz verkohlt. Ausbeuten an Holzkohle bei 20-25 Gewichts-%.

Kohler Range [engl. 'koʊlə 'rɛɪndʒ], Gebirgszug in der Westantarktis, bis 4 570 m hoch.

Kohleule (Mamestra brassicae), etwa 4 cm spannender bräunl. grauer Eulenfalter; bräunl. Raupe (**Herzwurm**) frißt an Kohl.

Kohleveredlung, Sammelbez. für alle Prozesse zur Wertsteigerung der geförderten Kohle. *Mechan.* und *physikal. Verfahren* umfassen die Methoden der Kohleaufbereitung (↑Kohle); *therm. Verfahren* sind die Schwelung und die Verkokung; *chem. Verfahren* sind die Erzeugung von Synthesegas, die Aufarbeitung von Kohlenwerkstoffen (Rohteer, Rohbenzol), die ↑Kohlehydrierung und die Kohleoxidation. Auch die Umwandlung in höherwertige Energie bzw. in gasförmige Brenn- und Heizstoffe sind K.verfahren.

Durch **Niedertemperaturentgasung** (*[Ver]-schwelung*), d. h. eine mit einem Austreiben von flüchtigen und niedrigsiedenden Bestandteilen (*Entgasung*) verbundene Erhitzung auf ca. 500 °C entstehen pro Tonne Steinkohle 800 kg *Schwelkoks* (der zur Stromerzeugung verwendet wird), 110 m³ *Schwelgas* (bes. Methan und Wasserstoff) mit einem Heizwert von 7 200–11 300 kJ/m³, 8 kg *Teer* und *Schwelwasser* (woraus noch Aromaten gewonnen werden können).

Durch **Hochtemperaturentgasung** (*Verkokung*) bei ca. 1 000 °C gewinnt man pro Tonne Steinkohle 600–800 kg *Koks* (zur Verhüttung von Metallen), 40–60 kg *Teer* (der durch fraktionierte Destillation in hochwertige Aromaten und Pech getrennt werden kann), und *Rohgas* (das nach Zusetzen von Wasserstoff als Stadtgas Verwendung findet). Die Verkokung erfolgt in der *Kokerei*.

Bei der **Kohlevergasung,** einer Umsetzung von Koks mit Vergasungsmitteln wie Luft oder Wasserdampf, entstehen Brenn- und Synthesegase, z. B. Generator- und Wassergas, auf denen viele wichtige Synthesen aufbauen, z. B. die Fischer-Tropsch-Synthese zur Benzinerzeugung und das Haber-Bosch-Verfahren zur Herstellung von Ammoniak.

Schilling, H. D., u. a.: *Kohlevergasung.* Hg. v. W. Peters. Essen ³1981.

Kohleverflüssigung, chem. Verfahren zur Umwandlung von Kohle in Kohlenwasserstoffe durch katalyt. ↑Kohlehydrierung.

Kohlezeichnung, Handzeichnung mit Reißkohle (dünne, entrindete, unter Luftabschluß verkohlte Lindenzweige) auf rauhem [farbigem] Papier.

Kohlgallenrüßler (Ceuthorrhynchus pleurostigma), 2–3 mm großer, schwärzl. Rüsselkäfer in Europa und Sibirien; Käfer frißt u. a. an Kohl und Raps; Larven bilden im Wurzelhals von Kohl erbsen- bis haselnußgroße Gallen.

Kohlgallmücke, svw. ↑ Drehherzmücke.
Kohlhammer GmbH, W., ↑ Verlage (Übersicht).
Kohlhase, Hans, † Berlin 22. März 1540 (hingerichtet), dt. Kaufmann. - 1532 wegen zweier Pferde mit Bauern des kursächs. Junkers Günter von Zaschwitz in Streit geraten; erließ, da er vor Gericht nicht zu seinem Recht kam, 1534 einen Fehdebrief gegen Zaschwitz und ganz Kursachsen und eröffnete im März 1535 die Fehde; nach Überfall auf einen kurmärk. Landsmann von der Behörde in Berlin ergriffen und zum Tode verurteilt. Den Stoff griff Kleist in seiner Novelle „Michael Kohlhaas" (1810) auf.
Kohlhernie [...i-ε; dt./lat.] (Wurzelkropf, Kropfkrankheit, Fingerkrankheit, Knotensucht), krankhafte, knotig-klumpige Wucherungen und Schwellungen (Hernien) an Wurzeln von Kohlpflanzen (auch an anderen Kreuzblütlern) durch Befall mit dem Schleimpilz Plasmodiophora brassicae. Die Pflanzen kümmern, welken und sterben ab. Bekämpfung durch regelmäßigen Fruchtwechsel, Anwendung von Bodendesinfektionsmitteln und Verbrennen kranker Pflanzen.
Kohlmeise ↑ Meisen.
Kohlpalme (Roystonea oleracea), Palmenart M-Amerikas; bis 40 m hohe Fiederpalme, die Gemüse (Palmkohl) und Palmwein liefert.
Kohlrabi [zu italien. cavoli rape (von cavolo „Kohl" und para „Rübe")] (Oberrübe, Brassica oleracea var. gongylides), Kulturform des Gemüsekohls, bei der durch kräftige Verdickung der Sproßachse apfelgroße, fleischige Knollen entstehen, die roh oder gekocht gegessen werden.
Kohlrausch, Friedrich, * Rinteln 14. Okt. 1840, † Marburg 17. Jan. 1910, dt. Physiker. - Prof. in Göttingen, Zürich, Darmstadt, Würzburg, Straßburg und Berlin, dort auch (1895–1905) Präs. der Physikal.-Techn. Reichsanstalt. Bed. Arbeiten zur elektrolyt. Leitfähigkeit und zur Präzisionsbestimmung elektromagnet. Grundgrößen. Sein „Leitfaden der prakt. Physik" (1870, 22. Aufl. 1968 als „Prakt. Physik") fand weite Verbreitung.
Kohlröschen (Braunelle, Nigritella), Gatt. der Orchideen mit zwei Arten in Gebirgen N- und M-Europas; bis 20 cm hohe Pflanzen auf Bergwiesen mit fast kugeligem, schwarzrotem oder hellrosa (**Schwarzes Kohlröschen,** Nigritella nigra) oder mit eiförmigem bis zylindr., leuchtend rotem Blütenstand (**Rotes Kohlröschen,** Nigritella rubra).
Kohlrübe (Dorsche, Dotsche, Erdkohlrabi, Steckrübe, Wruke, Brassica napus var. napobrassica), Kohlart mit fleischig verdickter, eßbarer Rübe.
Kohlschmidt, Werner, * Magdeburg 24. April 1904, † Bern 27. April 1983, dt. Literarhistoriker. - 1944 Prof. in Kiel, seit 1953 in Bern; veröffentlichte neben Untersuchungen zum Werk Rilkes v. a. Arbeiten zur Literatur des 18. und 19. Jh.; seit 1955 Mithg. des „Reallexikons der dt. Literaturgeschichte".
Kohlschnake ↑ Schnaken.
Kohlweißling, Bez. für zwei weißflügelige Schmetterlinge (Fam. Weißlinge) in NW-Afrika und in Großteilen Eurasiens, deren grünl. Raupen bes. an Kohlarten schädl. werden können: 1. **Großer Kohlweißling** (Pieris brassicae), bis 6 cm spannend, Vorderflügel mit schwarzer Spitze und (beim ♀) zwei schwarzen Flecken; Raupen schwarz punktiert; 2. **Kleiner Kohlweißling** (*Rübenweißling,* Pieris rapae), bis 5 cm spannend; Raupen gelb gestreift, bis 3 cm lang.
Köhnlechner, Manfred, * Krefeld 1. Dez. 1925, dt. Heilpraktiker. - Jurist; Konzernmanager; Selbststudium der Naturheilkunde; 1972 Eröffnung einer Heilpraxis in München. K. praktiziert und propagiert bes. physiolog. und biochem. noch ungenügend erklärbare und deshalb von der Schulmedizin bisher weitgehend abgelehnte Heilmethoden wie Akupunktur, Chiropraktik, Neuraltherapie und Ozontherapie („Die machbaren Wunder", 1974; „Vermeidbare Operationen", 1975; „Biolog. Medizin heute", 1988).
Kohortativ (Hortativ) [lat.], Gebrauchsweise des Konjunktivs zum Ausdruck einer Aufforderung an die eigene Person, z. B. lat. *eamus* („gehen wir!").
Kohorte (lat. cohors), röm. Truppenverband, urspr. eine bundesgenöss. Einheit, später takt. Bestandteil der Legion, in der Kaiserzeit Standardeinheit (500 oder 1 000 Mann Reiterei bzw. Infanterie); daneben Bez. für Abteilungen der Prätorianergarde, der stadtröm. Feuerwehr und der Polizei.
Kohout, Pavel [tschech. 'kohoʊt], * Prag 20. Juli 1928, tschech. Schriftsteller. - Schrieb zunächst polit. und Liebesgedichte, dann v. a. Dramen, Dramatisierungen („Josef Schwejk", Drama nach J. Hašek, dt. 1967) und Hörspiele; hat seit 1968 in der ČSSR Publikationsverbot; seit 1978 in Österreich, 1979 aus der ČSSR ausgebürgert. - *Weitere Werke:* Solche Liebe (Dr., 1958, 1976 u. d. T. So eine Liebe), August August, August (Dr. 1967), Armer Mörder (Dr., 1972), Das Leben im stillen Haus (1972, Einakter-Trilogie: Krieg im dritten Stock; Pech unterm Dach; Brand im Souterrain), Die Henkerin (R., 1978), Erinnerungen an die Biskaya (Stück, dt. Uraufführung 1985).
Kohtla-Järve, Stadt 4 km vom Finn. Meerbusen entfernt, estn. SSR, 73 000 E. Chemietechnikum, Forschungsinst. für Ölschiefer; Ölschiefer-Verarbeitungskombinat. - 1900 gegr., seit 1946 Stadt.
Koine [griech. „gemeinsame (Sprache)"], allg. eine durch Einebnung von Dialektunterschieden entstandene Sprache (Koinesprache). I. e. S. die einheitl. griech. Schrift- und Umgangssprache in hellenist.-röm. Zeit (bis zur Mitte des 6. Jh. n. Chr.) mit dem attischen

Dialekt als Grundlage; dieser und die übrigen Dialekte († griechische Sprache) wurden durch die K. allmähl. verdrängt. Gegenüber dem Griechisch der klass. Zeit weist die K. Besonderheiten in Laut- und Formbestand, Syntax und Wortschatz auf.

Koinobitentum [griech.], Bez. für eine Form klösterl. Zusammenlebens im ostkirchl. Mönchtum; im Ggs. zum Leben in idiorrhythm. Klöstern lebt im K. eine größere Anzahl von Mönchen in dauernder räuml. Gemeinschaft unter einheitl. Führung in sog. zönobit. **Klöstern** zusammen.

Koinzidenz [ko-ın ...; lat.], Zusammenfall, Zusammentreffen zweier Ereignisse.

♦ in der *Biologie*: gleichzeitiges Auftreten zweier verschiedenartiger Organismen, die in einer ökolog. oder etholog. Beziehung zueinander stehen; z. b. beim Parasitismus, bei einer Symbiose.

Koinzidenzentfernungsmesser [ko-ın...] † Entfernungsmesser.

Koinzidenzmethode [ko-ın...], auf W. Bothe und W. Kolhörster (1929) zurückgehende kernphysikal. Zählmethode, bei der ein Zählgerät nur dann anspricht, wenn 2 oder mehrere Detektoren in der gleichen [einstellbaren] Zeitspanne einen Impuls abgeben. Damit lassen sich durch geeignete geometr. Kombinationen mehrerer Nachweisgeräte z. B. Flugbahnen, Geschwindigkeiten und Reichweiten einzelner Teilchen bestimmen und Mehrteilchenreaktionen wie Höhenstrahlschauer untersuchen.

Koitus [lat., zu coire „zusammenkommen"] † Geschlechtsverkehr.

Koituspositionen (Koitusstellungen), Körperstellungen, in denen der Mensch den Geschlechtsverkehr ausüben kann, wobei den mannigfachen Variationen v. a. 4 verschiedene Grundpositionen zugrundeliegen: 1. Rückenlage der Frau (der Mann liegt über ihr); 2. Rückenlage des Mannes (die Frau liegt über ihm); 3. Seitenlage (Partner mit dem Gesicht einander zugewandt); 4. die Position, bei der Verkehr von hinten ausgeführt wird (die Frau wendet dem Mann den Rücken zu; *Coitus a tergo*). Nach den Untersuchungen A. C. Kinseys ist die erstgenannte Stellung die am meisten praktizierte, ist jedoch (ungeachtet der Tatsache, daß sie die größten Chancen für eine Empfängnis bietet) nicht die einzig „natürliche".

Koivisto, Mauno, * Turku 25. Nov. 1923, finn. Bankfachmann und Politiker (Sozialdemokrat). - 1966/67 und 1972 Finanzmin.; wurde Anfang 1968 Generaldirektor der Bank von Finnland; 1968–70 und erneut 1979–81 Min.präs.; seit Sept. 1981 amtierender Staatspräs., im Jan. 1982 durch Wahl bestätigt.

Koja (jap. Koja-San), Berg auf der Kiihalbinsel von Hondo, Japan, 985 m hoch. Auf dem K. gab es eine riesige Kloster- und Tempelanlage, von der heute noch ungefähr 120 Tempel stehen. Das älteste Kloster wurde 816 gegründet, der älteste erhaltene Bau wurde 1198 errichtet.

Koje [niederl., zu lat. cavea „Käfig, Behältnis"], kastenartiges, eingebautes Bett auf Schiffen; auch Verschlag zum Aufbewahren, z. B. von Segeln.

♦ umgangssprachl. svw. Bett.

♦ Ausstellungsstand.

Kojote [aztek.-span.], svw. † Präriewolf.

Kokain [indian.-span.] (Cocain, Erythroxylin, Methylbenzoylergonin), aus den Blättern des Kokastrauches gewonnenes oder halbsynthet. hergestelltes Tropanalkaloid mit zentralstimulierender, lokalanästhet. und gefäßzusammenziehender (sympatikuserregender) Wirkung. K. unterliegt dem Betäubungsmittel G, da seine wiederholte mißbräuchl. Anwendung auf Grund seiner euphorisierenden sowie ängstliche Spannungszustände, Hunger und Müdigkeit mildernden Wirkung zur Sucht (**Kokainismus**; mit raschem Abbau der Persönlichkeitsstruktur) führt. Überhöhte Dosierung führt zu akuten tox. Erscheinungen (Pupillenerweiterung, Herzbeschleunigung, Blutdruckanstieg, zentralnervöse Erregung), die mit Hilfe von Barbituraten gemildert werden können. - † auch Drogenabhängigkeit; † Alkaloide (Übersicht).

Kokand [russ. ka'kant], sowjet. Stadt im westl. Ferganabecken, Usbek. SSR, 152 000 E. PH, Theater; Textil-, chem., metallverarbeitende, elektrotechn. und Nahrungsmittelind., Weinkellerei. - Bereits im 10. Jh. bekannt; Ende des 18. Jh. bis 1876 Hauptstadt des Khanats Kokand.

Kokarde [frz., zu altfrz. coquard „eitel" (zu coq „Hahn")], im Frankr. des 18. Jh. schleifenartiges militär. Feldzeichen; seit der dreifarbigen K. der Frz. Revolution Abzeichen in Form einer gefalteten Rosette in den Nationalfarben, später in Landes- oder Stadtfarben an der Kopfbedeckung getragen; auch als Hoheitszeichen an Militärflugzeugen.

Kokardenblume (Gaillardia), Gatt. der Korbblütler mit rd. 20 Arten in Amerika; Kräuter oder Stauden mit langgestielten, meist großen, gelben oder purpurroten Blütenköpfchen; Randblüten meist zungenförmig, oft mit anders gefärbtem Grund. Mehrere Arten und zahlr. Sorten werden als Schnitt- und Rabattenblumen kultiviert.

Kokastrauch [indian.-span./dt.] (Koka, Erythroxylon coca), Erythroxylumart in den subandinen Gebieten Perus und Boliviens; immergrüner Strauch mit kleinen, gelbl. oder grünlichweißen Blüten und kleinen, ovalen, den kokain enthaltenden Blättern. - Zur Zeit der span. Eroberung war der Genuß von K.blättern bei den Indianern sehr verbreitet, die daraus unter Zusatz von Pflanzenasche, Kalk und Wasser Kügelchen kneteten, aus denen beim Kauen das Kokain langsam freigesetzt wurde.

Kokoschka

Koker [niederdt., eigtl. „Köcher"], seemänn. Bez. für einen rohrförmigen Führungs- oder Halterungsteil für den Ruderschaft (Ruder-K.), für die Ankerkette (Ketten-K.) oder für Masten (Mastkoker).

Kokerei, techn. Anlage zur Verkokung von Kohle († Kohleveredelung).

kokett [zu frz. coquet, eigtl. „hahnenhaft"], gefallsüchtig, mit Reizen spielend; **Koketterie,** kokette Art; **kokettieren,** Gefallen zu erregen suchen, mit etwas nur spielen, sich nicht ernsthaft auf etwas einlassen.

Kokille [zu frz. coquille „Muschel(schale)"] † Gießverfahren.

Kokken [zu griech. kókkos „Kern"] (Kugelbakterien), allg. Bez. für kugelförmige Bakterien, die häufig nach der Teilung zusammenbleiben. Danach unterscheidet man folgende Gruppen: Diplokokken treten paarweise auf; Streptokokken bilden Ketten; Staphylokokken treten in Trauben auf; Sarzinen als Platten oder Pakete († auch Bd. 3, S. 11, Abb. Bakterien). Die meisten K. sind grampositiv, sporenlos und unbeweglich.

Køkkenmøddinger [dän., eigtl. „Küchenabfälle"], Bez. für die Abfallhaufen der Steinzeitmenschen in Dänemark, die v. a. Muschelschalen und Kohlenreste enthalten.

Kokon [ko'kõː; frz., zu provenzal. cocoun „Eierschale"] (Cocon), Hülle um die Eier (Ei-K.) verschiedener Tiere oder um Insektenpuppen (Puppen-K.). **Eikokons** können aus dem Sekret von Drüsen des Eileiters oder der ♀♀ Geschlechtsöffnung entstehen oder durch Spinndrüsen und dann als Gespinst ausgebildet sein (bei manchen Spinnen). Die **Puppenkokons** können u. a. Gespinsthüllen aus dem Spinndrüsensekret verpuppungsreifer Larven darstellen (z. B. bei Seidenspinnern).

Koko Nor (chin. Ching Hai), größter abflußloser Salzsee im Hochland von Tibet, 3 205 m ü. d. M., bis 38 m tief.

Kokonverfahren [ko'kõː], Verfahren, bei dem vor Korrosion zu schützende Maschinenteile, Schiffsaufbauten u. a. mit einer Hülle aus flüssig aufgespritztem Kunststoff überzogen werden.

Kokoschka, Oskar [kɔ'kɔʃka, 'kɔkɔʃka], * Pöchlarn 1. März 1886, † Villeneuve 22. Febr. 1980, östr. Maler, Graphiker und Dichter. - 1919–24 Prof. an der Kunstakad. Dresden; nach ausgedehnten Reisen ab 1931 in Wien; emigrierte 1934 nach Prag; 1938 Flucht nach London. K., dessen Werk während des NS als „entartet" diffamiert wurde, war seit 1947 brit. Staatsbürger; er lebte seit 1954 in Villeneuve am Genfer See. Z. Z. der Veröffentlichung seines expressionist. Dramas „Mörder, Hoffnung der Frauen" (1910) entstanden die ersten seiner psycholog.-visionären Bildnisse in dramat. Verdichtung (z. B. „Prof. Forel", 1910, Kunsthalle Mannheim, „Die Windsbraut", 1914; Kunstmuseum Basel). Später fand K. zu einer immer lichteren Farbgebung im Sinne des Impressionismus, bes. in seinen [Stadt]landschaften wie „Jerusalem" (1930, Institute of Arts, Detroit). Beispiele seiner späteren Porträt- und Landschaftsmalerei sind „Bildnis des Bundespräs. T. Heuß" (1950, Wallraf-Richartzmuseum) und „Sturmflut in Hamburg" (1960, Kunsthalle Hamburg). - Weitere dichter. Arbeiten sind „Spur im Treibsand" (En., 1956) und „Comenius" (Schsp. 1972).

📖 *O. K.* Hg. v. N. Werner. Ffm. 1986. - Schwei-

Oskar Kokoschka, Prag, Moldauhafen I (1936). Wien, Österreichische Galerie

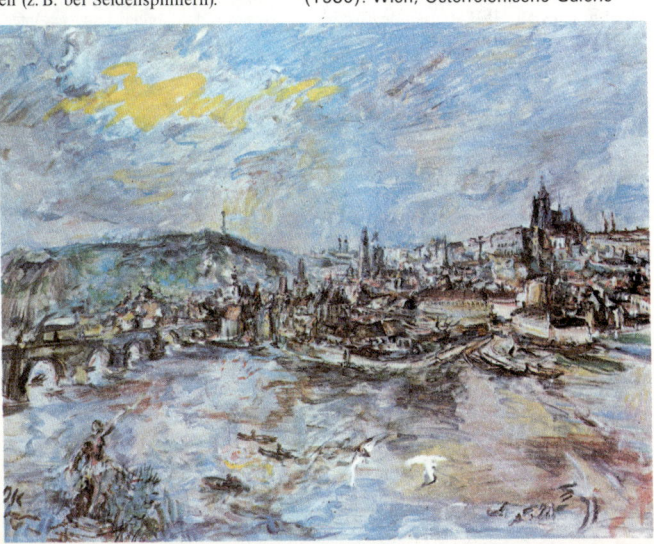

Kokosfaser

ger, W. J.: *Der junge K. Leben u. Werk.* Wien 1983. - Lischka, G. J.: *O. K. Maler u. Dichter* Bern u. Ffm. 1972.

Kokosfaser [span./dt.] (Coir), leichte, sehr elast. und bruchfeste, gegen Nässe widerstandsfähige Faser aus der faserigen Schicht der Fruchthülle der Kokospalmenfrüchte; Verwendung für Seile, Netze, Matten, Teppiche, Bürsten, Säcke, Polstermaterial.

Kokosinseln (engl. Cocos Islands; Keelinginseln), zwei Atolle im Ind. Ozean, sw. von Sumatra; 584 E. Kopragewinnung. - 1609 von Kapitän Keeling entdeckt; seit 1857 brit. Besitz; seit 1955 unter Verwaltung des Austral. Bundes.

Kokosnuß [span./dt.] ↑ Kokospalme.

Kokospalme [span./lat.] (Cocos), Gatt. der Palmengewächse mit der einzigen, urspr. aus dem trop. Asien stammenden Art *Cocos nucifera* (K. im engeren Sinn); bis 30 m hohe, schlanke Palme mit meist schwach gebogenem Stamm mit einer Krone aus 3–6 m langen Fiederblättern. Die achselständigen, verzweigten Blütenstände mit getrenntgeschlechtigen Blüten entwickeln jeweils 10–20 etwa kopfgroße, bis 1 kg schwere, schwimmfähige Steinfrüchte (**Kokosnuß**). Deren Fruchthülle besteht aus einem äußeren faserigen Teil und einem inneren harten Steinkern. Innerhalb des Steinkerns liegt der von einer dünnen Samenschale umschlossene Samen, der zum größten Teil aus ↑ Endosperm besteht. Dieses eßbare Endosperm ist in eine feste, ölreiche Phase (↑ auch Kopra) und eine flüssige Phase (*Kokosmilch*) gegliedert. Von den Eingeborenen werden die Kokosmilch als Getränk, die Blattfiedern als Flechtmaterial, das Holz als widerstandsfähiges Baumaterial und die Endknospen als Gemüse (Palmkohl) genutzt. Der Blutungssaft der Blütenstände („Toddy") wird zu einer Art Sirup („Jaggery") eingedickt oder zu Palmwein und Arrak vergoren. Die Fruchtschalen dienen zur Herstellung von Holzkohle, Holzgas, Furfural, Essigsäure und Methanol. - Die K. wird in Indien seit etwa 4 000 Jahren kultiviert. Der erste Bericht in der europ. Literatur stammt von Theophrastos (3. Jh. v. Chr.), der die K. aus Berichten der Begleiter Alexanders d. Gr. kannte.

Kokotte [zu frz. cocotte, eigtl. „Hühnchen"], veraltete Bez. für eine elegante Frau, die gegen Bezahlung mit Männern sexuell verkehrt.

Koks [engl.], Produkt der Verkokung von Braun- oder Steinkohle (Kokskohle). K. ist ein schwarzer oder grauschwarzer, leichter, poröser Körper, der beim Erhitzen von Kohle unter Luftabschluß entsteht. Verwendung in der Stahl- und Eisenerzeugung sowie zur Herstellung von Calciumcarbid.

Koks, in der Drogenszene gebräuchl. Ausdruck für Kokain.

Kokschaaltau, z.T. vergletscherter Gebirgszug des südl. Tienschan, an der Grenze zw. UdSSR und China, rd. 400 km lang, bis 7 439 m hoch.

Kokzidien (Coccidia) [griech.], Ordnung mikroskop. kleiner Sporentierchen, die v. a. in Epithelzellen des Verdauungstraktes, der Leber und Niere bei Wirbeltieren (bes. Haustieren) parasitieren und die oft seuchenartig auftretenden, häufig tödl. verlaufenden **Kokzidiosen** hervorrufen.

kol..., **Kol...** ↑ kon..., Kon...

Kola, Halbinsel, sowjet. Halbinsel zw. Weißem Meer und Barentssee, rd. 100 000 km², bis 1 191 m hoch; Hauptort Murmansk.

Kolabaum [afrikan./dt.] (Colabaum, Kolanußbaum, Cola), Gatt. der Sterkuliengewächse mit mehr als 100 Arten im trop. Afrika; 6–20 m hohe Bäume mit ledrigen Blättern und aus mehreren holzigen Balgkapseln bestehenden Früchten. Mehrere Arten werden im Sudan, im trop. Amerika und trop. Asien zur Gewinnung der Samen kultiviert, deren harter, gelbbrauner bis rötl. Keimling (**Kolanuß**) bis 3 % Koffein, bis 0,1 % Theobromin, etwa 40 % Stärke und 4 % Gerbstoffe enthält. Die Kolanüsse dienen in Afrika als durstlöschendes Nahrungs- und Genußmittel. In Europa und Amerika werden sie der Herstellung von Erfrischungsgetränken und Anregungsmitteln verwendet.

Kołakowski, Leszek [poln. kɔɥa'kɔfski], * Radom 23. Okt. 1927, poln. Philosoph. - 1953 Prof. in Warschau; Antistalinist; 1956 Theoretiker und Publizist des poln. „Oktober", 1966 wegen Kritik an den Beschränkungen der Meinungsfreiheit Ausschluß aus der kommunist. Partei; 1968 Verlust der Lehrstuhls. Seit 1970 Forschungstätigkeit in Oxford. Versucht, den Rationalismus bzw. Marxismus unabhängig und schöpfer. weiterzuentwickeln. 1977 Friedenspreis des Börsenvereins des Dt. Buchhandels. - *Werke:* Die Philosophie des Positivismus (1966), Der revolutionäre Geist (1972), Die Gegenwärtigkeit des Mythos (1973), Marxismus, Utopie und Anti-Utopie (1974), Die Hauptströmungen des Marxismus (3 Bde., 1977–79), Henri Bergson (1985).

Kolamin [Kw.] (Colamin, Aminoäthylalkohol, Monoäthanolamin), $H_2N-CH_2-CH_2OH$, farblose, viskose und stark hygroskop. Flüssigkeit mit schwach fischartigem Geruch; ein ↑ Äthanolamin.

Kolaminkephaline ↑ Kephaline.

Kolanuß ↑ Kolabaum.

Kolář, Jiří [tschech. 'kɔla:rʃ], * Protivín (Südböhm. Gebiet) 24. Sept. 1914, tschech. Collagekünstler und Dichter. - Lebt seit 1979 in Paris. Seine poet. Klebebilder und Objekte verwischen die Grenze zw. Literatur und Kunst; u. a. Figurengedichte (Dichterporträts), „Rollagen" (in Streifen geschnittene und neu zusammengesetzte Drucke), Glaskästen mit Gegenständen („Knotengedichte"),

Kolbenhirse

lesbare Collagen („Dny v roce" [Tage im Jahr], 1945; „Sedm kantát [Sieben Kantaten], 1948; „Das sprechende Bild. Poeme, Collagen, Poeme", dt. 1971), mit Zeitungsfetzen beklebte Gegenstände.

Kolar Gold Fields [engl. 'koʊlɑː 'goʊld 'fiːldz], Stadt im ind. Bundesstaat Karnataka, 100 km nö. von Bangalore, 77 600 E. Bedeutendstes Goldbergbaugebiet Indiens.

Kolb, Annette, eigtl. Anne Mathilde K., * München 2. Febr. 1870, † ebd. 3. Dez. 1967, dt. Schriftstellerin. - Mütterlicherseits frz. Abstammung; emigrierte 1933 nach Paris, 1940 in die USA, 1945 Rückkehr nach Europa. Zeitlebens um einen Ausgleich zw. Deutschland und Frankr. bemühte, geistreiche Erzählerin und Essayistin. In oft autobiograph. Romanen schildert sie eindringl. Frauenschicksale; auch Übersetzerin („Die Briefe der hl. Catarina von Siena", 1906). - *Weitere Werke:* Das Exemplar (R., 1913), 13 Briefe einer Deutsch-Französin (1916), Spitzbögen (En., 1925), Daphne Herbst (R., 1928), König Ludwig II. und Richard Wagner (R., 1947), 1907–1964. Zeitbilder (1964).

Kolbe, Georg, * Waldheim (Landkr. Döbeln) 13. April 1877, † Berlin 15. Nov. 1947, dt. Bildhauer. - Sein Hauptthema ist die (weibl.) Aktfigur, in schwingende Bewegung gelöste Bronzeplastik. Auch Aktzeichnungen.

K., Hermann, * Elliehausen (= Göttingen) 27. Sept. 1818, † Leipzig 25. Nov. 1884, dt. Chemiker. - Prof. in Marburg und Leipzig. Seine Synthese der Essigsäure stellte die erste „Totalsynthese" einer organ. Substanz aus anorgan. Ausgangsstoffen dar. Er entwickelte Verfahren zur Darstellung von Nitrilen, Kohlenwasserstoffen *(Kolbesche Synthese)* und Salicylsäure *(Kolbe-Schmitt-Reaktion).*

K., Maximilian, hl., * Zduńska Wola 7. Jan. 1894, † KZ Auschwitz 14. Aug. 1941, poln. Franziskanerkonventuale. - Gründete die „Militia Immaculatae", eine Apostolatsvereinigung, die bes. durch christl. Pressearbeit in der Öffentlichkeit wirken wollte. 1941 im KZ Auschwitz freiwilliger Hungertod für einen zum Tode verurteilten Mitgefangenen. Wurde 1973 selig-, am 10. Okt. 1982 heiliggesprochen.

Kolben, aus Geräteglas hergestelltes, hitzebeständiges Reaktionsgefäß in verschiedenen Formen.

♦ im Zylinder von Kolbenmaschinen sich hin- und herbewegende, die treibende Kraft unmittelbar aufnehmendes, über K.- oder Pleuelstange mit der Kurbelwelle verbundenes, zylindr. Maschinenteil. In Hydraulik- und Steueranlagen dienen K. auch als Steuerorgane, die Öffnungen in der Zylinderwand versperren oder freigeben. Der *K.boden (K.kopf),* ist oben auch gewölbt. Insbes. bei Verbrennungskraftmaschinen dienen an der Zylinderwand federnd anliegende **Kolbenringe** zur bewegl. Abdichtung des Verbrennungs-

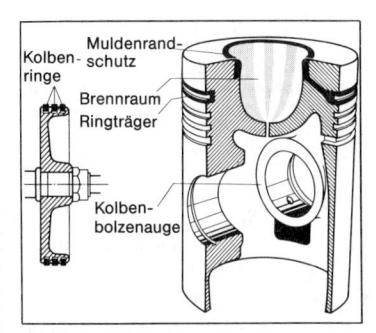

Kolben. Scheibenkolben (links) und Dieselkolben mit Brennraum (Muldenkolben) sowie eingegossenem Ringträger und Muldenrandschutz

raumes gegen das Kurbelgehäuse. **Ölabstreifringe** verhindern, daß an der Zylinderwand haftendes Schmieröl in den Verbrennungsraum gerät und verbrennt. Auf die *Ringzone* folgt der die Seitenkräfte aufnehmende *K.schaft (K.hemd, K.mantel).* Zur Aufnahme des *K.bolzens,* der die [gelenkige] Verbindung zur Pleuel- oder K.stange herstellt, ist der K. senkrecht zu seiner Längsachse durchbohrt *(K.auge).* Zum Ausgleich der unterschiedl. Wärmeausdehnung des K. infolge verschiedener Temperatur und Materialstärke ist der K. zum (heißeren) K.boden hin konisch geschliffen. In Richtung des K.auges hat der K. einen geringeren Durchmesser als senkrecht dazu und erreicht erst bei Betriebstemperatur Kreisform. K. von Verbrennungskraftmaschinen bestehen durchweg aus Aluminium-Silicium-Legierungen (11 bis 25 % Silicium).

♦ der verstärkte hintere Teil des Gewehrschafts.

♦ (Spadix) ↑ Blütenstand.

Kolbenflügler, svw. ↑ Fächerflügler.

Kolbenheyer, Erwin Guido, * Budapest 30. Dez. 1878, † München 12. April 1962, dt. Schriftsteller. - Vertreter ↑ Biologismus. Vertrat in seiner völk., antiindividualist. und antikirchl. Einstellung Ideen des NS, weshalb er nach dem 2. Weltkrieg heftig umstritten war. K. schrieb vorwiegend histor. Dramen und histor.-biograph. Romane. - *Werke:* Giordano Bruno (Dr., 1903, 1929 u. d. T. Heroische Leidenschaften), Amor Dei (R., 1908), Meister Joachim Pausewang (R., 1910), Paracelsus (R.-Trilogie, 1927/28), Gregor und Heinrich (Dr., 1934), Götter und Menschen (Dr.-Tetralogie, 1944).

Kolbenhirse (Setaria italica), in Asien beheimatetes Süßgras der Gatt. Borstenhirse; bis 1 m hohe, einjährige, kräftige Pflanze mit bis 3 cm dicken Ährenrispen und hirsekorngroßen Früchten. Die K. ist eine der ältesten

61

Kolbenhoff

Kulturpflanzen; wird in Indien und O-Asien als Nahrungsmittel angebaut; in Europa als Vogelfutter verwendet.

Kolbenhoff, Walter, eigtl. W. Hoffmann, * Berlin 20. Mai 1908, dt. Schriftsteller. - Setzt sich in seinem erzähler. Werk bes. mit der NS-Vergangenheit und Gegenwartsproblemen auseinander, u. a. in den Romanen „Von unserm Fleisch und Blut" (1947), „Heimkehr in die Fremde" (1949), „Der Kopfjäger" (1960), „Das Wochenende" (1970). Schrieb auch „Erfahrungen mit Deutschland" (1984).

Kolbenmaschine, Maschine, deren Kennzeichen ein in einem Zylinder hin- und hergehender Kolben *(Hub-K.)* oder ein in einem entsprechenden Gehäuse rotierender [Dreh]kolben *(Dreh-, Kreis-, Rotations-* oder *Umlauf-K.)* ist, mit dessen Hilfe das Arbeitsmittel in der Maschine period. arbeitet oder bewegt wird (im Ggs. zu den Strömungsmaschinen, z. B. Turbinen, die von Wasser kontinuierl. durchströmt werden). Man unterscheidet *Kolbenkraftmaschinen* (z. B. Verbrennungskraftmaschinen), und *Kolbenarbeitsmaschinen* (z. B. Kolbenpumpe, Kolbenverdichter).

Kolbenpalme (Carludovica), Gatt. der Scheibenblumengewächse im trop. Amerika mit mehr als 30 Arten; Holzgewächse mit meist kurzem Stamm und palmblattähnl. Blättern; kolbenförmige Blütenstände mit eingesenkten, eingeschlechtigen Blüten. Eine bekannte, kultivierte Art ist die **Panamapalme** (Carludovica palmata), aus deren Blättern die Panamahüte hergestellt werden.

Kolbenpumpe ↑ Pumpen.
Kolbenring ↑ Kolben.
Kolbenverdichter ↑ Verdichter.
Kolbenwasserkäfer (Hydrophilinae), mit über 1 500 Arten fast weltweit verbreitete Unterfam. 1–50 mm langer Käfer (heim. etwa 140 Arten); Fühler kolbenförmig; leben meist im Wasser, z. B. **Kleiner Kolbenwasserkäfer**

Weißschwanzkolibri

(Stachelwasserkäfer, Hydrophilus caraboides; 14–18 mm lang), **Großer Schwarzer Kolbenwasserkäfer** (Hydrous piceus, etwa 4 cm lang).

Kolberg (poln. Kołobrzeg), Krst. an der pommerschen Ostseeküste, Polen▼, 36 000 E. Kath. Bischofssitz; Museum; Seebad und Kurort (Solquellen und Moor); Fährverbindung nach Schweden; Fischverarbeitung. - Das um 1000 von Hzg. Bolesław I. Chrobry von Polen gegr. Gnesener Suffraganbistum K. verfiel rasch; danach Sitz eines der pommerschen Fürsten; Neugründung (1255) nach lüb. Recht; 1284 Hansestadt; seit 1648 brandenburg.; 1807 nach der preuß. Niederlage bei Jena und Auerstedt etwa 6 Monate gegen eine frz. Belagerung verteidigt; 1945 als dt. „Festung K." bei der Belagerung zu 90 % zerstört. - Erhalten oder wiederaufgebaut u. a. das neugot. Rathaus (1830) u. die Kollegiatskirche (13.–15. Jh.).

Kolchis, Niederung beiderseits des unteren Rioni, südl. des westl. Großen Kaukasus, infolge des geringen Gefälles zum Schwarzen Meer stark versumpft. In der griech. Sage Ziel der Argonauten.

Kolchizin (Colchicin) [zu griech. kolchikón „Herbstzeitlose"], sehr giftiges Alkaloid der Herbstzeitlose, das zur Behandlung bei akutem Gichtanfall verwendet wird. K. ist ein Mitosegift, das zur künstl. Polyploidisierung pflanzl. Zellen dient. - ↑ auch Alkaloide (Übersicht).

Kolchose [russ. Kw. aus kollektiwnoje chosjaistwo „Kollektivwirtschaft"], genossenschaftl. organisierte landw. Betriebe in der Sowjetunion. Die ersten K. entstanden nach 1917 durch freiwilligen Zusammenschluß von Bauern mit Selbstverwaltungsbefugnis. Ab 1928 wurde der Zusammenschluß zu K., die *Kollektivierung,* durch massiven staatl. Druck betrieben. Diese Phase der (Zwangs-)Kollektivierung war bis 1937 abgeschlossen. Ihr lag in erster Linie das außerökonom. Motiv zugrunde, das als mit dem sozialist. System nicht vereinbar angesehene Privateigentum zu beseitigen (↑ auch Kulak). Doch bot die damit verbundene Bildung größerer zu bewirtschaftender landw. Flächen auch bessere Möglichkeiten für Arbeitsteilung und Mechanisierung. In den folgenden Jahrzehnten wurde denn auch, um diese Vorteile besser nutzen zu können, die Zahl der K. durch Zusammenschlüsse zu Groß-K. erheblich verringert von rd. 250 000 K. 1940 auf rd. 32 000 K. 1972. Die zur Förderung der Kollektivierung gebildeten staatl. **Maschinen-Traktoren-Stationen** (MTS), die gegen Naturalabgaben der K. Maschinenarbeit leisteten und so Produktivitätsvorteile gegenüber privaten Betrieben bewirken sollten, wurden 1958 aufgelöst.

Den K. werden staatl. Ablieferungsverpflichtungen auferlegt, wobei Abgabemengen und -preise je nach Boden- und Klimabedingun-

gen differenziert festgelegt werden können. Überschüsse werden auf den sog. K.märkten mit freier Preisbildung verkauft. Auf diesen K.märkten verkaufen auch die einzelnen K.bauern die Produkte des privat genutzten Hoflands, das zwar weniger als 1 % der gesamten landw. Nutzfläche umfaßt, jedoch bei einzelnen Produkten (z. B. Eiern, Kartoffeln) mehr als die Hälfte der Gesamterzeugung liefert. - Den K. ähnl. Zusammenschlüsse existieren auch in anderen kommunist. Ländern, so z. B. die ↑landwirtschaftlichen Produktionsgenossenschaften in der DDR.
📖 *Rochlin, R. P./Hagemann, E.: Die Kollektivierung der Landwirtschaft in der Sowjetunion u. der Volksrepublik China.* Bln. 1971. - *Nove, A.: The Soviet economy.* New York ²1969.

Kölcsey, Ferenc [ungar. 'køltʃɛi], * Szödemeter 8. Aug. 1790, † Cseke 24. Aug. 1838, ungar. Dichter. - Setzte sich für eine nat. Literatur ein; schuf den Text der ungar. Nationalhymne.

Kölderer, Jörg, * im Weiler Hof bei Inzing (Oberinntal), † Innsbruck 1540, dt. Maler. - Hofmaler Maximilians I., ab 1518 zugleich Hofbaumeister; v. a. Miniaturenfolgen: Tiroler Jagdbuch (1500), Tiroler Fischereibuch (1504); Wandmalereien (Goldenes Dachl, Innsbruck).

Koldewey ['kɔldəvaɪ], Karl, * Bücken 26. Okt. 1837, † Hamburg 18. Mai 1908, dt. Polarforscher. - Leitete die ersten dt. Nordpolarexpeditionen; 1868 nach Spitzbergen, in die Grönlandsee und ins Nordpolarmeer, 1869/70 nach Grönland.

K., Robert, * Blankenburg/Harz 10. Sept. 1855, † Berlin 4. Febr. 1925, dt. archäolog. Bauforscher. - Einer der Begründer der modernen Ausgrabungsmethoden; leitete u. a. 1899-1917 die großen Ausgrabungen in Babylon. Verfaßte u. a. „Die griech. Tempel in Unteritalien und Sicilien" (1899; mit O. Puchstein), „Das wieder erstehende Babylon" (1913).

Kolding [dän. 'kɔləŋ], dän. Stadt in O-Jütland, 56 400 E. Zentralort für die ländl. Umgebung; Viehmarkt, Hafen. - K. war im MA nicht bed. Handelsstadt an der Grenze zw. den Herzogtümern Schleswig und Holstein; 1321 bekam es Stadtrecht. - Im N-Flügel der Burg K.hus (gegr. 1248; mehrmals umgebaut) kulturhistor. Museum.

Koleopteren [griech.], svw. ↑Käfer.

Kolepom (früher Frederik-Hendrik-Insel), sumpfige Insel vor der SW-Küste Neuguineas, 180 km lang, 70 km breit.

Kolettis, Ioannis, * Sirrakon bei Ioannina 1774, † Athen 12. Sept. 1847, griech. Politiker. - 1822-27 Innenmin., 1831 Mgl. der provisor. Reg., 1844-47 1. Min.präs. nach der Verfassung von 1844.

Kolhapur, ind. Stadt in den Westghats, Bundesstaat Maharashtra, 564 m ü. d. M., 340 300 E. Univ. (gegr. 1962); Marktzentrum für landw. Produkte. In der Nähe Bauxitlager. - K. war 1700-1949 Hauptstadt eines gleichnamigen Fürstenstaates, der im ehem. Bundesstaat Bombay aufging.

Kolhörster, Werner, * Schwiebus 28. Dez. 1887, † München 5. Aug. 1946, dt. Physiker. - Ab 1935 Prof. in Berlin, dort Begründer und Leiter des Instituts für Höhenstrahlenforschung; lieferte 1913 eine eindeutige Bestätigung der von V. F. Hess 1912 entdeckten Höhenstrahlung, führte die Koinzidenzmethode ein, wies 1928 mit W. Bothe die korpuskulare Natur der Höhenstrahlung nach.

Kolibakterium [griech.], gemeinsprachl. Bez. für Escherichia coli (↑Escherichia).

Kolibris [karib.] (Trochilidae), Fam. hummel- bis schwalbengroßer, nur 2-20 g wiegender Vögel mit etwa 320 Arten in N-, M- und S-Amerika; ungesellige, hochspezialisierte Blütenbesucher, die den Nektar im Rüttelflug (etwa 50-80 Flügelschläge pro Sekunde) aus den Blüten saugen; mit meist prächtig metall. schillernden Gefieder, einigen, spitzen Flügeln und kurzen Füßen, die nur zum Sitzen auf Zweigen dienen; lange, gespaltene Zunge, die in dem röhrenförmigen Schnabel wie ein Pumpenkolben wirkt. Die kleinsten Arten sind die etwa 16-23 mm langen (Gesamtlänge 60-65 mm) **Hummelkolibris,** zu denen folgende Arten gehören: **Helenakolibri** (Calypte helenae); **Zwergkolibri** (Mellisuga minima; oberseits grün, unterseits weiß); **Hummelelfe** (Chaetocercus bombus; mit metall. grünem, unterseits zimtfarbenem Gefieder und roter Kehle); **Weißschwanzkolibri** (Coeligena torquata; Kolumbien bis Peru).

Kolik ['koːlik, koˈliːk; zu griech. koliké (nósos) „Darm(leiden)"], anfallsweise auftretender krampfartiger Schmerz im Leib und in seinen Organen (auch bei Pferden).

Kolín, Stadt an der Elbe, ČSSR, 225 m ü. d. M., 31 000 E. Erdölraffinerie, chem., Nahrungsmittel- u. a. Ind., Elbhafen. - 1261 als Stadt erstmals erwähnt. - Die Niederlage bei K. im Siebenjährigen Krieg gegen den östr. Feldmarschall Daun zwang Friedrich II., d. Gr., zum Rückzug aus Böhmen. - Got. Sankt-Bartholomäus-Kirche (13./14. Jh.); am Marktplatz barocke Bürgerhäuser.

Koliurie [griech.], Ausscheidung von Escherichia coli (↑Escherichia) im Urin.

Kolke [niederdt.] ↑Moor.

Kolkrabe (Corvus corax), mehr als 60 cm großer, schwarzer, geschätzter Rabenvogel in Eurasien, N-Afrika und N-Amerika; in M-Europa nur noch in Schleswig-Holstein, Ostpreußen und in den Alpen; mit keilförmigem Schwanz und klotzigem Schnabel.

Kolkung [niederdt.] (Kolkverschleiß, Auskolkung), bei der spanenden Bearbeitung metall. Werkstoffe durch den ablaufenden Span hervorgerufener Verschleiß des Werkzeugs auf der Spanfläche, der zu Schneidenausbrüchen führen kann.

kollabieren

kollabieren [lat.], einen Kollaps erleiden, zusammenbrechen.

Kollaboration [lat.], freiwillige, gegen die Interessen der eigenen Nation gerichtete Zusammenarbeit mit dem [das Land besetzt haltenden] Feind; als polit. Begriff während des 2. Weltkriegs im von dt. Truppen besetzten Frankr. entstanden; **Kollaborateur,** jemand, der gegen die Interessen des eigenen Landes mit dem Feind zusammenarbeitet.

Kollagenase [griech.], eiweißspaltendes Enzym (Proteinase), das spezifisch Kollagene und deren Abbauprodukte (z. B. Gelatine) angreift; wird u. a. von manchen Mikroorganismen (z. B. Clostridium-Arten) gebildet.

Kollagene [zu griech. kólla „Leim"] (Leimbildner), Gerüsteiweiße (Skleroproteine), die den Hauptbestandteil des Bindegewebes und der organ. Knochensubstanz bilden. K. enthalten viel Glyzin, Prolin und Hydroxyprolin. Die Kollagenfibrillen werden durch Zusammenlagerung von Tropokollagen gebildet, das aus drei spiralig ineinander verschlungenen Aminosäureketten von etwa 280 nm Länge und 1,4 nm Dicke besteht. Zahlr. parallel angeordnete Tropokollagenmoleküle bilden die Kollagenfibrillen der **Kollagenfasern** (kollagene Fasern), die eine große Zugfestigkeit, aber keine Elastizität haben. Sie stellen die Hauptmasse der geformten Interzellularsubstanz im tier. Binde- und Stützgewebe dar. - Im Ggs. zu den meisten Proteinen des menschl. und tier. Organismus werden die K. nicht laufend erneuert; sie nehmen nicht weiter am Stoffwechsel teil und altern deshalb. Verwendung für Gelatine, Leim, medizin. Nahtmaterial und Wundverband.

Kollaps [zu mittellat. collapsus „Zusammenbruch"], svw. † Kreislaufkollaps.
◆ in der *Astronomie* svw. Gravitationskollaps († Stern).

Kollár, Ján, * Mošovce (Westslowak. Gebiet) 29. Juli 1793, † Wien 24. Jan. 1852, slowak. Dichter und Gelehrter. - Wurde unter dem Einfluß v. a. dt. Geistesströmungen zum Begründer des romant., literar. Panslawismus (ohne polit. Absicht). Sein poet. Hauptwerk ist der Sonettenzyklus „Slávy dcera" (Die Tochter der Slawa, 1824), der erot. Motive gestaltet und ebenfalls panslawist. Gedankengut enthält. Bed. Sammler von Volksliedern.

Kollątaj, Hugo [poln. kɔu'ɥɔntaj] (Kollontai), * Dederkały (Derkały; Wolynien) 1. April 1750, † Warschau 28. Febr. 1812, poln. kath. Theologe und Politiker. - Führender Kopf in der Reformbewegung der „Patrioten" nach 1772; 1778 Reorganisator der Univ. Krakau und 1782–86 deren Rektor. Hauptautor der Konstitution vom Mai 1791; wegen Teilnahme am Kościuszko-Aufstand 1794–1802 in östr. Haft.

kollateral [lat.], in der *Botanik* † Leitbündel.

◆ in der *Medizin:* seitl.; auf der gleichen Körperseite befindlich.

Kollateralkreislauf, Umgehungsblutkreislauf, der bei Ausfall des Hauptkreislaufes diesen ersetzen kann und durch **Kollateralen** (Querverbindungen zw. Hauptgefäßen) die Blutversorgung der betroffenen Gewebe aufrechterhält.

Kollation [lat.], 1. Übertragung eines kirchl. Amtes; 2. [erlaubte kleine] Stärkung an kath. Fasttagen, auch für einen Klostergast.

kollationieren [lat.], 1. Abschrift und Urschrift zur Prüfung der Richtigkeit vergleichen; 2. (in Buchbinderei oder Antiquariat) Seiten oder Bogen eines Buches auf Vollständigkeit prüfen.

Kolle, Kurt, * Kimberley (Republik Südafrika) 7. Febr. 1898, † München 21. Nov. 1975, dt. Psychiater. - Sohn von Wilhelm K.; Prof. in München; verfaßte neben einem „Lehrbuch der Psychiatrie" (1939) bed., anthropolog. ausgerichtete Arbeiten auf dem Gebiet der Psychopathologie.

K., Wilhelm, * Lerbach im Harz 2. Nov. 1868, † Wiesbaden 10. Mai 1935, dt. Hygieniker. - Prof. in Bern; leitete ab 1917 (als Nachfolger P. Ehrlichs) das Institut für experimentelle Therapie in Frankfurt am Main; entwickelte die Choleraschutzimpfung und verbesserte die Salvarsantherapie.

Kolleg [zu lat. collegium „(Amts)genossenschaft"], akadem. Vorlesung.
◆ seit 1964 offizielle Bez. für Institute zur Erlangung der Hochschulreife. Die ältesten Einrichtungen dieser Art in der BR Deutschland sind: Braunschweig-K. (gegr. 1949), Oberhausen-K. (1953), Hessen-K. (1959, Wiesbaden), Berlin-K. (1960), München-K. (1961), Hansa-K. (1962, Hamburg). Gegenwärtig gibt es 39 K., die seit 1960 im Bundesring der K. zusammengeschlossen sind. Sie bilden mit den Abendgymnasien die Oberstufe des † zweiten Bildungsweges, setzen jedoch im Ggs. zu diesen während des Besuchs keine Berufstätigkeit voraus. Die Mindestdauer des Bildungsgangs beträgt einheitl. 2 1/2 Jahre; die † Berufsaufbauschule gilt als eigtl. Zubringerschule.

Kollege [zu lat. collega „Amtsgenosse", eigtl. „Mitabgeordneter"], Amts-, Berufsgenosse, Mitarbeiter; auch als Anrede (z. B. unter Gewerkschaftsmitgliedern) üblich.

kollegial [lat.], dem (guten) Verhältnis zw. Kollegen entsprechend; nach Art eines Kollegiums.

Kollegialgericht, ein mit mehreren Richtern besetztes Gericht im Gegensatz zum Einzelrichter.

Kollegialität [lat.], Grundprinzip bei den röm. Magistraten, wonach jedes Mgl. eines Kollegiums mit der gleichen Amtsgewalt ausgestattet war.

Kollegialprinzip, Verankerung von Ent-

Kollektivschuld

scheidungskompetenzen bei einem mehrköpfigen, untereinander nicht weisungsgebundenen Gremium im Ggs. zum sog. monokrat. oder bürokrat. Prinzip. In der Gerichtsorganisation ist das K. vorherrschend, in der Verwaltung kommt es vereinzelt, v. a. bei förml. Entscheidungsverfahren vor. - ↑ auch Bundesregierung.

Kollegiatkirchen [lat./dt.], nach kath. Kirchenrecht Kirchen, an denen für die Feier des Gottesdienstes ein Kollegium von Kanonikern zuständig ist.

Kollegium (Collegium) [lat.], allg. die Gesamtheit von Personen des gleichen Amtes bzw. Berufs (z. B. Lehrerkollegium).
◆ seit dem Spät-MA Bez. der drei reichsständ. Beratungs- und Beschlußkollegien des Reichstags (Kurfürsten, Reichsfürsten, Reichsstädte).

Kollegstufe, Schulversuch im Sekundarschulbereich II in NRW; eine für alle Länder der BR Deutschland erwogene Schulform, in der alle Schüler der Klassen 11 bis 13, die sonst als Berufs- und Berufsfachschüler, Fachoberschüler und Gymnasiasten unterschieden werden, eine gemeinsame Schule und z. T. gemeinsame Kurse besuchen. Ziel ist, auch für Abiturienten Zugänge zu berufl. Ausbildungsgängen zu öffnen, andererseits Fachoberschülern den Übergang zur studienorientierten Abteilung zu ermöglichen; diese ist als Zusammenfassung der gymnasialen Oberstufe und der Grundstufe der Univ. gedacht. - In Bayern läuft seit 1971 unter der Bez. K. ein Schulversuch zur Neugestaltung der Sekundarstufe II ohne Einbeziehung der berufl. Erziehung (in den übrigen Bundesländern Studienstufe genannt).

Kollekte [lat., zu colligere „zusammenlesen"], 1. alte Bez. für das in den westl. Liturgien die Eröffnung der Messe abschließende Tagesgebet; 2. die zur Eucharistie mitgebrachten Gaben (Geld) für die Armen oder für die Kirche sowie für kirchl. Hilfsaktionen, auch deren Einsammlung.

Kollektion [lat.-frz.], Mustersammlung [von Waren], Auswahl.

Kollektiv [zu lat. collectivus „angesammelt"], svw. Gemeinschaft, Gruppe, Team; in den kommunist. Staaten insbes. Arbeits- und Produktionsgemeinschaft; in der Theorie insbes. sozialist. Gesellschaftssysteme von gemeinsamen Zielvorstellungen und Überzeugungen getragene [Arbeits]gruppe, in der alle Mgl. - frei von egoist.-individualist. Antrieben und in gegenseitiger Unterstützung und solidar. Handeln - sich um die besten materiellen und ideellen menschl. Lebensbedingungen bemühen. Im K. haben alle Mgl. im Prinzip gleiche Rechte und gleiche Pflichten; Unterschiedlichkeiten sind ledigl. durch verschiedene Funktionen bedingt.
◆ in der *Physik* eine Gesamtheit von Teilchen, deren Bewegungen infolge ihrer gegenseitigen Wechselwirkung mehr oder weniger stark korreliert sind, so daß im System Kollektivanregungen mögl. sind.

Kollektivanregung, die ↑Anregung eines Systems wechselwirkender mikrophysikal. Teilchen zu einer korrelierten gemeinsamen Bewegung (**Kollektivbewegung**) sämtl. Teilchen; auch Bez. für diese Kollektivbewegung selbst.

Kollektivbewußtsein, von dem frz. Soziologen É. Durkheim geprägte Bez. für den spezif. „Gegenstand" einer (insbes. klar von der Psychologie abgrenzbaren) Soziologie: die „Gesamtheit der Anschauungen und Gefühle, die der Durchschnitt der Mgl. derselben Gesellschaft hegt".

kollektive Sicherheit ↑Sicherheitspolitik.

kollektives Unbewußtes, nach C. G. Jung die phylogenet. entstandene, deshalb auch allen Menschen (überpersönl.) eigene Tiefenschicht des ↑Unbewußten, der Jung neben den Archetypen später auch die Antriebe, Affekte und Emotionen zuordnete.

Kollektivgesellschaft, Personengesellschaft des schweizer. Rechts, zu der sich mehrere natürl. Personen zum Betrieb eines kaufmänn. geführten Gewerbes unter gemeinsamer Firma ohne Beschränkung ihrer Haftbarkeit vereinigen. Die K. entsteht durch Vertrag und muß in das Handelsregister eingetragen werden. Die Geschäftsführung steht allen Gesellschaftern zu.

Kollektivierung [lat.], der Zusammenschluß landw. Betriebe zu genossenschaftl. (z. B. ↑Kolchose, ↑landwirtschaftliche Produktionsgenossenschaft) oder staatl. (↑Sowchose) Betrieben. Eine K. erfolgte in allen kommunist. Ländern durch polit. und/oder ökonom. Druck, um das landwirtschaftl. Privateigentum und die private Warenproduktion, die nach Lenin immer wieder „Kapitalismus hervorbringt", zu beseitigen und zugleich die Produktivität durch Arbeitsteilung und Mechanisierung zu erhöhen.

Kollektivismus [lat.], polit. und wirtsch. Lehre vom Vorrang der Gesellschaft vor dem einzelnen. Im wirtsch. Bereich findet der K. seinen Niederschlag in der Ablehnung des Liberalismus und dem Übergang zur Planwirtschaft.
◆ extreme Gegenposition zum ↑Individualismus, nach der das Individuum, sein Denken und Handeln, ausschließl. vom Kollektiv (Gesellschaft, Gruppe, Staat, Partei) her zu bestimmen sei und sich in einer Teil-Ganzes-Relation in funktioneller Zuordnung zum und Unterordnung unter das Kollektiv, das teils als Mechanismus, teils biologist. als Organismus gesehen wird, verwirklicht.

Kollektivschuld, der rechtl. oder moral. Vorwurf gegenüber einer Vielheit von Personen, für die Straftaten anderer (bzw. deren unmoral. Verhalten) mitverantwortl. zu sein.

Kollektivum

Die nat.-soz. Expansionspolitik und v. a. die NS-Verbrechen gegen die Menschlichkeit führten noch während des 2. Weltkriegs, in verstärktem Maße seit Kriegsende zum Vorwurf der K. des dt. Volkes, die aber in den amtl. Verlautbarungen der Siegermächte nicht behauptet wurde. In der EKD geht der Begriff K. zurück auf die öffentl. Diskussion des vom Rat der EKD am 18./19. Okt. 1945 verabschiedeten „Stuttgarter Schuldbekenntnisses", in dem sich die ev. Kirche zu einer „Solidarität der Schuld" mit dem ganzen dt. Volk bekannte (ohne das Wort K. zu verwenden).

Kollektivum [lat.], Bez. für einen Sammelbegriff, der im Singular mehrere gleichartige Gegenstände oder Sachverhalte zusammenfaßt, der aber nicht das einzelne Stück bezeichnen kann; häufig mit *Ge- (Gebirge)* oder sog. Kollektivsuffixen, z. B. *-schaft, -tum (Gesellschaft, Bürgertum)* gebildet.

Kollektivvertrag, im östr. Arbeitsrecht svw. Tarifvertrag.

Kollektivwerbung, Werbung von mehreren Unternehmen für ein gemeinsames Ziel (z. B. für eine Produktart, nicht für eine bestimmte Marke); werden die Unternehmen in der Werbung genannt, spricht man von **Sammelwerbung**, werden sie nicht genannt, von **Gemeinschaftswerbung**.

Kollektor [lat. „Sammler"], (Kommutator, Stromwender) ↑ Gleichstrommaschinen.
◆ (Leuchtfeldlinse) Sammellinse[nsystem] in der Beleuchtungseinrichtung eines Mikroskops.
◆ der der Anode einer Elektronenröhre entsprechende Teil eines ↑ Transistors.
◆ ↑ Sonnenkollektor.

Kollembolen [griech.], svw. ↑ Springschwänze.

Kollenchym [griech.], dehnungs- und wachstumsfähiges pflanzl. Festigungsgewebe aus langgestreckten lebenden Zellen; kommt in krautigen, z. T. noch wachsenden Pflanzenteilen vor.

Koller, Dagmar, * Klagenfurt 26. Aug. 1945, östr. Sängerin und Tänzerin. - V. a. erfolgreiche Musical-Darstellerin (u. a. „Sweet Charity", „My fair Lady").

K., Hans, * Wien 12. Febr. 1921, östr. Jazzmusiker (Saxophonist und Komponist). - War in den 1950er Jahren maßgebl. an der Verbreitung des Cool Jazz in Europa beteiligt; tendiert seit Ende der 60er Jahre zum Free Jazz.

Koller [letztl. ident. mit ↑Cholera], gemeinsprachl. Bez. für den Ausbruch angestauter Emotionen (Haft- oder Lager-K.).

kollidieren [lat.], zusammenstoßen, aufeinanderprallen; im Widerspruch zueinander stehen.

Kollier (Collier) [kɔl'je:; frz., zu lat. collum „Hals"], wertvolle, aus mehreren Reihen Perlen oder Schmucksteinen bestehende Halskette.

Kölliker, Albert von, * Zürich 6. Juli 1817, † Würzburg 2. Nov. 1905, schweizer. Anatom. - Prof. in Würzburg; isolierte erstmals glatte Muskelzellen (1848) und erkannte die Nerven als die Fortsätze der Neuronen. Er begründete die Zellularphysiologie.

Kollimator (Kollineator) [lat.], in opt. Geräten verwendete Vorrichtung zur Darstellung eines im Unendlichen gelegenen virtuellen „Objekts"; eine beleuchtete Marke oder ein Spalt in der vorderen Brennebene einer Sammellinse wird ins Unendliche abgebildet.

kolline Stufe [lat./dt.] ↑ Vegetationsstufen.

Kollision [lat.], 1. Zusammenstoß von Fahrzeugen; 2. Gegeneinanderwirken, Widerstreit zweier Kräfte.

Kollo, René, * Berlin 20. Nov. 1937, dt. Sänger (dramat. Tenor). - Enkel von Walter K.; 1967-71 an der Dt. Oper am Rhein in Düsseldorf; seit 1969 gastiert er an bed. internat. Opernbühnen sowie bei Festspielen (Bayreuth, Salzburg).

K., Walter, eigtl. W. Kollodziejski, * Neidenburg 28. Jan. 1878, † Berlin 30. Sept. 1940, dt. Operettenkomponist. - Einer der volkstümlichsten Komponisten von Singspielen, Operetten und Possen; u. a. „Wie einst im Mai" (1913; darin „Es war in Schöneberg, im Monat Mai", „Die Männer sind alle Verbrecher"), „Der Juxbaron" (1916), „Die tolle Komteß" (1917).

Kollo (Collo; Mrz. Kolli, Colli) [lat.-italien.], allg. Bez. für Frachtstück; auf Frachtbriefen werden z. B. ein Ballen, ein Sack, eine Kiste als K. angegeben.

Kollodium (Collodium) [zu griech. kólla „Leim"], zähflüssige Lösung von *Kollodiumwolle* (niedrig nitrierte Zellulose) in einem Äther-Alkohol-Gemisch; wird u. a. verwendet zum Verschluß kleiner Wunden, zur Lack- und Filmfabrikation.

Kollodiumverfahren ↑ Photographie (Geschichte).

Kolloid [zu griech. kólla „Leim"] (kolloiddisperses, kolloidales System), fein verteilter Stoff, ein disperses System (↑ Dispersion) mit Teilchen aus 10^3-10^9 Atomen und einem Durchmesser von $10^{-5}-10^{-7}$ cm. Kolloide bilden einen Grenzbereich zw. echten (einphasigen) Lösungen und heterogenen (mehrphasigen) Mischungen. Kolloidteilchen sind unter dem Lichtmikroskop nicht zu sehen und werden von Papierfiltern nicht zurückgehalten, sie streuen jedoch das Licht (↑ Tyndall-Effekt), sedimentieren in der Ultrazentrifuge und lassen sich durch Ultrafiltration abtrennen. Die Einteilung der K. erfolgt nach sehr unterschiedl. Gesichtspunkten. Nach dem Zusammenhalt der Teilchen werden Sole, bei denen die Teilchen im Dispersionsmittel frei beweglich sind, und feste bis zäh-elastische ↑ Gele, bei denen die Teilchen in unregelmäßigen Gerüsten angeordnet sind, unterschieden.

Der Übergang vom Sol- in den Gelzustand wird Ausflockung, Gerinnung oder Koagulation genannt, der umgekehrte Vorgang heißt Peptisation. Nach der Teilchenstruktur werden die Sole in Molekül-K. und Assoziations-K. unterteilt. Die **Molekülkolloide** bestehen aus Makromolekülen (Eiweißstoffe, Polysaccharide, Kautschuk), die entweder kugelförmige Teilchen *(Globulär-* oder *Sphäro-K.)* oder langgestreckte, fadenförmige Teilchen *(Fibrillär-* oder *Linear-K.)* bilden können. Die **Assoziations-** oder **Mizellkolloide** bilden sich spontan beim Auflösen von Substanzen mit polaren und unpolaren Gruppen im Molekül (grenzflächenaktive Stoffe, z. B. Seifen). Während Molekül- und Assoziations-K. stabil sind, sind **Dispersionskolloide** instabil; sie werden nur durch Solvatation, gleichsinnige elektr. Auflading oder Schutz-K. daran gehindert, in echte Lösungen oder grobdisperse, heterogene Mischungen überzugehen. Da kolloiddisperse Systeme für die moderne Industrie, für die Biologie, die Medizin und die Landw. eine sehr große Bed. besitzen - so verlaufen z. B. in den Organismen fast alle chem. Reaktionen in kolloidalen Lösungen -, befaßt sich mit den K. ein bes. Zweig der physikal. Chemie, die **Kolloidchemie.**

Kollontai, Alexandra Michailowna, * Petersburg 31. März 1872, † Moskau 9. März 1952, russ.-sowjet. Schriftstellerin. - Schloß sich früh der kommunist. Bewegung an; hohe polit.-diplomat. Ämter (Botschafterin seit 1923, 1930–45 in Schweden). Ihre publizist. und literar. Veröffentlichungen behandeln v. a. die Frauenfrage aus kommunist. Sicht.

Kolloquium (Colloquium) [lat.], Unterredung, anberaumtes wiss. Gespräch.

Kollwitz, Käthe, geb. Schmidt, * Königsberg (Pr) 8. Juli 1867, † Moritzburg bei Dresden 22. April 1945, dt. Graphikerin und Bildhauerin. - 1918–33 Professur an der Berliner Akad. Bed. Graphikerin des dt. Expressionismus, geprägt vom direkten Realismus ihres sozialen Engagements; Radierzyklen („Ein Weberaufstand", 1897/98), Holzschnittzyklen („Der Krieg", 1922/23) im Spätwerk v. a. Lithographien und verstärkte Konzentration auf das Thema Mutter und Kind. Auch - von E. Barlach beeinflußte - bildhauer. Arbeiten, u. a. Gefallenenmal (Vater- und Mutterfigur) Dixmuiden (Modelle 1924–31, in Granit 1932; 1954 Kopie für Köln, Sankt Alban). Aus ihrem Nachlaß: „Tagebuchblätter und Briefe" (1948), „Ich will wirken in dieser Zeit" (1952).

Kolman, dt. Plattnerfamilie, ↑ Helmschmied.

Kolmar, Gertrud, eigtl. G. Chodziesner, * Berlin 10. Dez. 1894, † 1943 (?), dt. Lyrikerin. - 1943 als Jüdin verschleppt, seither verschollen; ihre bildhafte, dunkle Lyrik weist neben visionären Naturgedichten und Gedichten über histor. Themen auch solche mit

Käthe Kollwitz, Selbstbildnis als Klagende (1940). Privatbesitz

balladen- und volksliedhaften Tönen auf; auch Erzählungen und Dramen. - *Werke:* Gedichte (1917), Preuß. Wappen (Ged., 1934), Die Frau und die Tiere (Ged., 1938), Welten (Ged., hg. 1947), Eine Mutter (E., hg. 1965).

Kolmogorow, Andrei Nikolajewitsch [russ. kʌlmaˈgɔrɐf], * Tambow 25. April 1903, sowjet. Mathematiker. - Prof. in Moskau; bed. Arbeiten auf dem Gebiet der mathemat. Logik und der Wahrscheinlichkeitsrechnung; stellte das Axiomensystem der Wahrscheinlichkeitsrechnung auf (Methoden der Funktionentheorie). - †20. Okt. 1987.

Köln, kreisfreie Stadt beiderseits des Rheins in der Kölner Bucht, dem südl. Teil des Niederrhein. Bucht, NRW, 915 000 E. Verwaltungssitz des Reg.-Bez. K.; kath. Erzbischofssitz; Max-Planck-Inst. für Züchtungsforschung und für neurolog. Forschung, Bundes-Inst. für ostwiss. und internat. Studien sowie für Sportwissenschaft, Bundesanstalten für Güterfernverkehr, für Straßenwesen, Wirtschaftswiss. Inst. des DGB, Akad. für Städtebau und Raumplanung, Dt. Versicherungsakad., Sitz des Wissenschaftsrats; Univ. (gegr. 1388), staatl. Hochschule für Musik, Konservatorium, Dt. Sporthochschule; zahlr. Museen, u. a. Wallraff-Richartz-Museum/Museum Ludwig, Röm.-German. Museum, Rautenstrauch-Joest-Museum für Völkerkunde, Museum für ostasiat. Kunst, Schnütgen-Museum; Stadtarchiv, Archiv für empir. Sozialforschung; Schauspielhaus, Oper, Kammerspiele, Puppenspiele, Volkstheater, Boulevardtheater, Kabarett; Bundesämter für Er-

Köln

nährung und Forstwirtschaft, für Verfassungsschutz, Bundesverwaltungsamt, Wasser- und Schiffahrtsamt, Landschaftsverband Rheinland, Dt. Städtetag, Bundesverband der Dt. Ind.; Eis- und Schwimmstadion, Pferderennbahn Weidenpesch, Radrennbahn; zoolog. Garten. K. entwickelte sich auf Grund der günstigen Verkehrslage zu einem Ind.- und Handelszentrum. Vertreten sind u. a. Kfz.-, chem., Maschinenbauind., elektrotechn., Eisen-, Textil-, Bekleidungs-, Parfüm-, Nahrungs- und Genußmittelind.; Versicherungen; Waren- und Produktenbörse seit 1553; Tagungs- und Kongreßstadt, jährl. mehrere Fachmessen. ✈ Köln/Bonn.

Geschichte: 38 v. Chr. siedelte Agrippa am linken Rheinufer die german. Ubier an, deren stadtähnl. Gründung **Oppidum Ubiorum** Keimzelle des heutigen K. wurde. 50 n. Chr. wurde die Ubierstadt erweitert, befestigt und zur Kolonie Colonia Claudia Ara Agrippinensium bzw. **Colonia Agrippinensis** (später nur: **Colonia**) erhoben; sie entwickelte sich v. a. im 2. Jh. als Hauptstadt Niedergermaniens rasch zu einem Zentrum des Kunsthandwerks (v. a. Gläser) und Handels, hatte bereits im 3. Jh. christl. Gemeinden und im 4. Jh. einen Bischof (seit 795 Erzbistum). 310 wurde zum heutigen K.-Deutz eine feste Brücke und dort das röm. Kastell **Divitia** errichtet. Mitte des 5. Jh. wurde K. als letzte röm. Festung am Rhein fränk. und Hauptstadt der ripuar. Franken. Als Knotenpunkt an der Kreuzung der von Italien nach N verlaufenden mit der von W-Europa in den O und den Donauraum führenden Straße und als bed. Binnenhafen erfuhr K. im MA einen Aufschwung. An der Stelle des rechtsrhein. Kastells entstand ein fränk. Königshof, der den Kern der aufstrebenden Siedlung Deutz bildete (1230 Stadtrecht). Während der Stadtherrschaft des Erzbischofs 953–1288 kam es zu schweren Auseinandersetzungen mit den Bürgern. Auf Grund enger Handelsverbindungen mit England wurde K. noch vor Entstehung der Hanse wichtigstes Mgl. einer Kaufmannsvereinigung in London. Das Patriziat wurde 1370/96 durch die Zünfte aus seiner beherrschenden Stellung in der städt. Selbstverwaltung verdrängt. Die Univ. (1388 gegr., 1798 aufgehoben) wurde als 1. dt. Univ. auf Initiative eines städt. Rats gegr. Der Niedergang des im 16. Jh. bed. Kapitalhandels in K. brachte im 17. Jh. einen starken Rückgang der Einwohnerzahl mit sich. 1801 kam K., seit 1794 frz. besetzt, an Frankr., 1815 an Preußen (Rheinprov.). Zu größerer Bed. während der Industrialisierung gelangte K. v. a. durch seine günstige Verkehrslage: 1825 Stapellauf des 1. Rheindampfschiffes, 1831 Gründung der Rhein. Dampfschiffahrtsgesellschaft, 1835 bzw. 1843 und 1844 Niederlassung von drei Eisenbahngesellschaften. 1888 wurde Deutz eingemeindet, 1910 Kalk (seit 1881 Stadt), 1914 Mülheim (seit 1322 Stadt). 1919 wurde die Univ. neu gegründet. Unter Oberbürgermeister K. Adenauer wurde 1921–23 der Grüngürtel auf dem ehem. Festungsgelände angelegt. Im 2. Weltkrieg erlitt K. schwere Bombenschäden.

Bauten: Vom röm. K. blieben Denkmäler vor dem Dom, bes. das Dionysosmosaik (3. Jh. n. Chr.), Teile der röm. Stadtmauer (um 50 n. Chr.), u. a. Römerturm, Reste der Wasserleitung, das Praetorium (50–180 n. Chr.) unter dem Neuen Rathaus erhalten. Die im 2. Weltkrieg zerstörten zahlr. ma. Kirchen sind inzwischen wiederaufgebaut oder wiederhergestellt, u. a. der ↑Kölner Dom, Groß-Sankt-Martin, die erste (roman.) Dreikonchenanlage Kölns (Ostbau 1172 vollendet), Cäcilienkirche, ehem. Damenstiftskirche, eine roman. Pfeilerbasilika (1150–70; seit 1956 Schnütgen-Museum); Sankt Aposteln, ein Hauptwerk der roman. Kirchenbaukunst im Rheinland, eine dreischiffige gewölbte Pfeilerbasilika, 1230 erbaut, mit Querschiff und Turmchor im W, Dreikonchenanlage im O; Sankt Maria im Kapitol, über dem röm. Kapitolstempel, ein roman. Bau mit zweitürmigem W-Teil und

Köln. Rheinpanorama

Dreikonchenchor im O sowie dreischiffiger Hallenkrypta (1065 geweiht); bed. Ausstattung, u.a. die berühmten Türflügel (um 1050) und die Grabplatte der Plektrudis (um 1160–70). Von den zahlr. bed. Profanbauten in K. blieb wenig erhalten, und wenig wurde restauriert, u. a. das Alte Rathaus (1360, Rathausturm 1407–14), die Renaissancevorhalle (1569–73, war nicht zerstört), der Außenbau des Gürzenich (1441–47), das roman. Overstolzenhaus (um 1220–30). Von der ma. Befestigung des 12./13. Jh. überdauerten die Stadterweiterung (seit 1880) und den 2. Weltkrieg u. a. das Eigelsteintor, das Hahnentor und das Severinstor. - Moderne Architektur: Sankt Engelbert (1930/31) in K.-Riehl von D. Böhm, Sankt Josef (1952–54) in K.-Braunsfeld von R. Schwarz, Messebauten (1925–28) von A. Abel, Opern- und Schauspielhaus (1955–57 und 1959–62) von W. Riphahn, Wallraf-Richartz-Museum (1953–57) von R. Schwarz, Verwaltungsgebäude Klöckner-Humboldt-Deutz (1961–64) von H. Hentrich und H. Petschnigg, Röm.-German. Museum (1974) von H. Röcker.

📖 *Stelzmann, A.: Illustrierte Gesch. der Stadt K. Köln ⁹1981. - Stoob, H.: Dt. Städteatlas. Lfg. 2, Bl. 6: K. Hg. v. H. Hellenkemper u. E. Megnen. Dortmund 1979.*

K., Reg.-Bez. in Nordrhein-Westfalen.

K., Erzbistum und ehem. geistl. Kurfürstentum, eines der ältesten Bistümer auf dem Boden des späteren Hl. Röm. Reiches, 795 Erzbistum (Suffraganbistümer u. a. Utrecht, Münster, Osnabrück und [bis 834/864] Hamburg-Bremen). Ein schmaler linksrhein. Landstrefien von Rheinberg bis Rolandseck bildete seit der 2. Hälfte des 10. Jh. die territoriale Grundlage des Erzstifts. Seit 1031 war der Erzbischof Erzkanzler für Italien (Grundlage der späteren Kurwürde). Die für die Reichspolitik bedeutendsten Erzbischöfe waren Pilgrim (1021–36; erstmals Ausübung des dann bis 1657 zw. K. und Mainz strittigen Krönungsrechts), Anno II. (1056–75), Rainald von Dassel (1159–67), Philipp von Heinsberg (1167/68–91) und Konrad von Hochstaden (1238–61; 1248 Grundsteinlegung des Doms). Der Versuch Erzbischofs Gebhard zu Waldburg, K. in ein weltl. prot. Kurfürstentum umzuwandeln, löste 1582 den Kölnischen Krieg aus. 1801 annektierte Frankr. den linksrhein. Teil des Erzstifts, der rechtsrhein. wurde 1803 säkularisiert. - In seiner jetzigen Gestalt wurde das Erzbistum K. 1821 als Kirchenprovinz mit den Suffraganbistümern Aachen, Limburg, Münster, Osnabrück u. Trier wiederhergestellt. 1957 kam das neu errichtete Suffraganbistum Essen hinzu. Der Erzbischof von K. ist i. d. R. Kardinal. Bed. Erzbischöfe des 19. und 20. Jh.: C. A. Freiherr Droste zu Vischering (↑ Kölner Wirren), J. von Geissel, J. Frings. - ↑ auch katholische Kirche (Übersicht).

Kölner Bucht, südl. Teil der ↑ Niederrheinischen Bucht.

Kölner Dom, seit 1248 errichtete got. Basilika mit fünfschiffigem Langhaus, dreischiffigem Querhaus und Chor mit Umgang und Kapellenkranz. Baumeister: Meister Gerhard, Meister Arnold, unter dessen Sohn Johannes 1322 Chorweihe. Um 1400 wurde der S-Turm 2 Geschosse, im 14.–16. Jh. Langhaus und Querhaus etwa 15–18 m hochgeführt, aber erst 1842–80 nach urspr. Plan vollendet, ebenso die Fassade. Bed. Ausstattung: Chorgestühl (um 1320), Chorschrankenmalereien (um 1330), Chorpfeilerfiguren (um 1320), Hochaltar (um 1320), ↑ Dreikönigenschrein und Königsfenster (um 1315–20), Gerokreuz (um 970), Mailänder Madonna (um 1320), Dombild (um 1440) von S. Lochner sowie bed. Grabmäler; reiche Schatzkammer.

Kölner Wirren (Kölner Kirchenstreit, Kölner Ereignis), Bez. für den Konflikt zw. kath. Kirche und preuß. Staat 1836–41. Hintergrund war der Hermesianismus, Streitpunkt die Mischehenpraxis. Die K. W. erreichten 1837 ihren Höhepunkt mit der Verhaftung des Erzbischofs Droste zu Vischering und trugen wesentl. zur Politisierung des dt. Katholizismus bei.

Kol Nidre [hebr. „alle Gelübde"], jüd. Gebet zu Beginn des ↑ Jom Kippur. Inhalt ist urspr. die Ungültigmachung aller im letzt-

Kölner Dom. Blick durch das Langhaus in den Chor

Kölnischer Krieg

ten Jahr abgelegten Gelübde, die die Person des Beters selbst betreffen.

Kölnischer Krieg, Bez. für den zw. dem Kölner Erzbischof Gebhard zu Waldburg und dem neuen Erzbischof Ernst von Bayern 1582-84 ausgetragenen Kampf um das Erzstift, ausgelöst durch den Übertritt Gebhards zum Protestantismus und dessen Versuch, Köln als weltl. Ft. zu säkularisieren.

Kölnisch Wasser, svw. ↑ Eau de Cologne.

Kolo [slaw.], urspr. Nationaltanz der Serben, dann auf dem ganzen Balkan verbreiteter Kettentanz mit Gesang oder Instrumentalbegleitung.

Kołobrzeg [poln. kɔˈɥɔbʒɛk] ↑ Kolberg.

Koloman I. (ungar. Kálmán, latinisiert Colomannus), * um 1074, † 3. Febr. 1116, König von Ungarn (seit 1095). - Setzte die Expansionspolitik seines Oheims Ladislaus I. fort und ordnete die Rechtspflege und das Erbrecht des Adels.

Kolombine (Colombina) [italien., eigtl. „Täubchen"], Partnerin des Arlecchino in der Commedia dell'arte; kokette Zofe.

Kolomna, sowjet. Stadt an der Mündung der Moskwa in die Oka, RSFSR, 155 000 E. PH, Maschinenbau-, Landw.technikum, Bau von Diesellokomotiven, Schwer- und Textilmaschinen; Hafen. - Erstmals 1177 erwähnt; strateg. wichtiger Punkt in den Auseinandersetzungen mit den Mongolen; Ende des 19. Jh. eine der wichtigsten Ind.städte Rußlands.

Kolon (Colon) [griech. „Körperglied"] (Mrz. Kola), in der antiken Metrik und Rhetorik die auf der Atempause beruhende rhythm. Spracheinheit in Vers und Prosa; als **Isokolon** wird in einer Periode eine Folge mindestens zweier in bezug auf Konstruktion, Wort- und Silbenzahl gleicher oder ähnl. Kola bezeichnet.

◆ svw. Doppelpunkt (↑ Interpunktion).
◆ svw. Grimmdarm (↑ Darm).

Kolonat (lat. colonatus), röm. Bez. für Pacht an öffentl. und privatem Land; mit Beginn der Kaiserzeit wichtigstes Mittel allg. wirtsch. und sozialer Stabilisierung. Wachsender kaiserl. Einfluß und allmähl. Schollenbindung des Pächters (**Kolone**) führten zu fakt. Annäherung an den Sklavenstatus und verschärften so die Reichskrise (vom 4. Jh. an).

kolonial [lat.-frz.], die Kolonien betreffend.

Kolonialgeschichte, Teilgebiet der Geschichtsschreibung, entstand seit dem 18. Jh. im Rahmen der Spezialisierung der Geschichtswissenschaft.

Kolonialismus [lat.], wirtsch. Expansion, die in Form polit. Beherrschung einer unterlegenen Zivilisation abgesichert wird. Die marxist. Theorie des Imperialismus versucht, die Spätphase des europ. K. Ende des 19. Jh. v. a. aus wirtsch. und gesellschaftl. Erfordernissen der entwickelten Ind.staaten in wirtsch. bedingten Krisenlagen zu deuten. Der neuzeitl. K. begann im Zeitalter der Entdeckungen im 15. Jh. in einer Verbindung von Rohstoffausbeutung und Missionsgedanken und bestimmte seither in mehreren Schüben das Verhältnis der europ. Staaten zu den überseeischen Gebieten. Zugleich suchten die Mächte durch Kolonialexpansion auch ihren europ. Führungsanspruch materiell und polit. abzustützen: im 16. Jh. v. a. Spanien in S- und M-Amerika, im 17. Jh. England und die Niederlande, im 18. Jh. Großbrit. und Frankr. im Wettlauf (Indien, N-Amerika). Mit der Unabhängigkeit der USA begann eine gegenläufige Bewegung: einerseits Loslösung der weißen Kolonialgebiete in halbsouveräner Stellung zum Mutterland, andererseits Versuche der europ. Ind.staaten seit Mitte 19. Jh., im Wettlauf um unerschlossene Gebiete sich Rohstoffe, Absatzmärkte und Auswanderungsmöglichkeiten zu sichern. Der 2. Weltkrieg beschleunigte den Prozeß der ↑ Entkolonisation, doch bleiben den ehem. Kolonien grundlegende Probleme, die meist ursächl. mit der Praxis des K. zusammenhängen: mangelnde Integrationsfähigkeit, künstl. Grenzen, wirtsch. Monokulturen u. a.

📖 Albertini, R. v.: Europ. Kolonialherrschaft 1880-1940. Stg. ²1985. - Feldhouse, D.: Die Kolonialreiche seit dem 18. Jh. Ffm. ⁶1979. - Münchhausen, T. v.: K. u. Demokratie. Mchn. 1977.

Kolonialkonferenzen ↑ Empirekonferenzen.

Kolonialpolitik, Bez. für die wirtsch.-polit. Expansion der europ. Ind.staaten nach Übersee vor dem 1. Weltkrieg. Der K. der europ. Ind.staaten in Übersee, der USA in S- und M-Amerika und im Pazifik und Rußlands im Fernen Osten lag ein jeweils unterschiedl. akzentuiertes Motivbündel zugrunde: Missionsgedanke und Markterschließung, Rohstoffsicherung und Auswanderung, staatl. Prestigepolitik und strateg. Sicherheitsinteressen.

Kolonialstadt, Typ der außereurop. Stadt, die entweder in Anlehnung an eine ältere Siedlung der einheim. Bev. oder auch ohne Ansatzpunkt von Europäern in Kolonialgebieten nach Plan (oft Schachbrettform) errichtet worden ist.

Kolonialstil, Baustil in den Kolonialländern, mit der geringfügigen zeitl. Abstand der Stilentwicklung im Mutterland folgte und oft noch lange nachwirkte.

Kolonialwaren, veraltete Bez. für Lebens- und Genußmittel [urspr. aus Übersee].

Kolonie [lat., zu colonus „Bebauer, Ansiedler"], 1. allg. jedes von einer fremden Macht abhängige Gebiet oder Land; 2. die außerhalb der Heimat gegr. Niederlassung; 3. im bes. die seit den Entdeckungen von den europ. Staaten namentl. in Übersee erworbenen Besitzungen. - K. waren schon im

Altertum bekannt. Mit den Entdeckungen und der anschließenden überseeischen Expansion begann eine neue Phase der K.bildung. Die ersten Kolonialreiche errichteten Portugal (westafrikan. Küste ab 1415) und Spanien (Neue Welt und Philippinen im 16.Jh.). Die Niederlande, Großbrit. und Frankr. folgten im 17./18.Jh. mit Anteilen v. a. in O- und W-Indien und in N-Amerika. Die Industrialisierung Europas und der USA und deren dadurch bewirkte techn.-wirtschaftl. und polit.-militär. Überlegenheit führten zu einem verstärkten Streben nach K. in Afrika, Asien und im Bereich des Pazif. Ozeans. So schufen sich Großbrit. und Frankr. ihre Kolonialreiche, erwarb Belgien den Kongostaat, Deutschland die „Schutzgebiete", Italien Besitz in N-Afrika und Eritrea, drang Rußland weiter nach Sibirien und Zentralasien vor und sicherten sich die USA die Philippinen und die Panamakanalzone.

◆ in der *Biologie:* Vergesellschaftung von Einzelorganismen derselben Art; auch die Gesamtheit von auf einem Areal dicht nebeneinander angesiedelten Einzellebewesen, oder die nur für eine gewisse Zeit bestehenden dichten Tieransammlungen (Brut-K., Schlaf-K.).

Kolonisation [lat.], Gründung und Entwicklung von Kolonien; **kolonisieren,** aus einem Gebiet eine Kolonie machen; urbar machen, besiedeln.

Kolonnade [italien.-frz., zu lat. columna „Säule"], Folge von Säulen oder Säulenpaaren, die mit einem geraden Gebälk verbunden sind. Sie können den Teil eines Gebäudes bilden oder selbständig Plätze und Straßen rahmen.

Kolonne [frz., zu lat. columna „Säule"], in der *chem. Technik* verwendeter Apparat zur Destillation bzw. Rektifikation, Extraktion, Adsorption und Absorption von Stoffen oder Stoffgemischen. Böden, rotierende Einsätze, Spraypak-Füllungen oder Füllkörper in den Säulen- oder turmartigen K. dienen dem Stoff- und Wärmeaustausch.

◆ v. a. im *graph. Gewerbe* senkrecht untereinander angeordnete Zahlen, Zeichen oder Wörter [einer Tabelle].

◆ *militär.* die in gleichmäßigen Abständen hintereinander aufgestellte bzw. marschierende *(Marsch-K.)* Truppe. - Ggs. Linie.

Kolophonium [griech., nach der antiken Stadt Kolophon (südl. von İzmir)], natürl. Harz, das v. a. im Terpentin gewonnen wird als Destillationsrückstand der Terpentinölherstellung gewonnen wird; Verwendung u. a. in der Lack-Ind. und als Geigenbogenharz.

Koloradokäfer, svw. ↑ Kartoffelkäfer.

Koloratur [italien., zu lat.-italien. coloratura „Farbe verleihen"], mit schnellen, weiten Läufen und Sprüngen versehene Passage einer Sopran-, seltener Altarie, deren Ausführung eine virtuose Stimmbeherrschung *(K.sopran)* voraussetzt.

kolorieren [zu lat. colorare „färben"], eine Zeichnung oder Graphik [früher auch Schwarzweißphotographien] farbig ausmalen (meist mit Wasserfarben).

Kolorimetrie [lat./griech.] (kolorimetr. Analyse), in der *physikal. Chemie* die Gesamtheit der physikal.-chem. Verfahren, bei denen die Lichtabsorption bzw. Extinktion farbiger Lösungen zur quantitativen Bestimmung einer gelösten und farbgebenden Substanz herangezogen wird. Hierbei ist nach dem ↑ Beerschen Gesetz die Extinktion proportional der Konzentration des gelösten Stoffes. Aus dem Vergleich der Extinktionen von Probenlösung und Vergleichslösung bekannter Konzentration derselben Substanz kann also die Konzentration in der Probenlösung bestimmt werden. Die Messung erfolgt im **Kolorimeter.**

Kolorit [lat.-italien.], Farbgebung; bes. Atmosphäre.

Koloß [griech.-lat.], Riesenstandbild, Gebilde von gewaltigem Ausmaß.

Kolossalordnung [griech.-lat./dt.], zwei oder (selten) mehrere Geschosse einer Fassade übergreifende Säulenordnung, vorwiegend im Palladianismus und Barock.

Kolosserbrief, Brief des N.T. an die Gemeinde von Kolossai in Kleinasien, dem Paulus zugeschrieben, wahrscheinl. aber von einem seiner Schüler verfaßt (um 61–63). Inhaltl. polemisiert der K. (im 1. Teil) v. a. gegen gnost. Irrlehren und behandelt (im 2. Teil) die Neugestaltung des sittl. Lebens.

Kolosseum (Colosseum) [griech.-lat., nach dem daneben aufgestellten Kolossalstatue des Kaisers Nero], Name des ehem. „Amphitheatrum Flavium" in Rom; erbaut unter Vespasian nach 70; 80 von Titus mit hunderttägigen Spielen eingeweiht. Der Bau mit Travertinverkleidung hat ellipt. Grundriß (188 × 156 m) und erreicht mit drei Geschossen zu je 80 Pfeilerarkaden mit vorgelegten Halbsäulen und einem Attikageschoß (domitianisch, 81) 48,5 m Höhe. Etwa 45 000–50 000 Sitzplätze, über die Sonnensegel gespannt werden konnten. Die Arena (86–54 m) hatte Holzboden über 7 m hoher Unterkellerung. Im MA Teil der Frangipanifestung, bis 1744 als Steinbruch für Paläste Roms benutzt. - Abb. Bd. 1, S. 308.

Koloß von Barletta ↑ Barletta.

Kolostrum [lat.] (Kolostralmilch, Biestmilch, Erstmilch, Vormilch), gelbl., schleimiges, bes. eiweiß- und antikörperreiches Sekret der weibl. Brustdrüsen; wird schon vor der Geburt und auch noch einige Tage danach gebildet.

Kolowrat-Liebsteinsky, Franz Anton Graf von, * Prag 31. Jan. 1778, † Wien 4. April 1861, öst. Minister. - Förderte die nat. Wiederbelebung der tschech. Kultur. 1826–48 als Rivale Metternichs Staats- und Konferenz-Min., ab 1836 Mgl. der Staatskonferenz;

Kolping

März/April Min.präs. des östr. konstitutionellen Ministeriums.

Kolping, Adolf, * Kerpen bei Köln 8. Dez. 1813, † Köln 4. Dez. 1865, dt. kath. Theologe (gen. der „Gesellenvater"). - Zunächst Schuhmachergeselle; 1845 Priester; gründete 1846 einen Gesellenverein, der zum Ausgangspunkt des † Kolpingwerks wurde.

Kolpingwerk, aus dem 1846 in Elberfeld gegr. „Kath. Gesellenverein" hervorgegangene internat. Bildungs- und Aktionsgemeinschaft kath. Handwerker (heute alle Lehrberufe) für religiöse Erziehung und soziale, berufl., mus. und polit. Bildung; seit neuerer Zeit können auch Frauen Mgl. sein. Der örtl. **Kolpingfamilie** ist oft ein „Kolpinghaus" (Gesellenhospiz) angeschlossen. An der Spitze des in Diözesan- und Zentralverbände gegliederten K. steht ein vom „Familienrat" gewählter Generalpräses. 1980 rund 290 000 Mgl. (BR Deutschland: 233 000) mit etwa 2 800 Kolpingfamilien in 19 Ländern; Sitz des Dt. Zentralverbandes und des Internat. Kolpingwerks ist Köln.

Adolf Kolping

Kolportage [...'ta:ʒə; frz., zu colporter „Waren herumtragen und feilbieten" (von lat. comportare „zusammentragen")], billige, volkstüml., auch minderwertige Druckschrift.
◆ Verbreitung von Gerüchten.

Kolportageroman [...'ta:ʒə], literar. wertloser Roman, meist in Fortsetzungen; Reste noch heute in den Groschenheften.

Kolporteur [...'tør; lat.-frz.], jemand, der Gerüchte verbreitet; (veraltet:) Hausierer mit Druckschriften; **kolportieren,** ungesicherte Informationen weitergeben.

Kolposkop [griech.], Spiegelgerät zur Untersuchung (**Kolposkopie**) der Scheide und der Portio vaginalis († Gebärmutter).

Kölsch, kohlensäurearmes, obergäriges Weißbier mit starkem Hopfengehalt, das in Köln seit dem Anfang des 15. Jh. gebraut wird. Der Gärprozeß dauert kaum eine, die Lagerzeit beträgt 7 Wochen.

Koltschak, Alexandr Wassiljewitsch [russ. kal'tʃak], * Petersburg 16. Nov. 1873, † Irkutsk 7. Febr. 1920 (hingerichtet), russ. Admiral. - Befehligte 1916/17 die Schwarzmeerflotte; errichtete 1918 in Sibirien eine antibolschewist. Front, usurpierte den Titel „Reichsverweser" und beherrschte als Diktator zeitweise das gesamte fernöstl. Rußland; von den Bolschewiki schließl. besiegt und von einem (nichtbolschewist.) revolutionären Kriegskomitee zum Tode verurteilt.

Kolumbarium [lat., eigtl. „Taubenschlag"], röm. Grabstätte v. a. des 1. und 2. Jh. mit bis zu 700 Urnengräbern; an Gräberstraßen (v. a. Roms und Neapels) gelegen. Mit dem Übergang von der Verbrennung zur Bestattung im 3. Jh. wurde das K. aufgegeben. - Heute Bezeichnung für die Urnenhalle eines Friedhofs.

Kolumbien

(amtl. República de Colombia), Republik im NW Südamerikas, zw. 12° 31' n. Br. und 4° 13' s. Br. sowie 66° 51' und 79° 21' w. L. **Staatsgebiet:** Reicht vom Pazif. Ozean und Karib. Meer bis ins Amazonastiefland, grenzt im NW an Panama, im NO an Venezuela, im SO an Brasilien, im S an Peru und Ecuador. Zu K. gehören auch die das Verwaltungsgebiet San Andrés y Providencia bildenden Inseln im Karib. Meer. **Fläche:** 1 138 914 km². **Bevölkerung:** 26,5 Mill. E (1985), 23,2 E/km². **Hauptstadt:** Bogotá. **Verwaltungsgliederung:** 23 Dep., 4 Intendencias, 5 Comisarías. **Amtssprache:** Spanisch. **Nationalfeiertag:** 20. Juli (Unabhängigkeitstag). **Währung:** Kolumbian. Peso (kol$) = 100 Centavos. **Internat. Mitgliedschaften:** UN, OAS, GATT, SELA, Andenpakt. **Zeitzone:** Eastern Standard Time, d. i. MEZ −6 Std.

Landesnatur: Drei Großlandschaften bestimmen das Landschaftsbild: Küstenebene, Anden und östl. Tiefland. Das breite Küstentiefland wird z. T. von Sümpfen eingenommen. An der nördl. pazif. Küste erstreckt sich vom Río Baudó bis an die Grenze nach Panama eine bis 1 810 m hohe, sich nach N verschmälernde Küstenkordillere. Das karib. Küstentiefland wird v. a. von den Ablagerungen des Río Cauca und Río Magdalena aufgebaut, die sich hier vereinigen. Im NO erhebt sich der isolierte Gebirgsstock der Sierra Nevada de Santa Marta mit der höchsten Erhebung des Landes (Pico Cristóbal Colón, 5 775 m ü. d. M.). Im S vom K. fächern sich die Anden in drei Stränge auf. Die Westkordillere erreicht im Cumbal 4 764 m ü. d. M. Das in 800– 1 000 m Höhe gelegene Tal des Río Cauca trennt sie von der ihr parallel verlaufenden Zentralkordillere, die aus Rücken in 3 500– 4 000 m Höhe besteht, die von vergletscherten Vulkanen überragt werden (u. a. Huila, 5 750 m ü. d. M.). Der rd. 1 000 km lange, 30–

Kolumbien

40 km breite tekton. Graben des Río Magdalena trennt die Zentral- von der Ostkordillere. Diese teilt sich nördl. des 5 493 m hohen Cocuy in zwei Äste: die Cordillera de Mérida verläuft nach Venezuela hinein, die Sierra de Perijá bildet die westl. Umrandung des Maracaibobeckens und läuft in der Peninsula de Guajira aus. In der Ostkordillere befinden sich in 2 500–2 800 m Höhe mehrere Hochbecken, im größten liegt die Hauptstadt Bogotá. Rd. $^2/_3$ des Staatsgebiets werden vom östl. Tiefland eingenommen, das im N zum Orinoko, im S zum Amazonas entwässert.

Klima: Mit Ausnahme des trockenen karib. Küstentieflands liegt K. im Bereich der inneren Tropen mit geringen jahreszeitl. Temperaturunterschieden. In den Gebirgen fallen über 3 000 mm Niederschlag/Jahr, in den Hochbecken und Tälern des Río Cauca und Río Magdalena vielfach weniger als 1 000 mm.

Vegetation: Trop. Regenwald bedeckt das pazif. Küstenland und den S des östl. Tieflands; er geht in letzterem nach N in Savannen und Grasland, an den Gebirgshängen in 800–1 000 m Höhe in Bergwald, oberhalb 2 800 m in Nebelwald über. Oberhalb der Waldgrenze (3 200–3 600 m) folgen die Paramós.

Tierwelt: Nur im trop. Regenwald konnte sich die urspr. Tierwelt erhalten. Neben Jaguar, Ozelot, Tapir, Wasserschwein, Schildkröte, Kaiman kommen mehrere Affenarten vor.

Bevölkerung: 68 % sind Mestizen, 20 % Weiße, 10 % Neger, Mulatten und Zambos. Die 2 % Indianer gehören im Hochland zur Chibchasprachfamilie, im Tiefland zu zahlr. kleinen Stämmen. Rd. 90 % der Bev. sind röm.-kath.; sie ist ungleich über das Land verteilt, etwa 80 % leben in den klimat. und wirtsch. begünstigten Gebieten der Zentral- und Ostkordillere, dagegen nur 2–3 % im östl. Tiefland und an der Pazifikküste, 15 % in der karib. Küstenebene sowie im Tal des Río Cauca und des unteren Río Magdalena. Die Städte verzeichnen starkes Wachstum, an ihren Rändern vergrößern sich die Elendsviertel. Schulpflicht besteht von 7–12 Jahren, doch kann sie nicht überall durchgeführt werden. Von 216 Hochschulen haben 98 Univ.-rang.

Wirtschaft: Wichtigster Zweig ist die Landw., doch verfügen die kleinbäuerl. Betriebe z.T. über weniger als 1 ha Land, Großbetriebe dagegen über mehr als 1 000 ha besten Landes. Wichtigstes Produkt ist der Kaffee, der in 1 200–1 900 m Höhe angebaut wird, v. a. in kleinbäuerl. Betrieben. Neben Kaffee bauen diese Kartoffeln, Getreide, Hülsenfrüchte, Obst und Gemüse zur Selbstversorgung an. In Plantagen werden Baumwolle, Zuckerrohr, Bananen, Tabak und Reis angebaut sowie v. a. Rinder gehalten. Große Bed. hat der illegale Anbau und Handel mit Marihuana und Kokain. Neben Erdöl- und Erdgaslagerstätten besitzt K. Steinkohlen-, Smaragd-, Eisenerz-, Kupfererz-, Nickelerz- und Steinsalzvorkommen. Die Ind. wurde nach dem 2. Weltkrieg ausgebaut, u. a. Betriebe der Textil-, Bekleidungs-, Nahrungsmittel-, Getränke-, Metall-, Schuhind. sowie chem., Papier-, Glas-, Zement- und Baustoffind., Erdölraffinerien und Stahlwerke.

Außenhandel: Wichtigste Partner sind die USA, die BR Deutschland, Venezuela, Japan u. a. Ausgeführt werden Rohkaffee, Baumwolle, Garne und Textilien, Bananen, Rohzucker, Rindfleisch, Tabak, Edel- und Schmucksteine u. a., eingeführt chem. und pharmazeut. Erzeugnisse, Maschinen, Eisen und Stahl, Kunststoffe, Kfz., feinmechan. Erzeugnisse.

Verkehr: Das Eisenbahnnetz ist rd. 3 400 km lang, das Straßennetz rd. 102 000 km, davon 15 000 km asphaltiert. Binnenschiffahrt ist auf 1 500 km Länge auf dem Río Magdalena mögl.; seit 1976 ist ein Kanal in Bau, der unter Einbeziehung einiger Flüsse das Karib. Meer mit dem Pazifik verbinden und den Panamakanal entlasten soll. Wichtige Seehäfen sind Buenaventura und Tumaco am Pazifik sowie Santa Marta, Barranquilla und Cartagena an der karib. Küste. Internat. ✈ haben Bogotá, Medellín, Cali, Barranquilla, Cartagena und die Isla San Andres. Nat. Fluggesellschaft ist die 1919 gegr. AVIANCA, die auch Ziele in den USA und in Europa anfliegt.

Geschichte: Eine um 3 000 v. Chr. datierte Keramik gehört zu den ältesten in der Neuen Welt. Polit. gab es in der voreurop. Geschichte auf dem Gebiet des heutigen K. nur kleine Fürstentümer.

K. wurde 1499 entdeckt, die erste dauerhafte Siedlung entstand 1511 am Golf von Urabá. 1538 gründete G. J. de Quesada die Villa de la Santa Fe (Bogotá), die 1549 Sitz des neuen Generalkapitanats Neugranada wurde, das das heutige K. ohne die pazif. Küste und das Tal des oberen Río Cauca umfaßte. Letztgenannte Gebiete kamen erst hinzu, als 1717 das Vize-Kgr. Neugranada (1724–39 aufgehoben) geschaffen wurde, das die heutigen Staaten Ecuador, K., Panama und Venezuela umfaßte; der Schwerpunkt des Territoriums lag im heutigen K., Hauptstadt war Santa Fe de Bogotá.

Am 20. Juli 1810 bildete sich in Bogotá eine revolutionäre Junta, die die Unabhängigkeit verkündete. Erst nach verlustreichen Kämpfen unter der Führung S. Bolívars konnten die Spanier 1819 besiegt werden; die Republik Groß-K. konstituierte sich, die unter Bolívar mit dem Vize-Kgr. Neugranada z. Z. seiner größten Ausdehnung ident. war. Schlechte Kommunikationsmöglichkeiten, gegensätzl. wirtsch. Interessen und Rivalitäten der führenden Personen führten 1829/30 zum Auseinanderbrechen von Groß-K. in die Republiken Ecuador, Neugranada und Venezuela. In der Republik Neugranada begann nach

Kolumbien

1837 der Kampf um die Staatsform zw. Unitariern und Föderalisten; erst 1886 kam die heute noch bestehende Verfassung zustande, mit der sich in der Republik K. endgültig der Zentralismus durchsetzte. Der Streit zw. Konservativen und Liberalen hatte einen Höhepunkt im Bürgerkrieg 1899–1901; v. a. innenpolit. Schwierigkeiten ließen den kolumbian. Kongreß den Vertrag mit den USA über den Bau des Panamakanals ablehnen. Die Folge war, daß sich die Prov. Panamá für unabhängig erklärte; erst 1921 erkannte K. seine ehem. Prov. an. In den 1930er Jahren setzte eine verstärkte wirtsch. und verkehrsmäßige Erschließung des Landes ein, ergänzt durch Steuer-, Arbeits- und Sozialgesetze, die der Masse der Bev. größere Rechte geben sollten. Dieses Programm verschärfte aber auch den Konflikt zw. Liberalen und Konservativen, der 1948 in offene Gewalt umschlug: In der „Violencia" 1948–58 kamen rd. 200 000 Menschen ums Leben, etwa 800 000 Menschen verließen die betroffenen Gebiete. Nach einem Militärputsch einigten sich Ende 1957 Konservative und Liberale auf eine Koalition; sämtl. Machtposten im Staat wurden

Kolumbien. Wirtschaftskarte

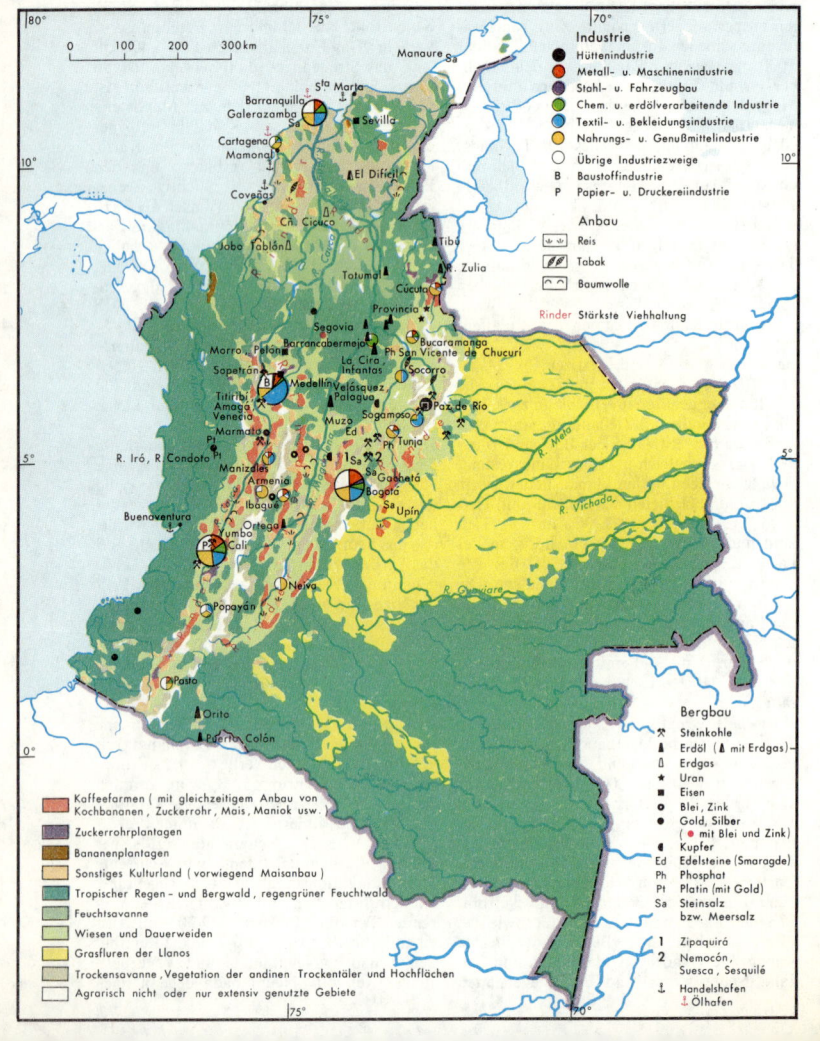

Kolumbus

parität. besetzt, die Präs. sollten abwechselnd von beiden Parteien gestellt werden. Dieses Abkommen wurde zwar in der Verfassung verankert, doch durch die Gründung neuer oppositioneller Gruppen unwirksam, da sie das Monopol der Nat. Front (FTN) im Kongreß brachen. 1974 fanden die ersten freien Präs.wahlen statt, bei denen der Kandidat der Liberalen siegte. Die Ämter der Exekutive blieben jedoch bis 1978 parität. besetzt. Bedingt durch die wirtsch. und sozialen Probleme des Landes, die auch durch eine neue Steuergesetzgebung nicht verbessert werden konnten, kam es 1975 zu Unruhen, die von der Reg. hart unterdrückt wurden. Bei den Präs.wahlen im Juni 1978 konnte sich der Kandidat der Liberalen knapp durchsetzen. Die innenpolit. Spannungen verschärften sich 1979/80 erneut infolge spektakulärer Aktionen der Stadtguerillaorganisation M-19 und rigoroser Polizeimaßnahmen der Regierung. Der im Mai 1982 gewählte Präs. B. Betancur Cuartas suchte den Einfluß des Militärs auf die Innenpolitik zurückzudrängen. Seine Versuche, zum Ausgleich mit den Guerillaorganisationen zu kommen, scheiterten. Höhepunkt der Auseinandersetzung waren die Besetzung des Justizpalastes durch die Bewegung M-19 mit der Geiselnahme von fast 300 Menschen und die Stürmung durch das Militär im Nov. 1985, wobei über 100 Menschen starben. Anfang März 1986 konnte dann ein Friedensabkommen mit einigen Guerillagruppen geschlossen werden, um den ruhigen Ablauf der Parlaments- und später der Präsidentschaftswahlen zu garantieren. Neuer Präs. wurde der Liberale Virgilio Barco, der sein Amt am 7. Aug. 1986 antrat. Die Parlamentswahlen (zu Senat und Abg.haus) vom 11. März 1990 bestätigten die absolute Mehrheit des Partido Liberal.
Erhebl. innen- wie außenpolit. Konfliktpotential birgt der Kampf gegen die Drogenmafia, der sich 1989 zu einem bürgerkriegsähnl. Zustand entwickelt hat.
Politisches System: Nach der mehrfach geänderten Verfassung von 1886 ist K. eine Präsidialdemokratie. *Staatsoberhaupt* ist der für 4 Jahre gewählte Präs., der zus. mit den von ihm zu ernennenden und zu entlassenden Min. die *Exekutive* bildet. Die *Legislative* liegt beim Kongreß, der sich aus Senat (112 auf 4 Jahre gewählte Mgl.) und Abg.haus (199 auf 4 Jahre gewählte Mgl.) zusammensetzt. Die beiden traditionellen *Parteien*, die konservative Partido Social Conservador und die Partido Liberal, haben K. seit der Unabhängigkeit regiert. Daneben bestehen Nuevo Liberalismo und Unión Patriótica. Von den *Gewerkschaften* steht die Confederación de Trabajadores de Colombia (CTC) der liberalen Partei, die Unión de Trabajadores de Colombia (UTC) der kath. Kirche nahe. Die *Verwaltung* ist stark zentralisiert; die Gouverneure der 23 Dep., die Leiter der 4 Intendancias und 5 Comisarías werden vom Präs. ernannt und sind ihm verantwortlich. Die Gouverneure ernennen die Bürgermeister. Das *Recht* ist am span. und frz. Vorbild orientiert. Dem Obersten Gerichtshof sind Obere Distriktgerichte, Bez.- und Stadtgerichte nachgeordnet. Die *Streitkräfte* umfassen 86 300 Mann. Daneben gibt es als paramilität. Kräfte 50 000 Mann der Nationalpolizei.

📖 *Krumwiede, H. W.: Politik u. kath. Kirche im gesellschaftl. Modernisierungsprozeß. Tradition und Entwicklung in K. Hamb. 1980. - Wogart, J. P.: Industrialization in Colombia. Tüb. 1978.*

Kolumbit (Columbit) [nach dem District of Columbia, USA], Sammelbez. für Mischkristalle aus den Mineralen ↑ Niobit und ↑ Tantalit.

Kolumbus, Christoph (Columbus; italien. Cristoforo Colombo, span. Cristóbal Colón), * Genua zw. 25. Aug. und 31. Okt. 1451, † Valladolid 20. Mai 1506, genues. Seefahrer in span. Diensten. - Nach Seefahrten u. a. nach England ließ K. sich 1479 in Portugal nieder; in Pierre d'Aillys „Imago Mundi" fand er den von Aristoteles, Strabo und Seneca übernommenen Gedanken, in westl. Richtung nach Indien zu gelangen, und arbeitete fortan an Plänen zu einer Westfahrt. Dabei wurde er durch Bericht und Karte (allerdings war darin die Entfernung zw. Europa und O-Asien zu kurz geschätzt) des Astronomen P. Toscanelli an Johann II. von Portugal bestärkt. Verhandlungen mit Johann II. blieben ergebnislos. So trug er nach Spanien übersiedelte K. 1486 Isabella I. von Kastilien seine Pläne vor; am 17. April 1492 unterzeichneten Ferdinand II. und Isabella in Santafé einen Vertrag mit K. über eine Expedition nach O-Asien. K. erhielt 3 Schiffe (Santa María, Pinta, Niña), die erbl. Würde eines Großadmirals und Vizekönigs der „Neuen Welt" sowie den Anspruch auf ein Zehntel der zu erwartenden Gewinne.
1. Fahrt. K. verließ am 3. Aug. 1492 Palos, entdeckte am 12. Okt. Guanahani (= San Salvador), am 27. Okt. Kuba und am 6. Dez. Hispaniola („Haiti"), wo er eine span. Niederlassung gründete. Am 15. März 1493 traf er wieder in Palos ein. - **2. Fahrt** (25. Sept. 1493 bis 11. Juni 1496). Mit 17 Schiffen und etwa 1 500 Mann erreichte K. am 3. Nov. 1493 die Kleinen Antillen, am 19. Nov. Puerto Rico und entdeckte am 4. Mai 1494 Jamaika. Nach Differenzen unter den Spaniern kehrte K. nach Spanien zurück. - Auf der **3. Fahrt** (30. Mai 1498 bis 25. Nov. 1500) gelangte K. zur Küste Südamerikas und zur Insel Trinidad. Auf Anschuldigung der Siedler gegen ihn entsandte die Krone F. Bobadilla, der K. und seinen Bruder Bartolomé in Ketten nach Spanien bringen ließ. - **4. Fahrt** (9. Mai 1502 bis 25. Nov. 1504). Nach weitgehender Rehabilitierung fuhr K. mit 4 Schiffen und etwa

75

150 Mann aus und gelangte zur Küste Mittelamerikas. Von Jamaika aus kehrte K. krank nach Spanien zurück, wo er vergessen starb. K. glaubte bis zu seinem Tode, Indien erreicht zu haben (daher die Bez. Westind. Inseln, Indianer). Er war zwar von der Kugelgestalt der Erde überzeugt und im Besitz aller naut. Kenntnisse seiner Zeit, doch hatte er nicht mit der Existenz eines Kontinents zwischen Europa und Asien gerechnet.

Um K. entstanden bald *Dichtungen* aller Gattungen, in denen er zunächst idealisiert und bes. im 19. Jh. als genial. dargestellt wurde. Im 20. Jh. sah man in K. den problemat. Menschen, u. a. J. Wassermann (R., 1929), W. Hasenclever/K. Tucholsky (Kom., 1932), N. Kasandsakis (Dr., 1954), P. Hacks, „Eröffnung des indischen Zeitalters" (Dr., 1955). ⌑ *Granzotto, G.: C. K. Stg. 1986.*

Kolumne [zu lat. columna „Säule"], allg. eine senkrechte Reihe von Zahlen (in einer Tabelle).
◆ im *graph. Gewerbe* Bez. für einen in bestimmter Breite gesetzten Schriftsatz; Druckspalte.
◆ im *Pressewesen* Bez. für einen von einem (meist prominenten) Journalisten (**Kolumnisten**) verfaßten, regelmäßig an einer bestimmten Stelle einer Zeitung oder Zeitschrift veröffentlichten Meinungsbeitrag.

Koluren [griech.], Bez. für Großkreise, die auf der Ekliptik senkrecht stehen, v. a. die beiden Großkreise, die durch den Pol der Ekliptik und durch die Äquinoktialpunkte *(Äquinoktialkolur)* oder durch die Solstitialpunkte *(Solstitialkolur)* gehen.

Kolwezi [frz. kɔlwe'zi], Stadt an der Benguelabahn, Zaïre, 1 442 m ü. d. M., 134 000 E. Bed. Zentrum des Kupfer-Kobalt-Erzbergbaus mit Kupfererzaufbereitung, Kupferraffinerie und Zinkhütte. - 1938 gegründet.

Kolyma [russ. kɐli'ma], Fluß in NO-Sibirien, fließt nach Austritt aus dem Gebirgsland am O-Rand der K.tiefebene entlang, mündet in die Ostsibir. See, 2 600 km lang, davon 2 000 km schiffbar, Mitte Juni–Sept. eisfrei.

Kolymagebirge [russ. kɐli'ma] (Gydangebirge), Gebirgssystem in NO-Sibirien, erstreckt sich über 1 000 km lang in nö. Richtung, 1 963 m hoch; Goldvorkommen.

kom..., Kom... ↑kon..., Kon...

Koma (Coma) [griech. „tiefer Schlaf"], länger andauernde, tiefe Bewußtlosigkeit, die durch starke äußere Reize nicht unterbrochen werden kann; erhalten bleibt aber der ↑Hornhautreflex. Ursache: Schädigung des Hirnstamms, Stoffwechselentgleisungen, Giftstoffe; u. a. bei Schlaganfall, Diabetes, Urämie.

Koma [zu griech. kómē „Haar"] ↑Abbildungsfehler.
◆ in der *Astronomie* ↑Kometen.

Komander (Comander, Dorfmann), Johannes, * Mainfeld um 1484, † Chur 1557, schweizer. Reformator. - Begann 1523 als Pfarrer in Chur in reformator. Weise zu predigen; unter seiner Führung 1526–31 in Graubünden Durchführung der Reformation.

Komantschen ↑Comanche.

Kombattanten [frz., zu spätlat. combattere „(sich) schlagen"], die nach Völkerrecht zur Durchführung von Kampfhandlungen im Kriege allein berechtigte Personengruppe. Allein ihr (und nicht Zivilpersonen) gegenüber darf der Gegner Kampfhandlungen durchführen. K. haben die Vorschriften der ↑Haager Landkriegsordnung (HLKO) einzuhalten. Zu den K. zählen: 1. die Streitkräfte, d. h. militär. organisierte, uniformierte Truppen unter staatl. Leitung; 2. Milizen, Freiwilligenkorps und organisierte Widerstandsbewegungen (**Freischärler**), wenn an ihrer Spitze ein Kommandant steht, die Waffen offen geführt und die Vorschriften des Kriegsrechts eingehalten werden. Uniformierung ist nicht notwendig, wohl aber muß ein einheitl., schon aus der Ferne erkennbares Zeichen getragen werden; 3. das aus einer spontanen Erhebung entstandene Volksaufgebot, das die Waffen offen tragen muß.

Kombi (Kombiwagen), Kurzbez. für **Kombinationskraftwagen**; eine Limousine mit Heckteil und umklappbaren oder herausnehmbaren Rücksitzen.

Kombi..., Bestimmungswort in Zusammensetzungen mit der Bed. „kombiniert".

Kombinat [russ., zu lat. combinare „vereinigen"], Zusammenschluß industrieller Erzeugungsstätten verschiedener Produktionsstufen mit Nebenbetrieben; in sozialist. Staaten die vorherrschende Organisationsform der Produktion.

Kombination [lat., zu combinare „je zwei (bini) zusammenbringen"], allg.: Verbindung oder Verknüpfung von zwei oder mehreren Dingen; Vergleichung und Berechnung; Vermutung.
◆ Zusammenfassung mehrerer sportl. Disziplinen oder Übungen, z. B. alpine K., nordische Kombination.

Kombinationspräparat, Arzneimittel, das mehrere Wirkstoffe enthält.

Kombinationsschloß ↑Schloß.

Kombinationstöne, Töne, die zusätzl. zu den Originaltönen auftreten, wenn 2 verschiedene Töne auf einen Schallempfänger oder eine Schallübertragungsanlage mit nichtlinearer Charakteristik treffen. Als **subjektive Kombinationstöne** bezeichnet man solche K., die erst im menschl. Ohr wegen der nichtlinearen Charakteristik des Mittelohrapparates auftreten und objektiv nicht gemessen werden können.

Kombinatorik [lat.] (kombinator. Mathematik), Bez. für den Zweig der Mathematik, in dem untersucht wird, auf welche Art und auf wie viele verschiedene Arten gewisse Mengen von Dingen angeordnet und zu Gruppen zusammengefaßt werden können; berührt

Kometen

u. a. die Mengenlehre, die Gruppentheorie und die Analysis, in starkem Maße auch die mathemat. und physikal. Statistik sowie die Unternehmensforschung (Optimierung, Lagerhaltung usw.).

kombinatorischer Lautwandel, von einem Nachbarlaut abhängiger Lautwandel, z. B. der durch *i* oder *j* der Folgesilbe bewirkte Umlaut in *Gast–Gäste* (althochdt. *gast–gesti*). - ↑auch spontaner Lautwandel.

Kombinierbarkeit, in der Sprachwiss. ↑Kompatibilität.

Kombischiffe, Frachtschiffe (*Kombifrachter, Combined Carriers*), die wahlweise flüssige (Öl) oder trockene Ladung (Stückgut, Container, Erz u. a.) befördern können.

Kombüse [niederdt.], seemänn. Bez. für: Schiffsküche.

Komedonen [lat.] (Comedones) ↑Mitesser.

Komenský, Jan Amos ↑Comenius, Johann Amos.

komestibel [lat.], eßbar, genießbar.

Kometen [zu griech. komḗtēs „Haarstern" (weil der Schweif mit einem Haarbüschel verglichen wurde)], Himmelskörper, die wegen ihres unerwarteten, zeitl. begrenzten Auftauchens und ihres veränderl. Aussehens jahrhundertelang zu den rätselhaftesten Himmelserscheinungen zählten. Nur wenige K. sind mit bloßem Auge zu sehen. Riesen-K. sind nur einmal, höchstens zweimal im Jh. beobachtbar. Die meisten K. haben Bahnen, die weit über das Planetensystem hinausreichen (bis etwa 1 Parsec weit). Sie laufen auf langgestreckten ellipsenförmigen Bahnen um die Sonne und ändern ihr Aussehen mit dem Abstand von der Sonne. Die langperiod. K. haben Umlaufzeiten in der Größenordnung 10^2 bis 10^6 Jahren. Die kurzperiod. K. bewegen sich auf Ellipsenbahnen, deren ↑Aphele in der Nähe eines der großen Planeten liegen. U. a. deutet dies darauf hin, daß es sich um von großen Planeten eingefangene, ehemals langperiod. K. handelt. Die K. sind Bestandteil unseres Sonnensystems.

Nahezu die gesamte K.masse befindet sich im **Kometenkern** (Durchmesser zw. 1 und 100 km). Er besteht aus Stein und Nickeleisen (ähnl. der Meteoritenmaterie). Dieses Material ist mit verschiedenen gefrorenen Substanzen vermischt, die bei Annäherung des K. an die Sonne verdampfen. Die so entstandene Gaswolke legt sich um den festen K.kern, oft in parabol. Schalen. Die als **Koma** bezeichnete Gashülle mißt etwa 10^4 bis 10^5 km im Durchmesser. Die durch Strahlungsdruck und Sonnenwind „fortgeblasene", auf einer Länge von 10^6 bis 10^8 km und bis zu einer Breite von 10^6 km beobachtbare Materie bildet den **Kometenschweif.** Es gibt zwei ver-

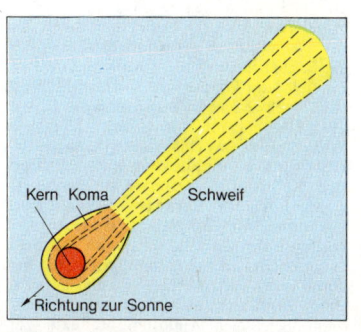

Kometen. Schematischer Aufbau eines voll entwickelten Kometen

Kombinat. Vereinfachte Organisationsstruktur eines Industriekombinats mit technologisch gleichartigen Produktionen in der Deutschen Demokratischen Republik

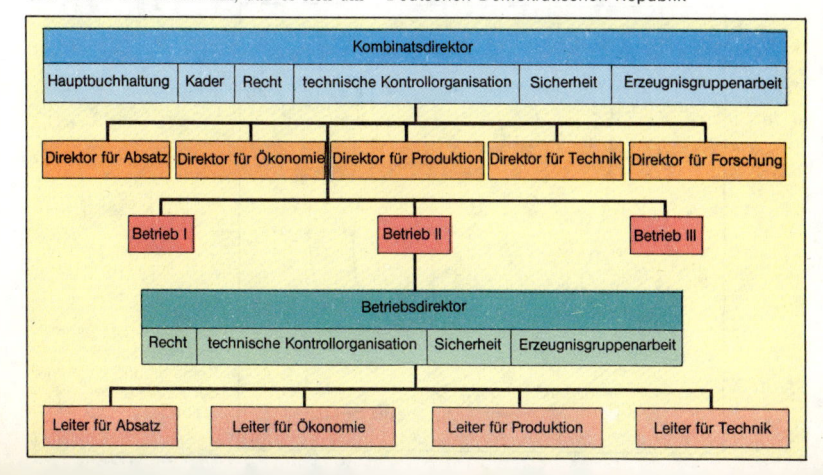

Komfort

schiedene Schweiftypen (auch am gleichen Kometen): Typ I ist langgestreckt und schmal, er zeigt von der Sonne weg; es handelt sich um einen unter dem Einfluß des Sonnenwinds „fortgeblasenen" Schweif aus ionisiertem Gas. Typ II ist breit, diffus und besteht vorwiegend aus kolloidalen Teilchen; hier ist der Strahlungsdruck der Sonne für die Ausbreitung des Schweifes verantwortlich. - Kurzperiod. K. zerfallen gelegentlich (vermutl. durch starke Gravitationskräfte in der Nähe von Planeten). Die Materie verteilt sich dabei über Teile der Bahn oder über seine ganze Bahn; beim Durchgang der Erde durch diese Bahn kommt es unter Umständen zu Meteorschauern.

Geschichte: K.erscheinungen galten als Zeichen bevorstehenden Unheils, selten dagegen als Glücksboten; sie spielten eine große Rolle in der Astrologie. E. Halley berechnete mit der Newtonschen Gravitationslehre (1705) die Bahnelemente von 24 K. der Jahre 1337 bis 1698 und konnte für viele eine Ellipsenbahn nachweisen. Er zeigte, daß die K. von 1531, 1607 und 1682 ident. waren. Durch die Vorhersage dieses Halleyschen Kometen für 1758 wurde die Entdeckung eines ersten period. K. bestätigt. Der erste kurzperiod. K. wurde durch J. F. Encke (1818/19) mit einer Umlaufzeit von 3,3 Jahren entdeckt. Der Nachweis der Verwandtschaft von K.bahnen und bestimmten Sternschnuppenschwärmen durch G. V. Schiaparelli (1867) und E. Weiss (1868–70) führte zur Auffassung, die Sternschnuppen seien Auflösungsprodukte von Kometen. - Die materielle Beschaffenheit der K. konnte erst nach der Erfindung der Spektralanalyse erforscht werden (erstmals 1866 von W. Higgins auch auf das Licht von K. angewendet), während Erklärungen über den Entstehungsprozeß des K.schweifs unter dem Einfluß der Sonnenstrahlung durch die Fortschritte der Molekülspektroskopie (im zweiten Drittel unseres Jh.) möglich waren. 1986 konnte erstmals ein K. († Halleyscher Komet) mit Hilfe von Raumsonden näher erforscht werden.

📖 *Reichstein, M.: K. Kosm. Vagabunden. Ffm. 1985. - Hahn, H. M.: Zw. den Planeten. K., Asteroiden, Meteorite. Stg. 1984.*

Komfort [kɔmˈfoːr, ...ˈfɔrt, frz. kõˈfɔːr; frz.-engl., zu altfrz. conforter „stärken, trösten" (von lat. fortis „stark")], luxuriöse Ausstattung, auf techn. ausgereiften Einrichtungen beruhende Bequemlichkeit; **komfortabel,** mit allem Komfort ausgestattet.

Komi (Syrjänen), eine finn.-ugr. Sprache sprechendes Volk in der UdSSR (ASSR der K., Westsibir. Tiefland, Halbinsel Kola). Die K. betreiben Ackerbau, Viehzucht, Waldwirtschaft, Pelztierjagd und Fischfang.

Komi, ASSR der, autonome Sowjetrepublik innerhalb der RSFSR, im NO der Osteurop. Ebene, 415 900 km², 1,2 Mill. E (1985; Russen, Komi, Ukrainer, Weißrussen), Hauptstadt Syktywkar. Die flachwellige, von der Petschora durchflossene, stellenweise versumpfte Ebene wird im O vom Ural begrenzt, im W vom Timanrücken untergliedert; kühlfeuchtes Kontinentalklima; überwiegend Taiga, im N Tundra. Die wichtigsten Bodenschätze sind Steinkohle, Erdöl und Erdgas; bed. Holzeinschlag; Ackerbau ist nur im S möglich. Hauptverkehrsträger ist die Petschora-Bahn. - Erste schriftl. Zeugnisse über die Komi aus dem 11./12. Jh.; durch Christianisierung Ende des 14. Jh. Anschluß an Moskau; 1921 Bildung des Autonomen Gebietes der Komi innerhalb der RSFSR; 1936 Umwandlung in eine ASSR.

Komik [frz., zu griech. kōmikós „zur † Komödie gehörend"], jegl. Art übertreibender, Lachen erregender Kontrastierung, sei es mit den Mitteln des Wortes in Vers und Prosa,

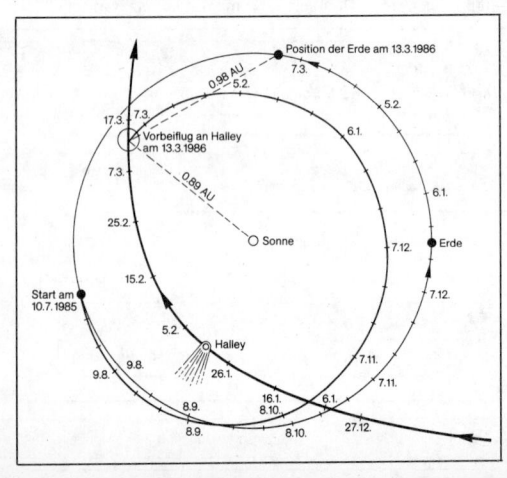

Kometen. Parabelförmige Bahn des Halleyschen Kometen und Flugbahn der Raumsonde „Giotto"

Kommanditgesellschaft

der Geste, der Bildnerei oder eine Handlung selbst. - Für das Komische wurde in Philosophie, Komödientheorie und Psychologie eine Vielzahl von Strukturformeln entwickelt. Trotz kontroverser Ansatzpunkte und Ergebnisse wird das Komische grundsätzl. wie das Tragische begriffen: als Konflikt widersprüchl. Prinzipien. Platon beschrieb es als eine Modifikation (komplementär zum Tragischen) der dichter. Mimesis. Es findet sich in allen Literaturen und auch in allen Gattungen mannigfach ausgeprägt, wobei es stoffl. (Gestaltung kom. Ereignisse, Personen usw.), formal-struktural (Unangemessenheit von Stil, Form und Inhalt) und intentional (als Selbstzweck oder metaphor.) verwendet wird.

Komiker [griech.-frz.], Darsteller kom. Rollen auf der Bühne oder im Film; auf witzige Art unterhaltender Vortragskünstler.

Kominform, Abk. für: **Inform**ationsbüro der **kom**munist. und Arbeiterparteien, ↑ Internationale.

Komintern, Abk. für: **Kom**munistische **Intern**ationale (Dritte Internationale), ↑ Internationale.

Komi-Permjaken, Nationaler Kreis der, sowjet. nat. Kreis innerhalb des Gebiets Perm, RSFSR, am Oberlauf des Kama, 32 900 km², 166 000 E, Hauptstadt Kudymkar. 58 % der Bev. sind mit den ↑ Komi verwandte Komi-Permjaken; Getreide- und Flachsanbau, Rinder- und Schafzucht, holzverarbeitende Ind. - Errichtet am 26. Febr. 1925.

Komitat [lat. (zu ↑ Comes)], Bez. für einen ungar., von einem Gespan geleiteten Verwaltungsbezirk.

Komitee [engl.-frz., zu lat. committere „anvertrauen, übertragen"], [leitender] Ausschuß, der [von den Mgl. einer Gruppe] mit einer bestimmten Aufgabe betraut ist.

Komitien [...tsjən; lat.], im antiken Rom Versammlungen der röm. Bürger mit Stimmrecht zu Beamtenwahl, Erlaß von Gesetzen, Beschlußfassung über Krieg und Frieden, Entscheidung von Strafklagen.

Komma [griech. „Einschnitt" (eigtl. „Schlag")] (Beistrich), urspr. Bez. für einen Sinnabschnitt, erst mit Beginn der Neuzeit als Satzzeichen zur Kennzeichnung eines solchen Sinnabschnittes gebraucht. Wichtigste Aufgaben des K. sind: Kennzeichnung der Fuge zw. vollständigen Hauptsätzen sowie Haupt- und Nebensatz, Begrenzung satzwertiger Gruppen, begrenzende Heraushebung von Satzgliedern und Abtrennung von angereihten, nebengeordneten Wörtern und Wortgruppen. - ↑ auch Interpunktion.

◆ Phrasierungszeichen in Kompositionen für Singstimmen oder Blasinstrumente, mit dem eine günstige Stelle zum Atemholen angegeben wird.

◆ in der *Musikwiss.* Bez. für die Differenz zweier annähernd gleich großer Intervalle. Das *pythagoreische* K. bezeichnet die Differenz zwischen dem Intervall (f_1), gebildet von 12 reinen Quinten, und dem 7 Oktaven umfassenden Intervall (f_2). Das Frequenzverhältnis berechnet sich nach

$f_1 : f_2 = (^3/_2)^{12} : (^2/_1)^7 = 1,0136 : 1$ und beträgt 23,46 Cent (1 Oktave wird in 1200 Cents unterteilt).

In der gleichschwebenden Temperatur wird daher jede Quinte um $^1/_{12}$ von 23,46 Cent gleich 1,955 Cent verkleinert. - Das *syntonische* oder *didymische* K. bezeichnet die Differenz zwischen großem (f_1) und kleinem (f_2) Ganzton, dem Unterschied von 2 Quinten bezogen auf die Oktave bzw. 2 Quarten + Terz bezogen auf die Oktave:

$f_1 : f_2 = (^9/_8) : (^{10}/_9) = 81 : 80 = 1,0125 : 1$ oder 21,506 Cent.

Kommagene, antiker Name für die nordsyr. Landschaft zw. Euphrat und Taurus mit dem Hauptort Samosata; gehörte seit 708 v. Chr. zum neuassyr. Reich, besaß seit dem 3. Jh. eine sich auf die Achämeniden zurückführende Herrscherdynastie, seit 170 verbunden mit den Seleukiden; 18 n. Chr. röm., 38–72 nochmals selbständig.

Kommandant [lat.-frz.], militär. Befehlshaber eines Truppenübungsplatzes, Depots oder Standorts (Standort-K.); bei den Teilstreitkräften der Führer eines gepanzerten Fahrzeugs, Flugzeugs, Schiffes bzw. Bootes; **Kommandantur,** vom K. geleitete Behörde.

Kommandeur [...'dø:r; lat.-frz.], Leiter einer militär. Schule oder Führer eines Verbandes bzw. Großverbandes einer Teilstreitkraft.

Kommandeurinseln [...'dø:r...], sowjet. Inselgruppe am S-Rand des Beringsmeeres, 200 km östl. der Halbinsel Kamtschatka; die größte der K. ist die ↑ Beringinsel. - 1741 von V. J. Bering entdeckt.

Kommanditgesellschaft [italien.-frz./dt., letztl. zu lat. commendare „anvertrauen"], Abk. KG, zum Betrieb eines Handelsgewerbes unter gemeinschaftl. Firma errichtete ↑ Personengesellschaft, die mindestens einen unbeschränkt haftenden Gesellschafter (**Komplementär**) hat und mindestens einen Gesellschafter, dessen Haftung auf den Betrag seiner bestimmten Vermögenseinlage beschränkt ist (**Kommanditist**). Die KG ist eine Abart der ↑ offenen Handelsgesellschaft (OHG), von der sie sich nur durch die bes. Gesellschaftergruppe der Kommanditisten unterscheidet. Deren Rechtsstellung entspricht der von Geldgebern, während die Komplementäre den unbeschränkt haftenden Gesellschaftern der OHG gleichstehen. Soweit keine Sonderregeln eingreifen, sind die für die OHG geltenden Vorschriften anwendbar (§ 161 HGB).

Sonderformen: 1. die KG mit vielen in einer bes. Organisation (Kommanditistenversammlung, -ausschuß) zusammengefaßten

79

Kommanditgesellschaft auf Aktien

Kommanditisten; 2. die (nach Art einer Kapitalgesellschaft ausgestaltete) kapitalist. KG mit Kommanditistenversammlung (entsprechend der Hauptversammlung von Aktionären), Kommanditistenausschuß (entsprechend einem Aufsichtsrat) und Komplementären (ähnl. angestellten Vorstandsmitgliedern); 3. die KG, deren Komplementär eine jurist. Person ist (Hauptfall: GmbH & Co, KG, eine KG, deren persönl. haftender Gesellschafter eine ↑ Gesellschaft mit beschränkter Haftung ist).
Für das östr. und schweizer. Recht gelten im wesentl. dem dt. Recht entsprechende Regelungen.

Kommanditgesellschaft auf Aktien, Abk. KGaA, Kapitalgesellschaft, bei der mindestens ein Gesellschafter den Gesellschaftsgläubigern unbeschränkt haftet (Komplementär) und die übrigen lediglich an dem in Aktien zerlegten Grundkapital beteiligt sind (Kommanditaktionäre); eine Sonderform der ↑ Aktiengesellschaft mit Elementen der ↑ Kommanditgesellschaft. Die KGaA ist eine Handelsgesellschaft und besitzt als solche stets Kaufmannseigenschaft. Sie wird nach aktienrechtl. Grundsätzen errichtet.

Kommanditist [lat.-italien.-frz.] ↑ Kommanditgesellschaft.

Kommando [italien., zu lat. commendare „anvertrauen"], militär. Bez. für: 1. die nach Wortlaut oder Zeichenart verbindl. festgelegte Form des Befehls eines Vorgesetzten; 2. eine Dienststelle oder ein Führungsorgan in den Streitkräften (z. B. der Bundeswehr); 3. ein aus mehreren Soldaten zur Ausführung festgelegter Dienstpflichten oder bestimmter Aufgaben zeitweilig oder ständig gebildetes Organ (z. B. Wach-, Begleitkommando).

Kommandobrücke (Brücke), die Führungszentrale eines Schiffes; befindet sich meist im obersten Deck des Deckshauses und umfaßt Steuerhaus, Kartenraum, Funkraum und Brückennock mit den für die Schiffsführung notwendigen Einrichtungen.

Kommaschildlaus (Miesmuschelschildlaus, Lepidosaphes ulmi), fast weltweit verbreitete, bes. an Obstbäumen schädl. Schildlausart (Fam. Deckelschildläuse); Schild des ♀ kommaförmig, dunkelbraun mit orangefarbenem Fleck.

Kommende [zu lat. commendare „anvertrauen"], im kath. Kirchenrecht eine kirchl. Pfründe, deren Inhaber nur die Einkünfte bezieht, ohne das damit verbundene Kirchenamt zu verwalten (z. B. der **Kommendatarabt**; seit dem Tridentinum abgeschafft).
♦ (Komturei) bei den geistl. Ritterorden die kleinste Einheit der Ordensverwaltung, geleitet vom Komtur.

Kommensalismus [zu lat. con- „mit" und mensa „Tisch"], Form des Zusammenlebens von Organismen verschiedener Arten, wobei der eine (**Kommensale**) aus dem anderen Nutzen zieht, ihn aber weder schädigt (im Ggs. zum ↑ Parasitismus) noch ihm Nutzen bringt (im Ggs. zur ↑ Symbiose).

kommensurabel [lat.], gesagt von 2 oder mehreren Größen (Zahlen), die durch eine weitere Größe (Zahl) ohne Rest teil- oder meßbar sind; die beiden Strecken 20 m und 12 m z. B. sind k., weil beide durch die Strecke 4 m ohne Rest gemessen werden können.
♦ in der *Quantentheorie* gesagt von 2 oder mehreren beobachtbaren Größen, die prinzipiell gleichzeitig gemessen werden können.

Komment [kɔ'mã:; zu frz. comment? „wie?"], die tradierten Regeln des student. Verbindungslebens.

Kommentar [lat., zu commentari „etwas überdenken, erläutern"], Denkwürdigkeiten, Memoiren, Erklärung von [Gesetzes]texten. In der *Philologie* liefert der K. in Form von Anmerkungen oder eines gesonderten Anhangs vornehml. Informationen zur Einordnung eines Textes und zu seiner Überlieferung und gibt Sacherklärungen und Erläuterungen zum sprachl. und metr. Verständnis.
♦ im *Journalismus* Meinungsbeitrag, in dem ein Journalist (**Kommentator**) aktuelle Ereignisse bzw. polit. Entwicklungen interpretiert und bewertet.

Kommentatoren [lat.], Vertreter der Rechtsschule von Bologna im Spät-MA. Die Bez. leitet sich von der in dieser Schule übl. Methode ab, die Anwendung des röm. Rechts durch ausführl. Kommentare zum ↑ Corpus Juris Civilis zu ermöglichen.

Kommentkampf [kɔ'mã:], in der Verhaltensforschung Bez. für das angeborene, nach festen Regeln ablaufende, gegen Artgenossen gerichtete Kampfverhalten, bei dem eine Beschädigung des Kampfpartners ausgeschlossen ist.

Kommerell, Max, * Münsingen 25. Febr. 1902, † Marburg 25. Juli 1944, dt. Literaturwissenschaftler und Schriftsteller. - 10jährige Freundschaft mit S. George (bis 1930); seit 1941 Prof. in Marburg. Seine Deutung dichter. Werke und Gestalten trug wesentl. zur Entwicklung der modernen Textinterpretation bei; u. a. „Geist und Buchstabe in der Dichtung" (Essays, 1940), „Lessing und Aristoteles. Untersuchung über die Theologie der Tragödie" (1940).

Kommers [lat.-frz.], feierl. Trinkgelage einer student. Verbindung. Das **Kommersbuch** ist die Slg. von Liedern, die insbes. bei K. gesungen werden.

Kommerz [lat.], veraltete Bez. für Handel, Verkehr; **kommerziell,** geschäftlich; auf Gewinn bedacht.

Kommerzialisierung, meist abschätzig gebrauchte Bez. für die Unterordnung von ideellen, insbes. kulturellen Werten unter wirtsch. Interessen, wobei diese Unterordnung als verbunden mit einer inhaltl. Verflachung

kommunale Spitzenverbände

zum Zweck der besseren Verwertbarkeit gedacht wird.

Kommerzienrat [...tsjən...; lat./dt.], Ehrentitel, im Dt. Reich bis 1919 an Wirtschafts- und Finanzmagnaten verliehen (höhere Stufe: **Geheimer Kommerzienrat**); in Östr. **Kommerzialrat.**

Kommilitone [zu lat. commilito „Waffenbruder"], Bez. für Mitstudent, Studienkollege.

Kommis [kɔˈmiː; lat.-frz.], veraltete Bez. für einen Handlungsgehilfen.

Kommiß [wohl zu lat. commissa „anvertrautes Gut"], urspr. svw. Heeresvorräte; umgangssprachl. Bez. für (aktiven) Soldatenstand, Heer.

Kommissar [zu lat. committere „zusammenbringen, anvertrauen"], [öffentl.] Amtsträger (z. B. Polizeikommissar).

Kommissär [lat.-frz. († Kommissar)] † Kommissionär.

kommissarisch, vorübergehend, in Vertretung.

Kommission [lat.], zu einem bestimmten Zweck (z. B. einer Prüfung) gebildeter Ausschuß.
◆ im Zivilrecht svw. † Kommissionsgeschäft.

Kommissionär [lat.-frz.], Vollkaufmann, der Waren oder Wertpapiere gewerbsmäßig für Rechnung eines anderen (des **Kommittenten**) im eigenen Namen kauft oder verkauft († Kommissionsgeschäft).
Im östr. Recht gilt für den **Kommissär** eine dem dt. Recht entsprechende Definition.

Kommissionen, in der Schweiz 1. parlamentar. Gremien des Nationalrats und des Ständerats zur Vorberatung der Geschäfte. Eine Reihe von K. werden als **Ständige Kommissionen** für die gesamte Dauer der Legislaturperiode bestellt; 2. bei den einzelnen Departementen des Bundesrats den Abteilungen bei- oder untergeordnete Gremien.

Kommissionsagent, Kaufmann, der im eigenen Namen für Rechnung eines anderen ein- oder verkauft und im Gegensatz zum † Kommissionär ständig für einen Unternehmer tätig wird.

Kommissionsbuchhandel, Gewerbezweig, der im Auftrag und für Rechnung der Verleger den Geschäftsverkehr zw. Verlag und Sortimentsbuchhandel vermittelt.

Kommissionsgeschäft (Kommission), Geschäft eines Kaufmanns (des † Kommissionärs), das dieser im Betrieb seines Handelsgewerbes im eigenen Namen, jedoch für die Rechnung eines Dritten (des **Kommittenten**) ausführt. Es kann Handelswaren oder Wertpapiere betreffen und sowohl in einem Kauf wie in einem Verkauf bestehen *(Einkaufs-, Verkaufskommission).* Im Rahmen des K. wird unterschieden zwischen dem **Kommissionsvertrag,** seiner Natur nach Dienst- oder Werkvertrag, der eine Geschäftsbesorgung zum Gegenstand hat, dem **Ausführungsgeschäft** des Kommissionärs mit einem Dritten und dem **Abwicklungsgeschäft,** durch das der Kommittent in den Genuß des Ergebnisses des K. gelangt. Der Kommissionär muß dem Kommittenten Rechnung legen und das Erlangte herausgeben; er hat Anspruch auf Aufwendungsersatz und Provision.

Kommissur (Commissura) [lat. „Zusammenfügung, Verbindung"], in der Anatomie: 1. Nervenverbindung zw. bilateral-symmetr. angeordneten Teilen des Zentralnervensystems, z. B. zw. den Großhirnhemisphären der Säugetiere (einschl. Mensch) oder den Bauchmarkganglien; 2. Weichteilverbindung im Bereich von Organen.

kommod [lat.], (bes. östr.:) angenehm, bequem; **Kommodität,** Bequemlichkeit.

Kommode [frz., zu commode (von lat. commodus) „bequem"], niedriger Schubladenschrank; setzte sich Ende des 17. Jh. gegenüber der Truhe durch, im Rokoko hatte sie nur noch 2 Schubladen, die von Ornamenten überspielt wurden, und stand auf höheren Füßen; seit Ende des 18. Jh. erneut Kastenform.

Kommodore [engl. (zu † Kommandeur)], 1. Bez. für einen Kapitän zur See in Admiralsstellung (Kriegsmarine); 2. Ehrentitel für verdiente Kapitäne (Handelsmarine); 3. Dienststellungsbez. für den Führer eines Geschwaders der Luftwaffe.

Kommos [griech., eigtl. „das Schlagen" (an die Brust zum Zeichen der Trauer)], bei Aristoteles überlieferte Bez. für den von Chor und Schauspieler[n] wechselweise vorgetragenen Klagegesang der griech. Tragödie.

Kommotio (Kommotion, Commotio) [lat.], stumpfe Gewalteinwirkung mit vorübergehender Funktionseinschränkung der betroffenen Organe, z. B. Gehirnerschütterung *(Commotio cerebri).*

kommun [lat.], gewöhnlich, allgemein, alltäglich.

kommunal [lat.], eine Gemeinde oder die Gemeinden betreffend; gemeindeeigen.

Kommunalanleihen (Kommunalobligationen), Schuldverschreibungen, die von Hypothekenbanken zur Finanzierung von Darlehen an Gemeinden und/oder Gemeindeverbände ausgegeben werden.

Kommunalbetriebe, Betriebe der Gemeinden und Kreise zur Befriedigung kommunaler Bedürfnisse wie Stadtverkehr, Gas-, Wasser- oder Elektrizitätsversorgung.

kommunale Spitzenverbände, überregionale Zusammenschlüsse von Gemeinden und Landkreisen auf Landes- und Bundesebene. Hauptaufgaben: Vertretung der Interessen ihrer Mgl. gegenüber Regierungen und Parlamenten und Beratung ihrer Mitglieder. K. S. auf Bundesebene: **Deutscher Städtetag** (Verband kreisangehöriger und der kreisfreien Städte), Sitz Köln. **Deutscher Städte- und Gemeindebund** (Verband kreisangehöriger

Kommunalobligationen

Gemeinden); er ging am 1. Jan. 1973 aus dem Zusammenschluß des Dt. Gemeindetags und des Dt. Städtebundes hervor, Sitz Düsseldorf. **Deutscher Landkreistag** (Verband der 283 Landkreise des Bundesgebietes), Sitz Bonn. Die k. S. auf Bundesebene sind in den **Bundesvereinigung der kommunalen Spitzenverbände** mit Sitz in Köln zusammengefaßt, federführend ist der Dt. Städtetag.

Kommunalobligationen, svw. ↑ Kommunalanleihen.

Kommunalpolitik, Gesamtheit der die Kommunen (↑ Gemeinde, ↑ Gemeindeverbände) betreffenden polit. Maßnahmen und Vorhaben des Staates (Bund und Länder), der Kommunen selbst, der polit. Parteien, Verbände, Organisationen, wirtsch. Unternehmen und der Bürger; umfaßt in der BR Deutschland auf Grund Art. 28, Abs. 2 GG (↑ auch Gemeindeverfassungsrecht) „alle Angelegenheiten der örtl. Gemeinschaft im Rahmen der Gesetze" in den verschiedensten Bereichen: v. a. Finanzpolitik (kommunale Einnahmen und Ausgaben), Wirtschafts-, Energie- und Verkehrspolitik (u. a. Wasser, Gas, Elektrizität, Nahverkehr, Straßenbau), Bau- und Wohnungspolitik (z. B. Altstadtsanierung, Stadtplanung), Sozialpolitik (u. a. Sport-, Freizeitanlagen, Kinder-, Jugend-, Altenheime), Kulturpolitik (u. a. Kinderhorte, -gärten, Schulen, Volkshochschulen, öffentl. Büchereien, Theater, Museen), Gesundheitspolitik (u. a. Umweltschutz, Müllbeseitigung, Krankenhäuser). Bei der Bewältigung der meisten der genannten Aufgaben ist die K. von der Innenpolitik von Bund und Ländern abhängig bzw. eng mit ihr verflochten.

Kommunalrecht, das Recht der Gemeinden (↑ Gemeindeverfassungsrecht) und Gemeindeverbände.

Kommunalreform (Gebietsreform), Neugliederung eines Gebietes auf Landes- bzw. kommunaler Ebene. Gegen Ende der 1960er Jahre kam eine umfassende, heute weitgehend abgeschlossene K. in Gang. Mit von Land zu Land unterschiedl. Neugliederungsmodellen stärkte man die kommunale Verwaltungskraft auf der unteren und mittleren Ebene durch die Schaffung von an Einwohnerzahl und Fläche größeren Gemeinden und Gemeindeverbänden bzw. Kreisen, damit die kommunalen Körperschaften die von ihnen in einem sozialen Rechtsstaat erwarteten Leistungen zu erfüllen in der Lage sind. Mit der Gebietsreform war eine teilweise Veränderung der Aufgabenverteilung verbunden (Funktionalreform). Bei der gemeindl. Gebietsreform werden eine oder mehrere Gemeinden in eine andere Gemeinde eingegliedert (↑ Eingemeindung) oder mehrere Gemeinden zu einer neuen Gemeinde zusammengeschlossen; hierbei strebt man eine gemeindl. Mindestgröße von 7 000 bis 8 000 E an. Bei der Entscheidung über Gebietsänderungen von Gemeinden und Gemeindeverbänden ist der Gesetzgeber gehalten, die bisherige Selbständigkeit von Gemeinden und Gemeindeverbänden nur aus Gründen des öffentl. Wohles zu beseitigen. Hierbei gelten das allg. rechtsstaatl. Willkürverbot und der Grundsatz der Verhältnismäßigkeit.

Kommunalverfassungsrecht, svw. ↑ Gemeindeverfassungsrecht.

Kommunalwahlen, Wahl der Gemeindevertretungen (↑ Wahlen).

Kommune [frz., zu lat. communis „mehreren oder allen gemeinsam, allgemein"], svw. [polit.] Gemeinde.

♦ (Pariser Kommune) Bez. für den Gemeinderat von Paris vom 14. Juli 1789 bis 1795 und von Ende März 1871 bis Ende Mai 1871. Die Pariser K. von 1871 war aus nat. Enttäuschung über den Waffenstillstand im Dt.-Frz. Krieg 1870/71 und aus Empörung über eine unsoziale Innenpolitik der überwiegend monarchist. Nationalversammlung entstanden. Die Entscheidung von A. Thiers, die Nationalgarde zu entwaffnen, führte am 18. März zum Aufstand der Pariser Bev. und nach der Flucht der Reg. zur Machtübernahme durch das am 15. Febr. gewählte, von der Ersten Internationale unterstützte Comité central der Nationalgarde. Die Ende März gewählte K. und der K.rat setzten sich überwiegend aus republikan.-revolutionären Kräften zusammen. Als Ministerien wurden zehn Kommissionen gebildet. Teilweise verwirklichte polit. Ziele waren die Trennung von Kirche und Staat und eine begrenzte Sozialisierung. Im Verlauf der Kämpfe mit den Reg.truppen unterlag die polit. zerstrittene K. in der „blutigen Woche", 21. bis 28. Mai, in der etwa 25 000 „communards" getötet wurden. - V. a. von Marx, Lenin und Bebel als Arbeiteraufstand interpretiert und als Modell gepriesen. ⌑ *Haupt, H. G./Hauser, K.: Die Pariser K. Ffm. 1979.*

♦ Bez. für eine Lebens- und Wohngemeinschaft, die von Protestbewegungen in westl. Ind.gesellschaften seit dem Ende der 1960er Jahre - z. T. auch aus ökonom. Gründen - entwickelt und praktiziert wurde und die Eigentums-, Leistungs-, Konkurrenz- und Moralvorstellungen der bürgerl. Gesellschaft ablehnt. Auch vom Anarchismus und Anarchosyndikalismus angestrebte Lebens-, Wohn- und Produktionsgemeinschaften werden als K. bezeichnet.

Kommunikation [lat.], in der *Sozialwiss.* und in der *Psychologie* Bez. für den [Informations]austausch als grundlegende Notwendigkeit menschl. Lebens in 3 Hauptformen: 1. **intrapersonale Kommunikation** als der Austausch, der innerhalb eines Individuums, z. B. bei der Aufnahme von Umweltdaten, abläuft (vorwiegend von der Psychologie erforscht); 2. **interpersonale Kommunikation** als Austausch zw. mindestens 2 Individu-

Kommunikationssatelliten

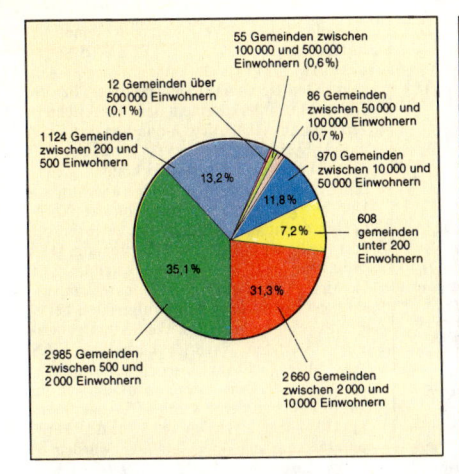

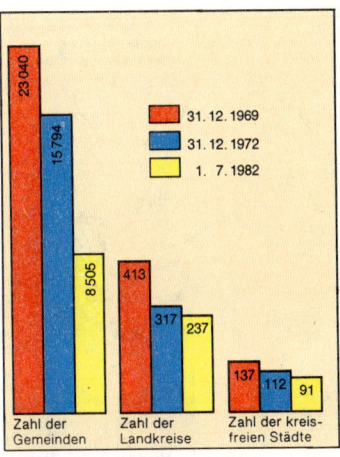

Kommunalreform. Gemeindegröße nach Einwohnern (1980; links) sowie Reduzierung der Anzahl der Gemeinden, Landkreise und kreisfreien Städte in der Bundesrepublik Deutschland

en (Gesprächspartnern); 3. **mediengebundene Kommunikation** als Austausch zw. der (kleinen) Gruppe von Kommunikatoren (z. B. Journalisten) und der (häufig umfangreichen) Gruppe von Rezipienten (z. B. Lesern einer Tageszeitung). Mediengebundene K. wird deshalb auch als ↑ Massenkommunikation bezeichnet. Die K. innerhalb einer organisierten Gruppe (Partei, Verein) heißt **Gruppenkommunikation**. Alle K. verläuft prozeßhaft über mindestens 3 Stationen: Verschlüsselung (Enkodierung), Übermittlung (Signalisierung) und Entschlüsselung (Dekodierung, Interpretation). Auf der Basis intrapersonalen Austausches bauen sich die Ebenen der sozialen (interpersonellen und mediengebundenen) K. auf, die ihrerseits untereinander in Wechselbeziehungen stehen (von K.soziologie, [Psycho- und Sozio]linguistik und Publizistikwiss. untersucht). Im Feld der sozialen K. werden 4 Faktoren unterschieden: Kommunikator (Quelle der Information), Aussage (Information), Medium (materieller Träger der Information), Rezipient (Empfänger der Information). Entscheidend für das Zustandekommen sozialer K. ist die zumindest teilweise Identität des für die Aussage benötigten Zeichenvorrats des Kommunikators mit demjenigen des Rezipienten.

📖 *Meggle, G.: Grundbegriffe der K. Bln. 1981. - Erziehung u. K. Hg. v. W. Faber. Paderborn 1977. - Beth, H./Pross, H.: Einf. in die Kommunikationswiss. Stg. 1976. - Holzer, H.: Kommunikationssoziologie. Wsb. 1973.*

Kommunikationsforschung, Sammelbez. für Untersuchungen zur individuellen und sozialen menschl. Kommunikation. Beteiligt sind v. a. die Fächer Physiologie, Nachrichtentechnik, Psychologie, Soziologie, Publizistikwiss., Pädagogik, Linguistik und Mathematik sowie die fachübergreifenden Ansätze von Kybernetik, Systemtheorie und Informationstheorie.

Kommunikationspolitik, svw. ↑Medienpolitik.

Kommunikationssatelliten (Nachrichtensatelliten), unbemannte künstl. Erdsatelliten, die der Übertragung von Nachrichten, Informationen und Daten unterschiedlichster Art (Telefonie, Telegrafie, Fernsehen, Schiffsfunk, Flugfunk u. a.) über große Entfernungen (internat. Nachrichtenverkehr) oder in (im direkten Funkverkehr) schwer erreichbare Gebiete dienen. Sie arbeiten als Relaisstationen, die die von einer Erdefunkstelle (Bodenstation) mit Hilfe von Richtantennen ausgestrahlten Signale empfangen, verstärken und in den vorgesehenen Empfangsbereich auf der Erde abstrahlen, wo sie mit Hilfe großer Parabolantennen wieder empfangen werden. Die hierbei verwendeten Trägerfrequenzen liegen im GHz-Bereich. Die zur Verstärkung erforderl. Energie wird im allg. mit Hilfe von Solarzellen gewonnen.

K. werden meist in geostationäre Umlaufbahnen gebracht, so daß sie ihre Position über einem bestimmten Punkt (des Äquators) beibehalten (Synchronsatelliten, geo- oder quasistationäre Satelliten) und eine ständige Nachführung der Sende- und Empfangsantennen auf der Erde entfällt. Die Bahnhöhen dieser K. betragen rd. 36 000 km, ihre Umlaufzeit ist gleich der Rotationsperiode der Erde (24 h = 1 440 min). Durch drei um jeweils 120° gegeneinander versetzte K. dieser Art ergibt sich - von den Polarbereichen abgesehen - theoretisch bereits

kommunikativ

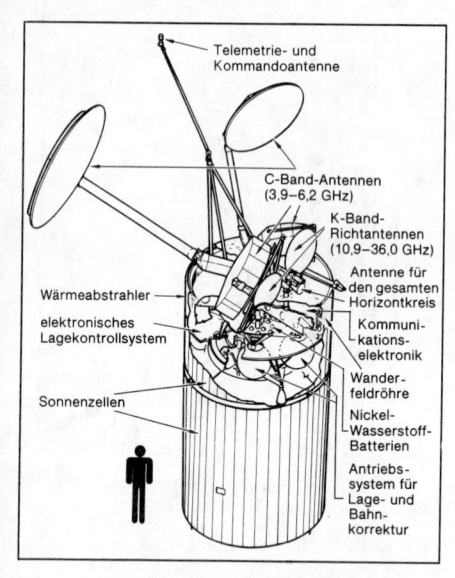

Kommunikationssatellit Intelsat VI

Bildbeschriftungen: Telemetrie- und Kommandoantenne; C-Band-Antennen (3,9–6,2 GHz); K-Band-Richtantennen (10,9–36,0 GHz); Antenne für den gesamten Horizontkreis; Wärmeabstrahler; elektronisches Lagekontrollsystem; Kommunikationselektronik; Sonnenzellen; Wanderfeldröhre; Nickel-Wasserstoff-Batterien; Antriebssystem für Lage- und Bahnkorrektur

eine globale Abdeckung für die Kommunikation zw. zwei beliebigen Punkten der Erdoberfläche. - Für spezielle Zwecke werden K. auch in polare oder gegenüber der Äquatorebene geneigte Umlaufbahnen gebracht, z. B. die meisten sowjet. K. der **Molnija-Serie,** deren um 65° gegen die Äquatorebene geneigte, stark ellipt. Bahnen bes. für die Nachrichten- und Fernsehübertragung in den nördl. Gebieten der Sowjetunion günstig sind.
Der erste Erdsatellit, der speziell als Kommunikationssatellit (zu Testzwecken) in eine Umlaufbahn gebracht wurde, war der „passive" Ballonsatellit **Echo 1** (Start 12. Aug. 1960). Bald zeigte sich, daß eine effektive Nachrichtenübertragung nur mit „aktiven", d. h. als Relaisstationen arbeitenden K. möglich ist. Bereits am 10. Juli 1962 wurde der erste kommerzielle Fernsehsatellit, **Telstar,** in eine Umlaufbahn gebracht (Bahnneigung gegenüber der Ebene der Ekliptik 44,8°), am 26. Juli 1963 der erste geostationäre Nachrichtensatellit, **Syncom 2.** Der erste kommerzielle geostationäre Kommunikationssatellit für Fernsprech-, Fernseh- und Datenübertragung war der am 6. April 1965 von den USA gestartete **Early Bird.** In der Sowjetunion wurde der erste Nachrichtensatellit des Molnija-Systems, **Molnija 1 A,** am 23. April 1965 gestartet (Bahnneigung 65°), dem weitere K. dieses Typs folgten. Nach Versuchen mit dem Satelliten Molnija 1-S nahm am 26. Okt. 1976 der erste sowjet. geostationäre Nachrichtensatellit **Ekran** (Statsionar T) seine Arbeit auf.

Globale Bed. für die internat. Kommunikation erlangten die K. des **INTELSAT-Systems,** das mit (z. Z.) 17 geostationären K. und einem weltweiten Netz von Bodenstationen über die Hälfte des interkontinentalen Nachrichtenverkehrs abwickelt. Die modernen Satelliten dieses Systems (Intelsat VI) verfügen über 33 000 Fernsprechkanäle und können gleichzeitig vier Farbfernsehsendungen übertragen. - Daneben gibt es eine Vielzahl von nat. Nachrichtensatelliten. Nachdem der erste europ. Testsatellit für Nachrichtenübertragung, **OTS** (Abk. für engl. orbital test satellite), am 11. Mai 1978 in eine geostationäre Umlaufbahn gebracht wurde und erfolgreich arbeitete, entwickelte die Europ. Weltraumorganisation (ESA) den Nachrichtensatelliten **ECS** (Abk. für engl. European communication satellite), um die Nachrichtenverbindungen im europ. Raum zu verbessern (ECS 1 nahm Anfang 1984 seinen Betrieb auf). Für den Fernsehdirektempfang über Satelliten wurden in dt.-frz. Zusammenarbeit der dt. **TV-SAT** und der frz. Fernsehsatellit **TDF** entwickelt.

📖 *Karamanolis, S.: Fernsehsatelliten.* Neubiberg 1986. - *Fernsehen ohne Grenzen.* Hg. v. J. Schwarze. Baden-Baden 1985. - *Kabel, R./ Strätling, T.: Kommunikation per Satellit.* Ein internat. Hdb. Bln. 1985. - *Herter, E./Rupp. H.: Nachrichtenübertragung über Satelliten.* Bln. u. a. [2] 1983.

kommunikat$\underline{i}$v [lat.], die Kommunikation betreffend; mitteilsam.

Kommun$\underline{i}$on [lat.], in der alten Kirche Bez. für innerkirchl. Gemeinschaft, im heute übl. Sinne Bez. für den Empfang des ↑Abendmahls. Die K. ist konstituierendes Element jeder [kath.] Meßfeier, so daß sie, wenigstens vom Zelebranten, immer vollzogen werden muß.

Kommuniqué [kɔmyni'ke:, auch: kɔmu...; zu frz. communiqué, eigtl. „mitgeteilt" (von lat. communicare „mitteilen")], Bez. für 1. eine [regierungs]amtl. Mitteilung (z. B. über Sitzungen, internat. Verhandlungen, Vertragsabschlüsse); 2. eine [amtl.] Denkschrift.

Kommun$\underline{i}$smus [engl.-frz.; zu lat. communis „mehreren oder allen gemeinsam, allgemein"], polit.-ideolog. Sammelbegriff, histor. auf weiten Strecken z. T. oder ganz ident. mit dem Begriff des Sozialismus. Im weitesten Sinne Bez. für alle Vorstellungen von einer durch allg. Gütergemeinschaft und gemeinschaftl. Lebensführung bestimmten Zukunfts- bzw. Urgesellschaft; in etwas enger gefaßtem Sinn Bez. für Lehren und Bewegungen seit Mitte des 19. Jh., die die Errichtung einer herrschaftsfreien und klassenlosen Gesellschaft mit totaler Beseitigung des Privateigentums an den Produktionsmitteln zum Ziel haben; im allg. Sprachgebrauch des 20. Jh. v. a. Bez. für das Herrschaftssystem, das 1917 durch die Oktoberrevolution in Rußland,

Kommunismus

nach 1945 in einer Reihe europ. und außereurop. Länder auf der Grundlage des Marxismus-Leninismus errichtet wurde; nach marxist.-leninist. Verständnis die höchste Stufe und Erscheinungsform des Sozialismus. Außerdem dient die Bez. K. seit Mitte des 19. Jh. bis heute in schlagwortartiger, mehr oder minder irrationaler Verwendung als Synonym für alle gegen die bestehende Ordnung und v. a. gegen das Privateigentum gerichteten Tendenzen.

Vorläufer und Frühformen: Ausgehend von der Ablehnung des Privateigentums setzt die Geschichte kommunist. Gesellschaftsentwürfe in der Antike bei Platon und den Stoikern ein, sie reicht über Ideen und Praktiken urchristl. Gemeinden und ma. Sekten (Katharer, Waldenser), über T. Müntzer und die Täufer, T. Morus und T. Campanella bis zu frz. Gesellschaftskritikern des 18. Jh. Ziel ist stets die Verwirklichung sozialer Gerechtigkeit oder christl. Nächstenliebe durch übergangs-, meist auch gewaltlose Errichtung einer herrschaftsfreien Gesellschaftsordnung. Revolutionäre Gewalt und Volksdiktatur sah dagegen der 1797 hingerichtete F. N. Babeuf vor. Seine Lehren wurden von L. A. Blanqui weiterentwickelt zu einem für den späteren K. wichtigen Programm der Verschwörung und des Aufstands von Berufsrevolutionären und fanden ab 1830 großen Widerhall bei den polit. Geheimgesellschaften in Frankreich. Hier erschien um 1840 erstmals das Wort „K." und fand sofort allg. Verbreitung. Den ersten bed. Versuch, eine mit der wahren christl. Botschaft gleichgesetzte Gütergemeinschaft auf revolutionärem Wege durch das Proletariat herzustellen, unternahm ab 1838/39 W. Weitling mit seinem „Bund der Gerechten". Um die nicht nur ökonom., sondern erstmals auch philosoph. Begründung des K. ging es M. Hess („wiss. K.").

Lehren und Bewegungen von Marx bis Lenin: Die seit Hälfte des 19. Jh. entstehenden sozialist. und kommunist. Bewegungen waren v. a. Produkte des modernen Ind.kapitalismus und überwiegend vom Marxismus geprägt. K. Marx und F. Engels, die 1847 den Bund der Kommunisten mitbegründeten und für ihn das 1848 erschienene „Kommunist. Manifest" verfaßten, formulierten im Rahmen ihrer allg. Geschichts- und Gesellschaftstheorie (histor. Materialismus) und ihrer speziellen Analyse des Kapitalismus die Lehre vom Klassenkampf zw. Proletariat und Bourgeoisie und vom notwendigen revolutionären Sieg des Proletariats, der die Aufhebung aller Klassen bewirkt. Unter K. verstanden beide den langen und beschwerl.-realen Weg zur Überwindung der durch Ausbeutung und Entfremdung gekennzeichneten bürgerl.-kapitalist. Gesellschaft sowie zur allmähl. Herstellung einer die allseitige menschl. Selbstverwirklichung ermöglichenden, sonst aber kaum konkretisierten Zukunftsgesellschaft. Marx unterschied zw. 2 Phasen der kommunist. Gesellschaft, einer „niederen", die noch nach dem Leistungs- und damit ungleichen Verteilungsprinzip, sowie einer „höheren", die voll nach dem Bedürfnisprinzip gestaltet sei. Wichtig sind die polit. Spätfolgen dieser Aussagen: 1. Unter Berufung auf Marx, für den Sozialismus und K. durchaus synonym waren, wird in den kommunist. Staaten die erste dieser beiden Phasen offiziell als Sozialismus, die zweite als K. bezeichnet; 2. auch unter Berufung auf Marx wird in diesen Ländern ein rigoroses zentrales Planwirtschaftssystem praktiziert; 3. in (verengender) Ausdeutung der Marxschen Vorstellung von einem „gänzl. gewandelten Menschen" und dessen optimaler Moralisierung, die Engels erwartete, ist seit Lenin die Schaffung, d. h. Erziehung eines neuen Menschentyps zum wesentl. Bestandteil kommunist. Politik geworden.

Die marxist. geprägte Arbeiterbewegung, die sich nach 1870 in verschiedenen Ländern W- und M-Europas organisierte, sah sich rasch so sehr mit drängenden Gegenwartsaufgaben überhäuft, daß seit 1900 v. a. in der SPD eine Praxis innerhalb des gegebenen staatl. Rahmens (Revisionismus) jede nähere Erörterung bzw. Forderung einer zukünftigen kommunist. bzw. sozialist. Gesellschaftsordnung, die jedoch polit. Fernziel blieb, verdrängte. Dagegen war und blieb die Vision einer staatenlosen kommunist. Zukunftsgesellschaft Dreh- und Angelpunkt im Programm des Anarchismus. Teils anarchist. und stark vorindustrielle, dabei durch und durch revolutionäre Züge trug der vormarxist. Sozialismus in Rußland. Das sozialist., v. a. von A. I. Herzen und N. G. Tschernyschewski geprägte Denken und Handeln fand in der Bewegung der Narodniki seinen Niederschlag. Demgegenüber deckten sich Grundaussagen und Zukunftsvorstellungen der nach 1880 sich formierenden russ. Marxisten unter G. W. Plechanow, was den - stärkeren - menschewist. Flügel in der 1898 gegr. Sozialdemokrat. Arbeiterpartei Rußlands anbelangt, weitgehend mit denen der westeurop. sozialist. Parteien. In scharfer Absage an deren reformist. Politik schuf ab 1902/03 W. I. Lenin mit seiner voluntarist. Revolutions- und Parteilehre das verbindl. Leitbild und nach 1917 mit der daran orientierten Praxis die mit Vorbildcharakter versehene konkrete polit. Erscheinungsform des K. im 20. Jh. Ihr und allen danach entstandenen Spielarten des K. ist seit Lenin gemeinsam: 1. der Marxismus-Leninismus als verpflichtende Weltanschauung bzw. Ideologie; 2. eine auf Vergesellschaftung bzw. Verstaatlichung aller Produktionsmittel fußende Wirtschafts- und Sozialordnung, die i. d. R. zentral geplant und gelenkt wird; 3. eine von der leninist. Kaderpartei neuen Typs als der

Kommunismus

bewußten Vorhut des Proletariats revolutionär errichtetes Herrschaftssystem, das die Diktatur des Proletariats verkörpert, und von der Partei als höchstem und entscheidendem Machtträger zur Vollendung des Sozialismus und K. weiterentwickelt wird.

Hauptentwicklungslinien seit 1917: Sie wurden v. a. dadurch geprägt, daß von der Oktoberrevolution 1917 bis 1945 die Sowjetunion, abgesehen von der 1921 gegr. Mongol. VR, das einzige kommunist. regierte Land der Erde war. Der von Marx vorausgesagte, von Lenin fest erwartete, ja für notwendig erachtete Sieg des K. in den westl. Ind.staaten blieb aus. Wohl entstanden in vielen Ländern kommunist. Parteien, die jedoch spätestens seit Mitte der 1920er Jahre in völlige Abhängigkeit von der KPdSU gerieten. Für die Geschichte des K. zw. den Weltkriegen war es von überragender Bed., daß die KPdSU ihre Hauptaufgabe der möglichst raschen und umfassenden Industrialisierung Rußlands sah. Der in den 3 großen Etappen *Kriegskommunismus* (ab 1918), *Neue Ökonom. Politik* (ab 1921) und *Revolution von oben* (ab 1928/29) vollzogene innere Umwälzungsprozeß brachte eine neue, durch wirtsch. und soziale Ungleichheit gekennzeichnete Gesellschaft und einen riesigen bürokrat. Funktionärsapparat, d. h. eine neue Zwangsverwaltung, hervor. Zugleich entartete die Ein-Partei-Diktatur Lenins, in der die innerparteil. Demokratie spätestens ab 1921 (Fraktionsverbot) radikal abgebaut wurde, zur terrorist. und schließl. totalitären Ein-Mann-Diktatur Stalins (↑Stalinismus). Das außerordentl. Erstarken (statt Absterben) des Staates, das mit der Bedrohung durch die kapitalist.-imperialist. Mächte gerechtfertigt wurde, hinderte den 18. Parteikongreß der KPdSU 1939 nicht daran, „den allmähl. Übergang vom Sozialismus zum K." als Nahziel zu verkünden. Aber erst (und nur) in der Ära Chruschtschow fand eine eingehendere Beschäftigung mit dem künftigen Voll-K. statt. Nach dem Parteiprogramm von 1961 soll in der Sowjetunion bis 1980 die „materiell-techn. Basis des K." vollendet, d. h. eine Überflußproduktion an materiellen und kulturellen Gütern erreicht sein, die deren „Verteilung nach den Bedürfnissen" ermöglichen wird.

Auf dem internat. Feld konnte die Sowjetunion nach 1945 zunächst sowohl die Expansion des K. erfolgreich vorantreiben als auch dessen monozentr. Charakter festigen. Alle Länder in M-, O- und SO-Europa, die unter ihren beherrschenden polit.-militär. Einfluß gerieten, aber auch diejenigen, in denen in Jugoslawien, China, N-Korea und N-Vietnam der K. aus eigener Kraft siegte, übernahmen das sowjet. Modell und erkannten die polit. und ideolog. Führungsrolle der Sowjetunion im „sozialist. Lager" an. Doch bereits der Bruch Titos mit Stalin 1948 signalisierte den 1956 voll einsetzenden Differenzierungsprozeß im internat. K., der inzwischen zum auch weltpolit. höchst folgenreichen Polyzentrismus geführt hat. Die Hauptentwicklungslinien dieses Prozesses sind bislang: 1. Jugoslawien ging einen dritten Weg zw. den Weltblöcken und entwickelt Arbeiterselbstverwaltung und „sozialist. Marktwirtschaft". 2. Seit dem Beginn der Entstalinisierung (1956) werden verstärkt eigene nat. Wege zum Sozialismus diskutiert, die den „monolith. Charakter des K." grundsätzl. in Frage stellen; sie bewirkten 1956 („Poln. Oktober", Ungar. Volksaufstand) und 1968 („Prager Frühling") schwere Erschütterungen im europ. Hegemonialverband der Sowjetunion und im internat. K. insgesamt. Dabei war der tschechoslowak. Versuch eines „Sozialismus mit menschl. Antlitz" der bisher bedeutendste Ansatz eines Reformkommunismus, der zwar vom bürokrat. Sowjetkommunismus militär. beendet wurde, doch polit. v. a. im Eurokommunismus (Italien, Spanien) weiterwirkt. 3. Wichtigste Grundlage eines polit. Spielraumes für einzelne kommunist. Staaten (z. B. Rumänien) und Parteien ist der seit 1957/58 schwelende, 1962/63 zum offenen Bruch führende und seither permanente sowjet.-chin. Konflikt, der den gemeinsamen Ggs. zu den kapitalist. Mächten überlagert. Dem gescheiterten Versuch der chin. KP 1958/59 mit Hilfe der Volkskommunen den „Großen Sprung" in den Voll-K. zu vollziehen, folgte Mitte der 1960er Jahre in der Kulturrevolution der Kampf gegen Bürokratisierung und soziale Differenzierung sowie der Verzicht auf forcierter Industrialisierung (↑ auch Maoismus). Der chin. K. wurde als Modell für die Dritte Welt interessant. Nach dem Tod Mao Tsetungs (1976) jedoch wurde in China - v. a. mit Hilfe westl. Ind.staaten - verstärkt die Industrialisierung in Angriff genommen. Der Konflikt mit der Sowjetunion, der die chin. KP „Revisionismus", „Sozialimperialismus" und „Hegemonismus" vorwirft, hat sich weiter verschärft und bildet auch den Hintergrund für die Kriege, die zw. den kommunist. Staaten Kambodscha sowie China einerseits und Vietnam andererseits 1978/79 stattfanden.

📖 Leonhard, W.: *Was ist K.? Wandlungen einer Ideologie.* Mchn. Neuaufl. 1978. - Wesson, R. G.: *Communism and communist systems.* Englewood Cliffs (N.J.) 1978. - *Sowjetsystem u. demokrat. Gesellschaft.* Hg. v. C. D. Kernig. Freib. u. a. 1966–73. 6 Bde.

Kommunismus, Pik, höchster Berg der UdSSR, im Akademie der Wissenschaften-Gebirge (Pamir), 7 483 m hoch; vergletschert. - Erstbesteigung 1933.

Kommunistische Arbeiterpartei Deutschlands, Abk. KAP, 1920 aus einer Abspaltung der KPD entstandene linkskommunist. Partei mit revolutionärutop., radikal-

Kommunistische Partei Deutschlands

kommunist. Programm; spaltete sich wiederholt und wurde zur Splittergruppe.

Kommunistische Internationale, ↑ Internationale.

Kommunistische Partei der Sowjetunion, Abk. KPdSU, einzige Partei und Trägerin der polit. Macht in der UdSSR. Die KPdSU ging letztl. hervor aus dem Zusammenschluß von marxist. Zirkeln zur Sozialdemokrat. Arbeiterpartei Rußlands (SDAPR), deren Gründungsparteitag 1898 in Minsk in der offiziellen Zählung der KPdSU auch als ihr erster Parteitag geführt wird. Auf dem 2. Parteitag 1903 in Brüssel und London spaltete sich die Partei in ↑ Bolschewiki (B) und Menschewiki. Die Bolschewiki konstituierten sich 1912 auch formell als selbständige Partei unter der Bez. SDAPR (B). Nach der Februarrevolution 1917 gelang es den Bolschewiki, ihren Masseneinfluß erhebl. auszubauen und schließl. sogar die Mehrheit in den hauptstädt. Sowjets hinter sich zu bringen. Im Okt. 1917 konnten die Bolschewiki schließl. durch einen bewaffneten Aufstand (↑ Oktoberrevolution) die Macht an sich reißen, die sie nach Ausschaltung ihrer Bündnispartner ab März 1918 allein innehatten. Ebenfalls im März 1918 benannte sich die Partei in Kommunist. Partei Rußlands, KPR (B), um. Nach dem Tode Lenins 1924 gelang es Stalin, der bereits seit 1922 Generalsekretär war, seine Rivalen Trotzki, Kamenew, Sinowjew u. Bucharin nach und nach auszuschalten und später zu liquidieren. Die alte Führungsschicht der - 1925 in KPdSU (B) umbenannten - Partei wurde in der „Großen Säuberung" (1934–38) durch Stalin stark dezimiert. Das von Lenin entwickelte Prinzip des demokrat. Zentralismus war außer Kraft gesetzt, was nach Stalins Tod 1953 ebenso wie der Personenkult im Zuge der ↑ Entstalinisierung (20. Parteitag 1956) kritisiert und rückgängig gemacht wurde. Unter N. S. Chruschtschow wurde die KPdSU (der Zusatz „B" wurde 1952 gestrichen) wieder einziger polit. Machtträger. Nach Chruschtschows Sturz 1964 wurde eine kollektive Leitung eingeführt, die aber jedoch L. I. Breschnew (bis 1982), für den 1966 die Bez. Generalsekretär wieder eingeführt wurde, eine große Machtfülle auf seine Person vereinigen konnte. Seine Nachfolger waren J. W. Andropow (1982–84), K. Tschernenko (1984–85) und M. Gorbatschow (seit 1985). Dieser betrieb eine Reform der Partei und baute u. a. die Doppelbürokratie zur staatl. Verwaltung ab. Gegen starken innerparteil. Widerstand setzte Gorbatschow im März 1990 den Verzicht auf das in der sowjet. Verfassung festgelegte Machtmonopol der KPdSU durch. Die Abspaltung der litauischen KP im Jan. 1990 konnte er nicht verhindern. Das ZK der KPdSU beschloß im Febr. 1990 die Umwandlung der Parteiverfassung nach westl. Vorbild.

Organisation: Höchstes Organ ist der alle 5 Jahre einzuberufende Parteitag, der nicht nur das Zentralkomitee (ZK) wählt, sondern auch die Direktiven zu den Fünfjahrplänen beschließt. Das ZK wählt seinerseits die Mgl. des Politbüros, das die Leitlinien der Politik festlegt, und des Sekretariats. Der KPdSU angegliedert ist die Jugendorganisation Komsomol.

📖 *Schuster, F.: Die KPdSU heute. Ffm. 1975. - Schapiro, L.: Die Gesch. der KPdSU. Dt. Übers. Ffm. 1962.*

Kommunistische Partei Deutschlands, Abk. KPD, auf einem Parteitag vom 30. Dez. 1918 bis 1. Jan. 1919 durch Zusammenschluß von Spartakusbund und Bremer Linksradikalen gegr. dt. polit. Partei. Die KPD wurde bald nach ihrer Gründung durch den Tod von F. Mehring und die Ermordung der führenden Persönlichkeiten, R. Luxemburg, K. Liebknecht und L. Jogiches, geschwächt. Die unter Führung der KPD errichteten lokalen Räterepubliken (München, Bremen) scheiterten. Ende 1920 wurde die KPD durch die Vereinigung mit dem linken Flügel der USPD zur Massenpartei. Der mit der USPD zur KPD gekommene E. Thälmann übernahm 1925 nach z. T. erbitterten Fraktionskämpfen (u. a. gegen R. Fischer) die Führung der Partei. In den folgenden Jahren erfolgte die Durchsetzung von Theorie und Praxis des Bolschewismus in der KPD. Bis 1932 konnte sie v. a. in der Weltwirtschaftskrise, Mgl.- und Wählerzahl stark erhöhen. Ab 1933 (v. a. nach dem Reichstagsbrand) verfolgt, verloren viele ihrer Mgl. das Leben im Widerstand gegen Hitler, von den ins Exil gegangenen kamen viele im Span. Bürgerkrieg während ihres Einsatzes in den Internat. Brigaden um, andere fielen im stalinist. Säuberungen in der UdSSR, die auch die Komintern erfaßten, zum Opfer. Die bis in die 1930er Jahre in der KPD vorherrschende „Sozialfaschismustheorie", wonach die SPD als Hauptgegner zu betrachten sei, wurde - v. a. nach entsprechenden Beschlüssen auf dem 7. Kongreß der Komintern - zugunsten der Volksfrontpolitik aufgegeben. Nach dem Ende des 2. Weltkrieges sofort wieder aufgebaut, war die KPD zunächst an den Länderreg. beteiligt. In der SBZ erfolgte am 21. April 1946 der Zusammenschluß mit der SPD zur SED, in den Westzonen wurde die KPD aus ihren Positionen verdrängt. 1953 erhielt sie bei den Bundestagswahlen nur noch 2,2 % der Stimmen. Nach dem Verbot am 17. Aug. 1956 setzte die KPD ihre Tätigkeit illegal bis 1968 (Gründung der DKP) fort.

Seit Anfang der 1970er Jahre bezeichneten sich verschiedene, aus der Studentenbewegung hervorgegangene Gruppierungen als KPD (mit verschiedenen Namenszusätzen, z. B. M-L [Marxisten-Leninisten]), die - bei heftigen Differenzen untereinander über

kommunistische Parteien

die jeweilige Berechtigung dieser Selbstbezeichnung - alle mehr oder weniger stark am Maoismus orientiert waren.

📖 *Weber, Hermann: Kommunismus in Deutschland 1918–1945. Darmst. 1983. - Ders.: Die Wandlung des deutschen Kommunismus. Die Stalinisierung der KPD in der Weimarer Republik. Ffm. 1971. 2 Bde.*

kommunistische Parteien, nach der russ. Oktoberrevolution von radikalen sozialist. Gruppen gebildete Parteien (↑ auch Kommunismus), die sich als Kriegsgegner von den sozialist. Parteien abgespaltet hatten, sich nach dem Vorbild der Bolschewiki (↑ Kommunistische Partei der Sowjetunion) zu organisieren und in ihren Ländern auf revolutionärem Weg zur Macht zu gelangen suchten. Die k. P. schlossen sich 1919 zur Komintern (↑ Internationale) zusammen; sie waren ledigl. als Sektionen der Komintern und deren Führung in Moskau unterstellt. Zahlr. k. P. wurden zu Massenorganisationen, doch scheiterte der Versuch, in einigen Ländern gewaltsam an die Macht zu kommen. 1924–28 gerieten die k. P. in völlige Abhängigkeit von der Komintern und der KPdSU. Im Organisationsaufbau wurde der demokrat. Zentralismus verbindl., der in der Praxis zur völligen Unterordnung unter Stalin führte. Nach dem Krieg übernahmen k. P. in europ. und asiat. Staaten die Macht, wurden sogar Massenparteien (Italien, Frankr.). Nach Stalins Tod (1953) zerfiel der einheitl. Weltkommunismus. 3 Grundrichtungen sind heute zu unterscheiden: 1. der bürokrat.-diktator. Kommunismus Moskauer Richtung (mit der Mehrheit der k. P.); 2. der revolutionäre Kommunismus chin. Richtung (zahlr. asiat. k. P. und Absplitterungen); 3. der Reformkommunismus (Italien, Spanien) mit Formen des „demokrat. Kommunismus" (Jugoslawien).

Mitteleuropa: *Deutschland:* ↑ Kommunistische Partei Deutschlands. *Österreich:* ↑ Kommunistische Partei Österreichs. *Schweiz:* ↑ Partei der Arbeit der Schweiz.

Tschechoslowakei: Die 1921 gegr. KP der Tschechoslowakei (KPČ) wurde unter K. Gottwald (1929–53) „bolschewisiert". 1938 verboten, wirkte sie bis 1945 illegal und trat 1946 in die Reg. ein. 1948 konnte sie die alleinige Macht in der Tschechoslowakei übernehmen. Mit Hilfe von Schauprozessen (u. a. gegen R. Slánský) wurde die Partei gesäubert und in stalinist. Sinne umgeformt. Nach Gottwalds Tod übernahm A. Novotný die Parteiführung. Angesichts einer wachsenden Reformbewegung mußte er im Jan. 1968 zurücktreten. Geführt von A. Dubček (1968–69) suchte die KPČ einen „Sozialismus mit menschl. Antlitz" zu verwirklichen (Prager Frühling), mußte dies jedoch nach dem Einmarsch von Truppen des Warschauer Pakts (Aug. 1968) aufgeben. Die Generalsekretäre A. Husák (1969–87) und M. Jakeš (1987–89) brachten die Partei auf eine orthodox marxist.-leninist. Linie. Unter dem unmittelbaren Druck von Massendemonstrationen im Nov. 1989 anerkannte die KPČ die Notwendigkeit gesellschaftl. und polit. Reformen. Sie verzichtete auf die ihr in der Verfassung eingeräumte Vorrangstellung und ging in die parlamentar. Opposition. Neuer Generalsekretär wurde K. Urbanek.

Westeuropa: Die westeurop. k. P. konnten keine große Bed. erlangen. In den *Niederlanden* (gegr. 1918), in *Belgien* (gegr. 1921) und in *Luxemburg* (gegr. 1921) erhielten die k. P. nach dem 2. Weltkrieg nur Gewicht durch ihre Beteiligung am Widerstand gegen die dt. Besetzung. In *Großbrit.* (gegr. 1920) und *Irland* (gegr. 1933) blieben k. P. ohne Einfluß.

Frankreich: Die 1920 gegr. KPF wurde nach mehreren Säuberungen eine stalinist. Partei. Ab 1935 betrieb sie eine Volksfrontpolitik und überwand so ihre Isolation. Nach dem dt. Überfall auf die UdSSR (1941) war sie aktiv in der Résistance und 1944–47 an der Reg. beteiligt; danach wieder isoliert. 1967–78 war sie in einem Wahlbündnis mit den Sozialisten und den Radikalsozialisten. Nach der Wahl des Sozialisten F. Mitterrand zum Staatspräs. (1981) war die KPF kurzzeitig nochmals an der Reg. beteiligt. Im Verlauf der 1980er Jahre verlor sie zunehmend an Bed., auch unter dem Druck der Ereignisse in O-Europa.

Südeuropa: *Italien:* 1921 u. a. von A. Gramsci gegr., konnte die KPI eine wichtige Rolle spielen. 1926–44 war sie illegal tätig und 1944–47 an der Reg. beteiligt; zeitweise war sie die zweitstärkste Partei Italiens. Ihr Führer P. Togliatti gehörte zu den Wortführern des Polyzentrismus, zunehmend lehnte die KPI die sowjet. Hegemonie ab. Nachdem sie 1978 größte nicht regierende KP der Erde geworden war (34,4 % Wähler, 1,7 Mill. Mgl.), strebte sie eine Koalition mit den Christl. Demokraten (histor. Kompromiß) an. Nach dem Tod ihres langjährigen Führers A. Berlinguer (1984) geriet die KPI in ihre Krise und verlor an Bedeutung. - *Spanien:* 1921 gegr., war die span. KP zuächst illegal tätig, sie erhielt durch die Volksfrontpolitik ab 1935 Bed. und war im Bürgerkrieg (1936–39) aktiv. Unter Franco Bahamonde illegal, konnte sie 1979 rd. 11 % der Wähler erreichen. Wie die KPI vertritt sie entschieden einen Eurokommunismus. - *Portugal:* Die 1921 gegr. portugies. KP arbeitete während des faschist. Regimes 1933–74 im Untergrund. Nach der Revolution 1974 konnte die stark an der KPdSU orientierte Partei die Reg.beteiligung erreichen; seit 1976 ist sie in der Opposition.

Südosteuropa: Die KP *Jugoslawiens* (gegr. 1919) besaß 1920 erhebl. Einfluß (12% der Wählerstimmen) und wurde im selben Jahr verboten. Sie leitete unter Tito den Partisanenkampf gegen die dt. Besetzung und bildete 1943 eine provisor. Regierung. Ab 1948 im

kommunistische Parteien

Konflikt mit der KPdSU, bewahrte die Partei ihre eigenständige Position. 1952 wurde sie in Bund der Kommunisten Jugoslawiens (BdKJ) umbenannt. Seit den 1980er Jahren sieht sich der BdKJ mit wachsenden Spannungen zw. den jugoslaw. Nationalitäten konfrontiert, über denen die Einheit der Partei zu zerbrechen droht. - *Albanien:* 1941 wurde die KP mit Hilfe jugoslaw. Kommunisten gegr.; sie lenkte im 2. Weltkrieg die Nat. Befreiungsfront und konnte unter E. Hoxha ein kommunist. Regime errichten. Bis zum Tod Stalins 1953 fest auf der Seite der KPdSU, trat sie im sowjet.-chin. Ideologiestreit gegen die UdSSR auf. Seit Mao Tse-Tungs Tod geriet sie auch in Ggs. zur KPCh. Hoxhas Nachfolger R. Alia setzt den streng stalinist. Kurs der Partei fort. - *Griechenland:* Die 1920 gegr. KP war ab 1920 illegal tätig; im von ihr 1942/44 ausgelösten Bürgerkrieg (bis 1949) suchte sie die Macht zu übernehmen, scheiterte aber. 1947 verboten, konnte sie 1951-67 im Rahmen der Vereinigten Demokrat. Linken weiterarbeiten. Über dem Kampf gegen die Militärdiktatur (1967-74) spaltete sich die KP, die erst 1974 legalisiert wurde. Neben der am orthodoxen Marxismus-Leninismus festhaltenden KP gibt es die Griech. Kommunist. Partei (Inland), die einen Reformkommunismus vertritt. - *Bulgarien:* Die 1919 gegr. bulgar. KP wurde 1923 illegal. Sie übernahm 1944 die Macht und formte unter G. M. Dimitrow Bulgarien in eine VR um. Nach Stalins Tod (1953) wurde T. Schiwkow (1954-89) Generalsekretär; er wurde nach 1989 von P. Mladenow abgelöst. Ende 1989 gab die KP ihren Führungsanspruch in Staat und Gesellschaft auf. - *Rumänien:* Die KP Rumäniens (gegr. 1921) arbeitete ab 1924 illegal. 1944 übernahm sie die Macht und wandelte unter Führung von S. Gheorghiu-Dej (1945-65) Rumänien in eine VR um. Unter N. Ceauşescu (1965-89) betonte die KP außenpolit. die nat. Selbständigkeit Rumäniens, nach innen wurde die bürokrat.-zentralist. Herrschaftstechnik ausgebaut und zum persönl. Herrschaftsinstrument Ceauşescus und seiner Familie umgeformt. Nach Massendemonstrationen wurde Ceauşescu am 22. Dez. 1989 gestürzt und am 25. Dez. hingerichtet. Die KP verzichtete auf ihren alleinigen Führungsanspruch und wurde im Jan. 1990 vom regierenden Rat der Nat. Rettung verboten.

Osteuropa: *Ungarn:* Die 1918 gegr. ungar. KP errichtete unter Béla Kun 1919 kurzzeitig eine Räterep.; nach deren Sturz war sie illegal. Unter der Führung M. Rákosis (1945-56) konnte sie 1948 die Fusion mit den Sozialdemokraten erzwingen und schließl. als Ungar. Partei der Werktätigen die alleinige Macht erringen. Nach dem Volksaufstand 1956 wurde die KP von J. Kádár (1956-88) als Ungar. Sozialist. Arbeiterpartei (USAP) neu aufgebaut. Unter Betonung der Führungsrolle leitete Kádár Wirtschaftsreformen ein. Weitergehende Reformbestrebungen seit Beginn der 1980er Jahre führten 1988 zum Rücktritt Kádárs und 1989 zum Verzicht auf das Machtmonopol der USAP. Im Okt. 1989 spaltete sich die Ungar. Sozialist. Partei ab, die orthodoxe Minderheit blieb in der USAP. - *Polen:* Die Kommunist. Arbeiterpartei Polens (gegr. 1918) war lange illegal und wurde 1938 auf Betreiben Stalins aufgelöst. 1942 als Poln. Arbeiterpartei neu gegr., errang sie 1944/45 unter W. Gomułka die Macht. Dessen eigenständiger Weg führte 1948 zu seiner Absetzung, sein Nachfolger B. Bierut vertrat Stalins Linie in der nun Poln. Vereinigte Arbeiterpartei (PVAP) genannten Partei. Im Zuge der Entstalinisierung übernahm Gomułka 1956-70 erneut die Führung. Vor dem Hintergrund der schlechten Wirtschaftslage mußten er und sein Nachfolger Gierek (1970-80) zurücktreten. Die 1980 entstandene Gewerkschaftsbewegung Solidarność stellte den alleinigen Machtanspruch der PVAP in Frage. Auch durch Verhängung des Kriegsrechts (1981-83) gelang es dem neuen 1. Sekretär W. Jaruzelski (1981-89) nicht, den Machtverfall aufzuhalten. Unter Führung von M. Rakowski verzichtete die PVAP 1989 auf ihr Machtmonopol und ging in die parlamentar. Opposition. Im Jan. 1990 schließl. löste sich die PVAP selbst auf, Teile gründeten eine neue, sozialdemokrat. orientierte Partei. - *Sowjetunion:* ↑ Kommunistische Partei der Sowjetunion.

Nordeuropa: In Skandinavien konnten die k. P. kaum Einfluß gewinnen. Die KP *Schwedens* (gegr. 1917 als linkssozialist. Partei) versuchte ebenso wie die KP *Norwegens* (gegr. 1923) einen eigenständigen Kurs zu steuern. Bed. hat die KP *Finnlands* (gegr. 1918, erst seit 1944 legal); eine Spaltung der Partei wurde 1972 überwunden.

Führend unter den k. P. Asiens ist die 1921 gegr. KP *Chinas* (KPCh). 1934 begaben sich die Mgl. der KPCh und ihrer Roten Armee auf den Langen Marsch. Mao Tse-tung übernahm 1943 den Vorsitz im ZK. Nach Maos Tod (1976) schlugen seine Nachfolger Hua Kuofeng und Teng Hsiao-ping bei bleibender Ablehnung der sowjet. Politik den Kurs einer verstärkten Industrialisierung des Landes ein. 1989 sicherte sich die KPCh blutig ihr Machtmonopol. Die k. P. von *Birma, Malaysia* und *Thailand,* die illegal wirkten, stehen ebenso wie die KP *Neuseelands* auf der Seite Chinas. Die älteste KP in Asien, die KP *Indonesiens* (gegr. 1920), die zeitweilig an der Reg. beteiligt war, wurde nach einem Putsch im März 1966 verboten. Die KP *Koreas* (gegr. 1925) übt seit 1945 die Macht in N-Korea aus und wird seither von Kim Il Sung geleitet. Die 1930 von Ho Chi Minh gegr. KP *Vietnams* ist seit 1954 Staatspartei in N-Vietnam, seit der Wiedervereinigung N- und S-Vietnams 1976 in ganz Vietnam. Die KP *Japans* (gegr. 1921) konnte

Kommunistische Partei Österreichs

ihre Organisation stabilisieren und Einfluß gewinnen. Die KP *Indiens* (KPI) (gegr. 1928) spaltete sich 1964 in die KPI und die KPI (Marxisten), 1969 entstand eine 3. maoist. KPI (ML).

In Nordamerika (*USA* und *Kanada*) sind die seit 1919 bzw. 1921 bestehenden k. P. ohne Bedeutung.

In Lateinamerika sind viele k. P. illegal, so die 1922 gegr. KP *Brasiliens*, die seit 1962 gespalten ist. Die wichtigste war die KP *Chiles*, eine 1912 gegr. Sozialist. Arbeiterpartei, die sich 1921 in KP umbenannte, nach der Illegalität 1949–58 einen friedl. Weg zum Sozialismus vertrat, erhebl. Einfluß in der Volksfront hatte und ab 1973 blutig unterdrückt wurde. An der Macht befindet sich die KP *Kubas*, 1925 gegr. und 1961 mit der Bewegung Fidel Castros verschmolzen. Der Castrismo und die Guerillabewegung sind in Lateinamerika kommunist. Formen (neben den KP).

Im Vorderen Orient und in N-Afrika sind zahlr. k. P. illegal (*Jordanien, Marokko, Sudan, Tunesien* usw.). In Iran erlangte in der Revolution 1978/79 die bis dahin illegale kommunist. Tudeh-Partei gewisse Bedeutung. Die KP *Ägyptens* (gegr. 1923) löste sich 1965 selbst auf. In Schwarzafrika sind k. P. erst im Aufbau begriffen (*Nigeria*, gegr. 1960; *Lesotho*, gegr. 1962) oder betätigen sich wie die 1921 gegr. KP *Südafrikas* illegal. In Angola und *Moçambique* haben 1975 Befreiungsbewegungen die Macht übernommen, die sich als marxist.-leninist. Staatsparteien konstituierten.

📖 *World communism. A handbook, 1918–1965. Hg. v. W. S. Sworakowski.* Stanford (Calif.) 1973. - Leonhard, W.: *Die Dreispaltung des Marxismus. Ursprung und Entwicklung des Sowjetmarxismus, Maoismus u. Reformkommunismus.* Düss. u. Wien 1970.

Kommunistische Partei Österreichs, Abk. KPÖ, 1918 von Teilen des SPÖ und linksradikalen Gruppen gegr. Partei; seit Mai 1933 illegal, kämpfte nach 1938 gegen das NS-Regime; 1945 wieder zugelassen, bis 1947 an der Reg. beteiligt. Die v. a. von E. Fischer kritisierte sowjet. Linie wurde nur vorübergehend (1965–68) verlassen.

Kommunistisches Manifest, von K. Marx und F. Engels im Auftrag des Bundes der Kommunisten u. d. T. „Manifest der Kommunist. Partei" 1847 verfaßte und 1848 veröffentlichtes programmat. Schrift mit der ersten zusammenfassenden Darstellung der marxist. Theorie; gehört zu den am weitesten verbreiteten Büchern.

Kommunitäten [lat.], Bez. für die in vielem den Orden, Kongregationen und v. a. Säkularinstituten der kath. Kirche vergleichbaren Gemeinschaften (auch ev. Bruder- bzw. Schwesternschaften) im Bereich der *ev. Kirchen*, in denen bis auf Reste und gelegentl. Neuansätze kommunitäres Leben nicht mehr vorhanden war. Die K. halten Armut, Ehelosigkeit und Gehorsam für aus dem N. T. begründbar und in zeit- und situationsgemäßer Ausprägung nach einer verbindl. Regel praktizierbar.

kommunizieren [lat.], in Verbindung stehen; sich verständigen, miteinander sprechen.

♦ im christl. Sprachgebrauch svw. das ↑Abendmahl empfangen.

kommunizierende Röhren, untereinander verbundene, oben offene Gefäße; werden sie mit der gleichen Flüssigkeit gefüllt, so steht der Flüssigkeitsspiegel in allen Röhren gleich hoch.

kommutabel [lat.], veränderl., vertauschbar.

Kommutation [lat.], allg. svw. Vertauschbarkeit, Umstellbarkeit.

♦ der Winkel zw. den beiden Verbindungsgeraden Erde–Sonne und Sonne–Planet.

kommutativ [lat.], svw. vertauschbar; bezeichnet [mathemat.] Größen, wenn für sie bezügl. einer bestimmten Verknüpfung das ↑Kommutativgesetz gilt.

Kommutativgesetz (kommutatives Gesetz), mathemat. Gesetz, das für eine Verknüpfung (∘) die Unabhängigkeit des Ergebnisses von der Reihenfolge der beiden verknüpften Elemente a und b angibt bzw. fordert: $a \circ b = b \circ a$. Für beliebige Zahlen a und b gilt z. B.
$a \cdot b = b \cdot a$ (*K. der Multiplikation*),
$a + b = b + a$ (*K. der Addition*).

Kommutator [lat.], in der *Quantentheorie* der aus zwei quanten[feld]theoret. Operatoren bzw. quantenmechan. Matrizen A und B gebildete Ausdruck
$$A \cdot B - B \cdot A \equiv [A, B]_-;$$
entsprechend wird der Ausdruck
$$A \cdot B + B \cdot A \equiv [A, B]_+$$
als Anti-K. bezeichnet.

♦ in der *Mathematik* Bez. für das aus zwei Elementen a und b einer Gruppe G und ihren inversen Elementen a^{-1} und b^{-1} gebildete Element $k = a^{-1}b^{-1}ab$ dieser Gruppe.

♦ svw. ↑Kollektor.

Komnenen, byzantin. Kaiserdyn.; ben. nach ihrem Stammort Komne bei Adrianopel; regierten nach dem Intermezzo des Isaak I. Komnenos (1057–59) Byzanz von 1081 bis 1185 und das Kaiserreich von Trapezunt von 1204 bis 1461 (Großkomnenen).

Komödiant [griech.-italien.], meist abwertende Bez. für einen Schauspieler; übertragen: jemand, der gerne etwas vortäuscht, Heuchler.

Komödie [zu griech. kōmōdía, eigtl. „Gesang bei einem ↑Komos], neben der Tragödie die wichtigste Gattung des europ. Dramas. Die K. entstand aus dem Zusammenwirken verbaler Komik und vorliterar. mimet. Spieltraditionen (Pantomime, Tanz).

Komoren

Geschichte: K. sind seit 486 v. Chr. in Athen als Teil der staatl. Dionysosfeiern bezeugt. Berühmt wurden die polem. K. des Aristophanes, der die Mißstände seiner Zeit kritisierte. Die sog. mittlere und neue att. K. wurde dagegen allmähl. zur Konversations-K. (Menander). Die röm. K. blieb weitgehend an der neuen att. K. orientiert (Livius Andronicus, Plautus, Terenz). Im europ. MA war die antike K.tradition (bis auf Terenz) unterbrochen; statt dessen entwickelten die nat. Kulturen volkstüml. K.traditionen wie die frz. *Sottien*, die niederl. *Kluchten* und die dt. *Fastnachtsspiele*. Die italien. Renaissance belebte am Ende des 15. Jh. wieder die antike Tradition; ihre Form wurde von der Renaissancepoetik fixiert, derzufolge für die K. neben der Akteinteilung die Befolgung der 3 Einheiten, der Ständeklausel († Drama) und der Genera dicendi (niederer, mittlerer und hoher Stil) verbindl. wurden. Daneben entwickelte sich in der *Commedia dell'arte* die volkstüml. Stegreiftradition weiter. Die Rezeption der Renaissance-K. verlief bis zum 18. Jh. in den einzelnen Nationalstaaten unterschiedl.: In England entstand als neuer Typ die sog. romant. K., die bei Shakespeare ihren Höhepunkt fand, daneben die in antiker Tradition stehende *Comedy of humours* (eine Art Typen-K., die menschl. Schwächen satir. bloßstellt, Verf. u. a. B. Jonson) und die die gesellschaftl. Sitten der neu entstehenden Bürgerschicht kommentierende und karikierende *Comedy of manners* (J. Dryden u. a.). In Spanien entwickelte sich auf Grund der religionspolit. Situation (Gegenreformation) das unpolit.-unsatir. *Mantel- und Degenstück* (Lope de Vega, Calderón u. a.). Frankr. stand unter italien. und span. Einfluß, wobei der Typus der Charakter-K. verfeinert wurde (Molière). Erst im 18. Jh., im Gefolge der Aufklärung, erfuhr die K. eine gesamteurop. Ausprägung und wurde zur bürgerl. didakt. Tugendlehre. In Deutschland wurden die frz. und engl. Vorbilder diskutiert und mit Lessings „Minna von Barnhelm" (1767) die erste bed. dt. K. geschaffen; ähnl. bed. waren nur noch H. von Kleist, F. Raimund und J. N. Nestroy. Im 19. Jh. wurde die Konversations-K. wieder beliebt, bes. in Östr., gleichzeitig entwickelte sich die soziale K. (Junges Deutschland; Gogol, Ostrowski, Tschechow; Hauptmann, Zuckmayer) bis zur Tragikomödie (C. Sternheim, F. Wedekind). Die Gegenwart hat angesichts des Zerfalls traditioneller Werte zeitgemäße Varianten der alten Gattung K. geschaffen: groteske, absurde, antirealist. und existentielle Problemstücke versuchen die existentielle Bindungslosigkeit des modernen Menschen zu erfassen (F. Dürrenmatt, M. Frisch, P. Weiss, Ö. von Horvath, E. Ionesco, L. Pirandello, J. Giraudoux u. a.). In der UdSSR formte sich in den 20er Jahren die *Polit-K.* (Katajew, Bulgakow, Majakowski), die in der BR Deutschland durch R. Hochhuth, in der DDR durch F. Wolf vertreten ist.

Die film. Darstellung einer Handlung, die als Ganzes oder durch die Mehrzahl der sie zusammensetzenden Situationen Lachen bzw. Heiterkeit erregt, wird als **Filmkomödie** bezeichnet; typ. Ausprägungen sind die *Slapstick-comedy* und die *Screwball-comedy;* vorwiegend auf literar. Vorlagen aufgebaut ist die *schwarze Komödie*.

📖 *Steinmetz, H.: Die K. der Aufklärung. Stg.* ³1978. - *Die dt. K. Hg. v. W. Hinck. Düss. 1977.*

Komọdowaran † Warane.

Komoren

(amtl. République fédérale islamique des Comores), BR im Ind. Ozean, vor der O-Küste Afrikas am N-Ausgang der Straße von Moçambique, bei 44° ö. L. und 12° s. Br. **Staatsgebiet:** Es umfaßt von der Gruppe der Komoren die Inseln Njazidja (früher Grande Comore), Nzwani (früher Anjouan) und Mwali (früher Mohéli). Die Insel Mayotte einschließl. der Nebeninsel Pamanzi-Bé blieb auf Grund der Volksabstimmung frz. Hoheitsgebiet. **Fläche:** 1 862 km². **Bevölkerung:** 469 000 E (1985), 251,9 E/km². **Hauptstadt:** Moroni (auf Njazidja). **Amtssprache:** Französisch und Arabisch. **Währung:** CFA-Franc = 100 Centimes (c). **Internat. Mitgliedschaften:** UN, OAU, UMOA; der EWG assoziiert. **Zeitzone:** Moskauer Zeit, d. i. MEZ + 2 Std.

Landesnatur: Die Inseln sind vulkan. Ursprungs, sie haben Gebirgscharakter, mit zum Teil tief eingeschnittenen Tälern. Höchste Erhebung ist mit 2 361 m der Kortala, ein noch tätiger Vulkan auf Grande Comore (letzter Ausbruch 1977). Mohéli ist an der S-Küste von einem Korallenriff umgeben.
Klima: Die Inselgruppe hat trop. Klima; Regenzeit herrscht von Okt.–März.
Vegetation, Tierwelt: Weite Teile, v. a. auf Grande Comore sind mit trop. Regenwald bedeckt. Die Korallenriffe sind äußerst reich an z. T. seltenen Wassertieren.
Bevölkerung: Sie ist eine Mischung aus arab., pers., schwarzafrikan., indomelanes., chin. und madagass. Elementen. Araber spielen in der Politik, Inder und Chinesen im Handel eine führende Rolle. Über 97 % sind Muslime. Die Bev. konzentriert sich auf allen Inseln auf die schmalen Küstenstreifen.
Wirtschaft: Etwa 85 % der Bev. leben von der Landw. Der Selbstversorgung dient der Anbau von Reis, Maniok, Mais, Süßkartoffeln u. a. sowie die Viehhaltung und der Fischfang. In Plantagen werden Ylang-Ylang-Bäume kultiviert, deren Öl Essenzen für die Parfümherstellung liefert. Daneben Gewinnung von Vanille, Gewürznelken, Kopra und Pfeffer. Die Ind. verarbeitet landw. Produkte.

Außenhandel: Ausgeführt werden Vanille, äther. Öle, Kopra, Sisal, Gewürznelken, eingeführt Nahrungsmittel, Konsumgüter, Kfz., Erdölprodukte, Zement. Wichtigste Handelspartner sind Frankr., die USA, Kanada und Madagaskar.

Verkehr: Das Straßennetz ist 750 km lang. Schiffe und Flugzeuge verkehren zw. den einzelnen Inseln. Auf Grande Comore gibt es einen internat. ✈.

Geschichte: Um 1591 wohl erstmals von einem Europäer besucht; standen danach lange unter arab. Einfluß; Mayotte kam 1841/43 in frz. Besitz, die anderen Inseln wurden 1886 bzw. 1909 frz. Protektorat; 1912 dem Generalgouverneur von Madagaskar unterstellt; erhielten 1946 den Status eines frz. Überseeterritoriums (seit 1961 mit beschränkter innerer Autonomie). Nachdem die Bev. sich in einer Volksabstimmung im Dez. 1974 mit überwältigender Mehrheit für die Trennung von Frankr. ausgesprochen hatte, erklärte das frz. Überseeterritorium am 6. Juli 1975 einseitig die Unabhängigkeit. Der vom Abg.haus zum Staatspräs. gewählte vorherige Präs. des Reg.rates Ahmed Abdallah Abderemane wurde von seinen innenpolit. Gegnern im Aug. gestürzt. Die Insel Mayotte, deren Bev. die Unabhängigkeitserklärung ablehnte, stellte sich unter den Schutz Frankr., das die Unabhängigkeit von 3 Inseln der K. anerkannte. Mayotte stimmte in 2 Referenden 1976 für den Verbleib bei Frankr. und den Status eines frz. Überseedepartements. Nach einem neuerl. Putsch im Mai 1978, dem der bisherige Staatschef Ali Soilih zum Opfer fiel, wurde ein 3köpfiges polit.-militär. Direktorium eingesetzt, das auf dem Dekretwege regierte. Der dem Direktorium angehörende Ahmed Abdallah Abderemane wurde im Okt. 1978 zum Staatspräs. gewählt, nachdem durch Volksabstimmung eine Verfassung angenommen worden war. Am 25. Jan. 1982 löste der Präs. Parlament und Reg. auf und setzte für März Neuwahlen an. Anfang 1985 wurde im Zuge einer Verfassungsrevision das Amt des Premiermin. abgeschafft und dessen Funktionen auf den Präs. übertragen. Bei einem Putschversuch auf den K. im Nov. 1989 wurde Präs. A. A. Abderemane ermordet. Gemäß der Verfassung übernahm der Vors. des Obersten Gerichts, Mohammed Dschoher, seine Amtsgeschäfte.

Politisches System: Nach der 1982 und 1985 geänderten Verfassung vom 1. Okt. 1978 ist die K. eine islam., föderalist. Rep., die nach einem Präsidialsystem regiert wird. *Staatsoberhaupt* und oberster Inhaber der *Exekutive* ist der Präs. (seit Nov. 1989 M. Dschoher), der für 6 Jahre direkt gewählt wird (einmalige Wiederwahl ist zulässig). Er ernennt die Min. und für jeweils 5 Jahre die Gouverneure der Inseln. Die *Legislative* liegt bei der 38köpfigen Bundesversammlung, die für 5 Jahre gewählt wird. Nach der Bildung des *Einparteiensystems* 1979 ist die Union Comorienne pour le progrès (UCP) einzige Partei; verschiedene Oppositionsparteien agieren von Frankreich aus. *Verwaltung*smäßig verfügen die Inseln durch eigens gewählte Räte über ein gewisses Maß an Autonomie. Die *Streitkräfte* umfassen rd. 800 Mann.

Komorowski, Tadeusz ↑ Bór-Komorowski, Tadeusz.

Komos [griech.], Bez. für festl.-ausgelassene Umzüge bes. im Zusammenhang mit dem athen. Dionysoskult.

Komotau, Stadt am Fuß des Erzgebirges, ČSSR, 380 m ü. d. M., 57 400 E. Neben Brüx ein Zentrum des nordböhm. Braunkohlenreviers, Wohnort von Bergarbeitern, Standort metallurg. und chem. Ind. - Das Dorf K. gehörte 1252–1416 dem Dt. Orden, war Sitz einer Kommende und erhielt 1335 Stadtrecht. - Frühgot. Katharinenkirche (13. Jh.), spätgot. Pfarrkirche (16. Jh.).

Komotini, griech. Stadt in Westthrakien, 37 500 E. Hauptort des Verw.-Geb. Rhodopi; griech.-orth. Bischofssitz; Univ. (gegr. 1973). Marktort des agrar. Umlands. - Oriental. Altstadt.

Kompagnon [kɔmpan'jõː, 'kɔmpanjõ, 'kɔmpanjɔn; frz., eigtl. „Brotgenosse" († Kompanie)], Mitinhaber eines Geschäfts oder Unternehmens.

kompakt [lat.], allg. svw. dicht, fest, gedrungen.

Kompanie [zu lat. con- „mit" und panis „Brot", eigtl. „Brotgemeinschaft"], militär. (mehrere Züge vereinigende) Einheit, bei Artillerie und Heeresflugabwehrtruppe Batterie, bei der Heeresfliegertruppe Staffel; mehrere K. bilden ein Bataillon; **Kompaniechef** ist der Hauptmann oder Major.
♦ veraltete Bez. für [Handels]gesellschaft.

komparabel [lat.], vergleichbar.

Komparation [zu lat. comparare „vergleichen"] (Graduierung), Bez. für die dreistufige sog. „Steigerung" der Adjektive: **Positiv** (Grundstufe: *schön*), **Komparativ** (Höherstufe: *schöner*), **Superlativ** (Höchststufe: *schönst, am schönsten);* man unterscheidet relative und absolute Vergleichsstufen († Elativ).

Komparatistik (Komparativistik) [lat.], svw. ↑ vergleichende Sprachwissenschaft, svw. vergleichende Literaturwissenschaft.

komparativ [lat.], vergleichend; auf Vergleichung beruhend.

Komparativ [lat.] ↑ Komparation.

Komparator [lat. „Vergleicher"], in der *Längenmeßtechnik:* 1. eine mechan.-opt. Vorrichtung zur genauen Längenmessung durch Vergleich des Prüflings mit einem Normal (Strichmaßstab hoher Genauigkeit); besteht aus zwei vertikal gerichteten, starr miteinander verbundenen Meßmikroskopen und einem Aufnahmetisch. 2. eine die Interferenz von Lichtstrahlen ausnutzende Vorrichtung *(Interferenz-K.),* die v. a. zum Ausmessen und

Kompaß

Vergleichen von Endmaßen dient, aber auch zur Feststellung von Planheit und Parallelität der Endmaßflächen.
◆ svw. elektr. ↑ Kompensator.
◆ in der *Astronomie* ein Gerät zum Vergleichen von zwei zu verschiedenen Zeiten photographierten Aufnahmen desselben Himmelsbereichs, mit dem sich veränderl. Sterne und sich schnell bewegende Objekte auffinden lassen.

Komparatorprinzip (Abbesches Prinzip), von E. Abbe 1890 aufgestelltes Prinzip für genaue Längenmessungen: Der Meßapparat ist so anzuordnen, daß die zu messende Strecke die geradlinige Fortsetzung der als Maßstab dienenden Teilung bildet. Maßstab und Prüfling sollen also fluchtend hintereinander und nicht auf verschiedenen parallelen Geraden nebeneinander angeordnet sein.

Komparse [italien., zu lat. comparere „erscheinen"], Darsteller einer „stummen" Nebenrolle. Der Ausdruck ist v.a. in der Filmbranche gebräuchl., beim Theater ist die Bez. **Statist** häufiger. Die Gesamtheit dieser Darsteller bezeichnet man als **Komparserie** bzw. **Statisterie**.

Kompartimentierung [lat.], in der *Zellphysiologie* Bez. für die arbeitsteilige Aufgliederung der Zellen in mehrere getrennte Reaktionsräume (*Kompartimente*). Dadurch können die zahlr., gleichzeitig nebeneinander stattfindenden Reaktionsketten des Zellstoffwechsels stattfinden.

Kompaß ↑ Sternbilder (Übersicht).

Kompaß [italien.; zu lat.-italien. compassare „ringsum abschreiten"], ein v.a. für Schiffahrt, Luftfahrt und Geodäsie wichtiges Instrument zur Bestimmung der N-S-Richtung. Beim **Magnetkompaß** wird die Richtkraftwirkung ausgenutzt, die das erdmagnet. Feld auf einen [Permanent]magneten ausübt. Im einfachsten Fall (beim sog. **Marschkompaß**) ruht ein kleiner Magnetstab mit zugespitzten Enden (**Magnetnadel**), leicht in einer Horizontalebene drehbar, mit seinem Schwerpunkt auf einer feinen Spitze (*Pinne*) über einer Scheibe, auf der die Himmelsrichtungen angegeben sind (Wind- oder Kompaßrose); diese Magnetnadel stellt sich bei ungestörtem erdmagnet. Feld in die jeweilige erdmagnet. N-S-Richtung ein, die von der geograph. N-S-Richtung um die lokale Mißweisung (*Deklination*) abweicht. Man unterscheidet den luftgefüllten **Trockenkompaß** und den bes. in der See- und Luftfahrt verwendeten **Schwimm-** oder **Fluidkompaß**, bei dem die als Schwimmkörper ausgebildete K.rose innerhalb des K.kessels in einem Wasser-Alkohol-Gemisch auf der Pinne ruht. Der zur Peilung verwendete **Peilkompaß** hat einen Visieraufsatz. Alle Magnetkompasse werden infolge Störungen des erdmagnet. Feldes z.B. durch in der Nähe befindl. Eisenmassen (v.a. auf Schiffen) oder stromdurchflossene elektr. Leiter in ihrer Anzeige beeinflußt und z.T. durch Hilfsmagnete kompensiert. Auf dem Zusammenspiel von Erddrehung, Drehimpulserhaltung und Schwere beruht der **Kreiselkompaß**; er nutzt die Tatsache, daß ein schnell rotierender Kreisel (mit nur zwei Freiheitsgraden), dessen Drehachse unter dem Einfluß der Schwerkraft gezwungen wird, in der Horizontalebene zu bleiben, diese Achse parallel zur Erdachse zu stellen sucht: Während die Horizontalebene infolge der Erddrehung ihre Lage im Raum verändert, sucht der Kreisel die Lage seiner Drehachse beizubehalten; da aber die Drehachse z.B. durch

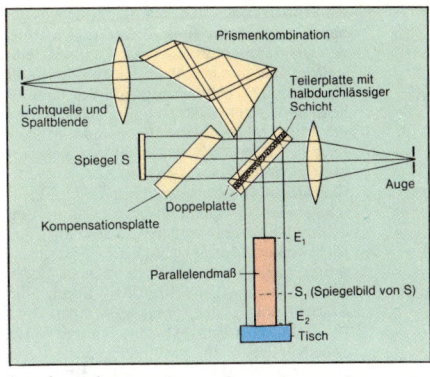

Interferenzkomparator.
E_1, E_2 Endflächen des Parallelendmaßes

Kreiselkompaß. Die im quecksilbergefüllten Kompaßkessel befindlichen Schwimmer dienen der Schwingungsdämpfung

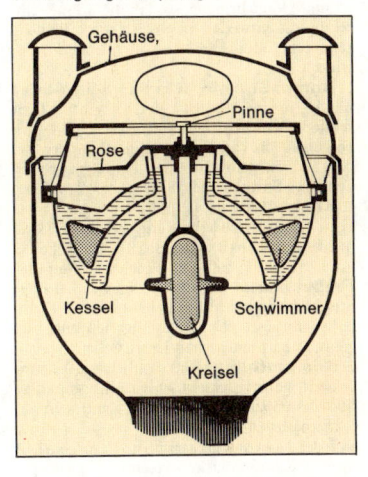

Kompaßkurs

ein Pendelgewicht in der Horizontalebene gehalten wird, kann sie sich nur in Richtung des geograph. Meridians (Längenkreis) einstellen. Die durch einen Elektromotor aufrechterhaltene Umdrehungszahl des Kreisels liegt bei 15 000–20 000 U/min, seine Masse bei 5 kg. In der Nähe der geograph. Pole zeigt der Kreisel-K. wegen fehlender Richtkraft nicht an.
Geschichte: In China, wo die magnet. Eigenschaften des Eisens möglicherweise schon im 2. Jh. v. Chr. bekannt waren, wurde auch die Richtwirkung der Magnetnadel - dort „Südweiser" genannt - entdeckt (erstmals im 12. Jh. n. Chr. erwähnt). Vermutlich durch die Araber kam der Magnetkompaß im 12./13. Jh. nach Europa; seine heutige Form erhielt er im 13. Jh. von italien. Seefahrern. Den ersten prakt. brauchbaren Kreisel-K. konstruierte Anfang des 20. Jh. H. Anschütz-Kaempfe.

Kompaßkurs, der nach dem Magnetkompaß anliegende, nicht um die örtl. Deklination korrigierte ↑ Kurs.

Kompaßpflanzen, Pflanzen (z. B. Kompaßlattich), die ihre Blattflächen in eine bestimmte Lage bringen, so daß die Sonneneinstrahlung entweder möglichst stark (nahezu senkrecht) oder sehr wenig (nur streifend) einwirken kann.

Kompaßqualle (Chrysaora hyoscella), häufig im Mittelmeer und Atlantik (einschließl. Nordsee) vorkommende Qualle mit 16 gelben bis rotbraunen Radialbändern auf dem flachen, gelblichweißen, bis 30 cm großen Schirm; Tentakel gekräuselt, bis 2 m lang.

Kompaßrose (Windrose), mit einer Grad- [und Strich]einteilung versehene Skala in einem Kompaß; auch Bez. für die Scheibe, auf der sie sich befindet. Eine Änderung des Fahrzeugkurses ist durch Vergleichen der Strichteilung der K. mit dem am festen Kompaßgehäuse in Fahrzeuglängsrichtung angebrachten Steuerstrich festzustellen.

Kompatibilität [lat.], allg. svw. Vereinbarkeit, Verträglichkeit. - Ggs. ↑ Inkompatibilität; **kompatibel,** allg. svw. miteinander vereinbar, verträglich.
♦ in der *Nachrichtentechnik* die Vereinbarkeit bzw. Austauschbarkeit techn. [Wiedergabe]systeme, die den Übergang von einem System zum anderen gestatten; z. B. die Möglichkeit, Farbfernsehsendungen auch mit Schwarzweißgeräten zu empfangen.
♦ in der *Pharmakologie* die Verträglichkeit von Arzneimitteln untereinander.
♦ (Konvenienz) in der *Sprachwiss.* Vereinbarkeit bzw. *Kombinierbarkeit* von Lexemen im Satz auf Grund syntakt. und semant. Merkmale, z. B. röhren + Hirsch, hell + strahlen.

Kompendium [lat. „Ersparnis, Abkürzung" (eigtl. „das Zusammenwägen")], Bez. für Handbuch, Abriß, kurzgefaßtes Lehrbuch eines Wissensgebietes.

♦ vor dem Objektiv von Film- oder Großbildkameras, angebrachter Faltenbalg; dient als Gegenlichtblende und als Halterung für Masken, Kaschs, Filterscheiben u. ä.

Kompensation [lat., zu compensare „auswiegen, abwägen"], in der *Individualpsychologie* A. Adlers der Ersatz oder Ausgleich tatsächl. oder vermeintl. körperl. oder seel. Mängel durch bes. Leistungen auf anderen, insbes. sozialen und geistigen Gebieten. Das Individuum versucht nach Adler auf diese Weise, seine im Konflikt mit der Umwelt entstehenden Minderwertigkeitsgefühle zu bewältigen. Bei übersteigertem Leistungs- oder Geltungsstreben bzw. Überkompensation spricht Adler von einer **Kompensationsneurose.**
♦ in *Physik* und *Technik* der Ausgleich einer Wirkung durch eine Gegenwirkung [gleicher Art]; z. B. der Ausgleich der durch Temperaturschwankungen bedingten Längenänderungen eines ↑ Kompensationspendels.

Kompensationsgeschäft (Ausgleichsgeschäft), 1. im *Bankwesen* Aufrechnung der Kauf- und Verkaufsaufträge von Wertpapieren innerhalb der Bank selbst ohne Einschaltung der Börse; durch die allgemeinen Geschäftsbedingungen der Banken ausgeschlossen, außer in den Fällen, in denen der Kunde andere Weisung erteilt; 2. im *Osthandel* ein Vertrag über den Bezug von Produkten eines östl. Unternehmens, der als Zahlung an einen Liefervertrag gekoppelt ist. In den 1970er Jahren wurde von sozialist. Staaten der Abschluß solcher K. zunehmend zur Bedingung gemacht, um so Devisen einzusparen.

Kompensationspendel, Pendel für Uhren hoher Ganggenauigkeit, bei dem eine geeignete Materialkombination temperaturbedingte Längenänderungen ausgleicht (Kompensation), so daß diese ohne Einfluß auf die Schwingungsdauer bleiben.

Kompensationsverfahren, Meßverfahren, bei dem ein Vergleich zw. der zu messenden Größe und einer bekannten Hilfsgröße erfolgt, wobei die Differenz beider Größen zum Verschwinden gebracht wird (Ggs. ↑ Ausschlagverfahren).

Kompensator [lat. „Ausgleicher"] (Komparator), Meßeinrichtung zur Bestimmung einer unbekannten Spannung durch Vergleich mit einer bekannten.

kompensieren [lat.], (gegeneinander) ausgleichen, durch Gegenwirkung aufheben.

kompetent [lat.], zuständig, maßgebend, befugt. - Ggs. ↑ inkompetent.

Kompetenz [lat.], allg. svw. Zuständigkeit, Befugnis.
♦ in der *Sprachwiss.* die Summe aller sprachl. Fähigkeiten, die ein Sprecher einer Sprache, die er als Muttersprache erlernt hat, besitzt; ihre Aktualisierung im Sprechakt, die Sprachverwendung, heißt **Performanz.**

Kompetenzkompetenz, die Befugnis

Komplementbindungsreaktion

eines staatl. Organs, insbes. eines Gerichts, über den Umfang seiner eigenen Kompetenzen verbindlich zu entscheiden; auch gebraucht für das Recht eines Bundesstaats, seine Zuständigkeiten durch Verfassungsänderung auf Kosten der Gliedstaaten zu erweitern.

kompetitiv [lat.], sich mitbewerbend, konkurrierend.

kompetitive Hemmung ↑Enzyme.

Kompilation [zu lat. compilatio, eigtl. „Plünderung"], seit dem 16. Jh. übl. Bez. für eine meist der Wissensvermittlung dienende Zusammenstellung von Textausschnitten aus anderen Schriften; bes. in der Spätantike und im MA beliebt; auch, negativ wertend, für literar. Werke gebraucht, in denen Stoffe und Episoden aus älteren Quellen nur oberflächl. aneinandergereiht sind, und Schriften, die den Stoff wiss. unverarbeitet darbieten.

Kompilationsfilm, aus bereits vorhandenem, oft schon anderweitig verwendetem Filmmaterial zusammengestellter Film, meist informator., propagandist., didakt. und/oder unterhaltend ausgerichtet. Filmgeschichtl. bed. K. sind u. a. „Der Fall der Romanow-Dynastie", (1927, E. Schub), „Paris 1900" (1947, N. Védrès), „Eichmann und das Dritte Reich" (1963, E. Leiser), „Der gewöhnl. Faschismus" (1965, M. Romm).

komplanar [lat.], in der gleichen Ebene liegend.

Komplanation [lat.], die Berechnung des Flächeninhalts von gekrümmten Oberflächen.

Komplement [lat., zu complere „vollmachen"], allg. Ergänzung[sstück].

◆ bei der Antigen-Antikörper-Reaktion zellgebundener Antigene häufig beteiligter, im menschl. Blutserum und in fast allen tier. Blutseren vorhandener thermolabiler Komplex, der je nach Zellart Lyse (Auflösung) oder Konglutination (Verklebung) der Zellen bewirkt.

komplementär [lat.-frz.], in bestimmter Weise sich gegenseitig ergänzend (z. B. ↑Komplementärfarben), sich gegensätzl. verhaltend (↑komplementäre Größen), aus etwas anderem hervorgehend oder diesem zugeordnet (z. B. ↑komplementäres Dreieck).

Komplementär, Gesellschafter einer ↑Kommanditgesellschaft oder einer ↑Kommanditgesellschaft auf Aktien, der zur Geschäftsführung und Vertretung der Gesellschaft befugt ist und gegenüber den Gesellschaftsgläubigern unbeschränkt und persönl. haftet.

komplementäre Größen, in der Quantentheorie Bez. für zwei oder mehrere beobachtbare Größen, wenn die genaue Messung einer dieser Größen die gleichzeitige genaue Messung der anderen unmögl. macht.

komplementäres Dreieck, ein Dreieck, dessen Ecken die Seitenmitten eines anderen Dreiecks (sog. Grunddreieck) sind.

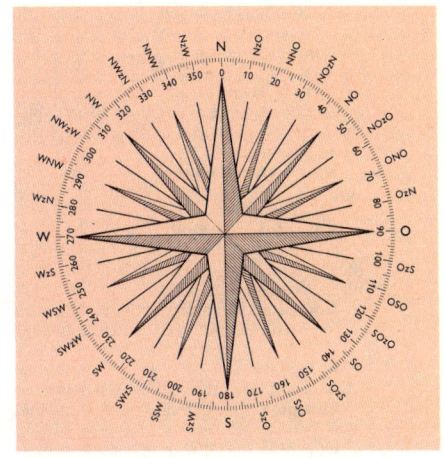

Kompaßrose

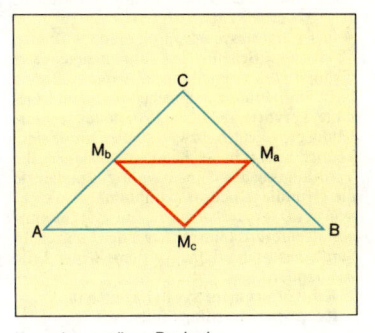

Komplementäres Dreieck

Komplementärfarben (Ergänzungsfarben), im Farbkreis sich gegenüberliegende Paare von Farbvalenzen, die sich bei additiver Mischung zu Weiß, bei subtraktiver Mischung zu einer sehr dunklen, fast dem Schwarz ähnl. Farbe ergänzen (↑auch Farblehre). Gebräuchl. K. sind z. B. Gelb und Blau, Cyan und Rot, Purpur und Grün.

Komplementarität [lat.], in der *Wirtschaftstheorie* Beziehung zw. Konsumgütern bzw. Produktionsfaktoren, die nur bei gleichzeitigem Konsum bzw. Einsatz im Produktionsprozeß eine Bedürfnisbefriedigung bzw. Produktion ermöglichen, z. B. zw. Elektrizität und elektr. Geräten.

Komplementärwinkel, svw. ↑Komplementwinkel.

Komplementbindungsreaktion, Abk. KBR, hochempfindl., spezif. serolog. Verfahren zum Nachweis eines unbekannten Antigens oder Antikörpers, in dessen Verlauf

Komplementwinkel

das zugesetzte ↑Komplement (falls eine Antigen-Antikörper-Reaktion im System I zustande kommt) gebunden wird, was am Verhalten eines zweiten, hämolyt. Antigen-Antikörper-Systems (System II oder Testsystem) abgelesen werden kann; Anwendung z. B. bei Syphilis, Viruserkrankungen, Toxoplasmose, Listeriose, Flecktyphus.

Komplementwinkel (Komplementärwinkel), Winkel, der einen gegebenen Winkel zu 90° ergänzt.

Komplet (Completa, Completorium) [mittellat., zu lat. complere „ausfüllen, vollenden"], Abend- und Schlußgebet des ↑Stundengebets der kath. Kirche.

Komplet (Complet) [kõ'ple:, kɔm'ple:; lat.-frz. „vollständig"], Bez. für ein Ensemble aus Kleid bzw. Kostüm und Mantel.

komplett [lat.-frz.], vollständig, abgeschlossen; **komplettieren**, vervollständigen.

komplex [lat.], vielschichtig, allseitig; umfassend.

Komplex [zu lat. complexus „das Umfassen, die Verknüpfung"], allg. eine gegliederte Gesamtheit, die in ihre Teile bzw. Bereiche zerlegt werden kann.

♦ in der *Tiefenpsychologie* (S. Freud, J. Breuer, C. G. Jung) Bez. für eine zusammengehörige Gruppe von Vorstellungen, deren Auftreten beim Individuum unangenehme (peinl.) Gefühle hervorruft. Solche Vorstellungen, die häufig erot. gefärbt bzw. sexueller Natur sind, können bereits in der Kindheit entstehen. Bei Verdrängung aus dem Bewußtsein bilden sie die Grundlage neurot. Symptome.

♦ in der *Denkpsychologie* Bez. für die Gesamtgestalt eines zusammenhängenden Ganzen im Sinn eines organ. Bezugssystems seiner Teile zueinander.

Komplexauge, svw. ↑Facettenauge.

Komplexchemie, Teilgebiet der Chemie, das sich mit der Darstellung von Komplex- bzw. ↑Koordinationsverbindungen befaßt und die Gesetzmäßigkeiten ihrer Zusammensetzung, ihrer räuml. Struktur und ihres Verhaltens untersucht. Die K. hat eine umfassende Bed. sowohl für die anorgan. als auch für die organ. Chemie.

komplexer Widerstand ↑Wechselstromwiderstand.

komplexe Zahl, eine Zahl der Form $z = a + ib$ (mit reellen Zahlen a und b und der *imaginären Einheit* i). Dabei ist i definiert durch $i^2 = -1$ oder $i = \sqrt{-1}$. Im Falle $b = 0$ ist z reell. Im Falle $a = 0$ spricht man von einer *imaginären Zahl*; imaginäre Zahlen sind Quadratwurzeln negativer reeller Zahlen. Man bezeichnet a als den *Realteil* und b als den *Imaginärteil* der k. Z. z und schreibt Re $z = a$, Im $z = b$. Als *konjugiert* k. Z. z^* zu $z = a + ib$ bezeichnet man die k. Z. $z^* = a - ib$. K. Z. sind dann gleich, wenn sie in Real- und Imaginärteil übereinstimmen. Als *Betrag* $|z|$ einer k. Z. z bezeichnet man die Größe $|z| = \sqrt{a^2 + b^2}$. Zur Veranschaulichung k. Z. verwendet man die *komplexe Ebene (Gaußsche Zahlenebene)*. Man trägt auf der *x*-Achse eines rechtwinkligen Koordinatensystems die reellen, auf der *y*-Achse die imaginären Zahlen mit i als Einheit auf (man spricht auch von *reeller* bzw. *imaginärer Achse*) und ordnet dann jeder k. Z. $z = a + ib$ den Punkt (z) mit den Koordinaten (a, b) eindeutig zu. Für die Verknüpfung zweier k. Z. $z_1 = a + ib$ und $z_2 = c + id$ gelten folgende Regeln:

$$z_1 \pm z_2 = (a \pm c) + i(b \pm d).$$
$$z_1 z_2 = (ac - bd) + i(ad + bc)$$
$$\frac{z_1}{z_2} = \frac{ac + bd}{c^2 + d^2} + i\frac{bc - ad}{c^2 + d^2}.$$

Komplexitätstheorie, Forschungsbereich der Mathematik, in dem u. a. untersucht wird, ob es zu bekannten Berechnungsverfahren weitere und „bessere" Algorithmen gibt, die das gleiche Problem mit weniger und einfacheren Rechenschritten lösen.

Komplexverbindungen, häufig verwendetes Synonym für ↑Koordinationsverbindungen. I. w. S. sind damit auch organ. Additions- und Molekülverbindungen gemeint.

Komplikation [lat., zu complicare „verwirren"], allg. Schwierigkeit, Verwicklung; i. e. S. die ungünstige Beeinflussung oder Verschlimmerung eines normalerweise überschaubaren Krankheitszustandes o. ä. durch einen unvorhergesehenen Umstand (z. B. Lungenentzündung nach einer Operation).

Kompliment [span.-frz., zu lat. complere „ausfüllen"], an ein Gegenüber gerichtete [sprachl.] Äußerung, die ihm gefallen soll; Schmeichelei, höfl. Redensart.

Komplize (Komplice) [lat.-frz.], Mittäter, Helfershelfer.

Konjugiert komplexe Zahlen z und z*. Zeigerdarstellung in der komplexen Ebene

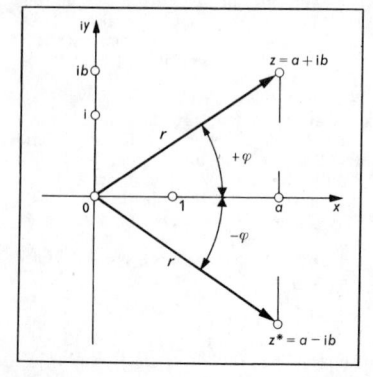

Kompromiß

Komplott [frz., eigtl. „Gedränge"], svw. Verschwörung.

Komponenten [zu lat. componere „zusammenstellen"], allg. [Bestand]teile eines Ganzen, die oft von gleicher Art wie dieses Ganze sind und aus denen es sich zusammensetzt oder in die es zerlegbar ist. Beispiele für K. sind die verschiedenen Bestandteile *(Stoff-K.)* eines Stoffgemisches und die Teilkräfte *(Kraft-K.)* bei Zerlegung einer Kraft in verschiedene Richtungen. In der Mathematik und Physik sind die K. von Größen, die sich in einem Koordinatensystem darstellen lassen, die auf die Koordinatenachsen bezogenen bzw. projizierten Teilgrößen; insbesondere sind die K. eines Vektors *a (Vektor-K.)* die durch a_i gegebenen Projektionen von *a* auf die Basisvektoren des kartes. Koordinatensystems.

Komponentenanalyse, Analyse einer sprachl. Einheit (gewöhnl. eines ↑Lexems) nach ihren semant. Merkmalen sowie der Beschreibung der Bedeutungsstruktur, die sich aus der Kombination dieser Merkmale (Komponenten) ergibt. Die Bedeutung eines Lexems wird in kleinste Einheiten zerlegt und dabei wird festgestellt, welche Merkmale jeweils zutreffen.

Matrix semantischer Merkmale

	Mann	Frau	Hengst
belebt	+	+	+
menschlich	+	+	−
männlich	+	−	+
erwachsen	+	+	+

Ziel der K. ist es, mit einem relativ kleinen Vorrat an Basiselementen den gesamten Wortschatz (Lexikon) einer Sprache zu erarbeiten. Voraussetzung dabei ist, daß Unterschiede in der Bedeutung durch unterschiedl. semant. Merkmale faßbar sind.

Kompong Som, Stadt am Golf von Thailand, Kambodscha, Haupthafen des Landes, Ind.standort, Seebad; Eisenbahnendpunkt, ⌘. - Die Stadt (planmäßige Anlage) wurde 1960 an der bis dahin kaum erschlossenen SW-Küste gegr.; der Hafen (Bauarbeiten 1955–60) sollte die durch Süd-Vietnam vielfach behinderte Mekongschiffahrt ersetzen.

komponieren [lat.], allg. svw. zusammenstellen, zusammensetzen.
◆ ein Tonwerk schaffen (↑Komposition).

Kompositen [lat.], svw. ↑Korbblütler.

Komposition [zu lat. compositio „Zusammenstellung"], in der *Musik* das tonschriftl. fixierte, reproduzierbare Produkt eines Komponisten.
◆ Aufbau eines *Sprachkunstwerkes:* i. d. R. mehr als nur die äußere stoffl. Gliederung; es werden Kategorien wie Einheit eines Werkes, Verhältnis seiner Teile untereinander und zum Ganzen einbezogen.

◆ *Bildgefüge,* formaler Aufbau von Werken der Flächengestaltung (Gemälde, Zeichnung, Graphik, Relief, auch in der Photographie); Elemente der K. sind: Anordnung der Figuren, Gestik, Proportion, Perspektive, Flächenhaftigkeit, K.schema (z. B. sphär. oder geometr. Beziehungsverhältnisse), goldener Schnitt, Linie, Symmetrie, Reihung, Farbe, Licht, u. a.

Kompositum [lat.], in der *Sprachwiss.* die Verbindung zweier oder mehrerer selbständiger Wörter (Bestimmungswort, Grundwort); im Dt. eine der wichtigsten Arten der Wortbildung. Urspr. eine syntakt. Verbindung von Wörtern, z. B. *Muttersprache* von *der Mutter Sprache.* Der Übergang von der syntakt. Fügung zur ↑Zusammensetzung ist fließend.

Kompositwerkstoffe [lat./dt.], svw. ↑Verbundwerkstoffe.

Kompost [frz., zu lat. compositum „Zusammengesetztes"], aus tier. und pflanzl. Abfällen (z. B. Kleintiermist, Laub, Gemüseabfälle) erzeugtes Verrottungsprodukt; wird als Dünger zur Bodenauflockerung v. a. im Gartenbau verwendet.

Kompott [frz., zu lat. componere „zusammensetzen"], unter Zusatz von Wasser und Zucker gekochtes und kalt genossenes, oft sterilisiertes Obst.

Kompresse [lat.-frz.], veraltete Bez. für feuchten ↑Umschlag.

kompressibel [lat.] (komprimierbar), zusammendrückbar, verdichtbar.

Kompressibilität [lat.] (Volumelastizität), Maß für die Zusammendrückbarkeit eines Körpers unter dem Einfluß eines äußeren Druckes. Bei festen und flüssigen Körpern ist die K. sehr klein, während sie bei Gasen sehr große Werte annimmt. Der Kehrwert der K. wird als **Kompressionsmodul** bezeichnet.

Kompression [zu lat. compressio „das Zusammendrücken"], (Verdichtung) die Verringerung des Volumens eines festen Körpers, einer Flüssigkeit oder eines Gases durch Erhöhung des einwirkenden Druckes.
◆ (elast. K.) die Verformung eines festen Körpers durch allseitig gleich stark wirkende Druckkräfte, im Ggs. zur Stauchung, die eine einseitige Verformung in einer bestimmten Richtung darstellt.
◆ mechan. Abdrücken eines (blutenden) Gefäßes.

Kompressionsmodul ↑Kompressibilität.

Kompressor [lat.], svw. ↑Verdichter.

komprimierbar [lat.], svw. ↑kompressibel.

komprimieren [lat.], zusammenpressen, auf ein Minimum reduzieren, verdichten.

Kompromiß [zu lat. compromittere „sich gegenseitig versprechen, den Schiedsspruch abzuwarten"], allg. Übereinkunft, Ausgleich.

Im Völkerrecht ein Rechtsinstitut zur friedl. Streitbeilegung. Als K. wird die Vereinbarung mehrerer Völkerrechtssubjekte bezeichnet, einen zw. ihnen bestehenden Rechtsstreit einer richterl. Entscheidung zu unterwerfen.

kompromittieren [lat.-frz.], dem Ansehen eines anderen oder dem eigenen empfindl. schaden; jemanden, sich bloßstellen.

Komsakultur [norweg. ˌkumsa], nach einem Gebirgszug bei Alta (N-Norwegen) ben., bis ins Mesolithikum zurückgehende neolith. Kulturgruppe, von N-Norwegen bis zur Halbinsel Kola verbreitet.

Komsomol [russ. kʌmsaˈmɔl], russ. Kw. für [Wsessojusny Leninski] **kom**munistitscheski **so**jus **mo**lodjoschi (= „[Leninscher] Kommunist. [Allunions-]Jugendbund"), staatl. Jugendorganisation in der UdSSR, 1918 gegr.; erfaßt die 14–28jährigen.

Komsomolsk-na-Amure [russ. kʌmsaˈmɔljsknʋaˈmuri], sowjet. Ind.stadt im Fernen Osten, am unteren Amur, RSFSR, 291 000 E. PH, polytechn. Abendhochschule, drei Technika, Museen, Theater; Bodenempfangsstation für Fernmeldesatelliten; Stahlwerk, Schiff-, Maschinenbau, Erdölverarbeitung, Holzkombinate u. a. Ind.; Bahnstation. - 1932 von Komsomolzen gegründet.

Komsomolzen, Mgl. des ↑Komsomol.

Komteß (Comtesse) [frz. (zu ↑Comte)], unverheiratete Tochter eines Grafen.

Komtur [lat.-frz. (zu ↑Comes)], (lat. commendator) bei den geistl. Ritterorden der Vorsteher einer Kommende.

◆ (Kommandeur) bei den neueren Verdienstorden der Inhaber des mittleren Ordensgrades.

Komturei [lat.-frz.], bei den geistl. Ritterorden svw. Kommende.

kon..., Kon... [lat., zu cum „mit"] (kom... vor b, m und p, kol... vor l, kor... vor r, ko... vor Vokalen und h), Vorsilbe mit der Bed. „zusammen, mit".

Konarak, im ind. Bundesstaat Orissa gelegene Ruine eines Sonnentempels, um 1250 nach der Form des Wagens des Sonnengottes errichtet (am Sockel 12 Räder). - Abb. Bd. 10, S. 209.

Konarski, Stanisław Hieronym, * Kleine Hütte bei Köslin 30. Sept. 1700, † Warschau 3. Aug. 1773, poln. Schriftsteller. - Trat 1717 in den Piaristenorden ein; gründete das Warschauer „Collegium nobilium" und dessen Bühne; Schulreformator (führte u. a. die frz. Sprache in den Schulunterricht ein); führender Vertreter der Aufklärung, in deren Geist er das poln. Kulturleben beeinflußte.

Koncha [griech. „Muschel(schale)"], (Konche) Bez. für die halbrunde Apsis oder nur für deren Halbkuppel bei frühchristl. und ma. Kirchen.

◆ (Concha) in der *Anatomie* Bez. für einen muschelförmigen Teil eines Organs; z. B. *Concha auriculae* (Ohrmuschel).

Konche, svw. ↑Koncha.

Konchiferen [griech./lat.], svw. ↑Schalenweichtiere.

konchiform [griech./lat.], muschelförmig.

Konchylien [griech.], Schalen der Weichtiere.

Kondensat, allg.: ↑Kondensation.

◆ bei *Tabakwaren* Bez. für die im Tabakrauch dampfförmig oder als Aerosol vorliegenden Bestandteile, die sich beim Durchleiten des Rauchs durch feinporige Filter in Form einer teerartig aussehenden Masse niederschlagen (kondensieren). K.bestandteile, die beim Rauchen aufgenommen werden, können karzinogene Stoffe enthalten.

Kondensation [zu lat. condensatio „Verdichtung"], in der *Physik* der Übergang eines Stoffes vom gasförmigen in den flüssigen bzw. festen ↑Aggregatzustand beim Unterschreiten der druckabhängigen Kondensationstemperatur (**Kondensationspunkt**); die kondensierte Phase des Stoffes wird als **Kondensat** bezeichnet. Die bei der K. freiwerdende **Kondensationswärme** hat den gleichen Betrag wie die Verdampfungs- bzw. Sublimationswärme, die beim Übergang vom flüssigen bzw. festen Aggregatzustand in den gasförmigen aufzubringen ist.

◆ in der *Chemie* eine Reaktion, bei der sich zwei Moleküle unter Abspaltung eines Moleküls einer chem. einfachen Substanz (z. B. Wasser, Ammoniak) zu einem größeren Molekül vereinigen. Bei ↑bifunktionellen Verbindungen kann sich die K. vielfach wiederholen (sog. Polykondensation), auch intramolekulare K. sind hier möglich. Diese laufen i. d. R. unter Bildung einer Ringverbindung ab.

Kondensationskerne (Kondensationskeime), in der Luft schwebende mikroskop. kleine Teilchen, an denen bei einer relativen Luftfeuchtigkeit von 100 % (bei Sättigung der Luft mit Wasserdampf) die Kondensation des Wasserdampfes beginnt. Ohne Vorhandensein solcher K. kommt i. d. R. selbst bei Übersättigung der Luft mit Wasserdampf keine Kondensation zustande. K. gelangen aus dem Meerwasser (Salze) oder v. a. durch Verbrennungsvorgänge in die Luft.

Kondensationsniveau [...niˈvoː], Höhenschicht in der Atmosphäre, bei der die Kondensation von Wasserdampf mit damit die Bildung von Kumuluswolken einsetzt.

Kondensator [zu lat. condensare „verdichten, zusammenpressen"], elektr. Bauteil zum Speichern elektr. Ladung bzw. Energie. Die einfachste K.form stellt der **Plattenkondensator** dar, zwei mit Zuleitungen versehene Metallplatten, in deren Zwischenraum (Dielektrikum) sich z. B. Luft, Glimmer oder Keramik befindet. Legt man an die Platten eine Spannung U, so sammelt sich auf der einen Platte eine der angelegten Spannung proportionale Ladung $+Q$, auf der anderen die Ladung $-Q$ an; es gilt $Q = CU$, wobei der Proportionalitätsfaktor C die ↑Kapazität des K. darstellt (Angabe in ↑Farad). Der K. stellt für Gleichstrom einen unendl. großen Widerstand dar. Legt man eine Wechselspannung mit der Kreisfrequenz ω an, so fließt der sog. Verschiebungsstrom; der K. hat einen endl. Widerstand R (kapazitiver Widerstand), der mit wachsender Frequenz abnimmt: $R = 1/\omega C$. K. mit fester, unveränderl. Kapazität *(Fest-K.)* werden als Platten-K., Wickel-K., Elektrolyt-K. und Keramik-K. gebaut. **Wikkel-** oder **Papierkondensatoren** bestehen aus zwei übereinandergewickelten dünnen Metallfolien, zw. denen sich als Dielektrikum ölgetränktes Papier oder Kunststoffolie befindet. Zur Erzielung hoher Kapazitätswerte werden **Elektrolytkondensatoren** verwendet. Sie bestehen aus einer Anzahl von Aluminiumplatten in einem Elektrolyten (z. B. Natriumboratlösung, Bor-, Schwefelsäure). Wird eine Gleichspannung angelegt, so bildet sich am Pluspol eine dünne, nichtleitende Aluminiumoxidschicht in der Funktion eines Dielektrikums. - Bei den in kleinsten Abmessungen hergestellten **Keramikkondensatoren** wird als Dielektrikum eine keram. Masse verwendet, auf die die metall. Schichten meist aufgebrannt sind. K. mit veränderbarer Kapazität sind **Drehkondensatoren** (in Rundfunkgeräten zur Senderwahl) und die zum Abgleich von Schwingkreisen verwendeten **Abgleichkondensatoren** *(Trimmer)*.

♦ Vorrichtung zur Abscheidung (Niederschlagen) des aus einer Dampfmaschine oder -turbine austretenden Abdampfs.

♦ Vorrichtung in Kältemaschinen zur Kondensation von Kältemitteldampf.

Kondensatorkühler, Wärmeaustauscher, der ein dampfförmiges Destillat verflüssigt und den entstehenden Niederschlag kühlt.

Kondensatormikrophon ↑Mikrophon.

Kondensmilch [zu lat. condensare „verdichten"] (Büchsenmilch), durch teilweisen Wasserentzug (eventuell nach vorheriger Zuckerzugabe) eingedickte sterile Milch. Der Fettgehalt liegt zw. 7,5 und 18 % (bei Blocksahne), der Gehalt an fettfreier Trockenmasse zw. 17,5 und 28 % (bei Blockmilch).

Kondensor [zu lat. condensare „verdichten"] ↑Projektionsapparate.

Kondensstreifen (Kondensationsstreifen) [lat./dt.], weiße, schmale Wolkenstreifen, die sich durch Kondensation des Wasserdampfes [an Kondensationskernen] in den Abgasen eines Flugzeugs bilden, wenn die Luft ausreichend kalt und feucht ist.

Kondenswasser [lat./dt.], Wasser, das sich u. a. an Wänden niederschlägt, deren Temperatur unterhalb des ↑Taupunkts liegt.

Kondiktion [lat.], Anspruch auf Herausgabe des durch ungerechtfertigte Bereicherung Erlangten (§§ 812 ff. BGB).

Kondition [zu lat. conditio „Bedingung"], körperl. Leistungsfähigkeit (bes. beim Sport).

♦ (Konditionen) Lieferungs-, Zahlungsbedingungen (im Geschäftsverkehr).

Konditionalismus (Konditionismus) [zu lat. conditio „Bedingung"], zu Beginn des 20. Jh. von dem Biologen M. Verworn in die erkenntnistheoret. Diskussion eingebrachte Auffassung, daß es in der Natur nur Bedingungen (lat. conditiones) für das Eintreten von Vorgängen und Zuständen gebe, nicht aber einzeln wirkende Ursachen.

Konditionalsatz [lat./dt.] (Bedingungssatz), Kausalsatz, der eine Bedingung angibt; im Dt. mit *wenn* und *falls* eingeleitet, z. B.: *Wenn (falls) das wahr ist,* (dann, so) ist Schlimmes zu befürchten.

Konditionieren [lat.], Anpassen von Werkstoffen u. a. an bes. Bedingungen, die der Arbeitsprozeß erfordert oder der Prüfvorgang vorschreibt.

konditionierter Reflex, svw. ↑bedingter Reflex.

Konditionstraining ↑Training.

Konditorei [lat.], Zucker-, Feinbäckerei; oft Verbindung von K. und Café.

Kondolenz [lat.], Beileid[sbezeigung]; **kondolieren,** Beileid bezeigen.

Kondom [engl.], Gummiüberzug für den Penis. - ↑auch Empfängnisverhütung.

Kondominium (Kondominat, Gesamtherrschaft) [lat.], 1. im *Völkerrecht* ein Gebiet, das unter der Gemeinherrschaft mehrerer Staaten steht; 2. im *MA* gemeinsame Verfügung mehrerer Herren über ein Besitztum (↑Ganerbschaft).

Kondor [Quechua] ↑Geier.

Kondottiere (Condottiere) [zu lat.-italien. condotta „das Führen", Bez. für Söldnerführer in Italien im 14. und 15. Jh., die mit eigenen Truppen im Auftrag von Stadt-

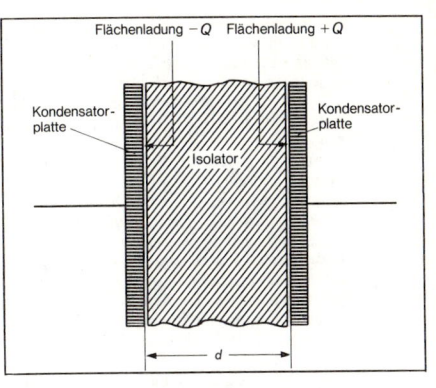

Plattenkondensator mit Dielektrikum

Kondraschin

staaten und Fürsten Krieg führten. Einige Kondottieri konnten dauerhafte Herrschaften errichten (z. B. die Sforza in Mailand).

Kondraschin, Kirill Petrowitsch, * Moskau 6. März 1914, † Amsterdam 7. März 1981, sowjet. Dirigent. - 1943 am Moskauer Bolschoi-Theater; seit 1956 Konzertdirigent; 1960 Chefdirigent der Moskauer Philharmoniker; lebte seit 1978 im Exil.

Kondratjew, Nikolai Dmitrijewitsch [russ. kan'dratjıf], * 1892, † 1930 oder später, russ. Wirtschaftswissenschaftler. - Gründer und 1920–28 Direktor des Konjunkturinstituts in Moskau; stellte den ersten Fünfjahrplan für die sowjet. Landwirtschaft auf; wurde 1930 nach Sibirien verbannt. Sein wichtigster Beitrag zur Wirtschaftsgeschichte war die Entdeckung langfristiger, von J. A. Schumpeter später nach ihm benannter Konjunkturwellen.

Kondratjuk, Nikolai, * Starokonstantinowka (Ukraine) 5. Mai 1931, russ. Sänger (Bariton). - Studierte und debütierte 1959 in Kiew und gab Gastspiele in Moskau, Österreich, Finnland und Australien. Auch als Konzertsänger bekannt.

Kondschaku-monogatari [jap. „Erzählungen aus alter Zeit"], Sammlung von Erzählungen aus dem 12. Jh.; erhalten sind 1040 Geschichten (aus Indien, China und Japan), darunter u. a. buddhist. Legenden und Sagen, Anekdoten, Tierfabeln, histor. Berichte. Der Autor bzw. Kompilator ist unbekannt.

Kondukt [lat.], feierl. Geleit.

Konduktanz [lat.] ↑Admittanz.

Konduktivität [lat.], svw. ↑Leitfähigkeit.

Konduktor [lat.], allg. svw. elektr. Leiter; speziell Bez. für eine isoliert aufgestellte Metallkugel als Speicher für elektr. Ladungen.
♦ in der *Genetik* Bez. für den selbst gesunden Überträger einer erbl. Krankheitsanlage.

Kondylom [griech.] (Condyloma, Feigwarze, Feuchtwarze), warzige, meist nässende Hautwucherung an den Geschlechtsteilen und in der Aftergegend.

Kondylus [griech.], svw. ↑Gelenkhöcker.

Konetzni, Anny, verh. Wiedmann, * Weißkirchen (= Bela Crkva) 12. Febr. 1902, † Wien 6. Sept. 1968, östr. Sängerin (Sopran). - Seit 1934 an der Wiener Staatsoper.

K., Hilde, * Wien 21. März 1905, † ebd. 20. April 1980, östr. Sängerin (Sopran). - Schwester von Anny K.; seit 1936 an der Wiener Staatsoper und bei den Salzburger Festspielen, Gast an europ. und amerikan. Opernhäusern; bekannte Mozart- und Straussinterpretin.

Konew, Iwan Stepanowitsch [russ. 'konıf] (Konjew), * Lodeino (Gebiet Kirow) 28. Dez. 1897, † Moskau 21. Mai 1973, sowjet. Marschall (seit 1944). - Stieß von der ukrain. Front, die er ab 1943 befehligte, nach Schlesien, Sachsen und in die Tschechoslowakei vor; 1946–60 stellv. Verteidigungsmin., zugleich bis 1950 Oberbefehlshaber der sowjet. Landstreitkräfte, 1955–60 der Streitkräfte des Warschauer Paktes; ab 1962 Generalinspekteur im Verteidigungsministerium.

Konfekt [zu lat. conficere „zubereiten"], feine Süßware, z. B. Pralinen, Fondant, süddt., östr. und schweizer. auch Feingebäck.

Konfektion [frz., zu lat. confectio „Herstellung"], die serienmäßige Anfertigung von Kleidungsstücken; auch die so hergestellte Kleidung.

Konferenz [zu lat. conferre „Meinungen austauschen, sich besprechen" (eigtl. „zusammentragen")], eine zur Beratung eines bestimmten Themas zusammengekommene Versammlung; auch Bez. für die Sitzung, Besprechung, Tagung selbst.

Konferenzdiplomatie, Form der Diplomatie, die im Unterschied zur traditionellen, bilateralen außenpolit. Praxis als multilaterale Regelung der internat. Beziehungen v. a. seit dem Berliner Kongreß 1878 gehandhabt wurde und im 20. Jh. ständig an Bed. gewann.

Konferenzschaltung, Art der Sammelschaltung beim Rundfunk und Fernsehen sowie in Fernsprech- und Fernschreibanlagen, bei der alle Teilnehmer miteinander verbunden sind und jeder mit allen sprechen bzw. sie anschreiben kann.

Konferenz über Sicherheit und Zusammenarbeit in Europa (Europ. Sicherheitskonferenz), Abk. KSZE, am 3. Juli 1973 in Helsinki eröffnete Konferenz von 35 Außenmin. europ. Staaten sowie Kanadas und der USA. In jahrelangen Vorgesprächen wurde der von den Staaten des Warschauer Paktes ausgehende Vorschlag einer Sicherheitskonferenz um die Absicht erweitert, auch die wirtsch. und wiss.-techn. Zusammenarbeit zu erörtern. Die 2. Phase der KSZE (18. Sept. 1973–21. Juli 1975) in Genf diente der Ausarbeitung des Abschlußdokuments. Das Gipfeltreffen in Helsinki (30. Juli–1. Aug. 1975) bildete die 3. (letzte) Phase der KSZE. Die dort unterzeichnete Schlußakte stellt kein verbindl. Abkommen dar, sondern enthält ledigl. Absichtserklärungen. 10 Prinzipien sollen die Teilnehmerstaaten in ihren Beziehungen untereinander leiten: 1. souveräne Gleichheit und Achtung der Souveränität innewohnenden Rechte; 2. Enthaltung von Androhung oder Anwendung von Gewalt; 3. Unverletzlichkeit der Grenzen; 4. territoriale Integrität der Staaten; 5. friedl. Regelung von Streitfällen; 6. Nichteinmischung in innere Angelegenheiten; 7. Achtung der Menschenrechte und Grundfreiheiten einschl. der Gedanken-, Gewissens-, Religions- oder Überzeugungsfreiheit; 8. Gleichberechtigung und Selbstbestimmungsrecht der Völker; 9. Zusammenarbeit zw. den Staaten; 10. Erfüllung völkerrechtl. Verpflichtungen nach Treu und Glauben. Außerdem sieht die Schlußakte u. a. vertrauensbildende Maßnahmen auf militär.

Konflikt

Gebiet, Zusammenarbeit in Wirtschaft, Wiss., Technik, Umwelt sowie in humanitären und anderen Bereichen (Information, Kultur, Bildung) vor. Nach einem Vorbereitungstreffen in Belgrad (Juni–Aug. 1977) fand von Okt. 1977 bis März 1978 das sog. KSZE-Folgetreffen (**Belgrader Nachfolgekonferenz**) auf der Ebene der von den Außenmin. ben. Vertretern statt, das dem vertieften Meinungsaustausch über die Durchführung der Schlußakte von Helsinki sowie der Prüfung von Vorschlägen zur Weiterentwicklung der europ. Zusammenarbeit und des Entspannungsprozesses dienen und in die Verabschiedung eines Abschlußdokuments münden sollte. Wichtiges Element in den Diskussionsbeiträgen der westl. Reg.vertreter war die Verletzung von Menschenrechten in den kommunist. Staaten, wo sich nach 1975 zahlr. oppositionelle Gruppen gebildet haben, die auf die Verwirklichung der Menschenrechte dringen. Am 9. März 1978 wurde ein „Abschließendes Dokument" verabschiedet, in dem die aufgetretenen Meinungsverschiedenheiten festgehalten sind. Die Arbeit der **Nachfolgekonferenz von Madrid** (Nov. 1980–Sept. 1983) wurde durch die verschärften Ost-West-Spannungen belastet und im März 1982 nach der Verhängung des Kriegsrechts in Polen bis Nov. 1982 unterbrochen. Das Abschlußdokument enthält weitere Zielsetzungen für den „Korb II"; Menschenrechte und Grundfreiheiten, insbes. die Gewissens- und Religionsfreiheit, sollen gefördert werden; im „Korb III" sollen Gesuche um Familienzusammenführung und Eheschließungen beschleunigt und ohne Nachteile für die Antragsteller bearbeitet werden. Die dritte KSZE-Nachfolgekonferenz in Wien (Nov. 1986–Jan. 1989) gab das Mandat für Verhandlungen über konventionelle Streitkräfte und für Verhandlungen über vertrauens- und sicherheitsbildende Maßnahmen. Die vierte Folgekonferenz wurde für März 1992 nach Helsinki einberufen. Eine Wirtschaftskonferenz tagte im März/April 1990 in Bonn.

Konfession [lat.], 1. seit der Reformation svw. ↑ Bekenntnisschrift; 2. in den *ev. Kirchen* Bez. für die durch ihre jeweilige Bekenntnisschrift unterschiedene Religionsgemeinschaft oder Partei; 3. allg. Bez. für eine christl. Glaubensrichtung.

Konfessionalismus [lat.], Bez. für die einseitige Überbewertung der spezif. Traditionen einer christl. Teilkirche gegenüber dem allg. gesamtkirchl. Erbe.

Konfessionskunde, wiss. Disziplin der ev. und kath. Theologie, die Eigenart, Geschichte und Lehre der christl. Konfessionen (einschl. der sog. Sekten) erforscht; aus der ↑ Symbolik entstanden. Wichtigstes theolog. Problem der K. ist die Frage nach den theolog. Normen, mit denen die Konfessionen angesichts ihres Selbstverständnisses, christl. Kirche zu sein, gewertet werden.

Konfessionsschule, svw. Bekenntnisschule († Gemeinschaftsschule).

Konfetti [italien., zu lat. conficere „zubereiten"], bunte Papierschnitzel.

konfidentiell [lat.-frz.], vertraulich.

Konfiguration [lat.], allg. Gestaltung, Gestalt.

◆ in der *Physik:* 1. die Gesamtheit der momentanen Orte der Teilchen eines Mehrteilchensystems; 2. der quantenmechan. Zustand eines Mehrteilchensystems (z. B. eines Atoms) in der Einteilchenmodell-Näherung; er wird durch die Gesamtheit der Quantenzahlen aller (in dieser Näherung als unabhängig voneinander behandelten) Teilchen gekennzeichnet. Bei Atomen gibt die K. an, welche Zustände einer Elektronenschale durch Elektronen besetzt sind.

◆ in der *Chemie* Bez. für die räuml. Anordnung der Atome eines Moleküls. - ↑ auch Stereochemie.

Konfigurationsformel ↑ chemische Formeln.

Konfirmation [zu lat. confirmatio „Befestigung, Bestärkung"], in der ev. Kirche (schon seit dem 16. Jh.) feierl. gottesdienstl. Handlung, in der die Getauften im Alter von etwa 14 Jahren unter Handauflegung und Gebet (**Einsegnung**) als aktive Mgl. in die Gemeinde eingeführt, zur Abendmahlsfeier zugelassen und mit allen Rechten und Pflichten eines Kirchenmitglieds ausgestattet werden; als Bestätigung des Taufbundes verstanden. Der K. geht ein ein- bis zweijähriger *Konfirmandenunterricht* voraus.

Konfiserie [lat.-frz.], schweizer. Bez. für Konditorei.

Konfiskation [zu lat. confiscatio „Einziehung für den Fiskus"], Bez. für entschädigungslose Enteignung oder Einziehung; ihre Zulässigkeit ist nach Völkerrecht auch im Kriegsfall strittig.

Konfitüre [frz., zu lat. conficere „anfertigen"], Marmelade aus nur einer Obstsorte.

Konflikt [lat., zu configere „zusammenschlagen, zusammenprallen"], Zwiespalt, Auseinandersetzung, Streit [zw. Personen, Staaten u. a.]; auch innerer Widerstreit von Motiven, Wünschen, Bestrebungen.

◆ (sozialer K.) Interessengegensatz und daraus folgende Auseinandersetzungen verschiedener Intensität und Gewaltsamkeit zw. Personen, Gruppen, Organisationen, Gesellschaften, Staaten, Staatengruppen. Inhalt von K. sind Differenzen über Werte, Lebensziele, Status-, Macht- oder Verteilungsverhältnisse knapper Güter. Über die Entstehung von K. konkurrieren verschiedene Theorien: Die biolog. orientierte Verhaltensforschung geht von der Annahme nichtvariabler biolog. Grundtriebe beim Menschen aus, postuliert ein allg. Potential von Aggression und erhebt den K. damit zu einem „natürl." sozialen Tatbestand. Sozialpsychologie und Soziologie

Konföderation

führen K. zurück auf Gegensätzlichkeiten zw. den psych. Antrieben und Motivationen der Menschen einerseits und den [Normen]ansprüchen gesellschaftl. Ordnung andererseits oder auf Widersprüche im Gefüge der für die Menschen verbindl. Verhaltensnormen selbst (sozialstruktureller Konflikt). Vom Marxismus werden die K. auf die Eigentumsverhältnisse zurückgeführt. Die **Konfliktforschung** untersucht in Auswertung der Ergebnisse verschiedener Wiss. Entstehung und Ablauf von K. und versucht, K.lösungsstrategien zu erarbeiten. Entsprechend ihren ideolog. Prämissen ist es umstritten, ob und inwieweit K. als sozial „dysfunktional", d. h. als fortschrittshemmende Störungen und Antagonismen zu betrachten sind, oder ob sie unabdingbarer „Motor" und Stimulans des sozialen Wandels sind.

Berkel, K.: K.training. Hdbg. 1985. - Ceh, J.: K. u. Agression. Landsberg 1985. - Siegert, W.: K. besser bewältigen .... Heiligenhaus 1985. - Coser, L. A.: Theorie sozialer Konflikte. Dt. Übers. Neuwied 1972. - K. u. K.strategie. Hg. v. W. L. Bühl. Mchn. 1972.

♦ als augenfällige Verdichtung einer dualist. Weltsicht Wesenskern des *Dramas* (dramat. K., der zur Lösung, zur Katastrophe, drängt).

Konföderation [zu lat. confoederatio „Bündnis"]. Zusammenschluß von Staaten, in dem diese Subjekte des Völkerrechts bleiben, der Bund aber nicht oder nur begrenzt Völkerrechtssubjekt ist. Gegenwärtig gibt es keine K.; bisher waren K. stets nur von kurzer Dauer und führten entweder zum Zusammenschluß im Bundesstaat (USA, Schweiz) oder zur Auflösung (Rheinbund, Dt. Bund).

♦ in Polen vom 16. bis 18. Jh. Adelsvereinigungen zur Durchsetzung bestimmter Ziele; sie trugen wesentl. zum inneren Zerfall des altpoln. Gemeinwesens bei.

Konföderierte Staaten von Amerika, bis zur militär. Niederlage bei Appomatox 1865 bestehender Bund der 1860/61 von den USA abgefallenen 7 Südstaaten (South Carolina, Georgia, Florida, Alabama, Mississippi, Louisiana, Texas), gegen den die in der Union verbliebenen Nordstaaten den Sezessionskrieg führten.

konfokal, einen bzw. zwei gemeinsame Brennpunkte besitzend.

konform [lat.], [in den Ansichten] übereinstimmend.

Konformation [lat.], Bez. für die räuml. Anordnungsmöglichkeiten der Atome, die bei einem Molekül durch Drehung (Rotation) um eine Einfachbindung auftreten können.

Konformisten [lat.] (engl. Conformists), Personen, die ihre eigene Einstellung immer der herrschenden Meinung anpassen, sich den bestehenden Verhältnissen anzupassen bemüht sind (Ggs. Nonkonformisten).

Konformität [lat.], Übereinstimmung, gegenseitige Anpassung, gleichartige Handlungs- und Reaktionsweise von Mitgliedern einer Gruppe, Organisation oder Gesellschaft in bestimmten Situationen. Von solcher im Verhalten erkennbaren K. kann i. d. R. auf gemeinsame Gewohnheiten, Meinungen, Einstellungen und auf übereinstimmendes Normenverständnis geschlossen werden. K. kommt nicht nur zustande, weil die Handelnden vom Sinn, Wert oder zielorientierten Nutzen ihrer Verhaltensweise überzeugt sind, sondern weil angepaßtes Verhalten für sie selbst sozialen Nutzen hat. In (totalitären) Gesellschaften mit hohem normativem Zwang beruht K. auf Angst vor Sanktionen gegen „abweichendes", individuell bestimmtes Handeln. Hoher K.druck schränkt die Freiheit der Mgl. einer Gesellschaft ein. K. wirft damit Probleme der Emanzipation, Selbstbestimmung und krit. Haltung gegenüber gesellschaftl. Normen und Verhaltensansprüchen auf.

Konfrater (Confrater) [lat. „Mitbruder"], kirchl. Bez. des Amts-, Mitbruders (v. a. als Anrede verwendet).

Konfraternität [lat.], svw. ↑Erbverbrüderung.

Konfrontation [lat.], das Gegenüberstellen einander widersprechender Personen, Meinungen oder Sachverhalte; Auseinandersetzung.

Konfusion [zu lat. confusio, eigtl. „das Zusammengießen"], allg. Verwirrung, Zerstreutheit; Unklarheit, Verlegenheit.

Konfuzianismus, die auf ↑Konfuzius zurückgehende, neben Taoismus und Buddhismus einflußreichste philosoph. Geisteshaltung in China und O-Asien (↑auch chinesische Philosophie), die in China seit der Han-Dyn. (206 v. Chr.–220 n. Chr.) bis zum Ende des Kaisertums (1912) verbindl. Staatsdoktrin war. Der K. versteht sich als Wahrer und Mittler der jahrtausendealten chin. Tradition. Rein rationales Philosophieren wie in der abendländ. Philosophie ist dem K. völlig fremd, er ist prakt., moral. Philosophie. Zentrales Anliegen ist demnach die Fundierung des einzelnen, der Familie und des Staates in der Moral, d. h. in der Menschlichkeit („jen"), die sich in den 5 konfuzian. Kardinaltugenden („wu chang") der gegenseitigen Liebe („chung"), der Rechtschaffenheit („i"), der Weisheit („chi"), der Sittlichkeit („li") und der Aufrichtigkeit („hsin") sowie in den von „drei unumstößl. Beziehungen" („san gang") verwirklicht: Unterordnung des Sohnes unter den Vater, des Volkes unter den Herrscher und der Frau unter den Mann. Diese Grundanschauungen des K. haben in den Texten der sog. 5 konfuzian. Klassiker „Shi-ching" (Buch der Lieder), „Shu-ching" (Buch der Geschichten), „I-ching" (Buch der Wandlungen), „Li-chi" (Buch der Sitte; in ihm enthalten sind das „Ta-hsüeh" [große Lehre] und das „Chung-yüng" [rechte Mitte]) und „Ch'un-

ch'iu" (Frühlings- und Herbstannalen) kanon. Geltung erlangt.
📖 *Yang Yo Sub: Vollkommenheit nach paulin. u. konfuzian. Verständnis. St. Ottilien 1984.* - *Do-Ding, P.: K. Rbk. 1981.* - *Confucian personalities. Hg. v. D. C. Twitchett u. A. F. Wright. Stanford (Calif.) 1962.* - *The Confucian persuasion. Hg. v. A. F. Wright. Stanford (Calif.) 1960.* - *Fēng Yu-lan: A history of Chinese philosophy. Engl. Übers. Princeton (N.J.) 1952–53.*

Konfuzius (Kong Fu Zi [kɔŋfudzi]; Konfutse), * im Stadtstaat Lu (im S der heutigen Prov. Schantung) 551, † ebd. 479, chin. Philosoph. - K. gehörte als Nachkomme von Priestern der Shang-Dyn. zu den sog. „Gelehrten" und machte daraus als erster den Beruf eines Lehrers, v. a. für Angehörige der Oberschicht; somit ist er der Begründer der später die Gesellschaft Chinas beherrschenden Institution des gelehrten Beamten. Nach kurzer Zeit im Staatsdienst (wohl als Polizeichef), den er aus Enttäuschung über seinen geringen öffentl. Einfluß verließ, lange Wanderschaft mit seinen Schülern; schließl. Rückkehr nach Lu, wo er in die Dienste des Diktators Kung Tzu trat. - K. ist der Begründer der nach ihm ben. prakt. Philosophie des † Konfuzianismus.

kongenial, geistig ebenbürtig, gleichwertig; **Kongenialität,** Gleichrangigkeit.

kongenital, angeboren; i. e. S. auf ererbte Krankheiten und Schädigungen bezogen, die bei der Geburt manifest werden bzw. feststellbar sind.

Konglomerat [lat.-frz.], Zusammenballung, Gemisch.
◆ Sedimentgestein aus Geröllen, die durch tonige, kalkige, kieselige oder eisenhaltige Bindemittel verkittet sind. Die in der †Molasse vorkommenden K. werden **Nagelfluh** genannt.

Konglutination [lat.], Verklebung; u. a. auf rote Blutkörperchen bezogen, die durch eine Antigen-Antikörper-Reaktion mit Mitwirkung von † Komplement aneinanderkleben. - † auch Konglutinine.

Konglutinine [lat.], im normalen Serum vorhandene, in Gegenwart von † Komplement eine † Agglutination bzw. eine † Konglutination bewirkende Antikörper.

Kongo

(amtl. République Populaire du Congo), VR in Zentralafrika, zw. 3° 50′ n. Br. und 5° s. Br. sowie 11° und 18° 40′ ö. L. **Staatsgebiet:** K. grenzt im SW an den Atlantik, im W an Gabun, im N an die Zentralafrikan. Republik, im O und S an Zaïre sowie im westl. S an Cabinda (Angola). **Fläche:** 342 000 km². **Bevölkerung:** 1,76 Mill. E (1985), 5,2 E/km². **Hauptstadt:** Brazzaville. **Verwaltungsgliederung:** 9 Regionen und das Gebiet der Hauptstadt. **Amtssprache:** Französisch. **Nationalfeiertag:** 15. Aug. (Tag der Unabhängigkeit und der Revolution). **Währung:** CFA-Franc = 100 Centimes (c). **Internat. Mitgliedschaften:** UN, OAU, GATT, UMOA, UDEAC; der EWG assoziiert. **Zeitzone:** MEZ.

Landesnatur: K. liegt im äußersten NW des Kongobeckens (hier etwa 300 m ü. d. M.) und hat im SW Anteil an der das Becken begrenzenden Niederguineaschwelle, die durchschnittl. etwa 600 m im äußersten SW, im Bergland Mayombe 930 m ü. d. M. erreicht. Im NO, im Becken des unteren Ubangi und Sanga (Kongonebenflüsse) treten ausgedehnte Sümpfe auf.
Klima: Es herrscht äquatoriales Regenklima mit nur geringen Temperaturschwankungen und zwei Regenzeiten (Jan.–Mai und Okt.–Mitte Dez.).
Vegetation: Der gesamte N und weite Teile des Hochlandes sind mit trop. Regenwald bestanden. An der Küste verbreitet Mangrovenvegetation, an die sich Feuchtsavanne anschließt.
Tierwelt: Im Regenwald kommen verschiedene Affenarten, darunter Schimpansen und Gorillas, vor sowie Okapis, in den Savannen Elefanten, Schakale, Antilopen, Geparde u. a.
Bevölkerung: Der größte Teil gehört zu den Bantu, deren wichtigste Völker in K. die Kongo und Teke sind. Im NO leben kleine Pygmäengruppen. 51% sind Christen (⅘ davon kath.), rd. 47% Anhänger traditioneller Religionen, 3% Muslime. Mehr als 45% der Bev. leben in den vier größten Städten. Das Schulsystem ist nach frz. Vorbild gestaltet. Brazzaville verfügt über eine Univ. (seit 1972).
Wirtschaft: Der Ackerbau dient v. a. der Selbstversorgung. Er wird überwiegend als Wanderhackbau betrieben. Kakao-, Kaffee-, Kautschuk-, Zuckerrohr- und Tabakplantagen werden fast ausschließl. von Europäern bewirtschaftet. Die Viehhaltung deckt nicht den Eigenbedarf. Neben Binnenfischerei wird v. a. Küstenfischerei betrieben. Ein bed. Wirtschaftszweig ist die Forstwirtschaft. Wichtigste Holzarten sind Okume und Limba. An Bodenschätzen kommen Kali (Abbau 1977 eingestellt), Erdöl und Erdgas, Kupfer-, Blei-, Zink-, Zinn- und Eisenerze vor sowie Phosphat, Diamanten und Gold. Die Ind. verarbeitet v. a. landw. Produkte (Ölpressen, Mühlen, Zuckerfabrik, Brauereien u. a.) und Holz.
Außenhandel: Ausgeführt werden Rohholz, Holzfurniere, Schnittholz, Diamanten, raffiniertes Kupfer, Zucker, Kakao, Kaffee, eingeführt Nahrungsmittel, Maschinen und Geräte, Chemikalien, Kfz., Garne und Gewebe, Eisen und Stahl, Metallwaren u. a. Abgesehen von den Ländern der UDEAC sind die EG-Länder (hier v. a. Frankr.), die USA, China und Brasilien wichtige Handelspartner.
Verkehr: Das Eisenbahnnetz hat eine Länge von 1 040 km. Das Straßennetz ist rd. 11 000

Kongo

km lang, davon rd. 550 km asphaltiert. Das Wasserstraßennetz ist 3 555 km lang, davon sind 2 600 km ganzjährig schiffbar. Einziger Hochseehafen ist Pointe-Noire. K. ist Mgl. der Air Afrique. Brazzaville und Pointe-Noire verfügen über je einen internat. ✈.

Geschichte: Bis ins beginnende 19. Jh. war die Küste nördl. der Kongomündung eines der bevorzugten Sklavenhandelsgebiete. Seit 1766 waren dort frz. Missionare tätig. Auch das Hinterland kam unter frz. Einfluß. Seit 1875 erforschte P. S. de Brazza das Hinterland von Gabun und versuchte, zum Kongo durchzudringen. Im Wettlauf mit dem im Dienste Leopolds II. von Belgien stehenden Sir H. M. Stanley erreichte er im Sept. 1880 das Reich der Teke, mit dessen König er einen Protektoratsvertrag abschloß, und stand Ende Okt. am N-Ufer des Stanley Pool; er ergriff für Frankr. von diesem Gebiet Besitz und hinterließ eine kleine Militärstation, aus der die Stadt Brazzaville hervorging. Bis zur Kongokonferenz 1884/85 hatten weitere Reisen P. S. de Brazzas durch den Abschluß von Protektoratsverträgen mit den Eingeborenen das Gebiet der heutigen VR K. entstehen lassen; die Kongoakte von 1885 bestätigte den frz. Kongo in seinen heutigen Grenzen. Seit 1883 hatten die Franzosen den Küstenstreifen in ihrer Hand, der frz. Kongo gewann einen eigenen Zugang zum Meer. Ab 1888 war das Kongogebiet mit Gabun vereinigt, 1891 wurde es selbständige Kolonie. 1910 gründete Frankr. die Föderation Afrique-Équatoriale Française unter einem Generalgouverneur mit Sitz in Brazzaville; diese Organisationsform hatte bis 1946 Bestand. Weite Teile der frz. Kongokolonie trat Frankr. 1911 an Deutschland ab († auch Kamerun, Geschichte); 1916 wurden diese Gebiete wieder frz. Nach der frz. Niederlage gegen Deutschland 1940 unterstützte die Kongokolonie de Gaulle. 1946 wurde der frz. Kongo Überseeterritorium; 1958 erklärte er sich für den Verbleib in der Frz. Gemeinschaft und erhielt den Status einer autonomen Republik, die am 15. Aug. 1960 die volle Unabhängigkeit erlangte. Unter Präs. F. Youlou trieb die Republik Kongo (Brazzaville) eine Politik engster wirtsch., polit. und kultureller Anlehnung an Frankr. Das autoritäre Regime Youlous wurde im Aug. 1963 durch eine von Gewerkschaften und Armee getragene Bewegung gestürzt. Neuer Präs. wurde A. Massamba-Débat, der eine sozialist. ausgerichtete Politik einleitete. Seine relativ gemäßigte Politik stieß jedoch auf den Widerstand radikaler Kräfte, die ihn unter Führung von Hauptmann (später Major) M. Ngouabi im Sept. 1968 zum Rücktritt zwangen und die Macht übernahmen. Das Amt des Staatspräs. übernahm Ngouabi im Jan. 1969. K. (seit Dez. 1969 VR) unterhält enge Beziehungen zu Kuba, China, der Sowjetunion und anderen sozialist. Staaten. Die enge Zusammenarbeit mit Frankr. wird aus wirtsch. Gründen aufrechterhalten. Nach der Ermordung Ngouabis im März 1977 übernahm ein Militärkomitee unter Führung von J. Yhombi-Opango, im Febr. 1979 von D. Sassou-Nguesso die Macht (1984 als Präs. wiedergewählt). Im Juli 1979 wurde in einem Referendum eine neue sozialist. Verfassung angenommen. In der Außenpolitik bewegte sich K. langsam aus dem alleinigen Einfluß der Sowjetunion fort und öffnete sich dem Westen. Die wirtsch. schwierige Lage begünstigt immer wieder Putschversuche.

Politisches System: K. ist nach der Verfassung vom 8. Juli 1979 eine Volksrepublik. Staatsoberhaupt ist der vom Parteitag für 5 Jahre gewählte Staatspräs. (seit 1979 D. Sassou-Nguesso [* 1943]), der zugleich Präs. der „Parti Congolais du Travail" (PCT) und Vors. des Staatsrats ist, bei dem die Exekutive liegt. Organ der Legislative ist die Nat. Volksversammlung (153 Mgl.). Es gibt nur eine Partei, die PCT ist eine sozialist. Einheitspartei. Einheitsgewerkschaft ist die 1964 gegr. Confédération Syndicale Congolaise. Verwaltungsmäßig ist die VR K. in 9 Regionen (abgesehen vom Hauptstadtgebiet) untergliedert, diese sind weiter unterteilt in Bezirke und Gemeinden. Das Rechtswesen ist an frz. Traditionen und am Stammesrecht orientiert. Die Streitkräfte umfassen 9 400 Mann. Paramilitär. Kräfte sind 6 100 Mann stark.

📖 *Polit. Lex. Schwarzafrika.* Hg. v. J. M. Werobèl-La Rochelle u. a. Mchn. 1978. - Schamp, E. W.: *Industrialisierung in Äquatorialafrika.* Köln 1978. - Bertrand, H.: *Le Congo, formation sociale et mode de développement économique.* Paris 1975. - Vennetier, P.: *Géographie du Congo-Brazzaville.* Paris 1966.

Kongo, ehem. Kgr., zum größten Teil im heutigen Angola gelegen. 1482 entdeckten die Portugiesen die Kongomündung und knüpften mit dem dortigen Herrscher auf der Basis der Gleichberechtigung Beziehungen an. Erst nach einem Konflikt mit Portugal um Luanda mußte K. die portugies. Schutzherrschaft anerkennen (1651). Ab diesem Zeitpunkt zerfiel das Reich; große Teile lösten sich von der Zentralgewalt.

Kongo, Bantuvolk am unteren Kongo, in der VR Kongo, in Zaïre und Angola; überwiegend Waldlandpflanzer; staatstragendes Volk des ehem. Kgr. Kongo.

Kongo (Zaïre), zweitgrößter, aber wasserreichster Strom Afrikas, entspringt als **Lualaba** im SO von Zaïre, mündet an der Grenze gegen Angola in den Atlantik, 4 320 km lang, Einzugsgebiet 3,69 Mill. km². Der Lualaba durchfließt die südl. und östl. Randschwelle des K.beckens und bildet zahlr. Stromschnellen, als letzte die **Stanleyfälle**, danach wird er K. gen. und ist bis Kinshasa ein Flachlandfluß mit z. T. seeartiger Breite (bis 14 km). Vor dem Durchbruch durch die

Niederguineaschwelle staut sich der K. zum etwa 30 km langen, 21 km breiten **Stanley Pool.** Der Durchbruch erfolgt in 32 Katarakten, den **Livingstonefällen.** Unterhalb von Matadi öffnet sich das Tal zu einem breiten Trichter. Kraftwerke bestehen am Lualaba und bei Inga. Der K. und seine Nebenflüsse bilden ein etwa 13 000 km langes Wasserstraßennetz, wichtigster Verkehrsträger von Zaïre und der VR Kongo; nicht schiffbare Stromabschnitte werden durch Eisenbahnlinien umgangen. Der K. ist von der Mündung des Ubangi bis in das erste Drittel der Livingstonefälle Grenzfluß zw. Zaïre und der VR Kongo, unterhalb von Matadi zw. Zaïre und Angola.

Kongobecken, Beckenlandschaft in Z-Afrika, begrenzt im N von der Asande-, im W von der Niederguinea-, im S von der Lunda- und im O von der Zentralafrikan. Schwelle; im NO 300–500 m, sonst bis etwa 1 000 m ü. d. M. ansteigend.

Kongo (Brazzaville) [braza'vɪl], früherer Name der Volksrepublik ↑ Kongo.

Kongo (Demokratische Republik), früherer Name des afrikan. Staates ↑ Zaïre.

Kongo (Kinshasa) [kɪn'ʃa:za], früherer Name des afrikan. Staates ↑ Zaïre.

Kongokonferenz, auf belg. Veranlassung von Bismarck nach Berlin einberufene Konferenz von 14 Mächten (15. Nov. 1884–26. Febr. 1885). Ihr Ergebnis wurde in der **Kongoakte** niedergelegt: Neutralisierung des Kongobeckens, Handels- und Schiffahrtsfreiheit gefordert, Verbot des Sklavenhandels, der „Unabhängige Kongostaat" als Eigentum König Leopolds II. von Belgien anerkannt, Kongo (Brazzaville) als frz. Besitz bestätigt; verhinderte ein brit. Kolonialmonopol.

Kongokrise, Bez. für die polit. Wirren, die im Zuge der Entkolonisation ab 1958/59 in Belg.-Kongo entstanden, nach der Unabhängigkeitserklärung 1960 fortdauerten und trotz der Bemühungen der UN (ab 1960, Abzug der letzten Truppen erst 1964) zu Bürgerkrieg, Sezessionen (Katanga, Kasai) und wirtsch. Chaos führten (↑ auch Zaïre, Geschichte).

Kongo (Léopoldville) [leɔpɔlt'vɪl], früherer Name des afrikan. Staates ↑ Zaïre.

Kongoni [afrikan.] ↑ Kuhantilopen.

Kongopfau (Afropavo congensis), etwa 70 cm großer, grün- und blauschwarzer Hühnervogel (Fam. Fasanenartige) in den Urwäldern des oberen Kongo.

Kongorot, ↑ Azofarbstoff aus ↑ Benzidin und 1-Aminonaphthalin-4-sulfonsäure; Verwendung als Säure-Base-Indikator und Mikroskopierfarbstoff.

Kongregation (Congregatio) [lat., zu con- „zusammen" und grex „Herde"], 1. in den alten Mönchsorden der Zusammenschluß mehrerer selbständiger Klöster unter einem Oberen mit einheitl. Interpretation der Ordensregel; 2. eine Ordensgemeinschaft bischöfl. oder päpstl. Rechts, deren Mgl. nur einfache Gelübde ablegen.

Kongregationalismus [lat.], aus dem engl. ↑ Puritanismus im 16. Jh. hervorgegangene ref.-kalvinist. orientierte religiöse Bewegung, die die in der anglikan. Kirche beibehaltenen Reste des kath. Kults und die episkopale Verfassung ablehnt. Der K. will autonome, vom Staat unabhängige Einzelgemeinden (auch ohne übergeordnete Kirchenstruktur), die ihre Pfarrer jeweils selbst wählen und ordinieren. Die Kongregationalisten, die 1620 mit der „Mayflower" nach Amerika kamen, hatten bed. Einfluß auf die religiöse, polit. und kulturelle Struktur der neuengl. Kolonien (u. a. 1636 Gründung der ↑ Harvard University). Die rege Missionstätigkeit im 19. Jh. führte zur Entstehung zahlr. Gemeinden auch außerhalb Amerikas, die sich 1891 zum „International Congregational Council" zusammenschlossen.

Kongregation für den Gottesdienst ↑ Kurienkongregationen.

Kongreß [zu lat. congressus „das Zusammentreffen, Zusammenkunft"], Tagung, Versammlung (von Vertretern von Verbänden oder anderen Gruppierungen).
♦ Bez. für das Parlament der USA; besteht aus ↑ Repräsentantenhaus und ↑ Senat.

Kongreßdiplomatie, von R. S. Castlereagh 1815 organisiertes Verfahren der Außenpolitik (Zusammenkünfte der Monarchen und ihrer leitenden Minister) zur sozialkonservativen europ. Friedenssicherung nach den Befreiungskriegen.

Kongreßpolen, Bez. für das durch die Wiener Kongreßakte vom 8. Juni 1815 aus dem bisherigen Hzgt. Polen gebildete, in Personalunion mit Rußland vereinigte Kgr. (Zartum) Polen, dessen zunächst eigene Staatlichkeit nach dem Aufstand von 1830/31 beseitigt wurde.

kongruente Abbildung [lat./dt.], svw. ↑ Bewegung (Mathematik).

Kongruenz [zu lat. congruere „zusammentreffen, übereinstimmen"] (Deckungsgleichheit) die Übereinstimmung geometr. Gebilde (Figuren) in allen Abmessungen, d. h. in Größe und Gestalt. Zwei kongruente geometr. Gebilde G_1 und G_2 (in Zeichen: $G_1 \cong G_2$) lassen sich durch kongruente Abbildungen (↑ Bewegung) ineinander überführen.
♦ spezielle Eigenschaft ganzer Zahlen: Zwei ganze Zahlen a und b sind *kongruent modulo m* (mit einer als *Modul* der K. bezeichneten natürl. Zahl), in Zeichen: $a \equiv b \pmod{m}$, wenn a und b bei der Division durch m den gleichen Rest ergeben.
♦ in der *Sprachwiss.* unterscheidet man die *syntakt. K.*, die formal-grammat. Übereinstimmung syntakt. zusammengehörender Teile im Satz (nach Kasus, Genus, Numerus und Person) und die *semant. K.*, die Vereinbarkeit des Verbs mit anderen Satzgliedern nach se-

Kongsberg

mant. Gesichtspunkten; z. B. *Der Vogel fliegt schnell,* aber nicht: *Der Vogel fliegt blau.*

Kongsberg [norweg. 'kɔŋsbær(g)], norweg. Stadt im unteren Numedal, 20 700 E. Museen, Waffenfabrik, königl. Münze; Fremdenverkehr. - 1624 als Bergbauort für das in der Nähe gefundene Silbererz gegründet.

Kongsbergit [nach der Stadt Kongsberg] ↑ Amalgame.

Konidien [...i-ən; griech.], ungeschlechtl. entstehende Verbreitungskörper von Pilzen.

Koniferen [zu lat. conifer „Zapfen tragend"], svw. ↑ Nadelhölzer.

König, Barbara, * Reichenberg 9. Okt. 1925, dt. Schriftstellerin. - Schrieb nach der Erzählung „Das Kind und sein Schatten" (1958) und „Kies" (R., 1961) den Roman „Die Personenperson" (1965), worin sie sich mit der Frage der Identität auseinandersetzt. - *Weitere Werke:* Spielerei bei Tage (En., 1969), Schöner Tag, dieser 13. Ein Liebesroman (1973), Der Beschenkte (R., 1980).

K., Franz, * Rotenburg a. d. Fulda 16. Febr. 1832, † Berlin 12. Dez. 1910, dt. Chirurg. - Prof. in Rostock, Göttingen und Berlin; führte die Herzmassage bei Herzstillstand in die Chirurgie ein.

K., Franz, * Warth bei Rabenstein (Niederösterreich) 3. Aug. 1905, östr. kath. Theologe und Religionswissenschaftler. - 1956-86 Erzbischof von Wien, seit 1958 Kardinal, 1965-80 Präsident des Sekretariats für Nichtglaubenden; förderte die Beziehungen zu den Kirchen des Ostens und zu den nichtchristl. Religionen sowie die diplomat. Kontakte zw. dem Vatikan und osteurop. Regierungen.

K., René, * Magdeburg 5. Juli 1906, dt. Soziologe. - Seit 1949 Prof. in Köln; befruchtete die dt. Nachkriegssoziologie durch die Rezeption amerikan. und frz. Gegenwartssoziologie und durch systematisierende Arbeiten zur empir. Sozialforschung; Verfasser u. a. von „Materialien zur Soziologie der Familie" (1946), „Soziologie heute" (1949), „Soziolog. Orientierungen" (1965).

König [zu althochdt. kuning, eigtl. „aus vornehmem Geschlecht stammender Mann"], nach dem Kaiser der Träger höchster staatl. Gewalt oder höchster Repräsentant in der Monarchie. Das K.tum des MA ist aus dem auf dem Boden des Imperium Romanum entstandenen german. Reichen hervorgegangen, deren Herrschervorstellungen auf zwei Wurzeln zurückzuführen sind: 1. das Volkskönigtum der Kleinstämme der german. Frühzeit, dessen Träger aus einer K.sippe stammten, die sich oft durch Abstammung von den Göttern legitimierten; 2. das Heerkönigtum. Das Königtum des Fränk. Reiches wurde zur Grundlage des hochma. K.tums. In ihm traten zu den german. Elementen der antikröm. Amtsgedanke und die christl. Vorstellung vom Gottesgnadentum. Der K. wurde begriffen als ein an die überlieferten Volksgesetze und die Zustimmung der Großen gebundener Herrscher, dem eigene Gesetzgebungs-, Besteuerungs-, Gerichts- und Heeresgewalt sowie die Kirchenhoheit zustanden. Er war zugleich oberste Instanz der Friedenswahrung. In der german. Frühzeit wurde der K. durch einen Wahlakt der Volksversammlung bestimmt, der sich auf eine Auswahl unter den Mitgliedern der K.sippe beschränkte; im Laufe des MA setzte sich teils Wahl, teils dynast. Erbfolge durch.

📖 *Das K.tum. Seine geistigen u. rechtl. Grundll.* Sigmaringen ⁴1973. - Schramm, P. E.: *Gesch. des engl. K.tums im Lichte der Krönung.* Weimar 1937. Nachdr. Köln u. Darmst. 1970.

◆ zentrale Figur im Schachspiel, auf dessen Eroberung (Matt, Schach) die Schachpartie angelegt wird.

◆ Bild im Kartenspiel, zweithöchste Karte.

König, Bad ↑ Bad König.

Könige (Bücher der K.), zwei kanon. Bücher des A. T. (Abk. 1./2. Kön.); in der Septuaginta geteilt und anschließend zu den Samuelbüchern, schildern sie die Geschichte Israels und Judas vom Tod Davids bis zum Babylon. Exil. Sie gehören zum deuteronomist. Geschichtswerk (Entstehungszeit zw. 622 und nach 561).

Königgrätz (tschech. Hradec Králové), Stadt an der Mündung der Adler in die Elbe, ČSSR, 224 m ü. d. M., 98 000 E. Verwaltungssitz des Ostböhm. Gebiets; kath. Bischofssitz (seit 1664); PH, Museum; Maschinen- und Dieselmotorenbau, chem., Textil- u. a. Ind., Musikinstrumentenbau. - Vor 1225 zur Stadt erhoben. 1766-89 Ausbau zu einer starken Festung (Anlagen nach 1893 geschleift). - Die **Schlacht bei Königgrätz** (eigtl. zw. Chlum und Sadowa; 3. Juli 1866) brachte durch den Sieg der von H. von Moltke geleiteten preuß. Truppen über die östr.-sächs. Armee die Entscheidung im preuß.-östr. Dualismus der dt. Frage. - Got. Dom (14. Jh., aus Backstein), barocke Marienkirche (17. Jh.), Altes Rathaus (Renaissance, 16. Jh.); Mariensäule (Pestsäule; 1714-16), Reste der Befestigung.

Königin, bei Zulässigkeit der weibl. Thronfolge die Herrscherin eines Kgr.; auch die Gemahlin oder Witwe eines Königs.

◆ in der *Biologie* Bez. für ein eierlegendes Weibchen bei staatenbildenden Insekten.

◆ im Schachspiel svw. Dame.

Königin der Nacht (Selenicereus grandiflorus), Kaktusgewächs in S- und M-Amerika aus der Gatt. Schlangenkaktus; etwa 2 cm dicke, bedornte, rankende Triebe mit Luftwurzeln; Blüten bis 30 cm lang, mit lachsfarbenen Kelch- und weißen Blumenkronblättern, stark duftend; öffnen sich nur für eine einzige Nacht; beliebte Zierpflanze. Aus den alkaloidhaltigen Blüten und Stengeln wird ein Herzmittel gewonnen.

Königsberg (Pr)

Königinhofer Handschrift und *Grünberger Handschrift*, 1817 bzw. 1818 von V. Hanka verfaßte und vorgelegte Fälschungen ma. tschech. Dichtungen (des 13. bzw. 9./10. Jh.); sie gelten heute als bed. literar. und polit.-nationalist. Mystifikationen des beginnenden 19. Jh.

königliche Freistädte, in Ungarn Bez. für die mit dem Recht der Selbstverwaltung und (seit 1405) der Teilnahme am Reichstag privilegierten Städte; sie verloren 1848 ihre polit. Sonderstellung.

Königsbann ↑Bann.

Königsberg (Pr) (russ. Kaliningrad), Stadt in Ostpreußen, beiderseits des Pregels, 7 km vor dessen Mündung ins Frische Haff, UdSSR▼, 5 m ü. d. M., 380 000 E. Hauptstadt des Gebiets Kaliningrad innerhalb der RSFSR. Vor 1945 war K. (Pr) das kulturelle und wirtsch. Zentrum Ostpreußens (Univ. gegr. 1544); heute gibt es in K. (Pr) eine Univ. (gegr. 1967), eine Hochschule für Fischereiwirtschaft, ein Forschungsinst. für Fischereiwirtschaft und Ozeanographie, Bernsteinmuseum, Schauspielhaus. Bedeutend sind Schiff- und Waggonbau, Zellulose- und Papierind. sowie ein Fischkonservenkombinat. - K. (Pr) war von jeher ein wichtiger Handelsplatz. Der Hafen wurde durch den 1894-1901 erbauten **Königsberger Seekanal** mit dem Vorhafen Pillau verbunden.

Geschichte: Der Dt. Orden errichtete 1255 am Platz einer pruzz. Fliehburg eine Burg, die zu Ehren des an dieser Landfahrt beteiligten Königs Ottokar II. von Böhmen Königsberg genannt wurde (1262 im Pruzzenaufstand zugrundegegangen). Nach Wiederherstellung des Friedens kam es in kurzer Zeit zur Gründung von drei Städten mit Culmer Recht (Zusammenschluß erst 1724): Altstadt zw. Burg und Pregel (Handfeste 1286), Löbenich östl. der Altstadt (Handfeste 1300), Kneiphof auf der Pregelinsel (Handfeste 1327). K. (Pr) war Sitz des Domkapitels des Bistums Samland; im O der Insel Kneiphof wurde 1330-80 der Dom erbaut. Die Burg, Sitz des Ordensmarschalls, war ab 1457 auch der Sitz des Hochmeisters. Mit der Säkularisierung des Ordensstaates (1525) wandelte sich die Stadt zur Residenz des Hzg. von Preußen. Auch nach dem Übergang Preußens an Brandenburg blieb K. (Pr) Residenz und 2. Hauptstadt (Krönungsort Friedrichs I. von Preußen 1701, Hauptstadt Preußens während der Napoleon. Kriege 1808/09). K. (Pr) war Mgl. der Hanse (1368 erstmals erwähnt) und spielte im Handel mit Rußland und Schweden eine große Rolle. Neben den Funktionen eines Handels- und Verwaltungszentrums hatte es bis 1945 die Funktionen einer Festung (ma. Befestigungen 1626-28 durch eine große Wallanlage um die gesamte Stadt ersetzt; die letzten Festungswerke für die Stadt entstanden 1843-64), und es war, v. a. durch die

Königin der Nacht

1544 gegr. Univ., ein über den Prov.rahmen hinaus bed. Bildungszentrum (Kant, Herder, Bessel). Die Abtrennung Ostpreußens vom Dt. Reich durch den Versailler Vertrag schien K. (Pr) zunächst in seiner wirtschaftl. Existenz zu bedrohen; dank der Hilfe des Dt. Reiches und Preußens konnten jedoch die Schwierigkeiten überwunden werden (Ausbau des Hafens, Dt. Ostmesse). Im 2. Weltkrieg blieb K. (Pr) bis Ende Aug. 1944 prakt. vom Krieg unberührt; zwei schwere nächtl. Luftangriffe (26./27. und 29./30. Aug.) zerstörten jedoch die ganze Innenstadt und die nördl. Außenbezirke. Vom 28. Jan. 1945 an war K. (Pr) von der Roten Armee belagert; die dt. Truppen mußten am 10. April kapitulieren. Von den 110 000 Zivilisten zum Zeitpunkt der Kapitulation überlebten bis zur Ausweisung nach Deutschland (1947/48) nur etwa 25 000.

Bauwerke: Die Zerstörung der Innenstadt beraubte K. (Pr) fast sämtl. Baudenkmäler; die Ausstattungen des Schlosses und des Domes gingen verloren; ein Teil der Museumsbestände konnte gerettet werden. Die Ruinen des Schlosses (ehem. Deutschordensburg, im Kern 13. und 14. Jh., Ergänzungen v. a. aus der Renaissancezeit, u. a. Schloßkirche) wurden abgetragen, ebenso die der Steindammer Kirche (Sankt Nikolaus; 14. Jh.; barockisiert); die Ruinen des Doms, der Altstädt. Kirche, der Burgkirche wurden gesichert. Dom im wesentl. 1320-50; erbaut als dreischiffige Hallenkirche mit Niederem und Hohem Chor und zweitürmiger W-Fassade, Innenausbau bis 1382. Altstädt. Pfarrkirche 1838-45 erbaut nach Entwurf von K. F. Schinkel. Burgkirche erbaut 1687-90. Erhalten blieb die Pfarrkirche Juditten (eine der ältesten Kirchen Ostpreußens, Chor Anfang

107

Königsboten

des 14. Jh., Schiff um 1330–40). Wiederaufgebaut wurde die klassizist. Neue Univ. (1844–62). Von der alten Wohnbebauung sind Teile des Speicherviertels erhalten.
📖 *Albinus, R.: Lex. der Stadt K. Pr. u. Umgebung.* Leer 1985. - *Gause, F.: Die Gesch. der Stadt K. in Preußen.* Köln u. Graz 1965–71. 3 Bde.

Königsboten (lat. missi dominici), in merowing. und fränk. Zeit königl. Beauftragte mit außergewöhnl. Vollmachten.

Königsfarn ↑ Rispenfarn.

Königsfeld im Schwarzwald, Gemeinde im südl. Schwarzwald, Bad.-Württ., 763 m ü. d. M., 5 300 E. Heilklimat. Kurort; Schulen der Herrnhuter Brüdergemeine.

Königsfisch ↑ Glanzfische.

Königsfreie, Gruppe von ↑ Freien neben den **Gemeinfreien,** die im engeren Rechtsverhältnis des Königsdienstes (mit bes. Kriegsdienst- und Abgabeverpflichtung) standen. Die K. waren mit nichtveräußerl. Eigen auf Königsgut angesiedelt, konnten vom König jedoch anderen, z. B. geistl. Fürsten, überlassen werden.

Königsfriede, Friedensschluß des pers. Großkönigs mit Sparta († Antalkidas), 387 v. Chr. in Sardes den Griechen verkündet, 386 in Sparta geschlossen.
◆ im ma. Recht 1. der für alle Untertanen geltende oder 2. der einzelnen Personen, Personengruppen oder Anstalten in persönl. Schutzbriefen oder in Privilegien gewährte bes. **Königsschutz,** 3. der Sonderfriede, der den König und seine Umgebung schützte.

Königsgambit, Eröffnungssystem im Schach.

Königsgeier ↑ Geier.

Königsgelb ↑ Auripigment.

Königsgepard ↑ Gepard.

Königsgericht, nach dem Reichsrecht des MA Gericht des Königs als Gerichtsherr über alle Freien. Gewöhnl. delegierte der König die Gerichtsbarkeit an Grafen, doch konnte er jeden Prozeß abfordern. Die Möglichkeit der Appellation an das K. kam erst im Spät-MA auf. Das K. hatte keinen festen Sitz, es tagte unter dem Vorsitz des Königs, in seiner Vertretung unter dem Pfalzgrafen. Im Hoch-MA wurde das K. in 1. Instanz Standesgericht der Reichsunmittelbaren und war nur in 2. Instanz für die übrigen Freien tätig, soweit nicht Appellationsprivilegien eingriffen.

Königsglanzstar ↑ Glanzstare.

Königsgut, seit der fränk. Landnahme der Grundbesitz, der der Verfügungsgewalt des Königs unterstand.

Königshofen im Grabfeld, Bad ↑ Bad Königshofen im Grabfeld.

Königshufe ↑ Hufe.

Königshütte (poln. Chorzów), poln. Stadt, nw. Nachbarstadt von Kattowitz, 270 m ü. d. M., 145 100 E. Oberschles. Museum, Theater. K. ist die am stärksten industrialisierte Stadt des Oberschles. Ind.reviers, v. a. Schwer-, chem. und Nahrungsmittelind. Zw. K. und Kattowitz liegt ein 6 km^2 großer Park, u. a. mit Stadion, Ausstellungsgelände, Planetarium und Observatorium. - Das Dorf **Chorzów** hatte keine größere Bed., bis mit der Anlage der Steinkohlengruben „König" (1791) und „Königshütte" (1802) ein starker Aufschwung einsetzte. Um die Anlagen entstand eine Arbeitersiedlung, die den Namen K. annahm und 1868 Stadtrecht erhielt, nachdem sie von Chorzów getrennt worden war. K. kam 1922 an Polen und wurde 1934 mit Chorzów unter diesem Namen vereint.

Königskerze (Wollblume, Verbascum), Gatt. der Rachenblütler mit rd. 250 Arten in Europa, N-Afrika, W- und M-Asien; aufrechte, meist wollig behaarte Kräuter mit flachen bis becherförmigen, gelben, weißen oder purpurfarbenen Blüten in Trauben oder Rispen. In M-Europa kommen 15 Arten vor, darunter die häufig auf Schuttplätzen und an Wegrändern wachsende **Großblütige Königskerze** (Verbascum densiflorum; bis 2 m hoch; zweijährig; große, leuchtend gelbe Blüten).

Königskobra (Riesenhutschlange, Königshutschlange, Ophiophagus hannah), etwa 3–4,5 m lange Kobra in den Dschungeln S- und SO-Asiens; größte Giftschlange; oberseits dunkelbraun bis olivfarben mit heller Ringelung. Der Biß der K. ist für den Menschen sehr gefährl., er kann ohne Behandlung nach etwa 15 Minuten zum Tode führen.

Königskrone, zu den Insignien gehörendes Rangzeichen des Königs. Die K. war bereits im Altertum (Ägypten) bekannt. Im MA fanden sich im Abendland neben einfachen Reifenkronen (Eiserne Krone) die mit Zacken verzierten Kronen (z. B. die Helmkrone). Die Könige besaßen mehrere Kronen; zum Staatssymbol erhoben wurden nur Kronen mit bes. sakraler Beziehung, wie die Wenzelskrone, die Stephanskrone und die engl. Eduardskrone. Die modernen K. haben 8 Bügelteile (herald. 5 sichtbar) mit Reichsapfel oder Lilie an der Spitze. - ↑ auch Reichsinsignien.

Königslibellen (Anax), Gatt. altweltl. verbreiteter, prächtig gefärbter Großlibellen (Fam. Teufelsnadeln); in M-Europa zwei Arten, bekannt v. a. die **Große Königslibelle** (Anax imperator): von S-Afrika bis S-England verbreitet, mit 11 cm Spannweite die größte einheim. Libellenart; Flügel goldgelb; Vorderkörper grün, Hinterleib azurblau (♂) oder blaugrün (♀).

Königslilie ↑ Lilie.

Königslutter am Elm, Stadt am NO-Fuß des Elms, Nds., 135 m ü. d. M., 16 600 E. Zucker- und Zigarrenind., Herstellung von Bürobedarf. - Das um 1100 in der Nähe des 952 erstmals gen. Dorfes Lutter gegr. Kanonissenstift wurde 1135 in ein Benediktinerkloster umgewandelt. Der Name Königslutter ist erstmals 1252 nachweisbar, der Ort erhielt zw. 1400 und 1409 Stadtrecht. Das heutige K. am E. entstand 1924 durch Zusammenschluß von Königslutter mit Oberlutter und dem Stiftsbezirk. - Roman. Stiftskirche mit bed. Bauplastik, Grablege von Kaiser Lothar III. (1137), Hzg. Heinrich X., dem Stolzen (1139), und der Kaiserinwitwe Richenza (1141; barocke Nachbildungen der Grabmäler). In der Altstadt Fachwerkbauten des 16.-18. Jahrhunderts.

Königsmarck, Maria Aurora Gräfin von, *Stade 8. Mai 1662, † Quedlinburg 16. Febr. 1728, Mätresse Augusts II., des Starken, von Polen-Sachsen. - Mutter von Moritz Graf von Sachsen; 1700 Pröpstin des reichsunmittelbaren Stifts Quedlinburg.

Königsnattern (Königsschlangen, Lampropeltis), Gatt. etwa 1-2 m langer, ungiftiger Nattern in N- und S-Amerika; oft auffallend bunt gezeichnet; Kopf zieml. klein. K. fressen u. a. Schlangen, die durch Umschlingen erstickt werden. Hierher gehört z. B. die 2 m lange **Kettennatter** (Lampropeltis getulus); Oberseite grau mit dunkler Kettenzeichnung, Unterseite gelb.

Königspalme (Roystonea regia), Palmenart auf Kuba; bis 25 m hoher Baum mit in der Mitte dickerem Stamm und aufrechten Fiederblättern; in den Tropen häufig angepflanzt.

Königsparadiesvogel ↑ Paradiesvögel.

Königspinguin ↑ Pinguine.

Königsring (Kartusche), ovale Einfassung mit senkrechtem Schlußstrich um altägypt. Königsnamen; von den fünf Namen eines Pharaos werden die beiden letzten in den K. geschrieben.

Königsschlange (Königsboa, Abgottschlange, Götterschlange, Boa constrictor), etwa 3-4 m lange lebendgebärende Boaschlange in den Gebirgswäldern des trop. Amerika; am Boden und auf Bäumen lebende Riesenschlange mit dreieckigem Kopf und meist dunkelbraunen, kantigen Flecken auf gelblichbraunem Grund; ernährt sich vorwiegend von kleinen Säugetieren und Vögeln; wird dem Menschen nicht gefährlich.

Königsschlangen, svw. ↑ Königsnattern.

Königssee, langgestreckter See im Berchtesgadener Land, Bayern, 602 m ü. d. M., 5,2 km², bis 188 m tief. Am W-Ufer liegen Barockkirche (1697) und Jagdschloß (1708/09) Sankt Bartholomä.

Königstein im Taunus, hess. Stadt am S-Fuß des Hochtaunus, 362 m ü. d. M., 16 400 E. Philosoph.-theolog. Hochschule, Priesterseminar; heilklimat. Kurort. - Das seit 1276 bezeugte Königstein entstand als Weiler der vermutl. von den Staufern errichteten, 1215 erwähnten gleichnamigen Burg und erhielt 1313 Stadtrecht. - Barocke Pfarrkirche (1744-46), Burgruine.

Königstein/Sächs. Schweiz, Stadt an der Elbe, Bez. Dresden, DDR, 130 m ü. d. M., 4400 E. Sommerfrische. - Seit 1379 Stadt. Im 16./17. Jh. wurde die Burg zur stärksten sächs. Landesfestung ausgebaut. - Barocke Stadtkirche (1720-24).

Königstiger (Bengaltiger, Bengal. Tiger, Panthera tigris tigris), etwa 2 m lange rötl.-gelbbraune Unterart des Tigers in Vorder- u. Hinterindien; Fell kurzhaarig, glänzend, mit tiefschwarzer, relativ enger Streifung; Bestände bedroht.

Königstuhl, 566 m hoher Berg im südl. Odenwald, Bad.-Württ., im SO von Heidelberg.

Königswahl, in Wahlmonarchien der Vorgang zur Bestimmung eines neuen Herrschers. Im Fränk. Reich erfolgte die K. auf der Basis des Geblütsrechts, das bis zum Ende der Stauferzeit auch im Hl. Röm. Reich überwog. Erst seit dem Interregnum setzte sich das freie K.recht der Kurfürsten durch, das 1356 in der Goldenen Bulle grundgesetzl. geregelt wurde und bis 1806 gültig blieb.

Königswinter, Stadt am Rhein, NRW, 55 m ü. d. M., 34 200 E. Siebengebirgsmuseum; Stahl-, Elektroind.; Weinbau, Brennereien, Weinhandel; Fremdenverkehr. - Im 9. Jh. erstmals genannt. Das Hotel auf dem Petersberg war 1946-51 der Sitz der westalliierten Hohen Kommission. - Frühklassizist. Pfarrkirche (1779/80), Wohnhäuser des 17. und 18. Jh.; neugot. Drachenburg (19. Jh.).

Königs Wusterhausen, Krst. 27 km sö. von Berlin, Bez. Potsdam, DDR, 19 100 E. Rundfunksendeanlagen; Hafen; Ausflugsziel. - Aus einer slaw. Siedlung entstand im 1366 das Dorf Wendisch-Wusterhausen (nach Friedrich Wilhelm I. in K. W. umbenannt); seit 1935 Stadt. - Jagdschloß (urspr. 16. Jh.). **K. W.,** Landkr. im Bez. Potsdam, DDR.

Koniin (Coniin) [griech.], das sehr giftige Alkaloid des Gefleckten Schierlings. Das 1886 erstmals von A. Ladenburg synthetisierte K. lähmt das Rückenmark sowie die peripheren motor. Nervenendigungen (Tod durch Atemlähmung).

Konimeter [griech.], Gerät zur Messung des Staubgehaltes der Luft. Eine bestimmte Menge Luft wird durch einen Spalt gesaugt und prallt auf eine mit klebriger Substanz versehene Glasplatte, so daß die Staubteilchen haften bleiben und mikroskop. ausgezählt werden können.

Konin, poln. Stadt an der oberen Warthe, 80 m ü. d. M., 73 000 E. Hauptstadt des Verw.-Geb. K., Museum. Zentrum eines Ind.gebiets. - Spätgotische Bartholomäuskirche (14./15. Jh.), klassizist. Rathaus (19. Jh.).

Koninck, Philips, *Amsterdam 15. Nov. 1619, †ebd. 6. Okt. 1688, niederl. Maler. - An Rembrandt und Seghers geschulte holländ. Flachlandpanoramen mit ausgeprägten Lichteffekten.

Koningsloo, Gillis van ↑Coninxloo, Gillis van.

Koninklijke Luchtvaart Maatschappij NV [niederl. ˈkoːnəŋkləkə ˈlʏxtfaːrt maːtsxɑˈpɛi̯ ɛnˈveː], niederl. Luftverkehrsunternehmen, internat. Bez. KLM Royal Dutch Airlines (↑Luftverkehrsgesellschaften [Übersicht]).

Koniotomie [griech.] (Interkrikothyreotomie), operative Eröffnung des Kehlkopfs durch einen Querschnitt zwischen Schild- und Ringknorpel; einfacher Noteingriff bei Erstickungsgefahr anstelle einer ↑Tracheotomie.

konisch [griech.], kegel[stumpf]förmig.

Konitz, Lee [engl. ˈkoʊnɪts], *Chicago (Ill.) 13. Okt. 1927, amerikan. Jazzmusiker (Altsaxophonist). - Gehört neben L. Tristano, in dessen Gruppe er in den 50er Jahren arbeitete, zu den Initiatoren des Cool Jazz.

Köniz, schweizer. Gemeinde im sw. Vorortbereich von Bern, Kt. Bern, 572 m ü. d. M., 35 000 E. Sitz des Eidgenöss. Amts für Maß und Gewicht, der Schweizer. Landestopographie und Eidgenöss. Landw. Versuchsanstalten; Herstellung von Maschinen, Apparaten, Meßgeräten, Röntgenröhren, Kartonagen. - Die Propsteikirche war bis 1276 Mutterkirche der Stadt Bern. Roman. Kirche (13. Jh.) der ehem. Deutschordenskommende, Schloß des Dt. Ordens (v. a. 16./17. Jh.).

Konjetzky, Klaus, *Wien 2. Mai 1943, östr. Schriftsteller. - Lebt als Verlagslektor und Mithg. der „Literar. Hefte" in München. Erzähler („Perlo Peis ist eine isländ. Blume u. a. Prosa", 1971), Lyriker („Grenzlandschaft", 1966; „Poem vom grünen Eck", 1975) und Literaturkritiker.

Konjugation [zu lat. coniugatio „Verbindung"], in der *Sprachwiss.* Bez. für die Formveränderung des Verbs (↑Flexion), durch die Person, Numerus (Einz./Mehrz.), Tempus (Zeit), Modus (Aussageweise) und Genus (Geschlecht) des Verbs, Aktionsart und Aspekt gekennzeichnet werden können. Die K. erfolgt durch Kombination morpholog., lexikal., z. T. auch syntakt. Merkmale. Bei der *analyt. (periphrast.) K.* können die grammat. Merkmale nicht wie bei der *synthet. K.* ([ich] sehe) in einer einzigen Form bezeichnet werden ([ich] *habe gesehen*).

♦ bei den ↑Wimperntierchen vorkommender bes. Befruchtungsvorgang.

konjugierte Doppelbindung [lat./dt.], in der Chemie das System zweier ↑Doppelbindungen, die durch eine einfache Bindung getrennt sind, z. B. Butadien $CH_2=CH-CH=CH_2$.

konjugierte Punkte [lat.], die sich entsprechenden Punkte (Dingpunkt und Bildpunkt) einer opt. Abbildung.

konjugierter Durchmesser [lat./dt.] ↑Durchmesser.

konjugiert komplex [lat.] ↑komplexe Zahl.

Konjunktion [zu lat. coniunctio „Verbindung"], (Bindewort) in der *Sprachwiss.* Bez. für Wörter, die Satzteile oder Sätze miteinander verbinden; zu unterscheiden sind unterordnende (subordinierende, hypotakt.) K., die im Ggs. zu den nebenordnenden (beiordnenden, koordinierenden, paratakt.) K. syntakt. ungleichwertige Sätze miteinander verbinden. Nach den semant. Funktionen unterscheidet man u. a. modale *(wie, indem),* kausale *(denn, weil)* und finale *(dazu, damit)* Konjunktionen.

♦ (Gleichschein) in der *Astronomie* eine ↑Konstellation, bei der die Sonne in der Verbindungslinie Erde–Planet steht.

♦ in der *Logik* die Zusammensetzung zweier Aussagen mit dem **Konjunktor,** der log. Partikel „und" (Zeichen: ∧).

Konjunktiv [lat., zu coniungere „verbinden"] (Möglichkeitsform), Aussageweise (Modus) des Verbs, die eine Stellungnahme des Sprechers zum Geltungsgrad einer Äußerung bezeichnet, diese also subjektiv hinstellt oder interpretiert; man unterscheidet u. a. Dubitativ, Irrealis, Jussiv, Kohortativ, Potentialis, Prohibitiv.

Konjunktiva [lat.], svw. ↑Bindehaut.

Konjunktivitis [lat.], svw. ↑Bindehautentzündung.

Konjunktor [lat.] ↑Konjunktion.

Konjunktur [eigtl. „die sich aus der Verbindung verschiedener Erscheinungen ergebende Lage" (zu lat. coniungere „verbinden"], Schwankungen des Produktionsvolumens einer Volkswirtschaft durch zusammenwirkende Veränderungen bestimmter ökonom. Größen. Davon zu unterscheiden sind Saisonschwankungen und Sonderbewegungen einzelner Wirtschaftszweige. Meist wird von der Vorstellung einer mehr oder weniger zykl. Bewegung, dem **Konjunkturzyklus,** ausgegangen. Der Verlauf eines solchen Zyklus kann unterteilt werden in *Tief* (Depression, Stagnation), *Aufschwung* (Wiederbelebung, Expansion), *Hoch* (Boom, Hausse) und *Abschwung* (Krise, Kontraktion, Rezession).

Die **Konjunkturtheorie** untersucht Ursache und Verläufe konjunktureller Bewegungen, insbes. der Wendepunkte im Zyklus. Dabei werden verschieden lange, jeweils nach ihrem Entdecker bez. Konjunkturzyklen unterschieden: 1. *Kitchinwellen,* kurze Wellen von etwa 40 Monaten; 2. *Juglarwellen,* mittlere Wellen von etwa 7 bis 10 Jahren; 3. *Kondratjewwellen,* lange Wellen von 50 bis 60 Jahren. Die Konjunkturgeschichte kennt 3 Kondratjewwellen, die jeweils mehrere Juglar- und Kitchinwellen umfassen: die erste Kondratjewwelle von 1787–1842, gekennzeichnet von der industriellen Revolution; die zweite Kondratjewwelle von 1843–1894, der von Schumpeter sog. „Bourgeois-Kondratjew", gekenn-

Konkordanz

zeichnet durch die Entwicklung von Eisenbahn, Bergbau, Banken usw.; die dritte Kondratjewwelle ab 1895, gekennzeichnet durch die Entwicklung von Elektrizitätswirtschaft, Eisenindustrie, chem. Industrie, Maschinenbau und Verkehrswesen. Ob - und wenn ja, ab wann - heute von einer vierten Kondratjewwelle gesprochen werden kann, ist umstritten, zumal von einer „Entartung" der Konjunkturzyklen durch die Einflüsse staatl. Wirtschaftspolitik spätestens ab den 1930er Jahre auszugehen ist.

Der älteste Ansatz zur Erklärung des Konjunkturzyklus ist die auf Simonde de Sismondi zurückgehende ↑Unterkonsumtionstheorie, wonach der Absatz wegen zu geringen Konsums der Arbeiter ins Stocken gerät; ähnlich erklärt Marx die Zyklen mit dem Fall der Profitrate, dem die Kapitalisten durch eine Akkumulation zu begegnen suchen, die zu einer die Absatzmöglichkeiten übersteigenden Produktion führe. Nach verschiedenen anderen Theorien, die als Ursache z. B. Ernteschwankungen (Agrartheorie), Veränderungen des Geld- und Kreditvolumens (monetäre Konjunkturtheorie), oder auch psycholog. Strukturen annahmen, erklärte den Keynesianismus den K.zyklus mit Schwankungen der effektiven Nachfrage (↑auch Konjunkturpolitik).

📖 *Becker, K.: Außenhandel u. Binnen-K. Mchn. 1979. - Tichy, G. J.: K.schwankungen. Bln. u. a. 1976. - Majer, H./Wagner, A.: Der internat. K.zusammenhang. Tüb. 1974. - Wachstumszyklen u. Einkommensverteilung. Hg. v. B. Gahlen. Tüb. 1974.*

Konjunkturausgleichsrücklage ↑Stabilitätsgesetz.

Konjunkturpolitik, die Gesamtheit der wirtschaftl. Maßnahmen der öffentl. Hand, die eine Beeinflussung der Konjunktur bezwecken. Die Theorie der K. wurde v. a. unter dem Einfluß des ↑Keynesianismus entwickelt, wonach z. B. ungenügende effektive Nachfrage zu Arbeitslosigkeit führen kann, freies Wirtschaften also nicht unbedingt automatisch zu Vollbeschäftigung führt. Daraus folgt für den Staat die Aufgabe, die Konjunkturschwankungen zumindest zu mildern, indem er seine eigenen Ausgaben und über geld- und finanzpolit. Maßnahmen auch die Ausgaben der Privaten im Rahmen einer **antizykl. Konjunkturpolitik** so vermindert oder erhöht, daß den zykl. Schwankungen gegengesteuert wird. Ziele und Mittel der K. sind in der BR Deutschland v. a. im ↑Stabilitätsgesetz verankert.

Konjunkturrat ↑Stabilitätsgesetz.

konkav [lat.], hohl, nach innen gewölbt (bes. in der Optik bei Linsen, Spiegeln). - Ggs. ↑konvex.

Konkavgläser (Minusgläser) ↑Brille [Gläser mit opt. Wirkung].

Konkavspiegel, svw. Hohlspiegel (↑Spiegel).

Konklave [zu lat. conclave „verschließbarer Raum"], von der Außenwelt streng abgeschiedener Ort (i. d. R. im Vatikan) der ↑Papstwahl. K. ist auch Bez. für den Vorgang der Wahl selbst und für die wahlberechtigte Kardinalsversammlung. 1274 eingeführt.

konkludentes Handeln [lat./dt.] (schlüssiges Handeln), ein Handeln bzw. Verhalten, das auf einen bestimmten Willen schließen läßt, ohne daß eine ausdrückl. Erklärung vorliegt (z. B. stillschweigende Verlängerung eines Vertrages); die damit abgegebene Willenserklärung steht rechtl. der ausdrückl. Erklärung gleich.

Konklusion (Conclusio) [lat.], in einem log. Schluß die aus Aussagen, den Prämissen, erschlossene Aussage.
◆ in der lat. Rhetorik Bez. für den Abschluß einer Rede; auch Bez. für die abgerundete („abgeschlossene") Formulierung eines Gedankens.

Konkordanz [zu lat. concordare „über-

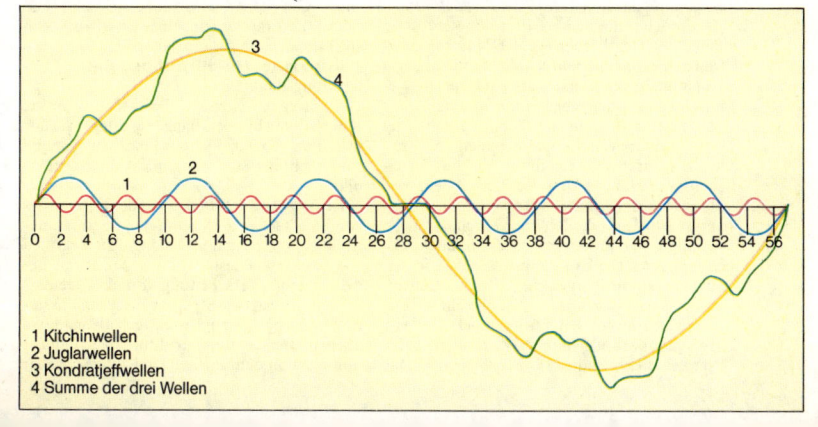

Konjunktur. Schematische Zusammenfassung der drei Konjunkturzyklen

1 Kitchinwellen
2 Juglarwellen
3 Kondratjeffwellen
4 Summe der drei Wellen

Konkordat

einstimmen"], alphabet. Verzeichnis aller in einem Buch vorkommenden Wörter und Begriffe mit Seitenzahlen oder Stellenangaben; auch Vergleichstafel mit den Seitenzählungen verschiedener Ausgaben desselben Werkes.
◆ gleichförmig (konkordant) übereinander liegende Lagen von Sedimentgesteinen.
◆ in der *Genetik* die Identität der Merkmale bei eineiigen Zwillingen. - Ggs. ↑Diskordanz.

Konkordat [zu lat. concordare „übereinstimmen" bzw. zu mittellat. concordari „übereinkommen"], Vertrag zw. der röm.-kath. Kirche, repräsentiert durch den Apostol. Stuhl, und einem Staat zur Regelung der gegenseitigen Beziehungen. Im allg. gelten K. als völkerrechtl. Verträge. Diese Tatsache erschwert die Versuche der neueren staatskirchenrechtl. Theorie, alle Staatskirchenverträge (auch die ev. ↑Kirchenverträge) nur als eine bes. Gruppe von Verträgen zw. Kirchen und Staat zu werten. - **Geschichte:** Erstes K. ist das Wormser K. (1122), mit dem der Investiturstreit beendet wurde. Von Bed. sind die auf dem Konstanzer Konzil mit den Nationen abgeschlossenen K. (1418) sowie für die Kirche im Hl. Röm. Reich die sog. Fürsten-K. (1447) und das Wiener K. (1448), das bis zur Säkularisation (1803) gültig war. Mit dem frz. K. (1801) zw. Pius VII. und Napoleon I. sollten die Folgen der Frz. Revolution und der Säkularisation mit der Neuordnung des Verhältnisses von Kirche und Staat, v. a. der Diözesanorganisation in Deutschland (↑auch katholische Kirche), überwunden werden. Unter Pius XI. und Pius XII. wurden zahlr. K. abgeschlossen, v. a. um das Verhältnis von Kirche und Staat dem 1917 erlassenen Codex Iuris Canonici anzupassen. - **Beginn und Beendigung der Konkordate** richten sich nach den Regeln des internat. Völkerrechts. Der Vertrag muß zur innerkirchl. und innerstaatl. Wirksamkeit in teilkirchl. und staatl. Recht transformiert werden (für den kirchl. Bereich i. d. R. durch Veröffentlichung in den Acta Apostolicae Sedis). Dadurch tritt zu der vertragl. eine [dauerhaftere] gesetzliche Bindung. K. werden i. d. R. unbefristet abgeschlossen. Bewußte Nichtbeachtung der K.normen befreit den K.partner nicht von seiner Verpflichtung. - **Hauptinhalt der Konkordate** sind die sog. gemischten Angelegenheiten („res mixtae"), für die Staat und Kirche gleicherweise zuständig sind: (individuelle) Religionsfreiheit und Freiheit der Kirche in allen ihren Wirkungsbereichen; Gewährung von Rechten seitens des Staates an die Kirche (z. B. Stellung als Körperschaft des öff. Rechts, Kirchensteuer); vermögenswerte Leistungen des Staates; Öffentlichkeitsarbeit, Bildungswesen, v. a. in den Schulen (kirchl. Trägerschaft, Religionsunterricht, Missio canonica); Eherecht. - Die **Rechtslage in der BR Deutschland:** Die vor 1945 geschlossenen Länder-K. (Bayern 1924, Preußen 1929, Baden 1932) gelten fort. Das ↑Reichskonkordat (1933) gilt im Verhältnis des Bundes zum Apostol. Stuhl ebenfalls weiter; die Länder sind jedoch nicht in den Vertrag eingetreten und daher nicht verpflichtet, das Reichs-K. hinsichtl. der Schulfrage zu berücksichtigen (K.urteil des Bundesverfassungsgerichts 1957). Nach 1945 ist nur das K. zw. dem Hl. Stuhl und Niedersachsen als umfassende Regelung der geltenden K. (1965) abgeschlossen worden. - Eine Revision der geltenden K. scheint notwendig, v. a. auch weil Religionsgemeinschaften ohne Möglichkeit zu völkerrechtl. wirksamen K. gegenüber der kath. Kirche im Staat erhebl. benachteiligt sind.

⎚ *Hollerbach, A.:* Verträge zw. Staat u. Kirche in der BR Deutschland. Ffm. 1965. - *Wenner, J.:* Reichskonkordat u. Länderkonkordate. Paderborn ⁷1964. - Die dt. K. u. Kirchenverträge der Gegenwart. Hg. v. Werner Weber. Gött. 1962-71. 2 Bde.

Konkordienbuch [lat./dt.], Sammlung luth. Bekenntnisschriften, die am 25. Juni 1580 veröffentlicht wurde. Das K. enthält die drei altkirchl. Symbole Apostol. Glaubensbekenntnis, Nizäokonstantinopolitanum und Athanasianum, das Augsburger Bekenntnis mit Melanchthons Apologie, die Schmalkald. Artikel, Melanchthons „Tractatus de potestate et primatu papae", Luthers Kleinen und Großen Katechismus sowie die ↑Konkordienformel.

Konkordienformel [lat.] (Formula Concordiae), Bekenntnisformel zur Beilegung innerluth. Streitigkeiten, ab 1555 entwickelt, um die im ↑Augsburger Bekenntnis niedergelegten luth. Bekenntnisse zu bewahren. Die K. wurde 1580 zus. mit anderen Bekenntnisformeln als ↑Konkordienbuch veröffentlicht.

Konkrement [zu lat. concrementum „Aufhäufung"] (Calculus), sich in Körperhöhlen bzw. in ableitenden Systemen bildende feste Substanz, z. B. Gallen- oder Nierenstein.

konkret [zu lat. concretus, eigtl. „zusammengewachsen"], in der Philosophie (dann auch im allg. Sprachgebrauch) Prädikat des sinnl. Gegebenen, das stets ein zeitl. und räuml. bestimmtes Einzelnes ist. - ↑auch Abstraktion.

konkrete Gefährdungsdelikte ↑Gefährdungsdelikte.

konkrete Kunst, Bez. für abstrakte Kunst, deren bildner. Elemente nur sich selbst bedeuten wollen, nicht symbolisch gemeint sind, nicht als Stimmung, nicht als Naturabbild.

konkrete Musik, als Eindeutung des von P. Schaeffer 1948 geprägten Begriffs „musique concrète" und in Analogie zu Begriffen wie konkrete Poesie Bez. für Musik, in der die elektron. Verarbeitung von „konkretem" Klangmaterial (wie Straßengeräusch, Wassertropfen, Vogelgesang) wichtiger als eine wie auch immer geartete strukturelle Komposition ist. Von dem Pariser Kreis um Schaeffer wurde das über Mikrophon aufgenommene Ausgangsmaterial nach „musikal. Klangeigenschaften", also weder nach inhaltl. noch nach strukturellen Kriterien, geordnet. Die freieren elektron. Komponierpraktiken seit 1960 haben auch zu einer Verwischung der urspr. Grenzen zw. k. M. und „reiner" ↑elektronischer Musik geführt.

konkrete Poesie (konkrete Dichtung, konkrete Literatur), eine der Bez. für die etwa seit 1950 internat. auftretenden Versuche in der modernen Literatur, aus dem sprachl. „konkreten" Material *(materialer Text)* akust. (↑akustische Dichtung) oder visuell (↑visuelle Dichtung), unmittelbar oder losgelöst von syntakt. Zusammenhängen eine Aussage zu gestalten. Die wesentl. theoret. oder ideolog. begr. Formen der auf die ↑abstrakte Dichtung folgenden k. P. stehen teilweise in der Tradition des Futurismus, des Dadaismus, des Lettrismus und der konsequenten Dichtung K. Schwitters'. Für die Theoriebildung waren von Bed. O. Fahlströms „Manifest für k. P." (1953) und E. Gomringers „Vom vers zur konstellation" (1955).

Konkretion [lat.], durch ↑Diagenese entstandener Körper in Sedimentgesteinen. Eine K. wächst von innen nach außen, füllt dabei Hohlräume aus oder verdrängt vorhandenes Material. Zu den K. gehören u. a. Lößkindel und Feuersteinknollen.

konkretisieren [lat.], veranschaulichen, verdeutlichen, [im einzelnen] ausführen.

Konkretum [lat.], Gegenstandswort; im Ggs. zum ↑Abstraktum ein Substantiv, das etwas Gegenständliches bezeichnet; dabei unterscheidet man Namen (z. B. *Karl, Berlin*) und ↑Appellativa.

Konkubinat [lat.], das Zusammenleben zweier Personen verschiedenen Geschlechts ohne förml. Eheschließung in einer eheähnl. Gemeinschaft. Die in einer solchen Verbindung lebende Frau wird als **Konkubine** bezeichnet. - Zum Recht ↑Lebensgemeinschaft.

Konkupiszenz [lat.], theolog. Bez. für die als Folge der ↑Erbsünde „begehrl.", fleischl. Verfaßtheit des Menschen.

Konkurrenz [zu lat. concurrere „zusammenlaufen"], (freier) Wettbewerb, Rivalität; Wettkampf; **Konkurrent**, Mitbewerber, z. B. um eine Stellung, einen Auftrag.

Konkurrenzklausel, vertragl. vereinbartes ↑Wettbewerbsverbot *(Wettbewerbsklausel)*.

Konkurrenz von Straftaten, Zusammentreffen mehrerer strafbarer Handlungen. Zur rechtl. Beurteilung kommt es darauf an, ob der Täter eine oder mehrere Handlungen im Rechtssinne vorgenommen hat. Eine Handlung kann allerdings aus mehreren Einzelakten bestehen, die eine *natürl. Handlungseinheit* bilden oder trotz äußerer Trennung in einer *rechtl. Handlungseinheit* zusammengefaßt werden. - 1. Verletzt der Handlung mehrere Strafgesetze oder ein Strafgesetz mehrmals *(Konsumtion)*, spricht man von ↑Idealkonkurrenz. Die Strafe wird nach dem ↑Absorptionsprinzip gebildet. 2. Verletzt der Täter mehrere Strafgesetze durch mehrere Handlungen, die gleichzeitig abgeurteilt werden, spricht man von ↑Realkonkurrenz. Die Bestrafung erfolgt nach dem ↑Asperationsprinzip durch Bildung einer ↑Gesamtstrafe. - Eine nur scheinbare K. v. S. liegt im Fall der **Gesetzeskonkurrenz** vor, bei der auf eine Straftat dem Wortlaut nach zwar mehrere Strafgesetze zutreffen, sich aus dem gegenseitigen Verhältnis der einzelnen Vorschriften aber ergibt, daß in Wirklichkeit nur eine von ihnen anwendbar ist und damit die übrigen ausschließt.

konkurrierende Gesetzgebung [lat./dt.] ↑Gesetzgebung.

Konkurs [zu lat. concursus „Zusammenlauf (der Gläubiger)"], Gesamtvollstreckung in das pfändbare Vermögen eines zahlungsunfähigen oder bei jurist. Personen) auch überschuldeten Schuldners, des *Gemeinschuldners,* zur gleichmäßigen anteiligen Befriedigung aller Gläubiger.

Das **Konkursverfahren** wird eröffnet auf Antrag eines Gläubigers oder des Schuldners selbst oder auch - beim K. im Anschluß an ein gescheitertes Vergleichsverfahren, dem **Anschlußkonkurs** - vom K.gericht. Voraussetzung ist, daß der Schuldner zahlungsunfähig bzw. überschuldet ist und das ihm zum Zeitpunkt der K.eröffnung gehörende Vermögen, die **Konkursmasse**, zumindest den Kosten des Verfahrens entspricht. Bei nicht ausreichender K.masse wird der Schuldner in ein von jedermann einzusehendes Schuldnerverzeichnis eingetragen. Bei Eröffnung des K.verfahrens ernennt das Gericht einen **Konkursverwalter** (meist einen Rechtsanwalt), der der Aufsicht des Gerichts untersteht und die Aufgabe hat, die K.masse zu sammeln, zu verwerten und zu verteilen. Der Gemeinschuldner verliert die Verfügungsbefugnis über sein Vermögen (**Konkursbeschlag**). Leistungen an den Schuldner gehen in die Konkursmasse ein. Unter Umständen kann der K.verwalter auch vor K.eröffnung durch den Gemeinschuldner zum Nachteil der Gläubiger vorgenommene Rechtshandlungen (z. B. Schenkungen an den Ehegatten) beseitigen, sofern diese nicht mehr als ein Jahr (bei Verfügungen zugunsten des Ehegatten zwei Jahre) zurückliegen (**Konkursanfechtung**). Die Gläubiger müssen ihre Forderungen unter Angabe des Betrages, des Grundes sowie des evtl. beanspruchten K.vorrechts beim K.gericht anmelden. Ein **Konkursvorrecht** besteht als Vorrang für bestimmte Forderungen bei der Befriedigung im K. in fünf aufeinanderfolgenden Rangklassen: 1. Lohnforderungen von Beschäftigten des Schuldners, 2. Steuerschulden, 3. Forderungen der Kirchen und Schulen, 4. Heilkosten,

Konkursordnung

5. Forderungen von Kindern, Mündeln und Pflegebefohlenen. Erst dann folgen die normalen Konkursforderungen. Beim K.gericht wird ein Verzeichnis der angemeldeten K.forderungen mit der Rangordnung angelegt (**Konkurstabelle**). Die Befriedigung der Gläubiger erfolgt als *Abschlagsverteilung* nach dem allg. Prüfungstermin, einer Gläubigerversammlung, in der die einzelnen Konkursforderungen erörtert und festgestellt werden. Nach Abschluß der Verwertung der Konkursmasse erfolgt die *Schlußverteilung*, danach gegebenenfalls noch eine *Nachtragsverteilung*. Dabei wird entsprechend dem Verhältnis zw. K.forderungen und K.masse ein prozentualer Anteil festgelegt, zu dem die K.gläubiger befriedigt werden, die sog. **Konkursquote**. Nach der Beendigung des K.verfahrens, die durch öffentl. bekanntzumachenden Beschluß des K.gerichtes erfolgt, können nichtbefriedigte K.gläubiger ihre Forderungen gegen den Schuldner unbeschränkt einzeln geltend machen (Recht der freien Nachforderung).
📖 *Jauernig, O.: Zwangsvollstreckungs- u. K.recht. Mchn.* [17]*1985. - Eickmann, D.: K.- u. Vergleichsrecht. Bln.* [2]*1980. - Jäger, E.: Lehrb. des Dt. K.rechts. Bln.* [8]*1973.*

Konkursordnung, Abk. KO, [Reichs]gesetz vom 10. 2. 1877 i. d. F. vom 20. 5. 1898 (mit zahlr. Änderungen); Kodifikation des materiellen Konkursrechts (§§ 1–70 KO) und des Konkursverfahrens (§§ 71–238 KO). Einzelne konkursrechtl. Bestimmungen sind auch im BGB (z. B. über den Nachlaßkonkurs) und in Einzelgesetzen geregelt, die Konkursstraftaten († Konkurs- und Vergleichsdelikte) im StGB. In Österreich gilt die K. vom 10. 12. 1914, in der Schweiz das BG über Schuldbetreibung und Konkurs vom 11. 4. 1889.

Konkurs- und Vergleichsdelikte, im Interesse einer ordnungsgemäßen Durchführung des Konkursverfahrens († Konkurs) unter Strafe gestellte Delikte. Die Regelungen in der Konkursordnung (§§ 239 ff) und der Vergleichsordnung (§§ 122 f) wurden durch das Erste G zur Bekämpfung der Wirtschaftskriminalität vom 29. 7. 1976 aufgehoben. Es gilt nur noch der 24. Abschnitt des StGB (§§ 283–283 d), der als **Konkursstraftaten** unter Strafe stellt: 1. † Bankrott; 2. Verletzung der Buchführungspflicht; 3. die Gewährung einer Sicherheit oder Befriedigung an einen Gläubiger, die diesem nicht oder nicht so zusteht, in Kenntnis der eigenen Zahlungsunfähigkeit (**Gläubigerbegünstigung**); 4. das Beiseiteschaffen oder Verheimlichen von Vermögensbestandteilen, die zur Konkursmasse gehören würden, zugunsten des vom Zahlungsunfähigkeit Bedrohten (**Schuldnerbegünstigung**).

Konnektiv (Konektiv), Nervenstränge, die die Nervenknoten (Ganglien) des Nervensystems der niederen Tiere in Längsrichtung miteinander verbinden.

Konnetabel [frz.; von lat. comes stabuli „Stallmeister"] (Connétable, Constable), Amt am fränk. Königshof, zunächst auf den Marschalldienst beschränkt. In Frankr. war der K. ab dem 14./15. Jh. oberster Heerführer in Kriegszeiten; 1627 wurde das Amt abgeschafft.

Konnex [zu lat. con(n)exus „Verknüpfung"], allg.: Zusammenhang, Verbindung; persönl. Umgang.

KONKURS- UND VERGLEICHSVERFAHREN IN DER BR DEUTSCHLAND

Jahr	Konkurse					Insolvenzen[1]	
	eröffnet	mangels Masse abgelehnt	zusammen	darunter Anschlußkonkurse	Vergleichsverfahren eröffnet	insgesamt	Veränderung gegenüber dem Vorjahr
	Anzahl						%
1970	2 081	1 862	3 943	66	324	4 201	+ 10,3
1975	3 056	5 886	8 942	102	355	9 195	+ 19,1
1980	2 420	6 639	9 059	13	94	9 140	+ 9,9
1981	3 162	8 418	11 580	34	107	11 653	+ 27,5
1982	4 043	11 764	15 807	83	152	15 876	+ 36,2
1983	3 747	12 252	15 999	30	145	16 114	+ 1,5
1984	3 872	12 826	16 698	29	91	16 760	+ 4,0
1985	4 292	14 512	18 804	33	105	18 876	+ 12,9

[1] Konkurs- und Vergleichsverfahren ohne Anschlußkonkurse, denen ein eröffnetes Vergleichsverfahren vorausgegangen ist.
Quelle: Wirtschaft und Statistik, Juli 1986.

Konnexion [lat.], in der Dependenzgrammatik die Beziehung zw. dem regierenden und dem regierten Element eines Satzes. Der Satz *Peter geht* besteht aus drei Elementen: aus „Peter", „geht" und der K. (d. h. der Verknüpfung) zw. *Peter* und *geht*.

Konnivenz [lat.], die wissentl. Duldung von ↑Amtsdelikten Untergebener durch den Amtsvorgesetzten.

Konnossement [lat.-italien.], *Schiffsfrachtbrief* zur Beurkundung des Frachtvertrages im Seeschiffahrtsverkehr. Das K. ist ein ↑Wertpapier. Es ist ein Empfangsbekenntnis und Ablieferungsversprechen des Verfrachters oder Schiffers über die darin verzeichneten Waren.

Konnotation [lat], in der Semantik die Bedeutungskomponenten, die ein Wort neben der eigtl. Bedeutung, dem rein begriffl. Wortinhalt (↑Denotation), hat.

Konoe, Fumimaro Prinz, * Tokio 12. Okt. 1891, † ebd. 16. Dez. 1945, jap. Politiker. - Ab 1920 Mgl. des Herrenhauses, ab 1933 dessen Präs.; scheiterte mit seinen Versuchen als Min.präs. (1937-39, 1940/41), die Macht der Militärs zu beschneiden, wie mit seinen Bemühungen um eine Verständigung mit den USA; Selbstmord nach Verurteilung als Kriegsverbrecher.

Konopnicka, Marja [poln. kɔnɔp'nitska], geb. Wasiłowska, Pseud. Jan Sawa, * Suwałki 23. Mai 1842, † Lemberg 8. Okt. 1910, poln. Dichterin. - Gilt als bedeutendste poln. Lyrikerin; v. a. sozial engagierte Dichtung mit Themen aus dem Lebensbereich der Bauern. Ihr Hauptwerk ist das Epos „Pan Balcer w Brazylji" (Herr Balcer in Brasilien).

Konoskop [griech.], Gerät zur Untersuchung von doppelbrechenden Kristallplatten mit polarisiertem Licht (↑Kristalloptik).

Konquistadoren [kɔnkıs...; lat.-span.], Bez. für die span. Eroberer M- und S-Amerikas im 16.Jh.; durch die von ihnen durchgeführten Expeditionen wurden die indian. Reiche erobert und in das span. Reich eingegliedert.

Konrad (Conrad), alter dt. männl. Vorname (zu althochdt. kuoni „kühn, tapfer" und rat „Rat[geber]").

Konrad, Name von Herrschern:
Hl. Röm. Reich:
K. I., † 23. Dez. 918, Hzg. von Franken (seit 906), König (seit 911). - Aus dem Geschlecht der Konradiner, versuchte nach dem Erlöschen der ostfränk. Karolinger, eine zentralisierende Politik mit Unterstützung der Kirche weiterzuführen, scheiterte aber an der Opposition der Stammes-Hzgt. (Sachsen, Schwaben, Bayern).

K. II., * um 990, † Utrecht 4. Juni 1039, König (seit 1024), Kaiser (seit 1027), König von Burgund (seit 1033/34). - Nach dem Aussterben der Liudolfinger am 4. Sept. 1024 zum König gewählt, 1026 zum König der Langobarden, 1027 zum Kaiser gekrönt. 1028 gelang ihm die Sicherung der Nachfolge mit der Wahl seines Sohnes Heinrich (III.) zum Röm. König. Im O betrieb K. eine erfolgreiche Grenzpolitik gegen Ungarn und Polen; versuchte v. a. die Bindung Italiens zum Reich zu festigen, u. a. durch eine gesetzl. Regelung der lehnsrechtl. Verhältnisse der italien. Ministerialen und durch den Erwerb Burgunds, den dynast. Verbindungen seiner Gemahlin Gisela ermöglicht hatten.

K. III., * 1093 oder 1094, † Bamberg 15. Febr. 1152, Gegenkönig (1127-35), König (seit 1138). - Sohn des Staufers Friedrich I. von Schwaben, nach dem Tod Kaiser Lothars III., den K. als Gegenkönig bekämpft hatte, am 7. März 1138 zum König gewählt. Der infolge seiner antiwelf. Politik aufgebrochene welf.-stauf. Ggs. hielt trotz mehrerer Versöhnungsversuche über seine Reg.zeit hinaus an.

K. IV., * Andria 25. oder 26. April 1228, † bei Lavello (Prov. Potenza) 21. Mai 1254, König (seit 1250), als K. III. Hzg. von Schwaben. - Sohn Kaiser Friedrichs II.; 1235 mit dem Hzgt. Schwaben belehnt, 1237 zum Röm. König gewählt; konnte sich seit der Bannung seines Vaters 1245 nur mühsam gegen die Gegenkönige behaupten.

Deutscher Orden:
K. von Jungingen, † 30. März 1407, Hochmeister (seit 1393). - Unter seiner Führung ging 1398 der Ordensstaat gegen die Kalmarer Union vor und besetzte Gotland; 1402 Erwerb der Neumark.

Köln:
K. von Hochstaden, † Köln 28. Sept. 1261, Erzbischof (seit 1238). - Betrieb nach Absetzung Kaiser Friedrichs II. mit Mainz und Trier die Wahl von Heinrich Raspe, Wilhelm von Holland und Richard von Cornwall. Kam durch seine Territorialpolitik in dauernden Konflikt mit seinen Nachbarn und der Stadt Köln.

Meißen:
K. I., d. Gr., * vor 1100, † Petersberg bei Halle/Saale 5. Febr. 1157, Markgraf (seit 1123/25). - Mit der zw. 1136 und etwa 1144 an ihn gefallenen Lausitz und dem Rochlitzer Land begründete K. die wettin. Hausmacht.

Schwaben:
K. III., Hzg., ↑Konrad IV., Röm. König.
K. IV., d. J., Hzg., ↑Konradin.

Konrad von Ammenhausen, mittelhochdt. Dichter der 1. Hälfte des 14. Jh. aus dem Thurgau. - Vollendete 1337 die erfolgreichste mittelhochdt. Nachbildung des lat. Schachbuches des Jacobus de Cessoles (um 1275). Sein nahezu 20 000 z. T. ungefüge Verse umfassendes „Schachzabelbuch" ist als kulturgeschichtl. Quelle bedeutsam.

Konrad von Einbeck, † um 1428, dt. Baumeister und Bildhauer. - Ab 1388 für die Moritzkirche in Halle/Saale tätig, deren Bauplanung wahrscheinl. von ihm stammt

Konrad

Konrad von Soest, Anbetung der Könige (um 1420). Tafel vom „Marienaltar" in Dortmund

(sicher der Chor). Seine Plastik hebt sich von der idealisierenden Formensprache des ↑Weichen Stils ab: hl. Mauritius (1411), Schmerzensmann (1416), trauernde Maria, Christus an der Martersäule und Selbstbildnis (alle um 1420).

Konrad von Gelnhausen, * Gelnhausen um 1320, † Heidelberg 1390, dt. Kanonist und Theologe. - Forderte bei Ausbruch des Abendländ. Schismas 1379/80 ein allg. Konzil zur Abwehr des Schismas. Dabei entwickelte er bes. die Theorie des ma. Konziliarismus. 1356 Mitbegr. und erster Kanzler der Univ. Heidelberg.

Konrad von Soest, * Dortmund um 1370, † ebd. um 1424/25, dt. Maler. - Zw. 1395 und 1424 in Dortmund tätig: löste sich um 1400 von dem Einfluß der westfäl. Malerei und entwickelte sich zu einem bed. Vertreter des ↑Weichen Stils; „Passionsaltar" der Stadtpfarrkirche in Bad Wildungen (1403), „Marienaltar" für die Marienkirche in Dortmund (um 1420; Fragmente).

Konrad von Würzburg, * Würzburg zw. 1220 und 1230, † Basel 31. Aug. 1287, mittelhochdt. Dichter. - Vielseitigster und produktivster mittelhochdt. Dichter des 13. Jh.; lebte in Straßburg und Basel und war vornehml. für Auftraggeber aus dem Patriziat und der hohen Geistlichkeit tätig. Sein Werk umfaßt sowohl Lyrik (Minnelieder, Spruchstrophen, Leiche) als auch ep. Dichtungen. Überliefert sind die Versnovellen „Herzmære", „Heinrich von Kempten" (oder „Otte mit dem Barte"), „Der Schwanritter" (die Gestaltung der Lohengrinsage) und „Der Welt Lohn" (um den Dichter Wirnt von Gravenberg), die Legenden „Silvester", „Alexius", „Pantaleon", weiter der in manierist., geblümtem Stil geschriebene, im Spät-MA bes. geschätzte Marienpreis „Die goldene Schmiede", die stroph. Allegorie „Klage der Kunst" und „Das Turnier von Nantes", mit dem K. die im Spät-MA beliebte Gattung der Heroldsdichtung in die mittelhochdt. Literatur einführte. Nach dem Epos „Engelhard" und dem Feen- und Ritterroman „Partonopier und Meliur" verfaßte er das bei 40 000 Versen unvollendet hinterlassene histor. Epos „Trojanerkrieg".

Konrad, Pfaffe (K. der Pfaffe), mittelhochdt. Dichter des 12. Jh. - Übersetzte das frz. „Chanson de Roland" („Rolandslied") erst ins Lat., dann ins Mittelhochdeutsche. Als Auftraggeber wurden von der Forschung drei Bayernherzöge in Betracht gezogen, weshalb die Datierung des Werkes K.s zw. 1170, 1130 und 1150 schwankt. Neuerdings neigt man wieder der Spätdatierung zu.

Konrad-Adenauer-Preis, seit 1967 jährl. von der Deutschland-Stiftung e.V. verliehener Preis für „bed. konservative Leistungen" auf den Gebieten der Wiss., Literatur, Publizistik und abwechselnd auch der Politik.

Konrad-Adenauer-Stiftung für politische Bildung und Studienförderung e.V., 1964 gegr. Stiftung (Sitz Bonn) zur Förderung der polit. Bewußtseinsbildung, der internat. Verständigung und der Bildung und Sozialstruktur von Entwicklungsländern.

Konrad-Duden-Preis ↑Dudenpreis.

Konradin (Konrad IV., d. J.), * Wolfstein bei Landshut 25. März 1252, † Neapel 29. Okt. 1268, Hzg. von Schwaben. - Sohn König Konrads IV., letzter Staufer; scheiterte beim Versuch, sein süditalien. Erbe anzutreten, in der Schlacht bei Tagliacozzo 1268; nach seiner Auslieferung an Karl I. von Neapel-Sizilien hingerichtet.

Konradiner, rheinfränk. Grafengeschlecht. Konnten 906 die Vormachtstellung gegen die Babenberger im Hzgt. Franken erringen und stellten mit Konrad I. 911 den Nachfolger des letzten ostfränk. Karolingers.

Konsalik, Heinz G[ünther], * Köln 28. Mai 1921, dt. Schriftsteller. - Im 2. Weltkrieg Kriegsberichterstatter in Frankr. und an der Ostfront; K. verarbeitet v. a. Erlebnisse aus dem „Rußlandfeldzug", u. a. in den äußerst populären Romanen „Der Arzt von Stalingrad" (1957), „Strafbataillon 999" (1960), „Liebesnächte in der Taiga" (1966). - *Weitere*

Konservatismus

Werke: Engel der Vergessenen (1975), Das Haus der verlorenen Herzen (1978), Sie waren zehn (1979), Frauenbataillon (1981), Unternehmen Delphin (1983), Promenadendeck (1985), Sibir. Roulette (1986).

Konsanguinitätstafel [lat.] ↑ Genealogie.

Konsekration (Consecratio) [lat. „Heiligung, Vergöttlichung"], in der *röm. Republik* jede Übergabe einer Sache oder eines Ortes an eine Gottheit unter Mitwirkung des Staates, in der Kaiserzeit auch die Vergöttlichung des verstorbenen Kaisers.
◆ in der *kath. Kirche* Weihe einer Person oder Sache, auch v. a. Bez. für die Wandlung († Transsubstantiation) der christl. Liturgie.

Konsekutivsatz (Folgesatz), ↑ Kausalsatz, für die Folge (die Wirkung) des im übergeordneten Satz genannten Sachverhalts angibt. Im Dt. eingeleitet mit *daß, so daß, als daß,* z. B.: Ich bin so glücklich, *daß ich weinen könnte.*

Konsens (Konsensus) [lat.], die Einigung der am Abschluß eines Vertrages beteiligten Parteien (Ggs. ↑ Dissens).

konsequent [zu lat. consequi „nachfolgen"], folgerichtig; unbeirrbar.

konsequente Dichtung, Bez. K. Schwitters' für eine auf das Wort als Bedeutungsträger verzichtende, konsequent auf den Buchstaben, die Buchstabenkonstellation reduzierte Dichtung, da der Buchstabe das eigtl. und „urspr. Material der Dichtung" sei.

konsequenter Fluß, Fluß, der in Richtung einer (urspr.) Abdachung fließt.

Konservatismus (Konservativismus) [zu lat. conservare „bewahren, erhalten"], i. w. S. Bez. für die aus dem Bedürfnis nach Kontinuität, Identität und Sicherheit entstehende Grundhaltung gegenüber dem sozialen Wandel und der Zukunft. I. e. S. Sammelbegriff für die Bewegungen, Bestrebungen, Parteien u. a. Organisationen, die ein auf Erhaltung des bestehenden polit. Zustands, geltender Normen- und Werthierarchien gerichtetes Programm verfechten, ohne jedoch Reform und Veränderung prinzipiell abzulehnen. Konservative Strömungen im modernen Sinne kamen im 18. Jh. auf als Gegenbewegung zur polit.-sozialen Revolution. E. Burke vertrat gegen die Willkür der Mehrheitsherrschaft das histor. Recht. B. H. Constant de Rebeque und C. A. de Tocqueville setzten gegen einen zu erreichenden Idealzustand die konkrete Wirklichkeit ihrer Zeit. In Deutschland, wo ein gegen den aufgeklärten Absolutismus gerichteter K. v. a. in J. Möser Ausdruck fand, wirkte das Denken Burkes namentl. auf den Reichsfreiherrn vom und zum Stein sowie auf A. W. Rehberg, J. von Görres und F. von Baader im Sinne eines freiheitl. K., der durch modernisierende „Revolution von oben" die wünschbaren Errungenschaften der Frz. Revolution zu übernehmen suchte. In der Restauration suchte neben dem christl.-romant. K. (Novalis, F. von Schlegel, A. H. Müller, E. L. von Gerlach) ein paternalist.-antibürgerl. K. (J. Graf de Maistre, L. G. A. Vicomte de Bonald, K. L. von Haller) die soziale und polit. Vorherrschaft der vorrevolutionären und vorbürgerl. Machteliten ideolog. abzusichern. Auf den liberalen Konstitutionalismus antwortete der K. durch ein das monarch. Prinzip sicherndes Staatsrecht (F. J. Stahl). Auf die infolge der Industrialisierung seit Mitte des 19. Jh. entstehende polit. Massengesellschaft reagierte er durch Massenorganisation, meinungssteuernde publizist. Techniken und cäsarist. Herrschaftsformen. In Preußen bedeutete das Junkerparlament den Anfang konservativer Parteibildung und polit. Interessenvertretung des Großgrundbesitzes, der prot. Kirche, des Offizierskorps und der hohen Beamten. Der süddt. K., auf die Donaumonarchie, Föderalismus und eine agrar.-paternalist. Ordnung ausgerichtet, vielfach mit Klerus und Bildungsschichten verschränkt, fand z. T. Ausdruck im kath. Zentrum, z. T. wählte er die Anpassung an die herrschenden Schichten Preußens oder ging in die innere Emigration. Im Ggs. zum brit. K., der Demokratisierung und Sozialstaat aktiv förderte, war der dt. K. durch seine Fehlanpassung an die Ind.gesellschaft gekennzeichnet und belastet. Massenwirkung und Integration suchte er durch völk. und antisemit., organizist. und antikapitalist. Strömungen. Nach 1918 konnte die DNVP, durch rücksichtslose Interessenvertretung der Landw. belastet, vielfach auf extremen Nationalismus, Republikfeindschaft und vorfaschist. Ideologie orientiert, den K. nicht wiederbeleben, trug jedoch entscheidend dazu bei, dem revolutionär-totalitären NS in den dt. Führungsschichten den Boden zu bereiten. Die seit 1945 sich nicht nur in der BR Deutschland formierenden konservativen Strömungen waren Ausdruck der Suche nach Stabilität und Wiederherstellung gesicherter Sozialverhältnisse, trugen damit aber auch Züge der Restauration. Die Klärung des Verhältnisses NS–K. hatte neben der Rückkehr zum „klass. K." auch eine Rehabilitation konservativen Denkens zur Folge. In der Studentenbewegung der 1960er Jahre standen konservative und progressist. Ideologiefragmente nebeneinander. Stark von konservativem Denken ist die ökolog. Bewegung der 1970er Jahre geprägt. Die Zukunft des K. in den westl. Ind.nationen wird davon bestimmt, inwieweit konservative Positionen zugleich Sinndeutung des gesellschaftl. Prozesses, Bewältigung der realen Daseinsprobleme und Freiheitsbewahrung liefern können.

📖 *Schoeps, J. H.: K., Liberalismus, Sozialismus. Mchn. 1981. - Lederer, R.: Neokonservative Theorie u. Gesellschaftsanalyse. Ffm. 1979. - Rekonstruktion des K. Hg. v. G. K. Kaltenbrun-*

konservativ

ner. Bern ³1978. - *Greiffenhagen, M.: Das Dilemma des K. in Deutschland.* Mchn. ²1977.
konservativ [lat.], am Hergebrachten festhaltend (bes. im polit. Bereich).
♦ in der *Medizin* für: erhaltend, bewahrend; v.a. von einer Behandlung gesagt, die auf eine Gewebsschonung und Erhaltung (z. B. eines verletzten oder erkrankten Organs) abzielt. - Ggs. ↑operativ.

Konservativ-christlichsoziale Volkspartei der Schweiz ↑Christlichdemokratische Volkspartei der Schweiz.

konservative Parteien, seit dem 19. Jh. entstandene, auf den Prinzipien des ↑Konservatismus fußende polit. Parteien.
Deutschland: Nach kurzlebigen Gruppierungen kam es 1848 in der dt. und preuß. Nationalversammlung zu konservativen Fraktionsbildungen, danach mit Junkerparlament und Kreuzzeitungspartei zur organisator. Verfestigung des preuß. Konservatismus, für den neben wirtsch. Interessen des Großgrundbesitzes legitimist. und religiöse Überzeugungen maßgebl. wurden. Die ultrakonservative Politik führte 1851 zur Abspaltung der konservativ-liberalen Wochenblattspartei, die in der Neuen Ära (seit 1858) erhebl. Einfluß gewann. Die „revolutionäre" Politik Bismarcks in der dt. Frage führte zur Krise des preuß. Konservatismus und 1866 zu seiner Spaltung: Die Freikonservativen (Freikonservative Partei) galten fortan als Partei Bismarcks schlechthin, während die Altkonservativen der Reichseinigung reserviert gegenüberstanden. 1876 schufen sich die Konservativen mit der Deutschkonservativen Partei (DKP) auf der Basis des Dreiklassenwahlrechts wieder eine beherrschende Stellung im preuß. Abg.-haus. Die Errichtung einer konservativen Partei auf Reichsebene scheiterte ebenso wie A. Stoeckers Bemühungen um eine konservative christl.-soziale Bewegung. Die DKP ging nach 1918 mit freikonservativen, rechtsliberalen und christl.-sozialen Elementen in der DNVP auf. Nach 1945 traten im wesentl. CDU und CSU das Erbe des Konservatismus an.
Österreich: Die 1860 gegr. konservative Partei vertrat den Föderalismus gegen liberalen Zentralismus, konnte aber keine einheitl. Basis in der Gesamtmonarchie finden. 1907 schlossen sich die kath. Konservativen der Alpenländer mit der Christl.sozialen Partei zusammen, die sich v. a. nach 1918 immer stärker in konservativem Sinne entwickelte. Heute kann die Östr. Volkspartei (ÖVP) als eine konservative Partei gelten.
Schweiz: Die 1912 gegr. Konservative Volkspartei der Schweiz änderte 1957 ihren Namen in Konservativ-christl. soziale Volkspartei der Schweiz und heißt seit 1970 ↑Christlichdemokratische Volkspartei der Schweiz.
Großbritannien und Nordirland ↑ Konservative und Unionistische Partei.

Commonwealth: Eine den brit. Konservativen entsprechende Partei gibt es nur in Kanada, seit 1842 unter dem Namen Progressive Conservative Party. Sie stellte die Premiermin. J. A. Macdonald (1867–73, 1878–91), Borden (1911–20), R. B. Bennett (1930–35) und Diefenbaker (1957–63). Seit den 1950er Jahren gewannen auch in Australien und Neuseeland (National Party) Gruppierungen mit konservativem Programm an Einfluß.
⊞ *Horner, F.: Konservative u. christdemokrat. Parteien in Europa.* Wien 1981. - *Allemeyer, W., u.a.: Die europ. Parteien der Mitte.* Bonn 1978.

konservative Revolution, in der Weimarer Republik bed. gewordene geistig-polit. Bewegung, die sich sowohl von den liberaldemokrat. Ideen von 1789 und des 19. Jh. wie von bloßer Restauration und Reaktion abzugrenzen suchte. Wurde zum polit. Schlagwort durch eine Rede H. von Hofmannsthals („Das Schrifttum als geistiger Raum der Nation", 1927). In Deutschland waren Träger der k. R. völk., jungkonservative, nat.revolutionäre und bünd. Gruppen sowie die Landvolkbewegung, von denen manche in ihren sozialromant., antiparlamentar. und antidemokrat. Tendenzen zu Wegbereitern des Nationalsozialismus wurden.

Konservative und Unionistische Partei (engl. Conservative and Unionist Party), Name der brit. konservativen Partei seit ihrem Zusammenschluß mit den liberalen Unionisten (1912). Aus der Wandlung der Tories im Zusammenhang mit der von diesen abgelehnten Wahlrechtsreform 1832 entstanden, gilt sie heute als die älteste Partei der Welt. Unter Sir Robert Peel dehnte sie ihre Basis von den Landbesitzern auf die Mittelklasse aus. Im Tamworth-Manifest (1834) verband sich pragmat. Reformbereitschaft mit dem Ziel, „law and order" zu sichern, Mißstände rechtzeitig abzustellen, neben den agrar. auch die Interessen von Handel und Ind. zu fördern. Nach 2 Ministerien Peel (1834/35 und 1841–46) mit bed. Reformen (Fabrikinspektionen, Einschränkung der Frauen- und Kinderarbeit) baute Disraeli in der Opposition die zentrale und lokale Parteiorganisation auf und suchte den Konservativen mit dem Konzept der „Tory-Demokratie" (verbunden mit imperialist. Bestrebungen) eine breite Anhängerschaft zu sichern. Nach dem ersten Höhepunkt der Macht z. Z. des 2. Ministeriums Disraeli (1874–80) war die konservative Partei im Bündnis mit den liberalen Unionisten 1885–1905 fast ununterbrochen an der Reg. (Premiermin. R. A. T. G.-C. Salisbury und A. J. Balfour), führte eine bed. Sozialgesetzgebung durch (Anerkennung der Gewerkschaften und Arbeiterschutz 1875/76, Reformen des Gesundheits- und Wohnungswesens 1890, Schulgesetz 1902), betrieb koloniale Expansion und gab schließl. in der Entente cordiale die Splendid isolation

Konservierung

auf. 1915 trat sie in das Kriegskoalitionskabinett H. A. Asquith ein. In der Zwischenkriegszeit (Premiermin.: A. B. Law 1922/23; S. Baldwin 1923, 1924–29, 1935–37; A. N. Chamberlain 1937–40) vertrat die K. u. U. P. außenpolit. zunächst die Locarno-Politik, später die Appeasementpolitik, gegen die sich jüngere Politiker wie W. Churchill, R. A. Eden und H. Macmillan wandten. Im Koalitionskabinett des 2. Weltkriegs stärkste polit. Kraft, verlor die Partei trotz Churchills (Premiermin. 1940–45) außerordentl. Prestiges und trotz des militär. Sieges die Wahlen von 1945 und blieb bis 1951 in der Opposition. Seit dem 2. Kabinett Churchill (1951–55) machte sie Sozialisierungsmaßnahmen der Labour Party in der Eisenind. und im Transportwesen rückgängig. Premiermin. Eden (1955–57) konnte inflationäre Entwicklungen nicht verhindern und scheiterte an der Sueskrise, während Macmillan (1957–63) eine wirtsch. Erholung erreichte. Sein Nachfolger A. E. Douglas-Home verlor 1964 die Wahlen und übergab 1965 die Parteiführung an E. R. G. Heath, der nach dem Wahlsieg von 1970 Premiermin. wurde, den brit. Eintritt in die EG vollzog, jedoch bei den Wahlen 1974 der Labour Party unterlag. Seine Nachfolgerin als Parteiführer wurde 1975 M. H. Thatcher, die nach dem Wahlsieg 1979 auch Premiermin. wurde.
📖 *Butler, R. A.: The Conservatives. London 1977. - Lindsay, T. F./Harrington, M.: The Conservative Party, 1918–1970. London 1974.*

Konservative Volkspartei ↑Volkskonservative Vereinigung.

Konservativismus [lat.], svw. ↑Konservatismus.

Konservatorium [italien., zu lat. conservare „(die mus. Tradition) bewahren, erhalten"], privates, städt. oder staatl. Lehrinstitut für alle Fachgebiete der Musik; i. e. S. die zw. den meist städt. Volks- und Jugendmusikschulen und den staatl. Hochschulen (↑Musikhochschule) einzuordnende Stätte der musikal. Laien-, auch Berufsausbildung. Urspr. italien. Einrichtungen für Waisenkinder (16. Jh.). Berühmte K.: das Pariser Conservatoire (1795), Ordentl. Singschule in Berlin (1804), das Prager K. (1811), die K. in Wien (1817), Leipzig (1843), Baltimore (1857), Boston (1857), Ohio (1865), Petersburg (1862) und Moskau (1866).

Konserve [zu lat. conservare „bewahren, erhalten"], ein durch geeignete Behandlung (↑Konservierung) und Verpackung vor dem Verderben geschütztes Lebens- oder Genußmittel; i. e. S. svw. in Dosen durch Sterilisieren u. a. konservierte Lebensmittel. Man unterscheidet **Vollkonserven** mit unbegrenzter, mindestens zweijähriger Haltbarkeit und **Halbkonserven** *(Präserven)*, die durch chem. Zusätze beschränkt haltbar gemacht wurden; Keime werden in ihren Lebensfunktionen ledigl. gehemmt.

Konservierung [zu lat. conservare „bewahren, erhalten"], Haltbarmachung von Gegenständen aller Art. Allg. verhindert eine K. den Ablauf von Zerfallprozessen, die den zu konservierenden Gegenstand in Struktur und/oder Substanz verändern würden.
Konservierung von Lebensmitteln: Bei Lebensmitteln werden zur **Frischhaltung** chem. und physikal. K.verfahren angewendet. *Chem. K.methoden:* **Einsalzen** mit Kochsalz (die Lebensmittel werden entweder in eine 15–25 %ige Kochsalzlösung eingelegt oder mit Kochsalz eingerieben); führt zu Wasserentzug, Eiweißdenaturierung und enzymat. Veränderungen, die Farb-, Geruchs- und Geschmacksveränderungen bewirken; wird vorwiegend bei Fisch, Fleisch, Butter und Gemüse angewendet. - Beim **Pökeln** wird das Fleisch in eine 15–20 %ige Kochsalzlösung eingelegt oder schichtweise mit Kochsalz bestreut *(Trockenpökelung)*. Zur Erhaltung der natürl. Fleischfarbe wird 1–2 % Natriumnitrat zugegeben. Um die Wirkung der Pökelsalze zu beschleunigen, verwendet man heute häufig Natriumnitrit. Da es jedoch durch Überdosierung mehrfach zu Vergiftungen gekommen ist (Natriumnitrit kann sich mit [sekundären] Aminen zu tox. Nitrosaminen umsetzen), dürfen nach dem Nitritgesetz nur fertige Nitritpökelsalze in den Handel gebracht und verwendet werden. Als Pökelhilfsstoffe werden u. a. Zucker und Ascorbinsäure zugegeben, letztere fördert die Umrötung und wirkt der Bildung von Nitrosaminen entgegen. - Beim **Räuchern** wirkt der Rauch aus schwelenden Laubhölzern auf die zu konservierenden Lebensmittel (Fleisch, Wurstwaren, Fisch) ein. Die Lebensmittel trocknen von der Oberfläche her aus, der Wassergehalt sinkt um 10–40 %; gleichzeitig dringen Geschmacksstoffe und bakterizid bzw. bakteriostat. wirkende Substanzen (u. a. Ameisensäure, Acetaldehyd, Phenole) ein. Durch Ablagerung von Rußteilchen kommt es zu einer Dunkelfärbung der Oberfläche, bes. bei stark rußendem, sog. *Katenrauch*, der fettig schwarze Oberflächen ergibt. Bei sachgemäß geräucherten Lebensmitteln sind die [karzinogenen] polycycl. Kohlenwasserstoffe nur in geringsten Mengen vorhanden. - Beim **Einlegen** (Einspritzen) in konservierende Flüssigkeiten (z. B. Alkohol) werden die Mikroorganismen abgetötet. - Das **Einzuckern** stark wasserhaltiger Lebensmittel verhindert (da der Zucker wasserbindend wirkt) die Entwicklung von Mikroorganismen. - Das **Säuern** mit Genußsäuren (Wein-, Essig-, Zitronen- und Milchsäure) behindert das Wachstum von Mikroorganismen, die im allg. ein neutrales oder schwach alkal. Milieu bevorzugen. - Die Zugabe schon in kleinsten Mengen wirksamer Chemikalien, sog. **Konservierungsstoffe**, die das Wachstum der Mikroorganismen v. a. durch Einwirkung auf die

119

Konsilium

Enzymsysteme hemmen, ist in der BR Deutschland gesetzl. geregelt. Nach der Konservierungs-VO vom 19. 12. 1959 sind nur noch Sorbinsäure, Benzoesäure, PHB-Ester und Ameisensäure sowie ihre Salze bei bestimmten Lebensmitteln zugelassen. Der Gehalt an K.stoffen muß auf Verpackungen, Speisekarten usw. gekennzeichnet werden. *Physikal. K.methoden;* Verderbl. Lebensmittel können für kürzere Zeitspannen durch **Kühlen** haltbar gemacht werden. Durch die relativ tiefen Temperaturen (je nach Lebensmittelart zw. 0 und +12 °C) werden die Mikroorganismen in ihrer Entwicklung gehemmt und enzymat. Veränderungen stark verlangsamt. Das Kühlen hat im Ggs. zum ↑Gefrieren keine ausgesprochene K.wirkung, bewirkt jedoch eine Haltbarkeit von einigen Tagen bis wenigen Wochen. - Das **Pasteurisieren** ist ein kurzfristiges Erhitzen auf Temperaturen unter 100 °C. Es wird v. a. bei solchen Lebensmitteln angewandt, die gegen die hohen Temperaturen des Sterilisierens empfindl. sind (Schädigung an Eiweiß, Vitaminen, Aroma und Farbe), bes. zur K. von Milch und Fruchtsäften. Hierbei werden v. a. die lebensmitteleigenen und mikrobiellen Enzyme inaktiviert und die vegetativen Zellen der meisten Bakterien abgetötet; im Ggs. zum Sterilisieren bleiben jedoch die Sporen keimfähig. Pasteurisierte Lebensmittel sind daher nur beschränkt haltbar. - Das **Sterilisieren** *(Einkochen, Einwecken)* wird bei Lebens- und Genußmitteln angewendet. Das Haltbarmachen (v. a. durch Sterilisieren) von Obst und Gemüse im Haushalt wird als *Einmachen* bezeichnet. Das wichtigste Verfahren ist die im ↑Autoklav ablaufende Hitzesterilisierung. Ein einmaliges Erhitzen auf Temperaturen zw. 160 und 180 °C bewirkt die Abtötung der Mikroorganismen und ihrer Sporen sowie eine Inaktivierung ihrer Enzyme. Die Hitzesterilisierung eignet sich bes. für feste Lebensmittel, deren Konsistenz durch die hohe Temperatur nicht sehr verändert wird (z. B. Fleisch, Fisch, Gemüse, Obst), und für flüssige Lebensmittel (Milch, Fruchtsäfte). - Die Haltbarkeit flüssiger Lebensmittel kann auch durch **Eindicken** verlängert werden. Das in ihnen enthaltene Wasser wird ganz oder teilweise durch Verdampfen oder Verdunsten oder durch ↑Gefrierkonzentration entzogen. - Beim **Trocknen** (↑ auch Gefriertrocknung) von Lebensmitteln wird der Wassergehalt i. d. R. auf 2-12 Gewichts-% gesenkt. Flüssige oder pastöse Lebensmittel können auch durch Schaumtrocknung getrocknet bzw. durch Zerstäubung in Pulverform gebracht werden. Durch den Entzug der natürl. Feuchtigkeit wird die Tätigkeit der Mikroorganismen unterbunden. Da enzymat. und chem. Veränderungen, wenn auch stark verlangsamt, weitergehen, ist die Haltbarkeit getrockneter Lebensmittel nicht unbegrenzt. - Bei der **Schaumtrocknung** werden die Lebensmittel vor dem Trocknen in einen Schaumzustand gebracht. - Bei der **Zerstäubungstrocknung** wird das zu trocknende flüssige oder breiige Lebensmittel in Form kleinster Tröpfchen durch ein heißes Gas geleitet, wobei der Wasseranteil verdunstet. Wegen der kurzen Trocknungszeit werden v. a. temperaturempfindl. Lebensmittel (Eier, Milch) so getrocknet. - Eine Behandlung von Lebensmitteln mit energiereichen Strahlen (Elektronen-, Gamma- und Röntgenstrahlen) ist nach der Lebensmittel-Bestrahlungs-VO nur zu Kontroll- und Meßzwecken zulässig. Mit ultravioletten Strahlen dürfen die Oberflächen von Obst- und Gemüseerzeugnissen sowie Hartkäse bei der Lagerung behandelt werden.
📖 *Wallhäusser, K. H.:* Sterilisation - Desinfektion - K. Stg. ³1984. - *Körperth, H.:* K. der Lebensmittel. Köln 1979.

Konsilium (Consilium) [lat.], Rat, beratende Versammlung.
◆ in der *Medizin* Beratung [mehrerer Ärzte über einen Krankheitsfall].

konsistent [lat.], allg. svw. zusammenhängend dicht, zusammenhaltend, von zäher Beschaffenheit; auch svw. dickflüssig.
◆ in der *Logik* svw. ↑widerspruchsfrei (Ggs. inkonsistent).

Konsistenz [lat.], allg. Bez. für die Beschaffenheit von Stoffen hinsichtl. des Zusammenhalts ihrer Teilchen und der Formärungen.

Konsistorium [lat. „Versammlungsort"], in der *kath. Kirche* die Versammlung der Kardinäle unter Vorsitz des Papstes; im MA bedeutendstes Regierungsorgan der Kirche; heute fast nur noch der feierl. Rahmen, in dem bestimmte Entscheidungen des Papstes kundgetan werden (z. B. Kardinalsernennungen). - In den *ev. Kirchen* Bez. für das Verwaltungsorgan der zentralen Leitung der Landeskirchen von Berlin-Brandenburg, Sachsen und Greifswald. Mit der Entwicklung der territorialen Obrigkeit zum modernen Staat wurden die Konsistorien zu Vollzugsorganen des landesherrl. Kirchenregiments, bis sie in der 2. Hälfte des 19. Jh. Eigenständigkeit erringen konnten.

Konsole [frz.], aus der Mauer hervortretendes tragendes Element aus Holz, Stein (Kragstein) oder auch Metall. Es dient als Auflage für Architekturteile, wie Bögen, Blendbögen, Gesimse, Dienste, Balken, Balkone oder Erker, aber auch als Träger für Figuren.
◆ tischartiges Kleinmöbel mit zwei Beinen, das an der Wand befestigt wird.

Konsolidation [zu lat. consolidare „festmachen, sichern"], im *Recht* die Vereinigung beschränkter ↑dinglicher Rechte an Grundstücken mit dem Grundstückseigentum. Anders als bei der ↑Konfusion geht hier das beschränkte dingl. Recht nicht unter, sondern besteht in der Hand des Eigentümers weiter.

Konstantin I.

◆ in der *Wirtschaft* svw. ↑Konsolidierung.
◆ in der *Geologie* Versteifung von Erdkrustenteilen, die nur noch Bruchtektonik, aber keine Gesteinsfaltung mehr zuläßt.
konsolidierte Bilanz, die für einen Konzern aufgestellte Bilanz (↑Konzernbilanz). Die k. B. wird durch Zusammenfassung aus den Bilanzen der einzelnen Konzernunternehmen abgeleitet.

Konsolidierung [lat.], (Konsolidation) in der *Wirtschaft* die Umwandlung einer kurzfristigen in eine langfristige Schuld.

Konsommee, svw. ↑Consommé.

Konsonant [lat., zu consonare „mittönen"] (Mitlaut), Laut, bei dessen Artikulation die ausströmende Atemluft während einer gewissen Zeit gehemmt (gestoppt) oder eingeengt wird; werden u. a. eingeteilt nach Artikulationsart und Artikulationsstelle (↑Laut). - Ggs. ↑Vokal.

Konsonanz [lat.], im Ggs. zur ↑Dissonanz in der tonalen Musik und in der überlieferten Harmonielehre ein Zusammenklang, der keine Auflösung fordert. - Die gehörsmäßige Auffassung eines Intervalls als K. oder Dissonanz kann vielfach stark vom Zusammenhang abhängig sein, so von der rhythm. Stellung im Takt, von vorausgehenden und folgenden Intervallen oder von der harmon. Funktion. Die Einteilung der Intervalle in K. und Dissonanzen hat sich im Laufe der Musikgeschichte geändert; zu Beginn der abendländ. Mehrstimmigkeit wurden nur Oktave, Quinte (perfekte K.) und (mit gewissen Einschränkungen) Quarte (imperfekte K.) als K. betrachtet, später auch Terz und Sexte. Seit der Barockzeit etwa wurden auch die „weicheren" Dissonanzen (Septime, None und Tritonus) zugelassen, ein Prozeß, der in der Spätromantik abgeschlossen war. In der Neuen Musik ist die Unterscheidung zw. K. und Dissonanz überhaupt in Frage gestellt.

Konsorte [zu lat. consors „Genosse", eigtl. „des gleichen Loses teilhaftig"], 1. die Mitbeteiligten (bei nicht einwandfreien Angelegenheiten); 2. Mgl. eines ↑Konsortiums.

Konsortialgeschäft [lat./dt.], Gemeinschaftsgeschäft, zu dessen Durchführung sich mehrere Konsorten (meist Banken) zu einem ↑Konsortium zusammenschließen. Gründe zur Bildung von Konsortien: 1. Das Geschäft überschreitet die Kapitalkraft der einzelnen Konsorten; 2. Streuung des Risikos; 3. Erhöhung der Plazierungskraft. Meist übernimmt die Hausbank des Konsortialkunden die Konsortialführung und erhält dafür eine bes. Provision; die anderen Konsorten sind am Geschäft, entsprechend ihren Quoten, beteiligt.

Konsortium [lat.], Zusammenschluß von Banken zur gemeinsamen Durchführung großer Börsen- oder Kreditgeschäfte. Häufigste Form des K.s ist das Emissionskonsortium zur Plazierung von Wertpapieren (Beteiligung der Konsorten nach festgelegtem Verhältnis).

Konspiration [zu lat. conspiratio, eigtl. „das Zusammenhauchen, der Einklang"], [polit.] Verschwörung; **konspirativ**, 1. [polit.] eine Verschwörung bezweckend, anstrebend (z. B. konspirative Tätigkeit), 2. zu einer Verschwörung, in den Rahmen, Zusammenhang einer Verschwörung gehörend (z. B. eine zu konspirativen Zwecken genutzte Wohnung).

Konstans, Name von Herrschern des Röm. bzw. Byzantin. Reichs:
K. I. (Flavius Iulius Constans), *320, † in S-Gallien 18. Jan. 350, röm. Kaiser (seit 337). - 335 Caesar, 337 Augustus für Afrika, Italien und Illyrien; besiegte 340 seinen Bruder Konstantin II.; Anhänger des Athanasios, setzte 346 dessen Rückführung durch.
K. II., *630, † Syrakus 15. Sept. 668, byzantin. Kaiser (seit 641). - Sohn und Nachfolger Konstantins III.; kämpfte auf der Balkanhalbinsel erfolgreich gegen die Slawen (658) und schloß Frieden mit den Syrern (659). Kirchenpolit. bed. war der sog. Typos (648), durch dessen Anordnung, die jede Diskussion über den Monotheletismus verbot.

Konstantan ® [lat.], Legierung aus etwa 60 % Kupfer und 40 % Nickel mit einem spezif. elektr. Widerstand von 0,5 Ω mm^2/m bei weitgehender Temperaturunabhängigkeit, geeignet für elektr. Widerstände und Thermoelemente.

Konstante [zu lat. constare „feststehen"], eine auf Grund einer bestimmten Festsetzung (z. B. in der Mathematik) oder bestimmter Naturgegebenheiten (z. B. in der Physik) unveränderl. Größe. *Mathemat.* K. sind z. B. die Ludolfsche Zahl $\pi = 3,14159...$ und die Basis der natürl. Logarithmen $e = 2,71828...$, *physikal.* K. sind u. a. die Vakuumlichtgeschwindigkeit und die Elementarladung.
◆ in der *Logik* im Ggs. zur ↑Variablen jedes Symbol einer formalen Sprache oder Theorie, für das keine Einsetzung vorgenommen werden soll.

Konstantin (Constantin) ['kɔnstanti:n, kɔnstan'ti:n], männl. Vorname lat. Ursprungs (zu lat. constans „standhaft")

Konstantin (Constantinus), Name von Päpsten:
K. I., † Rom 9. April 715, Papst (seit 25. März 708) syr. Herkunft. - Bekämpfte wirksam das monothelet. Bekenntnis des Usurpators Philippikos Bardanes (↑Monotheletismus).
K. II., Papst oder Gegenpapst (Anerkennung umstritten; 5. Juli 767 bis 6. Aug. 768). - Nach dem Tod Pauls I. als Laie zum Papst erhoben; bemühte sich vergebens um die Anerkennung durch den Frankenkönig Pippin d. J.; im Aug. 768 gefangen, im röm. Sabaskloster inhaftiert und geblendet.

Konstantin, Name von Herrschern:
Röm. Reich und Byzantin. Reich:
K. I., d. Gr. (Flavius Valerius Constantinus),

Konstantin IV.

* Naissus (= Niš) 27. Febr. 280 (?), † bei Nikomedia (= İzmit) Pfingsten 337, röm. Kaiser (seit 306). - 306 vom Heer zum Augustus ausgerufen, verband sich durch die Ehe mit Fausta mit der Dyn. Maximians. Nach Sicherung seiner Position im W und nach Verbindung mit Licinius griff er jedoch Maxentius an (Sieg an der Milvischen Brücke am 28. Okt. 312). Konflikte mit Licinius führten zur Gewinnung Illyriens und 324 (Sieg bei Adrianopel; später Ermordung des Licinius) zur Alleinherrschaft. V. a. aus außenpolit. Gründen (Ostgermanen, Sassaniden) wurde die neue Reichshauptstadt Konstantinopel (Istanbul) geschaffen (Einweihung 330). Nach siegreichen Kämpfen an der unteren Donau starb K. zu Beginn eines Persienfeldzuges. Seine Herrschaft bedeutete die Ablösung des tetrarch. durch das dynast. Prinzip: Ernennung der Söhne Crispus und Konstantius II. (317), Konstantin II. (324), Konstans I. und des Neffen Dalmatius (335) zu Caesares mit festumrissenen Gebieten. Das diokletian. Reformprogramm wurde fortgesetzt (Neuordnung des Heeres; Trennung militär. und ziviler Gewalt; Ausbau des Verwaltungssystems: 4 Präfekturen, 14 Diözesen und 117 Provinzen; Ausgestaltung des Kaiserkults). Die Anerkennung und Förderung des Christentums (Mailänder Edikte 313, Eingriff in den Donatistenstreit 314, Einberufung des Konzils von Nizäa 325) bedeutet Bemühen um Integration eines bisher falsch behandelten Bevölkerungsteiles. Anlaß der Toleranzedikte waren offensichtl. persönl. Erlebnisse im Jahre 312: der Legende nach erschien K. vor der Entscheidungsschlacht gegen Maxentius ein Kreuz mit der griech. Inschrift „[en] toútō níka", („[in] diesem [Zeichen] siege"), traditionell lat. wiedergegeben mit „in hoc signo vinces" („in diesem Zeichen wirst du siegen"). Doch scheint K. keine Ablösung alter Religionen beabsichtigt zu haben. Unter Beibehaltung heidn. Herrscherattribute und -funktionen empfing K. erst auf dem Totenbett die Taufe.
📖 *K. der Große.* Hg. v. H. Kraft. Darmst. 1974. - Vogt, J.: *Constantin der Große u. sein Jh.* Mchn. ²1960.

K. IV. Pogonatos [„der Bärtige"], * Konstantinopel 652, † ebd. Sept. 685, byzantin. Kaiser (seit 668). - Zwang 674-678 die Araber zum Rückzug, ließ den Monotheletismus auf dem 6. ökumen. Konzil (680/681) in Konstantinopel verurteilen.

K. VII. Porphyrogennetos [„der im Purpur Geborene"], * Konstantinopel 905, † ebd. 9. Nov. 959, byzantin. Kaiser (913 bis 957). - Wehrte die bis Konstantinopel vorgedrungenen Bulgaren ab und erreichte 943 den siegreichen Abschluß der byzantin. Offensive gegen die Araber; verfaßte bed. Werke über die Staatsverwaltung.

K. IX. Monomachos [„der Einzelkämpfer"], † Konstantinopel 11. Jan. 1055, byzantin. Kaiser (seit 1042). - Mußte das Reich gegen Petschenegen, Kumanen im N, gegen Seldschuken im O und gegen Normannen im W verteidigen. In seine Reg.zeit fiel die endgültige Trennung der orth. von der röm. Kirche (Morgenländ. Schisma vom Juli 1054).

K. XI. (Dragases) Palaiologos, * Konstantinopel 7. Febr. 1404, ✕ ebd. 29. Mai 1453, byzantin. Kaiser (seit 1449). - Ehem. Despot von Morea; letzter byzantin. Kaiser vor dem Fall Konstantinopels (29. Mai 1453).

Griechenland:

K. I., * Athen 2. Aug. 1868, † Palermo 11. Jan. 1923, König (1913–17 und 1920–22). - Versuchte im 1. Weltkrieg neutral zu bleiben. Unter dem Druck der Entente und Weniselos' verließ er 1917 das Land, kehrte aber nach der Wiederwahl durch Volksabstimmung 1920 zurück; dankte nach der Niederlage im Griech.-Türk. Krieg 1922 endgültig ab.

K. II., * Athen 2. Juni 1940, König (1964–73). - Mußte nach dem Militärputsch vom April 1967, den er zunächst akzeptierte, nach einem dilettant. Gegenputsch (13. Dez. 1967) ins Exil gehen; im Juni 1973 von der griech. Militärjunta für abgesetzt erklärt (1974 wurde Griechenland Republik).

Konstantinische Schenkung (lat. Donatio bzw. Constitutum Constantini), eine auf den Namen Konstantins I., d. Gr., gefälschte Urkunde aus dem 8./9. Jh., in der dieser angebl. den Primat der röm. Kirche festlegte, Papst Silvester I. die Stadt Rom und die Westhälfte des Röm. Reiches übertrug. Die K. S. diente dem Papsttum als Beweis seiner Herrschaftsrechte; bereits 1001 von Otto III. angefochten; als Fälschung im 15. Jh. durch Nikolaus von Kues nachgewiesen.

Konstantinopel (lat. Constantinopolis), seit 326/330 Name von Byzantion, seit 1930 ↑Istanbul.

Konstantinopel, Konzile von, in Konstantinopel abgehaltene ökumen. Konzile: das 1. Konzil (= 2. ökumen. Konzil [381]), unter Kaiser Theodosius I., verwarf u. a. die arian. und semiarian. Lehre und formulierte das Konstantinopolitan. Glaubensbekenntnis, das die Gottheit des Hl. Geistes betonte. - Das 2. Konzil (= 5. ökumen. Konzil [553]), unter Kaiser Justinian, bemühte sich, die religiöse Einheit im Byzantin. Reich wiederherzustellen. - Das 3. Konzil (= 6. ökumen. Konzil [680/681]), unter Kaiser Konstantin IV., erörterte und verurteilte den ↑Monotheletismus. - Das 4. Konzil (= 8. ökumen. Konzil [869/870]), unter Kaiser Basilius I., verurteilte den Patriarchen Photius und rehabilitierte den Patriarchen Ignatius.

Konstantinsbogen, dreitoriger Triumphbogen in Rom, von Senat und Volk anläßl. des Sieges Konstantins I. über Maxentius gestiftet, 315 vollendet. Statuen und zahlr. Bildreliefs von Bauten Trajans, Hadrians und Mark Aurels sind dabei verwendet worden unter Umarbeitung der Kaiserköpfe.

Konstantius, Name röm. Kaiser:

K. I. Chlorus (Gajus Flavius Valerius Constantius), * in Illyrien um 250, † Eburacum (= York) 25. Juli 306, Kaiser (Caesar seit 293, Augustus seit 305). - Vater Konstantins I.; nach Adoption durch Maximian zum Caesar für Gallien und Britannien ernannt. Nach Rückgewinnung Britanniens (293–297) kämpfte er erfolgreich gegen Franken und Alemannen.

K. II. (Flavius Julius Constantius), * in Illyrien (Sirmium?) 7. Aug. 317, † Tarsus 3. Nov. 361, Kaiser (seit 337). - 324 Caesar, 337 Augustus der östl. Präfektur; stellte die Reichseinheit wieder her (353); setzte 355 seinen Vetter Julian als Caesar und Mitregent im W ein. K. starb auf dem Zug gegen Julian nach dessen Usurpation.

K. III. (Flavius Constantius), * Naissus (= Niš), † Ravenna 2. Sept. 421, Kaiser (421). - Konnte 415 die Westgoten nach Spanien abdrängen und mit dem Sieg über Konstantin III. das westl. Imperium stabilisieren.

Konstanz, Krst. an der dt.-schweizer. Grenze, am Bodensee, an der Engstelle zw. Obersee und Untersee, Bad.-Württ., mit der schweizer. Stadt Kreuzlingen zusammengewachsen, 400–415 m ü. d. M., 68 800 E. Univ. (seit 1966), Bodensee-Forschungsinstitut, Fachhochschule für das Ingenieurwesen, Bodenseekunstschule; Rosgarten-Museum; Stadttheater, jährl. Internat. Musiktage; elektrotechn., pharmazeut., chem., kosmet., Textilu. a. Industrie; Fremdenverkehr.

Geschichte: Seit dem späten 3. Jt. v. Chr. war der damals trockene Strand der K. Bucht von neolith. Bauern und Fischern besiedelt. Unter Tiberius (14–37) wurde ein röm. Stützpunkt angelegt. Um 300 stand auf dem heutigen Münsterhügel ein röm. Kastell, auf das der im 6. Jh. überlieferte Name **Constantia** zurückgeht. Vor 600 Bischofssitz (bis 1821); erhielt um 900 Marktrecht. Seit 1237 als Reichsstadt (bis 1546/47) bezeichnet. Mit der Gründung des von K. angeführten Bundes der Reichsstädte am Bodensee (1388) wuchs die Bed. der Stadt wie durch die Einberufung des 16. allg. Konzils zur Überwindung des Abendländ. Schismas 1414–18; 1430 gleichmäßige Verteilung der Sitze im Rat zw. Zünften und Patriziat; 1548–1806 war K. vorderöstr. Landstadt, kam 1806 an Baden. - Im **Frieden von Konstanz** (25. Juni 1183) vereinbarte Friedrich I. mit dem Lombardenbund den Verzicht des Reiches auf die Regalien gegen Anerkennung der Oberhoheit des Reiches durch die lombard. Städte.

Bauten: Roman. Münster (v. a. 11. Jh.; Turmaufbau 19. Jh.) mit otton. Krypta. Das ehem. Dominikanerkloster (13. Jh.) ist heute Hotel. Sog. Konzilsgebäude (1388 als Kaufhaus erbaut), zahlr. Zunfthäuser des 14. und 15. Jh.

Konstantinsbogen. Nordseite

K., Landkr. in Bad.-Württ.

K., ehem. Bistum, gegr. um 600, hatte entscheidenden Anteil an der Christianisierung der Alemannen; 1803 säkularisiert, 1821 zugunsten des Erzbistums Freiburg aufgehoben.

Konstanz [lat.], Beständigkeit, Unveränderlichkeit († auch Konstante).

Konstanza (Constanţa), rumän. Stadt am Schwarzen Meer, 306 900 E. Zentrum der Dobrudscha, Verwaltungssitz des Verw.-Geb. K.; Meeresforschungsinst.; Theater; Museen; wichtigster Seehafen Rumäniens; Erdölleitung von Ploieşti. Werften, chem., Zellulose-, Papier-, Baustoff-, Nahrungsmittel-, Textilindustrie, Fremdenverkehr (Schwarzmeerkurort Mamaia); internat. ✈. - An der Stelle des heutigen K. gründeten Griechen aus Milet Mitte des 7. Jh. v. Chr. die Kolonie **Tomis,** in röm. Zeit ein blühender Handelsplatz. Gelangte unter Konstantin d. Gr. als **Constantiniana** erneut zu einer gewissen Bedeutung. Nach mehreren Zerstörungen brachte erst um 1300 der Ausbau des Hafens durch genues. Kaufleute, die den Ort **Constanza** nannten, wirtsch. Aufschwung. 1413 osman. Eroberung; seit 1878 rumänisch. - Großes Fußbodenmosaik eines röm. Handelshauses, Reste zweier Basiliken (3. Jh.), Leuchtturm (13. Jh.; 1860 restauriert); röm.-kath. Kirche (1885), orth. Kirche (1884–95); Moschee (1910) mit 50 m hohem Minarett; Ovid-Denkmal (1887).

Konstanze (Constanze), weibl. Vorname lat. Ursprungs (zu lat. constantia „Beständigkeit, Festigkeit").

Konstanze, * 1154, † Palermo 27. Nov. 1198, Röm. Kaiserin. - Tochter Rogers II. von Sizilien; seit 1186 ∞ mit Heinrich VI., an den durch sie das Kgr. Sizilien fiel. 1198 ließ sie ihren Sohn, den späteren Kaiser Friedrich II., zum König von Sizilien krönen und be-

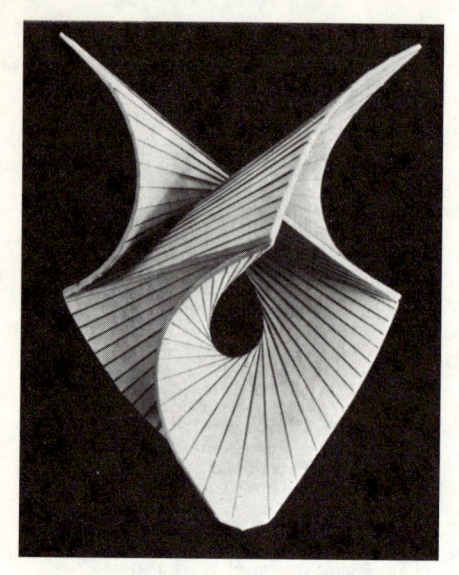

Konstanzer Konzil

Konstruktivismus. Antoine Pevsner, Surface développable (1938). Privatbesitz

stimmte Papst Innozenz III. zu seinem Vormund.

Konstanzer Konzil, 16. allg. Konzil (5. Nov. 1414 bis 22. April 1418); einberufen auf Initiative König Sigismunds durch Papst ↑Johannes XXIII. Die Aufgaben des K. K. waren: Beilegung des Abendländ. Schismas („causa unionis"), Überwindung der Häresie („causa fidei") und Kirchenreform („causa reformationis"). Über die „causa fidei" entschied das K. K. mit der Verurteilung der Lehren Wyclifs (4. Mai 1415) und dem Todesurteil gegen deren führende Vertreter Jan Hus und Hieronymus von Prag. In der „causa unionis" verkündete das K. K. in dem Dekret „Sacrosancta" die Superiorität der Synode über den Papst (↑auch Konziliarismus). Nach der Absetzung bzw. Rücktrittserklärung dreier Päpste wurde mit der Wahl Martins V. (11. Nov. 1417) die kirchl. Einheit wiederhergestellt.

konstatieren [lat.-frz.], feststellen.
Konstellation [lat., zu stella „Stern"], in der *Astrologie* das durch die Stellung der Gestirne bestimmte Schicksal, dann allg. für günstiges oder ungünstiges Zusammentreffen von Umständen und die dadurch bedingte Lage.
◆ die von der Erde aus beobachtbare Stellung der Sonne zu Mond und Planeten. Je nach der Elongation zw. Sonne und Gestirn unterscheidet man: ↑Opposition und ↑Konjunktion.

Konsternation [lat.], Bestürzung; **konsternieren**, bestürzt, fassungslos machen.
Konstipation [lat.], svw. ↑Verstopfung.
Konstituante [lat.-frz.], Bez. für verfassunggebende (konstituierende) Versammlung.
Konstituentenanalyse [lat./griech.] (Immediate Constituent Analysis, I-C-Analyse), in der Linguistik Methode zur Ermittlung und Beschreibung der **Konstituenten**, d. h. von syntakt. zusammengehörenden Teilen von Sätzen sowie der hierarch. Abhängigkeitsverhältnisse der Konstituenten untereinander. Die im amerikan. Strukturalismus entwickelte K. geht von der Teilbarkeit eines Satzes in die unmittelbaren Konstituenten *Subjekt* und *Prädikat* aus, wobei das Subjekt syntakt. der Kategorie Nominalphrase (NP), das Prädikat der Kategorie Verbalphrase (VP) angehört. VP wiederum kann geteilt werden in Verb (V), mögl. Objekte (NP), Präpositionalphrasen (PP) u. a., z. B.:

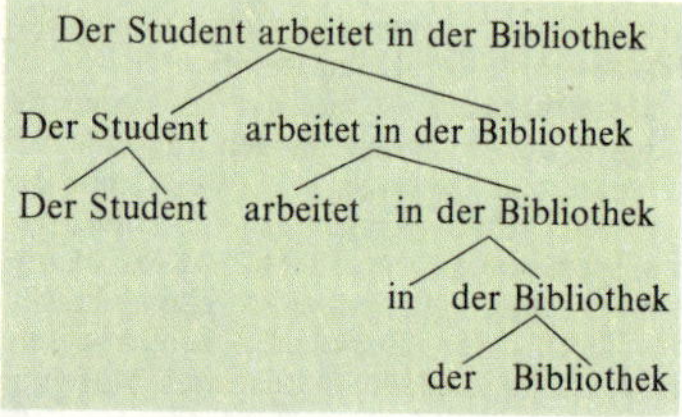

```
         Der Student arbeitet in der Bibliothek

    Der Student     arbeitet in der Bibliothek
    /       \
Der Student     arbeitet    in der Bibliothek
                            /           \
                           in       der Bibliothek
                                    /         \
                                   der      Bibliothek
```

Die **Konstituentenstruktur** des Satzes kann dann in ihrem hierarch. Aufbau und mit Angabe der syntakt. Kategorien in einem Stammbaum (Stemma) dargestellt werden:

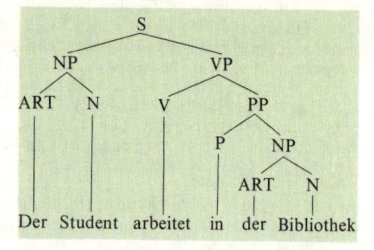

```
                    S
                  /   \
                NP     VP
               /  \   /  \
             ART  N  V    PP
                          /  \
                         P    NP
                             /  \
                           ART   N
             Der Student arbeitet in der Bibliothek
```

(S: Satz; ART: Artikel; P: Präposition). Eine äquivalente Darstellungsweise ist die der ↑Klammerdarstellung.

Konstitution [zu lat. constitutio, eigtl. „Hinstellung, Einrichtung"], in der *Anthropologie* das Gesamterscheinungsbild (der **Habitus**) eines Menschen, bei dem körperl.-seel. und seel.-geistige Merkmale miteinander korrelieren. Als K.merkmale werden im allg. nur die relativ konstanten Züge dieses Erscheinungsbildes angesehen (↑Körperbautypen).
◆ in der *Chemie* Bez. für den Aufbau eines

Moleküls, d. h. die Art und die Aufeinanderfolge der Atome und der zw. ihnen bestehenden Bindungen.
♦ (Constitutio) in der *röm. Kaiserzeit* die aus der kaiserl. Amtsgewalt im Bereich der Verwaltung erwachsene Entscheidung des Kaisers.
♦ svw. ↑Verfassung. - ↑auch Konstitutionalismus.
♦ Bez. für Erlasse in der kath. Kirche: 1. apostol. K., vom Papst erlassen; 2. Erlasse eines Konzils; 3. Statuten oder Satzungen eines klösterl. Verbandes.

Konstitutionalismus [lat.], Verfassungstheorie des ausgehenden 18. Jh. und des 19. Jh. mit der Eingangsphase des Frühkonstitutionalismus nach dem Vorbild der frz. Charte (1814), wobei die Einschränkung der erbl. Gewalt des Herrschers durch eine geschriebene Verfassung (Konstitution) abgesichert wird. Verfassungstheoret. ging es dabei um eine Verbindung von monarch. Prinzip und Volkssouveränität, sozialgeschichtl. um den Kompromiß zw. den vorindustriellen Eliten des Militär- und Beamtenstaats und dem aufsteigenden Bildungs- und Ind.bürgertum. Der K. war die übl. Verfassungsform in der Zeit des Übergangs von der Stände- zur Ind.gesellschaft.

konstitutionelle Monarchie, in der Glorious revolution 1688/89 begr. Staats- und Reg.form des 19. und 20. Jh. (↑Konstitutionalismus), war gekennzeichnet durch Min.-verantwortlichkeit, Öffentlichkeitsprinzip, Rechtsstaatsprinzip und parlamentar. Haushalts- und Gesetzgebungsrecht. Ob die k. M. ledigl. eine (widerrufbare) Einschränkung der monarch. oder Vollgewalt bedeutete oder aus der Volkssouveränität abzuleiten war, war zw. den Vertretern unterschiedl. polit. Richtungen umstritten.

konstitutiv [lat.], bestimmend.

Konstrukt (Konstruktum, Construct) [lat.], Arbeitshypothese oder gedankl. Hilfskonstruktion zur Beschreibung von Phänomenen, die der direkten Beobachtung nicht zugängl. sind, sondern nur aus anderen, beobachtbaren Daten erschlossen werden können. K. spielen eine wichtige Rolle in der Psychologie und der Linguistik (z. B. ↑Langue).

Konstruktion [zu lat. constructio, eigtl. „Aufschichtung"], in der *Technik* Bauart eines techn. Erzeugnisses, auch sein techn. Entwurf. Die K.lehre umfaßt das systemat. Wissen, das es ermöglicht, aus einer Fülle von an das Erzeugnis gestellten, sich z. T. auch widersprechenden Forderungen eine optimale Lösung zu finden. - ↑auch Computer.
♦ in der Geometrie die zeichner. Lösung einer Aufgabe, bei der aus gegebenen geomet. Gebilden (z. B. Strecken, Winkel, Ebenen) eine gesuchte geomet. Figur hergestellt werden soll (z. B. ein Dreieck aus drei gegebenen Strecken).

konstruktiv [lat.] ↑Konstruktivität.

konstruktives Mißtrauensvotum ↑Bundeskanzler, ↑Mißtrauensvotum.

Konstruktivismus [lat.], *philosoph.-wissenschaftstheoret. Position*, nach der jede wiss. und philosoph. Disziplin konstruktiv (↑Konstruktivität) aufgebaut werden sollte.
♦ Richtung der *Plastik* und *Malerei* der ersten Hälfte des 20. Jh., deren Vertreter einem mathemat.-techn. Gestaltungsprinzip anhängen. Der K. entstand in Rußland; Begründer ist W. Tatlin, der seit 1914 die konstruktivist. Skulptur aus modernen Materialien (Metall) entwickelte. Parallel dazu entwickelte Malewitsch für die Malerei den ↑Suprematismus. 1915/16 stießen Naum Gabo und A. Pevsner dazu, 1920 veröffentlichten sie das „Realist. Manifest"; auch El Lissitzky, A. Rodtschenko u. a. gehörten zu diesem Kreis. 1917–21 war der K. die offizielle Kunst der russ. Revolution; Raum und Zeit wurden zu fundamentalen Faktoren der Kunst erklärt. El Lissitzky erweiterte den Wirkungsbereich des K. auf Typographie und Architektur. 1922 fand in Berlin eine Ausstellung des K. statt; in der Folgezeit beeinflußte der K. nachhaltig das Programm des ↑Bauhauses und die niederl. ↑Stijl-Gruppe, in neuester Zeit insbes. die ↑Op-art und die ↑kinetische Kunst und Lichtkunst.

Rotzler, W.: Konstruktive Kunst. Eine Gesch. der konstruktiven Kunst ... Zürich 1977.
♦ von K. L. Selinski theoret. begr. Richtung innerhalb der *russ. Literatur* (1924–30), deren Vertreter sich um die Vorbedingungen einer wahren proletar. Kunst bemühten; bekannte Mgl. sind v. a. Wera M. Inber und I. L. Selwinski.

Konstruktivität [lat.], wissenschaftstheoret. Begriff für eine (konstruktive) Theorie (wiss. Disziplin, Wissenschaft), die folgende Bedingungen erfüllt: 1. Es liegt ein sinnvoller Anwendungsbereich, eine als wichtig erkannte Aufgabe der Theorie vor; 2. die sprachl. Mittel und Methoden sowie die Theorie selbst sind schrittweise konstruiert und als für die Lösung der gestellten Aufgabe taugl. bewiesen worden; 3. in den Aufbau der Theorie gehen weder explizit noch implizit Voraussetzungen über den Anwendungsbereich oder über Eigenschaften der Theorie ein, die nicht ihrerseits bereits erwiesen sind. Das Programm des konstruktiven Aufbaus möglichst aller Wissenschaften wird heute v. a. von Vertretern des Konstruktivismus und des Operationalismus vorgetragen.

Konstruktum ↑Konstrukt.

Konsubstantiation [mittellat.], die luth. Lehre vom Abendmahl, die die reale Gegenwart Christi in den *unverwandelten* Substanzen Brot und Wein betont (Ggs. ↑Transsubstantiation).

Konsul [lat., zu consulere „sich beraten"], (lat. consul) oberster Beamter der röm. Repu-

Konsularrecht

blik, auf den (bei Entzug sakraler Befugnisse) Rechte und Pflichten des Königs übergingen (oberster Richter, Verwaltungsbeamter, Heerführer); urspr. patriz. Amt, seit 363 v. Chr. Zugang auch für Plebejer. Es wurden stets 2 K. pro Jahr gewählt, die völlig gleichgestellt und nur gemeinsam handlungsfähig waren. In der Kaiserzeit wurde das **Konsulat** zum Ehrenamt. Bestimmte Staatsämter (z. B. Zensur, Provinzstatthalterschaft) waren den ehem. K., den **Consulares,** vorbehalten.

♦ im MA die regierenden Beamten der Stadtkommunen Italiens und Südfrankr., leiteten Verwaltung, Militär und Rechtsprechung, wurden aber von Volksversammlung und Rat der Stadt kontrolliert.

♦ im Rahmen des auswärtigen Dienstes offizieller Vertreter eines Staates in einem anderen Staat ohne vollen diplomat. Status. Neben den Berufskonsularbeamten, die als Bundesbeamte dem Beamtenrecht und bestimmten Ausbildungsanforderungen unterliegen und in 3 Rangklassen eingeteilt sind (General-K., K., Vize-K.), gibt es die sog. Honorarkonsularbeamte (Wahl-K.), deren Befugnisse i. d. R. eingeschränkter Art sind. Ihre Funktion liegt überwiegend im wirtsch. Bereich und wird häufig Staatsangehörigen des Empfangsstaates übertragen. – ↑auch Konsularrecht.

♦ in Frankr. z. Z. des ↑Konsulats (1799–1804) Träger der Exekutive.

Konsularrecht [lat./dt.], 1. die durch das Völkerrecht gewährte Befugnis, Konsuln zu entsenden und zu empfangen; 2. die Summe der völkerrechtl. Regeln, die die Rechte und Pflichten der Konsuln zum Gegenstand haben. Die Rechtsstellung der Konsuln ist völkerrechtl. durch das Wiener Übereinkommen über konsular. Beziehungen vom 24. 4. 1963 geregelt. Aufgabe der Konsularbeamten ist die Mitwirkung bei der Zusammenarbeit zw. dem Entsende- und dem Empfangsstaat, namentl. auf den Gebieten außenwirtschaftl. und entwicklungspolit. Beziehungen, des Verkehrs, der Kultur und der Rechtspflege, sowie der Schutz der Interessen einzelner Bürger des Entsendestaats. Zu letzterem zählen die Mitwirkung in Staatsangehörigkeits-, Paß- und Personenstandsangelegenheiten, in Erbschaftssachen, Schiffahrts- und Seemannsangelegenheiten sowie Beurkundungen, Zustellungen und die Erledigung und Übermittlung von Rechtshilfeersuchen. Der Konsul bedarf zur Ausübung seiner Tätigkeiten in dem vorgesehen Konsularbezirk einer bes. Ernennung durch den Entsendestaat und der Zustimmung des Empfangsstaates (Exequatur). Für Maßnahmen in amtl. Eigenschaft unterliegt der Konsul nicht der Gerichtsbarkeit des Empfangsstaates (Amtsimmunität).

Konsulat [lat.], in der *röm. Geschichte* das Amt des ↑Konsuls.

♦ Bez. für die Zeit vom Sturz des Direktoriums (9. Nov. 1799) bis zur Errichtung des 1. Kaiserreichs in Frankr. (18. Mai 1804) und für das gleichzeitig nach den K.verfassungen 1800/02 regierende Staatsoberhaupt: bis 4. Aug. 1802 drei Konsuln; 1802–04 wurde Napoléon Bonaparte alleiniger, lebenslängl. Konsul.

♦ Amt und Dienststelle eines ↑Konsuls.

Konsultation [lat.], gemeinsame Beratung, v. a. von Regierungen oder von Partnern wirtsch. Verträge.

♦ das Aufsuchen eines Arztes zwecks Untersuchung, Diagnosestellung und eventueller Behandlung.

Konsum [zu lat. consumere „verbrauchen"] (Konsumtion, Verbrauch), in der Wirtschaftstheorie die Inanspruchnahme eines (knappen) Gutes zur unmittelbaren Bedürfnisbefriedigung. Die Abhängigkeit des wertmäßigen Konsums (eines einzelnen Wirtschaftssubjekts oder auch der gesamten Volkswirtschaft) innerhalb einer Periode vom Einkommen, aber auch von anderen Variablen (z. B. Vermögen, Preisniveau) kann als mathemat. Funktion (**Konsumfunktion**) ausgedrückt werden. Das Verhältnis zw. K. und Einkommen ist die durchschnittl. **Konsumquote.** Die marginale Konsumquote dagegen gibt an, welcher Bruchteil einer zusätzl. Einkommenseinheit bei gegebenem Einkommensniveau für Konsumzwecke ausgegeben wird. Da das Einkommen definitionsgemäß nur für K. und Sparen verwandt wird, ergibt, wenn das Einkommen gleich 1 gesetzt wird, die jeweilige Differenz zw. Konsumquote und 1 die **Sparquote.** Im allg. nimmt mit steigendem Einkommen die Konsumneigung ab, entsprechend die Sparneigung zu.

Konsument [lat.], das Wirtschaftssubjekt in seiner Eigenschaft als Nachfrager und Verbraucher von Konsumgütern. Neben den privaten Haushalten tritt in der Volkswirtschaft der Staat als K. in Erscheinung.

♦ in der ↑Nahrungskette ein Lebewesen, das organ. Nahrung verbraucht.

Konsumgenossenschaften (Konsumvereine, Verbrauchergenossenschaften), Genossenschaften, die den gemeinsamen Großeinkauf von Lebensmitteln und sonstigen Konsumgütern (Einkaufsgenossenschaften) anstreben mit dem Ziel, diese an ihre Mgl. (seit 1954 auch an Nichtmgl.) in kleinen Mengen abzugeben.

Konsumgesellschaft, Typ der modernen Ind.gesellschaft, in der wesentl. soziale Beziehungsformen durch die Konsumtion (Konsum) bestimmt werden. Die K. ist gekennzeichnet durch 1. relativ hohe Massenkaufkraft und materiellen Wohlstand breiter Bev.kreise, 2. Massenproduktion relativ preisgünstiger und leicht beschaffbarer Verbrauchs- und Gebrauchsgüter, 3. zentral auf den Erwerb von Kaufkraft und Konsumcen ausgerichtete ökonom. Orientierung der Bürger, 4. vorrangige Beurteilung und Bemes-

Kontaktsperre

sung der (gegenwärtigen wie angestrebten) Lebensstile nach Konsummöglichkeiten. Das Streben der „Konsumbürger" ist auf „demonstrativen" Konsum ausgerichtet, weil sich das soziale Ansehen (Prestige) v. a. nach der Konsumfähigkeit, dem „Vorzeigenkönnen" von Verbrauchsgütern (als Statussymbolen), richtet. Konsumstandards und -gewohnheiten gelten als Anzeiger für soziale Schicht- und Gruppenzugehörigkeiten, was die Werbung ausnützt.

Konsumgüter, ↑ Gut (Wirtschaft).

Konsumgüterindustrie, Sammelbez. für Industriezweige, die kurzlebige Wirtschaftsgüter herstellen, die im allg. dem Verbrauch und nicht Produktionszwecken dienen. Zur K. zählt insbes. die Nahrungs- und Genußmittelindustrie.

Konsumterror, emotional abwertende Bez. für den durch mehr oder weniger bewußten und direkten Anreiz zum Kauf und zum Verbrauch ausgeübten Zwang zum Kaufen bzw. für den durch die Werbung ausgeübten Druck, der den Verbraucher zur fortgesetzten sinnlosen Steigerung seines Konsums antreibt.

Konsumvereine, svw. ↑ Konsumgenossenschaften.

Konsumwein, einfache, kleine, zumeist verschnittene Tischweine; nach dem dt. Weingesetz(1971) sind K. unter „Tafelweine" einzureihen.

Kontakt [lat., zu contingere „berühren"], in der *Biologie* das *Psychologie* das Miteinander-in-Beziehung-Treten zweier oder mehrerer Individuen. Die K.nahme erfolgt zum Zwecke körperl. Berührung, zum Informationsaustausch und beim Menschen darüber hinaus auch zur Anbahnung einer geistig-seel. Verbindung. K. ist bei allen gesellig lebenden Tieren und bes. beim Menschen unerläßl. Bestandteil einer normalen Individualentwicklung. Als **Kontaktschwäche** wird die (meist auf Entwicklungsstörungen zurückzuführende) durch emotionale Hemmungen bedingte zu geringe zwischenmenschl. K.fähigkeit, als **Kontaktstörung** die patholog. Hemmung der K.fähigkeit bei Neurosen und Psychosen bezeichnet.

◆ in der *Elektrotechnik* eine den elektr. Strom leitende Verbindung oder Übergangsstelle zw. zwei Elektrizitätsleitern.

Kontaktassimilation ↑ Assimilation.

Kontaktekzem ↑ Ekzem.

Kontaktelektrizität (Berührungselektrizität), Sammelbez. für alle elektr. Erscheinungen, die an den Grenzflächen zweier sich berührender Substanzen auftreten. Auf Grund von Unterschieden in der Konzentration und Beweglichkeit der Ladungsträger in den verschiedenen Substanzen findet an ihren Berührungsstellen im allg. ein Ladungsaustausch statt, der im Endeffekt die eine Substanz gegen die andere elektr. auflädt und so eine elektr. Spannung *(Berührungs-* bzw. *Kontaktspannung)* zw. ihnen erzeugt. Dieser Vorgang erklärt z. B. die Reibungselektrizität.

Kontaktgefrieren ↑ Gefrieren.

Kontaktgifte (Berührungsgifte), im Pflanzen- und Vorratsschutz Sammelbez. für chem. Stoffe, die bei Berührung auf Organismen tödl. wirken (↑ Schädlingsbekämpfungsmittel).

◆ (Katalysatorengifte) Stoffe, die bereits in geringen Mengen die Wirkungsweise eines Katalysators aufheben können, z. B. Arsenverbindungen.

Kontakthof, [Innen]hof in einem Eros-Center o. ä., in dem die Prostituierten auf Kunden warten, mit ihnen Kontakt aufnehmen und die Preise vereinbaren.

Kontaktkopierverfahren ↑ Kopierverfahren.

Kontaktlinsen (Haftlinsen, Haftgläser, Haftschalen), an Stelle einer Brille verwendete, dünne, durchsichtige Kunststoff- oder Glasschalen mit Linsenschliff. **Sklerallinsen** bestehen aus einem opt. und einem hapt. Teil. Mit letzterem werden sie im Bereich der Lederhaut an der Bindehaut befestigt. **Kornneallinsen** (Pupillenlinsen) bestehen nur aus einem opt. Teil, der direkt auf die Hornhaut aufgesetzt wird, wo er auf dem Tränenfilm schwimmt. K. können bei jeder Form von Fehlsichtigkeit benutzt werden. Vorteile gegenüber Brillen: Das Blickfeld ist bes. groß, K. können nicht beschlagen und bringen (z. B. beim Sport) keine zusätzl. Verletzungsgefahr. Nachteile der K. sind eine schwierige Handhabung und z. T. nur mäßige Verträglichkeit (Bindehautreizung, u. U. Bindehautentzündung).

Kontaktlog (Contact-Log), Gerät zur Untersuchung von Gesteinsschichten in Tiefbohrungen: Eine Sonde mit Elektroden mißt entlang der Bohrlochwandung die spezif. Widerstände, aus denen die Beschaffenheit der jeweiligen Schicht erschlossen wird.

Kontaktmetamorphose ↑ Metamorphose (Gesteinsmetamorphose).

Kontaktmine ↑ Mine.

Kontaktschwäche ↑ Kontakt.

Kontaktsperre, die Unterbrechung jedweder Verbindung von bestimmten Gefangenen untereinander und mit der Außenwelt einschl. des schriftl. und mündl. Verkehrs mit dem Verteidiger. Die Möglichkeit zur K. wurde durch Gesetz vom 30. 9. 1977 (das sog. K.gesetz) in das Einführungsgesetz zum Gerichtsverfassungsgesetz (§§ 31–38) eingeführt. Voraussetzung für die K. ist die Feststellung, daß eine gegenwärtige Gefahr für Leben, Leib oder Freiheit einer Person besteht und bestimmte Tatsachen den Verdacht begründen, daß die Gefahr von einer terrorist. Vereinigung ausgeht und zur Abwehr dieser Gefahr die K. geboten ist. Die entsprechende Feststellung, daß diese Voraussetzungen bestehen,

Kontaktstörung

trifft die Landesreg. bzw., wenn mehrere Bundesländer betroffen sind, der Bundesminister der Justiz. Ist die Feststellung durch eine Landesbehörde erfolgt, so muß sie von einem Strafsenat des Oberlandesgerichts, ist sie durch den Bundesminister für Justiz erfolgt, von einem Strafsenat des Bundesgerichtshofes binnen zwei Wochen bestätigt werden. Spätestens nach Ablauf von 30 Tagen verliert die Feststellung ihre Wirkung, kann jedoch, falls sie gerichtl. bestätigt worden ist, erneut getroffen werden, wenn die Voraussetzungen noch vorliegen. - In der rechtspolit. Diskussion war v. a. die Möglichkeit der Unterbrechung des Verkehrs von Gefangenen mit ihrem Verteidiger Gegenstand heftiger Kontroversen.

Kontaktstörung ↑ Kontakt.

Kontaktthermometer, Quecksilberthermometer, das dazu dient, bei Erreichen einer bestimmten Temperatur eine Alarm- oder Schaltvorrichtung zu betätigen. Der Quecksilberfaden des Thermometers schließt bzw. öffnet über eingeschmolzene Kontakte bei einer vorgewählten Temperatur einen Stromkreis.

Kontakttiere, in der Verhaltensforschung Tiere, die engen körperl. Kontakt mit Artgenossen suchen (z. B. Affen). Soziale Verhaltensweisen wie gegenseitige Hautpflege kommen häufig vor.

Kontaktverfahren, Verfahren zur Herstellung von ↑ Schwefelsäure.

Kontaktwiderstand (Übergangswiderstand), der elektr. Widerstand, der an der Berührungsfläche zweier aneinanderstoßender metall. Leiter auftritt.

Kontamination [zu lat. contaminatio „Befleckung"], in der *Literaturwiss.* die Ineinanderarbeitung verschiedener Vorlagen bei der Abfassung eines neuen Werkes. Das Verfahren wurde schon von den röm. Komödiendichtern (Plautus, Terenz; K. aus griech. Komödien) angewandt.

♦ in der *Textkritik* das Vermischen von Lesarten verschiedener Textfassungen während der Überlieferung (Kontaminationslesarten).

♦ in *Hygiene, Biologie* und *Umwelthygiene* die Verunreinigung von Räumen und Gegenständen, Lebensmitteln, Medikamenten, Gewebe- und Mikroorganismenreinkulturen sowie von Luft, Wasser und Boden durch andersartige, oft schädigende Stoffe (Mikroorganismen, Gifte, Abgase, Industriestäube, radioaktive Stoffe).

♦ in der *Kernreaktortechnik* die „Vergiftung" von Kernbrennstoffen durch Spaltprodukte mit großem Absorptionsquerschnitt für Neutronen (parasitäre Kerneinfang).

Kontarsky [...ki], Alfons, * Iserlohn 9. Okt. 1932, dt. Pianist. - Bruder von Aloys K.; 1967–82 Prof. an der Staatl. Hochschule für Musik in Köln, seit 1983 in München.

K., Aloys, * Iserlohn 14. Mai 1931, dt. Pianist. - Unternimmt als bed. Interpret zeitgenöss. Musik seit 1955 mit seinem Bruder Alfons K. weltweite Konzertreisen; seit 1969 Prof. an der Staatl. Hochschule für Musik in Köln.

Kontemplation [lat.] (Beschauung, Meditation), betrachtende Zuwendung zum Übersinnlichen. In der buddhist. und hinduist. Religion ist das Ziel der K. die Versenkung in einen unterschiedslosen Bewußtseins- und Empfindungszustand; in der an Plotin anschließenden theolog. und philosoph. ↑ Mystik des europ. MA die unmittelbare Vereinigung mit dem Göttlichen.

kontemporär [lat.], gleichzeitig, zeitgenössisch.

Konten [italien., eigtl. „Rechnungen" (zu lat. computus „Berechnung")] (Einz.: Konto), nach sachl. Gesichtspunkten gegliederte Aufzeichnungen zur Erfassung der Geschäftsvorfälle im Rahmen der ↑ Buchführung. Die einzelnen K. sind nach Soll und Haben unterteilt.

Kontenrahmen, allg. Schema zur Einordnung der Konten der Buchführung nach bestimmten sachl. Gesichtspunkten. Der dt. K. sieht nach dem Dezimalsystem folgende Kontenklassen vor:

> 0 ruhende Konten (Anlagen-, Kapitalkonten)
> 1 Finanzkonten
> 2 Abgrenzungskonten
> 3 Roh-, Hilfs- und Betriebsstoffe
> 4 Kostenarten
> 5 Kostenstellen
> 6 frei für Betriebsabrechnung (Herstellkonten)
> 7 Halb- und Fertigerzeugnisse
> 8 Erlöse
> 9 Abschlußkonten.

konter..., Konter... [lat.-frz., zu lat. contra „gegen"], Vorsilbe mit der Bed. „gegen".

Konteradmiral ↑ Dienstgradbezeichnungen.

Konterbande [italien.-frz., zu italien. contra bando „gegen die Verordnung"], svw. Schmuggelware.

♦ (Banngut, Bannware) Bez. für Kriegsmaterial, das von neutralen Schiffen mitgeführt wird und für eine der kriegführenden Mächte bestimmt ist. Schiffe, die K. führen, können nach Seekriegsrecht samt Ladung von den kriegführenden Parteien beschlagnahmt werden.

kontern [engl., zu lat. contra „gegen"], den Gegner mit einem Gegenangriff abfangen (v. a. im Boxsport, aber auch in anderen Sportarten, z. B. Fußball, Eishockey); übertragen: jemandem schlagfertig antworten.

Konterrevolution ↑ Revolution.

Kontertanz (Kontratanz) ↑ Contredanse.

Kontext [zu lat. contextus „Zusammenhang" (eigtl. „Zusammengewobenes")], Umgebung, in der eine sprachl. Einheit vorkommt bzw. verwendet wird. Man unterscheidet sprachl. und außersprachl. K.; sprachl. K. kann z. B. die Stellung eines Wortes oder Satzes im Textzusammenhang sein; außersprachl. K. ist v. a. die Situation *(situativer K.)*, in der Äußerungen gemacht und verstanden werden.

Kon-Tiki, Name eines Floßes aus Balsaholz, mit dem der Norweger T. Heyerdahl vom 28. April–7. Aug. 1947 von S-Amerika nach Polynesien segelte. Die Fahrt sollte die Seetüchtigkeit altperuan. Balsaflöße und die - inzwischen überholte - Theorie der Besiedlung Polynesiens aus S-Amerika beweisen.

Kontinent [zu lat. (terra) continens „zusammenhängendes (Land)"] (Erdteil, Landfeste), Bez. für die großen Landmassen der Erde einschließl. des zugehörigen Kontinentalsockels und -abhangs sowie der dem Schelf aufsitzenden Inseln. Als K. gelten Europa, Asien (beide zus. auch Eurasien gen.), Afrika, Nord- und Südamerika (zus. auch als Doppelkontinent Amerika bezeichnet), Australien und Antarktika.

kontinental [lat.-frz.], den Kontinent betreffend, festländisch.

Kontinentalabhang (Kontinentalböschung), Bez. für den Steilabfall vom Schelf zur Tiefsee, z. T. von untermeer. Cañons zerschnitten.

Kontinentalklima (Landklima, Binnenklima), das ↑Klima im Innern großer Landmassen; gekennzeichnet u. a. durch heißen Sommer, kalten Winter, kurzen Frühling und Herbst, geringe Luftfeuchtigkeit und Bewölkung, große tägl. und jährl. Temperaturschwankungen.

Kontinentalkongreß, für die Entstehung der USA wichtige Körperschaft, tagte in Philadelphia. Der *1. K.* (5. Sept.–26. Okt. 1774) beriet Maßnahmen gegen das brit. Mutterland, der *2. K.* ([10. Mai] 1775–1788) beschloß die Gründung der Union, nahm die Declaration of Independence und die erste Bundesverfassung an. Der 2. K. endete mit dem Zusammentreten des 1. Kongresses der USA. - ↑auch USA (Geschichte).

Kontinentalsockel ↑Schelf.

Kontinentalsperre (Kontinentalsystem), Bez. für die von Napoleon I. 1806 eingeleitete Wirtschaftsblockade der europ. Kontinents gegen Großbrit., das seinerseits 1807 unter Ausnutzung seiner Seeherrschaft allen neutralen Schiffen das Anlaufen frz. Häfen verbot. Die wirtsch. Konsequenzen der durch Lizenzen und Schmuggel vielfach durchbrochenen K. waren überwiegend negativ; während die fehlende Konkurrenz des brit. Handels verschiedenen Branchen zugute kam, verschärfte sich in den getreideexportierenden Ländern die Agrarkrise durch Absatzschwierigkeiten. Die brit. Wirtschaft wurde zwar geschädigt, doch konnte Napoleon Großbrit. nicht zum Frieden zwingen.

Kontinentalverschiebung, von A. Wegener aufgestellte Theorie, nach der die Kontinente im Laufe der Erdgeschichte, als leichtere Sialschollen auf dem zähflüssigen Sima schwimmend, horizontal verschoben wurden. Die K.theorie geht von einem Urozean und einem zusammenhängenden Urkontinent (Pangäa) aus; letzterer wurde in einen Nordkontinent (Laurasia) und einen Südkontinent (Gondwanaland) an tiefgreifenden tekton. Gräben aufgespalten. Diese wiederum wurden in Blöcke gespalten. So lösten sich Südamerika, Antarktika, Australien und Vorderindien von Afrika, Nordamerika von Eurasien. In den Trennungszonen entstanden Atlantik und Ind. Ozean, an den Stirnseiten der driftenden Kontinente schoben sich Faltengebirge zusammen. Beweisführung anhand paläontolog., petrograph. u. a. Befunde. - ↑auch Plattentektonik.

Kontinenz [lat.], die Fähigkeit, den Harn oder Stuhl zurückzuhalten.

Kontingent [frz., zu lat. contingere „berühren", (übertragen:) „zuteil werden, zustehen"], begrenzte Menge; z. B. K. an Waren oder Devisen zur Einschränkung des Warenangebots oder des Außenhandels.

Kontingenz [lat.], in der philosoph. Tradition Bez. für die Bedingtheit alles Seienden, das nicht - wie allein Gott - aus eigener „Wesensnotwendigkeit" existiert.

kontinuierlich [lat.], lückenlos zusammenhängend; fortdauernd, unaufhörlich; ein ↑Kontinuum bildend.

kontinuierliches Areal, in der Tier- und Pflanzengeographie Bez. für ein zusammenhängendes Verbreitungsgebiet einer Art, Gatt. oder Fam. - Ggs. disjunktes Areal (↑Disjunktion).

Kontinuität [lat.], allg. svw. lückenloser Zusammenhang, Stetigkeit, Fortdauer.
◆ in der *Geschichtsphilosophie* grundlegende Kategorie, ohne den Begriff der Veränderung undenkbar bliebe. Für Geschichtswiss. und -philosophie entsteht das Problem des epochalen oder strukturellen Zusammenhangs, der im Wandel überdauert, ihn aber auch als solchen überhaupt erst erfahrbar macht. Die Frage der K. wurde v. a. für das Ende der Antike, die Entstehung der Gegenwart („Sattelzeit" um 1800 als die große Wende zur Moderne) und die Stellung des dt. Nationalstaats im Ablauf der dt. Geschichte bis heute erörtert.
◆ im *Völkerrecht* der Fortbestand eines Völkerrechtssubjektes trotz äußerer oder innerer Wandlungen. Die Frage, ob die K. eines Staates gewährleistet ist, wenn durch innere revolutionäre Vorgänge eine Änderung seiner staatl. Ordnung oder wenn seine widerrechtl. Okkupation stattgefunden hat, wird durch die überwiegende Staatenpraxis bejaht.

Kontinuitätsgleichung, in der Kontinuumsmechanik und Feldtheorie die mathe-

Kontinuum

mat. Formulierung des Satzes von der Erhaltung der Masse bzw. Ladung in einem abgeschlossenen physikal. System.

Kontinuum [lat.], allg. svw. lückenlos Zusammenhängendes, nicht in Einzelbestandteile auflösbares Ganzes.

◆ in der *Physik* 1. Bez. für ein den Raum oder ein Raumgebiet gleichmäßig und lückenlos ausfüllendes [hypothet.] Medium. 2. Bez. für den Energiebereich eines mikrophysikal. Systems, in dem die Energiewerte seiner Zustände kontinuierl. dicht liegen; auch Bez. für das *kontinuierl. Spektrum*, das bei Übergängen zw. diesen K.zuständen emittiert wird (v. a. die kontinuierl. Atom- und Molekülspektren).

◆ in der *Mathematik* Bez. für die Menge der reellen Zahlen, speziell derjenigen zw. 0 und 1 *(K. der reellen Zahlen)*.

Kontinuumsmechanik (Mechanik der deformierbaren Medien, Mechanik der Kontinua), zusammenfassende Bez. für die verschiedenen Teilgebiete der Physik bzw. Mechanik, die sich mit Vorgängen in der als Kontinuum idealisierten deformierbaren Materie (im festen, flüssigen oder gasförmigen Aggregatzustand) beschäftigen. Die K. umfaßt also Aerodynamik, Aerostatik, Gasdynamik, Elastizitätslehre, Hydrodynamik, Hydrostatik sowie die allg. Strömungslehre.

Konto [lat.-italien.], 1. in der Buchführung ↑ Konten; 2. im Bankwesen: insbes. derjenige Teil der Buchführung, welcher der wertmäßigen Erfassung von Geschäftsvorfällen dient, unterteilt nach Konteninhabern und -arten; nach den Kreditinstituten unterscheidet man Bank-, Sparkassen-, Postscheck- u. a., nach den Zweckbestimmungen Spar-, Kontokorrent-, Depot- u. a. Konten.

Kontoauszug, Abschrift der Umsätze auf einem Kundenkonto mit gleichzeitiger Angabe des Kontostandes.

Kontokorrent [italien.] (laufende Rechnung), der den Konten der Abnehmer (↑ Debitoren) und der Lieferanten (↑ Kreditoren) umfassende Bereich der Buchführung.

◆ eine kaufmänn. Abrechnungsweise zw. Personen, die miteinander in Geschäftsverbindung stehen. Sie erfordert eine Vereinbarung, daß die beiderseitigen Geldansprüche und Leistungen zunächst nur verbucht und erst am Ende eines bestimmten Zeitabschnitts im ganzen verrechnet werden sollen.

Kontokorrentbürgschaft ↑ Bürgschaft.

Kontokorrentkredit, Bankkredit in laufender Rechnung, den ein Kreditinstitut seinem Kunden auf Grund eines Kontokorrentvertrages in bestimmter Höhe eingeräumt hat; Inanspruchnahme in wechselnder Höhe je nach Bedarf im Rahmen der Zusage; Abrechnung des K. in festgelegten Zeitabständen, i. d. R. quartalsweise; wichtigste Kreditform der Banken.

Kontor [frz., zu lat. computare „zusammenrechnen"], svw. Büro, insbes. im älteren Sprachgebrauch sowie im Außenhandel.

Kontoristin [lat.-frz.], Büroangestellte, die einfache Verwaltungsaufgaben durchführt, z. B. Registraturarbeiten, Führung von Karteien, Schreiben von Adressen.

Kontorniaten [italien.], röm. münzähnl. Bronzemedaillen mit Randfurche (356–472); auf der Vorderseite Bilder von Alexander d. Gr., Nero, Trajan, Caracalla, Homer u. a., auf der Rückseite Szenen aus Mythos, Religion und Zirkusspielen.

Kontorsion [lat.], Verdrehung eines Gelenkes oder Körpergliedes.

kontra..., Kontra... (contra..., Contra...) [lat.], Vorsilbe mit der Bed. „gegen".

Kontrabaß (Baß, volkstüml. Baßgeige), das tiefste und größte (etwa 2 m) der Streichinstrumente; im ausgehenden 16. Jh. in der Violenfamilie entwickelt, danach aber Angleichung an den Violintypus. Kennzeichnend sind ein kurzer Hals, flacher Boden, hohe Zargen, Schraubenmechanik zum Stimmen der vier (vereinzelt drei oder fünf) Saiten, normale Stimmung ₁E ₁A D G. Die Notierung im Baßschlüssel steht eine Oktave höher als klingend. Der mit einem kurzen Stachel auf den Boden gestellte K. wird im Stehen gespielt, Bogenhaltung im Untergriff.

Kontrabaßtuba ↑ Tuba.

Kontradiktion [lat.] ↑ Widerspruch.

kontradiktorischer Gegensatz [lat./dt.] ↑ Gegensatz.

Kontrafaktur [mittellat.], seit dem MA nachweisbare Übernahme (und z. T. auch Bearbeitung) beliebter, meist weltl. Melodien für neue, meist geistl. Liedertexte, z. B. „O Welt, ich muß dich lassen" nach der Melodie des Volksliedes „Innsbruck, ich muß dich lassen".

Kontrahent [lat.], Gegner; Vertragspartner.

Kontrahierungszwang [lat./dt.], svw. ↑ Abschlußzwang.

Kontraindikation (Gegenanzeige), bes. Umstand (z. B. Schwangerschaft, Lebensalter), der die Anwendung oder fortgesetzte Anwendung einer an sich zweckmäßigen oder notwendigen therapeut. Maßnahme verbietet.

Kontrakt [lat.], im *Recht* svw. ↑ Vertrag.

Kontrakteinkommen, das Einkommen, das vertragl. geregelt ist und für den Bezieher im voraus nach Höhe und Fälligkeit feststeht. Zu den wichtigsten K. zählen Löhne, Gehälter, Zinsen und Pachten. - Ggs. Residualeinkommen.

kontraktil [lat.], fähig, sich zusammenzuziehen; z. B. von bestimmten Gewebsfasern gesagt.

kontraktile Vakuole ↑ Protozoen.

Kontraktion [lat.], Zusammenziehung, z. B. von Muskeln (Muskelkontraktion).

◆ (Synärese) in der *Phonetik* die Vereinigung

(Zusammenziehung) zweier zu zwei verschiedenen Silben gehörender Vokale in eine Silbe z. B. *nein* aus *ni-ein*.

Kontraktionstheorie ↑ Gebirgsbildung.

Kontraktur [lat.], in der *Physiologie* und *Medizin* Bez. für eine länger dauernde, reversible Muskelverkürzung; i. w. S. klin. Bez. für die dauernde Verkürzung bzw. Schrumpfung von Weichteilen (z. B. Narbenkontraktur).

Kontraoktave, Bez. für den Tonraum $_1C-_1H$. - ↑ auch Tonsystem.

Kontraposition [lat.], in der Logik die in beiden Richtungen schlüssige Umstellung der Glieder eines Urteils derart, daß das kontradiktor. Gegenteil des Prädikats zum Subjekt wird, z. B. „alle S sind P" in „kein nicht-P ist S".

Kontrapost [lat.-italien.], neuzeitl. Bez. für die von der griech. Klassik seit 490 v. Chr. entwickelte Formel für den Statuenaufbaus; die funktionelle Unterscheidung von tragendem Stand- und entlastetem Spielbein mit entsprechender Hebung bzw. Senkung der Schulter.

Kontrapunkt [zu lat. punctus contra punctum „Note gegen Note"], Teil der musikal. Satzlehre und Kompositionstechnik, der im Unterschied zur ↑ Harmonielehre die melod. wie rhythm. relativ selbständige Führung zweier oder mehrerer Stimmen übereinander zum Hauptgegenstand hat (↑ Polyphonie). Bei meistens sukzessivem Stimmeinsatz werden zu einer vorgegebenen oder zuerst geschaffenen Melodielinie eine oder mehrere Gegenstimmen gesetzt (↑ Fuge). Beim sog. „doppelten K." ist die Gegenstimme so konzipiert, daß sie sowohl die Funktion der Ober- als auch der Unterstimme übernehmen kann. K. kann auch die einzelne Gegenstimme heißen. - Die K.lehre entwickelte sich aus der urspr. improvisierten Erfindung einer überwiegend in Gegenbewegung verlaufenden Stimme, die seit dem beginnenden 14. Jh. in Anweisungen zum Discantus in feste Regeln gefaßt wurde. Seine beherrschende Stellung gewann der K. in der niederl. (bzw. frankofläm.) Musik des 15./16. Jh. bis zu seiner klass. Vollendung bei Palestrina und Orlando di Lasso, die für mehrere Jh. in K.- und Kompositionslehren maßgebend wurden. Seit dem Frühbarock galt er jedoch als konservative Praxis gegenüber der modernen, an der Sprache orientierten Ausdruckskunst der Monodie. Als „strenge Schreibart" blieb er bis in den Anfang des 20. Jh. verbindlich.

konträr [lat.-frz.], entgegengesetzt, sich widersprechend.

Kontraspiel, Kartenspiel zw. 3 bis 6 Partnern, die mit je 5 Karten spielen. Die Ansage einer Farbe durch den bietenden Spieler kann, auf dieselbe Farbe bezogen, durch Gegenansagen zw. 2 bzw. 3. Spielers mit „Kontra" bzw. „Re[kontra]" überboten werden.

Kontrast [italien., zu lat.-italien. contrastare „entgegenstellen"], allg. svw. [starker] Gegensatz; auffallender Unterschied (bes. von Farben).

◆ (opt. K.) in der *Optik* Sammelbez. für Helligkeits- und Farb-K., wobei jeweils zw. photometr. und physiolog. K. zu unterscheiden ist. Der **photometr. Helligkeitskontrast** ist ein Maß für den Helligkeitsunterschied zw. zwei leuchtenden Stellen des Gesichtsfeldes. Der **photometr. Farbkontrast** ist analog festgelegt; es tritt nur für jede Stelle ein Faktor hinzu, der von der Farbe dieser Stelle abhängig ist. Zu den photometr. K. gehört auch der **photograph. Kontrast,** der als Steigung der Schwärzungskurve einer photograph. Schicht bestimmt ist. Der **physiolog. Kontrast** ist die wechselseitige und gegenseitige Beeinflussung von Lichtempfindungen, wenn die zugehörigen Lichtreize verschiedene Intensität oder verschiedene Farbe haben und auf die Netzhautstellen des Auges gleichzeitig (Simultankontrast) oder kurz nacheinander (Sukzessivkontrast) einwirken. Diese Beeinflussung verläuft in gegensinniger Weise: Ein heller Fleck erscheint in einer dunklen Umgebung noch

Kontrast. Beim Betrachten des Kontrastgitters (nach Ewald Hering) sieht man an den Kreuzungsstellen der weißen Balken graue Flecken

heller, eine graue Fläche auf einem roten Untergrund grünlich, auf einem grünen Untergrund rötlich (d. h., die Komplementärfarbe bestimmt jeweils die Tönung der grauen Fläche). Ferner zeigen bes. die Grenzbereiche kontrastierender Flächen gegensinnige K.täuschungen. Allg. bewirkt der physiolog. K. eine Verbesserung der Abbildung des Auges: Die durch Abbildung in Zerstreuungskreisen unscharfen Konturen werden infolge K.wirkung scharf wahrgenommen; Überstrahlung und Blendung werden gemildert oder kompensiert.

Kontrastfilter ↑ Filter.

Kontrastmittel (Röntgenkontrastmittel), zur Röntgenuntersuchung von Körper-

Kontrastübertragung

höhlen, Hohlorganen oder Blutgefäßen in diese eingebrachter Stoff, der für Röntgenstrahlen entweder schlechter oder leichter durchlässig ist als das umgebende Gewebe, so daß man auf dem Röntgenbild eine *Kontrastmitteldarstellung* der Organe erhält.

Kontrastübertragung (Modulationsübertragung), Fähigkeit einer photograph. Emulsion bzw. eines photograph. Objektivs, period. Hell-Dunkel-Kontraste gemäß ihrer räuml. Verteilung wiederzugeben; als Schärfeleistungsmaß bewertet die K. gleichzeitig ↑Auflösungsvermögen und ↑Konturenschärfe (in ihrer gegenseitigen Abhängigkeit). Die Abbildung eines Streifengitters mit Streifen gleicher Dichte, aber zunehmender Zahl der Streifen pro Millimeter wird mit dem Dichteverlauf des Originalgitters verglichen; das Verhältnis von Bildkontrast zu Originalkontrast in Abhängigkeit von der Gitterfrequenz wird als *Kontrastübertragungsfunktion (Modulationsübertragungsfunktion, MÜF)* kurvenmäßig dargestellt.

Kontrasubjekt (Gegensatz), in der ↑Fuge die stets (bzw. häufig) mit dem Thema auftretende Gegenstimme; sie erscheint erstmals beim Einsatz des ↑Comes.

Kontrazeptiva [lat.], svw. empfängnisverhütende Mittel (↑Empfängnisverhütung).

Kontribution [lat.], urspr. Bez. für jede Steuer, seit dem 15. Jh. für die zu militär. Zwecken verwendete direkte Steuer und die Grundsteuer.
♦ nach *Völkerrecht* die von der Bev. eines der krieger. ↑Besetzung unterliegenden Gebietes zugunsten der Besatzungsmacht zwangsweise erhobene Geldleistung.

Kontrolle [frz., zu contre-rôle „Gegen-, Zweitregister" (zur Überprüfung des Originals)], allg. svw. Aufsicht, Überwachung, Beherrschung; Prüfung. - In der *Soziologie* Bez. für die Gesamtheit aller Einrichtungen und Prozesse, mit denen in einer Gesellschaft oder in Gruppen, Organisationen und Teilbereichen versucht wird, bei Mgl. positiv bewertete (gewünschte) Verhaltensweisen zu bewirken bzw. abweichendes Verhalten zu verhindern oder einzuschränken. „Innere" soziale K. wird erreicht durch Erziehung, in deren Verlauf gesellschaftl. Gebote und Verbote so weit von den Individuen verinnerlicht werden, daß sie zu eigenen Maßstäben des Verhaltens werden (Gewissensbildung). „Äußere" soziale K. wird durch den Druck von Sanktionsmöglichkeiten der gesellschaftl. Umgebung bewirkt. Die soziale K. dient letztl. der gesellschaftl. Integration, d. h. der Lösung bzw. Unterdrückung von sozialen Konflikten und Verhaltensgegensätzlichkeiten, sie schafft aber zugleich stets neue Konflikte, weil mit ihr das Problem der Herrschaft und Fremdbestimmung aufgeworfen wird.

kontrollierte Assoziation ↑Assoziation.

Kontrollrat ↑Alliierter Kontrollrat.

kontrovers [lat.], entgegengesetzt, widersprüchlich; **Kontroverse,** heftige Meinungsverschiedenheit, Auseinandersetzung.

Kontroverstheologie, Bez. für die theolog. Auseinandersetzung über die als trennend angesehenen gegensätzl. Lehren zw. den einzelnen Kirchen; entstanden mit der Kirchenspaltung des Reformations-Jh., wurde de K. bald zum Typus einer Theologie gegen andere. In der jüngeren Theologiegeschichte werden die früheren kontroverstheolog. Themen v. a. im Rahmen der ökumen. Theologie behandelt mit dem Ziel, nicht das Trennende, sondern das Gemeinsame der Konfessionen zu erarbeiten.

Kontum, vietnames. Stadt im Zentralen Hochland, 230 km ssö. von Hue, 520 m ü. d. M., 33 500 E. Verwaltungssitz der Prov. K.; kath. Bischofssitz; Marktort für die Tee- und Kaffeepflanzungen der Umgebung, Nahrungsmittelindustrie.

Kontumazialverfahren [zu lat. contumacia „Widerspenstigkeit" (gegen die Ladung vor Gericht)], Bez. für ein Gerichtsverfahren in Abwesenheit einer Partei oder des Angeschuldigten.

Kontur [lat.-italien.], Linie, die den Umriß vor einem Hintergrund erkennen läßt; fest umrissene Züge.

Konturenschärfe (*k*-Wert), Maß für die Schärfeleistung einer photograph. Emulsion, das v. a. den Einfluß der Lichtstreuung innerhalb der Schicht erfaßt; der *k*-Wert gibt die Breite des Diffusionssaums an, innerhalb dessen sich eine durch Aufbelichten einer scharfen Kontur erzielte Schwärzung (stetig) auf einen Wert vermindert, der einem Zehntel der insgesamt einwirkenden Belichtung entspricht. Hochempfindl., grobkörnige Emulsionen haben *k*-Werte von 40–50 µm, feinkörnige Emulsionen *k*-Werte von 18–20 µm.

Kontusion [lat.], svw. ↑Quetschung.

Konus (Conus) [griech. „Pinienzapfen, Kegel"], kegel- oder kegelstumpfförmiger Körper.

Konvarietät [...ri-e...], Abk. convar., Bez. für eine Sippe von Individuen einer variablen Tier- bzw. Pflanzenart mit sehr ähnl. Merkmalen, die v. a. für die Züchtung von Bed. sind.

Konvektion [lat.], die Mitführung einer physikal. Eigenschaft oder Größe infolge der Bewegung der Träger dieser Eigenschaft, z. B. der elektr. Ladung (*Ladungskonvektion*), der Energie (*Energiekonvektion*).
♦ Strömungsbewegung in Gasen und Flüssigkeiten.
♦ in der *Meteorologie* Bez. für eine vertikale Luftbewegung (Ggs. ↑Advektion).

Konvektionsheizung, ↑Heizung.

Konvektionsstrom, ein elektr. Strom, bei dem die Ladungsträger nicht durch elektr. Kräfte, sondern im Zusammenhang mit einer

Konvergenztheorie

von anderen Kräften hervorgerufenen Bewegung (z. B. von geladenen Staubteilchen oder Flüssigkeitströpfchen) transportiert werden.

Konvektor [lat.] ↑ Heizkörper.

Konvenienz [lat.] ↑ Kompatibilität.

Konvent [zu lat. conventus „Zusammenkunft"], Einrichtung der *ev. Landeskirchen* zur übergemeindl. Zusammenkunft von Pfarrern auf Kreisebene (Pfarr-K.), Sprengelebene (Ephoral-K.) und Landesebene (General-K.) zur wiss. Weiterbildung, Besprechung allg. kirchl. Materien und zur Beratung prakt. und persönl. Fragen. - In der *kath. Kirche* in Klöstern die Versammlung aller stimmberechtigten Klosterangehörigen. Daneben Bez. für die Gesamtheit aller Mönche und für das Kloster selbst.

♦ an manchen Univ. Name des Studentenparlaments.

♦ in Hessen satzunggebendes Organ der Univ., das u. a. den Präsidenten der Univ. und die Mgl. der Ausschüsse wählt.

Konventikel [lat.], [heiml.] Zusammenkunft; private religiöse Zusammenkunft.

Konventionen [frz., zu lat. conventio „Zusammenkunft, Übereinkunft"], im *Völkerrecht* svw. Abkommen, Verträge.

♦ in den *Sozialwiss.* Bez. für Verhaltensmuster, die allg. den gesellschaftl. Erwartungen entsprechen, die „übl." sind, deren Nichteinhaltung aber nur relativ schwache negative Sanktionen (Mißbilligung, Prestigeentzug) bewirkt.

♦ Grundsätze für das *Fechten* mit Florett oder Säbel, deren wichtigster verlangt, daß ein Angriff pariert werden muß, bevor ein Gegenangriff beginnen kann, v. a. um Doppeltreffer zu vermeiden.

Konventionalstrafe [lat./dt.], svw. ↑ Vertragsstrafe.

konventionell [lat.-frz.], den gesellschaftl. Konventionen entsprechend, herkömmlich; förmlich, unpersönlich.

konventionelle Waffen, herkömmliche Waffen aller Art im Ggs. zu den ↑ ABC-Waffen.

Konvention über die Verhütung und Bestrafung des Völkermords ↑ Völkermord.

Konvention zum Schutze der Menschenrechte und Grundfreiheiten ↑ Menschenrechte.

Konventualen [mittellat.], stimmberechtigte Mgl. eines Konvents der Mönchs- und Bettelorden.

♦ (Franziskaner-K.) selbständiger Zweig des Ersten Ordens des Franz von Assisi († Franziskaner).

Konvergenz [zu lat. convergere „sich hinneigen"], in der *Meteorologie* der Zustand im Strömungsfeld der Atmosphäre, bei dem in einem Gebiet in der Zeiteinheit mehr Luft zu- als abfließt (Ggs. ↑ Divergenz).

♦ in der *Ozeanographie* das Aufeinandertref-

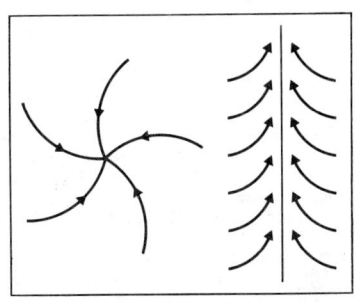

Konvergenz (Meteorologie).
Ein Konvergenzpunkt (links) entsteht durch Luftzufuhr als punktförmiges Zentrum eines Tiefdruckgebietes, eine Konvergenzlinie als Wetterfront, meist in Verbindung mit Wolkenbildung und Niederschlag

fen und Zusammenlaufen von Strömungen des Meerwassers. Zw. den kalten und warmen Wassermassen entstehen deutl. ausgeprägte K.zonen: die beiden subtrop. K. beiderseits des Äquators sowie die antarkt. und arkt. Konvergenz.

♦ in der *Biologie* Bez. für die Ausbildung ähnl. Merkmale hinsichtl. Gestalt und Organen bei genet. verschiedenen Lebewesen, meist durch Anpassung an gleiche Umweltbedingungen (z. B. spindelförmige Körperform bei Fischen und wasserbewohnenden Säugetieren).

♦ in der *Psychologie* das Zusammenwirken von Anlage und Umwelt als Prinzip der psych. Individualentwicklung (*Konvergenztheorie* von W. Stern).

♦ in der *Völkerkunde* das Auftreten gleicher Kulturerscheinungen, die bei verschiedenen Völkern unabhängig voneinander entstanden sind.

♦ in der *Optik* und *Elektronenoptik* das Zusammenlaufen von Strahlen (z. B. von urspr. parallelen Lichtstrahlen nach dem Durchlaufen einer Sammellinse).

♦ (K.bewegung) in der *physiolog. Optik* die mit der Akkommodation beim Nahsehen gekoppelte, reflektor. Einstellbewegung der Augen nach innen (nasalwärts) bis zur Vereinigung der Blicklinien.

♦ in der *Mathematik* Eigenschaft einer unendl. Folge oder Reihe von Zahlen oder Funktionen bzw. von Punkten eines topolog. Raumes, einem Grenzwert (Limes) zuzustreben.

Konvergenztheorie, soziolog. und/oder politökonom. Theorie über die strukturelle Angleichung kapitalist. und sozialist. Ind.staaten (v. a. der USA und der UdSSR), ausgehend von der Annahme, daß jede entwickelte Ind.gesellschaft mit den gleichen innergesellschaftl. Voraussetzungen konfrontiert ist. Die K., die die stat. Totalitarismustheorien zur Analyse sozialist. Staaten ablösen und Koexistenz voraussetzen, werden von östl. Seite abgelehnt und auch im Westen zunehmend differenziert.

Konversation [frz., zu lat. conversatio „Verkehr, Umgang"], geselliges Gespräch, (gelegentl. belanglose und förml.) Plauderei.

Konversationskomödie ↑ Komödie.

Konversationslexikon, im 19. Jh. übl., heute veraltete Bez. für eine alphabet. gegliederte ↑ Enzyklopädie.

Konversion [zu lat. conversio „Hinwendung, Umwandlung"], (Konfessionswechsel) Übertritt von einer christl. Konfession zu einer anderen.

◆ im *Recht* die Umdeutung eines aus Formgründen nichtigen Rechtsgeschäfts in ein anderes, wenn die gewählte Form wenigstens dessen Erfordernissen entspricht und anzunehmen ist, daß dessen Geltung bei Kenntnis der Nichtigkeit gewollt sein würde.

◆ in der *Psychologie* die Umsetzung seel. Erregung in körperl. Symptome, v. a. bei Hysterie.

◆ (Konvertierung) im *Börsenwesen* Umwandlung einer Anleihe in eine neue (**Konversionsanleihe**) zur Anpassung an veränderte Kapitalmarktbedingungen.

◆ in der *Reaktortechnik* die Erzeugung eines neuen spaltbaren Materials im Kernreaktor durch einen Brutprozeß. Wird im Reaktor mehr Spaltstoff erbrütet als verbraucht, bezeichnet man den Reaktor als **Brüter**; liegt die erzeugte Spaltstoffmenge unter diesem Wert bezeichnet man ihn als **Konverter**.

◆ (innere K., innerer Photoeffekt) in der *Kernphysik* ein Kernprozeß, bei dem die Anregungsenergie eines Kerns statt durch ein Gammaquant durch direkte Übertragung auf ein Hüllenelektron abgeführt wird, das als **Konversionselektron** mit der um seine Bindungsenergie verminderten Anregungsenergie das Atom verläßt.

Konversionsanleihe ↑ Konversion.

Konversionsfilter ↑ Filter.

Konverter (Converter) [lat.-engl. „Umwandler"], (Tiegel) Industrieofen mit feuerfester Auskleidung, der um die Horizontale drehbar ist. K. zur Stahlerzeugung mit unten angebauter Windzuführung sind der mit bas. Futter ausgekleidete *Thomas*-K. (**Thomas-Birne**) für das Thomas-Verfahren und der mit saurem Futter ausgekleidete *Bessemer*-K. (**Bessemer-Birne**) für das Bessemer-Verfahren.

◆ zur ↑ Konversion verwendeter Kernreaktor.

◆ negatives Linsenelement, das die Brennweite der vorangehenden Linsengruppe[n] verlängert; ersetzt in Verbindung mit einem Standardobjektiv ein Teleobjektiv entsprechender Brennweite (allerdings unter erhebl. Lichtstärkeneinbuße).

Konvertibilität (Konvertierbarkeit) [lat.], Bez. für die Möglichkeit, eine Währung in eine andere umzutauschen.

Konvertierung [zu lat. convertere „umwandeln"], Umsetzung von Wassergas, das Kohlenmonoxid (CO) und Wasserstoff (H_2) enthält, an Eisenkontakten mit Wasserdampf zu einem Gemisch mit H_2 und Kohlendioxid (CO_2). Wird bei der Ammoniaksynthese verwendet.

◆ im *Börsenwesen* svw. ↑ Konversion.

Konvertierungsanleihe, svw. Konversionsanleihe († Konversion).

Konvertit [lat.-frz.-engl.], jemand, der zu einer anderen Glaubensgemeinschaft übergetreten ist.

konvex [lat.], nach außen gewölbt (bes. in der Optik von Linsen und Spiegeln gesagt).

konvexe Menge, (konvexe Punktmenge) nichtleere Punktmenge des euklid. Raumes, die mit zwei Punkten auch deren ganze Verbindungsstrecke enthält.

◆ Teilmenge M eines linearen Raumes, die mit zwei Elementen x, y auch alle Elemente der Form $\lambda x + (1-\lambda)y$ mit $0 \leq \lambda \leq 1$ enthält.

Konvexgläser (Plusgläser) ↑ Brille.

Konvikt [zu lat. convictus „das Zusammenleben"], kath. Jungeninternat; Wohngemeinschaft (Stift) für kath. Theologiestudenten.

Konvoi [frz.-engl.] (Convoi, Geleitzug), ältere Bez. für die Zusammenfassung von Handels- bzw. Transport- oder Versorgungsschiffen, auch Landungsfahrzeugen, mit Kriegsschiffen zu einem größeren Verband, um auf diese Weise einen größeren Schutz gegen feindl. Angriffe zu haben; auch auf von Truppen begleitete Transportkolonne zu Land übertragen sowie allg. auf (zusammengehörende) Fahrzeugkolonnen.

Konvolut [zu lat. convolvere „zusammenrollen"], Bündel von verschiedenen Schriftstücken; Sammelband, Sammelmappe.

Konvulsion [lat.], Bez. für unwillkürl. krampfartige Muskelkontraktionen; ↑ auch Klonus; **konvulsiv** (konvulsivisch), krampfhaft zuckend, krampfartig.

Konwicki, Tadeusz [poln. kɔnˈvitski], * Nowa Wilejka (= Wilna) 22. Juni 1926, poln. Schriftsteller., Drehbuchautor und Filmregisseur. - Behandelt in Erzählungen und Romanen v. a. Probleme der Nachkriegsgeneration, u. a. „Die neue Strecke" (E., 1950) „Modernes Traumbuch" (R., 1963). Seine bekannteste Regiearbeit ist „Ein letzter Sommertag" (1958).

Konwitschny, Franz [...ni], * Fulnek (Nordmähr. Gebiet) 14. Aug. 1901, † Belgrad 28. Juli 1962, dt. Dirigent. - 1933 Generalmusikdirektor in Freiburg im Breisgau, 1938 in Frankfurt am Main, 1945 in Hannover, 1949 Kapellmeister des Gewandhausorchesters (Leipzig), daneben 1953–55 Generalmusikdi-

Konzentrationslager

rektor der Staatsoper Dresden und anschließend Oberleiter der Dt. Staatsoper Berlin.
Konya [türk. 'kɔnja], türk. Stadt in Inneranatolien, 1 030 m ü. d. M., 329 000 E. Hauptstadt des Verw.-Geb. K.; Bibliothek, mehrere Museen; Motoren-, Nahrungsmittelind., Tonerdewerk, Teppichweberei. - Die seit dem 8. Jh. v. Chr. bestehende Siedlung kam 334/333 vom Perserreich an Alexander d. Gr., war anschließend unter hellenist., röm. und schließl. byzantin. Herrschaft **(Ikonion)**; spätestens seit 1134 die Hauptstadt der Rum-Seldschuken (Sultanat Ikonion bzw. Sultanat Rum); führende islam. Kulturstadt in Anatolien. Ab 1466/67 gehörte es zum Osman. Reich. - Zahlr. Moscheen und Medresen, u. a. Alâeddin-Moschee (1221 vollendet), Büyük-Karatay-Medrese (1251/52; heute Fayencenmuseum), İnce-Minare-Moschee (13. Jh.; heute Museum für Stein- und Holzskulpturen), Mausoleum des Dschalaloddin Rumi (1274) mit dem angebauten Kloster der tanzenden Derwische (heute Museum); Selimiye-Moschee (16. Jh.).

Kónya, Sándor [ungar. 'ko:njɔ], * Sarkad (Bezirk Békés) 23. Sept. 1923, dt. Sänger (Tenor) ungar. Herkunft. - Kam 1955 an die Städt. Oper Berlin, sang 1958 erstmals bei den Bayreuther Festspielen und trat seither an internat. führenden Opernbühnen auf. 1961 wurde er an die Metropolitan Opera in New York engagiert.

Konz, Stadt an der Mündung der Saar in die Mosel, Rhld.-Pf., 137 m ü. d. M., 15 300 E. Herstellung von Straßenbaumaschinen, Kunststoffasern und -fußbodenbelag. - Seit röm. Zeit besiedelt. - Die moderne Pfarrkirche Sankt Nikolaus (1959-61) wurde über den Resten einer röm. Kaiservilla errichtet.

konzedieren [lat.], zugeben; zugestehen, einräumen.

Konzelebration (Concelebratio) [lat.], in der kath. Kirche gemeinsame Feier der Eucharistie durch mehrere Priester **(Konzelebranten)**.

Konzentrat [lat.-frz.], Stoffgemisch, in dem ein Stoff gegenüber dem Zustand vor einer Anreicherung bzw. gegenüber anderen Mischungsbestandteilen [hochgradig] angereichert vorliegt. - ↑ auch Konzentrieren.

Konzentration [lat.-frz.], allg. Zusammendrängung, Zusammenballung.

♦ in der *Wirtschaft* die Zusammenballung von Kräften durch Zusammenschlüsse von Unternehmen und/oder Zusammenfassung von Kapital. Dabei kann nach dem Verhältnis zwischen den beteiligten Unternehmen unterschieden werden zw. der *horizontalen* K. zw. Unternehmen derselben Produktionsstufe, der *vertikalen* K. zw. Unternehmen nachgelagerter Produktionsstufen und der *heterogenen* K. zw. Unternehmen verschiedener Art. Die K. führt zu einer zunehmenden Anzahl von Monopolen und Oligopolen bei gleichzeitiger Verringerung der Anzahl der Unternehmen insgesamt. Daran knüpft die Befürchtung an, die durch die K. entstehende Marktmacht führe (v. a. durch überhöhte Preise) zur Ausbeutung anderer Gruppen. Dem wird in der wettbewerbstheoret. Diskussion entgegengehalten, daß techn. Fortschritt, internat. Konkurrenzfähigkeit und andere Faktoren eine K. unvermeidl. oder sogar wünschenswert machten. Das ↑ Kartellrecht sucht beiden Gesichtspunkten Rechnung zu tragen, indem es eine K. durch Kartellbildung unter bestimmten Voraussetzungen zuläßt, andererseits - v. a. über das Bundeskartellamt - eine den Wettbewerb gefährdende K. zu hindern sucht. - In der BR Deutschland stieg seit Mitte der 1970er Jahre die Zahl der Zusammenschlüsse so stark an, daß von einer K.welle gesprochen wurde. Die Zahl der meldepflichtigen Fusionen erhöhte sich von 318 (1974) auf 618 (1981). 1984/85 wurden 1 284 Zusammenschlüsse angemeldet.

♦ in der *Psychologie* die bewußte Steigerung der Aufmerksamkeit und ihre Bindung an ein vorgegebenes Ziel. Phys. oder anlagebedingte Beeinträchtigungen der K.fähigkeit (etwa [angeborene] Schäden des zentralen Nervensystems) werden in der Regel als **Konzentrationsschwäche**, psych. und umweltbedingte Beeinträchtigungen (etwa [bei Schulkindern] als Folge nicht bewältigter Reizüberflutung) dagegen als **Konzentrationsmangel** bezeichnet.

♦ in *Naturwissenschaft* und *Technik* der Anteil eines Stoffes in einem Gemisch oder einer Lösung; er kann auf verschiedene Weise angegeben werden: in *Gewichts-* bzw. *Masseprozenten* (z. B. Gramm je 100 g Mischung), in *Volumprozenten* (z. B. Kubikzentimeter je 100 cm^3 Mischung) oder in *Molprozenten* (Mol je 100 Mol) sowie durch die *Normalität*, die die Grammäquivalente des gelösten Stoffes je Liter angibt (Einheit: mol/l). Sehr geringe K. werden in ppm (↑ Parts per million) oder ppb (Parts per billion) angegeben.

Konzentrationslager, Abk. KZ (KL), Massenlager, die Elemente des Arbeits-, Internierungs- und Kriegsgefangenenlagers sowie des Gefängnisses und Ghettos vereinigen. Vorläufer waren südstaatl. Kriegsgefangenenlager im nordamerikan. Sezessionskrieg und im Burenkrieg von Lord Kitchener für die Zivilbev. eingerichtete Lager.
Im nationalsozialist. Staat wurden auf der Grundlage der Notverordnung vom 28. 2. 1933 polit. Gegner (Kommunisten, Sozialdemokraten u. a.) ab März 1933 in polizeil. „Schutzhaft" genommen oder von SA und SS festgenommen. Erste K. waren das von Himmler am 20. März 1933 bei Dachau errichtete K., in der Folge weitere SA- und SS-Lager um Berlin: Oranienburg und das Columbia-Gefängnis. 1934-37 wurden die K. der SA und

Konzentrationslager

die „wilden" Lager geschlossen. Die „staatl." Lager (1937/38 Dachau, Sachsenhausen, Buchenwald, Lichtenburg [Bez. Halle]) unterstanden ab 1934 dem Inspekteur der K., der auch der Führer der bei den K. kasernierten SS-Wachverbände und SS-Totenkopfverbände war. Ab 1935 wurde nicht nur die Ausschaltung aller Regimegegner angestrebt, sondern auch aller Personengruppen, die aus ideolog. (Bibelforscher, Geistliche), rass. und nationalist. (Juden, Polen, Emigranten) oder vorgebl. sozialen Gründen („Arbeitsscheue", „Gewohnheitsverbrecher", Homosexuelle) zu „Volksschädlingen" deklariert wurden. Ab

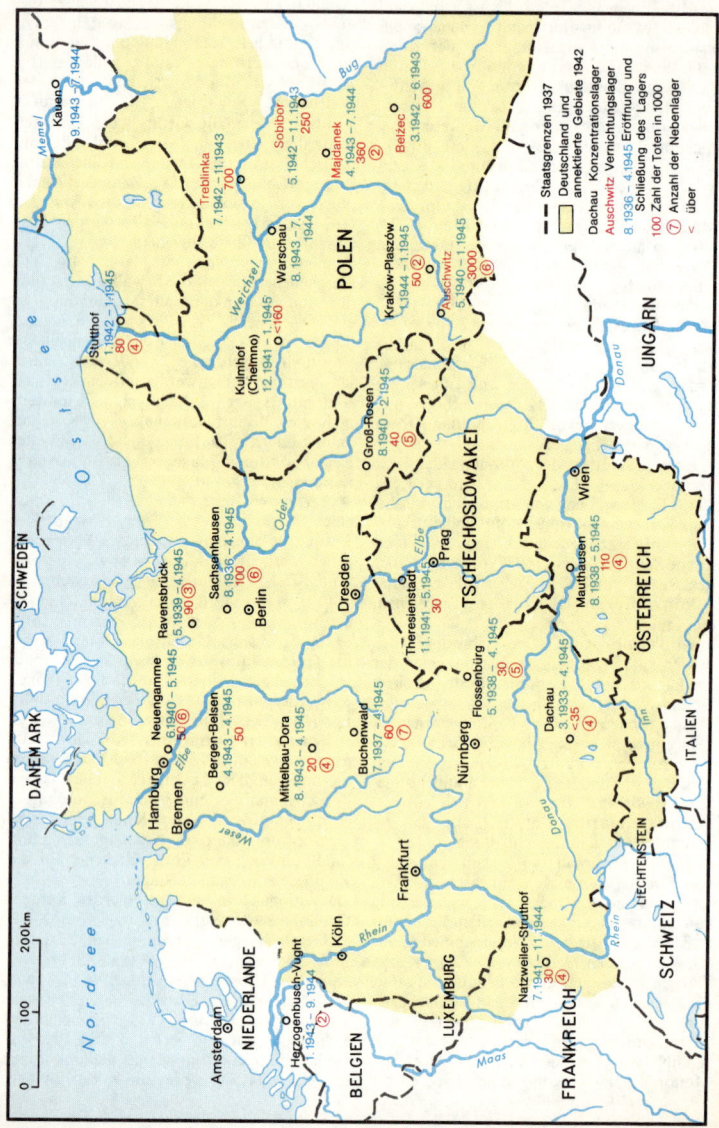

Konzentrations- und Vernichtungslager während der Zeit des Nationalsozialismus (Hauptlager)

Konzert

1938 wurde der Zwangsarbeitseinsatz für Projekte der SS, später für die Rüstungsind. ein wesentl. Zweck der Konzentrationslager. Nach der Eingliederung Österreichs und der Kristallnacht entstanden 1938 neu die K. Flossenbürg (Landkr. Neustadt a.d. Waldnaab), Mauthausen, 1939 Ravensbrück (bei Fürstenberg/Havel). Nach Kriegsbeginn wurde die Inspektion der K. dem neuen SS-Wirtschaftsverwaltungshauptamt (WVHA) eingegliedert; das Netz von Haupt- und Nebenlagern wurde zunehmend ausgebaut. Ab 1939 entstanden die K. Stutthof (bei Danzig), Bergen-Belsen (Bergen), Natzweiler (Elsaß), Theresienstadt, Auschwitz, Neuengamme (= Hamburg), Groß-Rosen (Niederschlesien). 1944 bestanden 20 K. mit 165 angeschlossenen Arbeitslagern. Die Mehrzahl der seit Kriegsausbruch Neuinhaftierten waren Angehörige besetzter Länder. Bis März 1942 stieg die Zahl der K.häftlinge auf 100 000, bis Jan. 1945 auf rd. 715 000, die von 40 000 SS-Männern bewacht wurden. In den meisten K. wurden medizin., nahrungsmittelchem. und andere Versuche an Häftlingen durchgeführt. V. a. ab 1943 kam es zu Massenvernichtungen von Geisteskranken, kranken Häftlingen und Polen. Ab 1941 wurden zur Endlösung der Judenfrage ↑Vernichtungslager eingerichtet: Dort und in den K. wurden bis 1945 mindestens zw. 5 und 6 Mill. jüd. und mindestens 500 000 nichtjüd. Häftlinge getötet. - Zu den K.prozessen nach dem 2. Weltkrieg ↑Nürnberger Prozesse, ↑Verfolgung von NS-Verbrechen. - In der Nachkriegszeit wurden K. von den Militärjunten in Griechenland und Chile eingerichtet. - Über sowjet. Arbeitslager ↑Zwangsarbeit. - †auch Abb. Bd. 2, S. 273. ◫ *Nat.-soz. K. im Dienst der totalen Kriegsführung.* Hg. v. H. Vorländer. Stg. 1978. - *Kogon, E.: Der SS-Staat. Das System der dt. K.* Mchn. 1974.

Konzentrationsmangel ↑Konzentration.

Konzentrationsschwäche ↑Konzentration.

Konzentrieren [lat.-frz.], das Anreichern der wertvolleren Bestandteile in einem Substanzgemisch. In der Lebensmitteltechnik wird das K. durch Wasserentzug v. a. angewendet, um lagerfähigere und leichter transportierbare Lebensmittel zu erhalten. Gebräuchl. Verfahren sind Destillation, Extraktion, Gefrierkonzentration, Separieren, Verdampfen, Verdunsten und Zentrifugieren.

konzentrisch [mittellat.], den gleichen Mittelpunkt besitzend; um einen gemeinsamen Mittelpunkt angeordnet, auf einen [Mittel]punkt hinstrebend.

Konzept [zu lat. conceptus „das Zusammenfassen"], [stichwortartiger] Entwurf, erste Fassung einer Rede oder Schrift; Plan.

Konzeption [zu lat. conceptio „das Zusammenfassen"], die einer Lehre oder einem Programm zugrundeliegende Idee; Entwurf. ◆ svw. ↑Empfängnis.

Konzeptionsoptimum (Befruchtungsoptimum), der günstigste Zeitpunkt im monatl. Zyklus der Frau für eine Befruchtung; liegt unmittelbar um die Zeit des Eisprungs.

Konzeptionspessimum (Befruchtungspessimum), der ungünstigste Zeitpunkt im monatl. Zyklus der Frau für eine Befruchtung; liegt unmittelbar vor und nach einer Menstruation.

Konzeptionsverhütung, svw. ↑Empfängnisverhütung.

Konzeptismus (Conceptismo) [lat.-span.], Stilrichtung der span. Barockliteratur mit geistreichen Wort- und Gedankenspielen, Bildern und Metaphern.

Konzeptkunst (Concept-art), moderne Kunstrichtung der 1970er Jahre, bei der der Künstler auf die Ausführung seiner Projekte verzichtet und sich auf Entwürfe beschränkt, die er in Ausstellungen vorlegt. Die Konzepte können die durch die Realisierungsmöglichkeiten gesetzten Grenzen übersteigen, vielfach lief die Entwicklung aber auf Realisation solcher Projekte hinaus, z. B. in der ↑Land-art; andererseits gibt es K., die auf Realisation von vornherein verzichtet. Schließl. wird unter **konzeptueller Kunst** die Beschäftigung mit den Grundlagen und Bedingungen der Kunst verstanden.

Konzeptualismus [lat.], im ↑Universalienstreit v. a. von W. von Ockham vertretene Vermittlungsposition zw. ↑Nominalismus und ↑Realismus, nach das Allgemeine weder nur Wort noch real, sondern ein Begriff ist, der das den Seienden Gemeinsame zusammenfaßt.

Konzern [engl., zu mittellat.-frz.-engl. to concern „betreffen, angehen"], Zusammenfassung rechtl. selbständiger Unternehmen unter einheitl. Leitung (oft durch eine ↑Holdinggesellschaft) zur Verfolgung wirtsch. Ziele. Die Bez. K. wird auch verwendet, wenn ein rechtl. selbständiges Unternehmen mittelbar oder unmittelbar durch ein anderes Unternehmen *beherrscht* wird.

Konzernbilanz, neben den Konzern-Gewinn-und-Verlust-Rechnung Bestandteil des Konzernabschlusses. Die K. entsteht durch Konsolidierung aus den Bilanzen der einzelnen dem Konzern angehörenden Unternehmen.

Konzert [zu italien. concerto, eigtl. „Wettstreit (der Stimmen)" (von lat. concertare „wetteifern")], 1. eine auf das Zusammenwirken gegensätzl. Klanggruppen angelegte Komposition. Der Begriff kam mit der Mehrchörigkeit in Italien im 16.Jh. auf und bezeichnete in den 6- bis 16stimmige Vokalsätzen mit Instrumentenbegleitung von A. und G. Gabrieli („Concerti", 1587) das Gegeneinanderspielen verschiedener Klangkörper wie Singstimmen–Instrumente, Chor–Soli-

sten, Chor–Chor. Wegen des an sich konzertanten Verhältnisses von Sing- oder Instrumentalstimme zum Basso continuo wurde bald auch das solist. Musizieren mit Generalbaß Concerto genannt, so in L. Viadanas 1–4stimmigen Motetten „Cento concerti ecclesiastici" (1602) und in H. Schütz' „Kleinen Geistl. Concerten" für 1–5 Stimmen (1636, 1639). - Aus der Übertragung des Concertoprinzips auf die instrumentalen Gattungen Kanzone, Sonate und Sinfonia entstanden Ende des 17. Jh. das *Solokonzert* für ein einziges Soloinstrument und Orchester und das *Concerto grosso*, bei dem eine kleine, solist. besetzte Streichergruppe (Concertino) einer chor. besetzten (Tutti, Ripieno) gegenübersteht. Während sich A. Corellis Concerti grossi (um 1680) noch an die alten Formen der Kirchen- und Kammersonate halten, entwickelte A. Vivaldi (op. 3, 1712) einen für das Concerto grosso wie das Solokonzert verbindl. werdenden K.typus. Dieser besteht aus einem getragenen Mittelsatz und zwei schnellen Ecksätzen. Vivaldis Konzertform wurde u. a. auch von J. S. Bach übernommen. Solo-K. wurden im Barock hauptsächl. für Violine (erstmals von G. Torelli 1698 und T. Albinoni 1701/02) und Violoncello (G. M. Jacchini 1701) komponiert. Erste K. für Tasteninstrumente schufen J. S. Bach und G. F. Händel. - In der ersten Hälfte des 18. Jh. übertrug v. a. G. Tartini (1726) die zunächst in der Orchester- und Klaviermusik ausgebildete Sonatensatzform auf das Konzert. Während die gemischte Besetzungsweise des Concerto grosso nur vereinzelt in der *konzertanten Sinfonie* (z. B. W. A. Mozart KV 364) und später in einigen *Doppel-* (J. Brahms), *Tripel-* (L. van Beethoven) und *Quadrupel-K.* (L. Spohr) fortlebte, wurde das Solo-K. durch Mozart eine Hauptgattung der Wiener Klassik. An Beethovens sinfon. Klavier-K. und sein Violin-K. knüpften Schumann und Brahms an; daneben wurde im 19. Jh. das Virtuosen-K. für Klavier (J. N. Hummel, C. M. von Weber, I. Moscheles, F. Mendelssohn-Bartholdy, Chopin, Liszt, Saint-Saëns, Tschaikowski, Rachmaninow u. a.) und für Violine (Paganini, Spohr, H. Wieniawski, M. Bruch u. a.) bes. gepflegt. Im 20. Jh. schufen bed. Werke für Violine A. Berg, für Klavier F. Busoni und M. Reger; beide Instrumente bedachten I. Strawinski, P. Hindemith, A. Schönberg und B. Bartók. 2. K. ist auch eine gehobene, für die bürgerl. Musikkultur seit der Aufklärung charakterist. Veranstaltungsform. Es entstand aus der kommerziellen Darbietung von Berufsmusikern oder Unternehmern (London seit 1672) und der Öffnung vereinsmäßiger musikal. Liebhaberkreise (Collegium musicum; Berliner Singakademie [1791], Gesellschaft der Musikfreunde in Wien [1812]). Vorbildlich wirkten u. a. die Pariser Concerts spirituels (1725–91) und die Leipziger Gewandhaus-K. (ab 1781). Neben dem Idealtyp des Philharmon. K. gibt es viele, oft weniger spezif. Sonderformen, u. a. Promenaden-, Haus-, Platz-K., Recital, Liederabend.
📖 *Reclams K.führer (Orchestermusik)*. Stg. [12]1982. - *Kloiber, R.: Hdb. des Instrumental-K.* Wsb. 1973. 2 Bde.

♦ Zusammenspiel oder Zusammenwirken mehrerer Faktoren, [polit. und/oder wirtsch.] Kräfte oder Mächte. - ↑ auch Konzert der europäischen Mächte.

konzertant (concertant) [lat.-italien.], konzertmäßig, z. B. k. Aufführung einer Oper, k. Sinfonie (Symphonie concertante, Konzertante), Komposition für mehrere Soloinstrumente und Orchester, bes. in der 2. Hälfte des 18. Jh. beliebt.

Konzertante (Concertante), svw. konzertante Sinfonie (↑ konzertant).

Konzert der europäischen Mächte (Europ. Konzert), Bez. für das Zusammenwirken der europ. Großmächte seit der Entstehung des europ. Staatensystems im 17. Jahrhundert; zerfiel nach dem Scheitern der Kongreßdiplomatie im Krimkrieg.

Konzertetüde ↑ Etüde.

konzertierte Aktion, aufeinander abgestimmtes Verhalten der Gebietskörperschaften, Gewerkschaften, Unternehmensverbände und der Landw. nach § 3 Stabilitätsgesetz zur Erreichung von Preisstabilität, einem hohen Beschäftigungsgrad, außenwirtsch. Gleichgewicht und angemessenem Wirtschaftswachstum. - Nach ausländ. Vorbildern (engl. concerted action, frz. action concertée) für die BR Deutschland 1964 vom Sachverständigenrat zur Begutachtung der gesamtwirtsch. Entwicklung vorgeschlagen; vom damaligen Bundesmin. für Wirtschaft, K. Schmücker aufgegriffen, aber bald wieder fallengelassen; später von seinem Nachfolger K. Schiller wieder einberufen. Als Reaktion auf die Verfassungsbeschwerde der Arbeitgeber Ende Juni 1977 gegen das Mitbestimmungsgesetz von 1976 beteiligte sich der DGB nicht mehr an den Sitzungen der k. A., da er keine Grundlage mehr für gemeinsame Gespräche mit den Arbeitgebern sah.

Konzertina (engl. Concertina) [italien.], ein Harmonikainstrument mit sechseckigem oder quadrat. Gehäuse; eine engl. K. wurde erstmals 1828 gebaut als gleichtöniges, durchgehend chromat. Instrument; die dt. K. ist wechseltönig und hat wie das Bandoneon Einzeltöne auch im Baß (Umfang bis zu 128 Tönen).

Konzertmeister, z. T. bis ins 19. Jh. hinein Leiter, seither der erste Geiger eines Orchesters; regelt Strichart und Fingersatz der anderen Geiger, übernimmt Solostellen und vertritt gegebenenfalls den Dirigenten.

Konzertstück ↑ Concertino.

Konzession [lat.], verwaltungsrechtl. Erlaubnis zur Ausübung eines Gewerbes oder zum Betrieb gewerbl. Anlagen in gesetzl. geregelten Fällen, für die aus Gründen der öffentl. Sicherheit, des Umweltschutzes, der Volksgesundheit u. ä. die Gewerbefreiheit durch sog. Verbot mit Erlaubnisvorbehalt ersetzt ist.

Konzessivsatz [lat./dt.], Kausalsatz, der einen Gegengrund zu dem im übergeordneten Satz genannten Sachverhalt angibt, im Dt. eingeleitet mit *obwohl, obgleich, wenn auch* u. a.: z. B.: *Obgleich er todmüde war*, konnte er nicht einschlafen.

Konzil [zu lat. concilium „Zusammenkunft, Versammlung"], (Synode) Versammlung von Bischöfen und anderen kirchl. Amtsträgern zur Erörterung und Entscheidung theolog. und kirchl. disziplinärer Fragen. Das ökumen. oder allg. Konzil, das im 1. Jt. vom Kaiser und seit Beginn des 2. Jt. vom Papst berufen wurde, repräsentiert die allg. Kirche und besitzt nach kath. Verständnis in seinen Glaubensentscheidungen Unfehlbarkeit. Nach röm.-kath. Kirchenrecht sind in der Latein. Kirche Plenarkonzile und Provinzialkonzile Organe der teilkirchl. Gesetzgebung. Die mit Rom unierten Ostkirchen kennen Patriarchal-, Archiepiskopal- und Provinzialsynoden sowie Synoden für mehrere Kirchenprovinzen und Riten. Das ökumen. K. ist die Versammlung der Mgl. des mit dem Papst geeinten Bischofskollegiums, das auf dieser Versammlung seine Jurisdiktion in der Gesamtkirche in feierl. Weise kollegial ausübt. Man zählt 22 ↑ökumenische Konzile.
♦ in den neuen Hochschulgesetzen der meisten Länder der BR Deutschland begr. zentrales Kollegialorgan einer wiss. Hochschule; zusammengesetzt aus den Delegierten der Hochschullehrer, der Hochschulassistenten und der übrigen wiss. Mitarbeiter, z. T. auch der Studierenden und des nichtwiss. Personals. Das K. beschließt u. a. über Satzungen, wählt den Rektor (Präsidenten) bzw. schlägt ihn dem zuständigen Minister vor, nimmt Rechenschaftsberichte entgegen und beschließt über Zulassungsquoten.

konziliant [lat.], umgänglich, verbindlich; versöhnlich; **Konzilianz,** Umgänglichkeit, Entgegenkommen.

Konziliarismus [lat.], Bez. für die Auffassung, daß das Konzil und nicht der Papst allein die höchste Instanz in der Kirche sei. Der Ursprung des K. liegt in der ma. Kanonistik; prakt. Bed. erlangte er im großen Abendländ. Schisma († Konstanzer Konzil). Trotz mehrfacher Verurteilung des K. durch die Päpste wurden Gedanken des K. bis zum 1. Vatikan. Konzil immer wieder vertreten († auch Gallikanismus).

konzipieren [lat.], eine Grundvorstellung von etwas gewinnen; verfassen, entwerfen.

Koog [niederdt.] ↑Groden.

Kooning, Willem De ↑De Kooning, Willem.

Kooper, Alan („Al") [engl. 'kupə], * New York 5. Febr. 1944, amerikan. Rockmusiker (Sänger, Gitarrist und Keyboardspieler). - Mitbegr. der Rockmusikgruppe „The Blues Project" und „Blood, Sweat & Tears"; Instrumentalist, Komponist und Schallplattenproduzent.

Kooperation [lat.], allg. svw. Zusammenarbeit.
♦ im *Wettbewerbsrecht* zwischenbetriebl. Zusammenarbeit, Vorstufe der Unternehmenskonzentration. Die Partner vereinbaren unter Beibehaltung ihrer rechtl. Selbständigkeit, bestimmte Unternehmensbereiche (z. B. Vertrieb) zusammenzulegen.
♦ im *Ost-West-Handel* neuartige Form der langfristigen wirtsch. und techn. Zusammenarbeit. Bei einer *einfachen* K. werden häufig Maschinen in den Ostblock geliefert, die mit den von diesen Maschinen dort hergestellten Waren bezahlt werden. Bei *erweiterten* K. entsteht im Ostblockstaat ein gemischtes Unternehmen, an dem der östl. und der westl. Partner beteiligt sind.

kooperative Gesamtschule ↑ Gesamtschule.

Koopmans, Tjalling C[harles], * 's-Graveland 28. Aug. 1910, † New Haven (Conn.) 26. Februar 1985, amerikan. Nationalökonom niederl. Herkunft. - Prof. in Chicago, seit 1955 an der Yale University. 1975 erhielt er zusammen mit L. W. Kantorowitsch den sog. Nobelpreis für Wirtschaftswiss. für seinen Beitrag zur Theorie der optimalen Allokation der Ressourcen. K. formulierte die sog. Aktivitätsanalyse, die ein optimales, rationales Verhalten im Rahmen eines geschlossenen Systems unter Berücksichtigung aller Verhaltensbedingungen umfaßt.

kooptieren [lat.], jemanden durch Nachwahl (noch) in eine Körperschaft aufnehmen; **Kooptation,** nachträgl. Hinzuwahl.

Koordinaten [lat.], in der *Mathematik* Bez. für Größen zur Bestimmung der Lage von Punkten, Kurven und Flächen, allg. von Punktmengen, in einem [n-dimensionalen] Raum R^n. Die Zuhilfenahme von K. zur Beschreibung geomet. Sachverhalte in der Ebene ($n = 2$) und im gewöhnl. euklid. Raum ($n = 3$) ist das Hauptkennzeichen der ↑ analytischen Geometrie. Es wird dabei zw. rechtwinkligen oder kartes. K. und krummlinigen oder Gaußschen K. unterschieden.
Zur Definition der *kartes.* K. eines [n-dimensionalen] Raumes muß zuerst von einem beliebigen Punkt O dieses Raumes aus ein Satz von n zueinander senkrechten Einheitsvektoren abgetragen werden; dadurch wird in ihm ein *rechtwinkliges* oder *kartes.* K.*system* festgelegt. Der Punkt O ist der *Ursprung* (*Nullpunkt*, K.*anfangspunkt*), die durch O gehenden Geraden sind die zueinander senkrechten K.*achsen*.

Der einfachste Fall eines kartes. K.systems

Koordinatensystem

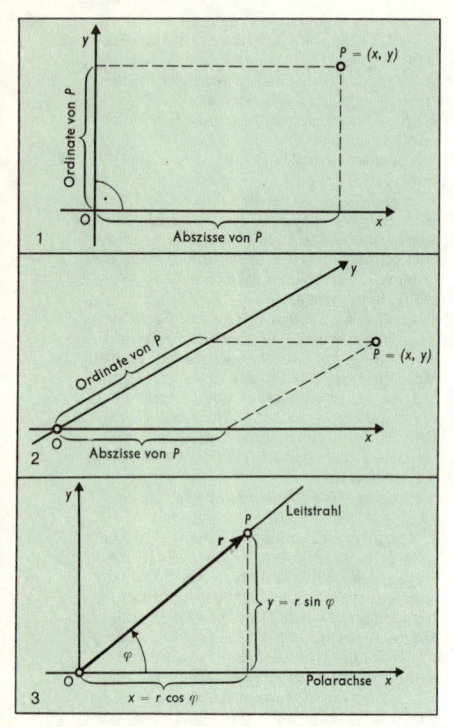

Koordinaten. 1 Ebenes kartesisches Koordinatensystem (Rechtssystem); 2 ebenes Parallelkoordinatensystem; 3 Übergang von einem ebenen kartesischen Koordinatensystem zu einem Polarkoordinatensystem

ist das *ebene kartes. K.system*. In ihm wird ein Punkt P durch ein Paar (x, y) reeller Zahlen gekennzeichnet; dabei bedeuten x *(Abszisse)* und y *(Ordinate)* die Abstände des Punktes P von zwei aufeinander senkrecht stehenden K.achsen. Die K.achsen bilden das sog. **Achsenkreuz,** ihr Schnittpunkt O mit den K. $(0, 0)$ ist der K.anfangspunkt. Zu den krummlinigen K.systemen zählt das *ebene Polar-K.system;* in ihm wird ein Punkt gekennzeichnet durch seinen Abstand vom Nullpunkt und durch den *Polarwinkel*, den der vom Nullpunkt zu ihm hinführende *Radiusvektor* mit einem vorgegebenen, durch O gehenden Strahl, der *Polarachse*, einschließt. Bei *räuml. kartes. K.* wird ein Punkt P durch ein Tripel (x, y, z) reeller Zahlen gekennzeichnet.

◆ in der *Physik* Bez. für alle Größen, die in jedem Zeitpunkt den Zustand eines physikal. Systems (insbes. eines Teilchensystems) hinsichtl. der momentanen Lage und hinsichtl. des momentanen Bewegungszustandes eindeutig charakterisieren.

Koordinatensystem ↑Koordinaten.
Koordinatentransformation, Übergang zw. zwei Koordinatensystemen, z. B. zw. dem ebenen kartes. Koordinatensystem und dem Polarkoordinatensystem.
Koordination [lat.], Abstimmen verschiedener Vorgänge; **koordinieren**, verschiedene Dinge miteinander in Einklang bringen.
◆ ↑Muskelkoordination.
◆ (relative K.) nach E. von Holst die Korrelation rhythm. Bewegungsabläufe zweier zentralnervöser Automatismen (z. B. bei der Fortbewegung).
Koordinationsbindung ↑chemische Bindung.
Koordinationsgitter, Kristallgitter, bei denen jeder Gitterbaustein von einer stets gleichen Anzahl (sog. *Koordinationszahl*) untereinander gleichartiger Gitterbausteine als nächsten Nachbarn umgeben ist. Diese Nachbarn befinden sich in den Ecken des zugehörigen *Koordinationspolyeders* (z. B. Tetraeder, Oktaeder, Würfel). - In K. kristallisieren einfache Ionenkristalle und die meisten Metalle.
Koordinationsstörung, svw. ↑Inkoordination.
Koordinationsverbindungen, chem. Verbindungen, in denen ein Zentralatom oder Zentralion von mehreren anderen Atomen, Ionen oder Molekülen, den sog. **Liganden,** umgeben ist. Die Anzahl dieser um ein Zentralatom bzw. -ion gelagerten Liganden, seine **Koordinationszahl,** ist unabhängig von seiner Wertigkeit und richtet sich nach dem vorhandenen Raum. Das Zentralatom (-ion) ist meist ein Übergangsmetall. Liganden können schwache heteropolare Bindungen (Ion-Ion-Bindung, Ion-Dipol-Bindung) zum Zentralteilchen ausbilden (**Anlagerungskomplexe**), wie bei den Solvaten (Hydrate, Ammoniakate, Alkoholate), oder durch gemeinsame Elektronenpaare (koordinative chem. Bindung) fester gebunden sein (**Durchdringungskomplexe**). Häufige K. sind z. B. die mit Wassermolekülen als Liganden gebildeten **Aquokomplexe,** wobei die Liganden neutral sind. Liganden nennt man *ein- zwei-* oder *mehrzähnige Liganden*, wenn sie ein, zwei oder mehr Koordinationsstellen am Zentralteilchen besetzen. K. mit mehrzähnigen Liganden (meist organ. Moleküle) werden auch als ↑Chelate bezeichnet. Bei *Metall-π-Komplexen* wird die Bindung zwischen Zentralatom und Ligand über die π-Elektronen des Liganden (organ. Molekül mit Doppelbindungen oder aromatische Verbindung) hergestellt. Bei den *Sandwichverbindungen* bilden dabei die Liganden „Scheiben", zwischen denen das Zentralatom eingelagert ist (z. B. Ferrocen, Dibenzolchrom). Alle K. sowie organ. Additions- und Molekülverbin-

dungen werden auch als Komplexverbindungen bezeichnet.

Koordinatograph [lat./griech.] (Koordinator), in der Geodäsie, Photogrammetrie u. a. verwendetes Gerät zur genauen Kartierung von Punkten, deren Koordinaten gegeben sind.

Kopais [neugriech. kɔpaˈis], griech. Bekkenlandschaft in Böotien. Das ehem. weitgehend von einem flachen See mit stark schwankendem Wasserstand erfüllte Becken wurde im 19. Jh. trockengelegt und in ein intensiv genutztes Agrargebiet umgewandelt.

Kopaivabalsam [indian./dt.], klares, gelbl. bis braunes, flüssiges Harz aus dem Stamm verschiedener Kopaivabaumarten; medizin. als Heilmittel gegen Entzündungen und Hautkrankheiten angewandt sowie techn. in der Lackindustrie verwendet.

Kopaivabaum [indian./dt.] (Copaifera), Gatt. der Caesalpiniengewächse mit rd. 30 Arten im trop. Amerika und Afrika; Bäume mit paarig gefiederten Blättern; Blüten meist ohne Blumenkrone. Das Holz führt Balsam (Kopaivabalsam).

Kopal [indian. (Nahuatl) „Harz"] (K.harz), Sammelbez. für Harze, die in Afrika, Südamerika und auf den Philippinen gegraben werden (fossile K.), z. T. aber auch von Bäumen wie z. B. dem Kopalbaum gewonnen werden. Verwendung als Spachtelmasse und für Lacke.

Kopalbaum (Ostind. K., Vateria indica), Flügelfruchtgewächs Indiens; auch als Alleebaum kultiviert; liefert hellgrünes Pineyharz (ostind. Kopal) und Nutzholz.

Kopalfichte (Kaurifichte, Agathis australis), Araukariengewächs Neuseelands aus der Gatt. Agathis; bis 40 m hoher Baum mit schmalen, blattartigen Nadeln und weißlichgelbem, sehr harzreichem, duftendem Holz, das als Bau- und Schiffsholz verwendet wird.

Kopeke [russ.], russ. Münze; = 1/100 Rubel; 1535–1719 in Silber, 1656–63 und 1701–1924 in Kupfer, seit 1926 in Aluminiumbronze geprägt; zahlr. Mehrfachwerte in anderen Metallen.

Kopelent, Marek, * Prag 28. April 1932, tschech. Komponist. - Wurde 1965 Leiter des Ensembles Musica Viva Pragensis; komponierte u. a. 4 Streichquartette (1954, 1955, 1963, 1968), „Matka" (Die Mutter) für Flöte und gemischten Chor (1964), „Irrende Stimme" für eine Schauspielerin, Kammerensemble, Tonband sowie Film und Licht ad libitum (1970), „A few minutes with an oboist" für Oboe und Kammerensemble (1974).

Kopelew, Lew Sinowjewitsch, * Kiew 9. April 1912, sowjet. Schriftsteller, Literaturkritiker und Germanist. - Wegen angebl. „bürgerl.-humanist. Propaganda" seit 1945 fast 10 Jahre in Lagern und Gefängnissen gehalten; 1956 rehabilitiert. Sein Eintreten für sowjet. Regimekritiker (seit 1966) hatte u. a. erneuten Parteiausschluß und Schreibverbot zur Folge; lebt heute in der BR Deutschland (im Jan. 1981 ausgebürgert); erhielt 1981 den Friedenspreis des Dt. Buchhandels. - Dt. erschienen u. a. „Zwei Epochen dt.-russ. Literaturbeziehungen" (1973), „Verbietet die Verbote. Dokumente eines Abtrünnigen" (1977), „Und schuf mir einen Götzen" (Erinnerungen, 1979), Worte werden Brücken (Prosa, 1985).

Kopenhagen (dän. København), Hauptstadt von Dänemark, im O der Insel Seeland und auf der Insel Amager im Sund, 478 600 E, städt. Agglomeration 1,36 Mill. E (u. a. einschließl. der Enklave † Frederiksberg). Residenz der dän. Königin, Sitz des Parlaments, der Reg. des Landes und der Verwaltung der Amtskommune K.; Garnisonstadt, kath. Bischofssitz. K. hat mehrere Theater, Museen (u. a. Ny Carlsberg Glyptotek); Univ. (gegr. 1479), TH, Veterinär- und Landw.-, zahnärztl., pharmazeut. und Handelshochschule, Bibliotheken (u. a. die Königl. Bibliothek, die größte Skandinaviens). Am alten Wall liegt der Vergnügungspark **Tivoli** (1843 eröffnet), der größte N-Europas. K. ist die größte Handels- und Ind.stadt Dänemarks, u. a. Werften, Motorenbau, Kabelfabrik, Textil- und Bekleidungsind., chem. und Nahrungsmittelind. (u. a. zwei Brauereien von Weltruf), ferner graph., Papier-, Porzellanind.; Zentrum des dän. Großhandels. Die Häfen haben eine Kailänge von 42 km; Fähren zur schwed. Küste; internat. ✈.

Geschichte: 1167 schenkte König Waldemar I. der Fischer- und Händlersiedlung Havn dem Bischof Absalon von Seeland, der dort eine Burg gegen die wend. Seeräuber baute. Im Schutz der Burg entwickelte sich **Köbmandshavn** (Portus Mercatorum „Hafen der Kaufleute"), das 1254 ein (1422 verbessertes) Stadtrecht bekam, zur bed. Handelsstadt. 1329–40 im Besitz der Holsteiner, kam 1416 von den Bischöfen von Roskilde an den dän. König Erich VII., der es zu seiner Hauptstadt machte; Zentrum der seit 1397 vereinigten 3 nord. Reiche; 1536 Durchführung der Reformation; Wachstum der Stadt bes. unter Christian IV. (⚭ 1588–1648); K. wurde wichtigster Handelshafen der skand. Länder. Die Altstadt von K. wurde 1728 und 1795 durch Feuer, 1807 durch den Beschuß brit. Kriegsschiffe weitgehend zerstört. 1857 erhielt K. ein neues, umfassendes Stadtverwaltungsstatut; 1894 wurde der Freihafen eröffnet. Während der dt. Besetzung 1940–45 konzentrierte die dän. Widerstandsbewegung ihre Aktivität auf den strateg. bed. Hafen.

Bauten: Bed. Baudenkmäler sind u. a. die in niederl. Renaissance erbaute Börse, die Holmenskirche (beide 17. Jh.), die klassizist. Frauenkirche und die Schloßkirche (beide 19. Jh.); die Grundtvigkirche (1921–26), das Rathaus (1892–1905), zahlr. Schlösser, v. a. Schloß Rosenborg (1610–26), Schloß Chri-

Kopenhagener Porzellan

stiansborg (1732–40; wiederaufgebaut 1907–20) und das Rokokoschloß Amalienborg (1754–60). Wahrzeichen der Stadt ist die Bronzefigur der „Kleinen Meerjungfrau" (von Edvard Eriksen, um 1908) am Hafen.
⌑ *Wiborg, A./Gralle, J.: K. Dt. Übers. Rbk. 1981.*

Kopenhagener Porzellan, Porzellan der mit der Entdeckung größerer Kaolinvorkommen auf der Insel Bornholm (1755) gegr. Porzellanmanufaktur in Kopenhagen. 1773 gelang die Hartporzellanherstellung; an der 1779–1867 staatl. Manufaktur arbeiteten meist dt. Künstler (aus Fürstenberg). Bed. klassizist. Designs der Blütezeit (1780–1802), u. a. „Flora Danica Service" (1790–1802) für Katharina II. von Rußland (Modelleur: A. C. Luplau, bemalt von J. C. Bayer); auch bed. Jugendstilporzellane in Unterglasurmalerei.

Kopenhagener Schule ↑Glossematik.

Kopenhagener Wellenplan ↑Wellenplan.

Köpenickiade, svw. Streich, Gaunerei; nach der Besetzung des Rathauses in Köpenick durch den Schuster W. Voigt am 16. Okt. 1906, der in Hauptmannsuniform den Bürgermeister verhaftete und die Stadtkasse beschlagnahmte. Literar. verarbeitet von W. Schäfer und C. Zuckmayer.

Kopepoden [griech.], svw. ↑Ruderfußkrebse.

Köper [niederdt., eigtl. „Querbalken"], Sammelbez. für Gewebe in **Köperbindung,** einer der drei Grundbindungsarten von Geweben († Bindungslehre). Der einfachste Köper ist dreibindig, d. h. eine Ketthebung, zwei Kettsenkungen (= Schußeffekt), bzw. zwei Ketthebungen, eine Kettsenkung (= Ketteneffekt). Die Bindungsrapportzahl ist nach oben unbegrenzt. Der charakterist. **Köpergrat** entsteht durch die Berührung der Bindungspunkte in der Diagonalen. Tritt innerhalb eines Bindungsrapports nur ein Grat auf, so spricht man von **Eingratköper,** andernfalls von **Mehrgratköper;** treten auf der rechten Warenseite die Kettfäden stärker in Erscheinung als die Schußfäden, wird von **Kettköper,** im umgekehrten Falle von **Schußköper** gesprochen.

kopernikanisches System, svw. heliozentrisches System († heliozentrisch).

kopernikanische Wende ↑heliozentrisch.

Kopernikus, Nikolaus (Coppernicus, Copernicus), eigtl. Nikolaus Koppernigk (poln. Kopernik), *Thorn 19. Febr. 1473, †Frauenburg (Ostpreußen) 24. Mai 1543, Astronom. - Nach allg. Studien in Krakau (1491–95), Bologna (1496–1500) und Rom studierte K. (ab 1501) noch Medizin und Jura (kanon. Recht) in Padua und Ferrara. Ab 1512 lebte K. als Domherr überwiegend in Frauenburg. Die Astronomie war seine (private) Hauptbeschäftigung. Er erkannte, daß das ↑geozentrische System für die Vorhersage der Planetenpositionen über längere Zeiträume ungeeignet war. Etwa 1507 schon griff er deshalb auf die Idee des Aristarchos von Samos zurück, statt der Erde die Sonne als ruhendes Zentrum des Planetensystems anzunehmen und erarbeitete das heliozentrische System († heliozentrisch), in dem er die jährl. Bewegung der Erde um die Sonne beschrieb und die tägl. Umdrehung des Fixsternhimmels als Rotation der Erde um die eigene Achse erklärte. Sein Hauptwerk „De revolutionibus orbium coelestium libri VI" (Sechs Bücher über die Kreisbewegungen der Weltkörper) das 1616 auf den Index librorum prohibitorum kam, veröffentlichte er erst kurz vor seinem Tod.
⌑ *Hermanowski, G.: N. K. Zwischen Mittelalter u. Neuzeit. Graz 1985. - Kesten, H.: Copernicus u. seine Welt. Mchn. Neuaufl. 1983.*

Kopf, Hinrich Wilhelm, * Neuenkirchen (Land Hadeln) 6. Mai 1893, †Göttingen 21. Dez. 1961, dt. Politiker. - Jurist; seit 1919 Mgl. der SPD; 1945 Oberpräs. der Prov. Hannover; 1946–55 und erneut 1959–61 niedersächs. Min.präs., 1957–59 Innenmin. und stellv. Min.präsident.

Kopf [zu althochdt. kopf, urspr. „Becher, Trinkschale" (wohl wegen der ähnl. Form der Hirnschale)] (Caput), vorderes bzw. oberes Körperende bilateral-symmetr. Lebewesen, das sich durch eine Anhäufung wichtiger Sinnesorgane in Verbindung mit einer Konzentration des Nervensystems (Gehirn) auszeichnet.

Kopfbrust, svw. ↑Cephalothorax.

Köpfchen ↑Blütenstand.

Köpfchenschimmel (Mucor), Gatt. der niederen Pilze mit rd. 40 Arten; bilden auf Mist, feuchtem Brot und anderen organ. Substraten weißgraue Schimmelrasen.

Kopfeibe (Cephalotaxus), einzige rezente Gatt. der Nadelholzfam. **Kopfeibengewächse** (Cephalotaxaceae) mit 6 Arten vom Himalaja bis O-Asien; der Eibe ähnl., strauch- oder baumförmige Nadelhölzer mit gegenständigen Blättern, kleinen, kopfförmigen ♀ Blütenzapfen und zuletzt weit aus dem Fruchtzapfen herausragenden, fleischigen Samen.

Kopfermann, Hans, * Breckenheim bei Wiesbaden 26. April 1895, † Heidelberg 28. Jan. 1963, dt. Physiker. - Prof. in Kiel, Göttingen und Heidelberg. Seine Untersuchungen der Hyperfeinstruktur ermöglichten erstmals eine opt. Bestimmung der Kernmomente und Kernspins.

Kopff, August, * Heidelberg 5. Febr. 1882, †ebd. 25. April 1960, dt. Astronom. - Prof. in Berlin (ab 1924). K. gab den „Dritten Fundamentalkatalog des Berliner Astronom. Jahrbuchs" (FK 3, 1937) heraus, der in der Folgezeit die Grundlage aller Sternörterberechnungen war.

Kopffüßer (Tintenfische, Cephalopoda),

Kopfregister

Klasse mariner, einschließl. der Arme 0,01–20 m langer Weichtiere; Schale bei rezenten Arten häufig rückgebildet *(Schulp)*, vom Mantel überwachsen; Kopf und Fuß miteinander verschmolzen, mit 8 oder 10 Fangarmen (mit Saugnäpfen), die die mit starken, papageischnabelähnl. Kiefern u. einer Radula ausgestattete Mundöffnung umgeben; Gehirn gutentwickelt; Augen groß, meist als hochentwickelte Linsenaugen ausgebildet; Haut oft mit starkem, physiolog. Farbwechsel; getrenntgeschlechtl., ♂ mit Begattungsorgan (*Hectocotylus*; umgebildeter Fangarm); vorwiegend räuber. Lebensweise; Fortbewegung erfolgt durch Rückstoß; meist mit Tintendrüse, deren tief dunkelbraunes Sekret bei Gefahr ausgestoßen wird. - Mehr als 700 rezente Arten in zwei Unterklassen: **Dibranchiata** (Tintenschnecken) mit den beiden Ordnungen ↑Kraken und ↑Zehnarmer und **Tetrabranchiata** mit der einzigen rezenten Gatt. ↑Perlboote.

Kopfgeräte ↑Hörgeräte.

Kopfgras (Blaugras, Sesleria), Gatt. der Süßgräser mit 30 Arten in Europa und Vorderasien; bekannte Arten sind **Sumpfblaugras** (Sesleria uliginosa; mit bläul. bereiften Blättern, auf Flachmooren und Sumpfwiesen) und das kalkliebende **Kalkblaugras** (Sesleria varia; mit grünen Blättern und einer gelbl., meist blauüberlaufenen Ährenrispe).

Kopfgrind, svw. ↑Erbgrind.

Kopfhörer, elektroakust. Wandler zur Umwandlung tonfrequenter Wechselspannungen in akust. Schwingungen, die direkt ins Ohr abgestrahlt werden; meist als Doppel-K. ausgebildet und durch einen Bügel an die Ohren gedrückt. Ist der *Kopplungsraum*, d. h. der von schwingender Membran des K. und dem Ohr bzw. Gehörgang umschlossene Raum, nach außen hin durch eine [fremd]schalldichte Polsterung abgeschlossen, spricht man von einem **geschlossenen System,** sonst von einem **offenen System.** Nach dem Prinzip der Schallerzeugung unterscheidet man: **Dynamische** bzw. **elektrodynamische Kopfhörer** (zentrale Anregung der Membran durch eine Schwingspule); **isodynamische Kopfhörer** (die Membran wird gleichmäßig über die gesamte Fläche angeregt); **orthodynamische Kopfhörer** (dünne, bes. leichte Folie mit „aufgedruckter" spiralförmiger Schwingspule zw. durchlöcherten Dauermagneten); **elektrostatische Kopfhörer** (die leichte, großflächige Membran im elektr. Feld eines Hochspannungskondensators); **HPM-Kopfhörer** (Membran aus gewölbter hochpolymerer Kunststoffolie mit piezoelektr. Eigenschaften; Wölbung der Folie ändert sich im Takt einer angelegten Wechselspannung); K. mit einem sog. **Multimembransystem** stellen für tiefe Töne ein geschlossenes System dar, für hohe Töne ein offenes auf Grund sog. passiver Ausgleichsmembrane mit frequenzabhängigem Reflexionsverhalten. Im Ggs. zu Lautsprechern ermöglichen K. eine direkte Ankopplung beider Stereokanäle an das entsprechende Ohr. K. ausschließl. ermöglichen die getreue Wiedergabe der räuml. Wirkungen von Kunstkopf-Stereophonie-Aufnahmen.

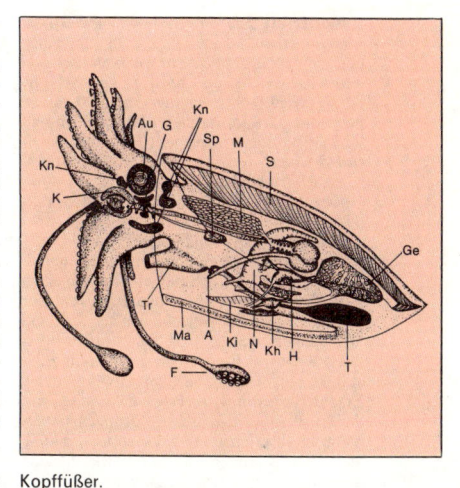

Kopffüßer.
Organisationsschema eines zehnarmigen Tintenfisches (Dibranchiata).
A After, Au Auge, F Fangarm,
G Gehirn, Ge Geschlechtsdrüsen,
H Herz im Herzbeutel,
K Kiefer, Kh Kiemenherz,
Ki Kieme, Kn Kopfknorpel,
M Mitteldarmdrüse, Ma Mantel,
N Niere, S Schulp, Sp Speicheldrüse,
T Tintenbeutel, Tr Trichter (Fuß)

Kopfjagd, Erbeutung von Schädeln feindl. oder stammesfremder Personen, teils als Mutprobe, teils als Übertragung der Lebenskraft des Opfers auf die eigene Person oder eigene Gemeinschaft betrachtet. Die Kopftrophäen werden manchmal präpariert (Schrumpfköpfe) und bemalt. Eine Sonderform ist **das Skalpieren,** bei dem dem verwundeten oder getöteten Gegner die behaarte Kopfhaut (Skalp) genommen wird.

Kopfkohl ↑Gemüsekohl.

kopflastig, bugwärts überlastet (z. B. ein Luftfahrzeug, bei dem der [durch Beladung] der Massenschwerpunkt in Richtung auf den Bug verschoben ist).

Kopflaus (Pediculus humanus capitis), weltweit verbreitete, 2–3,5 mm lange Unterart der Menschenlaus; lebt als Hautparasit in der menschl. Kopfbehaarung und saugt tägl. mehrmals Blut.

Kopfregister, svw. ↑Kopfstimme.

Kopfried

Kopfried (Schwerle, Schoenus), Gatt. der Riedgräser mit 85 Arten, v. a. in Australien und Neuseeland. In M-Europa kommen zwei Arten in Sümpfen und Mooren vor: **Schwarzes Kopfried** (Schoenus nigricans), 20–50 cm hoch, mit schwarzbraunen Blattscheiden und schwarzbraunen Köpfchen; **Rostrotes Kopfried** (Schoenus ferrugineus) mit dunkel braunroten Blattscheiden.

Kopfsalat, Varietät des Gartensalats (↑ Lattich).

Kopfsauger ↑ Schiffshalter (ein Fisch).

Kopfschmerz (Kopfschmerzen, Zephalalgie, Kephalalgie), Schmerzempfindungen im Bereich des knöchernen Schädels. K. sind sehr häufiges Anzeichen verschiedenster örtl. und allgemeiner, organ. und funktioneller Erkrankungen (z. B. nervöse Erschöpfungszustände, neurovegetative Überempfindlichkeit, Erkrankungen innerer Organe, des Gehirns, der Hirnhäute, Stoffwechselstörungen, fieberhafte Infekte, chron. Vergiftungen); häufig auch bei Bluthochdruck, Halswirbelleiden und Brechungsfehlern der Augen.

Kopfsprung, einer der Grundsprünge beim Wasserspringen, bei dem der Kopf nach unten zeigt.

Kopfstand, turner. Grundübung, bei der der Körper auf der Stirnkante steht; zur Erhaltung des Gleichgewichtes liegen die Hände auf dem Boden auf.

Kopfsteher (Anostomidae), Fam. bis 40 cm großer, meist mit dem Kopf nach unten schwimmender Fische im dichten Pflanzenwuchs der Süßgewässer S-Amerikas. Viele der etwa 90 Arten sind beliebte Warmwasserfische, z. B. der **Prachtkopfsteher** (Anostomus anostomus) aus dem Amazonas.

Kopfsteuer, Steuer, die ohne Rücksicht auf die Leistungsfähigkeit der einzelnen von den Steuersubjekten in gleicher Höhe erhoben wird; gegenwärtig sehr selten.

Kopfstimme (Kopfregister), Bez. für die hohe Lage der menschl. Stimme, bei der die Schädelresonanz wesentl. ist, während die Stimmlippen nur am mittleren Rand mitschwingen. - ↑ auch Falsett.

Kopfstütze, svw. ↑ Nackenstütze.

Kopfurnen, Votivgaben des MA und der Neuzeit aus SO-Bayern und dem Innviertel; wurden wahrscheinl. mit verschiedenen Getreidesorten gefüllt, in der Kirche dargebracht bei Heirats- oder Kinderwunsch; später vielleicht auf Kopfschmerzen und Kopfkrankheiten bezogen. - ↑ dagegen Gesichtsurnen.

Kopfwelle ↑ Machsche Welle.

Kophosis [griech.], absolute ↑ Taubheit.

Kopie [zu lat. copia „Fülle, Vorrat"], allg. svw. Abschrift, Vervielfältigung; Nachahmung, Abklatsch.

♦ Nachbildung eines Kunstwerks durch fremde Hand (im Ggs. zur **Replik,** die von eigener Hand stammt).

♦ (Abzug) photograph. Positiv, das durch die Belichtung im Kontakt mit dem Negativ entsteht.

♦ bei der Druckformenherstellung die Übertragung einer Vorlage auf die Druckform oder auf Pigmentpapier.

♦ durch ein Kopierverfahren hergestelltes Duplikat u. a. eines Schriftstücks oder einer Zeichnung.

Kopierfilter ↑ Filter (Photographie).

Kopierverfahren, Sammelbez. für reprograph. Verfahren, mit denen mit Hilfe von Licht von ebenen Vorlagen (Schriftstücke, Zeichnungen u. a.) Wiedergaben (Ablichtungen, Kopien) und Vervielfältigungen hergestellt werden. Man unterscheidet *Trocken-K.* (elektrostat., photoelektr., thermograph. Verfahren) und *Naß-K.* (photochem. Verfahren). Die häufigsten K. arbeiten auf der Grundlage der Elektrophotographie: 1. **Xerographie** mit Selen als Photohalbleiterschicht auf einer rotierenden Trommel; diese wird nach dem Belichten mit Farbpulver (Toner) besprüht und das somit sichtbar gemachte Ladungsbild auf Papier „abgerollt"; Fixieren durch Druck (Kaltdruckverfahren) oder Erhitzen; 2. **Elektrofaxverfahren** (mit Zinkoxid); Kopien jeweils auf Normalpapier. **Thermokopierverfahren** arbeiten mit wärmeempfindl. Kopierpapier. Die an den schwarzen Stellen absorbierte Wärmestrahlung führt zu erhöhter Temperatur und verursacht farbbildende Reaktion im Kopiermaterial (z. B. Thermofax-Verfahren®). Das **ZnO-Verfahren** *(Zinkoxidverfahren)* arbeitet mit beschichtetem Papier (ZnO), das zunächst elektrost. aufgeladen und dann belichtet wird, bevor es ein Bad mit einer Tonersuspension durchläuft. Anschließend wird die Restflüssigkeit zw. Walzen abgepreßt und die Kopie getrocknet. Beim **Kontaktkopierverfahren** erfolgt die Belichtung durch die einseitig beschriftete Vorlage hindurch auf die lichtempfindliche Schicht des Kopierpapiers. Im **Lichtpausverfahren** arbeitet mit Spezialpapier, das einen latenten Farbstoff enthält, der beim Belichten zerstört wird. Unbelichtete Stellen werden den mit Ammoniak sichtbar gemacht. Die **Blaupause** ist eine Lichtpause vom transparenten Original; sie zeigt weiße Linie auf blauem Grund. Auf lichtempfindl. Diazoverbindungen beruht die ↑ **Diazotypie.** Zu den **Reflexkopierverfahren** zählt das **Photokopierverfahren.** Die Belichtung des Kopierpapiers (Kontaktpapier) erfolgt direkt. An der darunterliegenden Kopiervorlage wird das Licht an den unbedruckten Stellen reflektiert (Absorption dagegen an den schwarzen Stellen) und durchdringt ein zweites Mal die lichtempfindl. Schicht und verursacht dann erst eine Schwärzung. - Abb. S. 146.

Kopilot, der zweite Pilot, z. B. in einem Verkehrsflugzeug.

Kopisch, August, * Breslau 26. Mai 1799, † Berlin 6. Febr. 1853, dt. Maler und Dichter. - Ging 1823 nach Italien; ab 1833 lebte er in

Berlin, später in Potsdam. In seinen Gedichtsammlungen (u. a. „Die Heinzelmännchen von Köln") bewies er im Vortrag volkstüml. Schwänke Sprachgewandtheit und naiven Humor.

Kopit, Arthur L[ee], * New York 10. Mai 1937, amerikan. Dramatiker. - Zur Parodie und Groteske neigender Vertreter des absurden Theaters, der psychoanalyt. Erkenntnisse verarbeitet. Verfaßte u. a. „Oh Vater, armer Vater, Mutter hängt dich in den Schrank, und ich bin ganz krank" (Dr., 1960), „Als die Huren auszogen, Tennis zu spielen" (Einakter, 1965). Die Zerstörung der Buffalo-Bill-Legende versucht das Stück „Indianer" (1968).

Kopitar, Jernej, * Repnje (Krain) 23. Aug. 1780, † Wien 11. Aug. 1844, slowen. Slawist. - Verfaßte die erste wiss. Grammatik des Slowenischen (1809) und gilt als Mitbegründer der Slawistik.

Koplik-Flecke [nach dem amerikan. Kinderarzt H. Koplik, * 1858, † 1927], weißl. Flecke mit rotem Hof an der Wangenschleimhaut, ein bis zwei Tage vor Ausbruch auftretendes erstes Zeichen bei † Masern.

Kopolymerisate † Polymerisation.

Kopp, Georg von (seit 1906), * Duderstadt 25. Juli 1837, † Troppau 4. März 1914, dt. kath. Bischof. - 1881 Bischof von Fulda, 1887 Fürstbischof von Breslau und 1893 Kardinal. Seit 1884 Mgl. des preuß. Staatsrates, seit 1886 des preuß. Herrenhauses. Auf Grund einer persönl. Vertrauensposition bei Bismarck und Papst Leo XIII. hatte K. erhebl. Anteil an der Beilegung des Kulturkampfes.

K., Joseph Eutych, * Beromünster 25. April 1793, † Luzern 25. Okt. 1866, schweizer. Historiker. - Wies die Unhaltbarkeit der These von der Entstehung der Eidgenossenschaft nach (Tellsage, Rütlibund).

Koppa, griech. Buchstabe (Ϙ ϙ Ϛ), der urspr. zw. π und ρ stand und den stimmlosen velaren Verschlußlaut [k] (vor folgendem [o; u]) bezeichnete; im klass. Griech. seit dem 6. Jh. v. Chr. nur noch Zahlzeichen für 90.

Koppe Dagh, etwa 600 km langes Gebirge in Vorderasien (UdSSR und v. a. Iran), begrenzt die Karakum im S, bis 3 117 m hoch.

Koppel [zu lat. copula „Band, Seil"], v. a. in Norddeutschland übl. Bez. für eine von Zäunen, Hecken oder Gräben umgebene Weide- oder Ackerfläche.

♦ (Kopp[e]lung) Vorrichtung bei Tasteninstrumenten (v. a. Orgel), mit deren Hilfe Register eines Manuals auf ein anderes oder auf das Pedal (auch umgekehrt) umgeschaltet oder die höhere bzw. tiefere Oktave (Super- bzw. Sub-K.) der angeschlagenen Tasten zum Mittönen gebracht werden.

Koppelnavigation † Navigation.

Koppelschwingungen, Schwingungen von zwei Systemen, die so miteinander verbunden sind, daß ein Energieaustausch zw. ihnen mögl. ist. K. führen z. B. zwei durch eine Feder miteinander verbundene Pendel (gekoppelte Pendel) aus. Wird eines von ihnen angestoßen, so wird Schwingungsenergie durch die Koppelung (Feder) auch auf das zweite übertragen.

Köppen, Wladimir, * Petersburg 25. Sept. 1846, † Graz 22. Juni 1940, dt. Meteorologe und Klimatologe russ. Herkunft. - Stellte eine Klimaklassifikation auf, in der er die Abhängigkeit der geograph. Verteilung der Pflanzen vom Klima erfaßte, und verknüpfte die synopt. Meteorologie mit der Aerologie.

Koppenhöfer, Maria, * Stuttgart 11. Dez. 1901, † Heidelberg 29. Nov. 1948, dt. Schauspielerin. - Spielte in München (1922–26; 1945–48) und Berlin (1926–44) u. a. in Inszenierungen von B. Brecht, E. Piscator, L. Jeßner und J. Fehling; trag. Charakterdarstellerin.

Koppers, Wilhelm, * Menzelen (= Alpen, Kr. Wesel) 8. Febr. 1886, † Wien 23. Jan. 1961, dt. Missionar und Ethnologe. - Prof. in Wien; Vertreter der Kulturkreislehre; schrieb u. a. „Unter Feuerland-Indianern" (1924), „Die Bhil in Zentralindien" (1948), „Der Urmensch und sein Weltbild" (1949).

Kopplung (Koppelung) [zu lat. copula „Band, Seil"], gegenseitige Beeinflussung zweier oder mehrerer physikal. Systeme, z. B. zweier Pendel. Bei einer mechan. Kopplung wird die Energie durch mechan. *Koppelglieder* (z. B. Schraubenfeder) von einem System auf das andere wechselseitig übertragen. Je nach der Stärke der gegenseitigen Beeinflussung, die durch den sog. *Kopplungsgrad* oder *Kopplungsfaktor* gemessen wird, spricht man von einer *losen Kopplung* oder von einer *festen Kopplung*. Elektromagnet. K. liegt bei der gegenseitigen Beeinflussung elektr. Schwingkreise vor. Wird sie mit einem Kondensator als Koppelglied erzielt, so spricht man von *elektr.* oder *kapazitiver K.*, bei induktiver Beeinflussung mit Hilfe von Spulen und ande-

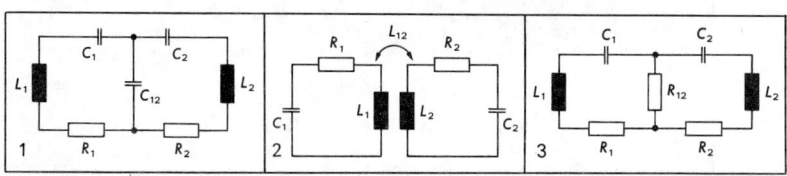

Kopplung. 1 kapazitive, 2 induktive, 3 galvanische Kopplung

Kopierverfahren

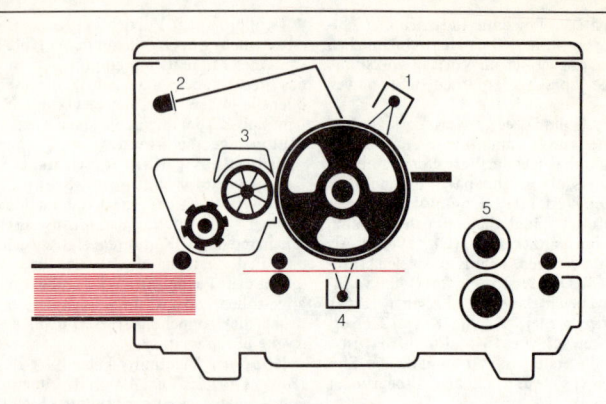

Kopierverfahren auf der Grundlage der Xerographie.
Oben: Schematischer Aufbau eines Kopiergeräts:
1 Aufladen der Photohalbleiterschicht durch eine Koronaentladung (Ladungsaufsprühung von einem dünnen Draht aus, der auf einer Spannung von 6 000 bis 8 000 Volt liegt), 2 Belichten (das von den weißen Stellen des zu kopierenden Originals reflektierte Licht bewirkt eine Ladungsabwanderung an den betreffenden Stellen der Kopierwalze, während an den dunklen, unbelichteten Stellen, die z. B. den Buchstaben des Originals entsprechen, die elektrostatische Aufladung erhalten bleibt), 3 Entwickeln durch Aufbringen des Toners (z. B. Gemisch aus Kohlestaub und thermoplastischem Kunststoff; das unsichtbare Ladungsbild wird auf der Kopiertrommel sichtbar), 4 Bildübertragung auf Kopierpapier (der Toner wird mit Hife elektrostatischer Kräfte auf das Papier „gesaugt"), 5 Fixieren der Kopie durch Druck und Wärme (Hindurchführen durch beheizte Walzen, wobei das im Toner enthaltene thermoplastische Material schmilzt und in das Papier eindringt).
Unten: Aufbringen des Toners auf die Kopierwalze mit Hilfe einer „Magnetbürste" (Trägerpartikel aus ferromagnet. Material, an denen das Tonerpulver - durch gegenseitige Reibung von Träger- und Tonerpartikeln elektrostatisch aufgeladen - haftet)

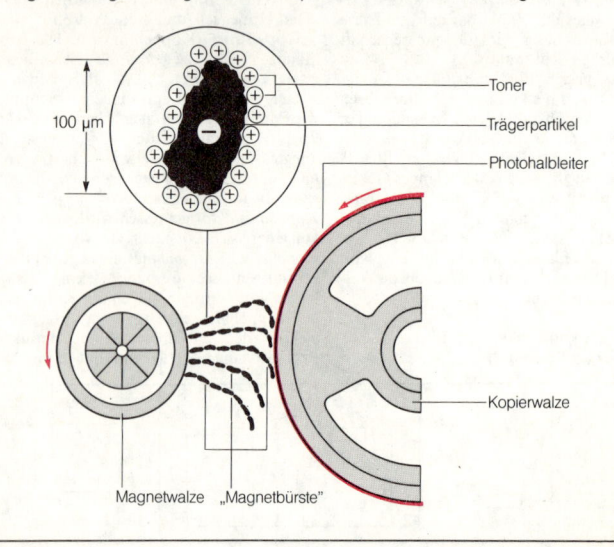

ren Induktivitäten von *magnet.* oder *induktiver K.*, bei Verwendung eines ohmschen Widerstands als Koppelglied von *galvan.* oder *ohmscher Kopplung.*
◆ in der *Genetik* svw. ↑Faktorenkopplung.

Kopra [Tamil-portugies.], getrocknetes, grob zerkleinertes, festes Nährgewebe der Kokosnuß; besteht aus 60–67 % Fett, 20 % Kohlenhydraten, 8 % Rohprotein und 4 % Wasser; K. liefert durch Auspressen **Kokosöl**, das zur Glycerinherstellung und als Grundstoff für Kunstharze verwendet wird. Das raffinierte **Kokosfett** (Kokosbutter) wird als Speisefett, zur Herstellung von Kerzen und zur Seifen- und Shampooproduktion verwendet.

Koprakäfer (Rotbeiniger Schinkenkäfer, Necrobia rufipes), weltweit verschleppter, 4–5 mm langer, rotbeiniger Buntkäfer mit blauem und blaugrünem Körper; Käfer und die bis 10 mm langen Larven sind Vorratsschädlinge.

Koproduktion, Filmproduktion, bei der mehrere Produktionsfirmen oder Fernsehanstalten gemeinsam einen [Fernseh]film produzieren.

koprogen [griech.], vom Kot stammend, durch Kot verursacht (z. B. von Infektionen).

Koprophagen [griech.] (Kotfresser), Bez. für Tiere (bes. Insekten), die sich von den Exkrementen anderer Tiere ernähren.

Koprowski, Hilary [engl. kə'prɔfski], * Warschau 5. Dez. 1916, amerikan. Mikrobiologe poln. Herkunft. - Prof. in Philadelphia; entwickelte Lebendimpfstoffe, u. a. gegen spinale Kinderlähmung und Tollwut.

Köprülü, osman. Geschlecht, aus Berat (Albanien) stammend, ben. nach seinem späteren Sitz im anatol. Köprü; stellte in der 2. Hälfte des 17. Jh. mehrere bed. Großwesire des Osman. Reiches: Mehmet K. (*1596, †1661) Großwesir seit 1656; Fazil Ahmet K. (*1635, †1676) Großwesir seit 1661; Fazil Mustafa K. (*1637, †1691) Großwesir seit 1689. Die K. legten durch ihre Politik den Grundstein für den Wiederaufstieg des Osman. Reiches.

Köprülü, Mehmet Fuat (bis 1934 Köprülüzade), * Konstantinopel 5. Dez. 1890, † ebd. 28. Juni 1966, türk. Historiker und Politiker. - 1913–43 Prof. in Istanbul; ab 1935 Abg. in der Nationalversammlung; 1946 Mitbegr. der Demokrat. Partei; 1950–56 Außenminister.

Kops (Cops) [engl.], Spinnhülse mit aufgewickeltem Garn.

Kopten [arab., zu griech. Aigýptios „Ägypter"], die arab. sprechenden christl. Nachkommen der alten Ägypter.

Koptisch ↑ägyptische Sprache.

koptische Kirche, christl. Kirche in Ägypten. Sie führt ihren Ursprung auf den hl. Markus zurück und beansprucht, die wahrhaft orth. Kirche Ägyptens zu sein. Im 11. Jh. verlegte der Patriarch Christodulos seinen Amtssitz von Alexandria nach Kairo. Mit der Eroberung Ägyptens durch die Araber wurde die k. K. antibyzantin. und endgültig monophysitisch. Der Steuerdruck durch die arab. Herrschaft führte zu Massenübertritten zum Islam und zum Zusammenbruch des verbreiteten Klosterlebens, konnte jedoch den Bestand der k. K. nicht gefährden. - Heute gibt es etwa 9 Mill. kopt. Christen.

koptische Kunst, von der oström. Entwicklung durch die arab. Eroberung (641) getrennt, lebte die christl. Kunst der Kopten in Ägypten als Volkskunst das MA hindurch aus eigenen Traditionen und wurde eine wichtige Quelle für die Kunst im christl. Nubien und wohl auch in Äthiopien; sie beeinflußte auch die frühe ir. und die merowing. Kunst. Neben der Wollwirkerei auf Leinen ist v. a. die Reliefplastik hervorzuheben, typ. die frontale Darstellung. Sehr bed. ist die kirchl. Baukunst der Frühzeit (5./6. Jh.), v. a. die Basilika des hl. Arkadius in Abu Mina bei Alexandria und die Klosterbaukunst des MA: Klöster im Wadi An Natrun, Simeonskloster bei Assuan, Klöster westl. des Golfes von Sues. Vom 9.–17. Jh. blühte eine reiche Buchmalerei, neben die sich Zeugnisse monumentaler Wandmalerei stellten (u. a. aus Pachoras). Zahlr. kunsthandwerkl. Erzeugnisse wurden exportiert.

Koptische Kunst. Korbkapitell mit Blatt- und Rankenornamenten aus der Klosterkirche von Bawit (7./8. Jh.). Paris, Louvre

koptisches Schrifttum, liegt in den verschiedenen Dialekten der kopt. Sprache vor; die kirchl. Literatur hat im wesentl. erbaul. Charakter; reich entwickelte hagiograph. und homilet. Literatur; Mönchsviten. Neben einer geistl. Volkspoesie steht eine reiche liturg. Überlieferung. Die profane Literatur ist kaum entwickelt. Der Kambysesroman legt Zeugnis vom Nationalbewußtsein der

Kopula

Kopten ab. Auch einfache medizin. Literatur sowie zahlr. Zaubertexte sind vorhanden.

Kopula [lat. „Verknüpfendes, Band"] (Satzband), in der *Sprachwiss.* Bindeglied zw. Subjekt und Prädikat, in der dt. Grammatik die flektierten Formen von *sein* (oder *werden, bleiben*), die das Subjekt mit dem Prädikat verbinden.
◆ in der *formalen Logik* die Konjunktion *und*.

Kopulation (Kopula, Copula, Copulatio) [zu lat. copulatio „Verknüpfung"] (Begattung), bei Einzellern und mehrzelligen Tieren der Vorgang des Verschmelzens bzw. engen körperl. Zusammenkommens der beiden Geschlechter (Begattungsvorgang) einer Art zur Herbeiführung einer Befruchtung bzw. Besamung im Dienste der sexuellen Fortpflanzung (beim Menschen ↑Geschlechtsverkehr). K. und Befruchtung können direkt aufeinander folgen oder zeitl. mehr oder weniger weit auseinanderliegen. Bei den Mehrzellern erfolgt die einige Sekunden bis zu mehreren Stunden dauernde K. meist über primäre oder sekundäre ♂ K.organe, die den Samen in die ♀ K.organe überleiten. Fehlen bes. ♂ K.organe, so kann der Samen auch über die Geschlechtsöffnungen bzw. die Kloaken (z. B. bei Vögeln) der Partner oder über ↑Spermatophoren direkt oder indirekt übertragen werden, oder die kopulierenden Paare geben ihre Geschlechtsprodukte für die Befruchtung nach außen ab (z. B. bei Fröschen).

Kopulationsorgane, svw. ↑Begattungsorgane.

kor..., Kor... ↑kon..., Kon...

Kora (Cora), weibl. Vorname, Kurzform von Kordula.

Korach, bibl. Männername; nach 4. Mos. 16 erhob sich K. aus dem Stamm Levi gegen Moses und Aaron und wurde dafür mit seinen Anhängern von Jahwe vernichtet.

Korakoid [griech.], svw. ↑Rabenbein.

Korallen [griech.], zusammenfassende Bez. für meist koloniebildende, kalkabscheidende ↑Blumentiere. - ↑auch Korallenriff.

Korallenbarsche (Riffbarsche, Demoisellefische, Pomacentridae), Fam. meist um 10 cm langer Barschfische mit rd. 150 Arten, v. a. in Korallenriffen trop. Meere; Körper meist sehr farbenprächtig und seitl. zusammengepreßt.

Korallenbaum (Erythrina), Gatt. der Schmetterlingsblütler mit rd. 100 Arten in den Tropen und Subtropen; Bäume, Sträucher oder Kräuter mit meist großen, roten Blüten in dichten Trauben und mit z. T. roten Samen. Eine häufig als Kübelpflanze kultivierte Art ist der **Korallenstrauch** (Erythrina crista-galli) mit dicken, dornigen Zweigen und scharlachroten Blüten mit bis 5 cm langer Fahne.

Korallenbeere, svw. ↑Korallenmoos.

Korallenfische, Bez. für kleine, meist sehr farbenprächtige, in Korallenriffen lebende Knochenfische; beliebte Seewasseraquarienfische.

Korallenmeer, Teil des südl. Pazifiks, erstreckt sich von der NO-Küste Australiens nach O bis Neukaledonien und den Neuen Hebriden, von etwa 30° s. Br. bis zu den Salomoninseln und Neuguinea; im Korallenbecken (im N) bis 4 842 m, im Salomonengraben bis 7 316 m tief; zahlr. Korallenriffe und Atolle. - Die amerikan.-jap. **Schlacht im Korallenmeer** am 7./8. Mai 1942 war die erste reine Trägerschlacht (↑auch Seeschlacht).

Korallenmoos (Korallenbeere, Nertera), Gatt. der Rötegewächse mit 8 Arten auf der Südhalbkugel; ausdauernde, kriechende Kräuter mit kleinen, eiförmigen Blättern und kleinen, unscheinbaren Blüten. Als Zimmerpflanze kultiviert wird die rasenartig wachsende Art **Nertera granadensis** mit winzigen, weißen Blüten. Die später sehr zahlr. erscheinenden etwa erbsengroßen Früchte sind orangefarben.

Korallenotter (Afrikan. Korallenschlange, Elaps lacteus), etwa 45–60 cm lange, schlanke ungefährl. Giftnatter in S-Afrika; kommt in zwei Farbvarietäten vor; dunkel mit Längsstreifung oder mit auffallend kontrastreicher schwarzer, gelbl. und roter Zeichnung. - ↑auch Korallenschlangen.

Korallenriff, aus den Skeletten von koloniebildenden Korallen aufgebauter Wall in warmen Meeren etwa zw. 30° n. Br. und 30° s. Br.; fossil auch in höheren Breiten. Korallen bilden an vielen Küsten **Saumriffe**. Bei Senkung des Untergrunds oder Anstieg des Meeresspiegels bauen sie das Riff in die Höhe, es entsteht ein vor der Küste weiter entferntes **Wallriff**. Außerdem unterscheidet man **Krustenriffe** (Korallenbänke auf Flachseeböden) und die Inseln bildenden ↑Atolle.

Korallenschlangen, (Amerikan. K., Korallenottern) Bez. für drei Gatt. der Giftnattern mit rd. 50 etwa 60–150 cm langen Arten in N- und S-Amerika; meist sehr bunt, mit leuchtend roten, gelben (oder weißen) und schwarzen bis blauschwarzen Ringen; Gift u. U. auch für den Menschen tödl.; die „Korallentracht" wird von verschiedenen giftigen und ungiftigen Natternarten nachgeahmt.
◆ (Afrikan. Korallenschlange) svw. ↑Korallenotter.

Korallenstrauch ↑Korallenbaum.
◆ (Solanum pseudocapsicum) Art der Gatt. Nachtschatten; bis über 1 m hoher Strauch auf Madeira mit 1 cm großen, weißen Blüten und kirschengroßen, roten, bei Zuchtformen auch orangefarbenen oder goldgelben Beeren; beliebte Topfpflanze.

Korallentiere, svw. ↑Blumentiere.

Korallenwurz (Corallorhiza), von faulenden Stoffen (saprophyt.) lebende Orchideengatt. mit 15 Arten in N-Amerika und einer Art in Europa und Asien (**Corallorhiza**

Korbinian

trifida; mit scheidenförmigen, bleichen Schuppenblättern, gelbgrünen Blüten und korallenartig verzweigtem Wurzelstock).

Koralpe, Mittelgebirgsrücken der Zentralalpen, im Großen Speikkogel 2 141 m hoch.

Koran [arab. „Lesung"], das hl. Buch des Islams, das die Offenbarungen enthält, die der Prophet Mohammed zw. 608 und 632 in Mekka und Medina verkündete. Der K. ist in Reimprosa abgefaßt und stellt das älteste arab. Prosawerk dar. Der K.text wurde 653 durch eine vom Kalifen Othman (644–56) eingesetzte Kommission endgültig redigiert. Seine 114 Suren (Kapitel) wurden so geordnet, daß die längsten zu Beginn, die kürzesten am Schluß stehen. Die erste Sure („Fatiha") ist ein kurzer Gebetstext. Jede Sure ist in Verse unterteilt. Den Muslimen gilt der K. als Wort Gottes, seine Sprache als so vollendet und unnachahmlich, daß sie als das Wunder betrachtet wird, mit dem der Prophet zum Beweis seiner Prophetie begnadet wurde. Der K. ist für sie auch Grundlage des Rechts (↑Islam, Glaube und Gesetz).
📖 *Paret, R.: Der K. Dt. Übers. Tb.-Ausg. Stg.* ³*1983. 2 Bde.*

Korbach, hess. Krst. zw. Eder-, Diemel- und Twistesee, 325–560 m ü. d. M., 22 000 E. Verwaltungssitz der Landkr. Waldeck-Frankenberg; Heimatmuseum; Gummiind., Stahlmöbelfabrik, Kunststoff- u. a. Ind. - Das seit 980 bezeugte K. erhielt 1188 Stadtrecht und gehörte als einzige hess. Stadt dem Hansebund an. - Sankt Kilian in der Altstadt und Sankt Nikolai in der Neustadt sind spätgot. Hallenkirchen (14./15. Jh.), Reste der Stadtmauern (12.–14. Jh.), Rathaus (1377 ff.) mit Roland.

Korbball, dem Basketballspiel ähnl. Ballspiel, das wettkampfmäßig heute nur von Mädchen und Frauen gespielt wird (in Deutschland seit Mitte des 19. Jh.). 2 Mannschaften zu je 7 Spielerinnen versuchen, den Ball (Lederhohlball, Umfang 50–60 cm, Gewicht 400–500 g) in innerhalb eines Kreises mit 3 m Radius stehende Körbe, die durch Korbwächterinnen bewacht werden, zu werfen. Das Spielfeld ist ein Rechteck mit den Maßen 60 × 25 m. Ähnl. dem Handballspiel gibt es eine Freiwurflinie (Kreis um den Korb mit 6-m-Radius) und eine 4-m-Marke für Strafwürfe. Spieldauer: 2 × 15 Minuten.

Korbblütler (Körbchenblütler, Kompositen, Asteraceae, Compositae), eine der größten Pflanzenfam. mit rd. 20 000 Arten in mehr als 900 Gatt.; meist Kräuter oder Stauden; Blüten in charakterist. Blütenständen (Körbchen oder Köpfchen) mit Hüllblättern; Kelch aus Schuppen oder Borsten; Blumenkrone röhren- oder zungenförmig, Früchte (↑Achäne) häufig mit Flugeinrichtungen. Zu den K. gehören u. a. zahlr. Nutzpflanzen (Artischocke, Gartensalat, Schwarzwurzel, Sonnenblume, Arnika, Huflattich, Kamille, Beifuß, Wermut) und Zierpflanzen (z. B. Aster, Dahlie, Gerbera, Strohblume).

Korallenbaum. Blüten des Korallenstrauchs (Erythrina crista-galli)

Körbchen ↑Blütenstand.
◆ Pollensammelapparat bei ↑Honigbienen.

Körber, Hilde, * Wien 3. Juli 1906, † Berlin (West) 31. Mai 1969, dt. Schauspielerin und Bühnenpädagogin. - Seit 1922 Bühnenengagements u. a. in Oldenburg, Stuttgart, Zürich, Berlin; bes. wirkungsvoll in der Darstellung von Mädchengestalten der Stücke M. Fleißers. Zahlr. Filmrollen v. a. unter der Regie ihres (später von ihr geschiedenen) Mannes V. Harlan. 1946–51 Mgl. des Berliner Abg.hauses (CDU); 1951–69 Leiterin der Max-Reinhardt-Schule in Berlin (West); ab 1965 Prof. für dramat. Unterricht an der Berliner Hochschule für Musik.

Korbinian (Corbinianus), hl., * im Gebiet von Melun (?) um 670 (?), † Freising zw. 720

Korallenriff. Schema der Riffbildung

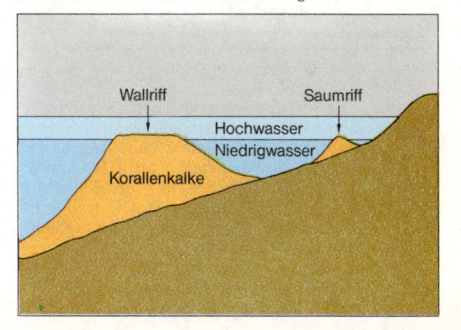

Korbmarante

und 730, Wanderbischof. - Patron der Erzdiözese München und Freising; wohl aus gallofränk. Adel; wahrscheinl. in enger Beziehung zu Pippin d. Ä.; in Freising gründete er ein Kloster (heute Weihenstephan).

Korbmarante (Calathea), Gatt. der Marantengewächse mit etwa 100 Arten im trop. S-Amerika; Stauden mit am Grunde oft langgestielten, großen, buntgefärbten Blättern und meist in dichten Köpfchen stehenden Blüten; einige Arten beliebte Zierpflanzen.

Korbwaren, Sammelbez. für Flechtwerke aus geschälten oder ungeschälten Weidenzweigen, aus Binsen, Stroh und anderem pflanzl., aber auch synthet. Material (z. B. Kunststoffäden und -bänder); neben Körben auch Sitzmöbel (Korbstühle), Taschen, Mappen u. a., für die das jeweils am besten geeignete Material verwendet wird.

Korbweide ↑ Weide.

Korčula [serbokroat. 'kɔːrtʃula], mitteldalmatin. Insel in der Republik Kroatien, Jugoslawien, 47 km lang, 6–8 km breit, von einem bewaldeten Höhenrücken (bis 568 m) durchzogen. Im dem Ort K., an der östl. N-Küste, 2 700 E, Dom (13.–16. Jh.), got. Allerheiligenkirche (14. Jh.) mit einer Sammlung byzantin. Ikonen, Patrizierhäuser in venezian. Gotik.

Korczak, Janusz [poln. 'kɔrtʃak], eigtl. Henryk Goldszmit, * Warschau 22. Juli 1878 (1879?), † Treblinka 5. (?) Aug. 1942, poln. Arzt und Pädagoge. - Als die SS die 200 Kinder seines von ihm seit 1911 geleiteten jüd. Waisenhauses aus dem Ghetto in Warschau zum Transport in das Vernichtungslager Treblinka abholte, lehnte es K. ab, sie zu verlassen. Er schrieb Bücher über und für Kinder, u. a. 1923 „König Hänschen der Erste", „König Hänschen auf der einsamen Insel"; „Wie man ein Kind lieben soll" (1926), „Das Recht des Kindes auf Achtung" (1928). - 1972 postum mit dem Friedenspreis des Börsenvereins des Dt. Buchhandels geehrt.

Kord. Gewebeschnitt

Kord (Cord) [frz.-engl., eigtl. „Schnur"], (Rippen-K.) stark geripptes, sehr dichtes und strapazierfähiges Gewebe aus Kammgarn, Streichgarn, Baumwoll- und Chemiefasergarn, v. a. für Freizeit- und Berufskleidung sowie für Möbelbezugstoffe. Die typ. meist in Längsrichtung verlaufenden Rippen werden durch eine bes. Hohlschußbindung (K.bindung) erzeugt; man unterscheidet zw. *Whip-K.*, *Rippen-*, *Riefen-* oder *K.samten* (Genua-K., Manchester, Trenkerkord).

Korda, Sir (seit 1942) Alexander [engl. 'kɔːdə], eigtl. Sándor K., *Pusztatúrpásztó 16. Sept. 1893, † London 23. Jan. 1956, brit. Regisseur und Produzent ungar. Herkunft. - Kam über Wien und Berlin 1932 nach Großbritannien. Internat. bekannt wurden seine prunkvollen Ausstattungsfilme wie „Das Privatleben Heinrichs VIII." (1932), „Rembrandt" (1936), „Lord Nelsons letzte Liebe" (1941), „Richard III." (1955).

Kordaiten (Cordaites) [nach dem dt. Botaniker A. K. J. Corda, *1809, †1849], Klasse fossiler Nacktsamer; 20–30 m hohe Bäume mit langen, lanzenförmigen, an den Zweigenden dicht zusammengedrängten Blättern; Blütenstände getrenntgeschlechtig, kätzchenförmig; waldbildend im Karbon.

Kordilleren [kɔrdɪl'jeːrən], Gebirgssystem im W des amerikan. Doppelkontinents, erstreckt sich von Alaska bis Feuerland, in Südamerika als ↑ Anden bezeichnet. Die nordamerikan. K. zeigen eine deutl. Gliederung in die ↑ Rocky Mountains im O und das pazif. Gebirgssystem im W, die beide eine Plateau- und Beckenzone einschließen.

Kordofan, Landschaft und Prov. im Zentrum der Republik Sudan mit den Nubabergen im S. - Das ehem. Reich K. wurde um 1600 gegr.; 1882 von Mahdisten erobert; seit deren Niederlage (1898) sudanes. Provinz.

kordofanische Sprachen, afrikan. Sprachen, die in den Nubabergen im Sudan gesprochen werden und neben den Niger-Kongo-Sprachen den 2. Zweig der nigerkordofanischen Sprachen bilden. Die k. S. zerfallen in die Koalib-, Tegali-, Talodi-, Tumtum- und Katlagruppen mit jeweils einigen Tausend Sprechern. Gemeinsamkeiten finden sich im Pronominalsystem, in den nominalen Klassen (↑ Klassensprachen) und im Grundvokabular.

Kordon [kɔr'dõː, kɔr'doːn; frz.; zu corde „Schnur"], Postenkette, Absperrung (u. a. durch Polizei oder Militär).
♦ Ordensband höchster Ordensklassen.
♦ im Obstbau ↑ Schnurbaum.

Kordula (Cordula), weibl. Vorname, eigtl. „Herzchen" (Verkleinerungsform von lat. cor „Herz").

Kore ↑ Persephone.

Kore [griech. „Mädchen"], archäolog. Bez. für Mädchenstatuen archaisch-griech. Zeit (7./6. Jh.).

Korea, Halbinsel in Ostasien, zw. dem Jap. und dem Gelben Meer, im S durch die Koreastraße von den jap. Inseln getrennt.

Korea (Demokratische Volksrepublik)

(amtl.: Chosun Minchu-chui Inmin Konghwa-guk; Nord-Korea), VR in Ostasien, zw. 38° und 43° n. Br. sowie 124° und 131° ö. L. **Staatsgebiet:** Umfaßt den N-Teil der Halbin-

Korea (Demokratische Volksrepublik)

sel Korea und Teile des asiat. Festlands; grenzt im W an die Koreabucht und an China, im N an China und die UdSSR, im O an das Jap. Meer, im S entlang einer Demarkationslinie um den 38. Breitengrad an die Republik Korea. **Fläche:** 120 538 km². **Bevölkerung:** 20,1 Mill. E (1985), 166,6 E/km². **Hauptstadt:** Pjongjang. **Verwaltungsgliederung:** 9 Prov., 4 regierungsunmittelbare Städte. **Amtssprache:** Koreanisch. **Nationalfeiertag:** 9. Sept. (Unabhängigkeitstag). **Währung:** Won = 100 Chon. **Internat. Mitgliedschaften:** Beobachter bei COMECON und Warschauer Pakt. **Zeitzone:** Mittlere Japanzeit, d. i. MEZ + 8 Std.

Landesnatur: Die Demokrat. VR K. ist ein Gebirgsland mit N-S bzw. NO-SW ziehenden Ketten, die vor der O-Küste, gegen die sie steil abfallen, durchschnittl. Höhen von 1000-1500 m erreichen. Höchste Erhebung ist der im nördl. Hochland gelegene Puksubaek mit 2522 m. Das Gebirgsland dacht sich allmähl. nach W ab.

Klima: Es herrscht kühl-gemäßigtes, sommerfeuchtes Monsunklima. Der SW-Monsun bringt die Hauptmengen der Jahresniederschläge. Die Sommer sind warm, die Winter streng.

Vegetation: Vorherrschend sind Nadelwälder mit Fichte und Lärche, gegen S zu Mischwälder mit Eiche, Ahorn und Buche.

Tierwelt: Die urspr. Tierwelt (Antilopen, Tiger, Leoparden, Panther) wurde fast völlig ausgerottet. In den Küstenebenen kommen Wildtauben, Reiher und Kraniche vor.

Bevölkerung: Sie besteht ausschließlich aus Koreanern. Religionsausübung wird allenfalls geduldet. Früher waren Konfuzianismus und Buddhismus verbreitet. Dicht besiedelt sind v. a. die Ebenen im W des Landes. Etwa die Hälfte der Bev. lebt in Städten. Alle wichtigen Städte liegen am Unterlauf von Flüssen oder an der Küste. Die allg. Schulpflicht dauert 11 Jahre. K. hat 216 sog. Hochschulen, die den amerikan. Colleges vergleichbar sind, sowie eine Volluniv. in Pjongjang (gegr. 1946).

Wirtschaft: Rd. 90 % der landw. Nutzfläche werden von Produktionsgenossenschaften, etwa 5 % von Staatsgütern bewirtschaftet, etwa 5 % sind Eigentum von Bauern. Die Landw. ist stark mechanisiert. Hauptanbauprodukt ist Reis, daneben werden Mais, Hirse, Gerste, Weizen, Kartoffeln, Hülsenfrüchte, Sojabohnen, Tabak u. a. angebaut, Schweine, Rinder, Schafe und Ziegen gehalten sowie Seidenraupenzucht betrieben. Ein wichtiger Wirtschaftszweig ist die Fischerei. K. ist reich an Bodenschätzen. Neben Stein- und Braunkohle kommen Eisen-, Kupfer-, Wolfram-, Blei-, Zink- u. a. Erze vor, auch Graphit, Gold, Baryt, Cadmium und Salz. Die Ind. umfaßt staatl. und genossenschaftl. Betriebe. Führend ist die Schwerindustrie. - Karte S. 153.

Außenhandel: Der grenzüberschreitende Warenverkehr ist Staatsmonopol. Ausgeführt werden Erze, Halb- und Fertigwaren, Nahrungsmittel und Getränke, Tabak, Seide, eingeführt Maschinen, Halb- und Fertigwaren, Fahrzeuge, Erdöl und -produkte. Wichtigste Handelspartner sind die UdSSR und China, von nichtkommunist. Ländern Japan und Hongkong.

Verkehr: Wichtigster Verkehrsträger ist die Eisenbahn. Ihr Schienennetz hat eine Länge von 4473 km, davon sind 2706 elektrifiziert. Der Straßenbestand (alle Kategorien) hat eine Länge von 22000 km, darunter auch 240 km Autobahnen. Wichtigste Seehäfen sind Chongjin, Hungnam und Wonsan am Jap. Meer, Nampo am Gelben Meer. Eine staatl. Luftverkehrsgesellschaft versieht den Inlandsdienst und fliegt Peking und Moskau an. Die Hauptstadt verfügt über einen internat. ✈.

Geschichte ↑ koreanische Geschichte.

Politisches System: Die Verfassung der Demokrat. VR K. von 1972 weist Elemente eines Präsidialsystems auf. *Staatsoberhaupt* ist der von der Obersten Volksversammlung auf 4 Jahre (ohne Beschränkung der Wiederwahl) gewählte Staatspräs. (seit 1972 Kim Il Sung). Als Vors. des Zentralen Volkskomitees, des „höchsten Führungsorgans der Staatsgewalt" (das neben ihm den Vizepräs. sowie weitere Mgl. umfaßt), bestimmt er fakt. die Richtlinien der Politik. Er ist Vors. der Nat. Verteidigungskommission sowie Oberkommandierender der Streitkräfte. *Verfassung- und gesetzgebendes Organ* ist die Oberste Volksversammlung (579 gewählte Abg.). Ihre Tätigkeit (Zusammentritt 1-2mal im Jahr) beschränkt sich im wesentl. darauf, die von ihrem Ständigen Komitee beschlossenen Gesetze nachträgl. zu sanktionieren. Der Verwaltungsrat als eigtl. Reg. besteht aus dem von der Obersten Volksversammlung auf Vorschlag des Staatspräs. gewählten Min.präs., den Min. und sonstigen Mgl.; er ist bis auf Ausnahmen (Abschluß internat. Verträge, Aufstellung des Volkswirtschafts- und Haushaltsplans) gegenüber dem Staatspräs. und dem Zentralen Volkskomitee bloßes Vollzugs- bzw. Verwaltungsorgan. Beherrschende *Partei* ist die marxist.-leninist. Korean. Arbeiterpartei. Ihr Politbüro hat direkte Weisungsgewalt über alle Staatsorgane und alle Parteien. Generalsekretär ist Staatspräs. Kim Il Sung. Die Demokrat. VR K. ist *verwaltungs*mäßig in 9 Prov. und 4 regierungsunmittelbare Städte gegliedert. Die *Recht*sprechung erfolgt durch das Zentralgericht, durch Prov.-, Volks- und Sondergerichte. Richter und Beisitzer der Gerichte werden je nach Ebene von den entsprechenden Volksvertretungen gewählt, denen sie auch verantwortl. sind. Die *Streitkräfte* umfassen 842000 Mann (Heer 750000, Luftwaffe 53000, Marine 39000). Daneben gibt es paramilitär. Kräfte: 38000 Mann Sicherheits- und

Grenztruppen, rd. 2,5 Mill. Mann Zivilmiliz, die regional gegliedert und kurzfristig einsetzbar ist.

📖 An, T. S.: *North K. in transition*. Westport 1983. - *Wachstum, Diktatur und Ideologie in K.* Hg. v. Du-Yul-Song. Bochum 1980. - ↑ auch Korea (Republik).

Korea (Republik)

(amtl.: Daehan Minkuk; Süd-Korea), präsidiale Republik in Ostasien, zw. 125° und 130° ö.L. sowie 33° und 38° n.Br. **Staatsgebiet:** Umfaßt den S-Teil der Halbinsel Korea sowie die der Küste vorgelagerten etwa 3 500 Inseln. Es grenzt im W an das Gelbe Meer, im S an die Koreastraße, im O an das Jap. Meer, im N entlang einer entmilitarisierten Zone am 38. Breitengrad an die Demokrat. VR Korea. **Fläche:** 99 022 km². **Bevölkerung:** 40,4 Mill. E (1984), 408 E/km². **Hauptstadt:** Seoul. **Verwaltungsgliederung:** 9 Prov., 5 Städte in Prov.rang. **Amtssprache:** Koreanisch. **Nationalfeiertag:** 15. Aug. **Währung:** Won (W) = 100 Chon. **Internat. Mitgliedschaften:** Alle Sonderorganisationen der UN (außer ILO), ASPAC, GATT. **Zeitzone:** Mittlere Japanzeit, d.i. MEZ + 8 Std.

Landesnatur: Die Republik K. wird überwiegend von einem zur O-Küste steil abfallenden Gebirgsland eingenommen. Die Gebirgsketten erreichen im O eine Höhe bis um 1 700 m. Nach W dacht sich die Oberfläche über ein Hügelland zu einer breiten Küstenebene ab.
Klima: Es herrscht kühl-gemäßigtes Monsunklima, an der S-Küste ist es tropisch. V. a. die Monate Juli und Aug. stehen unter dem Einfluß des Sommermonsuns, der die Hauptmengen des Jahresniederschlags bringt; die Witterung ist warm und schwül. Nach dem Landesinneren und N zu sinken die Temperaturen etwas ab, jedoch sind bes. die Winter wesentl. milder als im N der Halbinsel.
Vegetation: Vorherrschend sind Mischwälder, häufig zu Buschwald degradiert, u. a. Eichen, Ahorn, Buchen und Kiefern.
Tierwelt: Die Tierwelt entspricht der von Nordchina und der Mandschurei.
Bevölkerung: Neben Koreanern gibt es kleine Gruppen von Chinesen, Japanern und Amerikanern. Etwa 41% sind Anhänger des Buddhismus und Konfuzianismus, 23% Christen, 4% Anhänger der Chondokyo (Religion mit buddhist.-christl. Elementen). Dicht besiedelt sind die Küstenebenen. Rd. 63% der Bev. leben in Städten. Seit 1950 besteht allg. sechsjährige Schulpflicht. Die Analphabetenquote beträgt 10%. K. verfügt über 268 Hochschulen (mit Univ.) und Colleges.
Wirtschaft: Wichtigster Zweig ist die Landw. Die Durchschnittsgröße der meist kleinbäuerl. Betriebe liegt bei 1 ha. Auf rd. 53 % der landw. Nutzfläche wird Reis angebaut, doch reichen die Ernten nicht zur Selbstversorgung aus. Daneben werden Gerste, Weizen, Mais, Hirse, Hülsenfrüchte, Sojabohnen, Kartoffeln, Rettich, Chinakohl, Erdnüsse, Tabak, Obst, Wassermelonen, Ginseng u. a. angebaut. Die Viehwirtschaft hat geringe Bed.; bed. sind Seidenraupenzucht und Fischerei. An Bodenschätzen kommen Steinkohle, Eisen-, Wolfram-, Wismut-, Molybdän- u. a. Erze vor. Mit Hilfe von Auslandsinvestitionen wurden nach 1960 moderne Ind.betriebe errichtet, u. a. Eisen- und Stahlwerke, Automobil- und Schiffbau, Elektronikind., Erdölraffinerien und petrochem. Werke sowie eine bed. Textil- und Bekleidungsindustrie.
Außenhandel: Ausgeführt werden v. a. Bekleidung, Elektroartikel, Nahrungsmittel, Eisen und Stahl, chem. Erzeugnisse, Schuhe, Sperrholz, Perücken u. a. Haarersatz, Seide, Spielwaren, eingeführt Erdöl und -produkte, Kfz., feinmechan. und opt. Erzeugnisse, Metallwaren, Holz u. a. Handelspartner sind u. a. Japan, die USA, Saudi-Arabien, die BR Deutschland, Kanada, Kuweit, Indonesien, Australien.
Verkehr: Das Eisenbahnnetz hat eine Länge von 6 113 km, das Straßennetz von 53 936 km, darunter 1 245 km Autobahnen. Große Bed. hat die See- u. Küstenschiffahrt. Wichtigste Häfen außer Pusan sind Pohang Mokpo und Inchon. Die Luftverkehrsgesellschaft Korean Air versieht den Inlandsdienst und bedient vom internat. ✈ Seoul aus Strecken in Asien sowie nach Afrika, Europa (BR Deutschland, Frankreich, Niederlande, Schweiz) und in die USA.

Geschichte: ↑ koreanische Geschichte.
Politisches System: Nach der Verfassung vom 27. Okt. 1987 (in Kraft seit Febr. 1988) hat die Republik K. ein Präsidialsystem. *Staatsoberhaupt* und oberster Träger der *Exekutive* ist der Staatspräs. (seit Febr. 1988 Roh Tae Woo), der vom Volk direkt für eine einmalige Amtszeit von fünf Jahren gewählt wird und den Premiermin. ernennt. Staatspräs., Premiermin. und Min. bilden den Staatsrat, dem kein aktiver Militär angehören darf. Die *Legislative* liegt bei der Nationalversammlung, die mindestens 200 Abg. haben muß (z. Z. 299 Abg.). Die Nationalversammlung wird in allg. geheimen Wahlen für vier Jahre gewählt; sie besitzt Untersuchungsrechte und kann den Staatspräs. vor dem Verfassungsgerichtshof anklagen. Wichtigste *Partei* in der Nationalversammlung und Regierungspartei ist die Democratic Justice Party (DJP). Die wichtigsten Oppositionsparteien sind die Peace and Democracy Party (PDP) unter Führung von Kim Dae Jung und die Reunification Democratic Party (RDP) von Kim Young Sam.

Die *Verwaltung* der neun Provinzen wird durch vom Staatspräs. eingesetzte Prov.gouverneure ausgeübt. Seoul, Pusan, Taegu, Inchon und Kwangju haben den Status einer

Korea (Republik)

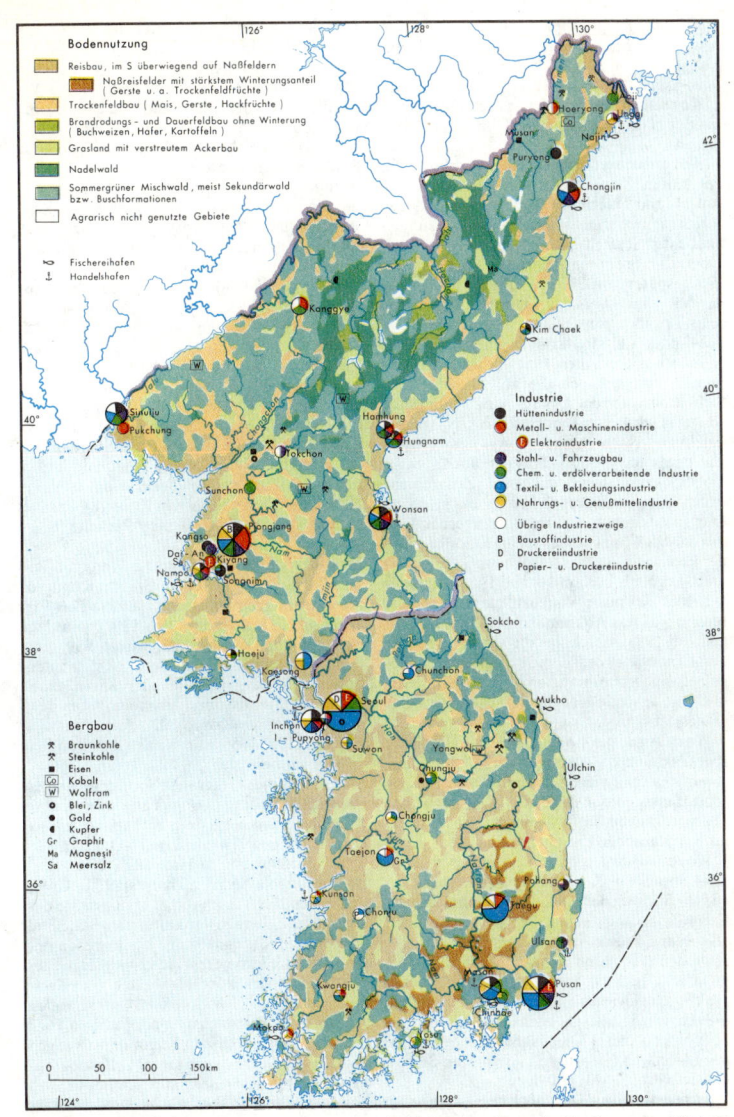

Korea. Wirtschaftskarte

Stadt und zugleich einer Provinz. Die *Recht*sprechung obliegt dem Obersten Gerichtshof als höchster Berufungsinstanz für Zivil-, Straf- und Kriegsgerichtsurteile, den 3 Berufungsgerichten (zugleich Verwaltungsgerichte) und den erstinstanzl. Bezirksgerichten. Ein neunköpfiger Verfassungsgerichtshof befindet u.a. über die Verfassungsmäßigkeit von Gesetzen und die Auflösung von polit. Parteien. Die *Streitkräfte* sind rd. 629 000 Mann stark. Die paramilitär. Kräfte umfassen rd. 2,8 Mill. Mann.

Krisenherd K. Hg. v. G. Fritz u. K. Scharf. Stg. 1980. - Göthel, I.: *Gesch. Koreas: vom 17. Jh. bis zur Gegenwart.* Bln. 1978. - Eliseit, H.: *K., das zerrissene Lächeln.* Bln. 1978. -

Vos, F.: Die Religionen Koreas. Stg. 1977. - Solberg, S. E.: The land and people of K. Philadelphia (Pa.) Neuaufl. 1973. - K., its people and culture. Seoul 1970.

Koreabucht, Bucht des Gelben Meeres, zw. der Halbinsel Liaotung (China) und NW-Korea.

Koreakrieg (1950–53), im Spannungsfeld des kalten Krieges entstanden nach Abzug sowjet. und amerikan. Truppen aus N- bzw. S-Korea bewaffnete Auseinandersetzungen zw. beiden Staaten. Nach einem unerwarteten Überfall nordkorean. Streitkräfte (25. Juni 1950), später von 300 000 „Freiwilligen" aus der VR China verstärkt, wurden die südkorean. Truppen vom 27. Juni an von amerikan. See- und Luftstreitkräften unter General MacArthur (bis April 1951) unterstützt, der vom 7. Juli an auch die auf Beschluß des Sicherheitsrates der UN (in Abwesenheit des sowjet. Delegierten) aufgestellte UN-Truppe befehligte. Nach raschen nordkorean. Erfolgen begannen die UN-Truppen am 15. Sept. eine Gegenoffensive, die zum Zusammenbruch der nordkorean. Front im S führte. Das Eingreifen von „Freiwilligenverbänden" aus der VR China bewirkte eine Stabilisierung der Front unmittelbar nördl. vom 38. Breitengrad. Ergebnis der am 10. Juli 1951 begonnenen über 2jährigen Waffenstillstandsverhandlungen war das Abkommen von Panmunjom (27. Juli 1953), durch das die Grenze zw. beiden Landesteilen auf dem 38. Breitengrad festgelegt, eine entmilitarisierte Zone geschaffen und eine neutrale Überwachungskommission eingesetzt wurde.

Koreaner, die mongol. Bev. der Halbinsel Korea (kleinere Gruppen leben in China und Japan). Es überwiegt der Einfluß von Tungusenstämmen, die in prähistor. Zeit nach Korea vordrangen. Im N macht sich sinider, im S malaiischer Einschlag bemerkbar.

Koreanisch, agglutinierende, dem Jap. ähnl. Sprache in Korea, deren Sprachstruktur vor Einführung der chin. Sprache und Schrift sich nur bedingt aus spärl. Zeugnissen der altkorean. Poesie in späteren Werken erschließen läßt. Eine Verwandtschaft zu den mandschu-tungus. Sprachen ist noch nicht exakt nachgewiesen. - Die **korean. Schrift** ist die einzige Schrift O-Asiens mit einem aus 11 Vokalen und 17 Konsonanten bestehendem Alphabet. Sie wurde in mehreren Stufen aus der chin. Schrift entwickelt.

koreanische Geschichte, Entstehung von Volk und Staat: Das korean. Volk entstand aus der Verschmelzung eingewanderter tungus. Völker mit Trägern der hochentwickelten chin. Kultur, die als dünne Oberschicht die polit. Führung der einheim. Stammesverbände übernahmen. Dazu gesellte sich ein drittes ethn. Element, eine Überlagerungsschicht austroasiat. Völker aus dem Malaiischen Archipel und S-China. Wi Man, ein nach K. geflüchteter chin. Rebellenführer, bemächtigte sich nach dem Sturz des letzten Herrschers der Kija-Dyn. (1122–194) des Staates (193 v. Chr.). Unter dem Enkel Wi Mans, Ugo, wurde das Land von chin. Truppen erobert und dem chin. Reich einverleibt. **Die „Drei Reiche":** Nachdem aus den im S von K. beheimateten 3 großen Stammesgruppen Mahan, Chinhan und Pyonhan um die Zeit kurz vor Christi Geburt die Kgr. Paekche und Silla hervorgegangen waren, trat im nordostkorean. Grenzgebiet des Jalu das Reich Koguryo (17 v. Chr.–660 n. Chr.) das Erbe des alten Chosonstaates (nach den Mythen 2333 v. Chr. begr.) an. Am Unterlauf des Flusses Naktong entwickelte sich der kleine Staat Kaya (42–562 n. Chr.), der als Protektorat Minama zeitweilig jap. Oberhoheit unterstand. Durch ein Bündnis mit dem chin. Tangreich gewann Silla in der 2. Hälfte des 7. Jh. die Übermacht und konnte Koguryo (660) und Paekche (668) seinem Staatsgebiet einverleiben. Nach dem Niedergang Sillas teilten sich in dessen Territorium Anfang 10. Jh. vier Dyn.: Taebong (901–918), Parhae (chin. P'o-hai; 699–926), Neu-Paekche (892–936) und (Rest-)Silla.

Das Reich Koryo: 935 gelang Wanggun, einem Aristokraten des ehem. Staates Koguryo, die Wiedervereinigung des Landes. Das 918 ausgerufene Kgr. Koryo (bis 1392), von dem sich die Bez. K. ableitete, wurde 939 vom chin. Kaiser formal anerkannt. Nach wiederholten krieger. Überfällen der Kitan, eines in der sw. Mandschurei lebenden Nomadenvolkes, erkannte Koryo 1020 deren Oberhoheit an. 1231–1356 wurde das Land von den Mongolen besetzt.

Die Yidynastie: General Yi Songge setzte den schwachen König Kong Yang von Koryo ab und bestieg als König Yi Taejo des Chosonreiches den Thron der Yi-Dyn. (1392–1910). Er residierte in Hanyang (1096 gegr.), dem heutigen Seoul („Hauptstadt"). Unter den ersten Herrschern dieser Dyn. erlebte das Reich eine Zeit höchster kultureller Blüte und wirtsch. Entfaltung. Mit der jap. Invasion unter Tojotomi Hidejoschi (1592–98) setzte der Niedergang des korean. Staates ein. Zwar wurden die jap. Invasoren in wechselvollen Kämpfen zurückgeschlagen, doch fielen 1627 die tungus. Mandschu in K. ein und zwangen den Hof zur Anerkennung ihrer Lehnsoberhoheit. Die ständigen Bedrohungen des Staates von außen veranlaßten die Yi-Dyn. zu einer rigorosen Politik der Abschließung (1637–1886).

Zeitalter des Imperialismus und jap. Herrschaft: 1876 erzwang Japan im Vertrag von Kanghwa gegen die Anerkennung der Unabhängigkeit K. die Freigabe einiger Handelshäfen. Ähnl. Verträge wurden mit anderen Mächten geschlossen (1882 USA, 1883 Großbrit., 1884 Dt. Reich und Rußland). Der

koreanische Geschichte

Aufstand der nationalist., fremdenfeindl. Tonghaksekte, zu deren Niederwerfung der korean. Hof die chin. Schutzmacht um militär. Hilfe ersuchte, führte zum Chin.-Jap. Krieg (1894/95). Nach der chin. Niederlage erkannte Peking 1895 die Unabhängigkeit von K. an, dessen König sich den Titel eines „Kaisers von Taehan" (Groß-K.) zulegte (1896). Die allzu enge Anlehnung des korean. Herrscherhauses an Rußland, das in der Mandschurei seine Einflußsphäre durch die Japaner beeinträchtigt sah, löste den Russ.-Jap. Krieg aus (1904/05). Im Frieden von Portsmouth setzte die jap. Reg. ihre Machtansprüche auf K. durch, und mit Zustimmung der USA und Großbrit. wurde das Chosonreich jap. Protektorat (1906–08, Fürst Ito Generalresident), nach der Ermordung Itos durch einen korean. Freiheitskämpfer (1909) und Absetzung des letzten Kaisers der Yi-Dyn. dem Kaiserreich Japan 1910 als Generalgouvernement Chosen (Chosen-sotokufu) einverleibt (ab 1929 Prov. Chosen). Während der jap. Verwaltung vollzog sich die Industrialisierung von Nord-K. bei gleichzeitigem Aufbau einer modernen Landw. in Süd-K. ausschließl. zum Nutzen Japans. Zugleich wurde durch polizeistaatl. Methoden jede freiheitl. Regung der Koreaner grausam unterdrückt. 1919 hatte Syngman Rhe (Yi Sungman) in Schanghai eine korean. Exil-Reg. gegr.; kommunist., von der Sowjetunion unterstützte Partisanengruppen unter Kim Il Sung unternahmen seit 1934 in Nordost-K. Guerillaaktionen gegen die Japaner.

Teilung des Landes: Die jap. Niederlage im 2. Weltkrieg beendete seine Herrschaft über K., dessen staatl. Unabhängigkeit in den Konferenzen von Kairo (1943) und Jalta (1945) sowie im Potsdamer Abkommen (1945) garantiert wurde. Am 8. Aug. 1945 besetzten sowjet. Truppen Nord-K., amerikan. Einheiten den S des Landes, nachdem zunächst als rein militär. Maßnahme der 38. Breitengrad als Demarkationslinie festgelegt worden war. Die im Moskauer Abkommen vom 27. Dez. 1945 niedergelegten Vereinbarungen über die Bildung einer provisor. korean. Reg. konnten, wie auch die von den UN 1947 beschlossenen freien und geheimen Wahlen in ganz K., wegen des Widerstandes der Sowjetunion, die das kommunist. Regime Kim Il Sungs in Nord-K. unterstützte, nicht realisiert werden. Nach den nur in Süd-K. unter Kontrolle der UN abgehaltenen Wahlen und der Verkündung einer demokrat. Konstitution wurde am 15. Aug. 1948 in Seoul die Republik K. ausgerufen, und Syngman Rhee zu ihrem ersten Präs. gewählt. Am 9. Sept. 1948 wurde die Demokrat. VR K. unter Präs. Kim Il Sung proklamiert. Das durch den kalten Krieg gespannte Verhältnis zw. den USA und der Sowjetunion führte zum ↑ Koreakrieg. 1953 wurde ein Waffenstillstandsabkommen unter-

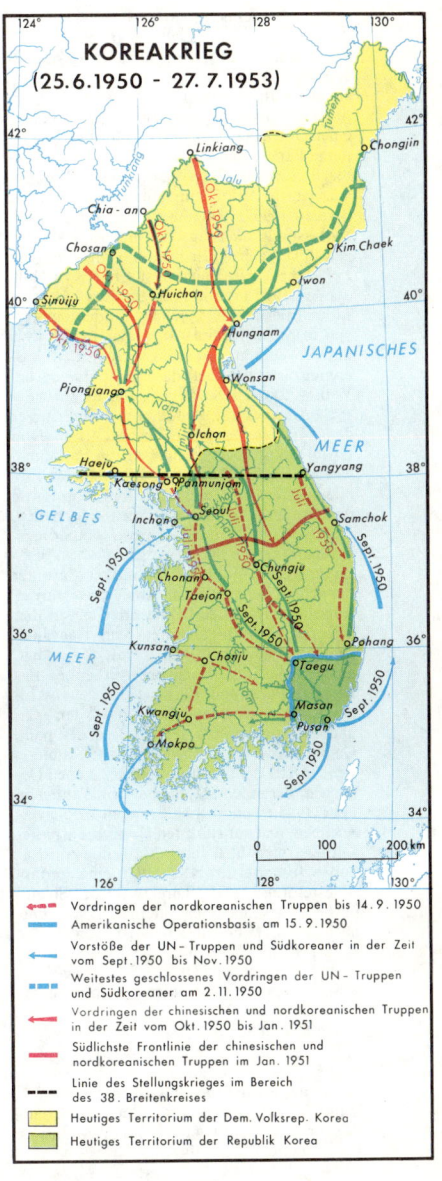

KOREAKRIEG (25.6.1950 – 27.7.1953)

- ⇠⇢ Vordringen der nordkoreanischen Truppen bis 14.9.1950
- ― Amerikanische Operationsbasis am 15.9.1950
- ← Vorstöße der UN-Truppen und Südkoreaner in der Zeit vom Sept. 1950 bis Nov. 1950
- ▬▬▬ Weitestes geschlossenes Vordringen der UN-Truppen und Südkoreaner am 2.11.1950
- ← Vordringen der chinesischen und nordkoreanischen Truppen in der Zeit vom Okt. 1950 bis Jan. 1951
- ― Südlichste Frontlinie der chinesischen und nordkoreanischen Truppen im Jan. 1951
- ‐ ‐ ‐ Linie des Stellungskrieges im Bereich des 38. Breitenkreises
- Heutiges Territorium der Dem. Volksrep. Korea
- Heutiges Territorium der Republik Korea

zeichnet. Bemühungen um eine Friedensregelung in Genf (1954) blieben ergebnislos. Syngman Rhees autoritäre, die demokrat. Grundrechte der Verfassung mißachtende Reg.weise erregte den Unwillen insbes. der Studenten,

koreanische Kunst

die seinen Rücktritt 1960 erzwangen. Die Reg. der in den Neuwahlen 1960 siegreichen Opposition mit J. M. Chang (Chang Myon) als Premiermin. und Yun Poson als Staatspräs., wurde 1961 durch den Putsch einer Militärjunta gestürzt, die ihrerseits noch 1961 von einer Offiziersgruppe unter Führung von General Park Chung Hee (Pak Chonghi) entmachtet wurde. Nach dem Rücktritt Yun Posons wurde Park Chung Hee zum Staatspräs. berufen (1963; 1967 und 1971 sowie nach Verfassungsänderung 1972 und 1978 wiedergewählt). Nach der Ermordung Parks im Okt. 1979 leitete sein Nachfolger Choi Kyu Hah, der seit 1975 Premiermin. gewesen war, eine Liberalisierung ein. Doch auf Studentenunruhen in Seoul (Mai 1980) reagierte die Reg. mit der Verhängung eines verschärften Ausnahmezustands über das ganze Land; ein Volksaufstand in Kwangju, der auch auf andere Städte übergriff, wurde vom Militär unter dem Geheimdienstchef General Chun Doo Hwan blutig niedergeschlagen, das Parlament wurde aufgelöst. Noch im Mai 1980 zum Premiermin. ernannt, ließ sich Chun Doo Hwan im Aug. zum Staatspräs. wählen. Er schaltete die Opposition durch rigorose Säuberungsmaßnahmen, ein Parteienverbot und ein Betätigungsverbot für über 800 Politiker (darunter der größte Teil der ehem. Abg.) aus. Internat. Aufsehen erregte das Todesurteil gegen den früheren Oppositionsführer Kim Dae Jung (zunächst zu lebenslängl. Haft begnadigt, dann amnestiert). Nach der Aufhebung des Kriegsrechts im Jan. 1981 trat eine gewisse Liberalisierung ein; neue Parteien wurden gegr. und 1984 schließlich ein Großteil der polit. Gefangenen entlassen. Anfang 1985 formierte sich ein Teil der Opposition in der Neuen Demokrat. Partei Koreas, die bei den Wahlen im Febr. 1985 einen überwältigenden Erfolg verzeichnete und zur stärksten Oppositionspartei wurde. Unterstützt durch Massendemonstrationen forderte die NKD 1986 eine Verfassungsreform, u. a. die Direktwahl des Staatspräsidenten. Erst unter internat. Druck und nachdem der Präsidentschaftskandidat der DJP, Roh Tae Woo, mit seinem Rücktritt gedroht hatte, wurde im Okt. 1987 eine neue Verfassung verabschiedet. Internat. Ansehen gewann Südkorea 1988 mit den Olymp. Sommerspielen in Seoul.
1973 hatte Süd-K. den Alleinvertretungsanspruch für ganz K. aufgegeben und der getrennten Aufnahme beider korean. Teilstaaten in die UN zugestimmt. Bemühungen um eine Wiedervereinigung beider Staaten führten bisher zu keinem Ergebnis.

📖 *Göthel, I.: Gesch. Koreas: vom 17. Jh. bis zur Gegenwart. Bln. 1978.*

koreanische Kunst, aus der Zeit der „Drei Reiche" sind neben der Kunst der Koguryoperiode im NO (Königs- und Fürstengräber mit Wandmalereien, 4.–7. Jh.) aus dem alten Reich von Silla kleine Goldkronen (5./6. Jh.) sowie elegante Buddha-Bronzeplastiken des 6. und 7. Jh. und (graue) Keramik zu nennen. Aus Paekche sind ebenfalls kostbare, feine Goldschmiedearbeiten erhalten (5./6. Jh.). Mit der Gründung des **Großreiches Silla** (668) erreicht die k. K. - ebenfalls unter chin. Einfluß (Tangreich) - Mitte des 8. Jh. eine Blütezeit, u. a. mit dem Pulguksa (Tempel des Buddhareiches) bei Kyongju oder dem Shakyamuni-Buddha (im Tempel von Sokkuram oberhalb Pulguksas).
Koryo (918–1392): zahlr. Pagoden werden errichtet, u. a. die fünfstöckige Kaesimsa-Pagode (1009), das pagodenartige Grabmal des Priesters Hongbop (1007) und die zehnstöckige Pagode des Kyongchonsa (14. Jh.; beide befinden sich heute in Seoul). Ältestes Wandgemälde im Pusoksatempel (1379). Größtes Ansehen genießt die vollendete Koryokeramik. Feine Seladonkeramik wird seit Anfang des 11. Jh. hergestellt, Mitte des 12. Jh. wird die rein korean. Porzellaneinlegetechnik („sanggam") entwickelt, bei der vor der Glasierung die Vertiefungen des Dekors mit weißem oder schwarzem Schlicker ausgefüllt werden.
Yidynastie (1392–1910): die grobkörnige Punchongkeramik (15. und 16. Jh.) steht in der Tradition der Seladonkeramik, daneben u. a. weiße Ware mit blauem Dekor nach dem Vorbild der Mingkeramik. In der konfuzian. Baukunst v. a. Profanbauten (Paläste, Stadttore, Königsgräber, Schulen), u. a. das Südtor von Seoul (1396). Die Malerei auf Papier und Seide steht unter chin. Einfluß (Sung-, später Ming- und Ch'ingkunst), seit dem 17. Jh. entwickelt sich ein etwas unabhängiger Stil mit realist. Genrebildern aus dem Volksleben. - Im 20. Jh. wurden auch westl. Einflüsse aufgenommen. - Abb. S. 158.

📖 *Byung' Chang Rhee: Masterpieces of Korean art. New York 1979. 3 Bde. - Kunst der Welt. Bd. 13: Griswold, A. B., u. a.: Burma, Korea, Tibet. Baden-Baden ²1976. - Propyläen Kunstgesch. Bd. 17: Fontein, J./Hempel, R.: China, Korea, Japan. Bln 1968.*

koreanische Literatur, Mythen, Geschichte und Dichtung der altkorean. Völkerschaften wurden mündl. überliefert; chin. Schrift und Sprache blieben vom 5. Jh. bis ins MA Medium der korean. Literatur. Fragmente altkorean. Dichtung, bes. die 25 Hyangga (vaterländ. *Gedichte*), stammen aus der Zeit des Großreiches Silla (668–918). Die *Geschichtswerke* „Samguk-sagi" (entstanden 1145) und „Samguk-yusa" (entstanden im 13. Jh.) gehören bereits zur Literatur der Koryo-Dyn. (918–1392) an, in der die chin. Sach- und *Kunstprosa* aufblühte. Eigene Dichtung hielt sich nur in der *Poesie*, v. a. im „Changga" (Langgedicht) und „Sokyo" (Volkslied). Mit der Erfindung der korean. Buchstabenschrift in der frühen Yi-Dyn. (1392–1910) begann eine neue Epoche mit dem Aufschwung der Literatur in korean. Sprache. Nach der Entwicklung einer nat. Poesie, dem „Akchang" (lyr. Hofgedicht mit Musikbegleitung), dem „Kasa" (Verserzählung) und dem volkstüml. „Sijo" (Kurzgedicht), das bis in die Gegenwart populär war, konnte sich ab dem 15. Jh. auch eine korean. *Erzählprosa* mit z. T. sozialkrit. Tendenz herausbilden. Anfang des 20. Jh. endete die klass. Literatur Koreas; unter dem Einfluß westl. Geistesströmungen kämpften die korean. Literaten für die Befreiung Koreas von der jap. Herrschaft (1910–45); es entstand eine Nationalliteratur, die sich seit 1948 getrennt entwickelt; in der Demokrat. Volksrepublik Korea orientiert am sozialist. Realismus, in der Republik Korea z. T. im Rückgriff auf frühere Traditionen.

📖 *Insŏb Zŏng: An introduction to Korean literature*. Seoul 1970.

koreanische Musik, war in ihren Anfängen von der alten chin. Musik stark abhängig; Reste sind in der Volksmusik erhalten geblieben, die Dichtung, Tanz und Musik in enger Einheit verbindet. Seit dem 6. Jh. wirkte die k. M., insbes. über ihr Instrumentarium (u. a. Windglocke „Pang-kiang", Mundorgel „Ken", Flöten und Pauken), auf die Musik Japans ein. In neuerer Zeit machen sich starke abendländ. Einflüsse geltend.

Koreastraße, Meeresstraße zw. der S-Küste Koreas und Japan, verbindet das Jap. Meer mit dem Ostchin. Meer; an der schmalsten Stelle 160 km breit.

Koren, Stephan, * Wiener Neustadt 14. Nov. 1919, östr. Bankfachmann und Politiker. - Wirtschaftswissenschaftler; 1965–68 Prof. in Innsbruck, seit 1968 in Wien; 1968–70 Finanzmin.; 1970–77 Fraktionsvors. der ÖVP; seit 1978 Präs. der Östr. Nationalbank. - † 26. Jan. 1988.

Korfanty, Wojciech (Adalbert) [poln. kɔrˈfanti], * Sadzawka (Woiwodschaft Kattowitz) 20. April 1874, † Warschau 17. Aug. 1939, poln. Politiker. - 1903–12 und 1918 MdR, 1904–18 auch Abg. im Preuß. Landtag; kämpfte 1919–21 v. a. im nach ihm ben. 3. Aufstand (Mai–Juli 1921), in Oberschlesien für dessen Vereinigung mit Polen; als führendes Mgl. der Christl.-Demokrat. Partei und Abg. im Sejm (1919–30) entschiedener Gegner J. Piłsudskis.

Korff, Hermann August, * Bremen 3. April 1882, † Leipzig 11. Juli 1963, dt. Literarhistoriker. - 1921 Prof. in Frankfurt am Main, 1923 in Gießen, ab 1925 in Leipzig. Einer der Hauptvertreter der geistes- und ideengeschichtl. Richtung der dt. Germanistik. Hauptwerk: „Geist der Goethezeit" (4 Bde., 1923–53).

Korfu, griech. Stadt, † Kerkira.

K. (neugr. Kerkira), nördlichste der Ion. Inseln, Griechenland, vom Festland durch eine schmale Meeresstraße getrennt, 592 km², Hauptort Kerkira an der O-Küste. Im N gebirgig, bis 906 m hoch, im mittleren und südl. Teil landw. genutztes Hügelland; Fremdenverkehr.

Koriander (Coriandrum) [griech.], Gatt. der Doldenblütler mit zwei Arten im Mittelmeergebiet, darunter der **Gartenkoriander** (Coriandrum sativum), ein 30–60 cm hohes, einjähriges Kraut mit weißen Blüten in Dolden; rotbraune, kugelige Früchte, die als Gewürz sowie zur Gewinnung von äther. Öl für Parfüms verwendet werden.

Korin, Ogata, * Kioto 1658, † ebd. 1716, jap. Maler und Lackmeister. - Bemalte Keramik seines Bruders Ogata † Kensan; berühmt seine Stellschirme; führte den dekorativen Stil Tawaraja † Sotatsus zu höchster Vollendung und wirkte selbst schulebildend.

Korinna (Corinna), weibl. Vorname (Verkleinerungsform von griech. kórē „Jungfrau, Mädchen"); frz. Form Corinne.

Korinna aus Tanagra, griech. Dichterin um 500 v. Chr., vielleicht auch erst um 200 v. Chr. - Gilt nach Sappho als bedeutendste antike Dichterin; behandelte meist Themen der böot. Sage, die z. T. in die Mythologie eingegangen sind.

Korinth, griech. Stadt an der Landenge und am Golf von K., 22 700 E. Hauptort des Verw.-Geb. Korinthia; Sitz eines griech.-orth. Bischofs; Museum, Nahrungsmittelind., Geräte- und Landmaschinenbau.

Geschichte: Die Bed. des antiken K. erklärt seine Lage auf der Landenge von K. sowie zw. 2 Meeren mit dem Besitz der Häfen Lechaion am Golf von K. und Kenchreai am Saron. Golf. Dadurch wurde K. früh zu einem bed. Handels- und Umschlagplatz. Das histor. K. ist eine dor. Gründung, der dor. Eroberschicht herrschte vom Anfang des 1. Jt. bis zu ihrem Sturz durch die Tyrannis Kypselos' (657 oder 620), die sich auf den größten Teil der nichtdor. Bev. stützte. Kypselos sowie sein Sohn und Nachfolger Periander begr. durch Anlage und Sicherung von Kolonien einen weitausgreifenden polit. Einfluß. Nach den Perserkriegen war die bedrohl. Konkurrenz Athens Grund für K., auf seiten Spartas den Peloponnes. Krieg zu beginnen. Es verbündete sich jedoch im Korinth. Krieg (395–386) mit Athen, Theben und Argos und stand dann in wechselnden Koalitionen gegen die jeweilige Hegemonialmacht Griechenlands (Theben, Makedonien) und war im Achäischen Bund das letzte Zentrum des griech. Widerstands gegen die Römer, die K. 146 v. Chr. vollkommen zerstörten (Neugründung 44 v. Chr.). K. war bis 1147 (Einnahme durch die Normannen) als Zentrum der byzantin. Seidenindustrie noch die reichste Stadt Griechenlands. Nach 1204 stand K. abwechselnd unter byzantin. und „fränk." (Ft. Achaia) Herrschaft und wurde 1458 dem Osman. Reich einverleibt. Seit dem Spät-MA

Korinth

Koreanische Kunst. Oben:
Buddha-Bronzeplastik (um 600);
Jagdszene (Ausschnitt; 5./6. Jh.). Wandmalerei in einem Fürstengrab in Chian

verlor K. an Bed.; zum neugebildeten Griechenland gehörte es von Anfang an (1829/30). Nach der Zerstörung durch ein Erdbeben 1858 bauten die Bewohner 6 km nö. der zerstörten Stadt am Meer Neu-K. auf, das 1928 seine jetzige Anlage erhielt.
Ausgrabungen legten Reste des dor. Apollontempels (nach 550 v. Chr.), die 165 m lange S-Stoa (4. Jh. v. Chr.) an der Agora sowie Reste eines Asklepiosheiligtums (um 300 v. Chr) frei. Aus röm. Zeit (ebenfalls ausgegraben) stammen die Agora (255 × 127 m), die um 45 n. Chr. erbaute Basilica Julia, das Odeion (um 100 n. Chr.), das unter Hadrian erbaute Theater (15 000 Sitze) und ein Amphitheater. Charakterist. für K. sind die Quellhäuser der Peirene und Glauke. Die Oberstadt auf dem Burgberg war stets Festung; der Endzustand ist den Venezianern (seit 1687) zu verdanken.

Papahatzis, N.: Das antike K. Mchn. 1977. - Corinth. Results of excavations conducted by the American School of Classical Studies at Athens. Hg. v. H. N. Fowler. Boston (Mass.) 1929–32. 16 Bde.

Korinth, Golf von, Meeresarm des Ion. Meeres zw. der Meerenge von Rhion und der Landenge von Korinth; er trennt M-Griechenland von der Peloponnes.

Korinth, Landenge von (Isthmus von Korinth), Landenge zw. M-Griechenland und der Peloponnes. Hier verbindet der 6,5 km lange, 1893 eröffnete **Kanal von Korinth** das Ionische mit dem Ägäischen Meer.

Korinthen, kernlose, kleine, violettschwarze, getrocknete Weinbeeren, die zuerst in der Gegend von Korinth angebaut wurden.

Korintherbriefe, eine im neutestamentl. Kanon als 1. und 2. Kor. bezeichnete Briefsammlung des Paulus an die von ihm gegr. Gemeinde in Korinth. Der Briefwechsel bestand urspr. aus mindestens vier Briefen. Den 1. Kor., dessen Einheitlichkeit fast allg. anerkannt wird, schrieb Paulus aus Ephesus im Jahre 55. Bes. wichtig war Paulus die Antwort auf die von den „Leuten der Chloe" mündl. überbrachten Nachrichten über die Spaltung der Gemeinde in vier Parteien oder Gruppen: Paulus-, Apollos-, Kephas- und Christuspartei. Die Einheit des 2. Kor. ist stark umstritten (enthält nichtpaulin. Stücke).

Korinthischer Bund, 1. Bez. für die gegen Persien verbündeten Griechen 480 v. Chr.; 2. Vereinigung der Griechen auf Anregung Philipps II. von Makedonien nach der Schlacht bei Chaironeia (338 v. Chr.).

korinthisches Kapitell ↑ Kapitell.

Korjaken, paläoasiat. Volk in NO-Sibirien, v. a. im N der Halbinsel Kamtschatka; sprechen eine paläosibir. Sprache.

Korjaken, Nationaler Kreis der, sowjet. nat. Kreis innerhalb des Gebiets Kamtschatka, RSFSR, 301 500 km², 38 000 E. Umfaßt den N-Teil der Halbinsel Kamtschatka und angrenzende Gebiete im N sowie die Karaginskiinsel. Hauptgrundlagen der Wirtschaft bilden Fischerei, Jagd auf Meeressäugetiere und Renzucht. - Am 10. Dez. 1930 errichtet.

Kork [span.-niederl., zu lat. cortex „Baumrinde"] (Phellem), vom **Korkkambium** (Phellogen; ein sekundäres Bildungsgewebe) nach außen abgegebener Teil des in den äußeren Rindenschichten der Sprosse und Wurzeln mehrjähriger Samenpflanzen mit sekundärem Dikkenwachstum gebildeten sekundären Abschlußgewebes (Periderm). Besteht aus vielen Schichten regelmäßig angeordneter toter Zellen, deren Wände mit Zellulose und Suberin beschichtet und somit für Flüssigkeiten und Gase undurchlässig sind. Durch eingelagerte fäulnishemmende Stoffe (Phlobaphene) ist der K. braun gefärbt und bildet bei den verschiedenen Pflanzen dünne Häute (Birke) oder dikke, rissige Krusten (bes. bei der Korkeiche). Der notwendige Gasaustausch zw. dem Inneren der Pflanze und der Außenwelt findet durch bes. aufgelockerte Kanäle, die K.poren (**Lentizellen**), statt. K. ist sehr leicht (Dichte 0,12–0,25 g/cm³), außerdem elast., dehnbar und hitzebeständig; er eignet sich wegen seiner geringen Wärmeleitzahl gut zur Wärmeisolierung sowie auch zur Schalldämmung. Neben der Verwendung für Korken und Schwimmgürtel wird K. daher (meist gemahlen) zur Herstellung von wärmeisolierenden und schalldämmenden Baustoffen (Korkment) und Bauelementen (Korkett, Korkstein) verwendet.

Korkeiche ↑ Eiche.

Korken, aus Kork hergestellter Flaschenverschluß (Stopfen), der den Flascheninhalt nicht völlig vom Luftsauerstoff abschließt und so einen minimalen Gasaustausch ermöglicht.

Korkenzieherlocken ↑ Haartracht.

Korkholz, Bez. für sehr leichte trop. Hölzer (z. B. Balsa).

Korkkambium ↑ Kork.

Korkplatten ↑ Korkstein.

Korkschwämme (Suberitidae), in Meeren weit verbreitete Fam. meist leuchtendgelber oder orangeroter Schwämme, die Gegenstände krusten- oder buschförmig überziehen; mit dünner, fester Rindenschicht.

Korkstein, aus fein geschrotetem Kork und Bindemitteln (Hartpech, Ton) durch Pressen hergestelltes, sehr leichtes Bauelement; sehr gut wärmeisolierend und schalldämmend sowie schwer entflammbar; auch in Plattenform (**Korkplatten**).

Kormophyten [griech.] (Cormophyta, Sproßpflanzen), Sammelbez. für Farn- und Samenpflanzen im Hinblick auf ihre gemeinsame hohe Organisationsstufe, die sie von den Lagerpflanzen unterscheidet. Der Vegetationskörper (**Kormus**) ist an das Landleben angepaßt. Er ist in Wurzelsystem, Sproßachse und Blätter gegliedert. Diese Grundorgane können in vielfach abgewandelter Form (Metamorphosen) auftreten. Anatom. sind neben dem Grundgewebe funktionsgebundene Dauergewebe, wie z. B. Abschluß- und Festigungsgewebe, ausdifferenziert.

Kormorane [frz., zu spätlat. corvus marinus „Meerrabe"] (Scharben, Phalacrocoracidae), weltweit verbreitete Fam. etwa 50–90 cm großer, meist schwarzer, metall. schimmernder, fischfressender Vögel (Ordnung Ruderfüßer) mit 30 Arten an Binnengewässern und Meeresküsten; in Europa drei Arten: **Gewöhnl. Kormoran** (Phalacrocorax carbo) mit weißen Wangen; **Krähenscharbe** (Phalacrocorax aristotelis) mit aufrichtbarer Kopfhaube; **Zwergscharbe** (Phalacrocorax pygmaeus) mit dunkelrotbraunem Kopf, kleinste Art; wirtschaftl. bed. (seine Exkremente bilden den Guano) ist v. a. der **Guanokormoran** (Phalacrocorax bougainvillei), vom Schnabel bis Schwanzspitze fast 70 cm lang.

Korn, gemeinsprachl. Bez. für verschiedene Getreidearten; i. e. S. die Hauptgetreideart einer Gegend (in Deutschland v. a. Roggen).
◆ bei *Schußwaffen* der vordere Teil der Visiereinrichtung; meist eine kurz hinter der Laufmündung angebrachte horizontale Schneide, die niedriger liegt als die ↑ Kimme; dadurch wird der Lauf beim Visieren vorne erhöht und der Fall des Geschosses auf seiner gekrümmten Flugbahn für eine bestimmte Schußentfernung ausgeglichen.
◆ ↑ Photographie.
◆ (Kristall-K.) in der *Festkörperphysik* und *Kristallographie* Bez. für einen Bereich im Gefüge eines Vielkristalls mit einheitl. Orientierung der Elementarzellen; die einzelnen Körner sind durch ↑ Korngrenzen voneinander getrennt.
◆ ↑ Kornbranntwein.

Kornährenverband (Spica), Verband in Form einer Kornähre, bei dem die einzelnen Lagen kreuzförmig übereinander gelegt werden.

Kornberg, Arthur [engl. 'kɔːnbəːg], * Brooklyn (N. Y.) 3. März 1918, amerikan. Biochemiker. - Prof. und Leiter der biochem. Abteilung an der Stanford University in Palo Alto (Calif.). Isolierte 1956 ein DNS-synthetisierendes Enzym, die ↑ Kornberg-Polymerase; erhielt dafür (gemeinsam mit S. Ochoa) 1959 den Nobelpreis für Physiologie und Medizin.

Kornberg-Polymerase [engl. 'kɔːnbəːg] (Kornberg-Enzym, DNS-Polymerase I), von A. Kornberg und Mitarbeitern aus Kolibakterien isoliertes Enzym; mit der K.-P. war es erstmals möglich, im Reagenzglas funktionsfähige Gene zu synthetisieren. Die K.-P. wirkt beim Zusammenschluß der kleinen, bei der ↑ DNS-Replikation entstehenden DNS-Stückchen zum kompletten Molekül hin.

Kornblume ↑ Flockenblume.

Kornbranntwein (Kurzbez. Korn), Trinkbranntwein, aus Weizen, Roggen oder Gerste, mit 32, als **Doppelkorn** mit mindestens 38 Vol.-% Alkohol.

Korneitschuk, Alexandr Jewdokimowitsch [russ. kɐrnij'tʃuk], * Christinowka (Gebiet Tscherkassy) 25. Mai 1905, † Kiew 14. Mai 1972, ukrain.-sowjet. Schriftsteller. - In hohen Partei- und Staatsämtern tätig; begann mit Erzählungen, schrieb dann v. a. Dramen; bedeutendstes Werk aus der Vorkriegs-

Kornelia

zeit ist das Drama „Der Chirurg" (1934), in dem K. das Thema des sowjet. Intellektuellen behandelt. - *Weitere Werke:* Das Holunderwäldchen (Kom., 1950), Am Dnepr (Dr., 1960).

Kornelia, weibl. Vorname, ↑ Cornelia.
Kornelius, männl. Vorname, ↑ Cornelius.
Kornelkirsche [lat./dt.] ↑ Hartriegel.
Kornemann, Ernst, * Rosenthal 11. Okt. 1868, † München 4. Dez. 1946, dt. Althistoriker. - 1902 Prof. in Tübingen, 1918 in Breslau; schrieb u. a. eine „Röm. Geschichte" (1938/39) und eine „Weltgeschichte des Mittelmeerraumes ..." (hg. 1948/49).

Körnen, in der Drucktechnik Bez. für das Aufrauhen der Oberfläche von Flachdruckplatten, wodurch ein besseres Feuchten der nichtdruckenden Partien und ein besseres Haften der Beschichtungsmaterialien erzielt wird.

Korner, Alexis [engl. 'kɔːnə], * Paris 19. April 1928, † London 1. Jan. 1984, brit. Rockmusiker (Gitarrist und Sänger). - Spielte mit brit. Dixielandformationen und begleitete farbige Bluesmusiker; aus der von ihm 1961 gegr. Rockmusikgruppe „Blues Incorporated" gingen u. a. „The Animals" und die „Rolling Stones" hervor; eine der wichtigsten Persönlichkeiten der brit. Rockmusikszene.

Körner, Christian Gottfried, * Leipzig 2. Juli 1756, † Berlin 13. Mai 1831, dt. Staatsrat. - Zunächst Beamter in Dresden, seit 1815 im preuß. Staatsdienst; Freund und Verehrer des jungen Schiller, dem er 1785-87 in Loschwitz (= Dresden) Obdach bot. Schrieb die erste zuverlässige Schillerbiographie (in der Einleitung zu seiner 12bändigen Schillerausgabe, 1812-15).

K., Hermine, * Berlin 30. Mai 1882 (1878 ?), † ebd. 14. Febr. 1960, dt. Schauspielerin und Regisseurin. - Spielte u. a. in Düsseldorf, Dresden und Berlin. 1919-25 übernahm sie die Direktion des Münchner Schauspielhauses, 1925-29 des Albert-Theaters und der Komödie in Dresden; 1934-44 Engagements in Berlin, nach dem Krieg in Stuttgart, Hamburg, Berlin. K. gilt als eine der letzten großen Tragödinnen; Glanzrollen: Lady Macbeth (Shakespeare), die Irre von Chaillot (Giraudoux) u. a.

K., Theodor, * Dresden 23. Sept. 1791, ✕ Gadebusch 26. Aug. 1813, dt. Dichter. - Sohn von Christian Gottfried K.; bekannt mit W. von Humboldt, A. Müller, F. Schlegel und Eichendorff; erfolgreicher Theaterdichter mit bühnenwirksamen Unterhaltungsstücken und pathet. Trauerspielen; gefeierter patriot. Dichter der Freiheitsbewegung gegen Napoleon I. („Lützows wilde Jagd").

K., Theodor, * Komárom 24. April 1873, † Wien 4. Jan. 1957, östr. General und Politiker. - 1915-18 Generalstabschef der Isonzoarmee und nach Kriegsende (ab 1923 als Heeresinspektor) maßgebl. am Aufbau des östr. Hee-

res beteiligt; 1924-33 für die SPÖ Mgl. des Bundesrates; 1934 und erneut nach dem 20. Juli 1944 in Haft; 1945-51 Bürgermeister von Wien, Bundespräs. 1951-57.

K., Wolfgang, * Breslau 26. Okt. 1937, dt. Schriftsteller. - Gehört zur „Gruppe 61". Verfaßt zeitkrit. realist. Romane v. a. über Jugendprobleme wie „Versetzung" (1966), „Ich gehe nach München" (1977), „Die Zeit mit Michael" (1978), „Büro, Büro" (1982); auch Hörspiele und Erzählungen.

Körner, gehärteter, zugespitzter Stahlstift (*Spitzmeißel*) zum Einschlagen kleiner Vertiefungen in Metalloberflächen, zum Ankörnen von Rißlinien (*Anreiß-K.*) und zum Markieren von Bohrungsmittelpunkten (*Bohrungskörner*).

Körnerfresser, Bez. für Vögel, die vorwiegend Samen fressen; Schnabel kegelförmig; z. B. Finkenvögel.

Körnerkrankheit, svw. ↑ Trachom.

Kornett [frz.], früher Bez. für den jüngsten Offizier einer Eskadron, der die Standarte trug (Fähnrich).

Kornett [zu frz. cornet „kleines Horn"], (Cornet à pistons) Blasinstrument aus der Fam. der Horns. Der Unterschied zw. K., Flügelhorn und Trompete ist heute gering. Die Mensur des K. ist im allg. weiter als die der Trompete, der Röhrenverlauf überwiegend konisch. Durch Unterschiede in der Mensur und im Bau des Mundstücks klingt das K. weicher und dunkler als die Trompete. Die Hauptstimmung liegt die in B (Umfang etwa f-c³), daneben werden in der Blasmusik das höhere **Cornettino** in Es und das tiefere **Althorn** in Es verwendet. - Das K. entstand um 1830 durch die Anbringung von Ventilen am Posthorn. Bis um 1920 spielte es im Jazz eine große Rolle.

◆ (Cornett) in der Orgel eine Zungenstimme oder ein gemischtes Register mit Terz.

Korneuburg, niederöstr. Stadt am linken Donauufer, nördl. von Wien, 167 m ü. d. M., 9 100 E. Bundeshandelsakad., Bundeshandelsschule, Heimatmuseum; Schiffbau, Bekleidungsfabrik, Bau- und Holzind. - Um 1120 erstmals belegt. - Got. Pfarrkirche (14./15. Jh.), spätbarocke Kirche (1773 geweiht) des ehem. Augustinerklosters (mit Rokokoaltar von F. A. Maulpertsch, um 1770).

Kornfeld, Paul, * Prag 11. Dez. 1889, † KZ Łódź 25. April 1942, dt. Dramatiker. - Dramaturg in Berlin bei M. Reinhardt, später in Darmstadt, ab 1933 im Exil in Prag, 1941 nach Polen verschleppt. K. verfaßte eine der wichtigsten Bekenntnisschriften des expressionist. Theaters, „Der beseelte und der psycholog. Mensch" (1918). - *Weitere Werke:* Die Verführung (Dr., 1916), Himmel und Hölle (Dr., 1919), Jud Süß (Dr., 1931), Blanche oder das Atelier im Garten (R., hg. 1957).

Korngold, Erich Wolfgang ['kɔrngɔlt, engl. 'kɔːngoʊld], * Brünn 29. Mai 1897, † Los

Korona

Angeles-Hollywood 29. Nov. 1957, östr. Komponist. - Nach großem Erfolg seiner Oper „Die tote Stadt" (1920) Dirigent in Hamburg und Lehrer an der Wiener Akademie. Seit 1934 lebte er in den USA. Komponierte neben Filmmusiken in spätromant. Stil Bühnenwerke, Orchester- und Kammermusik.

Korngrenze, Grenzfläche zw. zwei Kristallbereichen eines Vielkristalls mit unterschiedl. Orientierung des gleichen Materials. Die K. haben beträchtl. Einfluß insbes. auf die Plastizität und Festigkeit und auf die Transporterscheinungen. In Kristalle eingebaute Fremdatome scheiden sich an K. bevorzugt ab.

Körniger Steinbrech ↑Steinbrech.

Körnigkeit, in der Photographie Bez. für das mehr oder minder deutl. Sichtbarwerden der körnigen Grundstruktur photograph. Emulsionen.

Kornisch, zur britann. Gruppe der keltischen Sprachen gehörende Sprache, die auf der Halbinsel Cornwall gesprochen wurde und Ende des 18. Jh. ausgestorben ist. Die **kornische Literatur** ist nach Umfang und Bed. gering, da Cornwall schon im 10. Jh. zur engl. Krone kam und damit dem Einfluß des Engl. ausgesetzt war.

Kornkäfer (Kornkrebs, Schwarzer Kornwurm, Kornreuter, Calandra granaria), weltweit verschleppter, 2,5–5 mm großer, flugunfähiger, schwarzbrauner Rüsselkäfer; Vorratsschädling in Getreidelagern.

Kornrade ↑Rade.

Kornrasterverfahren ↑Photographie.

Korntal-Münchingen, Stadt nw. von Stuttgart, Bad.-Württ., 304 m ü. d. M., 16 700 E. V. a. Schul- und Wohnstadt. - Korntal wurde 1819 von württ. Pietisten chiliast. Richtung gegr.; 1975 mit Münchingen vereinigt.

Kornweihe ↑Weihen.

Kornwestheim, Stadt unmittelbar nördlich von Stuttgart, Baden-Württ., 297 m ü. d. M., 26 400 E. Schuhind., Maschinenbau, Eisengießerei und Elektroind. - 1931 Stadt. - Die spätgot. ev. Pfarrkirche wurde 1516 erbaut; Rathaus von P. Bonatz (1934).

Kornwurm, (Weißer K.) svw. ↑Getreidemotte.

◆ (Schwarzer K.) svw. ↑Kornkäfer.

Korolenko, Wladimir Galaktionowitsch [russ. kɐraˈljɛnkɛ], * Schitomir 27. Juli 1853, † Poltawa 25. Dez. 1921, russ. Schriftsteller. - Zunächst von den revolutionären Demokraten beeinflußt, in den 1870er Jahren Annäherung an die Narodniki, 1881 nach Sibirien deportiert; Rückkehr 1885. Die sibir. Landschaft und das dortige Volksleben gaben ihm Stoffe für sein Erzählwerk. - *Werke:* In schlechter Gesellschaft (Nov., 1885), Der blinde Musiker (Nov., 1886), Der Wald rauscht (Nov., 1886), Die Geschichte meines Zeitgenossen (Erinnerungen, 4 Bde., 1906–21, dt. 2 Bde., 1919).

Kornett (englische Arbeit; 1845). Brüssel, Musée instrumental du Conservatoire de Musique

Koroljow, Sergei Pawlowitsch [russ. kɐraˈljɔf], * Schitomir 12. Jan. 1906, † Moskau 14. Jan. 1966, sowjet. Raumfahrtwissenschaftler. - K. war der bedeutendste sowjet. Konstrukteur hochleistungsfähiger Trägerraketen und Raumflugkörper. Er leitete nach 1945 die Entwicklungskollektive für die Konstruktion der Raketen vom Typ „Wostok", „Woschod" u. a. - Seit 1972 wird in der UdSSR die **Koroljow-Medaille** für bes. Verdienste um die Entwicklung und Popularisierung des sowjet. Luft- und Raumfahrtprogramms verliehen.

Korolle [griech.-lat.], svw. ↑Blumenkrone.

Koromandelküste, Bez. für die O-Küste Indiens zw. dem Krishnamündungsdelta und Point Calimere am Fuß der Ostghats. Wichtigste Stadt ist Madras.

Korona (Corona) [griech.-lat. „Kranz"], die strahlenförmige, höchste Schicht der Son-

Korona. Aufnahme während der Sonnenfinsternis am 22. September 1968 in Jurgamysch (Westsibirien)

Koronaentladung

nenatmosphäre; sie wird erst sichtbar, wenn die helle Sonnenscheibe und die Chromosphäre abgedeckt werden, z. B. durch den Mond bei einer Sonnenfinsternis oder instrumentell durch eine Blende (**Koronograph**). Die Temperatur in der K. beträgt etwa 1 Mill. Kelvin. Die K. zeigt strahlenförmige Strukturen, deren Formen sich während eines Sonnenfleckenzyklus von elf Jahren stark verändern. Das Gesamtspektrum der K. ist eine Überlagerung dreier Strahlungsanteile: Die **K-Komponente** (*K-Korona*) hat ein rein kontinuierl. Spektrum; ihr Licht ist an freien Elektronen gestreutes Sonnenlicht. Die **F-Komponente** (*F-Korona*) zeigt das Spektrum des Sonnenlichts, d. h. ein Kontinuum mit Absorptionslinien; sie entsteht durch Streuung des Sonnenlichts an den Staubteilchen der interplanetaren Materie. Die **L-Komponente** (*L-Korona*) wird von den hochionisierten Atomen des K.gases ausgestrahlt.
◆ svw. ↑Kranz.

Koronaentladung, eine selbständige ↑Gasentladung in einem stark inhomogenen Feld (d. h. bes. an Spitzen und Kanten von unter Spannung stehenden Körpern), bei der nur im Gebiet der höchsten Feldstärke eine mit Leuchterscheinungen verbundene Stoßionisation des Gases (speziell der Luft bei Atmosphärendruck) auftritt. K. können bei Hochspannung führenden Teilen zu erhebl. Verlusten führen. Derartige **Koronaverluste** erreichen bei Wechselspannungsfreileitungen bis zu 4 kW je Kilometer Leitung (Eingrenzung u. a. durch Verwendung von Hohlseilen).

koronar [lat.], die Herzkranzgefäße betreffend.

Koronarangiographie (Koronarographie), Röntgenkontrastdarstellung der Herzkranzgefäße.

Koronargefäße, svw. Herzkranzgefäße (↑Herz).

Koronarinfarkt, svw. ↑Herzinfarkt.

Koronarinsuffizienz ↑Herzkrankheiten.

Koronarsklerose ↑Herzkrankheiten.

Koronograph [griech.-lat./griech.], Instrument zur Beobachtung der ↑Korona der Sonne.

Koros ↑Kuros.

Körös [ungar. 'kørøʃ] (dt. Kreisch, rumän. Criş), linker Nebenfluß der Theiß, im östl. Ungarn; entsteht nördl. von Gyula durch Zusammenfluß der 167 km langen **Schwarzen Körös** und der 244 km langen **Weißen Körös,** die beide im Westsiebenbürg. Gebirge entspringen, mündet bei Csongrád, 455 km lang.

Korošec, Anton [serbokroat. ˌkɔːrɔʃɛts], * Videm ob Šćavnici (Slowenien) 12. Mai 1872, † Belgrad 14. Dez. 1940, slowen. Politiker. - Kath. Priester; 1906-18 Abg. der Slowen. Volkspartei im Reichsrat; 1918 führend beteiligt bei der Loslösung der südslaw. Teile der östr.-ungar. Monarchie; im jugoslaw. Kabinett 1918-40 mehrfach Min., 1928/29 Min.präs., vertrat K. für Jugoslawien eine föderalist. Lösung.

Körper [zu lat. corpus (mit gleicher Bed.)], (materieller K.) in der *Physik* eine Materiemenge im festen, flüssigen oder gasförmigen Aggregatzustand, die einen zusammenhängenden dreidimensionalen Raumbereich ausfüllt.

◆ (geometr. K.) ein allseitig von ebenen oder gekrümmten Flächen begrenzter vollständig abgeschlossener Teil des Raumes. Die Gesamtheit der Begrenzungsflächen bildet die *Oberfläche,* der von ihr vollständig eingeschlossene Teil des Raumes ist das *Volumen* des Körpers.

◆ in der *Anatomie* bzw. *Morphologie* ↑Corpus.

◆ Bez. für den Gehalt an Extrakt, Glycerin und Gerbstoff des Weines.

◆ (algebraischer K., Rationalitätsbereich) in der *Algebra* Bez. für eine algebraische Struktur $(K, +, \cdot)$, bestehend aus einer (nichtleeren) Menge K und zwei für ihre Elemente definierten Verknüpfungen (Zeichen $+$ und $\cdot$), in der folgende Axiome gelten:

$K1$: Die algebraische Struktur $(K, +)$ ist eine Gruppe (das neutrale Element wird mit 0 bezeichnet).

$K2$: Die algebraische Struktur $(K \setminus \{0\}, \cdot)$, in der das Nullelement fehlt, ist eine abelsche Gruppe (das neutrale Element wird mit 1 bezeichnet).

$K3$: Es gilt $0 \cdot a = 0$ für alle $a \in K$.

$K4$: Es gilt $a \cdot (b + c) = a \cdot b + a \cdot c$ (Distributivgesetz) für alle $a, b, c \in K$.

Körperbautypen (Konstitutionstypen), äußere, durch anatom., physiolog. und psycholog. Merkmale geprägte Erscheinungsformen des menschl. Organismus. Die mehr als 50 Körperbautypologien unterscheiden zw. dem schlanken, leptosomen (nach E. Kretschmer) bzw. leptomorphen Typ (K. Conrad) und dem rundl., pyknischen bzw. pyknomorphen Typ. Kretschmer hat daneben noch den sog. *Athletiker* unterschieden, der u. a. durch Breitschultrigkeit, kräftige Entwicklung des Skeletts und der Muskulatur gekennzeichnet sein soll. Nach neueren Untersuchungen wird die eigenständige Existenz eines Athletikertyps jedoch bestritten. - Diesen K. entsprechen gewisse Verhaltensmuster bzw. Temperamenteigentümlichkeiten. So sollen nach Kretschmer Leptosome von überwiegend schizothymer (spaltsinniger) Wesensart sein und folgendes Verhaltensmuster haben: Überwiegen des Formens über die Farbbeachtung, eine mehr analyt. Auffassungsweise; Beharrlichkeit, Zurückhaltung. Pykniker wurden als vorwiegend zyklothym (kreismütig) beschrieben mit dem Verhaltensmuster: mehr Farb- als Formbeachtung, mehr komplex-ganzheitl. Auffassungsfähigkeit, Umweltaufgeschlossenheit, Gemütswärme, geselligkeitsliebend. Dem Athletiker wurde ein

Körperhaltung

viszöses (zähflüssiges) Temperament zugeschrieben mit Begrenztheit der Phantasie, fehlender Wendigkeit, mäßig geistiger und sozialer Aktivität. Zu einer ähnl. Typologie kam W. H. Sheldon. Er unterscheidet einen endomorphen, einen mesomorphen und einen ektomorphen Typ, die sich auch durch unterschiedl. Verhaltensmuster (viszeroton, somatoton, zerebroton) voneinander absetzen. Endo- und ektomorpher Typ entsprechen dabei phys. wie psych. dem Pykniker bzw. Leptosomen von Kretschmer. Der mesomorphe Typ ist eine ausgewogene Mittelform zw. beiden. Nach K. Conrad soll der Pyknomorphe in vielen Merkmalen dem Kleinkind näherstehen als der Leptomorphe. Die Ursache soll ein unterschiedl. Entwicklungstempo beider Wuchsformtendenzen sein. Sie sind gewissermaßen Pole einer Variationsreihe (Primärvarianten), in die sich alle Individuen einordnen lassen (vgl. hierzu Tabelle leptomorph-pyknomorph). Kaum eines entspricht diesem Idealtyp, tendiert aber doch mehr oder weniger deutl. zu einem dieser beiden Pole. Diesen Primärvarianten werden als Sekundärvarianten der asthenische (*Astheniker;* dünner, schmächtiger, muskelschwacher und dünnknochiger K.) und athletische Typ gegenübergestellt, ebenfalls als die Pole einer Variationsreihe. - Auch Conrad hat für die K. zwei Grundverhaltensmuster aufgestellt: homothym (ausgeglichen; häufiger bei Pyknomorphen) und schizothym (häufiger bei Leptomorphen). - Andere Typologien gehen von vier exakt meßbaren, voneinander weitgehend unabhängigen Faktoren (Länge, Derbheit, Muskeldicke, Fett) aus.

📖 *Kretschmer, E.: Körperbau u. Charakter. Bln. u. a.* [26] *1977.*

Körperbehinderte, Personen, die von Geburt an oder infolge von Krankheit, Unfall oder Kriegsereignissen körperl. geschädigt sind; haben je nach Art und Ursache ihrer Behinderung entweder Anspruch auf Leistungen aus der gesetzl. Renten-, Kranken- oder Unfallversicherung, aus der Kriegsopferversorgung oder auf Eingliederungshilfe für Behinderte im Rahmen der Sozialhilfe.

Körperbemalung, schon in der Steinzeit geübte Sitte, die Haut zu färben, zum Zeichen der Trauer oder Buße, als Stammes- oder Ehrenzeichen, Kriegs- oder Totenbemalung, bei der Jagd und Initiationsfeiern; hat meist mag. Sinn; heute in Afrika und bei Indianern in S-Amerika noch weitverbreitet.

Körperfarben, Bez. für die Farben von nicht selbstleuchtenden Körpern. Sie entstehen durch das für die verschiedenen Wellenlängen des auffallenden Lichtes unterschiedl. Reflexions- und Durchlaßvermögen der Körpers. Ein Körper erscheint z. B. rot, weil er den Rotanteil des auffallenden Lichtes vorwiegend reflektiert, die anderen Farbanteile (Wellenlängen) jedoch im wesentl. absorbiert.

Körperflüssigkeit, Flüssigkeit im Inneren des tier. und menschl. Körpers, die v. a. für den Transport von Nahrungsstoffen, Atemgasen, Hormonen, Enzymen und Exkretstoffen sorgt, chem. Umsetzungen (Stoffwechselprozesse) und (über ihre Salze) osmot. Vorgänge mögl. macht sowie Schutz- und Festigungsfunktion hat. K. sind Blut bzw. Hämolymphe, Lymphe, Liquor; außerdem auch Sekrete (z. B. Milch, Speichel, Magen- und Gallensaft) und Exkrete (z. B. Harn).

Körpergewicht, das von Geschlecht, Alter, Ernährungszustand und Körperlänge abhängige Gewicht des nackten Körpers eines Individuums. Die Faustformel für die Berechnung des **Normalgewichts** (Sollgewicht), die ↑Broca-Formel, kann nur als allg. Richtschnur gelten.

Als **Idealgewicht** gilt bei Männern 10% und bei Frauen 15% unter Normalgewicht. **Übergewicht** besteht, wenn das K. 10% über dem Wert des Normalgewichtes liegt. Als **Untergewicht** gilt jedes K. unter dem Normalgewicht. Eine wesentl. Rolle spielt auch der Knochenbau. Am K. sind die Knochen mit etwa 17,5% beteiligt. Bei einer Körperlänge von 175 cm wiegt ein 30jähriger Mann mit leichtem Knochenbau 63,8 kg, mit mittelschwerem Knochenbau 70,2 kg und mit schwerem Knochenbau 76,6 kg. - Tabelle S. 164.

Körperhaltung (Haltung), die durch den Stützapparat des Körpers und die Innervation bestimmter Muskelgruppen bedingte aufrechte Körperstellung des Menschen. Durch die von der Funktion der Fortbewegung völlig abgelöste neue Funktion der Hände ist diese K. in Zusammenhang mit der mächtigen Entwicklung des Großhirns ein Wesensmerkmal des Menschen.

Das Zusammenwirken des aktiven (Muskeltonus) u. des passiven Halteapparats (Knochen und Bänder) variiert je nach erbl. Veranlagung, Alter, Kräftezustand und seel. Verfassung des Betreffenden. Im medizin. Sprachgebrauch werden als **Haltungsfehler** die meist im Schul- oder Jugendalter auftretenden Abweichungen der Wirbelsäule nach vorn oder hinten (Lordose, Kyphose) oder im seitl. Richtung (Skoliose) bezeichnet. Diese primären Haltungsstörungen sind nicht selten Folge einer schlechten Gewohnheits-K. durch verlorengegangenes Haltungsgefühl (z. B. Sitzschäden des Schulkindes) und/oder einer angeborenen oder erworbenen Schwäche des Stütz- und Muskelgewebes (z. B. bei der konstitutionellen Asthenie, bei Licht-, Luft- und Bewegungsmangel von Schulkindern). Sie lassen sich jedoch bei rechtzeitigem Eingreifen (Gymnastik, orthopäd. Turnen) gewöhnl. völlig korrigieren. - Im Ggs. dazu stehen die sog. sekundären Haltungsstörungen (**Haltungsschäden**). Sie sind vorwiegend auf krankhafte (angeborene oder erworbene) Veränderungen des knöchernen Skeletts zurückzuführen (z. B.

Körperkreislauf

KÖRPERGEWICHT
(Idealgewichte Erwachsener ab dem 25. Lebensjahr ohne Kleidung)

Männer / Frauen

Größe in cm	minimal kg	Idealgewicht Mittelwert kg	maximal kg	Größe in cm	minimal kg	Idealgewicht Mittelwert kg	maximal kg
155	50,4	54,2	58,2	145	41,7	45,6	49,6
156	51,1	55,0	59,2	146	42,2	46,1	50,1
157	51,7	55,8	60,1	147	42,7	46,7	50,6
158	52,4	56,6	61,1	148	43,2	47,2	51,2
159	53,1	57,5	62,0	149	43,8	47,7	51,7
160	53,7	58,3	63,0	150	44,3	48,2	52,2
161	54,4	59,1	63,9	151	44,8	48,8	52,7
162	55,1	59,9	64,8	152	45,3	49,3	53,3
163	55,7	60,7	65,8	153	45,8	49,8	53,8
164	56,4	61,6	66,7	154	46,4	50,3	54,3
165	57,0	62,4	67,6	155	46,9	50,9	54,9
166	57,7	63,2	68,6	156	47,4	51,4	55,4
167	58,4	64,0	69,5	157	47,9	51,9	55,9
168	59,0	64,8	70,5	158	48,4	52,5	56,5
169	59,7	65,6	71,4	159	49,0	53,1	57,2
170	60,4	66,4	72,3	160	49,5	53,8	57,9
171	61,0	67,2	73,3	161	50,0	54,4	58,5
172	61,7	68,0	74,2	162	50,5	55,0	59,2
173	62,4	68,8	75,1	163	51,1	55,7	59,9
174	63,1	69,5	75,9	164	51,7	56,3	60,5
175	63,8	70,2	76,6	165	52,4	56,9	61,2
176	64,5	70,9	77,4	166	53,0	57,6	61,9
177	65,2	71,6	78,1	167	53,6	58,2	62,5
178	65,9	72,4	78,8	168	54,3	58,8	63,2
179	66,5	73,1	79,6	169	54,9	59,4	63,9
180	67,2	73,8	80,3	170	55,5	60,0	64,5
181	67,9	74,5	81,0	171	56,1	60,7	65,2
182	68,6	75,2	81,8	172	56,8	61,3	65,8
183	69,3	75,9	82,8	173	57,4	62,0	66,5
184	70,0	76,6	83,3	174	58,0	62,7	67,3
185	70,6	77,3	84,0	175	58,6	63,4	68,1
186	71,3	78,0	84,8	176	59,3	64,1	68,9
187	72,0	78,8	85,5	177	59,9	64,8	69,7
188	72,7	79,5	86,2	178	60,5	65,5	70,5
189	73,3	80,2	87,0	179	61,1	66,2	71,3
190	74,0	80,9	87,7	180	61,8	67,0	72,1
191	74,7	81,6	88,4	181	62,4	67,7	72,9
192	75,4	82,3	89,2	182	63,0	68,4	73,7
193	76,1	83,0	89,9	183	63,6	69,1	74,5
194	76,8	83,7	90,6	184	64,3	69,8	75,3
195	77,4	84,4	91,3	185	64,9	70,5	76,1

Quelle: Bundesausschuß für volkswirtschaftl. Aufklärung e.V.

Wirbelsäulenverkrümmungen bei der angeborenen Hüftgelenkluxation). Durch ständige Ermüdung und Überbelastung einzelner Knochen oder Gelenke kann ein zunehmender Haltungsverfall mit weiteren Formveränderungen auftreten (z. B. X-Beine, Fußdeformitäten), die sich u. U. nur durch operative orthopäd. Eingriffe beseitigen bzw. bessern lassen.

Körperkreislauf (großer Kreislauf) ↑ Blutkreislauf.

Körperlaus ↑ Hühnerläuse.

Körperpflege, neben der Hautpflege, Haarpflege, Maniküre und Pediküre sowie

Körperverletzung

Zahnpflege i. w. S. auch die Gesunderhaltung durch Bewegung, durch Sport oder Tanz sowie vernünftige Ernährung. - ↑auch Schönheitspflege.

Körperschaft, zahlenmäßig bestimmbare, mitgliedschaftl. organisierte Gemeinschaft, näml. Vereine (Kapitalgesellschaften) und Genossenschaften.

Körperschaften des öffentlichen Rechts, mitgliedschaftl. organisierte, i. d. R. rechtsfähige, mit hoheitl. Befugnissen ausgestattete Institutionen des öffentl. Rechts; unterschieden in *Gebietskörperschaften* (Gemeinde, Kreis u. a.), *Personal-* oder *Vereinskörperschaften* (Berufs- und Förderungsverbände, die Kirchen) oder *Verbandskörperschaften* (Mgl. sind nur jurist. Personen).

Körperschaftsteuer ↑Einkommensteuer.

Körperschall, Schallvorgänge in festen Stoffen.

Körpertemperatur, die Temperatur im bzw. am Körper bei Mensch und Tier; bei den Kaltblütern ist sie von der Umgebungstemperatur abhängig, bei den Warmblütern hat sie eine komplizierte räuml. Verteilung, die außerdem rhythm. Tagesschwankungen unterliegt, mit einem annähernd gleichwarmen Körperkern (das Innere des Rumpfes und Kopfes), in dessen Bereich die **Kerntemperatur** herrscht; von diesem strömt die durch den Stoffwechsel erzeugte Wärme über die wechselwarme und verschieden umfangreiche Körperschale (Haut, Extremitäten) fortlaufend in die (gewöhnl. kältere) Umgebung ab. Je nach dem Meßpunkt werden in der prakt. Medizin verschieden hohe Temperaturen als K. gemessen; die normalen Mittelwerte liegen bei Messung in der Achselhöhle (axillar) um 36,8 °C, in der Mundhöhle (sublingual) bei 37,0 °C und im Mastdarm (rektal) bei 37,4 °C; die Rektaltemperatur kann als Kerntemperatur angesehen werden. Die K. beträgt bei den meisten Säugetieren 36–39 °C, bei den Vögeln dagegen liegt sie bei 40–43 °C.

Körperverletzung, vorsätzl. oder fahrlässige körperl. Mißhandlung oder Beschädigung der Gesundheit eines anderen (§§ 223–233 StGB). Die Einwilligung des Verletzten ist regelmäßig ein Rechtfertigungsgrund (z. B. Sportverletzungen, ärztl. Eingriffe), es sei denn, die Tat verstoße trotz Einwilligung gegen die guten Sitten. Treten keine weiteren Umstände hinzu, handelt es sich um eine *leichte K.*, die mit Freiheitsstrafe bis zu 3 Jahren oder mit Geldstrafe bestraft wird. Die *gefährl. K.* stellt auf eine bes. gefährl. Art der Ausführung ab. Sie wird mit Freiheitsstrafe bis zu 5 Jahren bestraft. Hingegen stellt die *schwere K.* auf die Folgen ab. Hat die K. zur Folge, daß der Verletzte ein wichtiges Körperglied, das Sehvermögen, das Gehör, die Sprache oder die Zeugungsfähigkeit ver-

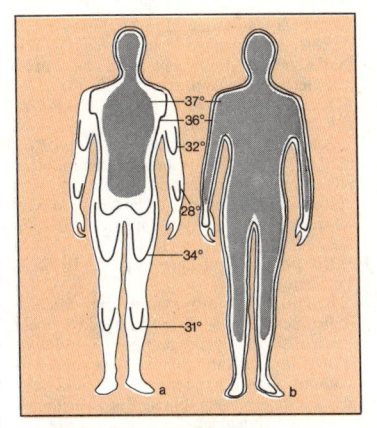

Körpertemperatur. Isothermen in der Körperschale bei niedriger (a) und hoher (b) Außentemperatur. Die graue Fläche entspricht jeweils der Kerntemperatur

liert oder in erhebl. Weise dauernd entstellt wird, so ist auf Freiheitsstrafe von 1 Jahr bis zu 5 Jahren zu erkennen. Bei *K. mit Todesfolge* erhöht sich die Mindeststrafe auf 3 Jahre. Bei Vorsatz greifen die ↑Tötungsdelikte ein. Einen Sondertatbestand der K. stellt die Mißhandlung von Schutzbefohlenen dar (umgangssprachl. **Kindesmißhandlung**), wegen der mit Freiheitsstrafe von 3 Monaten bis zu 5 Jahren, in bes. schweren Fällen von 1 Jahr bis zu 5 Jahren, in minder schweren Fällen bis zu 3 Jahren verurteilt wird, wer Personen unter 18 Jahren oder Wehrlose, die seiner Fürsorge unterstehen oder durch ein Arbeitsverhältnis von ihm abhängig sind, quält, roh mißhandelt oder sie durch böswillige Pflichtvernachlässigung gesundheitl. schädigt.

Ein Beamter, der in Ausübung seines Amtes eine vorsätzl. K. begeht oder begehen läßt, ist einer *K. im Amt* schuldig. Das gleiche gilt für Offiziere und Unteroffiziere in Ausübung des Wehrdienstes.

Im *östr. Recht* wird K. mit Freiheitsstrafe bis zu 6 Monaten oder mit Geldstrafe bis zu 360 Tagessätzen, schwere K. mit Freiheitsstrafe bis zu 3 Jahren geahndet. Bes. geregelte Tatbestände sind die K. mit schweren Dauerfolgen (Freiheitsstrafe bis zu 5 Jahren), K. mit tödl. Ausgang (Freiheitsstrafe bis zu 10 Jahren) und absichtl. schwere K. (Freiheitsstrafe bis zu 5 Jahren). Bei fahrlässiger K. droht Freiheitsstrafe bis zu 3 Monaten oder Geldstrafe.

Das *schweizer. StGB* unterscheidet zunächst zw. schwerer und einfacher vorsätzl. Körperverletzung. Die Strafdrohung lautet bei schwerer K. auf Zuchthaus bis zu 10 Jahren

Körperwiderstand

oder Gefängnis von 6 Monaten bis zu 5 Jahren; bei der einfachen K. auf Gefängnis. Wer fahrlässig eine K. begeht, wird auf Antrag mit Gefängnis oder Buße bestraft.
Körperwiderstand (elektr. K.) ↑ Berührungsspannungsschutz.
Körperzellen (Somazellen), die im Normalfall diploiden, differenzierungsfähigen pflanzl., tier. oder menschl. Zellen.
Korporal (Corporal) [lat.-frz.], in verschiedenen Heeren der unterste Unteroffiziersdienstgrad.
Korporation [lat.-engl.] ↑ studentische Verbindungen.
Korporationensystem, im faschist. Italien seit 1926 vorbereitetes, jedoch nicht voll realisiertes soziales und polit. Ordnungssystem, in dem Kapital und Arbeit zur Überwindung des Klassenkampfes ökonom. gleichgestellt werden sollten. Für Arbeitgeber und Arbeitnehmer wurden getrennte Vertretungskörperschaften (Korporationen; 1934: 22) eingerichtet, das Parlament in eine „camera dei fasci e dei corporazioni" umgewandelt. Das K. begünstigte die Arbeitgeberseite, ermöglichte aber auch weitgehende staatskapitalist. Eingriffe.
Korps (Corps) [ko:r; frz., zu lat. corpus „Körper"], Großverband des Heeres (frühere Bez.: Armeekorps), in dem i. d. R. 3–4 Divisionen und Korpstruppen zusammengefaßt sind. Der K.stab ist eine höhere Kommandobehörde (K.kommando), an der Spitze steht ein kommandierender General im Dienstgrad eines Generalleutnants (Dreisternegeneral).
♦ eine student. Korporation (Bez. seit etwa um 1810). Die K. sind die Nachfolger der ↑ Landsmannschaften des 18. Jh.; sie nahmen Mgl. jeder Staatsangehörigkeit auf. Bes. ab 1840 entwickelten sie sich als Typ der konservativen waffenstudent. Verbindung mit strengem Komment, Bestimmungsmensur und unbedingter Satisfaktion mit der Waffe. Heute farbentragende, Mensuren schlagende Verbindung.
Korpstruppen [ko:r], Verbände und Einheiten, die neben den Divisionen gliederungsmäßig zum Korps gehören; bestehen aus Korpsverfügungstruppenteilen und Korpsversorgungstruppenteilen.
korpulent [lat.], beleibt, dick, schwer; **Korpulenz,** Beleibtheit, Wohlgenährtheit.
Korpus (Corpus) [lat.], beim Kruzifix der Leib Christi.
♦ der unzerlegbare Grundbestandteil eines Möbels.
♦ Sammelwerk von Texten, Schriften u. ä.
♦ in der *Musik* der Resonanzkasten der Saiten- oder die Schallröhre (ohne Mund- und Schallstück) der Blasinstrumente.
Korpuskel [lat.], svw. ↑ Teilchen.
Korpuskularstrahlen [lat./dt.], aus bewegten Teilchen bestehende Strahlen, wie Elektronen-, Ionen-, Neutronen-, Mesonen-, Alpha- und Betastrahlen, auch Atom-, Molekular-, Kanal- und Kathodenstrahlen. Den Ggs. zu den K. stellen die Wellenstrahlen dar. Obwohl nach dem ↑ Welle-Teilchen-Dualismus auch ihnen ein gewisser Korpuskularcharakter zukommt, zählt man im allg. zu den K. nur die Strahlen von Teilchen mit nicht verschwindender Ruhmasse (mit Ausnahme des Neutrinos), die sich stets mit geringerer als Lichtgeschwindigkeit bewegen.
Korrasion [zu lat. corradere „zusammenscharren"], i. w. S. abschleifende Wirkung bewegter fester Stoffe auf anstehendes Gestein, i. e. S. Windschliff durch mitgeführten Sand (in Trockengebieten).
Korreferent [lat.], Verfasser eines Korreferats (Neben- oder Ergänzungsbericht bzw. -gutachten); Mitgutachter, Nebenberichterstatter.
korrekt [lat.], richtig, einwandfrei; **Korrektheit,** Genauigkeit, korrektes Verhalten.
Korrektion [lat.], Berichtigung, Verbesserung; in der *techn. Optik* die Verbesserung der wichtigsten ↑ Abbildungsfehler.
Korrektor [lat. „Berichtiger"], in Setzerei und/oder Verlag tätiger, auf Satzfehler spezialisierter Leser und Kontrolleur von Druckfahnen.
Korrelat [lat.], Wort, das mit einem anderen in Wechselbeziehung steht, z. B. *alles, was* oder *sowohl - als auch*.
Korrelation [lat.], das Vorliegen eines irgendwie gearteten Zusammenhanges zw. zwei oder mehreren Zufallsvariablen und seine mathemat. Darstellung. Eine Zufallsvariable korreliert mit einer zweiten, wenn die Werte der ersten einen Einfluß auf die Verteilungsfunktion der zweiten haben.
♦ in einem *physikal. System* von Teilchen die durch ihre Wechselwirkung hervorgerufene Abhängigkeit des Ortes und/oder des Impulses jedes Teilchens von den Lagen bzw. Impulsen der anderen Teilchen.
Korrelationsfunktion, (Autokorrelationsfunktion, Kovarianzfunktion) in der *Nachrichtentheorie, Schwankungstheorie* und *Wahrscheinlichkeitsrechnung* die Funktion

$$K_{xx}(\tau) = \lim_{T \to \infty} \frac{1}{T} \int_{-T}^{+T} X(t) X(t + \tau) \, dt = \Phi(\tau),$$

wobei die Gesamtheit $\{X(t), t \in (-\infty, +\infty)\}$ der stetig von der Zeit t abhängigen Zufallsvariablen (Zufallsfunktion) $X(t)$ einen stationären stochast. Prozeß darstellt.
♦ in der *statist. Mechanik* eine ↑ Verteilungsfunktion, die das (infolge der ↑ gegenseitigen Wechselwirkung) korrelierte Verhalten zweier *(Paar-K.)* oder mehrerer Teilchen beschreibt.
Korrelationsrechnung, Zweig der mathemat. Statistik, der sich mit der Korrelation (Wechselbeziehung) von Zufallsvariablen bzw. zahlenmäßig erfaßbaren Wertreihen

Korsika

oder Merkmalen statist. Massen befaßt und zw. diesen sog. *Beziehungsmaße* zu geben sucht.

Korrepetitor [lat.], Hilfskapellmeister an der Oper, der, am Klavier begleitend, mit Bühnensolisten deren Rollen einstudiert.

Korrespondent [lat.-frz.], festangestellter oder freiberufl. tätiger auswärtiger Mitarbeiter von Massenmedien und/oder Nachrichtenagenturen. Der **ständige Korrespondent** berichtet meist regelmäßig aus bestimmten Orten oder Ländern (**Auslandskorrespondent**). Zu bed. Ereignissen oder Veranstaltungen werden auch **Sonderkorrespondenten** entsandt. Heute arbeiten K. häufig für verschiedene Presseorgane bzw. für mehrere Medien zugleich.

korrespondierende Netzhautstellen [lat./dt.] (ident. Netzhautstellen), diejenigen Netzhautstellen eines jeden Auges, auf denen beim ↑binokularen Sehen der gleiche Gegenstandspunkt abgebildet wird.

Korridor [italien., zu correre (lat. currere) „laufen"], Flur in der Wohnung, Gang. In übertragener Bed. auch Bez. für Land- oder Luftzone (Luft-K.), die zumeist einen Staat durch fremdes Staatsgebiet mit dem Meer oder mit einer Enklave verbindet bzw. über fremdes Staatsgebiet führt.

Korrigenda (Corrigenda) [lat.], Druckfehler; Verzeichnis mit Richtigstellungen am Schluß eines Druckwerks.

Korrosion [zu lat. corrodere „zernagen"], in der Metallurgie die Zerstörung von Metall durch chem. oder elektrochem. Reaktion mit seiner Umgebung. Die meisten Gebrauchsmetalle sind schon gegenüber Sauerstoff und Wasser unbeständig, ein aggressiveres korrodierendes Angriffsmittel ist z. B. Schwefeldioxid, das in den Abgasen von Industrieanlagen enthalten ist. Bei der K. werden von dem angegriffenen Metall Elektronen an das Angriffsmittel abgegeben (das Metall wird oxidiert). Bei der *elektrochem. K.* ist das Angriffsmittel ein Elektrolyt, die anodisch und kathodisch wirksamen Stellen liegen getrennt voneinander (Bildung eines *Lokalelements*), der Elektronenfluß erfolgt also durch das Metall hindurch. Lokalelemente können sich z. B. bei einer heterogenen Legierung auf Grund der verschiedenen Gefügebestandteile oder bei der unvollständigen Bedeckung eines Metalls mit einer Schutzschicht aus edlerem Metall (verzinntes Eisen) bilden. Die K. der Metalle an feuchter Luft, z. B. das Rosten des Eisens (↑Rost) zählt zur elektrochem. K.; in Nichtleitern, wie Gasen, organ. Stoffen u. a. spielen sich dagegen häufig rein chem. Vorgänge ab, so daß dann eine weitgehend *chem. K.* vorliegt.

Korrosionsschutz: Außer den natürl. Deckschichten, die beim Angriff des K.mittels entstehen können, werden zahlr. andere Schutzschichten und Überzüge zum K.schutz benutzt: 1. künstl. verstärkte Oxidschichten (z. B. ↑ Eloxalverfahren), 2. in chem. Lösungen gebildete Chromat- (auf Zink, Magnesium und Eisen) und Phosphatschichten (auf Eisen), 3. Metallüberzüge, die durch elektrolyt. Metallabscheidung (z. B. Verchromung), Aufdampfen, Flammenspritzen, Plattieren oder Eintauchen in Metallschmelzen (z. B. Verzinkung) aufgebracht werden, 4. Anstriche mit anorgan. oder organ. Deckschichten, 5. Kunststoffüberzüge und 6. Emailen (↑ auch Oberflächenbehandlung).

📖 *Schmid, Erich W.: Wetter- u. K.schutz.* Hannover 1983. - *Walter, G. v.: Tb. f. den kathod. K.schutz.* Essen ³1983. - *Gellings, P. J.: K. u. K.schutz v. Metallen. Eine Einf.* Mchn. 1981. - *Gräfen, H., u. a.: Die Praxis des K.schutzes.* Sindelfingen 1981. - *Hdb. des Kathod. K.schutzes.* Hg. v. *W. Baeckmann u. W. Schwenk.* Weinheim ²1980.

◆ Zersetzung von Gesteinen durch die chem. Wirkung des Wassers.

korrumpieren [lat.], durch Bestechen für zweifelhafte Ziele gewinnen; in negativer Weise beeinflussen.

Korruption [lat.], Bestechung, Bestechlichkeit; polit.-moral. Verfall; **korrupt**, bestechlich.

Korsage (Corsage) [kɔrˈzaːʒə; lat.-frz.], trägerloses Kleidoberteil, das durch Versteifungen hält.

Korsak [russ.], kleiner Steppenfuchs mit kurzen Ohren und sehr dichtem Fell (↑ auch Füchse).

Korsakow-Syndrom [nach dem russ. Psychiater S. Korsakow, *1854, †1900] (amnestisches Psychosyndrom, Korsakow-Psychose), Oberbegriff für bestimmte psych. Störungen infolge tox. (Alkoholismus, Delirium tremens, entzündl., tumoröser oder traumat. Hirnschädigung. Das K.-S. umfaßt v. a. Störungen der Merkfähigkeit, zeitl. und räuml. Desorientierung und Berichte über vermeintlich erlebte Vorgänge bei euphor. oder gleichgültiger Stimmungslage.

Korsar [lat.-italien.], Seeräuber; Seeräuberschiff.

◆ eine Zwei-Mann-Jolle (Regattajolle); Länge 5 m, Breite 1,70 m, Gewicht 100 kg; Gesamtsegelfläche 14,7 m². Klassenzeichen: Krummschwert.

Korsett [lat.-frz.], in ein Kleid eingearbeitetes, heute meist gesondertes, formgebendes Kleidungsstück, gesteift durch Fischbeinstäbchen u. a. Seit dem 16. Jh., Bez. seit dem 18. Jh.; diente sehr verschiedenen modischen Idealen, z. B. der Wespentaille; heute für stärkere Figuren. - ↑ auch Mieder.

Korsika (frz. Corse), frz. Insel im Mittelmeer, unmittelbar nördl. von Sardinien, 8720 km², zwei Dep., Hauptstädte Ajaccio und Bastia. Ein stark zerklüftetes Gebirge durchzieht die Insel in N-S-Richtung. Der westl. und südl. Teil steigt von der buchtenreichen W-

Korsika

Küste steil zum eiszeitl. überprägten Hauptkamm mit dem Monte Cinto (2 706 m), der höchsten Erhebung der Insel, auf. Die östl. und nördl. Teile sind wesentl. niedriger, maximal bis 1 766 m ü. d. M. Im O liegt eine bis 10 km breite Küstenebene mit Strandseen. Das Klima ist mediterran, im Innern mit kontinentalen Zügen. Über der Macchie (bis etwa 600 m Höhe) folgen Kastanienwälder bis 1 100 m mit Korkeichen, mit zunehmender Höhe Buchen und Kiefern. In der obersten Stufe sind als Weiden genutzte Grasländer verbreitet. Die wichtigsten Wirtschaftszweige sind Fremdenverkehr und Landwirtschaft.
Geschichte: An den Küsten des von ligur. Stämmen besiedelten K. errichteten die Phöniker Handelsniederlassungen, später Griechen, Etrusker und Karthager; gehörte ab 227 zur röm. Prov. Sardinien, in der Kaiserzeit eigene Prov. 469–534 vandal., anschließend byz. Byzanz und die Ostgoten umkämpft, stand im 8. Jh. unter der nominellen Herrschaft der Langobarden, hatte ab 713 zunehmend unter Überfällen erst der Sarazenen, dann der span. Mauren zu leiden, die die Genueser und Pisaner im 11. Jh. vertrieben; bis 1347 setzte Genua seine Oberhoheit gegen aragon. Ansprüche (1296 Verleihung durch den Papst) durch; stand seit 1396 mehrmals unter frz. Herrschaft, 1736 war der Abenteurer T. Baron Neuhof[f] „König" der Insel, 1755–69 der General P. Paoli ihr Diktator; 1764/68 trat Genua K. an Frankr. ab. 1942/43 von italien. Truppen besetzt. Gemäß dem Anfang 1982 in Frankr. verabschiedeten Gesetz über einen Sonderstatus für K. wurde am 8. Aug. 1982 das erste Regionalparlament (61 Mgl.) auf 6 Jahre gewählt; dieses soll Paris bei der Vorbereitung von Gesetzestexten beraten und Sonderregelungen vorschlagen. Zum Präs. wurde vom Parlament der zu den Radikalsozialisten gehörende Prosper Alfonsi bestimmt; er übt die exekutive Gewalt aus.
📖 *Grosjean, R.: La Corse avant l'histoire. Paris Neuaufl. 1981. - Histoire de la Corse. Hg. v. J. Arrighi. Toulouse 1971.*

Korsika, Straße von (frz. Canal de Corse, italien. Canale di Corsica), Meeresstraße zw. den Inseln Korsika und Elba.

Korso [italien., zu lat. cursus „Lauf"], feierl. Umzug (z. B. Blumen-K.); auch Bez. für eine breite Straße für Umzüge.

Kortdüse [nach L. Kort], düsenförmiger Ring um die Schiffsschraube zur Erhöhung der Vortriebsleistung bei langsam fahrenden Schiffen.

Kortex (Cortex) [lat. „Rinde"], in der *Anatomie* Bez. für die äußere Zellschicht bzw. das äußere Schichtengefüge (die „Rinde") eines Organs.

kortikal [lat.], die Rinde von Organen (z. B. des Gehirns, der Nieren) betreffend, von ihr ausgehend, rindenwärts [gelegen].

Kortikoide (Corticoide) [lat./griech.], svw. ↑ Kortikosteroide.

Kortikosteroide [Kw.] (Corticosteroide, Kortikoide, Corticoide), zusammenfassende Bez. für die Hormone der Nebennierenrinde: Glukokortikoide, Mineralokortikoide und Androgene.

Kortikosteron (Corticosteron) [Kw.], Hormon der Nebennierenrinde.

Kortison (Cortison) [Kw.], $C_{21}H_{28}O_5$, ein Glukokortikoid der Nebennierenrinde; Vorstufe des Hydrokortisons. K. wurde 1949 als erstes reines Nebennierenrindenhormon in die Therapie eingeführt und später weitgehend durch (synthet.) K. abkömmlinge mit geringeren Nebenwirkungen und z. T. wesentl. stärkeren, auch spezifischeren Wirkungen ersetzt. Chem. Strukturformel:

Kortner, Fritz, * Wien 12. Mai 1892, † München 22. Juli 1970, östr. Schauspieler und Regisseur. - Als Prototyp des expressionist. Schauspielers engagierte ihn L. Jeßner 1926 als Berliner Staatstheater, wo er das Theaterleben der 20er Jahre wesentl. mitprägte (Glanzrollen: Geßler, Richard III., Othello). Frühzeitig auch Filmrollen (u. a. „Die Brüder Karamasow", 1920). Emigration 1933, seit 1949 v. a. als Regisseur u. a. in Berlin (West) tätig, auch mit intensive Schauspielerleistungen (Shylock).

Kortrijk [niederl. 'kɔrtrɛjk] (frz. Courtrai), belg. Stadt an der Leie, 19 m ü. d. M., 76 100 E. Abteilung der Univ. Löwen; Kunstmuseum; Theater; Verkehrsknotenpunkt, Flußhafen; Handels- und Dienstleistungszentrum sowie bed. Ind.stadt, wichtigstes belg. Flachsaufbereitungszentrum, außerdem u. a. Edelsteinverarbeitung. - In röm. Zeit war **Cortoriacum** ein bed. Straßenknotenpunkt. 1189 erhielt K. Stadtrechte. 1302 besiegten bei K. die flandr. Zünfte im frz. Ritterheer (**Sporenschlacht**) und sicherten damit die Selbständigkeit Flanderns. Im Spät-MA war die Stadt ein Zentrum der flandr. Tuchherstellung; Ende des 16. Jh. entstand die noch blühende Leinenweberei. Beträchtl. Zerstörungen im 2. Weltkrieg (1940). - Zahlr. got. Kirchen, u. a. Onze-Lieve-Vrouwkerk (13. Jh.) und Sint Maarten (13. Jh.); Rathaus im Flamboyantstil (1520), Belfried (14. Jh.).

Kortschnoi, Wiktor Lwowitsch [russ. kartʃ'nɔj], * Leningrad 23. März 1931, sowjet. Schachspieler. - Brillanter Angriffsspieler; internat. Großmeister seit 1956, wurde im Kampf um die Weltmeisterschaft 1978 und 1981 von A. J. Karpow geschlagen. K. lebt seit 1977 in der Schweiz.

Kortum, Karl Arnold, * Mülheim a. d.

Ruhr 5. Juli 1745, † Bochum 15. Aug. 1824, dt. Schriftsteller. - Prakt. Arzt; sein kom. Epos in Knittelversen „Die Jobsiade" (1799) ist einer der letzten Ausläufer des Schelmenromans; von W. Busch illustriert.

Kortzfleisch, Ida von, *Pillau 10. Okt. 1850, † Fredeburg 7. Okt. 1915, dt. Sozialpolitikerin. - Begr. 1897 in Hessen die erste Landfrauenschule und den Reifensteiner Verband für haus- und landw. Frauenbildung.

Korund [Tamil-engl.], ditrigonal kristallisierendes, in reinem Zustand farbloses Mineral Al_2O_3 (Tonerde), das meist durch Beimengungen anderer Metalloxide gefärbt ist. Mohshärte 9,0; Dichte 3,9–4,1 g/cm^3. *Edle K.* sind als Schmucksteine verwendete einheitl. gefärbte Varietäten, z. B. der *blaue K.* oder **Saphir** (mit Eisen oder Titanoxid) oder der (durch Chromoxid) *tiefrote K.* oder **Rubin.** *Gemeine K.* **(Diamantspat)** sind trübe Kristallkörner. **Schmirgel** *(Smirgel)* ist ein kleinkörniges Gemenge von K., Magnetit, Hämatit, Quarz, Ilmenit u. a.; wird als Schleifmaterial verwendet. - Als Schleifmittel und Edelstein wird K. auch industriell hergestellt; künstl. Rubine werden als Lagersteine in Uhren, Saphire auch als Abtastnadeln in Tonabnehmersystemen verwendet. Der künstl. hergestellte gelbgrüne K. wird als **Amaryl** bezeichnet.

Körung [zu niederdt. kören „küren"], die jährl. erfolgende Einstufung von Vatertieren in Zuchtwertklassen nach bestimmten Kriterien. Gesetzl. Körzwang besteht für landw. Nutztiere.

Korutürk, Fahri, *Istanbul 1903, türk. Admiral (seit 1957), Diplomat und Politiker. - Konteradmiral 1950; wurde 1957 Oberbefehlshaber der Kriegsmarine; Botschafter in der UdSSR 1960–64, in Spanien 1964/65; Senator seit 1968; 1973–80 Staatspräs.; gilt als eher konservativ. - † 12. Okt. 1987.

Korvette [frz.], Segelkriegsschiff, meist Vollschiffstakelung, Vorgänger der Panzerschiffe. Heute ein kleiner Begleitschiffstyp, hauptsächl. zum Geleitschutz und zur U-Boot-Abwehr.

Korvettenkapitän † Dienstgradbezeichnungen (Übersicht).

Korybanten, in der griech. Mythologie Vegetationsdämonen und orgiast. Ritualtänzer aus dem Gefolge der Kybele.

Korynebakterien (Corynebacteria) [zu griech. korýnē „Keule, Kolben"], Gatt. grampositiver, hauptsächl. aerober und unbewegl., nichtsporenbildender Stäbchen; über 30 Arten. Mehrere K. sind human- und tierpathogen. Einige Stämme sind von industrieller Bed. (Steroidtransformation, Erzeugung von Aminosäuren).

Koryphäe (Koryphaios) [griech. „der an der Spitze Stehende"], in der frühen griech. Antike Bez. für Anführer von Parteien und Senat und für Heerführer. Später Bez. für den Vorsänger beim Vortrag des †Dithyrambus und für den Chorführer im griech. Drama. - *Im übertragenen Sinn* Bez. für einen auf einem bestimmten [Fach]gebiet durch bes. Leistungen hervorragenden Menschen.

Korzeniowski, Józef Teodor Konrad [poln. kɔʒɛˈnjɔfski] † Conrad, Joseph.

Kos, Hauptort der Insel K., an deren O-Küste, 11 900 E. Museum. ⚓. - Das 4 km entfernte Asklepiosheiligtum bestand seit dem 4. Jh. v. Chr., erlebte im 2. Jh. v. Chr. seine Blütezeit und wurde 554 durch Erdbeben zerstört. Ausgrabungen legten mehrere Terrassen frei; auf der obersten stand ein dor. Tempel, auf der mittleren ein kleiner ion. und ein korinth. Tempel; die unterste war ein auf drei Seiten von Räumen umgebener Hof. - Abb. S. 170.

K., griech. Insel vor der W-Küste Kleinasiens, 290 km^2. Den Inselkern bildet ein bis 846 m hohes Gebirge, dem im N eine weite, landw. intensiv genutzte Schwemmlandebene vorgelagert ist. - In der Antike berühmt durch sein Asklepiosheiligtum, dem die von Hippokrates gegr. bedeutendste Ärzteschule Griechenlands angegliedert war, und durch die Seidenproduktion (koische Gewänder). - 1523–1912 osman., 1912–47 zum italien. Dodekanes.

Kosaken [russ.], urspr. turktatar. Wach-, Raub- und Plünderungskommandos, dann auch v. a. ostslaw. Gemeinschaften freier Krieger und geworbener Grenzsoldaten; bis zum Ende des Zarenreiches mobile und kampfkräftige Reiterverbände im russ. Heer. - Seit dem 15. Jh. flohen v. a. Bauern aus der Leibeigenschaft und in Weißrußland vor der Zwangskatholisierung durch den poln.-litauischen Staat in die freien Steppen am mittleren und unteren Don, wo sie nominell unter der Oberhoheit von Polen-Litauen blieben und die Reichsgrenzen gegen Tataren und Osmanen verteidigten. Seit dem 16. Jh. teilten sich die K. in 2 Gruppen: in dem Moskauer Staat auf Dauer verbundene städt. K., die am mittleren Dnjepr wohnten und sich v. a. der Grenzverteidigung, aber auch dem Handel widmeten, und in die Saporoger („unterhalb der Stromschnellen") K. am unteren Dnjepr, von denen fast alle anderen K.gruppen abstammen (u. a. Don-K., Ural-K.). 1648 erhoben sich die Saporoger K. und versuchten, sich als unabhängiger Staat gegen Polen-Litauen, Osmanen und Krimtataren zu behaupten; unter dem Druck dieser Mächte veranlaßte sie jedoch, den Schutz des russ. Zaren zu suchen, durch den sie unter dessen Oberhoheit kamen. Katharina II. hob 1775 die Autonomie der Saporoger K. auf. Die K. eroberten und erschlossen Sibirien: innerhalb von 70 Jahren drangen sie vom Ural (1581 Feldzug Jermaks) bis zur Beringstraße (1648) und zur Amurmündung (1645) vor. Im zarist. Rußland des 19. Jh. wurden die K. häufig zur Nieder-

Kosch

Kos. Reste des korinthischen Peripteros (2. Hälfte des 2. Jh.) auf der mittleren Terrasse des Asklepiosheiligtums

schlagung innerer Unruhen eingesetzt. Ihre Hauptaufgabe war jedoch immer noch die Grenzsicherung, v. a. in Sibirien. Nach der Oktoberrevolution hob die Sowjetreg. im Juni 1918 sämtl. Privilegien der K. auf; v. a. deshalb kämpfte der größte Teil der K. im Bürgerkrieg auf der Seite der Weißen. Der Sieg der Bolschewiki im Bürgerkrieg hatte die Emigration von etwa 30 000 K. zur Folge.
📖 *Longworth, P.*: Die K.: Legende u. Gesch. Dt. Übers. Ffm. 1977. - *Rostankowski, P.*: Siedlungsentwicklung u. Siedlungsformen in den Ländern der russ. K.heere. Bln. 1969.

Kosch, Wilhelm, * Drahan (Südmähr. Gebiet) 2. Okt. 1879, † Wien 20. Dez. 1960, dt. Literarhistoriker und Lexikograph. - 1906 Prof. in Freiburg (Schweiz), 1913 in Czernowitz (= Tschernowzy), 1923 in Nimwegen. Lexikograph. Hauptverdienst ist die Herausgabe des biograph. und bibliograph. „Dt. Literatur-Lexikons" (1927–29). - *Weitere Werke:* Geschichte der dt. Literatur im Spiegel der nat. Entwicklung (1922–33), Dt. Theaterlexikon (1949–58).

Koschenille [kɔʃəˈnɪljə; span.-frz.] (Cochenille), Bez. für getrocknete, zu Pulver zermahlene weibl. K.läuse, aus denen früher der Farbstoff Karmin gewonnen wurde.

Koschenillelaus [kɔʃəˈnɪljə] (Koschenilleschildlaus, Scharlachschildlaus, Nopalschildlaus, Dactylopius cacti), etwa 1 (♂)–6 (♀) mm große Schildlaus, die als Schädling an Opuntien in Mexiko auftrat; vor der Herstellung von künstl. Farbstoffen wegen ihres Körpersaftes wirtschaftl. genutzt.

koscher [jidd.; zu hebr. kascher (nach jüd. Religionsgesetz) „einwandfrei"], einwandfrei, bezieht sich v. a. auf Speisen. Die von der Thora zum Essen freigegebenen Tiere dürfen nur nach rituellem Schlachtung († schächten) und ordentl. ausgeblutet verwendet werden. Speisen, die mit Milch oder Fleisch zubereitet werden, sind sorgfältig auseinanderzuhalten, so daß es in einem fromm geführten Haushalt zweierlei Geschirr gibt.

Koschmieder, Erwin, * Liegnitz 31. Aug. 1895, † Ebersberg 14. Febr. 1977, dt. Slawist. - 1930 Prof. in Wilna, ab 1939 in München; verfaßte Arbeiten zur ostslaw. Musikgeschichte und zur slaw. und allg. Sprachwiss.

Koschnick, Hans, * Bremen 2. April 1929, dt. Politiker (SPD). - 1951–54 Gewerkschaftssekretär, 1945–51 und 1954–63 Verwaltungsbeamter; 1955–63 Mgl. der Bremer Bürgerschaft; 1963–67 Innensenator, 1965–67 zugleich 2. Bürgermeister; 1967–85 Bremer Bürgermeister und Präs. des Senats; 1970–77 Präs. des Dt. Städtetages; 1975–79 stellv. Bundesvors. der SPD.

Kosciusko, Mount [engl. ˈmaʊnt kɔsiˈʊskoʊ], höchster Berg Australiens, in den Austral. Alpen, im Kosciusko-Nationalpark, 2 230 m hoch; Wintersportgebiet.

Kościuszko, Tadeusz Andrzej Bonaventura [poln. kɔɕˈtɕuʃkɔ], * Mereczowszczyna bei Nowogródek (Wolynien) 4. (?) Febr. 1746, † Solothurn 15. Okt. 1817, poln. Offizier und Freiheitskämpfer. - Teilnehmer am Nordamerikan. Unabhängigkeitskrieg (1775–83), leitete den poln. Aufstand von 1794 als Antwort auf die 2. Poln. Teilung, erlag am 10. Okt. 1794 bei Warschau der russ.-preuß. Übermacht. Lebte ab 1798 in Frankr. und ab 1815 in der Schweiz. Sein militär. Führungstalent, seine persönl. Lauterkeit und sein Einsatz für die wirtschaftl. und sozial Schwachen sicherten ihm in Polen fast legendäre Verehrung.

Kosekans [lat.] ↑ trigonometrische Funktionen.

Kösel-Verlag GmbH & Co. ↑ Verlage (Übersicht).

Kösen, Bad ↑ Bad Kösen.

Kösener Senioren-Convents-Verband, Abk. KSCV, der älteste Verband student. ↑ Korps, gegr. 1848 in Jena.

Koser, Reinhold, * Schmarsow bei Prenzlau (Bez. Neubrandenburg) 7. Febr. 1852, † Berlin 25. Aug. 1914, dt. Historiker. - Prof. in Berlin und Bonn; ab 1896 Generaldirektor der preuß. Staatsarchive. Ein Hauptvertreter der preuß.-kleindt. Geschichtsschreibung.

Košice [slowak. ˈkɔʃitsɛ] (dt. Kaschau), Hauptstadt des Ostslowak. Gebietes, ČSSR, am O-Rand des Slowak. Erzgebirges, 205 m ü. d. M., 214 300 E. Kath. Bischofssitz; Univ. (gegr. 1959), TH; Staatstheater, Freilichttheater; ostslowak. und techn. Museum, Gemäldegalerie; botan. Garten. K. ist eines der wichtigsten Zentren der tschechoslowak. Schwerind. - Wurde 1241 königl. Freistadt, im 17. Jh.

zur Festung gegen die Osmanen ausgebaut. 1657 erhielt K. eine Univ. (im 18. Jh. aufgehoben); 1938–45 gehörte es zu Ungarn. - Spätgot. Dom (1378 ff.), Dominikanerkirche (14. Jh., um 1700 barockisiert), klassizist. Rathaus (1782); moderne Satellitenstädte (geplant für insgesamt 300 000 E).

Kosima, weibl. Vorname, ↑Cosima.

Kosinski, Jerzy Nikodem, Pseud. Joseph Novak, *Łódź 14. Juni 1933, amerikan. Schriftsteller poln. Herkunft. - Emigrierte 1957 in die USA. Unter Pseud. erschienen die dokumentar. Berichte über das Verhältnis Individuum-Kollektiv in der UdSSR, „Uns gehört die Zukunft, Genossen" (1960) und „Homo Sowjeticus" (1962); internat. bekannt wurde der autobiogr. Roman „Der bemalte Vogel" (1965). - *Weitere Werke:* Aus den Feuern (R., 1968), Chance (R., 1970), Der Teufelsbaum (R., 1973), Cockpit (R., 1975), Passion Play (R., 1979), Flipper (R., 1982).

Kosinus [lat.] ↑trigonometrische Funktionen.

Kosinussatz, Lehrsatz der Trigonometrie, der die Verallgemeinerung des (nur für rechtwinklige Dreiecke gültigen) Satzes des Pythagoras auf beliebige Dreiecke darstellt: Sind a, b, c die Seiten und α, β, γ die Winkel eines Dreiecks, so gilt:

$$a^2 + b^2 - 2ab \cdot \cos\gamma = c^2;$$
$$a^2 + c^2 - 2ac \cdot \cos\beta = b^2;$$
$$b^2 + c^2 - 2bc \cdot \cos\alpha = a^2.$$

Kosinzew, Grigori Michailowitsch, *Kiew 22. März 1905, †Leningrad 11. Mai 1973, sowjet. Regisseur. - Drehte von 1924 bis 1946 alle Filme in Zusammenarbeit mit L. Trauberg, u. a. die „Maxim-Trilogie" (1935–38). Danach Alleinregie, z. B. in „Hamlet" (1964), „König Lear" (1970).

Köslin (poln. Koszalin), Stadt auf der N-Abdachung des Pommerschen Höhenrückens, Polen˅, 45 m ü. d. M., 97 800 E. Kath. Bischofssitz; Hauptstadt des Verw.-Geb. K.; TH; Heimatmuseum, Theater. U. a. Betriebe der Elektrotechnik und Metallverarbeitung. - 1248 im Besitz der Bischöfe von Cammin, erhielt K. 1266 Stadtrecht; im 15. bis 17. Jh. Residenz der Fürstbischöfe. K. kam 1653 an Brandenburg. - Aus dem MA stammen Reste der Stadtbefestigung und die spätgot. Marienkirche.

Koslowski, Michail Iwanowitsch [russ. kaz'lbfskij], *Petersburg 6. Nov. 1753, †ebd. 30. Sept. 1802, russ. Bildhauer. - Studien in Rom und Paris; Hauptvertreter der russ. klassizist. Bildhauerei (Simson mit dem Löwen, Suworowdenkmal, beide in Leningrad, 1801/02).

Kosmas von Prag ↑Cosmas von Prag.

Kosmas und Damian, hl. Märtyrer, Biographie unbekannt; nach der Überlieferung leibl. Brüder und Ärzte, die unter Diokletian das Martyrium erlitten haben sollen. - Fest: 26. Sept.

Kosmee [griech.], svw. ↑Schmuckkörbchen.

Kosmetik [frz., zu griech. kosmetiké (téchnē) „(Kunst) des Schmückens"], allg. svw. Körper- und ↑Schönheitspflege; i. e. S. die darüber hinausgehende Kunst der Verschönerung v. a. des Gesichts nach dem jeweils geltenden Schönheitsideal.

Kosmetika [griech.] (kosmet. Präparate), Sammelbez. für extern angewandte Präparate, die zur Pflege der Haut und zur Verschönerung des Äußeren dienen.

kosmetische Chirurgie ↑plastische Chirurgie.

kosmisch [griech.], das Weltall betreffend, aus ihm stammend; zum Weltall gehörend.

kosmische Geschwindigkeiten ↑Raumflugbahnen.

kosmische Hintergrundstrahlung (kosm. Urstrahlung, Drei[-Grad]-Kelvin-Strahlung, 3K-Strahlung), elektromagnet. Strahlung im cm-Wellen-Bereich, die das gesamte Weltall erfüllt. Die k. H. wird als Relikt aus dem Frühstadium höchster Temperatur und Dichte der Materie unmittelbar vor dem Urknall gedeutet, wobei infolge der Expansion des Weltalls die Temperatur auf den Wert von 3 K abgeklungen ist.

kosmische Strahlung, svw. ↑Höhenstrahlung.

kosmische Urstrahlung, svw. ↑kosmische Hintergrundstrahlung.

kosmo..., Kosmo... [zu griech. kósmos „Weltall"], Vorsilbe mit der Bed. „Weltall...", „Erd..."

Kosmobiologie, 1. (Exobiologie) die Wiss. von mögl. Lebensformen auf anderen Himmelskörpern; 2. svw. ↑Astrobiologie.

Kosmochemie, die Wiss. von der chem. Zusammensetzung der Materie im Weltall; Lehre von der Verteilung und Häufigkeit der chem. Elemente im Weltall, insbes. in Kometen, Meteoriten, Planeten, Sonne und Sternen.

Kosmodrom [russ., zu griech. kósmos „Weltall" und drómos „Rennbahn"], Bez. für die sowjet. Startplätze für Großraketen; das bekannteste und wichtigste ist das Startzentrum in ↑Baikonur.

Kosmogonie [griech.], Bez. für die Entstehung der Welt. In naturwiss. Sicht ↑Kosmologie.

◆ Bez. für die Entstehung der Welt nach *myth. Auffassung* sowie für den Mythos, der von ihr berichtet. Diese Berichte geben die religiös fundierte Versicherung einer Ordnung, durch die die Mächte des Chaos gebannt sind. Meist liegt den K. die Vorstellung einer urzeitl. Urstoff oder Urwesen zugrunde, aus dem oder durch deren Umbildung die Welt entstanden sei. Von dieser An-

Kosmographie

nahme ist die Anschauung von der „Schöpfung aus dem Nichts" zu unterscheiden, nach der die K. zunächst als Gedanke einer Gottheit konzipiert und dann durch deren Wort verwirklicht wird. - Für das Christentum ↑ Schöpfung (↑ auch Creatio ex nihilo).

Kosmographie, bis ins 17. Jh. übl. Bez. für ↑ Geographie.

Kosmologie, die Lehre vom Weltall (Kosmos; Universum) als Ganzem. Ausgehend von durch astronom. und astrophysikal. Beobachtungen gewonnenen empir. Daten sucht sie eine geschlossene Theorie herzuleiten, die Aussagen über Entstehung und Entwicklung (**Kosmogonie**) sowie Alter, Ausdehnung und Struktur des Weltalls macht; dies geschieht v. a. im Rahmen der allg. Relativitätstheorie. Die moderne K. gründet sich auf die Entdeckung von E. P. Hubble (1924), daß es außerhalb unseres Milchstraßensystems viele ähnl. Sternsysteme *(Galaxien)* gibt und daß die in deren Spektren feststellbare Rotverschiebung als kosm. Expansion gedeutet werden kann (1929). Die der Rotverschiebung gemäß dem ↑ *Doppler-Effekt* entsprechende Geschwindigkeit ist im Mittel der Entfernung der Galaxien proportional; der Proportionalitätsfaktor wird als *Hubble-Konstante* bezeichnet; sie beträgt ca. $50-150 \text{ km} \cdot \text{s}^{-1} \cdot \text{Mpc}^{-1}$ (Mpc = Megaparsec = rd. $3 \cdot 10^{19}$ km). Wenn man die gegenwärtige Bewegung der Galaxien zurückverfolgt, so muß es vor etwa 10 Milliarden Jahren einen Zustand extrem hoher Dichte gegeben haben, aus dem der Kosmos explosionsartig seinen Ursprung nahm; man spricht vom „*Urknall*" („*Big Bang*"). Aus einer „*Ursuppe*" („*Urfeuerball*") bildeten sich binnen weniger Sekunden die Elementarteilchen. Nach einigen Millionen Jahren hörte die innige Wechselwirkung zw. Strahlung und Materie auf - danach kondensierte die Materie zu den bekannten kosm. Objekten (Atome, Moleküle, Staub, Sternsysteme und Sterne), während die Strahlung unbeeinflußt fortbestand. Auf Grund der Expansion des Universums nahm jedoch die Energiedichte der Strahlung und damit die Strahlungstemperatur ab. Heute ist sie als sog. *kosmische Hintergrundstrahlung* beobachtbar; diese Beobachtung gilt als wichtiger Beweis für das Urknallmodell des Kosmos. Offen ist heute die Frage, ob der Kosmos immer schneller expandiert *(hyperbol. Modell)*, asymptotisch zur Ruhe kommt *(parabol. Modell)* oder schließl. wieder schrumpft *(ellipt. Modell)*. Damit hängt die ebenfalls noch ungelöste Frage nach der (relativist.) Krümmung des Kosmos zusammen. Einer positiven Krümmung entspricht ein endl. geschlossenes Universum, einer negativen Krümmung ein unbegrenztes Universum. Daß immer feinere Beobachtungen bis heute dennoch keine Entscheidung mögl. machten, legt nahe, daß das Universum nicht sehr verschieden vom ebenen Modell mit parabol. Expansion ist. Die Frage hängt im wesentl. von der mittleren Dichte des Universums ab. Dem beschriebenen, heute mehrheitl. anerkannten Weltmodell liegt die allg. Relativitätstheorie zugrunde. Größeren Spielraum bieten andere Theorien der Gravitation, insbes. die von C. Brans und R. H. Dicke entwickelte *Skalar-Tensor-Theorie*, die allerdings die allg. Relativitätstheorie als Spezialfall umfaßt. Bei einigen anderen Theorien ist die Stärke der Gravitationswechselwirkung von der Zeit *(Weltalter)* abhängig *(Diracsches Prinzip)*. Histor. bedeutsam ist das stationäre Weltmodell (steady state theory) von F. Hoyle, H. Bondi und T. Gold (1948/49), das ohne Urknall auskommt. Die Verdünnung der Materie durch die fortwährende Expansion wird dabei durch spontane Erzeugung von Materie ausgeglichen, so daß sich das Weltall als ganzes nicht verändert. Mit der Entdeckung der 3-Grad-Strahlung gilt dieses Modell als widerlegt.

📖 Barrow, J. D./Silk, J.: *Die Asymmetrie der Schöpfung. Ursprung u. Ausdehnung des Universums.* Dt. Übers. Mchn. 1986. - *K. Struktur u. Entwicklung des Universums.* Hg. v. I. Appenzeller. Hdbg. ³1986. - Weinberg, S.: *Die ersten drei Minuten. Der Ursprung des Universums.* Mchn. ⁶1986. - Calder, N.: *Chronik des Kosmos.* Ffm. 1984. - Meurers, J.: *K. heute.* Darmst. 1984. - Gal-Or, B.: *Cosmology, physics and philosophy.* Bln. u. a. Neudr. 1983.

kosmologischer Gottesbeweis ↑ Gottesbeweis.

Kosmonaut [griech.] ↑ Astronaut.

Kosmopolit [griech.], nach antikem Verständnis ein Mensch, der sein Handeln nach der natürl. Ordnung der Welt (Kosmos) bestimmt; im heutigen Sprachgebrauch seltene Bez. für jemanden, der nicht von nationalstaatl. Denken bestimmt wird.

Kosmos [griech., eigtl. „Ordnung, Schmuck"], allg. die Welt als Ganzes; insbes. in der Astronomie und den Naturwiss. svw. Weltall oder Universum. Im übertragenen Sinn auch Bez. für jedes Ganze, das eine in sich geschlossene Einheit von zusammenhängenden Dingen, Erscheinungen, Abläufen u. a. bildet. Als Terminus der antiken *Naturphilosophie* Ordnung des Weltalls (im Ggs. zu ↑ Chaos). Religiöse Vorstellungen, nach denen der K. (das Weltall) als eine der göttl. Anordnung unterstellte Rechtsgemeinschaft der Dinge verstanden wurde, traten mit der zunehmenden Emanzipation der Philosophie von Religion und Mythologie zugunsten der Annahme zurück, daß die Welt als eine durch Vernunftprinzipien gegliederte Ordnung zu begreifen sei.

Kosmos [griech.-russ.], Bez. für eine Serie unbemannter künstl. Erdsatelliten der UdSSR, deren erster am 16. März 1962 gestartet wurde und deren Aufgabe die Erforschung des erdnahen Weltraums ist (z. T. auch militär. Aufgaben). Die Gesamtzahl der bisher gestarteten K.-Satelliten beträgt über 1 000.

Kosovo, autonome Prov. innerhalb der Rep. Serbien, Jugoslawien, im SW an Albanien grenzend 10 887 km², 1,677 Mill. E (1983), Hauptstadt Priština. K. ist ein fast allseitig von Gebirgen umschlossenes Gebiet mit den Beckenlandschaften ↑Amselfeld und ↑Metohija als Kernräumen. 75 % der Bev. sind muslim. Albaner. Die Städte haben meist oriental. Charakter. Unterrichtssprachen sind Alban., Serbokroat. und Türk., Univ. (gegr. 1970) in Priština. Wichtigster Wirtschaftszweig ist die Landw. (Mais-, Weizen-, Tabak-, Zuckerrübenanbau; Viehhaltung); auch Weinbau. An Bodenschätzen kommen Pyrit, Gold, Chromsowie Blei-Zink-Erz und Braunkohle vor. Die Ind. ist auf die größeren Städte beschränkt. Verkehrsmäßig ist K. durch Bahn und Fernstraßen gut erschlossen. - Das Gebiet des heutigen K. gehörte bis zum 1. Balkankrieg zur Türkei, 1913 unter Serbien und Montenegro aufgeteilt; gehörte nach der Gründung Jugoslawiens ganz zu Serbien; die nach dem 2. Weltkrieg geschaffene Autonome Prov. **Kosovo und Metohija** heißt seit 1970 Kosovo.

Kosovska Mitrovica [serbokroat. 'kɔsɔːvska: 'mitrɔvitsa], bis 1981 Name der jugoslaw. Stadt ↑Titova Mitrovica.

Kossäer ↑Kassiten.

Kossak-Szczucka, Zofia [poln. 'kɔsak-'ʃtʃutska], auch Kossak-Szatkowska, * Kósmin (Woiwodschaft Lublin) 8. Aug. 1890, † Górki Wielkie bei Cieszyn 9. April 1968, poln. Schriftstellerin. - War 1943/44 im KZ Auschwitz; lebte ab 1945 in Großbrit., kehrte 1957 nach Polen zurück. Gilt als führende Vertreterin des histor. Romans, bes. durch „Die Wallstatt von Liegnitz" (1930), „Kreuzfahrer" (1935), „Der Bund" (1946).

Kossel, Albrecht, * Rostock 16. Sept. 1853, † Heidelberg 5. Juli 1927, dt. Biochemiker. - Prof. für Physiologie in Berlin, Marburg und Heidelberg. K. entdeckte die Nukleinsäuren (als Nichtproteinkomponenten) und als deren Bestandteile die Purine und Pyrimidine. Entdeckte außerdem das Histidin. Erhielt 1910 den Nobelpreis für Physiologie oder Medizin.

K., Walther, * Berlin 4. Jan. 1888, † Kassel 22. Mai 1956, dt. Physiker. - Sohn von Albrecht K.; Prof. in Kiel, Danzig und Tübingen. K. interpretierte 1914 die Röntgenspektren mit Hilfe des Bohrschen ↑Atommodells und entwickelte die Vorstellung von den Elektronenschalen in den Atomen, die bei den Edelgasatomen vollständig aufgefüllt sind. 1934 entdeckte er den **Kossel-Effekt,** der bei der Beugung von Röntgenstrahlen an dem Kristall, in dem sie erzeugt werden, auftritt.

Kossuth, Lajos [ungar. 'koʃuːt], * Monok (Komitat Borsod-Abaúj-Zemplén) 19. Sept. 1802, † Turin 20. März 1894, ungar. Politiker. - Als Chefredakteur der „Pesti Hirlap" setzte sich K. ab 1841 mit Erfolg für bürgerl. Freiheiten und soziale Reformen ein. Führer der Opposition im Landtag (1847); in der Reg. Batthyány ab 17. März 1848 Finanzmin.; Vors. des Landesverteidigungsausschusses (ab Sept. 1848), organisierte die Honvedarmee. Am 14. April 1849 veranlaßte er das in der ungar. Revolution nach Debrecen geflüchtete Rumpfparlament zur Unabhängigkeitserklärung. Er selbst wurde zum Reichsverweser gewählt. Die militär. Mißerfolge zwangen K. jedoch am 11. Aug. 1849 zur Flucht ins Ausland, wo er weiter für die Unabhängigkeit Ungarns kämpfte.

Kossygin, Alexei Nikolajewitsch [russ. ka'sigin], * Petersburg 21. Febr. 1904, † Moskau 18. Dez. 1980, sowjet. Politiker. - Textilingenieur; seit 1927 Mgl. der KPdSU, seit 1940 des ZK; 1940 zum stellv. Vors. des Rates der Volkskommissare ernannt, übte diese Funktion bzw. die des 1. stellv. Vors. des Min.rates mit 2 kurzen Unterbrechungen (1953 und 1956/57) bis 1964 aus; zugleich 1943–46 Min.präs. der RSFSR, 1948 Finanzmin., 1948–53 Min. für Leichtindustrie, 1959/60 Leiter des Gosplans; 1948–52 und seit 1960 Mgl. des Politbüros; nach dem Sturz Chruschtschows (1964) dessen Nachfolger als Vors. des Min.rates; bildete mit und nach Parteichef L. I. Breschnew die polit. Führungsspitze der UdSSR.

kostal [lat.], zu den Rippen gehörig.

Kostalatmung, svw. Rippenatmung (↑Atmung).

Kosten, die mit der *Rechtsverfolgung* verbundenen Kosten, bestehend aus ↑Gebühren und ↑Auslagen. Die tatsächl. Höhe der K. wird im Wege der ↑Kostenfestsetzung ermittelt.

♦ in der *Betriebswirtschaftslehre* der in Geldeinheiten bewertete Verzehr von Produktionsfaktoren, der zur Erstellung und Verwertung der betriebl. Leistungen und zur Aufrechterhaltung der betriebl. Kapazitäten notwendig ist. Hauptarten: ↑Einzelkosten, ↑Gemeinkosten, **fixe Kosten** (feste K., ihre Höhe ist vom Umfang der Leistung unabhängig) und **variable Kosten** (ihre Höhe variiert mit dem Leistungsumfang).

Kostendämpfungsgesetz, Kurzbez. für das Gesetz zur Dämpfung der Ausgabenentwicklung und zur Strukturverbesserung in der gesetzl. Krankenversicherung vom 27. 6. 1977, das zahlreiche Vorschriften der Reichsversicherungsordnung und anderer Sozialgesetze zur finanziellen Entlastung der gesetzl. Krankenversicherung geändert worden.

Kostendeckungsprinzip, Grundsatz, nach dem aus wirtschafts- und sozialpolit. Gründen nur kostendeckende Preise erhoben werden. Das K. wird heute - wenn überhaupt - vorwiegend in Betrieben der öffentl. Hand angewendet.

Kostenentscheidung

Kostenentscheidung, gerichtl. Entscheidung über den Anspruch auf ↑Kostenerstattung, d. h. darüber, wer in einem Verfahren die Kosten zu tragen hat. Die K. ergeht nur dem Grunde nach und muß im Wege der ↑Kostenfestsetzung der Höhe nach bestimmt werden.

Kostenerstattung, Ausgleich zw. mehreren Beteiligten nach Abschluß eines gerichtl. Verfahrens hinsichtl. der Kosten. Trifft eine Partei, die bereits für Gebühren und Auslagen aufgekommen ist, nicht die ↑Kostenpflicht, hat sie einen Kostenerstattungsanspruch gegen den Kostenpflichtigen.

Kostenfestsetzung, Verfahren, in dem die tatsächl. Höhe des dem Grunde nach durch die ↑Kostenentscheidung festgelegten Anspruchs auf Erstattung der Prozeßkosten bestimmt wird.

Kostenlehre, Lehre vom Wesen und dem Verhalten der Kosten.

Kostenpflicht, Pflicht, die in einem Rechtsstreit oder sonstigen gerichtl. Verfahren anstehenden *Gerichts-* und *außergerichtl. Kosten* zu tragen. Grundsätzl. gilt, daß die Kosten demjenigen aufzuerlegen sind, der im Verfahren unterlegen ist. Im *Strafverfahren* hat grundsätzl. der Verurteilte die Kosten zu tragen; bei Freispruch sind die Kosten i. d. R. der Staatskasse aufzuerlegen. Derjenige, der ein *Rechtsmittel* einlegt und unterliegt, hat die Kosten des Rechtsmittels zu tragen. Im *Zivilprozeß* und im *Verwaltungsstreitverfahren* werden bei Teilunterliegen und Teilobsiegen die Kosten zw. den Parteien aufgeteilt. Wenn die Parteien den Rechtsstreit *in der Hauptsache für erledigt* erklärt haben, entscheidet das Gericht über die K. nach billigem Ermessen; dabei wird der bisherige Sach- und Streitstand berücksichtigt.

Kostenrechnung, derjenige Bereich des betriebl. Rechnungswesens, der die Erfassung und Verrechnung der Kosten umfaßt: Die **Betriebsabrechnung** umfaßt die Kostenarten-, Kostenstellen- und Kostenträgerrechnung, soweit sie sich auf die effektiv angefallenen Kosten bezieht. Die in die Zukunft gerichtete periodenbezogene Kostenplanung erfolgt in der **Plankostenrechnung** zumeist mit dem Ziel, einen Vergleich zw. Soll- und Ist-Kosten zu ermöglichen, um Rückschlüsse auf die Wirtschaftlichkeit des Betriebes zu ziehen. Auf den Ergebnissen der Betriebsrechnung aufbauend, erfolgt in der **Nachkalkulation** die Ermittlung der Kosten für die einzelnen Aufträge und Kostenträger. Die **Vorkalkulation** dient gewöhnl. der Ermittlung des Angebotspreises oder der Bestimmung der Preisuntergrenze.

Kostenstellen, betriebl. Teilbereiche bzw. Organisationseinheiten, die kostenrechner. selbständig abgerechnet werden.

Kostensteuern, Steuern, welche im Ggs. zu den sog. Gewinnsteuern (Gewerbeertrag-, Körperschaft-, Einkommen- sowie Vermögensteuer von Gesellschaftern) als Betriebsausgaben (Kosten) gelten, da sie in unmittelbarem Bezug zur betriebl. Leistungserstellung stehen.

Kostenträger, Leistungen oder Erzeugnisse des Betriebes (einschließl. innerbetriebl. Aufträge), denen in der Kostenrechnung die zu ihrer Erstellung angefallenen Kosten zugeordnet werden.

Kostenträgerrechnung, Teilgebiet der Kostenrechnung, welches als Stückrechnung (im Ggs. zur Periodenrechnung) die betriebl. Kosten den einzelnen ↑Kostenträgern zuordnet.

Kostjonki, sowjet. Dorf am rechten Ufer des Don, 40 km südl. von Woronesch, RSFSR. Bei K. liegt einer der größten bisher bekannten Siedlungskomplexe des späten Paläolithikums. Nachgewiesen wurden seit 1879 mehrere Fundplätze und Siedlungsschichten mit Resten von Behausungen und mehrere Bestattungen, reiche Funde, u. a. viele Tier- und Frauenfiguren aus Elfenbein und Stein.

Kostka, Stanisław ↑Stanislaus Kostka.

Köstliche von Charneu [frz. ʃar'nø] ↑Birnen (Übersicht).

Kostroma [russ. kɐstrɐ'ma], sowjet. Gebietshauptstadt in der RSFSR, beiderseits der Wolga, 267 000 E. TH, PH, landw. Hochschule, Museen; zwei Theater. K. ist ein altes Zentrum der Leinenind.; Hafen, ⚓. - In der altruss. Chronik für 1213 als bed. Stadt erwähnt; Mitte des 13. Jh. Hauptstadt des Ft. K., im 16. und 17. Jh. eine der größten Städte des russ. Staates.

Kostrowitski, Wilhelm Apollinaris de, frz. Dichter und Kritiker, ↑Apollinaire, Guillaume.

Kostrzyn [poln. 'kɔstʃin] ↑Küstrin.

Kostüm [italien.-frz., zu lat. consuetudo „Brauch, Gewohnheit"], allg. histor. Kleidung, auch **Faschingskostüm,** ein an eine histor. Kleidung, Tracht, Berufskleidung angelehnte Verkleidung oder auch Phantasie-K. zu Fastnacht, aber auch **Theaterkostüm,** das der zeitgenöss. Mode entspricht (auch sie stilisiert, abwandelt, übertreibt), typ. Figuren eine bestimmte Kleidung oder Attribute zuweist oder histor. Treue anstrebt (typisierende Bestrebungen seit dem 18. Jh., histor. Genauigkeit seit den Meiningern). Das moderne Theater-K. ist in das Konzept der Inszenierung eingebunden und gestaltet soziale und individuelle bzw. psycholog. Rollenmerkmale.
♦ aus Rock und Jacke bestehende Kombination der Damenmode seit etwa 1880, meist durch Bluse oder Pullover ergänzt.

Kostümkunde, Geschichte der Kleidungsstile und deren wiss. Erforschung. Umfaßt die histor. Entwicklung der Kleidung der zivilisierten Völker, aber auch eine genaue Typologie der Bekleidungsformen der Naturvölker sowie der Volkstrachten. Als Begründer gilt H. Weiß (* 1822, † 1897) mit seinem Werk „K. Geschichte der Tracht und des Geräths" (1866–72).

Kosuth, Joseph, * Toledo (Ohio) 31. Jan. 1945, amerikan. Konzeptkünstler. - Untersuchungen über das Wesen der Kunst; Hg. der Zeitschrift „Art and Language".

K.-o.-System, im Sport Modus der Austragung eines Wettbewerbs, an dem mehrere Mannschaften oder Spieler teilnehmen, bei dem der Verlierer aus dem weiteren Wettbewerb ausscheidet.

Kőszeg [ungar. ˈkøːsɛg] (dt. Güns), ungar. Stadt nahe der östr. Grenze, 12 000 E. Textilu. a. Industrie. - Stadtrecht 1327/28. - Spätgot. Kirche Sankt Jakob (15. Jh.) mit Fresken (15. Jh.), Burg (13. Jh.; jetzt Museum).

Kosztolányi, Desző [ungar. ˈkostolɑː-nji], * Szabadka (= Subotica) 29. März 1885, † Budapest 3. Nov. 1936, ungar. Dichter. - Verfaßte impressionist.-symbolist. Lyrik und Novellen, u. a. „Der schlechte Arzt" (1921); auch psychologisierende Romane über das ungar. Kleinbürgertum der Jh.wende, z. B. „Die Lerche" (1924), „Anna Édes" (1926); auch Essayist und Übersetzer.

Kot (Exkremente, Fäzes, Faeces, Stuhl), durch den Darm ausgeschiedenes Verdauungsprodukt, bestehend aus Wasser, Darmbakterien, abgeschilferten Zellen der Darmschleimhaut, Sekreten der Verdauungsdrüsen, nicht resorbierten Nahrungsschlacken sowie Gärungs- und Fäulnisprodukten, die den typ. K.geruch ausmachen. Die ausgeschiedene K.menge ist von der Ernährung abhängig. Beim Menschen beträgt sie bei durchschnittl. gemischter Kost rund 150 g tägl. (davon etwa 75 % Wasser), bei überwiegender Fleischkost weniger, bei pflanzl. (zellulosereicher) Ernährung etwa das Dreifache. Die normale braune Farbe des K. ist durch die Abbauprodukte der Gallenfarbstoffe bedingt.

Kota Baharu, Hauptstadt des Sultanats Kelantan, Westmalaysia, 8 km oberhalb der Mündung des Kelantan ins Südchin. Meer, 170 600 E. Bibliothek; Textil- und Nahrungsmittelind., Herstellung von Batik- und Silberschmiedearbeiten; ✈.

Kota Kinabalu, Hauptstadt von Sabah, Ostmalaysia, an der NW-Küste Borneos, 108 700 E. Anglikan. Bischofssitz; geolog. Landesamt, Sabahmuseum, Bibliothek, Handels- und Verkehrszentrum Sabahs; Hafen, internat. ✈. - Gegr. 1899, seit 1946 Hauptstadt.

Kotangens [lat.] ↑trigonometrische Funktionen.

Kotarbiński, Tadeusz [poln. kɔtarˈbɨj-ski], * Warschau 31. März 1886, † Warschau 3. Okt. 1981, poln. Philosoph. - 1957–1962 Präs. der poln. Akad. der Wiss.; einflußreicher Vertreter des poln. Antiirrationalismus. Befaßte sich v. a. mit Problemen der Wissenschaftstheorie und (formalen) Logik.

Kotka

Kotau [chin.], demütige Ehrerweisung, tiefe Verbeugung; in China die im Kultus und vor Respektspersonen bis ins 20. Jh. übl. Ehrerweisung durch Neigung des Kopfes bis auf die Erde in kniender Haltung.

Kote [schwed.], kegelförmiges Zelt mit einer Öffnung an der Spitze (für den Rauchabzug).

Kotelett [lat.-frz., eigtl. „Rippchen"], Rippenstück vom Schwein, von Kalb, Hammel, Wild. In zweifingerdicken Scheiben gebraten.

Koteletten [lat.-frz.], Bartstreifen neben den Ohren.

Kotěra, Jan [tschech. ˈkɔtjɛra], * Brünn 18. Dez. 1871, † Prag 14. April 1923, tschech. Architekt. - Schüler von O. Wagner in Wien; Begründer der modernen tschech. Architektur, u. a. Verlagshaus Urbank in der Neustadt (1911–13), Palais Lemberger in Wien (1913–15), Prager Univ. (1907 ff.).

Kotfliegen (Mistfliegen, Cordyluridae), Fam. mittelgroßer, oft pelzig behaarter, langbeiniger Fliegen mit rd. 500 Arten v. a. in nördl.-gemäßigten Regionen; Imagines meist räuber., lauern auf Exkrementen anderen kotbesuchenden Insekten auf; Larven leben im Dung, minieren in Pflanzen oder ernähren sich räuberisch. In M-Europa kommt häufig die **Mistfliege** (Scopeuma stercoraria) vor; bis 10 mm lang, gelb gefärbt; Larven und Imagines leben v. a. auf frischem Rinderkot.

Köth, Erika, * Darmstadt 15. Sept. 1927, dt. Sängerin (Sopran). - Seit 1953 Mgl. der Bayer. Staatsoper in München, seit 1961 auch der Dt. Oper Berlin. Sie trat an führenden Bühnen des Auslands sowie bei den Salzburger und Bayreuther Festspielen auf. - † 20. Febr. 1989.

Köthen, Landkr. im Bez. Halle, DDR.

Köthen/Anhalt, Halle, DDR, 80 m ü. d. M., 34 600 E. Verwaltungssitz des Landkr. Köthen; Ingenieurschule; PH; Museen. Wichtiges Zentrum der metallverarbeitenden und chem. Industrie. - 1115 erstmals erwähnt; 1295–1847 anhalt. Residenz, 1603–1847 Residenz eines eigenen Ft. Anhalt-Köthen. - Spätgot. Pfarrkirche Sankt Jakob (1400–1514) mit Fürstengruft, barocke Agnuskirche (1694–99) mit spätgot. Flügelaltar, klassizist. Pfarrkirche Sankt Marien (1826 ff.); Renaissanceschloß (1597–1604) und barockes Neues Schloß (1720).

Kothurn [griech.-lat.], in der antiken Tragödie der zum Kostüm des Schauspielers gehörende hohe Schaftstiefel mit erhöhten Sohlen.

Kotillon [ˈkɔtɪljoː, kɔtiˈjõː; zu frz. cotillon, eigtl. „Unterrock"] (Contredanse française), Gesellschaftstanz; zu Beginn des 18. Jh. in Frankr. entstanden, urspr. für vier Paare. Im 19. Jh. war der K. der Höhepunkt des Balles.

Kotka, Stadt in O-Finnland, am Finn.

Kotkäfer

Meerbusen, 61 000 E. Hauptstadt des Verw.-Geb. Kymi; Zellulose- und Papierherstellung; wichtigster Ausfuhrhafen Finnlands. - Der Hafen des 1878 gegründeten K. wurde ausgebaut, nachdem Viipuri (= Wyborg) 1944 an die UdSSR gefallen war.

Kotkäfer (Coprinae), mit mehr als 1 000 Arten weltweit verbreitete Unterfam. meist mittelgroßer, schwarzer, metall. schillernder Blatthornkäfer; Vorderextremitäten zu Grabbeinen umgebildet. Als Larvennahrung wird Kot in unterird. Brutkammern eingetragen und dort zu „Brutbirnen" geformt.

Kotljarewski, Iwan Petrowitsch [russ. kɐtlʲˈrjɛfskij], * Poltawa 9. Sept. 1769, † ebd. 10. Nov. 1838, ukrain. Dichter. - Gilt als Begr. der ukrain. Literatur, da er in seiner „Äneis"-Travestie (1798, vollständig hg. 1842) die ukrain. Volkssprache zur Literatursprache erhob.

Koto [jap.], eine jap. Zither, deren 13 und mehr Saiten über ein gewölbtes Brett gespannt sind und mittels beweglicher Stege gestimmt werden. Die mit Plektron gespielte K. geht auf das chin. Kin zurück.

Kotonisieren (Cottonisieren) [arab.-frz.], der bei Bastfasern (v. a. Flachs und Hanf) vorgenommene Aufschluß des Pflanzenleims, der die Elementarfasern zusammenhält.

Kotoński, Włodzimierz [poln. kɔˈtɔi̯ski], * Warschau 23. Aug. 1925, poln. Komponist. - Gehört neben serieller, elektron. und konkreter Musik (u. a. „Musique en relief", 1959; „Mikrostrukturen", 1963; „Klangspiele", 1967; „Midsummer", 1979; „Sirocco" für Orchester, 1980; „Herbstlied" für Cembalo und Tonband, 1981; „Terra incognita" für Orchester, 1984) zur poln. Avantgarde.

Kotor, jugoslaw. Stadt am inneren Ende der Bucht von K., 5 800 E. Marinemuseum; Handelszentrum; Fremdenverkehr. - Gehörte seit 168 v. Chr. zum Röm. und seit 476 n. Chr. zum Byzantin. Reich. Dank seines guten Hafens und seines Seehandels erlangte K. im MA, abwechselnd K., Dekatera und Cattaro genannt, Bed. für den adriat. Raum. - K. wird von der Festung Sveti Ivan überragt. Die Kathedrale (12. Jh.), Renaissancetürme, 1681), weitere Kirchen sowie Patrizierhäuser, Paläste und der Uhrturm (1602) zeugen von der bed. Vergangenheit. - Starke Zerstörungen bei einem Erdbeben im April 1979.

Kotschi, jap. Stadt an der S-Küste Schikokus, 300 800 E. Verwaltungssitz der Präfektur K.; Museen; Papier-, Zementind.; Hafen. - In der Mitte des 19. Jh. eines der Zentren der auf den Sturz der Zentralregierung in Edo (Tokio) gerichteten Bewegung. - Tschikuridschitempel (vermutl. 724 gegr.) mit Museum; Schloß (1603) mit Wehrturm.

Kotschinchina, der aus dem Mekongdelta und den südl. Ausläufern der Küstenkette von Annam bestehende S-Teil Vietnams. Die durch zahlr. Wasserarme gegliederte flache Schwemmlandebene des Mekongdeltas ist größtenteils landw. erschlossen (Reis).

Kotsteine (Darmsteine, Koprolithen, Enterolithen), bis kirschgroße Konkremente aus eingedicktem Kot, Mineralsalzen und verhärtetem Schleim im unteren Verdauungskanal, auch im Wurmfortsatz und in Dickdarmdivertikeln.

Kotta, Leo F. † Flake, Otto.

Kötter [niederdt.], seit dem Hoch-MA Bez. für den Inhaber einer kleineren bäuerl. Siedelstelle, der im Ggs. zum Häusler keiner landw. oder gewerbl. Nebenbeschäftigung nachging.

Kutulla, Theodor, * Königshütte 20. Aug. 1928, dt. Filmregisseur. - Nach Kurz- bzw. Dokumentarfilmen, u. a. „Zum Beispiel Bresson" (1967), und „Vor dem Feind" (1968) drehte er die das kleinbürgerl. Heile-Welt-Denken thematisierenden Spielfilme „Bis zum Happy End" (1970) und „Ohne Nachsicht" (1971); danach den zeitgeschichtl. Film „Aus einem dt. Leben" (1977) über den KZ-Kommandanten von Auschwitz, R. Höss. Dreht auch Fernsehfilme: „Der Fall Mauritius" (1981), „Alles aus Liebe" (1984).

Kotyledonen [griech.] (Keimblätter), in der Botanik Bez. für die ersten, bereits an der Keimachse des pflanzl. Embryos im Samen angelegten Blattorgane.

Kotylosaurier [griech.], ausgestorbene Ordnung sehr urtümlicher, meist weniger als 2 m langer Kriechtiere; bekannt vom oberen Karbon bis zur oberen Trias, bes. verbreitet im Perm Europas, Chinas, S-Afrikas und N-Amerikas; Körperbau eidechsenähnlich.

Kotze (Kotzen), meist aus Loden (Lodenkotze) gefertigter Umhang mit Armschlitzen.

Kotzebue [...bu], August von, * Weimar 3. Mai 1761, † Mannheim 23. März 1819, dt. Dramatiker. - 1781–90 in gehobenen Staatsstellungen in russ. Diensten (1785 geadelt), 1797–99 Theaterdichter in Wien, wurde 1800 auf einer Reise nach Rußland als vermeintl. Jakobiner verhaftet, nach einigen Monaten, vermutl. auf Grund seines zarenfreundl. Dramas „Der alte Leibkutscher Peters III." (1799), freigelassen und zum Direktor des Dt. Theaters in Petersburg berufen. In Berlin gab er 1803–07 (ab 1804 Mithg.) die Zeitschrift „Der Freimütige" heraus, mit der er Goethe und die Romantiker bekämpfte, in Königsberg die Zeitschriften „Die Biene" (1808–10) und „Die Grille" (1811/12), die gegen Napoleon I. gerichtet waren. 1816 Staatsrat in Petersburg, 1817 persönl. Berichterstatter des Zaren, in dessen Auftrag er Deutschland bereiste. In seiner 1818 gegr. Zeitschrift „Literar. Wochenblatt" verspottete er die liberalen Ideen der Burschenschafter. Er wurde von dem Studenten K. L. Sand ermordet. K. schrieb mehr als 200 sehr effektvoll gebaute, aber oberflächl. Dramen, von denen nur noch die Lustspiele „Die beiden Klingsberg" (1801) und „Die dt. Kleinstädter"

(1803) gespielt werden. Ferner erzählende Prosa, histor. und autobiograph. Schriften.

K., Otto von, * Reval 30. Dez. 1788, † ebd. 15. Febr. 1846, russ. Naturforscher dt. Herkunft. - Sohn von August von K.; unternahm drei Weltreisen (1803-06, 1815-18; 1823-26), in deren Verlauf bed. ozeanograph. und pflanzengeograph. Forschungen.

Koudougou [kudu'gu], Dep.hauptstadt im zentralen Burkina Faso, 52 400 E. Kath. Bischofssitz, Lehrerseminar; Lederwarenindustrie.

Kouilou [frz. kwi'lu] ↑Niari.

Koulouba [kulu'ba] ↑Bamako.

Kounellis, Jannis, * Piräus 23. März 1936, italien. Künstler griech. Herkunft. - Lebt seit 1956 in Rom. Ende der 50er Jahre großformatige Buchstaben- und Zahlenbilder, die er ab 1960 auch als Performance singend malt. Hat Teil an der Arte povera.

Kourou [frz. ku'ru], Ort an der Küste von Frz.-Guayana, 5 500 E. Seit 1967 frz. Raumfahrtzentrum (auch von der ESA genutzt); Hafen.

Kovačić, Ante [serbokroat. ˌkɔvatʃitɕ], * Oplaznik 6. Juni 1854, † Stenjevac 10. Dez. 1889, kroat. Schriftsteller. - Gibt in seiner Prosa eine meisterhafte karikaturist. und satir. Darstellung, bes. der sozialen Ungerechtigkeiten; gehört zum krit. Realismus.

kovalente Bindung ↑chemische Bindung.

Kovarianz ↑Wahrscheinlichkeitsrechnung.

♦ (Forminvarianz) die Unveränderlichkeit der Form von physikal. Gleichungen bei Koordinatentransformationen bzw. bei Transformationen der in sie eingehenden Größen.

Kowa, Victor de ↑De Kowa, Victor.

Kowary ↑Schmiedeberg i. Rsgb.

Koxalgelenk [lat./dt.], svw. ↑Hüftgelenk.

Koxalgie [lat./griech.] (Hüftschmerz, Coxalgia), Schmerzen im Hüftbereich bzw. Hüftgelenk; auch unkorrekte Bez. für ↑Hüftgelenkentzündung.

Koxinga (niederl. für chin. Kuo-hsingyeh [Guoxingye]), * Hirado 1624, † 23. Juni 1662, chin. General und Pirat. - Vertrieb 1662 die Niederländer von Taiwan.

Koxitis [lat.], svw. ↑Hüftgelenkentzündung.

Kozjubinski, Michail Michailowitsch, * Winniza 17. Sept. 1864, † Tschernigow 25. April 1913, ukrain. Schriftsteller. - Seit den 1880er Jahren Mgl. der antizarist. Bewegung; Hauptvertreter des Impressionismus in der ukrain. Literatur; in seinem Hauptwerk, dem Roman „Fata Morgana" (1903-10), schildert er die Hinwendung der ukrain. Bauern zu den revolutionären Strömungen um 1905-07.

Koźle [poln. 'kɔzlɛ] ↑Cosel.

Kożuchów [poln. kɔ'ʒuxuf] ↑Freystadt i. Niederschles.

Krafft

kp, Einheitenzeichen für ↑Kilopond.

Kpalimé (früher Palimé), Stadt in SW-Togo, 250 m ü. d. M., 26 000 E. Sitz einer Distriktsverwaltung; landw. Anbau-, Verarbeitungs- und Handelszentrum; Eisenbahnendpunkt. - 1884-97 Verwaltungssitz des dt. Schutzgebietes Togo.

kpc, Einheitenzeichen für **Kiloparsec** (↑Parsec).

KPD, Abk. für: ↑Kommunistische Partei Deutschlands.

KPdSU, Abk. für: ↑Kommunistische Partei der Sowjetunion.

kpm, Einheitenzeichen für ↑Kilopondmeter.

KPÖ, Abk. für: ↑Kommunistische Partei Österreichs.

Kr, chem. Symbol für ↑Krypton.

Kra, Isthmus von, Landenge in Hinterindien, verbindet die Halbinsel Malakka mit dem asiat. Festland.

Kraal ↑Kral.

Krabbe, got. architekton. Zierform aus Blattwerk, die an Fialen, Wimpergen usw. emporklettert.

Krabben [niederdt.], (Kurzschwanzkrebse, Brachyura) Unterordnung der Zehnfußkrebse mit über 4 000 Arten; überwiegend im Meer lebend; Körper relativ kurz, abgeflacht, mit kurzem, unter dem Cephalothorax eingeschlagenen Hinterleib; erstes Rumpfbeinpaar mit meist großen Scheren; Grundbewohner; laufen meist seitwärts. Bekannteste Vertreter: Gepäckträger-, Strand-, Woll-, Wollhandkrabbe, Winker-, Gespenster-K., Taschenkrebs, Seespinnen.

♦ Handelsbez. für bestimmte Garnelen.

Krabbenspinnen (Thomisidae), Fam. etwa 5-7 mm großer, oft sehr bunt gefärbter Spinnen; weben keine Gespinste; können (krabbenartig) rasch seitwärts laufen.

Krabbentaucher (Plautus. alle), etwa stargroßer Alk mit schwarzgrauer Oberseite, weißer Unterseite und kurzem Schnabel; taucht nach kleinen Krebsen.

Kracauer, Siegfried [...kauər], * Frankfurt am Main 8. Febr. 1889, † New York 26. Nov. 1966, dt. Publizist und Soziologe. - 1922-33 Mitarbeiter der „Frankfurter Zeitung" in Berlin; emigrierte 1933 nach Frankr., 1941 in die USA, dort als Filmwissenschaftler und Soziologe tätig.

Krackbenzin ['kræk; engl./dt.] ↑Erdöl.

Kracken ['krækən; engl.] ↑Erdöl.

Kraepelin, Emil ['krɛːpəliːn], * Neustrelitz 15. Febr. 1865, † München 7. Okt. 1926, dt. Psychiater. - Prof. in Dorpat, Heidelberg und München; bed. Arbeiten u. a. zur Psychodiagnostik, -therapie und -pharmakologie; Einteilung der Psychosen in die beiden Formenkreise Dementia praecox [↑Schizophrenie] und manisch-depressives Irresein.

Krafft, Adam, * Nürnberg um 1460, † Schwabach 1508 oder 1509, dt. Bildhauer. -

Krafft

Adam Krafft, Selbstbildnis. Tragefigur am Sakramentshaus (1493–96). Nürnberg, Sankt Lorenz

Lehrzeit am Oberrhein und in Straßburg. Sandsteinarbeiten in Nürnberg; bei dem „Schreyer-Epitaph" am Chor von Sankt Sebald (1492) und im „Sakramentshaus" in Sankt Lorenz (1493–96) spätgot. Durchdringung von Figur, Ornament und Architektur, gegen 1500 klare plast. Gestaltung („Relief für die Stadtwaage", 1497; „Rehbeck-Epitaph", 1500, heute Frauenkirche; Kreuzwegstationen, 1508 vollendet, jetzt im German. Nationalmuseum).

K., Adam (A. Kraft), * Fulda 1493, † Marburg 9. Sept. 1558, dt. ev. Theologe. - 1519 Teilnahme an der Leipziger Disputation und 1529 am Marburger Religionsgespräch; wesentl. beteiligt an der Abfassung der luth. Gottesdienstordnung (1537).

Krafft-Ebing, Richard Freiherr von, * Mannheim 14. Aug. 1840, † Mariagrün (= Graz) 22. Dez. 1902, dt. Psychiater. - Prof. in Straßburg, Graz und Wien; erste bed. Forschungen auf dem Gebiet der Sexualpathologie und Kriminalpsychologie; Verfasser des Werkes „Psychopathia sexualis" (1886) mit Beschreibung und Klassifizierung verschiedener Formen sexuellen Verhaltens.

Kraft, Victor, * Wien 4. Juli 1880, † Purkersdorf 3. Jan. 1975, östr. Philosoph. - 1926 Prof. in Wien; einer der führenden Vertreter des ↑Wiener Kreises; sein bes. Interesse galt der erkenntnistheoret. fundierten Begründung der Ethik und Wertlehre. - *Werke:* Weltbegriff und Erkenntnisbegriff (1912), Die Grundlagen einer wiss. Wertlehre (1937), Der Wiener Kreis (1950), Erkenntnislehre (1960).

K., Werner, * Braunschweig 4. Mai 1896, dt. Schriftsteller. - 1933 Emigration über Stockholm, Paris nach Jerusalem; in seiner nüchternen, knappen, gedankentiefen und wortgewandten Lyrik v. a. Karl Kraus verpflichtet, z. B. „Worte aus der Leere" (1937), „Figur der Hoffnung" (1955), „Spiegelung der Jugend" (1973); auch bed. Kritiker und Interpret dt. Dichtung. - *Weitere Werke:* Der Wirrwarr (R., 1960), Goethe (Essays, 1986).

Kraft [urspr. „Zusammenziehung (der Muskeln)"], grundlegender Begriff der Physik; Formelzeichen *F*, Ursache für die Beschleunigung oder die Verformung eines Körpers. Die K. ist ein Vektor. Zu ihrer Beschreibung ist die Angabe ihres *Betrages*, ihrer *Richtung* und ihrer *Wirkungslinie* erforderlich. Auf den Ort des *Angriffspunktes* einer K. auf ihrer Wirkungslinie kommt es nur bei der Verformung eines Körpers an. Für Kräfte, die an starren Körpern angreifen, gilt dagegen der sogenannte *Verschiebungssatz:* Der Angriffspunkt einer K. kann beliebig längs ihrer Wirkungslinie verschoben werden, ohne daß ein bestehendes Gleichgewicht mit anderen K. gestört wird bzw. ohne daß sich die von ihr verursachte Beschleunigung eines starren Körpers ändert. Gemäß dem 2. Newtonschen Axiom ist die K. *F* definiert als das Produkt aus der (gleichbleibenden) Masse *m* eines Körpers und der Beschleunigung *a*, die dieser Körper erfährt:

$$F = m \cdot a$$

Kann die Masse des Körpers während des betrachteten Vorgangs nicht als konstant angenommen werden, dann gilt das Newtonsche K.gesetz in der sog. Impulsform:

$$F = d(m\mathbf{v})/dt.$$

Nach ihrem physikal. Ursprung unterscheidet man die Gravitationskräfte, die elektromagnet. Kräfte, die Kräfte der starken Wechselwirkungen einschließl. der Kernkräfte sowie die zu Elementarteilchenzerfällen führenden Kräfte der schwachen Wechselwirkungen. *SI-Einheit* der K. ist 1 Newton (N). Festlegung: 1 Newton (N) ist gleich der K., die einem Körper der Masse 1 kg die Beschleunigung 1 m/s² erteilt:

$$1\ N = 1\ kg \cdot m/s^2.$$

◆ in der *Religionswissenschaft* der Ausfluß der ↑Macht.

Kraftarm, der Abstand der Wirkungslinie einer auf einen drehbar gelagerten Körper (z. B. einen Hebel) wirkenden Kraft vom Drehpunkt bzw. von der Drehachse.

Kraft durch Freude (Abk. KdF) ↑Deutsche Arbeitsfront.

Krafteck (Kräftepolygon), beim graph. Zusammensetzen bzw. bei der Vektoraddi-

Kraftfahrzeuge

tion von Kräften das aus den sie darstellenden gerichteten Strecken (Vektoren) entstehende Vieleck. Die Kräfte F_1 bis F_4 des zentralen Kräftesystems der Abb. 1 ergeben bei Aneinanderreihung (Fußpunkt des angesetzten Kraftvektors jeweils an der Spitze des vorhergehenden) das K. der Abb. 2. Die das K. [im selben Pfeilsinn] „schließende" Kraft

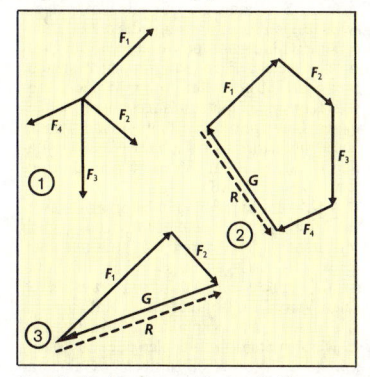

G stellt die Kraft dar, die das Kräftesystem ins Gleichgewicht bringt: $F_1 + F_2 + F_3 + F_4 + G = 0$ *(geschlossenes K.)*; die dem Pfeilsinn gegenläufige Kraft $R = -G$ ist dagegen die Resultierende der vier Kräfte F_1 bis F_4, d. h., $R = F_1 + F_2 + F_3 + F_4$. Bei nur drei Kräften wird das K. zum **Kräftedreieck** (Abb. 3).

Kräftepaar, zwei gleich große, entgegengesetzt gerichtete Kräfte, deren Wirkungslinien nicht zusammenfallen. Ein an einem Körper angreifendes K. übt ein Drehmoment auf ihn aus.

Kräfteparallelogramm, Parallelogramm zur graph. Ermittlung der Summe von 2 Kräften: Die beiden zu addierenden

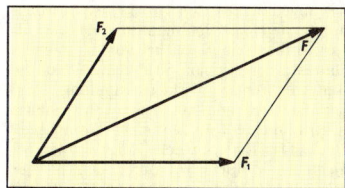

Kräfte F_1 und F_2 werden längs ihrer Wirkungslinien so verschoben, daß ihre Angriffspunkte zusammenfallen. In dem durch Konstruktion der Parallelen sich ergebenden Parallelogramm bilden die zu addierenden Kräfte die Seiten, die Summe $F_1 + F_2 = F$ die entsprechende Diagonale.

Kräftepolygon, svw. ↑ Krafteck.

Kraftfahrstraßen, nach § 18 Straßenverkehrsordnung Straßen, die - ebenso wie Autobahnen - nur von Kfz. mit einer Mindestgeschwindigkeit von 60 km/h benutzt werden dürfen.

Kraftfahrt-Bundesamt ↑ Bundesämter (Übersicht).

Kraftfahrzeugbeleuchtung, Gesamtheit der Beleuchtungseinrichtungen eines Kraftfahrzeuges; in der BR Deutschland in der Straßenverkehrs-Zulassungs-Ordnung (StVZO), § 49 ff., niedergelegt. Zur Ausleuchtung der Fahrbahn dienen die **Scheinwerfer**, die einstellbar und bei Mehrspurfahrzeugen paarweise angeordnet sein müssen und nur weißes oder schwach gelbes Licht ausstrahlen dürfen. Die untere Spiegelkante darf höchstens 1 m über der Fahrbahn liegen. Das **Fernlicht** hat die größte Reichweite und soll, 100 m vor dem Fahrzeug in Höhe der Scheinwerfermitte gemessen, eine Mindestbeleuchtungsstärke von 1 Lux aufweisen. Das **Abblendlicht** darf, in 25 m Entfernung gemessen, eine Höchstbeleuchtungsstärke von 1 Lux aufweisen; mit dem **asymmetr. Abblendlicht** wird ohne größere Blendwirkung für den Gegenverkehr eine bessere Ausleuchtung der rechten Fahrbahnseite auf größere Entfernung erzielt. Zusätzl. sind **Nebelscheinwerfer** erlaubt, die nur in Verbindung mit dem Abblendlicht bei Nebel oder Schneefall brennen dürfen. Sind 2 Nebelscheinwerfer angeordnet und beträgt ihr äußerer Abstand von der breitesten Stelle des Fahrzeugumrisses nicht mehr als 40 cm, können sie in Verbindung mit den Begrenzungsleuchten benutzt werden. Die Lichtleistung der Scheinwerfer läßt sich mit Halogenlampen erhöhen. Zur seitl. Begrenzung nach vorn sind **Begrenzungsleuchten** vorgeschrieben, die z. T. in die Scheinwerfer integriert sind. Die Fahrzeugbegrenzung nach hinten geben 2 **Schlußleuchten** mit rotem Licht an; außerdem sind 2 **Rückstrahler** mit mindestens 20 cm^2 großen Reflektoren vorgeschrieben. Ferner muß das rückwärtige Kennzeichen beleuchtet sein. Das Betätigen der Fußbremse ist am Fahrzeugheck durch 2 **Bremsleuchten** mit gelbem oder rotem Licht anzuzeigen. Zur Beleuchtung der rückwärtigen Fahrbahn dient der **Rückfahrscheinwerfer** (weißes Licht), der nur bei eingelegtem Rückwärtsgang leuchtet. Außerhalb geschlossener Ortschaften dürfen auch rote **Nebelschlußleuchten** verwendet werden, wenn die Sichtweite weniger als 50 m beträgt. Obligator. sind die **Fahrtrichtungsanzeiger**, meist **Blinkleuchten**, die an der Vorderseite des Fahrzeuges und an der Rückseite gelbes Licht haben sollen und durch einen Blinkgeber während der Einschaltzeit intermittierend aufleuchten. Mehrspurige Kfz. müssen ferner mit einer **Warnblinkanlage** ausgerüstet sein; nach dem Einschalten müssen alle am Fahrzeug vorhandenen Blinkleuchten gelbes Blinklicht (90 $\pm$ 30 Perioden in der Minute) abstrahlen.

Kraftfahrzeuge, Abk. Kfz., Sammelbez. für nicht an Schienen gebundene Landfahr-

Kraftfahrzeughaftpflichtversicherung

zeuge, die von eigener Maschinenkraft bewegt werden.

Kraftfahrzeughaftpflichtversicherung, obligator. ↑ Haftpflichtversicherung für Kfz.-Halter.

Kraftfahrzeugindustrie, Industriezweig, der die Herstellung von Personen-, Kombinations- und Lastkraftwagen, Omnibussen, Straßenzugmaschinen, Motorrädern und -rollern, Mopeds und Mofas umfaßt. - Begonnen hat die **Entwicklung** der K. in Deutschland: 1876 erfand N. A. Otto den Viertaktmotor, 1886 wurden erstmals die von G. W. Daimler und W. Maybach einerseits, von C. Benz andererseits konstruierten Automobile der Öffentlichkeit vorgestellt. Ihre führende Stellung verlor die dt. K. zu Anfang des 20. Jh. an die USA. Dort begann auch (insbes. bei H. Ford) der Übergang zur Massenproduktion. 1922 betrug der Automobilbestand in den USA etwa 11 Mill. (Dt. Reich 80 000). In der Zwischenkriegszeit wurde der Automobilexport fast vollständig durch die USA bestimmt. Nach dem 2. Weltkrieg ging diese Rolle an Japan und Europa über. - Da Automobilfabriken in erster Linie Montagebetriebe sind, kann die gesamtwirtschaftl. Bedeutung der K. nur bei Berücksichtigung der vor- und nachgelagerten Industriezweige erkannt werden.

Die Weltproduktion der K. belief sich 1985 auf rd. 46 Mill. Fahrzeuge (35 Mill. Pkws, 11 Mill. Lkws, Omnibusse u. a. Nutzfahrzeuge). Die größten Automobilhersteller waren 1984 (Pkws/Lkws, Omnibusse u. a. Nutzfahrzeuge): Japan (7,1 Mill./4,4 Mill.), die USA (7,6 Mill./3,1 Mill.), die BR Deutschland (3,8 Mill./247 000), Frankr. (2,7 Mill./341 000), die Sowjetunion (1,3 Mill./rd. 900 000), Italien (1,4 Mill./158 000).

Kraftfahrzeugpapiere, zusammenfassende Bez. für den **Kraftfahrzeugbrief**, den den rechtmäßigen Besitz eines Kfz. beweisenden Urkunde, und dem **Kraftfahrzeugschein**, der als Nachweis für die ordnungsgemäße Zulassung eines Kfz. dient.

Kraftfahrzeugsteuer, eine ↑ Verkehrsteuer (Aufwandsteuer), die den Ländern zufließt. Sie stellt ab auf das Halten eines Kfz. oder eines Kfz.-Anhängers zum Verkehr auf öffentl. Straßen ohne Rücksicht auf das Ausmaß der Benutzung der Straßen durch das Kfz. (Pauschalbesteuerung) Die K. wird ab 1. Juli 1985 nicht mehr nur nach dem Hubraum, sondern auch nach dem Schadstoffgehalt der Abgase (verminderter Steuersatz für schadstoffarme, erhöhter für herkömml., nicht abgasgereinigte Kfz.) erhoben. K.aufkommen in der BR Deutschland 1985: 7,35 Mrd. DM.

Kraftfeld ↑ Feld.

Kraftfluß (Feldfluß), Maß für die Gesamtzahl der eine bestimmte Fläche durchsetzenden elektr. oder magnet. Feldlinien.

Kraftlinien, svw. Feldlinien (↑ Feld).

Kraftmaschine, Bez. für eine Maschine, die mechan. Energie aus anderen Energieformen erzeugt und zur Verwertung an Arbeitsmaschinen weitergibt (z. B. Dampfmaschine, Verbrennungsmotor, Dampfturbine, Wasserturbine, Elektromotor, Windrad).

Kraftmesser, svw. ↑ Dynamometer.

Kraftrad, Abk. Krad, i. e. S. svw. Motorrad; i. w. S. Sammelbez. für alle einspurigen, zweirädrigen Kraftfahrzeuge, die mit oder ohne Knieschluß gefahren werden und im Prinzip aus gleichartigen Baugruppen bestehen: Motorrad, Motorroller, Mofa, Mokick, Moped. Krafträder mit fest angebautem **Seitenwagen** (Beiwagen) zur Mitnahme einer Person (meist bootsförmiger Aufbau) oder von Lasten (Kastenaufbau) zählen zu den Dreiradbzw. Zweispurkraftfahrzeugen.

Das K. dient zur Personenbeförderung, v. a. das **Motorrad** auch als Sportfahrzeug (↑ auch Motorsport). Der Antrieb erfolgt durch einen meist luft-, z. T. gebläsegekühlten Zweitaktmotor, bei schwerer Ausführung auch durch einen Viertakt-Ottomotor. Der Rahmen des K. besteht aus gepreßten, zusammengeschweißten Stahlblechschalen oder aus Stahlrohren. Das Vorderrad ist in einer Gabel angeordnet, die schwenkbar im Steuerkopf des Rahmens gelagert und mit einer Lenkstange versehen ist. Der Federung des Vorderrades dient eine Teleskopgabel oder eine Schubschwinge. Die Führung des Hinterrades erfolgt meist mit Hilfe einer gezogenen Langschwinge, wobei Schraubenfedern eingesetzt werden. Zur Schwingungsdämpfung werden bei schnelleren Motorrädern hydraul. Stoßdämpfer verwendet. Vorder- und Hinterrad weisen voneinander unabhängig wirkende, meist in der mit Kühlrippen versehenen Nabe angeordnete Innenbackenbremsen auf, bei schwereren Maschinen werden z. T. auch Scheibenbremsen verwendet. Die Vorderradbremse wird durch einen am rechten Handgriff angebrachten Hebel über einen Bowdenzug betätigt; zur Betätigung der Hinterradbremse dient ein Fußhebel vor der rechten Fußraste, der mechan. oder hydraul. auf die Hinterradbremse wirkt. Kupplung und Schaltgetriebe sind mit dem Motorgehäuse verschraubt und bilden einen kompakten Block. Das Einlegen der Gänge erfolgt bei leichteren Motorrädern durch eine an der linken Lenkerseite angebrachte Drehgriffschaltung (mit einem Kupplungshebel kombiniert), bei schwereren Motorrädern durch einen Fußhebel am Getriebegehäuse. Die Kraftübertragung vom Getriebe zum Hinterrad wird durch eine Rollenkette (staubdicht gekapselt oder im Ölbad) oder durch eine Kardanwelle bewirkt. Die elektr. Anlage besteht aus einer Lichtmaschine, bei kleineren Motorrädern mit der Zündanlage zur sog. Schwunglichtzündanlage zusammengefaßt. Schwerere Maschinen sind mit einer Dreh-

Kraftwagen

stromlichtmaschine und Batteriezündanlage ausgestattet, ferner mit einem elektr. Anlasser (gewöhnl. dient jedoch ein Kickstarter zum Anlassen des Motors).
Wesentl. Merkmale des **Motorrollers** im Ggs. zum normalen Motorrad sind: Verkleidung des gesamten Fahrwerks (Schutz gegen Verschmutzung), kleine Räder, freier Einstiegraum zw. Lenksäule und Sitz und damit verbundene Fahrtechnik ohne Knieschluß. - Von den **Kleinkrafträdern**, die durch einen Hubraum bis maximal 50 cm³ gekennzeichnet sind, haben **Mokick** und **Moped** (bauartbedingt auf 40 km/h beschränkt) alle wesentl. Merkmale des Motorrads, wogegen das **Mofa** (entstanden aus dem mit Hilfsmotor ausgerüsteten Fahrrad, deshalb bauartbedingt auf 25 km/h beschränkt) noch fast alle Fahrradeigenschaften besitzt: es hat sein Getriebe, aber eine automat. Kupplung, ist einsitzig, hat Pedale und fast immer eine Rücktrittbremse.
Motorräder und Motorroller sind führerscheinpflichtige Krafträder (Fahrerlaubnis Klasse 1), sie sind zulassungs- und steuerpflichtig. Haftpflichtversicherung ist für alle K. erforderl. (bei K. mit Höchstgeschwindigkeit von 40 km/h genügt statt des amtl. Kennzeichens das Versicherungskennzeichen). Für Kleinkrafträder reicht statt einer Zulassung eine Betriebserlaubnis aus, zu ihrer Führung ist der Führerschein Klasse 4 erforderl., bei Höchstgeschwindigkeit von 40 km/h genügt der Führerschein Klasse 5; das Mofa ist führerscheinfrei.
Geschichte: 1868/69 hatte M. Perreaux versucht, ein eisenbereiftes Fahrrad mit einer Dampfmaschine anzutreiben. 1885 baute G. Daimler einen Benzinmotor in ein eisenbereiftes hölzernes Zweirad gestell, das als ein Vorläufer des K. wie des Kraftwagens gelten kann. Das erste brauchbare K. im heutigen Sinn entwickelten 1897 die Franzosen A. de Dion und G. Bouton. - Abb. S. 182.
Bönsch, H. W.: Fortschrittl. Motorrad-Technik. Stg. 1985. - Tragatsch, E.: Motorräder. Bielefeld [1-3] *1983-85. 4 Bde.*

Kraftsport ↑ Schwerathletik.
Kraftstoffe, brennbare Stoffe, deren Verbrennungsenergie in Verbrennungsmotoren in mechan. Arbeit umgewandelt wird. Nach ihrem Aggregatzustand unter Normalbedingungen teilt man sie in gasförmige oder flüssige K. ein. Die K. werden fast ausschließl. aus geeigneten Rohölen durch entsprechende Aufbereitung gewonnen (↑ Erdöl). Man unterscheidet zw. den für Ottomotoren benötigten ↑ Vergaserkraftstoffen und den ↑ Dieselkraftstoffen.

Kraftstoffpumpe (Brennstoffpumpe), bei [Kraftfahrzeug]motoren Pumpe zur Förderung des Kraftstoffs vom Kraftstoffbehälter zum Vergaser oder zur Einspritzpumpe; meist Membranpumpen, seltener Kolbenpumpen.

Kraftstoß, svw. ↑ Impuls.
Kraftstrom ↑ Drehstrom.
Kraftverkehrsversicherung, Versicherungszweig der Individualversicherung mit folgenden Versicherungsarten: 1. ↑ *Kraftfahrzeughaftpflichtversicherung;* 2. *Fahrzeugversicherung:* a) in der *Teilkaskoversicherung* gegen Schäden u. a. durch Brand oder Explosion, Entwendung, unmittelbare Einwirkung von Sturm, Hagel oder Überschwemmung auf das Fahrzeug, Bruchschäden an der Verglasung des Fahrzeugs; b) in der *Vollkaskoversicherung* (mit oder ohne Selbstbeteiligung) darüber hinaus gegen Schäden durch einen Unfall des Kfz. sowie durch mut- oder böswillige Handlungen betriebsfremder Personen; 3. *Unfallversicherung:* a) *Insassenunfallversicherung* der Insassen des im Vertrag bezeichneten Fahrzeugs und b) *Berufsfahrerversicherung* für den jeweiligen Kraftfahrer oder Beifahrer oder unabhängig von einem bestimmten Fahrzeug für namentl. bezeichnete Fahrer oder ohne Namensnennung für sämtl. beim Versicherungsnehmer angestellten Fahrer; 4. *Gepäckversicherung.*

Kraftwagen (Automobil, Auto), nach Verwendungszweck unterschiedl. konstruiertes, mehrspuriges Kraftfahrzeug zur Beförderung von Personen (Personenkraftwagen, Omnibus) und/oder Lasten sowie für Sonderzwecke (Lastkraftwagen). Daneben gibt es noch im ↑ Motorsport Sport- und Rennwagen. Bei allen K. trägt das Fahrwerk die Triebwerk und die Karosserie; Fahrwerk und Triebwerk bilden das *Fahrgestell* (Chassis). Das Fahrwerk besteht im wesentl. aus einem verbindenden Traggerüst (Rahmen; entfällt bei selbsttragenden Karosserien), den mit Reifen versehenen Rädern und den Achsen samt Radaufhängung sowie aus Federung, Bremsanlage und Lenkung. Die *Federung* stützt den Rahmen gegen die Radachsen ab und vermindert Fahrbahnstöße. Zur raschen Dämpfung der nach Fahrbahnstößen auftretenden Schwingbewegungen dienen Stoßdämpfer; Stabilisatoren halten die Kurvenneigung des K. gering. Zum *Triebwerk* rechnet man den Motor mit den zu seinem Betrieb notwendigen Einrichtungen und alle Kraftübertragungsteile wie Kupplung, Wechselgetriebe, Gelenkwelle und Ausgleichsgetriebe (Differential) mit den Antriebswellen. Der in einem großen Drehzahl- und Belastungsbereich regelbare Motor ist meist ein Verbrennungsmotor (Otto-, Diesel-, Wankelmotor), noch relativ selten ein Elektromotor, gelegentl. auch eine Gasturbine (bei Rekordfahrzeugen und in der Erprobung). Die vom Motor erzeugte, als Drehmoment von der Schwungscheibe abgegebene Kraft wird von den Kraftübertragungsteilen an die Antriebsräder übertragen. Beim Anlassen oder beim Schalten der Übersetzungsstufen (Gänge) unterbricht die hinter der Schwungscheibe be-

Kraftrad

Kraftrad. Oben (von links): erstes Motorrad von Pierre Michaux und M. Perreaux (1868/69; Dampfmaschine auf einem Fahrradgestell; Modell). London, Science Museum; Motorrad von Gottlieb Daimler (1885; Petroleummotor, Holzrahmen und Holzspeichenräder; Modell). München, Deutsches Museum; Mitte (von links): Motorrad von Albert de Dion und Georges Bouton (1898; Dreirad). Ein Zylinder mit 400 cm³ Hubraum. London, Science Museum; Mofa Kreidler Flory 2 CL (1978). Ein Zylinder mit 50 cm³ Hubraum und 1 kW (1,4 PS); unten: Motorrad Kawasaki Z 1300 (1978). Sechs Zylinder mit 1277 cm³ Hubraum und 73 kW (99 PS)

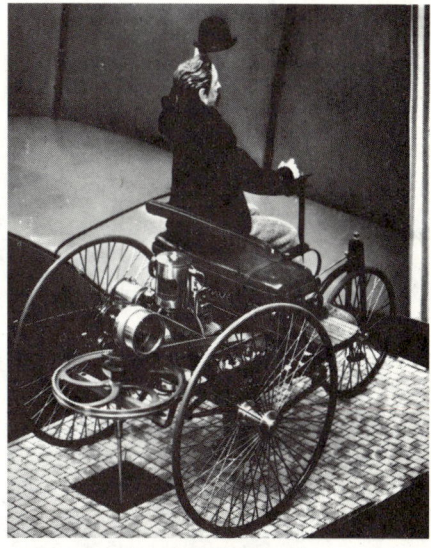

Kraftwagen

Kraftwagen. Oben (von rechts): erster Motorwagen von Carl Benz (1885). Ein Zylinder mit einer Leistung von 1 PS; Gottlieb Daimlers Motorkutsche (1886). Ein Zylinder mit einer Leistung von 1,1 PS; unten: Phantombild des Pkw Golf GLS Cabriolet (1979). Vier Zylinder mit 1457 cm³ Hubraum und einer Leistung von 51 kW (70 PS)

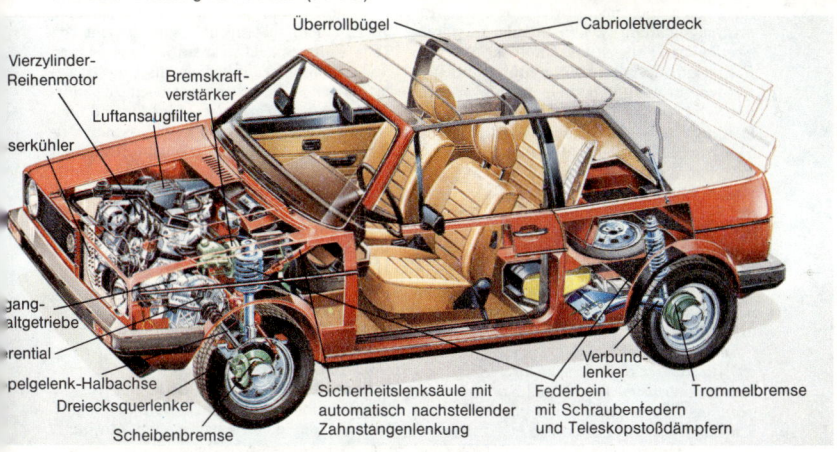

findl. Kupplung die Kraftübertragung. Das Wechselgetriebe wandelt die bei hohen Drehzahlen vom Motor abgegebenen niedrigen Drehmomente in größere Drehmomente bei niedrigen Drehzahlen um; es besitzt bei Pkw meist 4 oder 5, bei Lkw meist 4–6 Übersetzungsstufen (Gänge) für Vorwärtsfahren und eine Übersetzungsstufe für Rückwärtsfahren. Zw. den Antriebsrädern befindet sich das Ausgleichsgetriebe († Differentialgetriebe). Je nachdem, welches Räderpaar angetrieben wird, unterscheidet man zw. Front- und Hinterrad- bzw. Allradantrieb.

Personenkraftwagen (Abk. Pkw), die nach Bauart und Ausrüstung vorwiegend zur Beförderung von Personen bestimmt und eingerichtet sind, dürfen einschl. Fahrersitz nicht mehr als 8 Sitzplätze haben; sie werden meist nach Hubraum, manchmal auch nach Preis (Preisklasse) oder Karosseriegröße in 3 Klassen unterteilt: *Kleinwagen* (bis etwa 1 200 cm³ Hubraum), *Mittelklasse* (untere: bis etwa 1 800 cm³ Hubraum, obere: bis etwa 2 500 cm³ Hubraum) und *Oberklasse* (über 2 000 cm³ bis etwa 7 000 cm³ Hubraum). Ein augenfälliges Unterscheidungsmerkmal ist auch die

Karosserieausführung (Limousine, Kombinationskraftwagen, Coupé, Cabriolet, Roadster). Pkw sind meist mit einem Viertakt-Otto- oder Dieselmotor, seltener mit einem Kreiskolben- oder Zweitaktmotor ausgerüstet. Der **Omnibus** (Kraftomnibus, Autobus, Bus) dient der Beförderung einer größeren Anzahl von Personen mit ihrem Gepäck (8 bis zu etwa 125 Plätzen; *Kleinbusse* auf Kombi- oder Lieferwagenbasis auch mit 5–9 Sitzen). *Linien-* und *Reiseomnibusse* unterscheiden sich durch Anordnung und Bauart der Türen, Bestuhlung und Ausstattung (Liegesitze, Toilette, Waschraum u.ä. bei Reisebussen). Bei *Hochdeckern* liegen die Sitzreihen erhöht über Gepäckabteilen, bei *Eineinhalbdeckern* befindet sich über der hinteren Hälfte ein weiteres Deck, das über eine Treppe im Fahrzeuginnern erreichbar ist, *Doppeldecker* weisen 2 komplette Passagierdecks auf. Im Linienverkehr werden auch *Gelenkbusse* eingesetzt, bei denen der Anhänger mit dem Zugwagen durch ein begehbares, nach außen durch einen Faltenbalg abgeschirmtes Gelenk verbunden ist. Omnibusse werden meist mit Dieselmotoren (auch in Unterflurbauweise) ausgerüstet, Kleinbusse überwiegend mit Ottomotoren. Busse mit Elektroantrieb (Batteriebetrieb) befinden sich noch im Entwicklungs- bzw. Erprobungsstadium. *Oberleitungsbusse* (Obus, Trolleybus, Fahrleitungsomnibus), die den Fahrstrom über eine Fahrleitung beziehen, werden nur noch in geringem Maße verwendet.

Lastkraftwagen (Lastwagen, Laster; Abk. Lkw bzw. LKW) dienen der Beförderung von Lasten und Gütern. Generell unterscheidet man: *Kombi-* oder *Lieferwagen* auf Pkw-Basis mit eigenständigem Kastenaufbau oder abgewandelter Pkw-Karosserie; *Zugwagen* mit *(Lastzug)* oder ohne Anhänger; *Zugmaschinen; Sattelschlepper* mit Sattelauflieger (Sattelzug) und Sonderfahrzeuge. Lkw werden nach ihrem hauptsächl. Verwendungszweck in *Straßen-* (eingesetzt im Kurz-, Mittel- und Fernverkehr) und *Geländefahrzeuge* (besitzen oft Allradantrieb) und nach ihrer Zuladekapazität in *Leicht-, Mittel-* und *Schwerlastwagen* eingeteilt. Sie haben 2, 3 oder 4 Achsen, je nach Gewichtsklasse und gesetzl. zulässigen Achslastgrenzen. Bei 4achsigen Lkw sind i.d.R. 2 Vorderachsen gelenkt. Die *Führerhäuser* sind entweder als *Hauben-* oder als *Frontlenkerhäuser* ausgebildet. In den größeren Fahrzeugklassen sind die Frontlenkerhäuser zur besseren Zugänglichkeit des Motors nach vorn kippbar. Man unterscheidet normale und vertiefte (mit Schlafkabine) Führerhäuser. Der *Aufbau* von Lkw richtet sich nach dem Verwendungszweck. Man unterscheidet: *Kastenaufbau:* geschlossener Kasten aus Stahlblech- bzw. Leichtmetall- oder Kunststoffverbundbauweise mit Heck- und/oder Seitentüren (Kastenaufbauten, die bei einem Aufbaulieferanten auf ein Fahrgestell aufgebaut werden und über die Konturen des Führerhauses hinausragen, nennt man *Kofferaufbauten*). *Pritschenaufbau:* ebene, durchgehende Ladefläche mit festen oder herunterklappbaren seitl. und rückwärtigen Bordwänden aus Stahl, Leichtmetall, Kunststoff oder Holz. Pritschen können mit faltbaren Stoff- bzw. Kunststoffplanen über zerlegbaren Stahl/Holz-Gerippen (Spriegel) zu Kastenaufbauten umgerüstet werden. *Sonderaufbauten* werden z.B. für Feuerwehr-, Müll-, Tank-, Rettungswagen, Polizei- und Militärfahrzeuge hergestellt. Darüber hinaus können Lkw mit *Verladehilfen* wie Kränen, Hebebühnen, Ladebordwänden, absenkbaren Ladeflächen (Hubwagen), Kippvorrichtungen, Wechselladesystemen usw. ausgerüstet werden. Als Lkw-Motoren werden meist Dieselmotoren (auch in Unterflurbauweise) verwendet, ledigl. in den kleineren Klassen und bei den Kombi- und Lieferwagen überwiegen die Ottomotoren.

Das Führen von K. ist führerscheinpflichtig. Kfz. über 7,5 t zulässiges Gesamtgewicht und Züge mit mehr als 3 Achsen ohne Rücksicht auf die Klasse des ziehenden Fahrzeugs: Fahrerlaubnis Klasse 2; Kfz. mit einem Hubraum über 50 cm^3, die nicht Krafträder sind, bis zu einem zulässigen Gesamtgewicht von 7,5 t: Führerschein Klasse 3. Zum Führen eines Omnibusses mit mehr als 8 Fahrgastsitzplätzen ist ein bes. Führerschein zur Fahrgastbeförderung erforderl.; für Lkw und Omnibusse gelten außerhalb geschlossener Ortschaften bes. Geschwindigkeitsbeschränkungen.

📖 Linz, H. H./Schrader, H.: *Die große Automobil-Enzyklop.* Mchn. ²1986. - Riedl, H.: *Hdb. prakt. Autotechnik.* Mchn. 1986. - *Das große Buch des Automobils.* Hg. v. M. Ruiz. Dt. Übers. Mchn. 1985. - Hamm, G./Burk, G.: *Tabellenb. Kraftfahrtechnik.* Stg. ¹⁵1985. - *Kraftfahrtechn. Tb.* Hg. v. der Robert Bosch GmbH. Düss. ¹⁹1985. - Stein, R./Schnitzler, W. M.: *Die großen Automobile.* Wels ³1982. - Prokesch, A.: *Knaurs Großes Buch vom Auto.* Mchn. 1980.

Kraft-Wärme-Kopplung, Bez. für die Kombination von Elektrizitätserzeugung und Nutzung der dabei entstehenden Abwärme, v.a. als Fernwärme zu Heizzwecken.

Kraftwerke (Elektrizitätswerke), Anlagen zur Umwandlung der chem. Energie fester, flüssiger oder gasförmiger Brennstoffe, der Bindungsenergie von Atomkernen (sog. Wärme-K.) bzw. der Energie strömenden Wassers (sog. Wasser-K.) in großem Maßstab in elektr. Energie.

In Wärme-K. werden in der BR Deutschland rd. 95% der elektr. Energie erzeugt. Beim **Dampfkraftwerk** wird durch Verbrennen von Stein-, Braunkohle, Öl bzw. Gas im Kessel therm. Energie erzeugt, die ihrerseits das Arbeitsmedium Wasser verdampft. In der Turbi-

Kraftwerke

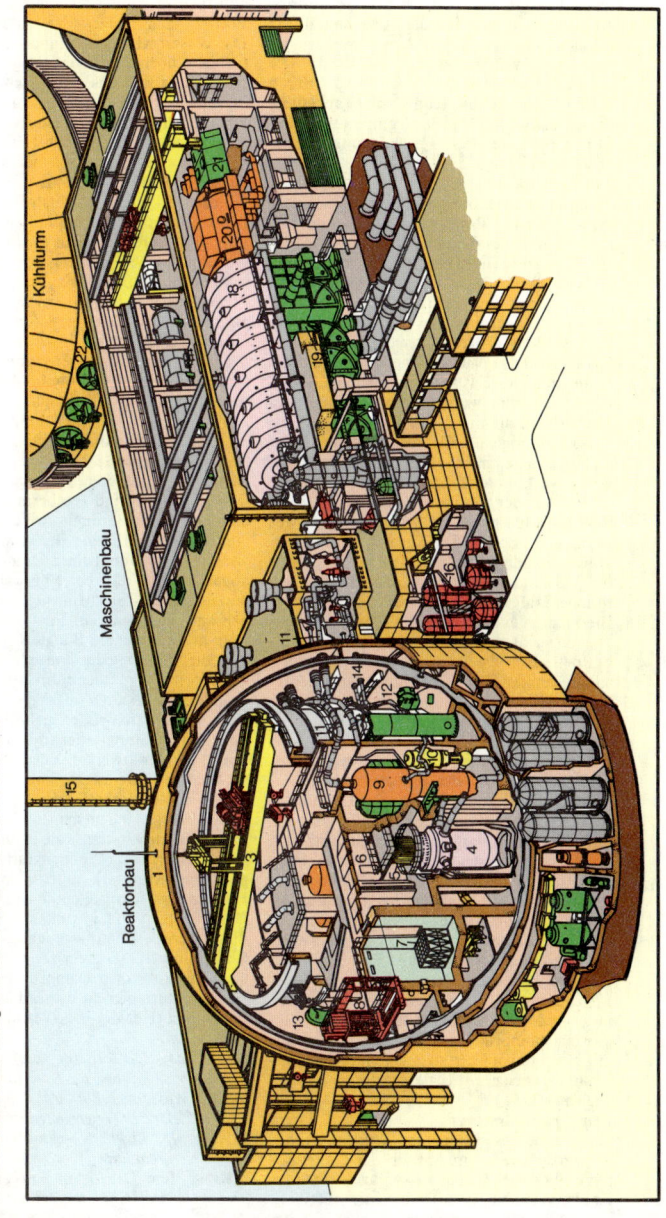

Kraftwerke. Teilschematische Darstellung des Druckwasserreaktors Biblis: 1 Betonhülle, 2 Sicherheitshülle (Stahl), 3 Rundlaufkran, 4 Reaktordruckbehälter, 5 Steuerantrieb, 6 Reaktorraum, 7 Brennelementlagerbecken, 8 Lademaschine, 9 Dampferzeuger, 10 Hauptkühlmittelpumpe, 11 Frischdampf, 12 Personenschleuse, 13 Materialschleuse, 14 Speisewasser, 15 Abluftkamin, 16 radioaktives Abwasser, 17 Zwischenüberhitzer, 18 Turbine, 19 Kondensator, 20 Generator, 21 Erregermaschine, 22 Kühlturmventilator

ne expandiert der Dampf und erzeugt mechan. Energie zum Antrieb des Generators. Im Kondensator wird der Abdampf durch Kühlen kondensiert und dem Kessel wieder zugeführt (Wasser/Dampf-Kreisprozeß). Die Kondensationswärme wird direkt durch Flußwasser oder in Kühltürmen abgeführt (**Kondensationskraftwerk**). Temperatur- und Druckerhöhung des Frischdampfes, Zwischenüberhitzung des Dampfes sowie die Vorwärmung des Speisewassers und der Verbrennungsluft erhöhen den therm. Wirkungsgrad (↑ Carnot-Prozeß). Der Gesamtwirkungsgrad eines Dampf-K. liegt bei 30%. Im Ggs. zum Kondensations-K. wird beim **Heizkraftwerk** der Abdampf für industriellen Wärmebedarf bzw. zur Fernheizung genutzt, wobei sich allerdings der therm. Wirkungsgrad des Kreisprozesses verschlechtert. Beim **Kernkraftwerk (Atomkraftwerk)** tritt an die Stelle des Kessels im Dampf-K. der Kernreaktor. In ihm wird bei der Kernspaltung Wärme frei, die durch ein Kühlmittel (Gas, Wasser, flüssige Metalle) meist in einem Wärmetauscher an einen Sekundärkreislauf abgegeben wird, um das stark radioaktive Kühlmittel von der Turbine fernzuhalten. Vom Reaktor selbst und dem Wärmetauscher abgesehen entspricht das Kern-K. prakt. dem konventionellen Dampfkraftwerk. Beide finden Verwendung als *Grundlastkraftwerk*. **Gasturbinenkraftwerke** werden mit den aus der Brennkammer strömenden Verbrennungsgasen von leichtem Heizöl, Erd- bzw. Raffineriegas betrieben. Zwei Drittel der Turbinenleistung benötigt der Verdichter, der das Arbeitsmedium Luft komprimiert, bevor es in die Brennkammer gelangt. Gasturbinen-K. haben zwar einen niedrigeren Wirkungsgrad als Dampf-K., eignen sich jedoch wegen ihrer geringen Ausbaukosten und der kurzen Anfahrzeit als *Spitzenlastkraftwerke*. Grundlast-K. arbeiten bei durchgehendem Betrieb wirtschaftlicher; um sie auch in Schwachlastzeiten (z. B. nachts) wirtsch., d. h. bei voller Leistung zu betreiben, speichert man die Überschußenergie z. B. im **Luftspeicher-Gasturbinen-Kraftwerk**. Dort wird der Generator mit billigem Nachtstrom als Motor zum Antrieb eines Verdichters eingesetzt, der Luft in einen unterird. Speicher (ausgewaschener Salzstock, Kaverne) pumpt. Während der Mittags- und Abendspitzenbelastung läßt man die stark komprimierte Luft aus dem Speicher in die Brennkammer strömen; sie wird der Verbrennungsgasen zugeführt und die Gasturbine angetrieben.

Beim **Wasserkraftwerk** *(hydroelektr. K.)* wird die Energie des strömenden Wassers mittels Wasserturbinen zum Antrieb der Generatoren genutzt. Beim **Lauf[wasser]kraftwerk** (mit Kaplan-Turbine) wird Flußwasser mit Wehren aufgestaut und unmittelbar genutzt (Grundlastkraftwerk). Beim **Speicherkraftwerk** entnimmt man aus einem hochgelegenen natürl. oder künstl. See mit Talsperre das Wasser nach Bedarf (Spitzenlastkraftwerk). Das Wasser wird den [Francis- bzw. Pelton]-turbinen über Druckrohre zugeführt, an deren Anfang sich das Wasserschloß befindet, in dem es bei Turbinenschnellschluß die kinet. Energie der strömenden Wassersäule auspendeln kann; gefährl. Druckstöße werden damit vermieden. Ist der Wasserzufluß zu gering oder fehlt er ganz, baut man **Pumpspeicherwerke:** mit Nachtstrom aus Grundlast-K. wird der Speicher mittels Pumpen gefüllt. Dazu wird an den als Motor betriebenen Generator eine Pumpe gekoppelt oder die vorhandene Turbine als Pumpe geschaltet *(Pumpturbine)*. Pumpspeicherwerke werden als Spitzenlastanlagen eingesetzt, ihr Gesamtwirkungsgrad liegt bei 75%. Die Vorteile der Wasser-K. sind: keine Brennstoffkosten (kostenlose Arbeitsenergie), hoher Wirkungsgrad (um 80%), geringe Personalkosten, rasches Anfahren und Abschalten, lange Lebensdauer; nachteilig sind die je nach den örtl. Gegebenheiten hohen Ausbaukosten.

Elektrizitätserzeugung durch Gezeiten-, Wind-, Sonnen- und geotherm. K. spielt bislang eine untergeordnete Rolle. Beim **Gezeitenkraftwerk** wird eine Bucht mit Tidenhub von mind. 5 m durch einen Damm vom Meer abgetrennt, so daß bei Ebbe und Flut das jeweils aus- und einströmende Wasser Turbinen antreibt. Nachteil: Energie fällt nur period. an, nur wenige Buchten sind geeignet, (z. B. die Mündung der Rance bei Saint-Malo, Frankr., 13,5 m Tidenhub, 240 MW). Beim **Windkraftwerk** nutzt man die Windenergie zum Antrieb zwei- oder mehrblättriger, propellerähnl. Rotoren oder sog. Darrieus-Rotoren (↑ Windkraftwerke), deren Rotation auf Generatoren übertragen wird. Beim **Sonnenkraftwerk (Solarkraftwerk)** gewinnt man elektr. Energie, indem man mit Sonnenenergie Dampf für den Antrieb von Turbinen und Generatoren erzeugt (↑ Sonnenkraftwerke). Beim **geotherm. Kraftwerk** nutzt man die therm. Energie der Erdkruste durch Anzapfen natürl. Dampfquellen (v. a. in vulkan. Gebieten) oder durch künstl. Dampferzeugung, indem man Wasser in heiße Gesteinszonen einpreßt und als Heißwasser oder Dampf zum Antrieb von Kraftwerkturbinen an die Erdoberfläche zurückpumpt (Hot-dry-rock-Verfahren). - ↑ auch Abb. S. 188.

📖 *Thomas, H.-J.: Therm. Kraftanlagen.* Bln. u. a. ²1985. - *Laufen, R.: K. Grundlagen, Wärme-K., Wasser-K.* Bln. u. a. 1984. - *Pinske, J. D.: Elektr. Energieerzeugung.* Stg. 1981. - *Schaefer, H.: Elektr. K.technik* Bln. u. a. 1979. ↑ *auch Kernreaktor.*

Krag, Jens Otto [dän. krɑːˀɣ], * Randers 15. Sept. 1914, † Skiveren bei Skagen 22. Juni 1978, dän. Politiker (Sozialdemokrat). - Seit 1947 im Folketing, 1947-50 Min. für Handel,

Ind. und Schiffahrt, 1953–57 für Wirtschaft und Arbeit, 1958–62 und 1966/67 Außenmin.; 1962–72 Vors. der Sozialdemokrat. Partei, 1962–68 und 1971/72 Ministerpräsident.

Kragen, den Hals ganz oder teilweise umschließender Teil der Kleidung. Im 13. Jh. stand aus der Abschlußblende am Hals der Steh-K., in der burgund. Mode erschien um 1500 der Schal-K., in Spanien (im 16. Jh.) die †Kröse. Ihr folgte im 17. Jh. der liegende breite Spitzenkragen. Das Justeaucorps hat Revers, die sich Ende des 18. Jh. zum Reverskragen entwickelten. Der umgelegte Hemd-K. kam mit der †Krawatte Mitte des 19. Jh. auf.

Kragenbär (Ursus thibetanus), 1,4–1,7 m langer, meist schwarzer Bär in den Wäldern Z- und S-Asiens; mit kragenartig aufgestellten Halshaaren und weißl. V-Zeichnung auf der Brust.

Kragenechse (Chlamydosaurus kingii), bis etwa 90 cm lange (davon rd. $^2/_3$ Schwanz), gelblichbraune Agame in Australien und Neuguinea; vorwiegend Baumbewohner. K. können bei rascher Flucht hoch aufgerichtet auf den Hinterbeinen laufen.

Kragenfasanen †Fasanen.

Kragengeißeltierchen (Choanoflagellaten, Craspedomonadidae), Fam. süßwasserbewohnender Geißeltierchen; meist festsitzend, häufig koloniebildend; Vorderende der eingeißeligen Zelle mit trichterförmigem Plasmakragen (Collare), an dem Nahrungspartikeln festkleben, die durch Plasmaströmung in das Zellinnere aufgenommen werden.

Kragentiere (Branchiotremata, Hemichordata, Stomochordata), Stamm meerbewohnender Deuterostomier mit rd. 100 etwa 1 mm bis 2,5 m langen Arten; Körper in drei Abschnitte gegliedert; Zentralnervensystem als Rückenmark entwickelt; es gibt zwei Klassen: Eichelwürmer, Flügelkiemer.

Kragujevac [serbokroat. ˌkraɡujɛvats], jugoslaw. Stadt 105 km nw. von Niš, 195 m ü. d. M., 87 000 E. Orth. Bischofssitz; Univ. (seit 1976); Standort des größten jugoslaw. Automobilwerks. – Das erstmals 1565 erwähnte K. war 1805 wichtiges Zentrum der aufständ. Serben und unter Miloš Obrenović Hauptstadt des Fürstentums Serbien.

Krahe, Hans, * Gelsenkirchen 7. Febr. 1898, † Tübingen 25. Juni 1965, dt. Indogermanist. – Prof. in Würzburg und Heidelberg, ab 1950 in Tübingen; ordnete und erkannte das System der vorgeschichtl. Gewässernamengebung W-, N- und M-Europas. - *Werke:* Sprache und Vorzeit (1954), Unsere ältesten Flußnamen (1964).

Krähen, Bez. für einige relativ große Rabenvögel; in Europa Aaskrähe (mit Rabenund Nebelkrähe) und Saatkrähe.

Krähenbeere (Grambeere, Empetrum), wichtigste Gatt. der zweikeimblättrigen Pflanzenfam. Krähenbeerengewächse (Empetraceae) mit 6 Arten, vorwiegend in der nördl. und südl. kalten Zone und in Hochgebirgen; immergrüne, heidekrautartige Zwergsträucher mit unscheinbaren Blüten und Beerenfrüchten. Eine bekanntere Art ist die **Schwarze Krähenbeere** (Empetrum nigrum), 15–45 cm hoch, auf Hochmooren und Heiden sowie in der subalpinen Stufe der Gebirge der Nordhalbkugel; mit niederliegenden Stengeln und an der Spitze emporgekrümmten Zweigen; nadelförmige, 4–6 mm lange Blätter; Blüten blaßrot bis dunkelpurpurfarben; Früchte erbsengroß, schwarz oder dunkelviolett, eßbar.

Krähenfuß (Coronopus), Gatt. der Kreuzblütler mit acht Arten von z. T. weltweiter Verbreitung; Kräuter mit fiederteiligen Blättern, liegenden oder aufsteigenden Trieben, winzigen weißl. Blüten in Trauben sowie runzeligen Schötchen.

Krähenfüße, Bez. für die altersbedingten, feinen Hautfalten, die aus dem Bereich der äußeren Augenwinkel strahlig nach den Seiten verlaufen.

Krähenindianer †Crow.

Krähennest, seemänn. Bez. für einen Ausguck am vorderen Mast.

Krähenscharbe †Kormorane.

Krahl, Hilde, * Brod (= Slavonski Brod, Kroatien) 10. Jan. 1917, dt. Schauspielerin. - Bed. Charakterdarstellerin lebensvoller Frauengestalten; Engagements in Berlin, Hamburg und Wien (seit 1966 am Burgtheater); seit 1944 ∞ mit W. Liebeneiner. Wirkte seit 1949 auch in zahlr. Filmen mit, u. a. in „Ein Glas Wasser" (1960).

Krähwinkel, von A. von Kotzebue im Lustspiel „Die dt. Kleinstädter" (1803) gebrauchter Ortsname, seither Inbegriff kleinstädt. Beschränktheit.

Kraichgau, flachwelliges, im Mittel 200–300 m ü. d. M. gelegenes, lößüberzogenes Hügelland zw. Schwarzwald und Odenwald, im W vom Oberrheingraben, im O vom Neckartal begrenzt. Acker- und Weinbau.

Kraichtal, Stadt im westl. Kraichgau; 12 600 E. Kunststoff- und metallverarbeitende Industrie. – Entstand durch Zusammenschluß mehrerer Orte. Das 804 erstmals erwähnte **Gochsheim** wurde 1272 zur Stadt erhoben. - Im Stadtteil Gochsheim barocke Pfarrkirche (18. Jh.) mit got. Westturmanlage (13. Jh.); Schloß (16. Jh.).

Krain, histor. Landschaft in Jugoslawien, westl. Teil und Kerngebiet Sloweniens. Der Hochgebirgsanteil einschließl. der Bekkenlandschaften am Oberlauf der Save wird **Oberkrain** gen.; Hauptstadt ist Ljubljana; **Unterkrain** umfaßt das dichtbesiedelte Hügelland zw. Save und dem Uskokengebirge, zentraler Ort ist Novo Mesto. Ein Teil des Hochgebirges folgt das bewaldete **Weißkrainer Land; Innerkrain** umfaßt im S das dünnbesiedelte Karstgebiet mit dem Hauptort Postojna.

Geschichte: Gehörte in röm. Zeit (seit dem

Kraftwerke

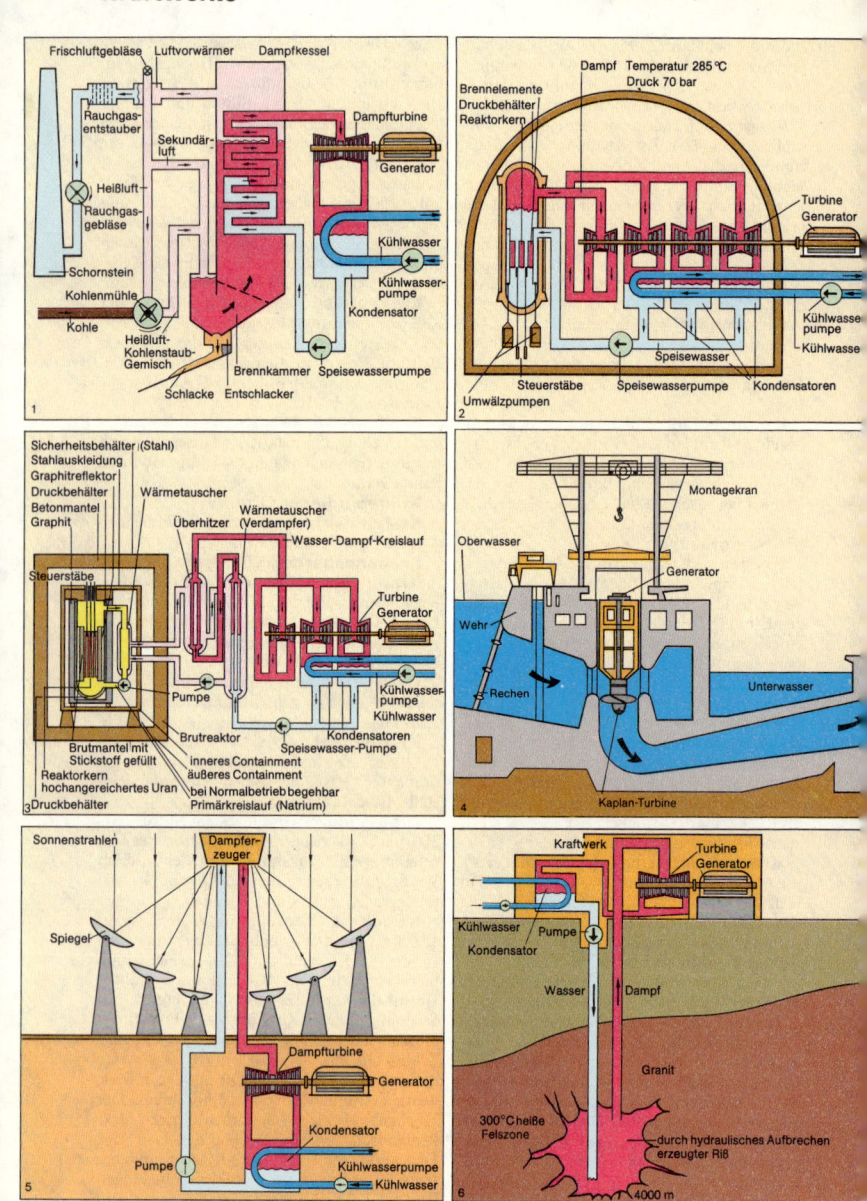

Kraftwerke. Schematische Darstellungen eines Dampfkraftwerks (1), eines Kernkraftwerks mit Siedewasserreaktor (2), eines Kernkraftwerks mit schnellem Brüter (3), eines Laufwasserkraftwerks mit Kaplanturbine (4), eines Sonnenkraftwerks (5) sowie eines geothermischen Kraftwerks (6)

späten 1. Jh. v. Chr.) meist zur Prov. Panonia und vom späten 3. Jh. an zu den Diözesen Italia annonaria und Illyricum; vom späten 6. Jh. an von Slowenen besiedelt; war im 7./8. Jh. ein Teil des Reichs Carantana; unter Karl d. Gr. einer Gft. der neugebildeten Mark Friaul zugeschlagen. 820 taucht der Name Carniola auf, 973 ist die otton. Mark **Craina marcha** belegt (Hauptort Krainburg, heute Kranj). 1173/80–1228 waren die Grafen von Andechs die eigtl. Herren von K., dann die Babenberger, die Kärntner Spanheimer (bis 1269), die Grafen von Görz (Meinhardiner), ab 1335 die Habsburger. Konsolidierte sich im 13./14. Jh. als Territorium (Hauptstadt Laibach, heute Ljubljana), 1394 zum Hzgt. erhoben. Gehörte bis 1806 zum Hl. Röm. Reich, 1815–66 zum Dt. Bund, 1816–49 zum Kgr. Illyrien, wurde 1849 östr. Kronland und fiel 1918 an das heutige Jugoslawien. Das (westl.) Innerkrain gehörte 1918/19–47 zu Italien.

Krainburg ↑ Kranj.

Kraits [Hindi] (Bungars, Bungarus), Gatt. bis über 2 m langer, gefährl., nachtaktiver Giftnattern mit rd. 10 Arten in Wäldern und Dickichten S- und SO-Asiens.

Krakatau, vulkan. Insel in der Sundastraße, Indonesien, 15 km², 813 m hoch. Bildet mit zwei weiteren Inseln die Reste eines ehem. 2 000 m hohen Vulkans, der 1883 explodierte. Die ausgeworfene vulkan. Asche verteilte sich über die ganze Erde. Der Einsturz der bei dieser Eruption entstandenen ↑ Caldera rief eine hohe Flutwelle hervor, die die Küsten W-Javas und SO-Sumatras verwüstete (36 000 Tote).

Krakau (poln. Kraków), südpoln. Stadt beiderseits der oberen Weichsel, 220 m ü. d. M., 735 100 E. Verwaltungssitz der Verw.-Geb. K., kath. Erzbischofssitz. Neben Warschau wichtigstes kulturelles Zentrum Polens: (gegr. 1364), TU, PH, Akad. für Bergbau und Hüttenwesen, Hochschulen für Medizin, Musik, bildende und darstellende Künste, Wirtschaft und Landw., Forschungsinst. (u. a. für Kernphysik, Erdöl und -verarbeitung); Bibliotheken, Museen; Theater, Opernhaus; Observatorium; botan. Garten, Zoo; alljährl. Kunstfestival. K. ist Standort des größten poln. Hüttenwerks (Nova Huta), chem. Fabrik, Kokerei, Zement- und Betonfabrik sowie Werke der Elektroind., des Maschinenbaus, der Textil-, Nahrungs- und Genußmittelind.; Fremdenverkehr.

Geschichte: 965 als Handelsplatz auf dem Weg von der Krim nach Prag gen. Ende des 10. Jh. befand sich auf dem Wawel eine bed. poln. Burg, 1000 wurde K. Bischofssitz. Nach Zerstörung während der Mongoleneinfälle 1241/42 wurde K. 1257 nach Magdeburger Stadtrecht neu gegr.; hatte seit 1306 unbeschränktes Stapelrecht. Ab 1320 Hauptstadt (bis 1611) und Krönungsstadt (bis 1. Hälfte des 18. Jh.) Polens. 1795–1809 östr., 1815–46 Freie Stadt und „Republik" unter Österreich und Rußland als Schutzmächten. 1846 war K. Mittelpunkt einer nat. poln. Erhebung (**Krakauer Aufstand**) und wurde bei deren Niederwerfung wieder Österreich einverleibt. Kam nach dem 1. Weltkrieg zu Polen; war im 2. Weltkrieg Hauptstadt des Generalgouvernements. - Der **Krakauer Vertrag** (8. April 1525) vollzog die Umwandlung des Territoriums des Dt. Ordens in ein weltl. erbl. Hzgt. unter poln. Lehnshoheit.

Bauten: Die Barbakane (1497–1505) gehörte zur (abgetragenen) Stadtmauer. Den Altstadtkern bildet der Alte Markt mit den Tuchhallen (14. und 16. Jh.), dem Rathausturm (14. Jh.) und der got. Marienkirche (1226 bis 15. Jh.) mit dem spätgot. Marienaltar (Veit Stoß, 1477–89). Das Collegium Maius (um 1500; ehem. Jagellon. Univ.) ist heute Museum. Auf dem Burgberg (1320–1609 Residenz der poln. Könige), Schloß (Renaissanceneubau, 1507–36) und Dom (1320–64; bed. Kapellenanbauten des 15. und 16. Jh.) mit zahlr. Grabmälern, u. a. das König Kasimirs IV. (von Veit Stoß). Weitere wichtige Sakralbauten: Andreas- (Anfang des 12. Jh.), Franziskaner- (13. Jh.), Dominikaner- (13./14. Jh.), Katharinen- (14. Jh.), Fronleichnams- (14. Jh.), Annakirche (1689–1703), Sankt Peter und Paul (Jesuitenkirche, 17. Jh.) sowie die Paulanerkirche „auf dem Felsen" („Skalka", 1751 ff.).

📖 *Wolfensberger A.: K. Freib. u. Zürich 1975.*

Krakelüren [frz.], durch Austrocknen im Firnis oder in der Farbschicht von Gemälden entstehende feine Risse.

Kraken [norweg.] (Achtfüßer, Achtarmige Tintenfische, Achtarmige Tintenschnecken, Polypen, Pulpen, Octopoda, Octopodacea), mit rd. 170 Arten in allen Meeren verbreitete Ordnung großer, mit den Fangarmen 0,5–3 m langer Kopffüßer, Körper sackförmig, mit acht Fangarmen. K. leben v. a. versteckt an felsigen Küsten. Zu den K. gehört u. a. die Gatt. **Octopus** mit mehreren 10–50 cm langen (einschließl. Arme bis 3 m messenden) Arten in allen Meeren. Am bekanntesten ist der hell- bis dunkelbraune, marmoriert gefleckte **Gemeine Krake** (Octopus, Octopus vulgaris), v. a. im Mittelmeer. In warmen Meeren kommt der **Papiernautilus** (Papierboot, Argonauta argo) vor; ♀ mit bis 20 cm langer, kahnförmiger, leicht spiralig eingerollter, gerippter Brutschale, die von den beiden oberen Armen abgeschieden und gehalten wird; ♂ ohne Schale, nur 1 cm lang.

Kraków [poln. 'krakuf] ↑ Krakau.

Krakowiak [poln.] (Cracovienne), aus der Krakauer Gegend stammender poln. Volkstanz im $2/4$-Takt in synkopiertem Rhythmus, meist von einem kurzen Lied eingeleitet. Der K., seit dem 16. Jh. bekannt, gilt als poln. Nationaltanz.

Kral [Afrikaans, zu portugies. curral

Kraljević

„Viehpferch, Hürde"] (Kraal), von einem Dornverhau umschlossene Rundplatzsiedlung afrikan. Hirtennomaden, bei der der unbebaute Platz in der Mitte dem Vieh als Schlafplatz dient.

Kraljević, Marko † Marko Kraljević.

Kralle [eigtl. „die Gekrümmte"], gekrümmte, zugespitzte, epidermale Hornbildung oberseits der Zehenendglieder (diese überragend) bei vielen vierfüßigen Wirbeltieren.

Krallenaffen (Krallenäffchen, Eichhornaffen, Callithricidae), Fam. 15–35 cm körperlanger Affen mit rd. 30 Arten, v. a. in den Wäldern M- und S-Amerikas; Baumbewohner mit weichem, stellenweise langhaarigem, oft bunt oder kontrastreich gefärbtem Fell und meist buschigem, langem Schwanz; Finger und Zehen (mit Ausnahme der großen Zehe) bekrallt. Man unterscheidet die Gruppen Marmosetten und Tamarins.

Krallenfrösche (Spornfrösche, Xenopus), Gatt. bis 13 cm langer Froschlurche in stehenden Gewässern Afrikas. Der **Glatte Krallenfrosch** (Xenopus laevis) wird häufig für † Schwangerschaftstests gehalten.

Kramatorsk, sowjet. Stadt im nördl. Donbass, Ukrain. SSR, 189 000 E. Ind.hochschule, eine Technika, Maschinenbauforschungsinst.; Museen. Zentrum des Schwermaschinenbaus; Kohlechemiewerk, Baustoffind. - Entstand in der 2. Hälfte des 19. Jh. beim Bau der Eisenbahnlinie von Kursk zum Asowschen Meer.

Kramer, Stanley E. [engl. ˈkrɛɪmə], * New York 29. Sept. 1913, amerikan. Filmproduzent und -regisseur. - Drehte v. a. polit. und sozialkrit. Filme wie „Flucht in Ketten" (1958) und „Rat mal wer zum Essen kommt?" (1967) über die Rassendiskriminierung, „Das letzte Ufer" (1959) über die atomare Bedrohung, „Wer den Wind sät" (1959) über religiöse Vorurteile, zog mit dem Film „Das Urteil von Nürnberg" (1961) eine Bilanz der NS-Verbrechen.

K., Theodor [ˈ- -], * Niederhollabrunn 1. Jan. 1897, † Wien 3. April 1958, östr. Lyriker. -

Kralle. Längsschnitt durch eine bekrallte Zehe vom Hund (schematisch)

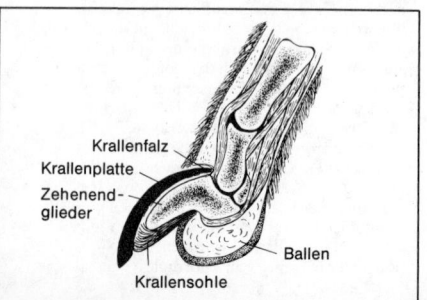

Krallenfalz
Krallenplatte
Zehenendglieder
Ballen
Krallensohle

Emigrierte 1939 nach England; Rückkehr 1958. Seine herben sozialkrit. Gedichte im Stil der Neuen Sachlichkeit behandeln die Erlebnisse der Kriegszeit und der Emigration sowie das Leben der Heimat- und Arbeitslosen; u. a. „Die Gaunerzinke" (1929), „Verbannt aus Österreich" (1943), „Lob der Verzweiflung" (1947).

Krämer-Badoni, Rudolf, * Rüdesheim am Rhein 22. Dez. 1913, dt. Schriftsteller. - Erfolgreicher Erzähler, bed. Essayist, Verfasser von Biographien, Drehbüchern, Hörspielen. - *Werke:* In der großen Drift (R., 1949), Der arme Reinhold (R., 1951), Vorsicht, gute Menschen von links (Essays, 1962), Anarchismus, Geschichte und Gegenwart einer Utopie (1970), Zwischen allen Stühlen. Erinnerungen eines Literaten (1985). - † 18. Sept. 1989.

Krammetsbeere, volkstüml. Bez. für die Frucht der Eberesche und des Heidewacholders.

Krammetsvogel, svw. † Wacholderdrossel.

Krampe [niederdt.], U-förmig gebogener Haken mit zugespitzten Enden; dient zum Befestigen von Drähten u. a. an Holzteilen.

Krampf (Spasmus), unwillkürliche Kontraktionen einzelner Muskeln oder Muskelgruppen [der quergestreiften und der glatten Muskulatur]. Rasch aufeinanderfolgende und nur kurzfristige Kontraktionen werden als *klon. Muskelkrampf* († Klonus) bezeichnet, Kontraktionen von längerer Dauer und stärkerer Intensität dagegen als *ton. Muskelkrampf,* z. B. bei Tetanie. Der schmerzhafte ton. Krampf einzelner Muskelgruppen *(Krampus)* wird durch Überdehnung überbeanspruchter, ermüdeter Muskeln verursacht, z. B. Wadenkrampf.

Krampfader (Varix, Aderknoten), krankhafte, z. T. schmerzhafte, knotige Erweiterung einzelner Venen, z. B. Unterschenkel-K., † Hämorrhoiden; Ursachen: Bindegewebsschwäche, Insuffizienz der Venenklappen, chron. Stauungszustände (z. B. stehende Tätigkeit, Schwangerschaft, Abflußbehinderungen). - Behandlung: regelmäßiges Tragen von angepaßten Gummistrümpfen, Bindegewebsstärkung (Massagen) sowie chirurg. Entfernung oder Verödung.

krampflösende Mittel, svw. † Spasmolytika.

Krampus [latinisiert für Krampf] † Krampf.

Krane [eigtl. „Kranich" (nach der Ähnlichkeit der Hebevorrichtung mit dem Hals eines Kranichs)], Transportmittel, die Einzelgüter in senkrechter und/oder waagerechter Richtung auf kurze Entfernungen in aussetzendem Betrieb fördern. **Brückenkrane** oder **Laufkrane** bestehen aus der K.brücke und der in Brückenlängsrichtung auf ihr verfahrbaren **Laufkatze,** einem [auf Trägern, Tragseilen oder Schienen]

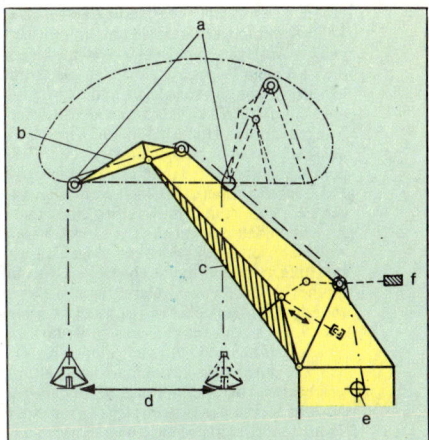

Krane

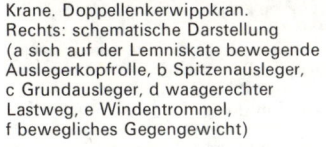

Krane. Doppellenkerwippkran.
Rechts: schematische Darstellung
(a sich auf der Lemniskate bewegende
Auslegerkopfrolle, b Spitzenausleger,
c Grundausleger, d waagerechter
Lastweg, e Windentrommel,
f bewegliches Gegengewicht)

laufendem Fahrgestell mit einer oder mehreren Hubvorrichtungen, meist elektr. angetrieben und z. T. mit einem Führerstand versehen; die hochgelegene K.bahn ist die durch Schienen gebildete Fahrbahn eines K. einschl. ihrer Tragkonstruktion; die auf ihr fahrbare K.brücke besteht aus 1 oder 2 K.- oder Längsträgern, die die Schienen für die Laufkatze tragen, und den beiden Kopf- oder Querträgern, in denen die Laufräder des K.fahrwerks gelagert sind. Alle Bewegungen erfolgen durch elektromotor. Antriebe, bei kleineren K. auch durch Handkette und Haspelrad (*Handlauf-K.*). Beim *Decken-* oder *Hänge-K.* sind die K.bahnen an der Deckenkonstruktion angebracht; ihre K.fahrwerke laufen am Unterflansch der K.bahnträger, die Laufkatzen am Unterflansch der K.träger.
Bockkrane (**Torkrane** bzw. **Portalkrane, Halbtorkrane** bzw. **Halbportalkrane**) haben eine auf 1 oder 2 Portalstützen gesetzte K.brücke, die auch 1- oder 2seitig mit Kragarmen versehen sein kann. Ortsfest oder auf Schienen verfahrbar dienen sie als *Überlad-K.* im Freien (z. B. Bahn-, Werkhof, Steinbruch, Hafenkai usw.) oder (mit gummibereiften Rädern versehen) als zerlegbarer *Montage-K.* Bei größeren Spannweiten wird der Bock-K. zur Verladebrücke. Der *Konsol-K.* oder *Wandlauf-K.* ist ein Lauf-K., dessen Fahrbahn nur auf einer Längswand der zu befahrenden Werkstatt angebracht ist; das Fahrwerk läuft auf Schienen, die auf einem Wandabsatz (Konsole) verlegt sind, und hat außer den senkrechten Laufrädern zur Aufnahme der senkrechten Stützkräfte noch waagerecht liegende obere und untere Laufrollen zur Aufnahme des durch die Auskragung entstehenden Moments. Der *Stapel-K.* hat an der Laufkatze eine dreh-, heb- und senkbare Stapeleinrichtung. Beim *Seilbahn-K.* oder *Kabel-K.* dienen ein oder mehrere zw. 2 festen oder fahrbaren Stützen (Türmen) gespannte Tragseile als Fahrbahn für die Laufkatze, die durch ein Fahrseil verschoben werden kann. Der *Kabelbagger* ist ein Kabel-K., dessen Katze und Winde einen Schürfkübel bedient.
Drehkrane sind (teils selbst fahrbare) *Ausleger-K.*, deren Ausleger (Laufkatze, Einzieh- oder Wippausleger) um die K.achse schwenkbar ist. Beim *Wanddreh-K.* ist der an einer Säule befestigte Ausleger mit dieser dreh- bzw. schwenkbar. Durch seinen Einbau in einen Konsol-K. entsteht ein *Konsoldreh-K.* Ein *Veloziped-K.* oder *Einschienendreh-K.* wird auf einer auf dem Boden liegenden Schiene verschoben; die Kippkräfte werden von Rollen aufgenommen, die sich gegen eine an der Hallendachkonstruktion befestigte Schiene abstützen. Beim *Derrick-K.* bzw. *Masten-K.* wird die ebenfalls drehbare Säule von einer Seilverspannung oder einem dreibeinähnl. Stützgerüst gehalten; die Ausladung des Auslegers ist meist verstellbar. Der *Hammer-K.* hat einen hammerförmigen, um 360° schwenkbaren Ausleger, dessen Drehsäule in einem standfesten Stützgerüst angebracht ist. Das Prinzip der freistehenden Drehsäule wird allg. bei *Turmdreh-K.* für Bauzwecke (*Bau-K.*) und Werftbetrieb (*Helling-K.*), auf Schiffen (*Bord-K.*) und für verschiedene Sonder-K. angewendet. Beim *Drehscheiben-K.* dreht sich der mit mehreren Laufrollen auf einer kreisförmigen Schiene gelagerte drehbare Teil

um den zentralen sog. Königszapfen. Der *Wipp-K.* verändert die Ausladung durch Kippen des Auslegers. Nur wenige Systeme halten die Last beim Wippen ohne Seilausgleich auf gleicher Höhe. Seilausgleich und Gewichtsausgleich für den Ausleger vermeiden das Aufbringen zusätzl. Hubarbeit beim Wippen. *Schienen-K.* sind gleisgebundene, *Mobil-K.* gummibereifte und damit gleisunabhängige *Fahrzeug-K.*, deren 2- bis 4achsiger Unterwagen (*K.wagen*) mit dem K.aufbau eine organ. Einheit bildet. *Automobil-K. (Lkw-K.)* sind auf einem verstärkten Lastkraftwagenfahrgestell aufgebaut und damit ebenso wie K. mit Raupenkettenfahrwerk relativ rasch ortsveränderlich. Im Hafenbetrieb und auf Werften sind *Schwimm-K.* verschiedenster Bauart im Einsatz. *Hüttenwerks-K.* sind Sonder-K., die sich v. a. durch ihre Lastaufnahmemittel unterscheiden. Hierzu gehören z. B. *Magnet-K.*, die zum Heben des Schrottes bzw. sonstiger Eisen- und Stahlteile mit einem Elektromagneten (beim *Lasthebemagnet* mit einer Tragfähigkeit von etwa 2–25 t) versehen sind. Für den Baubetrieb werden vielfach sog. *Kletter-K.* verwendet. Sie werden mit einer im Tragmast eingebauten Winde um jeweils ein oder mehrere Stockwerke angehoben, so daß sie mit fortschreitendem Bau mitsteigen, oder sie besitzen eine Einrichtung mit der der Tragmast um beliebige Elemente durch Einbau aufgestockt werden kann. Abstützungen am Bauwerk selbst sorgen für ihre Standsicherheit.

📖 *Hannover, H., u. a.: Sicherheit bei K. Düss. [4]1980. - Hofmann, F.: K. u. Ausrüstungen. Düss. [2]1973. - Ernst, H.: Die Hebezeuge: Bemessungsgrundll., Bauteile, Antriebe. Braunschweig [8]1973. - Wendt, H.-J./Friedrich, H.-W.: Fachb. f. K.führer. Bln. [6]1970. -* ↑ auch *Fördermittel.*

Kranewitt [eigtl. „Kranichholz"], svw. Heidewacholder (↑ Wacholder).

Krängung [niederl.], [kurzzeitige] Neigung eines Schiffs um die Längsachse, verursacht durch Wind oder Seegang.

Kranhubschrauber ↑ Hubschrauber.

kranial [griech.], den Schädel betreffend, zum Schädel bzw. Kopf gehörend, kopfwärts gelegen.

Kranich ↑ Sternbilder (Übersicht).

Kraniche [zu althochdt. krano, eigtl. „heiserer Rufer"] (Gruidae), mit Ausnahme von S-Amerika und Neuseeland weltweit verbreitete Fam. großer, hochbeiniger, langhalsiger Vögel mit langem, kräftigem Schnabel; leben bes. in sumpfigen und steppenartigen Landschaften; meist Bodenbrüter. - K. sind mit Ausnahme der auf der Südhalbkugel brütenden Arten Zugvögel, die in Keilformation laut trompetend ziehen (beim Flug werden Hals und Beine gestreckt). Man unterscheidet 14 Arten, u. a.: **Klunkerkranich** (Bugeranus carunculatus), etwa 1,5 m lang, oberseits grau, unterseits schwarz; in den Sumpfgebieten O- und S-Afrikas; Schnabelwurzel rot, warzig, mit zwei weiß befiederten Kehllappen. Die Gatt. **Kronenkranich** (Balearica) hat nur die Art Balearica pavonina; etwa 1 m lang, schwarzweiß, mit gelber Federkrone auf dem Kopf; in Steppen und Sümpfen Afrikas. **Paradieskranich** (Anthropoides paradisea), etwa 1 m lang, weißlichgrau mit schwarzen Schwingen; in den Steppen S-Afrikas. **Saruskranich** (Antigonekranich, Grus antigone), etwa 1,5 m hoch, grau; mit Ausnahme der Scheitelregion Kopf unbefiedert und rot; in den Sümpfen Vorder- und Hinterindiens. **Nonnenkranich** (Schneekranich, Grus leucogeranus), etwa 1,3 m hoch, vorwiegend weiß mit schwarzen Handschwingen und nacktem, rotem Gesicht; im W- und O-Sibirien. **Jungfernkranich** (Anthropoides virgo), fast 1 m lang, grau mit schwarzer Halsunterseite und verlängerten weißen Zierfedern an den Kopfseiten; v. a. in Sumpf- und Steppenlandschaften Rußlands, Irrgast in Europa. **Gemeiner Kranich** (Grus grus), etwa 1,2 m hoch, in weiten Teilen N-Eurasiens.

Kranio..., kranio... [zu griech. kraníon „Schädel"], Bestimmungswort in Zusammensetzungen mit der Bed. „Schädel...".

Kraniologie [griech.], svw. ↑ Schädellehre.

Kraniometrie [griech.] ↑ Schädellehre.

Kranium [griech.], svw. ↑ Schädel.

Kranj (dt. Krainburg), jugoslaw. Stadt an der oberen Save, 385 m ü. d. M., 27 000 E. Elektro- und Elektronikindustrie.

Kranjec, Miško [slowen. ˈkraːnjəts], * Velika Polana 15. Sept. 1908, † Ljubljana 8. Juni 1983, slowen. Schriftsteller. - Während der Zeit der dt. Besetzung mehrfach inhaftiert; Partisan. Seine Romane und Novellen stellen Kriegsgeschehnisse realist. dar und behandeln Fragen der Lebensgestaltung im Alltag, z. B. „Sprung in die Welt" (E., 1950) und „Herr auf eigenem Grund" (E., 1950).

Krankenfahrstuhl, drei- oder vierrädriges Fortbewegungsmittel für Körperbehinderte, meist faltbar (zur Mitnahme im Pkw und in öffentl. Verkehrsmitteln); als *Schiebestuhl*, als *Selbstfahrer* mit Handhebelantrieb oder als *K. mit Motorantrieb* (Elektro- oder Benzinmotor).

Krankengeld ↑ Krankenversicherung.

Krankengeschichte (Krankheitsgeschichte), schriftl. Aufzeichnungen des behandelnden Arztes über jeden Patienten im ambulanten oder stationären Heilbetrieb.

Krankengymnastik (Heilgymnastik), auf den akut oder chron. Kranken abgestimmte, planmäßig durchgeführte Bewegungstherapie zur Erhaltung und/oder Erneuerung der körperl. Funktionen (funktionelle Gymnastik, Atemgymnastik, Entspannungs- und physikal. Therapie) unter Anleitung und manueller Führung einer Krankengymnastin.

Krankenversicherung

Krankenhaus (Klinik, Hospital), öffentl. oder private Einrichtung des Gesundheitswesens zur stationären Aufnahme, Untersuchung, Überwachung und Behandlung erkrankter Personen, meist in speziellen Fachabteilungen und unter ärztl. Leitung eines Chefarztes.
Geschichte: Vorläufer des K. bzw. Hospitals sind die Pilgerherbergen der Antike (z. B. bei Heiligtümern des Asklepios; ab etwa 500 v. Chr.). Seit dem 1. Jh. n. Chr. hatten die Römer sog. *Valetudinarien* für kranke Sklaven und für kranke Legionäre eingerichtet. Karitative Motive für die Einrichtung eines Hospitals finden sich erst in den *Xenodochien* des Oström. Reiches (ab 370 n. Chr.); zum Vorbild wurde im 12. Jh. das Hospital des „Pantokrator" in Byzanz. Weltl. Institutionen gewannen in der Geschichte des K. im späten MA an Bedeutung. Hospitäler, die zugleich Ausbildungsstätten für Ärzte und Pflegepersonal waren, gibt es vom 18. Jh. an; dadurch wurde das Hospital zum Krankenhaus.

Krankenkassen (gesetzl. K.) ↑ Krankenversicherung.

Krankenpfleger ↑ Krankenschwester.

Krankensalbung (lat. unctio infirmorum, extrema unctio „letzte Ölung"), die durch einen oder mehrere Priester vollzogene liturg. Salbung eines Schwerkranken. Die K. gilt in der röm.-kath. und in der orth. Kirche als ↑ Sakrament.

Krankenschwester, Beruf mit dreijähriger Ausbildung an Krankenpflegeschulen. Eine Spezialausbildung erhält die **Kinderkrankenschwester,** sie betreut Säuglinge und Kinder bis zu 14 Jahren. Männl. Entsprechung zur K. ist der **Krankenpfleger.**

Krankenseelsorge, seelsorgl. Betreuung von Kranken (heute meist in Krankenhäusern) durch die christl. Kirchen; gedacht als Hilfe für den Patienten und seine Angehörigen. Die K. ist rechtl. wie die ↑ Anstaltsseelsorge geregelt.

Kranken- und Unfallversicherung, in der Schweiz Zweig der Sozialversicherung, der bei Krankheit, Unfall und Tod Leistungen erbringt und im BundesG über die K.- u. U. von 1911 und in kantonalen Gesetzen geregelt ist. Versicherungspflicht besteht nur in einzelnen Kantonen. *Träger* der Krankenversicherung sind anerkannte öffentl. und private Krankenkassen, der Unfallversicherung die Schweizer. Unfallversicherungsanstalt in Luzern. Die finanziellen Mittel der Krankenversicherung werden größtenteils durch Beiträge der Versicherten (etwa 73%), die Versicherungsprämien für Betriebsunfälle vom Arbeitgeber, für Nichtbetriebsunfälle ebenfalls von den Versicherten aufgebracht. Die Prämien für K.- u. U. sind grundsätzl. leistungs-, nicht einkommensbezogen. - *Leistungen* der Krankenversicherung sind: zeitl. unbeschränkte ambulante ärztl. Behandlung (bei Kostenbeteiligung des Versicherten), ärztl. verordnete Arzneimittel und Kostenbeiträge zur Behandlung in Heilanstalten und zu Badekuren sowie Krankengeld; Leistungen der Unfallversicherung: Krankenpflege, -geld, Invaliden- und Hinterlassenenrenten sowie Bestattungsentschädigungen.

Krankenversicherung (gesetzl. K.), Zweig der Sozialversicherung, der bei Krankheit, Mutterschaft und Tod sowie zur Früherkennung und Verhütung von Krankheiten Leistungen erbringt.
In der *BR Deutschland* wird die gesetzl. K. im 2. Buch der Reichsversicherungsordnung (RVO) in den §§ 165–536 geregelt, deren Vorschriften auch für die Knappschaftsversicherten gelten. Die K. der selbständigen landw. Unternehmer ist im Gesetz über die K. der Landwirte (KVLG) von 1972 geregelt, das in einigen Bestimmungen von der RVO abweicht. *Träger* der gesetzl. K. sind die gesetzl. **Krankenkassen.** Diese sind gemäß der RVO rechtsfähige Körperschaften des öffentl. Rechts mit dem Recht der Selbstverwaltung unter staatl. Rechtsaufsicht. Mgl. der K. sind die Versicherten, Selbstverwaltungsorgane sind *Vertreterversammlung* und *Vorstand,* die je zur Hälfte aus Vertretern der Versicherten und der Arbeitgeber bestehen; hinzu kommt ein hauptamtl. Geschäftsführer. Die RVO unterscheidet die ↑ Allgemeinen Ortskrankenkassen, ↑ Betriebskrankenkassen und ↑ Innungskrankenkassen; weitere Träger sind die bei den landw. Berufsgenossenschaften gebildeten landw. Krankenkassen, die ↑ Ersatzkassen, die Bundesknappschaft (Knappschaftsversicherung [↑ Sozialversicherung]) und die Seekrankenkassen (↑ Seesozialversicherung). Die *finanziellen Mittel* der Krankenkassen werden v. a. durch Beiträge aufgebracht, die bei versicherungspflichtigen abhängig Beschäftigten von ihnen und ihrem Arbeitgeber je zur Hälfte getragen werden. Die Höhe der Beiträge ist einkommensabhängig und beträgt (1990) im Durchschnitt rd. 12,5% des Grundlohns. Zur Mutterschaftshilfe und zur landw. K. leistet der Bund Zuschüsse. *Versicherungspflichtig* sind alle gegen Entgelt beschäftigten Arbeiter sowie alle Angestellten, deren Einkommen die *Versicherungspflichtgrenze,* die 75% der Beitragsbemessungsgrenze in der Arbeiterrentenversicherung, also 1990 4725 DM im Monat beträgt, nicht übersteigt. Versicherungspflichtig sind ferner v. a. Auszubildende, Behinderte, die im bes. Einrichtungen an berufsfördernden Maßnahmen teilnehmen, Studierende an Hochschulen und Fachhochschulen sowie Personen, die eine in Studien- und Prüfungsordnungen vorgeschriebene berufsprakt. Tätigkeit verrichten, mitarbeitende Familienangehörige eines landw. Unternehmers, Rentner und Rentenantragsteller der gesetzl. Rentenversicherungen und Personen, die Arbeitslosengeld, -hilfe

193

oder Übergangsgeld beziehen sowie landw. Unternehmer. Einige Gruppen Versicherungspflichtiger können sich auf Antrag von der Versicherungspflicht befreien lassen. *Versicherungsfrei* sind trotz ihrer abhängigen Beschäftigung u. a. Beamte und ähnl. Personengruppen mit Anwartschaft auf Ruhegehalt und Hinterbliebenenversorgung; sie und verschiedene andere Personengruppen können sich freiweillig versichern lassen. Zur freiwilligen Weiterversicherung sind alle berechtigt, die aus der Versicherungspflicht ausscheiden und in den vergangenen 12 Monaten wenigstens 26 Wochen oder unmittelbar vorher wenigstens 6 Wochen versichert waren.
Leistungen der Krankenversicherung: 1. *Maßnahmen zur Früherkennung von Krankheiten;* dazu zählen: für Kinder bis zur Vollendung des 6. Lebensjahres Untersuchungen zur Früherkennung von Krankheiten, die eine normale körperl. oder geistige Entwicklung des Kindes in bes. Maße gefährden; für Frauen vom Beginn des 20. Lebensjahres an und für Männer vom Beginn des 45. Lebensjahres an jährl. eine Untersuchung zur Früherkennung von Krebserkrankungen; für Versicherte ab dem 35. Lebensjahr alle 2 Jahre eine Untersuchung auf Herz-, Kreislauf-, Nierenerkrankungen und Diabetes. 2. *Leistungen bei Krankheit;* umfassen die ambulante ärztl. und zahnärztl. Behandlung, die Versorgung mit Arznei-, Verband- und Heilmitteln, Maßnahmen der Rehabilitation und nachgehende Sicherung der Gesundheit. Sofern keine Festbeträge für Arzneimittel festgelegt sind, müssen für Medikamente ab 1992 15% des Preises (maximal 15 DM) vom Versicherten zugezahlt werden. Bis dahin gilt eine Zuzahlung von 3 DM pro Rezept. Für Hilfsmittel (Seh- und Hörhilfen) gilt ab 1990 ebenfalls eine Festbetragsregelung. An Heilmitteln (z. B. Massagen) muß sich der Versicherte mit 10% des Preises beteiligen. Der Eigenanteil bei Zahnersatz (30–60%) ist künftig von der Art des Zahnersatzes sowie einem Vorsorgebonus abhängig. Der Eigenanteil bei Krankenhausaufenthalt beträgt ab 1991 10 DM tägl. (maximal 14 Tage), bei Kuren gilt eine Zuzahlung von 10 DM je Kurtag. - Krankenpflege wird vom Beginn der Krankheit an ohne zeitl. Begrenzung gewährt. Neu eingeführt durch das Gesundheitsreformgesetz von 1989 wurde die häusl. **Pflegehilfe,** mit der die Pflege bettlägeriger oder stark hilfsbedürftiger Familienmgl. zu Hause gefördert werden soll. Sie ermöglicht eine Urlaubsvertretung für maximal 4 Wochen jährl. und bis zu 1 800 DM; sie wird ab 1991 ergänzt durch eine Pflegehilfe als Sachleistung durch Pflegekräfte. **Krankengeld** wird gezahlt im Anschluß an die ↑ Lohnfortzahlung (6 Wochen) in Höhe von 80% des Bruttolohns. 3. *Mutterschaftshilfe;* während der Schwangerschaft und nach der Entbindung hat die Versicherte Anspruch auf ärztl. Betreuung und Hebammenhilfe, bei der Entbindung auf Hebammenhilfe und - falls erforderl. - auf ärztl. Hilfe. Arznei-, Verband- und Heilmittel werden bei Schwangerschaftsbeschwerden und im Zusammenhang mit der Entbindung gezahlt. **Mutterschaftsgeld** wird 6 Wochen vor und 8 Wochen nach der Entbindung der Versicherten gezahlt, die in einem Arbeitsverhältnis stehen oder deren Arbeitsverhältnis während ihrer Schwangerschaft vom Arbeitgeber zulässig gelöst wurde (bis zu 25 DM pro Tag); andere Versicherte, die Anspruch auf Krankengeld haben, erhalten unter bestimmten Voraussetzungen Mutterschaftsgeld in Höhe des Krankengeldes, Versicherte ohne diese Ansprüche erhalten ein einmaliges Mutterschaftsgeld von 150 DM. Berufstätige Mütter erhalten einen sog. *Erziehungsurlaub* von 12 Monaten, der Kündigungsschutz (Arbeitsplatzgarantie) einschließt (↑ auch Mutterschutz). 4. als *sonstige Hilfen* der K. gelten der Anspruch auf ärztl. Beratung über Fragen der Empfängnisregelung, über die Erhaltung und den Abbruch einer Schwangerschaft, auf Leistungen bei nicht rechtswidriger Sterilisation und bei nicht rechtswidrigem Schwangerschaftsabbruch durch einen Arzt. 5. *Sterbegeld* wird nur noch für Versicherte gewährt, die vor dem 1. Jan. 1989 in die K. eingetreten sind. 6. *Familienhilfe;* für den unterhaltsberechtigten Ehegatten und die unterhaltsberechtigten Kinder werden mit Ausnahme des Krankengeldes die Leistungen der K. gewährt, wenn deren regelmäßiges Gesamteinkommen weniger als 501,67 DM (1987) im Monat beträgt.
In *Österreich* haben sich - z. T. histor. oder durch die Art der Finanzierung bedingt - 4 Systeme der gesetzl. K. entwickelt. Das allg. System ist im Allg. Sozialversicherungsgesetz geregelt. Daneben gibt es als Sondersysteme die Beamten-, Kranken- und Unfallversicherung, die Gewerbl. Selbständigen-Krankenversicherung und die Bauern-Krankenversicherung.
Für die *Schweiz* ↑ Kranken- und Unfallversicherung.

📖 *Zacher, H.: Krankenkassen oder nat. Gesundheitsdienst?* Hamb. 1980. - *Hajen, L.: Bestimmungsgründe f. die parafiskal. Organisation v. K.* Ffm. 1979. - *Püllmann, M.: Alles über die K.* Mchn. 1978. - *Albrecht, G.: Die Versicherungspflicht in der K.* St. Augustin ⁵1977. - *Herder-Dorneich, P.: Wachstum u. Gleichgewicht im Gesundheitswesen. Die Kostenexplosion in der Gesetzl. K. u. ihre Steuerung.* Wsb. 1977. - *Gerlach, H. W.: Krankengeld u. Übergangsgeld nach dem Rehabilitationsangleichungsgesetz.* St. Augustin ⁵1975.

◆ (private K.) teilweise der Schadenversicherung (Krankheitskosten), teilweise der Summenversicherung (Tagegeld) zugehöriger privater Versicherungszweig.

Kranker Mann am Bosporus, geringschätzige Bez. (bes. im 19. Jh.) für den Sultan bzw. das Osman. Reich seit dessen erzwungenem Rückzug aus Ostmitteleuropa im Türkenkrieg 1683–99.

Krankheit, Einschränkungen oder Störungen der normalen organ. Funktionen des Organismus oder der spezif.-menschl. (bzw. tier.) psych. Leistungen; morpholog. Abweichungen vom normalen Körperbau; Zustand des körperl. oder seel. Unwohlseins bzw. Leidens. Die Anwendung des Begriffes K. ist uneinheitlich. Streng naturwiss. gesehen, ist darunter ein nach Ursache, Entstehung, Erscheinungsbild und Verlauf definierter Zustand zu verstehen. Als K.en werden aber auch offensichtl. Leistungsminderungen eines Menschen, verbunden mit unspezif. Körperreaktionen wie Fieber, Schwäche, schneller Puls u. a. bezeichnet, ohne daß die gemeinsamen, krankmachenden Faktoren oder Mechanismen genauer bekannt wären. Ursachen und Entstehungsmechanismen einer K. sind vielschichtig und z. T. noch weitgehend unbekannt. Neben angeborenen Mißbildungen und erbl. Defekten, äußeren Noxen (Viren, Bakterien, Parasiten, Gifte) und Gewalteinwirkungen (elektr. Strom, Strahlung, Temperatur, mechan. Kräfte) können auch soziale Gegebenheiten (berufl. oder private psych. Konfliktsituationen) zu organ.-körperl. Erkrankungen führen.

Krankheitszauber, allen Kulturen bekannter Zauber zur Heilung bzw. Bewirkung von Krankheit; meist einem bestimmten Personenkreis vorbehalten (Medizinmann, Schamane) oder [oft polem.] nachgesagt (Jäger, Zigeuner, Hexen u. a.).

Krankheitszeichen, Anzeichen für das Vorliegen einer Erkrankung. Für eine bestimmte Krankheit charakterist. K. bzw. die zu einem bestimmten Krankheitsbild gehörenden krankhaften Veränderungen heißen **Symptome,** mehrere charakterist. Symptome **Syndrom** (Symptomenkomplex).

Kranwagen ↑ Krane.

Kranz, ringförmiges Gebinde aus Blüten oder Zweigen. Von den alten Griechen als festl. und kult. Schmuck getragen; auch Opfertiere oder Statuen wurden bekränzt. Metall-K. dienten als Weihegeschenke und Ehrung. Siegreiche röm. Feldherren trugen einen Lorbeer-K. Im MA wurde ein K. als Preis bei Turnieren, aber auch an Dichter (Dichterkrönung) verliehen. Ma. Darstellungen zeigen auch die Herrscher oft bekränzt. Im Brauchtum gibt es ihn als Frühlings-K. (z. B. Maibaum, Johannisbaum usw.), Ernte-K., Toten-K., Braut-K. oder -krone sowie in neuerer Zeit als Adventskranz.

♦ (Korona) svw. ↑ Aureole.

Kranzfühler ↑ Tentakelträger.

Kranzgefäße, svw. Herzkranzgefäße (↑ Herz).

Kranzgeld, svw. ↑ Deflorationsanspruch.

Kranzmayer, Eberhard, * Klagenfurt 15. Mai 1897, † Wien 13. Sept. 1975, östr. Germanist und Dialektologe. - 1942 Prof. in Graz, 1949 in Wien. Befaßte sich v. a. mit dialektgeograph. und lautgeschichtl. Problemen der Mundarten Österreichs, Bayerns und der dt. Sprachinseln in Italien und Jugoslawien.

Krapfen, in Fett ausgebackenes [Hefeteig]gebäck (z. B. Berliner Pfannkuchen).

Krappfarbstoffe, Sammelbez. für mehrere Pflanzenfarbstoffe, die in der Wurzel von Rötegewächsen vorkommen, insbes. das ↑ Alizarin und das ↑ Purpurin.

Krasicki, Ignacy [poln. kra'ɕitski], * Dubiecko (Galizien) 3. Febr. 1735, † Berlin 14. März 1801, poln. Dichter. - 1765 Fürstbischof von Ermland; 1795 Erzbischof von Gnesen. Hervorragendster literar. Vertreter der poln. Aufklärung; schrieb u. a. das kom. Heldenepos „Die Mäuseade in 10 Gesängen" (1775) sowie den Erziehungsroman „Der Herr Untertruchseß" (1778).

Krasiński, Zygmunt Graf [poln. kra'ɕij̃ski], * Paris 19. Febr. 1812, † ebd. 23. Febr. 1859, poln. Dichter. - Einer der bedeutendsten Dichter der poln. Romantik; sah in der Geschichtsdeutung eine wesentl. Aufgabe der Dichtung, so u. a. in der „Ungöttl. Komödie" (Dr., 1835) und in „Iridion" (Dr., 1836), einer Darstellung des poln. Freiheitskampfes.

Krasis [griech. „Mischung"], Verschmelzung zweier Wörter durch Zusammenziehung (Kontraktion) des auslautenden und des anlautenden Vokals, z. B. mhd. *si ist* zu *sist*.

Krasnodar, Hauptstadt der sowjet. Region K. in der RSFSR, in der Kubanniederung, 603 000 E. Univ. (gegr. 1970), polytechn., medizin., landw. und Sporthochschule, Museen, 3 Theater, Philharmonie; Maschinen- und Elektrogerätebau, Erdölraffinerie, Chemie-, Kammgarn-, Baumwoll- und Tabakkombinat; Bahnknotenpunkt, ✈. - Gegr. 1794 durch Schwarzmeerkosaken.

Krásnohorská, Eliška, geb. Pechová, * Prag 18. Nov. 1847, † ebd. 26. Nov. 1926, tschech. Schriftstellerin. - Setzte sich für die Probleme der Frauenbewegung ein; schrieb patriot., auch panslawist. Lyrik, ferner Libretti für Smetana u. a.; bed. sind ihre Autobiographie und ihre Übersetzungen, u. a. von Byron, Puschkin und Mickiewicz.

Krasnojarsk, Hauptstadt der sowjet. Region K. in der RSFSR, am Jenissei, 859 000 E. Univ. (gegr. 1969), 5 Hochschulen; Gemäldegalerie, Museen, Theater; Fernsehsender, Bodenempfangsstation für Fernmeldesatelliten. Bed. Ind.zentrum in Sibirien; Hafen, Umschlagplatz am Jenisseiübergang der Transsib, ✈. - Gegr. 1628; seit 1823 Verwaltungszentrum des Gouv. Jenissei; Goldvorkommen und v. a. der Bau der Transsib (1896) verursachten ein rasches Wachstum der Stadt.

Krasnojarsker Stausee, 2 000 km² großer Stausee des Jenissei, 40 km oberhalb von Krasnojarsk, Sibirien.

Krasnowodsk, Hauptstadt des sowjet. Gebiets K. in der Turkmen. SSR, am O-Ufer des Kasp. Meer, 15 m ü. d. M., 56 000 E. Schiffsreparatur, erdölverarbeitende, Baustoff- und Nahrungsmittelind.; Hafen; Ausgangspunkt der Transkasp. Eisenbahn; Eisenbahnfähre nach Baku. - 1869 gegr., Hauptstadt seit 1974.

Krater [griech., nach der Ähnlichkeit der Öffnung mit dem Weinmischkrug], Bez. für die trichter- oder kesselförmige Öffnung von Vulkanschloten.
◆ (Mondkrater) ↑ Mond.

Krater [griech.], altgriech. Weinmischkrug mit weiter Öffnung und Henkeln, in verschiedenen Formen.

Kraterinseln, vulkan. Inseln, bei denen nur noch der Kraterrand oder Teile davon über den Meeresspiegel ragen.

Krates Mallotes, * Mallos in Kilikien, griech. Philosoph des 2. Jh. v. Chr. - Bedeutendster Vertreter der sog. pergamen. Schule und Verfechter des grammat. Prinzips der Anomalie, bei dem bes. der tägl. Sprachgebrauch, auch mit seinen Unregelmäßigkeiten in der Formbildung, berücksichtigt wird.

...kratie [zu griech. krátos „Stärke"], Nachsilbe in Zusammensetzungen mit der Bed. „Herrschaft".

Kratinos, griech. Komödiendichter des 5. Jh. v. Chr. - 28 Stücke sind bekannt; neben Aristophanes und Eupolis der bedeutendste Vertreter der alten att. Komödie.

Kraton (Kratogen) [griech.], starrer Bereich der Erdkruste, der auf tekton. Beanspruchung nur mit Brüchen reagiert.

Kratzdistel (Cirsium), Gatt. der Korbblütler mit rd. 250 Arten auf der Nordhalbkugel; Blüten pupurfarben, seltener gelbl. oder weiß; oft Unkräuter, u. a. die ↑ Ackerdistel.

Krätze (Skabies, Scabies), durch Krätzmilbenarten verursachte Hautkrankheit des Menschen mit stark juckendem, rötl.-bräunl. Hautausschlag, der infolge von eitriger Infektion zum chron. Ekzem führt. Die Übertragung der Krätzmilbe erfolgt im allg. durch direkte Berührung vom Menschen auf den Menschen.

Kratzer (Acanthocephala), Klasse der Schlauchwürmer mit rd. 500 Arten von wenigen mm bis über 50 cm Länge; Darmparasiten in Wirbeltieren; mit hakenbesetztem, einstülpbarem Rüssel zur Verankerung in der Darmwand; ohne Darmkanal; Nahrung wird durch die Haut aufgenommen; Larven (Acanthor, Acanthella) in Zwischenwirten (Insektenlarven, Asseln, Flohkrebse). - Zu den K. gehört u. a. der knapp 50 cm lange **Riesenkratzer** (Macracanthorhynchus hirudinaceus) der hauptsächl. im Dünndarm von Schweinen lebt; Zwischenwirte sind Käferlarven.

Krätzer, svw. ↑ Federweißer.

Krätzmilben (Räudemilben, Grabmilben, Sarcoptidae), Fam. kleiner, fast kugelförmiger Milben mit kurzen Gliedmaßen; Hautparasiten bei Säugetieren (einschl. Mensch) und Vögeln; verursachen Krätze bzw. Räude.

Kratzputz ↑ Putz.

Kraulschwimmen [zu engl. crawl, eigtl. „das Kriechen, Krabbeln"] ↑ Schwimmen.

Kraus, Carl von, * Wien 20. April 1868, † München 9. April 1952, östr. Germanist. - Prof. in Wien, Prag, Bonn und ab 1917 in München. Hg. der „German. Bibliothek" (3. Abteilung 1907 ff.); bed. textkrit. Editionen und Untersuchungen ma. Werke.

K., Franz Xaver, * Trier 18. Sept. 1840, † San Remo 28. Dez. 1901, dt. kath. Theologe. - 1872 Prof. für christl. Kunstgeschichte in Straßburg, 1878 für Kirchengeschichte in Freiburg im Breisgau; bekämpfte den kirchl. Zentralismus v. a. in seinen „Spectator-Briefen" („Münchner Allgemeinen Zeitung" (1895–99); sein „Lehrbuch der Kirchengeschichte" (1872) wurde indiziert; war an der Beendigung des Kulturkampfes beteiligt.

K., Karl, * Jičín (Ostböhm. Gebiet) 28. April 1874, † Wien 12. Juni 1936, östr. Schriftsteller, Sprach-, Kultur- und Gesellschaftskritiker. - Lebte ab 1877 in Wien, konvertierte vom jüd. Glauben zum Katholizismus, von dem er sich nach 1918 wieder abwandte. Entdeckte u. a. O. Kokoschka, G. Trakl, F. Werfel und E. Lasker-Schüler. Gründete 1899 seine Zeitschrift „Die Fackel" (bis 1936), in der er ab 1912 nur noch selbst publizierte, meist satir. Aphorismen, Epigramme, Glossen, Essays und Gedichte; sie wurde für K. zum Forum seines Kampfes gegen die „Verlotterung der Sprache" als Ausdruck der Korruption und geistigen Unwahrhaftigkeit der damaligen Gesellschaft, für den Verfall der Kultur überhaupt. K. entwickelte ein Verfahren der Sprachkritik mit Hilfe des Zitats, in dem der Text zum Zeugen gegen seinen Urheber wird („Die Sprache", hg. 1937). In seinem Hauptwerk, dem Lesedrama „Die letzten Tage der Menschheit" (1922), klagte er die Presse und die verantwortl. Redakteure als eigtl. Urheber des 1. Weltkrieges an. Persönl. Gründe verleiteten K. in den 1920er Jahren zur Bekämpfung v. a. jener Berliner Publizisten, die erst im Verlauf des 1. Weltkrieges zu Pazifisten geworden waren (z. B. M. Harden, A. Kerr), indem er ihnen ihre Äußerungen zu Beginn des Krieges vorhielt, während diese zum großen Teil sich bereits der aufkommenden Gefahr des NS entgegenstellten. 1933 zog K. das Fackelheft, in dem er das „Grauen des 3. Reiches" enthüllen wollte, kurz vor der Drucklegung zurück (hg. u. d. T. „Die dritte Walpurgisnacht", 1952). Bed. Nachdichtungen (W. Shakespeare) und Bearbeitungen (Aristophanes, Nestroy).

📖 *K. K. in neuer Sicht.* Hg. v. S. P. Scheichl u. E. Timms. Mchn. 1986. - Rössler, H.: *K. u. Nestroy.* Stg. 1981. - Bohn, V.: *Satire u. Kritik. Über K. K.* Wsb. 1974.

Krayonmanier

Krause, Karl Christian Friedrich, * Eisenberg bei Jena 6. Mai 1781, † München 27. Sept. 1832, dt. Philosoph. - Erkenntnisoptimismus und Glaube an die Verbesserung von Individuum und Gesellschaft durch „Schauung des Urwesens" (= Gott) kennzeichnen seine Philosphie, die als **Krausismus** bed. Einfluß auf das span. Geistesleben gewann.

K., Tom, * Helsinki 5. Juli 1934, finn. Sänger (Baßbariton). - Sang 1959–62 an der Städt. (Dt.) Oper Berlin und ist seit 1962 Mgl. der Hamburg. Staatsoper. Erfolgreiche Gastspiele, u. a. bei den Salzburger Festspielen; bed. auch als Konzertsänger.

Kräuselkrankheit, Bez. für verschiedene, u. a. durch Pilze, Viren, Insekten hervorgerufene Pflanzenkrankheiten, die sich v. a. in einer Kräuselung der Blätter zeigen.

Kräuselspinnen (Dictynidae), Fam. meist etwa 1,5–4 mm großer Spinnen mit über 200 Arten, davon rd. 15 einheim.; weben ihr Wohngespinst oft auf Blattflächen oder in Astgabeln, auch an Mauern.

Krausenhai (Kragenhai, Chlamydoselachus anguineus), weltweit verbreiteter Bes. um Japan auftretender), bis 2 m langer, brauner Haifisch; fast aalförmig, lebendgebärend; mit 6 krausenartig abstehenden Kiemenscheidewänden.

Krauskohl, svw. ↑Grünkohl.

Krauskopfpelikan ↑Pelikane.

Krauss, Clemens, * Wien 31. März 1893, † Mexiko 16. Mai 1954, östr. Dirigent. - 1929–34 Direktor der Wiener, dann der Berliner Staatsoper, 1937–44 Opernintendant in München, nach 1945 u. a. in Wien tätig. Hervorragender Interpret der Werke seines Freundes R. Strauss, zu dessen Oper „Capriccio" er das Libretto schrieb.

K., Werner, * Gestungshausen (= Sonnefeld, Landkreis Coburg) 23. Juni 1884, † Wien 20. Okt. 1959, dt. Schauspieler. - Kam 1913 ans Dt. Theater Berlin; 1925 wechselte er ans Berliner Staatl. Schauspielhaus, 1929 daneben Mgl. des Wiener Burgtheaters. K. spielte auch in Filmen: „Das Kabinett des Dr. Caligari" (1919), „Die freudlose Gasse" (1925), „Der Student von Prag" (1926), „Jud Süß" (1940). Seine Virtuosität und Vielseitigkeit ermöglichten ihm ein äußerst umfangreiches Rollenrepertoire.

Krauss–Maffei AG, dt. Fahrzeug- und Maschinenbauunternehmen, Sitz München, gegr. 1931 als Krauss & Comp. - J. A. Maffei AG, seit 1940 jetzige Firma. Vorläufer waren die 1837 als Lokomotiv-Fabrik J. A. Maffei AG und die 1866 als Lokomotivfabrik Krauss & Comp. Kg gegründeten Unternehmen Krauss AG und J. A. Maffei AG.

Kräuter (Therophyten), Bez. für meist unverholzte Pflanzen, die nach einmaliger Blüte und Fruchtreife absterben und sich dann durch Samen fortpflanzen. Die Hauptverbreitung der K. liegt in ariden und semiariden Gebieten der warmen Zonen und in sommerwarmen Gebieten der gemäßigten und kalten Regionen.

Kräuterbücher, Werke, bes. Drucke seit dem 15./16. Jh., in denen Natur und Wirkung von Heilpflanzen beschrieben werden; reich bebilderte K. in dt. Sprache verfaßten O. Brunfels („Contrafayt Kreuterbuch", 1532), H. Bock („New Kreutterbuch", 1539), L. Fuchs („New Kreutterbuch", 1542), A. Lonitzer („Kreuterbuch", 1557) und J. T. Tabernaemontanus („New Kreuterbuch", 1588).

Kräuterliköre, mit Kräuteressenzen hergestellte Liköre.

Krautfäule ↑Kartoffel.

Krawall, Aufruhr, Lärm.

Krawatte [frz., eigtl. „die kroatische (Halsbinde)"], vorn zu einem Knoten gebundene Halsbinde der [Herren]mode, seit Mitte des 19. Jh., der heute übl. Langbinder seit dem letzten Drittel des 19. Jh. Die seit 1800 getragenen Halstücher wurden ebenfalls als K. bezeichnet. Mehrere Bücher belehrten über die Kunst, das Halstuch zu binden. Heute auch in der Damenmode.

◆ beim *Catchen* zangenscherenartiger Würgegriff, bei dem sich Arme oder Beine um den Hals des Gegners schließen (bei Amateuren verboten).

Kraweelbauweise ↑Klinkerbauweise.

Krayonmanier [krɛˈjõː; zu frz. crayon „Bleistift"] (Kreidestrichtechnik), zur Nach-

Krayonmanier. Louis Marin Bonnet, Venus und Amor (nach François Boucher; um 1770)

ahmung des Bleistift- oder Kreidestrichs im Kupferdruck verwendete Technik. Auf der Platte wird mit bes. Werkzeugen (Mattoir, Roulette) aufrauhend gezeichnet, so daß ein gekörnter Strich entsteht. Verstärkung des Punktsystems durch Ätzen.

Kreatianismus [zu lat. creatio „das Erschaffen"], im Ggs. zum ↑Generatianismus die seit Thomas von Aquin lehramtl. Auffassung der kath. Kirche, nach der Gott jede einzelne Seele aus dem Nichts erschafft und mit den durch die Zeugung verschmolzenen elterl. Zellen verbindet.

Kreatin [griech.] (N-Methylguanidylessigsäure, N-Amidinosarkosin), in der Muskulatur und im Blut der Wirbeltiere enthaltene chem. Verbindung, die als farbloses, wasserlösl. Kristallpulver isoliert werden kann; Nachweis bei der Kontrolle von Fleischzubereitungen zur Ermittlung des Fleischextraktgehaltes von Bedeutung.

Kreatinin [griech.] (Glykolmethylguanidin), farbloses, in Wasser und Alkohol lösl. Kristalle bildendes inneres Anhydrid des Kreatins; entsteht im Körper als Endprodukt des Kreatinstoffwechsels und wird im Harn ausgeschieden.

Kreatinphosphat (Phosphokreatin, Phosphagen), energiereiche organ. Verbindung mit großer physiol. Bedeutung für den Energiestoffwechsel insbes. der Skelett- und Herzmuskulatur.

Kreation [zu lat. creatio „das Erschaffen"], [Mode]schöpfung, Modell.

kreativ [lat.], schöpferisch.

Kreativität [lat.], Fähigkeit, produktiv zu denken und die Ergebnisse dieses Denkens, v. a. originell neue Verarbeitung existierender Informationen, zu konkretisieren (etwa in Form einer Erfindung oder eines Kunstwerks). Die verschiedenen Stadien der K. sind: Aufspüren von Problemen oder von Mängeln, Lücken und Unstimmigkeiten (z. B. in theoret. oder prakt. Systemen) und Definieren entsprechender Problem- und Fragestellungen, Formulieren von Hypothesen und Suche nach Lösungen, schließt. Mitteilen der gewonnenen Erkenntnisse sowie der Wille, sie gegenüber bereits etablierten Vorstellungen durchzusetzen.

Kreatur [zu lat. creare „erschaffen"], Lebewesen, Geschöpf, im religiösen Sinne alles von einem Schöpfergott Geschaffene; (abwertend für:) Günstling, willenloses Werkzeug eines anderen.

Krebs, Sir (seit 1958) Hans Adolf, * Hildesheim 25. Aug. 1900, † Oxford 22. Nov. 1981, brit. Biochemiker dt. Herkunft. - Emigrierte 1933 nach England; entdeckte 1937 den †Zitronensäurezyklus, wofür er 1953 (mit F. A. Lipmann) den Nobelpreis für Physiologie oder Medizin erhielt.

K., Helmut, * Dortmund 8. Okt. 1913, dt. Sänger (Tenor). - Seit 1947 Mgl. der Städt. bzw. Dt. Oper Berlin; v. a. als Oratoriensänger (Evangelist in Bach-Passionen) internat. bekannt.

K., Johann Ludwig, * Buttelstedt bei Weimar 10. Okt. 1713, † Altenburg 1. Jan. 1780, dt. Organist. - Schüler J. S. Bachs; 1737–43 Organist in Zwickau, 1744–56 in Zeitz, seit 1756 in Altenburg; Komponist von Klavier- und Orgelwerken.

K., Konrad (Kunz), * Büdingen (?) 1492, † Torgau 1. Sept. 1540, dt. Baumeister. - Schuf als kurfürstl. sächs. Baumeister (ab 1532) den Ostflügel des Schlosses Hartenfels in Torgau (1533–35) mit Treppenturm (Wendelstein), eines der ersten dt. Renaissancebauwerke.

K., Nikolaus ↑Nikolaus von Kues.

K., Norbert, * Leoben 29. Aug. 1876, † Berlin 5. Dez. 1947, östr. Geograph. - Prof. in Würzburg, Frankfurt am Main, Freiburg im Breisgau und Berlin. Aus seinen Untersuchungen über die Balkanhalbinsel, die Ostalpen, Süddeutschland und Indien gingen v. a. mehrere Länderkunden hervor; Hg. des „Atlas des deutschen Lebensraumes in Mitteleuropa" (1937 ff.).

Krebs [Lehnübers. von lat. cancer], im allg. Sprachgebrauch Sammelbez. für alle bösartigen Geschwülste bzw. Geschwulstkrankheiten und Systemerkrankungen. Zu ersteren gehören die von den epithelialen Deck- und Organgeweben ausgehenden Karzinome (Carcinoma, Abk. Ca; K. im eigentl. Sinn) und die von den mesenchymalen Stütz- und Bindegeweben ausgehenden Sarkome (Abk. Sa). Zu den Systemerkrankungen zählen die von den blutbildenden Zellen bzw. vom retikuloendothelialen System ausgehenden Hämoblastosen (Erkrankungen der Blutstammzellen), die nur z. T. einen sichtbaren geschwulstigen Charakter haben (alle Formen der Leukämie, bösartige Lymphknotenvergrößerung, Geschwülste der Plasmazellen des Knochenmarks).

Kennzeichen des Krebses: Im Ggs. zu gutartigen Geschwülsten, die im allg. auf ihren Entstehungsort beschränkt bleiben, dringen bösartige Tumoren rasch und schrankenlos in Nachbargewebe ein und zerstören es. Sie bilden v. a. auf dem Lymph- und/oder Blutweg Absiedelungen (Tochtergeschwülste, Metastasen) in nahegelegenen oder weiter entfernten Lymphknoten und Organen. Ein wichtiges Kriterium zur Erkennung bösartiger Tumorzellen ist der verändertes Aussehen im Vergleich mit normalen Zellen. Gewebe, Zellen, Zellkerne eines Tumors weichen deutl. vom Normalbild ab. Maßgebend für die Beurteilung eines Tumors ist die Gefährdung des Lebens, die in erster Linie von der Wachstumsgeschwindigkeit des Tumors bestimmt wird, aber auch vom Ort seines Auftretens. Zw. gut- und bösartigen Tumoren gibt es Übergänge. Zu den „Tumoren zw. Gut und Böse" zählen zunächst die bedingt gutartigen Geschwülste, die nach langer Zeit bösartig werden können (z. B. ↑Chondrome), weiterhin die halbbösartigen Tumoren, die keine Tochtergeschwülste absiedeln und schließl. auch die ↑Präkanzerosen.

Theorien zur Krebsentstehung: Unter den K.ursachen gibt es eine große Anzahl äußerer Faktoren. Allen gemeinsam ist, daß sie eine krebsige Entartung der Körperzellen anregen, die fortan beim Wachstum der Geschwulst selbständig von Zelle zu Zelle weitergegeben wird (auch nach Wegfall der auslösenden Ursache). Die **Mutationstheorie** besagt, daß der bösartigen Entartung von Zellen eine Änderung ihrer genet. Information zugrunde liegt. Hiernach würde v. a. die Tatsache verständl., daß jede Zelle die mit ihrer Bösartigkeit zusammenhängenden Eigenschaften an die Tochterzellen vererbt und dabei z. B. Spontanheilungen bösartiger Erkrankungen prakt. nicht vorkommen. Eine Erweiterung dieser genet. Theorie ist die **Atmungstheorie**, die annimmt, daß abnorme Produkte des Zellstoffwechsels Störungen des Vererbungsmechanismus verursachen. Die Entwicklung einer Zelle zur Bösartigkeit erfolgt in zwei Phasen. Zuerst kommt es zum Verlust der für normale Zellen typ. sauerstoffabhängigen Energiegewinnung (Atmung). Als Folge davon entwickelt die bösartige Zelle einen eigenen, sauerstoffunabhängigen Gärungsstoffwechsel, der sogar durch die Zufuhr von Sauerstoff gehemmt werden könnte. Heute jedoch wird ein abnormer Stoffwechsel der K.zelle eher als Folge der Bösartigkeit angesehen. - Die ungehemmte Teilungsfähigkeit der Tumorzellen führte zur **Chalontheorie**: Tumorzellen sprechen nicht mehr auf bestimmte Hemmstoffe (Chalone) an, die normalerweise die Teilung der Körperzellen über das Normale hinaus verhindern. Dieses Denkmodell läßt sich auf eine ältere Hypothese zurückführen, die sog. **Überregenerationstheorie**, nach der K. durch ungehemmte Neubildung des durch Reize oder Zerstörung angegriffenen Gewebes entsteht. - Die **Hormontheorie** geht davon aus, daß manche Tumoren hormonabhängig sind (z. B. K. der Vorsteherdrüse). - Die **Infektionstheorie** basiert auf der Tatsache, daß virusinfizierte Zellen von Tieren krebsig entarten können. Beim Menschen wird die virusbedingte Entstehung bösartiger Tumoren noch als fragl. angesehen. - Kennzeichen des bösartigen Wachstums, näml. Eindringen in andere Gewebe durch schrankenloses Wachstum und Metastasenbildung, werden heute durch Eigentümlichkeiten der Oberflächenstruktur entarteter Zellen erklärt. Die krebszelleigene Membranstruktur verhindert die normale Haftfähigkeit der Zellen untereinander. Dadurch können sie sich aus dem Zellverband lösen und so auf dem Lymph- oder Blutweg leicht verschleppt werden. Auch fehlt diesen Zellen die sog. Kontaktinhibition, d. h. sie vermehren sich ohne Rücksicht auf das umgebende Gewebe.

Krebsauslösende Schädlichkeiten: Krebsauslösend wirken über 800 chemische Substanzen. Bei über 40 von ihnen ist ein solcher Effekt auch beim Menschen mit Sicherheit gegeben. Da viele von ihnen zugleich Mutagene sind und da auch mutationsauslösende Strahlen (Röntgenstrahlen, ultraviolette und radioaktive Strahlen) K. hervorrufen, ist man heute geneigt, alle Entstehungsweisen des K. generell auf eine Störung im Steuermechanismus im Kern der Zelle zurückzuführen, die die Zahl der Teilungen normalerweise begrenzt. Ein intaktes Immunsystem jedoch erkennt und vernichtet die entarteten Zellen sofort. - K. ist sicher nicht vererbbar. Allerdings kann manchmal eine gewisse Anfälligkeit für K. bei bestimmten Personengruppen festgestellt werden. Nach statist. Vergleichen kann man vermuten, daß der größte Teil der bösartigen Tumoren durch beeinflußbare äußere Ursachen (chem., physikal., biolog. Auslösefaktoren) hervorgerufen wird. Auch ein Zusammenhang zw. bestimmten Umweltsituationen und Lebensgewohnheiten und dem Auftreten von K. ist nachgewiesen.

Anzeichen der Krebserkrankung: Jeder K. beginnt als kleiner, derber Knoten, der langsam wächst und später geschwürig zerfallen kann. Schmerzen treten erst dann auf, wenn der wachsende K. auf Nervengewebe drückt.

Warnzeichen: 1. jede nicht heilende Wunde und jedes nicht heilende Geschwür; 2. Knoten und Verdickungen in oder unter der Haut - bes. im Bereich der Brustdrüse - sowie ungewöhnl. auffällige Lymphknotenschwellungen; 3. jede Veränderung an einer Warze oder einem Muttermal; 4. anhaltende Magen-, Darm- oder Schluckbeschwerden; 5. Dauerhusten oder Dauerheiserkeit; 6. ungewöhnl. Absonderungen aus Körperöffnungen (z. B. Blut im Stuhl, Bluthusten, blutiger Urin); 7. unregelmäßige Monatsblutungen oder Scheidenausfluß mit Blutbeimischungen sowie Blutungen nach Aufhören der Monatsblutung in den Wechseljahren. - Vom Arzt feststellbare Warnzeichen sind u. a.: bestimmte Veränderungen des Blutbildes, Erhöhung der Blutkörperchensenkungsgeschwindigkeit u. Auffälligkeiten bei der körperl. Untersuchung. - Wird ein K. im Frühstadium erkannt und sofort behandelt, sind die Heilungsaussichten weitaus größer als in späteren Stadien. Ein Schwerpunkt der K.früherkennung liegt daher bei der regelmäßigen **Vorsorgeuntersuchung.** Die gesetzl. Krankenkassen haben diese vorbeugenden Untersuchungen in ihre Leistungen aufgenommen. Frauen sollten sich ab dem 18. Lebensjahr einer regelmäßigen Brust- und Unterleibsuntersuchung unterziehen; Männer sollten ab dem 45. Lebensjahr eine Untersuchung des Dickdarms, der Prostata, der äußeren Geschlechtsorgane,

Krebs

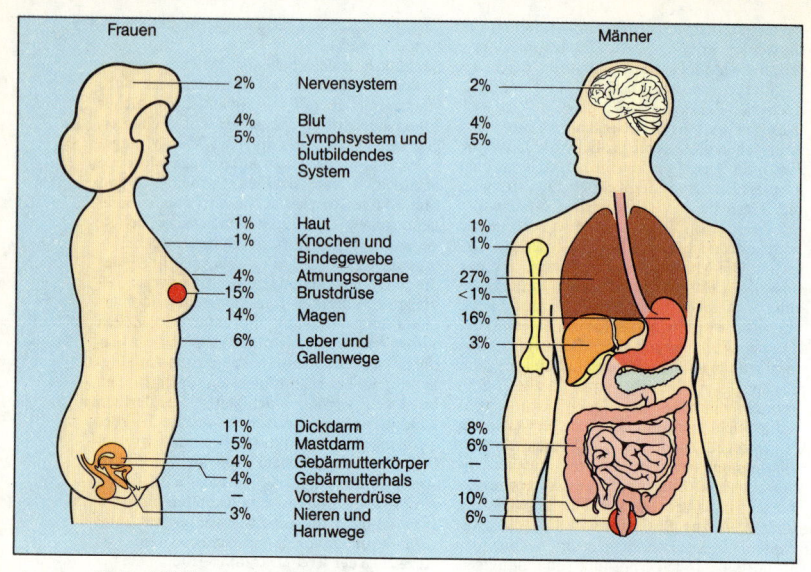

	Frauen		Männer
	2%	Nervensystem	2%
	4%	Blut	4%
	5%	Lymphsystem und blutbildendes System	5%
	1%	Haut	1%
	1%	Knochen und Bindegewebe	1%
	4%	Atmungsorgane	27%
	15%	Brustdrüse	<1%
	14%	Magen	16%
	6%	Leber und Gallenwege	3%
	11%	Dickdarm	8%
	5%	Mastdarm	6%
	4%	Gebärmutterkörper	—
	4%	Gebärmutterhals	—
	—	Vorsteherdrüse	10%
	3%	Nieren und Harnwege	6%

Krebs. Häufigkeit und Lokalisierung verschiedener Krebsarten bei Frau und Mann

der Nieren und Haut durchführen lassen. **Möglichkeiten und Grenzen der Krebsbehandlung:** K. ist unter der Voraussetzung heilbar, daß alle vorhandenen K.zellen durch therapeut. Eingriffe entfernt oder zerstört werden können. Dazu gibt es drei Möglichkeiten: K.chirurgie („Stahl"), Strahlenbehandlung („Strahl") und antineoplast. (gegen K.zellen gerichtete) Chemotherapie. **Krebschirurgie:** Viele feste Organtumoren können radikal entfernt werden, wobei jedoch eine Randzone des darumliegenden gesunden Gewebes mit ausgeschnitten werden muß. Auch die vollständige Ausrottung einer K.geschwulst nach bereits erfolgter Absiedlung in benachbarte Lymphknoten ist dann noch mögl., wenn die betreffenden Bezirke einschließl. der Lymphstationen entfernt werden. Fernmetastasen sind dagegen nur in Einzelfällen operabel. Sog. erweiterte Radikaloperationen, bei denen prophylakt. zugehörige Lymphknotenstationen oder angrenzende Organe mitentfernt werden, haben im allg. zu keiner Besserung der Heilungsaussichten geführt. - Im Ggs. zu den radikalen chirurg. Eingriffen stellen die sog. palliativen (hindernden) Operationen Maßnahmen dar, die der Lebensverlängerung, der Besserung des Befindens sowie der Unterstützung anderer therapeut. Methoden dienen (z. B. Schaffung eines künstl. Mageneingangs bei inoperablem Magen-K.). Rd. 30 % aller K.kranken, bei denen eine Dauerheilung (d. h. im medizin. Sprachgebrauch eine Überlebenszeit und Rückfallfreiheit von 5 Jahren) erzielt wird, haben dies der K.chirurgie zu verdanken. Vermehrt wird heute nach chirurg. Entfernung der K.geschwulst auch eine chemotherapeut. Nachbehandlung durchgeführt. - Wichtigste Maßnahme zur Verbesserung der chirurg. Erfolge ist allerdings eine Ausweitung und Intensivierung der Früherkennungsmaßnahmen. - **Strahlentherapie:** Sie stellt - ebenso wie die Operation - eine örtl. begrenzte Maßnahme dar und wird vorwiegend zur Behandlung eines Primärtumors und seiner Absiedlungen eingesetzt. Bei bestimmten Systemerkrankungen oder bei generalisierten (großflächigen) Karzinomen kann sie auch nur einen lindernden Charakter haben. Durch die techn. Weiterentwicklung der Anwendung ionisierender Strahlen ist es heute mögl., unter weitgehender Schonung des gesunden Gewebes eine relativ genau den Tumor treffende Dosis von hoher Intensität zu verabreichen. Strahlende bzw. krebstötende Energie kann auch durch Einpflanzung der Strahlungsquellen in den Körper appliziert werden. Die Ausnutzung natürl. Stoffwechselvorgänge des Körpers für eine Strahlenbehandlung erfolgt z. B. bei Gabe von radioaktivem Jod (Speicherung in entartetem Schilddrüsengewebe). Bestrahlungen des Blutes bzw. kranker Blutkörperchen werden auch bei bestimmten Blutsystemerkrankungen eingesetzt. Die notwendigen Voraussetzungen dazu sind mit der Verfügbarkeit eines extrakorporalen Kreislaufs gegeben. Am häufigsten erfolgt die

Krebs

Strahlentherapie im Anschluß an operative Eingriffe, die nicht mit Sicherheit radikal ausgeführt werden konnten. - Die dritte Art der K.behandlung ist die **Chemotherapie** mit Zytostatika, die die Entwicklung und Vermehrung von K.zellen hemmen. Zu den verwendeten Zytostatika gehören die sehr reaktionsfähigen alkylierenden Substanzen (N-oxid-lost, Cyclophosphamid, Tretamin), die störend in das Zellwachstum und den Zellteilungsmechanismus eingreifen. Außerdem gehören dazu die↑Antimetaboliten (z. B. Purinanaloge wie Mercaptopurin und Allopurinol, Folsäureantagonisten wie Aminopterin und Methotrexat, Pyrimidinanaloge wie Fluoruracil), die die DNS-Synthese und -Replikation hemmen und die Mitosegifte (z. B. Kolchizin), die ebenfalls die Zellteilung hemmen. - Leider ist die Chemotherapie mit Zytostatika mit erhebl. Nebenwirkungen belastet. Frühwirkungen sind u. a. Erbrechen, Übelkeit, Fieber, allerg. Reaktionen. Zu den Spätwirkungen gehören Störungen der Blutbildung, Haarausfall, Schleimhautschäden, Hemmung von Ovulation bzw. Spermatogenese, Leberschädigung und Mißbildungen.

Ein weiterer Therapieansatz ist die von M. von Ardenne entwickelte **Mehrschritt-Therapie**, die sich auf bestimmte Stoffwechseleigentümlichkeiten der Tumorzelle gründet (Gärung, Hitzeempfindlichkeit). Durch Übersäuerung und Überhitzung eines Tumors kann die Wirkung von antineoplast. Substanzen um das 10fache gesteigert werden, so daß die Normalzellen kaum noch Schaden nehmen. Die prakt. Anwendung dieser Methode wird durch die bei hohen Temperaturen unvermeidl. Kreislaufstörungen des menschl. Organismus stark eingeschränkt. Trotz aller Fortschritte ist die K.behandlung mit chem. Mitteln zur Zeit nur dann angezeigt, wenn Operation und Bestrahlung nicht oder nicht mehr mögl. sind. Dies trifft in erster Linie für die krebsartigen Wucherungen des blutbildenden Systems zu. Auch nach operativer Entfernung des Primärtumors oder zur Unterstützung der Bestrahlung werden Medikamente gegeben, um weiteres Tumorwachstum und die Absiedlung von Tochtergeschwülsten zu verhindern. - Entwickelt wurde auch eine K.therapie durch unspezif. Anregung der körpereigenen Abwehrkräfte, die sog. **Immuntherapie**. Überzeugende Behandlungsergebnisse sind jedoch noch nicht erreicht worden.

Geschichte: Schon Knochenfunde aus frühester Zeit zeigen Anzeichen von K.erkrankungen. Als erste bezeichnete hippokrat. Ärzte bösartige Geschwülste als „Krebs". Galens Erklärung des K. als Überschuß von „schwarzer Galle" und die daraus meist abgeleitete nichtchirurg. Allgemeinbehandlung des K. blieben bis in die Neuzeit vorherrschend. Erst im 18. Jh. wurde die humorale K.theorie zurückgedrängt. H.-F. Le Dran (1757) betonte

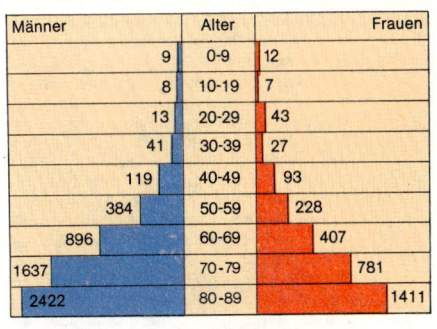

Männer	Alter	Frauen
9	0-9	12
8	10-19	7
13	20-29	43
41	30-39	27
119	40-49	93
384	50-59	228
896	60-69	407
1637	70-79	781
2422	80-89	1411

Krebssterblichkeit im Verhältnis zum Lebensalter (bezogen auf 100 000 Einwohner)

den lokalen Ursprung des K. u. seine Ausbreitung auf dem Lymphweg; J. C. A. Récamier (1829) erkannte den Metastasierungsprozeß. Die Forschung des 19. Jh., v. a. die Suche nach K.erregern, brachte jedoch außer vielen Theorien nur wenige eindeutige Resultate (z. B. eine Abgrenzung der verschiedenen Geschwulstformen). Gegen Ende des 19. Jh. kamen bereits die ersten Theorien zur parasitären K.entstehung auf. 1958 berichtete D. Burkitt über einen endem. auftretenden menschl. Tumor und gab damit der Virustheorie neuen Auftrieb. - Seit dem 18. Jh. versuchte man K. im Körperinneren zu operieren. Aber erst mit der Einführung von Narkose und Aseptik und mit genauerer Kenntnis der Ausbreitungswege des K. und der Ursachen der Rückfälle wurden seit dem späten 19. Jh. solche Operationen häufiger und erfolgreicher. - Neben die chirurg. Therapie traten die Röntgenstrahlen (erstmals T. A. U. Sjögren, 1899), radioaktive Substanzen (zuerst S. W. Goldberg und E. S. London, 1903) und chem. Mittel (Zytostatika). - Eine wesentl. Verbesserung der K.diagnose brachten die Entwicklung der Endoskopie und der Röntgenologie sowie die Zelldiagnostik. Im 20. Jh. widmete sich die K.forschung v. a. chem. K.ursachen, krebserregenden Viren und der Klärung des Stoffwechsels der K.zelle. Auf chem. Ursachen hatte sie schon früh auch die Entdeckung berufsbedingter K. hingewiesen.

Krebsforschung: Sie konzentriert sich gegenwärtig auf folgende Schwerpunkte: 1. Krebserzeugende Faktoren und Umweltkarzinogene; 2. Mechanismen der Krebsentstehung; 3. Erkennung und Früherkennung von Krebskrankheiten; 4. Therapie der Krebskrankheiten; 5. Biolog. Grundlagen der Tumortherapie.

Etwa 90 % aller bösartigen Tumoren entstehen sehr wahrscheinl. durch chem. Karzinogene. In der Umwelt wurden neue chem. Karzinogene entdeckt, v. a. bei Pflanzen der Fam.

Krebs

Wolfsmilch- und Seidelbastgewächse, die sowohl als Zierpflanzen als auch als Nutzpflanzen verwendet werden.

Tumorviren sind weit verbreitet und kommen bei allen Wirbeltieren vor. Bei der Umwandlung einer normalen Zelle in eine Krebszelle bauen die Tumorviren ihre eigene Erbsubstanz in die der Zelle ein. Dadurch wird sie zu einem festen Bestandteil der Zelle und kann in allen Tochterzellen ihre krebserregende Eigenschaft entfalten, ohne daß diese jemals wieder verlorengeht. - Das invasive (d. h. ein in das gesunde Gewebe hinein erfolgendes) Wachstum menschl. Tumoren kann heute im Reagenzglas nachvollzogen werden. So kann z. B. die Wirkung wachstumshemmender Medikamente (Zytostatika) verfolgt werden. Mathemat. Modelle bilden die Grundlage für die Erforschung des Auftretens von Krebszellen und für das Wachstum bösartiger Zellaggregate. Die Modelle gehen davon aus, daß aus einer normalen Zelle eine Krebszelle in drei Stufen entsteht.

Die Erkennung und Früherkennung der Krebskrankheiten beruht hauptsächl. auf: 1. Erfassung früher Veränderungen der Zelle; 2. Erfassung von Geschwulstvorstadien eines Organs; 3. Erfassung möglichst kleiner Geschwulstzellkomplexe im Organismus. Erleichtert wird die Auffindung von Krebszellen durch neue medizin. Verfahren und computergestützte Geräte (z. B. Durchflußzytophotometer). Wichtig sind diese bei Screening-Tests bei den Krebsvorsorgeuntersuchungen, da mit einer automat. Vormusterung der Proben die eindeutig negativen ausgeschieden werden. Die positiven (etwa 2 % auf 5 Mill. Untersuchungen) müssen jedoch auch weiterhin in konventioneller Weise beurteilt werden.

Die chirurg. Krebstherapie hat offenbar die Grenze ihrer Möglichkeit erreicht, während die Erfolge der Strahlentherapie unbestritten sind. In vielen Fällen scheitert sie jedoch daran, daß zahlr. Tumoren entweder strahlenresistent sind, oder nach guter Rückbildung wieder wachsen. Mit Hilfe der Neutronentherapie hofft man, dieses Problem bewältigen zu können. Die Chemotherapie hat in der letzten Zeit nur bescheidene Fortschritte gemacht. Das liegt v. a. an der bis heute unbekannten Biologie der Tumorzellen, die sich bei etwa 90 % der bösartigen Geschwülste als chemoresistent erweisen.

Immunolog. Überwachungsmechanismen als Schutzfaktoren gegen Tumorzellen spielen nicht die ihnen bisher zugesprochene Rolle. Viele Tumoren sind v. a. kurz nach ihrer Entstehung vor dem Angriff des Immunsystems durch ihre Lage im Organismus oder durch mangelhafte Blutversorgung geschützt. Deshalb will man durch Manipulationen am Immunsystem erreichen, die immunolog. Abwehrmechanismen bei der Tumorbekämpfung besser auszunützen. Diskutiert wird auch die Funktion normaler Lymphozyten, die Tumorzellen spezifisch abtöten sollen.

Durch die Untersuchung geograph. Verteilungen von Krebskrankheiten als Todesursache sind eine Reihe wesentl. Erkenntnisse gewonnen worden. Die Daten sind in einem Krebsatlas für die BR Deutschland zusammengefaßt, der vom Dt. Krebsforschungszentrum erarbeitet wurde.

📖 *Moser, K./Stacher, A.: Chemotherapie maligner Erkrankungen. Köln* [3]*1986. - Tb. der Onkologie. Hg. v. Joseph Fischer. Mchn. u. a.* [2]*1984. - Priestman, T. J.: K. - Chemotherapie. Dt. Übers. Mchn. 1983. - Adjuvant therapies of cancer. Hg. v. G. Mathé u. a. New York u. a. 1982. - Standardisierte K.behandlung. Hg. v. G. Ott u. a. Bln. u. a.* [2]*1982. - Zürcher, W.: Alternative Heilmethoden bei K. Freib. 1982. - Carter, S. K., u. a.: New drugs in cancer chemotherapy. San Francisco (Calif.) 1981. - Kayser, K.: Das pathoanatom. regionale K.register Nordbaden. Stuttg. 1981. - Schmähl, D.: Entstehung, Wachstum u. Chemotherapie maligner Tumoren. Aulendorf* [3]*1981. - Maugh, Th. H./Marx, J. L.: Zerstörendes Wachstum: Entstehung u. Behandlung des Krebses. Dt. Übers. Mchn.; Stg. 1979. - Neue Aspekte der K.bekämpfung. Kongreßber. Kassel 1978. Hg. v. E. Krokowski. Stg. 1979.*

♦ ↑Pflanzenkrebs.

Krebs, in der Musik Bez. für die (seit dem MA bekannte) rückläufige Verwendung eines Themas, einer Melodie oder eines Satzgefüges. Im *K.kanon* ist der antwortende Stimme im K. der Melodievorlage. *Spiegel-K.* bedeutet die rückläufige und umgekehrte (↑Umkehrung) Lesung eines Themas oder einer Melodie (mit umgekehrtem Notenblatt). Der K. und seine Umkehrung (Spiegelung) sind wichtige Bauprinzipien der Zwölftonmusik (↑Reihe).

Krebse, svw. ↑Krebstiere.

Krebs-Kornberg-Zyklus [nach Sir H. A. Krebs und A. Kornberg], svw. ↑Glyoxylsäurezyklus.

Krebsnebel ↑Crabnebel.

Krebsschere (Stratiotes), Gatt. der Froschbißgewächse mit der einzigen Art **Wasseraloe** (Stratiotes aloides) in nährstoffreichen, stehenden Gewässern Europas und NW-Asiens; mehrjährige, im Wasser untergetauchte Pflanze, die im Schlamm wurzelt oder frei im Wasser schwimmt; Blätter breitlinealförmig, in dichten, bis 30 cm großen Blattrosetten; Blüten eingeschlechtig, weiß aus dem Wasser ragend.

Krebstiere (Krebse, Krustentiere, Krustazeen, Crustacea), mit fast 35 000 Arten in allen Meeres- und Süßgewässern verbreitete Klasse 0,02–60 cm langer, kiemenatmender Gliederfüßer (einige Gruppen sind zu Landtieren geworden, z. B. viele Asseln); Körper meist in zwei oder drei Abschnitte gegliedert: Kopf, Brust (häufig miteinander verschmolzen zum Cephalothorax [Kopfbrust]), Abdomen; Kutikula meist als kräftiger Chitinpanzer entwickelt; zwei Paar Antennen; Extremitäten urspr. als zweiästige Spaltbeine (↑Spaltfuß) entwickelt, die jedoch mannigfach abgewandelt sein können (Scherenbildungen, Schreit-, Blatt-, Springbeine); meist getrenntgeschlechtige Tiere, deren Entwicklung i. d. R. über verschiedene Larvenstadien abläuft. - Man unterscheidet zehn Unterklassen, darunter u. a. Blattfußkrebse, Muschelkrebse, Ruderfußkrebse, Rankenfüßer und Höhere Krebse (↑ Malacostraca).

Krebsvorsorgeuntersuchung ↑Krebs (Warnzeichen).

Krebs-Zyklus [nach Sir H. A. Krebs], svw. ↑ Zitronensäurezyklus.

Krechel, Ursula, * Trier 4. Dez. 1947, dt. Schriftstellerin. - Vertreterin der neuen Frauenbewegung; wurde bekannt durch ihr Stück „Erika" (1974); auch Gedichte, Essays und Hörspiele.

Kredel, Elmar Maria, * Nürnberg 24. Febr. 1922, dt. kath. Theologe. - Seit 1977 Erzbischof von Bamberg, seit 1978 Militärbischof der BR Deutschland.

Kredenz [zu lat.-italien. credenza „Glaube" (von far la credenza „als Mundschenk vorkosten, um die Unschädlichkeit zu beweisen")], halbhohe Anrichte, ein breites, kastenförmiges Möbel mit Türen oder Schubladen (urspr. italien., 16. Jh.; heute als Sideboard); auch der ↑Stollenschrank oder Aufbauschrank mit zurückgesetztem Überbau.

kredenzen [↑Kredenz], [ein Getränk] darreichen und einschenken.

Kredit [italien.-frz., zu lat. credere „vertrauen auf, glauben"], der einem Wirtschaftssubjekt für eine gewisse Zeit von Dritten gegen einen Preis (Zins) überlassene Geldbetrag (Darlehen). Die Einteilung der K. erfolgt: 1. nach der K.frist in kurz-, mittel- und langfristige K.; 2. nach dem Wohnsitz in Inlands- und Auslands-K.; 3. nach der Sicherheit in gedeckte und ungedeckte K.; 4. nach der Person des K.gebers in Bank-K., Lieferanten-K., öffentl. K.; 5. nach der Person oder der Branche, der die K. zufließt, in Agrar-K., Industrie-K., Mittelstands-K., Kommunal-K.; 6. nach dem Verwendungszweck in Konsum-K., Produktions-K.; 7. nach der K.höhe in Klein- und Großkredite.
◆ Bez. für die rechte Seite (Haben) eines Bestandskontos. - Ggs. ↑ Debet.

Kreditanstalt für Wiederaufbau, Abk. KW, dt. Kreditinstitut, Sitz Frankfurt am Main, gegr. 1948. Hauptaufgabe war zunächst die Versorgung der Wirtschaft mit Darlehen zur Durchführung von Wiederaufbauvorhaben; seit 1961 vorwiegend langfristige Finanzierungen von Investitionsgeschäften im Inland und Gewährung von Darlehen an Entwicklungsländer. Die Mittel stammen v. a. aus dem Bundeshaushalt und dem ERP-Sondervermögen.

Kreditbanken ↑Banken.

Kreditbrief, Anweisung an eine oder mehrere Banken, Auszahlungen bis zur Höhe des im K. genannten Betrages an den Begünstigten zu leisten; heute fast völlig durch Reiseschecks ersetzt.

Kreditbürgschaft ↑ Bürgschaft.

Kreditgefährdung, Behauptung oder Verbreitung unwahrer Tatsachen, die geeignet sind, den Kredit eines anderen zu schädigen oder sonstige Nachteile für dessen Erwerb oder (z. B. berufl.) Fortkommen herbeizuführen. Der Täter ist zum Schadenersatz verpflichtet; handelt er wider besseres Wissen, so ist zugleich der Straftatbestand der Verleumdung erfüllt.

Kreditgenossenschaften, Selbsthilfeeinrichtungen zur Kreditversorgung der kapitalschwachen kleineren landw. und gewerbl. Betriebe; untergliedert in gewerbl. K., meist *Volksbanken* genannt, und ländl. Kreditgenossenschaften. In der Spitze sind die gewerbl. und ländl. K. in der Dt. Genossenschaftsbank zusammengefaßt.

Kreditgeschäft (Finanzierungsgeschäft), jedes Verpflichtungsgeschäft, auf Grund dessen der eine Teil sofort, der andere erst später zu leisten hat, z. B. Darlehen jeder Art, Kauf mit Stundung des Kaufpreises.

Kreditkarte, Verpflichtungserklärung des Ausstellers zugunsten des Inhabers, für die von diesem bei Dritten (Anschlußfirmen) eingegangenen Verpflichtungen einzustehen. Rechnungen werden direkt der K.ausstellergesellschaft eingereicht und von dieser bezahlt. K. werden von verschiedenen Gesellschaften (z. B. American Express Co., Diners Club Inc.), aber zunehmend auch von Gemeinschaftsunternehmen von Banken und Sparkassen (z. B. Eurocard) ausgegeben.

Kreditlinie (Kreditfazilität), der einem Kreditnehmer zugesagte Kreditgrenzbetrag, bis zu dessen Höhe er bei dem Kreditinstitut schulden darf.

Kreditmarkt, Markt für kurz-, mittel- und langfristige Geldforderungen; Unterteilung in ↑Geldmarkt und ↑Kapitalmarkt.

Kreditoren [lat.], derjenige Teil des Kontokorrents, der die Verbindlichkeiten umfaßt.

Kreditpolitik, Notenbankpolitik zur Beeinflussung des Kreditschöpfungsspielraums der Kreditinstitute; Formen sind die Kreditrestriktion (durch Diskontsatzerhöhung, Mindestreservenerhöhung, Bardepotzwang u. a.) und (entsprechend umgekehrt) die Kreditausweitung.

Kreditschöpfung, Giralgeldschöpfung durch das Bankensystem (↑ Geldschöpfung).

Kreditschutz, Maßnahmen zum Schutz gegen Kreditbetrug durch Vorspiegelung von Zahlungsfähigkeit und Zahlungswilligkeit seitens des Kreditnehmers, insbes. durch Gründung von *Schutzgemeinschaften,* deren Träger der kreditgebende Einzelhandel und

Kreditsicherung

die Kreditinstitute sind (z. B. Schutzgemeinschaft für allgemeine Kreditsicherung - Schufa - gegr. 1950). Der Schufa werden u. a. Abzahlungskredite, Kleinkredite und Anschaffungsdarlehen gemeldet.

Kreditsicherung, Gewährung von Sicherheiten an den Kreditgeber, aus denen dieser sich befriedigen kann, wenn der Kreditnehmer seiner Verpflichtung zur Rückzahlung des Kredits nicht nachkommt. Die wichtigsten Formen sind: Übernahme einer †Bürgschaft seitens Dritter, Verpfändung von Wertpapieren oder Waren, Sicherungsübereignung und Eigentumsvorbehalt, Abtretung von Forderungen und Rechten, Eintragung einer Hypothek oder Grundschuld zugunsten des Kreditgebers.

Kreditwesengesetz, Abk. KWG, Kurzbez. für das BundesG über das Kreditwesen vom 10. 7. 1961 (mehrfach geändert). Es enthält Bestimmungen über die staatl. †Bankenaufsicht, beschränkt sich jedoch auf allg. Ordnungsvorschriften und greift in die Gestaltung der Einzelgeschäfte nicht ein.

Kreditwucher †Wucher.

Kreditwürdigkeit, Voraussetzung für die Kreditgewährung; die K. ist durch die Persönlichkeit des Antragstellers und seine wirtsch. Verhältnisse bestimmt. Die Prüfung der K. erstreckt sich in erster Linie auf die Vermögenssituation und die Einkommenslage, bei Unternehmen auf die Ertragslage.

Kredo (Credo) [lat. „ich glaube"] †Glaubensbekenntnis.

Krefeld, Stadt im Niederrhein. Tiefland, NRW, 35 m ü.d. M., 217 000 E. Limnolog. Station; Fachhochschule Niederrhein; Museen, u.a. Textilmuseum; Stadttheater; geolog. Landesamt, Veterinäruntersuchungsamt, botan. Garten, Zoo. Die bed. Textil- und Bekleidungsind. beruht auf traditioneller Leinen- (17. Jh.) und Seidenweberei (18. Jh.). Wichtigster Ind.zweig ist die vielseitige Maschinen- und Edelstahlind. sowie chem. und Nahrungsmittelind., Waggonfabrik. Rheinhafen im Stadtteil **Uerdingen** (chem. Industrie). - 1105 erstmals belegt; seit 1226 im Besitz der Grafen von Moers nachgewiesen, die den Ort 1373 mit Stadtrecht ausstatteten; 1600–1702 unter oran. Herrschaft; danach zu Preußen; erlangte durch die 1658 gegr. Seidenmanufaktur große Bed.; 1692–1766 sowie im 19. Jh. in regelmäßiger Anlage mehrfach erweitert. - Das Rathaus ist der wiedererrichtete klassizist. Bau des ehem. Schlosses von der Leyen. In K.-Linn ehem. Wasserburg (12. Jh.; heute Landschaftsmuseum des Niederrheins) und Jagdschloß (1740).

Kreide [zu lat. creta (mit gleicher Bed.)], weißer, feinkörniger, weicher und lockerer Kalkstein, der häufig Knollen von Feuerstein enthält.

◆ jüngste Formation des Erdmittelalters.

Kreidolf, Ernst, * Tägerwilen (Kt. Thurgau) 9. Febr. 1863, † Bern 12. Aug. 1956, schweizer. Zeichner. - Schöpfer des Kinderbilderbuchs als einer eigenständigen Gattung, indem er vom Bild her erzählt.

kreieren [lat.], [er]schaffen; erstmals herausbringen oder darstellen.

Kreis, der geometr. Ort aller Punkte einer Ebene, die von einem festen Punkt M, dem *Mittelpunkt* des K., die gleiche Entfernung r besitzen; r bezeichnet man als den *Radius* oder *Halbmesser* des K. Geht die Verbindungsstrecke zweier K.punkte durch M, so nennt man sie einen *Durchmesser* des K., ihre Länge ist $d = 2r$. Der Durchmesser zerlegt die K.linie in zwei *Halbkreislinien*, die K.fläche in zwei *Halbkreisflächen*. Die Gesamtheit aller Punkte des K. bezeichnet man als *K.linie* (meist einfach K.), *Umfang* oder *Peripherie*. Von der K.linie wird die *K.fläche* begrenzt. Eine den K. schneidende Gerade *(Sekante)* zerlegt ihn in zwei *K.abschnitte (Segmente)*. Ein von zwei Radien und dem zugehörigen K.bogen begrenzter Teil eines K. wird als *K.ausschnitt (Sektor)* bezeichnet. Für den Umfang U des K. gilt: $U = 2\pi r$, für seine Fläche F gilt: $F = \pi r^2$ mit $\pi = 3{,}14...$ In kartesischen Koordinaten lautet die *K.gleichung* (falls M im Koordinatenursprung liegt): $x^2 + y^2 = r^2$. - Abb. S. 206.

◆ *religionsgeschichtl.* und im Bereich mag. Vorstellungen ist der K. mit unterschiedl. Deutungen versehen: Symbol der Sonne Sinnbild der Endlosigkeit (z. B. im Kreislauf der Wiedergeburten). Auf Grund seiner völligen Geschlossenheit wird der K. als ein Machtzentrum verstanden, das Schutz bietet (kreisförmige Anlage von Städten) und Kraft ausströmt (Rundgang um Buddhastatuen, Prozession um die islam. Kaaba in Mekka, Flurumritt und Flurumgang).

◆ †Reichskreis.

◆ 1. aus ständ. Selbstverwaltungskörperschaften (mit K.tag und K.ständen) entstandene preuß. Verwaltungsbez.; 2. Verwaltungseinheit des 19. Jh. v. a. in Bayern, Baden, Sachsen, Württemberg unter Leitung einer K.reg.; 3. in Österreich 1748–1859 bzw. 1868 geschaffene unterste Verwaltungseinheit unter einem K.hauptmann.

Kreisauer Kreis, 1942 entstandene, nach dem Gut Kreisau H. J. Graf von Moltkes ben. Gruppe von Gegnern des NS. Im K. K. dominierte das Bekenntnis zum Christentum als Basis „für die sittl. und polit. Erneuerung" nach einem Sturz der NS-Herrschaft. Generelles Ziel war ein konservativ-sozialer Ausgleich zw. den einzelnen Bev.gruppen, eine überschaubar gegliederte polit. Ordnung des Reichs ohne die „Fehler" der Weimarer Verfassung, mit einer Machtdelegierung von unten nach oben durch indirekte Wahlen. Mit Moltkes Verhaftung im Jan. 1944 und mit dem Fehlschlag des Attentats vom 20. Juli 1944 brach auch die Arbeit des K. K.

zusammen. - ↑auch Widerstandsbewegung.
Kreisbahngeschwindigkeit, erste kosm. Geschwindigkeit, ↑Raumflugbahnen.
Kreisbeschleuniger ↑Teilchenbeschleuniger.
Kreisch ↑Körös.
Kreis des Apollonios ↑apollonischer Kreis.
Kreisdiagramm ↑Diagramm.
Kreisdurchmesser ↑Durchmesser.
Kreisel, allg. ein um einen festgehaltenen Punkt sich drehender starrer Körper; i.e.S. ein rotationssymmetr. homogener Körper, der um seine (in einem Punkt feste) Achse rotiert. In diesem Sinn ist der Spiel-K. der Kinder kein physikal. K., da seine Spitze nicht festgehalten wird, sondern auf der Unterlage frei bewegl. ist. Die Bewegung eines (kräftefreien) K. beruht auf dem Satz von der Erhaltung der Energie und des Drehimpulses. Dabei unterscheidet man 3 Achsen, die *Figurenachse,* die *Drehachse* und die *Drehimpulsachse.* Fallen diese 3 Achsen zusammen, dann vollführt der K. eine reine Rotation um die Figurenachse. Anderenfalls ergibt sich als allg. Bewegungsform des K. die sog. *reguläre Präzession,* bei der die Figurenachse und die Drehachse eine kreisende Bewegung (auf Kegelmänteln) um die ihre Richtung im Raum unveränderlich beibehaltende Drehimpulsachse ausführen. Bei der Einwirkung äußerer Kräfte bzw. Drehmomente an den K. treten charakterist. Erscheinungen auf: Bei dem Versuch, einen schnell rotierenden K. um eine zu seiner momentanen Drehachse senkrechte Achse zu drehen, reagiert er mit einer heftigen Drehung um eine zu dieser Achse senkrechten Achse. Die dafür verantwortl. sog. *K.kräfte* bewirken, daß ein K. jeder Richtungsänderung seiner Drehachse einen starken Widerstand entgegensetzt. Diese Tatsache führte u.a. zur techn. Nutzbarmachung des K. zu Navigationszwecken (z.B. im K.kompaß), zur Steuerung ballist. Raketen und zur Stabilisierung von Einschienenbahnen. In der Ballistik werden die K.kräfte zur Geschoßstabilisierung genutzt.
◆ (Spiel-K.) schon in der Antike bekanntes, meist kegelförmiges Kinderspielzeug, das gewöhnl. mit Hilfe einer Peitsche in Rotation versetzt wird. Der *Brumm-K.* enthält Metallzungen, die von dem bei der Drehung entstehenden Luftstrom zum Tönen gebracht werden.
Kreiselhorizont ↑künstlicher Horizont.
Kreiselkompaß ↑Kompaß.
Kreiselkompressor ↑Verdichter.
Kreiselpumpe ↑Pumpen.
Kreiselschnecken (Trochoidea), weltweit verbreitete Überfam. meerbewohnender Vorderkiemer mit kegelförmigem, oft bunt und kontrastreich gefärbtem Gehäuse. Bekannt sind die Gatt. ↑Gibbula und die im Ind. und Pazif. Ozean vorkommende **Pagode**

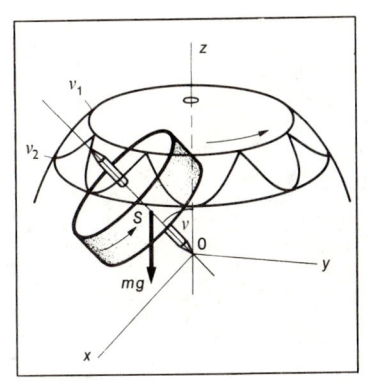

Kreisel. Präzession eines schweren symmetrischen Kreisels mit überlagerter Nutation. S Schwerpunkt, v Winkel zwischen Figurenachse und Vertikaler (schwankt zwischen v_1 und v_2), mg Schwerkraft

(Marmorierte Kreiselschnecke, Turbo marmoratus), mit massigem, 15-25 cm langem Gehäuse.
Kreiselverdichter ↑Verdichter.
Kreiselwespen (Wirbelwespen, Bembicinae), in Sandgegenden aller Erdteile weitverbreitete Unterfam. 10-30 mm langer, meist gelbschwarzer Grabwespen; tragen als Larvennahrung vorwiegend Fliegen ein; in M-Europa nur die Gatt. Bembix mit der rd. 20 mm großen **Europ. Kreiselwespe** (Kreiselwespe, Bembix rostrata).
Kreisen, Bez. für kreisförmiges Segeln bes. bei großen Greifvögeln.
Kreisevolvente ↑Evolvente.
Kreisförderer ↑Fördermittel.
kreisfreie Städte (Stadtkreise), größere Gemeinden, die nicht in einen Landkr. eingegliedert sind. Die k.S. erfüllen neben ihren Aufgaben als Gemeinden alle Aufgaben, die sonst dem Kreis obliegen sowie als Auftragsangelegenheiten die Aufgaben des staatl. Landratsamts als unterer staatl. Verwaltungsbehörde.
Kreisfunktionen, svw. ↑trigonometrische Funktionen.
Kreisgericht, bis 1879 Kollegialgericht erster Instanz (heute: Landgericht); in Österreich außerhalb einer Landeshauptstadt eingerichteter Gerichtshof erster Instanz; in der DDR das unterste Gericht der ordentl. Gerichtsbarkeit.
Kreishauptmann, 1. Bez. für den Kreisoberst im ↑Reichskreis; 2. im 18. und 19. Jh. Leiter und höchster Verwaltungsbeamter eines Kreises.
Kreiskolbenmotor ↑Rotationskolbenmotor.

205

Kreisky

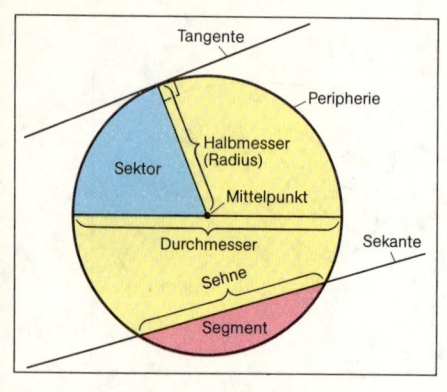

Kreis. Ausgewählte Kenngrößen

Kreisky, Bruno [...ki], * Wien 22. Jan. 1911, östr. Politiker. - Jurist; früh in der sozialist. Bewegung tätig. 1935–37 und 1938 aus polit. Gründen in Haft. 1938 Emigration nach Schweden (bis 1945); 1946–51 Legationssekretär an der östr. Gesandtschaft in Stockholm, 1951–53 in der Präsidentschaftskanzlei tätig, 1953–59 Staatssekretär im Bundeskanzleramt - Auswärtige Angelegenheiten; an den Verhandlungen über den Staatsvertrag 1955 maßgebl. beteiligt; führte als Außenmin. 1959–66 u. a. Verhandlungen mit Italien über die Südtirolfrage; 1967–83 Vors. der SPÖ, 1970–83 Bundeskanzler.

Bruno Kreisky (um 1970)

Kreislauf, in sich zurückverlaufende Bewegung (der ewige K.), die in sich geschlossene Reihe der Veränderungen (K. des Lebens, K. der Natur), der in sich zurückkehrende Wechsel (K. des Wassers auf der Erde, K. des Geldes).
♦ ↑ Blutkreislauf.

Kreislaufkollaps (Kollaps), vom ↑ Kreislaufschock nicht sicher abgrenzbare, aber gewöhnl. rasch einsetzende und kurzdauernde Kreislaufregulationsstörung. Beim *orthostat. Kollaps* kommt es bes. beim Aufstehen oder längerem Stehen zum „Versacken" von Blut in die Bein- und Beckenvenen und dadurch zum Blutdruckabfall mit Bewußtseinstrübung und Bewußtlosigkeit („Ohnmacht"). - In anderen Fällen entsteht ein Blutdruckabfall infolge plötzl. allg. Gefäßerweiterung und Herzverlangsamung im Zusammenhang mit heftigen Emotionen („banale Ohnmacht"). Behandlung: ↑ Erste Hilfe.

Kreislaufmittel, zusammenfassende Bez. für alle auf den Blutkreislauf wirkenden Arzneimittel einschließl. Herzmittel und blutdrucksenkender Mittel.

Kreislaufschock (Schock), akute Kreislaufregulationsstörung mit ungenügender Sauerstoffversorgung der Organe, die mit einer Verminderung des Herzzeitvolumens, auch hypotonen Blutdruckphasen und Störungen der Mikrozirkulation verbunden ist. Nach den Ursachengruppen unterscheidet man: 1. *Hypovoläm. Schock:* Schock aus Volumenmangel, bei dem der venöse Rückfluß zum Herzen durch ungenügende Kreislauffüllung primär vermindert ist (Blut-, Plasma-, Wasserverlust, Trauma, ↑ Crush-Syndrom). Einen Blutverlust ohne Begleittrauma bis zu 20 % kann der gesunde Organismus noch relativ leicht ausgleichen. Bei stärkeren Blutverlusten kommt es zu Blutdruckabfall, Pulsbeschleunigung, Schwindelgefühl, Frieren und Schweißausbrüchen bei bläulichgrauer Verfärbung der Haut (bes. an Nase und Fingern). 2. *Kardiogener Schock* durch akutes Herzversagen mit verminderter Auswurfleistung des Herzens (z. B. beim Herzinfarkt). 3. *Sept. Schock (infektiöser Schock)* als Komplikation von Infektionen mit gramnegativen Erregern. 4. *Vasodilator. bedingte Schockzustände* mit anfangs normalem Blutvolumen, peripherer Gefäßerweiterung und (zunächst) guter peripherer Durchblutung, z. B. *neurogener Schock* (Verlust des sympath. Gefäßtonus), den *anaphylakt. Schock* sowie den *tox. Schock* (durch zentral lähmende oder peripher gefäßerweiternde Stoffe). 5. *Hypoglykämischer Schock* bei Unterzuckerung (↑ Diabetes). Die *Therapie* des K. ist um so aussichtsreicher, je früher sie einsetzt. Bei hypovoläm. Schock steht der Volumenersatz (Bluttransfusion bzw. Infusion von Blutplasma oder Plasmaexpander) an erster Stelle. Beim kardiogenen Schock zielt die Therapie auf eine Beseitigung der Herzinsuffizienz und eventueller Rhythmusstörungen. Beim sept. Schock werden Antibiotika gegeben. Beim anaphylakt. Schock werden gefäßzusammenziehende Mittel und Kortikosteroide, evtl. auch Antihistaminika und Calcium verabreicht.

Kreislaufstörungen, zusammenfassende Bez. für alle das Herz-Kreislauf-System betreffenden gesundheitl. Störungen wie

Herzkrankheiten, Herz-Kreislauf-Erkrankungen und Kreislaufregulationsstörungen.

Kreislauftheorie, Teilgebiet der Wirtschaftstheorie; Systematisierung der Güter-, Faktor-, Geld- und Kreditbestände und -bewegungen der Volkswirtschaft. Die K. faßt dabei die Wirtschaftssubjekte und die zahllosen Transaktionen unter funktionalen (Produktion, Konsum), institutionellen (Staat, Private) und regionalen (Inland, Ausland) Aspekten zu gesamtwirtschaftl. Aggregaten (Kreislaufgrößen) zusammen.

Kreisler, Fritz, * Wien 2. Febr. 1875, † New York 29. Jan. 1962, östr.-amerikan. Violinist und Komponist. - Bereiste als gefeierter Virtuose Europa und Amerika; 1915–25 und nach 1939 lebte er v. a. in den USA; komponierte v. a. Violinmusik.

K., Georg, * Wien 18. Juli 1922, östr. Schriftsteller, Kabarettist und Komponist. - Bekannt als Texter und Komponist skurrilmakabrer, parodist. Chansons (z. B. „Zwei alte Tanten tanzen Tango"; auch Titel einer Textsammlung, 1964), die er meist selbst vorträgt. Schrieb „Worte ohne Lieder" (Satiren, 1986).

Kreisprozeß, eine Folge von Zustandsänderungen eines physikal., insbes. eines thermodynam. Systems, bei der Anfangs- und Endzustand übereinstimmen. Die Zustandsänderungen können sowohl Folgen von Gleichgewichtszuständen *(reversibler K.)* wie von Nichtgleichgewichtszuständen *(irreversibler K.)* sein. Ist der K. reversibel, so treten auch in der Umwelt keine bleibenden Veränderungen (z. B. Erwärmung) auf, er kann umgekehrt werden und als geschlossener Kurvenzug in einem Zustandsdiagramm dargestellt werden. Nach einem thermodynam. K. hat die Gesamtenergie zwar wieder den Anfangswert, es können jedoch Energieumformungen stattgefunden haben. Die im K. insgesamt zu- bzw. abgeführte Wärmemenge ist gleich der insgesamt ab- bzw. zugeführten Arbeit. Dabei wird bei „rechtsläufigen" K. mechan. Arbeit auf Kosten von zuzuführender Wärme gewonnen, sie wirken als Wärmekraftmaschinen (Dampfmaschine, Verbrennungsmotor); entsprechend wirken „linksläufige" K. als Kältemaschinen oder Wärmepumpen. - ↑ auch Carnot-Prozeß.

Kreissäge ↑ Säge.

Kreißsaal [zu kreißen, eigtl. „beim Gebären schreien" (verwandt mit kreischen)], Entbindungsraum in einer Klinik.

Kreisstadt, Stadt, in der die Verwaltung eines Landkr. ihren Sitz hat, i. d. R. eine kreisangehörige Gemeinde des Landkreises, ausnahmsweise eine kreisfreie Gemeinde († kreisfreie Städte). - ↑ auch Große Kreisstadt.

Kreisstände ↑ Reichskreis.

Kreistag, polit. Vertretung des Volkes in einem ↑ Landkreis. Der K. muß aus allg., unmittelbaren, freien, gleichen und geheimen Wahlen hervorgehen. Einzelheiten sind in den Ländern z. T. unterschiedl. geregelt. Die Mitglieder des K. sind ehrenamtl. tätig, sie werden als *Kreisverordnete, Kreisräte, Kreistagsabgeordnete* oder *Kreistagsmitglieder* bezeichnet. Vorsitzender ist der ↑ Landrat oder ein aus der Mitte des K. gewählter Kreispräsident (Kreistagsvorsitzender).
◆ ↑ Reichskreis.

Kreistruppen, Bez. für die Truppen der ↑ Reichskreise.

Kreisverordneter ↑ Kreistag.

Kreiswehrersatzamt ↑ Wehrersatzwesen.

Kreiswulst, svw. ↑ Torus.

Kreittmayr, Wiguläus Xaver Aloys, Reichsfreiherr von (seit 1745), * München 14. Dez. 1705, † ebd. 27. Okt. 1790, bayr. Kanzler und Jurist. - 1759 Mitbegr. der Bayer. Akad. der Wiss.; kodifizierte das kurbayr. Landrecht (1751–58).

Krelle, Wilhelm, * Magdeburg 24. Dez. 1916, dt. Nationalökonom. - Prof. in Sankt Gallen (1956) und Bonn (seit 1958); bed. Beiträge zur Unternehmensforschung, zur Preis- und zur Verteilungstheorie, zur Wachstumstheorie und zur Ökonometrie.

Krematorium [zu lat. cremare „verbrennen"], Einäscherungsanstalt; kommunale Einrichtung mit Totenfeierhalle und Verbrennungsanlage zur Einäscherung.

Krementschug [russ. krımnˈtʃuk], sowjet. Stadt beiderseits des Dnjepr, Ukrain. SSR, 222 000 E. Drei Technika, Museen; Lkw- und Waggonbau, Erdölraffinerie u. a. Ind.; Hafen; nahebei Eisenerzbergbau. - Im 16. Jh. als Festung gegründet.

Krementschuger Stausee, 2 250 km² großer Stausee des mittleren Dnjepr oberhalb von Krementschug.

Kremer, Gerhard, niederl. Kartograph, ↑ Mercator, Gerhardus.

K., Gidon, * Riga 27. Febr. 1947, sowjet. Geiger (1980 verzichteten er und seine Frau, die Pianistin Elena K. [*1958], auf die sowjet. Staatsbürgerschaft). - Schüler D. Oistrachs; 1970 Preisträger beim internat. Tschaikowski-Wettbewerb in Moskau; sein Repertoire reicht von Bach bis zur Gegenwart und umfaßt u. a. Violinkonzerte und -sonaten der modernen (S. S. Prokofjew, D. Schostakowitsch) und zeitgenöss. (A. G. Schnittke) sowjet. Komponisten.

Kreml [russ.], befestigter, burgartiger Stadtteil russ. Städte im MA; Verteidigungszentrum, enthält die Hauptbauten von Kirche und Verwaltung. - ↑ auch Moskau.

Krempe [niederdt.], Rand des Hutes, vom Hutkopf deutlich abgesetzt.

Krempel (Karde), in der *Spinnerei* eine Maschine zum Auflösen der Faserflocken, zum Ausscheiden von Verunreinigungen sowie zum Mischen, Verziehen, Parallelisieren und Ausbreiten der Fasern zu einem Flor.

Kremplinge

Kremplinge (Paxillus), Gatt. der Ständerpilze mit sechs weltweit verbreiteten Arten; zeichnen sich durch weit herablaufende Lamellen aus. Von Juli–Oktober bes. an Kiefernstümpfen wächst der **Samtfußkrempling** (Paxillus atrotomentosus); Hut 8–25 cm breit, olivfarben bis rostbraun, anfangs feinsamtig, trichter- bis muschelförmig; Lamellen ockergelb; Stiel kurz, mit schwarzbraunen samtigem Überzug; eßbar. Sehr ähnl. ist der etwas kleinere **Kahle Krempling** (Paxillus involutus), der sich an Druckstellen rotbraun verfärbt; roh giftig.

Krems an der Donau, niederöstr. Stadt am linken Ufer der Donau, 221 m ü. d. M., 23 100 E. Wichtige Schul- und Ind.stadt; in der Umgebung Obst- und Weinbau; Donaubrücken. - Im Bereich des heutigen Stadtteils **Stein** stand wohl die im 5. Jh. gen. Königsburg der Rugier. Krems, 995 als **Chremisa** erwähnt, erscheint um 1130 als Stadt und Münzstätte (Kremser Pfennig); etwa gleichzeitig (1144 gen.) erhielt auch Stein Stadtrechte. Vom 15. Jh. bis 1849 bildeten beide Städte eine Verwaltungseinheit, 1939 erneut vereinigt. - Spätgot. Piaristenkirche (1508 geweiht), barocke Pfarrkirche (17. Jh.), ehem. Dominikanerkirche (um 1265 vollendet; heute Museum); zahlr. Bürgerhäuser und Stiftskirche z. T. mit spätma. Kern; von der ma. Befestigung sind das Steiner Tor (um 1480) und der Pulverturm (1477) erhalten. Im Stadtteil **Stein:** spätgot. Pfarrkirche Sankt Nikolaus (15. Jh.) und got. ehem. Minoritenkirche (1264 geweiht, Chor um 1300).

Kremser [nach dem Berliner Fuhrunternehmer M. Kremser] (Kremserwagen), gut gefederter, offener Pferdewagen (für 10 bis 20 Personen; meist mit Verdeck).

Kremsier, Reichstag von, Bez. für den im Verlauf der östr. Gegenrevolution 1848 von Wien nach Kremsier (= Kroměříž) verlegten Wiener Reichstag; am 7. März 1849 aufgelöst.

Kremsmünster, oberöstr. Marktgemeinde an der Krems, 374 m ü. d. M., 5 800 E. - K. wird überragt von dem Benediktinerkloster (gegr. 777), nach 788 königl. Abtei; im 10. Jh. durch die Ungarn zerstört; spielte im 17. Jh. eine wichtige Rolle in der Gegenreformation. Die neben dem Kloster gewachsene Siedlung wurde 1489 Marktgemeinde. - Die got. Stiftskirche (13./14. Jh.) wurde 1680ff. barockisiert. Bed. Bibliothek, Gemälde-, Waffen- und Kunstgewerbesammlung; Sternwarte (im 1748–59 erbauten „Mathemat. Turm").

Kren [slaw.], süddt. und östr. für: Meerrettich.

Křenek, Ernst [ˈkrʃɛnɛk] (Krenek), * Wien 23. Aug. 1900, östr.-amerikan. Komponist. - Schüler von F. Schreker in Wien und Berlin, arbeitete 1925–27 am Staatstheater Kassel, lebte 1928–37 in Wien, seit 1938 in den USA. Ausgehend von Spätromantik und Impressionismus umfaßt sein Werk die verschiedensten Richtungen der Neuen Musik (Expressionismus, Jazz, Zwölftonmusik, serielle und elektron. Musik). - *Werke: Opern:* „Jonny spielt auf" (1927), „Karl V." (1938), „Der goldene Bock" (1964); *Orchesterwerke:* fünf Sinfonien (1921–49), „6 Profile" (1968), „Statisch und exstatisch" (1973); *Kammermusik:* acht Streichquartette (1921–44); *Vokalwerke:* Liederzyklus „Reisebuch aus den östr. Alpen" (1929), Chorzyklus „Lamentatio Jeremiae Prophetae" (1942); außerdem Ballette, Bühnenmusiken, Klaviermusik und elektron. Musik. - *Schriften:* „Über neue Musik" (1937), „Zur Sprache gebracht" (1958), „Prosa, Dramen, Verse" (1965).

Krenz, Egon, * Kolberg (Pommern) 19. März 1937, dt. Politiker (SED). - Gesellschaftswissenschaftler; 1971–90 Abg. und 1971–81 Mgl. des Präsidiums der Volkskammer; seit 1983 Mgl. des Politbüros der SED und ZK-Sekretär für Sicherheits- und Kaderfragen; seit 1984 stellv. Staatsratsvors.; Okt.-Dez. 1989 Generalsekretär der SED und Staatsratsvors.; im Jan. 1990 aus der SED-PDS ausgeschlossen; legte am 9. Jan. sein Mandat als Abg. der Volkskammer nieder.

Kreolen [span.-frz., zu span. criar „aufziehen, ernähren" (von lat. creare „erschaffen")], in Lateinamerika Bez. für die Nachkommen roman. europ. Einwanderer (weiße K.), in Brasilien auch für die Nachkommen der Negersklaven (schwarze Kreolen).

Kreolisch, Bez. für Mischsprachen mit stark reduzierter sprachl. Struktur, die sich dort entwickeln, wo vielsprachige Gruppen zusammenkommen (z. B. unter Negern in der Sklaverei); sie sind Muttersprachen von Sprachgemeinschaften geworden. Grundlage ist immer eine europ. Sprache. Bekannt sind u. a. das K. von Jamaika (Grundlage: Engl.), Haiti, Guadeloupe (Frz.), Curaçao (Papiamento; Grundlage: Span.).

Kreon, Gestalt der griech. Mythologie. Nach dem fehlgeschlagenen Angriff der Sieben gegen Theben wird K. König von Theben und erläßt ein Edikt, das bei Todesstrafe die Bestattung der Leiche des Polyneikes untersagt. Als Antigone sich über das Verbot hinwegzusetzen versucht, läßt K. sie lebendig in ein Felsengrab einschließen.

Krepitation (Crepitatio) [lat. „das Knarren"], Bez. für eigentüml. Geräusche („Knisterrasseln"), die v. a. bei beginnender und abheilender Lungenentzündung, beim Lungenödem, durch Aneinanderreiben von Knochenbruchenden oder von entzündeten Sehnen und Sehnenscheiden entstehen.

Krepp [frz.], Textilfasergewebe (insbes. Kunstseide- und Zellwollgewebe), das mit Natron- oder Kalilauge (meist anschließendes Abkochen) behandelt wird, wobei die Kreppbildung je nach Warenart durch Einlaufen der Schuß- und/oder der Kettenfäden erfolgt.

Kreppapier, zur Erhöhung der Dehnbarkeit fein gefälteltes Papier; entsteht durch Stauchen in noch feuchtem Zustand bei der Papierherstellung oder anschließend durch erneutes Anfeuchten.

Kreppsohle ↑ Schuhe.

Kresilas, aus Kydonia (Kreta) stammender griech. Bildhauer der 2. Hälfte des 5. Jh. v. Chr. - Zahlr. Zuschreibungen (Kopien), als gesichert gilt der Kopf des Perikles der Bronzestatue auf der Akropolis in Athen (in röm. Marmorkopien erhalten).

Kresole [Kw. aus **Kre**osot und Phen**ol**] (Methylphenole, Hydroxytoluole), die drei stellungsisomeren Methylhomologe des Phenols; sie finden sich u. a. als Begleitsubstanzen des ↑ Phenols im Steinkohlenteer und im Holzteer. K. werden, wie das Phenol, wegen ihrer bakteriziden Wirkung als Desinfektionsmittel (z. B. im ↑ Lysol enthalten) und zum Imprägnieren von Holz verwendet. **Kresolharze** entstehen durch Kondensation von K. mit Aldehyden. Chem. Strukturformeln:

o-Kresol   m-Kresol   p-Kresol

Kresolseifenlösung, svw. ↑ Lysol.

Kresse, (Lepidium) Gatt. der Kreuzblütler mit rd. 130 z. T. weltweit verbreiteten Arten; niedrige Kräuter mit fiederspaltigen oder linealförmigen Blättern, kleinen, weißl. oder grünl. Blüten in Trauben sowie eiförmigen bis rundl. Schötchen. Die bekannteste Art ist die bis 60 cm hohe **Gartenkresse** (Lepidium sativum); einjähriges Kraut mit bläul. bereiftem Stengel und meist weißen, seltener rötl. Blüten; beliebte, in mehreren Sorten kultivierte Salatpflanze mit hohem Vitamin-C-Gehalt.
♦ allg. Bez. für verschiedene Kreuzblütler, insbes. für Kulturpflanzen wie Brunnenkresse, Gartenkresse und Gänsekresse.

Kreszentia (Crescentia), weibl. Vorname lat. Ursprungs, eigtl. etwa „die Wachsende".

Kreszenz [lat.] ↑ Gewächs.

Kreta (neugriech. Kriti), mit 8 302 km² größte griech. Insel, Teil des südägäischen Inselbogens; erstreckt sich in W-O-Richtung etwa 260 km lang, 12–60 km breit. Aus Kalkgestein aufgebaute, stark verkarstete Gebirgsstöcke mit Hochebenen, Höhlen und Karstquellen bilden den Kern der Insel. Der höchste Gebirgsstock ist mit 2 456 m die Ida. Nach S Steilabfall, nach N Übergang in Hügelland. Die K-Küste hat zahlr. Buchten und Siedlungsplätze. An die Stelle des Waldes sind hpts. Garigue und Macchie getreten. Wichtigste Wirtschaftszweige sind die Landw. und der Fremdenverkehr.

Geschichte: Nach der Blütezeit der Insel unter der minoischen Kultur wanderten achäische (vor 1400 v. Chr.) und dor. (vor 1000 v. Chr.) Stämme ein. Diese schufen eine der spartan. ähnl. Gesellschaft, auf deren Beibehaltung wohl die um 600 einsetzende Isolierung K.s von der weiteren griech. Geschichte zurückzuführen ist. - Die strateg. Bed. der Insel, ihre Fruchtbarkeit, ihr Holzreichtum und die von der kret. Küste ausgehende Piraterie erweckten das Interesse der hellenist. Mächte und der Römer, die K. eroberten (67 v. Chr. röm. Prov.). Ab 395 n. Chr. gehörte K. zum Oström. Reich, war von 825 bis 961 arab. besetzt, bildete ab 961 ein eigenes byzantin. ↑ Thema und fiel 1204/12 an die Republik Venedig. 1645–69 eroberten die Osmanen den größten Teil der Insel. Gegen die landbesitzenden, islamisierten Kreter und die osman. Herrschaft richteten sich mehrere Aufstände, die meist von den Bewohnern der unzugängl. Hochebene Sphakia (Sphakioten) ausgingen und seit 1832 auf den Anschluß an den neugriech. Staat zielten. Ein Aufstand des christl. Bev.teils gegen die osman. Truppen (1896/97) und der völkerrechtswidrige Versuch Griechenlands, die Insel zu annektieren (Febr. 1897), bewirkten ein Eingreifen Rußlands, Frankr., Großbrit. und Italiens. Ab 1898 war K. autonome osman. Prov. und wurde 1908/13 Griechenland angeschlossen.

Gallas, K.: K. Ursprung Europas. Mchn. 1984. - *Gallas, K./Wessel, K./Bourboudakis, M.: Byzantin. K.* Mchn. 1983. - *Wunderlich, H. G.: Wohin der Stier Europa trug. Kretas Geheimnis u. das Erwachen des Abendlandes.* Rbk. 1979. - *Matz, F.: K. u. frühes Griechenland.* Baden-Baden 1979. - *Speich, R.: K.* Stg. ³1977.

kretazisch [lat.], die Kreidezeit betreffend.

Krethi und Plethi, Name der an der Seite König Davids kämpfenden ausländ. Truppe; [abwertend] übertragen für: jedermann, alle Welt.

Kretin [kre'tɛ̃; frz.], an ↑ Kretinismus leidender Mensch.

Kretinismus [zu frz. crétin (im Wallis für lat. christianus „(armer) Christ")], auf einem Versagen der Schilddrüsenfunktion beruhender angeborener hochgradiger Schwachsinn, u. a. verbunden mit Kropf und Taubstummheit; eine Sonderform des ↑ Myxödems.

Kretschmer, Ernst, * Wüstenrot (Landkreis Heilbronn) 8. Okt. 1888, † Tübingen 8. Febr. 1964, dt. Psychiater. - Prof. in Tübingen und Marburg; bahnbrechende Forschungen über die menschl. Konstitution und Ausarbeitung einer eigenen Typenlehre (↑ Körperbautypen). Schrieb u. a. „Körperbau und Charakter" (1921), „Medizin. Psychologie" (1922), „Hysterie, Reflexe, Instinkt" (1923).

Kretzer, Max, * Posen 7. Juni 1854, † Berlin 15. Juli 1941, dt. Schriftsteller. - Bed. Vertreter des sozialen Romans im Naturalismus, u. a. „Die beiden Genossen" (1880), „Meister Timpe" (1888); schrieb auch Novellen und Dramen aus dem Arbeiter- und Handwerkermilieu.

Kretzer, svw. ↑ Flußbarsch.

Kretzschmar, Hermann, * Olbernhau 19. Jan. 1848, † Berlin 10. Mai 1924, dt. Musikforscher. - Seit 1904 Prof. für Musikwiss. in Berlin, 1909–20 Direktor der Musikhochschule. Veröffentlichte u. a. „Geschichte des neuen dt. Liedes" (1911), „Geschichte der Oper" (1919), „Einführung in die Musikgeschichte" (1920).

Kreuder, Ernst, * Zeitz 29. Aug. 1903, † Darmstadt 24. Dez. 1972, dt. Schriftsteller. - Wurde internat. bekannt durch die Erzählung „Die Gesellschaft vom Dachboden" (1946) und den Roman „Die Unauffindbaren" (1948), in denen einer inhuman geordneten techn. Welt subjektive Phantastik entgegengesetzt wird. - *Weitere Werke:* Herein ohne anzuklopfen (E., 1954), Spur unterm Wasser (E., 1963), Hörensagen (R., 1969), Der Mann im Bahnwärterhaus (R., hg. 1973).

K., Peter, * Aachen 18. Aug. 1905, † Salzburg 28. Juni 1981, dt. Komponist. - Schrieb Operetten, Musicals, Filmmusiken, Schlager; bekannt v. a. „Sag beim Abschied leise ,Servus' ", „Einmal von Herzen verliebt sein".

Kreuger, Ivar [schwed. 'kry:gər], * Kalmar 2. März 1880, † Paris 12. März 1932 (Selbstmord), schwed. Industrieller. - K. gründete 1908 die AB K. & Toll und 1917 die Svenska Tändsticks AB (STAB), die nach dem 1. Weltkrieg rd. $^3/_4$ des Weltmarkts für Zündwaren beherrschte. Finanzielle Unregelmäßigkeiten führten zum Zusammenbruch des Konzerns und trieben den einstigen „Zündholzkönig" in den Selbstmord.

Kreutzberg, Harald, * Reichenberg (= Liberec) 11. Dez. 1902, † Muri bei Bern 25. April 1968, dt. Tänzer und Choreograph. - Schüler von M. Wigman, wirkte als Solotänzer und Ballettmeister in Hannover und Berlin; zahlr. Gastspiele in der ganzen Welt; einer der bedeutendsten Vertreter des mim. Solotanzes; übte entscheidenden Einfluß auf die Bewegung des amerikan. „modern dance" aus.

Kreutzer, Conradin, eigtl. Conrad Kreuzer, * Meßkirch 22. Nov. 1780, † Riga 14. Dez. 1849, dt. Komponist. - Wirkte als Kapellmeister in Stuttgart, Donaueschingen und Wien; komponierte u. a. etwa 30 Opern (u. a. „Das Nachtlager von Granada", 1834), Musik zu Raimunds „Verschwender" (1834) und Männerchöre („Die Kapelle", „Der Tag des Herrn").

K., Rodolphe, * Versailles 16. Nov. 1766, † Genf 6. Jan. 1831, frz. Violinist und Komponist dt. Abstammung. - Ab 1801 Konzertmeister und 1816–27 Kapellmeister an der Pariser Oper; gefeierter Violinvirtuose und geschätzter Lehrer. Von seinen Kompositionen (Opern, Violinmusik) blieben v. a. die Etüden bekannt. - Ihm widmete Beethoven die Sonate A-Dur op. 47 (1802/03) für Klavier und Violine (**Kreutzersonate**).

Kreuz [zu lat. crux „Marterholz"], in ornamentaler und symbol. Verwendung meist zwei rechtwinklige oder schräg miteinander verbundene Balken oder Linien (↑ auch Kreuzformen). - 1. *Religionsgeschichtl.:* Schon in der vorchristl. Welt war das K. als Zeichen (z. B. für Leben und als Schutzzeichen) und Emblem bekannt. - 2. *Das K. Jesu im N. T. und frühen Christentum:* Über die Form des K. Jesu lassen sich keine eindeutigen Angaben machen. Bereits in den Paulin. Briefen und dann auch in den synopt. Evangelien wird das K. als K. Christi zum Symbol des christl. Erlösungsereignisses und (mit der Auferstehung Christi) zum Zentrum des Evangeliums. V. a. in der Taufe wird der Mensch mit Christus gekreuzigt, um mit ihm aufzuerstehen. - 3. *Das K. in der Kunst:* Als Symbol und Darstellungsthema christl. Kunst kommt das K. erst mit dem konstantin. Zeitalter auf; ab 400 findet sich das K. in den Kirchenräumen. - 4. *Das K. in der christl. Liturgie:* Eine erste kult. Verwendung findet das K. in den Apsismosaiken frühchristl. Basiliken; verbreitet wurde sie durch die Einführung des Festes K.erhöhung (335) und die damit verbundene Legende von der K.auffindung in Jerusalem durch Helena. Frühe Verehrungsformen des K. sind seine Verwendung als Amulett und - auf einen Stab gesteckt - als Prozessions- oder Vortrags-K., woraus das Altar-K. entstand. Aus der liturg. Verwendung stammen auch die Weihe-K., die zum Zeichen einer vollzogenen Altar- oder Kirchweihe in den Altartisch eingraviert werden. Mehr der Volksfrömmigkeit verpflichtet als aus der gottesdienstl. Praxis stammend sind die Denkmal-K., die Feld-, Weg- oder Flur-K. und die anläßl. von Volksmissionen errichteten Missionskreuze.

◆ zur *Heraldik* ↑ Kreuzformen.

◆ in der *Musik* ein Versetzungszeichen, das die Erhöhung eines Tones um einen Halbton vorschreibt (durch K. wird c zu cis, d zu dis usw.); Zeichen ♯.

◆ beim *Kartenspiel* Farbe der frz. Spielkarte, entspricht der dt. Eichel.

◆ (Regio sacralis) in der *Anatomie* Teil des Rückens der Säugetiere im Bereich des Kreuzbeins; weist beim Menschen eine etwa kreuzbzw. rautenförmige Mulde auf.

Kreuzabnahme, die bildner. Darstellung der Abnahme Christi vom Kreuz (Matth. 27, 57ff.; Mark. 15, 46; Luk. 23, 53; Joh. 19. 38); Christus liegt in frühen abendländ. Darstellungen (9. Jh.) auf den Schultern von Joseph von Arimathia, während Nikodemus die Nägel aus den Füßen zieht; in der byzantin. Kunst werden Maria und Johannes als weitere Teilnehmer der K. eingeführt, seit dem 10. Jh. auch im Westen. - Abb. S. 213.

Kreuzaltar ↑ Laienaltar.
Kreuzbasen ↑ Kreuzvettern.
Kreuzbein ↑ Becken.
Kreuzberg ↑ Kalvarienberg.
Kreuzbiß ↑ Kieferanomalien.
Kreuzblume (Polygala), bekannteste Gatt. der zweikeimblättrigen Pflanzenfam.
Kreuzblumengewächse (Polygalaceae; 13 Gatt. und rd. 800 Arten) mit rd. 600 Arten in gemäßigten und wärmeren Klimagebieten; meist Kräuter oder Sträucher mit dorsiventralen Blüten. Auf trockenen Wiesen und Dünen kommt in M-Europa häufig die Art **Gemeine Kreuzblume** (Polygala vulgaris) mit weißen, rosafarbenen bis roten oder blauen Blüten vor.
Kreuzblume, aus Blattwerk gebildete Bekrönung von got. Kirchtürmen, Giebeln, Wimpergen, Fialen oder Dachfirsten, die zwei- oder vierarmig und einfach oder zweifach übereinander angeordnet sind.
Kreuzblütler (Kruziferen, Brassicaceae, Cruciferae), weltweit verbreitete, vielgestaltige Pflanzenfam. der Zweikeimblättrigen mit rd. 3 000 Arten; meist Kräuter oder Stauden; Blüten in Trauben, meist strahlig, mit je vier freien Kelch- und Blumenkronblättern; Frucht meist eine Schote oder ein Schötchen. Zu den K. zählen viele, oft sehr alte Nutzpflanzen (z. B. Gartenkresse, Gemüsekohl, Rettich, Raps, Senf, Meerrettich) sowie viele Zierpflanzen (z. B. Goldlack, Levkoje, Schleifenblume). Verbreitete Unkräuter der K. sind Hederich, Hirtentäschelkraut und Kresse.
Kreuzbrüder, svw. ↑ Flagellanten.
Kreuzbund, 1896 begr. dt. kath. Verein zur Bekämpfung des Alkoholmißbrauchs; unterhält die „Dt. Hauptstelle gegen die Suchtgefahren" in Hamm.
Kreuzdach ↑ Dach.
Kreuz des Nordens ↑ Sternbilder (Übersicht).
Kreuz des Südens ↑ Sternbilder (Übersicht).
Kreuzdorn (Rhamnus), Gatt. der Kreuzdorngewächse mit über 150 Arten, meist in der nördl. gemäßigten Zone; meist Sträucher oder Bäume mit dornigen Zweigen. Die in M-Europa häufigsten Arten sind ↑ Faulbaum und der in der gemäßigten Zone der Nordhalbkugel wachsende **Purgierkreuzdorn** (Hirschdorn, Gemeiner K., Rhamnus cathartica); baumartiger Strauch mit ellipt. Blättern und gelblichgrünen, zu zwei bis fünf gebüschelten Blüten. Die etwa erbsengroßen, schwarzen Früchte (**Kreuzdornbeeren, Gelbbeeren**) sind giftig; werden zur Herstellung eines Abführmittels verwendet.
Kreuzdorngewächse (Faulbaumgewächse, Rhamnaceae), Pflanzenfam. der Zweikeimblättrigen mit 58 Gattungen und über 900 Arten in den gemäßigten, subtrop. und trop. Zonen der Erde; bekannteste Gatt. ist der ↑ Kreuzdorn.

Kreuzeck, Berg an der N-Seite des Wettersteingebirges, 1 651 m hoch; von Garmisch-Partenkirchen aus mehrere Seilbahnen.

kreuzen, einen zickzackförmigen Kurs segeln, um gegen die Windrichtung voranzukommen. Der einzelne gerade Teilkurs wird als **Kreuzschlag** oder einfach als **Schlag** bezeichnet.

Kreuzer (lat. cruciger, cruciatus u. a., tschech. krejcar, ungar. krajcár), urspr. ein ab 1271 in Tirol geprägter Grosso mit charakterist. Doppelkreuz („Etschkreizer"), nach 1457 von Österreich übernommen und = $^1/_{60}$ Gulden = 4 Wiener Pfennige gesetzt; drang seit dem 15. Jh. nach Ungarn und Böhmen, auch nach S- und SW-Deutschland vor, wo er jedoch nicht immer zugleich auch 4-Pfennig-Stück wurde. Zunächst in Billonsilber, seit dem 17./18. Jh. z. T. auch in Kupfer geprägt (zuletzt 1873 von Württemberg), durch die Reichsmünzgesetzgebung ab 1871 mit dem Gulden beseitigt; Mehrfachwerte: Batzen und Kaisergroschen.

Kreuzer, 1. Klasse der Überwasserseestreitkräfte, die schnell, leicht bewaffnet und geschützt ist. Entstanden aus Fregatten der Linienschiffszeit, entwickelte sich der Leichte K. zum Späh- und Führungsschiff für Boote, der Schwere K. zum Kampfschiff zur Deckung eigener Kriegs- und Handelsschiffsgeleite (Konvoi) und zur Bekämpfung feindl. Seetransporte. Heute größtes Kampfschiff nach dem Flugzeugträger, z. T. nuklear angetrieben, bewaffnet mit einer ausgewogenen Kombination von Angriffs- und Verteidigungswaffen gegen Luft-, See- und Unterwasserbedrohung sowie den dafür notwendigen Sensoren. 2. Bez. für flachgehende motor- oder segelgetriebene Hobby- und Freizeitboote.

Kreuzerhöhung, ältestes Kreuzfest der christl. Kirchen (14. Sept.); als Begleitfest zum Kirchweihfest der konstantin. Basilika auf dem Golgatha (13. Sept. 335) am folgenden Tag eingeführt, überragte es bald das Hauptfest; in den orth. Kirchen eines der zwölf Hochfeste.

Kreuzestheologie ↑ Theologia crucis.
Kreuzfahrerburgen, im östl. Mittelmeerraum und in Kleinasien als Ausdruck des Herrschaftsanspruchs der in diesen Raum ansässigen Kreuzfahrer errichtete Burgen (z. B. *Krak des Chevaliers*); zählen zu den bed. Werken ma. Baukunst.

Kreuzformen, Gestaltungen des Kreuzes, im allg. als Ausprägung des christl. Symbols; in der Heraldik Form der Schildteilung (↑ auch Wappenkunde). - Abb. S. 212.

Kreuzfuchs ↑ Füchse.
Kreuzgang, überdeckter Gang um einen in der Regel quadrat. Hof an der Südseite

Kreuzgras

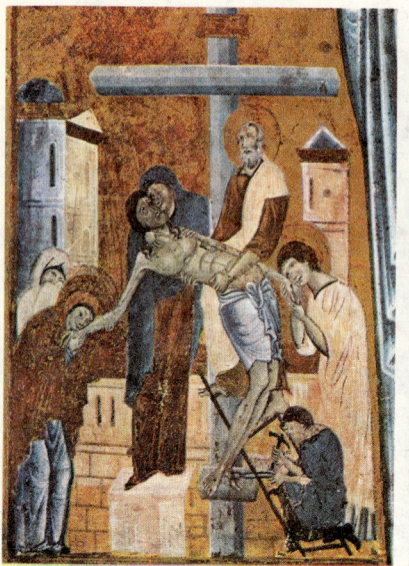

Kreuzabnahme. Ausschnitt aus einem gemalten Kruzifix von Coppo di Marcovaldo und Salerno di Coppo (1274). Pistoia, Dom

Kreuzigung. Gemälde von Lucas Cranach d. Ä. (1503). München, Alte Pinakothek

der Kirche in Klosteranlagen; die Bez. stammt vermutl. von Kreuzprozessionen, die hier abgehalten wurden. Der K. diente v. a. der allg. Kommunikation der Konventsmgl. und bildete den Zugang zu den Klausurgebäuden.

Kreuzgras (Eleusine), Gatt. der Süßgräser mit acht Arten in wärmeren Ländern. Wichtig als Getreide- und Futterpflanze ist die in Afrika, Indien und SO-Asien angebaute Art **Korakan** (Eleusine coracana).

Kreuzgratgewölbe ↑Gewölbe.
Kreuzhacke ↑Hacken.
Kreuzherren, kath. Ordensgemeinschaften, während der ma. Kreuzzugsbewegung auf der Grundlage der Augustinerregel um 1210 in den Niederlanden entstanden. Heute wirken noch die Regularkanoniker des Ordens des Hl. Kreuzes (Ordo S. Crucis) und die K. mit dem roten Stern (insgesamt 1982 583 Mgl.).

Kreuzigung, vermutl. aus Persien stammende, bei Griechen und Römern übl. Todesstrafe für Schwerverbrecher, Aufständische und Kriegsgefangene. Durch Aufspießen oder Aufhängen an einen Pfahl, wobei die Arme an einen Querbalken gebunden oder genagelt und die Füße angeheftet oder abgestützt wurden, wurde der Delinquent grausam zu Tode gebracht (Todesursache: Kreislaufkollaps und Zusammenbruch der wichtigsten Körperfunktionen). - Die z. T. abweichenden Berichte der K. *Christi* in den Evangelien, die durch theolog. Tradition und Interpretation geprägt sind, lassen erkennen, daß Jesus als Aufrührer nach röm. Art gekreuzigt wurde: Aufhängen und Festbinden (am Querbalken) des nackten Körpers, Befestigung der Füße, Verteilung des Gewandes unter den Henkern, Bewachung des Sterbenden, Brechen der Unterschenkel.

Die K. *Christi* war bereits im 5. Jh. ein wichtiges Thema der christl. Ikonographie und wurde bis ins 19. Jh. immer wieder künstler. dargestellt, wobei die Thematik variiert wurde; zunächst Christus als dem Tode nahe, doch als Lebender (Triumphans), während später der Leidende und Sterbende mit Dornenkrone im Mittelpunkt stand; im 20. Jh. sind K.darstellungen nur noch selten.

📖 *Blinzler, J.: Der Prozeß Jesu. Regensburg* ⁴*1969. - Neumann, H.: Unterss. zur Ikonographie der K. Christi. Diss. Halle 1968.*

Kreuzkorrespondenzen (Cross-correspondences), Übereinstimmung oder Zusammenhang zwischen Botschaften, die verschiedene Medien angebl. als Teile desselben außersinnl. Kontakts empfangen.

Kreuzkraut, svw. ↑Greiskraut.
Kreuzkröte (Bufo calamita), gedrungene, etwa 6-8 cm große Kröte in Großteilen Europas; Oberseite olivbraun bis -grün mit grau-

bis rötlichbrauner Fleckung und schmalem, gelbem Rückenstreifen; springt kaum, läuft sehr rasch (mausähnlich).

Kreuzkümmel (Mutterkümmel, Röm. Kümmel, Weißer Kümmel, Cuminum), Gatt. der Doldenblütler mit der einzigen Art **Cuminum cyminum** in Z-Asien (in Vorderasien, im Mittelmeergebiet und in N-Amerika kultiviert); dem Kümmel ähnl. Pflanze von strengem Geruch; Verwendung wie Kümmel.

Kreuzkuppelkirche ↑Kuppelkirchen.

Kreuzlabkraut (Cruciata), Gatt. der Rötegewächse mit zwei v. a. in Europa verbreiteten Arten. Die häufigste europ. Art ist das Gemeine **Kreuzlabkraut** (Cruciata laevipes) auf Wiesen und an Waldrändern; bis 50 cm hohe, mehrjährige, zottig behaarte Pflanze; Blätter zu vieren an einem Quirl, eiförmig; Blüten klein, 2–3 mm, gelb.

Kreuzlähmung ↑Lumbago.

Kreuzlied (Kreuzzugslied) ↑Kreuzzugsdichtung.

Kreuzlingen, Hauptort des Bez. K. im schweizer. Kt. Thurgau, am Bodensee, 419 m ü. d. M., 16 200 E. Das städtebaul. mit Konstanz (Bad.-Württ.) eine Einheit bildende K. hat Aluminium-, Textil- und chem. Ind. - Das Stift K. wurde 936 vom Bischof von Konstanz als Spital gegr.; 1848 wurde das Kloster aufgehoben. Das Dorf K. gewann erst im 19. Jh. als Grenzort an Bedeutung. - Kirche (1650) des ehem. Augustinerstifts.

Kreuzmeißel ↑Meißel.

Kreuznimbus ↑Heiligenschein.

Kreuzotter (Vipera berus), etwa 60 (♂) bis 85 (♀) cm lange, lebendgebärende (6–18 Junge pro Wurf) Viper, bes. in Heiden, Waldrändern und -lichtungen, Mooren Europas sowie des nördl. und gemäßigten Asiens; Körper gedrungen; Schwanz sehr kurz; Auge mit senkrechter Pupille; auf meist silber- bis braungrauer (♂) oder gelb- bis rotbrauner (♀) Grundfärbung befinden sich fast stets ein dunkelbraunes bis schwarzes Zickzackband längs der Rückenmitte und dunkle Flecken an den Flanken sowie am Hinterkopf eine V- oder X-förmige Zeichnung; verschiedene Farbvarianten, z. B. *Höllenotter* (ganz schwarz; bes. in Gebirgen und Mooren), *Kupferotter* (einheitl. rotbraun).

Kreuzprobe, obligate Überprüfung der Verträglichkeit von Spender- und Empfängerblut vor einer Bluttransfusion derart, daß Empfängererythrozyten mit Spenderserum *(Minorprobe)* bzw. zusätzl. Spendererythrozyten mit Empfängerserum *(Majorprobe)* zusammengebracht und nach 20 Minuten bei 37 °C hs. gewann erst im. als eventuelle Agglutination als Anzeichen einer Unverträglichkeit betrachtet werden. - ↑auch Coombs-Test.

Kreuzrebe ↑Bignonie.

Kreuzreim, Bez. für die Reimstellung ab ab cd cd; häufig im Volkslied.

Kreuzrippengewölbe ↑Gewölbe.

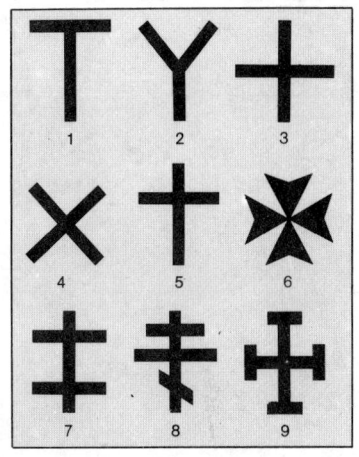

Kreuzformen. 1 Antoniuskreuz, 2 Gabelkreuz, 3 griechisches Kreuz, 4 Andreaskreuz, 5 lateinisches Kreuz, 6 Malteserkreuz, 7 Lothringer Kreuz, 8 russisches Kreuz, 9 Krückenkreuz

Kreuzritter, 1. Teilnehmer an Kreuzzügen; 2. Angehörige geistl. Ritterorden, bes. des Dt. Ordens.

Kreuzschalter ↑Schalter.

Kreuzschlaghammer ↑Hammer.

Kreuzschmerzen, Schmerzen im Bereich der Lendenwirbelsäule als Symptom verschiedener Erkrankungen, so u. a. bei Überanstrengung der Rückenmuskulatur durch unphysiolog. bzw. fehlerhafte Körperhaltung (z. B. hohe Absätze), bei Spondylose, gynäkolog. Erkrankungen (z. B. Verlagerung der Gebärmutter), Nierenerkrankungen. - ↑auch Hexenschuß.

Kreuzschnäbel (Loxia), Gatt. vorwiegend Koniferensamen fressender Finkenvögel mit drei Arten in den Nadelwäldern Eurasiens und N-Amerikas; Schnabelspitzen gekreuzt, spreizen Zapfenschuppen auseinander, um die Samen mit der Zunge herauszuholen; in Deutschland ↑Fichtenkreuzschnabel und ↑Kiefernkreuzschnabel.

Kreuzsee, durch das Zusammentreffen verschieden gerichteter Meereswellen entstehender, für die Schiffahrt gefährl. Seegang.

Kreuzspinne ↑Radnetzspinnen.

Kreuzstichstickerei, vermutl. von Byzanz aus über Europa und den Orient verbreitete Art der Stickerei mit von links unten nach rechts oben und von links oben nach rechts unten ausgeführtem Kreuzstich.

Kreuztaler ↑Albertustaler.

Kreuzung, (Kreuzungszüchtung) in der Tier- und Pflanzenzüchtung die Paarung von Individuen unterschiedl. Erbanlagen, d. h.

Kreuzzüge

214

Kreuzzüge

Europa im Zeitalter der Hohenstaufen und der Kreuzzüge

- ///// Zentrum staufischer Macht, Reichsgut u. staufisches Hausgut
- ◆ Staufische Pfalzen und Burgen
- —— Reichsgrenze am Anfang der Stauferzeit
- —— Grenze der erworbenen Gebiete
- ▒▒▒ Englischer Besitz in Frankreich

Kreuzzüge:
- ⟶ 1. Kreuzzug 1096-99
- ⟶ 3. Kreuzzug 1189-92
- ⟶ 2. Kreuzzug 1147-49
- ⟶ 4. Kreuzzug 1202-04
- ⟶ Kreuzzüge König Andreas' II. v. Ungarn u. Herzog Leopolds VI. v. Österreich 1217-21
- ⟶ Kreuzzug Friedrichs II. 1228-29 (5.)
- ⟶ Kreuzzüge Ludwigs IX. 1248-54 u. 1270 (6.u.7.)

Byzantinisches Reich:
- ▒ Nach dem 1. Kreuzzug
- ▒ Restreiche nach 1204
- (1098-1268) In abendländisch-christlichem Besitz
- ▒ Lateinisches Kaiserreich unter venezian. Führung 1204-61

0 100 200 300 400 500 km

Kreuzverband

verschiedener Rassen, Sorten, Arten.
♦ im *Verkehrswesen* die Überschneidung oder Zusammenführung von 2 oder mehr Verkehrswegen gleicher oder ungleicher Verkehrsart. K. von Straßen untereinander bzw. von Straße und Eisenbahn befinden sich entweder in gleicher Höhe (**höhen- oder niveaugleiche Kreuzung**) oder der eine Verkehrsweg ist an der K. als Über- oder Unterführung ausgeführt ([**plan**]**freie** oder **niveauverschiedene Kreuzung**).

Kreuzverband ↑ Mauersteinverband.

Kreuzverhör, Vernehmung eines Zeugen oder Sachverständigen im Strafprozeß allein durch Staatsanwalt und Verteidiger. Dieses im angelsächs. Strafprozeß wichtige Mittel der Wahrheitsfindung wird im dt. Strafprozeß nur selten und nur auf übereinstimmenden Antrag von Staatsanwalt und Verteidiger angewandt. Das *östr. Strafprozeßrecht* enthält keine besonderen, ein K. ausschließenden Vernehmungsregeln. In der *Schweiz* hat das K. seine frühere Bed. weitgehend eingebüßt.

Kreuzvettern, in der Verwandtschaftsterminologie werden die Kinder von Geschwistern verschiedenen Geschlechts K. bzw. **Kreuzbasen** gen., die Kinder gleichgeschlechtl. Geschwister dagegen **Parallelvettern** bzw. **Parallelbasen.**

Kreuzvetternheirat ↑ Verwandtenheirat.

Kreuzweg, nach weit verbreitetem *Volksglauben* Stätte bes. machtvoller Wirksamkeit übernatürl., meist schadenbringender Geister, die durch schutzverleihende mag.-kult. Handlungen versöhnt werden müssen.
♦ in der *kath. Kirche* Andachtsform zum Gedenken an die Passion Christi von der Verurteilung bis zur Kreuzigung, symbol. Nachvollzug (in meist 14 „Stationen") des Passionsweges Jesu von der Burg Antonia bis zum Kalvarienberg; seit dem 14./15. Jh. übl.; von den Franziskanern verbreitet.

Kreuzworträtsel ↑ Rätsel.

Kreuzzeichen, in den christl. Kirchen (seit dem 2. Jh.) Gebetsgebärde, mit der die Gläubigen sich selbst, andere oder Gegenstände segnen, begleitet von der Formel „im Namen des Vaters ...". In den *ev. Kirchen* wird das K. nicht als Selbstbekreuzigung ausgeführt. - In der *kath. Volksfrömmigkeit* ist das K. v. a. Abwehrzauber.

Kreuzzeitung, volkstüml. Name der 1848 gegr. ↑ Neuen Preußischen Zeitung (nach dem Eisernen Kreuz im Zeitungskopf). **Kreuzzeitungspartei,** seit 1851 Bez. für den von den Mitbegr. der „Neuen Preuß. Zeitung", E. L. von Gerlach und H. H. von Kleist-Retzow, geführten rechten Flügel der konservativen Partei Preußens.

Kreuzzüge, allg. die im MA von der Kirche propagierten oder unterstützten Kriege gegen „Heiden" oder Häretiker, v. a. aber die vom Ende des 11. bis zum Ende des 13. Jh. unternommenen Züge zur Befreiung der hl. Stätten von islam. Herrschaft; dabei mischte sich die Wallfahrtsgewohnheit mit der zeitgenöss. Interpretation von Augustinus' „gerechtem Krieg". Die K. waren aber auch polit. und wirtschaftl. motiviert. Der **1. Kreuzzug** (1096–99) begann nach dem durch den Hilferuf von Byzanz gegen die Seldschuken veranlaßten K. aufruf Papst Urbans II. (Synode von Clermont, 1095) als ein Volks-K. - verbunden mit Judenpogromen - unter Führung von Volkspredigern (Peter von Amiens) und scheiterte. An die Spitze der Heere traten dann Lehnsfürsten aus Frankr. und den westl. Reichsteilen sowie süditalien. Normannen. Balduin von Boulogne errichtete die Gft. Edessa, nach dem Fall Antiochias 1098 Bohemund I. ein Ft., und Raimund von Toulouse schuf mit Eroberungen an der syr. Küste die Grundlage für die spätere Gft. Tripolis. Am 15. Juli 1099 nahm Gottfried IV. von Niederlothringen Jerusalem ein. Sein Bruder und Nachfolger Balduin trug erstmals den Titel eines Königs von Jerusalem. Die Schwäche dieser Kreuzfahrerstaaten durch Streitigkeiten der Fürsten ermöglichte dem Islam 1144/45 die Rückeroberung von Edessa. Sie gab den Anstoß für den Aufruf Bernhards von Clairvaux zum **2. Kreuzzug** (1147–49), an dem sich der Staufer Konrad III., Ludwig VII. von Frankr. und Roger II. von Sizilien beteiligten. Der Zug scheiterte aber bereits auf dem Marsch durch Kleinasien. Nach der Einnahme Jerusalems durch Sultan Saladin (1187) kam es zum **3. Kreuzzug** (1189–92) als einem Reichskrieg unter Führung von Kaiser Friedrich I. Wegen Zwistigkeiten zw. den ebenfalls teilnehmenden Königen Philipp II. August von Frankr. und Richard I. Löwenherz von England nach dem Tode Friedrichs (1190) führte der K. ledigl. zur Eroberung von Akko durch Richard. Der **4. Kreuzzug** (1202–04) endete unter Bonifatius II. von Montferrat und dem venezian. Dogen Enrico Dandolo mit der Eroberung Konstantinopels. Es kam zur Zerschlagung des Byzantin. Reiches und zur Errichtung des Lat. Kaiserreichs unter venezian.-frz. Führung. 1212 fand, ausgehend von Vendôme und den Rheinlanden, ein K. mehrerer tausend 10–15jähriger Kinder (**Kinderkreuzzug**) statt, die größtenteils unterwegs umkamen bzw. in die Sklaverei gerieten. - Den **5. Kreuzzug** unternahm Kaiser Friedrich II. 1228/29 nach dem Bannung durch Papst Gregor IX. Friedrich erhielt in einem zehnjährigen Friedensvertrag mit Sultan Al Malik Al Kamil u. a. Bethlehem, Nazareth und Jerusalem, wo sich der Kaiser zum König von Jerusalem krönte. Jerusalem ging bereits 1244 wieder verloren. - Den Weg über Ägypten wählte zum **6. Kreuzzug** (1248–54), auf dem Ludwig IX. von Frankr. nach der Eroberung von Damiette mit seinem Heer in Gefangenschaft geriet, aber gegen Lösegeld

freigelassen wurde. Den **7. Kreuzzug** unternahm Ludwig 1270 nach Tunis. Die Geschichte der Kreuzfahrerstaaten endete mit der Einnahme Akkos 1291 durch die Muslime. - Karte S. 214 f.
📖 *Mayer, H. E.: Gesch. der K. Stg.* ⁶*1985.* - *Pörtner, R.: Operation Hl. Grab. Legende u. Wirklichkeit der K. (1095-1187). Mchn. 1979.* - *Runciman, S.: Gesch. der K. Dt. Übers. Mchn. 1978.* - *Erdmann, C.: Die Entstehung des Kreuzzugsgedankens. Stg. 1935. Neudr. Darmst. 1980.*

Kreuzzugsdichtung, ma. Dichtung, die einen Kreuzzug zum Thema hat. Nach dem überlieferten Bestand der **Kreuzzugsepik** lassen sich unterscheiden: 1. Dichtungen, die den Kreuzzug propagieren, indem sie einen histor. Stoff auf das Kreuzzugsgeschehen hin aktualisieren („Rolandslied" des Pfaffen Konrad) oder die aktuellen Kreuzzugsereignisse, meist im Stil der Reimchronik, unmittelbar aus der Perspektive des Kreuzzugsteilnehmers (u. a. Richard le Pèlerin, „Chanson d'Antioche", vor 1099; „Livländ. Reimchronik", Ende des 13. Jh.) oder mittelbar aus einer gewissen räuml. oder zeitl. Distanz festhalten („Kreuzfahrt Ludwigs des Frommen", Anfang des 14. Jh.); 2. Dichtungen, die den Kreuzzug als Hintergrunds- oder Rahmenhandlung literarisieren (u. a. „Orendel", 12. Jh."; „König Rother", um 1150). In der Lyrik entwickelte sich die Form des **Kreuzliedes;** sein Hauptmotiv ist ein Aufruf zum Kreuzzug, nicht nur ins Hl. Land, sondern generell zu jedem Glaubenskrieg gegen „Heiden" oder Häretiker.

Krevette [frz.], svw. Felsengarnele (↑Garnelen).

Kribbelkrankheit, svw. Ergotismus (↑Mutterkorn).

Kribbelmücken, svw. ↑Kriebelmücken.

Kricke, Norbert, * Düsseldorf 30. Nov. 1922, † ebd. 28. Juni 1984, dt. Plastiker. - Realisiert seine Raum-Zeit-Thematik in von der Bewegung im Raum her konzipierten [Metall]plastiken, Wasserreliefs und -environments; Farbe hat Raum- und Bewegungswert.

Krickeberg, Walter, * Schwiebus 27. Juni 1885, † Berlin 15. Juli 1962, dt. Völkerkundler. - Prof. in Berlin und Direktor des Museums für Völkerkunde ebd.; schrieb u. a. „Altmex. Kulturen" (1956, Neuaufl. 1971), „Die Religionen des alten Amerika" (zus. mit H. Trimborn und W. Müller, 1961).

Krickel ↑Gemse.

Krickelwild, svw. ↑Gamswild.

Krickente ↑Enten.

Kricket (Cricket) [engl.], im 13. Jh. aufgekommenes engl. Schlagballspiel mit Punktwertung, wird auf einem mindestens 80 × 60 m großen Rasenplatz von 2 Mannschaften (je 11 Spieler) gespielt, einer Schlagpartei und einer Fang- oder Feldpartei. Die Schlagpartei besteht aus 2 Schlägern vor den K.toren und weiteren 9 Spielern, die sie ablösen. Die Fangpartei besteht aus einem Werfer, einem Torwächter und 9 Feldspielern. Der K.ball ist ein Vollball mit zweiteiliger Lederhülle, hat einen Umfang von 23 cm und wiegt etwa 160 g. Das Schlagholz ist unten verbreitert und hat einen mit Kordel umwickelten Griff. Die Schlagpartei übernimmt die Verteidigung der Tore („Wickets"), die im Abstand von 20,11 m stehen. Nur sie kann Punkte erzielen. Der Schlagmann („Batsman") versucht, den auf sein Tor geworfenen Ball weit ins Feld zu schlagen, um mit dem Schlagmann am anderen Tor möglichst oft den Platz zu tauschen. Jeder Lauf („Run") ergibt einen Punkt. Ein Ball, der über die Spielfeldgrenze geschlagen wird, ergibt 4 Punkte, 6 Punkte, wenn er ohne Aufprall über die Grenze fliegt. Der Werfer der Fangpartei hat 6 Würfe auf das gegenüberliegende Tor auszuführen, bevor er abgelöst wird. Der Fänger hinter dem Tor und die 9 Feldspieler versuchen, durch einen Wurf auf das Tor einen der Schläger „auszuschlagen". Eine Runde ist beendet, wenn 10 Schlagmänner ausgeschlagen sind oder der Mannschaftskapitän die Runde für beendet erklärt; dann wechseln die Parteien. Für den Sieg ist nicht nur die Punktzahl maßgebend, sondern auch, ob die gegner. Mannschaft in 2 Innenrunden ausgeschlagen werden kann.

Kriebelmücken (Kribbelmücken, Schwarze Fliegen, Melusinidae), mit rd. 1 000 Arten weltweit verbreitete Fam. 2-6 mm langer, fliegenähnl. Mücken; Körper gedrungen, mit kurzen Fühlern und breiten Flügeln. Die ♀♀ besitzen einen Stechrüssel. Sie sind Blutsauger und z. T. Krankheitsüberträger bei Tieren (v. a. beim Weidevieh) beim Menschen.

kriechen ↑Fortbewegung.

Kriechen, plast. Verformung eines Materials bei Spannungen, die weit unterhalb der Streckgrenze liegen (spezielle Art der Gleitung mit sehr kleinen Geschwindigkeiten).

Kriechender Günsel ↑Günsel.

Kriechender Hahnenfuß ↑Hahnenfuß.

Kriechendes Fingerkraut ↑Fingerkraut.

Kriechstrom, bei nachlassendem Isolationsvermögen auftretender, entlang der Oberfläche eines Isolierstoffes fließender, unerwünschter elektr. Strom.

Kriechtiere, svw. ↑Reptilien.

Krieg [zu althochdt. chreg „Hartnäckigkeit"], organisierter, mit Waffengewalt ausgetragener Machtkonflikt zw. Völkerrechtssubjekten oder Bev.gruppen innerhalb eines Staates (↑Bürgerkrieg) zur gewaltsamen Durchsetzung polit., wirtsch., ideolog. und militär. Interessen. *Völkerrechtl.* tritt mit dem Eintritt des K.zustandes (durch Abgabe einer K.erklärung bzw. durch Eröffnung des militär. Kampfes) das Friedensvölkerrecht außer Kraft. Der K.zustand kann durch den Abschluß eines Friedensvertrages, durch die end-

Krieg

gültige, offiziell bekanntgemachte Einstellung der Kampfmaßnahmen oder durch den Untergang einer der kriegführenden Parteien (*Debellation*) beendet werden. - *K.formen:* Nach der Organisationsform der kriegführenden Parteien werden reguläre, Guerilla- und Partisanen-K., nach dem Raum, in dem der K. überwiegend stattfindet, Land-, Luft- und See-K., nach der Absicht der kriegführenden Parteien Angriffs- und Verteidigungs-K., Interventions- und Sanktions-K., Kolonial- und Befreiungs-K., nach den zum Einsatz kommenden Kampfmitteln konventioneller (atomwaffenloser), Atom-K., chem. und biolog. K., nach dem Ausmaß begrenzter, lokaler, kontinentaler und Welt-K. unterschieden. - *Ursachen und Ziele:* Ein K.ausbruch ist i. d. R. auf mehrere Ursachen zurückzuführen, erfolgt aber meist dann, wenn Interessengegensätze nicht mehr auf friedl., polit. Wegen überbrückt werden können. K.ursachen können u. a. territoriale Streitfragen (Hinzu- bzw. Rückgewinnung von Gebieten), Bedrohung bzw. Verlust der Unabhängigkeit, Widerstand gegen Fremdherrschaft oder nichtfreiheitl. (diktator.) Herrschaftsform, wirtsch. Motive (z. B. Sicherstellung der Rohstoffversorgung, Schaffung neuer Absatzmärkte) und ideolog. motiviertes Sendungsbewußtsein (Religions-K.) sein. V. a. beim regulären K. zw. Völkerrechtssubjekten fällt die Entscheidung über einen mögl. K.eintritt ohne die betroffene Bev., die mittels Propaganda von der Notwendigkeit des K. überzeugt werden soll, ohne die tatsächl. K.ursachen und -ziele zu kennen.

Vom MA bis ins 18. Jh. sind *K. und Frieden* als in einem dialekt. Spannungsverhältnis befindl. zu begreifen, da der als Rechtsfrieden verstandene Frieden den K. als eines der legalen Mittel zur Wiederherstellung des geltenden Rechts und des Friedens mitumfaßte. Bis zum 18. Jh. wurden K. zu dynast. Zwecken im Interesse des jeweiligen absolutist. Herrschers geführt und auch so begründet (sog. *Kabinetts-K.*); sie wurden nur begrenzt bis zur Erreichung bestimmter Ziele geführt; erst seit der Frz. Revolution entstand mit der Einführung der allg. Wehrpflicht und der Identifizierung der Staatsnation mit der K.führung der **Volkskrieg**, in dem durch den Appell an die Gesinnung der Nationen und durch die allg. Wehrpflicht ganze Völker mobilisiert wurden. Damit wurde der K. zu einem letztl. der Vernichtung dienenden Gewaltmittel, das dauerhaft nur mit Mitteln der Politik zu beherrschen sei (Clausewitz). Seit der Erfindung der Feuerwaffen (Mitte des 14. Jh.) spielte die techn. Weiterentwicklung der K.waffen eine wichtige Rolle, dies um so mehr mit zunehmender Industrialisierung, als die Entwicklung neuer techn. Waffensysteme zum treibenden Element in der techn. Entwicklung überhaupt wurde. Diese Entwicklung schuf im 20. Jh. die Voraussetzung für den ↑totalen Krieg, in dem sämtl. wirtsch., techn., menschl. und moral. Mittel eines Volkes zur Vernichtung anderer Völker eingebracht werden. Die Entwicklung von Atomwaffen (↑ABC-Waffen), deren Einsatz einen entsprechenden Gegenschlag mit der Vernichtung des eigenen Landes nach sich zieht (↑auch nukleare Strategie), zwingt die Staaten, sich Beschränkungen aufzuerlegen (↑Abrüstung). Jedoch schloß die Notwendigkeit, einen Atom-K. zu vermeiden, regional begrenzte K., oft unter indirekter Beteiligung der über Atomwaffen verfügenden Mächte (Waffenlieferungen, techn. und wirtsch. Unterstützung), nicht aus.

Entwicklung der Bewertung des K.: Seit der Antike wird der K. als Bewährungsprobe für menschl. Tapferkeit und als eine für die menschl. Gemeinschaft schicksalsbestimmende Kraft, aber auch als sittl. Gefahr betrachtet und infolge seiner Gewalttätigkeit als unnatürl. und unmenschl. verworfen. Zu allen Zeiten wurde deshalb zw. „gerechtem" und „ungerechtem" K. unterschieden; diese Unterscheidung wurde auch vom den christl. Kirchen lange Zeit aufrechterhalten, deren Verhältnis zum K. durch Widersprüche in ihrer Lehre bestimmt war: Der sittl. Rigorosität der Bergpredigt steht die Anerkennung der Ordnungsgewalten (Röm. 13) gegenüber. Dieser Widerspruch wurde durch die Lehre vom ↑Bellum iustum („gerechten K.") aufgegeben, die die Moraltheologie des MA systematisiert hatte und die bis zum 2. Vatikan. Konzil (1962–64), das die herkömml. Rechtfertigung des K. in Frage stellte und die Bed. gewaltloser Methoden zur Friedenssicherung und für einen weltweiten sozialen Ausgleich betonte, im röm. Katholizismus verbindl. war. Luther verwarf zwar Kreuzzug und Angriffs-K., betonte aber mit der Unterscheidung von Amt und Person die Rechtmäßigkeit von Gewaltanwendung und K. im öffentl. Bereich einerseits und die Verpflichtung zum Gewaltverzicht im privaten Bereich andererseits. 1959 konzipierte der Protestantismus in Deutschland mit der Formel von der Komplementarität von Waffengebrauch und -verzicht eine Ethik des Übergangs, die das atomare Patt durch Abrüstung und Ausbau von zivilen Friedensdiensten überwinden helfen soll. Nur die Freikirchen (z. B. Quäker, Mennoniten) brachten in der Frage des K. und des K.dienstes die radikale Verneinung der Bergpredigt zur Geltung. Der Marxismus-Leninismus erkennt seit Lenin den K. als unvermeidbares Produkt des Klassenkampfes und des Imperialismus. Das ideolog. Ziel des totalen Friedens setzt jedoch den Totalsieg sozialist. Ordnung in der Welt voraus; bis dahin steht noch der „ungerechte" imperialist. K. dem „gerechten" proletar.-revolutionären oder nat. K. zur Befreiung aus Kolonialherrschaft gegenüber. Um der Konsequenz ato-

Kriegsdienstverweigerung

marer K.führung auszuweichen, entwickelte die UdSSR die Theorie der friedl. Koexistenz. - ↑ auch Frieden.

📖 *Montgomery of Alamein, B. L.: Weltgesch. der Schlachten u. K.züge. Mchn. 1980. - Meyer, Peter: K.- u. Militärsoziologie. Wsb. 1977. - Fiedler, S.: Grundriß der Militär- u. K.gesch. Mchn. 1975–78. 3 Bde. - Wallach, J. L.: K.theorien. Mchn. 1972. - Der K. Zur Anthropologie der Aggression u. des bewaffneten Konflikts. Dt. Übers. Hg. v. M. Fried u. a. Ffm. 1971. - Kahn, H.: Eskalation. Die Politik mit der Vernichtungsspirale. Dt. Übers. Bln. 1966. - Wright, Qu.: A study of war. Chicago (Ill.) ^{2}1965.*

Kriegel, Volker, * Darmstadt 24. Dez. 1943, dt. Jazzmusiker (Gitarrist und Komponist). - 1968–72 Mgl. der Gruppe „Dave Pike Set"; gründete 1976 seine eigene Formation „Mild Maniac Orchestra"; spielt seit 1978 auch im „United Jazz + Rock Ensemble".

Krieger, Adam, * Driesen 7. Jan. 1634, † Dresden 30. Juni 1666, dt. Komponist. - Organist in Leipzig (1655–57) und Dresden (ab 1658), komponierte zahlr. „Arien" mit Streicherritornellen auf eigene Texte.

K., Johann Philipp, * Nürnberg 26. Febr. 1649, † Weißenfels 7. Febr. 1725, dt. Komponist. - Wirkte ab 1680 als Hofkapellmeister in Weißenfels; komponierte zahlr. Opern, Singspiele, Kantaten, geistl. Arien und Kammermusik.

Krieg-in-Sicht-Krise (1875), diplomat. Offensive Bismarcks April/Mai 1875 als Antwort auf das frz. Militärgesetz vom März 1875. Eine gelenkte Pressekampagne warf die Frage eines dt. Präventivkrieges gegen Frankr. auf, um dessen Wiederaufrüstung zu verhindern. Die frz. Reg. konnte jedoch eine diplomat. Intervention Großbrit. und Rußlands herbeiführen und Frankr. Bündnisfähigkeit unterstreichen.

Kriegsakademie, militär. Hochschule zur Ausbildung von Offizieren im Generalstabsdienst, z. B. die preuß. K., 1756 als „Académie des nobles" gegründet.

Kriegsanleihen, von der Bev. eines kriegführenden Staates direkt gezeichnete, langfristige staatl. Anleihen, die zur Aufbringung von durch Steuermittel nicht gedeckten Kriegskosten dienen. Die 9 K. des Dt. Reichs (1914–18; rd. 93 Mrd. Mark) deckten rund 55 % der Kriegskosten.

Kriegsartikel, aus den um 1500 übl. Eidesformeln der Söldner (**Artikelbriefe**) entstandene Pflichtenlehre für Soldaten, die ihre Bez. 1713 in Preußen erhielt. Bis zum 1. Weltkrieg galten die K. von 1902, die in der Weimarer Republik durch die „Berufspflichten des dt. Soldaten" ersetzt wurden.

Kriegsbeschädigte (Kriegsopfer), Bez. für Personen, denen nach dem Bundesversorgungsgesetz (BVG, §§ 1–8) auf Grund ihrer im Krieg erlittenen gesundheitl. Schädigung Anspruch auf Versorgung nach Maßgabe des BVG zusteht. - ↑ auch Kriegsopferversorgung.

Kriegsdienstverweigerung, in Art. 4 Abs. 3 GG verankertes Grundrecht, den auf Grund der allg. Wehrpflicht bestehenden Kriegs- oder Militärdienst zu verweigern, da niemand gegen sein Gewissen zum Kriegsdienst mit der Waffe gezwungen werden darf. Nach den im Wehrpflichtgesetz (§§ 25 ff.) getroffenen näheren Regelungen ist Voraussetzung, daß jemand sich aus Gewissensgründen der Beteiligung an jeder Waffenanwendung zw. Staaten widersetzt und deshalb den Kriegsdienst mit der Waffe verweigert. Unzulässig ist daher eine K., die sich nur gegen bestimmte Kriege richtet. Anstelle des Wehrdienstes ist ein ↑ Zivildienst abzuleisten.

Die Entscheidung über die Anerkennung als Kriegsdienstverweigerer erfolgte bisher in einem bes. Verfahren, das der Prüfung der Glaubwürdigkeit der Gewissensentscheidung dienen sollte. Über den schriftl. beim Kreiswehrersatzamt zu stellenden Antrag entschied zunächst ein Prüfungsausschuß (1 vom Bundesmin. der Verteidigung bestimmter Vors., 2 ehrenamtl. Beisitzer), gegen dessen Bescheid Widerspruch bei einer Prüfungskammer eingelegt werden konnte, danach gab es die Möglichkeit einer gerichtl. Klage vor den Verwaltungsgerichten. V. a. gegen den Anspruch, eine Gewissensentscheidung in einem solchen Verfahren prüfen zu können, wurden immer wieder Bedenken laut. Daher war im Gesetz zur Änderung des Wehrpflichtgesetzes und des Zivildienstgesetzes vom 13. Juli 1977 für ungediente und nicht einberufene Wehrpflichtige die schriftl. Erklärung der K. aus Gewissensgründen für ausreichend bezeichnet worden. Jedoch bereits am 16. Dez. 1977 wurde das Änderungsgesetz durch einstweilige Anordnung des Bundesverfassungsgerichts außer Kraft gesetzt und durch Urteil vom 13. April 1978 für unvereinbar mit dem GG und nichtig erklärt. Weitere Gesetzesentwürfe zur Änderung des Anerkennungsverfahrens seitens der CDU (Beibehaltung des mündl. Prüfungsver-

Kriegsdienstverweigerung. Anzahl der Kriegsdienstverweigerungen in der Bundesrepublik Deutschland in den Jahren 1976–85

Kriegsentschädigung

fahrens) und der SPD/FDP (Entscheidung nach Aktenlage ohne mündl. Verhandlung) wurden im Juli 1980 vom Bundestag abgelehnt. Am 28. Febr. 1983 wurde schließl. das Gesetz zur Neuregelung des Rechts der K. und des Zvildienstes verabschiedet, es trat am 1. Jan. 1984 in Kraft. Danach sollen ungediente und noch nicht einberufene Wehrpflichtige vom Bundesamt für Zivildienst ohne Anhörung als Kriegsdienstverweigerer anerkannt werden, wenn 1. der Antrag vollständig ist, 2. geeignete Gründe vorliegen, die K. zu begründen, und 3. das Bundesamt keine Zweifel an den Angaben hat. Werden diese Voraussetzungen nicht erfüllt, findet wie bisher ein Prüfungsverfahren vor Ausschüssen und Kammern statt (s.o.), dem sich auch Wehrpflichtige, die bereits in der Bundeswehr ihren Wehrdienst ableisteten, unterziehen müssen. Ist der Antrag vom Bundesamt rechtskräftig entschieden, so kann ein weiterer Antrag an den zuständigen Ausschuß für K. gestellt werden. Das neue Gesetz regelt auch die Durchführung des Zivildienstes, dessen Dauer um $1/3$ länger ist als die jeweilige Dauer des Grundwehrdienstes. Mit dieser Regelung soll der größere zeitl. Aufwand des Grundwehrdienstes ausgeglichen werden, der durch sich anschließende Wehrübungen entsteht.

Auch in *Österreich* ist die Verweigerung des Dienstes mit der Waffe nach dem Wehrgesetz zulässig. Nach Prüfung und Genehmigung des Antrags durch eine bes. Kommission ist ein Ersatzdienst abzuleisten. In der *Schweiz* ist K. strafbar; im Strafvollzug sind jedoch Erleichterungen möglich. Die Anzahl der wegen Militärdienstverweigerung ergangenen Urteile betrug im Jahre 1985 in der Schweiz 686.

⌑ *Schwamborn, W.: Hdb. f. Kriegsdienstverweigerer.* Köln [10]1987. - *Koller, W.: Gewissen auf dem Prüfstand. Ein Sachbuch über das Recht der K.* Regensburg 1985. - *Daum, U./Forkel, H.: Grundsatzurteile zur K.* Neunkirchen-Seelscheid [3]1984.

Kriegsentschädigung, Leistungen, die einem besiegten Staat vom Sieger zum Ausgleich für Kriegsaufwendungen und für durch Kriegshandlungen verursachte Schäden auferlegt werden. K. können sowohl in Geldals auch in Sachleistungen (Gebietsabtretung, Demontage, Arbeitskräfteeinsatz) bestehen. Die K. wird normalerweise im Friedensvertrag vereinbart; eine endgültige Regelung der K. für den 2. Weltkrieg steht somit noch aus. - Zu den dem Dt. Reich nach dem 1. Weltkrieg auferlegten K. ↑Reparationen.

Kriegserklärung, im Völkerrecht eine einseitige, formlose Willenserklärung gegenüber der gegner. Partei, die den Eintritt des Kriegszustandes ankündigt; auf der 2. Haager Friedenskonferenz vereinbart.

Kriegsfolgenrecht, das gesamte Recht zur Regelung der mit dem 2. Weltkrieg, dem militär., polit. und wirtschaftl. Zusammenbruch des Dt. Reiches sowie mit Verfolgungsmaßnahmen der nationalsozialist. Gewalthaber zusammenhängenden Verbindlichkeiten. Die wichtigsten Gebiete sind: Wiedergutmachung, Lastenausgleich; Heimkehrrecht, Kriegsopferversorgung, Recht der Flüchtlinge, Vertriebenen und Evakuierten, Recht der früheren Angehörigen des öffentl. Dienstes, Währungsumstellung, Besatzungsschäden, Auslandsschuldenregelung, Reparations-, Restitutions- und Rückerstattungsschäden, Regelung der Verbindlichkeiten öffentl. Körperschaften; das letztere Rechtsgebiet wird v. a. durch das **Allg. Kriegsfolgengesetz** vom 5. 11. 1957 (mit späteren Änderungen) geregelt. Das Gesetz legt fest, daß alle Ansprüche gegen das Dt. Reich, die Sondervermögen (z. B. Dt. Reichsbahn), das Land Preußen und das Unternehmen Reichsautobahnen ersatzlos untergegangen sind, soweit nicht durch andere Rechtsvorschriften (z. B. Lastenausgleich) Entschädigungen vorgesehen sind.

Kriegsgefangene, die in Feindeshand gefallenen Mgl. von Streitkräften sowie die Besatzungen aufgebrachter Handelsschiffe und Zivilluftfahrzeuge und Mgl. von Widerstandsbewegungen (nur, wenn sie die Waffen offen tragen und an Abzeichen erkennbar sind). Während K. früher rechtlos waren, sichert ihnen das heutige Völkerrecht den Behalt ihrer bürgerl. Rechtsfähigkeit sowie unter allen Umständen menschenwürdige Behandlung zu (↑Genfer Konventionen, ↑Haager Landkriegsordnung). Die Kriegsgefangenschaft endet durch Freilassung, die spätestens nach Einstellung der aktiven Feindseligkeiten zu erfolgen hat, oder durch geglückte Flucht.

Kriegsgeschichte ↑Militärgeschichte.

Kriegsgräberfürsorge, das Bemühen um die Auffindung, Gestaltung und Pflege der Gräber und Friedhöfe der im Krieg Getöteten. Weitere Aufgaben der K. sind Registrierung der Gräber, Identifizierung unbekannter Toter, Benachrichtigung von Angehörigen, Nachlaßbergung und Zusammenbettung der Toten auf Sammelfriedhöfen. Auf Grund zwischenstaatl. Vereinbarungen stehen die Kriegsgräber unter dem Schutz fortdauernden Ruherechts. Im allg. sind in den einzelnen Ländern staatl. Stellen für die K. zuständig; in der BR Deutschland ist es der ↑Volksbund Deutsche Kriegsgräberfürsorge. e. V.

Kriegshetze ↑Friedensverrat.

Kriegskommunismus, von Lenin nachträgl. geprägte Bez. für die sowjet. Wirtschaftspolitik in der Zeit des Bürgerkrieges und der ausländ. Intervention (1918–21): vollständige Zentralisierung von Produktion und Verteilung, Verstaatlichung auch der kleinen und mittleren Ind.betriebe, Verbot jeden Pri-

Kriegsrecht

vathandels, Abgabezwang für Nahrungsmittel, allg. Arbeitspflicht. Die Maßnahmen wurden, da ihre wirtsch. Folgen katastrophal waren und zu Arbeiterstreiks und Bauernaufständen führten, im Frühjahr 1921 im Zuge der Neuen Ökonom. Politik teilweise aufgehoben.

Kriegsmarine (Flotte), die Teilstreitkraft eines Staates, mit der dieser die Seemacht in Krieg und Frieden ausübt. Zur K. gehören neben den großen und kleinen Kampfschiffen und U-Booten, der Flotte i. e. S., heute auch die Marineluftfahrzeuge (land- und bordgestützt), sowie Nachschub-, Reparatur-, Versorgungs- und Führungseinrichtungen und amphib. bzw. triphib. Kräfte. Die heutige moderne Waffentechnik erlaubt auch kleineren Staaten, enormes Kampfpotential in ihren K. bereitzuhalten, obwohl eine tonnagemäßig große K. nur die USA und die UdSSR aufbieten können. - ↑ auch Militärgeschichte.

Kriegsopferfürsorge ↑ Kriegsopferversorgung.

Kriegsopferversorgung, die Gesamtheit der vom Staat zu tragenden Versorgungsleistungen für Personen, die infolge von Krieg oder Wehrdienst Gesundheitsschädigungen erlitten haben, bzw. für deren Hinterbliebenen, wenn der Beschädigte an den Folgen dieser Schädigung gestorben ist.
In der *BR Deutschland* ist die K. im *Gesetz über die Versorgung der Opfer des Krieges* i. d. F. vom 22. 6. 1976 (Kurzbez. Bundesversorgungsgesetz [BVG]) geregelt. - Wichtigste *Leistungen:* Für schädigungsbedingte Gesundheitsstörungen erhalten Beschädigte *Heilbehandlung.* Ist die Schädigung mit einer *Minderung der Erwerbsfähigkeit (MdE)* um wenigstens 50 % verbunden, handelt es sich um Schwerbeschädigung. Schwerbeschädigte erhalten Heilbehandlung auch für solche Gesundheitsstörungen, die nicht Schädigungsfolgen sind. Bei Arbeitsunfähigkeit durch Schädigungsfolgen oder auch bei Gesundheitsstörungen, deretwegen Heil- oder Krankenbehandlung notwendig ist, wird ein dem Krankengeld vergleichbares *Übergangsgeld* gewährt, das 80 % des Regellohns entspricht. Zum Ausgleich dauernder schädigungsbedingter Einkommensausfälle und Mehraufwendungen wird *Beschädigtenrente* gezahlt. Die Beschädigten erhalten eine *Grundrente*, deren Höhe sich nach der MdE richtet. Schwerbeschädigte erhalten zusätzl. Geldleistungen; können sie eine ihnen zumutbare Erwerbstätigkeit nicht, nur beschränkt oder nur mit überdurchschnittl. Kräfteaufwand ausüben, erhalten sie *Ausgleichsrente*, die nach einer bes. Regelung um das anzurechnende Einkommen gekürzt wird. Schwerbeschädigte, deren Erwerbseinkommen durch die Schädigungsfolgen gemindert ist, erhalten zusätzl. einen *Berufsschadensausgleich* in Höhe von 40 % des Einkommensverlustes.

Hinterbliebenenrente wird in dem Fall, daß ein Beschädigter an den Folgen einer Schädigung gestorben oder verschollen ist, an die Witwe *(Witwenrente)*, die Waisen *(Waisenrente)* und die Eltern *(Elternrente)* gezahlt. Die *Witwe* erhält als Basisleistung die Witwengrundrente und, wenn ihr eine Erwerbstätigkeit nicht mögl. oder zumutbar ist, zusätzl. eine Ausgleichsrente. Ist ihr Einkommen geringer als die Hälfte des Einkommens, das ihr Ehemann ohne Schädigung erzielt hätte, erhält sie außerdem einen Schadensausgleich von 40 % des Einkommensverlustes. Im Falle der Wiederverheiratung erhalten Witwen eine Abfindung in Höhe des Fünfzigfachen der monatl. Grundrente. *Waisen* wird bis zur Vollendung des 18., bei Schul- oder Berufsausbildung bis zur Vollendung des 27. Lebensjahres Waisengrundrente und -ausgleichsrente gewährt. *Verwandte der aufsteigenden Linie* erhalten Elternrente, auf die ein eigenes Einkommen wie bei Ausgleichsrenten anzurechnen ist, wenn sie erwerbsunfähig sind oder als Mutter das 50., als Vater das 65. Lebensjahr vollendet haben. Das Übergangsgeld und die Rentenleistungen werden entsprechend der gesetzl. Rentenversicherung regelmäßig angepaßt. - *Bestattungsgeld* wird beim Tod eines Beschädigten oder versorgungsberechtigten Hinterbliebenen, *Sterbegeld* beim Tod eines Beschädigten als Übergangsleistung gezahlt.

Reichen die Leistungen der K. nicht aus, dem Beschädigten bzw. den Hinterbliebenen eine angemessene Lebensstellung zu ermöglichen oder zu erhalten, wird die K. durch Maßnahmen der **Kriegsopferfürsorge** ergänzt, die sich der Beschädigten und ihrer Hinterbliebenen in allen Lebenslagen annehmen und ihnen behilfl. sein soll, die Folgen der erlittenen Schädigung oder des Verlusts des Ernährers zu überwinden oder wenigstens zu mildern. Die Leistungen der Kriegsopferfürsorge bestehen v. a. in persönl. Hilfe, aber auch in Geld- und Sachleistungen; sie umfassen berufsfördernde Maßnahmen zur Rehabilitation, Erziehungsbeihilfen, ergänzende Hilfe zum Lebensunterhalt, Erholungs- und Wohnungsfürsorge. Die *Aufwendungen* für die Leistungen der K. trägt der Bund; die Durchführung der K. obliegt den Versorgungsbehörden der Länder, den Trägern der Kriegsopferfürsorge (v. a. freie Wohlfahrtsverbände) und Trägern der gesetzl. Krankenversicherung.
In *Österreich* gelten weitgehend entsprechende Regelungen, die im Kriegsopferversorgungsgesetz (KOVG) vom 14. 7. 1949 festgelegt sind.

📖 Frank, W.: *Sozialhilfe- u. Kriegsopferfürsorge.* Stg. ²1983. - Oestreicher, E.: *Bundessozialhilfegesetz. Mit Recht der Kriegsopferfürsorge.* Losebl.-Kommentar. Mchn. ²1979.

Kriegsrecht, im subjektiven Sinn das Recht von Völkerrechtssubjekten zur Krieg-

Kriegsschäden

führung, im objektiven Sinn die völkerrechtl. Grundsätze, die während eines Krieges für die kriegführenden Parteien untereinander wie gegenüber neutralen Staaten gelten, kodifiziert v. a. in der ↑ Haager Landkriegsordnung und in den ↑ Genfer Konventionen. Das moderne K. entstand seit dem 19. Jh. aus dem ↑ Völkergewohnheitsrecht; erste vertragl. Kodifikationen waren die Pariser Seerechtsdeklaration (1856; ↑ Seerecht), die Genfer Konvention (1864) und die Petersburger Deklaration (1868).

Kriegsschäden, Schäden (an Leib und Leben) oder Verluste (Vermögen, Sachschäden), die den Angehörigen kriegführender oder neutraler Staaten durch krieger. Handlungen entstanden sind.

Kriegsschiffe, die Kampf- und Hilfsschiffe der Seestreitkräfte eines Staates; sie sind als solche gekennzeichnet, normalerweise durch die National- oder Kriegsflagge des Staates und stehen unter dem Kommando eines von der Reg. dazu beauftragten Soldaten (Offizier), dessen Kommandantenwimpel, ersetzbar durch Divisions- oder Geschwaderstander bzw. Admiralsflagge, das K. führt. K. besitzen auch im Ausland die Territorialität des Heimatstaates und dürfen von fremder Macht nicht kontrolliert werden; Auslandsbesuche sind daher diplomatisch vorzubereiten. - Die Entwicklung der K. führt von mit Soldaten besetzten Handelsschiffen der Antike über Kriegsgaleeren und -galeonen zu den Fregatten, Korvetten und Linienschiffen des 17./18. Jh. Sie wurden abgelöst durch die eisernen, motorgetriebenen K. der Neuzeit. Heute dominiert der Flugzeugträger. Außerdem gibt es heute Kreuzer, Zerstörer, Fregatten und Korvetten, Schnellboote (Patroler), Minen- und Landungsboote bzw. -schiffe. Eine wichtige K.klasse mit vielfältigen Untergruppen bilden die Unterseeboote.

Kriegsschuldfrage, allg. die Frage nach der Schuld für die Verursachung eines Krieges; polit. bedeutsam für den 1. und 2. Weltkrieg. **1. Weltkrieg:** Die Festlegung alleiniger dt. Kriegsschuld in Art. 231 des Versailler Vertrags führte zu dem internat. nicht überzeugenden Versuch der dt. Kriegsschuldforschung, die dt. Schuldlosigkeit nachzuweisen. Auch die nichtdt. Geschichtswiss. distanzierte sich bis 1939 von der Behauptung alleiniger dt. Kriegsschuld von dem Standpunkt einer - wenn auch im einzelnen sehr unterschiedl. zu kennzeichnenden - Gesamtverantwortung aller späteren Kriegsmächte. Die Forschung über die K. 1914 nach 1945 führte über die endgültige Zerstörung der Legende dt. Schuldlosigkeit lediglich zu Ansätzen moderner wiss., auch ideengesch. überwindender Fragestellungen. **2. Weltkrieg:** Die Nürnberger Prozesse gegen die Hauptkriegsverbrecher hatten die Verantwortung des Dt. Reiches für den 2. Weltkrieg so deutl. gemacht, daß eine K. nicht gestellt werden konnte. Fast zwangsläufig ergab sich die These von der nat.-soz. „Entfesselung" des 2. Weltkriegs (W. Hofer). Diese überspitzte Formel wurde 1961 durch 2 Historiker angegriffen. Der Amerikaner D. L. Hoggan (* 1923) stützte seine These, der brit. Außenmin. Halifax habe von Hitler den Krieg „erzwungen", mit willkürl. Verzerrung der Quellen. Die Erklärung des Kriegs,,ausbruchs" als „diplomat. Panne" auf beiden Seiten durch A. J. P. Taylor (* 1906) trifft nur insoweit zu, als Hitler beim bewußt befohlenen Angriff auf Polen nicht damit rechnete, daß er den Weltkrieg auslöste, den er durch sein Verhalten jedoch eindeutig verursacht hat.

Kriegsschule, früher Bez. für eine Schule, auf der Offiziersanwärter theoret. und prakt. zum Offizier ausgebildet wurden.

Kriegstagebuch, Abk. KTB, im Krieg bzw. Verteidigungsfall geführter Nachweis über die Tätigkeit von Truppenteilen und militär. Dienststellen; dient wie das ihm in Friedenszeiten entsprechende **Militärtagebuch** auch als Quelle für die Geschichtsschreibung.

Kriegstanz ↑ Waffentanz.

Kriegs- und Domänenkammer, in Preußen 1723 durch Zusammenlegung von Amtskammer (Domänenverwaltung) und Kriegskommissariat (Verwaltung der Heeressteuer) geschaffene oberste Prov.behörde; 1808 in Bezirksreg. umgewandelt.

Kriegsverbrechen, völkerrechtswidrige Kriegshandlungen, die strafrechtl. geahndet werden sollen. Herkömml. versteht man unter K. Verstöße gegen allg. verbindl. oder vertragl. vereinbarte Rechtssätze über die Kriegführung (z. B. Verbot des Angriffs auf Sanitätseinrichtungen, Verbot der Hinrichtung von Kriegsgefangenen). Im Gefolge v. a. des 2. Weltkrieges wurde der Begriff der K. auf organisator. und administrative Handlungen im Zusammenhang mit der Kriegführung ausgedehnt: K. sind danach z. B. ↑ Völkermord, wirtsch. Ausbeutung besetzter Gebiete, ↑ Zwangsarbeit fremder Staatsangehöriger (↑ auch Nürnberger Prozesse).

Kriegswirtschaft, die zentral geplante und mit staatl. Zwangsmitteln durchgesetzte Orientierung einer Volkswirtschaft am Primat der Rüstung in unmittelbarer Vorbereitung auf einen Krieg oder im Krieg. Die voll ausgebildete K. ist eine Folge der industriellen Massengesellschaft und des im Zeichen langdauernder Materialkriege veränderten Kriegsbilds. Das dt. Beispiel zeigt, nach einer Improvisationsphase bis 1916, im Verlauf des 1. Weltkriegs und noch stärker seit dem Vierjahresplan (1936) und dann im 2. Weltkrieg typ. Züge der K.: Papierwährung, Bankenkontrolle und Devisenbewirtschaftung, staatl. Reglementierung der Löhne, Mieten und Preise, Rohstoffbewirtschaftung, Investitionssteuerung und Dienstverpflichtung aller Ar-

Kriminalität

beitsfähigen, schließl. auch zur Abschöpfung von Kaufkraft und Finanzierung der Rüstungsgüter Einführung von Sondersteuern und/oder Kriegsanleihen.

Kriegsziele, allg. Bez. für strateg.-polit. Ziele, die ein Kriegführender im Hinblick auf einen künftigen oder gegenwärtigen Krieg entwickelt. Im 1. Weltkrieg waren die mit der Kriegslage wechselnden K. der Mittelmächte v. a. auf territoriale Expansion in Europa und Afrika, wirtsch. Beherrschung und strateg. Vorteile für den nächsten Krieg ausgerichtet, die der Ententemächte auf Auflösung der Donaumonarchie und des Osman. Reiches, Rückgabe Elsaß-Lothringens und Abtrennung des Saargebiets, Westverschiebung Rußlands, Kontrolle über die Dardanellen und Erwerb dt. Kolonien und Märkte. Demgegenüber waren die K. des 2. Weltkriegs extrem: Erringung einer dominanten Weltstellung für das Dt. Reich, Unterjochung und wirtsch. Ausbeutung des europ. Ostens, Vernichtung der Juden. Die Alliierten forderten u. a. bedingungslose Kapitulation, Westverschiebung der sowjet. Einflußsphäre und der poln. Grenzen, Auflösung der dt. Einheit.

Kriegszustand, im Völkerrecht der durch eine ↑ Kriegserklärung oder durch die Eröffnung von Feindseligkeiten geschaffene Zustand zw. zwei oder mehreren Staaten.

Kriemhild (Kriemhilde), alter dt. weibl. Vorname, Nebenform des älteren Grimhild (Grim- bedeutet wahrscheinl. „Helm" und althochdt. hilt[j]a „Kampf").

Kriemhild, weibl. Hauptgestalt des „Nibelungenliedes". Sie wird mit Siegfried verheiratet, nachdem dieser ihrem Bruder, dem Burgundenkönig Gunther, bei der Werbung um Brunhild geholfen hat. In einem Streit verrät K. Brunhild die Umstände der Eroberung. Den vermeintl. Verrat Siegfrieds rächt Hagen durch dessen Ermordung. K. heiratet daraufhin den Hunnenkönig Etzel und rächt sich an ihren Brüdern und an Hagen. Sie selbst wird von Hildebrand getötet.

Krill [norweg.], Bez. für massenhaft in polarnahen Meeren auftretendes tier. Plankton, bestehend v. a. aus Leuchtkrebsen, Ruderkrebsen und kleinen Ruderschnecken; dient manchen Fischen (z. B. Heringen) und bes. Bartenwalen als Hauptnahrung.

Krim, 25 500 km² große Halbinsel zw. Asowschem und Schwarzem Meer, bildet das sowjet. Gebiet K. in der Ukrain. SSR, 27 000 km², 2,3 Mill. E (1984), Hauptstadt Simferopol. Die K. ist durch die 30 km lange, 8–23 km breite **Landenge von Perekop** im N mit dem Festland verbunden. Im S und SO erhebt sich das Jailagebirge bis über 1 500 m, an dessen S-Fuß sich ein Küstenstreifen von 2–8 km Breite erstreckt. Die K. hat im nördl. Steppenbereich trockenes, winterkaltes Klima mit heißen Sommern. An der S-Küste, einem bed. Fremdenverkehrsgebiet, herrscht Mittelmeerklima und -vegetation.

Geschichte: Bis zum 8. Jh. v. Chr. von den Kimmeriern bewohnt (**Taurische Chersones**); ihnen folgten nomad. Skythen. Ab 6. Jh. v. Chr. Gründung griech. Kolonien und Handelsniederlassungen. Pantikapaion oder Bosporos (= Kertsch) war 5. Jh. v. Chr.–3. Jh. n. Chr. Hauptstadt des Bosporan. Reiches. Im 3. Jh. n. Chr. von den Goten und Herulern erobert; ab dem 5. Jh. folgten Hunnen, Chasaren, Kumanen, im 13. Jh. die Tataren. Die Küste der K. stand jedoch vom 6. bis 12. Jh. unter byzantin., später unter genues. Kontrolle. Um 1440 entstand auf der K. ein tatar. Khanat, das 1478 die Oberhoheit des Osman. Reiches anerkannte. 1774 mußte das Osman. Reich die Oberhoheit über die K.tataren aufgeben, 1783 annektierte Rußland die K. 1853–56 Schauplatz des ↑ Krimkrieges. Im 2. Weltkrieg 1941–44 in dt. Hand. Nach der sowjet. Rückeroberung wurde die seit 1921 bestehende ASSR der K. innerhalb der RSFSR (wegen Kollaboration der K.tataren mit den Deutschen) aufgelöst und in das Gebiet K. innerhalb der RSFSR umgewandelt, die Tataren wurden nach Z-Asien deportiert. 1954 wurde das Gebiet K. der Ukrain. SSR eingegliedert.

Krimgebirge ↑ Jailagebirge.

Krimgoten, Germanenstämme auf der Krim und im Schwarzmeerküste, die sich selbst Goten nannten und von denen seit dem 6. Jh. n. Chr. berichtet wird. Die K. bewahrten unter häufig wechselnder Oberhoheit (u. a. Byzantiner, Tataren) über mehr als ein Jt. ihre Kultur und Sprache und wurden erst etwa im 18. Jh. endgültig assimiliert.

kriminal..., Kriminal... [zu lat. crimen „Verbrechen"], Bestimmungswort in Zusammensetzungen mit der Bed. „Verbrechen-", „Vergehen".

Kriminalistik [lat.], als Lehre von den techn. Verbrechensverhinderung und -aufklärung Teilbereich der ↑ Kriminologie.

Kriminalität [lat.], die Gesamtheit der in einem bestimmten Gebiet vorkommenden Straftaten. Dabei wird K. heute vorwiegend verstanden als eine bes. Form abweichenden Verhaltens von den in einer bestimmten Gesellschaft zu einer bestimmten Zeit festgelegten Normen, das mit gesetzlich festgelegten Sanktionen geahndet wird. Dementsprechend gilt die Wertung eines bestimmten Verhaltens als „kriminell" als gesellschaftl. bedingt und histor. wandelbar. Der der Kriminalstatistik zu entnehmende starke Rückgang der Straftaten wider die Sittlichkeit bzw. gegen die sexuelle Selbstbestimmung seit der Mitte der 1960er Jahre drückt diesen Zusammenhang zu gesellschaftl. Vorstellungen deutlich aus, wobei hier die dem Wandel der Vorstellungen Rechnung tragende Liberalisierung der einschlägigen Bestimmungen des StGB hinzukommt.

Kriminalpolizei

Der größte Anteil an den Straftaten entfällt heute - abgesehen von den Straftaten im Straßenverkehr - auf Diebstahl und Unterschlagung sowie andere Vermögensdelikte. Nach Theorien vom Vorliegen einer **Wohlstandskriminalität** weckt die Wohlstandsgesellschaft ein übersteigertes Bedürfnis nach Luxus- und hochwertigen Konsumgütern durch einen gesellschaftl. Zwang zum Besitz von aufwendigen „Statussymbolen".

Ein bes. Problembereich innerhalb der K. ist die **Jugendkriminalität** (strafbare Handlungen von Jugendlichen unter 18 Jahren). Während die Kriminalstatistik schon im 19. Jh. für die Gruppen der Heranwachsenden (unter 21 Jahre) und der sog. „Jungerwachsenen" (unter 25 Jahre) eine weit überdurchschnittl. K. ausweist, lag die Kriminalität bei Jugendl. bis 1932 stets unter dem Durchschnitt und stieg erst in den 1950er Jahren stark an.

📖 *Hoffmann, F.: Kriminalitätstheorien. Hdbg. 1984. - Trotha, T. v.: Recht u. K. Tübingen 1982. - Blasius, D.: K. u. Alltag. Göttingen 1978.*

Kriminalpolizei, Abk. Kripo, bes. Zweig der Polizei, der die Verbrechensverhütung und -bekämpfung zur Aufgabe hat. Die K. hat die Aufgabe, strafbare Handlungen zu erforschen und alle unaufschiebbaren Anordnungen zu treffen (Recht des ersten Zugriffs). In *Österreich* sind die Sicherheitsbehörden verpflichtet, allen Verbrechen und Vergehen, sofern es sich nicht um bloße Antragsdelikte handelt, von Amts wegen nachzugehen. Sie haben hierbei den Anordnungen der Staatsanwaltschaft Folge zu leisten. In der *Schweiz* ist die Aufklärung und Verfolgung von Straftaten Aufgabe der gerichtl. Polizei, die von den Staatsanwälten der Kantone, den Beamten und Angestellten der Polizei des Bundes und der Kantone und den übrigen zuständigen Beamten des Bundes und der Kantone ausgeübt wird.

Kriminalroman, literar. Prosawerk, das (wie die **Kriminalnovelle**) die Geschichte oder speziell die Aufdeckung eines Verbrechens (**Detektivroman**) zum Inhalt hat. Verwandte Formen sind der Abenteuer-, Agenten-, Schelmen-, Ritter-, Räuber- und Schauerroman. Als Vorläufer des K. können Flugblätter (Moritaten), Volksbücher, Anekdoten und Kalendergeschichten gelten. Literar. Bearbeitungen von Prozeßakten begegnen im 18. Jh. in England (Newgate Calendar, 1773 ff.), in Frankr. seit 1734 in den „Causes célèbres et intéressantes" von F. G. de Pitaval. Im 19. Jh. entsprach dem in Deutschland „Der neue Pitaval" (1842-46) von W. Alexis und J. A. Hitzig sowie die Kriminalgeschichten von J. D. H. Temme; im 20. Jh. publizierte E. Schwinge unter dem Pseud. Maximilian Jacta neuere Rechtsfälle. Übergänge zum literar. anspruchsvollen K. sind beispielsweise D. Defoes „Moll Flanders" (1722), H. Fieldings „Geschichte Jonathan Wilds des Großen" (1743), und F. Schillers „Verbrecher aus verlorener Ehre" (1785); fortgeführt wird diese Tradition durch Werke wie H. von Kleists „Zwei-

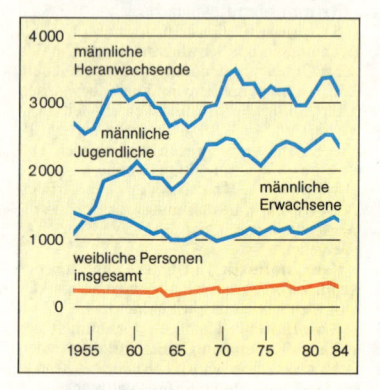

Kriminalität. Wegen Verbrechen und Vergehen (ausgenommen: Vergehen im Straßenverkehr) in der Bundesrepublik Deutschland Verurteilte je 100 000 Einwohner der gleichen Personengruppe (Quelle: Statist. Bundesamt)

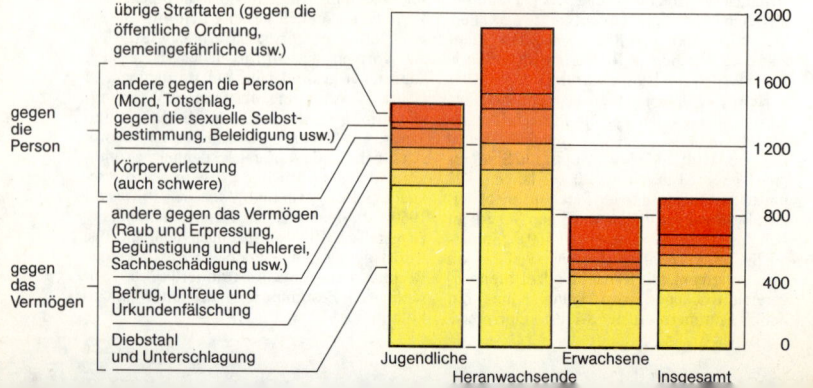

Krinoline

kampf" (1810) oder E. T. A. Hoffmanns Erzählung „Das Fräulein von Scuderi" (1820). Die frz. und engl. Literatur des 19. Jh. hat mit Hugo, Balzac und Dickens die Gattung K. bereichert. Daneben entwickelte sich seit Mitte des 19. Jh. mit E. A. Poes Detektivgeschichten der K. zu einer massenhaft verbreiteten Unterhaltungs- bzw. Trivialliteratur. Entscheidend geprägt ist der K. von Autoren aus dem angelsächs. Raum, z. B. G. K. Chesterton, D. L. Sayers, E. Wallace, A. Christie, R. T. Chandler, D. Hammett, P. Highsmith; ferner E. Ambler, J. D. Carr, T. Capote, E. S. Gardner, R. MacDonald, M. Spillane. Bed. frz. K.autoren sind u. a.: E. Gaboriau, G. Leroux, A. Le Breton, G. Simenon. Zu den bedeutendsten deutschsprachigen Verfassern gehören: F. Arnau, F. Bosetzky (-ky), F. Dürrenmatt, R. Hey, H. Martin, M. Molsner, R. Radtke, I. Rodrian.

📖 *Der neue dt. K.* Hg. v. K. Ermert u. W. Gast. Loccum 1985. - Woeller, W.: *Illustrierte Gesch. der Kriminalliteratur.* Ffm. 1985. - Nusser, P.: *Der K.* Stg. 1980.

kriminell [lat.-frz.], strafbare Handlungen begehend; unverantwortlich, rücksichtslos.

kriminelle Vereinigung, nach § 129 StGB eine Vereinigung, deren Zweck oder Tätigkeit darauf gerichtet ist, Straftaten zu begehen; wer an ihr als Mgl. beteiligt ist, für sie wirbt oder sie unterstützt, wird mit Freiheitsstrafe bis zu 5 Jahren oder mit Geldstrafe bestraft. Die Strafvorschrift gilt nicht, wenn 1. die Vereinigung eine polit. Partei ist, die das Bundesverfassungsgericht nicht für verfassungswidrig erklärt hat, und 2. die Tätigkeit der Vereinigung Straftaten nach §§ 84–87 StGB (Rechtsstaatsgefährdung) betrifft. - ↑ auch terroristische Vereinigung.

Kriminologie [lat./griech.], allg.: Wissenschaft vom Verbrechen. Die K. ist eine empir. Wiss., deren Gegenstand sie heute unterschiedl. definiert wird. Unstreitig gehört dazu die Betrachtung und Untersuchung des Verbrechens als soziales und individuelles Problem und damit 1. die Lehre von den Erscheinungsformen des Verbrechens *(Kriminalphänomenologie),* 2. die Lehre von den Ursachen des Verbrechens *(Kriminalätiologie),* 3. die *Kriminalanthropologie* (Kriminalpsychologie und -biologie), 4. die *Kriminalsoziologie.* Zumeist wird zur K. aber auch die Lehre von der Verbrechensverhinderung und -bekämpfung gezählt. - Begründer der K. war C. ↑Lombroso. Wesentl. Einflüsse übten A. Lacassagne (* 1843, † 1924) und F. von ↑ Liszt aus. - ↑ auch Victimologie.

Krimkrieg, militär. Konflikt Rußlands mit dem Osman. Reich, mit Großbrit. und Frankr. (ab 1855 auch Sardinien) 1853/54–56. Ursache war v. a. die Zuspitzung der oriental. Frage, Anlaß die ultimative Forderung Rußlands, die osman. Reg. („Pforte") solle allen christl. Untertanen eine privilegierte Stellung und die russ. Schutzherrschaft garantieren. Als dies die Pforte mit brit. diplomat. Rückendeckung ablehnte, besetzten im Juli 1853 russ. Truppen die Donaufürstentümer; eine Vermittlungsaktion der Großmächte scheiterte an der osman. Ablehnung. Nach den Kriegserklärungen der Pforte (29. Sept. 1853) und der Westmächte (28. März 1854) führten am 14. Sept. 1854 auf der Krim gelandete brit.-frz. Truppen in mehreren Schlachten und mit der Einnahme der vom 17. Okt. 1854 bis 9. Sept. 1855 belagerten Festung Sewastopol die militär. Entscheidung herbei (1. Stellungskrieg der Militärgeschichte). Sie wurde, neben einer brit. Blockade der russ. Ostseehäfen, flankiert von einem Bündnis der Westmächte mit Österreich (2. Dez. 1854), das ohne Kriegseintritt durch seine drohende Haltung starke russ. Kräfte band, sowie durch den Kriegseintritt Sardiniens (26. Jan. 1855). Im Pariser Frieden (30. März 1856) mußte das dem Zusammenbruch nahe Rußland das Donaudelta und S-Bessarabien an die Ft. Moldau abtreten und das Protektorat über die Donaufürstentümer aufgeben; die christl. Untertanen des Sultans wurden unter den Schutz sämtl. Großmächte gestellt; Rußland mußte Kars der Pforte zurückgeben und sich zur Entmilitarisierung des Schwarzen Meeres (Pontusklausel) und der Ålandinseln verpflichten. - Der K. bewirkte in Rußland den Beginn einer neuen (Reform-)Epoche, internat. den Zerfall des Konzerts der europ. Mächte (russ.-östr. Feindschaft in der Balkanfrage, russ.-frz. Annäherung, Vertiefung des russ.-brit. Gegensatzes).

📖 *Baumgart, W.: Der Friede v. Paris 1856. Mchn. u. Wien 1972. - Unckel, B.: Österreich u. der K.* Husum 1969.

Krimmer [nach der Halbinsel Krim], Bez. für persianerähnl., meist jedoch graue Lammfelle einer (erstmals auf der Krim gezüchteten) Karakulschafrasse.
♦ (K.gewebe) gewebter oder gewirkter Plüsch; Nachahmung des Persianerpelzes.

Krimml [...məl], östr. Ort im Oberpinzgau, Bundesland Salzburg, 1070 m ü. d. M., 800 E. Fremdenverkehr. Die **Krimmler Wasserfälle** sind mit den 3 Abschnitten von 140 m, 100 m und 140 m die größten M-Europas.

Krimtataren, urspr. auf der Halbinsel Krim lebender Turkvolkstamm, der 1944/45 wegen angebl. Kollaboration mit der dt. Besatzungsmacht nach Zentralasien deportiert wurde; die diskriminierende Behandlung der K. dauert an.

Krimtschaken, jüd. Volksgruppe auf der Halbinsel Krim und im Großen Kaukasus.

Krinoline [italien.-frz., nach dem Gewebe aus Roßhaar (italien. crino) und Flachs (italien. lino)], etwa 1840–70 unter dem Kleid getragener formgebender Rock mit Wespentaille.

Kripo, Kurzbez. für ↑**Kriminal**p**olizei.**
Krippe [zu althochdt. krippa, eigtl. „Geflochtenes"], der Futtertrog, in den Jesus (nach Luk. 2, 7) nach seiner Geburt gelegt wurde; auch Bez. für bildl. Darstellungen von Szenen aus der Weihnachtsgeschichte. - Die Aufstellung einer K. in der Kirche ist seit dem 15. Jh. nachgewiesen. Nach 1600 kam die K. in die Privathäuser. Diese Weihnachts-K. sind häufig wichtige Werke religiöser Volkskunst.
◆ z. T. Kindertagesstätten angeschlossene Einrichtung, in der Säuglinge bzw. ein- bis dreijährige Kinder betreut werden (Krabbelstube).

Krippenspiel (Christgeburtsspiel) ↑Weihnachtsspiele.

Krips, Josef, * Wien 8. April 1902, † Genf 12. Okt. 1974, östr. Dirigent. - 1933-38 und seit 1945 an der Wiener Staatsoper tätig, 1950-54 Chefdirigent des London Symphony Orchestra, 1954-63 des Buffalo Philharmonic Orchestra, daneben Gastdirigent.

Kris [malaiisch], malaiischer Dolch mit zweischneidiger, gewellter Klinge und meist figürl. verziertem Griff.

Krischna [Sanskrit „der Schwarze"], ind. Gott. K. gilt als Inkarnation Wischnus (↑Awatara), ist von dunkelblauer Hautfarbe und tritt in der Bhagawadgita als Wagenlenker und Offenbarer göttl. Wahrheiten auf; urspr. wohl Hirtengott, seine Geliebte ist die Hirtin *Radha.*

Krischna Menon ↑Menon, Vengalil Krishnan Krishna.

Krise [zu griech. krísis „Entscheidung"], allg. eine schwierige, gefährl. Situation, Wendepunkt einer Entwicklung, Entscheidungssituation.
◆ in der *Medizin* svw. ↑Krisis.
◆ (Krisis) in der *Konjunkturtheorie* ↑Wirtschaftskrise.

Krisenmanagement [...mɛnədʒmɛnt], Bez. für die Gesamtheit der Maßnahmen, welche angewandt werden, 1. um die Krise eines polit.-gesellschaftl. Systems ohne revolutionäre Änderungen zu lösen, 2. (im außenpolit. Bereich) um in einem zwischenstaatl. Konflikt unter Wahrung der wesentl. nat. Interessen die Eskalation zum Krieg zu vermeiden und eine friedl. Konfliktlösung herbeizuführen.

Krisenstab, offizielles Gremium sachverständiger Persönlichkeiten, das zur Behebung polit., wirtsch. o. ä. Krisen, Konflikte oder bestimmter Notsituationen gebildet wird.

Krishna [ˈkrɪʃna], Fluß in S-Indien, entspringt in mehreren, den Hindus hl. Quellen an den O-Hängen der Westghats, durchfließt in östl. Richtung die Hochflächen des Dekhan, durchbricht die Ostghats, mündet in einem mit dem Godavari gemeinsamen Delta in den Golf von Bengalen. 1 250 km lang.

Krisis [griech. „Entscheidung"], im *Drama* das Moment der Entscheidung, der Augenblick auf dem Höhepunkt des dramat. Konflikts, in dem sich der Held durch eine Entscheidung seiner Handlungsfreiheit begibt und damit den Umschwung der Handlung einleitet.
◆ (Heilkrise, Krise) in der *Medizin:* Höhepunkt eines Krankheitsverlaufs, dramat. Wendung (meist zur Besserung hin) einer Krankheit.

Kristall [zu griech. krýstallos „Eis, Bergkristall"], einheitl. zusammengesetzter Festkörper, dessen Bausteine (Atome, Moleküle, Ionen) zu einem räuml. K.gitter angeordnet sind. Die Bausteine, ihre Anordnung und die Art der Bindung bestimmen das äußere Erscheinungsbild und die Eigenschaften der Kristalle. Dazu gehören die für jeden spezif. K. kennzeichnenden Winkel, die seine, ebenfalls kennzeichnenden Flächen miteinander bilden. Die Bindungsarten der Bausteine im K.gitter sind je nach Stoff verschieden. Ionen-K., z. B. Steinsalz, werden durch elektrostat. Anziehung ihrer elektr. unterschiedl. geladenen Bestandteile (Na^+ und Cl^-) zusammengehalten. Bei den Metallen kommt die Bindung durch die Valenzelektronen der Metallatome zustande. Schwächere Bindungen entstehen durch Van-der-Waals'sche Kräfte und bedingen geringere Festigkeiten bestimmter K. oder bevorzugte Spaltrichtungen, z. B. bei den Glimmern. Die Abstände der Bausteine in den K. liegen in der Größenordnung von 10^{-8} cm (Ångström-Einheiten). Ihre räuml. Anordnung ist regelmäßig; das unterscheidet K. von amorphen (gestaltlosen) Substanzen wie Gläsern, Flüssigkeiten und Gasen. In *Flüssig-K.* erfolgt eine gewisse period. Vorordnung von Molekülen. Amorphe Substanzen können im Verlauf längerer Zeit in kristalline übergehen („Altern" von Gläsern z. B.). Infolge der regelmäßigen Anordnung ihrer Bausteine sind die Eigenschaften der meisten K. abhängig von der Richtung (Anisotropie der K.). Hierzu gehören u. a. Form, Härte, Spaltbarkeit, Wärmeleitfähigkeit, opt. und elektr. Eigenschaften. K. sind meist nicht der Theorie entsprechend aufgebaut. Statt vom theoret. möglichen **Idealkristall** spricht man vom **Realkristall,** in dem Fehler innerhalb des Gitters durch Unregelmäßigkeiten in der Anordnung der Bausteine, die während des Wachstums entstehen, oder durch Einbau von Spuren von Fremdsubstanzen bedingt sein können. K. weisen immer eine bestimmte Gestalt auf (**Kristallgestalt**). Sie ist die durch die Gesetzmäßigkeiten des Kristallwachstums bedingte und von den jeweiligen Milieubedingungen beeinflußte Form eines Kristalls, sie hängt u. a. von der Bildungstemperatur und Kristallisationsgeschwindigkeit, von der Konzentration und Menge der kristallisierenden Substanz sowie vom Anteil an Fremdsubstanzbeimengungen ab. Man unterscheidet bei der K.gestalt zw. K.tracht und

-habitus: Die **Kristalltracht (Tracht)** ist die Gesamtheit der am betrachteten K. auftretenden K.flächen. Der durch die Größenverhältnisse der einzelnen Flächen bedingte, im allg. nur qualitativ definierte **Kristallhabitus (Habitus)** charakterisiert die Gesamtgestalt des K. (z. B. gedrungen, säulig, stengelig, prismat., tafel[förm]ig, isometr. oder würfelig).

K. bilden sich aus Lösungen durch Übersättigung, aus Schmelzen durch Abkühlung oder durch Umwandlung aus amorphen Substanzen. In allen Fällen tritt ein, durch das K.gitter dokumentierter, geordneter Zustand ein.

Die Untersuchung von K. erfolgt heute in den meisten Fällen mit opt. (Polarisationsmikroskop) und/oder röntgenograph. Methoden; Röntgenstrahlen haben ähnl. Wellenlängen wie die Abstände der Bausteine in den K.gittern und können daher mit diesen zur Interferenz gebracht werden.

📖 *Crystals*. Hg. v. C. J. M. Rooijmans u. H. C. Freyhardt. Bln. u. a. 1978–80. 4 Bde. - Bohm, J.: *K.e.* Köln 1977. - Lieber, W.: *K.e wie sie wirklich sind*. Mchn. 1977. - *K.e.* Hg. v. V. de Michele. Mchn. 1969.

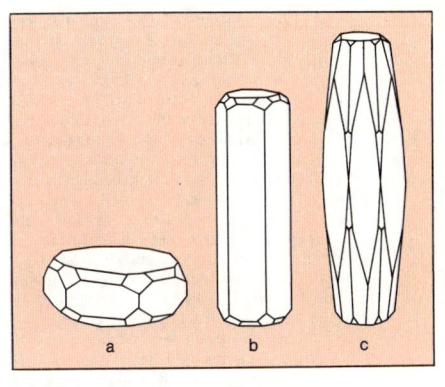

Kristall. Beispiele für verschiedene Kristallgestalten: Die Kristalle a und b haben gleiche Tracht, aber verschiedenen Habitus; b und c haben gleichen Habitus, aber verschiedene Tracht

Kristallbaufehler ↑ Fehlordnung.
Kristallchemie ↑ Kristallographie.
Kristalldetektor ↑ Detektor.
Kristalldruse ↑ Druse.
Kristallgestalt ↑ Kristall.
Kristallgitter, period., dreidimensionale Anordnung von Atomen, Molekülen oder Ionen in festen Stoffen zu gitterförmigen Strukturen (**Kristallstruktur**), wobei die einzelnen Bausteine als Punkte aufgefaßt werden und Abstände in der Größenordnung von Ångström-Einheiten (10^{-8} cm) voneinander haben. Die geometr. Anordnung der Bausteine im K. ist mitbestimmend für die äußere Erscheinung von Kristallen. Die Anordnung der Punkte im K. läßt sich in Form von Gittervektoren beschreiben; deren Beträge und die von ihnen eingeschlossenen Winkel stellen die **Gitterkonstanten** eines Kristalls dar. Die kleinstmögl. räuml. Anordnung dieser Gitterkonstanten bildet die für jedes Gitter typ. Elementarzelle in Form eines Parallelepipeds. Ihre Wahl ist willkürlich, erfolgt aber meist entsprechend der äußeren Symmetrie des Kristalls. Durch gesetzmäßige, dreidimensionale Wiederholung der Elementarzelle lassen sich K. erzeugen. Man unterscheidet einfache K. von zusammengesetzten. Bei einfachen K. sind die Gitterpunkte nur mit Bausteinen desselben Elements besetzt, sie wiederholen sich durch Translation, dh. Parallelverschiebung gegen die Ausgangslage. Jedes andere K. läßt sich aus mehreren, gegeneinander verschobenen, einfachen K. zusammengesetzt denken. Die Gitterkonstanten und damit die Elementarzellen von Kristallen lassen sich mit den Methoden der Kristallstrukturanalyse ermitteln. Geometrisch ergeben sich 7 einfache Raumgitter, deren Gitterpunkte nur eine Art von Kristallbausteinen darstellen. Diese können erweitert werden, indem man zusätzliche Punkte im Zentrum (*innenzentrierte K.*), an der Basis (*basiszentrierte K.*) oder an den Flächen (*flächenzentrierte K.*) annimmt. Insgesamt ergeben sich so die 7 + 7 = 14 sog. *Bravais-Gitter*. Solche Raumgitter haben nur die Elemente (z. B. die Metalle wie Eisen, Kupfer, Gold mit kub., oder Kohlenstoff in Form des Graphits mit hexagonalem Gitter. Erst durch Kombination solcher einfachen Gitter ergeben sich die, in den meisten Fällen aus mehreren Bausteinen (z. B. Na^+ und Cl^- beim Steinsalz) zusammengesetzten K. Sie bilden Kombinationen von zwei oder mehreren gleichen oder auch verschiedenen Grundgittern. Chem. verschiedene Substanzen können im gleichen Gittertyp kristallisieren. Man unterscheidet die mögl. Typen der von den verschiedenen chem. Elementen bzw. Verbindungen gebildeten K. von gleicher Symmetrie und mit gleichen K.komplexen, die sich nur in der Größe ihrer Bausteine und ihrer Elementarzellen (bzw. ihrer Gitterkonstanten) unterscheiden, also strukturell ähnl. sind. Die bis heute bekannten weit über 1 000 verschiedenen K. werden meist durch einen Großbuchstaben und eine fortlaufende Zahl bezeichnet: A Elemente, B, C, D Verbindungen zweier Elemente der Form AB, AB_2 bzw. A_mB_n (mit m oder n oder beide ≥ 2), E Verbindungen von mehr als zwei Elementen, F Verbindungen mit zwei- oder dreiatomigen Komplexen, G, H, I Verbindungen mit vier-, fünf- bzw. siebenatomigen Komplexen, K Verbindungen mit komplizierten Komplexen, S Silicate, O organ. Verbindungen, OB usw. anorgan. Verbindungen mit organ. Komplexen. - Die wich-

Kristallglasuren

tigsten K. sind: *Kupfertyp* (A 1), kub.-flächenzentrierte Gitter mit der Koordinationszahl 12, d. h. jeder Gitterbaustein ist von 12 anderen Bausteinen umgeben. *Wolframtyp* (A 2), kub.-raumzentrierte Gitter mit der Koordinationszahl 8. *Magnesiumtyp* (A 3), Gitter mit hexagonal dichtesten Kugelpackungen und der Koordinationszahl 12; *Diamanttyp* (A 4), kub.-flächenzentrierte Gitter, bei denen sich in den Mitten eines jeden zweiten Achtelwürfels noch ein Atom befindet, so daß jedes Atom von vier in den Ecken eines Tetraeders befindl. Nachbaratomen umgeben ist; *Graphittyp* (A 5), Schichtengitter aus hexagonalen Waben; *Steinsalztyp* (B 1), ineinandergestellte, um die halbe Würfelkantenlänge gegeneinander verschobene kub.-flächenzentrierte Gitter der Anionen und der Kationen; *Cäsiumchlorid[gitter]typ* (B 2), kub.-raumzentrierte Gitter mit dem Anion in der Mitte der Elementarzelle; *Zinkblendetyp* (B 3), diamanttypähnl. Gitter, bei denen jedes Kation tetraedr. von vier Anionen umgeben ist und umgekehrt; *Wurtzittyp* (B 4), Gitter mit Kationen und Anionen in jeweils hexagonal dichtester Kugelpackung; *Rotnickelkies*- oder *Nickelarsentyp* (B 8), hexagonale Gitter, in denen jedes Kation oktaedr. von sechs Anionen und zwei Kationen sowie jedes Anion von sechs Kationen umgeben ist; *Fluorit[gitter]typ* (C 1), Gitter, bei denen die Kationen einen flächenzentrierten Elementarwürfel bilden und in den Mitten jedes Achtelwürfels ein Anion sitzt; *Pyrittyp* (C 2), kub.-flächenzentrierte Gitter, bei denen gegenüber den Steinsalzgittern die Plätze der Anionen durch je zwei hantelförmig angeordnete Ionen ersetzt sind; *Rutiltyp* (C 4), tetragonal-raumzentrierte Gitter, in denen jedes Kation oktaedr. von sechs Anionen, jedes Anion von drei Kationen umgeben ist; *Calcittyp* (G 1), Gitter mit rhomboedr. Elementarzellen, in deren längster Raumdiagonale jeweils zwei der vieratomigen Komplexe angeordnet sind; *Spinelltyp* (H 11), Gitter, bei denen die Anionen annähernd eine kub. dichteste Kugelpackung bilden, in deren tetraedr. und oktaedr. Lücken die verschiedenen Kationen angeordnet sind. Sehr verbreitet sind die aus SiO_4-Tetraedern aufgebauten K., der *Quarztyp* (C 8) und die verschiedenen *Silicattypen* (S-Typen).

📖 Erdmann, J. C.: *Wärmeleitung in Kristallen, theoret. Grundll. u. fortgeschrittene experimentelle Methoden.* Bln. u. a. 1969.

Kristallglasuren ↑ Glasur.

Kristallhabitus ↑ Kristall.

kristallin [griech.], feste Stoffe bzw. Körper, i. e. S. Minerale und Gesteine, die Kristallstruktur aufweisen, werden k. genannt.

kristalline Schiefer ↑ Gneis.

Kristallisation [griech.-lat.-frz.], die Entstehung und das Wachstum von Kristallen; in der Chemie die Abscheidung einer kristallinen Phase aus der zuvor homogenen Lösung eines kristallisierbaren Stoffes (im allg. in Form feinkristalliner Niederschläge). Reinstoffe kristallisieren am jeweiligen Kondensationspunkt aus ihren Schmelzen aus; die K. eines gelösten Stoffes tritt auf, sobald sein Löslichkeitsprodukt überschritten wird. –

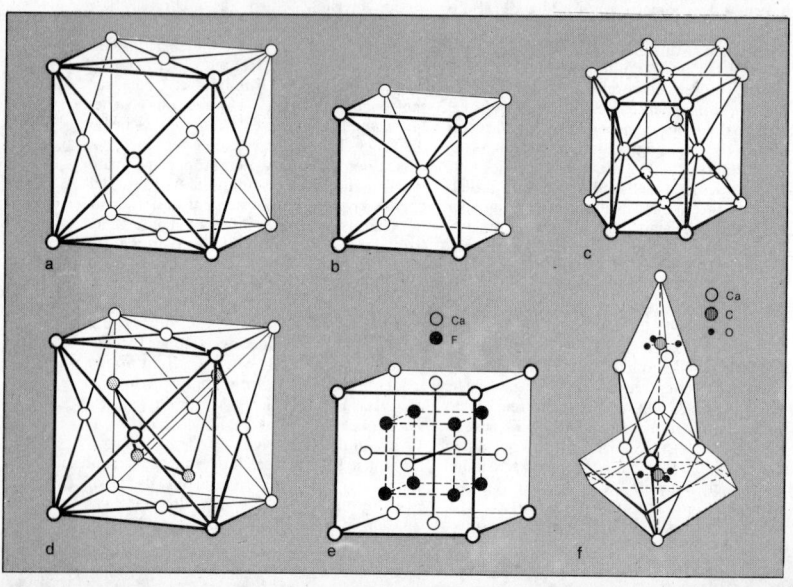

Kristallgittertypen. a Kupfertyp,
b Wolframtyp, c Magnesiumtyp,
d Diamanttyp, e Fluorittyp, f Calcittyp

Kristallographie

Eine K. nimmt ihren Ausgangspunkt an den sog. **Kristallisationskeimen,** vorwiegend Fremdpartikel (**Kristall[isations]kerne**), aber auch sich zufällig bildende kleine Kristalle einer bestimmten krit. Größe, die sich thermodynam. im Gleichgewicht mit ihrer Umgebung befinden und nicht wieder zerfallen, sondern weiterwachsen können (K.keime i. e. S.). Sind keine K.keime vorhanden, kommt es zur Bildung unterkühlter Lösungen oder Schmelzen, die dann bei Zugabe von K.kernen schlagartig auskristallisieren. Sind nur wenige K.keime vorhanden, so bilden sich große, gut ausgebildete Kristalle; bei vielen Keimen und rascher Abkühlung erfolgt die K. in zahlr. sehr kleinen, miteinander verwachsenen Kristallen. - Die K. ist in der Technik und im Labor ein wichtiger Prozeß zur Trennung der Bestandteile von Lösungen, indem man die Konzentration eines gelösten Stoffes durch Abkühlen oder Konzentrieren (Verdampfen) des Lösungsmittels so weit erhöht, daß das Löslichkeitsprodukt überschritten wird.

Kristallklassen (Symmetrieklassen), Prinzip der Einteilung der Kristalle bzw. Kristallgitter nach deren Symmetrieeigenschaften bzw. -elementen. Die Symmetrieelemente umfassen Drehachsen, Drehspiegelachsen, Spiegelebenen und Symmetriezentrum. Durch entsprechende Operationen mit diesen Elementen und deren verschiedenen möglichen Kombinationen ergeben sich rein mathemat. die 32 K. Entsprechend ihrer Symmetrie kann den einzelnen K. ein bestimmtes, kristallograph. Achsenkreuz zugeordnet werden. Das führt zu den 6 bzw. 7 ↑ Kristallsystemen. - Übersicht S. 232 f.

Kristallnacht (Reichskristallnacht), vermutl. im Hinblick auf die zahllosen zertrümmerten Fensterscheiben geprägte Bez. für den auf eine Initiative von J. Goebbels zurückgehenden, von Angehörigen der NSDAP und SA durchgeführten Pogrom in der Nacht vom 9. zum 10. Nov. 1938, in dessen Verlauf bei angebl. spontanen Kundgebungen 91 Juden ermordet und fast alle Synagogen sowie mehr als 7 000 in jüd. Besitz befindl. Geschäfte im Gebiet des Dt. Reichs zerstört oder schwer beschädigt wurden. Anlaß für diese antisemit. Exzesse war das Attentat auf den Sekretär der dt. Botschaft in Paris, Ernst Eduard vom Rath (* 1909, † 1938) durch Herschel Grynzspan (* 1921, † ? [seit 1942 verschollen]) am 7. Nov. 1938. Der NS-Führung diente diese Tat als Vorwand für den Versuch, die jüd. Mitbürger durch massive Gewaltmaßnahmen zur Emigration zu bewegen. Eine Sondersteuer in Höhe von 1 Mrd. Reichsmark, die Verhaftung von rd. 30 000 Juden und ihre zeitweilige Einweisung in Konzentrationslager ergänzten die Terroraktionen des Pogroms, das eine neue Etappe in der gewaltsamen Verwirklichung des antisemit. Programms der NSDAP und auf dem Weg zur sog. Endlösung der Judenfrage war.

📖 *Schultheis, H. A.: Die Reichs-K. in Deutschland. Bad Neustadt 1986. - Böcking, E.: K. Neuhausen 1985. - Lauber, H.: Judenprogrom: „Reichs-K". Nov. 1938 ... Gerlingen 1981. - K. Hg. v. H. Metzger. Stg. 1978.*

Kristalloblastese [griech.], durch gleichzeitiges Wachsen der Minerale gekennzeichnete Umkristallisation eines Gesteins bei der Metamorphose.

Kristallographie [griech.] (Kristallkunde), die Wiss. vom strukturellen und morphologischen Aufbau der Kristalle (bzw. kristallinen Stoffe), von ihren daraus ableitbaren physikal. und chem. Eigenschaften sowie von ihrer Bildung. Sie bedient sich für die Aufklärung der Zusammenhänge physikal. und chem. Untersuchungsmethoden. Da außer den Mineralien fast sämtliche festen Stoffe in kristallisierter Form vorliegen (z. B. Metalle, Halbleiter, Keramik, Porzellan), hat die K. außer für die Mineralogie auch große Bed. für die Werkstoffkunde und für die Analyse chem. Substanzen. Die K. läßt sich in verschiedene Teildisziplinen aufgliedern; die wesentlichsten sind: 1. Kristallmathematik, 2. Kristallphysik einschließl. der ↑ Kristalloptik und 3. Kristallchemie. Die **Kristallmathematik** befaßt sich mit den geometr. Gesetzmäßigkeiten und Symmetriebeziehungen der Kristalle. Wichtig in diesem Zusammenhang sind v. a. die Winkel, die die verschiedenen Kristallflächen miteinander bilden. Sie werden bei größeren Kristallen direkt, bei kleineren mit opt. und/oder röntgenograph. Methoden bestimmt (Goniometer). Eine zweite Aufgabe ist die Kristallberechnung. Dazu wird ein den wichtigsten Kanten des Kristalls im allg. paralleles Koordinatensystem eingeführt, auf das die Längenverhältnisse der Achsen und die Winkel, die sie miteinander bilden, bezogen werden. Kristallflächen, die die Achsen des Koordinatensystems in bestimmten Abschnitten schneiden, lassen sich so anhand des Verhältnisses dieser Achsenabschnitte beschreiben. In der K. werden diese direkten Achsenabschnitte meist noch rechnerisch umgeformt, was zu den sog. Flächenindizes der Kristalle führt (Weißsche bzw. Millersche Indizes). Die Achsenabschnitte und Indizes lassen sich stets durch ganze Zahlen darstellen. Dieses Grundgesetz der K. folgt aus der Raumgitternatur der Kristalle. Die **Kristallphysik** befaßt sich mit den physikal. Eigenschaften der Kristalle und den in ihnen auftretenden physikal. Erscheinungen. Zu den wichtigsten gehören die Spaltbarkeit (Steinsalz spaltet z. B. immer in Würfelform, Glimmer in Blättchen, Kalkspat in Rhomboedern), Härte (meist wird die sog. Ritzhärte nach Mohs bestimmt: ein härterer Kristall ritzt einen weicheren), Wärmeausdehnung, Wärmeleitfähigkeit, elektrische Leitfähigkeit, Fer-

Kristalloptik

ro- und Piezoelektrizität (Quarzuhren) und magnet. Eigenschaften. Die physikal. Eigenschaften sind durch den Gitterbau der Kristalle bestimmt. Die Kristallphysik untersucht außerdem die Vorgänge der Kristallbildung in Abhängigkeit von äußeren Bedingungen wie Druck, Temperatur usw. Die **Kristallchemie** oder chem. K. ist die Wiss. von der chem. Zusammensetzung und den chem. Umwandlungen der Kristalle sowie von den (gesetzmäßigen) Zusammenhängen zw. ihrer chem. Zusammensetzung und ihren physikal. Eigenschaften, ihren äußeren Formen und ihrem Aufbau. Die Kristallchemie hat u. a. zu untersuchen, welche Atome, Ionen und Moleküle die Kristallgitter aufbauen, durch welche chem. Bindungskräfte die unterschiedl. Anordnung dieser Kristallbausteine bewirkt wird und welchen Einfluß deren Größe, Polarisierbarkeit u. a. auf die Kristallstruktur haben. Weiter untersucht sie, welchen Einfluß v. a. Änderungen von Druck, Temperatur und chem. Zusammensetzung (Einbau von Fremdatomen) auf die Kristalle und ihre Gitter haben.

   📖 *Vainshtein, B. K.: Modern crystallography. Engl. Übers. Bln. u. a. 1981 ff. be-rechnet. - Kleber, W.: Einf. in die K. Bln.* ^{14}*1979. - Buerger, M. J.: K. Dt. Übers. Bln. u. New York 1977.*

Kristalloptik, Teilgebiet der Kristallphysik und damit auch der Kristallographie, das sich mit dem Verhalten der Lichtwellen in Kristallen und mit den opt. Eigenschaften der Kristalle befaßt. Infolge ihrer durch die Kristallgitterstruktur bedingten ↑ Anisotropie zeigen Kristalle gegenüber amorphen festen Stoffen eine Anzahl von opt. Besonderheiten, wie z. B. ↑ Doppelbrechung, opt. ↑ Polarisation und Drehung der Polarisationsebene des Lichtes (↑ optische Aktivität). Die opt. Eigenschaften sind abhängig von der Struktur der Materie. Deshalb ist die K. ein wichtiges analyt. Verfahren zur Bestimmung und Unterscheidung von Mineralien (Mineralogie, Petrographie, Edelsteinkunde) und anderen, auch synthet., kristallinen Stoffen (Chemie). Das Verfahren bedient sich des Polarisationsmikroskops. Infolge der vergrößernden Wirkung des Mikroskops werden nur geringe Substanzmengen benötigt. Bestimmt werden v. a. Farbe, Lichtbrechung und Doppelbrechung, die fast immer spezif. für die untersuchte Substanz sind. Mit Hilfe der K. lassen sich amorphe Substanzen (z. B. Gläser) von kristallinen unterscheiden. Infolge der strukturellen Abhängigkeit der opt. Eigenschaften sind mit Hilfe der K. Rückschlüsse auf den Kristallbau möglich.

Kristallpalast, für die erste Weltausstellung in London 1851 von Sir Joseph Paxton im Hyde Park errichteter Skelettbau aus Gußeisen mit Glaswänden (1854 nach Sydenham versetzt, 1936 abgebrannt).

Kristallphysik ↑ Kristallographie.
Kristallstruktur, svw. ↑ Kristallgitter. - ↑ auch Kristallstrukturanalyse.
Kristallstrukturanalyse (Feinstrukturanalyse, Kristallgitterbestimmung), die Gesamtheit der Verfahren zur Ermittlung der Struktur von Kristallen, d. h. der räuml. Anordnung der atomaren Bausteine in ihren Kristallgittern sowie der Größe und Form ihrer Elementarzellen, mit Hilfe der Beugung von Röntgenstrahlen *(Röntgen[struktur]analyse)*, Elektronen- oder Neutronenstrahlen an den Kristallen. Dabei wird ausgenutzt, daß die Wellenlängen dieser elektromagnet. Wellen bzw. dieser Materiewellen in der Größenordnung der Atomabstände im Gitter (etwa 10^{-8} cm) liegen und deshalb die Kristallgitter als räuml. Beugungsgitter dienen und Interferenzen erzeugen können. Die zu untersuchende Substanz kann als Einkristall oder als Kristallpulver vorliegen. Die Lage, Anzahl und Intensität der sich bei der Beugung bzw. Reflexion der Strahlen an der Probe ergebenden Interferenzmaxima (Reflexe) werden v. a. mit Hilfe photograph. Platten und Filme, mit Proportionalzählrohren oder Ionisationskammern registriert. Man unterscheidet deshalb einerseits *Einkristallverfahren* (z. B. Laue-Verfahren, Drehkristallmethode, Goniometerverfahren) und *Pulververfahren* (Debye-Scherrer-Verfahren), andererseits *Film- und Zählrohr-* oder *Diffraktometermethoden*. Die Lage der so erhaltenen Interferenzmaxima gibt Auskunft über die Gitterkonstanten und die Symmetrie des Kristallgitters. Die K. ist auch zur Klärung des Baus komplizierter Moleküle (z. B. von Proteinen, Steroiden, Vitaminen, Zellulose) geeignet und ermöglicht die Stereochemie wichtiger Substanzklassen sowie die Aufklärung biochem. Vorgänge.

Kristallsysteme, Zusammenfassung mehrerer Kristallklassen auf Grund gemeinsamer Symmetrieverhältnisse. Jedes K. läßt sich auf ein bestimmtes kristallograph. Achsenkreuz beziehen. Diese unterscheiden sich nach Länge der Achsen (a, b, c) und Winkeln (α, β, γ), die diese Achsen untereinander bilden. Es gibt insgesamt 6 bzw. 7 K. Beim *kubischen,* mit der höchsten möglichen Symmetrie, sind a, b und c gleich lang und schneiden sich unter rechten Winkeln. Beim *triklinen* System, mit der niedrigsten Symmetrie, sind sämtliche Achsen verschieden lang und schneiden sich unter verschiedenen Winkeln, die grundsätzl. von 90° verschieden sind. Im *monoklinen* System sind sämtl. Achsen des Koordinatensystems verschieden lang und schneiden sich unter zwei rechten und einem schiefen Winkel. Im *rhomb.* System sind die Achsen verschieden lang und schneiden sich unter Winkeln von 90°. Im *hexagonalen* System werden 4 Achsen verwendet, von denen sich drei gleich lange unter Winkeln von 120° schneiden, die vierte dagegen von den übrigen verschieden lang ist und mit den anderen einen Winkel von 90° bildet. Das *trigonale* System unterscheidet sich vom hexagonalen nur formal und wird als ein Teil desselben angesehen. Im *tetragonalen* System sind zwei Achsen gleich lang, die dritte davon verschieden. Die Achsen schneiden sich sämtlich unter Winkeln von 90°. - Übers. S. 232 f.

Kristalltonabnehmer ↑ Tonabnehmersystem.

Kristalltracht ↑ Kristall.

Kristallzähler, Gerät zum Nachweis von Gammaquanten und geladenen Teilchen, dessen empfindl. Teil aus einem hochisolierenden Kristall, z. B. Diamant *(Diamantzähler)*, Cadmiumsulfid oder Thalliumhalogenid besteht. Die einfallende Strahlung setzt im Kristall durch Ionisation Elektronen frei, die unter dem Einfluß einer angelegten Spannung nachweisbare Stromimpulse erzeugen.

Kristallzüchtung, Herstellung synthet. Einkristalle aus Lösungen, Schmelzen oder Pulvern, heute auch großtechn. (Laserkristalle, Halbleiterkristalle, Speicherkristalle für EDV, Kristalle für opt. und röntgenograph. Zwecke). Die Synthese aus Lösungen beruht auf Abkühlung, Temperaturdifferenzen oder Verdampfung einer entsprechende Ionen enthaltenden, meist wässerigen Lösung. Für die industrielle K. wichtiger ist die Synthese aus Schmelzen entsprechender Substanzen, mit der Impfkristalle als Kristallisationskeime eingebracht werden. Beim Flammenschmelzverfahren (Verneuil-Verfahren) dagegen läßt man die Ausgangssubstanz als Pulver durch eine Knallgasflamme rieseln; auch hier werden Impfkristalle verwendet (z. B. K. von Rubin-Lasern).

Kristallzwillinge (Zwillingskristalle), im Sinne kristallograph. Gesetze regelmäßige Verwachsung von Kristallindividuen untereinander (Zwillinge, auch Drillinge, Vierlinge). Bei den Feldspäten und beim Quarz sind Zwillinge die Regel.

Kristiania, früher Name von ↑ Oslo.

Kristiansand [norweg. kristjan'san], Hauptstadt des südnorweg. Verw.-Geb. Vest-Agder, 61 700 E. Luth. Bischofssitz; Garnison; Distriktshochschule, Schiffbau, Elektrometallurgie, Holzverarbeitung, Textil- u. a. Ind. Hafen, Autofähren nach Großbrit. und Dänemark; ⚓. - 1641 gegr., mit streng rechtwinkligem Grundriß.

Kristianstad [schwed. kri'ʃansta:d], Hauptstadt des südschwed. Verw.-Geb. K., 69 400 E. Museum; Nahrungsmittel- und Bekleidungsind., Eisenbahnknotenpunkt. - 1614 als **Allö** von Dänemark gegr., seit 1615 heutiger Name, 1622 Stadtrecht. 1658 wurde K. mit Blekinge an Schweden abgetreten.

Kristiansund [norweg. kristjan'sɵn], auf mehreren Inseln liegende Stadt in W-Norwegen, 17 900 E. Museum. Textil-, Bekleidungsind., Hafen, ⚓. - K. erhielt 1742 Stadtrecht.

Kristl, Vlado, * Zagreb 24. Jan. 1923, jugoslaw. Filmemacher, Maler und Lyriker. - Lebt seit 1963 in der BR Deutschland. Wurde bekannt mit „Juwelenraub" (1960), „Das Chagrinleder" (1961), „Don Quichotte" (1962). Seine Realfilme wie „Der Damm" (1964), „Der Brief" (1966), „Obrigkeitsfilm" (1971) wirken durch das szen.-visuelle Zerbrechen der Handlungsstruktur. Drehte auch „Tod dem Zuschauer" (1984).

Kristofferson, Kris [...sən], * Brownsville (Tex.) 22. Juli 1936, amerikan. Rockmusiker (Gitarrist und Sänger). - Komponist und Texter von Songs, die z. T. Klassiker der Country-music wurden.

Kriterium [griech.], Merkmal, Kennzeichen; in den exakten Wissenschaften eine hinreichende Bedingung für das Bestehen eines Sachverhalts.
♦ im *Radsport* die Zusammenfassung mehrerer Wertungsrennen zu einem Wettkampf.

Kriti, griech. Insel, ↑ Kreta.

Kritias, * um 460, ✗ Munichia bei Athen 403, athen. Politiker und Schriftsteller. - Mgl. der Dreißig Tyrannen, verfolgte rigoros Demokraten und laue Anhänger der eigenen Partei (etwa 1 500 Opfer); Schüler Platons, verfaßte u. a. Gedichte und polit. Schriften.

Kritik [zu griech. kritikḗ (téchnē) „(Kunst der) Beurteilung"], Grundform der Auseinandersetzung mit Handlungen, Handlungsnormen und -zielen sowie mit der durch diese bestimmten Welt in Form der Distanzierung, Beurteilung, Infragestellung, Negierung; in moderner Terminologie nahezu synonym zu Vernunft und Denken. Aufklärer. K. richtet sich gegen den Zwang zur nichtbefragten Internalisierung metaphys., religiöser, rechtl., polit. oder allg. gesellschaftl. Vorurteile und Normensysteme; sie setzt einerseits die Freiheit zu deren Infragestellung voraus und ist andererseits darauf angelegt, diese Freiheit zu erweitern. Insofern sind K. und Fähigkeit zu K. konstitutiv für jede Demokratie. - K. bezieht sich immer auf bestimmte Normen oder Normsetzungen (u. a. Wahrheit, Vernunft, Autonomie) und kontrolliert ihre Prämissen, Bezugssysteme, ihre Verfahren und Methoden zur größtmögl. Ausschaltung irrationaler Elemente, indem sie sie etwa dem Postulat intersubjektiver Überprüfbarkeit oder dem der Verifikation bzw. Falsifikation unterwirft. - In der damit vollzogenen Distanzierung zur vorgegebenen Wirklichkeit kann K. als Grundelement und Antriebskraft von Philosophie, Wiss., Technik und Kultur gelten. K. erreicht ihre histor. Höhepunkte zu Zeiten philosoph.-wiss.-polit. Aufklärung, z. B. in der griech. Philosophie des 5. Jh. v. Chr. in der sophist. und sokrat. K., die Mythos, Götterglauben, Tradition u. a. in Frage stellten, vor allem in der Aufklärung, die sich in Rationalismus und Empirismus gegen eine nicht hinterfragte Metaphysik und

KRISTALLSYSTEME UND KRISTALLKLASSEN

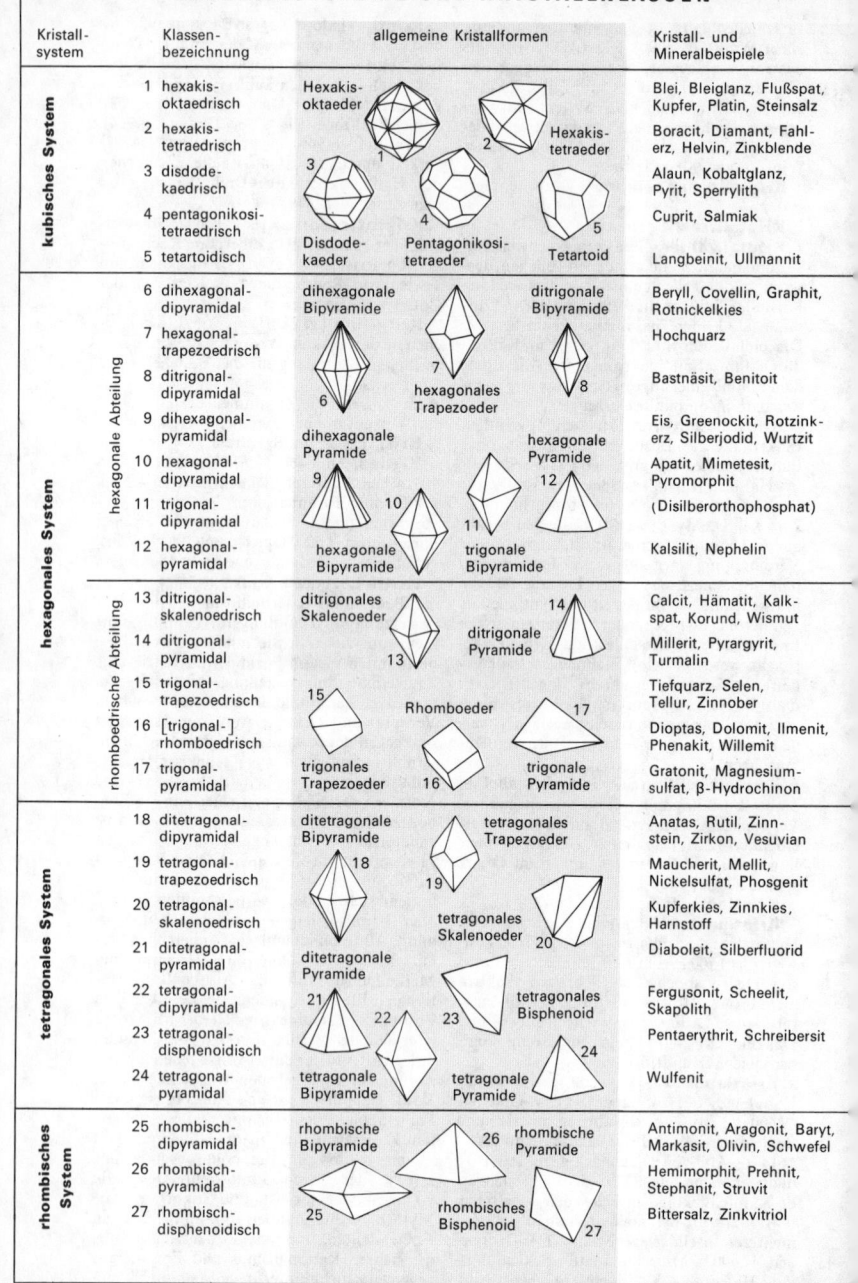

Kristall-system	Klassen-bezeichnung	allgemeine Kristallformen	Kristall- und Mineralbeispiele
kubisches System	1 hexakis-oktaedrisch	Hexakis-oktaeder	Blei, Bleiglanz, Flußspat, Kupfer, Platin, Steinsalz
	2 hexakis-tetraedrisch	Hexakis-tetraeder	Boracit, Diamant, Fahlerz, Helvin, Zinkblende
	3 disdode-kaedrisch	Disdodekaeder	Alaun, Kobaltglanz, Pyrit, Sperrylith
	4 pentagonikosi-tetraedrisch	Pentagonikosi-tetraeder	Cuprit, Salmiak
	5 tetartoidisch	Tetartoid	Langbeinit, Ullmannit
hexagonales System (hexagonale Abteilung)	6 dihexagonal-dipyramidal	dihexagonale Bipyramide	Beryll, Covellin, Graphit, Rotnickelkies
	7 hexagonal-trapezoedrisch	hexagonales Trapezoeder	Hochquarz
	8 ditrigonal-dipyramidal	ditrigonale Bipyramide	Bastnäsit, Benitoit
	9 dihexagonal-pyramidal	dihexagonale Pyramide	Eis, Greenockit, Rotzinkerz, Silberjodid, Wurtzit
	10 hexagonal-dipyramidal	hexagonale Bipyramide	Apatit, Mimetesit, Pyromorphit
	11 trigonal-dipyramidal	trigonale Bipyramide	(Disilberorthophosphat)
	12 hexagonal-pyramidal	hexagonale Pyramide	Kalsilit, Nephelin
(rhomboedrische Abteilung)	13 ditrigonal-skalenoedrisch	ditrigonales Skalenoeder	Calcit, Hämatit, Kalkspat, Korund, Wismut
	14 ditrigonal-pyramidal	ditrigonale Pyramide	Millerit, Pyrargyrit, Turmalin
	15 trigonal-trapezoedrisch	trigonales Trapezoeder	Tiefquarz, Selen, Tellur, Zinnober
	16 [trigonal-]rhomboedrisch	Rhomboeder	Dioptas, Dolomit, Ilmenit, Phenakit, Willemit
	17 trigonal-pyramidal	trigonale Pyramide	Gratonit, Magnesiumsulfat, β-Hydrochinon
tetragonales System	18 ditetragonal-dipyramidal	ditetragonale Bipyramide	Anatas, Rutil, Zinnstein, Zirkon, Vesuvian
	19 tetragonal-trapezoedrisch	tetragonales Trapezoeder	Maucherit, Mellit, Nickelsulfat, Phosgenit
	20 tetragonal-skalenoedrisch	tetragonales Skalenoeder	Kupferkies, Zinnkies, Harnstoff
	21 ditetragonal-pyramidal	ditetragonale Pyramide	Diaboleit, Silberfluorid
	22 tetragonal-dipyramidal	tetragonale Bipyramide	Fergusonit, Scheelit, Skapolith
	23 tetragonal-disphenoidisch	tetragonales Bisphenoid	Pentaerythrit, Schreibersit
	24 tetragonal-pyramidal	tetragonale Pyramide	Wulfenit
rhombisches System	25 rhombisch-dipyramidal	rhombische Bipyramide	Antimonit, Aragonit, Baryt, Markasit, Olivin, Schwefel
	26 rhombisch-pyramidal	rhombische Pyramide	Hemimorphit, Prehnit, Stephanit, Struvit
	27 rhombisch-disphenoidisch	rhombisches Bisphenoid	Bittersalz, Zinkvitriol

KRISTALLSYSTEME UND KRISTALLKLASSEN

Kristall-system	Klassen-bezeichnung	allgemeine Kristallformen			Kristall- und Mineralbeispiele
monoklines System	28 monoklin-prismatisch	Prisma 28	Doma 29	Sphenoid 30	Augit, Epidot, Gips, Hornblende, Malachit, Orthoklas
	29 monoklin-domatisch				Kaolinit, Skolezit
	30 monoklin-sphenoidisch				Mesolith, Milchzucker, Weinsäure
triklines System	31 triklin-pinakoidal	Pinakoid 31		Pedion 32	Disthen, Kupfervitriol, Plagioklase
	32 triklin-pedial				Calciumthiosulfat

die von ihr getragenen Institutionen der Kirche, des Staates und des Rechts wandte. Einen Wendepunkt markiert die K. bei Kant als Untersuchung der Grenzen und Bedingtheiten des Erkenntnis- und Urteilsvermögens selbst. - Inhalt und Methode der K. richten sich nach der sie jeweils anwendenden Wiss., z. B. Sprachkritik, Literaturkritik, Gesellschaftskritik.

▫ *K. in Massenmedien.* Hg. v. H. Fischer u. a. Köln 1983. - Röttgers, K.: *K. u. Praxis. Zur Gesch. des K.begrifs von Kant bis Marx.* Bln. 1975. - Bormann, C. v.: *Der prakt Ursprung der K.* Stg. 1974. - Albert, H.: *Traktat über krit. Vernunft.* Tüb. 1968.

Kritikaster [griech.], kleinl. Kritiker, Nörgler.

Kritios, griech. Bildhauer, mit Nesiotes in Werkstattgemeinschaft (?) in Athen tätig im frühen 5. Jh. v. Chr. - 477 erneuerten beide die 480 von den Persern entführte Gruppe der Tyrannenmörder Harmodios und ↑Aristogeiton des Antenor (röm. Kopien). Zugewiesen wird dem K. der sog. K.knabe der Akropolis, ein bed. Frühwerk des ↑Kontraposts.

kritisch, allg. nach präzisen Maßstäben prüfend, genau abwägend; tadelnd; bedrohlich, schwierig.

◆ in der *Kernphysik* Bez. für den Zustand eines Kernreaktors, in dem ebensoviel Neutronen erzeugt werden wie aus dem Reaktor ausfließen und absorbiert werden. Beim k. Reaktor wird die Kernkettenreaktion gerade aufrechterhalten.

kritische Ausgabe, die nach den Grundsätzen der Textkritik hergestellte Edition eines nicht authent. überlieferten antiken oder ma. literar. Werkes.

kritische Geschwindigkeit, in der Strömungslehre 1. die Geschwindigkeit, bei der eine laminare Strömung in eine turbulente Strömung übergeht; 2. die Geschwindigkeit, bei der in offenen Gerinnen eine Umwandlung von strömender in schießende Bewegungsform erfolgt; 3. die Minimalgeschwindigkeit, mit der sich Oberflächenwellen ausbreiten können; 4. die Strömungsgeschwindigkeit eines Gases, die gleich der Schallgeschwindigkeit am betrachteten Ort ist; 5. die Geschwindigkeit, bei der Kavitation auftritt.

kritische Masse, diejenige Menge eines durch Kernspaltung spaltbaren Stoffes (z. B. Uran 235), die in einem Kernreaktor eine gewählte Anordnung von Kernbrennstoff und Moderator gerade krit. macht.

kritischer Apparat, Bez. für textkrit. Anmerkungen am Fuß der Seiten, im Anhang oder einem separaten Band, die die Lesarten (Varianten) zu einem krit. edierten Text bieten; er soll die Textgeschichte vollständig darstellen.

kritischer Rationalismus, eine von K. R. Popper 1935 begr. und so gen. philosoph. und wissenschaftstheoret., aus der Kritik des log. Empirismus und Neopositivismus entstandene Schule, die zur Verifikation empir. Behauptungen benutzten Induktionsschlüsse bezweifelt und die prinzipielle Falsifizierbarkeit einer Aussage zum Abgrenzungskriterium für rational verstandene wiss. Sätze macht, im Ggs. zu sog. „metaphys." Aussagen.

kritischer Realismus ↑Realismus, ↑sozialistischer Realismus.

kritischer Zustand, Bez. für den Zustand eines Stoffes, in dem zwei verschiedene Aggregatzustände gleichzeitig nebeneinander existieren, die jedoch physikal. nicht mehr unterscheidbar sind. Es treten starke spontane Dichteschwankungen auf *(krit. Opaleszenz).* Die Zustandsgrößen im k. Z. bezeichnet man als **krit. Größen;** sie sind für jeden Stoff charakterist. Konstanten. Die **krit. Temperatur** T_{krit} ist diejenige Temperatur, oberhalb der ein Gas auch bei Anwendung noch so hoher Drucke nicht mehr verflüssigt werden kann. Den Druck, bei dem eine Verflüssigung bei der krit. Temperatur gerade noch mögl. ist, bezeichnet man als **krit. Druck** p_{krit}, das Volumen, das 1 Mol eines Stoffes bei der krit. Temperatur einnimmt als **krit. Volumen** V_{krit}, die entsprechende Dichte als **krit. Dichte** ρ_{krit}.

kritische Theorie, eine von M. Hork-

Kritizismus

heimer und T. W. Adorno begr. philosoph. und sozialwiss. Schule bzw. die von ihr vertretenen Lehrinhalte, nach der die wiss. Theoriebildung an einer prakt. Vernunft zu messen sei; richtet sich deshalb im Methodenstreit der Sozialwissenschaften gegen das Postulat der Wertfreiheit (Max Weber). Über ihr Wahrheitsverständnis (Wahrheit = Begründung) verbindet sich die k. T. unmittelbar mit polit. Theorie: Die Trennung von Wissenschaft und Politik führe zu Verzerrungen. Entsprechend erhalten Theorien, die der Aufhebung der Verzerrungen dienen (krit. Gesellschaftstheorie, Psychoanalyse) einen normativen Rang in den Sozialwiss. - Zentrum der k. T.: das 1930 gegr. „Frankfurter Institut für Sozialforschung" (daher auch: **Frankfurter Schule**).

Kritizismus [griech.], seit Kant Bez. seiner Philosophie im allg. und insbes. der gegen den (metaphys.) Dogmatismus bzw. der ↑Skeptizismus gerichteten Forderung, daß vor dem Aufbau theoret. Systeme die „Möglichkeit" der benutzten und vorgetragenen „Erkenntnisse" untersucht und deren method. Prinzipien und Mittel bereitgestellt werden.

Kriwet, Ferdinand, *Düsseldorf 3. Aug. 1942, dt. Schriftsteller und Maler. - K. erstrebt eine umfassende sprachl.-visuelle Kommunikation durch Seh- und Hörtexte, seine „poem paintings" zeigen variable Lese- und Kombinationsmöglichkeiten, seine ↑akustische Dichtung erweiterte er z. T. zu opt.-akust.-musikal. Mixed-media-Veranstaltungen; u. a.: „Stars. Lexikon in 3 Bänden" (1971), „COM.MIX. Die Welt der Schrift- und Zeichensprache" (1972), „Campaign. Wahlkampf in Amerika – Ein Mixed-Media-Buch" (1973).

Kriwoi Rog, sowjet. Stadt im S der Dnjeprplatte, Ukrain. SSR, 680 000 E. Erzbergbauhochschule, PH, Museum; Theater; eines der größten Eisenerzbergbauzentren der UdSSR. - Im 17. Jh. als Siedlung der Saporoger Kosaken entstanden.

Krk [serbokroat. krk], mit 410 km² größte der jugoslaw. Adriainseln, im S bis 569 m hoch. Hauptort **Krk** an der SW-Küste (2 000 E), von Mauern mit drei Toren umgeben.

Krleža, Miroslav [serbokroat. ˌkrlɛʒa], *Zagreb 7. Juli 1893, †ebd. 29. Dez. 1981, kroat. Schriftsteller. - Bed. für die neue kroat. Literatur; schrieb Gedichte, Erzählungen, Dramen, Romane und Essays. Er stellt v. a. das Milieu der Städte Wien, Budapest, Belgrad, Zagreb dar und behandelt das Thema des Generationsunterschieds, des Provinzintellektuellen, des Untergangs der bürgerl. und aristokrat. Gesellschaftsschicht, u. a. in den Romanen „Die Rückkehr des Filip Latinovicz" (1932), „Ohne mich" (1938), „Bankett in Blitwien" (1939). - *Weitere Werke*: Der kroat. Gott Mars (En., 1922), Glembay-Zyklus (Dr.-Trilogie: In Agonie, 1928; Leda. Komödie einer Karnevalsnacht, 1931).

Krnov [tschech. ˈkr̩nɔf] (dt. Jägerndorf), Stadt am O-Fuß des Hohen Gesenkes, ČSSR, 317 m ü. d. M., 26 100 E. Wollverarbeitung, Textilmaschinen- und Orgelbau. - K., 1221 erstmals erwähnt, war 1377–1474 Hauptstadt des Hzgt. Jägerndorf. - Got. Pfarrkirche Sankt Martin (14. Jh.); die got. Minoritenkirche (14. Jh.) wurde 1720–30 barockisiert; das ehem. fürstl. Liechtensteinsche Schloß (16. Jh.) wurde 1799 spätbarock umgestaltet; über der Stadt barocke Wallfahrtskirche.

Kroaten, südslaw. Volk im N und W Jugoslawiens.

Kroatien, zweitgrößte der Teilrepubliken Jugoslawiens, 56 538 km², 4,64 Mill. E (1984), Hauptstadt Zagreb. K. erstreckt sich von der Adriaküste bis zur Donau im NO und bis zur Drau im N, während es im SW in einem immer schmaler werdenden Küstenstreifen (Dalmatien) bis unmittelbar vor die Bucht von Kotor reicht. Die Bev. besteht überwiegend aus Kroaten; daneben leben hier Serben, Ungarn, Slowenen, Tschechen und Italiener. Wichtigster *Wirtschafts*zweig ist die Landw.; angebaut werden Mais, Weizen, Kartoffeln, Zuckerrüben, in höheren Lagen Weidewirtschaft, v. a. Schafe. An der Küste Weinbau, Feigen- und Ölbäume sowie Zitruskulturen. K. gehört zu den industriell am weitesten entwickelten Gebieten des Landes. An Bodenschätzen sind Bauxit, Braunkohle und Erdöl vorhanden. Der Fremdenverkehr spielt v. a. an der Küste eine große Rolle. Verkehrsmäßig ist K. durch Bahn und Straßen gut erschlossen.

Geschichte: Zunächst gehörte K. zu Illyrien; ab 7. Jh. von südslaw. Stämmen besiedelt; Hzg. Trpimir begr. die kroat. Herrscherdyn. (845–865). Tomislav erlangte 924 die Königswürde. Ihm und seinen Nachfolgern gelang es, Slawonien zu erobern und die dalmatin. Städte zur Anerkennung der kroat. Oberhoheit zu zwingen. Nach dem Aussterben der Dyn. (1091) konnte K. seine Selbständigkeit gegen Venedig und Ungarn nicht behaupten: 1102 wurde eine Personalunion mit Ungarn vereinbart. Venedig eroberte Dalmatien 1202 z. T. und im 15. Jh. ganz (außer Dubrovnik). Unter der Stephanskrone wurde K. ein Adelsstaat mit mächtigen Feudalherren. 1527 wurde der Habsburger Ferdinand zum König gewählt in der Hoffnung auf Unterstützung gegen die Osmanen; K. wurde ein Eckpfeiler der habsburg. Macht. Die Osmanen konnten im 17./18. Jh. zurückgedrängt werden. Die südl. der Una gelegenen Teile von K. blieben aber beim Osman. Reich bzw. bei Bosnien. Die zentralist. Tendenzen des habsburg. Absolutismus führten Ende des 17. und Anfang des 18. Jh. zum Widerstand kroat. Adelsfronden. Das 1849 geschaffene Kronland K. (mit Slawonien, dem Küstenland und Fiume [Rijeka]) wurde 1867 der ungar. Krone unterstellt. Dalmatien kam zur östr. Reichshälfte. Gegen die Magyarisierungspolitik v. a. seit 1880 richteten sich großkroat. und föderalist. Programme. Nach dem 1. Weltkrieg wurde K. Bestandteil Jugoslawiens. Der Konflikt zw. Serben und Kroaten wurde zur schwersten Belastung des neuen Staates. Nach der Zerschlagung Jugoslawiens durch die Achsenmächte wurde 1941 der „Unabhängige Staat K." proklamiert, und unter A. Pavelić ein faschist. Regime errichtet. 1946 wurde K. eine der 6 Volksrepubliken Jugoslawiens. Vorwiegend wirtsch. Fragen belasten das Verhältnis zw. den Kroaten und dem Gesamtstaat weiterhin.

  Gazi, S.: A history of Croatia. New York 1973. - *Bauer, E.: Glanz u. Tragik der Kroaten.* Wien u. Mchn. 1969. - *Omrčanin, I.: Diplomat. u. polit. Geschichte Kroatiens.* Neckargemünd 1968.

kroatische Literatur ↑jugoslawische Literatur.

kroatische Sprache ↑Serbokroatisch.

Kroatisch-Slawonische Inselgebirge, zusammenfassende Bez. für die in dem Zwischenstromland von Drau und Save (Jugoslawien) gelegenen Mittelgebirgsrücken.

kroatisch-ungarischer Ausgleich (1868), vertragl. vereinbarte staatsrechtl. Gleichheit Kroatiens und Ungarns unter gemeinsamem König mit Regelung gemeinsamer Angelegenheiten (v. a. Wirtschaft, Finanzen) und kroat. Autonomie in inneren Angelegenheiten (Kultus, Erziehung, Justiz).

Krocket [engl.] (frz. croquet, engl. crocket), Kugeltreibspiel, bei dem die Kugeln mit hölzernen Schlaghämmern durch Tore (Drahtbögen) getrieben werden. Als Spielfeld dient ein ebener Rasenplatz. Nach offiziellen Regeln spielen 2 Parteien (mit einem oder 2 Spielern) mit 4 Kugeln. Die Parteien schlagen abwechselnd. Zwei Holzpflöcke markieren Start und Ziel bzw. Wendemarke. 10 bis 20 Tore werden in bestimmter Reihenfolge angeordnet. Eine Partei bleibt am Schlag, wenn sie durch ein Tor trifft oder mit der eigenen eine gegner. Kugel berührt. Kugeln der anderen Partei dürfen durch **Krockettieren** abseits geschlagen werden. Dabei wird die getroffene Kugel vor die eigene Kugel gelegt, diese wird mit der Fußspitze festgehalten und so angeschlagen, daß die gegner. Kugel in eine ungünstige Position rollt. Eigene Kugeln können so in eine gewünschte Richtung getrieben werden. Gewinner ist, wer zuerst seine Kugel an den Zielpfahl schlagen kann.

Kroetz, Franz Xaver, * München 25. Febr. 1946, dt. Dramatiker. - Urspr. Schauspieler; seine neorealist. frühen Volksstücke zeigen die ausweglose Situation der sozial Deklassierten und Unterprivilegierten, ihre Unfähigkeit, in ihnen gegen eine normierte, normsetzende Umwelt zu führen und zu gestalten und die sich daher in dumpfe, oft kriminelle Aktionen flüchten; deutl. u. a. in „Heimarbeit" (Uraufführung 1971), „Stallerhof" (1972), „Geisterbahn" (1972), „Wildwechsel" (1973). - *Weitere Werke:* Oberösterreich (1973), Maria Magdalena (1974, nach Hebbel), Agnes Bernauer (1976, nach Hebbel), Mensch Meier (Uraufführung 1978), Nicaragua Tagebuch (1986), Der Nusser (1986, nach E. Toller).

Krogh, August [dän. krɔːˈɣ], * Grenå (Jütland) 15. Nov. 1874, † Kopenhagen 13. Sept. 1949, dän. Physiologe. - Prof. in Kopenhagen; arbeitete v. a. über den Atmungsstoffwechsel; er erhielt für die Entdeckung des kapillarmotor. Regulationsmechanismus 1920 den Nobelpreis für Physiologie und Medizin.

Krohg, Christian [norweg. kroːg], * Vestre Aker (= Oslo) 13. Aug. 1852, † Oslo 16. Okt. 1925, norweg. Maler und Schriftsteller. - Von den literar. Programm Brandes' ergriffen, schrieb K. u. a. den [später verbotenen] gesellschaftskrit. Roman über das Leben der Prostituierten „Albertine" (1886) und malte u. a. sozialkrit. Bilder sowie Porträts.

Kroisos ↑Krösus.

Krokant [frz., zu croquer „knabbern"], süßes Erzeugnis aus mindestens 20 % zerkleinerten Mandeln oder Nüssen und Karamelzucker.

Kroketten (Croquettes) [frz.; zu croquer „knabbern"], panierte, in Fett ausgebackene Röllchen aus Kartoffelbrei, auch mit anderer Füllung.

Krokodile [griech.] (Panzerechsen, Crocodylia), Ordnung rd. 1,5–7 m langer, in trop. und subtrop. Gebieten weltweit verbreiteter, im und am Süßwasser lebender Reptilien mit 21 v. a. Fische, Vögel und Säuger fressenden Arten; mit Hautpanzer (aus Hornschuppen oder -platten). Der muskulöse Ruderschwanz ist seitl. abgeplattet. Die zur Bauchseite eingelenkten Beine erlauben ein hochbeiniges Gehen. Die Augen haben eine senkrechte Pupille. Nase und Ohren sind beim Tauchen (bis über eine Stunde) verschließbar. Wegen des sehr gefragten *Krokodilleders* werden K. stark bejagt und sind daher in ihrem Bestand sehr gefährdet. Um den Lederbedarf zu decken, werden K. gezüchtet. - Die Ordnung besteht aus den drei Fam. ↑ Alligatoren, ↑ Gaviale und **Echte Krokodile** (Crocodylidae) mit der 11 Arten umfassenden Gatt. Crocodylus. Zur letzteren gehören u. a.: **Nilkrokodil** (Crocodylus niloticus), bis 7 m lang, oberseits olivgrün, dunkel gefleckt, unterseits gelbl.; in den Süßgewässern Afrikas, Madagaskars, der Komoren, Israels und SW-Asiens. **Panzerkrokodil** (Crocodylus cataphractus), meist um 2 m lang, oberseits lehmgelb bis olivfarben mit schwärzl. Querflecken, unterseits gelbl., ebenfalls gefleckt; Schnauze sehr lang und schmal; im westl. und mittleren Afrika. **Spitzkrokodil** (Crocodylus acutus), bis 7 m lang, mit lang gestreckter, spitz zulaufender Schnauze; von

Florida bis zum nw. S-Amerika. **Sumpfkrokodil** (Crocodylus palustris), bis 5 m lang, olivbraun bis fast schwarz; Schnauze zieml. kurz; in Vorderindien und auf Ceylon. **Leistenkrokodil** (Crocodylus porosus), bis über 7 m lang; auf der Schnauzenoberseite zwei leistenartige Höckerreihen; in S-Asien und Australien.
Geschichte: In mehreren altägypt. Städten, insbes. in Crocodilopolis (Al Faijum), wurde der Wassergott Sobek in Gestalt des Krokodils verehrt. Im A. T. wird u. a. Ezech. 29,3 und 32,2 der Pharao mit einem Krokodil verglichen. Die Sage, daß K. ihre Opfer durch wehleidiges Weinen anlocken, führte (vermutl. im 15. Jh.) zur Redensart von den *Krokodilstränen* für geheuchelte Beileidsbezeugung.

Krokodilwächter (Pluvianus aegyptius), 22 cm großer, mit den Brachschwalben verwandter Vogel in Afrika, an den Ufern des Senegal bis zum Nil; vorwiegend Insektenfresser, die sich häufig in der Nähe von Krokodilen aufhalten.

Krokoit [griech.], svw. ↑ Rotbleierz.

Krokus (Crocus) [griech.-lat.], Gatt. der Schwertliliengewächse mit rd. 80 Arten, bes. im Mittelmeergebiet; stengellose Knollenpflanzen mit grasartigen Blättern und trichterförmiger Blütenhülle. Bekannte Arten sind der weißblühende **Frühlingskrokus** (Weißer K., Crocus albiflorus) auf Wiesen der Alpen und des Alpenvorlandes, wird in vielen Gartenformen kultiviert, und der im Herbst purpurfarben blühende **Safran** (Crocus sativus); wild nicht bekannt, schon im Altertum vom Mittelmeergebiet bis Indien kultiviert. Die orangeroten Narbenschenkel der Griffel werden als Gewürz, Farbstoff und Arznei verwendet.

Krolikowski, Werner, * Oels 12. März 1928, dt. Politiker (SED). - Seit 1963 Mgl. des ZK, seit 1971 des Politbüros der SED; 1963–76 ZK-Sekretär für Wirtschaftsfragen; seit 1976 Erster Stellvertreter des Vors. des Min.rats der DDR.

Kroll, Wilhelm, * Frankenstein in Schlesien 7. Okt. 1869, † Berlin 21. April 1939, dt. klass. Philologe. - Prof. in Greifswald, Münster, Breslau. Bed. Hg. latein. Schriftsteller.

Krolow, Karl [...lo], * Hannover 11. März 1915, dt. Lyriker und Essayist. - Das Stimmungshafte und Ichbezogene seiner frühen Naturlyrik weicht später der Reflexion und dem Sprachexperiment; u. a. „Die Zeichen der Welt" (1952), „Tage und Nächte" (1956), „Unsichtbare Hände" (1962), „Nichts weiter als Leben" (1970), „Zeitvergehen" (1972), „Ein Gedicht entsteht" (Essay, 1973), „Das andere Leben" (Prosa, 1979), „Nacht-Leben oder Geschonte Kindheit" (Prosa, 1985). 1956 Georg-Büchner-Preis.

Kromlech (Cromlech) [zu walis. crom „Kreis" und llech „flacher Stein"], Anlagen kreis- oder halbkreisförmig aufgestellter Steine kult. Charakters; in W-Europa (z. B. in Avebury und Stonehenge) wesentl. Bestandteil der Megalithkulturen.

Kronach, Krst. auf einem Bergsporn des Frankenwalds, Bay., 307 m ü. d. M., 18 000 E. Rundfunk- una Fernsehgerätefabrik, Metallverarbeitung, Porzellan-, Piano- und Korbwarenfabrik, Fertighausherstellung, Brauerei. - Anfang des 14. Jh. zur Stadt erhoben. - Veste Rosenberg (v. a. 15. und 16. Jh.); ma. Stadtbild mit got. Befestigungsanlage; spätgot. Pfarrkirche (15. Jh.); Rathaus (1583).

K., Landkr. in Bayern.

Kronberg im Taunus, hess. Stadt am S-Fuß des Hochtaunus, 257 m ü. d. M., 17 500 E. Luftkur- und Ausflugsort im Naherholungsbereich von Frankfurt am Main; Betriebe der Photo- und der Elektroind., Mineralwasserversand. - Vor 1230 Errichtung der Burg, bei der die Stadt gegründet wurde (1330 Stadtrecht). - Teile der Burganlage (15.–17. Jh.) sind erhalten; spätgot. Pfarrkirche (15. Jh.), Schloß Friedrichshof (19. Jh.; heute Hotel).

Kronborg, Renaissanceschloß in Helsingør, erbaut 1577–85, nach Brand renoviert (1635–40). Im Schloß u. a. das dän. Handels- und Seefahrtsmuseum, im Schloßgarten Hamletaufführungen.

Krondomäne, dem Herrscher zur freien Verfügung unterstehende Ländereien, Gerechtsame und Einnahmen, auch als Krongut bezeichnet. In Frankr. war die *„domaine royal"* im 11. Jh. das Gebiet um Paris, Orléans und Compiègne, das die Könige durch Einbehaltung heimgefallener Lehen, Konfiskation oder Erbschaft erweiterten.

Krone, Heinrich, * Hessisch Oldendorf 1. Dez. 1895, dt. Politiker. - 1922–33 stellv. Generalsekretär des Zentrums; 1925–33 MdR; nach 1933 Mitbegr. des Caritas-Notwerks für polit. und rass. Verfolgte; nach dem 20. Juli 1944 verhaftet; 1945 Mitbegr. der CDU; 1949–69 MdB; 1949–55 parlamentar. Geschäftsführer der CDU/CSU-Fraktion; 1955–61 Fraktionsvors.; 1961–66 Bundesmin. für bes. Aufgaben; 1964–66 Vors. des Bundesverteidigungsrates. - † 15. Aug. 1989.

Krone [zu griech.-lat. corona „Kranz"], Rangabzeichen und Teil der Insignien des Herrschers, bereits im Altertum bekannt (Doppelkrone Ägyptens, Corona und Diadem in der röm. Antike). Die K. des abendländ. MA entwickelten sich aus röm. und byzantin. Vorläufern und dem german. Königshelm. Offene K. waren die Eiserne K. und die Helm-K.; durch Bügel und Mitra geschlossen (als Zeichen der Souveränität) waren Kaiser-, Königs-, Herzogs- und Fürsten-K. (Fürstenhut). Im Ggs. zur Königs-K. schuf die **Kaiserkrone** kein eigenes Recht (Kaiser-K. des Dt. Reiches: nur im Modell, 1888 herald. festgelegt, der Reichs-K. ähnlich). Die K. des Papstes ist die **Tiara;** für den herald. Gebrauch entstanden durch Formvarianten

die **Rangkronen**. - In übertragener Bed. bezeichnet K. auch das monarch. Staatswesen bzw. die dem Monarchen zugeordneten Institutionen (z. B. Krongut).
◆ *Münzbez.:* 1. frz. Goldmünzen: Couronne d'or und Écu; 2. älteste engl. Talermünze, Crown; 3. einige verschiedenwertige skand. Silbermünzen des 17./18. Jh.; 4. portugies. Goldmünzen 1822–54; 5. die Goldkronen; 6. die Währungseinheit der skand. Münzunion und ihrer heutigen Nachfolgewährungen (Dän. K., Isländ. K., Norweg. K., Schwed. K.); 7. Währungseinheit der Tschechoslowakei seit 1921 (Tschechoslowak. K.).
◆ in der *Zahnheilkunde* aus Metall, Porzellan u. a. gefertigter Zahnkronenersatz.
◆ in der *Anatomie* svw. Zahnkrone (↑ Zähne).
◆ in der *Botanik:* 1. innere, meist kräftig gefärbte Blütenblätter einer ↑ Blüte; 2. die Laubblätter tragenden verzweigten, oberen Äste der Bäume.
◆ oberster Teil eines Damms oder Deiches.
Kronenducker ↑ Ducker.
Kronenkranich ↑ Kraniche.
Kronenmutter, Sicherungsmutter, die an ihrer Oberseite mehrfach (kronenförmig) so geschlitzt ist, daß einer der Schlitze nach dem Anziehen der Mutter so vor oder im Gewindebolzen befindl. Querloch gebracht werden kann, daß sich ein Splint durchstecken läßt.
Kronenverbindungen (Kronenäther, Crown compounds), zusammenfassende Bez. für eine Gruppe von makrocycl. Polyäthern, bei denen die Sauerstoffatome im Zentrum der Moleküle in Form eines Kranzes („kronenartig") angeordnet sind. Die K. wurden v. a. dadurch bekannt, daß sie mit Metallionen, insbes. Alkali- und Erdkaliionen, stabile Komplexe bilden. Ein Beispiel für die K. ist die in den chem. Strukturformel dargestellte Verbindung; sie wird vereinfacht als Dibenzo[18]krone-6 bezeichnet (dabei gibt die Ziffer in der eckigen Klammer die Gesamtzahl der Ringglieder im Makrozyklus, die nachgestellte Ziffer die Zahl der Sauerstoffatome an):

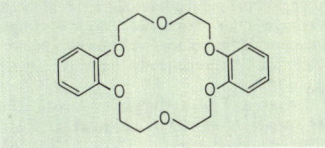

Kröner, Adolf von (seit 1905), * Stuttgart 26. Mai 1836, † ebd. 29. Jan. 1911, dt. Verleger. - Gründete 1859 in Stuttgart einen Verlag, der 1890 in der Union Dt. Verlagsgesellschaft (seit 1957 Union Verlag Stuttgart) aufging. Auf K. geht die Einführung des festen Ladenpreises im Buchhandel zurück. - Sein Sohn *Alfred K.* (* 1861, † 1921) gründete 1898 in Stuttgart den Alfred K. Verlag (↑ Verlage, Übersicht).

Kaiserkrone des Heiligen Römischen Reiches (10. Jh.). Wien, Kunsthistorisches Museum

Krongut, im MA ident. mit dem Reichsgut, daneben das der Krone gehörende, nicht an Vasallen ausgegebene Kronland.
Kronkolonie, im Staatsrecht von Großbrit. Bez. für eine durch einen Gouverneur verwaltete Besitzung ohne volle Selbstreg.; wichtigste K. ist heute Hongkong.
Kronländer, nach der Errichtung des erbl. Kaisertums Österreich 1804 Bez. der in Personal- und Realunion zur Habsburgermonarchie gehörenden Länder (ausgenommen jene der Stephanskrone): die ↑ Erblande, Bukowina, Galizien, Kroatien-Slawonien, Siebenbürgen, Dalmatien.
Kronleuchter (Lüster), ein von der Decke frei herabhängender, großer, oft reich verzierter Leuchter mit mehreren Armen od. einem Reifen mit einzelnen Lampen.
Kronos, Titan der griech. Mythologie, von den Römern mit Saturnus identifiziert. Der jüngste der sechs Söhne und sechs Töchter des Uranos („Himmel") und der Gäa („Erde"). K. entmannt seinen Vater und bemächtigt sich der Weltherrschaft. Um nicht von seinen Nachkommen ein ähnl. Schicksal zu erfahren, verschlingt er alle Kinder, die ihm seine Gemahlin und Schwester Rhea gebiert: Hades und Poseidon, Hestia, Demeter und Hera. Nur im Falle des jüngsten Sohnes Zeus gelingt es Rhea, K. zu täuschen: An Stelle des Kindes verschluckt er einen Stein. Später besiegt Zeus K., zwingt ihn, die Geschwister wieder auszuspeien, und verbannt ihn und die anderen Titanen in den Tartarus.

Kronprinz

Kronprinz, dt. Titel des Thronfolgers (seine Frau: Kronprinzessin) in direkter Linie (Primogenitur) in Kaiser- bzw. Königreichen.

Kronrat, Bez. für den unter dem Vors. eines Monarchen tagenden Ministerrat.

Kronsild (Kronsardinen), kleine, ausgenommene Heringe mit Gräten, ohne Kopf, in gewürzter Essigmarinade.

Kronstadt, sowjet. Stadt auf der Insel Kotlin im Finn. Meerbusen, RSFSR, 39 000 E. Handels- und Kriegshafen, Festung. - 1703 als **Kronschlot** von Peter I. als Festung für die Verteidigung Petersburgs vom Meer aus gegründet; im 18. und 19. Jh. Haupthafen der russ. Ostseeflotte. Während der Revolution von 1905 Aufstände der Kronstädter Matrosen und Soldaten (1905 und 1906); bed. Rolle bei der Oktoberrevolution 1917; 1921 Matrosenaufstand gegen die Bolschewiken (**Kronstädter Aufstand**).

K. (rumän. Brașov), rumän. Stadt im Burzenland, im sö. Siebenbürgen, 334 100 E. Hauptstadt der Verw.-Gebiets K.; Universität (gegründet 1971), Staats-, Musik-, Puppentheater, Orchester, Museen; u. a. Fahrzeugbau, Textil-, chem. Ind., Zementfabrik. - Geht auf eine 1211 vom Dt. Orden begr. Burg zurück, neben der sich dt. Kolonisten niederließen, die der 1251 als **Brassovia** bezeichneten Ortschaft den Namen K. gaben. Entwickelte sich unter ungar. Oberhoheit (**Brassó**) zu einer bed. Handwerker- und Handelsstadt. 1688 von östr. Truppen besetzt. Fiel 1919/20 an Rumänien, erhielt den amtl. Namen **Brașov** (1950-60 **Orașul Stalin** = Stalinstadt). - Zahlr. mittelalterl. Profan- und Sakralbauten, darunter die roman.-got. Bartholomäuskirche, die spätgot. „Schwarze Kirche" (1385-1477), Sankt-Nikolaus-Kirche (15./16.; 18. Jh.), Rathaus (1420; barockisiert; jetzt Heimatmuseum), Reste der Ringmauer (15. Jh.) mit Bastionen.

Krönung, feierl. Einsetzung eines Herrschers in seine Rechte und Würden. Die K. abendländ. Herrscher war festgelegt in K.ordnungen (Ordines) mit bestimmtem K.recht des Koronators und des K.orts, von denen v. a. die frz. und engl. Ordnungen die Wandlungen von Herrschaftsauffassung und Staatsrecht widerspiegeln; die K. bestand aus dem K.gelöbnis (Eidesleistung) des Herrschers, der Herrscherweihe in Form der seit dem 8./9. Jh. übl. Salbung, der Thronsetzung (bei der Königs-K.), dem Anlegen von K.gewändern, dem Aufsetzen der Krone, der Investitur mit den K.insignien und dem abschließenden K.mahl. Für die geschichtl. Entwicklung der K. war die ma. Kaiser-K. und deren Ritus maßgebend, wie sie seit dem 9. Jh. (nach Karl d. Gr.) in Rom durch den Papst vollzogen wurde. Nachdem Versuche seit dem 12. Jh., die kaiserl. Rechte des Königs von der Kaiser-K. zu trennen, gescheitert waren und die Goldene Bulle (1356) die Erhebung des Röm. Königs zum Kaiser legalisiert und den Herrschaftsantritt schon mit der Königswahl datiert hatte, wurde die Kaiser-K. bis 1530 vom Papst vollzogen. Bei den K. im Hl. Röm. Reich, seit 936 im Aachener Dom, hatte bis 1024 und ab 1562 der Erzbischof von Mainz, 1028-1531 der Kölner Erzbischof das K.recht; ab 1562 bzw. 1657 erfolgten die K. im Dom von Frankfurt am Main (mit Ausnahme der K. Karls VII., 1742). Seit dem Interregnum verloren im Hl. Röm. Reich Salbung und Kronaufsetzung ihre staatsrechtl. Bed.; die Herrschaftsgewalt war mit der Königswahl bzw. (seit 1519) mit der Beeidigung der Wahlkapitulation gegeben, jedoch traten die vollen Herrscherrechte erst mit dem Gesamtakt der K. in Kraft. Die Durchsetzung der Erbmonarchie in Europa ließ der K. nur noch symbol. Charakter als feierl. Bekräftigung der Herrscherwürde.

Kronwicke (Coronilla), Gatt. der Schmetterlingsblütler mit rd. 25 Arten in Europa, W- und M-Asien; Sträucher oder Stauden mit unpaarig gefiederten Blättern und meist mit hängenden Blüten in Dolden; einige Arten sind beliebte Ziersträucher.

Kronzeuge, im angelsächs. Recht ein Hauptzeuge der Anklage, der selbst Tatbeteiligter war und dem für seine Aussage Strafmilderung oder Straffreiheit versprochen ist. Da die Gefahr von Falschaussagen zur Erreichung der Straffreiheit relativ groß ist, ist das Institut des K., das auch für das Strafprozeßrecht der BR Deutschland als Mittel zur Kompensation mangelnder Erfolge im Gespräch war, umstritten; in Großbrit. müssen die Geschworenen vom Richter ausdrückl. auf die Bedenklichkeit dieses Mittels der Wahrheitsfindung hingewiesen werden.

Kroonstad, Stadt im nördl. Oranjefreistaat, Republik Südafrika, 1 369 m ü. d. M., 51 000 E. Kath. Bischofssitz; Schulzentrum, landw. Handelszentrum, Bekleidungsindustrie, Maschinenbau. - 1855 gegründet.

Kropf [eigtl. „Rundung"], (Blähhals, Struma) in der *Medizin* Bez. für jede, u. a. durch Jodmangel (endem. K.), Entzündungsvorgänge oder Tumorwachstum bedingte, einfache oder mit einer Funktionsstörung der Schilddrüse einhergehende Vergrößerung der Schilddrüse.

♦ (Ingluvies) Erweiterung oder Ausstülpung der Speiseröhre vieler Wirbelloser (z. B. Honigmagen der Bienen) und Vögel; dient der Aufbewahrung der Nahrung sowie ihrer mechan. oder chem. (enzymat.) Zerkleinerung.

kröpfen, in der *Baukunst:* ein Gesims oder ein Gebälk um ein vorstehendes Architekturglied (Wandpfeiler, Wandsäule, Pilaster usw.) herumführen.

♦ in der *Holzbearbeitung:* verschiedenwinklig aufeinanderstoßende Profilleisten (z. B. an Möbeln) auf Gehrung zusammenfügen.

♦ in der *Metallbearbeitung:* Profilstähle, Wel-

len, Rohre (auch Werkzeuge, z. B. Schraubenschlüssel) u. a. so biegen bzw. umschmieden, daß die Mittellinien der nicht gebogenen Teile parallel verlaufen.
◆ bei *Greifvögeln:* Nahrung aufnehmen.

Kröpfer, svw. ↑ Kropftauben.

Kropfgazelle ↑ Gazellen.

Kropfmilch, v. a. bei Tauben zur Brutzeit im Kropf entstehende käsige Masse als Nahrung für die Jungen.

Kropfstörche, svw. ↑ Marabus.

Kropftauben (Kröpfer), Gruppe von Haustaubenrassen, bei denen der Kropf sehr stark entwickelt und weit nach außen gewölbt ist.

Kropotkin, Pjotr Alexejewitsch Fürst [russ. kra'pɔtkin], * Moskau 9. Dez. 1842, † Dmitrow (Gouv. Moskau) 8. Febr. 1921, russ. Revolutionär. - Kosakenoffizier; ausgedehnte geograph. Forschungsreisen; Anarchist; 1874 in Rußland verhaftet, lebte von seiner Flucht (1876) bis zur Rückkehr nach Rußland (1917) in W-Europa und verfaßte dort seine wichtigsten Schriften („Memoiren eines Revolutionärs" [1899], „Gegenseitige Hilfe in der Entwicklung" [1902]), die ihn zum Haupttheoretiker des Anarchokommunismus machten. Strebte eine völlig staatsfreie, durch vollständige Gütergemeinschaft bestimmte Gesellschaftsordnung an.

Kröse (Duttenkragen, Fräse), steife Halskrause der Span. Tracht des 16. und 17. Jh.; drang auch in andere Hof- und Amtstrachten ein.

Krosno, poln. Stadt am Wisłok, 263 m ü. d. M., 38 000 E. Erdöltechnikum, Erdölinst.; Mittelpunkt eines Erdöl- und Erdgasfeldes im Karpatenvorland. - Das 1282 erstmals erwähnte K. erhielt um 1365 Stadt- und Stapelrechte.

Krosno Odrzańskie [poln. 'krɔsnɔ ɔd'ʒajskjɛ] ↑ Crossen (Oder).

Krösus (Kroisos; lat. Croesus), * um 595 v. Chr., † 547 (?), letzter lyd. König aus der Dyn. der Mermnaden (seit um 560). - Nach der Eroberung fast ganz W-Kleinasiens wurde K. durch Tribute und Bodenschätze unermeßl. reich (Weihgeschenke in Delphi, Didyma, Ephesus). Er griff das Perserreich an, wurde von Kyros II. besiegt und nach der Einnahme von Sardes gefangengenommen (547).

Kröten (Bufonidae), Fam. plumper, kurzbeiniger, etwa 2,5–25 cm großer Froschlurche mit rd. 300 Arten in Eurasien, Afrika und Amerika; sehr nützl., bes. Nacktschnecken und Insekten fressende, vorwiegend dämmerungs- und nachtaktive Tiere mit meist warziger, drüsenreicher, Giftstoffe abscheidender Haut (↑ Krötengifte); leben meist am Boden; Fortpflanzung und Entwicklung erfolgt im Wasser. Einige Arten sind lebendgebärend. Zu den K. gehören u. a. Erdkröte, Kreuzkröte, Wechselkröte und Agakröte.

Krötenfische ↑ Froschfische.

Krötenfrösche (Pelobatidae), Fam. oft krötenartig plumper Froschlurche auf der Nordhalbkugel; einzige einheim. Art ist die Knoblauchkröte.

Krötengifte (Bufotoxine), in den Hautdrüsensekreten von Kröten enthaltene Giftstoffe. Nach Struktur und Wirkung unterscheidet man: 1. die zu den Sterinen gehörenden K. mit digitalisartiger Herzwirkung *(Bufodienolide)* und den *Bufogeninen;* 2. die bas. Giftstoffe mit den *Bufoteninen* (wirken blutdrucksteigernd und verursachen Halluzinationen) und ihre Methylbetaine, die *Bufotenidine* und das *Bufothionin.*

Krötentest ↑ Schwangerschaftstests.

Kroton ↑ Crotone.

Kröv, Weinbaugemeinde an der mittleren Mosel, Rhld.-Pf., 137 m ü. d. M., 2 500 E.

Kroyer, Theodor, * München 9. Sept. 1873, † Wiesbaden 12. Jan. 1945, dt. Musikforscher. - Prof. in Leipzig und Köln; begründete 1925 die „Publikationen älterer Musik"; Veröffentlichungen v. a. zur Musik des 16. Jh., u. a. „Die Anfänge der Chromatik im italien. Madrigal des 16. Jh." (1902).

Krøyer, Peter Severin [dän. 'krɔjər], * Stavanger 23. Juli 1851, † Skagen 21. Nov. 1909, dän. Maler. - 1877–79 in Paris, 1879–81 in Italien. Malte impressionist. Landschaften mit Figurenszenen.

Krozin (Crocin) [griech.], der gelbe Farbstoff des Safrans.

Krozingen, Bad ↑ Bad Krozingen.

Kru, Stammes- und Sprachgruppe (Untergruppe der Kwasprachen) in S- und O-Liberia und im W der Republik Elfenbeinküste; v. a. Waldlandpflanzer und Küstenfischer.

Kruczkowski, Leon [poln. krutʃ'kɔfski], * Krakau 28. Juni 1900, † Warschau 1. Aug. 1962, poln. Schriftsteller. - V. a. erfolgreich mit dem Drama „Die Sonnenbrucks" (1949) über das Verhalten eines dt. Intellektuellen gegenüber dem Faschismus.

Krüdener, Barbara Juliane Freifrau von, * Riga 22. Nov. 1764, † Karassubasar (= Belogorsk, Gebiet Krim) 25. Dez. 1824, balt. Schriftstellerin. - Verbreitete durch Predigten, Flugschriften und gesellschaftl. Beziehungen (u. a. zu Kaiser Alexander I.) myst.-pietist. Gedankengut und beeinflußte damit v. a. die südtl. Erweckungsbewegung.

Krudität [lat.], Rohheit; derber Ausdruck, Grobheit.

Krueger, Felix ['kry:gər], * Posen 10. Aug. 1874, † Basel 25. Febr. 1948, dt. Psychologe und Philosoph. - Prof. u. a. in Buenos Aires und Leipzig; baute die genet. Psychologie W. Wundts zur antimechanist. Entwicklungspsychologie aus („Über Entwicklungspsychologie", 1915) und wandte sich bes. der Erforschung der Gefühle zu („Das Wesen der Gefühle", 1928).

Krug, Manfred, * Duisburg 8. Febr. 1937, dt. Schauspieler, Jazzinterpret und Sänger. -

Spielte u. a. an der Kom. Oper in Berlin (Ost), auch zahlr., oft kom. Filmrollen; kam 1977 in die BR Deutschland; profilierte sich v. a. in gesellschaftskrit. Filmen, z. B. „Die Faust in der Tasche" (1979) und „Phantasten" (1979); spielt in Fernsehserien, u. a. in „Tatort", „Liebling-Kreuzberg".

Krüger, Bartholomäus, * Sperenberg (Landkreis Zossen) um 1540, † Trebbin nach 1597, dt. Dichter. - Schrieb u. a. das Volksbuch „Hans Clawerts werckliche Historien" (Schwänke, 1587).

K., Franz, * Großbadegast bei Köthen/Anhalt 10. Sept. 1797, † Berlin 21. Jan. 1857, dt. Maler. - Hauptvertreter des Berliner Biedermeiers; schuf elegante Reiter- und Paradebilder, Porträts der königl. Familie, des Adels, aber auch des Bürgertums; weiträumige Kompositionen von zarter Farbigkeit.

Paulus Krüger

K., Hardy, eigtl. Franz Eberhard August K., * Berlin 12. April 1928, dt. Schauspieler. - Spielte auf Bühnen in Hannover, Berlin und München; in Filmen wie „Einer kam durch" (1957), „Die tödl. Falle" (1959), „Hatari" (1962), „Sonntage mit Sybil" (1962), „Die Schlacht an der Neretva" (1969), „Barry Lyndon" (1975) und „Potato-Fritz" (1976) kam K. in der Darstellung junger, eigenwilliger Charaktere zu internat. Erfolg. Er schrieb das Drehbuch für den Film „Geschichten aus der Heimat" (1986), in dem er auch die Hauptrolle spielte. Schrieb u. a. „Schallmauer" (R., 1978), „Junge Unrast" (R., 1983).

K., Horst, * Magdeburg 17. Sept. 1919, dt. Schriftsteller und Literaturkritiker. - Schreibt krit. Reiseprosa und Essays, auch Publizist. - *Werke:* Das zerbrochene Haus (autobiographisch, 1966), Ostwest-Passagen (1975), Deutsche Träume (1983), Dt. Stadtpläne (1984), Zeit ohne Wiederkehr (1985).

K., Paulus (Afrikaans: Paulus Kruger), gen. Oom Paul (auch Ohm K.), * Vaalbank bei Colesberg (Kapprovinz) 10. Okt. 1825, † Clarens (Waadt) 14. Juli 1904, südafrikan. Politiker. - Kam 1848 nach Transvaal; 1883–1902 Präs. der Republik Transvaal; erreichte 1884 die Unabhängigkeit seines Landes als „Südafrikan. Republik". Verweigerte dem brit. Bevölkerungsteil die polit. Gleichberechtigung; konnte den † Jameson Raid niederschlagen, aber nicht verhindern, daß die Republik 1899 in den Burenkrieg eintrat. Gründete 1898 den Krüger-Nationalpark.

Krügerdepesche, Glückwunschtelegramm Kaiser Wilhelms II. vom 3. Jan. 1896 an den Präs. der Südafrikan. Republik, P. Krüger, nach der Niederschlagung des Jameson Raid. Die K. galt der brit. Öffentlichkeit als feindseliger Akt, löste im Dt. Reich antibrit. Emotionen aus und verschärfte den Konflikt zw. der Südafrikan. Republik und Großbritannien.

Krüger-Nationalpark, 1898 von Paulus Krüger gegr. Naturschutzgebiet in NO-Transvaal; 18 170 km² groß; über 1 900 km Straßennetz; zahlr. Großtiere.

Krügers Dickstiel †Äpfel (Übersicht).

Krugersdorp [Afrikaans 'kry:ərsdɔrp], Stadt in der Republik Südafrika, 1 740 m ü. d. M., 102 900 E. Hauptort des westl. Witwatersrand; Gold-, Uran- und Manganerzbergbau. Nahebei die Sterkfonteinhöhlen und Weltraumforschungsstation Hartbeeshoek.

Krukenberg-Plastik [nach dem dt. Chirurgen H. Krukenberg, * 1863, † 1935], Verfahren der plast. Chirurgie, bei dem ein Unterarmstumpf in einen Ellen- und einen Speichenanteil gespalten wird, so daß ein zangenförmiges, aktives Greiforgan (**Krukenberg-Arm**) entsteht.

Krüllschnitt [zu niederdt. krull „Lokke(nkopf)"], mittelfein bis grob geschnittener Pfeifentabak, i. d. R. 1,5–3 mm breit.

Krumau † Český Krumlov.

Krumbacher, Karl, * Kürnach (= Wiggensbach bei Kempten) 23. Sept. 1856, † München 12. Dez. 1909, dt. Byzantinist. - Ab 1892 Prof. in München; begr. 1892 die „Byzantin. Zeitschrift"; seine zahlr. Werke (u. a. „Geschichte der byzantin. Literatur", 1891) führten zu einer Neubelebung der Byzantinistik.

Krummdarm † Darm.

Krümmer, gebogenes Rohrstück.

Krummfingrigkeit (Kamptodaktylie), dominant vererbte Beugestellung der kleinen, seltener der vierten Finger.

Krummholz (Knieholz), Bez. für in höheren Bergregionen wachsende Holzgewächse, deren Stämme oder Äste vielfältig gebogen sind und gekrümmt sind.

Krummholzkiefer (Legföhre), Unterart der † Bergkiefer in den Alpen, Voralpen und höheren Mittelgebirgen M-Europas; 1–2 m hoher, niederliegender Strauch.

Krummhorn, 1. v. a. im 16./17. Jh. gebrauchtes, zylindr. gebohrtes Doppelrohrblattinstrument mit Windkapsel, dessen unteres Ende wie eine Krücke abgebogen ist. Es hat 6–8 Grifflöcher, Daumenloch sowie

1–2 Stimmlöcher und wurde in mehreren Größen gebaut; 2. in der Orgel ein zart klingendes Zungenregister.

Krummstab ↑ Bischofsstab.

Krümmung, Maß für die Abweichung einer Kurve (bzw. Fläche) von einer Geraden (bzw. Ebene). Ist die Gleichung der Kurve in der Form $y = y(x)$ gegeben, so ergibt sich für die K.

$$\kappa = y''/(1 + y'^2)^{3/2}.$$

Derjenige Kreis, der eine Kurve in einem Punkt berührt und dessen Radius gleich dem Kehrwert der K. an diesem Kurvenpunkt ist, wird als **Krümmungskreis** (Schmiegkreis), sein Radius als **Krümmungsradius** und sein Mittelpunkt als **Krümmungsmittelpunkt** bezeichnet.

Krümpersystem, im preuß. Heer 1808–12 praktiziertes System, Rekruten kurzfristig auszubilden und vorzeitig (als „Krümper", d. h. als „Krumme") zu entlassen, wodurch unter Umgehung der im Pariser Vertrag von 1808 festgesetzten Höchststärke (42 000 Mann) der Armee eine Reserve von 150 000 Mann geschaffen wurde.

krumpfen, Gewebe so ausrüsten, daß die daraus gefertigten Waren beim Naßwerden nicht einlaufen oder schrumpfen.

Krumpper, Hans, * Weilheim i. OB. um 1570, † München 12. Mai 1634, dt. Bildhauer. - Schüler H. Gerhards, um 1590 in Italien, ab 1594 in München; verbindet spätgot. Formensprache mit dem von niederl. und italien. Künstlern vermittelten Manierismus, u. a. Patrona Bavariae (1615; an der Münchner Residenz), Grabdenkmal für Kaiser Ludwig den Bayern (1622; München, Frauenkirche).

Krung Thep ↑ Bangkok.

Krupa, Gene [engl. 'kru:pə], * Chicago 15. Jan. 1909, † Yonkers bei New York 16. Okt. 1973, amerikan. Jazzmusiker (Schlagzeuger, Orchesterleiter). - Begann seine Laufbahn 1927 im Bereich des Chicagostils und wirkte seit 1935 im Orchester Benny Goodmans, wo er v. a. durch ausgedehnte Schlagzeugsoli populär wurde.

Krupka (dt. Graupen), Stadt am S-Fuß des Erzgebirges, ČSSR, 320 m ü. d. M., 8 500 E. - Gründung im 13.Jh., Kupfer- und Zinnerzbergbau schon im 14.Jh. - Spätgot. Pfarrkirche (1479–88); Ruine der sog. Rosenburg (14.Jh.); im Ortsteil Bohosudov barocke Wallfahrtskirche.

Krupp (Croup) [zu engl. croup, eigtl. „heiseres Sprechen"], entzündl. Kehlkopferkrankung mit pfeifendem Atemgeräusch, Atemnot sowie heiser-bellendem, tonlosem Husten; z. B. bei Diphtherie (*echter* K., Diphtherie-K.); als *falscher* K. (**Pseudo-Krupp**) u. a. bei Masern und Grippe.

Kruppade (Croupade) [frz.], Sprung der ↑ Hohen Schule.

Kruppe [frz.], zw. Kreuz und Schwanzansatz liegender Teil des Rückens beim Pferd.

Krüppelwalmdach ↑ Dach.

Krupp-Konzern, dt. Unternehmensgruppe, die v. a. im Investitionsgüterbereich tätig ist. 1811 von F. Krupp (* 1787, † 1826) in Essen gegründet. Unter der Firmenleitung von A. Krupp (* 1812, † 1887) expandierte das Unternehmen sehr stark. In den 1860er Jahren entwickelte es sich zum vertikal gegliederten Konzern mit Zechen, Erzgruben, Hütten- und Weiterverarbeitungsbetrieben. Nachdem Krupp schon seit den 50er Jahren des 19. Jh. auf dem Rüstungssektor tätig war, erhielt während der beiden Weltkriege die Rüstungsproduktion Vorrang. 1943 übernahm A. Krupp von Bohlen und Halbach (* 1907, † 1967) als alleiniger Inhaber des Unternehmen. 1948 wurde er wegen „Plünderung und Sklavenarbeit" verurteilt, sein gesamtes Vermögen eingezogen. Nach der Revision des Urteils übernahm er 1953 wieder die Leitung der Verarbeitungsbetriebe. 1974 übernahm die Regierung des Iran eine Sperrminorität von über 25 % des Aktienkapitals der **Fried. Krupp Hüttenwerke AG**; über 70 % des Aktienkapitals liegen bei der **Fried. Krupp GmbH**, die ihrerseits zu 25,01 % dem Iran und zu 74,99 % der Alfried Krupp von Bohlen und Halbach-Stiftung gehört.

Krusche, Peter, * Tuczyn (heute Tutschin, Gebiet Rowno) 9. Juni 1924, dt. ev. Theologe. - Seit 1983 Bischof für den Sprengel Alt-Hamburg innerhalb der Nordelbischen ev.-luth. Kirche.

Kruse, Käthe, geb. Simon, * Breslau 17. Sept. 1883, † Murnau 19. Juli 1968, dt. Kunsthandwerkerin. - Bekannt durch ihre künstler., kindhaft gestalteten Puppen (Käthe-K.-Puppen).

K., Martin, * Lauenberg (heute zu Dassel, Landkr. Northeim) 21. April 1929, dt. ev. Theologe. - Seit 1977 Bischof der Ev. Kirche in Berlin-Brandenburg (Berlin-West).

Kruseler ↑ Haube.

Krusenstern, Adam Johann von, * Hagudi (Estland) 19. Nov. 1770, † Gut Aß bei Reval 24. Aug. 1846, russ. Admiral dt. Herkunft. - Erkundete als Leiter der ersten russ. Weltumsegelung (1803–06) v. a. die Küsten S- und O-Asiens.

Krusenstjerna, Agnes von [schwed. ˌkruːsənˈfæːrna], * Växjö 9. Okt. 1894, † Stockholm 10. März 1940, schwed. Schriftstellerin. - Schrieb sozialkrit. und psycholog. motivierte Romane, in denen sie die Welt des Adels scharf angreift.

Kruševac [serbokroat. 'kruʃɛvats], jugoslaw. Stadt 50 km nw. von Niš, 146 m ü. d. M., 30 000 E. Schulstadt; Lokomotiv- und Waggonbau. - 1371 erstmals erwähnt; 1375–1408 Hauptstadt Serbiens.

Krušné hory [tschech. 'kruʃnɛː 'hɔri] ↑ Erzgebirge.

Krüss, James, * auf Helgoland 31. Mai 1926, dt. Schriftsteller. - Erhielt 1960 und 1964 den Dt. Jugendbuchpreis, für sein Gesamtwerk 1968 die Hans-Christian-Andersen-Medaille. - *Werke:* Der Leuchtturm auf den Hummerklippen (1956), Mein Urgroßvater und ich (1959), Der wohltemperierte Leierkasten (1961), Der Sängerkrieg der Heidehasen (1972), Alle Kinder dieser Erde (1979), Meyers Buch vom Menschen und von seiner Erde (1983).

Krustazeen [lat.], svw. ↑Krebstiere.

Krustenbildung, Bildung von Krusten auf Gesteinen oder Böden durch Ausfällung von mineral. Stoffen infolge Verdunstung des Wassers. Der auf Gesteinsoberflächen hierbei entstehende oft lackartig glänzende Überzug aus Eisenhydroxid oder Manganoxid wird **Wüstenlack** genannt.

Krustenechsen (Helodermatidae), Fam. vorwiegend nachtaktiver, plumper, giftiger Reptilien im SW N-Amerikas. Einzige Arten sind: **Gila-Krustenechse** (Heloderma suspectum), bis 60 cm lang; Färbung schwarz mit rosaroter (auch orangefarbener oder gelber) Fleckung. **Skorpionskrustenechse** (Heloderma horridum), bis 80 cm lang; Schuppen halbkugelförmig, Kopf meist schwarz, Körper schwarz bis dunkelbraun mit gelben Flecken, Schwanz mit gelben Ringen.

Krustenflechten ↑Flechten.

Krustentiere, svw. ↑Krebstiere.

Krutschonych, Alexei Jelissejewitsch, * Olewka (Gouv. Cherson) 21. Febr. 1886, † Moskau 17. Juni 1968, russ.-sowjet. Lyriker. - Gehörte zur radikalsten, traditionsreichlichsten Gruppe der Futuristen, deren bedeutendster Dichter er neben Majakowski und Chlebnikow war.

Kruzifix [zu lat. crucifigere „ans Kreuz heften"], plast. oder gemalte Darstellung des gekreuzigten Christus auf einem Kreuz aus Holz, Stein oder Metall u. ä. (↑Kreuzigung).

Krylow [russ. kri'lɔf], Alexei, * Wissjaga (Gouv. Simbirsk) 15. Aug. 1863, † Leningrad 26. Okt. 1945, russ. Mathematiker. - Prof. in Petersburg; führte grundlegende Untersuchungen zur Schiffstabilität, zur Deviation der Magnetnadel und zur Schwingungstheorie durch.

K., Iwan Andrejewitsch, * Moskau 13. Febr. 1769 (1768?), † Petersburg 21. Nov. 1844, russ. Fabeldichter. - Außer Übersetzungen und Nachdichtungen der besten Fabeln von La Fontaine schrieb er zahlr. eigenständige pointensichere Fabeln in humorvoll-volkstüml. Stil.

Krynica [poln. kri'nitsa], poln. Stadt in den Beskiden, 590 m ü. d. M., 11 000 E. Kurort (alkal. Säuerlinge). - Entwickelte sich ab 1784 zum Kurort, wurde nach 1919 zum größten Kurort Polens, seit 1933 Stadt.

Kryo..., kryo... [zu griech. krýos „Frost"], Bestimmungswort in Zusammensetzungen mit der Bed. „Kälte..., Frost...".

Kryochirurgie, svw. ↑Kältechirurgie.

Kryolith [griech.], schneeweißes, auch rötl. bis bräunl., in derben Aggregaten vorkommendes Mineral Na_3AlF_6. Verwendung bei der Herstellung von Aluminium, Milchglas, Email und Fluor. Mohshärte 2,5 bis 3,0; Dichte 2,95 g/cm^3.

Kryometer, Thermometer für tiefe, unter dem Erstarrungspunkt von Quecksilber liegende Temperaturen.

Kryophysik, svw. ↑Tieftemperaturphysik.

Kryopumpen ↑Vakuumtechnik.

Kryoskopie [griech.], Analysverfahren, bei dem durch die Bestimmung der ↑Gefrierpunktserniedrigung von chem. Verbindungen in einem Lösungsmittel (z. B. Kampfer) die Molekularmasse des untersuchten Stoffes bestimmt werden kann.

Kryostat [griech.], Thermostat für tiefe Temperaturen; meist flüssiges Helium.

Kryotechnik ↑Tieftemperaturtechnik.

Kryotron (Cryotron) [griech.], Tieftemperatur-Schaltelement für elektron. Rechenmaschinen aus zwei Supraleitern unterschiedl. Sprungtemperatur. Moderne K. werden aus dünnen Schichten hergestellt, die aus gekreuzten oder parallelen Leiterfilmen für Steuerelement und Tor bestehen, getrennt durch eine Isolierschicht.

Kryoturbation [griech./lat.] ↑Solifluktion.

Krypta [griech.-lat., zu griech. krýptein „verbergen"], unterird. christl. Sakralraum, entstand aus dem Vorraum (Confessio) für ein Märtyrergrab, um das dann oft auch Stollen für einen Umgang geführt wurde (Ring-K.). Das Grab bzw. die K. lag urspr. unter dem Hauptaltar, d. h. unter der Vierung, später unter dem aus der Vierung mitsamt Altar herausverlegten Chor (erstreckte sich aber z. T. auch unter das Querhaus oder Teile des Langhauses, z. B. Dome in Speyer und Gurk); die meist dreischiffigen roman. Hallenkrypten haben einen oder mehrere Altäre und sind Kulträume.

Krypten [griech.], in der Medizin und Anatomie: Einbuchtungen, Einsenkungen, Zerklüftungen (z. B. der Schleimhaut).

krypto..., Krypto... [zu griech. krýptein „verbergen"], Bestimmungswort von Zusammensetzungen mit der Bed. „geheim, verborgen".

Kryptogramm in Form eines Akrostichons von François Villon

> Voulez vous que verté vous die?
> Il n'est jouer qu'en maladie,
> Lettre vraie que tragédie,
> Lâche homme que chevalereux,
> Orrible son que mélodie,
> Ne bien conseillé qu'amoureux.

Kryptogamen (Cryptogamia) [griech.], Bez. für die *blütenlosen Pflanzen* (wie Farne, Moose, Algen, Pilze) im Ggs. zu den Blütenpflanzen. Vermehren sich meist durch einzellige Keime (z. B. Sporen) und werden deshalb auch **Sporenpflanzen** genannt.

Kryptogramm, Art der Geheimschrift, bes. in einem Text nach einem bestimmten System versteckte Buchstaben mit einer vom Text unabhängigen Information, etwa Verfassername, Widmung usw., z. B. als ↑Akrostichon.

Kryptographie, zusammenfassende Bez. für die Methoden zur Verschlüsselung (Chiffrierung) und Entschlüsselung (Dechifrierung) von Informationen. Die **Kryptologie,** die Wiss. von der K., findet v. a. im Datenschutz und in der Nachrichtenübertragung Anwendung.

⊞ *Horster, P.: Kryptologie. Mhm. u. a. 1985.* - *Beth, T., u. a.: K. Einf. in die Methoden u. Verfahren ... Stg. 1983.*

◆ veraltete Bez. für Geheimschrift.

Kryptokalvinismus, heiml. Kalvinismus, polem. Bez. für den luth. Glauben melanchthon. Prägung: Die Anhänger des K. („Kryptokalvinisten") wichen in der Abendmahlslehre und Christologie von Luther ab.

Kryptomelan [griech.], zu den Manganomelanen zählendes, tetragonal oder monoklin kristallisierendes Mineral $K_2(Mn^{4+}, Mn^{2+})_8O_{16}$; Dichte 4,3 g/cm³. Wichtiges Manganerz, das in allen tieftemperierten Manganlagerstätten vorkommt. Beim grauschwarzen, meist in traubigen und strahligen Aggregaten vorkommenden **Hollandit** (Dichte 4,95 g/cm³) ist Kalium durch Barium, beim traubig-glaskopfartigen, z. T. grobstrahligen **Coronadit** (Dichte 5,44 g/cm³) durch Blei ersetzt.

kryptomer [griech.], mit bloßem Auge nicht erkennbar (gesagt von Bestandteilen eines Gesteins).

Krypton [griech. „Verborgenes" (wegen der Farb- und Geruchlosigkeit)], chem. Symbol Kr; gasförmiges Element aus der VIII. Hauptgruppe (↑Edelgase) des Periodensystems der chemischen Elemente. Ordnungszahl 36; mittlere Atommasse 83,80, Dichte 3,736 g/l, Schmelzpunkt −156,6 °C, Siedepunkt −152,3 °C. In den letzten Jahren gelang es, einige wenige echte K.verbindungen (wie z. B. das Kryptondifluorid KrF_2) herzustellen. K. gehört zu den seltensten Elementen. Es wird aus gasförmiger oder flüssiger Luft gewonnen und zur Füllung von Glühlampen mit hoher Lichtausbeute (↑Kryptonlampe) sowie von Ionisationskammern verwendet. - K. wurde 1898 von W. Ramsay und M. W. Travers entdeckt.

Kryptonlampe, mit Edelgas (v. a. Krypton) gefüllte Glühlampe; die Gasfüllung des Lampenkolbens setzt die Verdampfung der Wolframglühwendel herab. Die Wendel kann deshalb therm. höher belastet werden als bei einer Lampe ohne Gasfüllung, die Lichtausbeute liegt daher höher.

Kryptonym [griech.], Verfassername, der einem Werk nur als ↑Kryptogramm oder in abgekürzter bzw. neu zusammengesetzter Buchstabenfolge (z. B. als ↑Anagramm) beigegeben ist.

Kryptorchismus [griech.] (Hodenhochstand), das Zurückbleiben eines oder beider Hoden beim Abstieg aus dem Bauchraum in den Hodensack, das bis zum 5. Lebensjahr ohne schädl. Einfluß auf die Entwicklung der Keimdrüsen ist.

Ksan [engl. ksæn] (Hazelton), kanad. Indianerdorf unweit nördl. des Prince-Rupert-Highway, rd. 120 km nw. von Smithers. In 5 Langhäusern werden indian. Kunst- und Gebrauchsgegenstände gezeigt.

Ksar-el-Kebir, Stadt in Marokko, 25 m ü. d. M., 73 500 E. Konservatorium; Landw. Anbau- und Handelszentrum; Bahnstation.

Ksar-es-Souk [frz. ksarɛ'suk] (heute Errachidia), marokkan. Prov.hauptstadt am S-Fuß des Hohen Atlas, 1060 m ü. d. M., 27 000 E. Dattel-, Oliven- und Feigenkulturen.

K-Schale, die innerste Elektronenschale im ↑Atommodell.

Kschatrija [Sanskrit „Krieger"], die 2. Kaste des Hinduismus, aus der Adel und Könige stammen.

K-Serie, die Gesamtheit der Spektrallinien der charakterist. Röntgenstrahlung, die beim Übergang eines Elektrons auf einen freien Platz in der K-Schale ausgestrahlt werden. Die K-S. ist die energiereichste und damit kurzwelligste Serie jedes Elements.

Ksyl-Orda [russ. 'gzylar'da], sowjet. Gebietshauptstadt im S der Kasach. SSR, 180 000 E. PH; Theater; Zellulose-, Baustoffkombinat. - Entstand um 1820 als Festung **Ak-Metschet;** 1925–29 Hauptstadt Kasachstans.

KSZE, Abk. für: ↑Konferenz über Sicherheit und Zusammenarbeit in Europa.

Ktenophoren [griech.], svw. ↑Rippenquallen.

Ktesias, griech. Historiograph des 5./4. Jh. aus Knidos. - Seit etwa 405 Arzt am pers. Hof, verfaßte 23 Bücher pers. Geschichte („Persiká"); das Werk ist einer der Vorläufer der hellenist. Historiographie.

Ktesibios, griech. Mechaniker und Ingenieur der 1. Hälfte des 3. Jh. v. Chr. in Alexandria. - Gilt als Erfinder verschiedener mechan. Apparate, z. B. Kolbenpumpe, Wasserorgel und Wasseruhr.

Ktesiphon, Ruinenstätte am linken Ufer des Tigris, etwa 40 km sö. von Bagdad, Irak. Residenz der Partherkönige und der Sassaniden (im 2. Jh. v. Chr. von den Parthern auf kreisförmigem Grundriß errichtet). Erhalten ist v. a. eine riesige Palastruine wohl aus der 2. Hälfte des 3. Jh. (der Liwan, hinter dem sich der Thronsaal befand, ist etwa 30 m breit und 43 m hoch). Nach der Eroberung durch die Araber (637) und der Gründung Bagdads verfiel K. allmählich.

Ktima, Stadt im SW Zyperns, 91 000 E. Orth. Bischofssitz; Museum; Handelszentrum für landw. Erzeugnisse. - 2 km südl. an der Küste liegt die Siedlung **Pafos** (Badestrände) mit alten Kirchen, ehem. Hafenfestung aus osman. Zeit, Resten von Theatern und Fußbodenmosaiken (3. Jh. n. Chr.).

Ku, chem. Symbol für ↑ Kurtschatovium.

Kuala Lumpur, Hauptstadt Malaysias, zugleich Bundesterritorium (241 km²), an der Mündung des Gombak in den Kelang, 937 900 E. Sitz eines anglikan. und eines kath. Bischofs; Univ. (gegr. 1962), TH (gegr. 1972), Lehrerseminare, ferner mehrere Forschungsinst., Goethe-Inst., Nationalbibliothek, -archiv und -museum, Kunstgalerie, Zoo. Wichtigstes Wirtschaftszentrum Malaysias mit zahlr. Banken, Versicherungen und Geschäften. In Ind.vororten Kfz.montage, Metallind., Zementfabrik, chem., Zigaretten-, Nahrungsmittel- und Getränkeind., Eisenbahnwerkstätten; Fremdenverkehr; internat. ✈. - Entstand 1857 als Niederlassung von chin. Bergleuten; 1880–1974 Hauptstadt Selangors, 1895 Sitz des brit. Generalresidenten der föderierten malaiischen Staaten; seit 1946 Hauptstadt der Malaiischen Union, seit 1948 des malaiischen Bundesstaates, seit 1963 des Staates Malaysia. - Im nach einem Brand (1881) erneuerten Stadtzentrum viktorian. sowie maur. geprägte Bauten, u. a. Regierungsgebäude, Eisenbahnverwaltung, Hauptbahnhof und Sultansmoschee, daneben zahlr. chin. und ind. Tempel sowie bed. moderne Bauten, wie das Parlament und die Nationalmoschee; Nationaldenkmal im Park „Sea Gardens".

Kuala Terengganu, Hauptstadt des Sultanats Terengganu, Westmalaysia, an der O-Küste der Halbinsel Malakka, 186 600 E. Erdölraffinerie; Fischereihafen; Bootsbau; ✈.

Kuang Hsü (Guang Xu) [chin. guangy], * Peking 14. Aug. 1871, † ebd. 14. Nov. 1908, chin. Kaiser (seit 1875). - Vorletzter Kaiser der Ch'ing-Dyn., wurde wegen seiner Reformversuche gestürzt († auch chinesische Geschichte).

Kuantan, Hauptstadt des Sultanats Pahang, Westmalaysia, an der O-Küste der Halbinsel Malakka, 136 600 E. Fischerei, Überseehafen; bed. Erdöl- und Erdgasfunde.

Kuba, eigtl. Kurt Barthel, * Garnsdorf bei Chemnitz 8. Juni 1914, † Frankfurt am Main 12. Nov. 1967, dt. Schriftsteller. - Emigrierte 1933 nach Prag, 1939 nach Großbrit., kehrte 1946 nach Deutschland zurück, lebte in der DDR, zuletzt Chefdramaturg in Rostock; wurde bekannt durch sein Poem „Gedicht vom Menschen" (1948); verfaßte Agitproplieder und -gedichte, lyr. Reportagen, Theaterstücke und Filmdrehbüher.

Kuba

(amtl. República de Cuba), Republik im Bereich der Westind. Inseln, zw. 74° 8' und 84° 58' w. L. sowie 19° 49' und 23° 17' n. Br. **Staatsgebiet:** Umfaßt neben der gleichnamigen Hauptinsel die Insel Isla de la Juventud (früher Isla de Pinos) und zahlr. kleine Inseln und Korallenriffe. **Fläche:** 110 860 km². **Bevölkerung:** 10,1 Mill. E (1985), 90,7 E/km². **Hauptstadt:** Havanna. **Verwaltungsgliederung:** 14 Prov. und das Sonderverwaltungsgebiet der Isla de la Juventud. **Amtssprache:** Spanisch. **Nationalfeiertage:** 1. Jan. (Tag der Befreiung, 1959), 26. Juli (Nat. Erhebung). **Währung:** Kuban. Peso (kub$) = 100 Centavos. **Internat. Mitgliedschaften:** UN, COMECON, SELA, GATT. **Zeitzone:** Eastern Standard Time, d. i. MEZ – 6 Std.

Landesnatur: Der größte Teil der Hauptinsel besteht aus flach gewelltem Tiefland. Drei z. T. stark verkarstete Gebirge erreichen im SO 1972 m, auf des mittleren Inselteils 1156 m und im W 728 m ü. d. M. Die vor der westl. S-Küste von K. liegende *Isla de la Juventud* ist hügelig (bis 310 m hoch) mit Sümpfen im Süden.

Klima: Es ist randtrop.; der Sommer ist niederschlagsreich, der Winter relativ trocken, abgesehen von gelegentl. Kaltlufteinbrüchen von N, die Regen mit sich bringen. K. liegt im Bereich der Zugbahnen der Hurrikane.

Vegetation: Das urspr. Pflanzenkleid des Tieflands (regengrüne, von Savannen durchsetzte Feuchtwälder, z. T. auch Eichen-Kiefern-Wälder) ist weitgehend zerstört. Die Gebirge tragen regengrünen Feuchtwald, der auf der Luvseite in immergrünen Regen- bzw. Bergwald übergeht.

Tierwelt: Neben zahlr. Zugvögeln kommen Flamingos, Kolibris, Nachtigallen, Spottdrosseln u. a. vor. Schlangen, Eidechsen, Schildkröten und zwei Krokodilarten sind vertreten sowie vier Arten der Kubabaumratten.

Bevölkerung: Sie setzt sich aus 70% Weißen, 12% Schwarzen, 16% Mulatten und Mestizen sowie Asiaten zusammen. Die Weißen stammen überwiegend von Spaniern ab, die Neger sind Nachkommen der nach K. gebrachten afrikan. Sklaven. Die indian. Urbevölkerung wurde nach 1511/12 ausgerottet. 85–90% sind röm.-kath., doch ist die Kirche heute prakt. einflußlos. Allg. Schulpflicht besteht von 6–14 Jahren. Viele Kinder leben in sog. Schulstädten und in Landinternaten. Neben 164 Lehrerseminaren verfügt K. über 32 Hochschulen, davon 4 im Univ.rang.

Wirtschaft: Die gesamte Wirtschaft wird staatl. gelenkt. Wichtigster Zweig ist die Landw.; 80% der landw. Nutzfläche werden von Staatsbetrieben bewirtschaftet. Kleinbäuerl. Betriebe haben im Durchschnitt nicht

Kuba

mehr als 15 ha, sie sind in Genossenschaften organisiert und in die Planwirtschaft einbezogen. An erster Stelle der Landw. steht nach wie vor der Anbau von Zuckerrohr. Da der Zucker 75–90 % der Exportwerte erbringt, hängt die gesamte Wirtschaft von der Zuckerrohrernte ab. In der südl. Küstenebene wird Reis angebaut (2 Ernten im Jahr). Wichtig sind ferner Tabak, Mais u. a. Getreide, Hülsenfrüchte sowie Kartoffeln, Süßkartoffeln, Maniok, Kaffee (v. a. im SO in 600–1 200 m Höhe), Kakao, Erdnüsse, Zitrusfrüchte, Ananas, Bananen, Baumwolle. Die Viehhaltung (v. a. Rinder) konnte wesentl. gesteigert werden. Als Viehfutter werden auch Zuckerrohrrückstände verwendet. Wegen starker Rodung für den Zuckerrohranbau kann K. nur $1/3$ seines Holzbedarfs decken. Nach der Revolution wurde ein umfangreiches Aufforstungsprogramm durchgeführt. K. hat seine Fischereigrenze auf 200 Seemeilen ausgedehnt. An Bodenschätzen verfügt K. über Nickel- und Eisenerze, Wolframerze und Gold, Erdöl und Erdgas. Die Ind. verarbeitet v. a. Zuckerrohr. Zuckerrohrrückstände werden u. a. zu Papier, Kunststoffen und Düngemitteln verarbeitet. Wichtig sind auch die Textilind., Stahlwerke, Kfz.montage, petrochem. Industrie. Der Fremdenverkehr wurde in den letzten Jahren stark ausgebaut.

Außenhandel: Die wichtigsten Ausfuhrgüter sind Zucker, Nickel, Tabak und Tabakwaren sowie Bienenhonig, Fisch und Fischwaren, Gemüse u. a. Eingeführt werden Maschinen, Fahrzeuge, Getreide, Erdöl und -produkte, Molkereierzeugnisse und Eier, Eisen und Stahl, Garne und Gewebe, Düngemittel, Holz, Kunststoffe, Arzneimittel u. a. Wichtigster Partner ist die Sowjetunion. Weitere Handelspartner sind Japan, Spanien, Kanada, die DDR, Frankreich, die VR China, die ČSSR und die BR Deutschland.

Verkehr: Das Eisenbahnnetz ist rd. 4 900 km lang, dazu kommen noch Plantagenbahnen mit einer Länge von rd. 9 400 km. Das Straßennetz hat eine Länge von rd. 31 000 km. Wichtigster der 30 Seehäfen ist Havanna. Eine nat. Fluggesellschaft besorgt den Inlandsdienst und den Auslandsdienst in einige lateinamerikan. Länder, nach Kanada sowie nach Spanien, der ČSSR und der Sowjetunion. Internat. ✈ bestehen in Havanna und Santiago de Cuba.

Geschichte: Kolumbus entdeckte K. auf seiner 1. Reise (1492 bei Gibara), 1511 eroberte es Diego de Velázquez. Nach der „Befreiung" der wenigen überlebenden Indianer (1544) importierte man zunehmend Sklaven aus Afrika, v. a. für die aufblühende Zuckerwirtschaft. 1762 von den Briten erobert, 1763 gegen Florida an Spanien abgetreten. Im 19. Jh. schlugen mehrere Aufstände zur Erlangung der Unabhängigkeit fehl. 1897 gestand Spanien seiner Kolonie weitgehende Autonomie zu. Die Unruhen ließen jedoch nicht nach. Nach der Explosion des amerikan. Kriegsschiffes „Maine" im Hafen von Havanna 1898 intervenierten die USA: die amerikan. Marine vernichtete vor Santiago de Cuba die veraltete span. Flotte. Spanien mußte im Frieden von Paris (Ende 1898) K. an die USA abtreten. 1902 räumten die USA K., die Republik K. entstand; die USA behielten sich das Interventionsrecht vor und intervenierten 1906 und 1913, weil die Insel innenpolit. nicht zur Ruhe kam. K. geriet wirtsch. völlig unter die Kontrolle der USA, die zum Hauptabnehmer für kuban. Zucker und Tabak wurde. Aus den Wirren der 1930er Jahre im Gefolge der Weltwirtschaftskrise ging der ehem. Sergeant F. Batista y Zaldívar als Militärdiktator hervor. Gegen seine von den USA tolerierte und unterstützte Diktatur wagte 1953 eine Gruppe linksorientierter Studenten unter Führung des Rechtsanwaltes F. Castro einen Aufstandsversuch, der sofort scheiterte. Die bald

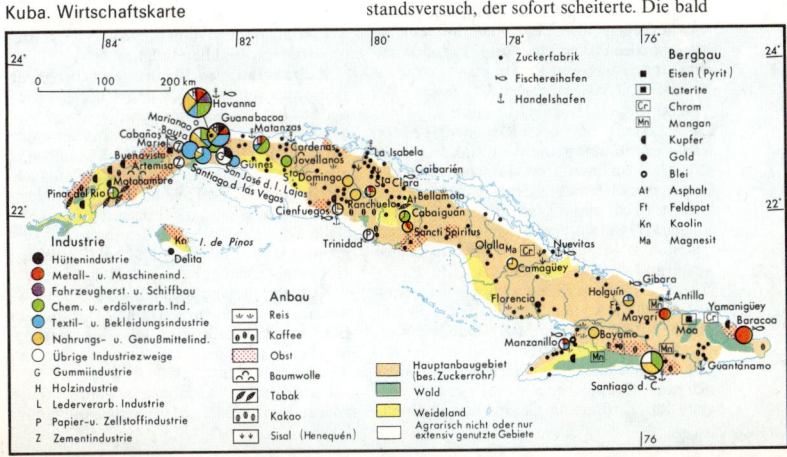

Kuba. Wirtschaftskarte

Kuba

amnestierten Anführer bereiteten im mex. Exil den Sturz des Regimes vor; sie landeten auf K. und führten einen erfolgreichen Guerillakrieg in der Sierra Maestra. Am 1. Jan. 1959 zogen sie in Havanna ein. Batista floh in die USA. Seit Febr. 1959 Min.präs., begann Castro eine Politik, die den Sozialismus einführte und K. dem kommunist. Lager annäherte. K. geriet mit den USA in Konflikt. Die gescheiterte Landung einer Gruppe von Exilkubanern im April 1961 in der Schweinebucht, vom amerikan. Geheimdienst geplant und unterstützt, beschleunigte die wirtsch. und militär. Anlehnung K. an den Ostblock, nachdem die USA als Antwort auf die Beschlagnahme der US-Ölraffinerien Mitte 1960 mit einer Wirtschaftsblockade geantwortet hatten, und K. im Jan. 1962 aus der OAS ausgeschlossen worden war. Die Installation sowjet. Mittelstreckenraketen führte im Okt. 1962 fast zur militär. Konfrontation der USA und der UdSSR († Kubakrise). Das militär. Zurückweichen kompensierte die UdSSR durch verstärkte Hilfe für K., 1972 wurde das Land Mgl. des COMECON. Das Verhältnis zu den USA besserte sich in der ersten Hälfte der 1970er Jahre, das Handelsembargo wurde gelockert, 1975 wurden die Sanktionen der OAS gegenüber K. aufgehoben. Doch der Einsatz kuban. Truppen auf dem afrikan. Kontinent erstmals im angolan. Bürgerkrieg 1976 machte die Ansätze einer Normalisierung der Beziehung zw. K. und den USA zunichte. Anfang 1976 trat die durch Volksentscheid angenommene sozialist. Verfassung in Kraft, und Ende des Jahres wurden die ersten Wahlen zur Nationalversammlung durchgeführt. 1978 wurde nach 16jähriger Unterbrechung der regelmäßige kommerzielle Luftverkehr zw. den USA und K. wieder eröffnet. K. bemühte sich seit Jahren auch um intensivere Zusammenarbeit mit anderen lateinamerikan. Staaten. Die 1986 begonnenen Gespräche zw. den USA und K. über die Wiederinkraftsetzung des Einwanderungsabkommens blieben bisher erfolglos. 1989 zog K. seine Truppen aus Angola ab.

Politisches System: K. ist nach der Verfassung von 1976 eine sozialist. Republik. Die *Legislative* liegt beim Parlament, der Nationalversammlung der Volksmacht, deren 481 Abg. von den 169 Municipalversammlungen für 5 Jahre delegiert werden. Das Parlament wählt als sein ständiges Organ den Staatsrat (31 Mgl.), der höchster Repräsentant des Staates ist und dessen Vors. *Staatsoberhaupt* und zugleich Reg.chef ist (z. Z. F. Castro). Die *Exekutive* liegt beim von der Nationalversammlung auf Vorschlag des Staatsoberhauptes gewählten Min.rat, dessen Vors. der Reg.chef ist. Einzige *Partei* ist die aus den die Aufstandsbewegung 1953-59 tragenden polit. Gruppierungen 1961 hervorgegangene KP K. (Partido Comunista de Cuba).

Oberste Organe sind das Politbüro, das ZK und dessen Sekretariat. Neben der Partei gibt es zahlr. sog. *gesellschaftl. Organisationen*, insbes. die „Central de Trabajadores de Cuba", Gewerkschaftsverband, und als größte die „Comités de Defensa de la Revolución" (Komitees zur Verteidigung der Revolution; 1970: über 3 Mill. Mgl.). *Verwaltungs*mäßig ist K. in 14 Prov. sowie das Sonderverwaltungsgebiet Isla de la Juventud eingeteilt und in 169 Municipios. Die zu den Municipalversamlugnen für 2½ Jahre gewählten Abg. bilden aus ihrer Mitte Exekutivkomitees, die zu (insgesamt 5) Regionalversammlungen zusammengefaßt werden, deren Mgl. im Wechsel als Provinzialversammlungen tagen, gleichfalls mit einem Exekutivkomitee an der Spitze. Das urspr. auf der span. Gesetzgebung basierende *Rechts*wesen ist inzwischen den Erfordernissen einer sozialist. Gesellschaft angepaßt worden. Die Rechtsprechung wird von in 3 Instanzen organisierten ordentl. Gerichten und von Volksgerichten ausgeübt. Letztere sind ausschließl. mit gewählten Laienrichtern besetzt. Die *Streitkräfte* umfassen rd. 180 000 Mann. Daneben gibt es starke paramilitär. Kräfte.

📖 *Polit. Lexikon Lateinamerika. Hg. v. P. Waldmann u. U. Zelinsky. Mchn. 1980. - Dominguez, J. I.: Cuba. Order and revolution. Cambridge (Mass.) 1978. - Gonzalez, E.: Cuba under Castro. The limits of Charisma. Boston (Mass.) 1974. - Thomas, H.: Cuba: The pursuit of freedom. Scranton (Pa.) 1971. - Chapman, C. E.: A history of the Cuban republic. New York Neuaufl. 1971. - Atlas National de Cuba. Havanna 1970. - Sweezy, P. M./Huberman, L.: Sozialismus in K. Dt. Übers. Ffm. 1970.*

Kuba (Buschongo), ehem. Reich in Afrika, zw. dem unteren Sankuru und dem Kasai; v. a. bekannt durch den hohen Stand seines Kunstgewerbes (figürliche und ornamentale Schnitzkunst); Blütezeit um 1600; 1904 unterlag K. den Belgiern.

Kuba, Bantustamm im SW von Zaïre; überwiegend Waldlandpflanzer.

Kubakrise, den Weltfrieden bedrohende Konfrontation der USA und UdSSR wegen der Stationierung weitreichender sowjet. Raketen auf Kuba 1962. J. F. Kennedy verlangte am 22. Okt. 1962 Abbau und Rückführung der sowjet. Raketen und Abschußanlagen, verhängte eine Seeblockade und erreichte am 28. Okt. das Einlenken Chruschtschows. Offizielle Beendigung der Krise durch eine gemeinsame Note der USA und UdSSR an den UN-Generalsekretär im Jan. 1963.

Kuban [russ. ku'banj], Zufluß des Asowschen Meeres, entspringt am SW-Hang des Elbrus, durchfließt die südl. K.niederung, mündet in die Bucht von Temrjuk, 906 km lang, ab Krasnodar schiffbar.

kubanische Literatur, Kubas erster großer Lyriker ist J. M. Heredia; außerhalb

Kubas entstand das romant. Werk der G. Gómez de Avellaneda. Romantik und Realismus verbinden sich in der erzählenden Prosa von C. Villaverde (*1812, †1894), J. V. Betancourt (*1813, †1875), A. Suárez y Romero (*1818, †1878) u. a. Die überragende Gestalt des 19. Jh. war J. Martí. Der Lyriker J. del Casal vollzog den Übergang von der Romantik zum Modernismo. In der Prosaliteratur überwog die Auseinandersetzung mit der nat. Wirklichkeit im Zeichen des Naturalismus, so u. a. bei C. Loveira. Maßgebend für die Generation zw. Kolonie und Republik war der skept. Positivismus J. Varonas. Den Anschluß an die Entwicklung in Europa und Amerika stellte der „Grupo Minorista" (1924–29) her. Protest gegen überkommene Normen im ästhet. wie sozialen Bereich kam in der Lyrik von J. Z. Tallet (*1893) und R. Martínez Villena (*1899, †1934) zum Ausdruck. M. Brull (*1891, †1956) ist der Hauptvertreter der „poesía pura". N. Guillén gab der afrokub. „poesía negra" die Wendung zum kunstvoll-populären Instrument antiimperialist., antikapitalist. Protests. Eine surrealist. Tendenz verfolgte E. Labrador Ruiz. „Mag. Realismus" kennzeichnet das Werk von A. Carpentier. Die durch die Revolution F. Castros geschaffenen Verhältnisse, die viele während der Batista-Diktatur ins Exil gegangene Autoren zurückkehren ließen, haben Kuba zu einem der literar. produktivsten Länder Lateinamerikas gemacht. Zu den namhaftesten Lyrikern der Gegenwart gehören R. Fernández Retamar, P. A. Fernández, F. Jamís, H. Padilla, M. Barnet. Bekannte Prosaautoren sind G. Cabrera Infante, E. Desnoes, S. Sarduy, N. Fuentes. Lehrmeister jüngerer Dramatiker wie J. Triana und A. Arrufat ist V. Pinera.

 Franzbach, M.: Die neue Welt der Literatur in der Karibik. Köln 1984. - Diccionario de la literatura cubana. Havanna 1984. 2 Bde. - Portuondo, J. A.: K. L. im Überblick. Dt. Übers. Lpz. 1974.

Kubatur [griech.-lat. (zu ↑Kubus)], Inhaltsbestimmung beliebig geformter dreidimensionaler Gebilde. Die K. krummlinig begrenzter Körper läßt sich im allg. nicht elementar-mathemat. durchführen, sondern nur mit den Methoden der ↑Integralrechnung.

Kübeck, Karl Friedrich, Freiherr von Kübau (seit 1825), * Iglau 28. Okt. 1780, † Hadersdorf (= Wien) 11. Sept. 1855, östr. Verwaltungsbeamter und Politiker. - Förderte die Gründung der östr. Nationalbank und den Ausbau des Staatsbahn- und Telegraphensystems. Betrieb nach 1848/49 die Errichtung des östr. Reichsrats, war als dessen Präsident 1851 Hauptbeteiligter am Widerruf der oktroyierten Verfassung von 1849.

Kubel, Alfred, * Braunschweig 25. Mai 1909, dt. Politiker (SPD). - 1946–70 niedersächs. Min. in verschiedenen Ressorts,

Alfred Kubin, Die Versuchung des heiligen Antonius (um 1910). Federlithographie

1970–76 Min.präsident.

Kubelík, Rafael [tschech. 'kubɛliːk], * Býchory 29. Juni 1914, tschech. Dirigent, seit 1967 schweizer. Staatsbürger. - 1950–53 Chefdirigent der Chicago Symphony Orchestra, 1955–58 musikal. Direktor des Royal Opera House Covent Garden in London, 1961–79 Chefdirigent des Sinfonieorchesters des Bayerischen Rundfunks in München. Komponierte Opern, Sinfonien, Vokalwerke („Kantate ohne Worte", 1981), Konzerte, Lieder.

kubieren [griech.-lat.], in der *Mathematik* svw. [eine Zahl] in die dritte Potenz erheben.

Kubik... [griech.-lat.], Bestimmungswort von Zusammensetzungen mit der Bed. „dritte Potenz"; z. B. *Kubikzahl* (dritte Potenz einer natürlichen Zahl) oder *Kubikmeter* (m³).

Kubikwurzel, die dritte Wurzel aus einer Zahl, z. B. $\sqrt[3]{27} = 3$.

Kubilai ↑Khubilai.

Kubin, Alfred ['kuːbiːn, ku'biːn], * Leitmeritz (tschech. Litoměřice) 10. April 1877, † Landgut Zwickledt bei Wernstein am Inn 20. Aug. 1959, östr. Zeichner und Schriftsteller. - Studien in München, u. a. an der Akad. (1898–1901), lebte ab 1906 auf Gut Zwickledt. Sein Werk bestimmen wesentl. Feder- und Pinselzeichnungen (oft Federschraffur) als Einzelblätter, Mappenwerke und Illustrationen literar., auch eigener Werke („Der Prophet Daniel", 1918; „20 Bilder zur Bibel",

kubisch

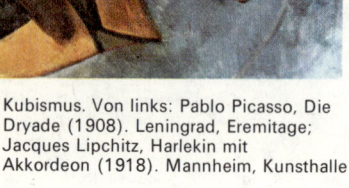

Kubismus. Von links: Pablo Picasso, Die Dryade (1908). Leningrad, Eremitage; Jacques Lipchitz, Harlekin mit Akkordeon (1918). Mannheim, Kunsthalle

1924); daneben Lithographien. In nervösem Zeichenstil werden Elemente der Realität zu spukhaften Szenerien kombiniert. K. stellt auch in seinem literar. Werk unheiml. Welten dar, u. a. „Die andere Seite" (R., 1909; mit 52 Illustrationen); Autobiographie: „Dämonen und Nachtgesichte" (1959).

kubisch [griech.-lat.], mit dem Würfel oder der dritten Potenz in Zusammenhang stehend; würfelförmig.

kubische Gleichung, Gleichung dritten Grades, enthält die Unbekannten *(x)* in der 3. Potenz. Normalform:

$$x^3 + ax^2 + bx + c = 0.$$

Kubismus [zu lat. cubus (von griech. kýbos) „Würfel"], Richtung der modernen Kunst, die auf einer Umsetzung des im Bildwerk wiedergegebenen Gegenstandes in kubist. Formelemente basiert. Den Boden bereitete P. Cézanne, der in der Malerei die Natur auf geometr. Körper zurückführte. G. Braque und bald darauf auch Picasso entwickelten 1907 das kubist. Darstellungsverfahren; Picasso malte 1907 unter dem zusätzl. Einfluß afrikan. Plastik das programmat. Werk „Les demoiselles d'Avignon" (New York, Museum of Modern Art). Der K. begann als **analyt. Kubismus:** Objektrepräsentation in einer facettierten Simultaneität verschiedener Ansichten. J. Gris integrierte 1912 Realitätsfragmente (Zeitungsausschnitte u. a.) in die Collagen und begründete damit den **synthet. Kubismus:** die Facettierung des Bildgegenstandes wird aufgegeben, das Bild (die Collage) getragen von zueinandergeordneten Flächen bzw. Ebenen (Farbperspektive). Weitere bed. Vertreter: F. Léger, A. Gleizes, A. Lhote und die Orphisten K. R. Delaunay und F. Kupka. Kubist. Plastik schufen u. a. Picasso, A. Archipenko, R. Duchamp-Villon, H. Laurens, J. Lipchitz.

 Daix, P.: Der K. in Wort u. Bild. Dt. Übers. Genf u. Stg. 1982.

Kubitschek de Oliveira, Juscelino [brasilian. kubi'tʃɛk(i) di oli'vejra], * Diamantina 12. Sept. 1902, † Resende 22. Aug. 1976, brasilian. Politiker. - Arzt; 1950–54 Gouverneur des Bundesstaates Minas Gerais; förderte als Staatspräs. 1956–61, bei wachsender inflationist. Tendenz, die wirtsch. Entwicklung Brasiliens und den Aufbau der neuen Hauptstadt Brasília.

Kublai ↑ Khubilai.

Kubrick, Stanley [engl. ˈkjuːbrɪk], * New York 26. Juli 1928, amerikan. Filmregisseur und -produzent. - Seine Filme sind engagiert, häufig sarkast.-satir., z. B. „Wege zum Ruhm" (1957), „Lolita" (1961), „Dr. Seltsam oder: Wie ich lernte, die Bombe zu lieben" (1963), „2001: Odyssee im Weltraum" (1968), in dem das menschl. Individuum als Marionette der Technologie in einem unergründl. kosm. Zusammenhang gezeigt wird; die ihre Mgl. pervertierende inhumane Gesellschaft ist Thema sowohl von „Uhrwerk Orange" (1971) wie auch „Barry Lyndon" (1975). Weiterer Film „Shining" (1980).

Kubus [lat., zu griech. kýbos „Würfel"], svw. Würfel.

◆ svw. dritte Potenz einer Zahl.

Kuby, Erich [ˈkuːbi], * Baden-Baden 28. Juni 1910, dt. Journalist und Schriftsteller. - Zeitkrit. Werke über die BR Deutschland, u. a. „Alles im Eimer, siegt Hitler bei Bonn?" (1960), „Die dt. Angst" (1969), „Mein Krieg" (Erinnerungen, 1975), „Aus schöner Zeit. Vom Carepaket zur Nachrüstung: der kurze dt. Urlaub" (1984). Verfaßte auch Erzählungen, Kinderbücher, Dramen, Hör- und Fernsehspiele sowie Filmdrehbücher.

Küche [zu althochdt. chuhhina (von lat. coquere „kochen")], gesonderter Raum in Wohnungen, Gaststätten u. a., der v. a. der Zubereitung von Speisen dient und mit den dazu erforderl. Installationen (Wasser-, Elektrizitäts-, Gasanschluß; Abwasseranschluß, Lüftungs- bzw. Abgasführung), den entsprechenden Geräten und Vorrichtungen (insbes. Herd, Warmwasserbereiter, Spülbecken bzw. Geschirrspülmaschine, K.geräte und K.maschinen), mit Aufbewahrungsmöglichkeiten für Lebensmittel und K.zubehör (Kühlschrank, K.schränke) sowie geeigneten, möglichst gleich hohen Arbeitsflächen ausgestattet ist. Bei der Anordnung der (im *Einbau-K.* fest und raumsparend eingebauten) K.einrichtung sind v. a. vier sog. **Küchengrundformen** üblich, die sich aus der für den Arbeitsablauf zweckmäßigen Zuordnung der einzelnen Teile sowie den vorhandenen Stellflächen ergeben: die *einzeilige K.,* bei der die wichtigsten Arbeitsstellen an einer Wand nebeneinandergereiht sind, die *zweizeilige K.,* bei der die Arbeitsstellen an gegenüberliegenden Längswänden angeordnet sind, die *L-Form,* bei der die Arbeitsflächen in einer Ecke des Raumes zusammenstoßen, und die *U-Form* mit U-förmig aneinandergereihten K.möbeln. - *Groß-K.* sind mit Spezialgeräten ausgestattet.

Küchenlatein, Bez. für verballhorntes, barbar. Latein, bes. des späten MA. Die Bez. findet sich erstmals bei dem Humanisten L. Valla, der Poggio Bracciolini vorwarf, er habe sein Latein bei einem Koch gelernt: wie ein Koch Töpfe zerbreche, so zerschlage er das grammat. richtige Latein.

Küchenmaschinen, elektr. Haushaltsgeräte mit z. T. vielfältigen Zusatzgeräten zur Erleichterung vieler in der Küche vorkommender Arbeiten. Die wichtigsten Zusatzgeräte als Aufsetz- oder Ansteckgeräte sind verfügbar zum Kneten, Rühren, Mischen, Quirlen, Schlagen, Mixen, Pürieren, Passieren, Schnitzeln, Raspeln.

Küchenmeister, Rainer, * Ahlen 14. Okt. 1926, dt. Maler und Graphiker. - Kompositionen mit zeichenhaft verdichteten Figurationen in Öl- und Aquarelltechnik.

Küchenschabe (Oriental. Schabe, Bäkkerschabe, Kakerlak, Blatta orientalis), weltweit v. a. in warmen Räumen (z. B. Bäckereien) verbreitete, 2–3 cm große, dunkelbraune bis fast schwarze, nachtaktive Schabe mit unangenehmem Eigengeruch; Vorratsschädling.

Küchenschelle, svw. ↑ Kuhschelle.

Küchenzwiebel ↑ Zwiebel.

Kuching [indones. ˈkutʃɪŋ], Hauptstadt von Sarawak, Ostmalaysia, 30 km oberhalb der Mündung des Sarawak ins südchin. Meer, 74 200 E. Anglikan. Bischofssitz; Lehrerseminar; Fischerei; Hafen; ✈.

Kückelmann, Norbert, * München 1. Mai 1930, dt. Filmregisseur. - Seine gesellschaftskrit. Filme „Die Sachverständigen" (1972), „Die Schießübung" (1974), „Die Angst ist wie ein zweiter Schatten" (1974) attackieren jurist. Paragraphenreiterei, kleinbürgerl. Verhaltens- und Denkweisen, die sich der Emanzipation des Individuums entgegenstellen. Drehte auch die Filme „Morgen in Alabama" (1984) und „Die Zeitsucher" (1985).

Kuckhoff, Adam, * Aachen 30. Aug. 1887, † Berlin-Plötzensee (hingerichtet) 5. Aug. 1943, dt. Schriftsteller, Dramaturg und Schauspieler. - U. a. 1930–32 Dramaturg und Spielleiter am Staatl. Schauspielhaus in Berlin; nach 1933 aktiver Widerstand gegen den NS in der Roten Kapelle; wurde 1942 verhaftet. K. verfaßte v. a. kunsttheoret. Arbeiten; literar. bed. ist der Gesellschaftsroman „Der Deutsche von Bayencourt" (1937).

Kuckucke [niederdt.] (Cuculidae), weltweit verbreitete Fam. schlanker, vorwiegend braun und grau gezeichneter, sperling- bis hühnergroßer Vögel mit rd. 130 Arten, v. a. in Wäldern, Steppen, parkartigen Landschaften; bes. Insekten und Früchte fressende Baum- und Bodenvögel mit leicht gekrümmtem Schnabel und langem Schwanz; z. T. ↑ Brutparasitismus. Zu den acht Unterfam. gehören neben Madenhackern, Sporen-K., Madagaskar-K., Langbein-K. und Regen-K. auch die (ausnahmslos brutschmarotzenden) *Echten K.* (Cuculinae) mit dem in Großteilen Eurasiens und Afrikas vorkommenden ein-

Kuckucksbienen

heim. **Kuckuck** (*Gauch*, Cuculus canorus; 33 cm lang): Das ♀ legt seine Eier in den Nestern von Singvögeln ab. - Im Volksglauben werden dem Kuckuck prophet. Kräfte zugeschrieben. Die Zahl seiner Rufe soll auf die künftigen Lebensjahre, bei Ledigen auf die Jahre bis zur Hochzeit hindeuten.

Kuckucksbienen ↑ Bienen.
Kuckuckslichtnelke ↑ Lichtnelke.
Kuckucksspeichel ↑ Schaumzikaden.
Küçük Kaynarcı, Friede von [türk. ky'tʃyk 'kɑjnɑrdʒi], am 21. Juli 1774 im bulgar. Dorf Kainardscha (türk. Küçük Kaynarcı) abgeschlossener Vertrag zw. Rußland und dem Osman. Reich, durch den der Türkenkrieg 1768–74 beendet wurde. Rußland erreichte u. a. das Recht freier Handelsschiffahrt im Schwarzen und Ägäischen Meer samt Durchfahrt durch die Meerengen.

Kudlich, Hans, * Lobenstein (= Úvalno) 25. Okt. 1823, † Hoboken (N. J.) 11. Nov. 1917, östr. Politiker. - Erreichte als Mgl. des östr. Reichstags 1848 die Beseitigung der bäuerl. Untertänigkeit und der Lasten; nach Teilnahme an der östr. Oktoberrevolution 1848 Flucht in die USA; lebte dort als Arzt.

Kudlov [tschech. 'kudlɔf] ↑ Gottwaldov.
Kudowa Zdrój [poln. ku'dɔva 'zdruj] ↑ Bad Kudowa.
Kudrun (Kudrunlied, Gudrun), mittelhochdt. Heldenepos, ledigl. im sog. Ambraser Heldenbuch anonym überliefert. Die Entstehung des Werkes wird im 13. Jh. in Österreich angesetzt. Es umfaßt 1705 sog. **Kudrunstrophen:** 4 paarweise gereimte Langzeilen, von denen die beiden ersten der Nibelungenstrophe entsprechen; der Abvers der 3. Langzeile hat dagegen eine vierhebig klingende, bei der 4. Langzeile eine sechshebig klingende Kadenz. Das K. ist in 32 „Aventiuren" gegliedert. Es besteht aus 3 sagengeschichtl. wohl urspr. unabhängigen Teilen: 1. der Vorgeschichte vom Seeabenteuer des jungen Hagen, des Großvaters der Titelheldin, 2. einer ersten Brautwerbungsgeschichte um Hagens Tochter Hilde durch Hetel und 3. einer zweiten Brautwerbungsgeschichte um Hildes Tochter Kudrun, die nach ihrer schließl. Verlobung mit Herwig von Seeland vom Normannenkönig Hartmut geraubt wird. Sie bewahrt ihrem Verlobten über 13 Jahre lang die Treue, obwohl sie deshalb zu Magddiensten gezwungen wird. Das Gedicht endet versöhnl. mit einer dreifachen Heirat.

Kudus [afrikan.] ↑ Drehhornantilopen.
Kudymkar [russ. kudim'kar], Hauptstadt des Nat. Kreises der Komi-Permjaken im sowjet. Gebiet Perm, RSFSR, am O-Rand des Kamaberglandes, 26 400 E. Holz-, Landw.technikum; Theater.

Kuen, Paul [ku:n], * Neuburg a. d. Kammel 8. April 1910, dt. Opernsänger (Tenor). - 1947–67 Mgl. der Bayer. Staatsoper München. Trat bei den Bayreuther Festspielen und 1961–62 an der Metropolitan Opera in New York auf; sang v. a. Bufforollen.

Kues, Nikolaus von [ku:s] ↑ Nikolaus von Kues.
Kufa, Al, irak. Stadt an einem Nebenarm des Euphrat, 15 000 E. - 638 gegründet, Residenz Alis und Sitz der Schiiten; bed. Kulturund Bildungszentrum. - 11 km sw. liegt **An Nadschaf** mit dem Grab Alis.

Kufe, Gleitschiene (z. B. am Schlitten), Gleitbügel (z. B. am Bug von Segelflugzeugen), Rohrgestell als Bodenabstützung (z. B. bei leichten Hubschraubern).

Kufe, altes dt. Hohlmaß unterschiedl. Größe; entsprach z. B. in Preußen 4,85 hl, in Sachsen 7,85 hl.

Kuff [niederdt.], früher in Ostfriesland und den Niederlanden verwendetes Küstenfrachtschiff, meist ein Anderthalbmaster.

kufische Schrift, eine nach der Stadt Al Kufa benannte monumentale Form der arab. Schrift, die sich durch gerade Strichführung und das Fehlen der differenzierenden Punkte auszeichnet; wurde bis ins 10. Jh. (auf Bauinschriften auch später) verwendet.

Kufra, Al, Gruppe weit auseinander liegender Oasen in einer flachen Mulde des vegetationslosen **Berglands von Kufra** in der Libyschen Wüste (SO-Libyen).

Kufstein, östr. Bez.hauptstadt am Inn, Tirol, 500 m ü. d. M., 14 000 E. Skifabrik, Tiroler Glashütte, Herstellung von Blechwaren, Armaturen, Stoffdruckmaschinen, Sportwaffen; Grenzbahnhof der Strecke München–Mailand; Fremdenverkehr. - Der 790 erwähnte Ort erhielt 1393 Münchner Stadtrecht. Von Bayern kam K. 1506 zu Tirol. - Die Stadt wird überragt von der Festung K. (12./13. und v. a. 15./16. Jh.) mit Kaiserturm (um 1522); spätgot. Pfarrkirche Sankt Veit.

Kuge, jap. Bez. für die Fam. des Hofadels im Ggs. zu denen des Kriegeradels (↑ Buke); polit. entmachtet und wirtsch. schwach, stellten die K. auch nach der Errichtung der Kriegerherrschaft (etwa 1190) die hohen Hofbeamten. Im Zuge der Meidschi-Reform wurden K. und Buke zum Stande der Kasoku (= Adel) vereinigt.

Kugel [eigtl. „Rundung"], der geometr. Ort für alle Punkte, die von einem gegebenen Punkt M (**Kugelmittelpunkt**) einen festen Abstand r (**Kugelradius**) haben; eine allseitig geschlossene Fläche mit konstanter Krümmung. Man bezeichnet gewöhnl. auch die Gesamtheit aller Punkte, die von M einen Abstand $d \leq r$ haben, als Kugel. Der Flächeninhalt der K.oberfläche beträgt $O = 4\pi r^2$, der Rauminhalt des eingeschlossenen Körpers (**Kugelvolumen**) $V = 4\pi r^3/3$. Wird eine K. durch eine Ebene geschnitten, so entstehen auf beiden Seiten der Ebene **Kugelabschnitte** (**Kugelsegmente**). Den zur K.oberfläche gehörenden Teil eines K.abschnitts bezeichnet man als **Kugelkappe** (**Kugelhaube, Kugelkalot-**

te). Ergänzt man einen K.abschnitt über seinem Grundkreis durch einen Kegel, dessen Spitze im Mittelpunkt der K. liegt, so entsteht ein **Kugelausschnitt (Kugelsektor).** Wird eine K. von zwei parallelen Ebenen geschnitten, so entsteht zw. diesen eine **Kugelschicht.** Ihr zur K.oberfläche gehörender Teil bildet eine **Kugelzone.** Zwei Ebenen durch den K.mittelpunkt, die einander schneiden, liefern **Kugelkeile;** die zugehörigen Teile der K.oberfläche heißen **Kugelzweiecke.** Die Gleichung der K. im kartesischen Koordinatensystem lautet für den Fall, daß ihr Mittelpunkt im Koordinatenursprung liegt:

$$x^2 + y^2 + z^2 = r^2.$$

◆ ein Körper, dessen Oberfläche [in großer Näherung] eine K.[fläche] im mathemat. Sinne darstellt. In der *Technik* werden v. a. Metall-K. aus Spezialstählen in großen Mengen für Wälzlager (K.lager), Ventile u. a. hergestellt.

◆ svw. Geschoß (↑ Munition).

◆ Sportgerät (↑ Kugelstoßen).

Kugelalge, svw. ↑ Volvox.

Kugelasseln (Rollasseln, Armadillididae), hauptsächl. im Mittelmeerraum verbreitete Fam. der Landasseln mit rd. 200 pflanzenfressenden Arten, die ihren hochgewölbten Körper voll einkugeln können.

Kugelblitz ↑ Gewitter.

Kugelblume (Globularia), Gatt. der zweikeimblättrigen Pflanzenfam. **Kugelblumengewächse** (Globulariaceae; 2 Gatt. und 27 Arten) mit rd. 20 Arten in M-Europa und im Mittelmeergebiet; Kräuter oder Sträucher mit kugeligen Blütenständen. Eine bekanntere Art ist die in den Pyrenäen, Alpen, Karpaten und auf den Gebirgen der Balkanhalbinsel heim. **Herzblättrige Kugelblume** (Globularia cordifolia), kriechende, polsterbildende Staude mit kleinen, ledrigen, immergrünen Blättern und blaulilafarbenen Blüten in Köpfchen.

Kugeldistel (Echinops), Gatt. der Korbblütler mit rd. 120 Arten in Europa, Asien und Afrika; distelartige Stauden; Blütenstand ein kugeliges, aus einblütigen Köpfchen zusammengesetzes Doppelköpfchen. Bekannteste Art ist die **Große Kugeldistel** (Echinops sphaerocephalus) mit meist blauen Blüten.

Kugeldreieck (sphärisches Dreieck), von drei Großkreisen auf der Kugeloberfläche gebildetes Dreieck, dessen Eckpunkte die Schnittpunkte der Großkreise sind.

Kugelfische (Tetraodontidae), Fam. 6–90 cm langer, oft bunter Korallenfische mit rd. 90 Arten in warmen Meeren; mit vier breiten Zahnplatten, die zum Aufbrechen der Gehäuse von Schnecken, Muscheln, Krebsen dienen. - K. können sich (durch Luft- oder Wasseraufnahme in einen Luftsack) kugelig aufblasen und wirken dadurch abschreckend auf manche Raubfische. Sie werden in Japan

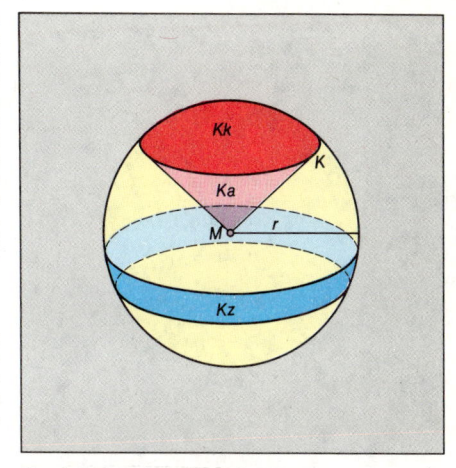

Kugel. *M* Kugelmittelpunkt, *r* Kugelradius, *Ka* Kugelausschnitt, *Kk* Kugelkappe, *Kz* Kugelzone

unter bestimmten Vorsichtsmaßnahmen (Ovarien, Gallenblase, Leber und Darm enthalten das Gift *Tetrodotoxin;* diese Organe müssen nach dem Tode der Tiere schnell entfernt werden) zu einem delikaten Fischgericht *(Fugu)* zubereitet; beliebte Warmwasseraquarienfische.

Kugelgelenk ↑ Gelenk.

Kügelgen, Gerhard von, * Bacharach 6. Febr. 1772, † Dresden 27. März 1820, dt. Maler. - Vater von Wilhelm von K.; gesuchter Porträtist (u. a. Schiller).

K., Wilhelm von, * Petersburg 20. Nov. 1802, † Ballenstedt 25. Mai 1867, dt. Maler. - Sohn von Gerhard von K.; religiöse Bilder und Porträts (darunter Goethe); Verf. der vielgelesenen „Jugenderinnerungen eines alten Mannes" (1870).

Kugelhaufen (Kugelsternhaufen), Zusammenballung von 100 000 bis zu 50 Mill. Sternen in einem verhältnismäßig kleinen Volumen von rd. 60 Parsec Durchmesser. Im Zentrum der K. stehen die Sterne etwa 1 000mal so dicht wie die Feldsterne der Sonnenumgebung, so daß sie nicht mehr einzeln unterschieden werden können; die Dichte fällt dann schnell nach außen radialsymmetr. ab. Die K. enthalten nur Sterne, keine nachweisbaren Mengen von interstellarem Gas. Sie sind über den Halo des Milchstraßensystems verteilt; ihre Häufigkeit nimmt vom Zentrum des Systems nach außen schnell und gleichmäßig ab. Sie nehmen in ihrer Bewegung nicht an der Rotation des Milchstraßensystems teil, vielmehr bewegen sie sich auf mehr oder weniger stark ellipt. Bahnen um das Zentrum unseres Sternsystems. Die

Kugelkaktus

Kugelhaufen ω Centauri

Hertzsprung-Russell-Diagramme der K. weisen sie als die ältesten Objekte unseres Milchstraßensystems aus; ihr Alter beträgt 6 bis 10 Mrd. Jahre.

Kugelkaktus, svw. ↑Igelkaktus.

Kugelknabenkraut (Kugelorchis, Traunsteinera), Orchideengatt. mit der einzigen geschützten Art **Traunsteinera globosa**; v.a. auf feuchten Wiesen der Alpen; bis 50 cm hoch mit kleinen, lilafarbenen bis hellroten, purpurn gefleckten Blüten in fast kugeligem Blütenstand.

Kugelkopfmaschine ↑Schreibmaschine.

Kugellager ↑Wälzlager.

Kugelschreiber, Schreibgerät, bei dem eine kleine rollende Kugel in der Minenspitze eine Farbmasse auf das Schreibpapier überträgt. Die Kugel wird durch die Farbmasse geschmiert; die stillstehende Kugel verschließt, wenn sie genau sitzt, die Farbmine und verhindert dadurch deren Austrocknen.

Kugelspinnen (Haubennetzspinnen, Theridiidae), Fam. weltweit verbreiteter, etwa 1,5 bis 10 mm großer Spinnen mit rd. 130 Gatt. und 1500 Arten (etwa 60 einheim.); z.T. mit kugelförmigem Hinterleib. Zu den K. gehört u. a. die Schwarze Witwe.

Kugelsternhaufen ↑Kugelhaufen.

Kugelstoßen, leichtathlet. Disziplin mit massiver Metallkugel (für Männer 7,257 kg, für Frauen 4 kg). Der Kreis, aus dem die Kugel gestoßen wird, hat einen Durchmesser von 2,135 m, er ist vorn von einem Abstoßbalken begrenzt. Dieser und die Kreisumrandung dürfen nicht betreten werden. - Weltrekord für Männer: 22 m (1976), für Frauen: 22,45 m (1980).

Kugelzellenanämie (konstitioneller hämolyt. Ikterus, kongenitale hämolyt. Anämie, hereditäre Sphärozytose), dominant vererbte ↑Erythropathie, bei der die roten Blutkörperchen durch vermehrten Wassereinstrom Kugelgestalt annehmen und in der Milz beschleunigt abgebaut werden; Folgen: hämolyt. Anämie, Milzvergrößerung, Gelbsucht, oft Anomalien des Skelettsystems.

Kugler, Franz Theodor, * Stettin 19. Jan. 1808, † Berlin 18. März 1858, dt. Kunsthistoriker. - 1835 Prof. an der Berliner Akad. der Künste, 1843 Kunstreferent im preuß. Kultusministerium. Einer der Begründer der Kunstwiss.; verfaßte u. a. ein „Handbuch der Kunstgeschichte" (1841/42) und die „Geschichte Friedrichs d. Gr." (mit Holzschnitten von A. von Menzel, 1841/42).

Kuh [zu althochdt. kuo „(weibliches) Rind"], bei verschiedenen Säugetieren (z. B. Rindern, Giraffen, Elefanten, Flußpferden) Bez. für das erwachsene weibl. Tier.

Kuhantilopen (Alcelaphinae), Unterfam. bis rothirschgroßer, hochbeiniger Antilopen in Afrika; Körper schmal; Kopf auffallend in die Länge gezogen; ♂♂ und ♀♀ mit mäßig langen, geschwungenen Hörnern. - Man unterscheidet drei Gatt.: ↑Gnus, ↑Leierantilopen u. **Hartebeests** (K. im engeren Sinne, Alcelaphus) mit vielen Unterarten, u. a. **Kongoni** (Alcelaphus buselaphus cockii), in den Savannen O-Afrikas, Körper hell- und rötlichbraun gefärbt; ähnl., doch viel kleiner **Konzi** (Alcelaphus buselaphus lichtensteini) in den Steppen O-Afrikas; **Kaama** (Kama, Alcelaphus buselaphus caama) fast ausgerottet, nur noch in wenigen Schutzgebieten S-Afrikas.

Kuhbaum (Kuhmilchbaum, Milchbaum, Brosimum galactodendron), Maulbeergewächs im trop. Amerika; Baum mit trinkbarem Milchsaft, der früher zu Kaugummi verarbeitet wurde.

kuhhessig [zu landschaftl. Hesse „unteres Bein (vom Rind oder Pferd)"], fehlerhaft in der Beinstellung, wobei die Sprunggelenke der Hintergliedmaßen eng zusammenstehen; bei Haustieren.

Kuhlau, Friedrich, * Uelzen 11. Sept. 1786, † Lyngby bei Kopenhagen 12. März 1832, dän. Komponist dt. Herkunft. - Seit 1810 in Kopenhagen, komponierte Opern, die Musik zu Heibergs „Elfenhügel" (1828), Flötenquintette und zahlr. Klavierwerke.

Kühlen, allg. die Herabsetzung der Temperatur eines Stoffes durch Entzug von Wärme mit Hilfe eines auf niedrigen Temperaturen befindl. Kühlmittels, das die Wärme aufnimmt und abführt, durch Kälteerzeugung mit Kältemaschinen oder Peltier-Elementen; Kältebehandlung zur Haltbarmachung verderbl. Lebensmittel: ↑Konservierung.

Kühler, insbes. in der Motorentechnik und im chem. Labor verwendete Bez. für eine Vorrichtung, die unerwünschte Wärme abführt (in der Verfahrenstechnik meist als Wärmeaustauscher bezeichnet). - Bei der Kühlung von Kfz.-Motoren wird heute meist der **Wasserröhrenkühler** benutzt, bei dem das Kühlwasser durch gestaffelt hintereinander angeordnete, senkrecht verlaufende, dünne Röhren geleitet wird; sie sind dem kühlenden Luftstrom des Fahrtwindes ausgesetzt, der durch einen Ventilator verstärkt wird. Eine andere Bauart ist der **Lamellenkühler,** bei dem einzelne dünne Bleche so miteinander verlötet sind, daß sich ein System von eng benachbarten Wasser- und Luftkanälen ergibt. - Die im chem. Labor verwendeten, meist aus Glas hergestellten K. arbeiten gewöhnl. mit kaltem Wasser als Kühlmittel.

Kühlfalle, Teil einer Vakuumapparatur, in dem Dämpfe durch starkes Abkühlen (z. B. mit flüssigem Stickstoff) zum Kondensieren gebracht werden.

kühl-gemäßigte Zone, Bereich der mittleren Breiten mit kühlen, wolkenreichen Sommern und überwiegend kalten Wintern.

Kuhlien (Kuhliidae) [nach dem dt. Naturforscher H. Kuhl, †1821], Fam. meist kleinerer, silberglänzender Barschfische in Küstengewässern, Flußmündungen und im Süßwasser von O-Afrika, SO-Asien und N-Australien bis Polynesien, u. a. der bis etwa 20 cm lange **Flaggenfisch** (Kuhlia taeniurus) mit tief eingeschnittener Schwanzflosse und fünf schwarzen Längsstreifen.

Kuhlmann, Quirinus, * Breslau 25. Febr. 1651, † Moskau 4. Okt. 1689, dt. Dichter. - Vertrat, beeinflußt von den Schriften J. Böhmes, einen ekstat.-visionären Chiliasmus und versuchte den Papst und in Konstantinopel den Sultan für seine Überzeugung zu gewinnen. In Moskau wurde er als Unruhestifter verbrannt. Verfasser schwärmer.-visionärer Barocklyrik.

Kühlmann, Richard von, * Konstantinopel 3. Mai 1873, † Ohlstadt bei Murnau 6. Febr. 1948, dt. Diplomat und Politiker. - Seit 1900 in diplomat. Dienst; 1916/17 Botschafter in Konstantinopel; seit Aug. 1917 Staatssekretär des Auswärtigen Amts; schloß für das Dt. Reich die Friedensverträge von Brest-Litowsk mit Sowjetrußland und den von Bukarest mit Rumänien; mußte wegen seiner auf Verständigungsfrieden gerichteten Bemühungen im Juli 1918 zurücktreten.

Kühlmischungen, svw. ↑ Kältemischungen.

Kühlmöbel, Sammelbez. für kleinere Kühlgeräte wie *Kühlschrank, Kühltruhe, Kühlvitrine, Gefrierschrank, Gefriertruhe,* die v. a. im Haushalt und Einzelhandel eingesetzt werden. K. sind mit isolierten Gehäusen und einer Kleinkältemaschine ausgestattet. Vitrinen sind ständig geöffnet und arbeiten zur Vermeidung von Kälteverlusten mit einer Luftschleieranlage. Gefrierschränke und -truhen **(Gefriermöbel)** haben gegenüber Kühlschränken und -truhen ein stärkeres Kälteaggregat, mit dem Temperaturen unter $-30\,°C$ erreicht werden können.

Kühlschiff, schnelles, relativ kleines (um 5 000 BRT), aber großräumiges Spezialschiff zum Transport leicht verderblicher Güter (Bananen, Südfrüchte, Fleisch, Fisch) mit starken, automat. sich regelnden Kühlaggregaten und guter Isolierung.

Kühlschrank ↑ Kühlmöbel.

Kühlturm, turmartige Kühlanlage (Stahl- oder Betonkonstruktion), in der Kühlwasser in Kraftwerken und Fabrikationsanlagen (von Verteilerdüsen über Rieseleinbauten gesprüht) durch direkte Berührung mit atmosphär. Luft rückgekühlt wird (Naßkühlturm). Beim **Kaminkühlturm** strömt die im Unterteil angesaugte Luft durch ihren eigenen Auftrieb (Kaminwirkung) durch die Rieseleinbauten, beim **Ventilatorkühlturm** wird sie durch große Ventilatoren durch die Einbauten gedrückt oder gesaugt.

Kuhn, Adalbert, * Königsberg Nm. 19. Nov. 1812, † Neukölln (= Berlin) 5. Mai 1881, dt. Indogermanist und Sagenforscher. - Begründer der linguist. Paläontologie und der indogerman. Altertumskunde. Bed. Arbeiten zur vergleichenden Mythologie und zum „Rigweda".

K., Hugo, * Thaleischweiler (= Thaleischweiler-Fröschen, Landkr. Pirmasens) 20. Juli 1909, † Hochstätt (= Rimsting) am Chiemsee 5. Okt. 1978, dt. Germanist. - Bruder von Karl Georg K.; 1947 Prof. in Tübingen, seit 1954 in München. Hg. bzw. Mithg. mehrerer germanist. Zeitschriften. Bed. Arbeiten zur dt. Literatur des MA, u. a. „Minnesangs Wende" (1952), „Carmina Burana" (Übers., 1974).

K., Johannes Evangelist von, * Wäschenbeuren (Landkr. Göppingen) 19. Febr. 1806, † Tübingen 8. Mai 1887, dt. kath. Theologe. - 1837 Prof. für N. T., seit 1839 für Dogmatik in Tübingen; bed. Vertreter der kath. ↑ Tübinger Schule. K. kämpfte vergebl. gegen die aufkommende Neuscholastik und für die Unabhängigkeit der Theologie von der Philosophie.

K., Karl Georg, * Thaleischweiler (= Thaleischweiler-Fröschen, Landkr. Pirmasens) 6. März 1906, † Heidelberg 15. Sept. 1976, dt. ev. Theologe. - Bruder von Hugo K.; 1949 Prof. für N. T. in Göttingen, seit 1954 in Heidelberg. Maßgebende Beteiligung an der Erforschung der Texte von Kumran.

K., Richard, * Wien 3. Dez. 1900, † Heidelberg 31. Juli 1967, dt.-östr. Chemiker. - Prof. an der ETH Zürich, ab 1929 in Heidelberg; gleichzeitig Direktor am Heidelberger Kaiser-Wilhelm-Institut für medizin. Forschung (seit 1948 Max-Planck-Institut); befaßte sich v. a. mit mehrfach ungesättigten Verbindungen (z. B. Polyene und Kumulene), mit Karotinoiden, bestimmten Vitaminen (B_2, B_6, Pantothensäure) und Enzymen; erhielt 1938 den Nobelpreis für Chemie.

Kühn, Alfred, * Baden-Baden 22. April 1885, † Tübingen 22. Nov. 1968, dt. Zoologe. - Direktor des Kaiser Wilhelm-Instituts für Biologie in Berlin (ab 1945 in Tübingen); bed. Arbeiten zur allg. Zoologie („Grundriß der allg. Zoologie", 1922), Genetik („Grundriß der Vererbungslehre", 1939) und Entwicklungsphysiologie.

K., August, eigtl. Rainer Zwing, * München 25. Sept. 1936, dt. Schriftsteller. - Schildert in seinem realist. Erzählwerk engagiert Arbeitertradition, z. B. „Westend-Geschichte" (1972), „Der bayr. Aufstand" (Volksstück, 1973), „Eis am Stecken" (1974), „Zeit zum Aufstehen" (R., 1975), „Jahrgang 22 oder Die Merkwürdigkeiten im Leben des Fritz Wachsmuth" (R., 1977), „Fritz Wachsmuths Wunderjahre" (R., 1978), „Wir kehren langsam zur Natur zurück (Fragment, 1984).

K., Dieter, * Köln 1. Febr. 1935, dt. Schriftsteller. - Zeigt und kritisiert in seinen gegenwartsbezogenen wie histor., oft biograph. Werken die Hilflosigkeit des Individuums in den jeweiligen gesellschaftl. Zwängen. - *Werke:* N. (E., 1970), Stanislaw der Schweiger (R., 1975), Goldberg-Variationen (Hörspiel, 1974), Ich, Wolkenstein (1977), Herr Neidhart (1981), Schnee und Schwefel (Ged., 1982), Die Kammer des schwarzen Lichts (R., 1984), Flaschenpost für Goethe (1985), Bettines letzte Liebschaften (1986), Der Parzival des Wolfram von Eschenbach (1986).

K., Heinrich, * Dresden 24. Febr. 1866, † Birgitz bei Innsbruck 14. Sept. 1944, östr. Photograph dt. Herkunft. - Entwickelte 1897 zus. mit H. Henneberg (* 1863, † 1918) und H. Watzek (* 1848, † 1903) den mehrfarbigen Gummidruck. Gilt mit seinen maler.-impressionist. Aufnahmen als einer der erfolgreichsten östr. Photographen.

K., Heinz, * Köln 18. Febr. 1912, dt. Politiker. - Journalist; seit 1930 Mgl. der SPD; 1933–45 in der Emigration in Prag, Brüssel, Genf, 1946–60 journalist. tätig; 1948–54 und seit 1962 MdL in NRW; 1953–63 MdB; 1963–73 Vors. der SPD in NRW; 1966–78 Min.präs. von NRW; 1966–75 Mgl. des Präsidiums, 1973–75 stellv. Vors. der SPD; seit 1979 Abg. im Europ. Parlament.

K., Herbert, * Beelitz bei Potsdam 29. April 1895, † Mainz 25. Juni 1980, dt. Kunsthistoriker und Prähistoriker. - 1929–35 Prof. in Köln, 1946–56 in Mainz; zahlr. Schriften, u. a. „Kunst und Kultur der Vorzeit Europas" (1929), „Die german. Bügelfibeln der Völkerwanderungszeit in der Rheinprov." (1940), „Die Felsbilder Europas" (1952).

K., Rolf, * Köln 29. Sept. 1929, dt. Jazzmusiker (Klarinettist). - Spielte 1956–61 vorwiegend in den USA (u. a. mit B. Goodman); 1962–73 Leiter des Studio-Tanzorchesters beim Fernsehen des NDR.

Kuhnau, Johann, * Geising 6. April 1660, † Leipzig 5. Juni 1722, dt. Komponist. - 1684 Organist der Leipziger Thomaskirche, 1701 Thomaskantor. Bed. für die Geschichte der Klaviermusik mit seiner „Neuen Clavier-Übung" (1689–92) sowie den „Sonaten" der „Frischen Clavier-Früchte" (1696) und der „Musical. Vorstellung Einiger Biblischer Historien" (1700).

Kuhpocken (Rinderpocken), virusbedingter, akuter, mild verlaufender Hautausschlag mit Pustelbildung bei Rindern (bes. an Euter und Hodensack); Übertragung auf den Menschen möglich.

Kuhreigen (Kuhreihen), alte, in ihrem Ursprung mag. bestimmte Gesangsform der Hirten und Viehzüchter in den Alpenländern.

Kuhrochen (Afrikan. Adlerrochen, Pteromylaeus bovinus), bis über 2,5 m lange Art der Fam. Adlerrochen in warmen Meeren (gelegentl. auch im Mittelmeer); Kopf zugespitzt; Körperoberseite braungrün.

Kuhschelle (Küchenschelle, Pulsatilla), Gatt. der Hahnenfußgewächse mit rd. 30 Arten auf der Nordhalbkugel. Eine vorwiegend auf Kalk vorkommende Art ist die giftige, geschützte **Gemeine Kuhschelle** (Pulsatilla vulgaris) mit glockigen, hellvioletten Blüten. Auf Bergwiesen, Heiden und in sandigen Kiefernwäldern M-Europas wächst die geschützte **Frühlingskuhschelle** (Pulsatilla vernalis); mit bräunl.-gelber Behaarung und nickenden, weißen Blüten, deren äußere Blumenblätter violett, rosa oder blau überlaufen sind. - ↑ auch Alpenkuhschelle.

Kuibyschew, Walerian Wladimirowitsch [russ. 'kujbiʃəf], * Omsk 6. Juni 1888, † Moskau 25. Jan. 1935, sowjet. Politiker. - Als polit. Kommissar maßgebl. am Aufbau der Roten Armee beteiligt, später als enger Gehilfe Stalins am Aufbau der Planwirtschaft; 1922 Mgl. des ZK, 1927 des Politbüros der KPdSU; 1926–30 Vors. des Obersten Volkswirtschaftsrates, 1930–34 der Staatl. Plankommission; fiel 1935 Stalins „Großer Säuberung" zum Opfer.

Kuibyschew [russ. 'kujbiʃəf] (bis 1934 Samara), sowjet. Gebietshauptstadt an der Wolga, RSFSR, 1,25 Mill. E. Univ., 8 Hochschulen, Museen, Bibliotheken, Theater, Philharmonie; bed. Ind., u. a. Bau von Industrieanlagen, Erdölraffinerie; Hafen; ✈. - Gegr. 1586 als Festung gegen die Krimtataren.

Kuibyschewer Stausee, 6450 km² großer Stausee der Wolga 80 km oberhalb von Kuibyschew, UdSSR.

Kuito (früher Bié), Distrikthauptstadt in Z-Angola, 130 km onö. von Huambo, 1687 m ü. d. M., 18900 E. Kath. Bischofssitz; Handelszentrum eines Maisanbaugebiets; ✈.

Kujawien [...i-en], poln. Landschaft beiderseits der Weichsel zw. Thorn und Płock, seit dem Neolithikum ohne Unterbrechung besiedelt, seit dem hohen MA eines der Kornkammer Polens. Eines der altpoln. Kerngebiete, von Ende des 12. Jh. bis 1267 poln.-piast. Fürstentum; W-K. (Netzedistrikt) kam bei der 1. Poln. Teilung (1772), Rest-K. bei der 2. Teilung (1793) an Preußen bis 1807 bzw. 1815–1920.

Kuk (Kook), Abraham Jizchak, * Grīva (Lett. SSR) 8. Sept. 1865, † Jerusalem 1. Sept. 1935, jüd. Theologe und Gelehrter. - Wurde 1921 Oberrabbiner der aschkenas. Juden; brachte durch grundsätzl. religionsgesetzl. Entscheidungen religiöse Vorschriften mit den Erfordernissen der modernen Zeit in Übereinstimmung.

k. u. k. (k. und k.), Abk. für kaiserl. und königl.; gebraucht für die Bez. der beiden Reichsteilen Österreich-Ungarns gemeinsamen Angelegenheiten und Behörden, im Unterschied zu *k. k.* (kaiserl.-königl.) für die ausschließl. östr., *k. ungar.* (königl. ungar.) für die allein ungar. Angelegenheiten bzw. Behörden.

Kukai, * in der Prov. Sanuki (Präfektur Kagawa) 27. Juli 774, † auf Kojasan 22. April 835, jap. Mönch und Gelehrter; führte den Ehrentitel **Kobo Daischi** [„der das Gesetz verbreitende große Lehrer"], der ihm postum 921 verliehen wurde. - Nach dem Studium des Buddhismus, Konfuzianismus und Taoismus buddhist. Mönch; begr. 816 die Schingon-schu, die „Schule des myst.-mag. Wortes"; erkannte in den Schintogottheiten Erscheinungsformen buddhist. Heilsgestalten; dadurch Förderung der Verschmelzung beider Religionen im ↑ Riobuschinto.

Ku K'ai-chih (Gu Kaizhi) [chin. gukaj̥dʒi], * Wuhsi 345 (?), † 406 (?), chin. Maler. - Berühmtester Vertreter der frühen chin. Figurenmalerei. In Haltung und Bewegung der Figuren wird deren seel. Reaktion ausgedrückt; Kopien sind erhalten.

Kükelhaus, Heinz, * Essen 12. Febr. 1902, † Bad Berka 3. Mai 1946, dt. Schriftsteller. - Fremdenlegionär, Arbeiter im Ruhrgebiet; 1931 Siedler in Ostpreußen, später in Thüringen; schrieb Abenteuerromane, Dramen und Gedichte, u. a. die Romane „Erdenbruder auf Zickzackfahrt" (1931) und „Thomas, der Perlenfischer" (1941).

Küken [niederdt.], Bez. für Geflügeljunge (außer Tauben) von der Geburt bis zum Alter von 8 bis 10 Wochen.

Kükenruhr ↑ Geflügelkrankheiten.

Kuki-Chin-Völker [tʃin], Bez. für eine Gruppe von altmongol. Stämmen mit tibetobirman. Sprache im Bergland von NO-Indien und NW-Birma.

Ku-Klux-Klan [kuːklɔksˈklaːn, engl. ˈkjuːklʌksklæn; zu cyclos (von griech. kýklos „Kreis"), dem urspr. Namen, und ↑ Clan], terrorist. Geheimbund im S der USA, gegr. 1865 in Pulaski (Tenn.) als Zusammenschluß weißer Farmer zur Aufrechterhaltung der kolonialen Lebensform in den Südstaaten. Die Organisation richtete ihre geheimen, meist nächtl. Aktionen (Brandstiftungen, Auspeitschungen, Fememorde) insbes. gegen emanzipierte Schwarze und radikale Republikaner. Streng hierarch. Aufbau, ordensähnl. Ritual (absolute Gehorsamspflicht), Symbole (Flammenkreuz) und Tracht (schwarze, später weiße Kutte, spitze Kapuze) sollten den Schrecken vor den „Clansmen" erhöhen. Bei ihrer Auflösung 1869 (1871 durch Bundesgesetze) soll die Bewegung 550 000 Mgl. gehabt haben. - Nach der Wiederbegr. 1915 in Georgia richtete sich der Ku-K.-K. gegen religiöse, rass. und ethn. Minderheiten (Katholiken, Juden, Neger, Iren) sowie Repräsentanten der städt. Zivilisation. 1924/25 erreichte der Ku-K.-K. mit 4–5 Mill. Mgl. vorwiegend aus vorindustriell-agrar., kleinbürgerl.-prot. Schichten den Höhepunkt seiner Macht, die infolge des sozialen Wandels der 1920er Jahre und bedingt durch Korruptionsskandale rasch abnahm. In den 1960er Jahren agitierte der Ku-K.-K. gegen die Rassenintegration.
📖 *Trelease, A. W.: White terror: the Ku K. K. conspiracy and Southern Reconstruction. Westport (Conn.)* ² *1979.* - *Dixon, T.: The clansman. New York Neuaufl. 1975.*

Kukulle [lat.], Teil der Mönchskleidung, früher ein kleiner Schulterumhang mit Kapuze, heute ein faltenreiches Übergewand, das nur bei bestimmten Anlässen (z. B. Chorgebet) getragen wird.

Kukumer [lat.], südwestdt. Bez. für Gurke.

Kukuruz [slaw.], bes. in Östr. Bez. für Mais.

Kulak [russ.], Bez. für den russ. Mittel- und Großbauern, der nach den Stolypinschen Agrarreformen (1906/07) nicht mehr in den Mir (Dorfgemeinschaft) integriert war und sein Land mit familienfremden Arbeitskräften bewirtschaftete. Im Verlauf der Stalinschen Kollektivierungsmaßnahmen (1928–30) wur-

Ku-Klux-Klan-Mitglieder (1965)

Kulan

den die Kulaken als feindl. „Klasse" liquidiert (Konfiszierung des Vermögens, Deportationen, Erschießungen).

Kulan [kirgis.] ↑ Halbesel.

kulant [lat.-frz.], entgegenkommend, (im Geschäftsverkehr) Erleichterungen gewährend.

Kulenkampff, Georg, * Bremen 23. Jan. 1898, † Schaffhausen 4. Okt. 1948, dt. Violinist. - Gefeierter Interpret klass. und romant. Violinwerke; ab 1944 Lehrer am Luzerner Konservatorium.

Kuli [nach dem Namen eines Volksstammes im westl. Indien, dessen Angehörige sich oft als Fremdarbeiter verdingten] (engl. coolie), Tagelöhner in Süd-, Südost- u. Ostasien, von den europ. Kolonialmächten aus diesem Raum auch für ihre Besitzungen in Ozeanien (z. B. Fidschi), Süd- und Mittelamerika (z. B. Guayana), Süd- und Ostafrika als billige Arbeitskräfte auf den Plantagen angeworben.

Kulierware [frz./dt.], gewirkte oder gestrickte Textilware mit in Querrichtung gebildeten Maschen.

Kulikow, Wiktor Georgijewitsch, * Werchnjaja Ljubowscha (Gebiet Orel) 5. Juli 1921, sowjet. Marschall (seit 1977). - 1969–71 Oberbefehlshaber der sowjet. Streitkräfte in der DDR; 1971–77 Generalstabschef und Erster stellv. Verteidigungsmin.; seit 1977 Oberbefehlshaber der Truppen des Warschauer Pakts.

kulinarisch [zu lat. culinarius „zur Küche gehörend"], auf die feine Küche, die Kochkunst bezogen.

Kulisse [frz.], im Theaterwesen [bewegl.] bemalte Seitenwand; die K. der Kulissenbühne sind auf der rechten und linken Bühnenseite paarweise angeordnet und stehen parallel zur Rampe.

◆ Hebel[mechanismus], dessen Drehpunkt verschiebbar ist, z. B. dadurch, daß der Hebel an einem Gleitstein (*K.stein*) drehbar gelagert ist, dessen Stellung verändert werden kann.

Kulissensteuerung, bei Dampfmaschinen benutzte Umsteuerung, bei der die wirksame Bewegung der Schieber für Ein- und Auslaß des Dampfes durch eine Kulisse nach Größe und/oder Richtung verändert wird (z. B. Heusinger-Steuerung).

Kuljab, sowjet. Gebietshauptstadt im SO der Tadschik. SSR, 64 000 E. PH, Theater; Baumwollentkörnung, Nahrungsmittelindustrie; Eisenbahnendpunkt. - Bis 1917 berühmte Handelsstadt im Khanat Buchara.

Kullak, Theodor, * Krotoszyn bei Posen 12. Sept. 1818, † Berlin 1. März 1882, dt. Pianist und Komponist. - 1850 Mitbegründer des Sternschen Konservatoriums, 1855 Gründer der Neuen Akad. der Tonkunst; bed. Lehrer, schrieb Klavierschulen und komponierte Klaviermusik.

Kulmbach, Hans von, eigtl. Hans Suess, * Kulmbach um 1480, † Nürnberg zw. 29. Nov. und 3. Dez. 1522, dt. Maler und Graphiker. - Schüler von Iacopo de' Barbari und Dürer (nach 1500); schuf Altäre für Krakau (Johannes-Zyklus, 1516, Flügel mit dem Begräbnis in Warschau, Nationalmuseum) und Nürnberg (Tucheraltar, 1513; Nürnberg, Sankt Sebald), Porträts (Markgraf Kasimir von Brandenburg-Kulmbach, 1511), Zeichnungen für Holzschnitte und Glasfenster.

Kulmbach, Krst. am Weißen Main, Bay., 328 m ü. d. M., 27 400 E. Bundesanstalt für Fleischforschung; Plassenburg mit Museen (u. a. größte Zinnfigurensammlung der Erde). Brauereien, Herstellung von Maschinen für die Brauind., Fleischwarenfabriken. - Nach dem Aussterben der Markgrafen von Schweinfurt kam K. 1057 in den Besitz der Grafen von Andechs, die um 1135 die Plassenburg errichteten; ab 1398 war K. Residenz der Markgrafschaft Ansbach-Kulmbach (später Ansbach-Bayreuth). 1791 fiel K. an Preußen und 1810 an Bayern.

K., Landkr. in Bayern.

Kulmination [lat.-frz., zu lat. culmen „Höhepunkt"], der höchste bzw. tiefste Stand, den ein Gestirn während der tägl. scheinbaren Bewegung an der Sphäre erreicht. - (Übertragen:) Höhepunkt, Gipfel (z. B. einer Laufbahn); **kulminieren**, seinen Höhepunkt erreichen.

Külpe, Oswald, * Kandau (= Kandava, Lett. SSR) 3. Aug. 1862, † München 30. Dez. 1915, dt. Philosoph und Psychologe. - Prof. in Würzburg, Bonn und München. Begründer der gegen Assoziationspsychologie und Sensualismus gerichteten Denkpsychologie und der sie vertretenden Würzburger Schule. - *Werke:* Grundriß der Psychologie (1893), Einleitung in die Philosophie (1895), Die Realisierung (3 Bde., 1912–23).

Kult (Kultus) [zu lat. cultus „Pflege, Verehrung" (einer Gottheit)], in der *Religionsgeschichte* die festgesetzte und geregelte Form der Begegnung und des Umgangs mit dem Göttlichen bzw. dem Heiligen, die durch folgende konstituierende Merkmale gekennzeichnet ist: 1. die *Intention* der Verehrung bzw. Anbetung der Gottheit, der Förderung und Heiligung des menschl. Lebens oder der Abwehr schadenbringender Mächte; 2. der *K.ort* (K.stätte, K.raum, Sakralraum), in dem 3. die *K.handlungen* († auch Ritus) wie Opfer, Initiationsriten, kult. Mahl, Tänze, Prozessionen, Gebete u. a. vorgenommen werden; 4. die *K.gegenstände* (K.gerät) wie Bilder, Symbole, Opfergerät u. a.; 5. die *hl. Zeit* (Festzeit, Festtage), in der der K. vollzogen wird. - Träger des K. ist eine menschl. Gemeinschaft, in deren Auftrag Priester als ihre kult. Vertreter die rituellen Akte vollziehen. Die Position des Priesters im K. hat sich vielfach so sehr verselbständigt, daß die übrigen Teilnehmer

am K. als „Laien" in die Rolle mehr oder weniger passiver Zuschauer zurückgedrängt wurden. Der K. verlangt oft bes. Vorbereitungen, z. B. Reinigungsriten, Fasten, asket. Übungen, kult. Kleidung u. a. - Der *christl. K.*, v. a. der *röm.-kath.* und *ostkirchl.* (die *ev.* Kirchen sprechen statt dessen von ↑Gottesdienst), enthält im wesentl. alle gen. K.elemente, wenn auch meist in sublimierter Form, und versteht sich als Antwort des einzelnen und der religiösen Gemeinschaft auf die in Jesus Christus ergangene Gottesoffenbarung. K. äußert sich in den Formen der Anbetung (↑auch Gebet), der ↑Liturgie, der Andacht und im Brevier. Kern des K. sind die Sakramente als Akte der Verherrlichung Gottes und der Vorbereitung der Gläubigen auf die K.handlungen. Die folgenden K.arten werden [zumindest theoret.] unterschieden: als *Latrie* ist K. Verehrung, die nur Gott gegenüber angemessen ist; als *Dulie* gilt er auch den Heiligen bzw. in der Form der *Hyperdulie* als Verehrung Marias. K. als Verehrung von Bildern und Reliquien ist ein *relativer K.*, da die Verehrung der darin dargestellten Person gilt, nicht aber dem Objekt selbst (↑Bild).
📖 *Albert, K.: Vom K. zum Logos. Hamb. 1982. - Cullmann, O.: Urchristentum u. Gottesdienst. Zürich u. Stg.* ⁴*1962. - Schweizer, E.: Der Gottesdienst im N. T. Zürich 1958. - Mowinckel, S.: Religion u. Kultus. Dt. Übers. Gött. 1953.*
◆ in der Gegenwart auch Bez. für die unkrit. und bes. stilisierte Beteiligung von Menschengruppen an gerade jeweils modernen Formen des Verhaltens, der Kleidung usw., der Verehrung einer Person sowie für eine einem Gegenstand zugewendete übertriebene Sorgfalt.

Kültepe [türk. „Aschenhügel"], Name vieler Ruinenhügel in der Türkei, bes. K. bei Kayseri, die altoriental. Stadt **Kanesch** (20 km nö. von Kayseri); Anfang 2.Jt. v. Chr. Sitz anatol. Fürsten; im 19./18.Jh. entstand am Fuß des Hügels das altassyr. Kanesch als Zentrum des Handels von Assur nach Kleinasien. Bei den ersten Ausgrabungen (1925) wurden zahlr. Geschäftsbriefe und -urkunden gefunden; damit K. als Fundort der seit 1881 aus dem Antikenhandel bekannt gewordenen sog. „Kappadok. Tafeln" nachgewiesen. Türk. Ausgrabungen (seit 1948) legten Teile der Befestigung, der Kaufmannssiedlung und der anheim. Stadt auf dem Hügel mit dem Palast frei; neue Funde altassyr. Keilschrifttexte (über 12 000; bisher unveröffentlicht); bed. Keramik. - Abb. Bd.9, S. 326.

Kultgemeinschaft, 1. in der *Religionssoziologie* Bez. einer gesellschaftl. Gruppe, die entweder durch die Teilnahme an einem bestimmten Kult konstituiert wird oder deren Zusammenhalt in dieser Teilnahme seinen Ausdruck findet; 2. in den *christl. Kirchen* Bez. für die offiziell zugelassene gemeinsame Teilnahme von Angehörigen verschiedener Konfessionen am Kult.

Kultismus [lat.] (span. Cultismo) ↑Gongorismus.

Kultivator [lat.], svw. ↑Grubber.

kultivieren [lat.-frz.], urbar machen, sorgsam pflegen; ausbilden, verfeinern; **Kultivierung,** die Urbarmachung des Bodens (v. a. von Ödland), seine Bearbeitung und Bewirtschaftung (durch Anbau von Kulturpflanzen).

Kultlied, allg. das religiösen Kulthandlungen zugeordnete Lied wie Choral, Hymne. I. e. S. Bez. für vorliterar. poet. Formen, die archaische kult. Rituale begleiteten.

Kultsprache (Sakralsprache), die von den Priestern beim Vollzug kult. Handlungen gesprochene, von der profanen Sprache abweichende und dem Laien oft schwer oder nicht verständl. Sprache, deren Fremdartigkeit jedoch fast durchweg nicht als Nachteil, sondern als die dem Umgang mit dem Heiligen gemäße sprachl. Form verstanden wird. Fühlt sich eine Religion in spezif. Weise an eine bestimmte Sprache gebunden, so wird diese in missionierten Gebieten zur K., wie dies beim Arabischen in den islam. Ländern außerhalb des arab. Sprachraums der Fall ist.

Kultstätte (Heiligtum), Ort, an dem ein religiöser ↑Kult vollzogen wird.

Kultur [zu lat. cultura „Bearbeitung (des Ackers)", „(geistige) Pflege, Ausbildung"], das von Menschen zu bestimmten Zeiten in abgrenzbaren Regionen in Auseinandersetzung mit der Umwelt in ihrem Handeln Hervorgebrachte (Sprache, Religion, Ethik, Institutionen [Familie, Staat u. a.], Recht, Technik, Kunst, Musik, Philosophie, Wissenschaft), auch der Prozeß des Hervorbringens der verschiedenen K.inhalte und -modelle (Normensysteme und Zielvorstellungen) und entsprechender individueller und gesellschaftl. Lebens- und Handlungsformen. - K. als Begriff krit. Wertung wird eingeschränkt gebraucht: Positiv werden die K.leistungen bewertet, die der Vernunft gemäß bzw. in Ethik und Ästhetik vertretbar sind. - Kant definiert K. als Entwicklung der geistigen, seel. und leibl. „Naturkräfte" des Menschen aus ihrer natürl. „Rohigkeit", in der sie den Menschen beherrschen, zu dem Zustand, in dem sie der Mensch beherrscht. K. „im vollen Sinne" ist die moral. begr. Setzung und Nutzung seiner Zwecke durch den Menschen. „Äußerstes Ziel" der K. ist eine „nach Begriffen des Menschenrechts geordnete Staatsverfassung". Die Rechtsordnung sichert die K. als [begr.] Normensystem einer Gesellschaft. Für Herder ist K. als „höhere Natur" das in der Geschichte der Menschheit als Lebensformen von Völkern Gewachsene. In ihnen entfaltet sich die allg. menschl. Humanität bis zur „Blüte", der höchsten Stufe der Entfaltung der Humanität eines Volkes, die aber wie ein Lebewesen wieder vergeht. - Im Anschluß an Herders Humanitätsideal und/oder Hegels Philoso-

Kulturanthropologie

phie des objektiven Geistes wird K. z. T. nur noch als die Summe der geistigen Errungenschaften einer Zeit, eines Volkes oder der „Menschheit" verstanden (*Idealisierung* des K.begriffs). In der Romantik wird K. als das Nicht-Normierte und Nicht-Normierbare, das spontan Entstehende bzw. Entstandene begriffen (*Internalisierung* des K.begriffs). Idealisierung und Internalisierung verbinden sich oft und führen zur Unterscheidung der „geistigen", „inneren" K. von der „materiellen", „äußeren" ↑Zivilisation. - Der K.begriff in den empir. K.wiss. (v. a. Ethnologie, K.anthropologie) wird demgegenüber empirist. als Summe der als typ. feststellbaren Lebensformen einer Bevölkerung bestimmt.
◆ in der *Biologie* und *Medizin* die experimentelle Anzucht von Mikroorganismen sowie von pflanzl., tier. und menschl. Gewebszellen in bes. Gefäßen und Nährmedien.
📖 *Kraus, W.: K. u. Macht Mchn. 1978. - Steinbacher, F.: K. Begriff, Theorie, Funktion. Stg. 1976. - Ehrlich, W.: K.philosophie. Tüb. 1964. - Kluckhohn, C.: Culture and behavior. New York 1962. - Eliot, T. S.: Beitr. zum Begriff der K. Dt. Übers. Rbk. 1961.*
◆ in der *Land-* und *Forstwirtschaft* Bez. für eine neu angelegte Saat oder Pflanzung.

Kulturanthropologie, humanwiss. Disziplin, die neben dem biolog. und philosoph. Aspekt der Forschung am Menschen insbes. den der Kultur berücksichtigt. In den angelsächs. Ländern wird als K. *(Cultural anthropology)* zusätzl. die gesamte Völkerkunde bezeichnet.

Kulturautonomie, das gesetzl. verankerte Recht einer (ethn. oder sprachl.) Minderheit, ihre kulturelle Eigenart zu bewahren und zu entfalten. Dazu gehört v. a. die Zulassung der Sprache als Amts- und Schulsprache, die Zulassung und Anerkennung von Minderheitenschulen und Publikationsmitteln. Gelegentl. wird unter K. das Recht der Gliedstaaten in Bundesstaaten verstanden, die kulturellen Angelegenheiten selbst zu regeln (in der BR Deutschland „Kulturhoheit der Länder").

Kulturböden ↑Bodenkunde.

Kulturbund der DDR, kulturpolit. Organisation in der DDR zur „Herausbildung einer sozialist. Nationalkultur" und zur Pflege der Beziehungen zw. Arbeiterklasse und Intelligenz; 1945 als „Kulturbund zur demokrat. Erneuerung Deutschlands" gegr., dann bis 1972 „Dt. Kulturbund"; besaß als „gesellschaftl. Gruppe" eine Fraktion in der Volkskammer; zahlr. Publikationen.

Kulturdenkmal, Objekt der Architektur (einschließl. ganzer Ensembles), Geschichte, Kunst, Technik, Handwerk, Vorgeschichte (Bodendenkmal) usw., das von allg. Interesse ist; vielfach unter Denkmalschutz.

Kulturfeige ↑Feigenbaum.

Kulturfilm, veraltete Bez. für dokumentar. oder künstler. film. Darstellung eines allg. interessierenden oder allgemeinbildenden Stoffes (meist Kurzfilme von 10–20 Min. Spieldauer).

Kulturflüchter, Pflanzen- und Tierarten, die nur außerhalb des menschl. Kulturbereichs gedeihen und daher mit dessen Ausbreitung verschwinden; z. B. Elch, Biber, Kranich, Schwarzstorch.

Kulturfolger, Pflanzen- und Tierarten, die auf Grund der günstigeren Lebensbedingungen den menschl. Kulturbereich als Lebensraum bevorzugen. Auch ihre Verbreitung verdanken sie weitgehend den Menschen; z. B. ↑Adventivpflanzen, Sperling, Schwalbe, Amsel, Weißstorch.

Kulturgeographie ↑Kulturlandschaft.

Kulturgeschichte, bis in die 30er Jahre des 20. Jh. Bez. für einen analyt. und synthet. verfahrenden Zweig der Geschichtswiss. - K. wurde zunächst als Ggs. zur polit. Geschichte der „Staatsaktionen", dann als umfassende Bez. für die Gesamtheit des menschl. Schaffens und Wirkens in der Geschichte bzw. für deren wiss. Darstellung verstanden. Ein Verständnis geschichtl. Geschehens im Sinne der Kulturgeschichtsschreibung erfordert daher eine Vertiefung in das gesamte soziale Leben der einzelnen Perioden; die Kulturgeschichtsschreibung versucht, zur rein polit. Geschichtsschreibung den allg. Hintergrund zu liefern. Die im 19. Jh. sich entwickelnden Wiss. Anthropologie und Völkerkunde schufen eine der wiss. Grundlagen der späteren K., indem sie die Zustände darlegten, deren Kenntnis Voraussetzung zum Verständnis der untersten Kulturstufen ist. Die erstmals von Darwin erhobene Forderung, den Menschen als Gegenstand der Naturgeschichte zu behandeln, sowie die Studien über das Auftreten des vorgeschichtl. Menschen und die damit gewonnenen Möglichkeiten zum Vergleich der Menschen aller Zeiten und Zonen führten zu einer Bewegung, die die allg. K. zu einer Entwicklungsgeschichte der Menschheit auszubauen suchte. Diesem Verständnis von K. trat v. a. J. Burckhardt in seinen Werken entgegen, ein in Wiederaufnahme humanist. Traditionen mit der Entstehung von Staatsformen, Sitten und Gebräuchen, mit der Entwicklung der Fam., der Sprache, der Religionsvorstellungen, des Rechtes, der Kunst und der Wiss. befaßten. - Die langen Auseinandersetzungen um Methoden und Ziele der K. trugen dazu bei, daß im 20. Jh. die Auffassung von der Geschichte als Geschichte der polit. Ereignisse durch eine stärkere Berücksichtigung der Sozialgeschichte und der Wirtschaftsgeschichte revidiert wurde. Im Rahmen dieser Disziplinen werden heute auch weitgehend die Fragestellungen der K. behandelt.
📖 *Mühlmann, W. E.: Rassen, Ethnien, Kulturen. Neuwied u. Bln. 1964. - Mühlmann, W. E.: Homo creator. Wsb. 1962. - Huizinga, J.:*

Kulturkritik

Gesch. u. Kultur. Ges. Aufs. Dt. Übers. Hg. u. eingel. v. K. Köster. Stg. 1954.

Kulturgüterschutz, Schutz kulturell bed. Objekte gegen Zerstörung, Verfall, Verkauf ins Ausland. In der BR Deutschland ist K. Sache der Länder († Denkmalschutz). K. allg. wird von der UNESCO gefördert. Das Europ. Kulturabkommen vom 19. 12. 1954 verpflichtet alle Mitgliedstaaten zum Schutz der in ihrem Hoheitsbereich befindl. Gegenstände des gemeinsamen europ. kulturellen Erbes.

Kulturhefen (Reinzuchthefen), rein gezüchtete Hefestämme, die in der Bier- und Weinherstellung großtechn. eingesetzt werden.

Kulturkampf, von R. Virchow seit Anfang 1873 gebrauchte Bez. für die nach der Reichsgründung 1870/71 beginnende Auseinandersetzung zw. Staat, Parteien und kath. Kirche speziell in Preußen; seither Bez. für ähnl. kirchen- und kulturpolit. Gegensätze im Zusammenhang mit Versuchen zur grundlegenden Umgestaltung der überkommenen Beziehungen von Staat und Kirche im Sinn einer neuen Abgrenzung oder völligen Trennung. War der K. in Preußen auf liberaler Seite bestimmt vom Fernziel einer Identität von Nation und Religion und vom Nahziel einer Durchsetzung der vollen Souveränität des Staates, National-, Verfassungs- und Rechtsstaates, so auf kath. Seite durch Widerstand gegen den Anspruch des Staates auf Omnipotenz im kulturpolit. Bereich und den Kampf für die Idee des Föderalismus gegen die kleindt. Reichsgründung unter preuß.-prot. Hegemonie. Wesentl. Voraussetzungen für den Ausbruch des K. waren die schroffe Frontstellung Papst Pius' IX. gegen Liberalismus, Laizismus und Pluralismus, ein wirtsch.-soziales Gefälle zw. kleindt. Protestantismus und (ehemals) großdt. Katholizismus, die (weitgehend takt.) Übernahme demokrat. Methoden durch den polit. Katholizismus und antikapitalist.-soziale Tendenzen in seinen Reihen. Bismarck führte den K., unterstützt von Liberalen und gemäßigt Konservativen, als einen innenpolit. „Präventivkrieg" gegen das Zentrum als (potentiellen) Träger von Parlamentarisierungstendenzen. Zu den wichtigsten staatl. Maßnahmen, die in den Maigesetzen ihren Höhepunkt hatten, gehörten v. a. der **Kanzelparagraph** (1871, dem StGB [§ 130 a] eingefügter Straftatbestand, der eine den öffentl. Frieden bedrohenden Erörterung staatl. Angelegenheiten durch Geistliche in Ausübung ihres Berufes mit Gefängnis bis zu 2 Jahren bedrohte; in der BR Deutschland 1953 aufgehoben), Schulaufsichtsgesetz (1872), **Jesuitengesetz** (1872, Verbot des Jesuitenordens im Reichsgebiet. Ausweisung ausländ. Jesuiten, Zuweisung bzw. Verbot eines bestimmten Wohnsitzes für dt. Jesuiten), das Zivilehegesetz (1874), Auflösung aller kirchl. Orden mit Ausnahme reiner Krankenpflegeorden (1875). Trotz weiterer Maßnahmen 1876–78 blieb der passive Widerstand der preuß. Katholiken ungebrochen, Zentrum und Katholizismus gingen gefestigt und gestärkt aus dem K. hervor. Nach 1879 kam es zu einem allmähl. Ausgleich. Von den staatl. Maßnahmen überdauerten den K. nur staatl. Schulaufsicht, Kanzelparagraph, Zivilehe und (bis 1917) Jesuitengesetz. Parallel zu den Vorgängen in Preußen kam es in Hessen zum K. und zu einer Verschärfung des seit 1863/64 ablaufenden K. in Baden. In der *Schweiz* führte 1873 das Infallibilitätsdogma zur Absetzung der Bischöfe von Basel und Genf, zur teils gewaltsamen Unterstützung des Altkatholizismus durch Kantonsreg., zum Abbruch der diplomat. Beziehungen zum Vatikan (bis 1920) und 1874 zum verfassungsmäßigen Verbot für Jesuiten und Klöster (aufgehoben durch Volksabstimmung 1973). In *Österreich* kam es im Zusammenhang mit der Aufhebung des Konkordats von 1855 zu einem gemäßigten K., der durch die Neuordnung der Beziehungen von Staat und Kirche 1874 abgeschlossen wurde.

📖 *Heinen, E.: Staatl. Macht u. Katholizismus in Deutschland. Bd. 2. Paderborn 1979. - Becker, Josef: Liberaler Staat u. Kirche in der Ära v. Reichsgründung u. K. Gesch. u. Strukturen ihres Verhältnisses in Baden 1860–1876. Mainz 1973. - Lill, R.: Die Wende im K.: Leo XIII., Bismarck u. die Zentrumspartei. Tüb. 1973.*

Kulturkreis, Bez. 1. für einen Komplex von Kulturelementen (z. B. bestimmte Wohnformen, Waffen, Geräte, religiöse und soziale Ordnungen); 2. für einen größeren, hinsichtl. wichtiger Kulturelemente einheitl. geograph. Raum (z. B. abendländ. Kulturkreis).

Kulturkreis im Bundesverband der Deutschen Industrie e. V., 1951 gegr. Vereinigung kulturell interessierter Unternehmer zur Förderung der zeitgenöss. Kunst, Literatur und Musik; auch Stiftungen für bes. Projekte im kulturellen Bereich.

Kulturkritik, Verbindung von Kulturphilosophie und Gesellschaftskritik, die einem für Teilgruppen tatsächl. herrschenden Zustand sozialer und kultureller Entfremdung Ausdruck gibt. Für das vorrevolutionäre 18. Jh. war Rousseaus K. charakterist., der die sittl. Ordnung durch kulturell vermittelte Bedürfnisse und Sozialverhältnisse zerstört sieht und die Rückkehr zur vernünftigen, d. h. natürl. Ordnung fordert. In seiner geistigen Nachfolge steht der Hauptstrom der K. im 19. und 20. Jh., der stets Natur und Kultur normativ einander gegenüberstellt. Der meist antimaterialist. argumentierenden, vom Bürgertum getragenen älteren K. trat im 19. Jh. die ökonom. und materialist. ausgerichtete radikale Gesellschaftskritik des Marxismus zur Seite, auf deren Fortschrittspathos wiederum O. Spenglers K. eine pessimist. Ant-

Kulturlandschaft

wort darstellte. - Die moderne westl. K. hebt v. a. auf Vermassung, „Verlust der Mitte", Identitätsverlust und Legitimationskrise als Ausdruck der Ind.gesellschaft ab.

Kulturlandschaft, die durch menschl. Einwirkung umgewandelte Naturlandschaft. Ihre Erforschung ist Aufgabe der **Kulturgeographie.**

Kulturmorphologie, von L. Frobenius seit 1898 entwickelte Lehre, die die einzelnen Kulturen als Einheiten erfaßt und als biolog. Wesen zu erklären versucht: Jede Kultur soll sich wie ein selbständig lebender Organismus von einem Kindheitsstadium über ein Mannes- und Greisenalter entwickeln und schließl. vergehen.

Kulturpessimismus, seit der Antike begegnende Abwendung vom zivilisator. Fortschritt durch geistige Fluchtbewegung in die moral. integre Einfachheit.

Kulturpflanzen, Nutzpflanzen, die vom Menschen in planmäßige Kultur, Bewirtschaftung und Züchtung genommen wurden und die sich durch Änderungen im Erbgefüge von den jeweiligen Wildarten unterscheiden. Nach der Nutzungsart unterscheidet man: *Nahrungspflanzen* (Getreide, Gemüse-, Obst-, Zucker- und Ölpflanzen), *Gewürz-* und *Genußmittelpflanzen, Arzneipflanzen, Futterpflanzen, Industriepflanzen* (Faser-, Zellstoff-, Holz-, Kork-, Kautschuk-, Farbstoff-, Gerbstoff- und Harzpflanzen) sowie *Forst-, Garten-* und *Zierpflanzen.*
Die wichtigsten durch Chromosomenmutation entstandenen und durch Auslese und Züchtung stabilisierten Merkmale der K. gegenüber den Wildarten sind: 1. *Riesenwuchs:* führt zu Ertragssteigerung; 2. *Verminderung der Fruchtbarkeit:* führt zur Abnahme der Blüten-, Frucht- und Samenzahl (bis zur Samenlosigkeit bei der Weinrebe und einigen Zitrusfrüchten) bei Vergrößerung der Blüten und Früchte; 3. *Verlust von Bitter- und Giftstoffen* (Obstarten, Rüben, Lupine); 4. *Veränderung des Lebenszyklus* (Keimruhe, Blüh- und Fruchtreife): ermöglicht einfachere Bewirtschaftung und Ausbreitung in weniger günstige Klimazonen; 5. *gesteigerte Formenmannigfaltigkeit:* z. B. Kopfbildung bei Kohl und Salat, Farbvarianten bei Zierpflanzen.

Kulturpolitik, Gesamtheit der Bestrebungen des Staates, der Kommunen, Kirchen, öffentl.-rechtl. Körperschaften, Parteien, aber auch überstaatl. und zwischenstaatl. Instanzen (UNESCO) zur Förderung und Erhaltung der Kultur. Bis zum Beginn der Neuzeit war K. v. a. Sache der Kirche, dann der Städte und des Adels. Seit dem 17./18. Jh. gelangten zunächst Hochschulen und säkularisierte Klosterschulen in den Einflußbereich des Staates, der im 19. Jh. zur maßgebl. kulturpolit. Instanz wurde, insbes. auch durch Übernahme des Volksschulwesens. Seine rahmensetzenden Befugnisse werden heute im Sinne gesamtgesellschaftl. Erziehungsziele ausgebaut.
1918 mußte der Staat eine Reihe kultureller Institutionen übernehmen, die zuvor in den fürstl. Zivillisten oder privaten Stiftungen ihre materielle Basis hatten. Unter dem NS wurde die Kultur zentraler ideolog. Lenkung und Kontrolle von Partei und Staat unterworfen, das neue Medium des Rundfunks wurde in staatl. Hand konsequent als Mittel der Massenlenkung benutzt. Nach 1945 diente die K. der DDR der ideolog. Absicherung der polit. Herrschaft und wurde zusammen mit ↑Agitation und Propaganda wichtigstes Instrument der Massenbeeinflussung. In der BR Deutschland sind weite Gebiete der K. wieder in private und kirchl. Hand zurückgegeben worden. Im Schul- und Hochschulwesen wußten die Länder trotz steigender finanzieller Beteiligung und Rahmenkompetenz des Bundes ihre Selbständigkeit bisher zu wahren. Die Forschungsförderung allerdings liegt teils in direkter Bundeskompetenz, teils durch die Dt. Forschungsgemeinschaft e. V. in partieller Autonomie der Hochschulen. Die Rundfunkanstalten haben öffentl.-rechtl. Status, sind jedoch über Aufsichtsgremien der Kontrolle von Öffentlichkeit und Parlamenten unterworfen. Die auswärtige K. der BR Deutschland wird vom Auswärtigen Amt betreut, wobei v. a. die Goethe-Institute in zahlr. ausländ. Städten von Bed. sind, aber auch z. B. die Dt. Histor. Institute.

Kulturpreis des Deutschen Gewerkschaftsbundes, 1963 gestiftete, jährl. zu vergebende, mit 20 000 DM dotierte Auszeichnung für kulturelle Leistungen, durch die zur Stärkung der sozialen Bewegung beigetragen wurde.

Kulturpsychologie, Teilgebiet der Psychologie, das sich mit Verhaltensweisen befaßt, die für Angehörige eines bestimmten Kulturkreises charakterist. sind (Bräuche, Normen, Konventionen) und sich in Objektivationen der Architektur, Kunst, Religion, Sprache, Technik und Wiss. niederschlagen.

Kulturrevolution, Grundkonzept und -zielsetzung sowjetkommunist. Kulturpolitik. Von Lenin nach 1917/21 entworfen: Hervorbringung und Formung des neuen sozialist. Menschen durch schrittweise Verallgemeinerung des überlieferten zivilisator. Standards und Einübung neuer sozialer Verhaltensnormen. - Die im Herbst 1965 in der VR China entfachte „Große Proletar. K." war ein Versuch Mao Tse-tungs, die verkrustete Partei- und Staatsbürokratie durch Mobilisierung eines revolutionären Bewußtseins, v. a. in der Jugend, aufzubrechen (↑auch Maoismus). Struktur und Funktionen der Institutionen von Partei und Staat wurden einem tiefgreifenden Wandel unterworfen. In den bürgerkriegsähnl. Zuständen, die durch den oft blinden Aktionismus der „Roten Garden" hervorgerufen wurden, trat die Volksbefreiungsarmee (VBA) als neuer Ordnungsfaktor auf den Plan, die nach Stabilisierung der Verhältnisse im Herbst 1967 aus der 1969 beendeten K. als Sieger hervorging.

Kulturschicht, in der Archäologie und Vorgeschichte gebräuchl. Bez. für die Bodenablagerungen, in denen Hinterlassenschaften des Menschen angetroffen werden bzw. die durch solche entstanden sind.

Kultursoziologie ↑Geschichtssoziologie.

Kultursteppe, Bez. für offene, durch den Menschen genutzte Landschaften, die in urspr. natürl. Waldgebieten durch Rodung oder starke Beweidung entstanden sind.

Kulturvarietät [...i-ɛ...], svw. ↑Sorte.

Kulturwissenschaften, bisweilen, bes. von der südwestdt. Schule des Neukantianismus (Windelband, Rickert u. a.) gebrauchter wissenschaftstheoret. Begriff für und in Konkurrenz zu Geisteswissenschaften.

Kulturzyklentheorie, im Unterschied zu Theorien mit linearem Geschichtsbild kultur- und geschichtsphilosoph. Theorien, denen zufolge kultureller Wandel und Entwicklung in Kulturen sich in einer Reihe regelmäßig aufeinanderfolgender, meist auch wiederkehrender Phasen vollziehen, insbes. die universalgeschichtl. Theorie A. J. Toynbees.

Kultus [lat.] ↑Kult.

Kultusbeamte, Sammelbez. für die von jüd. Gemeinden angestellten Beamten mit Funktionen im Kult (z. B. Rabbiner, Vorsänger).

Kultusfreiheit, durch Art. 4 Absatz 2 GG verbürgtes Recht der ungestörten Religionsausübung im privaten und öffentl. Bereich. - ↑auch Bekenntnisfreiheit.

Kultuskongregation ↑Kurienkongregationen.

Kultusministerium, oberste Behörde für das Bildungs- und Erziehungswesen, die Pflege von Wiss. und Kunst sowie für sonstige kulturelle Angelegenheiten; gibt es in der BR Deutschland nur in den Ländern (mit unterschiedl. Bez.); der Bund besitzt ein B.-Ministerium für Bildung und Wiss. und ein B.-Ministerium für Forschung und Technologie.
In *Österreich* gibt es Ministerien auf dem Gebiet des Bildungs- und Erziehungswesens nur auf Bundesebene: das B.-Ministerium für Unterricht und Kunst sowie das B.-Ministerium für Wiss. und Forschung. - In der *Schweiz* ist die oberste Bundesbehörde für die Kulturpflege einschl. des Bildungs- und Erziehungswesens das Eidgenöss. Departement des Innern. In den Kantonen gibt es für diesen Bereich 1 oder 2 Reg.behörden (Departements oder Direktionen) mit wechselnder Bezeichnung.

Kultusministerkonferenz, Abk. KMK, Kurzbez. für die Ständige Konferenz der Kultusmin. der Länder in der BR Deutschland; Sitz des Sekretariats ist Bonn; zuständig für die Zusammenarbeit der Länder auf kulturellem Gebiet (v. a. Schul- und Hochschulwesen); ihre Beschlüsse sind nicht bindend.

Kumamoto, jap. Stadt auf Kiuschu, an der Ariakebucht, 525 600 E. Verwaltungssitz der Präfektur K.; Univ. (gegr. 1949), Frauenfach- und Wirtschaftshochschule; meereskundl. Forschungsinst.; histor. Museum; Markt und Verarbeitungsort für Agrarprodukte. - Ruine eines Schlosses (1607) mit Wehrturm (jetzt Museum).

Kumanen ↑Polowzer.

Kumarin [Tupí-frz.] (Cumarin), innerer Ester (↑Lactone) der o-Hydroxyzimtsäure, $C_6H_4OH-CH=CH-COOH$. Das kristalline, wasserlösl. K. kommt natürl. als Geruchsstoff des Waldmeisters vor; Verwendung v. a. in der Parfümindustrie.

Kumaron [Tupí-frz.] (Cumaron, Benzofuran), farblose, aromat. riechende, ölige Flüssigkeit; polymerisiert leicht zu gelben bis dunkelbraunen *K.harzen,* die als Bindemittel für Farben und für die Schallplattenherstellung verwendet werden.

Kumasi, Stadt in S-Ghana, 309 m ü. d. M., 476 000 E, städt. Agglomeration 524 000 E. Verwaltungssitz der Region Ashanti; Sitz eines kath. Bischofs; Univ. (seit 1961), nat. Kulturzentrum mit volkskundl. Freilichtmuseum, Bibliothek, Zoo, Armeemuseum. Bed. Handelszentrum inmitten eines Kakaoanbaugebiets; Bahnstation, ✈. - 1663 von Aschanti gegr., ab 1836 Residenz der Aschantikönige. Bei der brit. Eroberung 1874 fast vollständig zerstört.

Kumazeen (Cumacea) [griech.-lat.], Ordnung etwa 5–10 mm langer, fast nur mariner, meist bis zum Vorderende im Sand oder Schlamm eingegrabener Krebstiere; etwa 500 Arten mit breitem, aufgetriebenem, vorn mit zwei zu einem Pseudorostrum zusammenlaufenden Fortsätzen versehenem Cephalothorax und langem, dünnem Hinterleib.

Kumbakonam, ind. Stadt im Cauvery-Mündungsdelta, Bundesstaat Tamil Nadu, 132 700 E. Kath. Bischofssitz; Sanskritschulen und -bibliothek; brahman. Kulturzentrum; Seidenweberei, Baumwollverarbeitung und Messingarbeiten; Bahnstation. - Mehrere Tempel, u. a. Wischnutempel (um 1350). Hauptpilgerplatz ist der Mahamagateich.

Kumbrisches Bergland ↑Cumbrian Mountains.

Kümmel [zu griech. kýminon (mit gleicher Bed.)], (Carum) Gatt. der Doldenblütler mit rd. 25 Arten in Europa, Asien und N-Afrika. Die bekannteste Art ist der **Echte Kümmel** (Wiesen-K., Köm, Carum carvi) mit doppelt bis dreifach gefiederten Blättern, rübenförmiger Wurzel und kleinen, weißen bis rötl. Blüten in Doppeldolden. Die leicht sichelförmig

Kümmerwuchs

gebogenen Teilfrüchte werden als Gewürz verwendet. Das aus ihnen gewonnene aromat. K.*öl* wird als Geschmacksstoff für Schnäpse und Liköre verwendet.
◆ ↑Kreuzkümmel.
◆ ↑Schwarzkümmel.

Kümmerwuchs, svw. ↑Zwergwuchs.

Kummetgeschirr [poln./dt.] ↑Geschirr.

Kumpf, süddt. svw. Behälter, Gefäß, Napf; früher auch Hohlmaß (entsprach in Hessen 8 Litern).

Kumran (Qumran, arab. Chirbat Kumran), Ruinenstätte am NW-Ufer des Toten Meeres im z. Z. von Israel besetzten West-Jordanien; seit Mitte des 19. Jh. bekannt, jedoch erst 1951 und 1953–56 systemat. ausgegraben. K. war seit 130 v. Chr. bis zu seiner Zerstörung 66/73 n. Chr. bewohnt. - Berühmt ist K. v. a. wegen der dort seit 1947 in Höhlen gefundenen Handschriften (meist auf Leder und Papyrus; heute im „Shrine of the Book", Jerusalem): 1. *bibl. Bücher* des hebr. Kanons; hebr. bzw. aram. Fassungen von Teilen der Septuaginta und von vorher nur in Übersetzungen bekannten Büchern (z. B. Tobit, Jesus Sirach); ↑Targume; 2. *Auslegungen bibl. Bücher:* Midrasch und „Pescharim" (Auslegungen nach kleinsten Texteinheiten) zu einigen Propheten und den Psalmen; 3. *liturg. und gesetzl. Texte:* „Sektenregel", Gemeinschaftsregel, Damaskusschrift, Hodajoth (Danklieder). - Die Interpretation der Texte läßt vermuten, daß K. von ↑Essenern bzw. einer ihnen nahestehenden Gemeinschaft bewohnt war, die in einer Art Kloster lebte, vielleicht auch eine Tempelbibliothek gewesen ist. - Sprachl. füllt der vormasoret. Texttyp der K.schriften die Lücke zw. dem Hebräisch der Bibel und dem der tannait. Literatur. Inhaltl. Parallelen zum N. T. sind wohl nur in der Gemeinsamkeit in Denken und Sprache einer bestimmten Zeit begründet.

Kumulation [zu lat. cumulus „Haufen"], Anhäufung (z. B. von Ämtern, von Stimmen).
◆ in der *Biologie* und *Medizin:* Summationseffekt by wiederholter Einwirkung (und Anreicherung) verschiedener biolog. aktiver Substanzen (z. B. ionisierende Strahlen, Arzneimittel) auf den Organismus.

Kumulationsprinzip, Grundsatz der Strafhäufung. Das K. wird nur bei ↑Tatmehrheit und nur im Falle der lebenslangen Freiheitsstrafe angewandt, weil eine Verschärfung dieser Strafe (↑Asperationsprinzip) logisch nicht möglich ist.

Kumulene [lat.], organ. Kohlenstoffverbindungen mit mehreren ↑kumulierten Doppelbindungen.

kumulieren [lat.], im Wahlrecht Bez. für: Stimmen häufen. - ↑Wahlen.

kumulierte Doppelbindungen, Verknüpfung von drei oder mehr Kohlenstoffatomen in den Molekülen organ. Verbindungen durch unmittelbar aufeinanderfolgende Doppelbindungen nach dem Schema: $=C=C=C=$.

Kumulonimbus [lat.] ↑Wolken.

Kumulus [zu lat. cumulus „Haufen"] ↑Wolken.

Kumykisch, zur NW-Gruppe der Turksprachen gehörende Sprache der Kumyken v. a. in der Dagestan. ASSR; war bis ins 20. Jh. Verkehrssprache unter den Bergvölkern Dagestans.

Kumys (Kumyß) [russ.], schäumendes, dickflüssiges Sauermilchgetränk (bis 3 % Alkohol), eigtl. aus Stuten- oder Kamelmilch bereitet (von mittelasiat. und südosteurop. Nomaden).

Kun, Béla (Khun), *Cehu Silvaniei bei Zalău 20. Febr. 1886, † in der UdSSR am 30. Nov. 1939 (?), ungar. Politiker. - 1916–18 in russ. Kriegsgefangenschaft; organisierte nach seiner Rückkehr die ungar. KP, proklamierte im März 1919 die Räterepublik, in der er das Volkskommissariat für Auswärtiges übernahm; berüchtigt durch sein Terrorregime; floh nach dem Zusammenbruch der Räterepublik (Aug. 1919) nach Österreich, 1920 nach Sowjetrußland; im Verlauf der „Großen Säuberung" (1935–38) verhaftet.

Kunadis (Kounadis), Arjiris (Arghyris), *Konstantinopel 14. Febr. 1924, griech. Komponist. - Seit 1963 Dozent an der Musikhochschule Freiburg im Breisgau. - *Werke:* Sinfonietta (1953), Streichquartett (1961), „Epigramma" für Doppelchor (1965), Rhapsodie für eine Frauenstimme und Orchester (1967), Kurzoper „Der Gummisarg" (1968), „Die verhexten Notenständer", musikal. Theater nach K. Valentin (1971), Kammeroper „Die Baßgeige" (1979), „Lysistrata", Musiktheater nach Aristophanes (1983).

Kunaitra, zentraler Ort der Golanhöhen, Syrien. - 1878 siedelten sich in den Ruinen der antiken Stadt aus dem Kaukasus geflüchtete Tscherkessen an. Während des Junikrieges von 1967 verließen die meisten Einwohner Stadt und Umgebung, die unter israel. Verwaltung kamen; 1974 wieder von Syrern besiedelt.

Kunaschir, südlichste Insel der ↑Kurilen, durch die Nemurostraße von der jap. Insel Hokkaido getrennt, rund 1 550 km^2.

Kunaxa, antiker Ort nw. von Bagdad, Irak; berühmt durch die Niederlage Kyros' d. J. gegen Artaxerxes II. im Herbst 401 v. Chr.

Kuncewiczowa, Maria [poln. kuntsɛvi'tʃɔva], geb. Szczepańska, *Samara (= Kuibyschew) 30. Okt. 1899, poln. Schriftstellerin. - Emigrierte 1939, lebte bis 1955 in London, dann in New York, heute wieder in Polen; gründete das Internat. Pen-Club für Schriftsteller im Exil. - *Werke:* Die Fremde (1936), Der andere Blick (1980). - † 15. Juli 1989.

Kunckel, Johann K. von Löwenstern (seit 1693), *Hütten (Landkr. Rendsburg-Eckernförde) um 1638, † Stockholm 20. März

Kündigungsschutz

1703, dt. Alchimist. - K. stand in Diensten mehrerer dt. Fürsten; er erfand das Rubinglas (K.glas) und gab - mit Ergänzungen und Erläuterungen - das von ihm übersetzte Werk von A. Neri „Arte Vitraria" (1612) u.d.T. „Ars Vitraria experimentalis" (1679; mit C. Merret) heraus. Diese Abhandlung blieb für lange Zeit die bedeutendste Schrift über die Glasmacherkunst.

Kunde (Bohne), trichterartige, durch Futterreste dunkel gefärbte Einstülpung des Schmelzmantels an der Kaufläche von Schneidezähnen bei Pferden. Der Abnutzungsgrad der K. ist ein Indiz für das Alter des Pferdes.

Kundendienst, Dienstleistung, die [als vertragl. Nebenpflicht] versprochen wird, um den Abschluß eines Vertrages zu fördern oder zu Werbezwecken und zur Unterstützung des Firmenrufs erbracht wird (z. B. Parkplätze für Kunden, Reparaturwerkstatt).

Kundenfang, durch Täuschung und Irreführung bewirkter Kaufabschluß, bei dem der Käufer zwar keinen unmittelbaren Vermögensnachteil erleidet (sonst: Betrug), jedoch zum Kauf anderer als der gewünschten Waren (z. B. durch bewußt herbeigeführte Verwechslungsgefahr) oder zum Kauf aus unsachl. Motiven veranlaßt wird; Fall des ↑unlauteren Wettbewerbs.

Kundera, Milan, * Brünn 1. April 1929, tschech. Schriftsteller. - Lebt seit 1975 in Frankr.; schreibt Dramen, u. a. „Die Schlüsselbesitzer" (1962), Erzählungen und Romane, z. B. „Der Scherz" (1967), in dem er sich mit Problemen der Gesellschaft auseinandersetzt, „Das Leben ist anderswo" (entstanden 1969, dt. 1974) und „Abschiedswalzer" (entstanden 1971, dt. 1977); schrieb auch: „Die unerträgliche Leichtigkeit des Seins" (R., 1984).

Kündigung, empfangsbedürftige Willenserklärung, die dazu bestimmt ist, ein ↑Dauerschuldverhältnis (ausnahmsweise einzelne Rechte und Pflichten daraus) zu beenden (**Beendigungskündigung**) oder einen Anspruch (z. B. auf Darlehensrückzahlung) fällig werden zu lassen (**Fälligkeitskündigung**). Erklärt wird die K. von einer Vertragspartei gegenüber der anderen. Sie erlangt Rechtswirksamkeit mit Zugang beim anderen Teil. An eine gesetzl. Form ist sie im allg. nicht gebunden. Bedingungen sind grundsätzl. unzulässig. Die Angabe von K.gründen ist zur Wirksamkeit i. d. R. nicht erforderl., vielfach aber zur Vermeidung von Schadenersatzansprüchen anzuraten. *Arten der Beendigungs-K.:* 1. ordentl. K., das normale Mittel zur einseitigen Beendigung eines unbefristeten Dauerschuldverhältnisses. Sie ist regelmäßig ohne bes. K.grund mögl. (Ausnahmen ↑Kündigungsschutz), im allg. allerdings nur zu bestimmten K.terminen und unter Einhaltung bestimmter Kündigungsfristen; 2. außeror-

Echter Kümmel. Rechts unten zwei Teilfrüchte

dentl. K. (zur vorzeitigen Beendigung eines Dauerschuldverhältnisses); sie erfordert i. d. R. einen wichtigen K.grund. Auf dessen Bekanntgabe hat der andere Teil einen Rechtsanspruch. Im Unterschied zur ordentl. K. ist sie regelmäßig an keine Frist gebunden (fristlose K.) und vertragl. nicht abdingbar. Eine Sonderform ist die **Änderungskündigung,** deren Wirksamkeit davon abhängt, ob der Kündigungsempfänger auf die geänderten Bedingungen eingeht.

Kündigungsschutz, gesetzl. Bestandsschutz eines Vertragsverhältnisses (eines Arbeitsverhältnisses oder eines Mietverhältnisses über Wohnraum) vor Kündigungen durch den wirtsch. stärkeren Vertragspartner.

Arbeitsrecht: Nach dem Kündigungsschutzgesetz, das für alle Arbeitnehmer, die mindestens sechs Monate ununterbrochen in demselben Betrieb (mit i.d.R. mindestens 5 Beschäftigten) ein Arbeitsverhältnis haben, gilt, ist eine Kündigung rechtsunwirksam, wenn sie sozial ungerechtfertigt ist, d. h., nicht durch Gründe, die in Person oder Verhalten des Arbeitnehmers liegen, oder durch dringenden betriebl. Erfordernisse bedingt ist. Dies gilt auch, wenn der Arbeitgeber bei betriebsbedingt notwendigen Entlassungen bei der Auswahl des gekündigten Arbeitnehmers soziale Gesichtspunkte nicht oder nicht genügend berücksichtigt hat, wenn die Kündigung gegen Auswahlrichtlinien einer entsprechenden Betriebsvereinbarung verstößt oder wenn

die Weiterbeschäftigung an einem anderen Arbeitsplatz - gegebenenfalls nach Umschulungsmaßnahmen und zu geänderten Arbeitsbedingungen - möglich ist; Voraussetzung für den K. ist in diesen Fällen, daß der Betriebsrat oder ein anderes zuständiges Betriebsverfassungsorgan innerhalb einer Woche nach Mitteilung der Kündigungsabsicht aus einem dieser Gründe der Kündigung schriftl. widerspricht. Das anschließende Verfahren beim Arbeitsgericht, bei dem der Arbeitnehmer innerhalb von drei Wochen Klage erheben muß, kann zur Abweisung der Klage, zur Feststellung, daß das Arbeitsverhältnis nicht aufgelöst ist oder zur Auflösung des Arbeitsverhältnisses bei Verurteilung des Arbeitgebers zur Zahlung einer Abfindung führen. Ein bes. K. besteht darüber hinaus für Mütter (↑ Mutterschutz), für Schwerbehinderte nach dem Schwerbehindertengesetz, das die Zustimmung der Hauptfürsorgestelle für Schwerbehinderte zur Voraussetzung für eine rechtswirksame Kündigung macht, für Arbeitnehmer, die von einer Massenentlassung betroffen sind, für Mitglieder des Betriebsrats, für zum Wehrdienst Einberufene als Arbeitsplatzschutz und für Abgeordnete.
Mietrecht: Ein Mietverhältnis über Wohnraum kann vom Vermieter nur gekündigt werden, wenn er ein berechtigtes Interesse an der Beendigung des Mietverhältnisses hat. Ein berechtigtes Interesse liegt z. B. vor bei erhebl. schuldhaften Vertragsverletzungen durch den Mieter und bei Eigenbedarf des Vermieters. Wenn die Kündigung für den Mieter eine soziale Härte bedeutet, kann er eine Fortsetzung des Mietverhältnisses verlangen.
In *Österreich* bestehen sowohl im Arbeits- als auch im Mietrecht dem dt. Recht weitgehend entsprechende Regelungen.
In der *Schweiz* ist im Arbeitsrecht ein bes. K. für den Fall vorgesehen, daß das Arbeitsverhältnis wegen des Militärdienstes des Arbeitnehmers vom Arbeitgeber gekündigt wird. In diesem Fall kann der kündigende Arbeitgeber zu einer Entschädigung verpflichtet werden. Im Mietrecht ist eine Verlängerung des Mietverhältnisses durch richterl. Urteil möglich, wenn die Kündigung für den Mieter eine nicht zu rechtfertigende Härte zur Folge hat.
📖 Schmidt-Futterer, W./Blank, H.: *Wohnraumschutzgesetze. Kündigung, Mieterhöhung u. a.* Mchn. 1984. - Stahlhacke, E.: *Kündigung u. K. im Arbeitsverhältnis.* Mchn. ⁴1982. - Hueck, A./Hueck, G.: *K.gesetz.* Mchn. ¹⁰1980.

k. und k. ↑ k. u. k.

Kundrie […dri], Name der Gralsbotin im „Parzival" Wolframs von Eschenbach. Die groteske Häßlichkeit dieser auf kelt. Traditionen zurückgehenden Gestalt weist auf ihr urspr. Wesen als Todesdämon hin.

Kundschafter, nach Völkerrecht Angehöriger der bewaffneten Macht eines Staates, der im Krieg in Uniform hinter den feindl. Linien Informationen und Unterlagen über den Feind sammelt. Der K. ist kein Spion, sondern kann im Fall der Gefangennahme nur als Kriegsgefangener behandelt werden.

Kundtsche Röhre [nach dem dt. Physiker A. Kundt, *1839, †1894], Vorrichtung zur Erzeugung und Ausmessung stehender [Schall]wellen in Gasen.

Kunduriotis, Pawlos *auf Idra 9. April 1855, †Phaleron bei Athen 24. Aug. 1935, griech. Admiral und Politiker. - Leitete im 1. Balkankrieg die siegreiche griech. Flotte in den Dardanellen; 1915/16 und 1917–19 Marinemin.; 1920 und 1922–24 Vizekönig, Staatspräs. 1924–29 (Unterbrechung 1926).

Kunersdorf (poln. Kunowice), poln. Gem. 15 km östl. von Frankfurt/Oder. - In der **Schlacht bei Kunersdorf** (12. Aug. 1759) wurde Friedrich II. von Preußen durch russ. und östr. Truppen besiegt.

Kunert, Günter, *Berlin 6. März 1929, dt. Schriftsteller. - Einer der internat. bekanntesten Lyriker aus der DDR; lebt seit 1979 in der BR Deutschland. Setzte sich in seinem ersten Gedichtband „Wegschilder und Mauerinschriften" (1950) mit der NS-Vergangenheit auseinander; satir.-iron. sind „Der ewige Detektiv und andere Geschichten" (1954) sowie Balladen und Gedichte in „Tagewerke" (1960) und „Das kreuzbrave Liederbuch" (1961). Der iron-aggressive und intellektuelle Stil prägt auch seine Prosawerke, z. B. den Zeitroman „Im Namen der Hüte" (1968), die Erzählungen „Tagträume in Berlin und andernorts" (1971), den Bericht „Der andere Planet" (1974); auch Kinderbücher, Hörspiele und Drehbücher.
Weitere Werke: Offener Ausgang (Ged., 1972), Gast aus England (E., 1973), Das kleine Aber (Ged., 1976), Unterwegs nach Utopia (Ged., 1977), Vor der Sintflut. Das Gedicht als Arche Noah (Vorlesungen, 1985).

K., Joachim, *Berlin 24. Sept. 1929, dt. Filmregisseur. - Seit 1971 beim Fernsehen der DDR tätig. Wurde internat. bekannt durch den Kriminalfilm „Seiblerstraße 8" (1960); bed. auch seine Literaturverfilmungen, u. a. D. Nolls „Die Abenteuer des Werner Holt" (1965) sowie A. Seghers' „Die Toten bleiben jung" (1968), „Aus meiner Zeit" (1970), „Das Schilfrohr" (1975) und G. Wallraffs Reportagen „Steckbrief eines Unerwünschten" (1975) und G. Egels/O. Kurganows „Das Verhör" (1977).

Küng, Hans, *Sursee (Kt. Luzern) 19. März 1928, schweizer. kath. Theologe. - 1960–80 Prof. für Fundamentaltheologie in Tübingen; Teilnahme am 2. Vatikan. Konzil. Verfaßte zahlr. Werke zur reformator. Rechtfertigungslehre, zur Frage der Wiedervereinigung der Kirchen und zum Verhältnis von Kirche und Welt. V. a. durch seine krit. Haltung zur Unfehlbarkeit des Papstes ist K.

in der kath. Kirche umstritten. Nach dem Entzug der kirchl. Lehrbefugnis erhielt er den (außerhalb der theolog. Fakultät geschaffenen) Lehrstuhl für ökumen. Theologie in Tübingen. - *Werke:* Rechtfertigung (1957), Die Kirche (1967), Wahrhaftigkeit (1968), Unfehlbar? Eine Anfrage (1970), Christ sein (1974), Existiert Gott? Antwort auf die Gottesfrage der Neuzeit (1978), Ewiges Leben? (1982), Woran man sich halten kann (1985), Dichtung und Religion (mit W. Jens, 1985).

Hans Küng (1971)

Kung Tzu ↑ Konfuzius.

Kunibert, alter dt. männl. Vorname (zu althochdt. kunni „Geschlecht" und beraht „glänzend").

Kunibert, hl., † um 663, Bischof von Köln (seit etwa 623). - Aus adligem Geschlecht an der Mosel stammend; von großem polit. Einfluß als Berater der Merowinger.

Kunigunde, alter dt. weibl. Vorname (zu althochdt. kunni „Geschlecht" und gund „Kampf").

Kunigunde, hl., † Kloster Kaufungen bei Kassel 3. März 1033, Röm. Kaiserin. - ∞ mit Kaiser Heinrich II.; stattete das Bistum Bamberg großzügig aus und gründete das Kloster Kaufungen; 1200 heiliggesprochen.

Kunkel [zu lat. colus „Spinnrocken"], svw. Spindel, Spinnrocken; galt als Symbol für die Frau; **Kunkelstube**, svw. Spinnstube.

Künkel, Fritz, *Stolzenberg bei Landsberg (Warthe) 6. Sept. 1889, †Los Angeles 4. April 1956, dt. Mediziner und Psychologe. - Entwickelte auf der Basis der Individualpsychologie A. Adlers eine eigene Charakterologie, in der zur Einordnung des einzelnen in eine Gruppe im Vordergrund steht („Angewandte Charakterkunde", 6 Bde., 1929-35).

Kunkeladel, von der Mutterseite herstammender Adel.

Kunkellehen (Weiberlehen), ein Lehen, das bei Erlöschen des Mannesstammes auch in weibl. Linie vererbbar war; seit dem 12. Jh. nachweisbar.

Kunkelmagen ↑ Agnaten.

Kunst

Kunlun (K'un-lun) [chin. kyənlyən], Gebirgssystem in China, nördl. Abschluß des Hochlands von Tibet. Der **westl. K.** setzt am Pamir an und erstreckt sich in flachem Bogen bis auf etwa 84° ö.L. Er besteht aus einer Anzahl paralleler, z.T. vergletscherter Ketten mit hochalpinem Relief; im Muztagh 7 281 m hoch. Der **östl. K.** fächert sich über 500 km breit auf; er setzt sich aus Gebirgsketten zus., die durch Längstäler voneinander getrennt werden. Die Hauptachse des mit einem Steilabfall an das Tsaidambecken grenzenden östl. K. wird durch das **Prschewalskigebirge** gebildet, im Ullug Mustag, der höchsten Erhebung des K., 7 723 m hoch; es setzt sich im **Marco-Polo-Gebirge** fort. Der östl. K. hat geringe relative Höhenunterschiede bei Höhen von durchschnittl. 6 000-7 500 m.

Kunming (K'un-ming) [chin. kyənmıŋ] (bis 1913 Yünnan), Hauptstadt der chin. Prov. Yünnan, etwa 1 900 m ü.d.M., 1,5 Mill E. Univ. (gegr. 1934), Fachhochschulen für Land- und Forstwirtschaft, für Maschinenbau und Medizin; Observatorium; Prov.museum und -bibliothek. Eisen- und Stahlind., Kupfergewinnung; Maschinenbau. ⚒. - K., dessen Anfänge auf die Hanzeit (206 v.Chr. bis 220 n.Chr.) zurückgehen, ist seit 1276 die Hauptstadt von Yünnan; 1905 für den Handel geöffnet. Ältestes Bauwerk ist das 1277 gegr. „Kloster der Fünf Blumen".

Künneke, Eduard, *Emmerich 27. Jan. 1885, †Berlin 27. Okt. 1953, dt. Komponist. - War v.a. mit Operetten erfolgreich, u.a. „Der Vetter aus Dingsda" (1921; darin: „Ich bin nur ein armer Wandergesell"), „Glückl. Reise" (1932), daneben Film- und Schlagermusik, Orchesterwerke und Lieder.

Kunnilingus ↑ Cunnilingus.

Kuno, alter dt. männl. Vorname, Kurzform von Konrad und von Kunibert.

Kunowice [poln. kunɔ'vitsɛ], seit 1945 Name für ↑ Kunersdorf.

Kunschak, Leopold, *Wien 11. Nov. 1871, †ebd. 14. März 1953, östr. Politiker. - Sattler; gründete (1892) und leitete (bis 1934) den christl.-sozialen Arbeiterverein; 1907-18 Mgl. des Reichsrats, 1919-33 und ab 1945 des Nat.rats (ÖVP; 1945-53 dessen Präs.).

Kunst, Hermann, *Ottersberg (Landkr. Verden) 21. Jan. 1907, dt. ev. Theologe. - 1942 in der Leitung der Bekennenden Kirche von Westfalen, 1949-77 „Bevollmächtigter des Rates der EKD bei der Bundesregierung in Bonn", 1957-72 ev. Militärbischof; befaßt sich in zahlr. Schriften mit dem Verhältnis von Kirche und Staat.

Kunst, Bez. für die Gesamtheit des von Menschen Hervorgebrachten, das nicht durch eine Funktion eindeutig festgelegt oder darin erschöpft ist, zu dessen Voraussetzungen hohes und spezif. Können gehört und sich durch seine gesellschaftl. Geltung auszeichnet als Ausdruck von Besonderheit. Im heutigen

Kunst

Verständnis ist diese Gesamtheit in die Teilbereiche Literatur, Musik, die bildenden Künste wie Architektur, Bildhauerei, Malerei, die darstellenden wie Theater, Tanz und Film gegliedert. Bei der Beurteilung der K. gelten in der jeweiligen Gesellschaft und Epoche unterschiedl., von den histor. Bedingungen abhängige Maßstäbe, mit denen Wert, Funktion und Bedeutung des K.werkes bestimmt werden. K.werke setzen eine kognitive und prakt.-sinnl. Aneignung der Welt voraus; diese Aneignung geschieht dadurch, daß die Welt wahrgenommen, gedeutet (d. h. in einen für die jeweilige Gesellschaft bedeutsamen Sinnzusammenhang gestellt) und im Vollzug willentl. Einwirkung, Umwandlung und Bearbeitung gestaltet wird. Soweit in dieser Gestaltung die K. auf Erkenntnis bezogen ist, eignet ihr ein Anspruch auf Wahrheit, der - im Falle seiner Unterdrückung - das krit. Potential von K., das sich gegen diese Unterdrückung wendet, deutlich und wirksam werden läßt. Andererseits besagt dieser Bezug der K. zu existentieller Wahrheit, daß saturierte akadem. oder von Staats wegen offizielle K. Pseudo-K. bleiben muß. Die Freiheit der K., zumindest von totaler Reglementierung, ist eine ihrer Existenzbedingungen; in der BR Deutschland ist sie ausdrückl. garantiert (Art. 5 GG).

Die Grundlage für die Gesamtheit der menschl. Fähigkeiten, Fertigkeiten und der mit ihnen vollzogenen Handlung, K.werke zu schaffen, wird seit Kant in einer bes. Erkenntnisform, dem ästhet. Vermögen des Menschen, gesehen. Während für Kants ästhet. Urteilskraft der Verstand eine konstituierende Rolle spielt, entwickelt sich bald ein von intuitiven Fähigkeiten geprägter Geniebegriff. Das Genie in seinem schöpfer. Enthusiasmus steht in Einklang mit der Natur, der den Kosmos durchwaltende göttl. Genius offenbart sich ihm (Shaftesbury). Der romant. Künstler nähert sich dem Absoluten, muß Endlichkeit und Unendlichkeit in sich und seinem Werk vereinen. K. wird so eine Leistung begnadeter Einzelner, eines Künders. In der K.philosophie von Platon wie von Aristoteles, der diese als poiet. Wiss. von den theoret. und prakt. Wissenschaften unterscheidet, wird die ↑ Mimesis, die Nachahmung („K. imitiert Natur") als Grundproblem der K. betrachtet, allerdings nicht als Nachahmung ihrer Erscheinung, sondern als Abbildung der Ideen (Platon) oder als Gestaltung in Richtung auf Vollendung der Natur (Aristoteles, da in der K. ↑ Form (philosoph. Begriff) wie in der Natur (Materie) Prinzip des Werdens sei. - In der Renaissance wird einerseits die Natur die Mutter der K. genannt, andererseits erhält die Erfindung („inventio") diesen Rang; der Entwurf („disegno") ist das urspr. Künstlerische (Vasari), u. der Entwurf entspricht einer präexistenten Idee im Geiste. Dank ihrer ergreift der Künstler die Wirklichkeit in reiner Gestalt, ist K. erst „natürlich". Das 17. und 18. Jh., insbes. auch die dt. Klassik knüpfen hier an. Das Universum bietet kein reines Abbild eines Ideals, K. erstrebt dieses Ideal, die wahre Natur darzustellen, in der Aufgabe des Zufälligen und im Ausdruck des Notwendigen. Der Künstler schaut

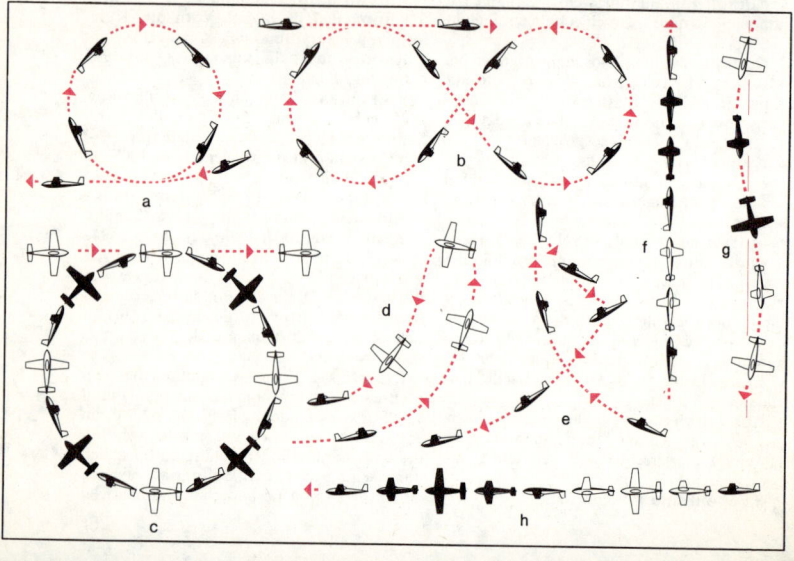

Kunstflug. a Looping, b Loopingacht, c Rollenkreis, d Turn, e Männchen, f Schraube, g Trudeln, h Rolle

Kunstgeschichte

im Besonderen das Allgemeine (Goethe in den „Maximen und Reflexionen"). Hegel bestimmt das Schöne als das sinnl. Scheinen der Idee.
Das 20. Jh. ist charakterisiert durch verschiedene Versuche, den hergebrachten K.begriff als zu eng abzuschütteln. Bes. wird auf den Zusammenhang von gesellschaftl. Wirklichkeit und K. hingewiesen, d. h. einerseits auf die K. als Selbsttäuschung einer Gesellschaft, andererseits auf den Bezug der K. zur Wahrheit gesellschaftl. Wirklichkeit. Aus dem Gedanken der engen Verflechtung von Leben - von ganz konkretem menschl. Leben hier und jetzt - und K. ergibt sich die Vorstellung, daß alles tendenziell K. ist, ein beliebiges Objekt des tägl. Lebens etwa, ergibt sich auch, daß jeder potentiell ein Künstler ist, sofern er sich mit der Wirklichkeit ohne eingeübte Absicherungen konfrontiert. Damit verwischen sich die Grenzen zw. Künstler und Publikum. Hinter dieser Auffassung zeichnet sich als Hoffnung oder Utopie ab, daß so ein Beitrag gelingen könnte, verkrustete Gesellschaftsstrukturen zu brechen und damit gesellschaftl. Erneuerung und Veränderung zu bewirken.

Albert, K.: Philosophie der modernen K. St. Augustin 1985. - Cassirer, E.: Philosophie der symbol. Formen. Darmst. [7-8]*1985. 3 Bde. - Kultermann, U.: Gesch. der K.gesch. Wien u. Düss. 1981. - Sander, H.-D.: Marxist. Ideologie u. allg. K.theorie. Basel u. Tüb.* [2]*1975. - Janz, R.-P.: Autonomie u. soziale Funktion der K. Stg. 1973. - Burnham, J.: K. u. Strukturalismus. Köln 1973. - Werckmeister, O. K.: Ende der Ästhetik. Ffm.* [2]*1971. - Heftrich, E.: Das ästhet. Bewußtsein u. die Philosophie der K. In: Beiträge zur Theorie der Künste im 19. Jahrhundert 1 (1971).*

Kunstausstellung, Darbietung von Kunstgegenständen aller Art, geordnet nach histor., themat. oder personalen Gesichtspunkten, in Museen, Akademien, Galerien u. ä. In der Antike im Rahmen von Basaren, im MA anläßl. kult. Feste, die im späten MA marktähnl. Charakter annahmen. Anfänge selbständiger K. liegen in Italien (15.–17. Jh.), zuerst in Ateliers, dann in Akademien (Rom, Florenz; in Paris erstmals 1663). Erste Einzelausstellungen von Künstlern Ende des 18. Jh. in England, histor. K. seit Anfang des 19. Jh. Die traditionelle stille Repräsentation von Kunst wurde Mitte des 20. Jh. durch aktive öffentl. Vermittlung ergänzt, zuerst in den USA, dann in Europa mit Environments, Happenings, Land-art, Aktionen aller Art in und außerhalb von Museen durch die Künstler; bei der Repräsentation spielen methodisch neue Medien (Dias, Film, Video) und neuartige Dokumentationen neben Katalog und Beschriftung eine Rolle.

Kunstballade ↑Ballade.
Kunstdärme, Bez. für schlauchförmige, koch- und räucherfeste Wursthüllen aus Zellulosehydrat, Polyamid oder Polyäthylenglykolterephthalat, Eiweißkunststoff oder Alginaten.

Kunstdruckpapier, auf beiden Seiten mit Pigment (weiß oder farbig) und Bindemitteln (z. B. Kasein) bestrichenes Papier, das eine sehr geschlossene Oberfläche aufweist.
Kunstdünger ↑Düngemittel.
Kunsteisbahn, die Eisfläche (in Bahnform für Eisschnellauf, in Feldform für Eishockey bzw. Eiskunstlauf, in Rinnenform für Bob- und Schlittensport) wird mit Rohren ausgelegt, in denen Kältemittel oder Kühlsole zirkuliert, wodurch das Wasser gefriert bzw. in gefrorenem Zustand gehalten werden kann.
Kunsterziehung, als Zeichenunterricht hat K. schon eine lange Tradition, als Erziehung zur Kunst und Erziehung durch Kunst wurde das Schulfach (Kunstunterricht) durch die **K.bewegung** Anfang des 20. Jh. verstanden: seit den K.tagen (1901, 1903 und 1905) spielt sowohl die Pflege schöpfer. Kräfte (C. Götze, S. Levinstein u. a.) als auch die Orientierung an der Kunst eine Rolle (A. Lichtwark). Die gegenwärtige Theoriediskussion und Praxisreform spiegeln ideologiekrit. Tendenzen der Didaktik und Kommunikationsforschung. Unter der Bez. **visuelle Kommunikation** werden außer Kunstwerken und Architektur Photo, Film, Fernsehen, Video, Design und Werbung, Illustrierte, Comics usw. untersucht; Manipulationsmöglichkeiten und Interessenabhängigkeit aller Medien - künstler. wie trivialer - werden dabei durchschaubar, polit., soziale, ökonom. Zusammenhänge angeschnitten. Für die an der Kunst orientierten Konzepte steht dagegen Kunst als Möglichkeit der Alternative im Mittelpunkt. Grundsätzl. dürfte gelten, daß es die Aufgabe der K. ist, die Wahrnehmungsfähigkeit zu schulen, und daß unmittelbare sensuelle Erfahrung im prakt. Tun unverzichtbar ist.
Kunstfahren (Kunstradfahren) ↑Radsport.
Kunstfälschung ↑Fälschung (in der bildenden Kunst).
Kunstfasern, svw. ↑Chemiefasern.
Kunstfehler ↑ärztlicher Kunstfehler.
Kunstflug, die Ausführung schwieriger und vom Normalflug abweichender Flugbewegungen und -figuren mit einem Motor- oder Segelflugzeug. Im *Motor-K.* unterscheidet man 2 Schwierigkeitsgrade: Zum *einfachen K.* gehören u. a. die Figuren Durchsakken, Seitenrutsch (Slip), Looping, hochgezogene Kehrtkurve, Trudeln, Rolle, Rückenflug; zum *höheren K.* zählen Männchen, Schraube, Rückentrudeln, Looping nach vorne. - Weltmeisterschaften im Motor-K. seit 1960.
Kunstgeschichte, entwickelte sich als wiss. Disziplin (Kunstwissenschaft) Ende des 18. Jh.; Vorstufen in der Antike (Kunstkritik und Künstlerbiographie), z. B. Plinius

Kunstgewerbe

d. Ä., Vitruv, und v. a. in der italien. Renaissance, v. a. durch G. Vasari, „Vater der K.", dessen „Lebensbeschreibungen" -(1550 und 1568) Vorbild wurden für C. van Mander („Het schilder-boeck", 1604) und J. von Sandrart („Teutsche Academie der edlen Bau-, Bild- und Mahlerey-Künste", 1675–79). Von K. im modernen Sinn kann erst gesprochen werden, seit J. J. Winckelmann in seiner „Geschichte der Kunst des Altertums" (1764) Kunst im geschichtl. Zusammenhang darstellte. Weitere Schritte auf dem Weg zur histor. Wiss. waren Überlegungen von Herder, Goethe, den Brüdern Schlegel und Boisserée im Rahmen des um 1800 allg. entstehenden histor. Bewußtseins. Dies ging Hand in Hand mit vermehrter Sammlertätigkeit, führte zur Gründung von Museen, Einrichtung von Lehrstühlen an den Univ. in Berlin (1844; erster Lehrstuhlinhaber G. F. Waagen, *1794, †1868) und Wien; hier begr. R. von Eitelberger-Edelberg (*1817, †1885) die Wiener Schule der K.; ihm folgten u. a. A. Riegl, M. Dvořák (*1874, †1921), J. von Schlosser und H. Sedlmayr. J. Burckhardt hatte in seiner „Cultur der Renaissance in Italien" (1860) den Zusammenhang von Kunst, Staat, Religion und Kultur untersucht, C. Fiedler (seit 1876) in seiner Theorie der Kunst den Begriff der „reinen Sichtbarkeit" geprägt. Zentralbegriff ist das Werk H. Wölfflins „Kunstgeschichtl. Grundbegriffe" (1915) ist die „Geschichte des Sehens" als Ursache für Form-, Stil- und Anschauungswandel. Gegen die Dominanz des Formbegriffs wandten sich (in Anlehnung an E. Cassirers „Philosophie der symbol. Formen") A. Warburg und E. Panofsky („Studies in iconology", 1939). Auf sie geht die Ikonographie bzw. Ikonologie zurück, die neben H. Sedlmayrs Interpretationsmethode der „Strukturanalyse" Grundlagen der gegenwärtigen K. bzw. Kunstwiss. sind, in jüngster Zeit bereichert durch soziolog. orientierte (A. Hauser, F. Antal) und psycholog.-philosoph. beeinflußte Werke (E. Gombrich, K. Badt u. a.). Wichtige Beiträge zur Interpretation moderner und zeitgenöss. Kunst lieferten M. Imdahl und W. Hofmann.

▢ ↑ *Kunst.*

Kunstgewerbe, die Herstellung (sowie deren Erzeugnisse) von Gebrauchsgegenständen, die über ihre Funktionstüchtigkeit hinaus formschön gestaltet sind, und von Ziergegenständen, die nicht den Anspruch erheben, autonome Kunstwerke zu sein. Als **Kunsthandwerk** werden oft handwerkl. hergestellte Erzeugnisse v. a. des 20. Jh. abgegrenzt. - Der Begriff K. entstand im 19. Jh., nachdem in der ersten Hälfte des Jh. - bedingt durch den schnellen Fortschritt techn. Entwicklung und industrieller Produktion - die Kriterien für die Formengestaltung unsicher geworden waren; man versuchte Verbesserungen zu erzielen, indem man auf Weltausstellungen (die erste in London 1851) beispielhafte Formgebung, „Kunst"gewerbe, vorführte, in Gewerbemuseen Lehrsammlungen zum Studium bereitstellte, sich in K.vereinen organisierte. Die zweite Hälfte des 19. Jh. zeigte zunächst die Reproduktion verschiedener vergangener Stilepochen; erst mit der ↑Arts and Crafts Exhibition Society in England und mit Sezession und Jugendstil im deutschsprachigen Bereich begann unter dem Gesichtspunkt von handwerkl. Werktreue und Schlichtheit eine zeitgenöss. Gestaltung, die alle Lebensbereiche umschloß, Kunst und K. wieder verband: Der Jugendstilarchitekt entwarf auch die gesamte Innenausstattung vom Möbel bis zum Service. Der Begriff Kunstgewerbe geriet um 1900 in Mißkredit, da man darunter die industrielle Reproduktion in historisierendem Stil verstand - dagegen wendet sich der Begriff Kunsthandwerk: in der handwerkl., individuellen Fertigung bleibt die Einheit von Entwurf und Ausführung gewahrt, Materialgerechtigkeit und adäquate Technik sind Teil der Qualität. Insbes. das Bauhaus beschäftigte sich mit den Möglichkeiten guten (funktionalen) Designs für industrielle Produkte. Nach dem 1. Weltkrieg wurde die industrielle Formgestaltung eine gleichwertige Aufgabe (↑ auch Industriedesign). - Das K. umfaßt insbes. die Gattungen Keramik, Porzellan, Glas, Goldschmiedekunst, Zinn, Schmiedearbeiten, Gußeisen, Textilkunst, Lederarbeiten, Möbel.

▢ *Arwas, V.: Art Deco. London. 1980. Hillier, B.: The world of art deco. New York 1971 (mit Bibliogr.). - Kohlhaussen, H.: Europ. Kunsthandwerk. Ffm. 1969–72. 3 Bde. - Kohlhaussen, H.: Gesch. des dt. Kunsthandwerks. Mchn. 1955.*

Kunsthandel, An- und Verkauf von Werken der bildenden Kunst, seit neuerer Zeit auch des Kunsthandwerks. Drei Handelsformen: 1. Galerien, Antiquitäten- und Antiquariatsgeschäfte; 2. öffentl. Kunstauktionen (u. a. Christie und Sotheby in London); 3. Kunst- und Antiquitätenmessen; von internat. Bedeutung in Delft, London, Paris, für den dt. Bereich in München, Hannover und abwechselnd Köln/Düsseldorf, wo auch, wie v. a. in Basel, moderne Kunst gehandelt wird.

Kunsthandwerk ↑ Kunstgewerbe.

Kunstharze, Bez. für solche Kunststoffe, die eine ähnl. Zusammensetzung wie Naturharze haben und wie diese als Lackrohstoffe verwendet werden.

Kunsthochschule, staatl. Hochschule zur Pflege der freien Kunst in den Fächern Malerei, Bildhauerei, Graphik und (z. T.) Architektur, meist auch Ausbildung für das künstler. Lehramt an höheren Schulen. Unterschiedl. Namensformen: Kunstakademie, Akademie der bildenden Künste, Hochschule für bildende Künste.

Geschichte: Erste Kunstschulen entstanden

in der Renaissance. Um 1490 wurde in Florenz von Lorenzo I de' Medici eine Bildhauerschule gegr., 1494 in Mailand von Leonardo eine Malerschule ("Accademia Vinciana"). Der Lehrplan der 1577 in Rom gegr. "Accademia di San Luca" (Kopieren von Zeichnungen und Abgüssen, erst danach Arbeit nach dem lebenden Modell; außerdem Unterricht in Anatomie, Perspektive, Geometrie) war bis ins 19./20. Jh. vorbildlich. Die erste staatl. dt. K. wurde 1696 in Berlin gegr., es folgten 1729 Wien, 1733 Stockholm, 1738 Kopenhagen, 1744 Madrid, 1764 Dresden, 1767 Düsseldorf, 1768 London, 1796 Prag, 1808 München, 1854 Karlsruhe und 1858 Weimar. Sie vertraten bis ins 20. Jh. hinein durchweg einen erstarrten akadem. Klassizismus. Gegenströmungen wurden v. a. von ↑Sezessionen vertreten und dann v. a. vom ↑Bauhaus. Nach dem 2. Weltkrieg öffneten sich die K. der BR Deutschland allg. der modernen Kunst.

Kunsthonig, Produkt von honigähnl. Aussehen und Geschmack, das aus Zucker und Aromastoffen hergestellt wird; verwendet als Brotaufstrich und bei Backwaren.

Kunstkautschuk, svw. ↑Synthesekautschuk.

Kunstkopfstereophonie ↑Stereophonie.

Kunstkraftsport ↑Schwerathletik.

Kunstkritik, die Kritik von Werken der bildenden Kunst, v. a. als beschreibende und analysierende Betrachtungsweise in Zeitungen und Zeitschriften. Sie kann mit ihren Urteilen Lenkungsfunktionen ausüben und ist wichtig für die Anerkennung oder Nichtanerkennung eines Künstlers oder ganzer Kunstrichtungen, ebenso für den Kunstmarkt. - K. ist bereits aus der Antike überliefert; in der italien. Renaissance hatte die theoret. Beschäftigung mit Werken der Kunst große Bedeutung. K. im heutigen Sinne begann sich von der Mitte des 18. Jh. an zu entfalten, bes. vor dem Hintergrund der Pariser Akademieausstellungen. In Deutschland setzte Winckelmann mit seinen kunsttheoret. Schriften neue Maßstäbe für die Betrachtung der Kunst und der zeitgenöss. K., an der u. a. auch Goethe aktiv beteiligt war. Im 19. Jh. trat die K. als Ergänzung zu der sich selbständiger entwickelnden Kunstgeschichte auf. Im 20. Jh. wurde die K. Bestandteil der Feuilletons der Tages- und Wochenzeitungen. Nach dem 2. Weltkrieg konnte sich die K. auch in Funk und Fernsehen durchsetzen.

Kunstleder, mehrschichtig strukturierte, lederähnliche Produkte auf Kunststoffbasis.

Künstler, ein kreativ Tätiger v. a. auf dem Gebiet der bildenden oder darstellenden Kunst, Schöpfer oder Interpret. Oft werden damit auch Vertreter der anderen Künste bezeichnet, z. B. Dichter (Sprach-K.) oder Komponisten (Ton-K.). Das Wort K. stammt wohl aus dem 15. Jh., ist im 16. Jh. zum erstenmal nachgewiesen. In der heutigen Bed. wird es erst seit dem 18. Jh. gebraucht. - Seit der Antike (Platon/Aristoteles) Auseinandersetzung um den (bildenden) K. in seiner Tätigkeit als nur Abbildner oder Schöpfer neuer Wirklichkeit. Im MA trat der K. hinter seinem Werk zurück. Mit der Herausbildung der künstler. Arbeit als eigenständige, gesellschaftl. geschätzte Tätigkeit, setzte (v. a. seit der Renaissance) die zunehmende Anerkennung der Individualität des K. ein, dessen Selbstverständnis und gesellschaftl. Stellung fortan im wesentl. von den Kulturidealen der jeweiligen Gesellschaftsordnungen und deren polit.-sozialen Strukturen geprägt wurde.

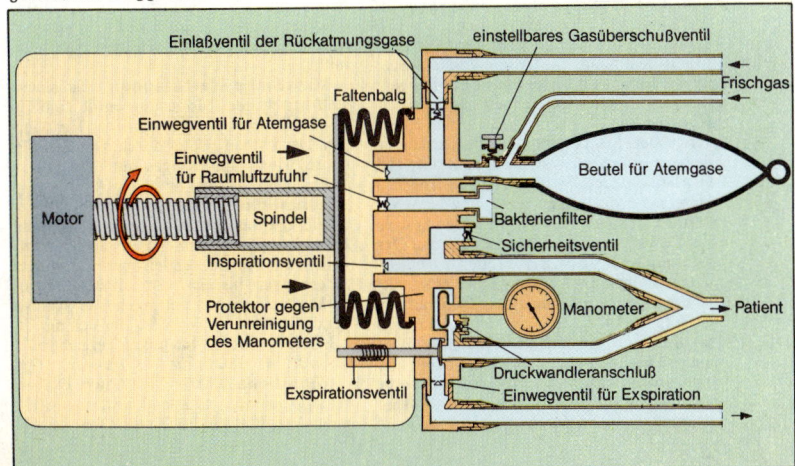

Künstliche Beatmung.
Schema des Einatmungsvorganges mit Hilfe eines elektronisch gesteuerten Balggerätes

Künstlerkolonie, Form des Zusammenschlusses von Künstlern im 19. und 20. Jh., die sich gemeinsam in ländl. Gegenden zurückzogen mit dem Wunsch nach Naturstudien (bes. als Gegenbewegung zu akadem. Auffassungen). Anfänge in der engl. Malerei 1790 („Boys of Glasgow" um Turner). Epochemachend waren die Schulen von Barbizon in der Mitte und Pont-Aven gegen Ende des 19. Jh., sehr bekannt die Malerkolonie von Worpswede. Eine mäzenat. Gründung war die Darmstädter Künstlerkolonie.

Künstlervereinigungen, Gruppierungen von Künstlern in bestimmter künstler. oder berufsständiger Hinsicht; im MA Bauhütten, künstler. Werkstätten, Zünfte, Gilden. Im 16.–18. Jh. Zusammenschluß von Künstlern in Akademien. Gegen deren Vorherrschaft richteten sich die im 19. und 20. Jh. gegr. K.: der Lukasbund der †Nazarener, die †Präraffaeliten, die Schule von †Barbizon, die †Peredwischniki. - Künstler. Widerstand organisierte sich im „Salon des Refusés" in Paris 1863, in den Sezessionen von München 1892, Wien 1897, Berlin 1899, deren überregionale Organisation der Dt. Künstlerbund (1903) wurde; 1907 kam der †Deutsche Werkbund hinzu. Neben diesen beiden K. bestehen heute in der BR Deutschland u. a.: der Bund Dt. Landesberufsverbände bildender Künstler e. V., der Westdt., Niedersächs. und Baden-Württemberg. Künstlerbund e. V., der Schutzverband bildender Künstler in der Gewerkschaft Kunst im DGB, die †Gedok. - Von stilist. gebundenen K. wurden berühmt: die Brücke (1905), der Blaue Reiter (1911), die †Stijl-Gruppe (1917). 1919 formierten sich die Surrealisten, entstand das Bauhaus. Neuere K.: z. B. Cobra in Belgien, Zero und Zebra in der BR Deutschland, Groupe de Recherche d'Art Visuel in Frankreich.

künstliche Beatmung (künstl. Atmung), lebenserhaltende Maßnahme bei Atemstillstand oder Atemlähmung. Die k. B. erfolgt in Form der Atemspende (Mund-zu-Mund-Beatmung, Mund-zu-Nase-Beatmung; †Erste Hilfe) oder mit Beatmungsgeräten. Aus Gründen der Ästhetik und Hygiene wird bei der Atemspende die **Atem-Maske** verwendet. Sie besteht aus Plastikmaterial, das sich jeder Gesichtsform anpaßt. Der Helfer preßt die Atem-Maske bei hochgezogenem Unterkiefer dicht über Mund und Nase und bläst kräftig in den festgedrückten Stutzen. Bei Fehlen einer Atem-Maske kann zur Vermeidung der körperl. Berührung auch ein Taschentuch benutzt werden. Gänzl. vermeiden läßt sich eine Berührung durch die Benutzung eines Tubus, der jedoch nur von einem geübten Helfer gehandhabt werden sollte. - **Beatmungsgeräte** werden zur Unterstützung oder zum Ersatz der mechan. Atemfunktionen bei herabgesetzter oder vollständig ausgefallener Atmung benutzt. Mechan., nicht automat. Beatmungsgeräte sind: 1. Atemspendegerät, 2. Beutel- und Balggeräte. Beim *Atemspendegerät* bläst der Atemspender die Luft über ein Beatmungsventil ein. Die Ausatembewegung des Spenders ist gleichzeitig die Einatembewegung des Empfängers; Ausatmung des Verunglückten und Einatmung des Spenders sind getrennt. Bei den *Beutel-* und *Balggeräten* gelangt die Luft durch rhythmische Komprimierung eines Beutels in die Lunge des Empfängers. Bei Loslassen des Geräts saugt dieses automat. atmosphär. Luft an. Ventilsysteme regeln den Weg der Atemluft. - **Assistierte Beatmungsgeräte** dienen zur Unterstützung der Eigenatmung des Patienten, wenn diese für die nötige Sauerstoffversorgung des Körpers nicht ausreicht. Die Impulse werden vom Patienten selbst, z. B. durch die Einatmung gegeben. Als **kontrollierte Beatmungsgeräte** gelten automat. Geräte, die bei Ausfall der Spontanatmung eingesetzt werden. Ein zeitgesteuertes kontrolliertes Beatmungsgerät ist die **eiserne Lunge,** die zur Langzeitbeatmung bei Atemlähmung, insbes. nach einer Kinderlähmung benutzt wird. Sie besteht aus einer Metallkammer, in der durch rhythmisch erzeugten Über- und Unterdruck der Körper, der bis zum Hals eingeschlossen ist, künstl. beatmet wird. Bei Unterdruck erfolgt die Einatmung, bei Überdruck die Ausatmung. Ein ebenfalls zeitgesteuertes kontrolliertes Beatmungsgerät ist die **Elektrolunge,** die mit Reizströmen (über Hautelektroden) eine atemsynchrone Erregung der Atemhilfsmuskulatur auslöst. - Abb. S. 269.

künstliche Befruchtung, ungenaue Bez. für †künstliche Samenübertragung.

künstliche Belege †Beleg.

künstliche Besamung, †Besamung, †künstliche Samenübertragung.

künstliche Ernährung, die bei Ausfall oder Behinderung der oralen Nahrungsaufnahme durch Schlundsonde, Nährklistier oder subkutane bzw. intravenöse Infusion erfolgende Zufuhr der notwendigen Nahrungsmittel.

künstliche Herzklappen, aus Kunststoff bestehende Rückschlagventile zum Ersatz funktionsunfähig gewordener Herzklappen. Der Einbau erfolgt durch Vernähen des natürl. Herzklappenringes mit dem Kunststoffring der k. Herzklappe.

künstliche Intelligenz, die Fähigkeit spezieller Computerprogramme, die menschl. Intelligenz (in bestimmten Bereichen) nachzuvollziehen und ihr vergleichbare Leistungen zu erbringen, insbes. Informationen sinnvoll zu kombinieren und entsprechende Schlüsse daraus zu ziehen. Die Wiss., die sich mit der k. I. befaßt, wird als **Intellektik** bezeichnet.
📖 *Stede, M. Einf. in die k. I. Hannover 1986.*

künstliche Niere (Dialysator, Dialysegerät), Apparatur zur künstl. Entfernung (Hämodialyse, Blutwäsche, Blutdialyse) von körpereigenen harnpflichtigen Substanzen bzw. Giften bei akutem oder chron. Nierenversagen sowie bei schweren Vergiftungen. Dabei wird das mit harnpflichtigen Stoffwechselgiften beladene Blut durch ein Membransystem geleitet, das in Spülflüssigkeit eintaucht. Durch die Membranporen können die Stoffwechselschlacken in die Spülflüssigkeit gelangen und so aus dem Blut entfernt werden. Die lebenswichtigen Eiweiße des Blutserums werden durch das ultrafeine Sieb der Membranschläuche dagegen zurückgehalten († auch Dialyse). – Der Anschluß des Patienten an die k. N. erfolgt über eine operativ angelegte arteriovenöse Fistel (Kurzschlußverbindung zw. einer Arterie und einer Vene). Die heute verwendeten k. N. unterscheiden sich im wesentl. durch ihre Membransysteme, die entweder großflächig zw. gerillten Kunststoffplatten ausgespannt sind (Sandwichniere) oder als abgeplattete Schläuche in zwei Etagen auf einem festen Hohlzylinder gewickelt werden (Zwillingsspulenniere). Vor Beginn der Blutwäsche muß die k. N. mit Spenderblut gefüllt werden, um das Blutvolumen des Patienten während der Blutreinigung, die etwa 6–10 Stunden dauert, nicht zu vermindern. Das aus dem Körper herausfließende Blut muß medikamentös ungerinnbar gemacht werden und vor dem Rückfluß in den Körper wieder neutralisiert werden. – Chron. Nierenkranke müssen zwei- bis viermal pro Woche an die k. N. angeschlossen werden. – Abb. S. 272.

📖 *Franz, H. E.: Dialysebehandlung.* Stg. ³1984. – *Grenzen der Dialysebehandlung.* Hg. v. E. Renner u. E. Streicher. Bln. u. a. 1980.

künstlicher After, svw. Anus praeternaturalis († Darmfistel).

künstlicher Horizont (Kreiselhorizont), Kreiselgerät in einem Fahrzeug zur Anzeige seiner Lage gegenüber der Horizontebene; zur Navigation und zur Waffenleitung auf Schiffen, auch zur Stabilisierung von Meßgeräten verwendet; sein Anzeigeteil ersetzt im Flugzeug dem Piloten beim Blindflug den nicht sichtbaren natürl. Horizont: Die Stellung eines mit dem Kreisel (Kreiselachse parallel zur Hochachse des Flugzeugs) verbundenen Horizontbalkens zu einem Flugzeugsymbol zeigt die relative Lage des Flugzeugs bzw. ein Steigen oder Sinken an.

künstlicher Winterschlaf (Hibernation, Hibernisation), durch kontrollierte † Hypothermie mit einer Rektaltemperatur von 32–25 °C sowie durch gleichzeitige Gabe von bestimmten zentral dämpfenden Arzneimitteln (potenzierte Narkose) hervorgerufener winterschlafähnl. Zustand mit Dämpfung des Zentralnervensystems, Ausschaltung der Thermoregulation und Hemmung zahlr. vegetativer Funktionen (Stoffwechsel, Sauerstoffbedarf); Anwendung bei sehr hohem Fieber, Verbrennungen, thyreotox. Krisen und v. a. bei großen Operationen (z. B. in der Herzchirurgie).

künstliche Samenübertragung (Insemination), künstl. † Besamung einer Frau durch Übertragung männl. Spermas entweder des eigenen Ehemannes (homologe Insemination) oder eines Dritten (heterologe Insemination) bei weibl. oder männl. Sterilität. – Die extrauterine Besamung wird zur Zeit vereinzelt bei durch Eileiterentzündung verursachter Sterilität durchgeführt. Operative Eingriffe zur Wiederherstellung der Eileiterfunktion haben eine zu niedrige Erfolgsquote. Die In-vitro-Besamung beim Menschen ist seit längerem bekannt: Nach einer Hormoninjektion werden der Frau unreife Eizellen entnommen. Das vom Ehemann stammende Sperma wird gewaschen, verdünnt und in einem entsprechenden Milieu einem physiolog. Reifungsprozeß unterzogen (kapazitiert). Erst dann können die Samenzellen enzymat. in die Eizellen eindringen und diese besamen. Etwa 12 Stunden danach wird der Embryo in ein seine Entwicklung förderndes Milieu gebracht. Nach zwei Tagen ist aus dem befruchteten Ei ein Acht-Zellen-Embryo geworden, nach vier Tagen bereits ein Keimbläschen. Zw. zwei und vier Tagen wird der Embryo in die Gebärmutter eingebracht. Wenn die Gebärmutterschleimhaut durch entsprechende Hormongaben für die Aufnahme des Embryos richtig vorbereitet wurde, kommt es zur Einbettung und damit zur Schwangerschaft. Der erste „Mensch aus der Retorte" (Retortenbaby) kam am 25. Juli 1978 in Großbritannien als gesundes Kind zur Welt.

Die homologe Insemination ist sowohl standesethisch als auch jurist. vertretbar. Die kath. Moraltheologie dagegen lehnt sie mit der Begründung ab, sie widerspräche dem natürl. Sittengesetz. Die Maßnahme der heterologen Insemination wird zunehmend auch in der BR Deutschland durchgeführt, ist jedoch juristisch umstritten. Bes. Probleme ergeben sich dabei für ein von einer ledigen Leihmutter geborenes Kind.

📖 *W. Brandstetter u. a.: Künstl. Befruchtung. Versuch einer Standortbestimmung.* Wien 1985.

künstliches Auge (Augenprothese), aus Glas (Glasauge) oder Kunststoff hergestellte, dem Auge nachgebildete schalenförmige Prothese, die bei Verlust eines Auges u. a. zum Schutz der Augenhöhle vor Entzündungen und Schrumpfungsvorgängen eingesetzt wird.

künstliches Herz, in den Körper implantierbare Doppelpumpe zur zeitweiligen oder andauernden Herz-Kreislauf-Unterstützung bzw. als teilweiser oder totaler Ersatz für das Herz. Die Doppelpumpe wird durch pneumat., hydraul., elektr., atomare oder biolog. Energiequellen angetrieben. Die Energiequellen für elektr., pneumat. und hydraul. Antrieb müssen wegen ihrer Größe außerhalb des Körpers liegen. Durch den Ein-

künstliche Sprachen

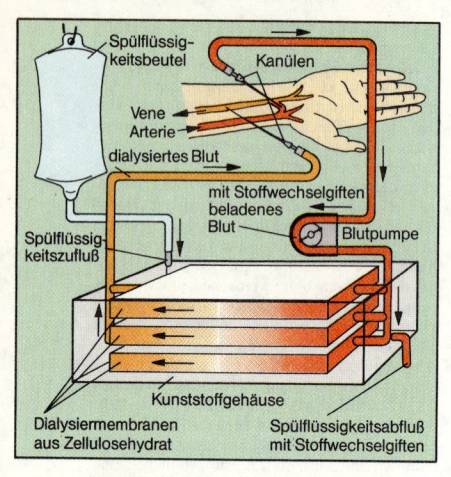

Künstliche Niere. Funktionsschema einer Sandwichniere

satz von Isotopenbatterien (Gewicht etwa 400 g) wird auch der Einbau in den Körper ermöglicht. Im Dez. 1982 wurde in Salt Lake City (USA) zum ersten Mal einem Menschen ein k. H. aus Polyurethan, angetrieben durch Preßluft, auf Dauer eingepflanzt. Der Patient starb nach 112 Tagen an mehrfachem Organversagen. - I. w. S. wird als k. H. auch die Herz-Lungen-Maschine bezeichnet.

künstliche Sprachen ↑Welthilfssprachen.

Kunstlicht ↑Tageslicht.
Kunstlied ↑Lied.
Kunstmärchen ↑Märchen.
Kunstprosa ↑Prosa.
Kunstradfahren ↑Radsport.

Kunstschmiedearbeiten ↑Schmiedearbeiten.

Kunstseide, ältere Sammelbez. für Chemiefäden aus chem. behandeltem Zellstoff.

Kunstsoziologie, Teildisziplin der Soziologie, befaßt sich mit den gesellschaftl. Entstehungs- und Wirkungszusammenhängen von künstler., insbes. bildner., literar. und musikal. Werken.

Kunstspringen ↑Schwimmen.

Kunststeine, in der *Bautechnik* veraltete Bez. für Betonwerksteine, Hohlblocksteine oder andere künstl. aus Beton, Bindemitteln und Natursteinzuschlägen hergestellte und bearbeitete Bauelemente von Steincharakter.

Kunststoffe, makromolekulare Werkstoffe, die durch chem. Umwandlung von makromolekularen Naturprodukten oder durch Synthese aus niedermolekularen Substanzen hergestellt werden. Ihre Eigenschaften beruhen in erster Linie auf dem strukturellen Aufbau und dem Grad der Vernetzung ihrer Moleküle und erst in zweiter Linie auf der chem. Zusammensetzung. Einteilung der K. nach dem physikal. Verhalten: **Thermoplast. Kunststoffe** (Plastomere, Thermoplaste) erweichen beim Erwärmen und erhärten beim Abkühlen. **Duroplast. Kunststoffe** (Duroplaste, Duromere) sind ausgehärtete Produkte mit minimaler Zustandsänderung bei Veränderung der Temperatur; der Aushärtevorgang ist eine irreversible chem. Vernetzungsreaktion. **Elast. Kunststoffe** (Elaste, Elastomere) sind formfest, aber elast. stark verformbar; in bestimmten Temperaturbereichen werden sie thermoplastisch. - Je nach Herkunft unterscheidet man zw. abgewandelten Naturprodukten (z. B. den Zelluloseabkömmlingen) und den vollsynthet. K., die durch Polymerisations-, Polyadditions- und Polykondensationsreaktionen entstehen. Aussehen und Eigenschaften von K. können durch Zugabe

WICHTIGE KUNSTSTOFFGRUPPEN (Auswahl)

Gruppe *Kunststoff (Kurzzeichen nach DIN 7728)* (Ausgangssubstanzen) Beispiele, z. T. ⓌZ	Verwendung
Polymerisate	
Polyäthylen (PE) (Äthylen) Lupolen, Hostalen G, Vestolen	zur Herstellung von Folien, Spritzgußteilen (Haushaltsgegenständen u. a.), Flaschen, Röhren, Kabelummantelungen; niedermolekulares Polyäthylen als Rohstoff für Schuhcremes, Druckfarben
Polypropylen (PP) (Propylen) Hostalen PP, Propathene	zur Herstellung von Folien, Spritzgußteilen, Autobatteriekästen, Rohren, Scharnieren, usw.; als Faserrohstoff
Polyisobutylen (PIB) (Isobutylen) Oppanol B	niedermolekulares Polyisobutylen (Öl) und höhermolekulares Polyisobutylen (teigartig): Weich- und Klebrigmacher, für Klebstoffe, für Dichtungsmassen, Isolieröle usw.; hochmolekulares Polyisobutylen (kautschukartig): für Folien, Isoliermaterialien usw.

WICHTIGE KUNSTSTOFFGRUPPEN (Forts.)

Gruppe

Kunststoff (Kurzzeichen nach DIN 7728)
(Ausgangssubstanzen)
Beispiele, z. T. ⓌⓏ

Verwendung

Polystyrol (PS) (Styrol) Trolitul, Vestyron, Styropor (verschäumt)	zur Herstellung von Haushaltsgegenständen, Kraftfahrzeugzubehörteilen, Spielwaren, Radio- und Telefonapparatgehäusen, Isolatoren, Spulen usw.; verschäumt als Verpackungsmaterial
Polyvinylchlorid (PVC) (Vinylchlorid) Hostalit, Vestolit, Pe-Ce-Faser (nachchloriert)	zur Herstellung von Rohren, Folien, Profilen, Platten, Schläuchen, Kabelmassen; als Kunstleder; nachchloriert als Faserrohstoff, Lackrohstoff, zur Herstellung von Klebstoffen
Polytetrafluoräthylen (PTFE) (Tetrafluoräthylen) Teflon, Hostaflon TF, Fluon	zur Herstellung von Dichtungen, Fittings, von Spezialdüsen, korrosions- und temperaturbeständigen Rohren; zum Beschichten von Metallpfannen, -kochtöpfen
Polymethacrylsäureester (Methacrylsäureester) Plexiglas, Plexigum	zur Herstellung von Sicherheitsglas (für Autos, Schutzbrillen, Uhrgläser), von medizin. Artikeln, Prothesen usw.; als Lackrohstoff
Polyacrylnitril (PAN) (Acrylnitril) Dralon, Orlon	als wichtiger Faserrohstoff; Mischpolymerisate des Acrylnitrils (z. B. mit Butadien und Styrol) als synthet. Kautschuk, für Klebstoffe
Polyoximethylen (POM) (Formaldehyd) Ultraform	zur Herstellung von Installationsartikeln, Getriebeteilen, funktionellen Bauteilen in Maschinen, im Automobilbau anstelle von Metallteilen

Polyadditionsverbindungen

Polyurethan (PUR) (Diisocyanate und mehrwertige Alkohole) Vulkollan, Durethan U, Perlon U	normale bis harte Typen: zur Herstellung von Konstruktionselementen im Maschinen- und Fahrzeugbau, für Rohrleitungen, Dichtungen usw.; weichere Typen: als Isoliermaterial für elektr. Teile, Druckrollen; zur Herstellung von Borsten, Bändern, Fasern, von elast. Schaumstoffen für Polster; starre Schaumstoffe als Isoliermaterial

Polykondensate

Polyamide (PA) (z. B. Hexamethylendiamin und Adipinsäure) Nylon 66, Ultramid (ε-Caprolactam) Perlon, Nylon 6	als wichtige Faserrohstoffe; zur Herstellung techn. Teile im Apparate- und Fahrzeugbau, von Folien, Haushaltsgegenständen, Kunststoffdrähten
Polyester (PES) (z. B. Terephthalsäure und Äthylenglykol) Trevira, Terylene, Diolen	als wichtige Faserrohstoffe; vernetzte Polyester u. a. zur Herstellung von Lacken und Anstrichstoffen
Polycarbonate (PC) (phenol. Komponenten und Kohlensäureester) Makrolon	zur Herstellung von medizin. Geräten, Haushalts- u. a. Gebrauchsgegenständen, techn. Formteilen mit hoher Beanspruchbarkeit, Folien, Tafeln, Rohren, usw.

Abgewandelte Naturprodukte

Zelluloseester (z. B. Acetylzellulose) (Zellstoff und Essigsäureanhydrid)	zur Herstellung von Fasern („Acetatfasern"), Folien und Filmen, Lacken u. a.
Zelluloseäther (z. B. Methylzellulose) (Alkalizellulose und Methylchlorid)	als Verdickungsmittel (an Stelle von Stärke, Dextrin u. a.) in Klebstoffen, Lacken, Anstrichstoffen, Druckpasten, Textilhilfsmitteln, Pharmazeutika

Kunststoffverarbeitung

von Farbstoffen, Füllstoffen, Weichmachern, Antistatika und weiteren Kunststoffhilfsmitteln stark variiert werden.
Geschichte: Die ersten industriell verwendeten K. waren chem. veränderte Naturstoffe, unter denen als erster der vulkanisierte Kautschuk zu nennen ist (C. Goodyear, 1844). Später kamen Zelluloid (1869), Zellglas (1910) u. a. hinzu. 1907 entwickelte L. H. Baekeland den ersten vollsynthet. K. (duromeres Bakelit ⓡ). Nach dem 1. Weltkrieg kamen Polyacryl und Polystyrol auf den Markt. Synthet. Elastomere wurden in großen Mengen produziert. 1920 legte H. Staudinger mit seiner Theorie der Makromoleküle die wiss. Grundlagen. Aufbauend auf Arbeiten von F. Klatte kamen 1930–35 die ersten thermoplast. Kunststoffe wie das Polyvinylchlorid und das Polyvinylacetat auf den Markt. Kurz vor und während des 2. Weltkriegs wurden viele neue K. entwickelt wie das Hochdruckpolyäthylen, die Polyamide (Nylon und Perlon), Polyurethane, Silicone und Epoxidharze. Nach dem 2. Weltkrieg kamen das Niederdruckpolyäthylen nach K. Ziegler (1952) sowie Polycarbonat und Polypropylen neu auf den Markt.
Wirtschaft: Die kunststoffverarbeitende Ind. ist eine der Wachstumsindustrien. Der Index der Nettoproduktion stieg in der BR Deutschland von 100 für 1980 auf 113 1985. Die Anzahl der Beschäftigten betrug 1984 rd. 191 000, die Exportquote 21,8 %. Bei den Produkten überwiegen Verpackungsmittel, Lager- und Transportbehälter.

📖 *Domininghaus, H.: Die K. und ihre Eigenschaften.* Düss. ²1986. - *Domininghaus, H.: Allg. K.-Fibel.* Speyer ³1980.

Kunststofflegierungen (Polyblends), Bez. für die aus Gemischen strukturell verschiedener Kunststoffe bei der Verarbeitung erhaltenen Werkstoffe.

Kunststoffverarbeitung, Sammelbez. für alle Verfahren, die der Formgebung von Kunststoffen dienen. Kunststoffe lassen sich verarbeiten als Flüssigkeiten (Lösungen, Emulsionen) oder Pasten, als Kunststoffmassen in Form von Pulvern, Granulaten, plast. Massen in reiner Form oder als fertige Mischungen mit Zusätzen *(Compounds)*.
Walzen, Kneten: Zum Mischen und Homogenisieren mit Füllstoffen, Farbstoffen u. a. werden *Mischwalzwerke* mit zwei gegenläufigen Walzen eingesetzt. Bei oxidationsempfindl. Kunststoffen oder höheren Temperaturen werden meist Kneter verwendet. Mit Mischwalzwerken und Knetern werden Vorprodukte erzeugt. **Kalandrieren:** Ziehen von Folien oder Platten, Glätten oder Prägen von Folien mit Walzmaschinen *(Kalander).* **Pressen:** Die Preßmasse, meist duromere, härtbare Kunststoffe, werden im Gesenk erwärmt und durch einen Druckstempel verformt. **Spritzgießen:** Der meist thermoplast. Kunststoff wird in einem Zylinder plastifiziert und aus einem Kolben *(Kolbenspritzguß)* oder einer Schnecke *(Schneckenspritzguß)* in die gekühlte Form gespritzt. **Strangpressen, Extrudieren:** Der Kunststoff wird hier über eine Düse kontinuierl. ausgepreßt, wobei er deren Profil annimmt (Profile, Rohre, Schläuche, Folien). Damit erzeugte Hohlkörper können in einem weiteren Arbeitsgang aufgeblasen werden (z. B. Flaschen, Kanister). **Ziehen** und **Vakuumformen:** Beim Ziehen wird meist eine ebene Platte im plast. Zustand durch einen Ziehstempel verformt, häufig gleichzeitig die Luft zw. Platte und Ziehstempel in ein Vakuum abgezogen. **Tauchen** und **Tauchschmelzen:** Beim Tauchen einer Form in eine Lösung oder Schmelze bildet sich nach dem Erstarren ein dünner selbständiger Körper. Im *Tauchschmelzverfahren (Wirbelsintern)* wird durch Tauchen in ein Fließbett aus Kunststoffpulver auf ein heißes Werkstück ein fester Kunststoffüberzug aufgebracht. **Gießen:** Kunststoff wird als Lösung oder Schmelze in eine beliebige Form gegossen, deren Gestalt der Kunststoff nach der Verfestigung beibehält. Daneben werden Kunststoffe auch spanabhebend bearbeitet, mit Treibmitteln aufgeschäumt, durch Verschmelzen geschweißt, auf Trägermaterial aufgesprüht oder dieses beschichtet sowie saugfähige Materialien mit Kunststoffen getränkt.

📖 *Automatisierung in der K.* Hg. v. G. Menges u. H. Recker. Mchn. 1986. - Schwarz, O., u. a.: *K.* Würzburg ³1985. - Menges, G.: *Einf. in die K.* Mchn. ²1979. - *Die Verarbeitung v. Kunststoffen in Gegenwart u. Zukunft.* Hg. v. R. Fürst. Düss. 1975.

Kunstturnen, vor 1900 in der Schweiz aufgekommene Bez. für ein stilisiertes, auf artist. wie ästhet. Hochleistung abzielendes, wettkampfmäßig betriebenes Boden- und Geräteturnen. Bei dt. Turnfesten wurde erstmals 1923 ein Gerätezehnkampf durchgeführt; den Olymp. Zwölfkampf der Männer gibt es seit 1936, den Olymp. Achtkampf der Frauen seit 1950 (↑ auch Turnen).

Kunstwissenschaft ↑ Kunstgeschichte.

Kunstwort, Wort, das aus anderen Wörtern bzw. Wortteilen oder frei erfundenen Bestandteilen künstl. gebildet ist, z. B. Persil ⓡ (aus *Perborat* und *Silicat*).

kunterbunt, urspr. svw. vielstimmig (mittelhochdt. contrabund, aus ↑ Kontrapunkt); seit dem 18. Jh. svw. durcheinander.

Küntscher-Nagelung (Küntscher-Marknagelung) [nach dem dt. Chirurgen G. Küntscher, * 1900, † 1972], spezielles Verfahren der Knochennagelung, bei der ein Metallnagel mit U- oder Kleeblattform-Profil *(Küntscher-Nagel)* unter Röntgenkontrolle in die Markhöhle des gebrochenen Knochens eingetrieben wird.

Kunz, Kurzform des männl. Vornamens Konrad; gebräuchl. in der Formel *Hinz und Kunz* („jedermann").

Kunze, Reiner, * Oelsnitz/Erzgebirge 16. Aug. 1933, dt. Schriftsteller. - 1949–68 Mgl. der SED; zunächst volkstüml., auch polit., z. T. an Brecht orientierte Lyrik, u. a. „Vögel über dem Tau" (1959), „Aber die Nachtigall jubelt" (1962); nach 1962 v. a. durch hintergründige Ironie gekennzeichnete Gedichte in knapper Diktion bes. über Liebe, Kindheit, DDR-Wirklichkeit: „Sensible Wege" (1969), „Zimmerlautstärke" (1972), „Brief mit blauem Siegel" (1973). Der in der BR Deutschland publizierte Prosaband „Die wunderbaren Jahre" (1976) führte zu seinem Ausschluß aus dem Schriftstellerverband. 1977 übersiedelte K. in die BR Deutschland; verfaßte auch Kinderbücher, u. a. „Das Kätzchen" (1979), und Gedichte: „eines jeden einziges leben" (1986).

Künzelsau [...s-au], Krst. im Kochertal, Bad.-Württ., 218 m ü. d. M., 11700 E. Verwaltungssitz des Hohenlohekreises; metallverarbeitende-, Elektro-, Textil- u. a. Ind. - Um 1098 erstmals erwähnt, 1413 Marktrecht. 1767/68 als Stadt bezeichnet. - Ev. Stadtkirche mit hochgot. Chorturm; ehem. Schloß (um 1680; jetzt Gymnasium); Rathaus (1548).

Kuo Hsi (Guo Xi) [chin. guɔɕi], * Hoyang (Schensi) um 1020, † Kaifeng um 1090, chin. Maler. - Schuf symbolhafte heroische Landschaften; gilt als einer der größten chin. Landschaftsmaler.

Kuomintang (Guomindang) [chin. guɔmɪndaŋ], „Nat. Volkspartei" Chinas; ging 1912 aus der von Sun Yat-sen 1907 gegr. polit. Geheimgesellschaft T'ung-meng-hui („Verschworene Liga") hervor und gewann im Febr. 1913 die Wahlen zur Republik; im Nov. 1913 aufgelöst (Errichtung einer Militärdiktatur). Sun Yat-sen zog sich nach Kanton zurück und vereinbarte 1923 mit der Komintern sowjet. Hilfe beim Wiederaufbau der K. sowie eine nat. Einheitsfront zw. K. und KPCh (1923–27). Nach dem Bruch des K.generals Chiang Kai-shek mit dem kommunist. Bündnispartner kam es 1927–37 zum 2. revolutionären Bürgerkrieg. Im Jap.-Chin. Krieg 1937–45 wurde auf Betreiben Mao Tse-tungs eine neue Einheitsfront zw. K. und KPCh gegen Japan gebildet. Nach der jap. Niederlage scheiterten aber die Verhandlungen über eine Koalitionsreg. mit der KPCh, und im 3. revolutionären Bürgerkrieg (1945–49) wurde die K. vom chin. Festland vertrieben. 1949 errichtete Chiang Kai-shek mit der K. eine Militärreg. auf Taiwan.

Kuo Mojo (Guo Moruo) [chin. guɔmɔruɔ], * Loshan (Szetschuan) 16. Nov. 1892, † Peking 12. Juni 1978, chin. Gelehrter und Schriftsteller. - Bed. Lyriker und Dramatiker, auch Übersetzer; Forschungen v. a. zum chin. Altertum; übersetzte u. a. Goethes „Faust".

Kuopio, Hauptstadt des Verw.-Geb. K. im zentralen S-Finnland, 75 500 E. Handels- und Kulturzentrum, luth. Bischofssitz; Univ. (gegr. 1966); Museum; Holz-, Textil-, Nahrungsmittelind.; Wintersportplatz; Ausgangspunkt zahlr. Schiffahrtslinien. - 1782 gegr. - Domkirche (1815 vollendet), Rathaus (1884).

Kupang, Hauptort von Timor, an der W-Küste, 43 000 E. Kath. Bischofssitz; Univ. (gegr. 1962); Handelszentrum und Ausfuhrhafen (Reede), ⚓.

Kupecký, Jan [tschech. ˈkupɛtski:] (Johann Kupezky), * Bösing (= Pezinok) bei Preßburg 1667, † Nürnberg 16. Juli 1740, böhm. Porträtist. - Seine von Menschenkenntnis und dem Verantwortungsbewußtsein der Aufklärung geprägten Porträts sind emaillehaft glatt gemalt.

Küpe [niederdt., zu lat. cupa „Tonne"], ein früher in der Färberei verwendeter Holzkübel, in dem Indigo reduziert wurde.

Küpenfarbstoffe, wasserunlösl. organ. Verbindungen, die nur in reduziertem Zustand auf das zu färbende Material aufziehen. Durch Oxidation mit Luftsauerstoff entsteht der Farbstoff auf dem Material und gibt eine sehr dauerhafte, lichtechte Farbe. Bekannte K. sind u. a. die Indigo-, Indanthren-, Helindon- und Hydronfarbstoffe.

Kupezky, Johann ↑ Kupecký, Jan.

Kupfer, Harry, * Berlin 12. Aug. 1935, dt. Opernregisseur. - 1966–72 Operndirektor in Weimar, seit 1972 in Dresden, seit 1981 Chefregisseur der Kom. Oper in Berlin (Ost). Inszenierte u. a. bei den Bayreuther und Salzburger Festspielen.

Kupfer [zu lat. (aes) cyprium, eigtl. „von Zypern stammendes (Erz)"], chem. Symbol

Kupfer. Schematische Darstellung der pyrometallurgischen Kupfergewinnung

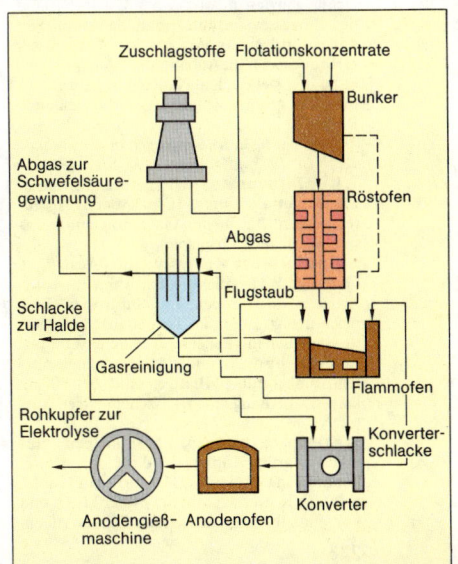

Kupferacetate

Cu (von lat. cuprum); metall. Element (Übergangsmetall) aus der I. Nebengruppe des Periodensystems der chem. Elemente, Ordnungszahl 29, mittlere Atommasse 63,546, Dichte 8,96 g/cm^3, Schmelzpunkt 1083,4°C, Siedepunkt 2567°C. Das rötl. glänzende, weiche und sehr dehnbare Schwermetall ist (nach Silber) der beste Strom- und Wärmeleiter. Der sich an feuchter Luft bildende grüne Oberflächenfilm von bas. K.carbonat ist als **Patina** bekannt. Obwohl K. in der Natur auch in gediegener Form vorkommt, überwiegen seine mineral. Verbindungen mit meist geringem K.gehalt, die durch Flotation angereichert werden. Der größte Teil des K. wird auf pyrometallurg. Weg durch Rösten zusammen mit Eisenmineralien gewonnen. Nach der Raffination (Oxidation der Fremdbestandteile mit Luft) erhält man das **Gar-K.**, das als **Raffinade-K.** in den Handel kommt. Bes. reines K. wird durch Elektrolyse gewonnen (Elektrolyt-K. 99,95% Cu). Die wichtigsten K.minerale sind Kupferkies, Kupferglanz und Rotkupfererz (↑Cuprit). Große Lagerstätten befinden sich in den USA, in der UdSSR, in Kanada, Chile, Simbabwe, Sambia und Zaïre. K. findet als Elektrizitäts- und Wärmeleiter in der Technik vielfache Verwendung. Dies gilt auch für eine Reihe seiner Legierungen (↑Kupferlegierungen). Ferner dienen K.verbindungen als Katalysatoren zur Verkupferung in der Galvanotechnik und werden in der Pyrotechnik verwendet. - Die Weltproduktion an Raffinade-K. betrug 1987 rd. 10 Mill. t.
Geschichte: K. ist das erste Metall, das durch einen metallurg. Prozeß (Reduktion von Malachit) gewonnen wurde. Als Ursprungsland des Prozesses vermutet man den Iran. Seit seiner Entdeckung war das K. ein wichtiges Gebrauchsmetall. Auch in der ↑Alchimie, wo es zu den sieben den Planeten zugeordneten Metallen gehörte, spielte es eine bedeutende Rolle.

📖 *Dies, K.: K. u. K.legierungen in der Technik.* Bln. u.a. 1967. - *Kramer, E.: K.* Stg. ^{2}1964.

Kupferacetate, Sammelbez. für blaugrüne neutrale Kupfer-II-salze der Essigsäure; werden v.a. in der Galvanotechnik verwendet. - ↑auch Grünspan.

Kupferblatt (Nesselblatt, Acalypha), Gatt. der Wolfsmilchgewächse mit über 400 Arten in den Tropen und Subtropen. Eine bekannte Art ist das als Topfpflanze kultivierte **Nesselschön** (Feuerroter Katzenschwanz, Acalypha hispida); mit eiförmigen, zugespitzten, dunkelgrünen Blättern und bis 50 cm langen, überhängenden, kätzchenartigen, karminroten Blütenständen.

Kupfercarbonate, Sammelbez. für blaue bis grüne Kupfersalze der Kohlensäure; kommen in der Natur als ↑Azurit und ↑Malachit vor. K. werden v.a. für Malerfarben und Porzellanglasuren verwendet. *Patina* ist ein grünes bas. Kupfercarbonat.

Kupfercyanide, Kupfersalze der Blausäure; Verwendung in der Galvanotechnik.

Kupferdruck, manuelles Tiefdruckverfahren, bei dem der Druck von Tiefdruckplatten erfolgt, die in einem der ↑Kupferdruckverfahren gefertigt wurden.

Kupferdruckverfahren, Sammelbez. für alle Verfahren zur Herstellung von Kupferdruckplatten, mit denen Kunstblätter, Wertpapiere oder auch Landkarten gedruckt werden. Die bekanntesten K. sind ↑Aquatinta, ↑Kaltnadelarbeit, ↑Kupferstich, Mezzotinto (↑Schabkunst) und ↑Radierung. - ↑auch Drukken.

Kupferfasan ↑Fasanen.

Kupferfaserstoffe, Chemiefaserstoffe, deren Fasern aus regenerierter Zellulose im ↑Kupferoxid-Ammoniak-Verfahren hergestellt sind. Die bei diesem Verfahren gewonnenen Endlosfäden werden als **Kupferkunstseide, Kupferreyon** zu feinen Geweben verarbeitet oder zu Stapelfasern (**Kupferspinnfasern**) geschnitten, die (häufig mit Wolle oder Baumwolle vermischt) versponnen werden.

Kupferglanz (Chalkosin), Gruppe von blei- bis dunkelgrauen (auch bläul.), sulfid. Kupfermineralen der ungefähren chem. Zusammensetzung Cu$_2$S. Wichtige Kupfererze; Vorkommen v.a. in den USA und im südl. Afrika.

Kupferglucke (Eichblatt, Gastropacha quercifolia), mittelgroße, kupferbraune Art an Obstkulturen. Die Raupen sind schädl. an Obstkulturen. In Ruhestellung gleicht der Schmetterling einem dürren Eichenblatt.

Kupfergrün, svw. ↑Chrysokoll.

Kupfergürtel (engl. Copper Belt), Gebiet in Sambia, erstreckt sich, etwa 60 km breit, 200 km entlang der Grenze gegen Zaïre. Hier liegen 25–30% der bekannten Kupfervorräte der Erde. Als Nebenprodukte der Verhüttung fallen Uran, Kobalt und Mangan an.

Kupferhydroxid, Kupfer-II-hydroxid, Cu(OH)$_2$, eine blaß- bis grünblaue, giftige Kupferverbindung, die als Unterwasseranstrichfarbe und Beizmittel verwendet wird.

Kupferhydroxidchlorid (Kupferoxidchlorid), 3Cu(OH)$_2 \cdot$ CuCl$_2$ oder Cu$_2$(OH)$_3$Cl, blaßgrün kristallisierende techn. wichtige Kupferverbindung; im Weinbau als Mittel gegen Schadpilze verwendet.

Kupferkies (Chalkopyrit), messing-, gold- bis grünlichgelbes, auch bunt und schwarz anlaufendes Mineral, CuFeS$_2$, Mohshärte 3,5–4,0; Dichte 4,1–4,3 g/cm^3; wichtiges Kupfererz, Kupfergehalt 2–4%.

Kupferkunstseide ↑Kupferfaserstoffe.

Kupferlasur, svw. ↑Azurit.

Kupferlegierungen, Legierungen, die Kupfer als Hauptbestandteil enthalten; sie zeichnen sich gegenüber unlegiertem Kupfer durch größere Härte und Festigkeit aus bei nur geringfügiger Minderung der elektr. und

Kupferstich

Kupferstich. Links (von oben): Albrecht Dürer, Die vier Hexen (1496). München, Staatliche Graphische Sammlung; Lucas van Leyden, Jüngling mit Totenkopf (1519); rechts (von oben): Claude Mellan, Das Schweißtuch der Veronika (Ausschnitt; um 1650; der Stich ist aus einer einzigen Spirale aufgebaut, die auf der Nasenspitze beginnt); Pablo Picasso, Figur (1945)

Kupfermünzen

therm. Leitfähigkeit. K. sind z. B. ↑Messing (mit Zink legiert), ↑Bronze (v. a. mit Zinn legiert) und ↑Konstantan (mit Nickel legiert).

Kupfermünzen (richtiger: Bronzemünzen), Münzen aus hochprozentiger Kupferlegierung, geprägt schon in der Antike (z. B. Sesterz), dann wegen des Realwertprinzips (zögernd) erst wieder vom 17./18. Jh. an.

Kupfernickel, svw. ↑Rotnickelkies.

Kupferoxid-Ammoniak-Verfahren (Cuoxam-Verfahren, Kupferspinnverfahren), Verfahren zur Herstellung von Zelluloseregeneratfasern. Durch Umsetzung von Zellulose mit Lösungen von Kupfer-II-hydroxid oder Kupfer-II-sulfat in Ammoniakwasser erhält man Kupfer-Tetrammin-Kupfer-Komplexe. Durch Einleiten der Komplexlösung in warmes Wasser wird die Zellulose - i. d. R. fadenförmig - ausgefällt.

Kupferoxide, die Sauerstoffverbindungen des Kupfers. Verwendung finden sie zum Färben von Glas, Email und synthet. Schmucksteinen, als Katalysator sowie zum Entschwefeln von Erdöl.

Kupferreyon [...rɛjɔ̃:]↑Kupferfaserstoffe.

Kupferschiefer, schwärzl. bitumen- und sulfidhaltiger Mergelschiefer, der bis zu 3 % Kupfer, außerdem Gold, Silber, Blei, Zink, Eisen u. a. enthält.

Kupferspinnfaser ↑Kupferfaserstoffe.

Kupferspinnverfahren, svw. ↑Kupferoxid-Ammoniak-Verfahren.

Kupfersteinzeit ↑Chalkolithikum.

Kupferstecher (Sechszähniger Fichtenborkenkäfer, Pityogenes chalcographus), etwa 2 mm großer, braunrot glänzender Borkenkäfer in Europa. Die Flügeldecken zeigen am Hinterende jederseits drei Zähnchen. Die Larven leben in sternförmigen Brutgängen unter Fichtenrinde.

Kupferstich, Vervielfältigungsverfahren, bei dem eine Zeichnung mit dem Grabstichel in eine Kupferplatte eingetieft wird; die Druckerschwärze wird nach Auftrag wieder abgewischt und bleibt nur in den Furchen, die Platte wird dann unter starkem Druck auf ein (feuchtes) Papier gepreßt, auf dem die Zeichnung spiegelbildl. erscheint. Der Strich beginnt dünn, verbreitert sich und läuft wieder spitz aus. Diese vermutl. im 15. Jh. in Süddeutschland entwickelte Tiefdrucktechnik erfuhr verschiedene Abwandlungen. Das Füllen von Flächen erfolgte zunächst durch Parallel- und Kreuzschraffuren, seit dem 16. Jh. auch durch Punktieren (Punzieren) mit dem Punzeisen. - Zunächst für billige Einblattdrucke, Vorlagen[bücher] u. a. verwandt, seit Mitte des 15. Jh. werden Künstlerpersönlichkeiten faßbar; in Deutschland der ↑Meister der Spielkarten, ↑Meister E. S., M. Schongauer, J. van Meckenem; in den Niederlanden: der Monogrammist FVB (tätig um 1480–1500); in Italien: Maso Finiguerra (*1426, †1464), A. Pollaiuolo, A. Mantegna. Die Blütezeit des K. lag in der 1. Hälfte des 16. Jh. Unübertroffen war Dürer mit seinem künstler. K. in virtuoser Technik, Zeitgenossen wie L. Cranach d. Ä., A. Altdorfer sowie die sog. ↑Kleinmeister schlossen sich an. In den Niederlanden war Lucas van Leyden führend, später H. Goltzius, in Italien M. Raimondi sowie Agostino Carracci; der Strich des italien. K. war breiter, der Ton gleichmäßiger, an ihn schlossen die frz. Meister (J. Duvet, É. Delaune) an. Später ist v. a. C. Mellan zu nennen (*1598, †1688). Vom Ende des 16. Jh. an übernahmen Verleger den Vertrieb der K.; Landkarten, Städtebilder, Reproduktionen von Gemälden und Zeichnungen u. a.; bes. zu erwähnen sind unter den Reproduktionsstechern des 17. Jh. die „Rubensstecher" (L. Vorstermann, P. du Pont, gen. Pontius, Schelte a Bolswert) sowie C. Visscher oder J. Suyderhoef. Im 17. Jh. wandte sich das Interesse allg. der ↑Radierung und Mischformen zu, es entstand die ↑Krayonmanier und die ↑Schabkunst. Einzelne Künstler der Gegenwart, z. B. Picasso, haben den K. wegen seiner scharfen Linearität wieder aufgenommen. - Tafel S. 277.

⊞ *Koschatzky, W.: Grafik, Zeichnung, Aquarell.* Mchn. 1986. 3 Bde. - *Krejča, A.: Die Techniken der graphischen Kunst.* Dt. Übers. Hanau ²1983.

Kupferstichkabinett, Bez. für graph. Sammlung bes. als Teilbereich eines Museums.

Kupfersulfate, die Kupfersalze der Schwefelsäure. Das Kupfer-II-sulfat ist als blaues kristallines Pentahydrat $CuSO_4 \cdot 5H_2O$ *(Kupfervitriol)* das techn. wichtigste Kupfersulfat und wird in der Schädlingsbekämpfung und in der Galvanotechnik verwendet.

Kupfervergiftung (Kuprismus), v. a. durch oral aufgenommenes Kupfersulfat und bas. Kupferacetat hervorgerufene Verätzungen im Bereich des Magen-Darm-Kanals mit Erbrechen und Durchfall. - ↑auch Metalldampffieber.

Kupfervitriol ↑Kupfersulfate.

Kupferzeit, svw. Kupfersteinzeit (↑Chalkolithikum).

Kupieren [zu frz. couper „(ab)schneiden"], in der *Medizin* v. a. die medikamentöse Unterdrückung einer Krankheit, bes. im Anfangsstadium.
◆ bei Tieren (v. a. bei bestimmten Hunderassen) das unvollständige Amputieren des Schwanzes oder/und der Ohren.
◆ bei Obstgehölzen das Kürzen der Triebe.

Kupka, Frank (František K.), *Opočno (Ostböhm. Gebiet) 23. Sept. 1871, †Puteaux bei Paris 21. Juni 1957, frz. Maler tschech. Herkunft. - Lebte ab 1895 in Frankr., wo er sich seit 1909 vom Orphismus beeinflussen ließ; in den 1930er Jahren strenge abstrakte Kompositionen.

Kupkovič, Ladislav [slowak. 'kupkɔvitʃ],

* Preßburg 17. März 1936, slowak. Komponist, Violinist und Dirigent. - Gründete 1963 das Ensemble „Hudba dneška" (Musik von heute); seit 1976 Prof. an der Musikhochschule in Hannover.

Kupolofen [lat.-italien./dt.] (Gießereischachtofen), Umschmelzofen für Gußeisen mit Lamellen- und Kugelgraphit, für Hart- und Temperguß in Gießereien, bestehend aus einem bis 10 m hohen Schacht aus feuerfester Masse oder Schamottesteinen, die von einem Blechmantel gehalten wird. Der K. wird mit Koks, Schlackenbildnern (Kalkstein, Flußspat), Gießereiroheisen, Gußbruch und Stahlschrott beschickt.

Kupon (Coupon) [ku'põ:; frz.], Zins- oder Dividendenschein zur Einlösung der Erträge aus festverzinsl. Wertpapieren bzw. Aktien. I. d. R. gehört zu jeder Wertpapierurkunde (**Mantel**) ein Bogen mit K. für einen Zeitraum von zehn Jahren. Bei Fälligkeit wird der K. abgeschnitten und über eine Bank eingelöst.

Kuppe, flache bis mäßig steile, konvex gewölbte Geländeform mit rundl. Grundriß.

Kuppel [italien., zu lat. cupula „kleine Kufe, Tönnchen, Grabgewölbe"], sphär. Gewölbe zur Überspannung eines kreisförmigen oder quadrat. Raumes. Ihre Wölbfläche entsteht durch Drehung eines Halbkreises, Ellipsen-, Parabel- oder Spitzbogens um eine Vertikalachse oder aus einem Vieleck von Walmkappen (**Schirm-** oder **Segelkuppel**). Bei eckigen Zentralräumen kann der Fußkreis der K. dem Grundriß entweder umbeschrieben sein (**Hänge-** oder **Stutzkuppel**, auch **böhm. Kappe** genannt) oder ist diesem einbeschrieben. Dann bedarf es der Hilfskonstruktionen über den Ecken auf halben liegenden Hohlkegeln (Trompen) oder sphär. Dreiecken (Hängewickel, Pendentif; **Pendentifkuppel**), Belichtung erfolgt durch eine Scheitelöffnung *(Opaion, Auge)* meist per Laterne, und/oder die K. ruht auf einem durchfensterten Zylinder *(Tambour)*. Der K.bau aus Keilsteinen ist seit etrusk. und hellenist. Zeit nachweisbar (Halbkugel-K. des röm. Pantheons [118/119 bis 125/128], Durchmesser 43,30 m). In der frühbyzantin. Baukunst tritt neben der Schirm- oder Segel- die Pendatif-K. auf. (Hagia Sophia, vollendet 563, Durchmesser 33 m). In der islam. Baukunst treten Zellenwerk und Stalaktiten an die Stelle der Hängewickel. Michelangelos K. der Peterskirche (Entwurf 1547, Durchmesser 42,34 m) mit innerer Raumschale und äußerer gestelzter Schutzschale wird zum Leitmotiv für viele K. des Barock. Im 19. Jh. werden die aus Holz- oder Stahlbindern konstruierten Rippen-K. angewendet, im 20. Jh. anstelle der K. Schalen († Stahlbetonbau).

Kuppeldach †Dach.

Kuppelei [zu lat. copulare „zusammenbinden"], gewohnheitsmäßige oder eigennützige Förderung der Unzucht durch Vermittlung oder Gewährung von Gelegenheit. Unter Unzucht wurde i. d. R. jeder außerehel. Geschlechtsverkehr verstanden. Dieser Tatbestand wurde im Zuge der Strafrechtsreform 1973 abgeschafft. Nunmehr beschränkt sich § 180 StGB auf einen reinen Minderjährigenschutz. Danach wird mit Freiheitsstrafe bis zu drei Jahren oder mit Geldstrafe bestraft, wer sexuellen Handlungen einer Person unter 16 Jahren mit einem Dritten durch Vermittlund oder Gewährung oder Verschaffung von Gelegenheit Vorschub leistet. Nimmt der Kuppler an den Handlungen als Partner teil, kommt nur † sexueller Mißbrauch als Straftatbestand in Betracht. Die Unterhaltung eines bordellartigen Betriebes wird u. U. als Förderung der Prostitution in einem eigenen Paragraphen (§ 180a StGB) verfolgt.

Im *östr. Recht* gelten im wesentl. dem dt. Recht entsprechende Bestimmungen (§ 213 StGB).

Nach dem *schweizer. StGB* begeht K., wer aus Gewinnsucht der Unzucht Vorschub leistet. Strafschärfung tritt ein, wenn der Täter die K. gewerbsmäßig betreibt.

Kuppelhütte, in der Form an einen Bienenkorb erinnernde Behausung von Wildbeutern und Hirtennomaden, die aus Ästen und Blättern errichtet wird. Zur Abdichtung dienen Lehm, Rinde, Häute, Gras u. a.

Kuppelkirchen, Kirchen, deren Raumteile überwiegend mit †Kuppeln überwölbt sind. Die **Kuppelbasilika** wurde in Byzanz entwickelt und ist außer in Süditalien v. a. in Südfrankr. bei roman. Bauten anzutreffen, in denen meistens mehrere Kuppeln in der Längsachse eines Saalbaus aneinandergereiht sind (Souillac, Abteikirche, Ende des 12. Jh.). Die **Kreuzkuppelkirche** auf dem Grundriß des griech. Kreuzes mit 5 (auf Tambouren ruhenden) Kuppeln (über der Vierung und den vier Kreuzarmen) entstand in mittelbyzantin. Zeit (6. oder 7. Jh.), war die Hauptform des byzantin. Kirchenbaus und verbreitete sich in der ganzen Ostkirche (Bulgarien, Serbien, Rußland; auch Venedig). - Die barocke **Kuppelkirche** ist im Zentralbau oder eine Verschmelzung von Zentral- und Langhausbau.

kuppeln [zu lat. copulare „zusammenbinden"], verbinden, verknüpfen, aneinanderhängen (z. B. Maschinenteile durch Kupplungen).

Kuppelproduktion, die zwangsläufig miteinander verbundene Herstellung von zwei oder mehreren Gütern, z. B. Koks und Kokereigas.

Kuppengebirge †Gebirge.

Kupplung [zu lat. copulare „zusammenbinden"], kraftschlüssige Verbindung zw. Motor (Kurbelwelle) und Getriebe, mit deren Hilfe der laufende Motor bei Stillstand des Fahrzeugs vom Getriebe getrennt werden kann und die das Aus- und Einrücken der Zahnradpaarungen (bzw. ihrer Synchronele-

Kupplung

mente) für die benötigte Übersetzung ermöglicht (die beiden jeweils im Eingriff befindl. Zahnräder stellen eine „formschlüssige" K. dar, die nicht unter Last geschaltet werden kann). Ferner muß die K., die sich im Betrieb ergebenden Drehzahlunterschiede zw. Motor und Getriebewelle durch Reibungsschlupf ausgleichen. Kraftschluß und Drehmomentwandlung bzw. Drehzahlangleichung erfolgen bei der häufigsten K.bauart, der **Einscheibentrockenkupplung**, in der Weise, daß eine axial verschiebbare, mit der Getriebewelle aber drehfest verbundene K.scheibe durch Federkraft mehr oder weniger stark gegen das Schwungrad des Motors gepreßt und von diesem mit oder ohne entsprechenden Schlupf durch Reibung mitgenommen wird (**Reibungskupplung**). Die K.scheibe ist mit einem abriebfesten K.belag versehen, der wie die Bremsbeläge den überschüssigen Energieanteil beim Einkuppeln in Wärme umwandelt. Zur Lösung der K. wird die K.scheibe über das mit dem Fuß betätigte K.pedal, ein mechan. Gestänge (auch über Seilzug oder hydraul.), und die am K.ausrücklager anlenkende Ausrückgabel vom Schwungrad getrennt. Die dazu erforderl. Kraft muß die Federkraft der K.federn überwinden, die mit einer K.druckplatte zusammengepreßt werden. Die übertragbaren Drehmomente sind abhängig vom Durchmesser der K.scheibe und der Anpreßkraft der K.federn. Wo sehr hohe Drehmomente zu übertragen sind (Lkw, Rennwagen) oder wo die K. nur kleine Dimensionen annehmen kann (Motorräder, automat. Getriebe), werden **Zwei- und Mehrscheibenkupplungen (Lamellenkupplungen)** verwendet. Lamellenkupplungen können sowohl trocken als auch mit Ölbenetzung (*Naß-[lauf]-K., Öl-K.*) arbeiten. Hier sitzen z.B. mehrere K.scheiben hintereinander auf der Getriebewelle, denen ebenso viele von der Motorwelle angetriebene, axial verschiebbare und zum sog. *K.korb* verbundene Außenlamellen gegenüberstehen. Automat. Einkuppeln (z.B. bei Mofas oder bei stufenlosen Getrieben) ermöglicht die **Fliehkraftkupplung**, deren K.elemente, durch Fliehkraft auseinandergetrieben, ab einer bestimmten Motordrehzahl Kraftschluß herstellen. Bei den als *Sicherheits-K.* verwendeten **Rutschkupplungen** (z.B. bei Elektrowerkzeugen) ist der Anpreßdruck der Federn auf die Reibscheiben so gewählt, daß ab einer bestimmten Belastung die K. „durchrutscht".

Neben den *kraftschlüssigen K.* (Reibungs-K.) werden im Maschinenbau nicht schaltbare *formschlüssige K.* verwendet, bei denen eine Kraft bzw. ein Drehmoment mittels Klauen, Zähnen, Flanschen oder Bolzen übertragen wird. Bei der **Muffenkupplung** wird eine rohrförmige, im Inneren mit Keilnuten versehene Muffe über die beiden Wellenenden geschoben und durch Verkeilen verbunden. Bei der *Scheiben-K.* (**Flanschkupplung**) sind an den beiden Wellenenden mit Schraubenlöchern versehene Scheiben (Flansche) befestigt und miteinander verschraubt; die **Plankerbverzahnung** (*Hirth-Verzahnung*) ist eine rein formschlüssige K.; bei ihr sind an der Stirnseite der beiden K.hälften radial verlaufende Zähne angebracht. *Ausgleichs-K.* lassen entweder axiale bzw. radiale, winklige oder gleichzeitig parallele und winklige Wellenverlagerungen zu. Hierzu gehören die *Klauen-K.* und die *Bolzen-K.* Zur Verbindung von Wellen, die nicht fluchten oder während der Drehmomentübertragung ortsveränderlich und/oder stark winkelveränderlich sind, werden Gelenkwellen (z.B. Kardanwellen) verwendet. **Hardy-Scheiben** zählen ebenfalls zu den elast. Ausgleichs-K.; jeweils zwei um 60° verdrehte dreiarmige Flansche an den Teilstük-

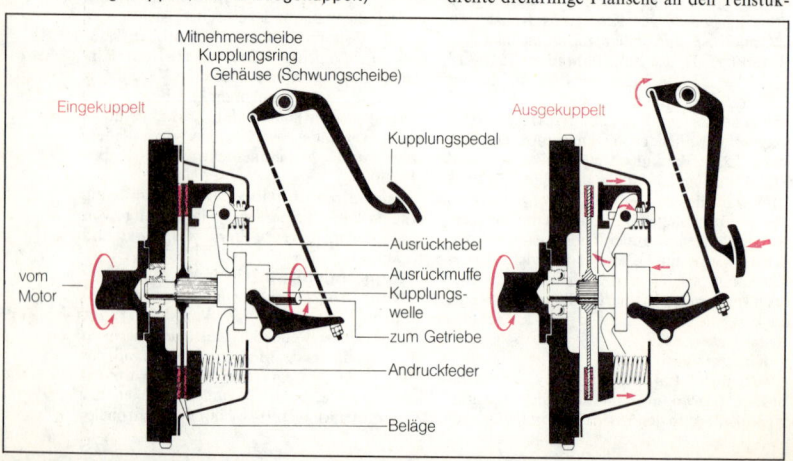

Einscheibentrockenkupplung (links eingekuppelt, rechts ausgekuppelt)

ken einer unterteilten Welle (z. B. Kardanwelle) sind durch einen massiven Ring aus Gewebegummi (Hardy-Scheibe) elast. verbunden.
📖 *Schalitz, A.: K.-Atlas. Ludwigsburg* ⁴*1975. - Pelczewski, W.: Elektromagnet. Kupplungen. Dt. Übers. Braunschweig 1971. - Stübner, K./ Rüggen, W.: Kompendium der K.technik. Mchn. 1962.*

◆ Vorrichtung zum Verbinden eines Kraftfahrzeugs mit dem Anhänger (Anhänger-K.) oder zum Verbinden zweier Schienenfahrzeuge (↑ Eisenbahn).

◆ (K.reaktion) in der *Chemie* Bez. für eine zur Herstellung von Azofarbstoffen durchgeführte Reaktion, bei der eine aromat. ↑ Diazoverbindung in schwach saurer Lösung mit einem aromat. Amin[derivat] in alkal. Lösung verbunden *(gekuppelt)* wird.

Kuprin, Alexandr Iwanowitsch, * Narowtschat (Gebiet Pensa) 7. Sept. 1870, † Leningrad 25. Aug. 1938, russ. Schriftsteller. - Emigrierte nach der Oktoberrevolution und kehrte erst 1937 wieder in die UdSSR zurück. Behandelte in seinen Romanen (u. a. „Das Duell", 1905; „Die Gruft", 1909-15), Novellen und Erzählungen den Offizierssalltag, die Welt des Zirkus und das Milieu der unteren Schichten.

Kuprismus [lat.], svw. ↑ Kupfervergiftung.

Kur [zu lat. cura „Fürsorge, Pflege"], unter ärztl. Aufsicht und Betreuung durchgeführtes Heilverfahren; Heilbehandlung mit planmäßiger Anwendung bestimmter Heilmittel.

Kur [zu althochdt. kuri „Wahl"], veraltete Bez. für Wahl, bes. für die des Röm. Königs durch die ↑ Kurfürsten; auch Bez. für Kurfürstenwürde und Kurfürstentum.

Kür [zu althochdt. kuri „Wahl"], Teil eines sportl. Wettkampfes; Zusammenstellung von Bewegungsfolgen, die der Wettkämpfer nach eigenem Ermessen aussucht; z. B. beim Eis- und Rollkunstlauf und beim Kunstturnen.

Kura, Zufluß des Kasp. Meeres, entspringt in der Türkei, bildet im Kleinen Kaukasus eine 60 km lange Schlucht, durchfließt im Unterlauf die Kura-Arax-Niederung, mündet mit einem Delta, 1 515 km lang.

Kurant [frz., zu lat. currere „laufen"] (Kurantmünzen, Courantmünzen), urspr. alles tatsächl. kursierende Münzgeld, seit dem 17. Jh. eingeengt auf die Silbermünzsorten als eigtl. Währungsmetall im Ggs. zu Goldmünzen einerseits, Scheidemünzen, später auch Papiergeld andererseits.

Kurare (Curare) [span., zu Tupí urari, eigtl. „auf wen es kommt, der fällt"], Mischung von Alkaloiden und Begleitstoffen aus der Rinde verschiedener Strychnosarten und Mondsamengewächse (Pfeilgift südamerikan. Indianer); auch Bez. für die Reinalkaloide aus K. (z. B. Curarin, d-Tubocurarin, Toxiferin) sowie für synthet. Stoffe (z. B. Gallamine), die wie K. eine Muskellähmung (einschließl. Atemlähmung) erzeugen. - Erste genauere Beschreibungen über Herstellung und Wirkung von K. lieferte A. von Humboldt (1815). Als Muskelrelaxans wurde es erstmals 1942 angewandt.

Kuraschiki, jap. Ind.stadt auf Hondo, 403 800 E. Kunstgalerie und Museen; Observatorium, biolog. Forschungsinst., Erdölhafen, Erdölraffinerien, chem., holz-, metallverarbeitende u. a. Ind. - Entstanden Anfang des 17. Jh. - Modernes Rathaus (1958-60).

Küraß [frz., zu cuir (von lat. corium) „Leder"], Brustharnisch der Kürassiere, urspr. ein Lederkoller, meist als Doppel-K. (Brust- und Rückenstück) getragen. Ende des 19. Jh. in dt. Heer für den Feldgebrauch abgeschafft.

Kürassiere [frz.], schwere Kavallerie ab Ende des 15. Jh.; zur Ausrüstung der K. gehörten Küraß, Pallasch, Lanze, später Karabiner. In Preußen gab es Kürassierregimenter bis zum Ende des 1. Weltkriegs.

Kurat [zu lat. cura „Fürsorge, Pflege"], im kath. Kirchenrecht Hilfspriester mit eigenem Seelsorgebezirk *(Kuratie, Pfarrvikarie);* auch Bez. der kath. Pfadfinderseelsorger.

Kuratel [lat.], Vormundschaft.

Kurator [lat., zu cura „Fürsorge, Pflege"], nach östr. Recht der vom Gericht bestellte gesetzl. Vertreter einer phys. oder jurist. Person (↑ Pflegschaft).

◆ Amtsbez. des leitenden Verwaltungsbeamten an den ehem. preuß. Univ. Göttingen, Kiel und Münster.

Kuratorium [lat.], Aufsichtsgremium, z. B. einer öffentl. Körperschaft, Anstalt, Stiftung.

Kuratorium „Unteilbares Deutschland", am 17. Juni 1954 in Bad Neuenahr gegr. „Volksbewegung für die Wiedervereinigung Deutschlands"; Sitz: Berlin (West).

Kurbel [letzl. zu lat. curvus „gekrümmt"], einarmiger, an einem Ende mit einer Welle fest verbundener Hebel, mit dem man bei Krafteinwirkung an seinem anderen Ende **(Kurbelarm)** die Welle in Drehung versetzen kann.

Kurbelgetriebe ↑ Getriebe.

Kurbelwelle, mit einer oder mehreren Kröpfungen versehene Welle; die exzentr. zum Wellenzapfen liegenden **Kurbelzapfen** übertragen über die *Kurbelwangen* die auf

Kurbelwelle. Fünffach gelagerte Kurbelwelle eines Vierzylindermotors

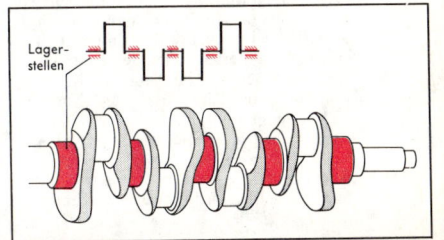

Kurbette

die Kröpfung einwirkende, schwingende Bewegung eines Gestänges (meist einer Pleuelstange) auf die Welle und wandelt so eine oszillierende in eine rotierende Bewegung um und umgekehrt.

Kurbette (Courbette) [frz.], Sprung der ↑ Hohen Schule, Ausführung von mehreren Sprüngen auf der Hinterhand.

Kürbis [lat.], (Cucurbita) Gatt. der Kürbisgewächse mit rd. 25 Arten; liegende oder kletternde Kräuter mit Blattranken, großen, gelben Blüten und fleischigen, oft sehr großen, in Form und Farbe verschiedenen Beerenfrüchten. Bekannte Arten sind: **Speisekürbis** (Garten-K., Cucurbita pepo) mit kriechendem, kantigem Stengel, 15–30 cm langen, fünflappigen Blättern und einzelnstehenden, großen, gelben bis orangefarbenen Blüten; Stengel, Blattstiele und unterseitige Blattnerven borstig behaart. Die unreifen Früchte werden (als Gemüse gekocht) gegessen. **Riesenkürbis** (Zentner-K., Cucurbita maxima) mit über 4 m langen Stengeln; Frucht meist sehr groß, 60–100 kg schwer; wird u. a. zur Herstellung von Kompott und Marmelade verwendet.

♦ ↑ Flaschenkürbis.

Kürbisgewächse (Gurkengewächse, Cucurbitaceae), Pflanzenfam. der Zweikeimblättrigen mit rd. 100 Gatt. und rd. 850 Arten; bekannte Gatt. sind ↑ Kürbis, ↑ Schwammgurke und ↑ Cucumis.

Kurden, Volk mit iran. Sprache in Vorderasien. Die K. leben als Ackerbauern und Halbnomaden im unzugängl. Bergland zw. Taurus, Sagrosgebirge und Großem Kaukasus. Schätzungen über die Zahl der K. schwanken zwischen 8 und 30 Millionen. Sie bilden Minderheiten in fünf Staaten: Knapp die Hälfte der K. lebt im O der Türkei, etwa ein Viertel in Iran, und rd. 20% in Irak, weitere in Syrien und in der Sowjetunion. In Iran liegt Kermanschah, die größte kurd. Stadt. Dez. 1945 bis Dez. 1946 bestand auf iran. Gebiet unter sowjet. Besatzung der K.staat „VR von Mahabad" unter Ghasi Muhammad. Nach krieger. Auseinandersetzungen 1961–70 (unter dem K.führer Mulla Mustafa Al Barsani) behaupteten die K. in Irak zunächst eine gewisse Autonomie unter dem Schutz eigener Truppen. Der Anfang 1974 von der irak. Reg. vorgelegte Autonomiestatus stieß bei den K. auf Widerstand. Nachdem im März 1974 die Autonomie von seiten der Reg. ohne Anerkennung durch die K. verkündet worden war, kam es zu einem erneuten erbitterten Krieg der K. gegen die Reg., in dessen Verlauf Tausende K. in den Iran und in die Türkei flüchteten. Nach Abschluß eines iran.-irak. Abkommens über den Grenzverlauf im Gebiet des Schatt Al Arab stellte die irak. Reg. den in Irak lebenden K. ein zum 1. April 1975 befristetes Ultimatum: Sie sollten sich entweder für immer in den Iran begeben oder ihren Widerstand gegen die irak. Streitkräfte aufgeben. Die große Mehrheit der K. entschied sich für eine dieser beiden Möglichkeiten; ein kleiner Teil führte den Kampf gegen die irak. Streitkräfte weiter, der Ende der 1970er Jahre auch auf Syrien, Iran und die Türkei übergriff.

📖 *Schlumberger, H.: Durchs freie Kurdistan. Erlebnisse in einem vertrauten Land.* Gütersloh 1980. - *Hauser, H.: Die K.* Mchn. 1980. - *Roth, J., u. a.: Geographie der Unterdrückten. Die K.* Rbk. 1978.

Kurdisch, westiran. Sprache der Kurden mit vielen Dialekten; Hauptdialektgruppen: Nordwest-K. (u. a. Kurmandschi), Zentral-K. (u. a. Mukri), Südost-K.; die ältesten literar. Werke reichen bis ins 11./12. Jh. zurück; geschrieben wird K. heute in verschiedenen Schriften (arab., kyrill., lat.).

Kurdistan, Bergland in Vorderasien, in dem die Kurden leben, Grenzen sind nicht definiert.

Kurella, Alfred, * Brieg 2. Mai 1895, † Berlin (Ost) 12. Juni 1975, dt. Schriftsteller und Politiker. - 1919–24 Sekretär der Kommunist. Jugendinternationale; 1934–54 Schriftsteller und Redakteur in der UdSSR; lebte seit 1954 in der DDR; seit 1958 Mgl. des ZK der SED, 1958–63 Kandidat des Politbüros; hatte maßgebl. Einfluß auf die Kulturpolitik der DDR; verfaßte u. a. „Ich lebe in Moskau" (1947), „Unterwegs zu Lenin" (1967).

Kuren, westfinn. Stamm, ↑ Kurland.

Kürenberg, Joachim von, eigtl. Eduard Joachim von Reichel, * Königsberg (Pr) 21. Sept. 1892, † Meran 3. Nov. 1954, dt. Schriftsteller. - Schrieb histor.-biograph. Romane, Abenteuererzählungen, Dramen, Ballettdichtungen, Essays. - *Werke:* Mord in Tirol (Dr., 1930), Krupp, Kampf um Stahl (R., 1935), Der blaue Diamant (Nov., 1938), Katharina Schratt (R., 1941).

Kürenberg, der von (der Kürenberger), mittelhochdt. Lyriker Mitte des 12. Jh. - In der Großen Heidelberger Liederhandschrift sind unter diesem Namen 15 Strophen überliefert. Der Dichter wird als ältester Vertreter des sog. donauländ. Minnesangs einem östr. Rittergeschlecht zugewiesen. Schrieb von stilisierte Liebesdichtung, in der sich Mann und Frau (auch als Werbende) gleichberechtigt gegenüberstehen.

Kureten, in der griech. Mythologie den Korybanten verwandte Fruchtbarkeitsdämonen und Kultdiener der Göttermutter Rhea-Kybele (↑ Kybele).

Kürettage [...'ta:ʒə; frz.; zu lat. curare „pflegen"] (Kürettement, Curettage, Curettement, Abrasion) ↑ Ausschabung.

Kurfürsten [zu althochdt. kuri „Wahl"] (lat. electores), im Hl. Röm. Reich die seit dem Ende des 12. Jh. die Wahl des Röm. Königs entscheidenden Fürsten. In älterer Zeit konnten alle Freien, dann alle Reichsfür-

sten den König wählen. Seit dem stauf.-welf. Thronstreit 1198 mußten die Erzbischöfe von Mainz, Köln und Trier sowie der Pfalzgraf bei Rhein an einer gültigen Wahl beteiligt sein. Der „Sachsenspiegel" (um 1224–31) zählt zwei weitere K. als „Vorwähler" oder „Erstkieser" auf (den Hzg. von Sachsen und den Markgrafen von Brandenburg). Mit der Doppelwahl von 1257 traten zum ersten Mal die sieben K. (einschließl. des vom „Sachsenspiegel" abgelehnten Königs von Böhmen) als alleinige Wähler auf. Bei der Wahl Rudolfs von Habsburg (1273) war das **Kurfürstenkollegium** (Kurkollegium) ein geschlossener Wahlkörper. Seine Entstehung - vom „Sachsenspiegel" aus dem Besitz der Erzämter erklärt - ist also letztl. ein Ergebnis des Interregnums (Verhinderung der erbl. Thronfolge, Erwerb von Reichsgut und wichtigen Reichsrechten durch die K.). Die K. wurden häufig zu Gegenspielern des Königtums. - Zur Gültigkeit der Wahl mußten mindestens vier K. beteiligt sein. Die Mehrheitswahl wurde zuerst im ↑ Kurverein von Rhense (1338) für rechtmäßig erklärt und 1356 in der ↑ Goldenen Bulle als Reichsgrundgesetz festgelegt, die auch die Beratung von Reichsangelegenheiten durch die K. auf K.tagen (Kurvereinen) verbriefte. Im 15. Jh. wurde das K.kollegium zur 1., vom Reichsfürstenrat getrennten Kurie des Reichstags. Die böhm. Kurwürde ruhte 1519–1708 mit Ausnahme der Beteiligung an der Königswahl; die Kur des geächteten Pfalzgrafen bei Rhein wurde 1623 Bayern übertragen, der Pfalz aber 1648 eine achte Kurwürde zugestanden, Braunschweig-Lüneburg (Hannover) hatte seit 1692 eine neunte (1708 vom Reichstag bestätigt), nach der Vereinigung Bayerns mit der Kurpfalz 1777 die achte Kurwürde inne (seit 1778). 1803 wurden die Kurstimmen von Trier und Köln aufgehoben, die Pfalz Kur auf Regensburg-Aschaffenburg übertragen. Neugeschaffen wurden die K.tümer Salzburg (1805 auf Würzburg übertragen), Württemberg, Baden und Hessen-Kassel. Am Ende des Hl. Röm. Reiches gab es 10 Kurfürsten.
📖 *Reuling, K.: Die Kur in Deutschland u. Frankr. Gött. 1979. - Castorph, B.: Die Ausbildung des röm. Königswahlrechts. Gött. 1978. - Becker, W.: Der K.rat. Münster (Westf.) 1973. - Lintzel, M.: Die Entstehung des K.kollegs. Bln. 1952. Nachdr. Darmst. 1967.*

Kurfürstendamm (Ku'damm), etwa 3,5 km langer Berliner Boulevard; urspr. ein im 16. Jh. angelegter Dammweg zum kurfürstl. Jagdschloß im Grunewald, 1881 ausgebaut (53 m breit).

Kurgan, sowjet. Gebietshauptstadt in der RSFSR, im S des Westsibir. Tieflands, 339 000 E. Maschinenbau-, landw. Hochschule, PH; Museum; Omnibusfabrik, Maschinenbau u. a. Ind.; Bahnknotenpunkt an der Transsib., 🕮. - Mitte des 17. Jh. gegr., seit 1782 Stadt.

Kurgane [türk.-russ.], Bez. für Grabhügel unterschiedl. Datierung in O-Europa.

Kurhessen, 1803–66 Bez. für die frühere Landgft. *Hessen-Kassel* († Hessen, Geschichte).

Kuriale [lat.], geistl. und weltl. Beamte der päpstl. ↑ Kurie.

Kuria-Muria-Inseln, Gruppe von fünf Inseln im Arab. Meer, vor der südl. Küste von Oman, zu dem sie gehören. - Die Inseln wurden †854 vom Sultan von Oman an Großbrit. abgetreten; seitdem als Teil der Kolonie Aden verwaltet; 1967 an Oman zurückgegeben.

Kuriatstimme [lat./dt.], die Stimme in einem Kollegium (Kurie), die von einem Stimmberechtigten nur mit anderen zus. als *Gesamtstimme* abgegeben werden kann. Im engeren Rat der Bundesversammlung des Dt. Bundes waren die Kleinstaaten zu 6 K. vereinigt.

Kurie [ˈkuːriə] (lat. curia), älteste Einteilungsform der röm. Bürgerschaft (insgesamt 30 K.); später auch Bez. für das Sitzungslokal des Senats.
◆ im Hl. Röm. Reich die auf Reichstagen und Landtagen getrennt beratenden Vertreter der Reichs- bzw. Landstände.
◆ (röm. K., Curia Romana) seit dem Ende des 11. Jh. Bez. für die Gesamtheit der in der Leitung der röm.-kath. Kirche tätigen Organe des Apostol. Stuhls in Rom. - Nach der Kurienreform von 1967 gehören zur K.: 1. das Päpstl. Sekretariat (Staatssekretariat) unter der Leitung des Kardinalstaatssekretärs; 2. der Rat für die öffentl. Angelegenheiten der Kirche, in Personalunion vom Kardinalstaatssekretär geleitet; 3. die ↑ Kurienkongregationen; 4. die Ständigen Sekretariate: a) für die Förderung der Einheit der Christen, b) für die Nichtchristen, c) für die Nichtglaubenden; 5. der Rat für die Laien (Laienrat) für Fragen des Apostolats der Laien und für die Päpstl. Studienkommission „Justitia et Pax"; 6. die Apostol. Signatur und die röm. ↑ Rota als oberste Gerichtshöfe; 7. die ↑ Pönitentiarie; 8. die Ämter, rein monokrat. verfaßte Verwaltungsbehörden: a) die Präfektur für die wirtschaftl. Angelegenheiten des Apostol. Stuhls, b) die Apostol. Kammer, c) die Vermögensverwaltung des Apostol. Stuhls, d) die Präfektur des Apostol. Palastes, e) das Statist. Amt; 9. verschiedene ständige Kommissionen. - Der Beamtenstab setzt sich aus Kardinälen (**Kurienkardinäle**), hohen und niederen Beamten zusammen. Nach der Kurienreform wurde 1968 auch eine Reform des päpstl. Hofstaats durchgeführt, der seither Päpstl. Haus genannt wird, geleitet vom Präfekten des Apostolischen Palastes.

Kurienkongregationen (früher: Kardinalskongregationen), Behörden der röm. ↑ Kurie, zuständig für die ganze röm.-kath. Kirche. Erste ständige Kongregation war die

Kurienkongregationen

1542 von Papst Paul III. gebildete „Congregatio Romanae et Universalis Inquisitionis" (später kurz „Sanctum Officium" [„Hl. Offizium"] genannt). Papst Sixtus V. führte 1588 ein aus 15 Kongregationen bestehendes System ein und schuf damit einen neuen Behördentyp der röm. Kurie. Papst Paul VI. veränderte die Struktur der K. dadurch, daß jeder K. außer den Kardinälen in der Regel 7 Diözesanbischöfe angehören und der Papst seit 1967 in keiner der K. mehr den Vorsitz führt. Die K. sind in Ämter („officia") gegliedert. Heute bestehen folgende K.: **Kongregation für die Glaubenslehre**, oberste Behörde zum Schutz und zur Förderung des Glaubens und der Sitte; 2. **für die Ostkirchen**, zuständig für alle unierten Ostkirchen; 3. **für die Bischöfe**, zuständig für alle Fragen des bischöfl. Dienstes; 4. **für die Disziplin der Sakramente**, zuständig für die disziplinären Fragen des

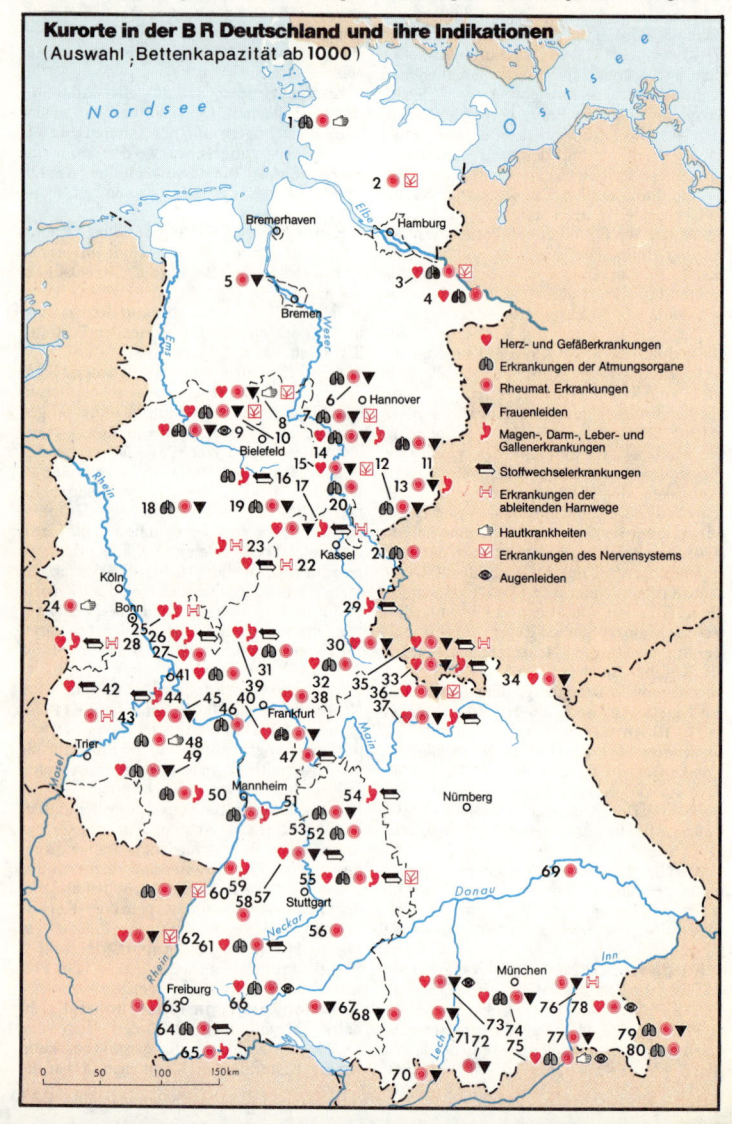

Sakramentenwesens; 5. **für den Gottesdienst** *(Kultuskongregation)*, 1969 durch Teilung der Ritenkongregation gebildet; 6. **für die Heiligsprechungen,** 1969 durch Teilung der Ritenkongregation gebildet; 7. **für den Klerus;** 8. **für die Ordensleute und Säkularinstitute,** zuständig für alle Fragen des klösterl. Lebens und der Säkularinstitute; 9. **für das kath. Bildungswesen** (früher: Studienkongregation); 10. **für die Evangelisation der Völker oder für die Glaubensverbreitung** (früher: Propagandakongregation), zuständig für das kirchl. Missionswesen.

Kurier [italien.-frz., zu lat. currere „laufen"], nach Völkerrecht jemand, der als Angehöriger des diplomat. Dienstes vertraul. Nachrichten an die im Ausland residierenden diplomat. Vertreter zu überbringen und/oder umgekehrt deren Nachrichten in den Heimatstaat zu befördern hat. Der K. ist während der K.reise von jeder Zwangsmaßnahme (Verhaftung, Durchsuchung u. a.) ausgenommen; ob die K.sendung selbst durchsucht werden kann, ist in der Staatenpraxis strittig.

Kurilen, etwa 1 200 km langer Inselbogen zw. der Halbinsel Kamtschatka und der jap. Insel Hokkaido, trennt das Ochotskische Meer vom offenen Pazifik, gehört zum sowjet. Gebiet Sachalin. Der größte Teil der 30 größeren und zahlr. kleineren Inseln ist aus vulkan. Gestein aufgebaut. Von etwa 100 Vulkanen sind noch 38 tätig, darunter der Alaid auf der Insel Atlassowa, mit 2 339 m höchste Erhebung der Inselgruppe. Erdbeben sind häufig, Seebeben lösen Wasserwellen bis 50 m Höhe aus. Der Winter ist kalt und stürmisch, der Sommer kühl und feucht, das ganze Jahr über ist es neblig. Die Bev. lebt v. a. von Fischfang und -verarbeitung. - Seit dem 18. Jh. russ., 1875 jap.; seit 1945 sowjet.; Japan verzichtete auf die K. im Friedensvertrag von San Francisco 1951, den die Sowjetunion nicht unterzeichnete. Seit den 1960er Jahren fordert Japan die Rückgabe der 2 südlichsten Inseln Iturup (jap. Etorofu) und Kunaschir (jap. Kunaschiri), während die Sowjetunion die jap. Ansprüche auf diese sog. Nordinseln grundsätzl. zurückweist.

Kurilen-Kamtschatka-Graben, Tiefseegraben im nw. Pazifik, verläuft östl. der Kurilen, in der Witjastiefe IV 10 542 m tief.

Kurion (lat. Curium), antike Stadt an der S-Küste Zyperns, 15 km westl. von Limassol. Besiedlung seit der frühen Bronzezeit; bed. Reste v. a. aus röm. Zeit, u. a. ein Stadion (2. Jh. n. Chr.; 1939 und 1947 freigelegt) und ein Theater (vermutl. im 2. Jh. v. Chr. erbaut, im 2. Jh. n. Chr. zur jetzigen Form erweitert; 1949/50 freigelegt; vollständig wiederhergestellt) sowie eine frühchristl. Basilika (5. Jh.).

kurios [lat.], neugierig; seltsam; spaßig; **Kuriosum,** kuriose Angelegenheit; **Kuriosität,** Merkwürdigkeit, [seltsame] Sehenswürdigkeit oder Erscheinung.

Kurisches Haff, Haff im Gebiet der Memelmündung, vor der ostpreuß. und litau. Küste, von der Ostsee durch die 96 km lange, 0,4–4 km breite **Kurische Nehrung** getrennt; schmaler Ausgang (**Memeler Tief**) zur Ostsee bei der litau. Hafenstadt Memel.

Kurkumin [arab.] (Curcumin, Kurkumagelb), aus der †Gelbwurzel gewonnener, gelber Farbstoff, der als chem. Indikator verwendet wird. Ein mit K. getränktes Papier *(Kurkumapapier)* färbt sich bei Befeuchten mit Alkalien braunrot. K. ist zur Lebensmittelfärbung geeignet und wurde früher zur Färbung von Baumwolle, Seide, Papier, Holz und in der Lackherstellung verwendet.

Kurland (lett. Kurzeme), histor. Landschaft in der Lett. SSR, UdSSR, westl. der Düna, zw. Ostsee, Rigaischem Meerbusen und der Nordgrenze der Litauischen SSR. K. verdankt seinen Namen den westfinn. Kuren, die 1267 vom Dt. Orden unterworfen wurden, und war der einzige Teil der balt. Lande, der eine

---

Linke Seite: Kurorte.
1 Sankt Peter-Ording; 2 Bad Bramstedt; 3 Lüneburg; 4 Bad Bevensen; 5 Bad Zwischenahn;
6 Bad Nenndorf; 7 Bad Eilsen; 8 Bad Oeynhausen; 9 Bad Rothenfelde; 10 Bad Salzuflen;
11 Bad Harzburg; 12 Bad Gandersheim; 13 Bad Grund (Harz); 14 Bad Pyrmont;
15 Bad Meinberg; 16 Bad Lippspringe; 17 Bad Driburg; 18 Wanne-Eickel;
19 Bad Sassendorf; 20 Bad Karlshafen; 21 Bad Sooden-Allendorf; 22 Bad Wildungen;
23 Bruchhausen; 24 Aachen; 25 Bad Godesberg; 26 Bad Honnef; 27 Bad Hönningen;
28 Bad Neuenahr; 29 Bad Hersfeld; 30 Bad Salzschlirf; 31 Bad Nauheim;
32 Bad Soden-Salmünster; 33 Bad Neustadt a. d. Saale; 34 Bad Steben; 35 Bad Brückenau;
36 Bad Bocklet; 37 Bad Kissingen; 38 Bad Orb; 39 Bad Homburg v. d. Höhe;
40 Bad Soden am Taunus; 41 Bad Ems; 42 Daun; 43 Traben-Trarbach; 44 Bad Salzig;
45 Bad Schwalbach; 46 Wiesbaden; 47 Bad König; 48 Bad Kreuznach;
49 Bad Münster am Stein; 50 Bad Dürkheim; 51 Eberbach; 52 Bad Wimpfen;
53 Bad Rappenau; 54 Bad Mergentheim; 55 Stuttgart-Bad Cannstatt; 56 Bad Urach;
57 Bad Liebenzell; 58 Wildbad; 59 Bad Herrenalb; 60 Baden-Baden;
61 Bad Rippoldsau-Schapbach; 62 Bad Peterstal-Griesbach; 63 Bad Krozingen;
64 Badenweiler; 65 Bad Säckingen; 66 Bad Dürrheim; 67 Bad Waldsee; 68 Bad Wurzach;
69 Bad Abbach; 70 Hindelang-Bad Oberdorf; 71 Bad Kohlgrub; 72 Murnau;
73 Bad Heilbrunn; 74 Bad Tölz; 75 Bad Wiessee; 76 Bad Aibling; 77 Bad Feilnbach;
78 Endorf i. OB; 79 Bad Reichenhall; 80 Berchtesgaden

Kurlande

eigene staatl. Form erhielt, als 1561 der staatl. Zusammenhalt ↑Livlands verlorenging. Das neue Hzt. umfaßte das westl. und südl. der Düna gelegene Ordensgebiet, d. h. das eigtl. K. mit Goldingen und Tuckum, ↑Semgallen mit Mitau und Selburg, nicht aber das in drei Teile zerrissene Stiftsgebiet (das sog. Stift Pilten) des ehem. **Bistums Kurland.** Dessen letzter Bischof hatte es 1559 Dänemark überlassen, von dem es Polen 1585 erwarb. Durch die Kurländ. Statuten von 1617 wurde K. eine Adelsrep. mit fürstl. Spitze. Nach der russ. Eroberung Estlands und Livlands geriet K. unter russ. Einfluß, bis zur völligen Unterwerfung K.s unter russ. Herrschaft nach der 3. Poln. Teilung (1795). 1801 wurden K., Livland und Estland in einem Generalgouvernement vereinigt; 1920 wurde K. Teil Lettlands.

Kurlande, Reichslehnsgebiete der Kurfürsten, mit denen die Kurwürde verbunden war (z. B. Kurmark); nach der Goldenen Bulle unteilbar und (sofern weltl.) nur nach dem Recht der Erstgeburt vererbbar.

Kurlaub [Kw. aus **Kur** und **Urlaub**], mit einer Kur verbundener Ferienaufenthalt.

Kurmark, 1356–1806 Bez. für das Kurland der Mark Brandenburg; ging 1815 in der preuß. Prov. Brandenburg auf.

Kürnberger, Ferdinand, * Wien 3. Juli 1821, † München 14. Okt. 1879, östr. Schriftsteller. - Floh wegen liberaler Anschauungen 1848 nach Deutschland, dort wegen Teilnahme am Aufstand in Dresden zu Festungshaft verurteilt, lebte ab 1864 wieder in Österreich. Schrieb geistreiche, oft satir. Feuilletons und Kritiken sowie Romane, Novellen und Dramen. Bekannt wurde sein Schlüsselroman um N. Lenau „Der Amerika-Müde" (1855).

Kurol ↑Racken.

Kurort, Ort, der sich durch bes. bioklimat. Verhältnisse *(Luft-K., heilklimat. K.),* durch das Vorkommen natürl. Heilquellen *(Heilbad),* durch bes. Heilweisen (z. B. *Kneipp-K.)* o. a. Heilanzeigen ausgezeichnet und über entsprechende Einrichtungen zur Betreuung der Kurgäste verfügt. - Karte S. 284.

Kuros (Koros) [griech. „Knabe, Jüngling"], Bez. für: nackte Jünglingsstatue der griech. archaischen Kunst; früher fälschlicherweise als Apollondarstellung angesehen (z. B. sog. „Apoll von Tenea", um 550 v. Chr.; München, Glyptothek). - Abb. Bd. 9, S. 6.

Kurosawa, Akira, * Tokio 23. März 1910, jap. Filmregisseur und Produzent. - Erreichte 1950 mit „Rashomon" als einer der ersten jap. Filmregisseure internat. Ruhm. Weitere Filme: „Die sieben Samurai" (1953), „Nachtasyl" (1957), „Uzala, der Kirgise" (1975), „Kagemusha" (1980), „Ran" (1985).

Kuroschio, warmer, nach NO fließender Meeresstrom im westl. Pazifik, entsteht etwa im Gebiet zw. Luzon und Taiwan, strömt entlang den Küsten von Schikoku und Hondo bis etwa 36° n. Br., wo er nach O umbiegt.

Kurpfalz ↑Pfalz.

Kurrende [zu lat. currere „laufen"], urspr. an prot. Schulen bestehender Chor aus bedürftigen Schülern, der in Straßen gegen Gaben geistl. Lieder sang. Im 19. und 20. Jh. häufige Benennung für ev. Jugendchöre.

Kurrentschrift [lat./dt.], Schreibschrift, bei der die einzelnen Buchstaben nach rechts geneigt und miteinander verbunden sind.

Kurrheinischer Reichskreis, ↑Reichskreise.

Kurrol-Salz, asbestähnl. aussehendes, hochpolymeres Natriummetaphosphat, $(NaPO_3)_n$; kristalline Form des ↑Graham-Salzes (daraus durch Erhitzen gewonnen).

Kurs [zu lat. cursus „Lauf"], gemeinsprachl. svw. [Fahrt]richtung, Weg, Route; in der *Navigation* Bez. für den (im Uhrzeigersinn gerechneten) Winkel, den die Längsachse eines Luft- oder Seefahrzeugs mit der N-Richtung bildet.

♦ jeweils ein halbes Jahr lang laufende Unterrichtseinheit in der gymnasialen Oberstufe und in der Sekundarstufe der Gesamtschulen; die Schüler wählen unter den angebotenen K. im Rahmen von Pflicht- und Wahlbereichen (↑auch Grundkurs) bzw. werden in den z. T. gewählten Fächern in die nach Schwierigkeitsgraden differenzierten K. (A, B oder C) der Gesamtschule eingeteilt.

♦ Lehrgang, z. B. an einer Volkshochschule.

♦ der Marktpreis von Wertpapieren, Devisen und fungiblen (vertretbaren) Waren. Im allg. wird der K. an der ↑Börse festgestellt. Der jeweilige K. wird durch das im Augenblick der K.bildung bestehende Verhältnis von Angebot und Nachfrage bestimmt.

Kursachsen ↑Sachsen (Geschichte).

Kursanzeiger, svw. ↑Kurskreisel.

Kursbuch ↑Fahrplan.

Kürsch [slaw.] ↑Wappenkunde.

Kürschner, Joseph, * Gotha 20. Sept. 1853, † Windischmatrei (= Matrei in Osttirol) 29. Juli 1902, dt. Lexikograph. - Begründer der Sammlung krit. Dichterausgaben „K. Dt. Nat.-Literatur" (220 Bde., 1882–99); übernahm 1882 die Leitung des „Allg. Dt. Literatur-Kalenders" (heute „K.s Dt. Literatur-Kalender"). - Den Namen K. führen heute verschiedene biograph. Nachschlagewerke, u. a. seit 1925 „K.s Dt. Gelehrten-Kalender".

Kürschner [slaw.], Beruf der Pelzbekleidungsindustrie.

Kursgewinn, Differenz zwischen dem niedrigeren Ankaufs- und dem Verkaufskurs abzügl. aller Spesen und Kosten (Ggs. **Kursverlust).**

kursieren [lat.], umlaufen, im Umlauf oder gängig sein (z. B. von Gerüchten oder Schlagworten gesagt).

Kursive [zu mittellat. cursiva littera „laufende Schrift"], Bez. für eine nach rechts geneigte Druckschrift, die zu vielen Antiquaschriften hergestellt wird.

Kursk, sowjet. Gebietshauptstadt in der RSFSR, auf der Mittelruss. Platte, 413 000 E. Vier Hochschulen, Gemäldegalerie, Museum; zwei Theater; Stahl- und Chemiekombinat; Bahnknotenpunkt, ♘. - Erstmals 1095 erwähnt (gegr. wahrscheinl. im 9./10. Jh.); 1240 durch Tataren zerstört; seit 1586 Neuanlage der Stadt als Festung gegen die Krimtataren; im 2. Weltkrieg im Febr. 1943 sehr stark zerstört. - K. wurde neu aufgebaut. Eines der wenigen erhaltenen Baudenkmäler ist die barocke Kathedrale (um 1750).

Kursker Magnetanomalie, größte Magnetanomalie der Erde, im Bereich der Mittelruss. Platte, erstreckt sich über ein Gebiet von rd. 120 000 km², enthält neben hochwertigen Eisenerzen auch Bauxit und Kupfer-Nickel-Erze.

Kurskreisel (Kursanzeiger), Flugnavigationsinstrument zur Anzeige des Kurses gegenüber der N-Richtung; im Ggs. zum Magnetkompaß störungsfrei gegenüber Beschleunigungskräften und unabhängig von magnet. Störfeldern. Der K. besteht aus einem kardan. aufgehängten Kreisel mit horizontaler Rotationsachse, dessen Kardanrahmen eine Kursrose trägt. Da die Kreiselachse unabhängig von der Drehung des Flugzeugs um die Hochachse ihre Lage beibehält, ist der jeweilige Kurs an der Kursrose ablesbar.

kursorisch [lat.], fortlaufend, nicht unterbrochen, rasch.

Kurspflege (Kursregulierung), Käufe und Verkäufe von Wertpapieren zum Ausgleich größerer Kursschwankungen an der Börse. K. wird in der Regel von der die Wertpapiere emittierenden Bank oder Bankengruppe vorgenommen.

Kursrechnung, svw. Koppelrechnung († Navigation).

Kursregulierung, svw. † Kurspflege.

Kursstützung, † Kurspflege mit dem Ziel, den Börsenkurs eines Wertpapiers steigen zu lassen bzw. auf einem bestimmten Niveau zu halten.

Kursverlust † Kursgewinn.

Kurswagen, Reisezugwagen im Eisenbahnverkehr, der auf dem Weg vom Ausgangsbahnhof zum Bestimmungsbahnhof verschiedenenen Zügen angehängt wird.

Kurswert, Bez. für den sich auf Grund des Börsenkurses ergebenden Wert eines Wertpapiers.

Kurt (Curd, Curt), alter dt. männl. Vorname (zu † Konrad).

Kurtaxe, öffentl.-rechtl. Abgabe eigener Art zur Finanzierung von Kureinrichtungen in Kur-, Bade- und Fremdenverkehrsgemeinden, die ortsfremde Kurgäste zu leisten haben.

Kurth, Ernst, * Wien 1. Juni 1886, † Bern 2. Aug. 1946, schweizer. Musikforscher öster. Herkunft. - Seit 1920 Prof. in Bern; schrieb u. a. „Grundlagen des linearen Kontrapunkts ..." (1917), „Romant. Harmonik ..." (1920), „A. Bruckner" (1925), „Musikpsychologie" (1930).

Kurtisane [italien.-frz., zu lat.-italien. corte „(Fürsten)hof"], Geliebte eines Adligen.

Kurtschatovium [nach I. W. Kurtschatow], chem. Symbol Ku, von amerikan. Forschern vorgeschlagener Name **Rutherfordium** (Rf), 1964 in der UdSSR entdecktes Transuran der Ordnungszahl 104. Es ist chem. mit den Elementen Hafnium, Zirkonium und Titan verwandt. Von dem künstl. erzeugten Element wurde das Isotop der Masse 260 durch Beschuß von Atomkernen des Plutoniumisotops ^{242}Pu mit hochenerget. ^{22}Ne-Ionen hergestellt. Seine Halbwertszeit beträgt 0,35 s. Das K. ist das erste Transactinoid.

Kurtschatow, Igor Wassiljewitsch, * Sim (Gebiet Tscheljabinsk) 12. Jan. 1903, † Moskau 7. Febr. 1960, sowjet. Physiker. - K. entdeckte (mit Mitarbeitern) 1935 die Kernisomerie künstl. radioaktiver Elemente. 1938–43 leitete er das Laboratorium am physikal.-techn. Inst. in Leningrad, danach die gesamte kernphysikal. Forschung der UdSSR in Moskau.

Kurtz, Hermann † Kurz, Hermann.

Kurukh, drawid. Sprache, † Oraon.

kurulischer Stuhl [lat./dt.] (lat. sella curulis), im antiken Rom der Amtssessel für die Inhaber eines **kurulischen Amtes:** Konsul, Prätor, Zensor, kurul. Ädil; in Form eines Klappstuhles ohne Rücken und Seitenlehnen.

Kurumba, dunkelhäutiger weddider, eine drawid. Sprache sprechender Volksstamm in S-Indien.

Kuruş [türk. ku'ruʃ], der türk. Piaster; seit 1933 = $^{1}/_{100}$ Türk. Pfund.

Kurutzen (ungar. kuruczok), Bez. 1. für rebellierende ungar. Bauern im 16. Jh., 2. für die ungar. Aufständischen im 17./18. Jh. gegen die habsburg. Herrschaft.

Kurvatur [lat.], leichte, geringfügige Krümmung des Stufenbaus und des Gebälks beim klass. griech. Tempel.
♦ (Curvatura) in der *Anatomie:* Krümmung, gekrümmter Teil eines Organs (v. a. des Magens).

Kurve [zu lat. curva linea „krumme Linie"], in geometr. Gebilde der Form oder des Raumes, das man sich durch Verbiegung einer Geraden entstanden denken kann. Eine K., deren Punkte alle in einer Ebene liegen, bezeichnet man als *ebene K.* (z. B. Gerade, Parabel, Ellipse), anderenfalls spricht man von einer *Raum-K.* (z. B. Schraubenlinie). Als *K. zweiter Ordnung* bezeichnet man die Gesamtheit der Punkte in der Ebene, deren Koordinaten x, y einer allg. Gleichung zweiten Grades

$$ax^2 + 2bxy + cy^2 + 2dx + 2ey + f = 0$$

genügen, wobei a, b, c, d, e, f beliebige reelle Zahlen sind und mindestens eine der Größen a, b, c von Null verschieden ist.

♦ gekrümmte Führung eines Verkehrswegs,

Kurvengetriebe

meist in Form von Kreisbögen oder sog. Übergangsbögen.

Kurvengetriebe ↑ Getriebe.

Kurvenlineal, mathemat. Zeichengerät, mit dessen Hilfe punktweise konstruierte Kurven nachgezogen werden können.

Kurvenschar, Bez. für eine Menge von Kurven der Ebene, für die eine Darstellung durch eine Funktion F(x, y, c) der Koordinaten x, y und eines frei wählbaren Parameters c, des *Scharparameters*, mögl. ist, wobei jedem Wert des Parameters c eine Kurve *(Scharkurve)* und jeder Kurve ein Wert des Parameters c entspricht.

Kurvenschreiber, elektr. Meßgerätbauteil mit einer Schreibeinrichtung für Meßgrößen, deren zeitl. Verlauf festgehalten werden soll. Die Meßwerte können als fortlaufende Kurvenzüge (**Linienschreiber**) oder als Farbpunkte aufgezeichnet werden, die sich zu einem Kurvenzug aneinanderreihen lassen (**Punktschreiber**). - Abb. S. 289.

◆ (Plotter) Zusatzgerät einer elektron. Datenverarbeitungsanlage, das das jeweilige Ergebnis in Form einer graph. Darstellung sichtbar macht.

Kurverein (Kurfürstentag) ↑ Kurfürsten.

Kurverein von Rhense, der Zusammenschluß der Kurfürsten (ohne Böhmen) am 16. Juli 1338 in Rhense (= Rhens, Kr. Mayen-Koblenz) zur Verteidigung des Reichsrechts und ihrer Kurrechte bes. gegen päpstl. Ansprüche. Die Kurfürsten setzten in einem Rechtsspruch fest, daß der von ihnen oder ihrer Mehrheit zum Röm. König Gewählte nicht der päpstl. Anerkennung bedürfe.

Kurylowicz, Jerzy [poln. kuri'ɥovitʃ], * Stanisław (= Iwano-Frankowsk) 26. Aug. 1895, † Krakau 28. Jan. 1978, poln. Sprachwissenschaftler und Indogermanist. - 1928 Prof. in Lemberg, 1946 in Breslau, ab 1948 in Krakau; bed. Untersuchungen v. a. zum Akzent und Ablaut im Indogermanischen und in indogerman. Sprachen.

Kurz, Hermann (bis 1848 Kurtz), * Reutlingen 30. Nov. 1813, † Tübingen 10. Okt. 1873, dt. Schriftsteller. - Vater von Isolde K.; volkstüml. geworden sind seine beiden Romane „Schillers Heimatjahre" (1843) und „Der Sonnenwirt" (1854).

K., Isolde, * Stuttgart 21. Dez. 1853, † Tübingen 5. April 1944, dt. Schriftstellerin. - Tochter von Hermann K.; lebte 1877-1913 in Florenz, 1915-43 in München. Sie schrieb unter dem Einfluß C. F. Meyers und P. Heyses; ausgeprägtes Formgefühl und Liebe zur Renaissance bestimmen ihr Werk, in dem Romantik und Realismus eine Synthese eingehen, u. a. in „Florentiner Novellen" (1890) und in den Romanen „Nächte von Fondi" (1922) und „Vanadis" (1931).

K., Joseph Felix von, * Wien 22. Febr. 1717, † ebd. 20. Febr. 1784, östr. Schauspieler. - Schuf als Vertreter der Wiener Stegreifkomödie die Hanswurstgestalt Bernardon, die er in zahlr. Stücken verkörperte.

Kurzarbeit, Herabsetzung der betriebsübl. Arbeitszeit. Soll mit der Einführung von K. eine Lohnkürzung einhergehen und bestehen keine tarifvertragl. Vereinbarungen für diesen Fall, so muß entweder eine Betriebsvereinbarung mit dem Betriebsrat oder eine entsprechende Vereinbarung mit den Arbeitnehmern getroffen werden oder eine Änderungskündigung erfolgen. Bei dem Arbeitsamt angezeigter K., die auf einem vorübergehenden unvermeidbaren Arbeitsmangel beruht und einen bestimmten Umfang erreicht, wird aus der Arbeitslosenversicherung Kurzarbeitergeld gewährt.

Kürzel, [festgelegtes, kurzschriftl.] Abkürzungszeichen.

kürzen, Zähler und Nenner eines Bruches durch einen ihrer gemeinsamen Teiler dividieren, z. B. $\frac{5}{15} = \frac{1}{3}$ (gekürzt durch 5). Der Wert des Bruches ändert sich dabei nicht.

Kurzfilm, umfangmäßig begrenzter Film (zw. 300 und 1 200 m), der alle Gattungen umfaßt.

Kurzflügler (Kurzflüglerkäfer, Raubkäfer, Staphylinidae), weltweit verbreitete, bes. artenreiche Käferfam. (annähernd 30 000 Arten, davon rd. 1 500 einheim.); sehr kleine bis mittelgroße, schwarze bis buntschillernde, meist gut fliegende und meist räuber. lebende Käfer mit stark verkürzten Flügeldecken und langgestrecktem Hinterleib. - Etwa 2,5 cm lang ist der heim. **Große Kurzflügler** (Staphylinus caesareus).

Kurzform, svw. ↑ Kurzwort.

Kurzgeschichte, Lehnübersetzung des amerikan. Gattungsbegriffs ↑ Short story, mit diesem jedoch nicht deckungsgleich, da im Unterschied zum Amerikan. im Dt. die K. gegen andere Formen der Kurzprosa, insbes. Novelle, Anekdote und Skizze, abzugrenzen ist. Kennzeichen der K. sind u. a. geringer Umfang, gedrängte, bündige Komposition, Verzicht auf Illusion und Rahmen, offener Schluß, Typisierung der Personen, Ausarbeitung des Details und Reduktion auf ein Moment inmitten alltägl. Begebenheiten. Eine Entwicklung von einfachen Anfängen, themat. der Aufarbeitung der Vergangenheit gewidmet (W. Borchert, H. Böll), zur psycholog. (M.-L. Kaschnitz), lyr. (G. Eich), artist. (Ilse Aichinger), phantast.-surrealist. (K. Kusenberg, I. Aichinger, W. Hildesheimer) K. läßt sich feststellen.

Kurzgrassteppe, in N-Amerika v. a. in den Great Plains vorherrschende Trockensteppe mit weitständig stehendem, niedrigwüchsigem harten Büschelgras sowie an trockene Standorte angepaßten Zwerg- und Halbsträuchern.

Kurzhaardackel ↑ Dackel.

Kurzschluß, durch eine schadhaft gewordene Isolation oder durch einen Schaltfehler in elektr. Stromkreisen bzw. Anlagen entstandene, nahezu widerstandslose leitende Verbindung zw. betriebsmäßig unter Spannung stehenden Leitern bzw. einem Leiter und der Erde. Man unterscheidet zw. *einpoligem K.* oder *Erd-K.*, *zwei* und *dreipoligem K.* (bei Drehstromnetzen) sowie *Doppelerdschluß.* Der über die K.stelle fließende *K.strom* kann zu Anfang einen mehrhundertfach über der normalen Betriebsstromstärke liegenden Wert haben und starke Zerstörungen bewirken. In Niederspannungsanlagen sorgen elektr. Sicherungen und Sicherungsautomaten und Schutzschalter, bei großen Leistungen und in Hochspannungsanlagen Leistungsschalter und Schutzrelais für eine rasche und wirksame Abschaltung.

Kurzschlußbremse ↑Bremse.

Kurzschlußhandlung, durch emotionale Impulse ausgelöste Handlung, deren Ablauf der intellektuellen Kontrolle weitgehend entzogen ist.

Kurzschlußleistung, die bei Kurzschluß in einem Stromkreis auftretende Verlustleistung.

Kurzschlußmotor, Elektromotor (Asynchronmotor) mit kurzgeschlossenen Läuferwicklungen.

Kurzschlußspannung, in der Starkstromtechnik Bez. für die an den Eingangsklemmen von Transformatoren anzulegende Spannung, bei der in der kurzgeschlossenen Sekundärwicklung der Nennstrom fließt.

Kurzschrift, svw. ↑Stenographie.

Kurzschulen, urspr. von K. ↑Hahn internat. eingerichtete Heimschulen für Kurzlehrgänge z. B. im See- oder Bergrettungsdienst.

Kurzschwanzaffen (Uakaris, Cacajao), Gatt. seltener, auffallend kurzschwänziger, rd. 50 cm langer Kapuzineraffenartiger mit drei Arten im mittleren S-Amerika; Gesicht nackt, leuchtend scharlachrot oder schwarz.

Kurzschwanzchinchilla ↑Chinchillas.

Kurzschwanzkrebse, svw. ↑Krabben.

Kurzsichtigkeit (Myopie), auf ↑Brechungsfehler beruhende, angeborene oder erworbene Fehlsichtigkeit, bei der die von einem sehr weit entfernten Gegenstand parallel in das Auge einfallenden Strahlen sich bereits vor der Netzhaut vereinigen. Der Abbildungsgegenstand erscheint unscharf auf der Netzhaut. Die Korrektur der K. erfolgt durch konkav geschliffene Brillengläser.

Kurztagpflanzen, Pflanzen, deren Blütenbildung von einem tägl. Licht-Dunkel-Wechsel mit einer bestimmten Höchstdauer der Lichtperiode (12 Stunden oder kürzer) abhängig ist oder gefördert wird. Zu den K. zählen zahlr. in den Tropen beheimatete Pflanzen wie Reis, Hanf, Kartoffel, Baumwolle, verschiedene Tabaksorten und zahlr. Herbstblüher. - Ggs. ↑Langtagpflanzen.

Kurztriebe, pflanzl. Sproßachsenglieder (meist Seitenzweige der Holzgewächse), die

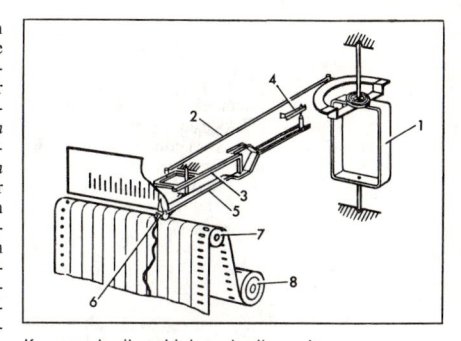

Kurvenschreiber. Linienschreiber mit Drehspulmeßwerk (1 Drehspule, 2 Schubstange, 3 Lenkarm, 4 Führung, 5 Schreibarm, 6 Feder, 7 Stiftwalze, 8 Papiervorratsrolle)

durch frühzeitige Einstellung des Längenwachstums gestaucht bleiben und häufig nur beschränkte Lebensdauer haben. Bei manchen Holzgewächsen ist die Ausbildung von Blattorganen (z. B. Kiefer, Berberitze) oder von Blüten und Früchten (z. B. Kirsche, Birne) auf die K. beschränkt. K. können auch zu Dornen (Weißdorn) oder blattartigen Flachsprossen umgebildet sein. - Ggs. ↑Langtriebe.

Kurzwellen (Dekameterwellen), Abk. KW (internat. Abk. HF), Bez. für elektromagnet. Wellen mit Wellenlängen zw. 10 m und 100 m, d. h. mit Frequenzen zw. 30 MHz und 3 MHz; verwendet im Rundfunk[auslandsdienst], in der Überseetelegrafie und -telefonie, im Seefunk, Flugfunk und im Amateurfunk, da sich durch Ausnutzung ihrer einfach oder mehrfach an der Ionosphäre gespiegelten Raumwelle große Entfernungen überbrücken lassen.

Kurzwellenlupe, Bez. für eine Schaltung zur Feinabstimmung im Kurzwellenbereich von [Rund]funkempfängern.

Kurzwellentherapie (Kurzwellenbestrahlung) ↑Elektrotherapie.

Kurzwort (Kurzform), verkürzte Form eines Wortes, z. B. *Kilo* aus *Kilo*gramm (**Kopfwort**), *Cello* aus Violon*cello* (**Schwanzwort**), *Agfa* aus *A*ctien-*G*esellschaft *f*ür *A*nilin-Fabrikation (**Initialwort**), *Kripo* aus *Kri*minal*po*lizei.

Kurzzeitgedächtnis ↑Gedächtnis.

Kuşadası [türk. 'kuʃada,sɨ], türk. Ort am Ägäischen Meer, 9 000 E. Hafen (Fähre nach Samos); Tabak- und Ölbaumkulturen; Fremdenverkehr; nö. von K. liegt ↑Ephesus.

Kusair Amra (arab. Kasr Amrah), kleines omaijad. Wüstenschloß östl. von Amman (2. Viertel des 8. Jh.), eine Verbindung von Audienzhalle mit Bädern nach röm. Vorbild; Freskenzyklus.

Kusbass, bed. Steinkohlenbergbau- und

Kusch

Ind.gebiet im sö. W-Sibirien, etwa 350 km lang, etwa 120 km breit, zw. Salairrücken und Kusnezker Alatau.

Kusch, Polykarp, * Blankenburg/Harz 26. Jan. 1911, amerikan. Kernphysiker dt. Herkunft. - Prof. in New York; war an der Entwicklung und Anwendung der Rabi-Methode der Molekülstrahlresonanz beteiligt, wobei ihm 1947 mit H. Foley der Nachweis der geringen Abweichung (Anomalie) des magnet. Moments des Elektrons vom Bohrschen Magneton gelang; 1955 (mit W. E. Lamb) Nobelpreis für Physik.

Kusch, althebr. Bez. für das Gebiet und Reich von Nubien.

Kuschan (Kuschana), Dyn. im alten Indien, die aus den Führern eines Klans der (nach chin. Annalen) in den letzten beiden Jh. v. Chr. aus Z-Asien nach Baktrien abgedrängten *Yüehchih* hervorging; Geschichte und Chronologie sind weitgehend unklar; seine größte Ausdehnung hatte das Reich im 2.Jh.; im 3./4.Jh. Zusammenbruch wohl unter dem Druck der Sassaniden.

Kuschiro, jap. Stadt an der O-Küste von Hokkaido, 214 700 E. Für die Hochseefischerei wichtiger eisfreier Hafen; Ausfuhr von Kohle. Fischkonservenherstellung u. a. Ind., Bahnknotenpunkt; ⚓.

Kuschiten, Sammelbez. für mehrere äthiopische Völker mit kuschit. Sprache in NO-Afrika, u. a. Danakil, Galla, Somal.

kuschitische Sprachen, Zweig der hamitosemit. Sprachfamilie in Äthiopien, Somalia und angrenzenden Gebieten. Werden in Nord-, Zentral-, Ost- und Westkuschit. eingeteilt. Die lexikal. Gemeinsamkeiten der k. S. sind gering. Dagegen finden sich auf typolog. Gebiet zahlr. Entsprechungen, bes. auf dem Gebiet der Formenbildung des Verbs und bei der Pluralbildung des Nomina.

Kusel, Krst. im Nordpfälzer Bergland, Rhld.-Pf., 240 m ü. d. M., 5 400 E. Solquelle; Maschinenfabrik, Apparatebau, Textil-, Getränkeind. - 850 erstmals als fränk. Königshof erwähnt; vermutl. 1286 Stadtrecht.

K., Landkr. in Rheinland-Pfalz.

Kusenberg, Kurt, * Göteborg 24. Juni 1904, † Hamburg 3. Okt. 1983, dt. Schriftsteller. - Verfaßte Hörspiele, Essays, auch Übersetzungen; wurde bes. durch seine skurrilen, humorvoll-iron. Kurzgeschichten bekannt, u. a. „Im falschen Zug" (1960), „Heiter bis tükkisch" (1974).

Kusimansen [afrikan.] (Crossarchus), Gatt. der Schleichkatzen in Z- und W-Afrika mit vier etwa 30–40 cm langen (Schwanzlänge etwa 15–25 cm), dunkelbraunen bis gelblichgrauen, tagaktiven Arten mit lang zugespitzter Schnauze.

Kusine [lat.-frz.], eingedeutschte Schreibung für Cousine († Cousin); Verwandtschaftsbez.: die Tochter des Bruders oder der Schwester eines Elternteils. - † auch Base.

Kuskokwim River [engl. ˈkʌskəkwɪm ˈrɪvə], Fluß in Alaska, entspringt am NW-Hang der Alaska Range, mündet in das Beringmeer, 1 287 km lang.

Kuskus [indones.] (Phalanger), Gatt. etwa ratten- bis katzengroßer, nachtaktiver Kletterbeutler mit sieben Arten von Neuguinea bis Celebes; mit rundem Kopf, großen, vorstehenden Augen und spitzer Schnauze.

Kuskus [arab.], nordafrikan. Gericht aus Weizen-, Hirse- oder Gerstengrieß, Hammelfleisch, verschiedenen Gemüsen und Kichererbsen.

Kusmin, Michail Alexejewitsch, * Jaroslawl 5. Okt. 1875, † Leningrad 3. März 1936, russ. Schriftsteller. - K. bemühte sich in seiner Dichtung v. a. um strenge Stilisierung und um subtile Komposition; kennzeichnend ist seine radikale Abkehr vom dunklen Stil der Symbolisten, u. a. „Aimé Lebœufs Abenteuer" (R., 1907), „Der stille Hüter" (R., 1924).

Küsnacht (ZH), Gemeinde im südl. Vorortbereich von Zürich, Kt. Zürich, 412 m ü. d. M., 13 000 E. Lehrerseminar; metallverarbeitende u. a. Ind. - In K. (ZH) besaßen verschiedene Klöster Grundbesitz. Die hohe Gerichtsbarkeit, urspr. zähring., kam 1384 an Zürich. K. (ZH) blieb bis 1798 Landvogtei. - Kirche aus dem späten 12. Jh. mit got. Langhaus (1336) und spätgot. Chor (1482).

Kusnezker Alatau, Gebirgszug im sö. W-Sibirien, zw. Tom (im W) und Jenissei (im O), im S bis 2 178 m hoch.

Kusnezow, Anatoli Wassiljewitsch, * Kiew 18. Aug. 1929, † London 13. Juni 1979, russ.-sowjet. Schriftsteller. - Emigrierte 1969 nach London; bekannt v. a. durch den Roman „Im Gepäcknetz nach Sibirien" (1957), in dem er seine in Sibirien gesammelten Erfahrungen (Bauarbeiter) niederlegte, und v. a. durch den dokumentar. Roman „Babi Jar" (1966, unter dem Pseud. A. Anatoli).

K., Wassili Wassiljewitsch, * Sofilowka (Gouv. Kostroma) 13. Febr. 1901, sowjet. Politiker. - Ingenieur; 1944–53 Generalsekretär des sowjet. Gewerkschaftsbundes; seit 1952 Mgl. des ZK der KPdSU, seit 1955 1. stellv. Außenmin., 1953–55 Botschafter in Peking; nach dem Einmarsch von Truppen des Warschauer Paktes in die ČSSR (Aug. 1968) damit beauftragt, die Politik Moskaus in Prag durchzusetzen; 1977–86 1. stellv. Vors. des Präsidiums des Obersten Sowjets und Kandidat des Politbüros.

Kuß, aktiver Kontakt des Mundes (insbes. der Lippen; häufig unter Beteiligung der Zunge [Zungenkuß]) mit einem Lebewesen oder einem Gegenstand, speziell mit dem Mund eines Partners *(Mundkuß)*. Etholog. leitet sich der K. möglicherweise von der Mund-zu-Mund-Fütterung ab. Als K. gilt auch der bei einigen Naturvölkern verbreitete Nasengruß. - Neben der Funktion des Bezeugens v. a. der Zuneigung oder Verehrung (Hand-

Küste

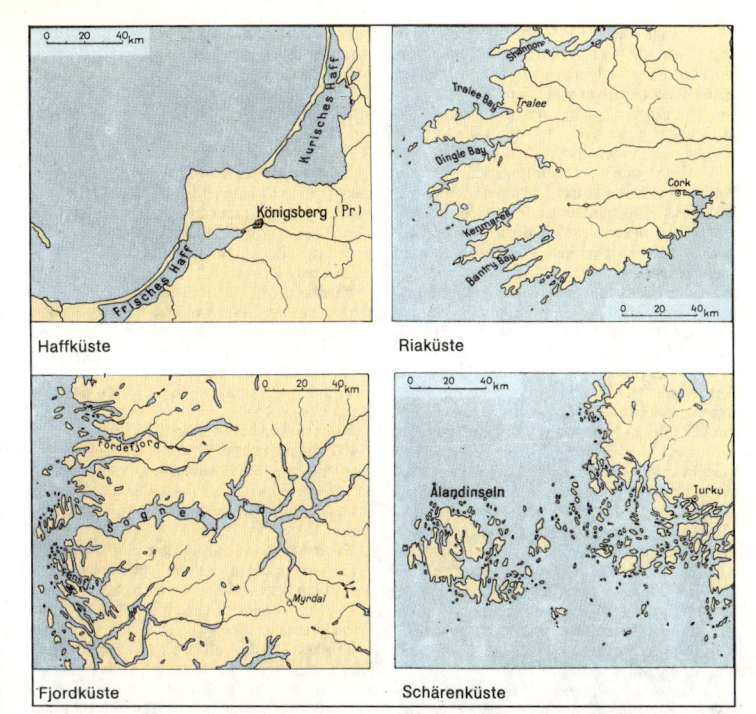

Haffküste

Riaküste

Fjordküste

Schärenküste

Küstenformen

kuß) bzw. Unterwerfung (Fußkuß) hat der K. heute v. a. erot.-sexuelle Bedeutung. - Im Einflußbereich der griech., röm. und jüd. Kultur wurde der K. allg. üblich, z. B. bei der Begrüßung und bei der Verabschiedung. - Symbol. Bed. gewann der K. bei Verlöbnis- und Eheschließungsritualen (nach röm. Recht wurde die Gültigkeit der Verlobung durch einen K. besiegelt). Seit frühchristl. Zeit ist der Friedenskuß ein wichtiger Teil der Liturgie. Der K. des Lehnsherrn (bei Belehnung der Vasallen) sowie das Küssen hl. Gegenstände bei Vertragsschluß besaßen einst Rechtskraft. - In Märchen ist der erlösende K. bekannt (Dornröschen). Der Judaskuß ist Inbegriff des Verrates.

Perella, N. J.: The kiss sacred and profane. Berkeley (Calif.) 1969 (mit Bibliogr.). - Nyrop, C./Harvey, W. F.: The kiss and its history. Detroit (Mich.) 1968.

Kussewizki, Sergei Alexandrowitsch, *Wyschni Wolotschok 26. Juli 1874, †Boston 4. Juni 1951, russ.-amerikan. Dirigent. - Zunächst Kontrabaßvirtuose; leitete 1924–49 das Boston Symphony Orchestra; förderte das Schaffen zeitgenöss. Komponisten.

Kußmaul, Adolf, *Graben (= Graben-Neudorf, Landkr. Karlsruhe) 22. Febr. 1822, †Heidelberg 28. Mai 1902, dt. Arzt. - Prof. in Heidelberg, Erlangen, Freiburg i. Br. und Straßburg; untersuchte erstmals Speiseröhre und Magen mit einem Endoskop (1869) und führte die Magenaushebung mit einer Pumpe zu therapeut. Zwecken ein.

Kußmaul-Atmung [nach A. Kußmaul] (große Atmung), v. a. im diabet. Koma auftretende, stark vertiefte Atmung.

Küßnacht am Rigi, Gemeinde am Vierwaldstätter See, Kt. Schwyz, 441 m ü. d. M., 8 200 E. Sommerfrische. - K. am R. schloß sich schon früh den Schwyzern an. 1402 erwarben diese die Vogtei, 1831 beteiligte sich der Ort an der Unabhängigkeitsbewegung von Außerschwyz. - Barockkirche (18. Jh.), an der Hohlen Gasse die Tellskapelle (1638), an der Straße nach Luzern Königin-Astrid-Kapelle (1936).

Kustanai, sowjet. Gebietshauptstadt im N der Kasach. SSR, 191 000 E. PH, mehrere Technika; Museum; Theater; Kunstfaserwerk, Kammgarnkombinat u. a. Ind., Bahnknotenpunkt. - K. wurde 1883 gegründet.

Küste [niederl., zu lat. costa „Rippe, Seitenteil"], Grenzsaum zw. Land und Meer, umfaßt sowohl die Randgewässer als auch den anschließenden Festlandstreifen. Der

Küstenfischerei

Strand stellt die eigtl. Berührungszone dar. Die K. ist ständiger Veränderung unterworfen. Steil-K. entstehen bei widerstandsfähigen, Flach-K. bei weniger widerstandsfähigen Gesteinen. Durch Nachlassen der Transportkraft beim ↑ Küstenversatz kann sich an einer Landspitze aus einer Sandzunge ein **Haken** entwickeln, der in Strömungsrichtung zur **Nehrung** wachsen kann, d. h. einem schmalen, aus Sand aufgebauten Landstreifen, der oft mit Dünen besetzt ist. Wird die Verbindung mit der K. wieder unterbrochen, spricht man von Nehrungsinsel oder **Lido**. Die von der Nehrung vom offenen Meer abgetrennte Bucht wird **Haff** genannt. Ein vollkommen abgeriegeltes Haff bezeichnet man als **Strandsee**. Die **Limane** der N-Küste des Schwarzen Meeres sind haffähnl. Buchten, bei denen Nehrungen ertrunkene Flußmündungen abtrennen. Neben der Einwirkung von Brandung, Gezeiten und Meeresströmungen beeinflussen Meeresspiegelschwankungen (verursacht durch tekton. Bewegungen oder ↑ eustatische Schwankungen) die K.formen. Senkungs-K. entstehen durch das Eindringen des Meeres in den Festlandbereich, wobei je nach dem überfluteten Relief Ria-K., Fjord-K., Schären-K., Bodden-K. u. a. entstehen. Bei der Hebungs-K. sind Bereiche des ehem. Strandes sowie vormals untermeer. Gebiete zu Land geworden, wovon oftmals gehobene Schorren, landeinwärts gelegene Kliffe und alte Strandwälle zeugen.
📖 *Lüders, K.: Kleines K.lex.* Hildesheim ²1967. - *Valentin, H.: Die Küsten der Erde.* Gotha ²1954.

Küstenfischerei ↑ Fischerei.

Küstenfunkstelle, feste Funkstelle im Küstenbereich, die den Funkdienst mit Seefunkstellen (an Bord von Schiffen) in bestimmten Wellenlängenbereichen durchführt. Die in der BR Deutschland von der Dt. Bundespost betriebenen K. sind Norddeich Radio, Elbe-Weser Radio und Kiel Radio, denen jeweils spezielle Aufgabenbereiche zukommen (Norddeich Radio z. B. die Kurzwellenverbindung mit Schiffen in allen Seegebieten).

Küstengewässer, svw. ↑ Küstenmeer.

Küstenkanal, Kanal zw. der unteren Ems bei Dörpen und der Hunte bei Oldenburg (Oldenburg), 1855 zur Entwässerung angelegt, 1922–35 und 1947 als Schiffahrtsweg ausgebaut; 70 km lang, 2,8 m tief.

Küstenmeer (Küstengewässer), an die Küste grenzender Meeresstreifen, dessen Breite herkömml. bei drei Seemeilen (sm) liegt *(Dreimeilenzone)*; nach Art. 24 des Genfer Übereinkommens vom 29. 4. 1958 aber zus. mit der ↑ angrenzenden Zone nicht mehr als 12 Seemeilen betragen darf. Das K. beginnt an der Niedrigwasserlinie der Küste (Basislinie); landwärts gelegene Gewässer gehören zu den ↑ Binnengewässern des Staates, meerwärts beginnt die ↑ hohe See. Das K. gehört zum Hoheitsgebiet des Küstenstaates (Territorialgewässer) mit der völkerrechtl. Einschränkung, daß allen Schiffen die friedl. Durchfahrt gestattet werden muß. Wegen der erhebl. wirtsch. Bed. des K. streben v. a. Staaten der Dritten Welt die Ausdehnung des K. an.

Küstenmotorschiffe (Kurzbez. Kümos), kleine Frachtschiffe, die die Verteilung der von den Interkontinentalfrachtern zu Haupt- oder Terminalhäfen gebrachten Güter zu den Bestimmungshäfen im Küstenbereich übernehmen.

Küstenschiffahrt, Beförderung von Personen und Gütern mit kleineren Schiffen entlang der Küste zw. Seehäfen desselben Staates. Die **große K.** umfaßt den gesamten Verkehr auf Binnenmeeren. Die K. ist auf Grund der ↑ Kabotage meist Schiffen des Küstenstaates vorbehalten.

Küstenseeschwalbe ↑ Seeschwalben.

Küstenversatz (Strandversetzung), Verlagerung von Sedimentmaterial längs einer Küste, verursacht durch schräg auflaufende Brandung und deren senkrechtes Zurückfluten.

Küstenwüste, unter dem Einfluß kalter Meeresströmungen, kalten Auftriebswassers und ablandiger, sehr warmer passat. Winde in den Subtropen entwickelter Wüstentyp im Küstenbereich.

Küster [zu mittellat. custor „Hüter (des Kirchenschatzes)"] (Mesner, Sakristan), der mit der Bewachung und Besorgung der Kirche und ihrer Geräte sowie dem Läuten der Glocken betraute Laie im kirchl. Dienst.

Küstner, Friedrich, * Görlitz 22. Aug. 1856, † Mehlem (= Bonn) 15. Okt. 1936, dt. Astronom. - Entdeckte 1884/85 die Schwankungen der Polhöhen, bestimmte erstmals aus spektrograph. Beobachtungen die Aberrationskonstante und Sonnenparallaxe (1905) und erstellte einen genauen Katalog von 10 663 Sternen (1908).

Kustode [lat.], früher für: Kennzeichen der einzelnen Lagen einer Handschrift (auf der letzten Seite unten).

Kustodie (Custodia) [lat.], im franziskan. Ordensrecht 1. ein Teilgebiet der größeren Teileinheit Provinz; 2. ein selbständiges Ordensteilgebiet (etwa in den Missionen); 3. die Franziskanerniederlassungen in Palästina, eine Ordensprovinz.
◆ ↑ Custodia.

Kustos [lat. „Wächter, Aufseher"], (Kustode) wiss. Sachbearbeiter an Museen, Bibliotheken, Sammlungen o. ä.
◆ 1. im Dom- oder Stiftskapitel der Kapitular, dem die Aufsicht über Gottesdienst, kirchl. Geräte und Paramente übertragen ist; 2. im Ordensrecht der Obere einer Ordenskustodie (↑ Kustodie).
◆ das erste Wort der folgenden Seite am Schluß der vorhergehenden Seite, v. a. vor

Einführung der Foliierung bzw. Paginierung üblich; zur Kontrolle der Reihenfolge der Blätter oder Lagen des Buches; bei Handschriften als *Reklamante* bezeichnet.

Küstrin (poln. Kostrzyn), Stadt an der Mündung der Warthe in die Oder, Polen▾, 13 000 E. Zelluloseind.; Verkehrsknotenpunkt. - K. entstand als Stadtgründung der Templer nach 1232 bei ihrer Burg, 1536-71 Hauptstadt der Neumark, mehrfach als Festung ausgebaut. Im 2. Weltkrieg fast völlig zerstört.

Kusus [austral.] (Trichosurus), Gatt. der Kletterbeutler mit drei Arten in Australien und auf Tasmanien, darunter der ↑ Fuchskusus.

Kut, Al, irak. Stadt am Tigris, von dem hier der Nebenarm Schatt Al Gharraf zum Euphrat abzweigt, 42 000 E. Hauptstadt eines Verw.-Geb.; Handelszentrum; Baumwollindustrie.

Kütahya, türk. Stadt 40 km sw. von Eskişehir, 950 m ü. d. M., 101 000 E. Hauptstadt des Verw.-Geb. K., keram. Betriebe, Herstellung von Glaswaren und Teppichen, Zuckerfabrik, Stickstoffwerk. - Große Moschee (1411); K. wird von einer Burgruine (14. Jh.) überragt.

Kutaissi, sowjet. Stadt am Rioni, Grusin. SSR, 210 000 E. PH; Betriebe für Lastwagen, Traktoren, Bergbauausrüstungen, Textil-, Leder-, Nahrungsmittelind., Barytaufbereitung. - In den ersten Jh. n. Chr. Festung; 1259 bis Anfang des 19. Jh. Hauptstadt von Imeretien. - Am Rande von K. liegt Kloster Gelati (gegr. 1106; heute histor.-ethnograph. Museum) mit Hauptkirche und Ruinen der Akademie (12. Jh.).

Kutanreaktion (Kutisreaktion), Rötung der Haut (meist mit Quaddelbildung) als Reaktion auf einen künstl. Reiz (Einreibung oder Einspritzung zu diagnost. Zwecken, insbes. zur Feststellung einer Tuberkulose).

Kutaradja [indones. kuta'radʒa] ↑ Banda Aceh.

Kutch [kʌtʃ], Halbinsel im W Indiens, zw. dem Golf von K. und der pakistan. Prov. Sind, im N von der Thar begrenzt, größtenteils von einem Salzsumpfgebiet eingenommen, das wenige Meter ü. d. M. liegt. Im Innern Sandsteinrücken mit vereinzelt aufgesetzten basalt. Kuppen.

Kutch, Golf von [kʌtʃ], Bucht des Arab. Meeres an der W-Küste Indiens, zw. den Halbinseln Kathiawar und Kutch.

Kutikula (Cuticula) [lat. „Häutchen"], bei vielen Tieren und an oberird. Pflanzenorganen vorkommende, von der Epidermis nach außen abgeschiedenes, nichtzelliges, häufig ein chitiniges oder kalkiges Außenskelett bildendes Häutchen (v. a. Verdunstungsschutz).

Kutis [lat.] ↑ Haut.

Kutná Hora (dt. Kuttenberg), Stadt im Mittelböhm. Gebiet, ČSSR, 273 m ü. d. M., 21 400 E. Blei-Zink-Erzbergbau, Maschinenbau, Schokoladen-, Tabakfabrik. - 1283 wurde nach der Entdeckung reichhaltiger Silbererzlagerstätten die Stadt Kuttenberg mit königl. Bergrecht errichtet. Im 18. Jh. waren die Silberminen erschöpft. - Spätgot. Barbarakirche (14. und 16. Jh.) mit prunkvollem Netzrippengewölbe und drei Zeltdächern, got. Sankt-Jakobs-Kirche (1340-1420); barocke Johannes-von-Nepomuk-Kirche (1734 ff.); spätgot. sog. Steinernes Haus (15. Jh.; jetzt Rathaus und Museum); Welscher Hof (1300 ff.; ehem. Münze und königl. Residenz); spätgot. Stadtburg („Hrádek", 1485-1504, jetzt Bergbaumuseum).

Kutsche [zu ungar. kocsi „Wagen aus dem Ort Kocs"], Reisewagen, der aus einem auf gefederten Unterwagen ruhenden [Kutsch]kasten besteht und ein (festes oder zurückschlagbares) Verdeck hat. Aus der im 15. Jh. aufgekommenen und im 16. Jh. übl. K. haben sich viele Wagenformen (z. B. Berline, Droschke, Landauer) entwickelt.

Kutscher, Artur, * Hannover 17. Juli 1878, † München 29. Aug. 1960, dt. Theaterwissenschaftler. - 1915 Prof. für Literatur in München; mit M. Herrmann Begründer der Theaterwiss.; u. a. „Grundriß der Theaterwiss." (2 Bde.. 1932-36).

Kutta-Joukowskischer Satz [frz. ʒukɔf'ski; nach dem Mathematiker M. W. Kutta (* 1867, † 1944) und N. J. Schukowski], die Aussage, daß bei stationärer, ebener, reibungsfreier Strömung eines inkompressiblen Mediums an einem umströmten zylindr. Körper (Achse quer zur Anströmrichtung) eine Kraft senkrecht zur Anströmrichtung und Zylinderachse entsteht.

Kutte [zu mittellat. cotta „Mönchsgewand"], übl. dt. Bez. für die Ordenskleidung (Habit); gewöhnl. die knöchellange Tunika mit Leder- oder Strickgürtel; Skapulier oder Schulterumhang mit Kapuze (bei Ordensfrauen der Schleier).

Kutteln ↑ Kaldaunen.

Kuttenberg ↑ Kutná Hora.

Kutter [engl., zu to cut „(Wellen) schneiden"], urspr. einmastiges Segelfahrzeug mit Gaffelsegel, Toppsegel und drei Vorsegeln; heute auch Bez. für hochgetakelte Jachten mit mehr als einem Vorsegel.

◆ (Fisch-K.) nach 1900 vorwiegend motorgetriebenes Fischereifahrzeug *(Motor-K.)* für die Küsten-, aber auch Hochseefischerei *(Hochsee-K.)* mit dem Schleppnetz.

◆ Rettungsboot oder Beiboot eines Kriegsschiffes, mit Fockmast und Besanmast sowie 10 bis 14 Rudern ausgerüstet; auch zur seemänn. Ausbildung.

Kutusow, Michail Illarionowitsch, Fürst von Smolensk (seit 1812) (auch Golenischtschew-K.), * Petersburg 16. Sept. 1745, † Bunzlau 28. April 1813, russ. Generalfeldmarschall (seit 1813). - Befehlshaber des östr.-russ. Heeres in der Dreikaiserschlacht bei Austerlitz (1805); ab 1811 Oberbefehlshaber

Kuusinen

der russ. Truppen im russ.-türk. Krieg; reorganisierte 1812 das russ. Heer.

Kuusinen, Otto Wilhelm, * bei Laukaa (Mittelfinnland) 4. Okt. 1881, † Moskau 17. Mai 1964, sowjet. Politiker finn. Herkunft. - Journalist; 1908–17 sozialdemokrat. Abg. im finn. Reichstag. 1918 einer der Gründer der finn. KP, ging 1922 in die UdSSR; leitete im Finn.-Sowjet. Winterkrieg die sowjet.-finn. Gegenreg.; 1940–56 Vors. des Präsidiums des Obersten Sowjets der Karelo-Finn. SSR, zugleich (bis 1958) stellv. Vors. des Präsidiums des Obersten Sowjets der UdSSR; ab 1957 Sekretär des ZK und Mgl. des Präsidiums des ZK der KPdSU.

Kuvasz [ungar. 'kuvɔs; türk.], großer (♂ bis 76 cm Schulterhöhe) ungar. Hirtenhund mit Hängeohren und langer, behaarter Rute; Fell wellig, dicht, weiß; zuverlässiger Schutz- und Begleithund.

Kuvertüre (Couverture) [lat.-frz., eigtl. „Decke"], Schokoladenmasse zum Überziehen von [Fein]gebäck oder Pralinen.

Küvette [frz., zu lat. cupa „Tonne"], [genormtes] Glas- oder Quarzgefäß mit plangeschliffenen Wänden für opt. Untersuchungen von Lösungen chem. Substanzen.

Kuwait, Stadt am S-Ufer der Bucht von K., 61 000 E, städt. Agglomeration 167 800 E. Hauptstadt, wirtsch. und kulturelles Zentrum des Emirats K.; Univ. (gegr. 1962), Museum (Archäologie, Schiffbau, Perlenfischerei); Hafen, internat. ✈. - Die einst typ. arab., von einer Lehmmauer umgebene Wüstenstadt entwickelte sich nach 1950 zu einer modernen Stadt mit Grünanlagen und Villenvororten.

Kuwait

(amtl.: Daulat Al Kuwait), Emirat am N-Ende des Pers. Golfs, zw. 28° 30′ und 30° 10′ n. Br. sowie 46° 30′ und 48° 30′ ö. L. **Staatsgebiet:** K. liegt rings um die Bucht von K.; im N und O grenzt es an Irak, im S an Saudi-Arabien (die neutrale Zone wurde 1966 aufgeteilt). **Fläche:** 17 818 km². **Bevölkerung:** 1,70 Mill. E (1985), 95,1 E/km². **Hauptstadt:** Kuwait. **Verwaltungsgliederung:** 4 Regierungsbez. **Amtssprache:** Arabisch. **Staatsreligion:** Islam sunnit. Richtung. **Nationalfeiertag:** 25. Febr. **Währung:** Kuwait-Dinar (KD.) = 1 000 Fils (= 10 Dirham). **Internat. Mitgliedschaften:** UN, Arab. Liga, GATT, OPEC, OAPEC. **Zeitzone:** Moskauer Zeit, d. i. MEZ + 2 Std.

Landesnatur: K. liegt in einer sandig-lehmigen Wüstensteppe, in der es nur wenige Oasen gibt. Sie erreicht im SW Höhen von 290 m ü. d. M. und flacht sich zum Pers. Golf hin ab. An der Küste, die durch die 40 km ins Land eingreifende Bucht von K. gegliedert wird, liegt eine Hügelkette.

Klima, Vegetation: Es gibt nur zwei Jahreszeiten, die heiße (Mai–Sept.; mittlere Temperaturen bei 30 °C) und die kalte; die Minima liegen im Jan. z. T. unter dem Gefrierpunkt. Niederschläge fallen nur im Winter, v. a. Nov.–April. Klima und Böden ermöglichen nur dürftige Vegetation.

Bevölkerung: Rd. 87 % sind Araber, bei denen Ausländer (Palästinenser, Ägypter, Jemeniten u. a.) die Kuwaiter an Zahl übertreffen, rd. 12 % kommen aus Asien, daneben leben noch Europäer, Amerikaner und Afrikaner in K.; rd. 92 % bekennen sich zum Islam, rd. 6 % zum Christentum. Größtes Ballungsgebiet ist die Hauptstadt. K. hat eines der höchsten Pro-Kopf-Einkommen aller Staaten, es besteht Steuerfreiheit, kostenlose ärztl. Versorgung sowie Altersversorgung ab dem 55. Lebensjahr, falls man 15 Arbeitsjahre nachweisen kann. Das moderne Schulsystem führt bei völliger Lernmittelfreiheit vom Kindergarten bis zur Universität.

Wirtschaft: Nur 1 % der Staatsfläche wird landw. genutzt (v. a. Gemüsegartenbau). Die meisten Beduinen sind seßhaft geworden. Wichtigster Zweig ist die Erdölwirtschaft. K. besitzt die drittgrößten Erdölreserven der Erde. Ein Teil des Rohöls wird in Raffinerien weiterverarbeitet. Außerdem wird Erdgas gefördert. Bed. ist die Herstellung von Düngemitteln, daneben Baustoffind., Mühlenbetriebe u. a. Die Fischwirtschaft (v. a. Fang von Krustentieren) wird verstärkt ausgebaut.

Außenhandel: K. führt v. a. Erdöl und -produkte aus sowie chem. Düngemittel; eingeführt werden Nahrungsmittel und Lebendvieh, Kfz., elektr. und nichtelektr. Maschinen und Geräte, Garne, Textilwaren und Bekleidung, Arzneimittel, Möbel. Wichtigste Partner sind die EG-Länder, USA, Japan, China und Saudi-Arabien.

Verkehr: Das durchgehend asphaltierte Straßennetz hat eine Länge von 3 073 km, K. verfügt über 5 moderne Häfen, darunter 3 Erdölexporthäfen. Die nat. Fluggesellschaft K. Airways fliegt Städte im Nahen Osten, Nordafrika und Europa an; internat. ✈ bei der Hauptstadt.

Geschichte: Die Sippe der Utub ließ sich um 1716 in der Stadt K. nieder und gründete ein Scheichtum, das sich Mitte des 18. Jh. von den umwohnenden Stämmen unabhängig machte. K. lag nominell im Osman. Reich und umfaßte im 19. Jh. eine Reihe von Hafenplätzen westl. des Schatt Al Arab; die heutigen Grenzen wurden erst 1921 festgelegt. Seit 1899 brit. Protektorat, seit 1961 wieder unabhängig. Über Ansprüche des Irak auf das Territorium kam es 1967 und 1973 zu Grenzstreitigkeiten.

Politisches System: Nach der Verfassung von 1962, die 1976 z. T. außer Kraft gesetzt wurde und revidiert werden soll, ist K. ein konstitutionelles islam. Ft. (Emirat) mit erbl. Monarchie. *Staatsoberhaupt* ist der Emir, seit 1977

Dschabir Al Ahmad Al Dschabir As Sabah. Er übt durch den Min.rat die *Exekutive* aus, ernennt den Premiermin. und auf dessen Vorschlag die Min., kraft Amtes Mgl. der Nat.versammlung, der sie auch verantwortl. sind (nicht der Premiermin.). Durch Vorschlags- und suspensives Vetorecht wirkt der Emir bei der *Legislative* mit, die verfassungsgemäß bei der Nat.versammlung liegt (50 auf 4 Jahre gewählte Mgl., letzte Wahl im Febr. 1985, im Juli 1986 aufgelöst). Es gibt in K. keine (offiziellen) *Parteien* und keine *Gewerkschaften*. *Verwaltungs*mäßig ist K. in 4 Reg.-Bez. (Kuwait Stadt und Land, Ahmadi und Hawalli) unterteilt; die Gouverneure sind Angehörige der Herrscherfamilie. Das *Rechts-* und Gerichtswesen ist am brit.-ägypt. Vorbild orientiert. Die *Streitkräfte* sind rd. 20 300 Mann stark.
📖 *Die kleinen Golfstaaten. Hg. v. F. Scholz. Stg. 1985. - Wohlfahrt, E.: Die arab. Halbinsel. Bln. u. a. 1980. - Kreutzer, G.-W.: K. Paderborn 1978. - Kochwasser, F.: K. Gesch., Wesen u. Funktion eines modernen arab. Staats. Tüb. ²1975.*

Kux (Bergwerksanteil), Anteil am Kapital einer bergrechtl. ↑Gewerkschaft.

Kuyper, Abraham [niederl. 'kœypər], * Maassluis 29. Okt. 1837, † Den Haag 8. Nov. 1920, niederl. ref. Theologe und Politiker. - Ab 1874 wiederholt Mgl. der 2. bzw. 1. Kammer für die Anti-Revolutionaire Partij. Als Min.präs. 1901–05 suchte er im christl. Konservatismus die Basis des Bündnisses mit der Röm.-Kath. Staatspartei; zahlreiche theolog. und polit. Schriften.

Kuznets, Simon Smith [engl. 'kʊznɛts], * Charkow 30. April 1901, † Cambridge (Mass.) 8. Juli 1985, amerikan. Nationalökonom russ. Herkunft. - Seit 1960 Prof. an der Harvard University; Hauptarbeitsgebiet Wachstums- und Konjunkturtheorie. Erhielt 1971 den Nobelpreis für Wirtschaftswissenschaften.

kV, Einheitenzeichen für Kilovolt (= 1 000 ↑Volt).

KV, Abk. für: ↑Köchelverzeichnis.

kVA, Kurzzeichen für Kilovoltampere (= 1 000 ↑Voltampere).

Kvaløy [norweg. ˌkvaːlœj], Insel in N-Norwegen, der Stadt Tromsø vorgelagert, 737 km², bis 1 044 m ü. d. M.

Kvaran, Einar Hjörleifsson, * Vallenes 6. Dez. 1859, † Reykjavík 21. März 1938, isländ. Schriftsteller. - Einer der ersten Realisten der isländ. Literatur, gilt als Verf. der besten isländ. Novellen.

Kvarner, Bucht des nördl. Adriat. Meeres, zw. der O-Küste Istriens und dem jugoslaw. Festland mit den Inseln Cres und Krk; Zugangsweg zum Hafen von Rijeka.

Kvasir, Name des klügsten Wesens in der nordgerman. Mythologie; entstanden aus dem Speichel der Asen und Vanen; von Zwergen erschlagen. Aus seinem mit Honig vermischten Blut wird der Skaldenmet hergestellt, dessen Genuß die Gabe der Weisheit und Dichtkunst verleiht.

kW, Einheitenzeichen für Kilowatt; 1 kW = 1 000 ↑Watt (= 1,36 PS).

Kwa ↑Kasai.

Kwajalein [engl. 'kwɔdʒəlɪn] ↑Marshallinseln.

Kwando (Cuando), Fluß in SO-Angola, entspringt im Hochland von Bié, mündet im Caprivizipfel in ein Sumpfland; etwa 800 km lang.

Kwangju [korean. kwaŋdʒu], Prov.-hauptstadt im SW der Republik Korea, 727 600 E. Kath. Erzbischofssitz, zwei Univ. (gegr. 1952 bzw. 1953), wirtsch. und kulturelles Zentrum; Bahnknotenpunkt; ✈. - Seit dem 19. Jh. Prov.hauptstadt.

Kwango, größter Nebenfluß des Kasai, entspringt im Hochland von Angola, mündet unterhalb von Bandundu in Zaïre; rd. 1 100 km lang. Ein Teil des Mittellaufs bildet die Grenze zw. Zaïre und Angola. Binnenschiffahrt im Unterlauf.

Kwangsi (Guangxi) [chin. gu̯aŋɕi], Autonome Region in S-China, grenzt an Vietnam, 235 000 km², 36 Mill. E (1982), Hauptstadt Nanning. Die im Einzugsgebiet des oberen Sikiang gelegene Region ist überwiegend ein von kleinen Becken und Talungen gegliedertes Bergland. Das subtrop. Monsunklima erlaubt v. a. im S den Anbau von Reis und Zuckerrohr, daneben Mais, Gerste, Hirse und Tee. Im waldreichen N Gewinnung von Sandelholz und Kork, Abbau von Zinnerz, Kohle und Manganerz; Verarbeitung landw. Produkte, Maschinenbau, chem., Zement- und Elektronikindustrie. - Die Autonome Region wurde 1958 gegründet.

Kwangtung (Guangdong) [chin. gu̯aŋdʊŋ], Prov. in SO-China, 215 000 km², 59,3 Mill. E (1982), Hauptstadt Kanton. Die Prov. erstreckt sich im südchin. Bergland und umfaßt außerdem die Halbinsel Leitschou und die Insel Hainan. Auf Grund des subtrop. bis trop. Klimas ist K. ein bed. Produzent von Zuckerrohr, Reis, Zitrusfrüchten, Bananen, Ananas, Tee, Tabak und Erdnüssen; Seidenraupenzucht. Eine große Rolle spielt die Fischerei im Südchin. Meer. An Bodenschätzen besitzt K. Ölschiefer, Wolframerz, Kohle, Eisenerze; Seesalzgewinnung. Die Ind. umfaßt Zuckerfabriken, Zementwerke, [Nichteisen-]Metallind., Schiff- und Maschinenbau, chem., Papier-, Stein- u. Porzellan- sowie Nahrungsmittelindustrie.

Kwanmo, mit 2 541 m höchster Berg der Halbinsel Korea.

Kwanza (Cuanza), Zufluß zum Atlantik in Angola, entspringt im südl. Z-Angola, mündet 50 km ssw. von Luanda, rd. 1 000 km lang; im Unterlauf gestaut (Kraftwerk).

Kwanza, Abk. Kz, Währungseinheit in Angola; 1 Kz = 100 Lwei (Lw).

Kwasprachen, Gruppe innerhalb der Niger-Kongo-Sprachen, die an der Küste des Golfs von Guinea von Liberia bis Nigeria bis etwa 300 km landeinwärts gesprochen wird und zu den wichtigsten afrikan. Sprachen gehört. Bed.: Akan, Edo, Ewe, Igbo, Kru, Twi, Yoruba. Alle K. sind Tonsprachen mit aus Konsonant und Vokal zusammengesetzten Silben und seriellen Verben, d. h. Nebeneinandersetzung von reinen Verben, z. B. *gehen-nehmen-kommen* „herbringen".

Kwaß [russ.], schwach alkoholhaltiges, russ. Getränk, das durch Vergären von Brot und Früchten zubereitet wird.

Kwazulu [...'zulu], Heimatland der Zulu in Natal, Republik Südafrika, 32 717 km² in 12 Teilgebieten, 3,4 Mill. E (1980), Verwaltungssitz Ulundi. V. a. Rinder- u. a. Viehzucht, Anbau von Mais, Hirse, Weizen; Abbau von Glimmer, Granit u. a.; Vorkommen von Kupfer-Nickel-Erz und Kohle werden noch nicht genutzt. An Ind.betrieben bestehen je eine Glasfaser-, Papier-, Zuckerfabrik sowie Textil- und Lederind. - K. besitzt seit 1970 eine gesetzgebende Versammlung.

Kweijang (Guiyang) [chin. guei-jan], Hauptstadt der chin. Prov. Kweitschou, 660 000 E. Univ. (gegr. 1958), TU, Fachhochschulen für Landw. und Medizin; Museum, U. a. Aluminium-, Eisen- und Stahlind., Maschinenbau.

Kweitschou (Guizhou) [chin. gueidʒou], Prov. in W-China, 174 000 km², 29 Mill. E (1982), Hauptstadt Kweijang. Die Prov. wird überwiegend von einem dünn besiedelten, stark zerschnittenen Bergland in durchschnittl. 1 000 m Höhe eingenommen; im N durchziehen SW-NO streichende Bergketten. Das Kulturland beschränkt sich auf die grundwassernahen Talungen und Becken. Angebaut werden Reis, Weizen, Mais, ferner Raps, Kartoffeln und Tabak; außerdem Seidenraupenzucht und Tungölgewinnung. Die wichtigsten Bergbauprodukte sind Quecksilber, Kohle, Bauxit sowie Manganerze. Die Eisen- und Stahl-, Maschinenbau-, Elektro-, Reifen-, Zement- und Düngemittelind. ist v. a. in den Städten Kweijang und Tsunyi ansässig.

kWh, Einheitenzeichen für ↑ Kilowattstunde.

Kwidzyn [poln. 'kfidzin] ↑ Marienwerder.

KW-Stoffe, Kurzbez. für ↑ Kohlenwasserstoffe.

-ky, eigtl. Horst Bosetzky, * Berlin 1. Febr. 1931, dt. Soziologe und Schriftsteller. - Seit 1973 Prof. in Berlin; Autor von Kriminalromanen („Einer von uns beiden", 1972; „Stör die reinen Leute nicht", 1973); schrieb auch „Feuer für den Großen Drachen" (1982), „Die Klette" (1983), „Ich glaub mich tritt ein Schimmel" (1986).

Kyaxares, † 585 v. Chr., med. König (seit um 625). - K. schuf durch die Organisation der Armee die Voraussetzungen zur med. Großmachtbildung, zerstörte als Verbündeter Babylons Ninive (612).

Kybele ['ky:bele, ky'be:le], mittelmeer. chthon. Göttin, Spenderin von Leben und Fruchtbarkeit, daher auch als „Große Mutter" („Magna Mater", „Idäische Mutter") der Natur, der Götter, Menschen und Tiere verehrt. Kleinasiat. Herkunft, früh von den Griechen (durch Identifikation mit der kret.-minoischen Göttermutter Rhea) und Römern (Staatskult ab 204 v. Chr.) übernommen. Begleitet von dem orgiast. Zug der ↑ Kureten und ↑ Korybanten lenkt k. ihr Löwengespann durch die Bergwelt des mys. (bzw. kret.) Ida. Der Mythos von der Liebe der Göttin zu ↑ Attis symbolisiert Werden und Vergehen der Vegetation.

Kybernētik [zu griech. kybernētikḗ (téchnē) „Steuermann(skunst)"], von N. Wiener 1948 begr. und bed. Wiss. von *dynam. Systemen*, d. h. theoret. oder wirkl. Ganzheiten, deren einzelne Bestandteile (Elemente) in einer funktionalen Beziehung zueinander und zum Ganzen stehen und auf Einwirkungen von außerhalb des Systems reagieren können und die über mindestens einen (rückgekoppelten) *Regelkreis* verfügen. Solche **kybernet. Systeme** kommen in der natürl. oder techn. Wirklichkeit vor oder werden als abstrakte Analogien (Modelle) zur Wirklichkeit konstruiert. Sie sind dadurch zu kennzeichnen, daß sie dazu tendieren, einen Gleichgewichtszustand (Stabilität), z. B. gleichbleibende Temperatur innerhalb des Systems, aufrechtzuerhalten, daß sie in der Lage sind, Veränderungen außerhalb des Systems, z. B. Temperaturänderungen, zu registrieren, als *Information* an bestimmte Elemente des Systems weiterzugeben und Regelungsmechanismen in Gang zu setzen, die den Soll-Zustand, d. h. das urspr. Gleichgewicht herstellen und damit Einflüsse von außerhalb des Systems *kompensieren*, wobei die Regelung durch Rückkopplung erfolgt (ständige Beeinflussung des Ist-Zustands *durch* die Information über die Größe seiner Abweichung vom Soll-Zustand). Ein einfaches kybernet. System ist z. B. ein Fliehkraftregler, bei dem als Sollwert eine konstante Drehzahl z. B. einer Maschine erreicht wird, indem bei Erhöhung der Drehzahl der Maschine eine durch analog veränderte Lage von Fliehgewichten bewirkte Bremsung eintritt, bei Absinken der Drehzahl diese Bremsung verringert wird, jeweils bis die Soll-Drehzahl erreicht ist. Die K. untersucht theoret. die Verhältnisse in solchen kybernet. Systemen, wobei sie sich auf die abstrakten Strukturen (u. a. der Informationsaufnahme und -verarbeitung, der Funktionen, die die Selbstregulierung eines Systems durch Rückkopplung bewirken, die sog. *Strategien*, mit denen der Gleichgewichtszustand des Systems erreicht wird) konzentriert. Sie abstrahiert demnach von der natürl. Beschaffenheit wirkl. Systeme und ist daher grundsätzl. in der Lage, als *Formalwiss.* Vorgänge in allen Bereichen der Wirklichkeit zu untersuchen und zu beschreiben und damit funktionale und strukturelle Aussagen zu machen über die Gegenstandsbereiche von den Einzelwiss. wie z. B. Biologie, Psychologie, Wirtschaftswiss., Nachrichtentechnik, Informatik, Ingenieurwiss. Sie bedient sich v. a. mathemat. Methoden, insbes. der Wahrscheinlichkeitsrechnung und mathemat. Statistik, insofern die im Mittelpunkt ihres Untersuchungsbereichs stehende *Information* in mathemat. Ausdrücken der Wahrscheinlichkeit ihres Vorkommens und der Stabilität/Instabilität eines Systems formalisiert werden kann. Durch diese enge Verknüpfung von Mathematik und K. nimmt die Bed. mathemat. Betrachtungsweisen in den traditionellen Einzelwissenschaften zu.

📖 *Flechtner, H.: Grundbegriffe der K. Mchn. 1984. - Wörterb. der K. Hg. v. G. Klaus u. H. Liebscher. Ffm. Neuaufl. 1979. 2 Bde. - Klix, F.: Information u. Verhalten. Bern u. Bln.* ³*1976. - Ashby, W. R.: Einf. in die K. Dt. Übers. Ffm. 1974. - Flechtner, H. J.: Grundbegriffe der K. Stg. Neuausg. 1972. - Wiener, N.: Mensch u. Menschmaschine. Dt. Übers. Ffm.* ⁴*1972.*

Kyd, Thomas [engl. kɪd], ≈ London 6. Nov. 1558, † ebd. Ende 1594, engl. Dramatiker. - Sein Hauptwerk, „Die span. Tragödie" (um 1587), erweist K. neben Marlowe als bedeutendsten engl. Dramatiker vor Shakespeare; das Blankversdrama hatte u. a. in dt. Übersetzung großen Erfolg wegen seiner effektreichen Rachehandlung (Hamletmotive); seine Verfasserschaft am sog. „Ur-Hamlet" ist nicht geklärt.

Kyffhäuser ['kɪf...], stark bewaldeter Bergrücken am NO-Rand des Thüringer Beckens, DDR, bis 477 m hoch, z. T. verkarstet; u. a. die **Barbarossahöhle.** Auf dem NO-Kamm steht das K.denkmal (1896).

Kyffhäuserbund ['kɪf...] ↑ Soldatenverbände.

Kyffhäusersage ['kɪf...], bes. Typus der Kaisersage. Nach ihr soll Friedrich II. im Kyffhäuser hausen und auf seine Wiederkehr warten. Davon berichtet schon J. Rothe in seiner „Thüring. Chronik" (abgeschlossen 1421). Später wird die Sage v. a. auf Friedrich I. Barbarossa übertragen.

Kykladen, griech. Inselgruppe im südl. Ägäischen Meer, zw. dem griech. Festland (Attika) im NW und den Inseln des Dodekanes im SO. Die K. sind in mehreren Bögen angeordnet und erreichen Höhen bis 1 400 m ü. d. M. Anbau findet nur in Becken und Ebenen und im Terrassenfeldbau statt (Wein, Getreide, Gemüse); das Bergland wird als Schaf- und Ziegenweide genutzt. An Bodenschätzen kommen Erze auf Seriphos, Bims und Tuff auf Santorin, Marmor auf Tinos, Naxos und Paros, Bentonit auf Milos, Blei auf Andiparos, Baryt auf Mikonos vor; Fremdenverkehr. - In der Antike wichtige Zwischenstationen für den Seeverkehr im Ägäischen Meer. Ab 1000 v. Chr. wurde die kar. Urbev. von griech. Stämmen verdrängt. Die nördl., ion. besiedelten Inseln bildeten 477 v. Chr. mit Küstenstädten den Att.-Del. Seebund, die südl. waren dor. besiedelt. In der hellenist. Zeit bildeten die K. den „Bund der Nesioten" (Inselgriechen).

Kykladenkultur (kyklad. Kultur), Teilbereich der ↑ ägäischen Kultur (auf den Kykladen); am eigenständigsten in frühkyklad. Zeit

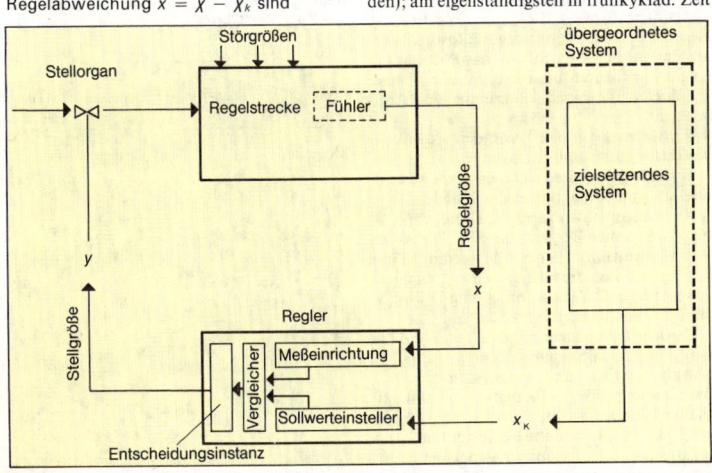

Kybernetik.
Vereinfachtes Modell eines Regelkreises, wobei χ der Istwert, χ_k der Sollwert sowie die Regelabweichung $x = \chi - \chi_k$ sind

Kylon

(etwa 3200–2000). In den Kleinstädten an den Küsten v. a. lokales Material verarbeitende Gewerbe, deren Erzeugnisse durch weiten Seehandel verbreitet wurden; bed. v. a. die **Kykladenidole** (Grabbeigaben, 12–153 cm große weibl., stark abstrahierte Idole aus Marmor in verschiedenen Typen; Abb. S. 106), Gefäße und Büchsen aus Marmor, Steatit und Buntstein, Kupfernadeln, Keramik von großem Formenreichtum. In mittelkyklad. Zeit (bis 1600) setzten sich v. a. kret. Kultureinflüsse durch; die spätkyklad. Phase (bis etwa 1100) ging völlig in der festländ. †mykenischen Kultur auf.

Kylon, athen. Politiker des 7. Jh. v. Chr. - K. versuchte um 630 vergebl., eine Tyrannis zu errichten, seine Anhänger wurden trotz Zuflucht in Heiligtümern auf Betreiben des Archonten Megakles getötet (**Kylonischer Frevel**).

Kymation (Kyma) [griech.], Profilleiste aus stilisierten Blattformen v. a. am Gesims des griech. Tempels; verschiedene Typen (dor., ion. [oder Eierstab], lesb. K.).

Kyme, Name mehrerer antiker griech. Städte; am bedeutendsten: 1. K. in Italien († Cumae); 2. K. an der W-Küste Kleinasiens, 4 km südl. von Aliağa, wichtigste Stadt des äol. Zwölfstädtebundes.

Kymographie [griech.], röntgenolog. Darstellung von Bewegungsabläufen in einem Organ (z. B. Herz) in graph. Kurven bzw. Darstellung einzelner Phasen durch Mehrfachbelichtung mittels verschiebbarer, streifenweise strahlenundurchlässigem Raster.

Kymrisch, svw. †Walisisch.

kymrische Literatur †walisische Literatur.

Kynewulf †Cynewulf.

Kyniker [zu griech. kynikós „hündisch" (nach der Bedürfnislosigkeit und der rücksichtslosen Art, die Lehre weiterzugeben)], Bez. für Vertreter der griech. Philosophie, die aus der Sokrat. Tugendlehre das Postulat der †Autarkie ableitet und diese mit der Tugend gleichsetzt. Ihr angebl. Begründer war Antisthenes.

Kynismus [griech.], von den †Kynikern vertretene philosoph. Richtung.

Kynologie [griech.], Lehre von Zucht, Dressur und Krankheiten der Hunde.

Kynoskephalai [griech. „Hundsköpfe"], bis 726 m hoher Bergzug im östl. Thessalien (= Mawrowuni); 197 v. Chr. errang Titus Quinctius Flamininus hier den entscheidenden Sieg über den makedon. König Philipp V. im 2. Makedon. Krieg.

Kyŏngju [korean. kjʌndʒu], Stadt 90 km nnö. von Pusan, Republik Korea, 122 000 E. Marktort; Mittelpunkt eines Nationalparks; Bahnknotenpunkt. - Hauptstadt des Sillareiches vom Ende des 7. Jh. bis zu seinem Untergang 935. - Zahlr. buddhist. Klöster und Tempel, u. a. der Pulguksa mit dreistöckiger Pagode (8. Jh.). Bed. die 9,25 m hohe Sternwarte (632–646; ⌀ 5 m), die älteste erhaltene Sternwarte Asiens.

Kyprianou, Spyros †Kiprianu, Spiros.

kyprische Silbenschrift, die auf Zypern für die Inschriften in Eteokyprisch und in dem kypr. Dialekt des Griechischen bis gegen Ende des 3. Jh. v. Chr. verwendete Schrift; eine rein phonet. Silbenschrift mit 56 Zeichen.

kypro-minoische Schrift, die vom Ende des 16. Jh. bis ins 11. Jh. v. Chr. auf Zypern und auf einigen Dokumenten aus Ugarit verwendete Schrift.

Kyrenaiker [griech., nach †Aristippos von Kyrene], Bez. für Vertreter einer Schule der griech. Philosophie, die im Ggs. zu den Kynikern aus der Sokrat. Tugendlehre die Konsequenz zieht, subjektivist. und sensualist. das Gute mit dem Angenehmen, die Tugend mit der Genußfähigkeit gleichzusetzen. - †auch Hedonismus.

Kyrene (lat. Cyrene), antike Hauptstadt der Cyrenaika, (= Schahhat [Libyen]); auch Name der Cyrenaika. 631 v. Chr. von Thera aus unter Führung von Battos gegründet. Nach Unterwerfung unter Persien 525 wurde K. ab 456 demokrat. regiert, geriet 301 endgültig unter ptolemäische, 96 v. Chr. durch Testament unter röm. Herrschaft. 643 n. Chr. wurde K. von den Arabern erobert. - Bei Ausgrabungen entdeckte man u. a. das Apollonheiligtum und den Zeustempel aus dem 6. Jh. v. Chr., die hadrian. Thermen, einen Demetertempel aus hellenist. Zeit und in der Ebene zum Hafen hin eine riesige Nekropole.

Kyriale Romanum [griech./lat.], Choralbuch der kath. Kirche, dessen Inhalt (Gesänge des Ordinarium missae, Totenmesse, Exequien, Toni communes missae usw.) mit dem Schlußteil des Graduale übereinstimmt. Im Zuge der Choralreform erschien das „K.

KYRILLIZA

Zeichen		Transkription	Zeichen		Transkription
А	а	a	Р	р	r
Б	б	b	С	с	s, ss
В	в	w	Т	т	t
Г	г	g	У	у	u
Д	д	d	Ф	ф	f
Е	е	e, jo	Х	х	ch
Ж	ж	sch	Ц	ц	z
З	з	s	Ч	ч	tsch
И	и	i	Ш	ш	sch
Й	й	i	Щ	щ	schtsch
К	к	k	Ъ	ъ	unbezeichnet
Л	л	l	Ы	ы	y
М	м	m	Ь	ь	unbezeichnet
Н	н	n	Э	э	e
О	о	o	Ю	ю	ju
П	п	p	Я	я	ja

R." als „K. seu Ordinarium Missae" (1905, Ergänzungen 1961).

Kyrie eleison ['ky:ri-ɛ; griech. „Herr, erbarme dich"], urspr. ein hellenist. Huldigungsruf an einen Herrscher oder eine Gottheit; wurde im christl. Gottesdienst zum Gemeinderuf (als Wechselgesang) an Christus. In den ev. Kirchen ist das K. e. Teil des Altargesangs.

Kyrilliza [(kyrillische Schrift) russ., nach dem Slawenapostel Kyrillos], nach dem Vorbild der griech. Majuskel unter Berücksichtigung slaw. phonolog. Besonderheiten geschaffene Schrift, die im Laufe des 10. Jh. die ältere ↑Glagoliza verdrängte und zur alleinigen Schrift der griech.-orth. Slawen wurde. Die ältere kirchenslaw. K. wurde durch die Rechtschreibreform Peters I. 1707 bis 1710 vereinfacht und der lat. Schrift angenähert. Durch die Schriftreform von 1918 wurde die russ. K. weiter vereinfacht, sie wird heute auch zur Schreibung nichtslaw. Sprachen der UdSSR verwendet.

Kyrillos und Methodios (Cyrillus und Methodius), hl. Brüderpaar, Lehrer und Apostel der Slawen. - *Kyrillos* (eigtl. Konstantinos), * Thessalonike (= Saloniki) 826/827, † Rom 14. Febr. 869; *Methodios* (eigtl. Michael), * wahrscheinl. zw. 816 und 820, † Staré Město (?) 6. April 885. Zunächst Missionare unter den Chasaren am Schwarzen Meer, seit 863 im Großmähr. Reich. Für ihre Arbeit übersetzten sie bibl. und liturg. Texte ins Slawische; dazu schufen sie das slaw. Alphabet (↑Glagoliza). Es kam zu Auseinandersetzungen mit lat. Missionaren; K. und M. gingen nach Rom, wo Papst Hadrian II. 867 ihre Missionsarbeit bestätigte. Nach dem Tod der Brüder wurde die slaw. Mission in Großmähren endgültig unterdrückt; die Schüler von K. und M. zogen sich in den südslaw. Raum zurück, wo sie durch ihre Arbeit Begründer der christl.-slaw. Kultur wurden. - Fest: 14. Febr.; Ostkirchen: 11. Mai.

Kyrios [griech. „Herr"], 1. bibl. Hoheitstitel; in der Septuaginta Übersetzung des alttestamentl. Gottesnamens; im N. T. v. a. für den mit göttl. Autorität versehenen, im Himmel gegenwärtig herrschenden „Herrn Jesus" gebraucht. - 2. antiker Herrschertitel.

Kyritz, Krst. in der östl. Prignitz, Bez. Potsdam, DDR, 10 200 E. Nahrungsmittelind. - Von den Edlen Plote (Plotho) gegr.

K., Landkr. im Bez. Potsdam, DDR.

Kyros (lat. Cyrus), Name altpers. Herrscher aus der Dyn. der Achämeniden:
K. I., König von Anschan etwa 640–600.
K. II. (nach Herodot K. III.), **d. Gr.**, ✕ 529 v. Chr., König (seit 559). - Begründer des pers. Großreiches: 550/549 Abschüttelung der med. Oberherrschaft und Eroberung Mediens, 547 Eroberung Lydiens, 539 Babylons (Rückkehr der Juden aus dem Babylon. Exil). Das von ihm errichtete Herrschaftssystem beruhte auf Toleranz und Schonung der Gegner; seine histor. Leistung wurde literar. ausgemalt und rief staatstheoret. und ideolog. Auseinandersetzungen hervor.
K. d. J., * um 423, ✕ Kunaxa im Herbst 401, pers. Prinz. - Seit 408 mit der Reg. Kleinasiens beauftragt; unternahm nach einem Mordversuch an seinem Bruder Artaxerxes II. 402 einen Aufstand gegen diesen.

Kysyl [russ. ki'zil], Hauptstadt der Tuwin. ASSR innerhalb der RSFSR, in S-Sibirien, 73 000 E. PH, Polytechnikum, Landw.-technikum, tuwin. Forschungsinst. für Sprache, Literatur und Geschichte; Museum; Theater; Bekleidungskombinat. - Gegr. 1914.

Kysylkum [russ. kizil'kum], Sandwüste im Tiefland von ↑Turan, sö. des Aralsees, UdSSR, etwa 300 000 km^2 groß. Der Teil der K. zw. dem Tschardaraer Stausee des Syrdarja und dem Nuratau wird als **Südl. Hungersteppe**, ein bed. Baumwollanbaugebiet, bezeichnet.

Kyzikener [griech., nach Kyzikos], Elektronmünze etwa 600–330 v. Chr., unterteilt in $1/6$, $1/12$ und $1/24$; als Handelsmünze die wichtigste Goldwährung der griech. Welt.

Kyzikos (lat. Cyzicus), antike Hafenstadt an der asiat. Küste des Marmarameeres, südl. von Erdek (Türkei). 756 von Milet gegr., Mgl. des Att.-Del. und des 2. Att. Seebundes (bis 357/355); 281 seleukid., ab 218 selbständig, bis 25 n. Chr. freie Stadt; in spätröm. Zeit Mittelpunkt der Prov. Hellespontos; eine der reichsten Städte Kleinasiens in röm. Zeit. - U. a. Ruinen der Stadtmauer (4. Jh. v. Chr.), des Hadrianstempels (167 geweiht) und eines Amphitheaters (2./3. Jh.).

KZ, Abk. für: ↑Konzentrationslager.

L

L, 12. Buchstabe des dt. Alphabets (im lat. der 11.), im Griech. λ (Lambda), im Nordwestsemit. (Phönik.) ᒪ, ᒥ (Lamed). Das semit. und griech. Zeichen hat jeweils den Zahlwert 30, im röm. Zahlensystem 50.

£, Abk. und Währungszeichen für Pfund Sterling (von lat. libra „das Pfund").

l, Kurzzeichen:
◆ (Einheitenzeichen) für ↑ Liter.
◆ (l) (Formelzeichen) für die Bahndrehimpulsquantenzahl.

L., im Anschluß an den wiss. Namen von Pflanzen- und Tierarten stehende Abk., die besagt, daß die betreffende Art erstmals von dem schwed. Naturforscher Carl von Linné beschrieben und ben. worden ist.

La, die sechste der Solmisationssilben (↑ Solmisation); in den roman. Sprachen Bez. für den Ton A.
◆ chem. Symbol für ↑ Lanthan.

La., Abk. für: ↑ Louisiana, Staat der USA.

l. a., Abk. für: ↑ lege artis.

Laa an der Thaya, niederöstr. Stadt im nördl. Weinviertel, 182 m ü. d. M., 6 500 E. Museum, Zollstation, Nahrungsmittel- und Textilindustrie. - Neben dem 1148 gen. „Altenmarkt" wurde um 1220 eine neue Stadt mit Rechteckplatz und Wasserburg angelegt. - Spätroman.-frühgot. Pfarrkirche (vor 1290).

Laacher See, Maar in der östl. Eifel, 275 m ü. d. M., 3,32 km² groß, bis 51 m tief. Am SW-Ufer die Abtei ↑ Maria Laach.

Laasphe [...fə] (seit 1984 Bad L.), Stadt im Wittgensteiner Land, NRW, 330 m ü. d. M., 14 300 E. Metallverarbeitung; Kneipp-Heilbad. - Vor 1277 zur Stadt erhoben. - Roman. Pfarrkirche (um 1200; später erweitert); Schloß Wittgenstein (v. a. 17. und 18. Jh.).

Laatzen, Stadt an der Leine, sö. von Hannover, Nds., 60 m ü. d. M., 36 200 E. Standort der Hannover-Messe.

Lab, svw. ↑ Labferment.

Labadie, Jean de [frz. laba'di], * Bourg (Gironde) 13. Febr. 1610, † Altona (= Hamburg) 13. Febr. 1674, frz. Pietist. - Verließ 1639 den Jesuitenorden und trat 1650 zur ref. Kirche über. 1669 wegen seiner Verwerfung der kirchl. Autorität entlassen, gründete in Amsterdam eine eigene Hausgemeinde nach dem Vorbild der urchristl. Gemeinde. Ab 1672 in Altona. Seine Anhänger, die **Labadisten**, lebten in Gütergemeinschaft in Westfriesland (bis etwa 1745).

Laban, bibl. Gestalt, Schwiegervater Jakobs.

Laban, Rudolf von, eigtl. R. L. von Varalya, * Preßburg 15. Dez. 1879, † Weybridge 1. Juli 1958, ungar. Choreograph und Tanzpädagoge. - Wirkte seit 1910 in München, Zürich, Ascona, Hamburg, 1930–34 Ballettdirektor der Staatsoper Berlin. 1938 emigrierte er nach Großbrit., gründete 1942 in Manchester das „Studio Art of Movement". L. ist der Schöpfer des modernen Ausdruckstanzes, den er mit den Kategorien Kraft, Zeit, Raum, denen Bewegung, Rhythmus, Richtung entsprechen, umgrenzt. Die von ihm entwickelte Tanzschrift fand internat. Verbreitung. Seine bedeutendsten Schüler waren Mary Wigman und Gret Palucca. Er schrieb u. a. „Die Welt des Tänzers" (1920), „Gymnastik und Tanz" (1926), „Schrifttanz" (1928), „Ein Leben für den Tanz" (1935), „Principles of dance and movement notation" (1956).

Labarna I. ↑ Hattusili I.

Labarum [lat.], spätröm. Kaiserstandarte mit Christusmonogramm; von Konstantin d. Gr. eingeführt.

Labe, tschech. für ↑ Elbe.

Labé, Louise [frz. la'be], eigtl. L. Charly, genannt „la belle cordière" („die schöne Seilerin"), * Parcieux bei Lyon um 1526, † ebd. 25. April 1566, frz. Dichterin. - Bes. bekannt durch ihre von Petrarca beeinflußten drei Elegien und 24 leidenschaftl. Sonette (1555).

Labé [frz. la'be], Prov.hauptstadt in Z-Guinea, im Fouta Djalon, 1 052 m ü. d. M., 79 700 E. Handelszentrum; Straßenknotenpunkt, ✈.

Label ['lɛɪbəl; engl.], Klebeetikett; Etikett einer Schallplatte.

Labellum [lat. „kleine Lippe"], (Lippe) in der *Botanik* Bez. für das mediane, durch Drehung der Blüte meist nach unten weisende Blütenblatt des inneren Blütenblattkreises der Orchideenblüte.
◆ die löffelartige Spitze der Zunge (Glossa) bei Hautflüglern.

Labenwolf, Pankraz, * Nürnberg 1492, † ebd. 20. Sept. 1563, dt. Erzgießer. - Seine Messinggüsse schließen an die Tradition der Vischerwerkstatt an; u. a. Rathausbrunnen in Nürnberg (1557).

Labferment (Lab, Chymosin, Rennin), proteinspaltendes Enzym (Endopeptidase) aus dem Labmagen saugender Kälber; in der

Labkraut

Käserei als Gerinnungsenzym zur Fällung des Kaseins verwendet.

Labia, Mrz. von Labium; *L. minora,* svw. kleine ↑Schamlippen; *L. majora,* svw. große ↑Schamlippen.

labial [zu lat. labium „Lippe"], in der Phonetik: auf die Lippen bezogen; dort artikuliert. Bezügl. Konsonanten unterscheidet man genauer 1. *bilabial* (mit beiden Lippen), 2. *labiodental* (mit Unterlippe gegen obere Schneidezähne), z. B. [f, r]. Auf diese Weise artikulierte Laute heißen **Labiale.**

Labialpfeife (Lippenpfeife), in der Orgel die häufigste Art der Pfeifen. L. haben in ihrem unteren Teil über dem *Fuß* einen schmalen *Aufschnitt* in der Pfeifenwand mit scharf abgekantetem *Labium* (Ober-L. und Unter-L.) und enthalten einen *Kern,* der nur eine schmale *Kernspalte* offenläßt. Die Luft strömt durch die Kernspalte, bricht sich an der Kante des Ober-L. und bringt die Luftsäule im Pfeifenkörper zum Schwingen. Die L. sind aus Holz oder Metall und können am oberen Ende offen, halb oder ganz verschlossen (gedackt) sein. Außer den L. gibt es die ↑Lingualpfeifen.

Labiatae (Labiaten) [lat.], svw. ↑Lippenblütler.

Labiau (russ. Polessk), Stadt in Ostpreußen, UdSSR▼. Zweigstelle der Leningrader Landw.hochschule; Fischkombinat. - Entstand aus einer 1258 erwähnten kleinen Befestigung des Dt. Ordens; erhielt 1642 Stadtrecht; Ende des 2. Weltkrieges teilweise zerstört. - Im **Vertrag von Labiau** (20. Nov. 1656) erreichte Kurfürst Friedrich Wilhelm von König Karl X. Gustav von Schweden den Verzicht auf die Lehnsherrschaft über Preußen und Ermland als ersten Schritt zur Erlangung der völligen Unabhängigkeit Preußens von Polen und Schweden im Frieden von Oliva (1660). - Erhalten sind Teile der Burg, u. a. der Rittersaal (1564 ausgemalt), Seigerturm (teilweise 15. Jh.).

Labiche, Eugène [frz. la'biʃ], * Paris 5. Mai 1815, † ebd. 23. Jan. 1888, frz. Dramatiker. - Seit 1880 Mgl. der Académie française. Verfaßte (oft mit anderen) rd. 100 bühnenwirksame Sittenkomödien und Vaudevilles, in denen er gern das Bürgertum karikierte, u. a. „Der Florentinerhut" (Kom., 1851).

Labien, Mrz. von ↑Labium.

Labienus, röm. Fam. Bed. Vertreter:

L., Quintus, † 39 v. Chr., Heerführer. - Bewog die Parther zum Krieg gegen Antonius und drang unter dem Titel „Parthicus imperator" siegreich bis Phrygien vor.

L., Titus, † kurz vor 14 n. Chr., Redner und Historiker. - Überzeugter Republikaner, seine Schriften wurden wegen republikan. Tendenzen verbrannt, woraufhin L. Selbstmord beging.

Labilität [lat.], in der *Psychologie* erhöhte Störbarkeit des seel. Gleichgewichtes, insbes. die Tendenz zur Nachgiebigkeit gegenüber anlagebedingter Triebhaftigkeit (als charakterl. **Haltlosigkeit** gedeutet).

♦ in der *Meteorologie* Bez. für einen Zustand der Atmosphäre, bei dem die vertikale Temperaturabnahme in nicht gesättigter Luft größer ist, als es der Trockenadiabate entspricht, also größer als 1 °C pro 100 m Höhendifferenz. Wird ein Luftquantum, das die

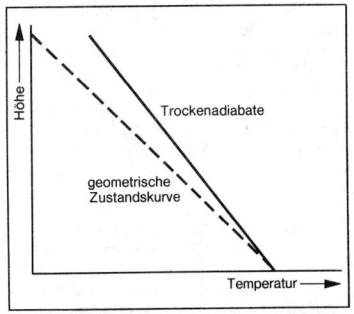

Labilität. Die geometrische Zustandskurve beschreibt die tatsächlich vorliegende Höhenabhängigkeit der Lufttemperatur

Temperatur seiner Umgebung besitzt, bei diesem Zustand der Atmosphäre verschoben, so ist es beim Aufsteigen immer wärmer (beim Absteigen ständig kälter) als seine Umgebung und hat das Bestreben, sich von seiner Ausgangslage zu entfernen.

labinische Phase [nach dem jugoslaw. Ort Labin] ↑Faltungsphasen (Übersicht).

labiodental [lat.] ↑labial.

labiovelar [lat.], in der Phonetik Bez. für die Lautfolge labialisierter velarer Konsonant (meist labialisiertes [k], [g]) plus Halbvokal [w], z. B. [kw] im engl. quiz [kwɪz].

Labiovelare [lat.], die für das Phonemsystem der indogerman. Grundsprache postulierten, wohl mit Lippen und Hintergaumen gleichzeitig artikulierten Lippengaumenlaute (k^u, g^u, g^{uh}), die in den Einzelsprachen als solche aber nicht erhalten sind.

Labium [lat. „Lippe"] (Mrz.: Labien, Labia), in der *Anatomie:* 1. lippenförmiger Rand oder Wulst (z. B. eines Hohlorgans oder eines Knochens); 2. i. e. S. svw. Lippe; 3. (bes. in der Mrz.) svw. ↑Schamlippen.

♦ in der *Insektenkunde* ↑Mundgliedmaßen.

♦ (Pfeifenmund) ↑Labialpfeife.

Labkraut (Galium), Gatt. der Rötegewächse mit rd. 300 weltweit verbreiteten Arten. In M-Europa kommen 25 Arten vor, darunter das **Echte Labkraut** (Galium verum; zitronengelbe Blüten) und das **Klebkraut** (Kletten-L., Galium aparine; mit klimmenden Stengeln und Klettfrüchten). Bekannt ist auch der als Aromamittel verwendete **Waldmeister** (Maikraut, Galium odoratum); 10–60 cm hoch, mit vierkantigen Stengeln, zu 6–9 quirlig angeordneten, lanzenförmigen bis ellipt. Blättern und weißen Blüten in Trugdolden.

Labmagen (Abomasus), letzter Abschnitt des ↑Magens der Wiederkäuer, in dem die eigentl. (enzymat.) Verdauung einsetzt und während der Ernährung mit Milch das ↑Labferment produziert wird.

Labná [span. la'βna], Ruinenstätte der Maya im N der Halbinsel Yucatán, Mexiko; Bauten aus dem 8./9. Jh. im Puucstil, z. T. restauriert.

Labor, Kurzform von ↑Laboratorium.

Laboratorium (Labor) [zu lat. laborare „arbeiten"], Arbeits- und Forschungsstätte für wiss.-experimentelle, techn. oder spezielle medizin. Untersuchungen bzw. Routinearbeiten mit den dazu erforderl. Einrichtungen.

laborieren [lat.], mühsam an etwas arbeiten, sich abmühen; an etwas leiden.

Labour Party [engl. 'lɛɪbə 'pɑːti „Arbeiterpartei"], brit. polit. Partei, deren Wurzeln im Chartismus, der Wahlreformbewegung der 1860er Jahre und im liberalen Radikalismus der Jh.wende liegen. Nach mehreren sozialist. Parteiexperimenten, der Gründung der Fabian Society und der Scottish L. P. (1888) entstand 1893 die *Independent L. P.* mit sozialist. Langzeit- und sozialpolit. Sofortprogramm. Nach einer Phase erfolgreicher Massenstreiks kam es zur Verbindung von Gewerkschaftsbewegung und polit. Arbeiterbewegung durch Gründung (1900) des *Labour Representation Committee* mit dem Ziel, den Gewerkschaften eine parlamentar. Vertretung zu geben. Fakt. war damit die L. P. gegr., die diesen Namen jedoch erst 1906 annahm. Erster Sekretär wurde J. R. Macdonald. Die L. P., im Unterhaus mit Liberalen und ir. Nationalisten zusammengehend, wuchs rasch, v. a. durch korporativen Beitritt zahlr. Gewerkschaften: 1918 gehörten ihr neben sozialist. Organisationen mit 53 000 Mgl. 131 Gewerkschaften mit 2,96 Mill. Mgl. an. An der Reg. Asquith war die Partei, begünstigt durch ein geheimes Wahlabkommen (1903–10) mit den Liberalen, als Juniorpartner beteiligt. Die Zahl ihrer Unterhausmandate stieg von 2 im Jahr 1900 auf 42 im Dez. 1910. Die Abhängigkeit von der Liberalen Partei ging ab 1910 kontinuierl. zurück. Das Gewicht der L. P. als Koalitionspartner und der Ggs. zu den von den Liberalen vertretenen Unternehmerinteressen trugen zu dem Trennungsprozeß bei, der durch die Beteiligung der L. P. an der Kriegskoalition nur verzögert wurde und 1918 voll einsetzte. Die Entwicklung zw. den Weltkriegen war gekennzeichnet von der weiteren Abwendung der Arbeiterwähler von der Liberalen Partei, von der wesentl. verantwortl. Einbeziehung der L. P. in das parlamentar. Reg.system (offizielle Oppositionspartei 1922, Minderheitsreg. unter Macdonald 1924 und 1929–31), von der Parteisatzung 1918 mit entschieden sozialist. Ausrichtung und dem Manifest „Arbeiterschaft und neue Gesellschaftsordnung". Die L. P. war seitdem eine festgefügte Massenpartei, die, gestützt auf die außerparlamentar. Macht der Gewerkschaften, z. T. aber auch abhängig von deren Interessen, sich für den parlamentar. Weg der Gesellschaftsveränderung entschied. Außer in den brit. Bergbaurevieren hatte die L. P. ihre Gefolgschaft v. a. in Großstädten. Nach den Wahlerfolgen von 1924 und 1929 beruhte die vernichtende Niederlage von 1931 v. a. auf einer informellen Einheitsfront von Liberalen und Konservativen gegen die L. P. Nachdem die L. P. an der Kriegskoalition unter Churchill maßgebl. beteiligt gewesen war, setzte die von ihr allein gestellte Reg. Attlee ab 1945 ein weitgreifendes Programm sozialer Reformen durch, das den brit. Wohlfahrtsstaat bis heute prägt: National Health Service, Education Act, Nationalisierung (z. T. später rückgängig gemacht) von Schlüsselindustrien. Außenpolit. leistete die Reg. den USA volle Unterstützung, die jedoch in der Opposition ab 1951 innerhalb der Partei (Ostermarschbewegung) in Frage gestellt wurde. Parteiführer wurde 1955 als Nachfolger Attlees H. T. Gaitskell, diesem folgte 1963 H. Wilson, der die Partei 1964 zu einem Wahlsieg führte, der 1966 ausgebaut werden konnte. Ab 1970 in der Opposition, wurde die L. P. im Febr. 1974 zwar wieder stärkste Fraktion im Unterhaus, konnte jedoch erst bei erneuten Wahlen im Okt. 1974 eine knappe absolute Mehrheit erreichen, die allmähl. wieder verlorenging (bei Nachwahlen, Abspaltung einer „Scottish L. P.") und zu Absprachen mit anderen Parlamentsgruppen zwang. 1976 übernahm J. Callaghan von H. Wilson das Amt des Premiermin. und Parteiführers. Ihn brachte die Durchsetzung von Einkommensbegrenzungen im Rahmen seiner Antiinflationspolitik zunehmend in Konflikte mit den Gewerkschaften. Nach der Niederlage in den Unterhauswahlen vom 3. Mai 1979 (268 Mandate für die L. P. gegenüber 339 für die Konservativen) ist die L. P. wieder in der Opposition. Im Nov. 1980 wurde M. Foot zum neuen Partei- und Oppositionsführer gewählt. Der Parteitag vom Jan. 1981 brachte eine Satzungsänderung, durch die das Monopol der Parlamentsfraktion bei der Wahl des Parteiführers zugunsten eines verstärkten Einflusses der Gewerkschaften und der Basisorganisationen beseitigt wurde. Einige prominente Politiker des rechten Flügels der Partei gründeten daraufhin die Social Democratic Party. Bei den Unterhauswahlen vom Juni 1983 erreichte die L. P. mit 28,3 % der Stimmen und 209 Mandaten ihr schlechtestes Wahlergebnis seit dem 2. Weltkrieg. M. Foot trat als Parteiführer zurück; sein Nachfolger wurde N. Kinnock.

Labrador, Halbinsel im O Kanadas, zw. Hudsonbai und Labradorsee, etwa 1,4 Mill.

km², davon etwa 25 % Binnengewässer. Teil des Kanad. Schildes, der hier randl. bis etwa 1 700 m aufgewölbt wurde. Arkt. und subarkt. Klima, daher meist Tundra, im S Nadelwald. Bed. sind Waldnutzung, Bergbau auf Eisenerz, Ilmenit und Asbest sowie die Nutzung der Wasserkraft. - Um 1 000 von Leif Eriksson entdeckt; nach dem portugies. Seefahrer J. F. Labrador ben.; 1534 wurden Teile von L. im Namen der frz. Krone in Besitz genommen; seit 1763 brit., gehörte seit 1774 abwechselnd zu Newfoundland und Quebec (endgültige Festlegung der Grenze zu Quebec 1927). - I. e. S. v. a. in Kanada, der festländ. Teil der Prov. Newfoundland, mit 112 826 km² (einschl. Binnengewässer).

Labrador (Labradorit) ↑ Feldspäte.
◆ Handelsbez. für eine bläul. schimmernde Varietät des Syenits.

Labradorsee, Teil des Nordatlantiks zw. der NO-Küste der Halbinsel Labrador und der SW-Küste Grönlands.

Labradorstrom, kalte, N-S gerichtete Meeresströmung im Nordatlantik, von den O-Küsten von Labrador und Neufundland; beeinflußt stark das Klima O-Kanadas.

Labrunie, Gérard [frz. labry'ni], frz. Dichter, ↑ Nerval, Gérard de.

La Bruyère, Jean de [frz. labry'jɛːr], * Paris 16. Aug. 1645, † Versailles 10. oder 11. Mai 1696, frz. Schriftsteller. - Sein Hauptwerk „Die Charaktere oder die Sitten im Zeitalter Ludwigs XIV." (1688) stellt einen Höhepunkt französischer Moralistik und literar. Porträtkunst dar.

labsalben (lappsalben) [niederdt.], seemänn. svw. [Draht]tauwerk, Beschläge und andere [Metall]teile der Takelage mit Teer und Fetten schützen.

Labskaus [engl.-niederdt.], Seemannsgericht; Eintopf aus Pökelfleisch (Corned Beef), Kartoffeln, Fisch, Zwiebeln, Salzgurken.

Labuan, zu Sabah (Ostmalaysia) gehörende Insel im Südchin. Meer, vor der NW-Küste Borneos, 104 km², Hauptort **Victoria** (Hafen, Umschlagplatz für Brunei und z. T. für Sabah; ⚓).

Laburnum [lat.], svw. ↑ Goldregen.

Labynetos ↑ Nabonid.

Labyrinth [zu griech. labýrinthos „Haus mit Irrgängen"], Irrgarten, scheinbar ausweglose Anlage, z. B. barocke Gartenanlagen.
◆ in der griech. *Mythologie* Behausung des Minotauros mit verwirrenden Gängen, von Dädalus für König Minos von Knossos erbaut. Wahrsch. ist der Palast von Knossos durch seine für die einwandernden Griechen ungewohnte Fülle von Räumen, Gängen und Treppen die spätere Sage angeregt. Auch andernorts gab es L., v. a. den Totentempel des ägypt. Königs Amenemhet III. (1844-1797) mit angebl. 3 000 Räumen und 12 gedeckten Höfen (200 × 150 m) am Eingang des Beckens von Al Faijum.

Labyrinthversuch

◆ *graph. Figur* mit verschachteltem Linienbild mit nur einem Zugang ins Zentrum (bereits im 2. Jt. v. Chr. bekannt; häufig auf kret. Münzen, 5./4. Jh., und röm. Mosaiken, z. B. Pompeji, Casa del Labirinto, auch auf Fußböden christl. Kirchen).
◆ in der *Anatomie* das als Gehör- und Gleichgewichtsorgan fungierende Innenohr der Wirbeltiere. Es umfaßt das mit Endolymphe gefüllte *häutige L.;* dieses liegt im mit Perilymphe erfüllten *knöchernen* Labyrinth. Das häutige L. entsteht aus dem L.bläschen (Ohrbläschen), aus dem sich durch Einschnürung der ventrale *Sacculus* und der dorsale *Utriculus* bilden. Durch Ausstülpungen entstehen am Sacculus die Schnecke, am Utriculus die drei halbkreisförmigen, senkrecht zueinander in drei Ebenen stehenden *Bogengänge* mit je einer Auftreibung *(Ampulle),* in der auf einem Vorsprung und in der Gallertmasse eintauchend die *Sinneshaare* liegen. Diese werden bei Drehbewegungen des Kopfes mit der Gallertmasse zus. durch die Trägheit der Endolymphe abgebogen und so gereizt. Im Sacculus und Utriculus liegt je ein Sinneszellenbezirk *(Macula)* mit Statolithen für den Gleichgewichts- und Linearbeschleunigungssinn.

Labyrinthfilter ↑ Luftfilter.

Labyrinthfische (Anabantoidei), Unterordnung der Barscharten mit zahlr. sehr vielgestaltigen, mit paarigen Labyrinthorganen ausgestatteten Arten in trop. und subtrop. Gebieten O- und SO-Asiens sowie in Afrika; z. T. beliebte Warmwasseraquarienfische, z. B. ↑ Fadenfische.

Labyrinthorgan, bei bestimmten Fischen (bes. Labyrinthfischen) jederseits über den Kiemen gelegener Hohlraum, in den von Knochenlamellen gestützte, stark durchblutete Schleimhautfalten hineinragen; zusätzl. Atmungsorgan für die Aufnahme und Auswertung atmosphär. Luft.

Labyrinthspinne ↑ Trichterspinnen.

Labyrinthversuch, verhaltenswiss. Experiment zur Erforschung tier. Lernleistung. Beim L. führt in einem System von Gängen nur ein einziger Gang zum Ziel (die anderen Gänge enden blind). An diesem wird eine Belohnung geboten. L., bes. mit Albinoratten,

303

Labyrinthzähner

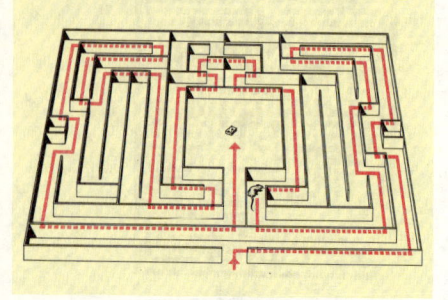

Labyrinthversuch. Die rote Linie zeigt den kürzesten fehlerfreien Weg

spielen in der Lernpsychologie (v. a. des ↑ Behaviorismus) eine Rolle.

Labyrinthzähner (Panzerlurche, Labyrinthodonten, Labyrinthodontia, Stegocephalia), Unterklasse ausgestorbener Lurche; lebten vom Oberen Devon bis zur Oberen Trias; primitivste, den ältesten Kriechtieren sehr ähnl. Lurche.

Lacedaemon ↑ Lakonien, ↑ Sparta.

Lacerna [lat.], vermutl. im 1. Jh. v. Chr. in Rom eingeführter offener, fransenbesetzter Mantel, zuerst von den Soldaten getragen.

Lacerta [lat.] ↑ Sternbilder (Übersicht).

La Chaise (La Chaize), François [d'Aix] de [frz. la'ʃεːz], gen. Père La Chaise, * Schloß Aix (Loire) 25. Aug. 1624, † Paris 20. Jan. 1709, frz. Jesuit (seit 1639). - Dozent für Theologie und Philosophie in Lyon, erlangte ab 1675 als Berater und Beichtvater Ludwigs XIV. großen Einfluß, v. a. im Kampf gegen den Jansenismus. 1804 wurde der auf ehem. Jesuitenareal liegende Pariser Friedhof Père-Lachaise nach ihm benannt.

La Chaussée, Pierre Claude Nivelle de [frz. laʃo'se], * Paris 1692, † ebd. 14. März 1754, frz. Dramatiker. - Begründete mit seinen rund 20 Stücken in Frankreich die Gattung der sog. ↑ Comédie larmoyante (u. a. „Mélanide", 1741).

Lachen, schweizer. Bez.hauptort am S-Ufer des oberen Zürichsees, Kt. Schwyz, 407 m ü. d. M., 5 400 E. Maschinen- und Apparatebau, Schuh- und Möbelind. - Barocke Kirche (18. Jh.).

Lachen, Ausdruckserscheinung, die mim. durch Bewegung bestimmter Gesichtsmuskeln und lautl. durch eine besondere Rhythmik des Stimmapparats gekennzeichnet ist. Als Reaktion auf heitere oder kom. Erlebnisse, als Ausdruck bestimmter Stimmungslagen (freudig, albern, ironisch, zynisch, verzweifelt) und als soziale Reaktion (freundl. Grußlächeln, ansteckendes L.) ist L. eine dem Menschen eigentüml. Verhaltensweise. L. wird jedoch - z. B. als Reflex auf äußere Reize (etwa durch Kitzeln) - auch bei hochentwickelten Tieren, v. a. bei Menschenaffen, beobachtet. - Als krankhafte Form äußert sich L. als Zwangs-L. bei Psychopathen. - L. und Lächeln sind erbl. Verhaltensweisen. Beides kommt bei allen menschl. Gesellschaften gleichermaßen vor.

Nach K. Lorenz gehörte L. urspr. zum Repertoire des Drohverhaltens; das Zähnezeigen stand hierbei im Vordergrund. *Lächeln* dagegen, dem durch das weniger ausgeprägte Zähnezeigen sowie durch das Ausbleiben der Lautäußerung die aggressive Komponente weitgehend fehlt, wurde zur beschwichtigenden Kontaktgebärde. Es wirkt spannungslösend, angriffshemmend („entwaffnend"), entschuldigend. L. ist demnach auch nur bedingt als eine Verstärkung des Lächelns anzusehen.

Lachender Hans (Rieseneisvogel, Dacelo gigas), fast krähengroßer, braun, grau und weißl. gefärbter Eisvogel, v. a. in O- und S-Australien; Ruf klingt wie lautes Lachen.

Lachgas (Distickstoffmonoxid), N_2O, farbloses, geruchloses, ungiftiges und nicht brennbares Gas, das in der Zahnmedizin und in der Geburtshilfe im Gemisch mit Sauerstoff als Narkosemittel verwendet wird.

Lachisch (Lakhisch), bed. altoriental. Stadt in SW-Palästina (heute Ruinenhügel Tall Ad Duwair), 25 km wnw. von Hebron, in Israel. Bei Ausgrabungen (brit. 1932-38, israel. 1967/68) fand man Siedlungsschichten von chalkolith. Höhlen (4. Jt. v. Chr.) bis Hellenismus. Die vor 1700 v. Chr. befestigte Stadt spielte trotz der Zerstörung im 16. Jh. bes. in der sog. Amarnazeit (erste namentl. Erwähnung) eine wichtige Rolle.

Lachkrampf (Lachanfall, Gelasma), langanhaltendes oder unstillbares Zwangslachen ohne adäquate Ursache (psychogen, u. U. epilept. Ursache).

Lachlan River [engl. 'læklən 'rɪvə], rechter Nebenfluß des Murrumbidgee River, entspringt in den Ostaustral. Kordilleren, mündet westl. von Hay, 1 480 km lang.

Lachmann, Karl, * Braunschweig 4. März 1793, † Berlin 13. März 1851, dt. klass. Philologe und Germanist. - Studium der Theologie und klass. Philologie, ab 1818 Prof. in Königsberg (Pr), ab 1825 in Berlin. Übertrug die textkrit. Prinzipien und Methoden der klass. Philologie auf mittelhochdt. Texte, die er erstmals in bis heute gültigen Ausgaben edierte (u. a. Walther von der Vogelweide, 1827; Hartmann von Aues „Iwein", 1833; Wolfram von Eschenbach, 1833). Regte mit seiner „Liedertheorie" zum „Nibelungenlied" eine langanhaltende Forschungsdiskussion an. Wandte seine textkrit. Methode auch am Werk Lessings an, womit er den gegenwärtig übl. histor.-krit. Ausgaben der modernen Literatur den Weg wies.

Lachmiden, bed. arab. Fürsten-Dyn.

Lacke

vom 3. Jh. n. Chr. bis 602, die die Südgrenze des Perserreichs gegen die arab. Nomaden sicherte.

Lachmöwe ↑Möwen.

Lachner, Franz, * Rain (Oberbayern) 2. April 1803, † München 20. Jan. 1890, dt. Komponist. - 1823–26 in Wien, danach in Mannheim, 1836–65 Hofkapellmeister in München; von Beethoven, Schubert, Spohr und Mendelssohn-Bartholdy beeinflußt; u. a. 4 Opern, 8 Sinfonien, 8 Konzerte, 8 Orchestersuiten, Kammermusik, Kirchenwerke, Lieder.

Lachs (Salm, Atlant. L., Salmo salar), meist 90–120 cm lange, spindelförmig langgestreckte Art der Lachsartigen im nördl. Atlantik sowie in Flüssen N- und M-Europas und des nö. N-Amerika; Färbung unterschied.; die in die Flüsse aufsteigenden ♂♂ mit hakenartig nach oben gekrümmtem, knorpeligem Fortsatz der Unterkieferspitze *(Haken-L.)*; sehr wertvoller Speisefisch, der v. a. geräuchert in den Handel kommt.

Lachsartige (Salmonidae), Fam. der Lachsfische mit fast drehrundem, gestrecktem Körper und mit Fettflosse; Speisefische sind z. B. Lachs, Forellen, Saiblinge, Huchen, Renken, Äschen.

Lachsfische (Salmoniformes), Ordnung relativ urspr. Knochenfische im Meer und Süßwasser; u. a. Lachsartige, Stinte, Hechtlinge, Hechte, Laternenfische.

Lack ↑Lacke.

Lackarbeiten, mit Lack überzogene Gegenstände (Möbel, Geräte, Schalen, Kästen, Plastiken), charakterist. für das Kunsthandwerk Ostasiens; in China seit 1300 v. Chr. bekannt (Einlagen auf Anyang-Bronzen). Den Dekor der meist rot oder schwarz gefärbten Lackbeschichtung bilden Ritzungen, Reliefschnitzereien, Bemalungen oder Einlagen. Ältestes Beispiel figürl. Lackmalerei ist der Tamamuschi-Schrein im ↑Horiudschi. Neue Techniken wurden v. a. in Japan seit dem 9. Jh. entwickelt, z. B. das Einstreuen von Gold- und Silberstaub zu einem dichten metall. Überzug oder zum sog. Streubild (Maki-E). Neben den bereits bekannten Einlagen aus Edelmetall und Perlmutt traten nun auch solche aus Zinn, Blei, Schildpatt und glasiertem Ton auf. Ihre hohe Qualität verdanken die jap. L. sowohl der handwerkl. Sorgfalt namhafter Lackmeister (Koami, Koma, Igaraschi) als auch der Mitwirkung bed. Maler (Koetsu, Korin). Im 17. Jh. gelangte die ostasiat. Lackkunst nach Europa.

Lackbaum, (Aleurites) Gatt. der Wolfsmilchgewächse mit fünf Arten im trop. und subtrop. Asien; immergrüne Bäume mit Milchsaft. Wirtschaftl. wichtige Arten sind der **Kerzennußbaum** (Aleurites moluccana), dessen Samen das Kerzennußöl liefern, das als Brenn- oder Schmieröl sowie zur Seifen- und Firnisherstellung verwendet wird, und der **Tungbaum** (Aleurites fordii), der ↑Holzöl

Lackarbeiten. Inro mit der Darstellung eines Reisewagens in Perlmutteinlage (jap. Arbeit, um 1500). Privatbesitz (oben); Schale mit Rankenornamenten in Rot- und Gelblack auf schwarzem Lackgrund (chinesische Arbeit; um 300 v. Chr.). Washington, Freer Gallery of Art

liefert; u. a. in S-China kultiviert.
◆ svw. ↑Palasabaum.

Lackdraht, ein insbes. für Spulenwicklungen verwendeter Draht mit elektr. isolierendem Lacküberzug.

Lacke [zu italien. lacca (über arab.-pers. lak zu Sanskrit lākšā mit gleicher Bed.)], Anstrichstoffe bes. Güte; echte oder kolloidale Lösungen von festen Stoffen in flüchtigen Lösungsmitteln, die nach dem Auftragen und Trocknen einen geschlossenen, auf der Unterlage haftenden Film bilden. Der Trockenprozeß kann physikal. durch Verdunsten des Lösungsmittels, chem. durch Oxidation und anschließende Polymerisation (z. B. bei Öl- und Alkydharz-L.) durch Polykondensation (Phenolharz-L.), Polyaddition (Polyurethan-L.) durch Wärme (Einbrenn-L.) und durch Katalysatoren erfolgen. L. enthalten Bindemittel und Filmbildner (z. B. Wachse, Lackhilfsmittel, Farbpigmente (Lackfarben) und Lösungsmittel (z. B. Äther, Alkohole, Ketone, Ester, Terpentinöl).

Lackharze, Sammelbez. für alle zur Herstellung von Lacken verwendeten Naturharze (z. B. Kolophonium, Schellack) und Lackkunstharze.

Lackleder, aus Fellen oder Häuten hergestelltes, vorwiegend chromgegerbtes Leder, dessen Narbenfläche mit einer hochglänzenden, glatten Lackschicht überzogen ist; wird als Schuh- und Täschnerleder verwendet.

Lackmus [niederl.] (Litum, Lacca musci), ein sich in Wasser mit dunkelblauer Farbe lösender natürl. Farbstoff, der aus verschiedenen Flechten durch Vergären gewonnen wird und in der Chemie als Indikator für Säuren und Basen in Form von L.tinktur oder L.papier verwendet wird.

Lackpilz (Laccaria), Gatt. der Lamellenpilze mit 10 rötl. bis violetten, oft in Gruppen stehenden Arten in Wäldern. Bekannte Arten sind u. a. der **Rote Lackpilz** (Laccaria laccata; minderwertig, als Mischpilz verwendbar) und der nicht sehr schmackhafte **Blaue Lackpilz** (Laccaria amethystina).

Lackschildlaus (Asiat. L., Laccifer laccia), 1–2 mm große Schildlaus in S- und SO-Asien, bes. auf Palasabaumarten. Aus den über die Lackdrüsen (umgewandelte Wachsdrüsen) ausgeschiedenen Sekreten (Stocklack) wird Schellack gewonnen.

Laclos, Pierre Ambroise François Choderlos de [frz. laˈklo], * Amiens 18. Okt. 1741, † Tarent 5. Sept. 1803, frz. Schriftsteller. - Offizier und Privatsekretär des Herzogs Louis Philippe von Orléans, während der Frz. Revolution Jakobiner; berühmt v. a. durch seinen Briefroman „Les liaisons dangereuses" (1782, u. a. 1905 dt. von H. Mann u. d. T. „Gefährl. Freundschaften"), eine bed. Darstellung der Sitten des ausgehenden Ancien régime.

La Condamine, Charles Marie de [frz. lakõdaˈmin], * Paris 28. Jan. 1701, † ebd. 4. Febr. 1774, frz. Forschungsreisender und Mathematiker. - 1735–43 Leiter einer geodät. Expedition nach Ecuador und Peru zur Messung eines Meridianabschnitts unter dem Äquator; entwarf die erste wiss. Karte des Amazonasgebietes (1744).

Lacordaire, Dominique, eigtl. Jean-Baptiste-Henri L. [frz. lakɔrˈdɛːr], * Recey-sur-Ource (Côte d'Or) 12. Mai 1802, † Sorèze (Tarn) 2. Nov. 1861, frz. Dominikaner. - Führte 1843 den seit 1790 verbotenen Orden in Frankr. wieder ein; 1848 Mgl. der Nationalversammlung; als Prediger berühmt und von großer Wirkung.

Lacq [frz. lak], frz. Gemeinde im Aquitan. Becken, Dep. Pyrénées-Atlantiques, 711 E. Bei L. liegt das größte frz. Erdgasvorkommen, daher zahlr. Ind.betriebe.

Lacretelle, Jacques de [frz. lakrəˈtɛl], * Cormatin (Saône-et-Loire) 14. Juli 1888, † Paris 2. Jan. 1985, frz. Schriftsteller. - Seine analyt. Romane sind der frz. Tradition des psycholog. Romans verpflichtet, z. B. „Die unruhige Jugend des Jean Hermelin" (R., 1920).

Lacrimae Christi [lat. „Tränen Christi"] (Lacrimae Christi del Vesuvio), goldfarbener, süßer, würziger Wein aus der Greco-della-Torre-Traube, der auf dem vulkan. Boden der Vesuvhänge gedeiht; auch Rotwein.

lacrimoso [italien.], svw. ↑lagrimoso.

Lacrosse [engl. ləˈkrɔs, frz. laˈkrɔs; eigtl. „der Krummstab"], hockeyähnl. Ballspiel europ. und indian. Ursprungs; im 14. Jh. in Frankreich nachweisbar. Zwei Mannschaften zu je 10 Spielern (Frauen 12) versuchen auf einem Spielfeld (Rasen, 137 × 64 m) mit Netzschlägern (80 cm lang, am Ende leicht gekrümmt, mit dreieckigem Fangnetz) einen Ball (Gummi, mit Schwamm gefüllt, 20 cm Umfang) in das gegner. Tor (1,83 m hoch) zu befördern. Gespielt wird in den USA, in Kanada u. Großbritannien, bes. von Mädchen und Frauen. Die Spieldauer beträgt 4 × 15 (bei Frauen 2 × 25) Minuten.

lact..., Lact... ↑lakto..., Lakto...

Lactame [Kw.], aus Aminosäuren durch innermolekularen Wasserentzug entstehende, in der Natur nicht vorkommende, feste, farblose, z. T. sehr giftige chem. Verbindungen (cycl. innere Amide von Aminosäuren, ↑auch Lactime). Wichtige L. sind Caprolactam und Penicillin.

Lactam-Lactim-Tautomerie ↑Lactime.

Lactantius, Lucius Cae[ci]lius Firmianus (Laktanz), * in N-Afrika zw. 250 und 260, † Trier (?) nach 317, lat. Schriftsteller. - „Cicero christianus" genannt; sein Hauptwerk, „Divinae institutiones" in sieben Büchern, ist eine Apologie des Christentums gegen heidn. Angriffe.

Lactase [lat.], in Mikroorganismen, Pflanzenzellen und im Sekret der Bauchspeicheldrüse vorkommendes, zu den Glykosidasen zählendes Enzym, das Milchzucker (Lactose) in die beiden Monosaccharide D-Galaktose und D-Glucose zerlegt.

Lactate [lat.] ↑Milchsäure.

Lactime [Kw.], zu den ↑Lactamen tautomere heterocycl. Verbindungen, die aus diesen dadurch hervorgehen, daß in den Lactammolekülen ein Proton vom Stickstoff- zum Kohlenstoffatom der cycl. gebundenen Gruppe $-NH-CO-$ wandert und die Gruppierung $-N=C(OH)-$ ergibt (sog. **Lactam-Lactim-Tautomerie**).

Ladendiebstahl

lacto..., Lacto... ↑lakto..., Lakto...

Lactobacillus (Laktobazillen), Gatt. der Milchsäurebakterien mit 18 Arten; grampositive, sporenlose, unbewegl., anaerobe, säureproduzierende Stäbchen; weit verbreitet, häufig auf Pflanzenmaterial. Viele Arten spielen eine wichtige Rolle in der Lebens- und Futtermittelkonservierung (z. B. Sauerkraut, Gärfutter), in der Milchind. (z. B. Sauermilch, Joghurt) und in der Weinherstellung. Einige Arten finden sich in der Darmflora und in der Scheidenflora (Döderlein-Stäbchen).

Lactobacteriaceae [lat./griech.], svw. ↑Milchsäurebakterien.

Lactone [lat.], flüssige oder niedrigschmelzende Verbindungen, innere Ester von Hydroxysäuren; verschiedene natürl. und synthet., nach Moschus riechende L. werden in der Riechstoffindustrie verwendet.

Lactose [lat.] (Laktose, Lactobiose, Milchzucker), ein Disaccharid; das wichtigste Kohlenhydrat in der Milch aller Säugetiere.

Lactuca [lat.], svw. ↑Lattich.

Lacy, Franz Moritz Graf von ['lasi, 'laːsi] (Lascy), * Petersburg 21. Okt. 1725, † Wien 24. Nov. 1801, östr. Feldmarschall (seit 1763). - Freund und Ratgeber Kaiser Josephs II.; 1766-73 Präs. des Hofkriegsrats, reformierte Heer und Generalstab.

Ladakh, stark zerschnittenes Hochplateau im Kaschmirhimalaja; naturräumlich und ethn.-kulturell zu Tibet gehörend; Distrikt des ind. Bundesstaats Jammu and Kashmir, 90 000 km^2, Zentrum ist das obere Industal mit der Stadt Leh. L. ist nur dünn besiedelt und nur sporad. landw. genutzt, v. a. in den Flußoasen, in höheren Lagen Viehwirtschaft. - Das nach der Unabhängigkeit Brit.-Indiens zw. Indien und Pakistan umstrittene Gebiet von L. steht seit dem Waffenstillstandsabkommen von 1949 im größeren östl. und südl. Teil unter ind., im kleineren nw. Teil (Baltistan) unter pakistan. Verwaltung. Im NO, gegen Tibet, wurde ein Streifen von China okkupiert.

Ladanum [griech.-lat.] (Resina Ladanum, Labdanum, Ladanharz, Cistusharz), Balsam aus Drüsenhaaren der Blätter verschiedener Zistrosenarten des östl. Mittelmeergebietes; wurde bereits im Altertum als Räucher- und Einbalsamierungsmittel, im MA als Heilmittel, später als Duftstoff für Parfüms verwendet.

Lade, in der *Weberei* Vorrichtung am Handwebstuhl *(Hänge-L.)* und an der Webmaschine *(Steh-L.),* deren Lauffläche den Webschützen Auflage und Führung beim Durchfliegen des Webfaches gibt.

Ladeeinrichtung, Einrichtungen eines [Fracht]schiffes zum Umschlag der Ladung. Das Ladegeschirr besteht v. a. aus dem am Lademast oder Ladepfosten schwenkbar angebrachten Ladebaum und den zugehörigen Winden. Zur L. gehören auch Bordkrane, Band- und Flurfördergeräte, Aufzüge usw.

◆ Teil des Geschützes, der u. a. der Erhöhung der Feuergeschwindigkeit (Kadenz), der Einsparung von Ladeschützen und der Erleichterung des Ladens dient.

Ladegast, Friedrich, * Hermsdorf (= Zettlitz, Landkreis Rochlitz) 30. Aug. 1818, † Weißenfels 30. Juni 1906, dt. Orgelbauer. - Einer der bedeutendsten Orgelbauer des 19. Jh.; ließ sich 1846 in Weißenfels nieder und baute u. a. mit seinem Sohn **Oskar Ladegast** (* 1859, † 1944) über 200 Orgeln, darunter im Merseburger Dom (Umbau 1853-55), im Dom zu Schwerin (1871), im Konzerthaus der Musikfreunde in Wien (1872), im Dom in Reval (1878).

Ladegerät (Ladeaggregat), Gerät zum Aufladen von Akkumulatoren; der erforderl. Gleichstrom wird aus dem Wechselstrom des Netzes meist mit Hilfe von Halbleitergleichrichtern gewonnen.

Ladegewicht, höchstzulässiges Gewicht der Last bei der Beladung von Transportfahrzeugen.

Ladekapazität, die von der Anzahl und Größe der Platten sowie von der Elektrolytmenge abhängige Kapazität eines Akkumulators.

Lądek Zdrój [poln. 'lɔndɛk 'zdruj] ↑Bad Landeck i. Schl.

Ladenburg, Albert, * Mannheim 2. Juli 1842, † Breslau 15. Aug. 1911, dt. Chemiker. - 1874-89 Prof. in Kiel, danach in Breslau; Arbeiten zur organ. Chemie (1879 Konstitutionsermittlung des Atropins, 1886 Synthese des Koniins) und zur Geschichte der Chemie.

Ladenburg, Stadt im Oberrhein. Tiefland, am Neckar, Bad.-Württ., 106 m ü. d. M., 11 300 E. Lobdengau-Museum (u. a. bed. Mithras-Relief); chem. Industrie; Isoliermittelherstellung, Metallverarbeitung u. a. Industrie; Baumschulen. - In der Hallstattzeit befestigte Siedlung; wurde unter der wohl älteren kelt. Namen **Lopodunum** Hauptort der 98 n. Chr. gegr. *Civitas Ulpia Sueborum Nicretum* (mit Stadt- und Marktrecht). Der einer sweb. Siedlung (seit etwa 20) und dem Lagerdorf des Auxiliarkastells (2. Hälfte des 1. Jh.) entstandene *Vicus* erlangte während des 2./3. Jh. städt. Ausmaße (mit großer Marktbasilika mit Forum, Schauspieltheater, Therme, Wehrmauer); 259/260 von den Alemannen erobert und zerstört; seit etwa 500 fränk. Besitz und als **Lobdenburg** Hauptstadt des nach ihm ben. Lobdengaues. Der aus dem 6./7. Jh. stammende Königshof ging früh in den Besitz der Bischöfe von Worms über, bis 1705 deren rechtsrhein. Nebenresidenz. - Reste röm. Bauten, got. Stadtpfarrkirche (um 1220-15. Jh.) mit roman. Krypta des Vorgängerbaus (um 1000), Sebastianskirche (8.-15. Jh.), Profanbauten (15.-18. Jh.), Hexen- und Pfaffenturm (13. Jh.) u. a. Reste der Stadtbefestigung.

Ladendiebstahl, gemeinsprachl. Bez.

Ladenschlußgesetz

für einen in Einkaufsgeschäften begangenen Diebstahl. - ↑ auch Wohlstandskriminalität.

Ladenschlußgesetz, Abk. LadschlG, Kurzbez. für das Bundesgesetz über den Ladenschluß vom 28. 11. 1956 (geändert). Es regelt die Geschäftszeit für Verkaufsstellen. Danach müssen die Geschäfte an Sonn- und Feiertagen ganztägig, montags bis freitags ab 7 Uhr und ab 18.30 Uhr, samstags ab 14 Uhr (am ersten Samstag des Monats ab 18 Uhr) geschlossen sein. Ausnahmen gelten u. a. für Apotheken, Zeitungskioske, Friseure, Tankstellen sowie in Bahnhöfen und Flughäfen, Kur- und Erholungsgebieten und in bestimmten ländl. Gebieten.

In *Österreich* gilt das L. vom 9. 7. 1958. Nach den Bestimmungen dieses Gesetzes sind Geschäfte im allg. an Werktagen vor 7.30 Uhr und ab 18 Uhr, an Donnerstagen jedoch ab 13 Uhr geschlossen zu halten.

In der *Schweiz* ist die Festsetzung der Ladenschlußzeiten Sache der Kantone.

Lader, Verdichter zum ↑ Aufladen von Verbrennungskraftmaschinen.

Laderampe ↑ Rampe.

Ladestock, 1. Stock zum Festdrücken der Treibladung in Vorderladern; 2. Stab zum Einschieben und Feststampfen der Patronen in Sprengbohrlöchern.

Ladhakijja, Al, Stadt an der syr. Mittelmeerküste, 196 800 E. Hauptstadt des Verw.-Geb. L., wichtigster Hafen Syriens; Univ. (gegr. 1971); hafenorientierte Gewerbe, Baustoffind., Tabakverarbeitung. - Al L. ist das antike Laodikeia ad Mare, 194 n. Chr. Hauptort der Prov. Syrien. Der Aufschwung der Stadt begann mit der polit. Selbständigkeit Syriens, wodurch dem Hafen seine heutige Bedeutung zufiel. - Aus röm. Zeit sind u. a. die sog. Bacchuskolonnade und ein Tetrapylon erhalten.

lädieren [lat.], beleidigen, verletzen, beschädigen.

Ladik ↑ Orientteppiche (Übersicht).

Ladiner, Bez. für die einen rätoroman. Dialekt sprechende Bev. in mehreren Tälern Südtirols.

Ladinisch ↑ Rätoromanisch.

Ladino [span., zu lat. latinus „lateinisch, Lateiner"] (Spaniolisch), roman. Sprache iber. Juden, bes. ihrer im 15. und 16. Jh. vertriebenen Nachfahren, die sich v. a. in Amsterdam, Ferrara, Livorno, Marokko, im Osman. Reich (Zentren Saloniki und Smyrna) ansiedelten. L. ist eine auf dem Kastil. basierende Gemeinsprache mit hebr. Schrift, in die hebr., aragones., leones. und portugies. Elemente integriert sind, und die Wortschatzelemente der jeweiligen neuen Kontaktsprachen aufgenommen hat. Man unterscheidet das eigtl. L. (Sprache der religiösen Literatur), die Sprache der aus Spanien mitgebrachten Lieder, die dem Altspan. am nächsten steht, und das gesprochene **Judenspanisch,** das auch in nichtreligiösem Schrifttum verwendet wird.

Ladislaus, männl. Vorname, lat. Form von poln. Władysław (zu poln. władza „Herrschaft, Gewalt" und sława „Ruhm").

Ladislaus, Name ungar. Herrscher:

L. I., der Hl., *in Polen um 1040, † Nitra (Westslowak. Gebiet) 29. Juli 1095, König (seit 1077). - Verband 1091 Kroatien und Ungarn in Personalunion; unterstützte Gregor VII. im Investiturstreit; 1192 heiliggesprochen.

L. (V.) Posthumus, *Komárom 22. Febr. 1440, † Prag 23. Nov. 1457, König von Ungarn (seit 1440/44), König von Böhmen (seit 1453). - In Ungarn erst nach dem Tod des Gegenkönigs Wladislaw III. von Polen (1444) anerkannt; in Böhmen von den Utraquisten bekämpft, setzte sich 1453 nach Verlängerung der Verweserschaft Georgs von Podiebrad und Kunstatt durch.

Ladogasee, mit 18135 m^2 größter See Europas, in der UdSSR, 219 km lang, bis 125 km breit, bis 230 m tief, Abfluß durch die Newa zum Finn. Meerbusen; zahlr. Inseln.

Ladung, im *Speditionsgeschäft* das Frachtgut, das mit einem Transportmittel befördert wird.

◆ Treibladung einer Pulverwaffe (↑ Munition).

◆ (elektr. L.) die auf einem Körper befindl. positive oder negative Elektrizitätsmenge (bzw. der Überschuß der einen Elektrizitätsmenge gegenüber der anderen). L. gleichen Vorzeichens stoßen sich ab, solche verschiedenen Vorzeichens ziehen sich an. Die Kraftwirkung ruhender L. aufeinander wird durch das ↑ Coulombsche Gesetz beschrieben. L. ist stets an einen materiellen Träger (**Ladungsträger**) gebunden. Es gibt eine kleinste L., die sog. ↑ Elementarladung. Jede vorkommende L. ist ein ganzzahliges Vielfaches dieser Elementar-L. (↑ dagegen Quarks). Mit elektr. L. ist stets ein elektrostat. Feld verknüpft. Bewegte L. stellen einen elektr. Strom dar. SI-Einheit für die L. ist 1 Coulomb (C). Festlegung: 1 Coulomb ist gleich der Elektrizitätsmenge oder elektr. L., die während der Zeit 1 Sekunde bei einem zeitl. unveränderl. elektr. Strom der Stärke 1 Ampere durch den Querschnitt eines Leiters fließt.

◆ im *prozessualen Sinne* die Aufforderung, zu einem gerichtl. Verhandlungstermin zu erscheinen.

Ladungsbild ↑ Bildspeicherröhre.

Ladungsdichte, Quotient aus der elektr. ↑ Ladung eines Ladungsträgers und seinem Volumen (*Raum-L.*) bzw. seiner Fläche (*Flächenladung*).

Ladungserhaltungssatz, in einem abgeschlossenen physikal. System gültiger Erhaltungssatz, der besagt, daß die Gesamtladung in diesem System bei allen in ihm ablaufenden Prozessen erhalten bleibt.

Ladungsfrist, gesetzl. vorgeschriebener Mindestzeitraum zw. Zustellung der Ladung und gerichtl. Termin, zu dem geladen wird. Sie beträgt im Verwaltungsprozeß zwei Wochen, im Zivilprozeß eine Woche, beim Amtsgericht drei Tage.

Ladungskapazität, svw. ↑Ladekapazität.

Ladungsträger ↑Ladung.

Lady ['leːdi, engl. 'leɪdɪ, zu altengl. hlǣfdīge „(Haus)herrin" (eigtl. „Brotherstellerin")], 1. in Großbrit. Titel der Frau v. a. der Peers sowie der Peeress im eigenen Recht; auch Anrede für die Töchter der meisten Peers und die Frauen der Inhaber hoher Staatsämter; 2. angloamerikan. allg. Bez. für eine Dame; 3. als Anrede „Ladies and Gentlemen".

Lady Chapel [engl. 'leɪdɪ 'tʃæpəl], Marienkapelle der engl. Kathedralen, meist als Teil des Retrochors (die hinter dem eigentl. Chorraum befindl. Choranlage) errichtet.

ladylike [engl. 'leɪdɪlaɪk], nach Art einer Lady, wie es einer Dame geziemt.

Lae, Hafenstadt in Papua-Neuguinea, am Huongolf der Salomonsee, 34 000 E. TU (gegr. 1967); botan. Garten, ⚔.

Laelia (Lälie), Orchideengatt. mit 35 Arten im trop. Amerika; epiphyt. Pflanzen mit längl., fleischigen Pseudobulben und ledrigen oder fleischigen Blättern; Blüten in endständigen, meist langgestielten Trauben. Mehrere Arten werden als Zierpflanzen kultiviert.

Laelius, Gajus L. Sapiens, * um 190, † wahrscheinl. vor 123, röm. Konsul (140). - Als Konsul versuchte L., die Not des ital. Bauernstandes zu lindern, zog aber seine Reformvorschläge wegen des Widerstandes der Nobilität zurück.

Laemmle, Carl ['lɛmlə], * Laupheim 17. Jan. 1867, † Los Angeles-Hollywood 24. Sept. 1939, amerikan. Filmproduzent dt. Herkunft. - Ab 1884 in den USA, zunächst Kinobesitzer, 1912 Mitbegründer der Universal Manufacturing Co. (ab 1920 Universal Pictures Co.). L. galt als einer der einflußreichsten Produzenten des amerikan. Films (u. a. „Im Westen nichts Neues", 1930).

Laennec, Théophile René Hyacinthe [frz. laɛ'nɛk], * Quimper (Bretagne) 17. Febr. 1781, † Kerlouan (Finistère) 13. Aug. 1826, frz. Mediziner. - Prof. in Paris; begründete mit der Erfindung des Stethoskops die ↑Auskultation.

Laertes, in der griech. Mythologie Vater des ↑Odysseus.

Laertes, in Shakespeares Tragödie „Hamlet" Bruder Ophelias, der von Hamlet im Zweikampf getötet wird.

Laertios, Diogenes ↑Diogenes Laertios.

La Farge, Oliver [engl. lə'fɑːdʒ], * New York 19. Dez. 1901, † Albuquerque (N. Mex.) 2. Aug. 1963, amerikan. Schriftsteller und Ethnologe. - Schrieb psycholog. motivierte Romane und kleinere Erzählwerke sowie wiss. Untersuchungen über das Leben der Indianer, u. a. „Der große Nachtgesang" (R., 1929), „Die große Jagd. Geschichte der nordamerikan. Indianer" (1956), „Die Indianer" (1968).

Lafayette [engl. 'lɑːfiɛt], Stadt am Vermilion River, La., USA, 82 000 E. Kath. Bischofssitz, Univ. (gegr. 1898); Nahrungsmittel- u. a. Ind. - Gegründet 1823 als **Vermilionville** durch frz. Akadier aus Nova Scotia, 1884 in L. umbenannt; seit 1914 City.

La Fayette (Lafayette) [frz. lafa'jɛt], Marie Joseph Motier, Marquis de, * Schloß Chavaniac (Haute-Loire) 6. Sept. 1757, † Paris 20. Mai 1834, frz. General und Politiker. - Ab 1777 Teilnehmer am Nordamerikan. Unabhängigkeitskrieg, 1787 Mgl. der frz. Notabelnversammlung und 1789 Deputierter des 2. Standes in den Generalständen. Beeinflußt von nordamerikan. Verfassungsprinzipien legte er den bedeutendsten Entwurf zur „Déclaration des droits de l'homme et du citoyen" vor; zeitweilig einer der führenden Politiker der Frz. Revolution. La F. scheiterte mit seiner auf eine konstitutionelle Monarchie zielenden Politik und floh zu den Österreichern. 1797 aus östr. und preuß. Haft befreit; nach 1815 einer der Führer der liberalen Opposition. In der Julirevolution 1830 förderte La F. die Thronbesteigung Louis Philippes, opponierte aber später gegen die Politik des Julikönigtums.

La F., Marie-Madeleine Gräfin von, geb. Pioche de la Vergne, ≈ Paris 18. (16.?) März 1634, † ebd. 25. Mai 1693, frz. Schriftstellerin. - Eng befreundet mit La Rochefoucauld; brach mit der Tradition des heroischgalanten Romans und schuf mit dem psycholog. Roman „Die Prinzessin von Cleve" (1678) das erste Meisterwerk dieser Gattung.

Lafayettehuhn [frz. lafa'jɛt] ↑Kammhühner.

Lafetten [zu frz. l'affût „die Geschützlade" (von lat. fustis „Stück Holz, Prügel")], Vorrichtungen, in die eines oder mehrere Geschützrohre eingelagert sind; von ihnen werden die beim Schuß auftretenden Kräfte aufgenommen und in den Erdboden bzw. in die Fundamentierung übertragen. Sie sind mit Richtwerken für die Höhen- und Seiteneinstellung der Rohre ausgestattet.

Laffitte, Jacques [frz. la'fit], * Bayonne 24. Okt. 1767, † Paris 26. Mai 1844, frz. Bankier und Politiker. - 1809–13 und 1814–19 Gouverneur der Bank von Frankr., nach 1815 einer der Führer der liberalen Opposition; hatte 1830 wesentl. Anteil an der Thronbesteigung Louis Philippes.

La Follette, Robert Marion [engl. lə'fɔlɪt], * Primrose (Wis.) 14. Juni 1855, † Washington 18. Juni 1925, amerikan. Politiker. - Kongreß-Mgl. 1885–91 (Republikan. Partei); 1900–06 Gouverneur und 1906–25 Senator für Wisconsin; vertrat ein polit. und soziales Reformprogramm, trat für Steuer- und Wahlreform ein.

Lafontaine, August Heinrich Julius [frz.

Lafontaine

lafõ'tɛn], *Braunschweig 20. Okt. 1758, † Halle/Saale 20. April 1831, dt. Schriftsteller. - Günstling Friedrich Wilhelms III.; sehr erfolgreicher Autor (über 160 Bände) sentimentaler Unterhaltungsliteratur; u. a. „Familiengeschichten" (12 Bde., 1797–1804).

Lafontaine, Oskar ['lafɔntɛːn, frz. lafõ-'tɛn], *Saarlouis 16. Sept. 1943, dt. Politiker (SPD). - Diplomphysiker, 1970–80 MdL, seit 1985 Min.-Präs. im Saarland; 1976–85 Oberbürgermeister von Saarbrücken; seit 1977 Vors. des SPD-Landesverbandes Saar; seit 1979 Mgl. des SPD-Bundesvorstandes.

La Fontaine, Jean de [frz. lafõ'tɛn], *Château-Thierry 8. Juli 1621, † Paris 13. April 1695, frz. Dichter. - Befreundet mit Racine, Molière und Boileau; 1684 Mgl. der Académie française. Erlangte Weltgeltung als Erneuerer der Fabel. Seine auf Äsop, Phaedrus, Babrios und Bidpai zurückgehenden 240 Fabeln in 12 Büchern (1668, 1678/79 und 1694) verbinden in abwechslungsreicher Folge lebendige, liebevolle Naturschilderung, heitere Verspottung seiner Zeit und die Weltweisheit eines lächelnden Epikureers.

Laforet, Carmen, *Barcelona 6. Sept. 1921, span. Schriftstellerin. - Gibt in ihren realist. Romanen („Nada", 1945) und Erzählungen („La niña", 1970) eine sensible Darstellung der Wirklichkeit.

Laforgue, Jules [frz. la'fɔrg], *Montevideo 16. Aug. 1860, † Paris 20. Aug. 1887, frz. Dichter. - War 1881–86 Vorleser der dt. Kaiserin Augusta in Berlin; schrieb symbolist. und dekadente Lyrik; in seinen Prosaerzählungen „Sagenhafte Sinnspiele" (hg. 1887) deutet er bekannte Sagen- und Legendenstoffe modern um.

Lafosse (La Fosse), Charles de [frz. la-'foːs], *Paris 15. Juni 1636, † ebd. 13. Dez. 1716, frz. Maler. - Zahlr. bewegte, z. T. aufgehellte Deckengemälde, u. a. „Salon d'Apollon" und Gemälde im „Salon de Diane" in Versailles (1671–82), bis 1688 Arbeiten im Grand Trianon, 1702–05 im Invalidendom (Paris).

La Fresnaye, Roger de [frz. lafrɛ'nɛ], *Le Mans 11. Juli 1885, † Grasse 27. Nov. 1925, frz. Maler. - Näherte seine Malerei ab 1910 den kubist. Prinzipien an und gelangte zu einer eigenen Bildsprache.

LAFTA, Abk. für: Latin American Free Trade Association, ↑ Lateinamerikanische Freihandelszone.

Lag [engl. læg „Zurückbleiben, Verzögerung"], in der Wirtschaftstheorie Bez. für die zeitl. Verschiebung zwischen dem Eintreten eines Ereignisses und den daraus erwachsenden Konsequenzen (Anpassung; Folgebewegung). L. bestehen z. B. zw. Marktpreisänderungen und der Reaktion darauf seitens der Anbieter.
♦ ↑ Cultural lag.

Lagarde, Paul Anton de [frz. la'gard], urspr. P. A. Bötticher (bis 1854), *Berlin 2. Nov. 1827, † Göttingen 22. Dez. 1891, dt. Orientalist und Philosoph. - Seit 1869 Prof. in Göttingen. Trat für eine Trennung von Staat und Kirche und die Bildung einer „nat. Kirche" ein. Viele seiner nur unzureichend verstandenen Gedanken (v. a. über das Judentum) spielten im NS eine große Rolle.

Lagasch, altoriental. Stadt, heute Ruinenhügel Al Hiba (S-Irak). Die Könige der altsumer. Dyn. von L. beherrschten im 25. Jh. v. Chr. Babylonien. Nach dem Wechsel der Residenz in das nahe Girsu (Telloh) blieb L. aber Königstitel und wurde Landesname.

Lage, in der *Geographie* die durch die Koordinaten der geograph. Länge und Breite festgelegte Ortsangabe.
♦ in der *Physik* der Ort eines Massenpunktes oder Körpers relativ zu einem Koordinatensystem bzw. einer Bezugsebene (häufig die Erdoberfläche).
♦ militär. alle auf einem Kriegsschauplatz zu einem bestimmten Zeitpunkt gegebenen Bedingungen, die die Vorbereitung, den Verlauf und den Ausgang von Operationen beeinflussen können.
♦ im *Weinbau* eine bestimmte Rebfläche (mindestens 5 ha), aus deren Ernten gleichwertige Weine gleichartigen Geschmacks hergestellt werden können.
♦ in der *Musik*: 1. bei Streichinstrumenten Bez. für die Position der Hand am Griffbrett. Der erste Finger (= Zeigefinger) liegt im Verhältnis zur leeren Saite in der 1. L. auf der Sekunde, in der 2. L. auf der Terz usw. (die günstigsten L. auf der Violine sind die 1., 3. und 5. Lage). 2. Beim Akkord zur Bez. nach dem höchsten Ton im Verhältnis zum Grundton (Terz-, Quint-, Oktav-L.) oder im vierstimmigen Satz mit der Unterscheidung von enger und weiter Lage. Unabhängig vom Baßton stehen in den drei Oberstimmen in der engen L. die Akkordtöne unmittelbar nebeneinander (z. B. (c^1-e^1-g^1, e^1-g^1-c^2, g^1-c^2-e^2), in der weiten L. nicht (z. B. g-e^1-c^2, c^1-g^1-e^2). 3. ↑ Stimmlage.

Lagekoordinaten, Koordinaten, durch die Lage eines [Massen]punktes im Raum festgelegt ist.

Lagenholz, aus mehreren Furnieren oder Holzschichten zusammengeleimter, meist plattenförmiger Holzwerkstoff, z. B. Sperrholz, Tischlerplatten.

Lagenschwimmen ↑ Schwimmen.

Lager, in der *Betriebswirtschaftslehre* Bez. für 1. den Ort der Verwaltung der zur Betriebsführung erforderl. Bestände an Waren; 2. die eingelagerten Gegenstände in Menge und Wert; 3. die mit der Lagerung befaßte Betriebsabteilung.
♦ Maschinenteil zum Tragen und Führen (**Lagerung**) sich drehender oder schwingender Teile, v. a. zur Lagerung der Zapfen von Wellen oder Achsen; L. für Schiebebewegungen

werden als **Führungen** bezeichnet. Nach der Art der auftretenden Reibung unterscheidet man Gleitlager und Wälzlager. Nach der Art der Belastungsrichtung lassen sich die L. einteilen in Radiallager und Axiallager.
◆ Bauteil zur Aufnahme der Lasten und Gewichte eines Tragwerks (Wider-L., Zwischenpfeiler, Fundament); man unterscheidet feste und bewegl. Lager.

Lagerbier ↑ Bier.

Lägeren, östlichste Kette des Schweizer Juras, im Burghorn 859 m hoch.

Lägerflur, Bez. für Hochstaudenbestände auf Weiden der alpinen Stufe, die sich an vom Vieh bevorzugten oder häufig aufgesuchten Stellen einstellen.

Lagerfuge ↑ Fuge.

Lagergeschäft, gewerbsmäßige Lagerung und Aufbewahrung von Gütern durch einen *Lagerhalter*. Neben oder anstelle der gesetzl. Vorschriften gelten in vielen Bereichen allgemeine Geschäftsbedingungen, insbes. die Allgemeinen Dt. Spediteurbedingungen (ADSp). Grundlage des L. ist der Lagervertrag; er verpflichtet den Lagerhalter dazu, mit der Sorgfalt eines ordentl. Kaufmanns das ihm anvertraute Gut zu lagern und vor Verlust und Beschädigung zu schützen. Über das eingelagerte Gut kann vom Lagerhalter ein *Lagerschein* erteilt werden. Auf Grund des *Lagervertrags* hat der Lagerhalter gegenüber dem Einlagerer Anspruch auf Erstattung der *Lagerkosten*, d. h. der vereinbarten oder ortsüblichen *Lagergelds* sowie der Auslagen für Fracht und Zölle und der sonst für das Gut gemachten Aufwendungen, soweit er sie nach den Umständen für erforderl. halten durfte. Wegen der Lagerkosten steht dem Lagerhalter ein gesetzl. Pfandrecht an dem eingelagerten Gut zu. Ansprüche gegen den Lagerhalter wegen Verlusts, Minderung, Beschädigung oder verspäteter Ablieferung *verjähren* i. d. R. in einem Jahr.

Lagerkvist, Pär Fabian [schwed. ˌlɑːˈɡərkvist], * Växjö 23. Mai 1891, † Lidingö bei Stockholm 11. Juli 1974, schwed. Schriftsteller. - Sein frühes Werk wurde wesentl. durch die Katastrophenstimmung des 1. Weltkrieges bestimmt; 1916 erschien seine expressionist. Gedichtsammlung „Ångest". Mit symbol. Dramen verteidigte er den humanist. Idealismus gegenüber dem nazist. Gewalt („Mannen utan själ", 1936). Trotz verschiedener Strömungen und Einflüsse durchzieht sein Werk eine immer wieder aufgenommene Suche nach religiöser Gewißheit. Nobelpreis für Literatur 1951. - *Weitere Werke:* Barabbas (R., 1950), Die Sibylle (R., 1956), Der Tod Ahasvers (R., 1960), Das Hl. Land (R., 1964), Mariamne (R., 1967).

Lagerlöf, Selma [schwed. ˌlɑːɡərløːv], * Gut Mårbacka (Värmland) 20. Nov. 1858, † ebd. 16. März 1940, schwed. Erzählerin. - Aus der Tradition ihrer Heimat Värmland und der nord. Sagenwelt schöpfte sie die Themen für ihr vielgestaltiges und umfangreiches Erzählwerk, das durch elementare Kraft der Schilderung, eindringl. psycholog. Gestaltung, moralisierende Darstellung und tiefe Religiosität gekennzeichnet ist. Nobelpreis für Literatur 1909.
Werke: Gösta Berling (R., 1891), Herrn Arnes Schatz (R., 1904), Christuslegenden (1904), Wunderbare Reise des kleinen Nils Holgersson mit den Wildgänsen (Kinderb., 3 Bde., 1907/08), Das Mädchen vom Moorhof (E., 1913), Löwensköld-Trilogie (Bd.1: Der Ring des Generals, 1925; Bd. 2: Charlotte Löwensköld, 1925; Bd. 3: Anna, das Mädchen aus Dalarne, 1928).

Lagerpflanzen (Thalluspflanzen, Thallophyta), Bez. für die Gesamtheit der niederen Pflanzen (Algen, Pilze, Flechten, Moose), deren Vegetationskörper nicht in Wurzel, Sproß und Blätter gegliedert ist. Der Pflanzenkörper (Thallus) ist ein- oder mehrzellig und besteht aus verzweigten oder unverzweigten Fäden.

Lagerschein ↑ Lagergeschäft.

Lagerstätten, abbauwürdige Anreicherungen natürl. Erz-, Mineral-, Kohle-, Erdöl- und Erdgasvorkommen.

Lagersteine, Bez. für meist aus Rubin, Korund oder Saphir hergestellte, äußerst verschleißarme Lager zur Halterung von Wellen feinmechan. Geräte.

Lagertyphus, svw. ↑ Fleckfieber.

Lagerverkehr ↑ Außenhandelsstatistik.

Lagervertrag ↑ Lagergeschäft.

Lagesinn (Lageempfindung, Stellungssinn, Stellungsempfindung), die Selbstwahrnehmung der Lage im Raum bzw. der Stellung der einzelnen Körperteile (z. B. der Finger) zueinander als eine Qualität der Tiefensensibilität.

Lagg [schwed. „Pfanne"] ↑ Moor.

Laghouat [frz. laˈgwat], alger. Oasenstadt 330 km südl. von Algier, 750 m ü. d. M., 59 000 E. Hauptstadt des Verw.-Geb. L., kath. Bischofssitz; Marktort; Ausgangspunkt der Transsaharastraße über den Ahaggar, ✈.

Lago Maggiore [italien. madˈdʒoːre] (dt. Langensee), südalpiner Randsee, Italien und Schweiz, 194 m ü. d. M., 66 km lang, 2–5 km breit, bis 372 m tief, Abfluß durch den Tessin. In der einzigen größeren Bucht liegen die ↑ Borromäischen Inseln. Die langgestreckte See wird im W und O von Alpenketten gesäumt, deren Gipfel um 2 000 m ü. d. M. liegen. Mildes Klima und mediterrane Vegetation; Fremdenverkehr.

Lagophthalmus [griech.], unvollständiger oder fehlender Lidschluß, Klaffen der Augenlidspalte („Hasenauge") mit der Gefahr einer Austrocknung und Entzündung der Hornhaut; u. a. bei Gesichtslähmung.

Lagos [portugies. ˈlaɣuʃ], portugies. Stadt an der S-Küste der Algarve, 17 000 E. Fischereihafen; Badeort. - Vorgängersiedlungen aus

Lagos

phönik. (?) und röm. Zeit sind belegt. Unter dem Einfluß Heinrichs des Seefahrers entwikkelte sich L. zu einem wichtigen Hafen für Entdeckungs- und Handelsfahrten an die westafrikan. Küste.

L. ['la:gɔs], Hauptstadt von Nigeria, an der Bucht von Benin und auf drei Inseln, 1,1 Mill. E. Sitz eines anglikan. Bischofs und eines kath. Erzbischofs; Univ. (gegr. 1961), Goethe-Inst., Nationalbibliothek, Nationalmuseum; botan. Garten; Radio- und Fernsehsender; Nahrungsmittel-, Textilind., Herstellung von Wellblech, Fertigbauteilen, Radio- und Fernsehapparaten, Kunststoffwaren, Zement u. a., Kfz.-Montage. Wichtigster Hafen des Landes; Eisenbahnlinie in den N; internat. ✈. - Lagos Island wurde im 15. Jh. von Portugiesen entdeckt und ben.; um 1650 entstand bei europ. Handelsniederlassungen das Dorf L., Ende des 18. Jh. Zentrum des Sklavenhandels. Die Stadt L. wurde von Benin gegr., 1851 von brit. Truppen erobert, um den Sklavenhandel zu unterdrücken; 1861 wurden Hafen und Insel brit. Protektorat, 1862 Kolonie; 1886 Hauptstadt von Kolonie und Protektorat an der Bucht von Benin; seit 1954 Hauptstadt von Nigeria.

Lagozzakultur, nach der Seerandsiedlung (Pfahlbau) bei Besnate (Prov. Varese, Italien) ben. neolith. Kultur (etwa Beginn des 3. Jt. v. Chr.), gekennzeichnet durch rundbodige Keramik, deren Gefäße vertikale Röhren- und Panflötenhenkel aufweisen.

Lagrange [frz. la'grã:ʒ], Joseph de, * Turin 25. Jan. 1736, † Paris 10. April 1813, frz. Mathematiker. - 1766–87 Direktor der mathemat. Klasse der Preuß. Akademie der Wiss., anschließend Prof. in Paris. L. begründete die Variationsrechnung und die theoret. Mechanik. Von ihm stammen außerdem grundlegende Arbeiten u. a. zur Funktionen- und Zahlentheorie, zur Theorie der algebraischen Gleichungen, zur Wahrscheinlichkeitsrechnung sowie zur Himmelsmechanik.

L., Marie-Joseph, eigtl. Albert L. * Bourg-en-Bresse 7. März 1855, † Saint-Maximin-la-Sainte-Baume (Var) 10. März 1938, frz. Dominikaner. - Gründete 1890 die École Biblique in Jerusalem und publizierte wichtige bibelwiss. Arbeiten. Wegen seiner krit. Methode angefeindet, fanden seine Ansichten in der kath. Wiss. nur langsam Anerkennung.

Lagrange-Funktion [frz. la'grã:ʒ; nach J. de Lagrange] (kinetisches Potential), in der Mechanik die als Differenz der kinet. Energie T und der potentiellen Energie U eines Systems von Massenpunkten gebildete Funktion $L(q_k, \dot{q}_k; t) = T - U$ der verallgemeinerten Koordinaten q_k und Geschwindigkeiten $\dot{q}_k = dq_k/dt$ sowie der Zeit t. Sie bestimmt das dynam. Verhalten des Systems und wird auch als *freie Energie* bezeichnet. Die große Bed. der L.-F. für die Mechanik und Feldtheorie liegt darin, daß mit ihr das Hamiltonsche Prinzip der kleinsten Wirkung definiert wird, aus dem die Bewegungs- bzw. Feldgleichungen folgen.

Lagrangesche Bewegungsgleichungen [frz. la'grã:ʒ; nach J. de Lagrange], Bewegungsgleichungen der Mechanik für ein System von Massenpunkten. Die *L. B. 1. Art* beziehen sich auf kartes. Koordinaten; sie stellen ein System von Differentialgleichungen 2. Ordnung dar, aus denen [zus. mit den Bedingungsgleichungen] die Koordinaten sämtl. Massenpunkte als Funktionen der Zeit t bestimmbar sind. Führt man statt der kartes. Koordinaten die verallgemeinerten Koordinaten q_k ($k = 1, 2, ..., f$) ein sowie die zugehörigen verallgemeinerten Geschwindigkeiten $\dot{q}_k$ und Kräfte Q_k, so ergeben sich die *L. B. 2. Art*

$$\frac{d}{dt}\left(\frac{\partial T}{\partial \dot{q}_k}\right) - \frac{\partial T}{\partial q_k} = Q_k \quad (k = 1, 2, \ldots, f).$$

Dabei ist T die kinet. Energie.

Lagrangesche Differentialgleichung [frz. la'grã:ʒ; nach J. de Lagrange], svw. d'Alembertsche Differentialgleichung († Alembert, J. Le Rond d').

lagrimoso (lagrimando, lacrimoso) [italien.], musikal. Vortragsbez.: traurig, klagend.

Lagting [norweg.], Name des norweg. Oberhauses, † Norwegen (polit. System).

La Guardia, Fiorello Henry [engl. lə'gwɑːdɪə], * New York 11. Dez. 1882, † ebd. 20. Sept. 1947, amerikan. Politiker (Republikan. Partei). - Bürgermeister von New York (1934–45) mit umfassendem Reformprogramm (Kampf gegen Korruption; Stadtsanierung; neue Stadtverfassung); 1946 Leiter der UN-Flüchtlingshilfe (UNRRA).

Laguerre, Edmond [frz. la'gɛːr], * Bar-le-Duc 9. April 1834, † ebd. 14. Aug. 1886, frz. Mathematiker. - Mgl. der Académie des sciences; einer der Begründer der modernen Geometrie; Arbeiten u. a. zur Theorie der algebraischen Gleichungen sowie zur Theorie der Kettenbrüche.

Laguna [span. la'ɣuna], span. svw. See.

Lagune [italien., zu lat. lacuna „Vertiefung, Lache"], durch Riffe oder Nehrungen vom offenen Meer abgetrennter Brackwasserbereich.

◆ die Wasserfläche innerhalb eines Atolls.

Lagunenvölker, im Gebiet der Strandseen und deren Hinterland (sö. Elfenbeinküste) lebende ethn. Gruppen palänegrider Rasse, u. a. die *Abe*.

Laḥidsch, Oasenstadt nw. von Aden, Demokrat. VR Jemen, 15 000 E. Prov.hauptstadt; Handelszentrum. - L. war vom 5./6. bis zum 16. Jh. das Zentrum der arab. Glasherstellung.

Lähmung (motor. L.), eingeschränkte Fähigkeit (*Parese*) oder vollständige Unfähigkeit (*Paralyse*), einen Muskel oder eine Muskelgruppe zu bewegen. *Funktionelle L.* nennt man motor. Funktionsausfälle ohne faßbaren organ. Befund, die gewöhnl. auf einer neurot. Fehleinstellung beruhen. *Myogene L.* sind die Folgen von Muskelerkrankungen. Die wesentl. häufigeren *neurogenen L.* beruhen auf einem Funktionsausfall motor. Nerven oder Nervenkerne. Die *zentrale L.* geht vom Bereich des 1. motor. Neurons (zw. Großhirnrinde und Hirnnervenkernen bzw. Großhirnrinde und Rückenmarksvorderhörnern) aus. Sie ist gewöhnl. mit Tonuserhöhung der betroffenen Muskeln verbunden *(spast. L.). Zerebrale L.* gehen vom Gehirn, *spinale L.* vom Rückenmark aus. Die *periphere L.* ist im Unterschied zur zentralen die Folge einer Schädigung im Bereich des 2. Neurons (zw. Hirnnervenkernen bzw. Rückenmarksvorderhörnern und dem Erfolgsorgan). Sie geht mit Verminderung des Muskeltonus, Abnahme der Eigenreflexerregbarkeit, Muskelatrophie und Entartungsreaktion einher *(schlaffe L.).* - Nach dem Ausbreitung einer L. unterscheidet man zwischen *Monoplegie* (Monoparese; eine Gliedmaße betroffen), *Diplegie* (die beiden oberen oder unteren Gliedmaßen betroffen) und *Tetraplegie* (alle vier Gliedmaßen betroffen). - ↑auch Halbseitenlähmung.

Lahn, rechter Nebenfluß des Rheins, entspringt im südl. Rothaargebirge, mündet in Lahnstein, 245 km lang, 137 km schiffbar.
L., 1977 gebildete hess. Stadt, entstand durch Zusammenlegung von ↑Gießen und ↑Wetzlar sowie den zw. liegenden Gemeinden. Verwaltungssitz des Lahn-Dill-Kreises. Mit Wirkung vom 1. Aug. 1979 wieder aufgelöst.

Lahn-Dill-Kreis, seit 1977 Landkr. in Hessen; besteht ohne den Kreis Gießen weiter.

Lahnstein, Stadt beiderseits der Mündung der Lahn in den Rhein, Rhld.-Pf., 66–160 m ü. d. M., 18 800 E. Papierherstellung, Keramik-, chem. u. a. Ind. - 1969 wurden das 977 erstmals erwähnte Ober- und das im 11.Jh. entstandene Niederlahnstein zu einer Stadt vereinigt. - Die Pfarrkirche in Niederlahnstein (um 1140) wurde nach Brand wiederaufgebaut (1856/57); Pfarrkirche in Oberlahnstein (1775–77) mit spätroman. und got. Bauteilen; Martinsburg (14./15. Jh.). Burg Lahneck wurde nach 1860 neugot. wiederaufgebaut. Hexenturm (um 1350) mit Wehrgang.

Lahnung [zu niederdt. lane „schmaler Weg"] (Schlenge), niedriger Damm aus Strauchwerk, das zw. zwei Pfahlreihen fest eingepackt wird; zur Schlickablagerung in Landgewinnungsgebieten der Küste angelegt.

Lahore [la'ɔ:], pakistan. Stadt im Pandschab, am linken Raviufer, 216 m ü. d. M., 2,92 Mill. E. Hauptstadt der Prov. Punjab und eines Distr.; Sitz eines anglikan. und eines kath. Bischofs; Univ. (gegr. 1882), TH (gegr. 1961), Kernforschungsinstitut, Observatorium; kultureller und wirtsch. Mittelpunkt von N-Pakistan; internat. ⚒.

Geschichte: Etwa Anfang des 2.Jh. n.Chr. gegr., im 11./12.Jh. unter der Herrschaft der Ghasnawiden und der Sultane von Ghor, die L. zur Hauptstadt ihrer ind. Eroberungen machten; unter der Mogul-Dyn. (1526–1858) mehrmals Residenz; größte Blüte im 16.–18.Jh., in dieser Zeit entstanden auch fast alle bed. Bauwerke; danach bis 1799 wiederholt erobert; ab 1768 unter der Herrschaft der Sikhs, ab 1849 der Briten; Hauptstadt des Sikhreiches seit 1799, dann der Prov. Punjab, ab 1947 des pakistan., westl. Teils des Pandschab, 1955–70 eines Bezirks in W-Pakistan und seitdem wieder der Provinz Punjab.
Bauten: Aus der Mogulzeit stammen mehrere Moscheen, u. a. die Moti Masdschid („Perlenmoschee"), die Hofmoschee mit 8 Minaretten sowie die Paläste Dschahangirs und Schah Dschahans (alle 17. Jh.); bed. der aus drei Terrassen bestehende Schalimargarten (1637) mit zahlr. Springbrunnen und Pavillons; anglikan. Kathedrale (19. Jh.).

La Hogue [frz. la'ɔg], Fort an der Ostküste der frz. Halbinsel Cotentin. In der **Seeschlacht vor La Hougue** (29. Mai 1692) wurde eine frz. Flotte durch Engländer und Niederländer vernichtet.

Lahr/Schwarzwald, Stadt am W-Rand des Schwarzwalds, Bad.-Württ., 170 m ü. d. M., 34 600 E. Maschinen- und Apparatebau, Möbel- und Kartonagenherstellung, Tabak-, Nahrungsmittelind., Verlage. - 1250 wird die Tiefburg der Geroldsecker, an die sich L. anschloß, erstmals erwähnt; seit Ende des 13.Jh. Stadt. - Spätgot. ev. Pfarrkirche, Altes Rathaus (1608), Reste der Tiefburg.

Lahti, finn. Stadt am S-Ufer des Sees Päijänne, 94 700 E. Sommeruniv., Zentrum der finn. Möbelind.; internat. Skiweltkämpfe (nord. Disziplinen); Eisenbahnknotenpunkt, Binnenhafen. - In L. sind viele der finn. Flüchtlinge aus Viipuri (= Wyborg, UdSSR) angesiedelt, die 1944 ihre Heimat verlassen mußten. - An der 1870 fertiggestellten Eisenbahnlinie nach Helsinki wurde L. 1878 als Marktflecken gegründet und bekam 1905 Stadtrecht.

Lai [frz. lɛ; kelt.-altfrz.], altfrz. Bez. (seit dem 12.Jh.) für 1. reine Instrumentalstücke; 2. gereimte Kurzerzählungen, die Stoffe v. a. aus der Artuswelt behandeln („lais narratifs"); 3. eine Gattung der Liedkunst („lais lyriques"), deren formales Prinzip sich auch im dt. ↑Leich findet. Späte Blüte der lyr. L., im 14.Jh.: Guillaume de Machault, J. Froissart, Christine de Pisan.

Laib (Laibl, Leib), Conrad, um die Mitte des 15.Jh. tätiger dt. Maler. - Führender Meister der Salzburger Malerei. Unter dem Einfluß des Meisters von Flémalle überwindet er die Schönlinigkeit des ↑Weichen Stils zugunsten eines neuen Realismus: „Kreuzigung" (1449, Wien, Orangerie des Unteren

Laibach

Belvedere), ehem. Hochaltarbild des Grazer Domes (1457, heute im Diözesanmuseum).
Laibach ↑ Ljubljana.
Laibach, Kongreß von ↑ Ljubljana.
Laibung (Leibung), im Bauwesen Bez. für 1. die im rechten Winkel zur Wandfläche stehende Begrenzungsfläche von Wandöffnungen für Türen und Fenster (↑ auch Gewände); 2. die innere, dem Raum zugewandte Seite eines Gewölbes.
Laich [zu mittelhochdt. leich, eigtl. „Liebesspiel"], Eier von Tieren, bei denen die Eiablage ins Wasser erfolgt (z. B. Insekten, Schnecken, Fische, Amphibien). Die Eier sind von (häufig gallertigen) Schutzhüllen umgeben und werden einzeln, in Klumpen (*L.ballen*) oder Schnüren (*L.schnüre*) frei ins Wasser abgegeben (*Freilaicher*; die meisten Fische) oder an Gegenstände (z. B. an Wasserpflanzen) angeheftet (*Haftlaicher*).
Laichkraut (Potamogeton), Gatt. der Laichkrautgewächse mit rd. 90 weltweit verbreiteten Arten; Wasserpflanzen v. a. des Süßwassers; Blätter mit gitterartiger Nervatur; Blüten in einfacher Ähre, zwittrig, ohne Blütenhülle. In Deutschland kommen 24 Arten vor, darunter das **Krause Laichkraut** (Potamogeton crispus) mit welligkrausen Blättern. Einige Arten werden auch als Aquarienpflanzen verwendet.
Laichkrautgewächse (Potamogetonaceae), Pflanzenfam. der Einkeimblättrigen mit fünf Gatt. und über 100 Arten; bekannte Gatt. sind ↑ Laichkraut und ↑ Seegras.
Laichwanderungen, Wanderungen, die v. a. von bestimmten Fischarten (auch vielen Amphibien) beim Aufsuchen ihres Laichgebietes ausgeführt werden.
Laie [zu althochdt. leigo „Nichtgeistlicher" (von griech. laikós „zum Volk gehörig")], Angehöriger der *kath. Kirche*, der nicht zum ↑ Klerus gehört. Der Begriff des L. ist im *Kirchenrecht* überhaupt nicht erfaßt, so daß Funktionen und v. a. Rechte des L. nur aus dem allg., in Taufe und Firmung begr. kirchl. Apostolat [verfassungsrechtl. nur unklar] erschlossen werden können. Erst in jüngster Zeit fast übl. Berufung von L. wenigstens in die Beratungsorgane der kirchl. Hierarchie (in Pfarrgemeinderat, Regionalrat, Diözesanrat u. a.) zeigt jedoch, daß die Bed. einer aktiven Beteiligung der L. für die kirchl. Verwaltung mehr und mehr erkannt wird.
♦ übertragen svw. Nichtsachverständiger, Nichtfachmann.
Laienaltar (Kreuzaltar), in ma. Kirchen der für den Volksgottesdienst bestimmte Altar in der Mitte des Langhauses bzw. vor dem Lettner.
Laienapostolat, Bez. v. a. in der kath. Kirche für die nur in der Kirchenmitgliedschaft [nicht kirchenrechtl.] begründete Teilnahme von Laien am kirchl. Apostolat.
Laienbewegung, in den christl. Kirchen seit dem 19. Jh. Sammelbez. für die kirchl. Aktivitäten der Laien im Unterschied zu denen der kirchl. Amtsträger. Die L. ist oft eine Herausforderung zum Strukturwandel der institutionell verfaßten Kirchen.
Laienbrüder, Klostermitglieder ohne klerikale Weihen, innerhalb der klösterl. Gemeinschaft eine eigene Gruppe mit v. a. prakt. Aufgabenbereich.
Laieninvestitur, Amtseinsetzung von Klerikern durch Laien. - ↑ auch Investiturstreit.
Laienkelch, das Trinken von konsekriertem Wein bei Messe oder Abendmahl durch nicht zum Klerus gehörende Gläubige. Im MA verboten, deshalb nach der Reformation konfessionelles Unterscheidungsmerkmal. Seit dem 2. Vatikan. Konzil ist die **Kelchkommunion** wieder für alle kath. Gläubigen zugelassen.
Laienmaler ↑ naive Kunst.
Laienpatronat ↑ Patronat.
Laienrat, von Papst Paul VI. 1967 errichtete Päpstl. Kommission zur Koordination des Laienapostolats und zur Pflege des Gesprächs zw. Hierarchie und Laien sowie der ökumen. Zusammenarbeit.
Laienrichter ↑ ehrenamtliche Richter.
Laienspiel, Theaterspiel von Amateurschauspielern, das unterhaltenden, pädagog., polit.-ideolog., neuerdings auch psychotherapeut. Zwecken dienen kann. Heute v. a. an Schulen, Hochschulen und in Vereinen aller Art. Vor dem 16. Jh. gab es überhaupt kein Berufstheater, im MA und in der Renaissance trugen Schulen, Orden (Jesuiten), Gemeinden oder Gesellschaften die Aufführungen von geistl. Spielen, Schuldramen oder auch Fastnachtsspielen o. ä. und konkurrierten auch noch lange mit den (wandernden) Schauspieltruppen. - Im 20. Jh. strebte die aus der Jugendbewegung erwachsene sog. L.bewegung seit etwa 1912 eine Erneuerung auch des Berufstheaters an. Durch bewußten Verzicht auf dessen bühnen- und darstellungstechn. Mittel, durch Rückgriff u. a. auf Volksstücke, den spät-ma. Aufführungsstil und durch festspielartige Freilichtaufführungen gaben jugendl. L.gruppen trotz vieler Unzulänglichkeiten befruchtende Impulse. Hauptvertreter der L.bewegung waren u. a. R. Mirbt (* 1896, † 1974) und M. Luserke. Seit den 1920er Jahren gab es außerdem das ↑ Agitproptheater. Über den bei den noch verhältnismäßig lange alte Traditionen wahrenden ↑ Bauerntheater kann man heute nicht mehr von L. sprechen.

Laínez (Laynez), Diego (Jakob) [span. la'ineθ], * Almazán bei Sorio 1512, † Rom 19. Jan. 1565, span. Jesuit jüd. Abkunft. - 1534 zus. mit Ignatius von Loyola u. a. Begründer des Jesuitenordens; 1558–65 zweiter Ordensgeneral; Konzilvertreter in Trient (1546, 1551, 1562); abschließender Ausbau der militär.

straffen Verfassung des Ordens, Ausarbeitung des neuen Index im Auftrag Pius' IV.

Laios, Gestalt der griech. Mythologie. Vater des Ödipus, König von Theben; entführt den Sohn des Pelops, der ihn deshalb verflucht, er solle einst von der Hand des eigenen Sohnes fallen.

Laisierung [la-i...; griech.], im röm.-kath. Kirchenrecht die rechtl. Rückversetzung eines Klerikers in den Laienstand durch die zuständige kirchl. Autorität unter Entzug des Rechts auf Ausübung der mit der Ordination erhaltenen Befugnisse und unter Verlust aller Rechte und Ansprüche, die aus der Rechtsstellung als Kleriker erworben wurden. - Die L. erfolgt seit 1964 v. a. durch ↑Dispens des Apostol. Stuhles auf Bitten des Klerikers oder von Amts wegen, unter Befreiung von den Ordinationsverpflichtungen (Zölibat, Breviergebet). Die z. Z. dafür maßgebenden Verfahrensnormen von 1971 halten einer krit. Prüfung nicht stand, da bislang zur L. ein phys.-psych. Defekt oder ein schuldhaftes sittl. Versagen vorliegen muß und der laisierte Kleriker dadurch als defekter, abnormer oder sittl. minderwertiger Mensch charakterisiert wird.

Laissez-faire, laissez-aller (auch: Laissez-passer) [frz. lɛsɛ'fɛːr, lɛsea'le, lɛsepɑ'se „laßt machen, laßt gehen"], allg. für das Gewährenlassen; insbes. Schlagwort des Physiokraten, dann des wirtsch. ↑Liberalismus.

Laizismus [la-i...; griech.], im 19. Jh. in Frankr. entstandene Bez. für das sich im Gallikanismus, Josephinismus und in der Frz. Revolution durchsetzende Bestreben, den Einfluß von Kirche und Religion auf das öffentl. Leben einzuschränken oder auszuschalten. Im Syllabus Papst Pius' IX. verurteilt, wurde L. im 19. Jh. zum konstitutiven Bestandteil von Liberalismus, Radikalismus und Demokratie.

Lajtha, László [ungar. 'lɔjtɔ], * Budapest 30. Juni 1892, † ebd. 16. Febr. 1963, ungar. Komponist. - Von ungar. Volksmusik und frz. Impressionismus (Debussy) geprägte Kompositionen, u. a. 9 Sinfonien, Kammermusik, Bühnen- und Vokalwerke, Filmmusiken.

Lakagígar [isländ. 'laːkagjiːɣar] (Lakispalte), 25 km lange Vulkanspalte auf Island, sw. des Vatnajökull, mit über 100 Kratern.

Lakai [frz., eigtl. „gemeiner Fußsoldat"], früher: herrschaftl. Diener; Mensch, der sich ausnützen läßt; **lakaienhaft**, unterwürfig.

Lake [niederdt.], Salzlösung, in der Fleisch u. a. konserviert wird.

Lake [engl. lɛɪk, zu lat. lacus „See"], engl. svw. See.

Lakedaimon ↑Lakonien, ↑Sparta.

Lake Placid [engl. 'lɛɪk 'plæsɪd], Ort in den Adirondack Mountains, Bundesstaat New York, 530 m ü. d. M., 3 000 E. Wintersportzentrum. - Austragungsort der Olymp. Winterspiele 1932 und 1980.

Lakhisch ↑Lachisch.

Lakkadiven, Gruppe von Atollen im nw. Ind. Ozean, Teil des ind. Unionsterritoriums Lakshadweep. Die nördl. Inseln werden auch **Amindiven** gen.; von den zahlr. Inseln sind 9 von einer arab.-ind. Mischbev. bewohnt.

Lakkolith [griech.], oberflächennah in der Erdkruste steckengebliebene Magmamassen.

Lakoda [nach dem gleichnam. Gebiet im Beringmeer], kostbarer tiefgeschorener Alaskaseal (Robbenfell).

Lakonien (neugriech. Lakonia), griech. Verw.-Geb. in der südl. Peloponnes. - Unter den Achäern spielte L. erstmals eine Rolle in der griech. Sage (Menelaos in der „Ilias") und Geschichte. Nach der dor. Einwanderung (1100 v. Chr.) Gebiet eines der mächtigsten Stadtstaaten mit Zentrum Sparta (**Lakedaimon, Lacedaemon, Lakonike**). Augustus organisierte die von der spartan. Herrschaft befreiten periök. Küstenstädte im Bund der **Eleutherolakonen**. Ab 580 n. Chr. von slaw. Stämmen besiedelt; um 830 von Byzanz, 1460 von den Osmanen erobert.

lakonisch [nach den Bewohnern von Lakonien], kurz und treffend.

Lakonischer Golf, Bucht des Mittelmeers an der S-Küste des Peloponnes.

Lakritze [zu lat. liquiricia (von griech. glykýrrhiza „Süßwurzel")] (Lakritzensaft, Succus Liquiritiae), eingedickter Saft aus Süßholz; enthält 15 % Glycyrrhizinsäure, 10 % Zucker, 20 % Stärke, Gummi und Bitterstoffe; getrocknet in harten, schwarz glänzenden Stangen (Bärendreck); volksmedizin. Anwendung bei Magenbeschwerden.

Lakritzenwurzel, svw. ↑Süßholz.

Lakschmi, ind. Göttin des Glücks und der Schönheit, auch Schri gen., gilt als Gemahlin Wischnus.

Laksefjord [norweg. ˌlaksəfjuːr], Fjord in N-Norwegen, 70 km lang, 15-20 km breit.

Lakshadweep, ind. Unionsterritorium vor der Malabarküste, umfaßt die Lakkadiven sowie die Insel Minicoy, 32 km^2, 30 000 E (1975), Hauptstadt Kavaratti.

lakt... Lakt... ↑lakto..., Lakto...

Laktanz, lat. Schriftsteller, ↑Lactantius.

Laktase ↑Lactase.

Laktation [lat.], hormonell induzierte und gesteuerte Milchsekretion aus den Milchdrüsen weibl. Säugetiere (einschließl. Mensch). - ↑ auch Stillen.

Laktationshormon, svw. ↑Prolaktin.

lakto..., Lakto..., lakt..., Lakt... (in der chem. Fachsprache lact[o]..., Lac[t]...) [zu lat. lac „Milch"], Bestimmungswort von Zusammensetzungen mit der Bed. „Milch".

Laktoflavin [lat.], svw. ↑Riboflavin.

Laktose, svw. ↑Lactose.

laktotropes Hormon [lat./griech.], svw. ↑Prolaktin.

Lakune (Lacuna) [lat.], in der Anatomie:

Grube, Vertiefung, Lücke, Bucht (z. B. an Organen, Gefäßen).

Lalebuch, dt. Volksbuch, 1. Druck 1597 in Straßburg; Verfasser unbekannt; entstanden im Elsaß. Handelt von der Herkunft der *Lalen* von einem griech. Weisen, ihrem weltweiten Engagement als Berater, ihrer schließl. angenommenen Narrheit, um fortan unbehelligt zu sein, und den daraus resultierenden Narreteien bis zum Untergang ihrer Stadt *Laleburg*. Bekannter geworden als das L. ist die bereits 1598 u. d. T. „Die Schildbürger" erschienene Bearbeitung.

Lalibäla, Ort im Abessin. Hochland, Äthiopien, 2630 m ü. d. M.; ♘. - 11 Felsen-(Monolith-)Kirchen (11.–13. Jh.) mit bed. ornamentaler und figuraler Wand- und Deckenmalerei sowie Reliefs. - Vom 10. bis 13. Jh. als **Roha** Sitz der Dynastie der Sagwe. - Abb. Bd. 2, S. 220.

Lälie […i-ə] ↑ Laelia.

Lalique, René [frz. la'lik], * L'Hay-les-Roses (Val de Marne) 6. April 1860, † Paris 1. Mai 1945, frz. Goldschmied und Glaskünstler. - Schuf bed. Jugendstilschmuck (florale und Insektenmotive) sowie Glasgefäße.

Lallen, unartikuliertes Sprechen mit Wiederholung kurzer Silben; normal im Säuglingsalter; patholog. bei geistigen Entwicklungsstörungen, auch bei organ. Nerven- bzw. Gehirnkrankheiten.

Lallwort, ein meist der Kindersprache (Lallphase) entstammendes Wort, z. B. *Mama;* elementarverwandte Entsprechungen treten auch in nicht miteinander verwandten Sprachen auf; Abgrenzung zum lautmalenden Wort der Kindersprache ist oft schwierig.

Lalo, Édouard, * Lille 27. Jan. 1823, † Paris 22. April 1892, frz. Komponist span. Herkunft. - Spätromant. melodienreiches, ausdrucksbetontes Werk: 3 Opern, Ballett „Namouna" (1882), Orchesterwerke, 4 Violinkonzerte (u. a. „Symphonie espagnole", 1873), Kammermusik, Lieder.

Lalopathie [griech.], Bez. für jede Art von Sprachstörung.

Lalophobie [griech.], Sprechangst, Scheu vor dem Sprechen (v. a. bei Stotterern).

Lam, Wilfredo, * Sagua la Grande (Kuba) 8. Dez. 1902, † Paris 14. Sept. 1982, kuban.-frz. Maler. - Lebte in Paris, stand den Surrealisten nahe. Auseinandersetzung mit dem Werk Picassos. Stellte in rätselhaften Bildern Bedrohung durch die Maschinenwelt dar.

Lama [indian.-span.] (Lama glama), domestizierte, etwa 120 cm schulterhohe Kamelart in den Anden S-Amerikas; Fell mäßig langhaarig, gelbbraun bis schwarzbraun, weiß oder gescheckt; Lasttiere (nur ♂♂), Milch- und Wollieferanten (Wolle gegenüber der des Alpakas weniger wertvoll). Das L. ist in den Hochlagen Boliviens und Perus auch heute noch das wichtigste Haustier.

Lama [indian.-span.], flanellartiger Futter- oder Mantelstoff aus Wolle oder Baumwolle; meist auf der rechten Warenseite gerauht.

Lama [tibet. „der Obere"], urspr. Bez. ranghoher Kleriker, später jedes Geistlichen des ↑ Lamaismus.

Lamaismus, die nach dem ↑ Lama ben. tibet. Sonderform des Buddhismus, die von der autochthonen Bon-Religion (↑ Bon) und von den Spekulationen des ind. Tantrismus, v. a. des buddhist. Wadschrajana, stark beeinflußt wurde. Der L. bildete mit seiner hierarch. Struktur jahrhundertelang das staatstragende Element Tibets. - Die Einführung des Buddhismus begann in der Zeit der tibet. Großmachtstellung (um 632 n. Chr.), aber erst zw. 755 und 797 konnte der zunächst vom Adel bekämpfte L. das Bontum durch synkretist. Verbindung tibet. Vorstellungen mit buddhist. Anschauungen überwinden. Die lamaist. Literatur (Übersetzungen ind. tantr. und originale tibet. Schriften) wurde zu Beginn des 14. Jh. in den Sammlungen des ↑ „Kandschur" u. ↑ „Tandschur" kanonisiert. - Die großen Klöster des Landes entwickelten sich zu erbl. Machtzentren, die sich ständig befehdeten. Das Ende dieses Zustands wurde durch das Wirken des Reformators Tsongkha-pa (* 1357, † 1419) eingeleitet. Er forderte den strikten Zölibat der Kleriker in seiner Reformsekte („Tugendsekte"; wegen der gelben Mützen ihrer Anhänger auch „Gelbe Kirche"); seine Prophezeiung an seine beiden vornehmsten Schüler, sie würden sich als Oberpriester ständig neu verkörpern, begründete die Übertragung geistl. Ämter durch die sog. „chubilghan. Sukzession", d. h. die Hierarchien Tibets gelten seitdem als „Verwandlungen", als stets neue Inkarnationen buddhist. Wesenheiten. So gilt der ↑ Pantschen Lama als Inkarnation des Buddha Amitabha und der ↑ Dalai Lama als Inkarnation des Bodhisattwa Awalokiteschwara. Seit dem 17. Jh. hat der Dalai Lama den polit. Vorrang. 1959 mußte der 14. Dalai Lama vor den Chinesen nach Indien fliehen.

📖 *Geshe Lhündub Söba/Hopkins, J.:* Der Tibet. Buddhismus. Dt. Übers. Köln ³1984. - *Dalai Lama:* Das Auge der Weisheit. Dt. Übers. Mchn. 1975. - *Tucci, G./Heissig, W.:* Die Religionen Tibets u. der Mongolei. Stg. 1970.

Lamarck, Jean-Baptiste de Monet, Chevalier de, * Bazentin (Somme) 1. Aug. 1744, † Paris 18. Dez. 1829, frz. Naturforscher. - Prof. am Jardin des plantes in Paris, befaßte sich zunächst mit Meteorologie, Chemie und Botanik, wandte sich dann ganz der Zoologie zu. Er unterschied Wirbellose und Wirbeltiere, klassifizierte erstere neu („Histoire naturelle des animaux sans vertèbres", 1815–22) und stellte in seiner berühmten „Philosophie zoologique" (1809) die Theorie der Unveränderlichkeit der Arten in Frage (↑ Lamarckismus).

Lamarckismus, von Lamarck begründete Hypothese, nach der sich bestimmte Merkmale von Lebewesen durch die Wirkung von Umwelteinflüssen verändern und diese Veränderungen auf die Nachkommen vererbt werden, wenn sie bei beiden Elternteilen auftreten. Diese Veränderungen kommen nach Lamarcks Hypothese dadurch zustande, daß stark beanspruchte Organe kräftiger und leistungsfähiger werden, nicht gebrauchte Organe dagegen geschwächt werden, sich verkleinern und schließl. vollständig verkümmern. Diese Veränderungen des Phänotyps übertragen sich nach Lamarck auf den Genotyp, wodurch sie erbwirksam werden. So erklärt der L. die Länge des Halses der Giraffe durch ständiges Hochstrecken des Kopfes bei der Nahrungsaufnahme (direkte Anpassung). - Durch die Ergebnisse der Molekulargenetik ist der L. widerlegt und gilt außerdem durch die Vorstellung einer natürl. Selektion bei primär richtungsloser Veränderung durch Mutation als überholt. Gleichzeitig muß er jedoch als wichtiger Vorläufer des ↑Darwinismus angesehen werden, der der ↑Deszendenztheorie einen wesentl. Anstoß vermittelt hat. - ↑auch Neolamarckismus.

Lamartine, Alphonse de [frz. lamar'tin], * Mâcon 21. Okt. 1790, † Paris 28. Febr. oder 1. März 1869, frz. Dichter. - Seine polit. Laufbahn (Diplomat, Abgeordneter, Min.) wurde durch Napoleons III. Staatsstreich von 1851 beendet. L. gilt mit seiner Lyrik, die voller Melancholie, Weltschmerz und myst. Verinnerlichung ist, als der erste große Lyriker der frz. Romantik; er verfaßte jedoch auch ep., histor. und autobiograph. Werke. Seit 1830 war L. Mgl. der Académie française. *Werke:* Poet. Betrachtungen (Ged., 1820), Nouvelles méditations poétiques (Ged., 1823), La mort de Socrate (Ged., 1823), Jocelyn (Epos, 1836), Der Fall eines Engels (Epos, 1838).

Lamb [engl. læm], Charles, Pseudonym Elia, * London 10. Febr. 1775, † Edmonton (= London) 27. Dez. 1834, engl. Schriftsteller. - Schrieb gemeinsam mit seiner Schwester *Mary L.* (* 1764, † 1847) „Das Shakespeare-Geschichtenbuch" (1807 [Nachdichtungen der Shakespeare-Dramen]) für Kinder. Bed. erlangte L. jedoch v. a. durch seine in liebenswürdigem Plaudern abgefaßten geistreichen literarkrit. Essays, die er 1820–23 v. a. in „The London Magazine" veröffentlichte.
L., Willis Eugene, * Los Angeles 12. Juli 1913, amerikan. Physiker. - Prof. u. a. in Oxford und an der Yale University; entdeckte zus. mit R. C. Retherford mit Hilfe der Molekülstrahlresonanzmethode die sog. Lamb-Verschiebung (Lamb-[Retherford]-Shift), die zu einem der Prüfsteine der modernen Quantenelektrodynamik wurde. 1955 (mit P. Kusch) Nobelpreis für Physik.

Lambach, oberöstr. Marktgemeinde an der Mündung der Ager in die Traun, 3 200 E. - Benediktinerstift mit barocker Stiftskirche (1652–56) mit roman. Westwerk und roman. Wandmalerei (vor 1089); Wallfahrtskirche (Dreifaltigkeitskirche; 1714–25).

Lambaréné, Regionshauptstadt in Gabun, v. a. auf einer Insel im Unterlauf des Ogowe, 26 300 E. Ev. Lehrerseminar, Moschee, modernes staatl. Krankenhaus, ✈. - Am N-Ufer des Ogowe (3 km flußaufwärts) das Albert-Schweitzer-Spital (erbaut 1926 [gegr. 1913], 1980 durch einen Neubau ersetzt).

Lambayeque [span. lamba'jeke], Dep. in NW-Peru, am Pazifik, 16 586 km², 674 400 E (1981), Hauptstadt Chiclayo. L. erstreckt sich von der Küste bis auf die Westkordillere der Anden.

Lambda (Labda) [griech.], 11. (urspr. 12.) Buchstabe des griech. Alphabets: Λ, λ.

Lambdahalbeplättchen (λ/2-Plättchen, Halbwellenplättchen, Halbwellenlängenplättchen), dünnes Plättchen aus doppelbrechendem Material (Gips, Glimmer), dessen Begrenzungsflächen parallel zur opt. Achse verlaufen und dessen Dicke (etwa 0,06 mm) so bemessen ist, daß bei senkrechtem Lichteinfall der ordentl. und außerordentl. Strahl (↑ Doppelbrechung) nach Durchlaufen des L. einen opt. Gangunterschied von einer halben Wellenlänge (λ/2) haben. Beträgt dieser Gangunterschied eine viertel Wellenlänge, so spricht man von **Lambdaviertelplättchen.**

Lambdahyperon (Λ-Hyperon, Lambdateilchen, Λ⁰-Teilchen), das leichteste unter den ↑Hyperonen, erstmals in der Höhenstrahlung entdeckt; es ist ungeladen und zerfällt in ein Nukleon und ein Pion.

Lambdanaht (Sutura lambdoidea), Schädelnaht zw. dem Hinterhauptsbein und den beiden Scheitelbeinen.

Lambdasonde, Vorrichtung zur Messung des Sauerstoffanteils im Abgas von Kfz-Motoren und damit zur optimalen Steuerung des Luft-Kraftstoff-Verhältnisses λ im Frischgas. - ↑auch Abgaskatalysator.

Lambert, alter dt. männl. Vorname (zu althochdt. lant „Land" und beraht „glänzend").

Lambert von Hersfeld ↑Lampert von Hersfeld.

Lambert, Johann Heinrich, * Mülhausen 26. Aug. 1728, † Berlin 25. Sept. 1777, elsäss. Universalgelehrter. - Autodidakt; ab 1765 Mgl. der Preuß. Akad. der Wiss. in Berlin. Sein wiss. Werk reicht von der Physik und Astronomie bis zur Mathematik und Philosophie. Bereits mit 16 Jahren formulierte er den ↑Lambertschen Satz. In der Physik gilt L. als Begründer der Photometrie, Pyrometrie und Hygrometrie. 1776 begründete er das „Berliner Astronom. Jahrbuch". Auf mathemat. Gebiet untersuchte er u. a. den Zusammenhang zw. Kreis- und Hyperbelfunktionen, wies die Irrationalität der Zahl π nach, entwickelte die mathemat. Kartographie, verbes-

Lambert-Beersches Gesetz

serte die ebene und sphär. Trigonometrie und war durch seine Untersuchungen zur Parallelentheorie einer der Wegbereiter der nichteuklid. Geometrie. Die Methoden der Mathematik wandte er erkenntniskrit. an („Neues Organon oder Gedanken über die Erforschung und Bezeichnung des Wahren und dessen Unterscheidung von Irrtum und Schein", 1764). Damit war er einer der Hauptvertreter des dt. Rationalismus.

Lambert-Beersches Gesetz [nach J. H. Lambert und A. Beer], physikal. Gesetz, das die Absorption von Licht, Ultraviolett- oder Infrarotstrahlung beim Durchgang durch eine Lösung beschreibt.

Lambertscher Satz [nach J. H. Lambert], Satz über die Krümmung der scheinbaren Bahn eines Himmelskörpers. Kehrt die scheinbare Bahn dem scheinbaren Sonnenort die konkave (konvexe) Seite zu, so ist die Entfernung des Himmelskörpers von der Sonne kleiner (größer) als die Entfernung der Erde von der Sonne.

Lambertsches Kosinusgesetz [nach J. H. Lambert], Bez. für zwei Gesetze der Photometrie. Das *1. L.K.* besagt: Die Beleuchtungsstärke E einer Fläche A ist bei Lichteinfall unter einem Winkel φ gleich $E = \Phi/(A \cdot \cos \varphi)$, wenn Φ der Lichtstrom ist. - In guter Näherung gilt in vielen Fällen das *2. L.K.:* Der von einer Fläche unter dem Winkel φ (gegen die Flächennormale) ausgehende Lichtstrom Φ ist proportional $\cos \varphi$. Da die Projektion der leuchtenden Fläche auf eine zur Beobachtungsrichtung senkrechte Ebene ebenfalls proportional $\cos \varphi$ ist, erscheint die Fläche unabhängig von ihrer Orientierung zur Beobachtungsrichtung stets in gleicher Leuchtdichte.

Lambertsnuß [zu mittelhochdt. lampartisch „lombardisch"] ↑ Hasel.

Lambethkonferenzen [engl. 'læmbəθ], Konferenzen der anglikan. Bischöfe aus aller Welt, zu denen seit 1867 der Erzbischof von Canterbury etwa alle zehn Jahre in seinen Amtssitz Lambeth (Stadtbez. von London) einlädt.

Lamblia [nach dem tschech. Arzt V. D. Lambl, *1824, †1895] (Lamblien, Giardia), Gatt. bilateral-symmetr. Flagellaten; freilebend oder als Dünndarmparasiten v.a. bei Säugetieren (einschließl. Mensch) und Vögeln. Die Art L. intestinalis verursacht Darminfektionen mit gelegentl. Durchfällen und chron. Darmbeschwerden.

Lambrecht (Pfalz), Stadt in Rhld.-Pf., im Speyerbachtal, 175 m ü. d. M., 4 100 E. Wallon. Glaubensflüchtlinge führten 1568 die Tuchfabrikation ein, heute Filzherstellung, Papierfabrik, Maschinenbau. - Bei einem 987 gegründeten Benediktinerkloster (ab 1248 Dominikanerinnenkloster) entstanden, 1237 erstmals erwähnt. Seit 1887 Stadt. - Pfarrkirche (ehem. Klosterkirche; 14. Jh.).

Lambros, Spiridon (Lampros), *auf Korfu 8. April 1851, † Athen 23. Juli 1919, griech. Historiker, Philologe und Politiker. - 1887 Prof. in Athen; 1916/17 Min.präs.; erwarb sich große Verdienste um die Erforschung von Handschriften.

Lambrusco [italien.], fruchtiger, schäumender Rotwein aus der gleichnamigen Traube aus Norditalien (Emilia).

Lambsdorff, Otto Graf, *Aachen 20. Dez. 1926, dt. Manager und Politiker. - Seit 1951 Mgl. der FDP, 1972 in den FDP-Bundesvorstand gewählt; seit 1972 MdB, bis 1977 wirtschaftspolit. Sprecher der FDP-Fraktion; gilt als profilierter Vertreter des rechten Flügels der FDP; 1977-82 Bundeswirtschaftsminister. Im Okt. 1988 zum FDP-Vorsitzenden gewählt.

Lambton, John George [engl. 'læmtən] ↑Durham, John George Lambton, Earl of.

Lamé [lat.-frz.], Gewebe, die Metallfäden enthalten (z. B. Brokat); auch Bez. für feine Metallfäden, die mit Textilmaterialien umsponnen sind.

Lamech, alttestamentl. Gestalt, nach dem Jahwist Nachkomme Kains, nach der Priesterschrift Nachkomme Sets und Vater des Noah.

Lamelle [lat.-frz.], allg. svw. dünnes Blättchen, Scheibe.

Lamellenbau, bogenförmige, netzartige Konstruktion von Dächern.

Lamellenbremse ↑Bremse.

Lamellenpilze (Blätterpilze, Agaricales), Ordnung (mit rd. 10 000 Arten) der ↑Ständerpilze; meist in Stiel und Hut gegliedert; letzterer trägt unten in gewöhnl. radialer Anordnung Blättchen, die *Lamellen*, auf denen die Basidiosporen angeordnet sind. Zu den L. zählen die bekanntesten Speise- und Giftpilze: Champignons, Knollenblätterpilze, Fliegenpilz und Reizker.

Lamellibranchiata [lat./griech.] svw. ↑Muscheln.

La Mennais (seit 1834 Lamennais), Félicité Robert de [frz. lam'nɛ], *Saint-Malo 19. Juni 1782, †Paris 27. Febr. 1854, frz. kath. Theologe und Schriftsteller. - Trat für die Trennung von Staat und Kirche ein sowie für die Religionsfreiheit aller Bekenntnisse. Vom Papst verwarnt, verkündete er in seinem Hauptwerk „Worte eines Gläubigen" (1834) im Namen der Religion die Souveränität des Volkes. Die Kritik des Papstes beantwortete er mit „Angelegenheiten Roms" (1836). Der Streit wurde bis zu seinem Tod nicht beigelegt. Seine Bed. als Wegbereiter eines sozial aufgeschlossenen Katholizismus und einer Demokratisierung der Kirche wurde erst in unserer Zeit gewürdigt.

lamentabel [lat.-frz.], jämmerlich, beklagenswert; **lamentieren**, jammern.

Lamento [lat.-italien.], Gejammer, Wehklage.

Lammfelle

◆ seit dem MA nachweisbare musikal. Gattung, als pathet. Sologesang v. a. in der Barockoper gepflegt (z. B. Monteverdi, „L. d'Arianna", 1608), auch als Instrumentalstück mit Klagecharakter.

lamentoso (lamentabile) [italien.], musikal. Vortragsbez.: wehklagend, traurig.

Lametta [italien., zu lat. lamina „Scheibe, Blatt"], schmale, dünne, glitzernde Metallstreifen, die v. a. als Christbaumschmuck verwendet werden; übertragen für übertriebenen Uniformschmuck.

La Mettrie (Lamettrie), Julien Offroy de [frz. lamɛ'tri], * Saint-Malo 25. Dez. 1709, † Berlin 11. Nov. 1751, frz. Mediziner und Philosoph. - 1742–46 Militärarzt im Östr. Erbfolgekrieg; Entlassung wegen der Religionsfeindlichkeit der in seiner Schrift „Histoire naturelle de l'âme" (Natürl. Geschichte der Seele; 1745) vertretenen materialist. Psychologie. L. M. mußte nach kurzem Aufenthalt in Leiden (1747/48) nach Veröffentlichung seines Hauptwerks „Der Mensch eine Maschine" (1748) auch die Niederlande verlassen und folgte dem Ruf König Friedrichs II. an die Preuß. Akad. der Wiss. in Berlin; begründete die Medizin als empir. Wiss.

Lamey, August [...maɪ], * Karlsruhe 27. Juli 1816, † Mannheim 14. Jan. 1896, bad. Rechtslehrer und Politiker. - 1848–52, 1859–70 und 1875–92 Mgl. der bad. 2. Kammer (1876–92 deren Präs.); als populärster bad. Liberaler seiner Zeit 1860–66 Innenmin. in einem Kabinett der liberalen Reformen.

Lamia, griech. Stadt am N-Rand der Sperchiosebene, 41 700 E. Hauptort des Verw.-Geb. Phthiotis; griech.-orth. Bischofssitz: Textil- und Tabakind.; in der Umgebung Erzabbau. - 426 v. Chr. erwähnt. Im 3. und zu Beginn des 2. Jh. v. Chr. Mgl. des Ätol. Bundes. Im MA Bischofssitz. Unter osman. Herrschaft (1460–1832) hieß L. Zituni.

Lamiaceae [lat.], svw. ↑Lippenblütler.

Lamina [lat.], in der Anatomie dünne, meist nicht zelluläre Schicht in Geweben.

◆ bei Pflanzen svw. Blattspreite (↑Laubblatt).

laminare Strömung [lat./dt.], Strömung einer Flüssigkeit oder eines Gases, bei der die Bahnlinien geordnet nebeneinander herlaufen. Wenn die ↑Reynolds-Zahl einen für die Strömung charakterist. krit. Wert übersteigt, geht die l. S. in eine turbulente Strömung über.

Laminaria [lat.], Gatt. der Braunalgen mit 30 Arten in den nördl. gemäßigten Meeren und an der Südspitze Afrikas. Thallus in wurzel-, stengel- und blattartige Organe gegliedert, bis mehrere Meter groß werdend. In der Nordsee vorkommende Arten: **Fingertang** (Laminaria digitata), auf einem mit Haftkrallen am Untergrund festhaftenden Stiel werden blattartige, handförmig zerteilte, bis 3 m lange Thalluslappen gebildet. **Palmtang** (Laminaria hyperborea), bis 2 m groß; der drehrunde Stiel trägt ein derbes, bandförmig zerschlitztes Blattorgan mit herzförmiger Basis und ist mit einem krallenförmigen Haftorgan am Felsgrund festgewachsen. **Zuckertang** (Laminaria saccharina), Thallus bandförmig, lederartig, bis 4 m lang und bis 30 cm breit, glänzend braun, am Grund in einen biegsamen Stiel verschmälert, der in ein korallenbis geweihartiges Rhizoid übergeht. Beim Trocknen kristallisiert auf der Thallusoberfläche ↑Mannit aus. L.arten werden zur Gewinnung von ↑Alginsäure verwendet. - Abb. S. 320.

Laminarprofil [lat.], Tragflügelprofil, bei dem der Umschlagspunkt der laminaren ↑Grenzschicht in die turbulente sehr weit stromab liegt.

laminieren [lat.], [textile] Materialien strecken (um die Fasern in Längsrichtung zu ordnen).

◆ Werkstoffe aus Schichten verschiedenartigen Materials zusammensetzen, [Deck]schichten auf ein Material aufbringen (z. B. durchsichtige Folien auf Karton).

Lamischer Krieg [nach Lamia (Thessalien)], gesamtgriech. Aufstand unter athen. Führung gegen Makedonien nach dem Tod Alexanders d. Gr. 323; 322 Sieg Antipaters bei Krannon über die Aufständischen.

Lamm, Bez. für ein Schaf- oder Ziegenjunges bis zum Ende des ersten Lebensjahrs.

◆ in der Bibel Opfertier (↑Passah) und häufig verwendete symbol. Bez. für den leidenden ↑Gottesknecht. - ↑ auch Lamm Gottes.

Lammasch, Heinrich, * Seitenstetten Markt bei Steyr 21. Mai 1853, † Salzburg 6. Jan. 1920, östr. Jurist und Politiker. - 1899 Mgl. des östr. Herrenhauses (kath.-konservativ), zugleich Mgl. des Ständigen Schiedshofes in Den Haag. Sondierte im 1. Weltkrieg erfolglos einen Verständigungsfrieden mit dem Westen. Im Okt./Nov. 1918 letzter östr. Min.-präs.; bei den Friedensverhandlungen in Saint-Germain-en-Laye vertrat L. den Gedanken des Völkerbunds und der östr. Neutralität.

Lammen, Bez. für den Geburtsvorgang bei Schaf und Ziege.

Lämmergeier, svw. ↑Bartgeier.

Lammers, Hans Heinrich, * Lublinitz (= Lubliniec) 27. Mai 1879, † Düsseldorf 4. Jan. 1962, dt. Politiker. - Jurist; 1920–33 im Reichsministerium des Innern tätig; 1933–37 als Staatssekretär, 1937–45 als Reichsmin. Chef der Reichskanzlei; 1939–45 geschäftsführendes Mgl. des Reichsverteidigungsrats; 1949 in Nürnberg zu 20 Jahren Gefängnis verurteilt, 1952 entlassen.

Lämmersalat (Arnoseris), Gatt. der Korbblütler mit der einzigen Art *Arnoseris minima* auf Sandflächen und sandigen Äckern des westl. Europa; bis 25 cm hohe, einjährige Rosettenpflanze mit gelben Blütenkörbchen.

Lammfelle, Felle von totgeborenen, frühgeborenen oder jungen Lämmern. Edel-

Lamm Gottes

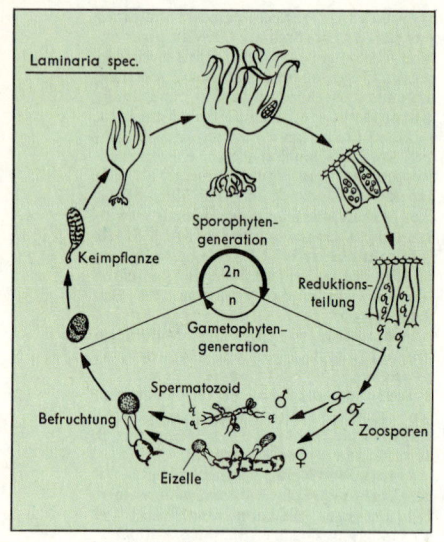

Laminaria. Entwicklungszyklus bei Laminariaarten

L. kommen v. a. vom Fettschwanzschaf (↑Breitschwanz, ↑Persianer). Vom Fettsteißschaf kommt das ↑Indisch Lamm.

Lamm Gottes, neutestamentl. Hoheitstitel Jesu, in alten Bekenntnisformeln mit dem Zusatz „das die Sünde der Welt wegnimmt" (Joh. 1, 29); dadurch wird in Aufnahme der alttestamentl. Vorstellung vom leidenden ↑Gottesknecht der Gedanke der stellvertretenden Sühne mit Jesus verbunden.

Lammzunge (Arnoglossus laterna), etwa 12–25 cm langer Plattfisch (Fam. Butte) an den Küsten Europas; Körper langgestreckt, durchscheinend, bräunlichgelb; wirtschaftl. unbedeutend.

Lamond, Frederic [engl. 'læmənd], * Glasgow 28. Jan. 1868, † Stirling 21. Febr. 1948, schott. Pianist. - Schüler von H. von Bülow und F. Liszt; v. a. als Beethoven- und Liszt-Interpret gefeiert.

Lamoricière, Christophe Louis Léon Juchault de [frz. lamɔri'sjɛːr], * Nantes 5. Febr. 1806, † Prouzel (Somme) 10. Sept. 1865, frz. General und Politiker. - Hatte bed. Anteil an der Eroberung Algeriens und der Niederwerfung Abd El Kaders; war 1860 Führer der päpstlichen Armee.

Lamorisse, Albert [frz. lamɔ'ris], * Paris 13. Jan. 1922, † bei Karadsch (Iran) 2. Juni 1970 (Unfall), frz. Regisseur. - V. a. bekannt durch seine Kinderfilme, u. a. „Der rote Ballon" (1956), „Die Reise im Ballon" (1960), „Der Engel" (1964), „Fifi, die Feder" (1964).

la Motte Fouqué, Friedrich Baron de ↑Fouqué, Friedrich Baron de la Motte Fouqué.

La Motte-Houdar, Antoine [frz. lamɔtu'daːr] ↑Houdar de La Motte, Antoine.

Lamoureux, Charles [frz. lamu'rø], * Bordeaux 28. Sept. 1834, † Paris 21. Dez. 1899, frz. Violinist und Dirigent. - Gründete 1873 in Paris die Société d'Harmonie Sacrée (Oratorienkonzerte) und eröffnete 1881 die Nouveaux Concerts (später **Concerts Lamoureux**), setzte sich für zeitgenöss. Musik (v. a. Wagner) ein.

Lampadius, Wilhelm August, * Hehlen (Landkr. Holzminden) 8. Aug. 1772, † Freiberg 13. April 1842, dt. Mineraloge und Chemiker. - 1785–91 Apotheker in Göttingen, ab 1794 Prof. an der Bergakad. Freiberg; entdeckte 1796 den Schwefelkohlenstoff.

Lampang, Stadt im Bergland N-Thailands, 43 100 E. Verwaltungssitz des Verw.-Geb. L.; Zentrum eines Holzwirtschafts- und Agrargebiets. Opiumhandel; an der Bahnlinie Bangkok–Chiang Mai; ⚐. Nahebei Abbau von Erzen und Braunkohle. - Histor. Stadtkern mit Wall und Graben aus dem 7. Jh.

Lampe, Friedo, * Bremen 4. Dez. 1899, † Kleinmachnow bei Berlin 2. Mai 1945, dt. Erzähler. - Redakteur, Bibliothekar, Verlagslektor; von sowjet. Soldaten irrtüml. erschossen. War Hg. und Kritiker, schrieb Romane, Kurzerzählungen und Gedichte. - *Werke:* Am Rande der Nacht (R., 1934), Das dunkle Boot (Ged., 1936), Von Tür zu Tür (En., 1945).

L., Friedrich Adolf, * wahrscheinl. Detmold 18. Febr. (?) 1683, † Bremen 8. Dez. 1729, dt. ref. Theologe. - 1720–27 Prof. für Kirchengeschichte und Dogmatik in Utrecht; L. war wesentl. beeinflußt von der Föderaltheologie und prägte durch sein Wirken entscheidend den ref. Pietismus; dichtete auch zahlr. Kirchenlieder.

Lampe, Name des Hasen in Tierfabel und Tierepos; Kurzform von Lamprecht.

Lampe [frz., zu griech.-lat. lampas „Fakkel, Leuchte"], künstl. Lichtquelle (z. B. als ↑Glühlampe, ↑Leuchtstofflampe, ↑Gasentladungslampe), im eigtl. Sinn die Vorrichtung zur Lichterzeugung (im Ggs. zu ↑Leuchte, die oft auch als L. bezeichnet wird); auch Bez. für einige zur [starken] Erwärmung dienende Geräte (z. B. Löt-L., Heizlampe).

Lampedusa, Giuseppe Tomasi di ↑Tomasi di Lampedusa, Giuseppe.

Lampedusa ↑Pelagische Inseln.

Lampenbürstenchromosomen, in der Diplotänphase der Meiose auftretende Chromosomen (bes. in sich entwickelnden Eizellen der Wirbeltiere) mit zahlr. nebeneinanderliegenden, seitl. abstehenden Schleifenbildungen der Chromatiden.

Lampenfieber, Zustand großer Nervosität und starker innerer Angespanntheit (Erwartungsspannung) vor Prüfungen, öffentl. Auftritten usw.; häufig von Furcht vor Mißerfolg begleitet und zuweilen mit einer Blockierung des normalen Erlebnisverlaufs und Ausdrucksverhaltens einhergehend.

Lampert (Lambert) **von Hersfeld**, * um 1025, † 1081 oder 1085, dt. Geschichtsschreiber. - Verfaßte um 1078/79 die „Annales", in denen bes. ausführl. die Zeit von 1069/73 bis 1077 dargestellt ist. Die Annalen sind trotz ihrer kaiserfeindl. Tendenz (gegen Heinrich IV.) bei krit. Benutzung eine bed. Quelle.

Lampertheim, hess. Stadt im S des Hess. Rieds, 93 m ü. d. M., 30 700 E. Pendlerwohngemeinde für Mannheim; metallverarbeitende u. a. Ind.; Spargelanbau. - Erstmals 832 erwähnt; Industrialisierung seit 1880; 1951 Stadtrecht. - Barockes Rathaus, barockes ehem. kurfürstl. Jagdhaus und Rentamt (beide 18. Jh.).

Lamphun, Stadt im Bergland N-Thailands, 12 900 E. Verwaltungssitz des Verw.-Geb. L.; Zentrum eines Holzwirtschafts- und Agrargebiets; Seidenweberei; an der Bahnlinie Bangkok–Chiang Mai. - Gegr. im 6. Jh. - Bed. Architekturdenkmäler, u. a. der Wat Kukut (12./13. Jh., in den Fassaden Nischen mit Buddhastatuen) und die ausgedehnte Klosteranlage des Wat Phra That Haripunchai (13.–20. Jh.) mit 54 m hohem Stupa.

Lampion [lam'pjõ:; italien.-frz. († Lampe)], aus Ostasien stammende Papierlaterne.

Lampionblume [lam'pjõ:] (Blasenkirsche, Lampionpflanze, Physalis), Gatt. der Nachtschattengewächse mit über 100 Arten in den Tropen und Subtropen, vorwiegend in Amerika; Kräuter mit bei der Fruchtreife meist blasig aufgetriebenem Kelch. Einige Arten werden als † Erdkirschen angebaut. Eine bekannte Zierpflanze ist die bis 60 cm hohe **Judenkirsche** (Physalis alkegengi); Staude mit eiförmigen Blättern, kleinen weißen bis gelbl. Blüten und roten, ungiftigen Beeren.

Lamprecht (Lambrecht), alter dt. männl. Vorname, Nebenform von Lambert.

Lamprecht, Pfaffe, mittelhochdt. Dichter der 1. Hälfte des 12. Jh. - Geistlicher; verfaßte im moselfränk. Dialekt ein „Alexanderlied" (um 1150) nach einer frz. Vorlage des Albéric de Besançon. Das unvollständig in einer Vorauer Handschrift aufgezeichnete Werk (sog. „Vorauer Alexander") wurde in der 2. Hälfte des 12. Jh. in frühhöf. Stil bearbeitet und erweitert (sog. „Straßburger Alexander").

Lamprecht, Gerhard, * Berlin 6. Okt. 1897, † ebd. 4. Mai 1974, dt. Filmregisseur und Filmhistoriker. - Drehte Stumm- und Tonfilme, u. a. „Die Buddenbrooks" (1923), „Die Verrufenen" (1925; nach H. Zille), „Emil und die Detektive" (1931), „Madame Bovary" (1937), „Meines Vaters Pferde" (1954).

L., Günter, * Berlin 1. Jan. 1930, dt. Schauspieler. - Nach Theaterengagements, u. a. in Hamburg, Fernsehrollen seit 1968: „Berlin Alexanderplatz" (1980); Filme: „Milo Barus" (1982), „Super" (1983), „Liebe ist kein Argument" (1983), „Gnadenlos" (1984).

L., Karl, * Jessen (Elster) 25. Febr. 1856, † Leipzig 10. Mai 1915, dt. Historiker. - 1890 Prof. in Marburg, 1891 in Leipzig. L. entfachte mit seinem Versuch, Sozialgeschichte im Gewand der Kulturgeschichte zu schreiben, einen heftigen Methodenstreit.

Lamprete [mittellat.], svw. Meerneunauge.

Lamprophyre [griech.], Gruppe dunkler kieselsäurearmer Ganggesteine.

Lampros † Lambros.

Lamynüsse † Butterbaum.

Lanai [engl. lə'nai], eine der Hawaii-Inseln, † Hawaii.

Lanc, Erwin [lants], * Wien 17. Mai 1930, östr. Politiker. - Seit 1948 Mgl. der SPÖ; 1973–77 Transport-, 1977–83 Innen-, 1983/84 Außenminister.

Lancashire [engl. 'læŋkəʃɪə], Gft. in NW-England.

Lancaster [engl. 'læŋkəstə], engl. Dyn., Nebenlinie des Hauses Plantagenet. Ihr eigtl. Stammvater war **John of Gaunt** (* Gent im März 1340, † 3. Febr. 1399), der 1362 den Titel eines Hzg. von L. erhielt. Das Haus L. stellte nach der Abdankung Richards II. von 1399 bis 1461 drei engl. Könige (Heinrich IV., Heinrich V., Heinrich VI.) und unterlag nach erbitterten Thronstreitigkeiten (Rosenkriege) dem Haus York, der anderen Nebenlinie der Plantagenets. Die Kronrechte der L., die 1471 im Mannesstamm erloschen, spielten für die Thronansprüche Heinrichs VII., der mütterlicherseits von den L. abstammte, eine bed. Rolle. Träger der Herzogstitel von Bedford und Somerset.

Lancaster [engl. 'læŋkəstə], **Burt**, * New York 2. Nov. 1913, amerikan. Filmschauspieler. - Urspr. Artist und Trapezkünstler; seit 1941 beim Film, verkörpert v. a. Westernhelden und männl.-harte Typen, bes. in „Rächer der Unterwelt" (1947, nach E. Hemingway), „Der Rebell" (1950), „Verdammt in alle Ewigkeit" (1953), „Der Regenmacher" (1956), „Der Leopard" (1962), „Gewalt und Leidenschaft" (1975), „Buffalo Bill und die Indianer" (1976), „Das Ultimatum" (1977), „Atlantic City USA" (1980), „Väter und Söhne" (1986).

L., Joseph, * London 25. Nov. 1778, † New York 24. Okt. 1838, engl. Quäker und Pädagoge. - Entwickelte unabhängig von A. † Bell eine Methode gegenseitigen Unterrichtens (Bell-L.sche Methode); fand auch Unterstützung für seine Armenschulen, trotzdem wegen Verschuldung seit 1818 in den USA.

Lancaster [engl. 'læŋkəstə], engl. Hafenstadt am Luneästuar, Gft. Lancashire, 46 300 E. Kath. Bischofssitz, Univ. (gegr. 1964), Museen, Kunstgalerie, Bibliothek; Linoleum- und Möbelfabriken, Textilind. mit Färbereien und Stoffdruckereien, Maschinenbau und Schiffsreparaturen, Nahrungsmittelind. - In

Lancaster

Land-art. Walter De Maria, Mile long drawing (1968). Zwei parallele Kalkstreifen im Abstand von 365 cm in der Mojave Desert in Kalifornien

L. stand ein befestigtes röm. Lager. Um die normann. Burg des 11. Jh. entstand die Siedlung, die 1193 Stadtrecht erhielt. - Got. Kirche Saint Mary (15. Jh.); an der Stelle eines Römerkastells entstand die Burg (v. a. 14. Jh.). **L.,** Stadt in SO-Pennsylvania, 110 m ü. d. M., 54 700 E. College, ref. theolog. Seminar; Museum; Zentrum eines Ackerbaugebiets. - Gegr. 1721; 1777 Hauptstadt der USA für einen Tag (27. Sept.). Bed. war im 18. Jh. die Gewehrherstellung. Seit 1818 City.

Lancaster Sound [engl. 'læŋkəstə 'saund], Teil des Nordpolarmeers zw. Baffinland und Devon Island.

Lancelot [frz. lã'slo] ↑ Lanzelot.

Lanciano [italien. lan'tʃaːno], italien. Stadt in den Abruzzen, 283 m ü. d. M., 32 800 E. Kath. Erzbischofssitz; Kleinind., traditionelles Handwerk, Fremdenverkehr. - L. ist das antike **Anxanum** der Frentaner, das in der röm. Kaiserzeit Munizipium wurde. Im MA blühendes Gewerbe (Leinen, Tuche, Keramik), berühmte jährl. Messe (bis ins 17. Jh.). - In der Altstadt got. Kirche Santa Maria Maggiore (13., 14., 16. Jh.), in der Neustadt klassizist. umgestalteter Dom (14. und 18. Jh.).

lancieren [lã'siːrən; frz.; zu lat. lanceare „die Lanze schwingen"], in Gang bringen, in Umlauf setzen (z. B. eine Nachricht, ein Gerücht); etwas oder jemanden an eine bestimmte Stelle, auf einen vorteilhaften Posten bringen.

◆ *wm.:* eine Hirschfährte mit einem Schweißhund verfolgen, um den Hirsch einem Schützen zuzutreiben.

Lancret, Nicolas [frz. lã'krɛ], * Paris 22. Jan. 1690, † ebd. 14. Sept. 1743, frz. Maler. - Als Schüler C. Gillots wurde L. von seinem Mitschüler Watteau stark beeinflußt. Malte gesellige Szenen der höf. Gesellschaft.

Land, Edwin [engl. lænd], * Bridgeport (Conn.) 7. Mai 1909, amerikan. Physiker und Industrieller. - L. erfand 1932 ein Verfahren zur Herstellung von polarisierenden Kunststoffolien und produzierte Polarisationssonnenbrillen und ↑Polarisationsfilter, die er auch für die Stereokinematographie einsetzte. 1947 führte L. die erste Kamera für das ↑Polaroid-Land-Verfahren vor und entwickelte 1963 ein farbphotograph. Sofortbildverfahren (Polacolor-Verfahren). 1972 brachte er das negativlose farbige Sofortbild auf den Markt.

Land, Teil der Erdoberfläche, der über den Meeresspiegel ragt.
◆ im Ggs. zur Stadt stehende, meist landw. genutzte Gebiete.
◆ Bez. für ein nach innen und außen souveränes Territorium (Staat), auch für einen Gliedstaat (z. B. Bundesland).

Landammann, Amtsbez. des Regierungschefs eines schweizer. Landsgemeindekantons.

Land-art [engl. 'lænd,ɑːt], eine Richtung der Konzeptkunst, die sich mit landschaftl. Formveränderungen beschäftigt, indem Eingriffe in den natürl., gewachsenen, aber auch in den besiedelten und bebauten Landschaftsraum vom Künstler selbst inszeniert und mit Photo-, Film- oder Videokamera registriert werden. Bekannte Vertreter sind u. a. die Amerikaner M. Heizer, W. De Maria und R. Smithson, der Engländer R. Long sowie der Niederländer J. Dibbets.

Landasseln (Oniscoidea), weltweit verbreitete Unterordnung der Asseln mit rd. 1 000 3–30 mm langen Arten (etwa 35 Arten einheim.), deren erste Antennen winzig klein und deren abgeflachte Körpersegmente seitl. verbreitert sind; u. a. ↑Mauerassel, ↑Kellerassel, ↑Kugelasseln.

Landau, Edmund [--], * Berlin 14. Febr. 1877, † ebd. 19. Febr. 1938, dt. Mathematiker. - Ab 1909 Prof. in Göttingen (1933 aus rass. Gründen entlassen). Seine „Vorlesungen über Zahlentheorie" (1927) waren lange Zeit maßgeblich.

L., Lew Dawidowitsch [russ. lan'dau], * Baku 22. Jan. 1909, † Moskau 1. April 1968, sowjet. Physiker. - Prof. in Charkow und Moskau. 1946 Mgl. der Akad. der Wiss. der UdSSR; lieferte Beiträge zu fast allen Bereichen der modernen theoret. Physik. Seine wesentlichsten Arbeiten betrafen den Diamagnetismus der Metalle, die Suprafluidität, die Supraleitung und die Theorie der Fermi-Flüssigkeiten. 1962 Nobelpreis für Physik.

Landau a. d. Isar, Stadt an der unteren Isar, Bayern, 390 m ü. d. M., 11 800 E. Heimatmuseum; Motorenbau, Elektroindustrie, Herstellung von Miederwaren, Holzverarbeitung. - Ab 1224 viereckig mit zwei sich rechtwinklig kreuzenden Straßen (wittelsbach. Stadtgründungstyp) angelegt, 1304 Stadtrecht. - Barocke Pfarrkirche (1713–26); spätgot. Friedhofskirche (15. Jh.) mit Wandmalereien.

Länderfinanzen

Landebahnbefeuerung auf dem Flughafen Zürich-Kloten

Landauer, Gustav, * Karlsruhe 7. April 1870, † München 2. Mai 1919, dt. Schriftsteller und Politiker. - Bekannte sich schon früh unter dem Einfluß Kropotkins zu einem undoktrinären, radikalen Sozialismus und gewaltlosen Anarchismus. 1906 Gründung des „Sozialist. Bundes", 1909–15 Hg. der Zeitschrift „Der Sozialist". Wurde nach der Novemberrevolution 1918 in München Mgl. des Zentralarbeiterrats und Anfang April 1919 der Räteregierung; von Freikorpsmitgliedern ermordet; zahlr. (auch literarhistor.) Werke.

Landauer [nach Landau in der Pfalz, dem ersten Herstellungsort], Fahrzeug mit einem in der Mitte zu öffnenden, zweiseitig zurückschlagbaren Verdeck.

Landau in der Pfalz, Stadt im Vorland der Haardt, Rhld.-Pf., 145 m ü. d. M., 35 900 E. Verwaltungssitz des Landkr. Südl. Weinstraße; PH, Heimatmuseum. Wein-, Tabak-, Obst- und Gemüsehandel; Kautschuk-, Metall-, Holz-, Textil- und Lederverarbeitung, Herstellung von Elektrogeräten. - 1268 erstmals als Stadt gen.; entstand wohl um eine Reichsburg; wurde 1291 Reichsstadt, war aber ab 1317/24 mehrfach verpfändet. Der bed. Markt fiel 1648/78 an Frankreich. 1688–1691 zur Festung ausgebaut. Seit 1816 bayr., 1815–66 dt. Bundesfestung. - Got. ehem. Stiftskirche (14. und 15. Jh.), Augustinerkirche (15. Jh.) mit Kreuzgang, Katharinenkapelle (1344); von der Befestigung stehen das Frz. und das Dt. Tor.

Landau-Reaktion, nach dem Pädiater A. Landau (20. Jh.) benannter Entwicklungstest, bei dem mit Oberbauch auf der Hand des Prüfers liegend, hochgehoben wird und als Gleichgewichts- und Schutzreaktion den Kopf, die Arme, den Rumpf, das Becken und die Beine streckt. Die L.-R. soll beim normalen Kind im Alter von sechs Monaten ausgebildet sein und bis zum 15. Monat erhalten bleiben.

Landbau, Fach der landw. Ausbildung; befaßt sich mit pflanzl. und tier. Erzeugung.

Landbrücke, Bez. für [schmalere] Landverbindungen zw. größeren Landmassen.

Ländchen, in der Mark Brandenburg Bez. für landw. genutzte Grundmoränenplatten.

Ländchen Bellin, Grundmoränenplatte südl. von Fehrbellin.

Landé, Alfred [frz. lã'de], * Elberfeld (= Wuppertal) 13. Dez. 1888, † Columbus (Ohio) 30. Okt. 1975, amerikan. Physiker dt. Herkunft. - Prof. in Tübingen und Columbus (Ohio); entwickelte eine Systematik der Multiplettspektren und ihrer Zeeman-Effekte (L.sches Vektormodell).

Landeanflug (Approach), die Landung vorbereitender Anflug von Luftfahrzeugen.

Landebahn ↑Flughafen.

Landebahnbefeuerung, zur Erhöhung der Sicherheit neben funktechn. Anflughilfen installierte opt. Landehilfen. - ↑auch Anflugbefeuerung, ↑Gleitwinkelbefeuerung.

Landeck, östr. Bez.hauptstadt in Tirol, 816 m ü. d. M., 7 400 E. Zwirnerei, Herstellung von Karbid und Pflanzenschutzmitteln. - L. ist seit 1904 Markt, seit 1923 Stadt. - Spätgot. Pfarrkirche (1471 ff.) mit spätgot. Flügelaltar, Pestheiligenkirche (1656 geweiht) mit bed. Altären. Burg (13. Jh.; heute Museum).

Landeck i. Schl., Bad ↑Bad Landeck i. Schl.

Landegeschwindigkeit, Minimalgeschwindigkeit eines Flugzeuges bei der Landung, die nicht unterschritten werden darf.

Landehilfen, im Flugwesen 1. mechan. Vorrichtungen zur Auftriebserhöhung bei der Landung, 2. opt. und 3. funktechn. Hilfen für die Anflugführung (z. B. ↑Instrumentenlandesystem).

Landeklappen, zur Verminderung der Landegeschwindigkeit von tangential landenden Flugzeugen überwiegend an der Flügelhinterkante angeordnete Klappen, mit denen der maximale Auftriebsbeiwert beeinflußt werden kann.

Landenge, svw. ↑Isthmus.

Länderfinanzen, Gesamtheit der Einnahmen und Ausgaben der Länder der BR

Länderkammer

Deutschland. Der Grundsatz der Aufgaben- und Lastenverteilung ist in Art. 104a GG geregelt; danach tragen die Länder grundsätzl. diejenigen Ausgaben, die sich aus der Wahrnehmung ihrer Aufgaben ergeben; handeln die Länder im Auftrag des Bundes, trägt der Bund die daraus ergebenden Ausgaben; für bedeutsame Investitionen der Länder und Gemeinden kann der Bund den Ländern Finanzhilfen gewähren, die zur Abwehr einer Störung des gesamtwirtsch. Gleichgewichts oder zum Ausgleich unterschiedl. Wirtschaftskraft im Bundesgebiet oder zur Förderung des wirtsch. Wachstums erforderl. sind, die Länder tragen ihre Verwaltungsausgaben selbst. - ↑ auch Finanzausgleich, ↑ Gemeindefinanzen.

Länderkammer, Bez. für die im Bundesstaat aus den Gliedstaaten gebildete 2. Kammer; für die BR Deutschland ↑ Bundesrat.

Landerziehungsheime, auf dem Lande gelegene Internatsschulen der Sekundarstufe in freier Trägerschaft, die Unterricht und Erziehung im Sinne sozialen Lernens integrieren wollen. Das erste dt. L. gründete H. ↑ Lietz 1898 nach abgewandeltem engl. Vorbild. P. ↑ Geheeb und G. ↑ Wyneken gründeten unter dem Einfluß der Jugendbewegung 1906 die Freie Schulgemeinde Wickersdorf. Diese und v. a. die 1910 von Geheeb geschaffene ↑ Odenwaldschule, die beide die Prinzipien der Schülermitverantwortung und -mitverwaltung, des Arbeitsunterrichtes sowie die Koedukation verwirklichten, wurden vorbildl. für zahlr. weitere Gründungen, z. B. die „Schule am Meer" auf Juist (gegr. von M. ↑ Luserke), den Birklehof in Hinterzarten, das Landerziehungsheim Am Solling bei Holzminden, die Stiftung Louisenlund bei Schleswig, Schloß Salem in Salem (gegr. von K. ↑ Hahn) und das Landerziehungsheim Schondorf a. Ammersee. Die L. sind zusammengefaßt in der Vereinigung Dt. L. (gegr. 1924). - ↑ auch Internat.

Landes [frz. lã:d], Dep. in SW-Frankreich.

L., frz. Landschaft im westl. Aquitanien, an der Küste des Golfs von Biskaya. Der N-Teil südl. der Gironde ist das **Médoc** (Weinbau). Die rd. 200 km lange Küste (Côte d'Argent) wird von einem breiten Dünengürtel, der zahlr. Strandseen abgeschnürt hat, begleitet. Nach O schließt sich ein ausgedehntes Sandgebiet an, das seit Ende des 18. Jh. in eine Waldlandschaft umgewandelt wurde. Holz- und Harzgewinnung; Austernzucht im Bassin d'Arcachon; bei Parentis-en-Born Erdölförderung. An der Küste und den Seen zahlr. Ferienorte. - Im MA als Teil der Vize-Gft. Dax ein Lehen der Gascogne, 1152–1450 eine engl. Sénéchaussée, dann ein Untergouvernement der Gascogne; 1790 heutiger Name.

Landesarbeitsgericht, zweite Instanz der ↑ Arbeitsgerichtsbarkeit.

Landesärztekammer ↑ Ärztekammern.

Landesaufnahme, svw. Landesvermessung (↑ Geodäsie).

Landesbanken, kommunale Kreditinstitute von Gebietskörperschaften; in der BR Deutschland mit den ↑ Girozentralen für die gleichen Regionen als Gemeinschaftsbanken geführt. L. betreiben alle Bankgeschäfte.

Landesbischof, kirchenverfassungsrechtl. Bez. für den meist auf Lebenszeit gewählten leitenden Amtsträger einiger ev. Landeskirchen in Deutschland.

Landesgemeinde, svw. ↑ Landsgemeinde.

Landesgericht, Gericht erster Instanz in der Hauptstadt eines östr. Bundeslandes.

Landesgeschichte (geschichtl. Landeskunde) ↑ Geschichtswissenschaft.

Landeshauptmann, in Preußen bis 1933 Bez. für den Leiter der Selbstverwaltung einer Provinz.
♦ der vom Landtag eines östr. Bundeslandes gewählte Vors. der Landesreg. (in Wien gleichzeitig Bürgermeister). - ↑ auch Österreich (politisches System).

landesherrliches Kirchenregiment, im prot. Bereich Bez. für die dem Landesherrn zukommenden Rechte zur Regelung der äußeren Kirchenbelange im Unterschied zu den geistl. Rechten, die dem geistl. Amt zukommen. Das l. K. geht zurück auf die zuerst in Sachsen 1527 eingeführte Visitationsordnung und entstand durch Übertragung der bischöfl. Jurisdiktionsgewalt („translatio") auf den Landesherrn. Die ausschließl. säkulare, obrigkeitsstaatl. Begründung des l. K. im Zusammenhang mit dem Absolutismus führte zu weitreichenden Eingriffen staatl. Macht in kirchl. Bereiche und hatte bis zum Ende des l. K. 1918 wesentl. Bed. für das Verhältnis von Staat und Kirche.

Landesherrschaft (lat. dominium [terrae]), seit dem Hoch-MA im Hl. Röm. Reich entstandene Herrschaftsgewalt im institutionellen Flächenstaat. Die Anfänge der L. werden heute in der autonomen adligen Hausherrschaft gesehen, ferner in der Grundherrschaft. Das Hinzutreten von Reichs- und Kirchenämtern, von Regalien und die Überlassung der Landfriedenswahrung verschafften den hochadeligen Geschlechtern in ihren Herrschaftsgebieten eine obrigkeitl. Stellung; konsolidierend wirkten das Erblichwerden der Lehen und die das Erstgeburtsrecht bevorzugenden Erbfolgeordnungen der Dynasten. Die erste reichsgrundsetzl. Bestätigung dieser Entwicklung der L. erfolgte in den Fürstenprivilegien Kaiser Friedrichs II. (1220, 1231/3) zugunsten der geistl. und weltl. Fürsten. Die Goldene Bulle 1356 steigerte die L. der Kurfürsten. Die Reichsstädte erlangten die L. seit dem Hoch-MA wie auch die Reichsritterschaft in ihren reichsunmittelbaren Gütern. Die sich im Wandel des Personenverbandsstaats zum Flächenstaat mit der Ausbildung des Ständewesens entwickelnde L. bestimmte die dt. staatl. Entwicklung bis ins 17./18. Jh. Sie war vom Streben der Landesherren nach Vereinigung aller Hoheitsrechte zur vollen **Landeshoheit** bestimmt, gelangte aber nur zu unterschiedl. Intensivierung und verschiedener Abstufung. Ihre untere Grenze ist kaum eindeutig anzugeben; als wichtiges Kriterium galt der Besitz der hohen Gerichtsbarkeit. Die Anerkennung der Landeshoheit als allen anderen Hoheitsrechten und Rechtstiteln gegenüber selbständige territoriale Herrschaftsgewalt erfolgte erst im Westfäl. Frieden 1648. Dies schuf mit dem gleichfalls zuerkannten Recht, eigene Heere aufzustellen, und dem reichsständ. Bündnisrecht die Grundlagen moderner Staatlichkeit, führte jedoch bis 1806 nicht zur Souveränität, die im Reich allein dem Kaiser zukam.

📖 *Willoweit, D.: Rechtsgrundll. der Territorialgewalt. Köln 1975. - Brunner, O.: Land u. Herrschaft. Wien ⁵1965. Nachdr. Darmst. 1984. - Schlesinger, W.: Die Entstehung der L. Dresden 1941. Nachdr. Darmst. 1983.*

Landeshut i. Schles. (poln. Kamienna Góra), Stadt am oberen Bober, Polen▼, 440 m ü. d. M., 22 000 E. Textilind., Maschinenbau und Gerberei. - 1110 erstmals als Handelsplatz erwähnt, 1249 dt. Stadtrecht. Im 14. Jh. entwickelte sich Tuchmacherei, die seit dem 16. Jh. von Leineweberei abgelöst wurde. - Ev. Gnadenkirche (1709-17); Renaissancepalast (16. und 19. Jh.); barocke Patrizierhäuser am Marktplatz.

Landeskirche, Bez. für ev. Kirchen mit eigenem Bekenntnisstand, die im Zusammenhang mit dem auf Grund reichsständ. Landeshoheit des 17. Jh. verfochtenen „Territorialprinzip" als regionale, staatl. gebundene Kirchenorganisation entstanden. Die L. sind auch nach der Auflösung der organisator. Verbindung von „Thron und Altar" beibehalten worden und in die moderne Verfassungsgestalt eingegangen.

Landeskonservator [dt./lat.], Amtsbez. für den Leiter eines Denkmalamtes, auch eines wiss. Mitarbeiters (Bayern).

Landeskultur, Gesamtheit der Maßnahmen zur Verbesserung der land- und forstwirtschaftl. Nutzung des Bodens und zur Erhaltung der Kulturlandschaft.

Landeskunde, die Erforschung und Kenntnis eines bestimmten Raumes oder Gebietes in der Gesamtheit seiner gestaltenden Faktoren, v. a. der natürl. Gegebenheiten und der histor. Entwicklungen. In dieser Problemstellung ist die L. (auch method.) eng verknüpft mit der Landesgeschichte (geschichtl. Landeskunde) und der histor. Geographie, die die v. a. polit., verfassungs-, wirtschafts- und sozialgeschichtl. Erforschung bestimmter histor. Räume betreiben. - B.forschungsanstalt für L. und Raumordnung in Bonn.

Landesliste, der bei der Bundestagswahl in der BR Deutschland für ein Bundesland geltende Wahlvorschlag einer Partei. - ↑auch Wahlen.

Landesordnungen, z. T. bis ins 18. Jh. geltende Gesetze über Polizei- und Gerichtswesen in früheren dt. Territorien.
◆ in Österreich die durch das Februarpatent 1861 in Kraft gesetzten Landesverfassungen der östr. Länder.

Landespflege, Gesamtheit der Maßnahmen zum Schutz, zur Pflege und zur Entwicklung aller naturgegebenen Lebensgrundlagen des Menschen in Wohn-, Industrie-, Agrar- und Erholungsgebieten. L. umfaßt Landschaftspflege, Naturschutz und Grünordnung und strebt den Ausgleich zw. den Kräften der Natur und den Erfordernissen der menschl. Gesellschaft an. L. ist daher Bestandteil der ↑Raumordnung mit Schwerpunkt im ökolog. Bereich.

Landesplanung, zukunftsorientierte, übergeordnete und überörtl. zusammenfassende Planung für einen größeren abgegrenzten Raum unter Berücksichtigung der natürl., sozialen, kulturellen und wirtsch. Erfordernisse für eine optimale Nutzung des Lebensraums. Bei der Bauleitplanung wird zunehmend die Erhaltung der Landschaft und der natürl. Umwelt gefordert.

Landesrecht, Gesamtheit der landesrechtl. Rechtsnormen. Dazu gehören 1. alle Rechtsvorschriften, die von einem Rechtssetzungsorgan eines der Länder der BR Deutschland erlassen worden sind; 2. L. und Reichsrecht aus der Zeit vor dem ersten Zusammentritt des Bundestages, soweit es dem GG nicht widerspricht und nicht ↑Bundesrecht geworden ist. L. steht unterhalb des Bundesrechts und wird im Kollisionsfalle von diesem „gebrochen" (Art. 31 GG). In *Österreich* bricht Bundesrecht L. nicht. In der *Schweiz* entspricht dem L. das kantonale Recht.

Landesschulen, svw. ↑Fürstenschulen.

Landessozialgericht, zweite Instanz der ↑Sozialgerichtsbarkeit.

Landessportbünde, Unterorganisationen des Dt. Sportbundes.

Landessteuern, Gesamtheit aller Steuern, die der Steuerhoheit der Länder [der BR Deutschland] unterliegen. Dabei bleiben die Gemeinschaftssteuern nach Art. 106 GG unberücksichtigt, die der Steuerhoheit des Bundes unterstehen und im Rahmen des ↑Finanzausgleichs den Ländern zugewiesen werden.

Landessuperintendent, 1. Bez. des Amtsträgers zur Führung eines „Sprengels" der ev. Landeskirchen von Hannover und Mecklenburg; 2. Bez. für der Amtsstellung eines Landesbischofs vergleichbaren Amtsträger der ev. Landeskirchen Lippe und der Ref. Kirche in Nordwestdeutschland.

Landessynode, kirchenverfassungs-

Landestrecke

rechtl. Bez. für das in den ev. Landeskirchen auf vier bis sechs Jahre gewählte synodale Kollegialorgan mit Leitungsverantwortung. - ↑auch Synode.

Landestrecke, Entfernung zw. dem Fußpunkt einer bestimmten Flughöhe eines landenden Flugzeugs (meist 15 m) und dem Ort des Stillstands.

Landesverrat und Gefährdung der äußeren Sicherheit, diejenigen Staatsschutzdelikte, die die äußere Machtstellung der BR Deutschland gefährden, im Unterschied zu ↑Hochverrat und ↑Rechtsstaatsgefährdung. **Landesverrat** begeht, wer ein Staatsgeheimnis einer fremden Macht mitteilt, es an einen Unbefugten gelangen läßt oder öffentl. bekanntmacht (z. B. der sog. publizist. Landesverrat). Als **landesverräter. Ausspähung** wird das Verschaffen von Staatsgeheimnissen, um sie zu verraten oder zu offenbaren, bestraft. Weitere Straftatbestände sind die **landesverräter. Agententätigkeit,** die auf die Erlangung oder Mitteilung von Staatsgeheimnissen, und die **geheimdienstl. Agententätigkeit,** die auf die Lieferung von Tatsachen und Erkenntnissen, bei denen es nicht um Staatsgeheimnisse handeln muß, an den Geheimdienst einer fremden Macht gerichtet ist, sowie **friedensgefährdende Beziehungen,** die unterhält, wer in der Absicht, einen Krieg oder ein bewaffnetes Unternehmen gegen die BR Deutschland herbeizuführen, mit einer ausländ. Reg., Vereinigung oder Einrichtung in Verbindung steht.

Landesversicherungsanstalten, Träger der gesetzl. Arbeiterrentenversicherung und der Rentenversicherung der Handwerker.

Landesverteidigung, Gesamtheit der polit., militär. und wirtsch. Maßnahmen eines Staates zur Sicherung seiner staatl. Souveränität und nat. Unabhängigkeit und zur Abwehr feindl. Angriffe.

Landesverwaltung, 1. der Vollzug von Landes- oder Bundesgesetzen und die sonstige Verwaltung durch eigene Behörden der Länder. Während der Bund auf den Vollzug von Landesgesetzen keinen Einfluß hat (außer bei ↑Gemeinschaftsaufgaben), bestehen bei der Ausführung von BG durch die L. Einwirkungsmöglichkeiten: Die Bundesregierung kann mit Zustimmung des Bundesrates allg. Verwaltungsvorschriften erlassen; durch BG kann mit Zustimmung des Bundesrates die Behördeneinrichtung und das Verfahren der Landesbehörden geregelt werden. Außerdem übt die Bundesregierung die Aufsicht darüber aus, daß die Länder die BG dem geltenden Recht gemäß ausüben (↑Bundesaufsicht). Für die Ausführung der BG im Auftrage des Bundes ↑Auftragsverwaltung; 2. die Gesamtheit der Behörden der Länder. Die Länder haben i. d. R. einen vierstufigen Behördenaufbau: **Oberste Landesbehörden** (z. B. Ministerien) sind keiner Behörde unterstellt. **Landesoberbehörden** unterstehen einer obersten Landesbehörde und sind für das ganze Land zuständig (z. B. das Landeskriminalamt). **Landesmittelbehörden** unterstehen einer obersten Landesbehörde und sind für Teile eines Landes zuständig (z. B. Bezirksregierungen). **Untere Landesbehörden** unterstehen Landesoberbehörden oder Landesmittelbehörden (z. B. Landkreise). - ↑auch Österreich (politisches System), ↑Schweiz (politisches System).

Landeswasserstraßen ↑Binnenwasserstraßen.

Landeszentralbanken, Abk. LZB, bis zum Inkrafttreten des Bundesbankgesetzes vom 26. 7. 1957 selbständige Inst. als jurist. Personen des öff. Rechts, heute Hauptverwaltungen der ↑Deutschen Bundesbank.

Landfahrer, Personen, die aus eingewurzelter Abneigung gegen Seßhaftigkeit mit Fahrzeugen, insbes. mit Wohnwagen, im Land umherziehen.

landfest, von Küstengebieten gesagt, die durch Anlandung, Senkung des Meeresspiegels oder Landgewinnungsmaßnahmen über das Meeresspiegelniveau gehoben wurden.

Landfeste, svw. Kontinent.

Landflucht, die massenhafte Abwanderung vom Land in die Stadt. Bereits im Spät-MA setzte wegen eines langfristigen Preisverfalls bei Agrarprodukten eine L. ein, die in der industriellen Revolution durch die größer werdenden Unterschiede zw. den Lebensbedingungen in Stadt und Land und das Zurückbleiben der Beschäftigungsmöglichkeiten auf dem Land hinter dem Bevölkerungswachstum noch verstärkt wurde. Später trat neben den besseren Arbeits- und Verdienstmöglichkeiten in der Stadt zunehmend die größere kulturelle Vielfalt als Motiv für die L. in den Vordergrund. Heute ist jedoch wegen beengterer und teuerer Lebensbedingungen und zunehmender Lärmbelästigung in der Stadt eher die umgekehrte Tendenz einer „Stadtflucht" zu beobachten.

Landfolge, im MA Pflicht der Wehrfähigen zur Landesverteidigung, zur Verfolgung von Rechtsbrechern und zur Hilfeleistung bei Katastrophen. Das allg. Landesaufgebot war eine Voraussetzung der allg. Wehrpflicht des 19. Jahrhunderts.

Landfrauenschule ↑Reifensteiner Verband für haus- und landwirtschaftliche Frauenbildung e. V.; ↑auch Landwirtschaftsschule.

Landfriede, in fränk. Zeit der Volksfriede bzw. Königsfriede, in Frankr. seit dem 11. Jh., im Hl. Röm. Reich seit dem 12. Jh. im Anschluß an den Gottesfrieden ein öffentl.-rechtl. Schutz gegen den Mißbrauch der Fehde sowie gegen jede Straftat; zur Wahrung des zunächst zeitl. begrenzten L. wurden peinl. Strafen festgesetzt. Bestimmte Personen

(Geistliche, Frauen, Kaufleute, Bauern) und Sachen (Kirchen, Friedhöfe, Ackergeräte, Mühlen) wurden unter den Schutz des L. gestellt. Die älteren **Provinziallandfrieden** galten nur für einzelne Gebiete; der erste **Reichslandfriede** (1103) wurde durch Heinrich IV. erlassen. Durch einen „ewigen" L. wurde 1413 in Frankr., 1495 im Hl. Röm. Reich die Fehde endgültig abgeschafft. Fürsten bzw. Städte schlossen sich in den **Landfriedensbünden** (**Landfriedenseinungen**) zus. (Rhein. Städtebund). Die L.gesetzgebung des Reiches wurde seit dem 14. Jh. zur Reichsreform eingesetzt.

Landfriedensbruch, Gefährdung der öffentl. Sicherheit durch Gewalttätigkeiten, die aus der massenpsycholog. Situation einer Menschenmenge entstehen. L. wird nach § 125 StGB mit Freiheitsstrafe bis zu drei Jahren bestraft. In bes. schweren Fällen droht Freiheitsstrafe bis zu 10 Jahren.

Landfriedensbünde ↑Landfriede.

Landfunkdienste ↑bewegliche Funkdienste.

Landgericht, Gericht der ordentl. Gerichtsbarkeit zw. dem ↑Amtsgericht und dem ↑Oberlandesgericht (OLG), in Zivilsachen und in Strafsachen sowohl in erster als auch in zweiter Instanz zuständig. Das L. ist in Kammern gegliedert, die mit drei Berufsrichtern besetzt sind. In *Zivilsachen* ist das L. in erster Instanz zuständig in allen Rechtsstreitigkeiten, die nicht dem Amtsgericht zugewiesen sind, insbes. in nichtvermögensrechtl. sowie in vermögensrechtl. Ansprüchen mit einem Streitwert von über 5 000 DM. Auf dem Gebiet der freiwilligen Gerichtsbarkeit ist das L. vor allem als Beschwerdegericht tätig. In *Strafsachen* ist das L. in erster Instanz im wesentl. für alle Verbrechen zuständig (erwartete Strafe von mehr als 3 Jahre Freiheitsentzug). Es entscheiden die große Strafkammer (bei Fällen mit Todesfolge) das Schwurgericht (je drei Berufsrichter, zwei Schöffen). In zweiter Instanz entscheidet die *kleine Strafkammer* (ein Berufsrichter, zwei Schöffen) über Berufungen gegen Urteile des Richters am Amtsgericht, die große Strafkammer überprüft in der Berufung die ►Urteile des Schöffengerichts.

Für *Österreich* ↑Gerichtshof erster Instanz, für die *Schweiz* ↑Kantonsgericht.

♦ aus der spätma. Gerichtsverfassung erhaltene untere *Reichsgerichte* v. a. im süddt. Raum (*kaiserl. L.*), die innerhalb ihres Gerichtsbezirkes die Gerichtsbarkeit über Reichsunmittelbare und Mittelbare hatten und dadurch die Gerichtshoheit der Reichsstände beschränkten. Die L. bestanden z. T. bis zum Ende des Hl. Röm. Reiches.

Landgewinnung, svw. ↑Neulandgewinnung.

Landgraf (lat. comes provinciae), seit dem 12. Jh. Titel für die Vertreter königl. Rechte v. a. in königl. Landfriedensbez. und Gebieten schwacher herzogl. Gewalt, die z. T. ab dem 13. Jh. als **Landgrafschaft** zur Territorialherrschaft des L. wurden (z. B. Schwaben, Thüringen); als Landgrafschaft werden auch nichtfürstl. Gebietsherrschaften bezeichnet (z. B. Hessen).

Landgrebe, Erich, * Wien 18. Jan. 1908, † Salzburg 25. Juni 1979, östr. Schriftsteller, Maler und Graphiker. - Schrieb autobiograph. bestimmte Romane, Malerromane („Ein Maler namens Vincent", 1957; „Das ferne Land des Paul Gauguin", 1959), Erzählungen („Geschichten, Geschichten, Geschichten", 1965), Hörspiele („Hafen der Venus", 1961), Lyrik („Das junge Jahr", 1934) und Essays.

Land Hadeln, Teil der Elbmarschen zw. Elbe- und Wesermündung im nördl. Nds., zentraler Ort ist Otterndorf. In sächs. Zeit (vor 800) dicht besiedelt; kam 1180 an Sachsen-Lauenburg, 1731 an Hannover; bäuerl. Selbstverwaltung bis im 19. Jahrhundert.

Landi, Stefano, * Rom um 1590, † ebd. 28. Okt. 1639, italien. Komponist. - Gilt als einer der Schöpfer der Kantate und Gründer der röm. Opernschule; komponierte neben Messen, Psalmen, Madrigalen und Arien auch die Opern „La morte d'Orfeo" (1619) und „Il San Alessio" (1632).

Landini, Francesco (Landino), * Fiesole 1335(?), † Florenz 2. Sept. 1397, italien. Komponist. - In früher Jugend erblindet; war als Organist berühmt; erhalten sind 141 Ballate, 11 Madrigale, ein Virelai und eine Caccia.

Landino, Cristoforo, * Florenz 1424, † ebd. 24. Sept. 1498, italien. Gelehrter und Schriftsteller. - Prof. für Poetik und Rhetorik in Florenz; Verf. der philosoph. „Camaldolens. Gespräche" (um 1480), bed. Briefe, lat. Elegien u. d. T. „Xandra", einer lat. Abhandlung von der Würde des Menschen „De nobilitate animae" (1472), eines Kommentars zu Vergils „Äneis" (1478) und eines Kommentars zu Dantes „Divina commedia" in italien. Sprache (1481).

Landjäger, seit dem 19. Jh. (bis 1937) in Württ., Braunschweig, Mecklenburg und Anhalt, nach 1918 (bis 1934) auch in Preußen Bez. für Gendarm.

Landjäger, flachgedrückte, stark geräucherte Rohwürste aus Rind- und Schweinefleisch.

Landkärtchen (Netzfalter, Araschnia levana), paläarkt. verbreiteter, 3–4 cm spannender Edelfalter in lichten Laubwäldern und auf Auen; mit Saisondimorphismus: Flügeloberseite der ersten Generation rotbraun mit schwarzen und gelben Flecken, bei der zweiten Generation schwarzbraun mit einem gelblichweißen Fleckenband; Flügelunterseite mit landkartenähnl. Gitterzeichnung.

Landkarte, svw. Karte.

Landkartenflechte (Rhizocarpon geographicum), auf Fels der Mittel- und Hochgebirge wachsende Krustenflechte mit leuchtendgrünem oder gelbgrünem bis schwarzem Thallus, der oft große Flächen überzieht.

Landkartenschildkröten ↑Höckerschmuckschildkröten.

Land Kehdingen, Marschenlandschaft links der Unterelbe, zw. der Schwinge im SO und der Oste im W, Nds.; zentrale Orte Stade und Drochtersen.

Landklima, svw. ↑Kontinentalklima.

Landkrabben (Gecarcinidae), landbewohnende Krabben im trop. Amerika, in W-Afrika und im südpazif. Raum; leben in feuchtem Biotop; Larvenentwicklung im Wasser.

Landkreis (Kreis), öffentl.-rechtl. ↑Gebietskörperschaft, die nach den jeweiligen Landesgesetzen zuständig ist für die Erfüllung der überörtl., die Kraft der kreisangehörigen Gemeinden übersteigenden, jedoch in ihrer Bed. nicht über das Kreisgebiet hinausgehenden öffentl. Aufgaben, wie z. B. für den Bau und die Unterhaltung von Kreiskrankenhäusern und Kreisstraßen. In den letzten Jahren wurde durch die Gebietsreform die Anzahl der L. stark vermindert. *Organe* des L.: Kreistag, Kreisausschuß und Landrat (Oberkreisdirektor). Das *Landratsamt* ist sowohl Kreis- als auch Staatsbehörde. Der L. deckt seinen *Finanzbedarf* durch eigene Steuern, Zuweisungen des Staates, durch die von den kreisangehörigen Gemeinden zu zahlende Kreisumlage sowie durch Gebühren und Beiträge.

Landkriegsrecht, Gesamtheit der die Kriegführung zu Lande regelnden Vorschriften.

Land Lebus [le'buːs, 'leːbʊs], histor. Landschaft, flachwellige Grundmoränenplatte links der mittleren Oder, 50–90 m hoch. Am Rande liegen Frankfurt/Oder, Müncheberg, Seelow und Fürstenwalde/Spree.

Landleihe ↑Leihe.

Ländler [nach dem „Landl" (in Oberösterreich)], seit etwa 1800 Bez. für verschiedene mäßig schnelle Volkstänze im $^3/_4$-Takt, die im bayr.-östr. Raum beheimatet sind. Wahrscheinl. aus dem seit dem 15. Jh. bekannten Dreher entstanden, dem dt. Tanz nahestehend; in die Kunstmusik (Haydn, Mozart, Beethoven) übernommen. Zu den L. gehören der Steirer und der Schuhplattler.

ländliche Soziologie, Teildisziplin der Soziologie, die sich mit den sozialen Strukturverhältnissen ländl. Gemeinden mit vorwiegend agrarwirtsch. Lebensformen befaßt; hervorgegangen aus der **Agrarsoziologie,** die die Zusammenhänge zw. Acker- bzw. Landbauweisen und sozialen Lebensformen untersucht, ist die l. S. angesichts der (durch Verkehrserschließung, neue Siedlungsformen, Technisierung der Landw.) immer stärkeren Entwicklung industriell-urbaner Lebensweisen auf dem Lande heute auf eine enge Zusammenarbeit mit Gemeinde- und Stadtsoziologie angewiesen. Die moderne l. S. hat die

internat. Strategien der Entwicklungspolitik stark beeinflußt.

Landlungenschnecken (Stylommatophora), sehr artenreiche Ordnung landbewohnender Lungenschnecken; u. a. ↑Weinbergschnecke, ↑Schnirkelschnecken und ↑Wegschnecken.

Landmann, Salcia, * Żółkiew (= Scholkwa, Gebiet Lemberg) 18. Nov. 1911, schweizer. Schriftstellerin. - Veröffentlichte populärwiss. Bücher aus den Bereichen Jiddistik und Kulturwissenschaft, u. a. „Der jüd. Witz" (1960), „Jiddisch. Das Abenteuer einer Sprache" (1962), „Koschere Kostproben" (1964), „Jüd. Anekdoten und Sprüche" (1965), „Die Juden als Rasse" (1967), „Der ewige Jude" (Essays, 1974), „Erinnerungen an Galizien" (1983).

Landmarke, für die terrestr. Navigation verwendbares markantes Objekt (z. B. Leuchtturm, Schornstein).

Landmarschall ↑Marschall.

Landmeister ↑Deutscher Orden.

Landnahme, durch Ansiedlung und Bearbeitung erfolgende Inbesitznahme von herrenlosem oder einem Herrn gehörendem Grund und Boden. Die german. L. der Völkerwanderung vollzog sich meist in Form der Beschlagnahme. Das MA kannte die innere Kolonisation durch Landesausbau auf Land, das rechtl. dem König gehörte, aber oft zum Zweck der L. einem Landesherrn übertragen wurde.

Landolphia [nach dem frz. Kapitän und Forscher J.-F. Landolphe, * 1747, † 1825], Gatt. der Hundsgiftgewächse mit über 50 Arten in Afrika und auf Madagaskar; meist Sträucher oder Lianen; viele Arten liefern Kautschuk. Einige Arten liefern eßbare Früchte (werden wie Zitronen verwendet).

Landolt, Hans, * Zürich 5. Dez. 1831, † Berlin 15. März 1910, schweizer. Chemiker. - Prof. in Bonn (1858–69), Aachen und Berlin (ab 1891); Arbeiten über opt. Aktivität und Polarimetrie; ab 1883 mit R. L. Börnstein (* 1852, † 1913) Hg. der ersten „Physikal.-Chem. Tabellen" (4 Bde., ^{6}1950–74; Neue Serie *L.-Börnstein:* „Zahlenwerte und Funktionen aus Naturwissenschaften und Technik", 1965ff.).

Landolt-Ringe [nach dem schweizer. Augenarzt E. Landolt, * 1876, † 1926], u. a.

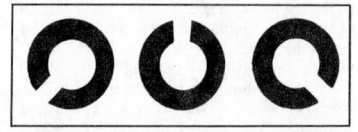

zur Prüfung der Sehschärfe verwendete Ringe mit Aussparungen, deren Stelle der Prüfling anzugeben hat.

Landor, Walter Savage [engl. 'lændə], * Gut Ipsley Court (Warwickshire) 30. Jan.

Landschaftsbau

1775, † Florenz 17. Sept. 1864, engl. Schriftsteller. - Sein Hauptwerk, „Erdichtete Gespräche" (1824-29), 150 fingierte Dialoge bed. histor. Persönlichkeiten, weist ihn als hervorragenden Stilisten aus.

Landowska, Wanda, * Warschau 5. Juli 1879, † Lakeville (Conn.) 16. Aug. 1959, poln. Pianistin und Cembalistin. - Erwarb sich große Verdienste um die Wiedererweckung alter Cembalomusik. Schrieb u. a. „Bach et ses interprètes" (1905).

Landpfleger, Luthers Übersetzung der Amtsbez. des röm. Prokurators.

Landrassen in einem begrenzten Landschaftsraum durch natürl. Zuchtwahl und nur wenig durch züchter. Eingriffe des Menschen entstandene Haustierrassen; meist anspruchslos und vielseitiger in den Leistungen als ↑Leistungsrassen; L. gelten neben den geringen Beständen der ↑Primitivrassen als unersetzl. Genreservoir der Tierzucht.

Landrat, der oberste Beamte eines Landkreises und Leiter der Kreisverwaltung; in Nordrhein-Westfalen und Niedersachsen der ehrenamtl. Vorsitzende des Kreistags, der vom Kreistag aus dessen Mitte gewählt wird (Der oberste Beamte des Kreises und Leiter der Kreisverwaltung ist dort der Oberkreisdirektor). Der L. (Oberkreisdirektor) wird entweder vom Volk (Bayern) oder vom Kreistag *gewählt* (Hessen, Baden-Württemberg, Niedersachsen, Nordrhein-Westfalen, Schleswig-Holstein) oder vom Staat mit Zustimmung des Kreistags (Rheinland-Pfalz, Saarland) *bestellt*.

♦ in den schweizer. Kt. Glarus, Uri, Basel-Landschaft, Unterwalden nid dem Wald und Appenzell Innerrhoden Bez. für das Parlament.

♦ im 16./17. Jh. landständ. Vertreter, dann königl. Kontrollbeamter, ab 1872 Leiter eines Kreises.

Landrecht, 1. als Nachfolger der älteren Stammes- oder Volksrechte seit dem Hoch-MA das allg. Recht eines Landes, das stets dann angewandt wurde, wenn kein ständ. Sonderrecht oder das Recht eines engeren Rechtskreises (z. B. Stadt-, Lehns- oder Hofrecht) galt. 2. Seit dem Spät-MA Bez. für die in zahlr. dt. Territorien entstandenen Kodifikationen ihres L. (z. B. Allgemeines Landrecht für die preuß. Staaten).

Landry-Paralyse (Landry-Syndrom) [frz. lã'dri; nach dem frz. Neurologen J.-B. O. Landry, * 1826, † 1865], akute, von den Beinen aufsteigende Lähmung des Körpers, die auf die Schlund- und Atmungsmuskulatur übergreifen kann; bes. bei entzündl. Erkrankungen des Nervensystems.

Landsasse (Landsiedel), im Spät-MA Bez. für einen freien Zinsmann, nach dem „Sachsenspiegel" Bez. für einen Freien mit geringem Grundbesitz oder einen Häusler. *Landsässig* (im Ggs. zu reichsunmittelbar) nannte man bis 1806 jeden Adligen, der einem Landesherrn unterstand.

Landsberg a. Lech, Krst. am mittleren Lech, Bay., 587 m ü. d. M., 19 100 E. Fachakad. für Landw., Technikerschule für Landbau; histor. Museum; Landmaschinenbau, Herstellung von Großküchen und von Kondensatoren. - Neben einer Burg (1160) entstand am Lechufer eine Siedlung, die um 1260 zur Stadt erhoben wurde, um 1268 in den Besitz der wittelsbach. Herzöge kam und im 13./14. Jh. ummauert wurde. Stapelplatz für Salz, hinzu kamen Textilgewerbe (14. Jh.), Goldschmiede und Töpferei. Die Festung Landsberg war im 19. und 20. Jh. Haftanstalt. - Die spätgot. Pfarrkirche (15. Jh.) wurde im 17. Jh. barockisiert, Sankt-Johannes-Kirche (18. Jh.) von D. Zimmermann; die Kirche des Ursulinenklosters und die ehem. Jesuitenkirche stammen aus dem 18. Jh.; Rathaus (1699) mit Stuckfassade.

L. a. L., Landkr. in Bayern.

Landsberger, Artur, * Berlin 26. März 1876, † ebd. 4. Okt. 1933 (Selbstmord), dt. Schriftsteller. - Schrieb zahlr. Romane aus dem Berliner Milieu („Lu, die Kokotte", 1912) und kulturwiss. Abhandlungen (v. a. über den Satanismus, u. a. „Gott Satan oder das Ende des Christentums", 1923).

Landsberger Renette ↑Äpfel (Übersicht).

Landsberg (Warthe) (poln. Gorzów Wielkopolski), Stadt an der unteren Warthe, Polen', 27 m ü. d. M., 113 000 E. Hauptstadt des Verw.-Geb. Gorzów; kath. Bischofssitz; Schiff- und Maschinenbau, Textil- und Nahrungsmittelind. - 1257 als Stadt angelegt (Magdeburger Stadtrecht); Verleihung des Stapelrechts vermutl. kurz nach 1257. - Got. Marienkirche (13.-15. Jh.).

Landschafe, Bez. für Landrassen des Hausschafs (etwa 50 % des Gesamtschafbestandes der Erde) mit grober, ungleichmäßig pigmentierter Wolle; v. a. in kargen Heide-, Steppen- und Gebirgsgegenden. Zu den L. zählen z. B. Heidschnucke, Karakulschaf und Merinolandschaf.

Landschaft, Bez. für einen bestimmten Teil der Erdoberfläche, der nach seinem äußeren Erscheinungsbild und durch das Zusammenwirken der hier herrschenden Geofaktoren eine charakterist. Prägung besitzt und sich dadurch vom umgebenden Raum abhebt. Neben dem einzelnen, einmaligen L.*individuum* hat man L.*typen* herausgearbeitet, die sich über die Erde hin als L.*gürtel* oder -*zonen* (v. a. klimat. und vegetationsgeograph.) verfolgen lassen. Die L.*kunde* nimmt eine vermittelnde Stellung zw. der allg. Geographie und der Länderkunde ein.

Landschaftsbau, Baumaßnahmen zur Gestaltung der freien Landschaft; z. B. Terrassierungsmauern, Befestigung von Böschungen und Gewässerufern.

329

Landschaftsgarten

Landschaftsgarten, svw. Park, ↑Gartenkunst.

Landschaftsmalerei, Gatt. der Malerei. - In den frühen Kulturen treten landschaftl. Elemente meist nur formelhaft als Ortshinweise auf (Ägypten, Kreta, auch noch in der griech. Vasenmalerei. Erst in der röm. Kaiserzeit entwickelt sich eine illusionist. Landschaftsdarstellung mit kleinfigurigen Szenen. Sie lebt in der frühchristl. Buchmalerei fort, wird im MA jedoch zurückgedrängt und schließl. als bloße Formel für eine Ortsangabe oder als Symbol verwendet. In der italien. Malerei gewinnt im 13. Jh. die Landschaft als Schauplatz neue Bed. (Giotto) und kommt im 14. Jh., wenn auch vereinzelt, als eigenständiges Bildthema vor (A. Lorenzetti). Entscheidende Bed. für die Entwicklung der L. hat die niederländ.-burgund. Buchmalerei, in der atmosphär. Landschaften in einer einheitl. Sicht widergegeben sind (Brüder von Limburg, Brüder van Eyck). Zu den frühesten Darstellungen einer bestimmten Landschaft gehört die Ansicht des Genfer Sees in K. Witz' „Petri Fischzug" (1444, Genf). Jedoch erst in den Zeichnungen Leonardos und den Aquarellen Dürers wird die Landschaft ohne Figurenstaffage zum Studienobjekt. In der Malerei bleibt sie weiterhin Schauplatz einer meist bibl. Szene, erhält jedoch Gewicht als Träger von Stimmungen und Sinnbild kosm. Kräfte. In der venezian. Malerei findet eine sympathet. Beziehung Figur-Landschaft durch die Schilderung der Atmosphäre und farbig-chromat. Auflösung der Konturen statt (Giorgione, Tizian). Die weiten „Weltlandschaften" der Niederländer staffeln sich in mehreren Zonen in farbperspektiv. Abstufungen hintereinander (J. Patinir, P. Bruegel d. Ä.). Um 1600 verbindet A. Elsheimer diese beiden Möglichkeiten und schafft die sich kontinuierl. weitende, lichterfüllte atmosphär. **ideale Landschaft,** die zu den lyr. Kompositionen Claude Lorrains führt. N. Poussin schafft die bis ins 19. Jh. wirkende **heroische Landschaft** mit antiken Architekturmotiven und mytholog. Szenen. Zu einer selbständigen Kunstgatt. wird die L. im 17. Jh. in Holland. Naturbeobachtung und die Spezialisierung der holländ. Maler führte zu verschiedenen Themen wie Küsten-, Meer-, Fluß-, Wald-, und Winterlandschaften (u. a. J. van Goyen, J. Ruisdael, Rembrandt). Während die L. des 18. Jh. neben Stadtansichten v. a. ideale (klassizist.) Landschaften oder idyll. Parklandschaften (Watteau) wiedergibt, schildern die Romantiker das Aufgehen des Menschen in der Natur (P. O. Runge, C. D. Friedrich). Auf unmittelbarem Naturstudium gründen die Gemälde des Engländers J. Constable, dessen Einfluß über die realist. Malerei (Schule von Barbizon, Corot, Millet, Courbet) bis zu den Impressionisten reicht. Auch für die Expressionisten war die Landschaft noch einmal ein wesentl. Gegenstand der Auseinandersetzung.

In der Kunst **Ostasiens** spielte die L. schon früh eine bed. Rolle. Befruchtende Anregungen gingen v. a. von China aus, wo die L. bes. vom 8.–13. Jh. eine Blütezeit erlebte, aber bis ins 17. Jh. bed. Zeugnisse hervorbrachte. - Abb. S. 332.

📖 *Eberle, M.: Individuum u. Landschaft. Zur Entstehung ... der L.* Gießen ²1984. - *Carus, C. G.: Briefe über L. Hdbg.* Neuaufl. 1982. - *Silva, A, de: Chin. L.* Baden-Baden 1980. - *Niederl. L. Einf. v. E. Merten.* Kirchdorf 1978.

Landschaftsschutz ↑Naturschutz.

Landschildkröten (Testudinidae), in subtrop. und trop. Gebieten (mit Ausnahme von Australien) verbreitete Fam. der Schildkröten (Unterordnung ↑Halsberger); rd. 40 Arten, davon in Europa ↑Griechische Landschildkröte und ↑Breitrandschildkröte.

Landschulheime, in Erholungsgegenden gelegene Heime zur Aufnahme von Schulklassen; der pädagog. Gedanke der Landschulaufenthalte ist es, den Schülern das Erlebnis gemeinsamen Lebens und Lernens zu vermitteln; auch svw. ↑Landerziehungsheime.

Land's End [engl. 'lændz 'ɛnd], Kap an der SW-Spitze der Halbinsel Cornwall, westlichster Punkt Englands; vor L.'s E. Felsen mit Leuchtturm.

Landser, umgangssprachl. für [einfacher] Soldat. - ↑ auch Landsknechte.

Landsgemeinde (Landesgemeinde), in einigen schweizer. Kantonen (den sog. **Landsgemeindekantonen:** Unterwalden nid dem Wald, Unterwalden ob dem Wald, Glarus, Appenzell Außerrhoden, Appenzell Innerrhoden) die aus dem ma. Gaugerichten hervorgegangene jährl. Versammlung aller Aktivbürger zur Beratung und Beschlußfassung in Kantonsangelegenheiten (Verfassungsänderungen, einfache Gesetze) und zur Wahl der Kantonsbehörden. Die Abstimmung, der eine mündl. Beratung mit voller Redefreiheit vorausgeht, durch Aufheben der rechten Hand („Handmehr").

Landshut, Stadt an der unteren Isar, m Bay., 393 m ü. d. M., 56 400 E. Verwaltungssitz des Regierungsbezirks Niederbayern und des Landkreises L.; Fachhochschule; staatl. Gemäldegalerie, Museen; Betriebe der Elektrotechnik, Glashütte, Herstellung von Möbeln, Lacken und Farben; Brauereien und Nahrungsmittelind. - Um 1150 erstmals erwähnt; 1204 wurden Burg und Stadt L. erbaut; 1255–1340 Hauptstadt von Niederbayern, 1392–1503 Residenz der Bayern-L. Linie. 1800/02–26 war die Univ. Ingolstadt nach L. verlegt. - Ma. Stadtbild mit kunsthistor. bed. Kirchen, v. a. die Stadtpfarrkirche Sankt Martin (um 1380 ff.), eine spätgot. Hallenkirche aus Backstein, mit 132 m hohem W-Turm; Hochaltar (got. Tabernakelaltar, um 1424, wohl von H. Stethaimer, der auch Langhaus und Turm erbaute) und Triumphkreuz (1495, von G. Erhart); Spitalkirche Hl. Geist (1407–61), ehem. Dominikanerkloster (jetzt Sitz der Reg. von Niederbayern) mit der Kirche Sankt Blasius (1271–1386; Rokokodekoration ab 1747 durch J. B. Zimmermann). Außerhalb des alten Stadtbereichs liegt das Zisterzienserinnenkloster Seligenthal (1232 gestiftet), die Klosterkirche (1259 geweiht, 1732–34 völlig umgestaltet, bed. Rokokoausstattung von J. B. Zimmermann; von den Wittelsbachern als Grablege benutzt). Profanbauten: Stadtresidenz (dt. Bau, 1536 und 1780, und Italien. Bau, früher Renaissancebau, 1543), Burg Trausnitz (1204 begonnen; im 15. Jh. An- und Umbauten) mit Doppelkapelle Sankt Georg (etwa 1210/20) und sog. Narrentreppe (ausgemalt 1578 von A. Scalzi), Bürgerhäuser.

L., Landkr. in Bayern.

Landshuter Fürstenhochzeit ↑ Georg der Reiche (Bayern-Landshut).

Landsknechte, vom Ende des 15. bis Ende des 16. Jh. Bez. für in „kaiserl. Landen" geworbene Fußsöldner unter Maximilian I. Sie wurden durch den vom Kriegsherrn bestallten Feldhauptmann als militär. Führer und wirtsch. Unternehmer geworben; das Fähnlein bildete mit etwa 500 L. unter dem Hauptmann für die Dauer des Soldverhältnisses die administrative Grundeinheit. Mehrere Fähnlein konnten aus Regiment unter dem Oberst zusammengefaßt werden. Weitere „Ämter" waren Leutnant und Oberstleutnant als Stellvertreter von Hauptmann und Oberst sowie Ambosat (Sprecher), Rottmeister (Führer einer „Rotte"), Fähnrich (Fahnenträger), Profoß (Regimentsscharfrichter), Schultheiß (Auditeur), Quartier-, Proviant- und Pfennigmeister und Hurenweibel. Angeworben wurden urspr. nur unbescholtene Männer, jedoch ließ sich dieses Prinzip infolge des starken Bedarfs an L. nicht durchhalten. Bei eigener Bewaffnung erhielt der Landsknecht einen festen Monatssold; ausbleibende Zahlung war legaler Dienstverweigerungsgrund. Ohne Soldvertrag wurden die L. als **Gartbrüder** zur Landplage.

Landsknechtslied, Sonderform des histor. Kriegs- und Soldatenliedes, von den freiwilligen Söldnern Maximilians I. ab 1486 gepflegt; lebendig bis zur Einführung eines stehenden Heeres um 1620.

Landskrona [schwed. lands,kru:na], schwed. Hafenstadt am Sund, 35 700 E. Werften, Superphosphatfabrik, u. a. Ind.betriebe. - 1413 gegr. und 1428 von Streitkräften der Hanse niedergebrannt. Nach dem Wiederaufbau entwickelte sich L. schnell zu einer der bedeutendsten Städte in Schonen, kam 1658 an Schweden, ab 1747 Festung.

Landsmål ['lantsmo:l]; norweg. „Landessprache"], ältere Bez. für Nynorsk (↑ norwegische Sprache).

Landsmannschaft, eine farbentragende

Landsknechte. Fähnrich (1545). Holzschnitt

waffenstudent. Korporation. Die Bez. geht zurück auf die im späten MA erfolgten Zusammenschlüsse von Studenten gleicher landschaftl. Herkunft, die ihrerseits die Nationen fortsetzten, nach denen die ma. Univ. offiziell gegliedert waren. In der Auseinandersetzung mit den student. Orden (nach 1770) wurden sie zu straff gegliederten ↑ Korps. - Die heutigen L. entstanden ab 1840. Sie vertraten gegenüber den Korps die Gleichberechtigung aller Studenten und lehnten die polit. Betätigung der Burschenschaften ab. 1868 wurde in Kassel der Vorläuferverband der Deutschen Landsmannschaft gegr., dem nach 1919 der Verband der L. der techn. Hochschulen beitrat. 1919–34 waren auch die östr. und sudetendt. L. Mgl., Auflösung 1938; 1951 Gründung des ↑ Coburger Convents akademischer Landsmannschaften und Turnerschaften.

◆ Vereinigung von Heimatvertriebenen und Flüchtlingen in der BR Deutschland. 1952 schlossen sich die L. im **Verband der Landsmannschaften** zusammen und vereinigten sich 1957 mit dem **Bund der vertriebenen Deutschen** zum **Bund der Vertriebenen, Vereinigte Landsmannschaften und Landesverbände.**

Landstände (Landschaft), die auf der Grundlage von (Gerichts-, Grund-, Guts-)Herrschaft und genossenschaftl. Zusammenschluß in dem sich seit dem 13. Jh. ausbildenden Ständestaat dem Landesherrn gegenüber-

Landschaftsmalerei

Landschaftsmalerei.
Oben (von links): Claude Lorrain, Landschaft mit Apollon und Hermes (um 1645).
Rom, Galleria Doria Pamphili; Ch'iu Ying, Han-Kaiser Kuang Wu,
eine Furt durchschreitend (Ausschnitt; um 1540).
Ottawa, National Gallery of Canada; unten: John Constable,
Wolkenstudie (um 1816). Brüssel, Musées Royaux des Beaux-Arts

tretend, eigenberechtigten Lokalgewalten, die nicht zum engeren Herrschaftsbereich des Fürsten gehören (Prälaten, landsässiger Adel, einfache Ritter, Städte, in wenigen Gegenden auch Bauern). Die L. waren dem Landesherrn zu Rat und Hilfe verpflichtet; jede außerordentl. Hilfeleistung (Steuer, Kriegsdienst) aber bedurfte ihrer Zustimmung, die sie auf den Landtagen in Verhandlungen mit dem Fürsten erteilen konnten. Das Steuerbewilligungsrecht wurde zum Hebel für Festigung und Ausbau ihrer polit. Macht. Der Landtag suchte seine Kompetenzen auszuweiten mit der Durchsetzung eines nahezu unbegrenzten Beschwerderechts, der Mitwirkung bei der Gesetzgebung und bei außenpolit. Entscheidungen (über Krieg und Frieden). Bei jedem Reg.wechsel leisteten die L. dem neuen Landesherrn den Treueid (Erbhuldigung) und erhielten von ihm die Bestätigung ihrer Freiheitsrechte, gegen deren Verletzung sie das Recht auf Widerstand in Anspruch nahmen. Mit dem Aufbau des absolutist. Staates strebten die Fürsten eine polit. Entmachtung der L. an, die allerdings vor der Frz. Revolution nirgendwo voll erreicht wurde; in einzelnen dt. Territorien (Württemberg, Hannover, Mecklenburg) erhielt sich eine landständ. Verfassung noch länger. Die nach 1814 in den meisten dt. Bundesstaaten erlassenen Verfassungen knüpften z.T. an das vorrevolutionäre ständ. Prinzip an, nahmen aber auch bereits Elemente des modernen Repräsentativsystems auf, das sich schließl. durchsetzte.
📖 *Reinicke, W. R.: L. im Verfassungsstaat. Gött. 1976. - Die geschichtl. Grundll. der modernen Volksvertretung. Bd. 2: Reichsstände u. L. Hg. v. H. Rausch. Darmst. 1974.*

Landsteiner, Karl, * Wien 14. Juni 1868, † New York 26. Juni 1943, östr.-amerikan. Chemiker und Mediziner. - Prof. in Wien, danach am Rockefeller-Inst. für medizin. Forschung in New York; entdeckte 1901 das AB0-System der Blutgruppen (1930 hierfür Nobelpreis für Physiologie oder Medizin), 1927 (mit P. Levine) die M/N- und P/p-Systeme und 1940 (mit A. S. Wiener) das Rhesussystem.

Landstörtzer (Landstörzer, Landstürzer), im Dreißigjährigen Krieg aufgekommene Bez. für Landstreicher. Literar. belegt v. a. durch die Hauptgestalt in J. J. C. von Grimmelshausens Roman „Trutz Simplex: Oder Ausführl. und wunderseltzame Lebensbeschreibung Der Ertzbetrügerin und Landstörtzerin Courache" (1670).

Landstreicher, Person, die aus eingewurzeltem Hang zum Umhertreiben ziellos von Ort zu Ort zieht und mit ihren Lebenskosten überwiegend anderen zur Last fällt.

Landstufe, svw. ↑ Schichtstufe.

Landstuhl, Stadt am N-Rand des Westrichs, Rhld.-Pf., 250 m ü. d. M., 8 000 E. Herstellung von Glas- und Porzellanwaren, Elektrogeräten, Drahtstifte- und Gummiwarenfabrik. - Zu Beginn des 9. Jh. als karoling. Königshof erwähnt, entwickelte sich L. um die Burg Nannstein (um 1160 erbaut, 1689 Ruine) und wird seit 1326 als Stadt bezeichnet. - In der kath. Pfarrkirche (18. Jh.) das Renaissance-Grabdenkmal des Franz von Sickingen († 1523).

Landsturm, 1. bis Anfang des 19. Jh. svw. Landwehr; 2. in Preußen ab 1813/14 das Aufgebot aller 17-50jährigen Männer, die weder dem aktiven Heer noch der Landwehr angehörten; im Dt. Reich 1888-1914 für die 17-45jährigen Wehrpflichtigen, 1935 für die Jahrgänge der über 45jährigen neu eingerichtet. In der *Schweiz* werden im L. die 49-60jährigen Männer erfaßt.

Landtag, Bez. für die Volksvertretung in den Ländern der BR Deutschland; in Berlin (West) „Abgeordnetenhaus", in Hamburg und Bremen „Bürgerschaft".
♦ die Versammlung der Landstände in den landesherrl. Territorien des Hl. Röm. Reiches seit dem Spät-MA, gegliedert in die Kurien der (hochfreien) Herren (Herrenbank), Ritter, Prälaten, Städte und - in einigen Landschaften (z. B. Tirol) - der Bauern; ab dem 19. Jh. bezogen auf die gewählten Volksvertretungen.

Landterrasse ↑ Schichtstufenlandschaft.

Landung, allg. das Ankommen an oder auf dem Land, i. e. S. der Übergang eines Luftfahrzeugs vom Flugzustand zum Stillstand auf den Boden.
♦ militär.: meist angriffsartiges (überraschendes) Absetzen von Truppen aus der Luft oder von See her zwecks Einleitung einer Invasion oder Umfassung oder als Kommandounternehmen für begrenzte Aktionen.

Landungsbrücken, 1. Stege oder Pontons zum Anlegen von Schiffen, meist in der Personenschiffahrt. - 2. Name der Hamburger Hafenanlagen für das Anlegen besuchender Passagier- oder Kriegsschiffseinheiten.

Landungsfahrzeug, Kriegsschiffe oder -boote, speziell konstruiert für die Landung oder den Umschlag an offener Küste ohne Hilfsmittel.

Land-Verfahren [engl. lænd; nach E. Land] ↑ Polaroid-Land-Verfahren.

Landvogtei, 1. im *Hl. Röm. Reich* urspr. der durch einen vom König eingesetzten Landvogt verwaltete Reichsgutbezirk, 2. in der *Schweizer. Eidgenossenschaft* bis 1798 Bez. für das Untertanengebiet eines Ortes.

Landvolkbewegung, agrar. Protestbewegung, die 1928 v. a. in Schleswig-Holstein Anhänger fand; aus ihr die bestehenden Parteien sowie Interessenverbände und das parlamentar. Reg.system ab; verband eine antikapitalist. Position mit direkten Aktionen und Terror; bereitete ideolog. dem NS den Weg.

Landwanzen (Geocorisae), weltweit verbreitete Unterordnung der Wanzen mit rd.

Landwehr

25 000 Arten, die im Ggs. zu den ↑ Wasserwanzen ihre vier- bis fünfgliedrigen, oft langen Fühler frei am Kopf tragen; meist Landtiere. 35 Fam., u. a. Blindwanzen, Raubwanzen, Langwanzen, Rindenwanzen, Randwanzen.

Landwehr, german. Form der Grenzbefestigung, aus Wall, Graben und Hecken bestehend (bis ins Spät-MA hinein angelegt). ◆ Bez. für das Aufgebot der Wehrfähigen (Landsturm). Nach der Heeresreform von 1813/14 bestand in Preußen die L. aus einem ersten milizartigen Aufgebot (gediente Reservisten und alle nicht zur Linie Eingezogenen zw. 20 und 30 Jahren), einem 2. Aufgebot (bis 39 Jahre), das v. a. für den Festungsbau bestimmt war, und einem Aufgebot der Wehrfähigen bis zum 50. Lebensjahr, dem ↑ Landsturm. 1860–1918 gehörten ihr nur noch die gedienten Reservisten bis zum 39. Lebensjahr an. 1935 wurde die L. neu eingerichtet für die 35–45jährigen Männer. Ähnl. Wehrorganisationen wurden seit der Einführung der allg. Wehrpflicht in den meisten Staaten eingerichtet. Nach Auflösung der L. in Österreich 1852 trugen die stehenden Nationalheere in *Österreich* und *Ungarn* diese Bezeichnung. In der *Schweiz* erfaßt die L. die 37–48jährigen Männer.

Landwein, nach dem WeinG i. d. F. vom 27. 8. 1982 Bez. für 15 namentl. festgelegte Weine (z. B. Pfälzer L., Südbad. L.), die ausschließl. aus Weintrauben stammen, die in dem umschriebenen Raum geerntet wurden. Der Restzuckergehalt darf als für die Kennzeichnung als „halbtrocken" höchstzulässigen Wert nicht übersteigen, der Alkoholgehalt muß mindestens 0,5 Vol.-% höher sein als der für Tafelwein desselben geograph. Raumes festgesetzte.

Landwirt, die Basis bildet die dreijährige Ausbildung zum *Landwirtschaftsgehilfen.* Der moderne L. muß sich als Betriebsleiter verstehen; vielfach Spezialisierung auf einen oder wenige Betriebszweige. Auf der Fachschule (Landwirtschaftsschule) Abschluß als L. *(Landwirtschaftsmeister),* oder (nach 2 Jahren) als *staatl. geprüfter L.* (oder *Landbautechniker).* Die Fachhochschulausbildung führt zum Abschluß als *Landbauingenieur.* Der L. mit Studium an einer wiss. Hochschule macht den Abschluß als *Diplom-Agraringenieur* (früher Diplom-L.) mit Spezialisierung auf Pflanzen- oder Tierproduktion oder Wirtschaftslehre des Landbaus. Daneben gibt es noch die Abschlüsse als *Diplom-Agrarbiologe* und *Diplom-Agrarökonom.*

Landwirtschaft, wirtschaftl. Nutzung des Bodens zur Gewinnung pflanzl. und/oder tier. Erzeugnisse. Zur L. zählen außer Ackerbau und Viehwirtschaft auch Garten-, Gemüse-, Obst- und Weinbau. Zur L. i. w. S. zählt man auch Forstwirtschaft, Jagdwesen und Fischerei sowie die landw. Nebenbetriebe (Molkereien, Mühlen, Kellereien usw.).

Die Formen der L. sind sehr mannigfaltig und wie die angebauten Kulturen vorwiegend naturabhängig. Niederschlagsmenge und -verteilung, Bodenart, Oberflächenneigung und Grundwasserstand bestimmen die Nutzung des Bodens als Acker, Wiese, Weide oder Standort (bestimmter) hochwertiger Kulturen. - L. gibt es in allen Zonen der Erde. Wirtschaftsformen sind v. a.: 1. *bäuerl. Betrieb* mit unterschiedl. Bodennutzungssystemen, mit oder ohne Fremdarbeitskräfte und mit oder ohne Viehhaltung; 2. *Plantagenwirtschaft,* in den Tropen und Subtropen; exportiert ihre Produkte; 3. *Produktionsgemeinschaften* vielfältiger Art, von religiös, sippen- oder stammesmäßig eingebundenen Formen bis zu Kolchosen und anderen Formen sowie Staatsgütern in sozialist. Ländern; 4. *nomadisierende Weidewirtschaft,* v. a. in der Alten Welt; 5. *Weidegroßbetrieb,* in der Neuen Welt. - L. wird als *Pflugbau* (heute überwiegend maschinell) auf regelmäßigen Ackerstücken betrieben (v. a. in der gemäßigten Zone und auf Plantagen der südl. Breiten), als *Hakenbau* (bodenaufwühlende Bearbeitung mit dem Hakenpflug ohne Bodenwendung wie beim Pflugbau; v. a. im Vorderen Orient bis N-Afrika, in O- und SO-Asien) oder als *Hackbau* (Pflanzenbau von Hand, überwiegend in den übrigen Tropen und Subtropen).

Den ökolog. Belastungen durch die herkömml. L. (hohe Schadstoffbelastung von Boden und Erzeugnissen, u. a. Herbizidrückstände, Nitratausschwemmung infolge Überdüngung) suchen neue „alternative" Formen der L. zu begegnen durch Rückgriff auf naturgemäße (biolog.-dynam. nach R. Steiner, organ.-biolog.) Produktionsweisen. Die Zahl alternativ wirtschaftender Betriebe ist z. Z. noch gering, jedoch infolge wachsender Konsumentennachfrage in stetiger Aufwärtsentwicklung. Die Bed. der L. innerhalb einer Volkswirtschaft hängt von mehreren Faktoren ab: 1. von der internat. Arbeitsteilung bzw. der Selbstversorgungsquote. Ihre Bed. ist umso geringer, je geringer der Anteil der selbsterzeugten Produkte am Gesamtbedarf der Volkswirtschaft ist; 2. von der Produktivität der L. und 3. von der Höhe des Sozialprodukts; je höher das Volkseinkommen ist, desto niedriger ist meist der relative Beitrag der L. zum Sozialprodukt. - Mit zunehmender Intensität der Wirtschaftsweise sinkt die Fläche, die für die Ernährung eines Menschen nötig ist: In der Zeit der Dreifelderwirtschaft waren noch 4–5 ha nötig; durch die rationale Wirtschaftsweise der modernen L. sind heute nur noch rd. 0,4 ha notwendig. - Bis ins 19. Jh. war die L. der eindeutige dominierende Teil der dt. Volkswirtschaft; um 1800 waren etwa 75 % der Bev. in der L. tätig. Bis heute sank diese Quote infolge der Produktionserhöhung (u. zunehmender internat. Arbeitsteilung) stetig. Durch Flurbereinigung, Auf-

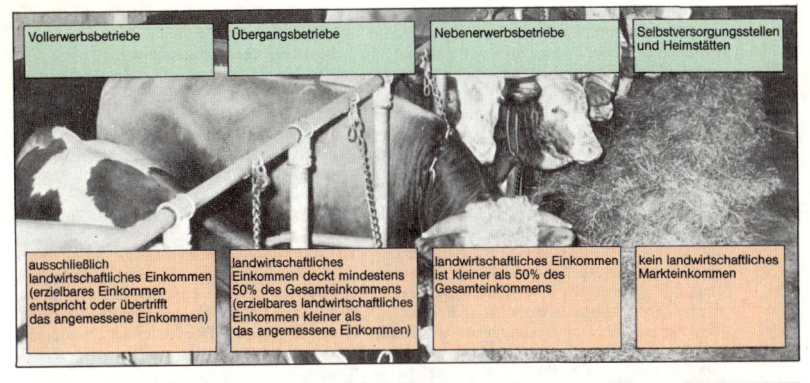

Landwirtschaft

Vollerwerbsbetriebe	Übergangsbetriebe	Nebenerwerbsbetriebe	Selbstversorgungsstellen und Heimstätten
ausschließlich landwirtschaftliches Einkommen (erzielbares Einkommen entspricht oder übertrifft das angemessene Einkommen)	landwirtschaftliches Einkommen deckt mindestens 50% des Gesamteinkommens (erzielbares landwirtschaftliches Einkommen kleiner als das angemessene Einkommen)	landwirtschaftliches Einkommen ist kleiner als 50% des Gesamteinkommens	kein landwirtschaftliches Markteinkommen

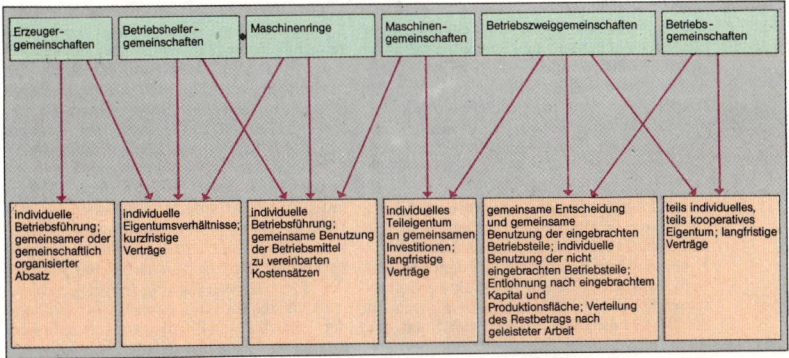

Erzeuger-gemeinschaften	Betriebshelfer-gemeinschaften	Maschinenringe	Maschinen-gemeinschaften	Betriebszweiggemeinschaften	Betriebs-gemeinschaften
individuelle Betriebsführung; gemeinsamer oder gemeinschaftlich organisierter Absatz	individuelle Eigentumsverhältnisse; kurzfristige Verträge	individuelle Betriebsführung; gemeinsame Benutzung der Betriebsmittel zu vereinbarten Kostensätzen	individuelles Teileigentum an gemeinsamen Investitionen; langfristige Verträge	gemeinsame Entscheidung und gemeinsame Benutzung der eingebrachten Betriebsteile; individuelle Benutzung der nicht eingebrachten Betriebsteile; Entlohnung nach eingebrachtem Kapital und Produktionsfläche; Verteilung des Restbetrags nach geleisteter Arbeit	teils individuelles, teils kooperatives Eigentum; langfristige Verträge

Landwirtschaft. Gliederung der Betriebe nach Höhe und Zusammensetzung des Einkommens (oben); Kooperationsformen (unten)

stockung kleiner Betriebe, Aussiedlung und andere Maßnahmen soll eine moderne Wirtschaftsweise erreicht werden. Dazu gehört auch rationeller Maschineneinsatz durch den einzelnen Landwirt, im Gemeinschaftseinsatz mehrerer Betriebe oder durch Unternehmen, die Maschinen gegen eine Entleih- oder Arbeitsgebühr zur Verfügung stellen. Der intensive Ausbau der Wirtschaftsberatung und die Unterstützung durch den grünen Plan ermöglichte es nach dem 2. Weltkrieg der dt. L., ihre Erträge wesentl. zu erhöhen. Trotz dieser Fortschritte kann die BR Deutschland nur rd. ²/₃ der benötigten Nahrungsmittel selbst erzeugen. Durch den Zusammenschluß Europas, bes. durch die Europ. Wirtschaftsgemeinschaft, entstanden für die dt. L. neue Probleme, die durch die Anpassung der landw. Erzeugnisse an Produktion und Verbrauch der zusammengeschlossenen Länder gelöst werden sollen.

Betriebsstrukturen: L.betriebe werden häufig unterteilt in Vollerwerbsbetriebe, Zuerwerbsbetriebe (die geringe Betriebsgröße erzielt ein nicht ausreichendes Einkommen; der Besitzer geht einer ergänzenden Nebentätigkeit im nichtlandw. Bereich nach) und Nebenerwerbsbetriebe (werden nebenberufl. bewirtschaftet und zwingen den Besitzer, da sie keine Lebensgrundlage bilden können, einem nichtlandw. Hauptberuf nachzugehen).
Die moderne L. hat ihre stärksten Impulse durch A. D. Thaer erhalten, der als Begründer einer systemat. L.wiss. gilt. Durch den Chemiker J. von Liebig fanden die Erkenntnisse der Chemie Anwendung in landw. Betrieben. Den Gedanken der Technik brachte M. von Eyth der L. nahe. Um die finanzielle Sicherheit gerade der kleineren Betriebe hat sich bes. F. W. Raiffeisen bemüht (Schaffung der landw. Genossenschaften).
Geschichte: Zur Geschichte der L. in Vor- und Frühzeit, Antike, MA und beginnender Neuzeit ↑ Ackerbau, ↑ Bauer. Parallel zur industriellen Revolution fand seit der Mitte des 18. Jh. eine ähnl., wenn auch weniger auffällige Revolution im Agrarbereich statt. Um die

ständig wachsende Bev. mit Nahrungsmitteln zu versorgen, mußten die Bodenerträge stetig gesteigert werden. V. a. drei Möglichkeiten boten sich dafür an: 1. Meliorationen, d. h. die Anbaufläche wird durch Verbesserungen von vorher nicht zum Anbau geeigneten Böden vergrößert; 2. Intensivierung des Anbaus durch verbesserte Dreifelderwirtschaft; 3. neue Nutzpflanzen: v. a. der im 18. Jh. eingeführte Kartoffelanbau erbrachte ein größeres Angebot an einem billigen Nahrungsmittel. Dem landw. Fortschritt entgegen stand die alte Agrarverfassung mit Flurzersplitterung und Frondienst; sie wurde im 18./19. Jh. geändert († Bodenreform). Die Kontinentalsperre Napoleons I. führte zu einer bis 1830 dauernden Agrarkrise. Der Getreideüberschuß ließ die Preise auf dem Binnenmarkt verfallen. Da die traditionellen Importländer gleichzeitig die Entwicklung ihrer eigenen L. beschleunigten, blieben die Exportmöglichkeiten auch nach der Aufhebung der Sperre beschränkt. Etwa seit 1860 konnte die dt. L. den Eigenbedarf an Nahrungsmitteln nicht mehr decken. Infolge der raschen Bev.vermehrung bei gleichzeitig steigender Kaufkraft mußten immer mehr landw. Erzeugnisse eingeführt werden. - Nach dem 2. Weltkrieg vollzogen sich in den beiden dt. Staaten völlig unterschiedl. Entwicklungen: In der DDR wurde zunächst ein Teil der Großgrundbesitzes enteignet und den 50er Jahren auf staatl. Druck hin die L. kollektiviert; die ehemals selbständigen Betriebe wurden zu landw. Produktionsgenossenschaften (LPG) zusammengeschlossen. In der BR Deutschland förderte der Staat das Weiterbestehen der bäuerl. Familienbetriebe durch Subventionen und eine Weiterführung der im 19. Jh. begonnenen protektionist. Maßnahmen († Agrarpolitik).

📖 *Aubert, C.: Organ. Landbau. Stg 1981. - Die L. Lehrb. f. L.schulen. Schriftleiter J. Dörfler. Mchn.* $^{1-9}$*1975–86. 6 Bde. - Dt. Agrargesch. Hg. v. G. Franz. Stg.* $^{1-3}$*1969–93. 6 Bde.*

landwirtschaftliche Produktionsgenossenschaften, Abk. LPG, in der DDR juristisch selbständige genossenschaftl. Großbetriebe, die - teilweise nach dem Vorbild der sowjet. † Kolchosen - ab 1952 durch den Zusammenschluß von Landwirten und landw. Arbeitskräften zustande kamen. Die teils freiwillig, zum großen Teil jedoch durch ökonom. und polit. Druck durchgeführte Kollektivierung war bis 1960 abgeschlossen. Später wurde der weitere Zusammenschluß von LPG zu Kooperativen und die Bildung von „agroindustriellen" Komplexen, in denen landw. Produkte unmittelbar weiterverarbeitet werden, bes. vorangetrieben.

landwirtschaftliches Bildungswesen, gliedert sich entsprechend dem Aufbau des berufl. Schulwesens überhaupt in Berufsschule, Berufsfachschule (für Mädchen), Fachschule († Landwirtschaftsschule, für Frauen auch Landfrauenschule), Fachoberschule, Fachhochschule und Universität.

Landwirtschaftskammer, berufsständ. Vereinigung der Landwirtschaft zur Wahrnehmung der Belange der Land- und Forstwirtschaft in einem Landesteil bzw. in einem Bundesland.

Landwirtschaftsschule, Bez. für die traditionelle Landw. Fachschule, führt auch Fachoberschulklassen. In der Abteilung Landwirtschaft Ausbildung zum Landwirt (oder Landbautechniker), in der Abteilung Hauswirtschaft Ausbildung zur *ländl. Wirtschafterin* oder (nach 2 Jahren) zur *ländl. Hauswirtschaftsleiterin.* Manche L. für Frauen tragen auch den Namen **Landfrauenschule.** Gründungen des † Reifensteiner Verbandes für Haus- und landwirtschaftliche Frauenbildung e. V.

Landzunge, lange, schmale Halbinsel.

Lane, Edward William [engl. lɛɪn], * Hereford 17. Sept. 1801, † Worthing (Sussex) 10. Aug. 1876, engl. Arabist. - Lebte lange Zeit in Ägypten, wo er das Material für sein noch heute grundlegendes „Arabic-English Lexicon" (5 Teile, 1863–74; aus dem Nachlaß fortgesetzt von S. Lane-Poole, 3 Teile, 1877–93) sammelte.

Lanfranc [engl. ˈlænfræŋk, sel., * Pavia um 1005 (?), † Canterbury 24. oder 28. Mai 1089, italien.-engl. Scholastiker und Benediktiner. - 1045 Prior und Leiter des Benediktinerklosters † Bec; Gegner der Eucharistielehre des Berengar von Tours, den er deswegen in Rom denunzierte; erreichte für Wilhelm den Eroberer eine Ehedispens; seit 1070 Erzbischof von Canterbury.

Lanfranco, Giovanni, * Parma 16. Jan. 1582, † Rom 30. Nov. 1647, italien. Maler. - Schüler des Agostino Carracci; beeinflußt von Correggio; seit 1602 in Rom (1634–46 in Neapel); illusionist. hochbarocke Deckenmalerei, u. a. in Sant' Andrea della Valle in Rom (1621–25) und im Dom von Neapel (1641 ff.), auch bed. Altarbilder.

Lang, Alexander, * Erfurt 24. Sept. 1941, dt. Schauspieler und Regisseur. - Seit 1969 am Deutschen Theater in Berlin (Ost), als Gastregisseur seit 1985 an den Münchner Kammerspielen.

L., Fritz, * Wien 5. Dez. 1890, † Los Angeles 2. Aug. 1976, östr.-amerikan. Filmregisseur und -produzent. - ∞ mit T. von Harbou; 1919 erste Filmregie („Halbblut"). Gehörte in den 1920er Jahren zu den führenden Regisseuren in Deutschland. Höhepunkte des expressionist. Films waren „Dr. Mabuse" (1. und 2. Teil 1922), „Metropolis" (1926), „M" (1931), „Das Testament des Dr. Mabuse" (1932). Emigrierte 1933 über Paris in die USA; seine dort entstandenen Filme „Fury" (auch u. d. T. „Raserei", 1936), „Du lebst nur einmal" (auch „Gehetzt", 1936), „Rache für Jesse James" (1940), „Auch Henker sterben" (1943), „Die

Frau im Fenster (auch „Gefährl. Begegnung", 1944) „Engel der Gejagten" (1951) waren internat. erfolgreich. Nach seiner Rückkehr in die BR Deutschland Ende der 1950er Jahre gelang es L. nicht, an seine früheren Erfolge anzuknüpfen. – *Weitere Filme:* Der Tiger von Eschnapur (1958), Das ind. Grabmal (1958), Die 1 000 Augen des Dr. Mabuse (1961).

Langage [frz. lã'gaːʒ, zu lat. lingua „Zunge"] ↑ Langue.

Langarmaffen, svw. ↑ Gibbons.

Langbau ↑ Kirchenbau.

Langbehn, Julius, * Hadersleben 26. März 1851, † Rosenheim 30. April 1907, dt. Schriftsteller und Kulturkritiker. - In seinem anonym erschienenen Werk „Rembrandt als Erzieher" (1890) stellte er nichtformalist. Charakter- und Gemütsbildung als Voraussetzung einer Wiedergeburt des dt. Volkes hin. Übte nachhaltigen Einfluß auf die dt. Heimatkunstbewegung, die Kunsterziehungsbewegung, auf die kulturkonservativen Bestrebungen der Worpsweder Künstlergruppe und die Zeitschrift „Der Kunstwart" aus.

Langbeinfliegen (Dolichopodidae), weltweit verbreitete, rd. 3 600 Arten umfassende, kleine bis mittelgroße, häufig metall. grüne Fliegen mit langgestreckten Beinen; leben meist räuberisch, v. a. in Sumpf- und Gewässernähe.

Langbetten ↑ Hünenbetten.

Langdrahtantenne, Drahtantenne oder Antennenkombination, deren Länge größer als die halbe Betriebswellenlänge ist.

Lange, Christian [norweg. ˌlaŋə], * Stavanger 17. Sept. 1869, † Oslo 11. Dez. 1938, norweg. Politiker. - Pazifist; 1909–33 Generalsekretär der Interparlamentar. Union; 1920–37 Vertreter Norwegens beim Völkerbund; erhielt 1921 mit H. Branting den Friedensnobelpreis.

L., Dorothea [engl. 'læŋə], * Hoboken (N.J.) 26. Jan. 1895, † San Francisco 11. Okt. 1965, amerikan. Photographin. - 1937–42 bed. Dokumentarbildberichte über die Lebensbedingungen der Landarbeiter in den Südstaaten der USA; nach 1954 (bes. für die Zeitschrift „Life") Bildreportagen über den nahen Osten, Asien und Südamerika.

L., Friedrich Albert [ˈ--], * Wald (= Solingen) 28. Sept. 1828, † Marburg 21. Nov. 1875, dt. Philosoph und Sozialwissenschaftler. - 1870 Prof. in Zürich, 1873 in Marburg. Einer der Wegbereiter des Neukantianismus. Wandte sich in seiner „Geschichte des Materialismus und Kritik seiner Bed. in der Gegenwart" (1866) gegen den Materialismus ein, er überschreite vor allem die Grenzen der Idealismus mit dem Versuch, eine Gesamterklärung der Realität bzw. ein spekulatives Gesamtsystem zu geben, und habe deshalb nur eine partielle Funktion als naturwiss. Arbeitsmethode.

L., Halvard [norweg. ˌlaŋə], * Kristiania 16. Sept. 1902, † Oslo 19. Mai 1970, norweg. Politiker. - Sohn von Christian L.; Historiker; 1933–39 und nach 1945 Mgl. des Exekutivkomitees der Arbeiterpartei; 1940/41 und 1942–45 in Gestapohaft; 1946–65 (außer Aug./Sept. 1963) Außenminister.

L., Hartmut [ˈ--], * Berlin 31. März 1937, dt. Schriftsteller. - Dramatiker mit zeitbezogener Thematik, auch Übersetzer und Essayist. - *Werke:* Marski (Kom., 1965), Der Hundsprozeß, Herakles (2 Einakter, 1968), Die Revolution als Geisterschiff (Essays, 1973), Rätselgeschichten (Kinderbuch, 1975), Die Waldsteinsonate (Nov., 1984), Das Konzert (Nov., 1986).

L., Helene [ˈ--], * Oldenburg (Oldenburg) 9. April 1848, † Berlin 13. Mai 1930, dt. Lehrerin und Vorkämpferin der dt. Frauenbewegung. - Forderte 1887 gleichberechtigte Beteiligung der Frau an wiss. Unterricht für Mädchen und dementsprechende Lehrerinnenbildungsanstalten; gründete und leitete ab 1889 bzw. 1893 Real- und Gymnasialkurse für Frauen. Als Leiterin des von ihr mitgegr. Allg. Dt. Lehrerinnen-Vereins und (seit 1902) auch des Allg. Dt. Frauenvereins und im Vorstand des Bundes Dt. Frauenvereine übernahm sie die geistige Führung der dt. Frauenbewegung. Zuletzt an der sozialen Frauenschule in Hamburg tätig (1917–20).

L., Horst [ˈ--], * Liegnitz 6. Okt. 1904, † München 6. Juli 1971, dt. Schriftsteller. - ∞ mit Oda ↑ Schaefer. Gestaltete in Lyrik, Dramen, Romanen und Erzählungen ein düsteres Bild des Daseins. - *Werke:* Nachtgesang (Ged., 1928), Schwarze Weide (R., 1937), Ulanenpatrouille (R., 1940), Die Leuchtkugeln (En., 1944), Verlöschende Feuer (R., 1956), Aus dumpfen Fluten kam Gesang (Ged., 1958).

L., Joachim [ˈ--], * Gardelegen 26. Okt. 1670, † Halle/Saale 7. Mai 1744, dt. ev. Theologe. - 1709 Prof. in Halle; einer der führenden Pietisten in den Auseinandersetzungen mit der luth. Orthodoxie.

L., Oskar [poln. ˈlaŋɡɛ], * Tomaszów Mazowiecki 27. Juli 1904, † London 2. Okt. 1965, poln. Nationalökonom, Statistiker und Diplomat. - Prof. in Chicago (1938–45), 1945–49 poln. Botschafter in den USA und Delegierter im Sicherheitsrat der UN, seit 1949 Mgl. des ZK der KP, 1952–55 Rektor der Hochschule für Planung und Statistik in Warschau, ab 1956 Prof. in Warschau Bed. Arbeiten zur polit. Ökonomie und Ökonometrie.

L., Samuel Gotthold [ˈ--], * Halle/Saale 22. März 1711, † Laublingen 25. Juni 1781, dt. Dichter. - Zunächst verfocht er die Ideen Gottscheds und gründete mit I. J. Pyra in Halle eine „Gesellschaft zur Förderung der dt. Sprache, Poesie und Beredsamkeit". Später bezogen beide Stellung gegen Gottsched; Horaz-Übersetzer.

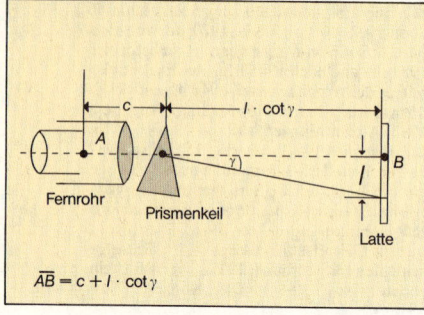

Längenmessung. Optische Methode (konstanter parallaktischer Winkel γ)

$\overline{AB} = c + l \cdot \cot \gamma$

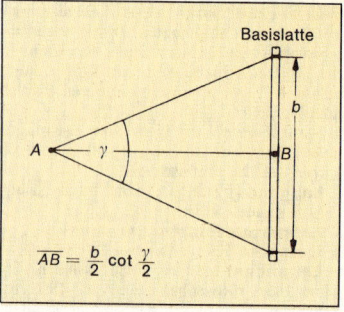

Längenmessung. Trigonometrische Methode (Messung des parallaktischen Winkels γ nach Basis b)

$\overline{AB} = \dfrac{b}{2} \cot \dfrac{\gamma}{2}$

L., Sven [dän. 'laŋə], * Kopenhagen 22. Juni 1868, † ebd. 6. Jan. 1930, dän. Schriftsteller. - 1896–98 Redakteur des „Simplicissimus" in München, dann Kritiker an der Zeitung „Politiken". Stand als Dramatiker in der Nachfolge Ibsens, u. a. „Ein Verbrecher" (1902), „Simson und Delila" (1909).

Länge, allg. svw. Ausdehnung, Erstreckung in einer Richtung (bei Körpern meist die größte Ausdehnung). Im übertragenen Sinne auch svw. Dauer eines Geschehens.

◆ in der *Physik* eine die Ausdehnung bzw. die gegenseitigen Abstände von Körpern beschreibende Größe (Formelzeichen l). Die L. ist eine der sieben Basisgrößen des SI-Systems. Ihre SI-Einheit ist das ↑ Meter.

◆ (geograph. L.) der in Grad gemessene Winkel, den eine Meridianebene der Erde mit der Ebene des Nullmeridians bildet. Alle Orte, die bis 180° östl. des Nullmeridians liegen, haben *östl. L.*, alle Orte bis 180° westl. des Nullmeridians *westl. Länge.*

◆ in der *Astronomie:* 1. Bez. für eine Koordinate im ekliptikalen Koordinatensystem: der zw. dem Frühlingspunkt und dem Schnittpunkt des ekliptikalen L.kreises des Gestirns mit der Ekliptik liegende Winkel, gemessen in Richtung wachsender Rektaszensionen im Bogenmaß; 2. Bez. für eine Koordinate im galakt. Koordinatensystem: im neuen galakt. System der Winkel zw. der Richtung zum galakt. Zentrum und dem galakt. Äquator. - ↑ auch astronomische Koordinatensysteme (Übersicht).

◆ in der *Phonetik* svw. ↑ Quantität.

◆ in der antiken *Metrik* der mit einer langen Silbe gefüllte Versteil.

lange Kerls, volkstüml. Bez. für das von Friedrich Wilhelm I. von Preußen seit 1707 aufgestellte 1. Bataillon des 1. Garderegiments zu Fuß; von Friedrich II. nach 1740 aufgelöst.

Langeland [dän. 'laŋəlan'], dän. Ostseeinsel im Großen Belt, 52 km lang, 3–11 km breit, höchster Punkt 46 m ü. d. M.; einzige Stadt ist Rudkøbing.

Langemark (Langemarck), Ort in W-Flandern, 8 km n. Ypern, 7 000 E. - Im 1. Weltkrieg oft umkämpft; am 22./23. Okt. 1914 wurde L. von den aus akadem. Nachwuchs bestehenden dt. Freiwilligenregimentern gestürmt und in der Folge zum Sinnbild totaler Einsatzbereitschaft der Jugend propagandist. umgemünzt; Gedenkstätte mit 45 000 Kriegsgräbern.

Langen, Eugen, * Köln 9. Okt. 1833, † ebd. 2. Okt. 1895, dt. Ingenieur. - Entwickelte (zus. mit N. A. Otto) einen wirtschaftl.

Längenmessung. Elektrooptische Entfernungsmessung

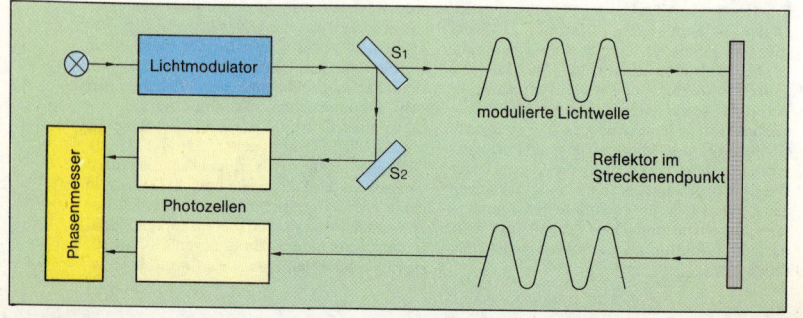

Längenmessung

Gasmotor und hatte maßgebl. Anteil an der Entwicklung des Otto-Viertaktmotors.

Langenbeck, Bernhard von (seit 1864), *Padingbüttel bei Bremerhaven 9. Nov. 1810, †Wiesbaden 29. Sept. 1887, dt. Chirurg. - Prof. in Göttingen, Kiel und Berlin; förderte bes. die konservative und plast. Chirurgie, wobei er verschiedene neue Operationsmethoden und die zugehörigen chirurg. Instrumente entwickelte.

Langenberg, ehem. Stadt in NRW, 1975 nach ↑Velbert eingemeindet.

L., mit 843 m höchster Berg des Rothaargebirges.

Langenbielau (poln. Bielawa), Stadt am NO-Fuß des Eulengebirges, Polen▼, 270 m ü. d. M., 32 000 E. Zentrum der schles. Textilind., ferner Elektroind., Maschinenbau. - 1288 erstmals erwähnt. Textilmanufakturen; entwickelten sich im 18. Jh., 1805 entstand in L. das größte schles. Textilunternehmen. 1924 Stadt. In dem benachbarten **Peterswaldau** fand 1844 der ↑Weberaufstand statt.

Längen-Breiten-Index ↑Anthropologie.

Langenburg, Stadt auf einem Sporn über dem Jagsttal, Bad.-Württ., 439 m ü. d. M., 1 800 E. Automuseum. - 1226 erstmals gen. - Schloß Hohenlohe-L. (15.–18. Jh.).

Langendonck, Prosper van, * Werchter bei Löwen 15. März 1862, † Brüssel 7. Nov. 1920, fläm. Dichter. - Gilt als einer der ersten Neuromantiker der fläm. Literatur.

Längeneinheiten ↑Maße und Gewichte (Tabelle).

Langeneß, Hallig vor der W-Küste von Schl.-H.; Halligmuseum.

Langenhagen, Ind.stadt im nördl. Vorortbereich von Hannover, Nds. 50 m ü. d. M., 46 600 E. ✈ von Hannover. - Vor 1248 planmäßig angelegt; seit 1959 Stadt.

Längenkontraktion, svw. ↑Lorentz-Kontraktion.

Längenkreis (Meridian) ↑Gradnetz.

♦ Großkreis an der Himmelskugel, der die Grundebene des ekliptikalen oder des galakt. ↑astronomischen Koordinatensystems senkrecht schneidet.

Langenlois [...lɔys], niederöstr. Stadt am SO-Rand des Waldviertels, 217 m ü. d. M., 6 500 E. Fachschule für Wein-, Obst- und Gartenbau, Weinbauzentrum. - 1072 als **Liubisa** genannt; seit dem 12. Jh. Weinbauort und Handelsplatz; seit 1925 Stadt. - Ehem. Franziskanerkloster mit spätgot. Kirche (15. Jh.), Rathaus mit Barockfassade (1728); Bürgerhäuser (16.–18. Jh.).

Längenmaß ↑Maße und Gewichte (Tabelle).

Längenmessung, das Ausmessen der Länge einer Strecke durch Vergleich mit einer Längeneinheit. Die dazu verwendeten Maßstäbe und Längenmeßvorrichtungen werden durch Vergleich mit Längennormalen geeicht.

Mechan. L. (insbes. Messungen kleiner Dicken) erfolgen mit Schieblehren und Mikrometern. *Elektr. L.* beruhen auf der Umwandlung mechan. Größen in elektr. Größen (v. a. Induktivitäten und Kapazitäten), *magnet. L.* auf der Messung von Magnetfeldänderungen an Grenzflächen. Bei *Ultraschall-L.* wird entweder die Wellenlänge sich ausbildender stehender Wellen (bei Dickenmessungen) oder die Laufzeit von reflektierten Wellen (bei großen Strecken) bestimmt. Ein großer Teil der Längenmeßverfahren sind *opt. Verfahren* bzw. solche, in denen elektr. Wellen verwendet werden. Zu ihnen gehören alle Verfahren, bei denen eine Ablesung von Maßstäben mit opt. Mitteln erfolgt, z. B. mit Mikroskopen bei opt. Komparatoren und Okularmikrometern, mit Fernrohren beim Optimeter und bei Verwendung von Entfernungsmessern. Genaueste L. werden mit Hilfe von Lichtinterferenzen ausgeführt *(Interferenz-L.* bzw. *-verfahren),* wozu die verschiedenen Interferenzkomparatoren verwendet werden. Meßbereich: Bruchteile eines Millimeters bis mehrere hundert Meter. Bei vermessungstechn. Arbeiten (Grundstücksvermessung, Bauabsteckung, topograph. Geländeaufnahmen) sind direkte und indirekte *L. (Distanzmessungen)* üblich. Die wichtigsten Geräte der *direkten L.* sind Schrittzähler, Meßrad, Feldzirkel, aufliegende Meßlatten und Meßbänder. Bei der *indirekten L.* wird eine lange, nicht notwendig überall zugängl. Strecke aus einer kurzen Strecke durch Messung eines parallels Winkels abgeleitet. Nach der *trigonometr. Methode* wird mit einem Theodoliten der Winkel gemessen, den die Visuren zu den Enden einer Basislatte bilden. Die *opt. Methode* arbeitet mit einem konstanten Winkel, die entsprechende Basis wird an einer Latte im Streckenendpunkt abgelesen. Moderne Verfahren der *elektron. Entfernungsmessung* z. B. mit Laserlicht ermöglichen L. bis zur Entfernung Erde–Mond. Diese Verfahren beruhen auf Messungen der Laufzeiten bzw. der Phasendifferenzen von elektromagnet. Wellen. Die zu messenden Laufzeiten t sind sehr klein Für eine Strecke von 30 km wird t = 10^{-4} s; soll diese Strecke auf 0,3 m genau bestimmt werden, so ist die Laufzeit auf 10^{-9} s genau zu messen. Zeitmessungen dieser Genauigkeiten sind mit Hilfe von Kathodenstrahloszillographen möglich. - Die Verfahren der elektron. Entfernungsmessung lassen sich in vier Gruppen einteilen: 1. die *Impulsverfahren;* zu diesen zählt das Radarverfahren, das vorwiegend für Navigationszwecke Verwendung findet, ferner das als Blindflugsystem verwendete Shoran-*Verfahren;* 2. die *Phasenverschiebungsmeßverfahren* (im Mittel- und Langwellenbereich), am bekanntesten hierunter das Decca-Navigator-System, das z. B. in der See- und Luftfahrt zur Standortbestimmung, also indirekt auch zur Entfernungsmessung verwendet

Längennormale

wird. Bes. Bedeutung für geodät. Arbeiten kommt den beiden folgenden Verfahren zu, mit denen die für Triangulationen zweckmäßigen Distanzen von 0,5 bis 60 km gemessen werden können; 3. die *elektrooptische Entfernungsmessung:* Durch einen Lichtmodulator wird die Intensität einer Lichtquelle (Infrarotlicht; Laser) period. geändert. Ein Teil des modulierten Lichtes gelangt über Spiegel in eine Photozelle; das übrige Licht durchläuft die Meßstrecke, wird am Endpunkt reflektiert (Spiegel, Tripelprismen) und gelangt ebenfalls zu einer Photozelle. Der Phasenunterschied zw. dem abgehenden und reflektierten Licht ist ein Maß für die Entfernung; 4. das im Mikrowellengebiet arbeitende *Phasenvergleichsverfahren* (Mikrowellen erfahren nur eine geringe Dämpfung und Absorption in der Atmosphäre, so daß auch bei Nebel und Regen gemessen werden kann).

📖 *Lichtensteiner, K.: Längenprüftechnik. Mchn. 1984. - Pfeifer, T./Schneider, Carlos A.: Einsatz neuer Laser-Technologien zur Messung der Abweichung v. der Geradlinigkeit. Wsb. 1978. - Czetto, R.: Klassifizierungssystem f. Prüfmittel der industriellen Längenprüftechnik. Mainz 1978.*

Längennormale ↑ Normale.

Langensalza, Bad ↑ Bad Langensalza.

Langenscheidt, Gustav, * Berlin 21. Okt. 1832, † ebd. 11. Nov. 1895, dt. Sprachlerer und Verleger. Mitbegr. der Methode Toussaint-L., die er zur Grundlage seiner Wörterbücher und fremdsprachl. Unterrichtsbriefe machte; begr. 1856 die heutige Verlagsbuchhandlung L. KG. († Verlage, Übersicht).

Langeoog, ostfries. Insel 5 km vor der Küste, 14 km lang, 1,5 km breit, im Innern Dünen; Nordseebad; Fähre nach Bensersiel.

Langer, Bernhard, * Anhausen (Landkr. Augsburg) 27. Aug. 1957, dt. Golfspieler. - 1979 Junioren-Profi-Weltmeister, 1985 Sieger des Masters-Turniers in Augusta (Ga.).

L., František, * Prag 3. März 1888, † ebd. 2. Aug. 1965, tschech. Schriftsteller. - Stellte die Welt der kleinen Leute dar sowie das Schuld- und Sühneproblem. - *Werke:* Ein Kamel geht durch das Nadelöhr (Dr., 1923), Peripherie (Dr., 1925), Die Bekehrung des Ferdys Pistora (Schsp., 1929).

Langerhans-Inseln [nach dem dt. Mediziner P. Langerhans, * 1847, † 1888] (Inselorgan), endokriner Teil der ↑ Bauchspeicheldrüse; bestehend aus α- und β-Zellen, die die Peptidhormone ↑ Glucagon bzw. ↑ Insulin produzieren.

Langer Marsch, Zug der chin. Roten Armee unter Mao Tse-tung und Chu Te von Kiangsi nach Schensi 1934/35. Als Chiang Kai-shek versuchte, die 1931 in Kiangsi gegr. chin. Sowjetrepublik zu erobern, zog sich im Okt. 1934 die Rote Armee mit 90 000 Mann zurück und schlug sich über rd. 12 000 km durch 11 Provinzen. Im Okt. 1935 erreichten die Hauptkräfte mit nur noch 7 000 Mann Schensi. Dort bauten sie mit später angekommenen weiteren rd. 23 000 Mann ein neues Stützpunktgebiet auf. - ↑ auch Karte Bd. 4, S. 278.

Langes Parlament, Bez. für das von Karl I. von England im Nov. 1640 einberufene, mit Unterbrechungen, z. T. als Rumpfparlament, bis 1660 tagende Parlament; beschloß 1660 die Restauration des Hauses Stuart.

Langeveld, Martinus Jan, * Haarlem 30. Okt. 1905, niederl. Pädagoge und Psychologe. - Prof. in Utrecht; bed. Beiträge v. a. auf dem Gebiet der pädagog. Anthropologie und der pädagog. Psychologie sowie der Erziehungsberatung.

Langevin, Paul [frz. lãʒ'vɛ̃], * Paris 23. Jan. 1872, † ebd. 19. Dez. 1946, frz. Physiker. - Prof. in Paris; verallgemeinerte auf der Grundlage der Elektronentheorie das Curiesche Gesetz für den Paramagnetismus und zeigte u. a. die Temperaturunabhängigkeit des Diamagnetismus auf; außerdem bed. Arbeiten zur Brownschen Molekularbewegung und zur Leitfähigkeit in Gasen.

Langewiesche, Karl Robert, * Rheydt (= Mönchengladbach) 18. Dez. 1874, † Königstein i. Ts. 12. Sept. 1931, dt. Verlagsbuchhändler. - Bruder von Wilhelm L.-Brandt; gründete 1902 die Verlagsbuchhandlung *K. R. L.,* seit 1913/14 in Königstein i. Ts. Bekannt wurden seine preiswerten Buchreihen „Die Blauen Bücher" und „L.-Bücherei".

L., Marianne, * Irschenhausen (= Icking, Oberbayern) 16. Nov. 1908, † München 4. Sept. 1979, dt. Schriftstellerin. - Tochter von Wilhelm L.-Brandt; Erzählungen und Reiseberichte, in denen sie bes. auf arab., griech. und jüd. Traditionen eingeht. - *Werke:* Königin der Meere (R., 1940), Der Ölzweig (R., 1952), Der Garten des Vergessens (E., 1953), Spuren in der Wüste (E., 1970), Jura-Impressionen (1971), Venedig (1973).

Langewiesche-Brandt, Wilhelm, * Barmen (= Wuppertal) 18. März 1866, † Ebenhausen (= Schäftlarn) 9. Jan. 1934, dt. Schriftsteller und Verleger. - Bruder von Karl Robert L.; schrieb u. a. Lyrik und Erzählungen; gründete 1906 den Verlag *W. L.-B.,* seit 1907 in Ebenhausen bei München.

Langfadengewächse (Combretaceae), Pflanzenfam. der Zweikeimblättrigen mit 18 Gatt. und rd. 500 Arten in den Tropen und Subtropen; wichtige Mangrovepflanzen. Einige Arten liefern hartes Holz (Framiré, Limba; ↑ Hölzer [Übersicht]).

Langfühlerschrecken (Ensifera), weltweit verbreitete, über 8 000 Arten umfassende Unterordnung der Heuschrecken; Fühler meist körperlang, ♀♀ mit langer, säbelartiger Legeröhre. Die L. zirpen durch Aneinanderreiben der beiden Vorderflügel und haben die Gehörorgane (Tympanalorgane) in den Vorderschienen. Unterfam. sind Grillen, Grillenschrecken und Laubheuschrecken.

Langgässer, Elisabeth, verh. Hoffmann, * Alzey 23. Febr. 1899, † Rheinzabern (Landkr. Germersheim) 25. Juli 1950, dt. Dichterin. - Ihre Gedichte sind der Naturlyrik A. von Droste-Hülshoffs verpflichtet; Sichtbarmachung einer christl. Wirklichkeit sowie die Schreckensjahre des Krieges und der Nachkriegszeit sind die Hauptthemen ihrer Werke. Erhielt 1950 den Georg-Büchner-Preis. - *Werke:* Der Wendekreis des Lammes (Ged., 1924), Triptychon des Teufels (Novellen, 1932), Die Tierkreisgedichte (1935), Das unauslöschl. Siegel (R., 1946), Der Laubmann und die Rose (Ged., 1947), Märk. Argonautenfahrt (R., 1950), Das Christliche der christl. Dichtung (Essays und Briefe, hg. 1961).

Langhaardackel ↑ Dackel.

Langhans, Carl Ferdinand, * Breslau 14. Jan. 1782, † Berlin 22. Nov. 1869, dt. Baumeister. - Sohn und Schüler von Carl Gotthard L. sowie Schüler von F. Gilly; bed. Theaterarchitekt; u. a. Theater in Breslau (1837–41), Stettin (1846), Dessau (1856), Leipzig (1864–67) sowie Palais Wilhelms I. in Berlin (1834–36; wiederaufgebaut).

L., Carl Gotthard, * Landeshut i. Schles. 15. Dez. 1732, † Grüneiche (= Breslau) 1. Okt. 1808, dt. Baumeister. - Vater von Carl Ferdinand L.; einer der frühesten Vertreter des Klassizismus in Deutschland. Hauptwerke: Altes Schauspielhaus (1800–02; 1816 abgebrannt) und Brandenburger Tor (1788–91) in Berlin; Schloßtheater in Berlin-Charlottenburg (1788) und Schauspielhaus in Potsdam (1795, 1945 stark zerstört); auch Innenarchitekt (Innenausstattung des Festsaales im Schloß Bellevue in Berlin, 1710).

Langhaus, in der Regel von West nach Ost gerichteter Hauptteil einer Basilika oder Hallenkirche, der aus mehreren sog. Schiffen (Mittel-, Seitenschiffe) bestehen kann; im MA vom Chor häufig durch einen Lettner getrennt.

Langhobel ↑ Hobel.

Langhoff, Wolfgang, * Berlin 6. Okt. 1901, † ebd. 25. Aug. 1966, dt. Schauspieler, Regisseur und Theaterleiter. - Spielte u. a. in Düsseldorf (1928–33). Emigrierte nach KZ-Haft (Bericht: „Die Moorsoldaten", 1935) in die Schweiz, wo er am Zürcher Schauspielhaus arbeitete (1934–45). 1946–63 leitete er das Dt. Theater in Berlin (Ost).

Langholz, Baumstämme, die nach dem Fällen in ganzer Stammlänge oder ohne wesentl. Kürzung erhalten bleiben.

Langhornbienen (Hornbienen), einzeln lebende Bienen der Gatt. *Eucera* und *Tetralonia,* deren ♂♂ bis über körperlange, kräftige Fühler besitzen; traubenförmig verzweigte Nester im Boden.

Langkofelgruppe (italien. Gruppo del Sasso Lungo), bis 3 181 m hoher Gebirgsstock in den nw. Dolomiten, Südtirol, Italien.

Langland, William [engl. 'læŋlənd] (W.

Langley), * wahrscheinl. in Shropshire um 1332, † London (?) um 1400, engl. Dichter. - Sein visionäres Versepos, die Traumerzählung „The vision of William concerning Piers the Plowman" (1. Druck 1550) ist eines der bedeutendsten Werke der ma. engl. Dichtung; L. verbindet darin die Verspottung von Mißständen mit reformer. religiösen Anliegen.

Langlauf, Disziplin im nord. Skisport; Strecken der Männer: 15, 30 und 50 km, der Frauen: 5, 10 und 20 km. Volksläufe führen über verschieden lange Strecken.

Langleik (Langeleik) [norweg.], norweg. Zither mit langem, schmalem Korpus, einer Melodiesaite, die mit Bünden abgeteilt wird und meist vier langen und drei kurzen Resonanzsaiten. Der seit etwa 1600 bekannte L. wird heute in verschiedenen Größen nachgebaut.

Langley [engl. 'læŋli], Samuel Pierpoint, * Roxbury (Mass.) 22. Aug. 1834, † Aiken (S. C.) 27. Febr. 1906, amerikan. Astrophysiker. - Prof. in Pittsburgh (Pa.). L. entwickelte das ↑ Bolometer und unternahm aerodynam. Versuche mit motorgetriebenen Flugzeugmodellen.

L., William, engl. Dichter, ↑ Langland, William.

Langmuir, Irving [engl. 'læŋmjʊə], * Brooklyn (= New York) 31. Jan. 1881, † Falmouth (Mass.) 16. Aug. 1957, amerikan. Chemiker und Physiker. - Entwickelte u. a. gasgefüllte Wolframglühlampen hoher Lebensdauer (1913), Hochvakuumpumpen und ein Plasmaschweißverfahren; arbeitete über Elektronenemission, Oberflächenionisation *(Langmuir-Effekt)* und thermion. Erscheinungen, über Adsorption monomolekularer Schichten und heterogene Katalyse. Verf. von „Phenomena, atoms, and molecules" (1950). Erhielt 1932 den Nobelpreis für Chemie.

Langnau im Emmental, Hauptort des Bez. Signau im schweizer. Kt. Bern, 680 m ü. d. M., 8 800 E. Wichtigster Handels- und Ind.ort des Oberemmentals; Keramiksammlung. - Barockkirche (17. Jh.).

Langner, Ilse, eigtl. I. Siebert, * Breslau 21. Mai 1899, † Darmstadt 16. Jan. 1987, dt. Schriftstellerin. - Unternahm viele Reisen, die ihr Stoff für ihre Dramen lieferten; auch sozialkrit. Erzählerin. - *Werke:* Die Heilige aus USA (Dr., 1931), Die purpurne Stadt (R., 1937), Iphigenie kehrt heim (Dr., 1948), Sonntagsausflug nach Chartres (R., 1956), Geboren 1899 (Ged., 1959), Chin. Tagebuch (1960), Die Zyklopen (R., 1960), Jap. Tagebuch (1961), Flucht ohne Ziel. Tagebuch-R. (1984).

Langobarden, german. Volksstamm, der nach seiner eigenen Überlieferung aus Gotland oder Schonen stammte und 5 n. Chr. im Gebiet von Lüneburg erschien (Bardengau). Der Name bezieht sich wohl auf die Waffen (mittelhochdt. barte „Beil"). Nach 9 n. Chr. geriet der zahlenmäßig schwache

Langobardisch

Stamm in Abhängigkeit vom Markomannenreich Marbods, aus der er sich 17 löste und auf seiten der Cherusker kämpfte. 166 fiel ein Teil der L. in Pannonien (Ungarn) ein. Um 400 wanderte der ganze Stamm nach SO ab, besetzte um 490 das Gebiet der Rugier nördl. von Noricum und geriet anschließend in Abhängigkeit von den Herulern, die er aber 512 besiegte. Die seit 500 von arian. Missionaren christianisierten L. dehnten 526/527 ihre Herrschaft nach Oberpannonien aus und fielen nach einem mit den Awaren über die Gepiden errungenen Sieg (566/567) unter ihrem König Alboin 568 in Italien (Lombardei) ein und gründeten das L.reich mit der Hauptstadt Pavia (im S später Verselbständigung der langobard. Hzgt. Benevent und Spoleto). Dieses konnte sich für zwei Jh. konsolidieren, nicht zuletzt infolge seiner Hinwendung zur röm. Kirche (Heirat König Autharis mit der bayer. Herzogstochter Theudelinde). Die Expansionstendenz des L.reiches blieb jedoch bestehen und bedeutete sowohl für das Patrimonium Petri als auch für das übrige Herrschaftsgebiet des Byzantin. Reiches in Italien eine ständige Bedrohung. Unter den Königen Liutprand (712–744) und Aistulf (749–756) erreichte das L.reich seine größte Ausdehnung. Während Byzanz prakt. ausgeschaltet werden konnte, scheiterte die langobard. Eroberungspolitik schließl. am Eingreifen der Franken zugunsten des Papsttums seit 754; Karl d. Gr. setzte der Herrschaft der L.könige 774 mit der Eroberung Pavias und der Unterwerfung König Desiderius' ein Ende. Die langobard. Königswürde ging an die Karolinger über. Die süditalien. Hzgt. dagegen wahrten bis ins 10. Jh. ihre Selbständigkeit.

📖 Menghin, W.: Die L. Stg. 1985. – Noelle, H.: die L. Berg 1978.

Langobardisch, oberdt. Mundart der Langobarden in Oberitalien mit engen Beziehungen zum Alemann. und Bair., jedoch altertümlicher; bekannt nur aus der althochdt. Periode; im MA wurden die Langobarden romanisiert und gaben ihre Sprache auf.

Langohrfledermaus ↑Fledermäuse.
Langohrigel, svw. ↑Steppenigel.
Langosch, Karl, * Berlin 11. April 1903, dt. Philologe. – 1953 Prof. in Darmstadt, 1958 bis 1968 Prof. für mittellat. Philologie in Köln. Bemühte sich bes. um die Erforschung der dt. Literatur des lat. MA und deren textkrit. Edition sowie Übersetzung.
Langpferd ↑Pferd (Turngerät).
Langres [frz. lã:gr], frz. Stadt in Spornlage über dem Tal der oberen Marne, Dep. Haute-Marne, 10500 E. Kath. Bischofssitz; Museen. – L. war als **Andomaturum** die Hauptstadt der kelt. Lingonen (im röm. Zeit hieß es **Colonia Lingonum**) und um 300 wurde es Bischofssitz. Die Bischöfe wurden um 1350 Herzöge und 1523 Pairs von Frankreich. L. bekam im 12. Jh. Stadtrecht. – Roman.-got. Kathedrale (12. und 13. Jh.) mit klassizist. Fassade (1761); restaurierte Stadtbefestigung mit mehreren Toren u. a. galloröm. Tor (2. Jh.) und Porte des Moulins (17. Jh.); Renaissancehäuser.

Langres, Plateau von [frz. lã:gr, pla'to:], Landschaft im sö. Pariser Becken, um Langres; Wasserscheide zw. Seine und Saône.
Langschwanzchinchilla ↑Chinchillas.
Langschwanzmäuse (Muridae), sehr formenreiche Nagetierfam. mit über 350 weltweit verbreiteten Arten in folgenden Unterfam.: Baummäuse, Echtmäuse, Hamsterratten, Ohrenratten, Borkenratten, Nasenratten und Schwimmratten.
Längslager, svw. ↑Axiallager.
Längslenkerachsen ↑Fahrwerk.
Langspielplatte ↑Schallplatte.
Längsrips ↑Ripsbindung.
Längsriß ↑Linienriß.
Längsschnitt, zeichner. Darstellung eines ebenen [senkrechten] Schnittes parallel zur Längsachse eines Körpers, z. B. eines Bauwerkes, der Trasse einer Eisenbahnlinie, einer Straße, eines Wasserlaufs.
◆ Schnitt parallel zur Stammachse bzw. zum Faserverlauf des Holzes. Die Schnittfläche zeigt das Längsholz.
Längstal ↑Tal.
Langstreckenlauf, Disziplin der Leichtathletik; bei den Männern alle Strecken zw. 3000 m und dem Marathonlauf, Cross-Country-Läufe, Straßenläufe (meist über 15 km, 20 km, 25 km und 30 km) und Waldläufe; bei den Frauen: auf der Bahn über 3000 m sowie Marathonlauf.
Längstwellen (Myriameterwellen), elektromagnet. Wellen, deren Wellenlängen größer als 10 km sind und deren Frequenzen entsprechend unterhalb 30 kHz liegen. L. werden v. a. für kommerzielle Nachrichtenzwecke verwendet.
Längswellen, svw. ↑Longitudinalwellen.
Langtagpflanzen, Pflanzen, die zur Blütenbildung eine längere Lichtperiode (etwa 14 Stunden) benötigen. Die Mindestbeleuchtungsdauer muß dabei stets länger sein als die jeweilige Dunkelzeit. Typ. L. sind in den gemäßigten Klimazonen anzutreffen, z. B. viele Getreidearten, Zuckerrübe, Möhre, Bohne, Spinat. – Ggs. ↑Kurztagpflanzen.
Langton, Stephen [engl. 'læŋtən], * Langton (Lincolnshire) um 1150, † Slindon (Sussex) 9. Juli 1228, engl. Theologe und Kardinal. – Von Innozenz III. 1206 in Rom zum Kardinal erhoben und im Konflikt mit König Johann I. ohne Land 1207 zum Erzbischof von Canterbury geweiht; seit 1213 wieder in England; wegen seiner maßgebl. Mitwirkung an der ↑Magna Carta libertatum vom Papst suspendiert und bis 1218 im Exil; bed. seine Kapiteleinteilung der „Vulgata".
Langtriebe, pflanzl. Sproßachsenglieder

(Haupt- und Seitensprosse), die durch unbegrenztes Streckungswachstum der Internodien im Ggs. zu den Kurztrieben eine normale Länge erreichen und so das Grundgerüst des Sproßsystems aufbauen.

Langue [frz. lã:g, zu lat. lingua „Zunge"], von F. de Saussure eingeführtes sprachwiss. Konstrukt, das das überindividuelle, sozial gebundene, virtuelle System von Zeichen einer [Einzel]sprache bezeichnet, an dem die Sprecher einer Sprache auf Grund ihrer Sprachfähigkeit (**Langage**) teilhaben und das sie in konkreten Redeakten (**Parole**) individuell aktivieren und realisieren. In der Forschung haben die Begriffe L. und Parole vielfältige Bedeutungen v. a. bezügl. ihrer gegenseitigen Abgrenzung erfahren, u. a. weil sie bei Saussure nicht völlig eindeutig definiert sind.

Languedoc [frz. lãg'dɔk], histor. Gebiet in S-Frankr., ben. nach den dort gesprochenen Mundarten; umfaßt die Küstenebene am Mittelmeer westl. der unteren Rhone und das südl. Zentralmassiv († auch Languedoc-Roussillon); entspricht etwa der Prov. Gallia Narbonensis, die um 415 n.Chr. westgot. wurde (das Küstengebiet hieß deshalb in fränk. Zeit Gothien, meist Septimanien); ab 711 in arab., ab 737 in fränk. Besitz; gehörte im Hoch-MA größtenteils zur Gft. Toulouse; zw. 1226/1305 im Besitz der frz. Könige.

Langue d'oc [frz. lãg'dɔk] † Okzitanisch.

Languedoc-Roussillon [frz. lãgdɔkrusi'jõ], Region in S-Frankr., umfaßt die Dep. Pyrénées-Orientales, Aude, Hérault, Gard und Lozère, 27 376 km², 1,93 Mill. E (1982), Verwaltungssitz Montpellier. Erstreckt sich von den Ostpyrenäen die Mittelmeerküste entlang bis zum Rhonedelta. Hinter der Küste mit Nehrungen und Strandseen breitet sich die Ebene des Bas-Languedoc und des Roussillon aus. Im N Übergang in das südl. und sw. Zentralmassiv. Vorherrschend ist der Weinbau, daneben Anbau von Reis, Weizen, Ölfrüchten, Mais, Obst und Frühgemüse. Im L.-R. liegt das größte Bauxitvorkommen Frankreichs. Neben Aluminiumind. Seesalzgewinnung, Nahrungsmittel-, Bekleidungs-, Wirkwaren- sowie Holzindustrie; Ausbau der Küste zur modernen Ferienlandschaft.

Langue d'oïl [frz. lãg'dɔjl], ma. Bez. für das nördl. der Loire (im Ggs. zur Langue d'oc) gesprochene Französisch; die Bez. ergab sich aus der Bejahungspartikel *oïl* (aus lat. *hoc ille*, neufrz. *oui* „ja"). - † auch französische Sprache.

languendo (languente) [italien.], musikal. Vortragsbez.: schmachtend, sehnend.

Languren [Hindi] (Presbytis), Gatt. der † Schlankaffen mit 14 Arten in S- und SO-Asien; bekannteste Art: **Hulman** (Hanuman, Presbytis entellus), Körperlänge bis knapp 80 cm, Schwanz bis über 1 m lang; Fell dicht, weich, weißl. bis bräunlichgrau, das Gesicht in Form längerer, steif abstehender Haare umrahmend; Gesicht, Ohren, Hände und Füße nackt, tiefschwarz. Der Hulman wird von den Hindus als heilig verehrt.

Langusten [frz., zu lat. locusta „Heuschrecke"] (Palinuridae), in den Meeren weltweit verbreitete Fam. der † Panzerkrebse mit rd. 40 meist großen, farbenprächtigen, als Speisekrebse sehr geschätzten Arten; Körper annähernd zylindr. und reich bestachelt, ohne Scheren. Bekannteste europ. Art ist die bis 45 cm lange, bis 8 kg schwere, rötlichviolette bis dunkel weinrote **Gemeine Languste** (Europ. Languste, Stachelhummer, Palinurus vulgaris) im O-Atlantik und Mittelmeer. - Abb. S. 344.

Langvers, Vers von fünf und mehr Hebungen (Takten).

Langwanzen (Ritterwanzen, Erdwanzen, Lygaeidae), weltweit verbreitete, rd. 2 000 kleine bis mittelgroße Arten umfassende Fam. der Landwanzen (mehr als 100 Arten einheim.); Antennen und Rüssel vier-, Füße dreigliedrig; Halsschild trapezförmig; Flügel manchmal rückgebildet; meist Bodentiere.

Langwellen (Kilometerwellen), internat. Abk. LF (engl.: low frequency), elektromagnet. Wellen, deren Wellenlängen im Bereich von 1 bis 10 km bzw. von 1,05 bis 2 km liegen; ihre Frequenzen umfassen den Bereich von 300 bis 30 kHz bzw. von 285 bis 150 kHz; im Hörfunk, See- u. Navigationsfunk verwendet; zeichnen sich durch bes. Stabilität bei der Nachrichtenübertragung aus.

Langzeile, aus zwei Kurzzeilen (*Halbzeilen; Anvers* und *Abvers*) bestehend, die zu einer höheren rhythm. Einheit zusammengefaßt sind. L. finden sich v. a. in den älteren Perioden der einzelnen Literaturen; sie sind bes. beliebt als Verse der ep. Dichtung.

Lanier, Sidney [engl. lə'nıə], * Macon (Ga.) 3. Febr. 1842, † Lynn (N. C.) 7. Sept. 1881, amerikan. Dichter. - L. versuchte, die Gesetze der Musik auf die Dichtung anzuwenden; er verfaßte mehrere literaturtheoret. Abhandlungen (u. a. „The science of English verse", 1880).

Lanner, Joseph, * Wien 12. April 1801, † Oberdöbling (= Wien) 14. April 1843, östr. Komponist. - 1824 Leiter eines eigenen, überaus erfolgreichen Orchesters (darin J. Strauß Vater); Schöpfer des Wiener Walzers, den er zum Zyklus ausbaute. Seine Kompositionen (208 Märsche, Ländler, Potpourris, Galoppe, Walzer) wurden vom Publikum begeistert aufgenommen.

Lanolin [zu lat. *lana* „Wolle" und *oleum* „Öl"], gereinigtes Wollfett; wird in der Kosmetik als Salbengrundlage verwendet.

Lansing, Robert [engl. 'lænsɪŋ], * Watertown (N. Y.) 17. Okt. 1864, † Washington 30. Okt. 1928, amerikan. Politiker. - Jurist; setzte sich als Außenmin. (1915–20) für den Kriegseintritt der USA gegen die Mittelmäch-

Lanzenrosette. Aechmea fasciata

te ein, blieb aber ohne maßgebenden Einfluß auf die weiteren Grundentscheidungen der amerikan. Kriegspolitik.

Lansing [engl. 'lænsɪŋ], Hauptstadt des Bundesstaats Michigan, USA, 257 m ü. d. M., 130 400 E. Kath. Bischofssitz; Staatsbibliothek; Autoind., Herstellung von Flugzeugteilen, Eisenbahnausrüstungen, landw. Geräten u. a. – Entstand 1837; Hauptstadt von Michigan seit 1847.

Lanson, Gustave [frz. lã'sõ], * Orléans 5. Aug. 1857, † Paris 15. Dez. 1934, frz. Literarhistoriker. - Ab 1904 Prof. an der Sorbonne, 1919–27 Direktor der École normale supérieure in Paris; Hauptvertreter der histor. Methode; Verfasser einer weitverbreiteten Literaturgeschichte „Histoire de la littérature française" (1894).

Lanthan [zu griech. lanthánein „verborgen sein" (weil das Element bei seiner Entdeckung in einer Cerverbindung „verborgen" war)], chem. Symbol La; metall. Element aus der III. Nebengruppe des Periodensystems der chem. Elemente. Ordnungszahl 57, mittlere Atommasse 138,9055, Dichte 6,15 g/cm³, Schmelzpunkt 920°C, Siedepunkt 3 454°C. Das seltene Element wurde 1839 von C. G. Mosander aus Ceriterden isoliert.

Lanthanoide (Lanthanide) [griech.], Gruppenbez. für die 15 chem. Elemente mit den Ordnungszahlen 57 (Lanthan) bis 71 (Lutetium) im Periodensystem. Die L. gehören zu den Metallen der seltenen Erden. Sie sind unedle, dem Lanthan chem. sehr ähnl. und voneinander schwer trennbare Elemente.

Lantschou (Lanzhou) [chin. landʒɔu̯], Hauptstadt der chin. Prov. Kansu, am mittleren Hwangho, über 2 Mill. E. Univ., Chemiefachhochschule, Hochschule für Medizin, Erdölinst., chem. und geolog. Forschungsanstalt der Chin. Akad. der Wiss.; Bibliotheken, Atomforschungszentrum; chem. Ind., Stahlwerk, Aluminium-, Zement-, Gummiind., Eisenbahnreparaturwerkstätten. Eisenbahn- und Straßenknotenpunkt, Flußhafen, ✈.

Lanugo [lat.], Flaum des Fetus, der sich während der 2. Schwangerschaftshälfte bildet und kurz vor oder bald nach der Geburt verlorengeht.

Lanza, Mario, eigtl. Alfredo Cocozza, * Philadelphia 31. Jan. 1921, † Rom 7. Okt. 1959, amerikan. Sänger (Tenor) italien. Abkunft. - Wurde v. a. durch Musikfilme („Der große Caruso", 1951), Schallplatten und Konzerttourneen weltberühmt.

Lanzarote, nordöstlichste der Kanar. Inseln, 795 km², Hauptort Arrecife.

Lanze [lat.-frz.], für Stoß und Wurf bestimmte, aus Spitze, Schaft und L.schuh bestehende Angriffswaffe, seit dem Paläolithikum bis zu ihrer Verdrängung durch die Feuerwaffen Hauptwaffe von Reiterei und Fußvolk; seit dem Spät-MA v. a. die Waffe der Reiterei; im frz. Heer 1871, im östr. Heer 1884 abgeschafft, im Dt. Reich war die Kavallerie 1890–1917 mit der L. bewaffnet. Bei Naturvölkern kommt die L. als Wurfwaffe häufig vor: so bei den Hottentotten, in Australien und bei den Eskimo.

Lanzelot (Lanzelet, Lancelot), Ritter der Tafelrunde von König Artus, zu dessen Gemahlin Ginover er eine ehebrecher. Beziehung unterhält. Obwohl erst spät in den Artussagenkreis integriert, wurde L. zu einer seiner populärsten Figuren. Im höf. Roman „Lancelot" (um 1170) von Chrétien de Troyes siegt die provenzal. Minnelehre über die alten Ideale des Rittertums. Nach einer verlorenen anglonormann. Vorlage entstand um 1200 die erste Fassung des L.-Stoffes in dt. Sprache, der „Lanzelet" des Ulrich von Zatzikhoven.

Lanzenottern (Lanzenschlangen), Bez. für zwei artenreiche Gatt. sehr giftiger, z. T. baumbewohnender ↑Grubenottern ohne Klapper und mit dreieckigem, deutl. abgesetz-

Gemeine Languste

tem (lanzenförmigen) Kopf. In S- und M-Amerika Arten der Gatt. **Bothrops: Schararaka** (Bothrops jararaca), bis 1,5 m lang, rotbraun, mit dunklen Dreiecksflecken; **Schararakussu** (Bothrops jararacussu), bis 2 m lang, schwarzgelb gezeichnet. In S- und SO-Asien kommt die **Nikobaren-Lanzenotter** (Trimeresurus cantori) vor; etwa 1,2 m lang, überwiegend grün, an den Seiten hell längsgestreift.

Lanzenrosette (Aechmea), Gatt. der Ananasgewächse mit rd. 150 Arten in S- und M-Amerika; meist Epiphyten mit langen, starren, rosettig oder gedrängt stehenden Blättern; Blüten in Ähren, Rispen, Zapfen oder Kolben; viele Arten sind Warmhaus- und Zimmerpflanzen.

Lanzenseeigel (Cidaridae), einige rezente Fam. der Seeigelordnung *Cidaroidea;* bekannteste Gatt. ↑ Cidaris.

Lanzettbogen [zu lat.-frz. lancette, eigtl. „kleine Lanze"], bes. in der engl. Gotik angewendeter, sehr schmaler und stark zugespitzter Spitzbogen.

Lanzettegel, svw. Kleiner ↑ Leberegel.

Lanzettfischchen [zu lat.-frz. lancette, eigtl. „kleine Lanze"] (Branchiostomidae), einige Fam. der ↑ Schädellosen mit 13 rd. 4–7 cm langen, lanzettförmigen Arten in Sandböden fast aller Meeresküsten (mit Ausnahme kalter Gebiete); leben meist oberflächl. eingegraben als Strudler. Wichtigste Gatt. ist Branchiostoma (Amphioxus) mit sieben Arten; einzige europ. Art: **Branchiostoma lanceolatum** (*Amphioxus lanceolatus*), bis 6 cm lang; im westlichsten Teil der Ostsee, in der Nordsee, im Mittelmeer und an der O-Küste N-Amerikas).

lanzettlich [zu lat.-frz. lancette, eigtl. „kleine Lanze"], lanzenförmig; in der *botan. Morphologie* v. a. von der Form der (ungeteilten) Spreite bestimmter Laubblätter gesagt.

Lao (Laoten), Staatsvolk von Laos, etwa 2 Mill. L., Teil der Thaivölker, die im 1. Jt. v. Chr. als letzte Einwanderungswelle aus S-China in Hinterindien eingedrungen sind. Hauptsiedlungsgebiet ist das Mekongtal.

Laokoon [...koon], Gestalt der griech. Mythologie; Apollonpriester, der seine Landsleute vor dem hölzernen Pferd der Griechen („Geschenk der Danaer") warnt und deswegen mit seinen Söhnen von zwei Schlangen erwürgt wird. Die Trojaner deuten dies als Strafe der Göttin Athena und holen unter Jubel das (mit griech. Kriegern besetzte) „Trojan. Pferd" in die Stadt.

Laokoongruppe [...koon], eine plast. Gruppe der rhod. Bildhauer Hagesander, Polydoros und Athanodoros (wohl um 50 v. Chr., Vatikan. Sammlungen). 1506 in Rom wieder aufgefunden; Lessing entwickelte an ihr seine Unterscheidung der (bildenden) Kunst und Literatur („Laokoon: oder über die Grenzen der Malerei und Poesie", 1766): Kunst erfaßt ihren Gegenstand in einem

Laokoongruppe

„fruchtbaren Moment" in räuml. Nebeneinander von Figuren und Farben, Dichtung im zeitl. Nacheinander.

Laon [frz. lã], frz. Stadt in der Picardie, 180 m ü. d. M., 26 700 E. Verwaltungssitz des Dep. Aisne; chem. und metallverarbeitende Ind. - 497–1790 Bischofssitz, die Bischöfe waren zugleich Grafen von Laon. Im 12. Jh. berühmte Theologenschule. - Frühgot. Kathedrale (um 1170 ff.) mit Skulpturenschmuck und Glasfenstern, Templerkapelle (12. Jh., heute Museum), ehem. erzbischöfl. Palais (13. Jh., heute Justizpalast).

Laos

(amtl.: Sa Thalanalath Pasathipatay Pasason Lao [Demokrat. VR Laos]), Staat in Südostasien, zw. 14° und 23° n. Br. sowie 100° und 108° ö. L. **Staatsgebiet:** L. grenzt im O und NO an Vietnam, im N an China, im W an Birma und Thailand, im S an Kambodscha. **Fläche:** 236 800 km². **Bevölkerung:** 3,59 Mill. E (1985), 15,5 E/km². **Hauptstadt:** Vientiane. **Verwaltungsgliederung:** 17 Provinzen. **Amtssprache:** Laotisch. **Nationalfeiertag:** 2. Dezember. **Währung:** Kip. **Internationale Mitgliedschaften:** UN, Colombo-Plan. **Zeitzone:** MEZ +6 Std.

Landesnatur: L. erstreckt sich auf der Halbinsel Hinterindien in NW-SO-Richtung am Mekong. Abgesehen von den im S verbreiternden Ebenen am Mekong ist L. ein vielfach zerschnittenes, unwegsames Berg-

Laos

land, in das Hochebenen und Becken eingeschaltet sind, u. a. das strateg. wichtige Tranninhplateau (Ebene der Tonkrüge). Höchste Erhebung ist mit 2817 m der Phou Bia.

Klima: Es herrscht trop. Monsunklima. Die feuchtschwüle Regenzeit während des SW-Monsuns dauert von Ende Mai bis Anfang Okt. Von Okt.–Febr. ist es relativ kühl und regenarm.

Vegetation: Vorherrschend ist monsunaler Fallaubwald. In den stärker beregneten Höhenlagen treten feuchter Monsunwald und trop. Regenwald an seine Stelle. Im N kommen auch Mischwälder als immergrünen, z. T. auch laubabwerfenden Eichen und subtrop. Kiefern vor.

Tierwelt: Die urspr. Tierwelt (Elefant, Wildrind, mehrere Affenarten, Tiger, Leopard u. a.) wurde durch Kriegseinwirkungen dezimiert.

Bevölkerung: L. ist relativ dünn besiedelt, der Verstädterungsgrad ist gering. 1972 waren rd. 60 % Lao, 35 % Bergstämme, 5 % Vietnamesen und Chinesen. Durch die Ausweitung des Indochinakriegs auf L. flohen zahlr. Bewohner aus ihrer Heimat bzw. wurden evakuiert. Sie sind z. T. in ihre Dörfer zurückgekehrt oder auf dem Tranninhplateau neu angesiedelt worden. Bis zur Abschaffung der Monarchie war der Hinajana-Buddhismus Staatsreligion. 1976/77 wurde eine Reform des Erziehungswesens eingeleitet. In der Hauptstadt gibt es mehrere lehrerbildende Anstalten, eine medizin. und eine landw. Hochschule.

Wirtschaft: Um die Nahrungsmittelversorgung sicherzustellen, soll die Landw. verstärkt entwickelt werden. Die bereits 1975 eingeleitete Kollektivierung hat erst 20 % aller Dörfer erreicht. Die landw. Genossenschaften umfassen 30–50 Familien und greifen auf Dorfgemeinschaften zurück. Hauptanbauprodukt ist Reis, doch reichen die Ernten nicht zur Selbstversorgung aus (Dürren, Überschwemmungen, Insektenplagen). Der Reichtum an Hölzern, v. a. Teak, wird kaum genutzt. Im Goldenen Dreieck wird Schlafmohn zur Opiumgewinnung angebaut (unter staatl. Kontrolle). Die Ind. ist kaum entwickelt. L. ist auf die Hilfe der UdSSR, Vietnams, der Vereinten Nationen, der Weltbank u. a. angewiesen. Auch mit der BR Deutschland bestehen Abkommen über Kapitalhilfe und techn. Hilfe. Die VR China, mit der 1976 ein Abkommen über wirtsch. und techn. Zusammenarbeit geschlossen worden war, stellte ihre Hilfe nach ihrem Konflikt mit Vietnam ein.

Außenhandel: Der laot. Außenhandel hat nur einen geringen Umfang. Hauptexportgüter sind Elektrizität (nach Thailand), Kaffee, Zinn und Holz. Eingeführt werden Reis, Treibstoff, Transportmaterial u. a.

Verkehr: Wichtigste Wasserstraße ist der Mekong, doch ist er nicht durchgehend schiffbar (Stromschnellen). Nur etwas mehr als die Hälfte des 10 200 km langen Straßennetzes ist auch in der Regenzeit befahrbar. Internat. ✈ in der Hauptstadt.

Geschichte: Zeugnisse prähistor. Besiedlung des heutigen Staatsgebietes sind Fundstätten steinzeitl. Kulturen bei Luang Prabang (Hoabinhien), die Mahakhayhöhlen (Verw.-Geb. Khamouane), insbes. auf dem Tranninhplateau (Ebene der Tonkrüge) Gräberfelder mit mannshohen Tonurnen, die auf ein sozial und kulturell hochstehendes Volk schließen lassen, dessen rass. und sprachl. Zugehörigkeit weithin ungeklärt ist.

Ende 12.Jh. hatten die Khmerkönige von Angkor ihre Herrschaft über das Gebiet von Süd-L. (Champassak) den Mekong aufwärts bis in das Zentralland (Wiangchan [= Vientiane]) ausgedehnt. Nachdem das Reich von Sukhothai die Khmer verdrängt und sich deren Besitzungen im N angeeignet hatte, gründeten die den Thai stammes- und sprachverwandten Lao unter ihrem ersten Herrscher Fa Ngum (1353–73) den Staat Lanchang, das „Reich der Mill. Elefanten", dessen Hauptstadt Muong Swa (die spätere Luang Prabang) wurde. Nach dem Tode des bedeutendsten Königs der Lanchangdyn., Suligna Vongsa (1637–94), wurde das Land in 2 rivalisierende Staaten geteilt, deren Herrscher in Wiangchan und Luang Prabang residierten. Ein 3. selbständiges Kgr. entstand im heutigen Verw.-Geb. Champassak. 1836 unterwarf Thailand Luang Prabang seiner Oberherrschaft. Mit der Ausweitung der frz. Kolonialherrschaft in Vietnam und Kambodscha geriet auch L. in die frz. Einflußsphäre. Frankr. zwang 1885 Thailand zur Abtretung seiner laot. Besitzungen, die nach der Proklamation des frz. Protektorats über L. Indochina einverleibt wurden (1893 Bestätigung der frz. Protektorats). Durch die alleinige Anerkennung des Kgr. Luang Prabang als selbständige Verwaltungseinheit seitens Frankr. 1917 wurde die Einheit von L. wiederhergestellt; die beiden anderen Staatsgebilde wurden der frz. Kolonialverwaltung unmittelbar unterstellt. Nach seiner Niederlage zu Beginn des 2. Weltkriegs mußte Frankr. 1941 auf jap. Druck laot. Gebiete, die es 1907 erhalten hatte, an Thailand zurückgeben, doch fielen diese nach der Kapitulation Japans wieder an Frankr. (1946). Dem König von Luang Prabang wurde die Nominalgewalt über ganz L. zugestanden. 1947 erhielt das Land eine Verfassung, 1949 als gleichberechtigtes autonomes Mgl. in die Frz. Union aufgenommen. Nach der entscheidenden Niederlage der Franzosen im Vietnamkrieg wurde L. auf Grund der Vereinbarungen der Genfer Indochinakonferenz am 20. Juli 1954 die volle staatl. Souveränität zugesprochen. L. annullierte die mit Frankr. geschlossenen Staatsverträge und wurde 1955 Mgl. der UN. Im Verlauf der Ausweitung des Vietnamkriegs auf laot. Territorium konnte die nat.revolutionä-

Laos

re, kommunist. orientierte Pathet-Lao-Bewegung unter Führung des Prinzen Suvannavong, von Ho Chi Minh militär. unterstützt, fast den gesamten N unter ihre Kontrolle bringen. Die Reg. des neutralist. Prinzen Suvanna Phuma, eines Halbbruders Suvannavongs, erklärte sich zur polit. Zusammenarbeit mit den Pathet Lao bereit, wurde aber im Frühjahr 1958 durch konservative, antikommunist. und prowestl. Politiker gestürzt. Die rigorose Ausschaltung der Pathet Lao, die sich in das unwegsame Bergland an der vietnames. Grenze zurückzogen und mit vietnames. Hilfe ihren Einfluß auf Nord- und Ost-L. ausdehnten, wirkte sich nachteilig auf das von Suvanna Phuma mühsam hergestellte polit. Gleichgewicht aus. 1959 brachen die innenpolit. Auseinandersetzungen unter Beteiligung auswärtiger Mächte (v. a. der USA und N-Vietnams) offen aus (sog. **Laos-Konflikt**). Nach mehrfachem gewaltsamem Wechsel zw. prowestl. und neutralist. Reg. kam es 1961 zu einem Waffenstillstand, der jedoch den Konflikt - wie auch die Genfer Laos-Konferenz - nur vorübergehend beendete. Nach der Ermordung des Außenmin. Pholsena verließen die Vertreter der Pathet Lao die 1962 gebildete Koalitions-Reg. unter Suvanna Phuma und siedelten nach Hanoi über (Juni 1964). In der Folgezeit kam es, v. a. auf dem Tranninhplateau, zu schweren Kämpfen zw. den Truppen der neutralist. Reg. und den Pathet Lao, die beträchtl. Geländegewinne im N und O erzielen konnten. Nach dem Abschluß des Waffenstillstandsabkommens für Vietnam schlossen beide Seiten im Febr. 1973 ein Abkommen, das u. a. einen Waffenstillstand, die Bildung einer Koalitions-Reg. und den Abzug aller ausländ. Truppen vorsah. Der letzte Punkt war auch Gegenstand eines im Sept. 1973 zw. der Reg. und den Pathet Lao abgeschlossenen Friedensvertrages. Die vereinbarte Koalitions-Reg. wurde im April 1974 gebildet. Im Gefolge der kommunist. Machtübernahme in Kambodscha und S-Vietnam kam es 1975 in L. zu einer polit. Machtverschiebung zugunsten der Pathet Lao. Nach der Abdankung des Königs Sawang Vattana und dem Rücktritt von Min.präs. Suvanna Phuma wurde am 3. Dez. 1975 Laos zur Demokrat. VR proklamiert; Staatspräs. wurde Suvannavong. Seither stand L. unter starkem militär. und wirtsch. Einfluß Vietnams. Nach dem Rücktritt Suvannavongs (Okt. 1986) wurde Phumi Vongvichit neuer Staatspräs. 1988 fanden Kommunal- und Provinz-, 1989 Parlamentswahlen statt. Das Parlament soll eine neue Verfassung ausarbeiten.
Politisches System: Nach der Abschaffung der Monarchie im Dez. 1975 wurde L. zur Demokrat. Volksrepublik proklamiert. Eine neue Verfassung wird ausgearbeitet. *Staatsoberhaupt* ist der Präs.; bei ihm und beim Min.rat

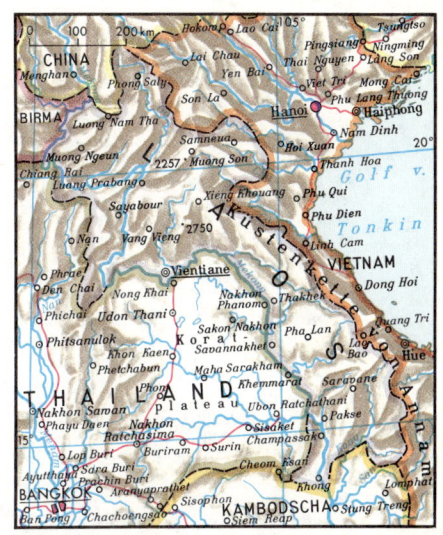

Laos

unter Führung des Min.präs. liegt die *Exekutive*. Als *Legislativorgan* fungiert die 1989 gewählte Volksversammlung (79 Abg.). Einzige *Partei* ist die kommunist. Laot. Revolutionäre Volkspartei, ein Zusammenschluß der Laot. Patriot. Front und der Volkspartei von L.; sie kontrollierte auch die Aufstellung der Kandidaten für die Parlamentswahl. *Verwaltung*smäßig ist L. in 17 Prov. untergliedert. Zum *Recht*ssystem bestehen Friedens- und Prov.gerichte, Kriminalgerichte in 3 Städten, ein Appellationsgericht und ein Oberster Gerichtshof in Vientiane. Die *Streitkräfte* umfassen rd. 55 000 Mann.

Lappenfrauen in ihrer Tracht

347

Lao She

📖 *Deuve, J.: Le royaume du L. 1949–1965. Paris 1984.* - *Lafont, P.-B.: Bibliogr. du L. Paris 1979.* - *Chomsky, N.: Kambodscha, L., Nordvietnam. Im Krieg mit Asien II. Dt. Übers. Ffm. 1973.* - *Dommen, A. J.: Conflict in L. The politics of neutralization. New York Neuaufl. 1971.* - *Toye, H.: L. Buffer state or battleground. London 1968.* - *Jumsai Manich, M. L.: History of L. Bangkok 1967.* - *Fochler-Hauke, G.: Die geteilten Länder. Krisenherde der Weltpolitik. Mchn. 1967.* - *L. Its people, its society, its culture. Hg. v. F. M. Le Bar u. A. Suddard. New Haven (Conn.) Neuaufl. 1967.* - *Halpern, J. M.: Economy and society of L. New Haven (Conn.) 1964.*

Lao She [chin. lauʃʌ], eigtl. Shu Ch'ingch'un, * Peking 3. Febr. 1899, † ebd. 1966 (vermutl. ermordet), chin. Schriftsteller. - 1924–30 Aufenthalt in London, nach 1930 Prof. für chin. Literatur in Tsinan und Tsingtau; 1957 aktive Teilnahme an der „Hundert-Blumen"-Bewegung Mao Tse-tungs; Verf. von Romanen, u. a. „Rikscha Kuli" (1937), Novellen, Kurzgeschichten, Essays und propagandist. Schauspielen.

Laos-Konferenz ↑ Genfer Konferenzen.
Laos-Konflikt ↑ Laos (Geschichte).
Laotisch ↑ Thaisprachen.

Laotse (Lao Zi [chin. laudzi]), chin. Philosoph. - Über Leben und Wirken des L. sind nur legendenhafte, z. T. widersprüchl. Angaben überliefert, so daß die chin. Tradition ihn ins 6. Jh. v. Chr. datiert, während neuere Datierungsversuche das 4. oder 3. Jh. v. Chr. als wahrscheinl. Wirkungszeit annehmen. - L. ist der Begründer und richtungweisende Vertreter des ↑ Taoismus, dessen Lehre er (?) in der Aphorismensammlung ↑ Taoteking grundlegte.

Laparo... [zu griech. lapárē „hohler Teil des Körpers zwischen Rippen und Hüften"], Bestimmungswort in Zusammensetzungen mit der Bed. „Bauchhöhle...".

Laparoskop ↑ Endoskope.
Laparoskopie [griech.], svw. ↑ Bauchspiegelung.
Laparotomie [griech.], operative Eröffnung der Bauchhöhle.
La Pasionaria, span. Politikerin, ↑ Ibárruri, Dolores Gómez.

La Pérouse, Jean François de Galaup, Graf von [frz. lape'ru:z], * Le Gua (Aveyron?) 22. Aug. 1741, † vor Wanikoro (Brit. Salomoninseln) um 1788 (verschollen), frz. Seefahrer. - 1785 mit einer Entdeckungsreise um die Welt beauftragt, umsegelte La P. Kap Hoorn und erreichte u. a. Macao und die Philippinen; entdeckte die La-Pérouse-Straße.

La-Pérouse-Straße [frz. lape'ru:z], Meeresstraße zw. den Inseln Hokkaido (Japan) und Sachalin (UdSSR), geringste Breite 43 km.

lapidar [zu lat. lapidarius „in Stein gehauen"], wuchtig, kraftvoll; kurz und bündig (nach dem knappen Stil altröm. Steininschriften).

Lapidarschrift, svw. ↑ Monumentalschrift.

Lapilli [italien., zu lat. lapillus „Steinchen"], Bez. für vulkan. Auswürflinge mit Durchmessern von 2 bis 20 mm.

Lapis infernalis [lat.], svw. ↑ Höllenstein.

Lapislazuli [zu lat. lapis „Stein" und mittellat.-roman. lazulum „Blaustein, Blaufarbe"] (Lapis, Lasurstein), blaues, mitunter grünl. bis violettes, feinkörniges Aggregat verschiedener Minerale; die Blaufärbung wird durch den Lasurit (L. i. e. S.), chem. Zusammensetzung $Na_8[S|(AlSiO_4)_6]$, verursacht; Dichte 2,4–2,9 g/cm³, Mohshärte etwa 5–6. Verwendung als Schmuckstein. Als **dt. Lapis** wird gelegentl. blau gefärbter Jaspis bezeichnet. - Abb. S. 350.

Lapithen ↑ Kentauren.

Laplace, Pierre Simon Marquis de (seit 1804) [frz. la'plas], * Beaumont-en-Auge (Calvados) 28. März 1749, † Paris 5. März 1827, frz. Mathematiker und Astronom. - Mgl. der Académie des sciences in Paris. Einer der führenden Mathematiker seiner Zeit. Seine Arbeiten erstrecken sich von der Himmelsmechanik über die Kosmogonie, die Potentialtheorie, die Schwingungs- und Wärmelehre bis zur Wahrscheinlichkeitsrechnung.

Laplacesche Differentialgleichung [frz. la'plas; nach P. S. Marquis de Laplace], partielle Differentialgleichung 2. Ordnung. Die Lösungen der L. D. bezeichnet man als *Laplacesche, harmon.* oder *Potentialfunktionen*. - Die L. D. spielt in Physik und Technik eine bed. Rolle, v. a. in der Potentialtheorie.

La-Plata-Delphin ↑ Flußdelphine.
La-Plata-Länder, Bez. für die an den Zuflüssen des Río de la Plata liegenden Staaten Argentinien, Uruguay und Paraguay.
La-Plata-Synode (Dt. Ev. L.-P.-S.), Bez. für den seit 1899 bestehenden synodalen Zusammenschluß dt. ev. Gemeinden in Argentinien, Uruguay und Paraguay.

Läppchenprobe, svw. ↑ Epikutantest.

Lappeenranta, finn. Stadt am S-Ufer des Saimasees, 53 800 E. TU; Holzind., Maschinenbau und Nahrungsmittelind.; Mineralquellen. - L. bekam 1649 Stadtrecht und wurde 1721 schwed. Grenzfestung gegen Rußland sowie Verwaltungssitz. 1743 wurde L. russ. und kam 1917 zum unabhängigen Finnland.

Lappen (in Norwegen und Schweden auch Samen gen.), im äußersten N Europas, in Schweden und Norwegen auch weiter südl. lebende Volksgruppe. Urspr. Fischer und Jäger, die z. T. zur Rentierzucht übergingen, heute überwiegend seßhaft oder Halbnomaden mit Wohnhütten oder traditionellen Koten bei den Sommerweiden im Gebirge und Häusern bei den Winterweiden im Waldland. Die materielle Kultur der L. wird durch die

Umwelt und Rentierzucht bestimmt (Ski, die Schlittenformen Ackja und Pulk). Die traditionelle Tracht besteht für Männer und Frauen aus blauen oder braunen Tuchhosen und knielangen Tuchröcken. - Abb. S. 347.

läppen [zu engl. lap. „Polierscheibe"], metall. Werkstück mit in Fett gebundenen feinsten Schleifmitteln maschinell so bearbeiten, daß eine glatte Oberfläche entsteht.

Lappenblume (Hypecoum), Gatt. der Mohngewächse mit 15 Arten im Mittelmeergebiet bis W-China; einige Arten werden als einjährige Zierpflanzen kultiviert, z. B. das gelbblühende **Gelbäugelchen** (Hypecoum pendulinum).

Lappenfische, svw. ↑ Lumpenfische.

Lappenschnitt, klass. Haut-, Haut-Bindegewebe- oder Haut-Bindegewebe-Muskel-Schnitt zur Deckung eines Amputationsstumpfes.

Lappentaucher (Steißfüße, Podicipedidae), Fam. weltweit verbreiteter, gut tauchender Wasservögel auf Binnengewässern; 18 Arten; mit Schwimmlappen an den Zehen. Mitteleurop. Arten sind: **Haubentaucher** (Podiceps cristatus), etwa 0,5 m groß, graubraun mit weißem Hals, schwarzer aufrichtbarer Haube. **Ohrentaucher** (Podiceps auritus), bis 33 cm lang, ♂ und ♀ zur Brutzeit oberseits schwärzl., an den Körperseiten und am Hals rostrot; Bauch weiß, am schwarzen Kopf goldgelbe Kopfbüschel. **Rothalstaucher** (Podiceps grisegena), fast 45 cm lang, oberseits graubraun, unterseits weiß; mit schwarzem Oberkopf, weißen Wangen und rostrotem Hals. **Schwarzhalstaucher** (Podiceps nigricollis), bis etwa 30 cm lang, mit Ausnahme der braunen Flanken oberseits schwarz, unterseits weiß; an den Kopfseiten goldgelbe Ohrbüschel. **Zwergtaucher** (Podiceps ruficollis), fast 30 cm lang; ♂ und ♀ oberseits schwärzlichbraun mit hellem Fleck an der Schnabelbasis, unterseits heller.

Lappisch, Sammelbez. für eine Anzahl von finnisch-ugrischen Sprachen, die von den Lappen gesprochen werden. Sie gehen auf eine gemeinsame Stufe, das Urlappische, zurück: dieses hat sich nach geltender Ansicht aus der frühostseefinn. Spracheinheit ausgegliedert. Nächste verwandte Sprachen sind heute die ostseefinn. Sprachen, bes. das Finnische. Es gibt keine einheitl., sondern nur regionale Schriftsprachen.

lappische Literatur, zu einer Literatur in lapp. Sprache, die nicht religiöse und andere Übersetzungsliteratur ist (der älteste Text, eine Fibel, erschien 1619 in Schweden), gehören v. a. die seit dem letzten Jh. aufgezeichneten Märchen, Fabeln, Sagen und, am eigenständigsten, die „juoigos", improvisierte kleine Liedformen, Neckereien und Berichtverse, die auf eine Pointe zielen und musikal. an den Jodler erinnern.

Lappland, nördlichstes Verw.-Geb. Finnlands 98 938 km², 200 000 E (1983), Hauptstadt Rovaniemi.

L., histor. Prov. im nördlichsten Finnland, N-Teil des heutigen Verw.-Geb. L., besteht aus einem niedrigen, von Moränen und Mooren bedeckten Grundgebirgsplateau, das von einigen abgerundeten Rücken überragt wird. Nur im äußersten NW hat L. Anteil am Hochgebirge; hier liegt Finnlands höchster Berg, der Haltiatunturi (1 324 m).

L., Schwedens nördlichste und größte histor. Prov., besteht im O aus einem waldbedeckten, meist granit. Grundgebirgsplateau, weithin von Moränen oder Mooren überdeckt. Im W liegen Schwedens höchste Erhebungen (Kebnekajse 2 123 m und Sarektjåkko 2 090 m, teilweise vergletschert).

L., Wohngebiet der Lappen im nördl. N-Europa, umfaßt die Halbinsel Kola, die nördlichen Teile Finnlands, Schwedens und Norwegens.

Lapsus [lat., eigtl. „das Gleiten, Fallen"], Fehler, Versehen, Fehltritt; *L. calami,* der Schreibfehler; *L. linguae,* der Sprechfehler, das Sichversprechen.

Laptewsee [russ. 'laptif], Randmeer des Nordpolarmeers, zw. der sibir. Halbinsel Taimyr und Sewernaja Semlja im W und den Neusibir. Inseln im O.

Lapuabewegung, finn.-nat. Volksbewegung, organisiert im Herbst 1929 als Reaktion auf einen in Lapua abgehaltenen kommunist. Jugendkongreß; verlangte den parlament. Ausschluß der illegalen, sowjet. gelenkten finn. kommunist. Abg. durch Sondergesetze und setzte deren parlament. Annahme nach Anfang Juli 1930 erzwungenen Reichstagsneuwahlen durch; 1932 aufgelöst und verboten.

L'Aquila ↑Aquila, L'.

Lar [malai.], svw. Weißhandgibbon (↑Gibbons).

Lara, Staat in N-Venezuela, 19 800 km², 945 100 E (1981), Hauptstadt Barquisimeto. Im S von Ausläufern der Anden durchzogen, denen das bis etwa 2 000 m hohe Bergland von L.-Falcón vorgelagert ist.

Larache [span. la'ratʃe], marokkan. Stadt an der Mündung des Oued Loukos in den Atlantik, 46 000 E. Handelsplatz; Fischereihafen. - 5 km nö. von L. die Ruinen der von Phönikern gegr. Siedlung **Lixus.**

laramische Phase [nach Laramie Range, einem Gebirgszug der Rocky Mountains] ↑Faltungsphasen (Übersicht).

Larbaud, Valéry [frz. lar'bo], * Vichy 29. Aug. 1881, † ebd. 2. Febr. 1957, frz. Schriftsteller. - Verfaßte außer dem kosmopolit. [autobiograph.] Globetrotter-Roman „A. O. Barnabooth" (1. vollständige Ausg. 1913, dt. 1956, u. d. T. „Das Tagebuch eines Milliardärs") bed. Essays, Gedichte und Erzählungen; war an der Übertragung des „Ulys-

Lärche

Europäische Lärche. Männliche (helle) und weibliche (rote) Blütenzapfen

ses" von Joyce ins Frz. (1929) beteiligt.

Lärche [lat.], (Larix) Gatt. der Kieferngewächse mit zehn Arten in den kühleren Bereichen der Nordhalbkugel; sommergrüne Bäume; Nadeln an Langtrieben spiralig und zerstreut, an Kurztrieben in dichten Büscheln, weich, dünn. Die bekannteste Art ist die bis 50 m hoch und bis 700 Jahre alt werdende **Europäische Lärche** (Gemeine L., Larix decidua) mit tiefrissiger Borke; verbreitet in den Karpaten, Alpen und europ. Mittelgebirgen; Nadeln hellgrün, im Herbst goldgelb; Blüten einhäusig; ♂ in rötlichgelben, eiförmigen, hängenden Kätzchen, ♀ in aufrechten, purpurroten Zapfen; Samen klein, dreieckig, glänzend, hellbraun mit breitem Flügel.
◆ Bez. für das Holz verschiedener Lärchenarten (v. a. der Europ. L.). - ↑ Hölzer (Übersicht).

Lärchenminiermotte (Lärchentriebminiermotte, Coleophora laricella), etwa 10 mm

Europäische Lärche

spannender, glänzend aschgrauer Falter der Sackmotten in M- und N-Europa, im nördl. Asien bis Japan und eingeschleppt in N-Amerika; die Raupen minieren in den Nadeln.

Lardera, Berto, * La Spezia 18. Dez. 1911, italien. Bildhauer. - Seine z. T. sehr großen, aus verschiedenen Metall(platten) geschweißten Werke schaffen räuml. Spannung.

Larderello, italien. Ind.siedlung im Toskan. Erzgebirge, Teil der Gem. Pomarance; die L. und Umgebung an jungen Bruchlinien entströmenden, schwefelhaltigen, 160–190 °C heißen Gase werden seit 1777 zur Gewinnung von Schwefel, Borsäure und Ammoniak genutzt; geotherm. Kraftwerke.

Lardner, Ring[gold] W[ilmer] [engl. 'lɑːd ə], * Niles (Mich.). 6. März 1889, † East Hampton (N. Y.) 25. Sept. 1933, amerikan. Schriftsteller und Sportjournalist. - Schilderte unter Verwendung von Berufs- und Umgangssprache in zahlr. Kurzgeschichten das Milieu des Durchschnittsamerikaners (v. a. Sportler und kleine Angestellte). In dt. Übersetzung liegen vor „Das Liebesnest" (1957)

Lärmschutzwand. Frankfurt am Main, Flughafen

Lapislazuli

und „Geschichten aus dem Jazz-Zeitalter" (1974).

Laren (Lares) [lat.], bei den Römern die „guten Geister", die vielleicht dem Ahnenkult, in jedem Fall dem bäuerl. Lebenskreis entstammen und im privaten Bereich die Familie und deren Glieder, im öffentl. Bereich die Wege und den Reisenden, die Stadt und den Staat beschirmen; unter Augustus Verbindung des L.kultes mit dem Kaiserkult.

Larenz, Karl, * Wesel 23. April 1903, dt. Jurist. - Prof. für Bürgerl. Recht und Rechtsphilosophie in Kiel (1933) und München seit 1960). Arbeiten v. a. zur Rechts- und Staatsphilosophie und zur Methodenlehre.

largando [italien.], svw. ↑allargando.

Largeau [frz. lar'ʒo] (heute Faya-Largeau), Oasenort im zentralen N der Republik Tschad, 268 m ü. d. M., 5 500 E. Verwaltungs- und Handelszentrum des wüstenhaften N des Landes; Kreuzungspunkt von Karawanenrouten, ✈. - L. wurde 1913 von von Oberst Largeau bei der Oase Faya gegründet.

larghetto [lar'gɛto; italien.], musikal. Tempobez.: weniger breit als ↑largo. - Als Satzbez. einer Komposition: **Larghetto**.

Largillière, Nicolas de [frz. larʒi'ljɛːr], * Paris 10. Okt. 1656, † ebd. 20. März 1746, frz. Maler. - Als Kolorist beeinflußt von Rubens, im Porträtstil von den engl. Malern, gelingt diesem Vertreter der Régencezeit eine Synthese gesellschaftl. Repräsentanz und liebenswürdiger Intimität.

largo [italien., zu lat. largus „reichlich"], musikal. Tempobez. für ein breites Zeitmaß, schon im 18.Jh. langsamer als ↑adagio. - Substantivisch verwendet für den mit **Largo** überschriebenen Satz einer Komposition.

Largo Caballero, Francisco [span. 'larɣo kaβa'ʎero], * Madrid 15. Okt. 1869, † Paris 25. März 1946, span. Gewerkschaftsführer und Politiker. - Stukkateur; ab 1894 Mgl. der Span. Sozialist. Arbeiterpartei (Vors. 1932–35), ab 1918 Cortesabg.; 1918–37 Generalsekretär des span. Gewerkschaftsverbands UGT (Unión General de Trabajadores); 1931–33 Arbeitsmin.; 1934 Anführer des astur. Aufstands; 1936/37 Min.präs. einer Volksfrontreg.; emigrierte nach Frankr.; 1942–45 im KZ Oranienburg.

Larifari [scherzhafte Bildung aus den Tonsilben la, re, fa], Geschwätz, Unsinn.

Larionoff (Larionow), Michel (Michail Fjodorowitsch) [russ. lɛri'ɔnɐf], * Tiraspol 3. Juni 1881, † Fontenay-aux-Roses bei Paris 10. Mai 1964, russ. Maler. - Entwickelte mit N. S. ↑Gontscharowa ab 1909 den ↑Rayonismus; seit 1916 endgültig in Paris; v.a. Bühnendekorationen für das russ. Ballett von Diaghilew.

Larisa, griech. Stadt in der ostthessal. Ebene, 102 000 E. Hauptort des Verw.-Geb. L., griech.-orth. Bischofssitz; wichtigste Stadt Mittelgriechenlands; Tabakverarbeitung, Nahrungsmittel-, Textilind. - L. war bis in die Römerzeit eine bed. Handelsstadt; Metropolitansitz in byzantin. Zeit.

Larivey, Pierre de [frz. lari'vɛ], eigtl. P. Giunti, * Troyes um 1540, † ebd. 12. Febr. 1619, frz. Dramatiker italien. Herkunft. - Kanoniker in Troyes; steht mit seinen 9 frz. Prosabearbeitungen italien. Komödien (die wirkungsvollste: „Les esprits", 1579, nach der „Aridosia" des Lorenzino de' Medici) am Beginn der frz. Komödientradition.

Larix [lat.] ↑Lärche.

Larkin, Philip [engl. 'lɑːkɪn], * Coventry 9. Aug. 1922, † Hull 2. Dez. 1985, engl. Schriftsteller. - V. a. bekannt als Lyriker („Unverlierbares Spiel", dt. Auswahl 1979), der Menschen und Dinge distanziert in klarer, knapper Sprache darstellt. Schrieb auch Romane und Essays.

Lärm [gekürzt aus ↑Alarm], jedes als störend empfundene laute Geräusch, dessen Intensität - ein zum einen Teil subjektives, zum anderen objektives Maß - psycholog. als Lautheit, physikal. als Lautstärke bezeichnet wird. Zur psych. Beeinträchtigung kann es bereits bei 35–65 phon (**Lärmstufe 1**) kommen, zusätzl. phys. oder psych. Störungen sind bei 65–90 phon (**Lärmstufe 2**) mögl., Hörschädigung bei L. zw. 85 und 120 phon (**Lärmstufe 3**); L. über 120 phon (**Lärmstufe 4**) kann direkte Schallwirkungen auf Nervenzellen zur Folge haben (**Lärmschwerhörigkeit**). Langandauernder L. bewirkt v. a. vegetativ-psych. Störungen (**Lärmsyndrom**), die sich u. a. in Nervosität, Herz- und Kreislaufbeschwerden, Verdauungsstörungen, Schlaflosigkeit, Kopfschmerzen und allg. Leistungsabnahme äußern. - ↑auch Lärmschutz.

Larmor, Sir Joseph [engl. 'lɑːmɔː], * Magheragall (Gft. Antrim) 11. Juli 1857, † Holywood (Nordirland) 19. Mai 1942, brit. Physiker. - Arbeiten über Elektrodynamik, Elektronentheorie und Feld- und Relativitätstheorie. L. entdeckte die Präzession der Richtung des magnet. Moments von Atomen oder Atomkernen um die Richtung eines äußeren Magnetfeldes. Die Frequenz dieser *Larmor-Präzession ist die Larmor-Frequenz*.

larmoyant [larmoa'jant; frz., zu lat. lacrima „Träne"], weinerlich, rührselig.

Lärmschutz, Vorrichtungen und Maßnahmen, die schädl. Lärm von Menschen abhalten sollen; an Maschinen werden u. a. Schalldämpfer und Schalldämmstoffe eingesetzt, im Luft-, Schienen- und Straßenverkehr sind Schutzmaßnahmen u. a. Streckenführungen, die dichtbesiedelte Gebiete umgehen, Erdwälle, Tunnels, L.zäunen, Mindestflughöhen, Verwendung geräuscharmer Triebwerke; für den individuellen L. bei Arbeiten in lärmerfüllter Umgebung wird ein **Gehörschutz** verwendet, der teils direkt im Gehörgang getragen wird, teils ähnl. wie Kopfhörer die gesamte Ohrmuschel umschließt und abdeckt.

Lärmschwerhörigkeit

Wichtige Bestimmungen zum L. enthalten das Bundes-ImmissionsschutzG, die Techn. Anleitung zum Schutz gegen Lärm (TA Lärm), die Allg. Verwaltungsvorschriften zum Schutz gegen Baulärm, das FluglärmG sowie die ArbeitsstättenVO.

Lärmschwerhörigkeit ↑Lärm.
Lärmstufen ↑Lärm.
Lärmsyndrom ↑Lärm.
Lärmvögel (Crinifer), Gatt. laut lärmender, vorwiegend grauer Turakos mit schmalen Haubenfedern; fünf Arten in den Savannen Afrikas.

la Roche, Mazo de ↑de la Roche, Mazo.
La Roche, Sophie von [frz. laˈrɔʃ], geb. Gutermann von Gutershofen, * Kaufbeuren 6. Dez. 1731, † Offenbach am Main 18. Febr. 1807, dt. Schriftstellerin. - Jugendgeliebte C. M. Wielands in Biberach; gilt als erste Vertreterin moderner Unterhaltungsliteratur in Deutschland. Ihre empfindsamen Briefromane und Erzählungen verbinden aufklärer. Vernunftmoral mit der enthusiast. Seelensprache des Pietismus.

La Rochefoucauld [frz. laroʃfuˈko], frz. Adelsgeschlecht, erstmals im 11. Jh. nachgewiesen. Die Fam. wurde 1515 in den Grafenstand erhoben und erhielt 1622 die Hzg.- und Pairswürde. Bed. Vertreter:
La R., François VI, Herzog von, Prince de Marcillac, * Paris 15. Dez. 1613, † ebd. 17. März 1680, Schriftsteller. - Offizier; wurde am Hof in die Intrigen gegen Richelieu verwickelt; nach zeitweiliger Verbannung ab 1642 wieder in Paris; er nahm aktiv an der Fronde („Mémoires", 1662) teil und wurde 1652 schwer verwundet; zog sich nach einer Amnestie aus dem öffentl. Leben zurück. Einer der bedeutendsten frz. Moralisten; sein Hauptwerk sind die „Betrachtungen oder moral. Sentenzen und Maximen" (1665), in den er mit aphorist. Prägnanz ein pessimist., psycholog. begr. Bild des Menschen entwickelt; die Handlungsmotivation entsteht unbewußt aus der rational-eth. nicht begründbaren menschl. Selbstsucht.

La R.-Liancourt, François Alexandre [Frédéric], Herzog von [frz. ljãˈkuːr], * La Roche-Guyon (Val d'Oise) 11. Jan. 1747, † Paris 27. März 1827, Philanthrop. - 1789 Mgl. der Generalstände; ab 1792 im Exil; nach Errichtung des Konsulats Rückkehr nach Frankr.; widmete sich sozialen Problemen (u. a. Gesundheitswesen, Reform der Gefängnisse). 1825 aller Ämter enthoben.

Larreta, Enrique Rodríguez, * Buenos Aires 4. März 1875, † ebd. 6. Juli 1961, argentin. Schriftsteller. - Modernist. Romancier, schrieb bed. histor. Romane, u. a. „Versuchungen des Don Ramiro" (1908), „Zogoibi. Der Unglückselige" (1926); auch Lyriker und Dramatiker.

L'Arronge, Adolph [frz. laˈrõːʒ], eigtl. A. Aronsohn, * Hamburg 8. März 1838, † Kreuzlingen 25. Mai 1908, dt. Theaterleiter und Schriftsteller. - War Kapellmeister, dann Theaterdirektor, leitete 1883-94 das von ihm mitbegr. Dt. Theater in Berlin. Schrieb zahlr. Singspiele, Berliner Lokalpossen und Volksstücke, u. a. „Mein Leopold" (1876), „Hasemann's Töchter" (1879).

Lars, aus dem Nord. übernommener männl. Vorname (schwed., dän. und norweg. Form von ↑Laurentius.

Larsa (Larsam), altoriental. Stadt, heute Ruinenhügel Sinkara, etwa 40 km nw. von An Nasirijja, Irak; in frühaltbabylon. Zeit (sog. Isin-L.-Zeit, etwa 1955-1730) Sitz einer bed. Dyn. mit einem Tempel des Sonnengotts; von Hammurapi erobert; frz. Ausgrabungen (1933 und seit 1967) haben Siedlungsschichten vom 4. Jt. an, aus altbabylon. Zeit v. a. Terrakottareliefs und Reste eines Palasts.

Larsen, Gunnar, * Kristiania 5. Febr. 1900, † Oslo 5. Nov. 1958, norweg. Erzähler. - Seine Darstellungstechnik weist Parallelen zur modernen amerikan. Literatur auf, der er in der Knappheit des Ausdrucks und in der psycholog. Zielsicherheit verpflichtet ist.
L., Johannes Anker, dän. Schriftsteller, ↑Anker Larsen, Johannes.

Larsson, Lars-Erik [Vilner], * Åkarp (Schonen) 15. Mai 1908, † Helsingborg 27. Dez. 1986, schwed. Komponist. - Schüler u. a. von A. Berg, 1947-59 Prof. für Komposition an der Musikhochschule in Stockholm; spätromant. und neoklassizist. Tendenzen, im späteren Werk zu einer Synthese verschmolzen (Oper, Ballett, Orchester-, Kammermusik, Chorwerke, Lieder).

Lartet, Édouard [frz. larˈtɛ], * Saint-Guiraud (Hérault) 15. April 1801, † Seissan (Gers) 28. Jan. 1871, frz. Prähistoriker. - Urspr. Jurist; wurde durch seine paläontolog. Entdeckungen und Ausgrabungen (ab 1860) zum Begründer der Erforschung des Paläolithikums in Frankreich.

Lartigue, Jacques-Henri [frz. larˈtig], * Courbevoie (= Paris) 22. Nov. 1894, † Nizza 12. Sept. 1986, frz. Photograph und Maler. - Einer der bedeutendsten Photoamateure der 1. Hälfte des 20. Jh., der seine Motive in perfekter Technik und bildner. Ausgewogenheit präsentierte.

L'art pour l'art [frz. larpurˈlaːr „die Kunst um der Kunst willen"], von V. Cousin („Du vrai, du beau et du bien", 1836) stammende Formel für eine Kunsttheorie, die in Frankr. etwa 1830-70 verbreitet war und am entschiedensten von T. Gautier vertreten wurde: Kunst ist Selbstzweck, abgelöst von allen ihr fremden Zielen, sie ist Gestaltung des „Schönen", das verstanden wird als das Nutzlose schlechthin, das Überflüssige, und damit als das über jede Art von Bedürfnis Hinausgehende und erh. Werten verpflegene Künstler. Wirkung wird nur der ästhet. Gestaltung zugeschrieben, d. h. den verabsolutierten formalen Kunstmitteln, zu deren bloßem Material das Inhaltl. degradiert ist. Hieraus folgerte man, daß die Kunst nur ihren eigenen Gesetzen gehorche, ihren ästhet. Wert und Sinn nur in sich selbst habe und daher nicht nach objektiven Maßstäben beurteilt werden dürfe. Anhänger dieser zunächst als Schlagwort gegen den ästhet. Konventialismus der damaligen „Salonkunst" gebrauchten Theorie waren in Frankr. bes. G. Flaubert, C. Baudelaire, die Brüder Goncourt, C. Leconte de Lisle, T. de Banville, J.-K. Huysmans, in England O. Wilde und W. Pater; die Symbolisten und die Parnassiens standen ihm nahe, in Deutschland der George-Kreis; der russ. Formalismus vertrat ähnl. Vorstellungen.

La Rue, Pierre de [frz. la'ry], * Tournai (?) um 1460, † Kortrijk 20. Nov. 1518, burgund. Komponist. - Neben Josquin Desprez und Isaac der bedeutendste Musiker seiner Zeit, 1492–1516 Kapellsänger des burgund. Hofes, 1501 Kanonikus in Kortrijk. Mit starker Neigung zu Kanontechniken schrieb er mindestens (nachgewiesene) 31 Messen und einzelne Meßsätze, je 37 Motetten und Chansons.

Larve [zu lat. larva „böser Geist, Gespenst, Maske"], Jugendform von Tieren, die ihre Entwicklung vom Ei zum geschlechtsreifen Individuum nicht direkt, sondern über eine Metamorphose (Formwandel) durchmachen.
◆ im Brauchtum ↑ Maske.

Larvenroller (Paguma larvata), in SO-Asien weit verbreitete, nachtaktive Schleichkatze; etwa 50–75 cm lang; Schwanz von etwa gleicher Länge; überwiegend baumbewohnend; Allesfresser.

Laryngal [griech.] (Kehllaut), in der Phonetik ein Laut, dessen Artikulationsstelle im Bereich des Kehlkopfes liegt.

Laryngaltheorie, Theorie über die Existenz besonderer (z. T. vokal., z. T. konsonant. realisierter) Phoneme der rekonstruierten indogerman. Grundsprache, die in den histor. bezeugten Einzelsprachen geschwunden sind, die sich aber aus ihren Wirkungen auf die Lautumgebung erfassen lassen. Die Bez. L. bezieht sich auf die Verknüpfung der postulierten Phoneme mit den semit. laryngalen Lauten durch H. Møller.

Laryngektomie [griech.], operative Kehlkopfentfernung.

Laryngitis [griech.], svw. ↑ Kehlkopfentzündung.

Laryngologie [griech.], die Lehre vom Bau, von der Funktion und den Krankheiten des Kehlkopfes.

Laryngoskop [griech.] ↑ Kehlkopfspiegelung.

Laryngoskopie [griech.] ↑ Kehlkopfspiegelung.

Laryngotomie [griech.] (Kehlkopfschnitt), operative Eröffnung des Kehlkopfes.

Lascaux. Urrind und Wildpferde (um 14 000 v. Chr.). Felsmalerei

Larynx [griech.], svw. ↑ Kehlkopf.

Lasagne [la'zanjə; italien.], sehr breite Bandnudeln, die verschieden zubereitet werden, z. B. *L. alla bolognese* (mit Tomatensoße und geriebenem Käse), *L. mantecate* (mit Sahne und Käse überbacken), *L. alla piemontese* (mit Trüffeln).

La Salle [frz. la'sal], Antoine de, * bei Arles (?) vielleicht 1388, † 1461, frz. Schriftsteller. - Verfaßte neben didakt. Schriften den Entwicklungs- und Sittenroman „Le petit Jehan de Saintré" (1459), mit dem er durch realist. Darstellung den Rahmen des höf. Romans sprengte; ihm werden auch die „Cent nouvelles nouvelles" (um 1462) oder Teile davon zugeschrieben.

La S., Jean Baptiste de (Johannes Baptista de la S.), hl., * Reims 30. April 1651, † Rouen 7. April 1719, frz. Ordensstifter und Pädagoge. - Gründete 1684 mit zwölf Lehrern die Kongregation der „Christl. Schulbrüder"; mit seinen pädagog. Prinzipien (Unterricht in der Volkssprache, Schüler in Klassen, Zugrundelegung eines Schulbuches, keine obligator. Handarbeit) zählt er zu den Pionieren der allg. Schulbildung. - Fest: 7. April.

La S., René Robert Cavelier de, * Rouen 21. (22.?) Nov. 1643, † in Texas 19. (20.?) März 1687 (ermordet), frz. Entdecker. - Erforschte das Gebiet der Großen Seen und des Ohio. 1682 befuhr er als erster Europäer den Mississippi bis zum Golf von Mexiko.

Las Casas, Bartolomé de, * Sevilla 1474, † Madrid 31. Juli 1566, span. Dominikaner (seit 1522) und Indianermissionar. - Arbeitete ab 1515 als Missionar in Mittelamerika, scheiterte jedoch an der indianerfeindl. Haltung span. Beamter und Kaufleute. 1542 setzte er die „Neuen Gesetze" bei Karl V. durch (u. a. Verbot der Sklaverei, steuerl. Gleichstellung von Indianern und Spaniern); ab 1543 als Bischof von Chiapas (Mexiko) mit der Durchführung der Gesetze betraut; scheiterte an seinen Feinden. Setzte sich für die Entlastung der Indianer durch die Einfuhr von Negersklaven ein. Wirkte ab 1551 als Berater am Hof weiter für die Rechte der Indianer. Seine Hauptwerke „Historia general de las Indias" (hg. 1951), „De unico vocationis modo" (hg. 1942) sind für die Entdeckungsgeschichte Mittelamerikas, die Missionstheologie und die Einschätzung fremder Kulturen grundlegend.

Lascaux [frz. las'ko], 1940 entdeckte, 140 m tiefe, verzweigte Höhle im südfrz. Dep. Dordogne, im Gebiet der an der Vézère gelegenen Gemeinde Montignac; jungpaläolith. Malereien (Gravettin und Magdalénien) bedecken Decken und Wände, mit Ocker, Eisenoxiden und Manganerde ausgeführt. Dargestellt sind Wildpferde (z. T. trächtig), Urrinder, Hirsche und Steinböcke, auch Wisente, Wildkatzen und Maskentänzer. - Abb. S. 353.

Lasche, vernietetes, verschraubtes oder verschweißtes Verbindungsstück zweier stumpf aneinanderstoßender Teile, z. B. das aufgeschraubte Flachstahlstück zur Verbindung zweier Eisenbahnschienen.

◆ norddt. Bez. für die Zunge am Schnürschuh.

laschen, *seemänn.* für: Gegenstände an Bord mit Tauwerk festmachen.

◆ zwei Bauteile durch Laschen verbinden.

Lascy ['lasi, 'la:si] ↑ Lacy.

Lasègue-Zeichen (Lasègue-Phänomen) [frz. la'sɛg; nach dem frz. Arzt E. C. Lasègue, * 1816, † 1883], auf Ischias hindeutendes Auftreten von heftigen Schmerzen an der Rückseite des Beines, wenn das im Knie gestreckte Bein in der Hüfte gebeugt wird.

Lasen, kaukas. Volksstamm an der SO-Küste des Schwarzen Meeres und im angrenzenden Pont. Gebirge, v. a. in der Türkei, zum geringeren Teil in der UdSSR.

Laser ['la:zər, meist engl. 'leɪzə, Abk. für engl.: **l**ight **a**mplification by **s**timulated **e**mission **o**f **r**adiation „Lichtverstärkung durch angeregte (induzierte, stimulierte) Strahlungsemission"] (Lichtverstärker, opt. Quantenverstärker, opt. Quantengenerator, opt. Maser), quantenelektron. Verstärker für elektromagnet. Strahlung im Wellenlängenbereich des sichtbaren Lichts (400–800 nm) und der angrenzenden Bereiche Infrarot und Ultraviolett. L. erzeugen monochromatische, sehr intensive und scharf gebündelte Lichtstrahlen. Grundlage des L. ist die erzwungene Aussendung (stimulierte Emission) von elektromagnet. Strahlung. Als L.medien sind Atome, Ionen, Moleküle und Festkörper geeignet. L.medien in angeregten Energiezuständen sind imstande, durch stimulierte Emission elektromagnet. Strahlung (z. B. Licht) zu verstärken, wenn Energiezustände mit der Besetzungsinversion (↑ Inversion) aufweisen, d. h. wenn ein angeregter Zustand stärker (von mehr Atomen) besetzt ist als ein (energiemäßig) tiefer gelegener Zustand. Ausgehend von einem Atom im Grundzustand (charakterisiert durch die Energie E_1) und mit möglichen angeregten Niveaus bzw. Zuständen (Energien E_2, E_3, E_4 mit $E_4 > E_3 > E_2 > E_1$) erklärt sich eine Besetzungsinversion durch optisches Pumpen anhand eines 4-[Energie]niveau-Systems. Atome (bzw. Ionen oder Moleküle), die ohne Lichteinstrahlung nur den Grundzustand E_1 besetzen, werden durch von außen eingestrahltes [Pump]licht geeigneter Wellenlänge in den angeregten Zustand E_4 gebracht, um von dort unter Energieabgabe nach E_3 zu gelangen. Dieser Zustand weist gegenüber dem noch unbesetzten Zustand E_2 eine Besetzungsinversion auf. Der Zustand E_3 geht spontan in E_2 über. Das beim Übergang zw. solchen Zuständen mit Besetzungsinversion ausgesandte Licht (Frequenz v_{32}) entspricht dem eigtl. **Laserlicht**. Atome im Zustand E_2 müssen innerhalb von 10^{-8}s in den Grundzustand zurückkehren, damit die Besetzungsinversion zw. E_3 und E_2 erhalten bleibt; E_2 muß sich schneller „entleeren", als es von E_3 aus „aufgefüllt" wird. Von E_1 aus beginnt der Kreislauf von neuem. Opt. Pumpen ist auch bei einem 3-Niveau-System mögl.; weitere Methoden, die zu einer Inversion führen, sind Stöße mit angeregten Atomen in einer Gasentladung, Elektronenstöße sowie chem. Pumpprozesse. Zu letzteren zählt auch die Bildung von Excimeren. Excimere sind Moleküle, in denen sich mindestens ein Atom in angeregtem Zustand befindet (z. B. XeF). Excimere, deren Atome in den Grundzustand übergehen, werden instabil und zerfallen; erneute Bildung erfolgt erst nach erneuter Anregung der Atome. Diese Art von Besetzungsinversion ist Grundlage von **Excimerenlasern**. Das für die stimulierte Emission notwendige energiereiche Strahlungsfeld wird in einem opt. Resonator erzeugt, der aus zwei gegenüberliegenden, im allg. parallelen Spiegeln besteht, zw. denen sich das besetzungsinvertierte Lasermedium befindet. Trifft im Fall eines 4-Niveau-Systems spontan emittiertes Licht der Frequenz v_{32} senkrecht auf einen der Spiegel, so wird es im Resonator hin- und herreflektiert. Unter bestimmten geometr. Bedingungen (Spiegelabstand = Vielfaches der halben Wellenlänge) bildet sich eine stehende [Licht]welle aus. Diese stehende Welle entleert den Zustand E_3 durch stimulierte Emission, verbunden mit der Aussendung von L.licht. Da alle Atome im Resonator im Takt (d. h. *kohärent*) mit der stehenden Welle erzwungenermaßen schwingen, erfolgt die stimulierte Emission so (in einer vom Wellenfeld festgelegten Richtung), daß die stehende Welle sich aufschaukelt und damit verstärkt wird. Innerhalb des Resonators existiert dann ein sehr intensives [Licht]feld, von dem ein geringer Anteil den Resonator als scharf gebündelter, monochromat., kohärenter Laserstrahl verläßt, da einer der Spiegel eine geringe Durchlässigkeit (1–2%) besitzt. Für einige L.systeme sind auch Resonatoren bestehend

Laser

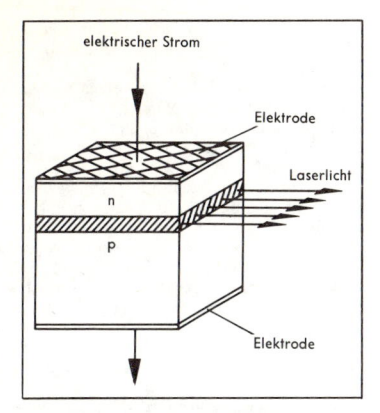

Laser. Schematischer Aufbau eines Halbleiterlasers

aus 3 und mehr Spiegeln möglich (**Ringlaser**). Beispiele für L.systeme: Das Lasermedium kann als Gas, Flüssigkeit oder als Festkörper vorliegen. Die Anregung, die letztlich zur Inversion und damit zur L.tätigkeit führt, erfolgt entweder kontinuierl. (**Dauerstrichlaser**) oder diskontinuierl. (**Impulslaser**). Der **Helium-Neon-Laser** ist ein kontinuierl. **Gaslaser**. In einem Gemisch aus den Edelgasen Helium und Neon brennt eine Gasentladung und erzeugt angeregte Heliumatome. Deren Anregungsenergie wird durch Stöße an die Neonatome abgegeben und somit Inversion in den angeregten Zuständen des Neons erzeugt. L.tätigkeit erfolgt bei den Wellenlängen 630 nm (rote Linie) und 3 390 nm (Infrarot), die Leistung beträgt einige Milliwatt. Als Hochleistungslaser wichtig ist der **Argon-Ionenlaser** (wichtigste Linien bei 488 nm und 514,5 nm). Die Inversion erfolgt ebenso wie beim **Krypton-Ionenlaser** (Linien zusätzl. im roten Bereich) in einer Gasentladung durch Elektronenstoß; Leistungen bis zu 300 Watt. Beim CO_2-**Laser** erfolgen die L.übergänge zw. Schwingungszuständen des Moleküls bei Wellenlängen von 1060 bzw. 960 nm. Dieser zur Materialbearbeitung (z. B. Bohren) geeignete L. kann einige Kilowatt Ausgangsleistung erreichen. Organ. Moleküle (Farbstoffe wie Rhodamin oder Kumarin) sind als Lasermedien geeignet (sog. **Farbstofflaser** bzw. engl. **Dye-Laser**). Diese Moleküle werden in einer Flüssigkeit gelöst, die Inversion im 4-Niveau-System durch opt. Pumpen erreicht. Weil Farbstoffe in einem weiten Wellenlängenbereich Licht aussenden, lassen sich Farbstoff-L. über einen Wellenlängenbereich bis zu 30 nm durchstimmen. Der bekannteste **Festkörperlaser** ist der **Rubinlaser** (Rubin = Cr^{3+}-Ionen im Al_2O_3-Kristall); L.linie bei 694,3 nm. Die Inversion erfolgt durch

Laser. Photographische Aufnahmen der Intensitätsverteilung im Strahlungsbündel bei verschiedenen Schwingungsformen eines Gaslasers

opt. Pumpen mit einer intensiven Blitzlampe im 3-Niveau-System des Cr^{3+}-Ions. Der Rubin-L. arbeitet deshalb wie die meisten Festkörper-L. im gepulsten Betrieb. Der **YAG-Laser** ähnelt dem Rubin-L. (YAG = Yttrium-Aluminium-Granat mit Nd^{3+}-Ionen); Emission bei 1060 nm. Mit Festkörper-L. ist es mögl., die Anregungsenergie in sehr kurzer Zeit abzugeben und somit sehr hohe Leistungsdichten von etwa 10^{17} Watt/cm^2 zu erreichen (**Riesenimpulslaser**). **Halbleiterlaser**

Laser

sind ähnl. aufgebaut wie Halbleiterdioden, bestehen also aus zwei aneinandergrenzenden, p- und n-dotierten Schichten. Ein in Durchlaßrichtung angelegtes elektr. Feld treibt Elektronen vom n-leitenden Gebiet in die p-n-Übergangszone (Elektroneninjektion), wo Rekombination in das tiefergelegene Energieband unter Lichtausstrahlung erfolgt. Ist die Reflexion des Lichts an den planparallelen Oberflächen des Kristalls gewährleistet, dann wird eine Laserschwingung angeregt, wenn der Injektionsstrom einen Schwellenwert überschreitet (**Injektionslaser**). GaAs, dotiert mit Tellur (n-Leiter) und Zinn (p-Leiter), emittiert L.licht der Wellenlänge 840 nm (**GaAs-Laser**).

Anwendungen des L.: Infolge der *Kohärenz* und *Monochromasie* des L.lichts ist der L. den herkömml. Lichtquellen (z. B. Spektrallampen) bei einer Vielzahl von Anwendungen weit überlegen und findet heute in fast allen Bereichen der Naturwiss., Technik, Medizin u. a. Verwendung. In Physik und Chemie wird die Schmalbandigkeit (Monochromasie) des L.lichts ausgenutzt, um selektive Anregungen von Atom- oder Molekülzuständen zu erreichen. Durch L.licht lassen sich definierte chem. Reaktionen auslösen. Für den Umweltschutz erlangt der L. bei der Fernbestimmung von Luftverunreinigungen zunehmende Bedeutung. In der Biologie wird die Laserstrahlung zur Erkennung von Veränderungen innerhalb von Zellen verwendet. Eine medizin. Anwendung des L. liegt bei Augenoperationen (Verschweißen von Netzhautrissen, L.koagulation). Die Kohärenz der Laserstrahlung hat der ↑ Holographie einen breiten Anwendungsbereich eröffnet (u. a. zerstörungsfreie Materialprüfung und Qualitätskontrolle). Wegen der großen Leistungsdichte eignet sich L.licht (bes. die Linien des CO_2-Lasers) zur Materialbearbeitung (Schweißen, Schneiden und Bohren von Metallen, Glas, Keramik, Kunststoffen und Gewebe). L. sind heute unentbehrl. im Vermessungswesen (↑ Längenmessung); der Abstand Erde–Mond wurde mit Zentimetergenauigkeit bestimmt. Für die Nachrichtenübertragung erlangen L. zunehmende Bedeutung, weil mit Licht als Trägerwelle erhebl. mehr Information wegen der hohen [Träger]frequenz übertragen werden kann. Mit Hilfe von L. wird versucht, die zu einer Kernfusion erforderl. hohen Temperaturen bzw. Energiedichte zu erreichen und somit einen Fusionsreaktor zu betreiben. Die dazu notwendigen L.systeme sind noch im Entwicklungsstadium.

Geschichte: Mit der 1917 von A. Einstein vorausgesagten, 1928 von R. Ladenburg und H. Kopfermann in Gasen untersuchten induzierten Emission wurde erstmals 1940 durch den sowjet. Physiker W. A. Fabrikant eine Lichtverstärkung erreicht. Die Anwendung des Maser-Prinzips auf Licht unter Heranziehung der induzierten Emission wurde 1958 von A. L. Schawlow und C. H. Townes vorgeschlagen, die theoret. Grundlagen auch von N. G. Bassow und A. M. Prochorow geschaffen. G. Gould hatte nachweisl. bereits 1957/58 Prinzipien des opt. gepumpten L. und des Gas-L. in Laborbüchern festgehalten, sie jedoch nicht publiziert. T. H. Maiman konstruierte daraufhin 1960 den ersten Rubin-L. Der erste Gas-L. wurde 1961 durch A. Javan, W. R. Bennett und D. R. Herriott in Betrieb gesetzt. 1962 wurden gleichzeitig an verschiedenen Stellen Halbleiter-L. entwickelt.

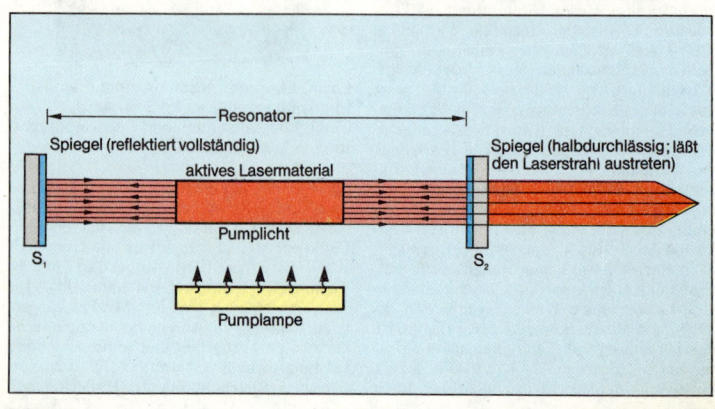

Laser (schematisch). Durch Pumplicht wird das Lasermedium in einen angeregten Zustand gebracht; als Folge entsteht im Medium das Laserlicht, das zwischen den Spiegeln hin- und herreflektiert wird und so das Medium weiter anregt. Durch den halbdurchlässigen Spiegel tritt ein Teil des Lichtes als stark gebündelter Laserstrahl aus

📖 *Excimer Lasers.* Hg. v. C. K. *Rhodes.* Bln. u. a. ²*1984.* - *Lange, W.:* Einf. in die L.physik. Darmst. 1983. - *Tradowsky, K.:* L. Grundll., Technik, Basisanwendungen. Würzburg ⁴1983. - *Brunner, W./Junge, K.:* L.technik. Hdbg. 1982. - Der L. Grundll. u. klin. Anwendung. Hg. v. K. Dinstl. u. P. L. Fischer. Bln. u. a. 1981.

Laser ['la:zər, engl. 'leɪzə], in GFK-Technik gebaute Einmannjolle mit Steckschwert; seit 1974 als Internat. Klasse anerkannt. Kennzeichen: vierstrahliger Stern.

Laserchemie [engl. 'leɪzə], neueres Teilgebiet der Chemie, das sich mit der Anwendung von Laserenergie zur Einleitung und Untersuchung chem. Reaktionen sowie zur Analyse von Substanzen befaßt.

Laserdiode [engl. 'leɪzə] (Diodenlaser, Injektions-L.), als Laser im Infrarotgebiet arbeitende Halbleiterdiode, bei der die Rekombination von Elektronen und Löchern im p-n-Übergang zw. einem p- und einem n-leitenden Halbleitermaterial zur Lichterzeugung und -verstärkung ausgenutzt wird.

Laserdrucker [engl. 'leɪzə] ↑ Drucker.

Laserfusion (Laserkernfusion) [engl. 'leɪzə], die Ausnutzung der extrem hohen Strahlungsflußdichten von Laserlicht zur Erzielung der für kontrollierte thermonukleare Reaktionen in einem Deuterium-Tritium-Plasma erforderl. sehr hohen Temperaturen bzw. Energiedichten. - ↑ auch Kernfusion.

Laserspektroskopie ['leɪzə], die Gesamtheit der z. T. neuartigen hoch- und höchstauflösenden spektroskop. Methoden, in denen die hohe Monochromasie und Intensität sowie die ausgezeichnete Abstimmbarkeit des Laserlichts zur Untersuchung der Struktur und Eigenschaften von Atomen, Molekülen, Festkörpern und Plasmen ausgenutzt werden.

Laserwaffen [engl. 'leɪzə], in der Entwicklung befindl. Strahlenwaffen, die mit höchst intensiven Laserstrahlen arbeiten und zur Bekämpfung angreifender Flugkörper, Interkontinantalraketen u. ä. dienen sollen. Techn. Probleme bereitet v. a. die Entwicklung geeigneter Hochenergielaser, deren stark gebündelte Laserstrahlen so energiereich sind, daß getroffene Objekte in Sekundenschnelle durch extreme Hitzeeinwirkung zerstört werden.

Lash-Carrier [engl. 'læʃ 'kærɪə], svw. ↑ Behälterschiff.

Lashkargah, Ort in S-Afghanistan, an der Mündung des Arghandab in den Helmand, 21 600 E. Verwaltungssitz der Prov. Helmand. - Auf dem Steilufer über dem Fluß Ruinen einer Residenz der Ghasnawiden (11. Jh.).

Läsion [lat.], allg. Bez. für Verletzung oder Störung der Funktion eines Organs oder Körpergliedes.

Lasisch ↑ kaukasische Sprachen.

Lask, Berta, * Wadowice bei Krakau 17. Jan. 1878, † Berlin 28. März 1967, dt. Schriftstellerin. - 1923 Mgl. der KPD; 1928 Mitbegr. des Bundes proletar.-revolutionärer Schriftsteller; emigrierte 1933 in die UdSSR; seit 1953 in der DDR. Bed. Jugendbuchautorin; die autobiograph. Zeitromantrilogie „Stille und Sturm" (1955) schildert mit dem Lebensweg einer jüd. Fabrikantenfamilie die Entwicklung revolutionärer Intellektueller in der Weimarer Republik.

L., Emil, * Wadowice bei Krakau 25. Sept. 1875, ✕ in Galizien 26. Mai 1915, dt. Philosoph. - Schüler Rickerts; 1910 Prof. in Heidelberg. Exponent der bad. Schule des Neukantianismus. Versuchte in seiner „Logik der Philosophie und Kategorienlehre" (1911) die Kritik Kants und die Grundlegung einer transzendentalen Logik zu vertiefen. In der „Lehre vom Urteil" (1912) entwickelte er aus der Idee eines „reinen Gegenstandes" eine eigene Theorie der Wahrheit.

Laskaris, mit den Angeloi und Komnenen verwandtes byzantin. Geschlecht, aus dem die 1204–61 herrschende Dyn. Kaiser Theodors I. (1204–22) und im 15./16. Jh. der Gelehrte Andreas Ioannis L., vielleicht auch Konstantinos L. stammen. Bed. Vertreter:

L., Andreas Ioannis, gen. Janos, auch Rhyndacenus, * Rhyndakos 1445, † Rom 1534, Gelehrter und Diplomat. - Lebte nach dem Fall Konstantinopels in Florenz; u. a. im Dienst Karls VIII., Ludwigs XII. und Papst Leos X.; maßgebl. am Auf- und Ausbau der Bibliotheken in Florenz, Paris und Rom beteiligt; Hg. wichtiger Erstausgaben griech. Autoren; auch schriftsteller. Tätigkeit.

Lasker, Eduard, * Jarotschin 14. Okt. 1829, † New York 5. Jan. 1884, dt. Politiker. - 1862–79 Mgl. des preuß. Abg.hauses; 1867–84 MdR. Mitbegr. der Nat.liberalen Partei, zu deren realpolit. Grundstimmung und kritikloser Bismarckgefolgschaft er jedoch in einen durch seine Kritik an Kulturkampf, Sozialistengesetz und Schutzzoll sich verschärfenden Gegensatz trat; 1880 verließ L. die Partei.

L., Emanuel, * Berlinchen bei Landsberg (Warthe) 24. Dez. 1868, † New York 11. Jan. 1941, dt.-amerikan. Mathematiker und Schachspieler. - Einer der bedeutendsten Schachspieler (Schachweltmeister 1894 bis 1921); emigrierte 1933 nach Großbrit., 1937 in die USA; hervorragender Schachtheoretiker („Lehrbuch des Schachspiels", 1926).

Lasker-Schüler, Else (eigtl. Elisabeth), * Elberfeld (= Wuppertal) 11. Febr. 1869, † Jerusalem 22. Jan. 1945, dt. Schriftstellerin. - 1894–99 ∞ mit dem Arzt B. Lasker, 1901–11 mit dem Schriftsteller H. Walden. Gehörte zu den Berliner· Expressionisten; Freundschaft u. a. mit P. Hille, G. Trakl, T. Däubler, G. Benn, F. Werfel, K. Kraus, F. Marc und O. Kokoschka. Führte als freischaffende Schriftstellerin ein unstetes, entbehrungsreiches Leben. Emigrierte 1933 auf Grund jüd. Abstammung in die Schweiz, hielt sich in Palästina und Ägypten auf und lebte ab 1937 völlig verarmt in Jerusalem. Gilt mit ihrem stark emotionalen Werk (Lyrik, Dramen[versuche] und Erzählungen) als Vorläuferin, Repräsentantin und Überwinderin des literar. Expressionismus. Begann mit eleg., dunkel-visionären Gedichten („Styx", 1902), in denen sie ihre Entfremdung zur als krisenhaft und chaot. empfundenen Umwelt ausdrückte; in den schwärmer.-ekstat. „Hebr. Balladen" (1913) wurde das Motiv des Weltendes mit traumhaften, phantast. Erlösungshoffnungen verbunden. Der schwermütige, letzte Gedichtband „Mein blaues Klavier" (1943) vermittelt ein ergreifendes Bild ihrer Emigration.

Else Lasker-Schüler (1932)

Weitere Werke: Das Peter Hille-Buch (1906), Die Nächte Tinos von Bagdad (Novellen, 1907), Die Wupper (Dr., 1909), Meine Wunder (Ged., 1911), Mein Herz (R., 1912), Der Prinz von Theben (En., 1914), Der Malik (E., 1919), Arthur Aronymus. Die Geschichte meines Vaters (E., 1932), Ichundich (Trag., hg. 1970, Uraufführung 1979).

Laski, Harold Joseph [engl. 'læskɪ], * Manchester 30. Juni 1893, † London 24. März 1950, brit. Politiker und Politikwissenschaftler. - Ab 1926 Prof. an der London School of Economics; gehörte zu den das brit. Geistesleben seiner Zeit bestimmenden Köpfen; trug maßgebl. zur Entstehung und method. Profilierung der Politikwiss. bei; strebte eine Synthese der Traditionen der brit. Arbeiterbewegung mit der Theorie des demokrat. Sozialismus an; lange Zeit führendes Mgl. der Fabian Society, 1945/46 im Vors. der Labour Party.

Laski, Jan [poln. 'ɰaski] (latin. Johannes a Lasco), * Łask bei Łódź 1499, † Pińczów bei Kielce 8. Jan. 1560, poln. Reformator. - Bis 1538 Domdekan und Propst von Gnesen; auf Reisen Kontakt mit der Reformation; Beteiligung an den Einigungsbemühungen im 2. Abendmahlsstreit; 1556 Rückkehr nach Polen; neben Calvin der wichtigste Gestalter der ref. Gemeindeordnung.

Lasky, Jesse Louis [engl. 'læskɪ], * San Francisco 13. Sept. 1880, † Beverly Hills 13. Jan. 1958, amerikan. Filmproduzent. - 1913 mit C. B. De Mille, S. Goldwyn, A. S. Friend Begr. der Produktionsgesellschaft „Jesse Lasky Feature Play". 1917 fusionierte er mit A. Zukor zur „Paramount Pictures Corp.". 1932 schied er aus dem Unternehmen aus und organisierte die „Jesse L. Lasky Prods.", die 1935 in die „Pickford-Lasky Prod. Inc." umgewandelt wurde.

Lassa-Fieber [nach dem Ort Lassa in Nigeria], gefährl., hochfieberhafte Infektionskrankheit (Schleimhautgeschwüre, Hautblutungen, Lungenentzündung); spezif. Therapie unbekannt.

Lassalle, Ferdinand [frz. la'sal], * Breslau 11. April 1825, † Genf 31. Aug. 1864, dt. Politiker, Publizist und Arbeiterführer. - Sohn eines wohlhabenden jüd. Tuchhändlers; bereits als Schüler von Hegel und vom „Jungen Deutschland" beeinflußt. Ab 1842 studierte L. Philosophie, Philologie und Geschichte in Breslau und Berlin, wo er angesichts der sozialen Frage einem revolutionären Aktionismus zuneigte. In der Staats- und Geschichtsphilosophie vertrat er jedoch zeitlebens die Positionen der Hegelschen Klassik. Anders als Marx begriff L. den Staat als „Einheit der Individuen in einem sittl. Ganzen" und definierte seinen Zweck als Erziehung und Entwicklung des Menschengeschlechts zur Freiheit. Sein theoret. Hauptwerk „Das System der erworbenen Rechte" (1861) sah L. als „wiss. Rechtssystem für Revolution und Sozialismus". In verschiedenen Schriften forderte er die kleindt. Lösung der dt. Frage. In der Revolution 1848/49 zu dem Kreis um die „Neue Rhein. Zeitung" (Marx, Engels) gestoßen, trat er seitdem entschieden für die Trennung von radikaler Demokratie und bürgerl. Liberalismus ein. So betrieb er die Gründung einer eigenen Partei, kämpfte für das allg. und gleiche Wahlrecht und hoffte, den

Ferdinand Lassalle

Staat mit friedl. Mitteln langfristig erobern zu können. Endziel war für L. ebenso wie für Marx, der in dieser Phase einer seiner schärfsten Kritiker wurde, die sozialist. Gesellschaft ohne Privateigentum an den Produktionsmitteln. Zu diesem Zweck befürwortete L. u. a. die Gründung von staatl. unterstützten Produktivassoziationen. Gewerkschaftl. und genossenschaftl. Selbsthilfe lehnte er als gegen das eherne Lohngesetz machtlos ab. Ohne daß der von L. 1863 mitgegr. Allg. dt. Arbeiterverein (ADAV), dessen 1. Präs. er war, schon eine Massenbasis hätte aufweisen können, gab L. ihm doch durch das „Arbeitsprogramm" (1863) und das „Offene Antwortschreiben" (1863) eine theoret. Grundlage, die die prakt. Politik der Sozialdemokratie seitdem maßgebl. bestimmte. Einige Begegnungen mit Bismarck 1863 blieben polit. folgenlos. In den 1840er und 1850er Jahren führte L. für ein Jahrzehnt die Prozesse um die Ehescheidung und das Vermögen der Gräfin von ↑ Hatzfeld-Trachenberg. 1864 starb L. an einer im Duell erlittenen Verletzung.

📖 *Nova, F.: L. als sozialist. Theoretiker. Köln 1980. - Bleuel, H. P.: F. L. oder der Kampf wider die verdammte Bedürfnislosigkeit. Mchn. 1979. - Vahlteich, J.: F. L. u. die Anfänge der dt. Arbeiterbewegung. Bonn ²1978. - Stirner, H.: Die Agitation u. Rhetorik F. Lassalles. Marburg 1978.*

Lassen, Christian, * Bergen 22. Okt. 1800, † Bonn 8. Mai 1876, dt. Indologe norweg. Herkunft. - Ab 1830 Prof. in Bonn; arbeitete v. a. über die ind. Altertumskunde, als deren Begründer in Deutschland er gilt.

Lassen Peak [engl. 'læsn 'pi:k], Vulkan im S-Teil der Cascade Range in N-Kalifornien, USA, 3187 m hoch (National Park).

Lasser von Zollheim, Josef Freiherr (seit 1867), * Strobl bei Salzburg 30. Sept. 1814, † Wien 19. Nov. 1879, östr. Jurist und Politiker. - 1848 einflußreiches Mgl. des östr. Reichstags (gemäßigte Linke); 1860-65 Justizmin.; 1868-70 Statthalter von Tirol; 1871-78 als Innenmin. führend im Kabinett A. Fürst Auersperg.

Lassila, Maiju, eigtl. Algoth Untola, * Tohmajärvi (Nordkarelien) 28. Nov. 1868, † Helsinki 21. Mai 1918, finn. Schriftsteller. - Schilderte in Schauspielen, Romanen und Erzählungen realist. und humorvoll das Leben finn. Bauern und Arbeiter. Wurde wegen Unterstützung der Arbeiter im Bürgerkrieg hingerichtet.

läßliche Sünde ↑ Sünde.

Lasso, Orlando di (Roland de Lassus), * Mons um 1532, † München 14. Juni 1594, niederl. Komponist. - Wurde 1553 Kapellmeister am Lateran in Rom. Nach wahrscheinl. Aufenthalten in Frankr. und Flandern wirkte L. seit 1556 bis an sein Lebensende zunächst als Tenorist, seit 1564 als Kapellmeister Herzog Albrechts V. von Bayern in München. Als einer der genialsten Komponisten der abendländ. Musikgeschichte beherrschte er in Vollendung - und Vorbild gebend - alle Stile seiner Zeit. Unter mehr als 2000 bekannten Werken stehen etwa 1200 Motetten im Vordergrund (daneben Messen, Passionen, Hymnen, Litaneien, Lamentationen). Im Dienst der Textdarstellung verbindet sich ein raffinierter Klangsinn (neue harmon. Wirkungen) gleichgewichtig mit einer stark ausdrucksgeprägten polyphonen Satzkunst.

Lasso [span., zu lat. laqueus „Schlinge"], Wurfschlinge, die durch Rotation beschleunigt und dem zu fangenden Tier um Hals oder Hörner geworfen wird, während das andere Ende festgehalten wird oder am Sattel befestigt ist. Bei den Reiter- und Hirtenvölkern der Alten Welt seit der Antike verbreitet, später in Amerika von Cowboys, Gauchos und Indianern übernommen.

◆ Figur beim Paarlaufen (Eis- und Rollkunstlauf), bei der der Mann seine Partnerin ein- oder beidarmig über seinen Kopf hebt und dreht.

Lasswell, Harold Dwight [engl. 'læswəl], * Donnellson (Ill.) 13. Febr. 1902, † New York 18. Dez. 1978, amerik. Politikwissenschaftler. - Prof. in Chicago (1924-32), Washington (1932-38), New York (1939-46) und an der Yale University in New Haven (Conn.); arbeitete v. a. über Probleme der Massenkommunikation, der Macht und über das Verhalten von Eliten.

Last, James, eigtl. Hans L., * Bremen 17. April 1929, dt. Orchesterleiter. - Urspr. [Jazz]bassist; ging 1955 zum NDR-Orchester nach Hamburg; gründete 1965 die „James-Last-Big-Band"; wurde populär durch gefällige Swing-Bearbeitungen internat. Schlager, dt. Volkslieder u. a.

L., Jef, eigtl. Josephus Carel Franciscus L., * Den Haag 2. Mai 1898, † Laren 15. Febr. 1972, niederl. Schriftsteller. - Bed. moderner Lyriker und Erzähler, u. a. „Zuidersee" (R., 1934), „Das erste Schiff auf der Newa" (R., 1946), dessen frühe Werke eine stark sozialist. Tendenz aufweisen, während die späteren unter dem Einfluß seines Freundes A. Gide und der chin. Philosophie von religiösen Themen bestimmt sind.

Lastenausgleich, 1. im Sinne des Lastenausgleichsgesetzes (LAG) i. d. F. vom 1. 10. 1969 (mit späteren Änderungen) die Abgeltung von Schäden und Verlusten, die sich infolge der Vertreibungen und Zerstörungen der Kriegs- und Nachkriegszeit ergeben haben, sowie die Milderung von Härten, die infolge der Währungsreform eingetreten sind. Zur Durchführung des L. werden ↑ Ausgleichsabgaben erhoben. Sie fließen in den vom Präsidenten des Bundesausgleichsamtes verwalteten Ausgleichsfonds, aus dem die Ausgleichsleistungen bewirkt werden. Ausgleichsleistungen sind a) *Hauptentschädi-*

gung, die zur Abgeltung von Vermögensschäden (mit Ausnahme von Hausratschäden) gewährt wird; b) *Eingliederungsdarlehen;* c) *Kriegsschadenrente,* die als Unterhaltshilfe und/oder Entschädigungsrente gezahlt wird; d) *Hausratentschädigung* zur Abgeltung von Schäden, die im Verlust von Hausrat bestehen; e) *Wohnraumhilfe,* die Vertriebenen und Kriegssachgeschädigten in der Weise gewährt wird, daß ihnen Gelegenheit zum Bezug einer Wohnung verschafft wird, deren Bereitstellung durch Darlehen des Ausgleichsfonds ermöglicht worden ist; f) Leistungen aus dem *Härtefonds;* g) Leistungen auf Grund *sonstiger Förderungsmaßnahmen* (Bereitstellung von Mitteln für Berufsausbildung, Umschulung und Heime); h) Entschädigung im Währungsausgleich für *Sparguthaben Vertriebener,* i) Entschädigung nach dem ↑ *Altsparergesetz;* j) Darlehen, die 1953 bis 1957 zur verstärkten Förderung der *Flüchtlingssiedlung* gewährt wurden. Alle Ausgleichsleistungen werden nur auf Antrag bewilligt, der bei dem örtl. zuständigen Ausgleichsamt zu stellen ist. Haupt- und Hausratentschädigung sowie Kriegsschadenrente können erst gewährt werden, wenn der geltend gemachte Schaden in einem förml. Schadensfeststellungsverfahren rechtskräftig festgestellt worden ist (Feststellungsgesetz für Vertreibungs-, Kriegssach- und Ostschäden i. d. F. vom 1. Okt. 1969). - 2. i. w. S. auch alle anderen Maßnahmen zum Ausgleich von Kriegs- und Kriegsfolgeschäden.
📖 *Haack, W.:* L. *für Flüchtlinge u. Aussiedler.* Bonn 1984.

Lastensegler, von Motorflugzeugen geschlepptes, jedoch selbständig landendes Gleitflugzeug zum Transport von Truppen und Lasten.

Lasterkatalog, systemat. Aufzählung von sittl. Verfehlungen im N. T., insbes. in den Paulus- und Petrusbriefen (z. B. Gal. 5, 19ff., 1. Petr. 4, 3).

Lastex ⓦ [Kw.], düsengespritzte [reyonüberzogene] Gummifäden mit rundem Querschnitt für *L.gewebe,* durch starke Dehnbarkeit gekennzeichnet.

Lasthebemagnet ↑ Krane.
Lastigkeit ↑ Trimm.
Lasting [engl.], Möbel- oder Kleiderstoff aus hartgedrehtem Kammgarn.
Lastkraftwagen ↑ Kraftwagen.
Lastman, Pieter Pietersz., * Amsterdam 1583 oder 1584, ▭ ebd. 4. April 1633, niederl. Maler. - Verbindet niederl. Schulung mit italien. Einflüssen (in Rom 1603–07): Caravaggio, die Carracci sowie Einflüsse durch Elsheimer. Im Spätwerk (etwa ab 1620) beeinflußt durch die Haarlemer Manieristen. 1624/25 Lehrer Rembrandts.

last not least [engl. 'lɑːst nɔt 'liːst „die jüngste, nicht geringste"], nach Shakespeares „König Lear" (1, 1) gebräuchl. Redewendung mit der Bed.: in der Reihenfolge zuletzt, aber nicht dem Wert nach; nicht zu vergessen.

Lastovo, jugoslaw. Adriainsel südl. der Insel Korčula, 53 km^2 bis 417 m ü. d. M., Hauptort L. (an der N-Küste).

Lastschrift, 1. in der doppelten Buchführung jede Buchung auf der Sollseite eines Kontos (Ggs. Gutschrift); 2. Mitteilung an den Belasteten über eine entsprechende Buchung.

Lastwagen ↑ Kraftwagen.

Lasur [pers.-arab.-mittellat.], durchscheinende oder durchsichtige [Lack]schicht, v. a. bei Ölgemälden; das **Lasieren** erhöht die Leuchtkraft der Farben und schützt die Oberfläche des Bildes.

Lasurit [pers.-arab.-mittellat.] ↑ Lapislazuli.

Lasurstein, svw. ↑ Lapislazuli.

Las Vegas [engl. lɑːs 'vɛɪgəs], Stadt in S-Nevada, USA, in einem wüstenhaften Gebiet, 620 m ü. d. M., 186 000 E. Univ. (gegr. 1957); Spielsalons, „Heirats- und Scheidungsparadies"; ✈. - Urspr. Rastplatz und Mormonensiedlung (1855–57) am California Trail. 1864 Gründung von Fort Baker. Das moderne L. V. entstand 1903 beim Bau der Eisenbahn; seit 1911 City.

lasziv [lat.], zweideutig, anstößig, wollüstig; **Laszivität,** lasziver Wesen.

László [ungar. 'lɑːsloː], ungar. Form des männl. Vornamens Ladislaus.